2016年快递行业
新增法规文件汇编

中国快递协会　编

法律出版社
LAW PRESS·CHINA

《2016年快递行业新增法规文件汇编》编委会

出版说明

《2016年快递行业新增法规文件汇编》是《快递行业法规文件汇编》《2015年快递行业新增法规文件汇编》的增补本，分为一般规定、快递市场与安全、行业标准与行业规划、行业发展、地方规定五部分，包括2016年年内中央和地方发布的与快递行业直接相关的法规、文件，共202个。本书的编纂，得到了各省级邮政管理局、各省级快递协会、各全国性快递企业以及其他诸多单位、个人的指导和帮助，在此深表谢忱。由于时间仓促，法规、文件的搜集、核对较为困难，书中不免有欠妥之处，恳请读者批评指正。

编　者

2017年7月

2016年快递行业立法的九个特点(代序)

2016年快递行业立法呈现以下九个特点:

一、数量大幅增加

2016年新增法规、文件多达202个,而2015年新增法规、文件则共有91个。2016年法规、文件的数量增幅约为122%。数量大幅增加,是行业飞速发展的根本需要和必然结果,同时又促进了行业的迅猛发展。

二、凸显科技快递、绿色快递、安全快递和诚信快递

2015年快递业务量突破200亿件。从数量上看,中国快递位居世界榜首。但中国快递的创收能力、发展质量、发展层次还有待提升。快递行业的持续发展和中国迈向世界快递强国,都离不开科技进步、环境保护、安全运营和诚实信用。这是2016年快递立法重视科技、绿色、安全、诚信的主要原因。

对科技快递,国家邮政局发布了《关于促进邮政行业科技创新工作的指导意见》,还发布了《邮政业车辆定位系统技术要求》(YZ/T 0151—2016)、《快递末端投递服务信息交换规范》(YZ/T 0153—2016)、《快递营业场所基础数据元》(YZ/T 0156—2016)、《快递车辆基础数据元》(YZ/T 0157—2016)等与科技、信息相关的行业标准。

对绿色快递,国家邮政局发布了《推进快递业绿色包装工作实施方案》。

对安全快递,国家邮政局发布了《赈灾包裹寄递服务和安全管理规定》《邮件快件微剂量X射线安全检查设备配置管理办法(试行)》《禁止寄递物品管理规定》。针对日益重要的计算机信息系统安全、网络安全和数据安全,国家邮政局还发布了行业标准《邮政业信息系统安全等级保护基本要求》(YZ/T 0152—2016)。

对诚信快递,国家邮政局发布了《快递业信用体系建设试点工作方案》,青海省邮政管理局发布了《关于加强快递业信用体系建设考核实施办法》。

三、市场监管的重心逐步从事前监管转移到事中监管和事后监管

2015年,市场监管的重心仍在行业许可等事前监管,例如,修正了《快递业务经营许可管理办法》。2016年,国家邮政局发布了《邮政市场监管约谈办法(试行)》《邮政管理部门随机抽查工作细则(试行)》《快递市场清理整顿专项工作方案》,这三个法规、文件的重点均在事中和事后的监管。

2014年12月26日,国家邮政局邮政业安全中心成立。这是邮政管理部门加强安全管理和事中、事后监管的重要体现。各省级行政区划内,邮政业安全中心很可能也会陆续成立。2016年,河南省机构编制委员会办公室发出了《关于设立河南省邮政安全发展中心的通知》。

四、末端网点继续受到重视

2015年,末端网点受到关注,国家邮政局发布了《智能快件箱投递服务管理规定(暂行)》《村邮站服务规范》,以及行业标准《快递末端投递服务规范》(YZ/T 0145—2015)。

末端网点的备案问题,是困扰快递企业的老问题。2016年,国家邮政局发布了《快递末端网点备案登记实施办法(试行)》,在一定程度上缓解了末端网点的备案问题。为规范快递末端的操作方式,国家邮政局还发布了行业标准《智能快件箱设置规范》(YZ/T 0150—2016)、《快递末端投递服务信息交换规范》(YZ/T 0153—2016)。

在地方,2016年,青海省邮政管理局发布了《关于进一步做好快递末端网点备案登记工作的通知》,天津市发布了《高等学校快递服务进校园管理办法》。

五、快递行业与相关行业、产业的联动进一步深化

快递行业与制造业、银行业、物流业、农业、电子商务等行业、产业的联动,近些年均受到邮政管理部门和快递企业的重视。2016年,快递行业与相关行业、产业的联动进一步加强的表现,主要有以下五点:

1. 快递行业与农业、农村电子商务的联动。例如,国家邮政局发布了《关于鼓励邮政服务农村电子商务的意见》《关于推动邮政业服务农村电子商务发展的指导意见》《关于公布首批全国快递服务现代农业示范基地的通知》。

2. 快递行业与邮政企业的联动。例如,国家邮政局发布了《关于在赤峰等6个城市开展创新邮政与快递合作模式综合试点工作的通知》,江西吉安市邮政管理局发布了《关于推进邮政与快递合作试点工作的实施方案》。

3. 快递行业与海关的联动。海关总署发布了《关于启用新快件通关系统相关事宜的公告》。

4. 快递行业与制造业的联动。例如,陕西省邮政管理局、陕西省工业和信息化厅发布了《关于加快推进快递服务制造业工作实施意见》,天津市邮政管理局、天津市工业和信息化委员会发布了《关于加快推进快递服务制造业发展的实施意见》。

5. 快递行业与电子商务的联动。例如,河北秦皇岛市邮政管理局、秦皇岛市商务局发布了《关于促进邮政业与电子商务协同发展的实施意见》。

六、各地纷纷出台促进快递行业发展的意见

2015年10月23日,国务院发布了《关于促进快递业发展的若干意见》。此后,各地陆续专门出台了促进快递行业发展的意见。

在省级行政区划层面,在2015年就出台意见的有河北、福建、贵州3个省份,在2016年出台意见的有天津、山西、内蒙古、辽宁、吉林、黑龙江、浙江、安徽、江西、湖北、广东、广西、海南、重庆、四川、云南、陕西、甘肃、青海、新疆20个省份。在市级行政区划层面,出台促进快递行业发展的意见更多。

七、各地规范电动三轮车的政策不断涌现

对事关快递末端投递成败的电动三轮车通行问题,各地争取到了不少便利政策。主要有:(1)北京市的《本市邮政寄递行业交通安全管理工作方案》。(2)山西大同市的《电动车管理条例》。(3)黑龙江大庆市的《快递行业电动三轮车通行管理办法》。(4)河北秦皇岛市的《三轮车和电动四轮车管理办法》。(5)安徽蚌埠市的《关于快递车辆规范管理的实施意见》。(6)福建晋江市的《规范邮政快递专用电动三轮车通行管理的实施意见》《邮政快递专用电动三轮车管理实施细则》、莆田市的《关于做好全市邮政快递业专用电动三轮车便捷通行保障工作的通知》、泉州市的《邮政快递专用电动三轮车通行管理办法(试行)》。(7)广西钦州市的《快递行业协会电动三轮车管理办法》。(8)陕西西安市的《关于印发规范全市快递专用电动三轮车通行管理的实施意见的通知》、咸阳市的《关于规范全市快递专用电动三轮车管理的实施意见》、铜川市的《关于规范全市快递专用投递交通工具管理的实施意见的通知》、渭南市的《关于规范全市邮政、快递专用电动三轮车通行管理的实施意见的通知》。(9)甘肃兰州市的《关于加强和改进城市快递运输车辆管理工作的意见》、定西市《快递电动三轮车审核登记编号规则》。

就上述政策,中国快递协会另行编纂了《全国多地规范"快递电动三轮车"资料汇编》。

八、各地争取财政资金对快递行业的支持

各地争取财政资金支持快递行业。主要有:(1)山西省财政厅发布了《关于对寄递企业购置X光安检机给予专项资金补贴的意见》。(2)吉林省综治办等五部门发布了《关于下发寄递企业X光安检机购置补贴资金的通知》。(3)浙江省邮政管理局、综治办、财政厅发布了《关于做好寄递业安检机现场验收和补贴资金清算工作的通知》。(4)安徽池州市发布了《促进快递业发展专项资金使用管理办法》《促进快递业发展专项资金绩效目标》《寄递企业购置安检机补贴办法》。

九、各地快递立法的数量差别较大

据不完全统计,各地 2016 年发布快递行业法规、文件的数量情况如下表:

序号	省级区划内	立法数量	序号	省级区划内	立法数量
1	北京	3	17	湖北	6
2	天津	6	18	湖南	2
3	河北	14	19	广东	5
4	山西	15	20	广西	1
5	内蒙古	3	21	海南	2
6	辽宁	4	22	重庆	2
7	吉林	4	23	四川	2
8	黑龙江	2	24	贵州	7
9	上海	5	25	云南	1
10	江苏	6	26	西藏	4
11	浙江	7	27	陕西	2
12	安徽	11	28	甘肃	2
13	福建	10	29	青海	6
14	江西	7	30	宁夏	1
15	山东	1	31	新疆	8
16	河南	8	—	—	—

根据以上统计表可知:各地均重视快递行业的立法工作,全国 31 个省级行政区划内都发布了快递立法文件,但各地的立法数量差别较大。

编　者

2017 年 7 月

目　　录

Ⅰ　一般规定

邮政市场监管约谈办法(试行)
(2016年9月8日) ……………………………………………………………………………… (3)
邮政管理部门随机抽查工作细则(试行)
(2016年12月30日) …………………………………………………………………………… (4)
国家邮政局关于京津冀邮政业协同发展的指导意见
(2016年2月24日) ……………………………………………………………………………… (6)
国家邮政局关于推动农村邮政亏损网点持续运营的若干意见
(2016年7月15日) ……………………………………………………………………………… (8)
国家邮政局办公室关于鼓励邮政服务农村电子商务的意见
(2016年7月27日) ……………………………………………………………………………… (10)
国家邮政局关于加快长江经济带邮政业发展的指导意见
(2016年11月1日) ……………………………………………………………………………… (11)
国家邮政局关于促进邮政行业科技创新工作的指导意见
(2016年11月7日) ……………………………………………………………………………… (14)
国家邮政局关于推动邮政业服务农村电子商务发展的指导意见
(2016年11月22日) …………………………………………………………………………… (17)
国家邮政局办公室关于启动"中国快递示范城市"创建工作的通知
(2016年6月24日) ……………………………………………………………………………… (19)
国家邮政局办公室关于在赤峰等6个城市开展创新邮政与快递合作模式综合试点工作的通知
(2016年7月12日) ……………………………………………………………………………… (20)
国家邮政局关于公布首批全国快递服务现代农业示范基地的通知
(2016年12月26日) …………………………………………………………………………… (22)
"十三五"西部和农村地区邮政普遍服务以及全国邮政机要通信基础设施建设工作方案
(2016年4月9日) ……………………………………………………………………………… (22)
国家邮政局推进快递业绿色包装工作实施方案
(2016年7月22日) ……………………………………………………………………………… (24)

Ⅱ　快递市场与安全

快递末端网点备案登记实施办法(试行)
(2016年3月15日) ……………………………………………………………………………… (29)
快递市场清理整顿专项行动工作方案
(2016年5月16日) ……………………………………………………………………………… (30)

赈灾包裹寄递服务和安全管理规定
(2016年5月25日) …… (33)
邮件快件微剂量X射线安全检查设备配置管理办法(试行)
(2016年7月1日) …… (34)
禁止寄递物品管理规定
(2016年12月16日) …… (36)
快递业信用体系建设试点工作方案
(2016年6月13日) …… (39)
国家邮政局市场监管司关于开展邮政行业网络扫毒专项行动的通知
(2016年5月20日) …… (48)
国家邮政局关于进一步做好汛期和下半年安全生产工作的通知
(2016年7月21日) …… (49)

Ⅲ 行业标准与行业规划

现行邮政业标准发布目录
(2016年4月1日) …… (53)
邮政普遍服务
(YZ/T 0129—2016) …… (55)
智能快件箱设置规范
(YZ/T 0150—2016) …… (63)
邮政业车辆定位系统技术要求
(YZ/T 0151—2016) …… (65)
邮政业信息系统安全等级保护基本要求
(YZ/T 0152—2016) …… (73)
快递末端投递服务信息交换规范
(YZ/T 0153—2016) …… (79)
快件寄递状态分类与代码
(YZ/T 0154—2016) …… (91)
快件集装容器　第1部分:集装笼
(YZ/T 0155—2016) …… (101)
快递营业场所基础数据元
(YZ/T 0156—2016) …… (112)
快递车辆基础数据元
(YZ/T 0157—2016) …… (131)
邮政业发展"十三五"规划
(2016年12月) …… (153)
快递业发展"十三五"规划
(2016年12月) …… (162)
邮政普遍服务"十三五"规划
(2016年12月) …… (172)
邮政普遍服务基础设施布局规划(2016—2020年)
(2016年12月) …… (179)
邮政业监管体系建设"十三五"规划

(2016年12月) …………………………………………………………………………… (184)

Ⅳ　行业发展

国务院办公厅关于深入实施“互联网+流通”行动计划的意见(节录)
(2016年4月15日) ………………………………………………………………………… (195)
国务院办公厅关于印发2016年全国打击侵犯知识产权和制售假冒伪劣商品工作要点的通知(节录)
(2016年4月19日) ………………………………………………………………………… (195)
国务院办公厅关于转发国家发展改革委营造良好市场环境推动交通物流融合发展实施方案的通知(节录)
(2016年6月10日) ………………………………………………………………………… (196)
国务院办公厅关于转发国家发展改革委物流业降本增效专项行动方案(2016—2018年)的通知(节录)
(2016年9月13日) ………………………………………………………………………… (197)
全国电子商务物流发展专项规划(2016—2020年)
(2016年3月17日) ………………………………………………………………………… (198)
国家发展改革委、商务部等十部门关于加强物流短板建设促进有效投资和居民消费的若干意见(节录)
(2016年2月29日) ………………………………………………………………………… (202)
海关总署关于启用新快件通关系统相关事宜的公告
(2016年3月9日) …………………………………………………………………………… (203)
海关总署关于跨境电子商务零售进出口商品有关监管事宜的公告
(2016年4月6日) …………………………………………………………………………… (203)
交通运输部等十一部门关于稳步推进城乡交通运输一体化提升公共服务水平的指导意见
(2016年10月25日) ………………………………………………………………………… (210)

Ⅴ　地方规定

1. 北京
北京市农村工作委员会、北京市邮政管理局关于进一步推进“农邮通”服务站建设工作的通知
(2016年7月15日) ………………………………………………………………………… (215)
本市邮政寄递行业交通安全管理工作方案
(2016年9月19日) ………………………………………………………………………… (217)
北京市“十三五”时期邮政业发展规划
(2016年10月) ……………………………………………………………………………… (219)
2. 天津
群众举报寄递服务违法违规行为处理与奖励办法
(2016年3月4日) …………………………………………………………………………… (225)
天津市高等学校快递服务进校园管理办法
(2016年6月12日) ………………………………………………………………………… (227)

天津市跨境电子商务快递企业管理办法
(2016年8月23日) …… (229)
天津市邮政业发展"十三五"规划
(2016年10月8日) …… (230)
天津市邮政管理局、天津市工业和信息化委员会关于加快推进快递服务制造业发展的实施意见
(2016年10月14日) …… (240)
我市支持快递业加快发展十项措施
(2016年11月16日) …… (242)
3. 河北
河北省邮政业发展"十三五"规划
(2016年7月) …… (245)
石家庄市人民政府关于进一步促进快递业发展的实施意见
(2016年8月1日) …… (253)
唐山市邮政条例
(2016年3月29日) …… (256)
张家口市快递企业标准化建设实施细则
(2016年4月6日) …… (260)
张家口市促进快递业发展实施方案
(2016年4月26日) …… (262)
保定市人民政府关于促进快递业发展的实施意见
(2016年5月15日) …… (265)
沧州市人民政府办公室关于促进快递业健康发展的实施意见
(2016年5月27日) …… (268)
邢台市人民政府关于促进快递服务业健康发展的实施意见
(2016年6月28日) …… (270)
衡水市人民政府关于促进快递业发展的实施意见
(2016年7月6日) …… (273)
邯郸市人民政府关于促进快递业发展的实施意见
(2016年7月18日) …… (276)
承德市邮政企业和快递企业融合发展及业态创新工作方案
(2016年7月25日) …… (278)
秦皇岛市人民政府关于促进快递业发展的实施意见
(2016年5月28日) …… (279)
秦皇岛市三轮车和电动四轮车管理办法
(2016年11月20日) …… (282)
秦皇岛市邮政管理局、秦皇岛市商务局关于促进邮政业与电子商务协同发展的实施意见
(2016年12月19日) …… (285)
4. 山西
山西省邮政管理局、山西省商务厅关于促进快递业与电子商务协同发展的意见
(2016年1月26日) …… (287)
山西省交通运输厅、山西省邮政管理局关于我省邮政专用车辆免费通行高速公路有关事宜的通知
(2016年7月18日) …… (289)

山西省支持快递业发展的若干措施
(2016年11月2日) …… (290)
山西省财政厅关于对寄递企业购置X光安检机给予专项资金补贴的意见
(2016年11月25日) …… (293)
朔州市商务局、朔州市邮政管理局关于促进全市电子商务和邮政快递业协同发展的指导意见
(2016年1月12日) …… (293)
临汾市邮政管理局、临汾市商务局关于促进快递业与电子商务协同发展的意见
(2016年4月11日) …… (296)
晋城市商务粮食局、晋城市邮政管理局关于推进农村电子商务与快递下乡协同发展的实施意见
(2016年4月13日) …… (298)
忻州市城区邮政业电动三轮车管理规定
(2016年4月) …… (299)
太原市邮政业发展"十三五"规划
(2016年7月4日) …… (301)
阳泉市邮政业发展"十三五"规划
(2016年11月14日) …… (307)
晋中市人民政府关于促进快递业健康快速发展的实施意见
(2016年2月19日) …… (315)
晋中市邮政业发展"十三五"规划(2016—2020)
(2016年12月2日) …… (318)
大同市邮政业发展"十三五"规划
(2016年12月9日) …… (326)
朔州市邮政业发展"十三五"规划
(2016年12月20日) …… (338)
吕梁市邮政业发展"十三五"规划
(2016年12月) …… (345)
5. 内蒙古
内蒙古自治区人民政府关于促进快递业发展的实施意见
(2016年4月28日) …… (356)
内蒙古自治区涉毒违法犯罪线索举报奖励办法(试行)
(2016年6月6日) …… (359)
呼和浩特市人民政府关于促进快递业发展的实施意见
(2016年9月11日) …… (360)
6. 辽宁
辽宁省人民政府关于促进快递业健康发展的实施意见
(2016年1月14日) …… (364)
辽宁省人民政府关于促进城市配送发展的实施意见
(2016年2月15日) …… (367)
辽宁省邮政业发展"十三五"规划
(2016年11月17日) …… (370)
本溪市人民政府关于促进快递业健康发展的实施意见
(2016年11月4日) …… (377)

7. 吉林
吉林省综治办等五部门关于下发寄递企业X光安检机购置补贴资金的通知
（2016年4月20日）……（380）
吉林省人民政府关于促进快递业发展的实施意见
（2016年4月26日）……（381）
吉林省邮政业发展“十三五”规划
（2016年12月12日）……（384）
四平市促进快递业发展实施方案
（2016年11月24日）……（390）
8. 黑龙江
黑龙江省人民政府关于促进快递业发展的实施意见
（2016年7月6日）……（393）
黑龙江省邮政业发展“十三五”规划
（2016年12月）……（397）
9. 上海
上海市邮政业安全管理实施纲要(2016—2020年)
（2016年3月）……（407）
上海市禁止、限制和控制危险化学品目录(第三批第一版)
（2016年6月20日）……（415）
上海市危险化学品安全管理办法
（2016年9月5日）……（418）
上海市邮政业发展“十三五”规划
（2016年12月30日）……（430）
邮政普遍服务规范(报批稿)
（DB31/T 1016—2016）……（437）
10. 江苏
江苏省邮政管理局、江苏省商务厅关于推进“快递下乡”工程 促进农村电子商务发展的意见
（2016年6月27日）……（444）
江苏省快递服务警示制度(试行)
（2016年6月28日）……（446）
江苏省邮政管理局、江苏省农业委员会关于推进快递服务“三农”工作的意见
（2016年7月26日）……（447）
江苏省邮政管理局、江苏省住房和城乡建设厅关于加快推进住宅区等邮政服务用房规划建设实施的指导意见
（2016年11月7日）……（449）
连云港市人民政府办公室关于促进快递业健康发展的实施意见
（2016年3月28日）……（450）
镇江市邮政管理局、镇江市商务局关于推进“快递下乡”工程 促进农村电子商务发展的意见
（2016年8月10日）……（453）
11. 浙江
浙江省财政厅、浙江省商务厅、浙江省邮政管理局转发财政部办公厅、商务部办公厅、国家邮政局办公室关于做好电子商务与物流快递协同发展试点绩效评价工作的通知
（2016年2月18日）……（455）

浙江省人民政府关于促进快递业发展的实施意见
（2016 年 3 月 25 日）……………………………………………………………（459）
浙江省全面推进寄递渠道登记验视信息化工作方案
（2016 年 4 月 5 日）……………………………………………………………（461）
浙江省邮政管理局、浙江省综治办、浙江省财政厅关于做好寄递业安检机现场验收和补贴资金清算工作的通知
（2016 年 4 月 26 日）……………………………………………………………（463）
浙江省邮政业发展“十三五”规划
（2016 年 12 月）……………………………………………………………（464）
杭州市人民政府关于加强危险物品安全管理的决定
（2016 年 8 月 16 日）……………………………………………………………（472）
金华市邮政管理局、金华市市场监督管理局关于做好快递企业分支机构备案及“一照多址”相关工作的通知
（2016 年 7 月 12 日）……………………………………………………………（473）
12. 安徽
安徽省人民政府办公厅关于促进快递业发展的实施意见
（2016 年 2 月 4 日）……………………………………………………………（474）
安徽省邮政管理局、安徽省住房和城乡建设厅关于做好信报箱和智能快件箱验收备案工作的通知
（2016 年 2 月 17 日）……………………………………………………………（476）
安徽省邮政管理局、安徽省教育厅关于做好高等院校快递服务工作的意见
（2016 年 9 月 6 日）……………………………………………………………（477）
安徽省邮政普遍服务工作政企会商办法
（2016 年 9 月 26 日）……………………………………………………………（478）
安徽省邮政管理局关于推动邮政普遍服务创新和邮政营业网点持续发展的意见
（2016 年 9 月 30 日）……………………………………………………………（479）
淮南市人民政府办公室关于促进快递业发展的实施意见
（2016 年 3 月 31 日）……………………………………………………………（480）
池州市人民政府办公室关于促进快递业发展的实施意见
（2016 年 7 月 18 日）……………………………………………………………（482）
池州市促进快递业发展专项资金使用管理办法
（2016 年 11 月 2 日）……………………………………………………………（484）
池州市促进快递业发展专项资金绩效目标
（2016 年 11 月 2 日）……………………………………………………………（485）
池州市区寄递企业购置安检机补贴办法
（2016 年 11 月 10 日）……………………………………………………………（486）
蚌埠市电子商务与物流快递协同发展实施意见
（2016 年 11 月 2 日）……………………………………………………………（486）
13. 福建
福建省邮政业发展“十三五”规划
（2016 年 8 月 11 日）……………………………………………………………（489）
福建省邮政管理领域通过法定途径分类处理信访投诉请求清单
（2016 年 8 月 20 日）……………………………………………………………（498）
福建省邮政普遍服务保障办法
（2016 年 11 月 11 日）……………………………………………………………（502）

福州市促进现代物流业(含快递业)加快发展的若干措施
(2016年12月14日) …………………………………………………………………… (506)
晋江市人民政府关于促进快递服务业发展的意见
(2016年4月5日) …………………………………………………………………… (509)
厦门市寄递企业综合评价排行榜制度
(2016年4月7日) …………………………………………………………………… (511)
泉州市建设"中国快递示范城市"实施方案
(2016年4月22日) …………………………………………………………………… (512)
宁德市人民政府关于进一步加快快递业发展的意见
(2016年6月14日) …………………………………………………………………… (515)
龙岩市人民政府关于支持快递业加快发展八条措施的通知
(2016年12月5日) …………………………………………………………………… (516)
智能快件箱运营服务规范
(DB 35/T 1591—2016) …………………………………………………………………… (518)
14. 江西
江西省人民政府关于促进快递业发展的实施意见
(2016年2月29日) …………………………………………………………………… (523)
江西省邮政业发展"十三五"规划
(2016年12月) …………………………………………………………………… (526)
赣州市关于推进农村物流站点建设的实施方案
(2016年4月7日) …………………………………………………………………… (536)
吉安市邮政管理局关于推进邮政与快递合作试点工作的实施方案
(2016年8月26日) …………………………………………………………………… (537)
宜春市促进快递业发展实施意见
(2016年9月23日) …………………………………………………………………… (541)
抚州市人民政府关于促进快递业发展的若干意见
(2016年12月28日) …………………………………………………………………… (543)
上饶市人民政府办公厅关于促进快递业发展的若干措施
(2016年12月30日) …………………………………………………………………… (545)
15. 山东
淄博市综治办等九部门关于进一步加强全市物流寄递渠道安全管理工作的通告
(2016年11月30日) …………………………………………………………………… (548)
16. 河南
河南省综治办等四部门关于联合开展清理整顿非法邮政快递网点行动的通知
(2016年2月2日) …………………………………………………………………… (549)
河南省机构编制委员会办公室关于设立河南省邮政安全发展中心的通知
(2016年7月13日) …………………………………………………………………… (552)
河南省推动交通物流融合发展工作方案
(2016年10月11日) …………………………………………………………………… (552)
郑州市全面推进物流寄递渠道登记验视信息化工作方案
(2016年9月10日) …………………………………………………………………… (556)
洛阳市2015年电子商务与物流快递协同发展试点城市工作实施方案
(2016年1月22日) …………………………………………………………………… (559)
洛阳市人民政府关于促进快递服务业发展的意见
(2016年8月16日) …………………………………………………………………… (562)

三门峡市邮政管理局关于促进快递服务业发展意见的通知
（2016 年 7 月 20 日）…………………………………………………………………………（565）
周口市综治办等五部门关于做好全市快递配送车辆通行和停靠保障工作的通知
（2016 年 11 月 7 日）…………………………………………………………………………（567）
17. 湖北
湖北省邮政管理局、湖北省教育厅关于加快发展湖北邮政行业职业教育的实施意见
（2016 年 4 月 6 日）…………………………………………………………………………（568）
湖北省交通运输厅、湖北省邮政管理局关于 2016 年度邮政普遍服务邮运车辆免收车辆通行费的通知
（2016 年 4 月 22 日）…………………………………………………………………………（570）
湖北省人民政府关于促进全省快递业健康发展的实施意见
（2016 年 11 月 24 日）…………………………………………………………………………（570）
湖北省邮政业发展“十三五”规划
（2016 年 12 月 22 日）…………………………………………………………………………（573）
咸宁市人民政府办公室关于促进快递业加快发展的实施意见
（2016 年 7 月 13 日）…………………………………………………………………………（584）
宜昌市 2016—2018 年村邮站建设实施方案
（2016 年 7 月 15 日）…………………………………………………………………………（587）
18. 湖南
湖南省人民政府办公厅关于加强寄递物流安全管理工作的实施意见
（2016 年 12 月 15 日）…………………………………………………………………………（588）
湖南省邮政业发展“十三五”规划
（2016 年 12 月 20 日）…………………………………………………………………………（591）
19. 广东
广东省人民政府关于促进我省快递业发展的实施意见
（2016 年 4 月 21 日）…………………………………………………………………………（599）
广东省邮政业发展“十三五”规划
（2016 年 7 月）…………………………………………………………………………（601）
云浮市促进快递业发展的实施意见
（2016 年 3 月 24 日）…………………………………………………………………………（610）
梅州市人民政府关于促进我市快递业发展的实施意见
（2016 年 11 月 24 日）…………………………………………………………………………（614）
潮州市人民政府关于促进潮州市快递业发展的实施意见
（2016 年 12 月 20 日）…………………………………………………………………………（616）
20. 广西
广西壮族自治区人民政府关于促进广西快递业发展的实施意见
（2016 年 10 月 21 日）…………………………………………………………………………（620）
21. 海南
海南省促进快递业发展实施方案
（2016 年 4 月 19 日）…………………………………………………………………………（622）
海南省邮政业发展“十三五”规划
（2016 年 8 月 9 日）…………………………………………………………………………（628）
22. 重庆
重庆市人民政府关于促进快递业发展的实施意见
（2016 年 5 月 30 日）…………………………………………………………………………（635）

重庆市邮政管理局、重庆市经济和信息化委员会、重庆市公安局关于切实防范危爆物品流入寄递渠道的通知
（2016年11月11日）…………（638）
23. 四川
四川省人民政府关于促进快递业健康发展的实施意见
（2016年7月19日）…………（639）
四川省邮政业发展“十三五”规划
（2016年11月29日）…………（642）
24. 贵州
贵州省农村邮政快递综合服务平台建设实施工作方案
（2016年1月14日）…………（651）
贵州省邮政业发展“十三五”规划
（2016年12月27日）…………（654）
黔东南州进一步促进邮政及快递业发展实施方案
（2016年3月10日）…………（662）
六盘水市促进快递业加速发展实施意见
（2016年6月17日）…………（665）
黔南州促进快递业加快发展实施方案
（2016年7月8日）…………（668）
毕节市人民政府办公室关于促进快递业加快发展的实施意见
（2016年9月7日）…………（672）
黔西南州加强寄递渠道安全管理工作的实施意见
（2016年11月21日）…………（675）
25. 云南
云南省人民政府关于促进快递业发展的实施意见
（2016年9月5日）…………（676）
26. 西藏
西藏自治区邮政业发展“十三五”规划
（2016年7月）…………（679）
西藏自治区人民政府关于贯彻国务院关于促进快递业发展的若干意见的实施意见
（2016年9月8日）…………（684）
西藏自治区邮政普遍服务保障监督办法
（2016年12月5日）…………（686）
林芝市关于促进快递业发展实施方案
（2016年11月9日）…………（689）
27. 陕西
陕西省人民政府关于促进快递业发展的实施意见
（2016年1月14日）…………（691）
陕西省邮政管理局、陕西省工业和信息化厅关于加快推进快递服务制造业工作实施意见
（2016年12月16日）…………（694）
28. 甘肃
甘肃省人民政府关于全面推进快递业发展的实施意见
（2016年3月8日）…………（696）
甘肃省“十三五”邮政业发展规划
（2016年12月30日）…………（698）

29. 青海
青海省邮政管理局关于进一步做好快递末端网点备案登记工作的通知
（2016 年 4 月 13 日）………………………………………………………………（709）
青海省关于加强快递业信用体系建设考核实施办法
（2016 年 5 月 24 日）………………………………………………………………（710）
青海省快递市场清理整顿专项行动工作方案
（2016 年 6 月 3 日）………………………………………………………………（711）
青海省邮政特邀监督员考核办法
（2016 年 9 月 7 日）………………………………………………………………（713）
青海省人民政府关于促进全省快递业发展的实施意见
（2016 年 11 月 12 日）……………………………………………………………（714）
关于促进海东市快递业发展的实施意见
（2016 年 12 月 22 日）……………………………………………………………（717）
30. 宁夏
营造良好市场环境推动交通物流融合发展实施方案
（2016 年 9 月 26 日）………………………………………………………………（719）
31. 新疆
新疆维吾尔自治区交通运输厅等四部门关于促进自治区农村物流健康发展实施意见
（2016 年 3 月 25 日）………………………………………………………………（722）
新疆维吾尔自治区人民政府关于促进快递业发展的实施意见
（2016 年 8 月 8 日）………………………………………………………………（725）
新疆维吾尔自治区实施《中华人民共和国反恐怖主义法》办法
（2016 年 7 月 29 日）………………………………………………………………（728）
昌吉回族自治州快递服务规范化标准化建设实施方案
（2016 年 4 月 26 日）………………………………………………………………（735）
吐鲁番市促进快递业发展的实施方案
（2016 年 10 月 27 日）……………………………………………………………（739）
和田地区促进快递业发展的实施意见
（2016 年 11 月 10 日）……………………………………………………………（742）
伊犁哈萨克自治州关于促进快递业发展的实施方案
（2016 年 11 月 18 日）……………………………………………………………（745）
喀什地区促进快递业健康发展实施意见
（2016 年 11 月 29 日）……………………………………………………………（749）

I

一般规定

邮政市场监管约谈办法(试行)

(2016年9月8日国家邮政局印发　国邮发〔2016〕88号)

第一条　为规范邮政管理部门约谈工作,强化事中事后监管,促进邮政市场公平竞争,维护市场正常秩序,促进邮政业持续健康快速发展,依据《中华人民共和国邮政法》《中华人民共和国邮政法实施细则》以及《邮政行政处罚程序规定》等有关规定,制定本办法。

第二条　本办法所称约谈,是指邮政管理部门约见邮政市场主体,向其了解有关情况,指出存在的问题,重申法律法规规定和监督管理政策,依法进行告诫、提出整改要求并督促落实的行政措施。

第三条　约谈主要适用于以下情形:

(一)邮政管理部门在邮政市场监督管理工作中,需要通过约谈向市场主体了解有关情况,以便于有针对性地开展监督检查;

(二)违法行为轻微,没有造成危害后果的,通过约谈及时纠正违法行为。

对依法应当予以行政处罚的违法行为,约谈不得代替行政处罚。

第四条　国务院邮政管理部门对本级管辖的邮政行政处罚案件的当事人、本级批准经营快递业务或者经营邮政通信业务的企业、在全国范围内有较大影响的集邮票品经营者或者邮政用品用具生产企业,以及中国邮政集团公司等市场主体实施约谈。

国务院邮政管理部门可以委托市场主体所在地或者事件发生地的省级邮政管理机构实施约谈。

省级和省级以下邮政管理机构对本级批准、备案以及在辖区内发生违法行为的市场主体,实施约谈。

第五条　约谈应当坚持指导与监管、预防与矫正相结合的原则,依法合规实施。

第六条　市场主体有下列行为之一的,邮政管理部门可以约谈:

(一)违反快递业务经营许可、经营邮政通信业务审批管理规定的;

(二)寄递服务质量问题突出的;

(三)安全管理不力,存在寄递安全隐患的;

(四)违反集邮市场管理规定的;

(五)生产、使用的邮政用品用具不符合国家标准或者行业标准的;

(六)应急工作机制不健全,突发事件处置滞后的;

(七)存在严重失信行为的;

(八)未按规定配合邮政管理部门的监督检查,在邮政管理部门出具书面通知的情况下仍不纠正的;

(九)其他违反相关法律、法规、规章、政策和标准要求,邮政管理部门认为有必要约谈的。

第七条　约谈可以由邮政管理部门单独组织实施,也可以邀请公安、工商等其他有关部门共同实施。

必要时可邀请人大代表、政协委员、行业协会和新闻媒体等参加,但涉及国家秘密、商业秘密和个人隐私的除外。

第八条　约谈形式分为集体约谈和个别约谈。

因同一事由,邮政管理部门约谈多个市场主体的,可以个别约谈,也可以集体约谈。

第九条　国务院邮政管理部门约谈应当由相关司(室)负责人批准后实施。

省级和省级以下邮政管理机构约谈应当由内设处(科)室负责人批准后实施。

第十条　确定实施约谈的,邮政管理部门作为约谈人应当提前至少3个工作日书面通知被约谈的市场主体,告知约谈的时间、地点、事由、参加人员和有关要求。

紧急情况下,可以通过电话等非书面方式临时通知约谈。

第十一条　被约谈的市场主体是自然人的,其本人应当参加约谈。被约谈的市场主体是法人或者其他组织的,应当由其法定代表人或者主要负责人参加约谈,法定代表人或者主要负责人确因特殊情况无法参加的，经约谈人同意，可以书面委托他人参加。

市场主体应当按约谈人的要求在约谈实施前书面反馈约谈回执。紧急情况下，可以通过电话等非书面方式反馈。

第十二条 约谈人应当指派两名以上具有行政执法资格的工作人员实施约谈。

第十三条 约谈程序：

（一）约谈人说明约谈事由、目的和参加人，实施约谈的工作人员出示执法证件。

（二）被约谈的自然人当场出示本人有效身份证件，并提交复印件；法人、其他组织当场提交本单位相关证照的复印件、法定代表人（主要负责人）有效身份证件的复印件、法定代表人（主要负责人）证明，以及约谈通知要求提交的其他材料；被约谈的法人、其他组织委托他人参加约谈的，还应当当场出示被委托人有效身份证件，提交该证件的复印件和授权委托书。

（三）约谈人告知被约谈人所享有的法律上的权利义务。

（四）约谈人围绕约谈事由指出需要了解的情况或者被约谈人存在的问题。

（五）被约谈人就有关事实进行说明和陈述。

（六）约谈人重申相关法律规定和监管政策，提出工作要求和时限。

（七）被约谈人针对有关要求进行表态，提出拟采取的整改措施。

第十四条 被约谈人依法享有以下权利：

（一）要求实施约谈的邮政管理部门工作人员表明身份；

（二）申请回避；

（三）要求实施约谈的邮政管理部门说明约谈理由；

（四）针对约谈事由进行陈述和申辩；

（五）对约谈笔录记载内容进行复核；

（六）其他依法享有的权利。

第十五条 被约谈人应当依法履行以下义务：

（一）按要求提交身份证明等材料；

（二）如实回答约谈提问；

（三）按照约谈人的要求和时限采取整改措施；

（四）按规定时间提交书面整改报告；

（五）未经准许不得携带具有录音录像功能的设备进入约谈场所；

（六）不得无礼喧闹等，维护约谈秩序；

（七）其他依法承担的义务。

第十六条 约谈人应当制作笔录，如实反映约谈过程、内容和有关要求、意见等，由实施约谈的工作人员和被约谈人阅核后签名或者盖章。

第十七条 对需要整改的，被约谈的市场主体应当按要求报告整改落实情况，实施约谈的邮政管理部门应当对整改落实情况进行复查。

第十八条 有条件的邮政管理部门可以建立专门的约谈问询室，配备必要的拍照、录像、录音等设备，逐步实现约谈工作信息化。

约谈视听资料应当保存不少于二年。

第十九条 邮政管理部门工作人员对在约谈过程中知悉的商业秘密，负有保密义务。

第二十条 本办法自发布之日起施行。

邮政管理部门随机抽查工作细则（试行）

（2016年12月30日国家邮政局印发 国邮发〔2016〕123号）

第一条 为规范和加强邮政管理部门事中事后监管，根据《国务院办公厅关于推广随机抽查规范事中事后监管的通知》（国办发〔2015〕58号）精神，结合邮政监督检查工作实际，制定本细则。

第二条 各级邮政管理部门对邮政企业、快递企业、经营邮政通信业务的企业、集邮票品经营者、邮政用品用具生产企业等市场主体开展随机抽查,适用本细则。

第三条 随机抽查应当坚持依法监管、公正高效、公开透明和协同推进的基本原则。

第四条 国务院邮政管理部门依据邮政业法律、行政法规和部门规章的规定,结合日常监督管理需要,制定随机抽查事项清单,明确抽查依据、抽查主体、抽查内容和抽查方式等,并通过官方网站公布。

省级和市(地)级邮政管理机构依据邮政业地方性法规和地方政府规章的规定,结合本地区工作实际,补充完善随机抽查事项清单,通过官方网站公布。省级邮政管理机构负责下属市(地)级邮政管理机构随机抽查事项清单公布前的审核工作。

法律、法规和规章没有规定的监督检查事项,不得列入随机抽查事项清单。

第五条 市(地)级邮政管理机构按照属地管理原则,依据邮政管理信息系统现有的企业(单位)及其分支机构等信息,建立本辖区市场主体名录库。

国务院邮政管理部门和省级邮政管理机构以市(地)级邮政管理机构建立的市场主体名录库为基础,随机抽取被检查对象。

邮政管理部门可以根据邮政普遍服务、快递市场等监督管理工作需要,将市场主体名录库分为若干子库进行管理。

第六条 各级邮政管理部门应当建立执法检查人员名录库,将持有行政执法证件、主要承担邮政执法检查工作的人员纳入,人员信息应当包括姓名、执法证件号、证件有效期等。

第七条 邮政管理部门对随机抽查事项清单、市场主体名录库和执法检查人员名录库实施动态管理,根据法律规定等变化,及时更新相关信息。

第八条 邮政管理部门对随机抽查事项清单内的监督检查事项,应当采取随机抽查的方式,由本部门负责人在辖区市场主体名录库和执法检查人员名录库中随机抽取被检查对象和执法检查人员。

突发事件处置、现场核查及违法案件调查等不适用随机抽查方式。

第九条 随机抽取的结果原则上不得更改。如遇特殊情况确需更改的,应当经邮政管理部门负责人批准,并做好相关记录。

第十条 邮政管理部门应当根据当地经济社会发展和监管工作实际情况,合理确定随机抽查的比例和频次,既要保证必要的抽查覆盖面和工作力度,又要防止检查过多和执法扰民。

省级和市(地)级邮政管理机构随机抽查比例和频次由所在地省级邮政管理机构确定,并报国务院邮政管理部门备案。

第十一条 对投诉举报多、列入经营异常名录或者有重大违法违规记录等情况的市场主体,邮政管理部门应当加大随机抽查力度。

第十二条 被抽中的执法检查人员应当按照《中华人民共和国行政处罚法》以及《邮政行政处罚程序规定》等有关规定,对被抽中的市场主体进行监督检查,按照抽查事项清单如实填写检查记录表,由被检查对象签字确认。

第十三条 邮政管理部门可以根据被检查对象的具体地址科学确定检查路线,统筹协调检查时间。对同一市场主体的多个检查事项,原则上应当一次性完成。

第十四条 随机检查情况,邮政管理部门应当及时向社会公布。对随机检查发现的问题,邮政管理部门应当采取相应的处理措施。符合立案条件的,应当及时立案查处。

第十五条 随机抽查产生的约谈告诫、责令整改和行政处罚信息,应当按照《邮政行政执法信息公开规定》有关要求及时向社会公开,接受社会监督。

邮政管理部门应当对拟公开信息的合法性、准确性和保密性进行审查。

第十六条 邮政管理部门可以将随机抽查结果记入市场主体和从业人员信用档案,依法与工商等部门共享信用信息。

第十七条 国务院邮政管理部门推广运用电子化手段,通过完善信息系统、配备执法记录仪等,对随机抽查做到全程留痕,实现责任可追溯。

第十八条 邮政管理部门可以结合工作实际,协调工商、公安、国家安全和统计等相关部门开展联合抽查。

第十九条 上级邮政管理部门加强对下级邮政管理部门随机抽查工作的监督,依法调查处理有关违法违纪行为。

第二十条 本细则自发布之日起施行。

国家邮政局关于京津冀邮政业协同发展的指导意见

（2016年2月24日 国邮发〔2016〕20号）

北京市、天津市、河北省邮政管理局，国家局直属各单位、机关各司局：

推动京津冀协同发展，是党中央、国务院在新的历史条件下作出的重大决策部署。邮政业是现代服务业的重要组成部分，是推动流通方式转型、促进消费升级的现代化先导性产业。近年来，京津冀邮政业快速发展、结构持续优化，普遍服务能力稳中有升，快递服务规模迅速扩大，总体服务水平不断提升，在降低区域流通成本、支撑电子商务、服务生产生活、扩大就业渠道等方面发挥了积极作用，但整体上仍不能满足当地经济社会发展的需要，区域内邮政业发展不均衡、产业集中度低、基础设施布局不科学、交邮衔接不顺畅、寄递渠道安全隐患多等问题比较突出，难以适应京津冀协同发展和打造世界级城市群的新要求。实现京津冀邮政业协同发展，对提高区域基本公共服务均等化水平、推进区域邮政业转型升级提质增效、服务北京非首都功能有序疏解等具有重要意义。为贯彻落实《京津冀协同发展规划纲要》，促进京津冀邮政业协同发展，现提出以下意见：

一、总体要求

（一）指导思想。贯彻《京津冀协同发展规划纲要》的决策部署，坚持协同发展的战略目标，突出问题导向，践行创新、协调、绿色、开放、共享的发展理念，加强基础设施建设，推进交邮深度衔接，促进绿色环保发展，提升创新发展水平，保障寄递渠道安全，形成京津冀邮政业目标同向、开放融合、优势互补、互利共赢的协同发展新格局，把京津冀地区打造成为邮政业改革创新的试验区、交邮协同发展的示范区、现代邮政业建设的先行区。

（二）基本原则

市场主导、政府引导。充分发挥市场配置资源的决定性作用，优化资源配置，促进基础设施建设合理布局，提高产业集中度，进一步提升区域邮政业的服务能力和水平。加大简政放权力度，激发企业活力，更好发挥政府统筹协调、规划引领和政策保障作用。

统筹兼顾、协调发展。根据北京、天津、河北的功能定位，发挥各自优势实现区域内邮政业错位发展、共同发展、融合发展，推进区域邮政业城乡一体化。坚持“互联网＋”邮政发展方向，统筹推动邮政业与先进制造业、现代农业、现代信息技术等产业协同发展。坚持安全为基，夯实区域内邮政业安全基础，加强安全监管协作，保障寄递渠道安全。

改革创新、示范引领。顺应邮政与快递融合发展新趋势，加大改革力度，创新管理制度和监管方式，鼓励企业不断创新商业模式、服务形式和管理方式，形成有利于协同发展的体制机制。发挥京津冀对中国北方地区乃至全国邮政业转型升级、提质增效的示范引领作用，为推动其他区域邮政业协同发展提供可复制、可推广的经验。

开放合作、共建共享。鼓励不同所有制资本在快递领域交叉持股。支持邮政企业与快递企业创新合作模式，合力提升邮政、快递服务的能力和水平，让城乡居民更好地共享邮政业改革发展成果。

（三）发展目标

到2020年，区域邮政业基础设施布局科学合理，均等普惠服务能力大幅提升，总体发展更加均衡，成为京津冀现代服务业重要增长点；建成普惠城乡、功能互补、技术先进、服务优质、安全高效、绿色节能的区域邮政业服务体系，交邮协同发展示范效应突出，产业联动发展成效显著，在服务京津冀协同发展中发挥更大作用。

二、重点任务

（一）加强基础设施建设。按照京津冀协同发展功能定位和空间布局，依托《京津冀协同发展交通一体化规划》统筹安排快递专业类物流园区、邮政和快递处理中心等邮政业枢纽布局，支持企业加大投资力度，大幅提升邮政业枢纽的辐射能力、处理能力和装备现代化水平。引导企业加强环京津贫困带和区域内农村地区、边远山区的网络建设，均衡资源配置，2020年底前基本实现邮政、快递服务建制村全覆盖。大力提升智能邮（快）件箱等服务设施普及和使用率，促进末端服务便利化。引导邮政企业充分利用乡镇邮政局所、村邮站等服务设施和现有县乡配送网络，与快递企业开展代收代投、快件运输等合作，实现优势互补、互利共赢。

（二）推进交邮深度衔接。围绕京津冀三省市航空枢纽定位，协调推动在北京新机场、天津滨海机场、石家庄正定机场等新建扩建工程中统筹规划邮政和快递功能，布局建设空港物流园区，打造国际航空快递货运枢纽，形成覆盖全国、联通世界的寄递中转和运输能力。鼓励企业在京津冀地区依托铁路节点建设集散中心、分拨枢纽，有效利用高铁、城际铁路运输资源，探索形成安全稳定、快速便捷、经济高效的区域内和区域间邮（快）件铁路运输通道。建设完善航空、铁路邮（快）件的快速安检、装卸、交接“绿色通道”。在京津冀地区大力推广邮（快）件公路甩挂运输，提升邮（快）件运输集装化水平。鼓励邮政、快递企业和运输企业深化业务合作，实现运营信息系统互联互通，扩大代办代售网络，推广公路客运班线代运邮（快）件。推动将京津冀邮政、快递企业纳入汽车电子标识试点，提升运输智能化管理水平。

（三）促进产业协同发展。落实“一带一路”、中国制造2025战略，坚持“互联网+”邮政发展方向，结合京津冀“一核、双城、三轴、四区、多节点”的空间布局，促进邮政业与关联产业紧密协同发展。引导邮政业和电子商务深度合作，线上线下互动创新，重点发展体验经济、社区经济、逆向物流等便民利商新业态，服务京津冀新型城镇化建设。大力提升邮政业服务先进制造业、战略性新兴产业的能力，扩大业务规模和比重，形成邮政、快递企业开展供应链管理服务的成熟示范模式。支持邮政业和现代农业协同发展，大力推广冷链快递，服务产地直销、订单生产等新模式，建立农副产品、绿色产品产销有效对接的快速流通渠道。利用京津冀的航空、海运优势，发展“保税仓”模式的跨境电商快递业务，不断提升企业的通关、退税、仓管等一体化服务能力。

（四）提升创新发展水平。鼓励快递企业在京津冀加快兼并重组，整合中小企业，优化资源配置，形成若干家区域性骨干企业和具有国际竞争力的大型企业集团。引导邮政企业提高普遍服务投递深度，缩短农村地区邮件全程时限，实现普遍服务水平全国领先。鼓励快递企业优化城市快递网络布局，创新农村快递服务模式，构建快递末端公共服务平台，促进京津冀快递普惠化。加强邮政普遍服务和快递服务的质量监测，降低邮（快）件延误率、损毁率、丢失率和投诉率。鼓励企业走差异化发展道路，开展代收货款、供应链金融等多种增值服务，延展邮政业服务链条。支持符合条件的快递企业进入资本市场直接融资，通过发行债券、股票等多种方式筹措资金。

（五）促进绿色环保发展。引导邮政企业探索在京津冀机关单位开展邮件封套循环使用试点。支持企业推广使用电子运单，逐年降低传统运单使用比例。鼓励企业使用可回收利用的绿色包装材料，加强包装废弃物的回收处置管理。扩大邮政业领域新能源汽车应用规模，不断提高纯电动、燃料电池等新能源汽车应用比重，推动在有条件的邮政、快递营业及投递处理场所、邮（快）件处理中心、快递专业类物流园区配建充电站和充电桩。鼓励社会资本为邮政、快递企业提供新能源汽车整车租赁、充电设施建设运营、电池租赁回收等服务。在京津冀地区研究探索开展邮政业碳排放测算、监测和交易试点工作。

（六）保障寄递渠道安全。探索实行中央和地方安全监管融合模式，完善省、市（地）两级邮政业安全监管机构建设。推动将寄递渠道安全监管纳入地方综合治理考评体系，实施属地监管、联动监管、片区化监管。强化企业安全责任，支持企业加大安检设备投入，严格落实收寄验视、信息核对、过机安检等相关制度要求。加强京津冀邮政业安全监管信息化建设，广泛运用互联网、大数据等技术，不断提高区域安全监管和应急处置能力。建立健全京津冀寄递渠道安全监管协作机制，形成三省市全面覆盖、快速反应、协调联动的寄递渠道安全应急保障体系。

三、政策措施

（一）深入推进简政放权。进一步推进邮政行政审批制度改革，将邮政行政许可审批事项集中到“一个窗口”受理，实现行政许可、年度报告、备案等网上全程公开办理。探索下放国际快递业务（代理）经营许可审批部分工作环节至京津冀省级邮政管理机构。规范事中事后监管，实施随机选派检查人员、随机抽取被检查企业的“双随机”日常监督检查制度，及时公布抽查情况和查处结果，探索推进跨部门跨行业联合随机抽查。

（二）加强规划编制和衔接。落实《京津冀协同发展规划纲要》和京津冀协同发展交通一体化规划相关部署，编制实施京津冀三省（市）邮政业发展“十三五”规划和京津冀地区快递服务发展“十三五”规划，做好与综合交通运输、现代服务业、电子商务、物流园区等规划的衔接。推动将邮政业发展重点内容纳入京津冀三省（市）国民经济和社会发展规划纲要，组织编制《北京新机场快递园区发展规划》

和《天津市快递物流园区规划》，推动将快递专业类物流园区、快件集散中心、智能邮（快）件箱等基础设施的布局建设纳入京津冀三省市土地利用总体规划、年度用地计划和公共服务设施规划，争取用地、财政等方面支持。

（三）着力开展政策创新。支持京津冀在邮政业领域开展政策创新试点，形成可复制可推广的经验。鼓励以政府和社会资本合作模式（PPP）建设邮政业公共服务设施。以标准为基础，率先推动出台符合本地实际的快递专用电动三轮车城市收投服务管理办法。推动在京津冀率先实行快递企业在同一工商登记机关管辖范围内“一照多址”模式。加强京津冀邮政业诚信体系建设，利用企业信用信息公示系统和行业监管信息系统，建立违法失信主体“黑名单”及联合惩戒制度，营造诚实守信的行业环境。

（四）争取财政税收支持。推动中央预算内投资优先支持环京津贫困带和河北农村地区的邮政、快递基础设施建设，加大对京津冀寄递渠道安全监管绿盾工程支持力度。推动将农村电商邮政寄递网、快递枢纽、快递专业类物流园区、智能邮（快）件箱、交邮协同、邮政业绿色发展等行业重点项目纳入京津冀协同发展基金、京津冀交通一体化投资以及地方有关专项资金的支持范围。协调三省市服务业发展、节能减排补助、农村物流服务体系发展、新能源汽车推广应用等财政专项资金加大对邮政业符合条件的企业和项目的投入。推动落实京津冀协同发展产业转移对接企业税收收入分享办法。支持符合条件的企业申请执行省内跨地区经营总分支机构增值税汇总缴纳政策。

（五）调整优化监管机制。在京津冀邮政管理部门探索由一个内设机构统一开展邮政行政执法工作。支持天津在自由贸易试验区建立邮政管理部门派出机构，加大在自由贸易试验区推动邮政业改革创新的力度。建立健全京津冀邮政业协同监管机制，鼓励京津冀邮政管理机构运用大数据、云计算等现代信息技术，夯实监管基础，创新监管手段，探索实行“互联网＋”监管新模式。

（六）加强人才队伍建设。推动京津冀地区高等学校、职业院校加强邮政业相关专业建设，培养具有跨学科综合能力的优秀师资队伍。充分发挥京津冀地区智力资源优势，推行学校、科研机构、行业协会和企业联合培养人才模式，建成若干邮政业人才培训基地，形成分层次、多领域的引才用才平台。推动出台实施邮政业就业创业和人才引进措施，把京津冀建设成国内外优秀邮政业人才聚集区。协调落实三地关于职业培训和职业技能鉴定补贴等优惠政策。

四、组织实施

京津冀三省（市）邮政管理局、国家局有关司局和直属单位要充分认识促进京津冀邮政业协同发展的重要意义，强化创新意识、改革意识、协同意识，努力开创工作新局面。国家局将完善工作机制，研究、协调解决影响京津冀邮政业协同发展的全局性重大问题。北京、天津、河北省（市）邮政管理局要切实履行主体责任，结合本省（市）实际情况，加大与本地交通运输、发展改革、财政、商务、公安、海关、税务、工商等部门的协调力度，加强组织领导，健全工作机制，明确工作抓手，形成工作合力，确保京津冀邮政业协同发展工作落到实处。

国家邮政局关于推动农村邮政亏损网点持续运营的若干意见

（2016年7月15日　国邮发〔2016〕74号）

各省、自治区、直辖市邮政管理局，中国邮政集团公司：

农村邮政网点是邮政网络的重要组成部分，也是邮政普遍服务的基础、邮政服务“三农”的优势和邮政事业发展的支撑。农村邮政网点持续运营，在保障农民用邮、改善农村生活、推动农业发展、保证政令畅通等方面发挥了重要作用。但是，由于部分农村网点地处位置偏远、经济落后、人口输出地区，传统邮政业务量少，运营成本负担重，造成网点收不抵支，甚至亏损严重，持续发展能力不足。为推动邮政普遍服务均等化发展，提升农村邮政服务水平，提高农村亏损网点运营能力，现提出以下意见。

一、加强农村网点运营保障和政策支持

邮政管理部门要积极采取措施，推动地方政府及其有关部门对农村网点的建设运营、服务平台建设等提供政策和资金支持。要积极协调有关部门运用财政、金融等政策手段保障农村亏损网点运营，重点争取农村亏损网点在普惠金融、电子商务等方面的准入待遇，以及在设施配套、税费减免等方面的政策支持。有条件的地区要积极争取地方财政支持，将农村投递服务纳入农村政府购买服务的范畴，将农村网点的乡邮员纳入公益性岗位。

二、推动农村网点构建综合服务平台

邮政管理部门要立足于社会主义新农村建设，积极协调地方政府和有关部门，为当地邮政企业提供相关政策支持和财政补贴，将农村邮政网点打造成功能完善的农村综合服务平台，推动农村地区各项生产生活服务的有机整合。邮政管理部门和邮政企业要结合地方实际，稳步推动农村网点电商服务、便民服务、"三农"服务、普惠金融服务的平台功能。在提供邮件收寄、报刊订投的基础上，电子化网点要逐步全面加载代理收费、电商购销等业务。具备合作条件的地区，要逐步加载代售车票、代办证件、代开税务发票等公共服务。具有市场需求的地区，还可以加强与相关行业监管部门沟通协调，利用农村网点提供多样化的代理保险、代售理财产品、代销基金等理财业务。

三、发挥农村网点优势服务农村电商

鼓励邮政企业依托邮乐网、邮掌柜系统以及淘宝、京东等线上资源，利用农村网点线下资源，加快打造线上线下一体化的邮政农村电商O2O平台，通过安装邮掌柜系统，逐步叠加邮政农村电商各项服务。支持邮政企业发挥邮政主渠道作用，将发展农村电商和实施精准扶贫相结合，依托网络优势，助力国家精准扶贫战略实施。鼓励邮政企业利用农村网点为群众提供网购集成服务、代开网店服务以及其他代办网上金融服务，使农村网点具备"商品销售+网络代购+农产品进城+公共服务+普惠金融"一体化的农村电商服务功能。要推动邮政企业大力发展农村电商包裹业务，促进邮政成为服务农村电子商务的物流配送的重要渠道，解决农村电商"最初一公里"和"最后一公里"问题，促进农产品进城和工业品下乡的双向流通。鼓励邮政企业依托农村网点资源，为农村电商提供包装、仓储、运输标准化、定制化等一体化服务。

四、整合农村网点资源推动邮快合作

邮政管理部门要以市场需求为主导，深挖邮政企业与快递企业的各自优势，了解双方合作意愿和诉求，发挥政府沟通协调作用，推动双方开展互补互惠互利的业务合作。邮政企业要支持农村网点拓展服务内容，助力快递向西下乡发展，结合市场需求和自身能力，开展农村快件的代收代投服务，推动将农村网点纳入农村快件公共取送点范围。要鼓励省级邮政企业和快递企业出台整体合作方案，营造邮政与快递优势互补、互惠合作的良好氛围。邮政管理部门要促进双方通过合作，加快农村网点的功能拓展和技术升级，通过整合资源，推动交通、邮政、快递的资源整合和统筹衔接，发挥出农村网点的功能集群作用和网络规模效应。

五、推动农村邮政网点设施设备提升

邮政管理部门要稳步实施"十三五"邮政普遍服务基础设施项目，对西部和农村地区邮政网点改造4245处、危旧县局房改造233处、邮运和投递车辆更新和新增10760辆。要持续抓好空白乡镇补建网点的运营监管，继续创造条件落实补建网点的产权移交工作，对补建网点运营情况进行长期跟踪。对具备代办邮储条件的补建网点，要积极配合协调相关部门申请办理。邮政企业要加快农村网点信息化建设，以科技创新推动传统服务转型升级。要加快开展农村网点的电商包裹自提点建设或配备自助服务设备，逐步向快递企业开放使用。邮政管理部门要支持邮政企业在农村地区增设邮政代理金融网点，布放离行式自动取款机（ATM）或存取款一体机（CRS），提供多功能的金融服务，满足农村群众存取款、转账、缴费等金融服务需求。

六、加强邮政普遍服务和特殊服务补贴资金管理

国家邮政局加强与财政部门的沟通，推动建立科学合理邮政普遍服务补贴机制。邮政企业要按会计准则准确核算收入、成本，要将农村亏损网点的数量和亏损情况按年度向同级邮政管理部门进行报告。在确定农村网点亏损范围时，要将邮政网点的邮务类业务收入、金融类业务收入、代办类业务收入以及其他网点收入全部纳入邮政网点收入。邮政企业要认真履行邮政普遍服务和特殊服务义务，加强邮政普遍服务和特殊服务补贴资金管理。在使用和分配普遍服务补贴的过程中，要合理向西部和农村地区网点倾斜，向承担邮政服务的基层企业和生产一线倾斜，保障农村亏损网点运营条件，维护农村亏损网点员工的积极性和稳定性。

国家邮政局办公室关于鼓励邮政服务农村电子商务的意见

（2016年7月27日）

各省、自治区、直辖市邮政管理局：

农村电子商务是邮政服务创新发展的重要内容。近年来，农村电子商务发展迅速，对邮政服务提出了新的更高要求。发挥邮政网络优势，服务农村电子商务，符合邮政发展战略，是贯彻“四个全面”战略布局，落实五大发展理念，深化邮政改革的客观要求；是提升邮政普遍服务供给的有效性和适应性，推进普遍服务均等化和便捷化的重要手段。目前，邮政服务农村电子商务的全网效应尚未形成，政企合力与资源整合依然不足，网点规模与服务质量仍需提升，邮政基础设施效力没有充分发挥。为贯彻《国家邮政局关于促进邮政服务创新发展的若干意见》要求，发挥邮政基础设施供给效应，创造普遍服务发展机遇，推进邮政服务农村电子商务发展，现提出以下意见。

一、统一思想认识，形成政企合力。邮政发展农村电子商务是基于覆盖城乡的邮政网络而创新发展的成果，推动邮政服务农村电子商务是邮政管理部门的职责。邮政管理部门要与邮政企业形成合力，将邮政普遍服务创新与农村电子商务发展有机结合起来，把邮政企业打造成农村电子商务的主渠道。要加强对邮政服务农村电子商务的指导和支持力度，全面总结本地区邮政服务农村电商的经验做法，加强地区间交流借鉴，引导邮政企业进一步发挥自身优势，建立适应本地区发展情况的服务农村电商机制模式。要及时了解本地区邮政服务农村电商遇到的问题，发挥政府部门优势，协调解决实际问题。

二、明确发展目标，加强部门协同。邮政的网络优势在农村，邮政发展电子商务的优势也在农村。邮政管理部门要加强与地方政府和商务、农业、扶贫、发改、财政、交通等相关部门的沟通与协作，形成多部门共同推进农村电子商务的合力。要积极推动邮政企业把农村电子商务作为新的增长极，把邮政渠道建设成农村电子商务发展的主渠道，把邮政企业建设成服务农村电商的主力军。随着电子商务进农村综合示范的深入推进，将有越来越多的地方将示范项目、物流体系建设交与邮政企业承接。各地邮政管理部门要及时跟进，积极参与地方农村电商规划的编制，推动邮政企业对接相应的项目工程，同时，积极引导社会资本完善邮政服务农村电商的渠道。

三、立足行业实际，制定保障政策。去年以来，北京、内蒙古、山西、福建、广东、四川、陕西、甘肃、宁夏、云南等地省、市两级政府出台加快农村电子商务发展的相关政策文件40余份。邮政管理部门要立足邮政在农村地区的服务优势，结合当地经济发展的实际需求，积极推动将邮政服务农村电子商务纳入地方政府经济社会发展议程，纳入地方民生工程，纳入地方财政配套补贴范畴。邮政管理部门要制定完善配套政策和措施，建立部门协同工作机制，依靠地方、密切沟通，保障相关政策落地，抓出实效。

四、服务地方经济，聚焦农品进城。邮政管理部门要积极引导邮政企业服务地方经济，着力发展农产品进城电商业务。各地邮政企业积极探索服务农村电商模式，在推动农产品进城方面取得了大量成功的经验。广东韶关邮政搜集农村散户自家特色食品，提供设计包装、宣传推广、寄递配送，远销多省；辽宁铁岭设立“邮农丰专业合作社”，为合作社社员提供金融服务、便民服务和农产品返城服务。邮政管理部门要推动邮政企业聚焦农产品进城，或直接对接农业合作社、小微企业，提供平台销售与寄递服务；或向农产品电子商务经销商提供仓储、营销、金融等各环节配套服务；或与地方商务部门、农业部门合作，自主开发地方特色农产品；或创新农村金融服务方式和内容，更好地满足农村电商市场主体的需求。

五、发挥网络优势，构建电商体系。邮政管理部门要鼓励和支持邮政企业依托邮乐网、“邮掌柜”系统、便民服务站系统和分销渠道资源，加快打造线上线下一体化的邮政农村电商O2O平台。要支持邮政企业依托县、乡、村三级邮政基础设施，科学布局农村地区的仓储网络，建设农村电商邮政寄递网，解决农村电商“最初一公里”和“最后一公里”问题，形成以市（县）级为节点的基础性农村电商运营中心，促进城乡有效联动。要以邮政乡镇网点为基础，提升镇级电商配送能力，配置配送车辆。要整合村级邮政服务站点，加载村级电商服务功能或配备自助服务设施，构建统一的邮政农村电商公共服务体系。

六、扶持特色产业，服务精准扶贫。邮政管理部门要在精准扶贫上加大对邮政企业的扶持和指导。要推动邮政企业在电商平台建设的基础上，加快发展农村物流，扶持地方特色产业发展，帮助农民脱贫增收。浙江邮政建设农村电商生态链，积极创新农品销售方式，搭建生鲜农品区域内时限供应，提供干货农品全网寄递服务；积极联手农业企业，畅通集中生产农品批量进城，寻求开发农家渠道，揽收农村散户农品整合进城；开发休闲农业与乡村旅游，因地制宜将用户请进菜园子，推动农业公益性服务创新供给，得到中财办、中农办等部门的好评。要开拓思路，结合“农产品送出去”和“消费者请进来”，配套发展农业休闲体验与农副产品展示交易，发展农业邮政文化和特色寄递产品。

七、用好补建网点，强化平台效应。空白乡镇补建网点是邮政服务不可或缺的节点，是服务农村电子商务的重要平台。邮政管理部门要推动邮政企业利用好补建网点，避免重复建设，避免补建网点无所事事，将补建网点建设成农村电子商务的中转点、仓储点、配送点。西藏林芝邮政利用38个补建网点发展商超业务，有效保障了补建网点的持续运营；湖北宜昌依托补建站点举办“乡邮会”，定期宣传促销。邮政管理部门要跟进监督与积极引导，推动邮政企业开展补建网点服务农村电子商务试点，协调相关部门给予政策倾斜，开展现场办公和实地调研，努力发挥好试点示范作用，推动试点长效可持续运行。

八、带动寄递发展，强调网络建设。农村寄递网络是邮政服务创新发展的有力支撑，是服务农村电商的根本保障。邮政管理部门要督促邮政企业坚守普遍服务职责，夯实寄递优势，巩固核心竞争能力。要推动邮政企业提高投递频次，降低投递时限，提高农村投递效率，提升农村终端服务水平。要推进农村地区邮政车辆更新，加快落实中央对投递车辆配置的投资。要指导邮政企业设计农产品适用邮路，提升农品寄递品质，优化中转环节，加大农品时效配送补贴。要有序推动邮政快递合作试点，鼓励邮政企业有偿开放农村配送投递网络，为社会快递公司和电商企业提供代投、代收等市场化服务，巩固邮政农村电商配送的主导地位。

九、及时总结经验，加大宣传力度。邮政管理部门要指导邮政企业总结服务农村电商的经验做法，梳理思路，提炼模式，引导邮政企业有效服务、精准扶贫，发挥普遍服务网络惠民便民的基本属性。要加大对典型案例、亮点做法的宣传力度，以邮政服务农村电商为切入点，诠释邮政普遍服务与时俱进的发展内涵，赋予邮政普遍服务扎根于群众、服务于时代的重要意义，提升社会关注度和参与度，为邮政服务创造利好的社会发展环境。

国家邮政局关于加快长江经济带邮政业发展的指导意见

（2016年11月1日　国邮发〔2016〕99号）

上海、江苏、浙江、安徽、江西、湖北、湖南、重庆、四川、云南、贵州省（市）邮政管理局：

邮政业是国家重要的社会公用事业，是推动流通方式转型、促进消费升级的现代化先导性产业，在长江经济带建设发展中发挥着重要的基础性作用。为深入贯彻落实《长江经济带发展规划纲要》和《国务院关于依托黄金水道推动长江经济带发展的指导意见》，促进长江经济带邮政业持续健康发展，现提出以下意见。

一、重要意义

长江经济带横跨我国东中西三大地带，覆盖上海、江苏、浙江、安徽、江西、湖北、湖南、重庆、四川、云南、贵州等11省市，面积、人口和国内生产总值分别占全国的21%、42.9%和41.6%，邮政业营业网点和业务总量均接近全国的50%。“十二五”期间，长江经济带邮政业发展速度较快，业务总量年均增长34.2%，高出全国增速近3个百分点，其中快递业务量年均增长58.8%，高出全国增速4个百分点。但总体上看，长江经济带邮政业发展不能满足区域经济快速增长的需要，有效供给能力不足，上中下游行业发展水平差距较大，沿海沿江国际化进程推进缓慢，内陆节点城市中心枢纽辐射作用发挥不足，与长江经济带建设的目标要求相比仍有较大差距。

加快长江经济带邮政业发展，有利于挖掘长江中上游地区内需潜力，促进经济增长空间从沿海向沿江内陆拓展；有利于优化长江经济带邮政业资源配置，提高网络运行效率和行业服务水平；有利于推动传统邮政业向现代邮政业转型升级，激发邮政、快递领域创新活力，对于建成与小康社会相适应的现代邮政业，打造现代服务业新的增长点，更好地服务于长江经济带发展具有重要意义。

二、总体要求

（一）指导思想

全面贯彻党的十八大和十八届三中、四中、五中全会精神，认真落实国家推动长江经济带发展的战略决策部署，按照"五位一体"总体布局和"四个全面"战略布局要求，牢固树立和贯彻落实创新、协调、绿色、开放、共享的发展理念，加快推进邮政业供给侧结构性改革，更好地服务于长江经济带绿色生态廊道建设和产业转移，着力优化寄递网络布局，推进邮政市场开放共享，推动邮政绿色安全发展，促进邮政业转型升级提质增效，促进流通转型和消费升级，为长江经济带构筑区域协调发展新格局、拓展发展新空间、塑造开放新体系、培育增长新优势做好服务支撑。

（二）基本原则

改革引领，创新驱动。以改革激发活力、以创新增强动力，推动行业供给侧结构性改革，扩大有效供给和中高端供给，增强供给结构适应性和灵活性，促进产业转型升级。坚持制度创新、科技创新，发挥重点领域先行先试的示范效应。

市场主导，区域协调。充分发挥市场对资源配置的决定性作用，推动邮政市场各类要素跨区域有序自由流动和优化配置。以沿江综合立体交通走廊为支撑，促进长江上中下游地区寄递网络顺畅衔接、高效协同，提升服务水平。坚持安全发展，加强安全监管工作区域协作配合，有效提升安全管控水平。

产业联动，融合发展。聚焦长江经济带产业结构转型升级和世界级产业集群发展，发挥邮政业联结生产和消费的纽带作用，促进上中下游产业协作联动，推进邮政业与制造业、现代农业和电子商务、物流金融等现代服务业融合发展。

开放共享，绿色发展。落实长江经济带双向开放战略，大力发展跨境寄递服务，融入全球物流体系。提升长江中上游邮政服务均等化水平，推进快递城乡普惠发展。坚持绿色发展，因地制宜综合利用各种运输方式，推进绿色包装，把节能减排、保护环境贯穿到邮政业各领域、各环节。

（三）发展目标

到2020年，长江经济带邮政行业基础设施服务能力显著提升，邮件、快件寄递服务水平显著提升，邮政业对区域经济社会发展的服务支撑作用显著增强，基本构建形成与全面建成小康社会相适应、满足长江经济带发展要求的现代邮政业服务体系。上中下游地区寄递服务能力和水平差距逐步缩小，长江三角洲、长江中游、成渝、黔中、滇中城市群内重点城市间实现快递48小时送达。城市地区按规定基本实现包裹投递到户，有条件的农村地区总体实现建制村邮件直投到村。主要品牌快递企业电子运单使用率超过90%，电商快递使用可降解塑料包装的比例超过30%。

到2030年，将长江经济带建设成为我国邮政业转型升级发展的示范带、创新驱动融合发展的示范带和全方位对外开放先行示范带，带动我国现代邮政业健康可持续发展，推动实现由邮政大国向邮政强国迈进。

——邮政业转型升级发展示范带。依托长江经济带日趋完善的交通运输网络，围绕产业转型升级提质增效，推动邮政业由要素驱动向创新驱动转变，加快传统邮政业改造提升和现代邮政业发展，推动长江经济带成为我国邮政业跨越式发展的示范带。

——邮政业创新驱动融合发展示范带。立足长江上中下游地区的比较优势，围绕创新驱动战略，聚焦承接产业转移和产业集群发展，拓展产业链、供应链和服务链，推动寄递服务向价值链高端延伸，向专业化、精细化和高品质转变，推动长江经济带成为我国邮政业与关联产业融合发展的示范带。

——邮政业全方位对外开放先行示范带。用好长江海陆双向开放的区位资源，发挥长江三角洲地区快递产业辐射引领作用，强化国际快递货运枢纽功能，加快实施邮政快递"走出去"战略，加强与"一带一路"战略的衔接互动，推动长江经济带成为我国邮政业对外开放的先行示范带。

三、完善基础设施和服务网络

（四）构建邮件、快件高效运输网络。围绕长江经济带综合立体交通走廊建设，依托上海、南京、连云港、徐州、合肥、杭州、宁波、武汉、长沙、南昌、重庆、成都、昆明、贵阳等全国性综合交通枢纽城市，优化布局建设沿江邮件、快件集散中心、分拨中心等寄递服务设施，提升沿江、沪瑞等综合运输大通道的邮件、快件处理能力和干线运输效率。发挥黄金水道运量大、成本低、通用性强、绿色环保等优势，因地制宜发展水路邮件、快件运输，推动多式联运加快发展。鼓励企业开发适于长江内河航运的寄递产品，增强服务的适用性和有效性。加快推进既有设施升级改造，提高邮件、快件装卸、集散、分拨处理能力，增强网络的稳定性。

（五）统筹基础设施与交通枢纽建设。发挥梯度优势，引导支持企业在上中游地区建设全国性集散中心、呼叫中心、研发中心和人才培训中心。推动交邮协同发展，统筹邮件、快件处理中心等基础设施与铁路、公路、水路、民航枢纽的同步建设，加强机场、汽运站、火车站、港口码头快件绿色通道和快件装卸、接驳、仓储功能区配套建设。依托成都、武汉、上海等长江上中下游三大机场群，积极推动航空快递货运枢纽建设，加快推进湖北国际物流核心枢纽建设，构建覆盖全国、联通国际的快递航空运输网络。

（六）完善寄递服务末端基础设施网络。加快推进西部、农村地区以及国家新型城镇化综合试点地区寄递服务网点建设改造。加强革命老区、民族地区、边疆地区和集中连片特殊困难地区邮政基础设施建设。实施“快递下乡”工程，基本实现乡镇快递网络全覆盖。整合村邮站、邮政农村电商服务站、便民服务站等服务设施，推动建立邮政综合服务平台。通过农村客运班线搭载快件，降低运输成本。支持企业建设标准化、规范化、信息化服务网点和智能化服务设施，推进快递服务进社区、进校区、进商区。

四、促进邮政业转型升级

（七）提升服务能力支撑产业发展。围绕长江经济带产业有序转移和安徽皖江、江西赣南、湖北荆州、湖南湘南、重庆沿江、四川广安等国家级承接产业转移示范区建设，结合电子信息、高端装备、汽车、家电、纺织服装等世界级产业集群和生物技术等战略性新兴产业发展，鼓励探索实践产业发展和快递服务无缝对接模式。依托物流节点城市，布局建设快递专业类物流园区，规划建设一批具有较强规模效益、示范效应和辐射带动作用的快递集散枢纽和物流中心。开展综合类、专业类等快递物流园区示范，增强对长江经济带特色优势产业的服务和配套支撑。

（八）实施创新驱动推动产业融合发展。创新寄递产品供给和服务模式，推动邮政业与现代制造业、现代农业、信息金融和交通运输融合发展。围绕长江下游平原、两湖平原、四川盆地、云贵高原特色农业区建设，积极发展农商寄递服务，推进特色农产品快递物流体系建设。把握长江三角洲、长江中游、成渝、黔中和滇中等城市群大区域发展格局，探索寄递服务“大同城、大交换”发展模式。实施长江经济带“互联网＋”邮政战略，引导企业依托网点资源，加强物联网、移动互联网、大数据技术应用，促进“线上线下”产运销联动发展。大力发展代收货款、快递保险、合同物流、冷链物流等服务，有序开展快递投递众包。

五、推进邮政市场开放共享

（九）加强跨境寄递服务能力建设。加强各类口岸国际互换局（交换站）和国际快件监管区建设。支持建设贵阳、磨憨、瑞丽等国际邮件互换局（交换站），加强上海、武汉、重庆等国际邮件互换局（交换站）能力建设。积极推动国际快件转运中心建设，鼓励快递企业加快自主国际航空快递网络建设。加快推进中欧班列运输邮件、快件试点工作。发挥上海及长江三角洲地区机场国际航空优势，依托长江中游城市群、成渝城市群等重点区域铁路国际货运班列资源，发挥云南面向南亚东南亚快递物流辐射作用，大力拓展跨境寄递业务。充分利用自贸区、海关综合保税区、电子口岸、一站式通关等基础设施功能和政策优势发展跨境寄递服务，推动与跨境电商联动发展。

（十）提升寄递服务普惠共享水平。推动邮件投递深度向下延伸，提升长江经济带邮政普遍服务均等化水平。增强快递普惠程度，推动快递企业“向下”和“向西”拓展业务，鼓励长三角地区率先实现快递进村入户，增强中上游地区乡（镇）快递网点覆盖广度和投递深度。鼓励末端服务创新，健全城镇末端网络，支持企业发展智能快件箱（信包箱）、综合配送服务点、合作共建末端门店、商务楼宇管家式服务等快递末端配送服务模式。推动邮政基础设施向社会开放使用。鼓励邮政企业以市场为导向，与快递企业建立互利共赢、服务规范的合作机制。

六、推动邮政绿色安全发展

（十一）强化环保应用和节能减排。在长江经济带率先开展绿色包装试点，鼓励企业采用清洁技术，使用绿色环保包装材料，建立包装物回收体系，推进包装绿色化、减量化、可循环。大力推广使用电子运单。引导企业整合配送资源，提高铁路、水路运输在邮件快件运输中的比重。推进共同配送、甩挂运输等先进组织模式在邮件快件运输中的应用。推动企业在中转盘驳、末端配送等环节推广使用新能源和清洁能源车辆。推广使用节水节能节材技术，推动基础设施节能改造。

（十二）加强行业安全监管。建立健全行业安全防控体系，全面落实企业安全主体责任、政府安全监管责任和用户安全用邮责任，提升安全监管效能。加强寄递服务用户个人信息安全管理。实施寄递渠道安全监管“绿盾”工程，提升执法装备水平和监管信息化水平。建立综合应急机制，提高应急处置能力。推动寄递渠道安全监管纳入地方综合治理考评体系。

七、健全政策制度保障体系

（十三）统筹协调区域发展体制机制。统筹长江经济带邮政、快递基础设施规划布局。推动地方各级政府将快递专业类物流园区、快递集散中心等设施纳入土地利用总体规划和城乡规划。推动探索区域大通关协作机制，积极参与长江经济带范围内自贸试验区、跨境电子商务综合试验区建设。加强区域间沟通机制建设，建立长江经济带邮政业发展联席会议制度。建立长江经济带跨区域协作监管机制，加大联合执法检查力度。研究建立长江经济带行业人才培育共享机制，着力发挥区域人才整体合力。

（十四）加大简政放权改革力度。按照本系统推进简政放权、放管结合、优化服务改革的工作方案，结合区域实际，精心组织实施，确保邮政行政审批制度改革落实到位。严守行政许可法定时限，推行审批时限承诺制度。扩大长江经济带快递业务经营许可绿色通道范围。相关省（市）局执行邮政业市场准入负面清单，以国家邮政局权力、责任清单为基础，组织编制本辖区邮政行政管理权力清单和责任清单。部署打造邮政政务服务“一张网”，实现行政服务事项预约、申报、办理、查询等全流程网上运行。

（十五）加大政府财税资金支持力度。争取中央和地方政府对长江经济带邮政普遍服务、基础性公益性快递基础设施以及技术创新项目的资金支持。争取对重要的快递服务基础设施建设项目减免城市基础设施配套费。支持符合条件的重点快递建设项目申请国家、省（直辖市）和省辖市服务业发展引导资金或物流业发展专项资金等。积极争取快递物流园区在长江经济带中央和省级开发区内落地。

（十六）鼓励快递基础设施建设投资主体多元化。加大对长江经济带快递企业的金融支持力度，推动金融机构增加对重点快递企业的授信额度，扩大贷款规模。鼓励快递企业通过产业投资基金、发行企业债券、私募股权投资、重组上市、采用PPP模式等多种渠道筹措资金建设快递基础设施。支持快递企业通过股份制改造、股权转让吸纳社会资金。

国家邮政局关于促进邮政行业科技创新工作的指导意见

（2016年11月7日　国邮发〔2016〕101号）

各省、自治区、直辖市邮政管理局，中国邮政集团公司，各主要快递企业：

科技创新是深化邮政业供给侧结构性改革的重要依托，是推进邮政业转型升级、提质增效的关键支撑。“十二五”时期，邮政业科技创新步伐加快，科技进步带动了生产组织和服务模式调整变革，推动了运营能力和管理水平大幅提升，对促进邮政行业持续快速发展发挥了重要作用。但与此同时，邮政业科技创新基础薄弱、统筹规划不够、主体意识不强、科研投入不足等问题仍然较为突出，科技创新在促进行业发展中的支撑引领作用远未得到充分发挥。为全面实施创新驱动发展战略，加快提升邮政行业科技创新能力，加速推进与小康社会相适应的现代邮政业建设，现提出以下意见。

一、总体要求

（一）指导思想。深入贯彻全国科技创新大会和习近平总书记关于科技创新系列重要讲话精神，全面落实《“十三五”国家科技创新规划》总体部署和邮政行业科技创新座谈会任务要求，紧紧围绕建成与小康社会相适应的现代邮政业目标，充分发挥科技创新在全面创新中的引领作用和企业在科技创新中的主体作用，加强政府引导，完善体制机制，促进科技创新活力释放，着力推进邮政业“六化”建设进程，着力促进行业节省人力、节省时间、节省成本，着力推动行业增加服务品种、提升服务品质、打造服务品牌，开创邮政业科技创新工作的新局面，推动我国加快从邮政大国向邮政强国迈进。

（二）基本原则。

坚持需求导向。紧扣邮政业发展重大需求，加强关键核心共性技术研发和科技成果转化应用，增强科技创新对邮政业经济增长、转型升级的贡献度。

坚持企业主体。突出企业在科技创新决策、研发投入、科研组织和科技成果转化等方面的主体作用,不断增强企业创新动力、创新活力和创新实力。

坚持政府引导。推动政府职能从研发管理向创新服务转变,更好地发挥政府在拟定战略规划、制定政策标准、组织重大攻关和开展服务交流等方面的作用,营造科技创新良好环境。

坚持协同创新。推动企业、科研机构、高等院校等创新主体协同,人才、技术、资金等创新要素协同,大众创业、万众创新与科技创新协同,加速释放创新潜能,培育新动能。

(三)发展目标。到2020年,邮政行业科技创新能力大幅跃升,科技创新驱动行业发展成效显著,有力支撑全面建成与小康社会相适应的现代邮政业目标实现。

——科技创新体制机制进一步完善。企业更多参与重大科技计划项目和技术标准研制,科技专家决策咨询作用充分发挥,科技管理工作体系和沟通协调机制不断健全,科技成果交流平台运转顺畅,促进科技成果转化法在行业内深入实施。

——科技创新能力进一步增强。研发投入明显加大,R&D经费总额比2015年翻一番;行业创新能力布局进一步优化,建成一批工程技术中心和3—5个行业科研基地;创新型人才队伍不断发展壮大,科技创新整体效能大幅提高。

——科技应用水平进一步提升。行业主要企业基本实现内部生产自动化、服务设施设备智能化;客户服务、企业运营和行业管理的信息化水平基本达到国际先进水平;邮件快件包装规范化、绿色化水平显著提升,包装材料循环利用率稳步提高。

——科技进步贡献率进一步提高。科技创新步伐明显加快,在与行业发展关联度大和带动性强的关键技术领域取得重大突破,科技创新成为行业发展的主要支撑和引领力量,行业科技进步贡献率提高5个百分点。

二、重点任务

(四)推进服务智能化。推进"互联网+"战略,鼓励企业开发基于互联网和移动互联网的应用平台,丰富自助下单、全程跟踪、电子支付、用户投诉与赔偿、产业互联等服务功能,提高用户满意度。推广应用二维码、电子签名、RFID等新技术,提升寄递服务的便捷性和安全性,保护寄递用户个人信息。支持企业应用智能快件箱、智能信包箱等,提供7×24小时投递服务,拓宽服务渠道。引导企业实现服务环节数据信息共享,不断提高作业精益化水平。深入开发基于互联网和移动互联网的质量通报、统计分析等服务功能,及时发布行业发展、服务动态等信息,促进行业管理、信息服务智能化、便利化。

(五)促进生产自动化。推广应用自动装卸、传输和分拣等先进设备,提高装备水平,提升作业效率。加大智能柔性设备投入,优化作业流程,降低劳动强度。在业务集中度高、处理量大的分拨转运等中心,积极应用集成技术,实现邮件快件的自动分拨和快速转运。深入推广数据分单、数据派单等技术应用,提升生产效能,提高运行效率。加大对生产流程的优化调整力度,提前接入并预先处理收寄验视、安全检查、海关申报等相关数据,强化安全防范措施,提升安全防范能力和水平。

(六)实施协同信息化。推动邮政业加快融入生产、流通和消费等环节,形成内嵌式的协同作业模式和标准化的协同作业流程,提升协同处理能力。实现与关联产业的信息互通和共享,实时掌握服务需求,高效调配生产人员、运输车辆和仓储场地等资源,提高服务响应速度。依托信息化手段,加强高峰时期重点地区寄递服务信息反馈与预警,引导关联产业采取分流调节等措施,共同保障服务质量。为关联产业提供代收货款、逆向物流、仓配一体化、供应链管理等增值服务,拓展服务空间,更好推动产业链上下游协同发展。

(七)推动运输高效化。积极衔接现代综合交通运输体系,大力实施"上车、上船、上飞机"工程,拓展服务网络,提高运载效率。按照统筹学原理,运用大数据仿真,设计最优路网拓扑结构,优化企业运输网络,高效运用飞机、火车、汽车和轮船等不同运输资源。推动处理中心、运输通道、接驳场所等与交通运输枢纽同步规划同步建设,提升基础设施服务能力。发展高铁快递和电商快递班列,加大专用装卸设备投入,优化安检、装卸和盘驳流程,提高作业效率。推广应用标准化集装容器,积极开展多式联运、甩挂运输和甩箱运输试点,提高转接速度,推动邮政业集约化运营。

(八)倡导运营绿色化。大力推广电子运单,提高电子运单的使用占比,降低运营成本,提高服务效率。支持研发生产绿色化、减量化和可循环使用的包装材料,推广使用环保车、环保箱和环保袋,减少环境污染。鼓励企业推广使用中转箱、笼车等设备,减少编织袋和胶带的使用。在中转盘驳、城市配送等环节推广使用电动车辆,研究推广绿色环保车型和新型电池,提高电动车辆的安全性能和续航能力。

在分拨中心、数据中心、管理中心等场所推广应用节水、节电和节能等新技术设备，实施能源管理，降低能源消耗。

（九）实现管理科学化。加快大数据及云平台等基础设施建设，推动信息化应用向"邮政云""快递云"平台迁移。充分运用云计算、大数据等信息技术，优化整合邮件快件全生命周期数据，及时监测分析业务发展、内部运营和服务能力等变化情况，提高管理决策的针对性、科学性和时效性。进一步挖掘业务数据的实用价值，精准研判用户需求和市场潜力等信息，为客户提供特定行业发展态势、特定用户群体消费行为分析等个性化服务，培育新的业务增长点。加强邮政业基础核心大数据处理、挖掘和可视化等关键技术研发，提升行业安全监管能力，提高业情研判水平。

三、保障措施

（十）加强顶层设计。组织开展邮政业科技发展战略和技术研发体系研究，搭建涵盖基础通用、关键共性、典型应用等多层次多领域的研发架构，建立行业科技创新项目库，引导和支持各类企业、科研院校有效开展科技攻关工作。推动形成大中小企业共同参与、产学研用紧密结合、政府部门有机衔接的行业科技创新工作格局。

（十一）强化重大问题研究。聚焦行业科技发展战略性、基础性、前瞻性重大问题，集中优势资源，在智能服务终端、自动分拣设备、枢纽型基地业务与技术集成、关联产业垂直解决方案、实名制信息化解决方案、云计算大数据研发、包装新材料新工艺设计等方面，加强攻关、推动试点、实现突破。利用社会资源，建立专家库，成立专家组织，充分发挥专家组织对重大问题研究的智力支持作用，逐步建立科技咨询支撑行政决策的工作机制。

（十二）推进标准化工作。贯彻落实国务院深化标准化工作改革方案，建立科学合理的邮政业标准体系。整合强制性标准，优化完善推荐性标准，增加邮政业专用车辆、环保包装、冷链服务、信息化建设等标准的有效供给。推进标准复审工作，及时修订过时老化标准，提高标准的有效性。培育发展团体标准，鼓励地方性行业组织在技术创新活跃、增值服务发展蓬勃的领域先行先试。放开搞活企业标准，推动企业进行产品和服务标准的自我声明公开。持续推进标准制修订工作，更加注重标准的实施和监督。

（十三）加大政策支持。积极主动与发展改革、科技、工信、商务等部门沟通，反映行业科技创新诉求，着力争取科技创新政策支持。引导企业充分利用科技研发资金、服务业发展引导资金、信息化发展专项资金、中小企业创新基金以及研发费用税前加计扣除等现有扶持政策，开展重大科技创新活动，推进重大科技成果转化。支持具备条件的企业建设市、省、国家三级企业技术中心，享受高新技术企业税收优惠等相关政策。

（十四）培育创新人才。通过与高等院校共建现代邮政学院、邮政研究院、增设邮政快递专业等方式，大力培养科技创新人才。发挥邮政行业科研院所在科技研发中的骨干作用，鼓励企业与科研院所、高等学校联合组建产业技术创新联盟，合作开展技术研发，联合培养科技创新人才。加大科技培训力度，提升全行业科技创新意识和创新能力。支持企业建设工程技术中心，鼓励行业协会开展科技奖励和表彰等活动，引导企业加强知识产权管理，强化激励机制，保障合法权益，调动科研人员积极性。

（十五）构建交流平台。支持行业协会、媒体等利用峰会、论坛等形式，为产学研用合作牵线搭桥，推进科技成果转化运用。鼓励科技服务机构为中小企业提供技术信息、技术咨询和技术转让等服务，提升中小企业创新能力。推进相关机构加强对包装材料、服务设施设备、运载工具等研发产品的质量检测，为科技创新提供支撑服务。设立交流平台，开放共享科技信息资源，强化技术交流。加强国际科技交流与合作，通过"走出去、引进来"，拓宽视野，借鉴经验，提高创新水平。

（十六）做好宣传工作。发挥行业内外主流媒体作用，开设科技创新宣传专题、专栏和专版，创新宣传形式，丰富报道内容。宣传展示国内外邮政业重大科技创新成果、优秀科技创新人物和典型科技创新事迹，进一步形成尊重知识、尊重人才、尊重创造的良好风尚，激励全行业开拓进取、争创一流。加大宣传报道力度，着力营造崇尚科技、敢于创新的浓厚氛围，大力弘扬敢为人先、宽容失败的创新精神，吸引更多人才从事创新创业活动，激发创新创业活力，推动大众创业、万众创新。

四、组织实施

各级邮政管理部门及邮政、快递等企业要把创新摆在行业发展全局的核心位置，加强组织领导，健全工作机制，强化责任落实，扎实推进科技创新工作。邮政管理部门要跟踪本地区科技发展情况，加强与地方有关部门沟通协调，推动出台有针对性的支持措施并抓好落实。邮政企业和快递企业要制定企业科技发展战略和规划，明确企业科技发展方向，加大科技投入，增强研发能力，推动科技创新成果在企业推广应用。有关行业协会要创新服务方式，搭建科技交流合作平台，不断增强推动行业创新发展的动力和活力。

国家邮政局关于推动邮政业服务农村电子商务发展的指导意见

（2016年11月22日）

各省、自治区、直辖市邮政管理局，中国邮政集团公司、各快递企业：

邮政业是打通农村电子商务“最初一公里”和“最后一公里”的主渠道，具有重要的先导性和基础性作用。发展邮政业服务农村电商，是贯彻“四个全面”战略布局，落实五大发展理念，深化邮政业供给侧结构性改革的重要举措，是提升邮政业供给有效性和适应性，转变邮政业发展方式，推动行业转型升级的必然要求。为全面贯彻党的十八大和十八届三中、四中、五中、六中全会精神，落实《国务院关于促进快递业发展的若干意见》、《国务院办公厅关于促进农村电子商务加快发展的指导意见》等文件要求，推进邮政业服务农村电子商务发展，现提出以下意见。

一、加强农村地区末端网络建设

（一）加快实现村村直接通邮。按照中央有关要求，依照相关法律法规规定，以满足人民群众需求、符合客观现实条件、具备经济合理性为原则，制定建制村直接通邮统一标准。建立建制村通邮情况台账，确定各地区直接通邮的具体方式、标准和进度要求，明确各方责任，争取地方支持，逐步实现频次稳定、安全便捷、邮件投递到村的邮政服务。

（二）补齐农村地区快递短板。深入实施“快递下乡”工程，基本实现“乡乡有网点、村村通快递”。鼓励快递企业在乡镇直接设立快递网点。支持快递企业开展员工返乡设点。引导快递企业与第三方合作，或多家快递企业之间合作，在业务量较小的乡镇建立合作网点。支持农村地区发展快递服务众包众筹模式，规范引导农村淘宝等电商企业的农村线下服务点从事快递服务，完善农村末端快递服务网络。

（三）促进农村邮政快递合作。完善农村地区邮政快递合作模式，支持邮政企业为快递企业代理投递农村地区快件，鼓励邮政企业将农村邮政网点建设成平台开放的“快递超市”。支持邮政企业和快递企业（以下统称“寄递企业”）合作承接农村电商的物流项目。鼓励寄递企业在农村电商业务量较大的地区互相开放自提网点。

二、优化农村网络组织运行体系

（四）提升仓储分拣能力。支持寄递企业对地市和县级仓储配送中心进行升级改造，形成市县运营节点，促进城乡有效联动。引导寄递企业参与物流园区建设，加强与大型农产品、农资、农村消费品集散中心的有效对接。支持寄递企业利用农村客运站、货运站等交通基础设施建立仓储分拨中心。完善乡镇邮政网点的服务功能，打造上接县、下联村的中转节点，支撑农村电商的仓储配送。

（五）完善运输配送体系。健全寄递企业县级节点与上下游的运输组织网络，实现农村寄递网络与干线运输网络的有效衔接。鼓励寄递企业在业务流量稳定、流向集中的农村地区，加快推广定时、定点、定线的邮件快件班线模式，开展市县至乡镇、沿途行政村的双向运输配送服务，提高农村邮件快件寄递时效。鼓励寄递企业之间整合资源，合作开发运输线路或委托第三方运输。鼓励农村客运班车代运邮件快件。

（六）提高末端服务质量。鼓励寄递企业加大对农村运输和投递环节的投入，缩短农村地区邮件快件寄递时限，提高邮件末端投递水平。完善村邮站运行机制，加强村邮站的业务培训、技术支撑和质量监督。鼓励村邮站丰富功能，发展综合便民服务的同时，叠加邮件快件的接转投递及自提服务功能。鼓励快递企业提高农村收派件补贴，提高农村快递网点运营水平。

三、创建服务农村电商的知名品牌

（七）搭建农民脱贫创业平台。推动寄递企业发挥“邮政在乡”“快递下乡”优势，采取精准手段和连带方式，降低贫困地区创业成本，帮助贫困地区农民增收。鼓励寄递企业聚焦农产品进城，服务农业合作社、小微企业和农村散户，提供平台销售与寄递服务；联系地方商务部门、农业部门，自主开发地方特色农产品。支持寄递企业开展农村公益性活动。鼓励邮政企业开展关爱贫困地区小学生的“爱心包裹”项目，开展帮助贫困母亲的“母亲邮包”项目等活动。

（八）发展“互联网＋”农村寄递。鼓励寄递企业利用移动互联、物联网、大数据、云计算等信息技术，推动服务模式变革。引导寄递企业与涉农电商平台对接，在电商、金融、运输、寄递等领域开展合作，协力推动农村电商物流基础设施建设。鼓励寄递企业与电商企业的农村服务站点开展业务合作与设施共建，逐步形成包容开放、融合共享的“互联网＋”农村寄递体系。

（九）打造农村电商自有品牌。鼓励寄递企业设置自有农村电商平台，开设特色农产品网上销售频道。推动企业品牌和农产品品牌统一开发、统一建设，将农产品品牌由地域品牌向企业品牌转化。支持邮政企业依托邮乐网、邮掌柜、便民服务站和分销渠道资源，完善线上线下一体化的邮政农村电商服务体系。引导寄递企业重视品牌效应，拓展品牌内涵、提高服务质量，提升竞争能力，逐步形成各具特色、差异竞争的农村电商自有品牌。

四、完善邮政业服务农村电商模式

（十）发挥区域优势开展“农产品＋大同城寄递”。支持寄递企业结合自身区域优势，完善“农产品＋大同城寄递”模式，采取就近原则，立足便民惠农，通过网点广告、电商网站、微信公众号等形式销售寄递本地农产品，培育区域消费市场，服务当地农业发展。引导寄递企业与当地农村合作社、供销社等专业机构合作，提供定制化服务，支持当地农产品输出。对于集中生产的农产品，批量进城。对于散户生产的农产品，整合进城。

（十一）发挥渠道优势拓展快递服务现代农业项目。支持寄递企业与大型农业生产企业合作，试点开展快递服务现代农业示范项目，入驻现代农业示范区、农产品加工基地、农产品物流商贸基地，参与推动农产品规模化生产，提供“一体化”“一站式”服务。完善“现代农业＋快递”模式，推动形成“一市一品”、“一县一品”，增强服务地方经济发展的针对性和操作性，提升快递服务专业化、标准化、规模化水平。

（十二）利用速度优势开发特色农产品的原产地直供。支持寄递企业以原产地特色农产品为主要切入点，形成“一头对接农户，一头对接用户”的直供模式。推动寄递企业逐步形成一套适合“原产地”特色的策划、采购、销售、寄递流程，采取差异化寄递服务模式，生鲜农产品区域内限时寄递，干货农产品全网寄递。引导寄递企业以项目运作模式发展农产品冷链物流，大力发展常温和冰鲜农产品的直达寄递服务。

（十三）利用金融业务优势开发农村普惠金融特色产品。鼓励邮政企业在服务农村电商过程中为农民提供便民汇款、小额贷款、代收货款、便捷支付等邮政金融服务。支持邮政企业在补白网点开办代理金融业务，提高农村地区邮政金融服务覆盖率。鼓励邮政储蓄银行开发符合贫困地区发展特点的普惠金融特色产品，为农民提供小额贷款优惠政策。支持邮政储蓄银行试点开发农村地区土地流转经营权抵押贷款业务。

（十四）利用网点优势开展农村电商代购批销。鼓励寄递企业在农村网点开展便民代购服务，为农村用户创造网上购物的实惠与便利。鼓励寄递企业结合农村网点建设，建立批销商品体系，通过大数据引领，加快引入适合渠道批销的高频消费商品。鼓励邮政企业对“邮掌柜”系统的批销功能进行优化，完善订单结算等功能模块，提高村邮站、“邮掌柜”加盟店等农村服务点的积极性。

五、强化科技和信息应用支撑

（十五）提高运输配送装备的专业化水平。推广适合农村运输的经济适用车辆、标准化运载单元和专业化装卸设备，鼓励寄递企业根据实际需求使用电动车辆以及清洁燃料车型，加快淘汰安全隐患大、能耗排放高的老旧车辆，提升农村运输和配送的安全性、经济性。引导寄递企业评估现有网络环节和节点的操作能力，根据冷链物流发展需要增加多温层节能冷库、末端网点冷链设施和专业冷藏车辆。

（十六）推广应用绿色环保的农产品包装。引导寄递企业改进农产品的运输包装，在材料选择、包装设计等方面充分考虑绿色环保需要、农副产品特性和销售市场特点，促进包装与农产品特性、营销、品牌的有机结合。推广可折叠式、嵌套式包装箱，降低回收成本，提升回收效率。督促寄递企业按照国家食品安全相关要求，采购符合相关等级的食品包装材料。

（十七）推动信息整合和升级改造。鼓励寄递企业推进农村网点设备标准化，配备 PDA 手持终端，纳入信息化系统统一管理，实现基层网络节点的信息整合和升级改造，完善邮件快件信息跟踪。鼓励寄递企业与交通、农业、供销等行业电商信息系统实现对接，逐步建立农村电商供求信息共享机制，共同搭建农村物流信息平台。

六、加大政策保障支持力度

（十八）完善政策保障措施。加强与地方发改、财政、国土、商务、交通、农业、供销等部门的工作对接，争取地方在规划、财政、土地、项目、金融等方面给予支持。积极推动将寄递服务纳入地方政府农村电商项目。支持寄递企业参与“信息进村入户工程”建设，把符合条件的农村网点改造为益农信息社。推进各方扶持政策对邮政业的细化和落实。

（十九）争取财政资金支持。积极争取各级人民政府对农村电商寄递服务的财政投入，争取各地“电子商务进农村”综合示范资金、农村电商发展基金、“农产品进城”时效配送补贴等资金支持，争取地方政府对寄递企业的电商仓储配送中心建设、农村电商服务站建设、农村寄递网点建设、设施装备改造、信息系统建设、组织模式创新等项目给予资金扶持。争取建立交通、农业、供销等对农村电商寄递的资金支持渠道。

（二十）提升政府服务水平。深化“放管服”改革，依法完善农村地区快递网点末端管理机制，探索对农村快递服务公众满意度、快递时限准时率开展调查。加强安全监管，落实属地管理，督促寄递企业切实履行安全主体责任，保障寄递渠道安全畅通。支持寄递企业根据业务发展实际，制定适合农产品寄递的包装、运输等企业标准，参与行业标准体系建设。搭建与相关行业交流平台，推动人才培训、市场营销、质量监控等方面的交流合作。

邮政企业、快递企业要根据本意见，坚持市场主导、政府引导原则，充分发挥企业主观能动性，主动对接邮政管理部门，形成政企合力，因地制宜选择服务农村电商的推进路径和发展模式。各级邮政管理部门要统一思想、提高认识，以高度的政治责任感和历史使命感，把邮政业服务农村电商发展和全面建成与小康社会相适应的现代邮政业相结合，切实履行推进邮政业服务农村电商发展的工作责任，为农业升级、农村发展、农民增收做出贡献。要加强宣传、营造环境，提升邮政业服务农村电商的社会认知；总结经验、树立典型，对当地服务农村电商取得良好效果的典型企业、典型项目给予表彰。要结合实际制定本地区实施意见，加强统筹协调、细化目标任务、强化督促落实，确保邮政业服务农村电商工作顺利推进，取得实效。

国家邮政局办公室关于启动“中国快递示范城市”创建工作的通知

（2016年6月24日　国邮办发〔2016〕40号）

各省、自治区、直辖市邮政管理局：

为落实《国务院关于促进快递业发展的若干意见》（国发〔2015〕61号）文件精神，根据《国家邮政局关于开展“中国快递示范城市”创建工作的指导意见》（国邮发〔2015〕151号，以下简称《指导意见》）要求，国家邮政局决定组织开展“中国快递示范城市”创建工作。现就有关工作通知如下：

一、充分认识快递示范城市创建工作的重要意义

以城市为单位开展快递示范城市创建工作是新时期推进我国快递业发展的重要举措，有利于形成中央和地方共同推动快递强国建设的良好局面。通过创建一批“中国快递示范城市”，充分发挥地方政府政策集成和统筹协调优势，将为快递业营造良好发展环境，破除发展“瓶颈”，推动更好融入地方社会经济发展，形成全国示范效应。

二、主要任务

（一）优化快递业政策环境。出台地方促进快递业发展的政策，将快递业发展纳入本地区国民经济和社会发展规划，在用地、基础设施建设、车辆管理、人才队伍建设等方面为快递业提供保障，推动城市快递业可持续发展。

（二）健全快递服务网络。打造覆盖城乡、配套衔接、布局合理、便民惠民的快递服务网络。完善快递园区和分拨处理场所建设。破解城市快递服务末端配送难题，有效解决快递车辆通行、停靠问题，化解快递进办公区、居住区、校区难题，配套建设末端网点、智能快件箱等基础设施。

（三）促进产业协同发展。推进快递服务与电子商务、制造业、现代农业、跨境电子商务协同发展取得显著成效。实现快递与陆路、航空、铁路等交通运输方式有效衔接。

（四）提升快递业发展水平。快递业保持较快发展，快递业务量、业务收入年均增速达到20%以上。快递更好地服务地方经济社会。快递服务满意度达到较高水平。人才队伍建设取得突出成果。诚信体系建设工作有效开展。主要品牌企业城区网点基本实现标准化。信息化、智能化手段广泛应用。

三、有关工作程序

（一）提出申报。“中国快递示范城市”创建工作申报主体为城市人民政府。申报城市人民政府应在2016年7月15日前向省级邮政管理部门提交创建工作材料。直辖市的创建工作材料经直辖市人民政府书面同意后，由市邮政管理部门直接报国家邮政局。

（二）省级推荐。省级邮政管理部门根据有关要求对本省申报城市的创建工作材料进行初审，为审核通过的城市出具推荐意见，原则上各省推荐不超过2个城市。申报城市人民政府凭省级邮政管理部门推荐意见于2016年8月12日前向国家邮政局提出正式申报。创建工作材料包括：中国快递示范城市创建材料和基础信息表各一式五份（附电子版光盘1份）。

（三）组织评审。国家邮政局根据初审推荐情况，按照申报有关条件和要求组织专家对申报城市进行评审，研究确定一批城市开展创建工作。

（四）深化建设。入围创建名单的城市要按照《指导意见》的要求，深入推进示范城市创建工作。

（五）其他事项。前期已获得“中国快递示范城市”称号的城市，示范有效期自动延长至本期结束。

四、申报要求

申报城市需具备《指导意见》列明的申报条件。各地应高度重视快递示范城市创建工作，推动成立由城市人民政府牵头，邮政管理、发展改革、财政、交通运输等部门共同参与的组织协调机构。健全工作机制，指定专人负责示范城市创建工作，按要求填写有关材料。创建工作材料要突出特色和亮点，以纸质和电子版两种方式报送。纸质材料要加盖城市人民政府公章，电子版通过电子邮箱报送。

五、其他

入围“中国快递示范城市”创建工作的地区将优先推荐列入快递业相关试点示范项目，并享受国家邮政局其他相关优惠政策。

附件：1. 中国快递示范城市创建工作方案（略）

2. 基础信息表（略）

3. 相关指标解释（略）

国家邮政局办公室关于在赤峰等6个城市开展创新邮政与快递合作模式综合试点工作的通知

（2016年7月12日　国邮办发〔2016〕46号）

内蒙古、辽宁、浙江、江西、湖北、四川省（区）邮政管理局：

为全面贯彻落实《国务院关于促进快递业发展的若干意见》（国发〔2015〕61号）关于“支持邮政企业和快递企业创新合作模式，充分利用现有邮政网点优势，提高邮政基础设施利用效率”的要求，按照国家邮政局工作部署，特决定在内蒙古赤峰市、辽宁省铁岭市、浙江省杭州市、江西省吉安市、湖北省恩施州、四川省雅安市6个城市开展创新邮政与快递合作模式综合试点。

试点城市邮政管理部门要根据《创新邮政与快递合作模式综合试点方案》，围绕探索拓展邮政与快递的合作领域、整合邮政与快递的设施资源、建立利于邮政与快递合作的政策环境、完善邮政与快递合作的标准体系、找准邮政与快递合作的政府定位和管理重点等主要任务，结合实际、突出特色，制定本市试点工作方案，并于2016年8月底前将试点工作方案报经所在省级邮政管理部门审核通过后，报送国家邮政局普遍服务司备案。

试点城市邮政管理部门要加强对试点工作的组织领导，搞好综合协调，强化政策保障，认真落实各项试点任务,及时总结报送试点工作进展及取得的经验。试点城市所在省级邮政管理部门要高度重视,加强对试点工作的指导和政策支持,按季度将试点工作进展情况报国家邮政局普遍服务司。

附件:创新邮政与快递合作模式综合试点方案

创新邮政与快递合作模式综合试点方案

为鼓励传统邮政业进一步加快转型发展,支持邮政企业和快递企业创新合作模式,充分利用现有邮政网点优势,提高邮政基础设施利用效率,促进快递向西向下发展,特制定本方案。

一、总体要求

(一)指导思想。深入贯彻党的十八大和十八届二中、三中、四中、五中全会精神,全面落实"创新、协调、绿色、开放、共享"的五大发展理念,认真落实《国务院关于促进快递业发展的若干意见》(国发〔2015〕61号)的工作部署,以开放共享发展为方向,以创新转型为引领,以建立邮政快递合作机制为主线,以探索多层次多模式合作为重点,探索建立邮政企业与快递企业规则健全、互惠共赢、模式多样的合作机制和邮政管理部门职责明确、公开公平、协调高效的管理机制,不断提升行业服务经济社会发展的能力。

(二)总体目标。力争通过一年左右的探索,在邮政快递合作模式、规则机制、技术标准、政府管理体制等方面形成一批可复制推广的经验和模式,为全国统一部署打好基础,为出台加强邮政快递合作总体意见提供有益借鉴。

二、试点任务

(一)探索拓展邮政与快递的合作领域。以市场需求为主导,深挖邮政企业与快递企业的优势与不足,了解双方合作意愿和诉求,推动双方开展互补互惠互利的业务合作。支持邮政企业拓展业务范围,构建农村综合服务平台。推动农村地区邮政服务网络与快递服务网络的衔接,与快递企业在农村末端服务环节开展合作,助力"快递下乡"工程。稳步推进邮政企业与快递企业城市末端环节的资源整合,开展平台化的投递服务。鼓励双方探索在收寄、分拣、运输等多处理环节和国际国内等多业务领域的服务外包和双向合作。

(二)探索整合邮政与快递的设施资源。推动邮政企业加快城乡网点技术升级和功能提升,支持邮政电商包裹自提点建设和智能包裹柜建设,逐步向快递企业开放使用。创新邮政与快递在农村地区的基础设施共投共建共用模式,推动县级邮件快件分拣配送中心、农村邮件快件公共取送点建设。允许具备条件的快递企业参与农村地区村邮站建设和运营,支持农村地区村邮站代收代投快件。引导邮政企业合理利用邮政基础设施的闲置区域,提高邮政基础设施利用效率,允许邮件分拣中心等邮件处理场所的闲置区域有偿提供快递企业使用。

(三)探索建立利于邮政与快递合作的政策环境。推进地方邮政法规规章建设,依法确立邮政与快递合作的基本制度。将推动邮政快递合作与参与农村电子商务综合示范工程、实施"快递下乡"工程结合起来,加强政府引导、争取政策支持和资金补贴,鼓励省级邮政企业和快递企业出台整体合作方案,营造邮政与快递优势互补、互惠合作的良好氛围。推动地方政府加强邮政业综合服务平台建设,推动交通、邮政、快递的资源整合和统筹衔接,发挥功能集群作用和网络规模效应。在快递服务末端投递环节管理、经营邮政通信业务审批、村邮站管理等工作中,统筹考虑邮政与快递合作的情况,实施便捷高效的管理模式。

(四)探索完善邮政与快递合作的标准体系。推动邮政企业与快递企业在邮政快递合作中,逐步建立权责统一、便捷高效的服务规范和操作规范,逐步形成界面清晰、信息畅通的技术模式和技术标准,逐步完善公平合理、开放统一的结算方式和考核标准。促进双方通过合作,加快转型升级和技术创新,实现信息共享和产业联动,推动线上线下互动发展和国际国内互相连通,共同应用新技术,共同建立新标准,提升邮政行业的专业化、信息化、社会化、标准化水平。

(五)探索找准邮政与快递合作的政府定位和管理重点。加强对其他地区成功经验做法的学习和推广,发挥邮政管理部门推动快递与邮政合作的倡导者、引领者和协调者作用,可引入引导快递协会牵头开展与邮政企业的行业间合作。对影响邮政与快递合作的价格、技术、服务等问题,积极推动建立沟通平台和协调机制。对双方合作后出现的服务质量、申诉投诉、安全生产等问题以及其他可能出现的问题,要摸清情况、厘清问题,逐步找到应对措施和管理对策。对邮政与快递合作的监管工作,邮政管理部门内部的普遍服务管理与市场监管要做好衔接,建立监管互认、执法互助、信息共享的综合监管机制。

试点城市要根据以上要求细化试点方案,在全面推进落实各项试点任务的同时,结合自身实际突出1—2个方面重点工作,形成可全国复制推广的工作经验。

三、组织实施

各级邮政管理部门要加强组织引导,落实工作责任。试点城市邮政管理部门作为试点工作的责任主体,负责试点工作的组织领导、综合协调。试点城市所在省邮政管理部门要加强工作指导和政策支持。国家局普遍服务司会同市场监管司负责试点工作的宏观指导、督促推动和政策协调,适时总结试点工作经验,组织复制推广。

国家邮政局关于公布首批全国快递服务现代农业示范基地的通知

(2016年12月26日)

各省、自治区、直辖市邮政管理局:

为充分发挥快递业在推动流通转型、促进消费升级方面的先导性作用,深入推进实施"快递下乡"工程,支持现代农业发展,国家邮政局于2016年组织开展了全国快递服务现代农业示范基地申报评选工作。在各地积极申报的基础上,经严格审核,认定内蒙古自治区锡林郭勒盟等7个市(盟)为首批全国快递服务现代农业示范基地,现予以公布。

开展快递服务现代农业示范工作是贯彻落实《中共中央 国务院关于落实发展新理念加快农业现代化实现全面小康目标的若干意见》(中发〔2016〕1号)、《国务院关于促进快递业发展的若干意见》(国发〔2015〕61号)的重要举措,有利于探索挖掘先进服务模式,提升快递服务现代农业的专业化、标准化、规模化水平。国家邮政局将继续开展全国快递服务现代农业示范基地认定工作。希望首批示范基地,进一步提升自我发展能力,配合推动农产品分等分级、网络集货、规模出村,示范引领更多的快递服务农产品项目。各级邮政管理部门要加强与当地农业主管部门的沟通协调,积极推广示范项目的好经验、好做法,支持开展本地项目建设,推动形成全国"快递+"农产品"一地一品",更好地拉动地方经济发展,助力精准扶贫、精准脱贫。

附件:首批全国快递服务现代农业示范基地名单(略)

"十三五"西部和农村地区邮政普遍服务以及全国邮政机要通信基础设施建设工作方案

(2016年4月9日国家发展改革委办公厅印发 发改办基础〔2016〕917号)

邮政业是国家重要的社会公用事业,是现代服务业的重要组成部分,是推动流通方式转型、促进消费升级的现代化先导性产业。为贯彻落实《国民经济和社会发展第十三个五年规划纲要》关于加强邮政网络终端建设、提升邮政网络服务水平和安全管理能力的要求,特制定"十三五"西部和农村地区邮政普遍服务以及全国邮政机要通信基础设施建设工作方案。具体如下:

一、总体思路

以提升邮政普遍服务和机要通信保障能力为目标,在"十二五"邮政基础设施建设的基础上,统筹规划、突出重点,进一步加强西部和农村地区邮政普遍服务以及全国邮政机要通信基础设施建设。

二、工作目标

(一)改善邮政普遍服务基础设施条件和服务环境,全面实现建制村直接通邮,全面消除邮政网点危房,增强网络运输和投递能力,提高邮政普遍服务能力和水平,更好地满足西部和农村地区邮政普遍服务需求。

(二)改善邮政机要通信基础设施条件,实施运输车辆安全监控,全面提升保密安全水平。

三、项目范围

(一)西部和农村地区邮政普遍服务基础设施

1. 对1998年邮电分营之前建设的、确需改造的网点,按照原有规模进行改造;

2. 对1998年之后建设的危旧邮政网点进行翻建;

3. 对危旧县局房进行整修或翻建,对邮电分营后仍然借用电信生产局房、无生产用房的县局进行新建;

4. 对使用8年以上的车辆进行更新;

5. 根据需要适当增配车辆。

(二)全国邮政机要通信基础设施

1. 建设吉林、河南、青海、云南等4个省级机要通信局;

2. 对机要通信干线邮运车辆、投递及接发车辆配置安防设备。

四、主要标准

(一)普遍服务网点改造分局部装修、整体装修和网点翻建三类;

(二)危旧县局房单价按各地均价确定;

(三)车辆按不同载重量或功能分类确定单价;

(四)机要通信干线邮运车辆配置机要专用保险箱/柜、车载视频监控系统和车载火警报警系统,机要通信投递及接发车辆配置车载视频监控系统。

五、建设规模

(一)西部和农村地区邮政普遍服务项目包括邮政网点改造4245处、危旧县局房改造233处、邮运和投递车辆更新和新增共10760辆(邮运车辆3747辆、投递车辆7013辆);

(二)全国邮政机要通信项目包括新建省级机要通信局4处,为机要通信车辆(干线运输汽车5093辆、火车车厢286节、投递接发车辆3312辆)配置安防设备。

六、补助原则

(一)西部和农村地区邮政普遍服务项目按照项目总投资的40%安排中央预算内投资支持,其余资金由邮政集团筹措。

(二)全国邮政机要通信项目按照项目总投资的50%安排中央预算内投资支持,其余资金由邮政集团筹措。

七、责任分工

中国邮政集团公司各省公司作为项目法人,负责按照工作方案开展项目前期工作,实施建设和组织运营。邮政管理部门加强行业管理,指导项目建设,监督项目实施和管理运营等。为加快推进项目前期工作,项目可行性研究报告审批以及后续督导工作委托省级发展改革委负责。

八、有关要求

(一)高度重视。邮政普遍服务是国家基本公共服务的重要组成部分,邮政机要通信是国家秘密载体安全传递的主要渠道,两者在保障公民基本通信权利、维护国家政令畅通、促进国民经济社会发展以及全面建设小康社会等方面发挥着十分重要的作用,具有明显的公益性。各地务必提高思想认识,积极支持邮政基础设施建设。

(二)加强协调。各省(区、市)发展改革委牵头,会同邮政管理局、邮政公司以及土地、环保、规划等部门,完善工作机制,落实工作责任。

(三)严格程序。各省邮政公司根据建设方案编制项目可行性研究报告,报省级发展改革委审批。按照投资计划进度安排,中国邮政集团公司向国家发展改革委申报投资计划(附项目批文和以市县为单位的项目序列表,抄报国家邮政局)。国家发展改革委将在国家邮政局出具审查意见后,按照补助方案直接审核并打捆下达年度投资计划至中国邮政集团公司。在编报2016年中央预算内投资计划申请时,中国邮政集团公司通过投资计划编报库上报的投资计划数据应与重大项目库上报的三年滚动投资计划相关数据衔接一致,自2017年起改用重大项目库编报投资计划。

(四)跟踪督察。各省(区、市)发展改革委要主动作为,会同邮政管理部门深入调查,对项目实施按月调度,实时掌握建设进展,在每月10日前通过国家重大建设项目库填报项目开工情况、投资完成情况、工程形象进度等,确保邮政基础设施建设项目有序实施。各级邮政管理部门加强建设过程中的指导和协调,发现问题及时解决。国家发展改革委将适时安排专项稽察工作,并会同国家邮政局根据按月调度信息，对建设进度慢、资金使用存在问题的地区予以通报，督促地方及时协调解决。

国家邮政局推进快递业绿色包装工作实施方案

（2016年7月22日 国邮发〔2016〕76号）

我国快递业包装总量庞大、种类繁多。妥善处理快件包装问题对于节约资源、保护环境和促进快递业健康可持续发展具有重大意义。为推进快递业绿色包装工作，提高快件包装领域资源利用效率，降低包装耗用量，减少环境污染，按照国务院有关要求，结合邮政管理工作实际，制定本方案。

一、指导思想

深入贯彻落实创新、协调、绿色、开放、共享发展理念，以快递业包装绿色化、减量化、可循环为目标，坚持节约优先，突出创新引领，强化法治建设，加强跨行业跨部门协同合作，引导企业承担社会责任，提高消费者环保意识，推动建立健全有中国特色的快递业包装治理体系，稳步推进快递业包装的依法生产、节约使用、充分回收、有效再利用，实现“低污染、低消耗、低排放，高效能、高效率、高效益”的绿色发展，服务美丽中国建设，为全面建成与小康社会相适应的现代邮政业作出贡献。

二、主要目标

——绿色化、减量化、可循环取得明显效果。“十三五”期间，力争在重点企业、重点地区的快递业包装绿色发展上取得突破。到2020年，基本淘汰有毒有害物质超标的包装物料，基本建成社会化的快件包装物回收体系。

——科技创新和应用水平大幅提升。“十三五”期间，快递业电子运单使用率年均提高5%。到2020年，主要快递品牌协议客户电子运单使用率达到90%以上，大幅降低面单纸张耗材用量。符合标准要求的环保箱、环保袋和环保胶带使用率大幅上升。推广使用中转箱、笼车等设备，编织袋和胶带使用量进一步减少。

——治理体系日益完善。“十三五”期间，快递业包装治理体系基本建立。快递业包装环保技术标准、统计监测、信用体系、用品用具管理制度和事中事后监管更加健全。绿色包装产学研体系更加完善，试点示范工程建设取得可复制可推广经验。快递企业使用绿色包装、消费者参与包装分类回收再利用的环境保护意识明显增强。

三、重点任务

（一）推进快递业包装法治化管理。

1.健全快递业包装法律法规体系。推动将“国家鼓励经营快递业务的企业采用便于回收和再利用的快件包装材料，引导和推动快递业提高资源利用效率”有关内容纳入《快递条例》。推动将快件包装列入《循环经济促进法》的强制回收目录。适时修订《邮政用品用具监督管理办法》，创新监管方式，推动将快件包装纳入监管范畴，落实快递业绿色包装相关标准，完善快递业包装管理体系。（政策法规司牵头，市场监管司负责《邮政用品用具监督管理办法》修订起草工作）

2.制修订快递业包装国家标准和行业标准。研究新材料和包装新结构，修订《快递封装用品》国家标准，增加绿色环保、循环利用相关指标，对综合尺寸、材料定量等提出具体要求。制订《快递用集装容器 第2部分：编织袋》和《邮政业封装用胶带》行业标准，对有害物质的限值、可降解重复利用提出具体要求，2017年完成2项行业标准制订工作。配合实施商贸物流标准化专项行动，推动包装标准互相衔接，提高电商快件包装标准化水平。（政策法规司牵头）

3.强化快递业包装日常监管。建立健全快递业包装统计监测评估体系，委托有资质的质检机构对快件包装进行质量抽检和情况通报。加强快递业包装源头引导，鼓励企业生产销售和使用符合国家标准的快递封装用品，强化标准实施的监督检查。推动出台快件绿色包装环保标识认定使用和管理办法。开展快递业包装绿色达标率研究。探索将绿色包装等环保指标纳入行业信用体系建设内容，引导企业履行社会责任。（市场监管司牵头，发展研究中心负责快件绿色包装环保标识认定使用和管理办法研究工作，中国快递协会负责快递业绿色包装达标率有关工作，中国邮政快递报社配合开展快递业

包装监测评估工作）

（二）加快快递业包装绿色化发展。

4. 支持企业研发生产可循环使用和可降解的包装材料。鼓励企业与环保包装领域专家合作，加强可循环使用和可降解的包装材料研发。研究出台邮政业技术研发指南，对环保包装新材料和可循环利用新工艺等重点技术领域进行支持。组织企业积极申报科技部“废物资源化”重点专项项目。（政策法规司牵头）

5. 鼓励快递和电商企业使用绿色包装新材料新产品。出台快递业绿色包装推广工作方案，推广绿色包装新材料新产品。积极搭建平台。鼓励快递企业与包装企业开展战略合作，支持快递企业和电商企业、包装企业等上下游企业组织成立快递绿色包装产业联盟，推广使用环保包装袋、环保填充物、环保箱等绿色包装产品。（市场监管司牵头，中国快递协会配合）

（三）鼓励快递业包装减量化处理。

6. 鼓励企业减少快件包装用料。推动企业提升智能化水平、优化生产作业流程、缩短转运环节。监督落实《快递电子运单》标准，全面推广应用电子运单技术，确保2016年行业电子运单使用率达到50%。鼓励企业设计应用新型包装，优化包装结构，减少包装物料用量。推广使用中转箱、笼车等设备，探索减少编织袋、胶带等快件包装材料使用的方法。（市场监管司牵头，普遍服务司、中国快递协会配合）

7. 鼓励企业探索简约包装减少二次包装。在邮政企业和若干家快递企业开展简约包装试点。鼓励试点企业在条件成熟时制订简约包装的企业标准并在业内推广。发挥大数据作用，推动企业发展包装定制化、仓配一体化、运输标准化服务，在重点领域和关键环节，大幅度减少不必要的二次包装。（市场监管司牵头，政策法规司、普遍服务司、中国快递协会配合）

（四）探索快递业包装可循环使用。

8. 推动建立健全包装物回收体系。推动将快件包装物纳入资源回收政策支持范畴，争取相关政策支持。积极配合有关部门和地方开展快件包装分类回收利用试点，推动建立快件包装物回收体系，探索快件包装物有效利用的渠道和方式，形成可复制可推广经验。鼓励重复利用塑料箱、纸箱和编织袋等封装容器，提升包装物品再利用率。（政策法规司牵头，市场监管司、各地邮政管理部门配合）

（五）实施快递业绿色包装试点示范工程。

9. 实施快递业绿色包装试点项目。以快递业包装绿色化、减量化、可循环为目标，选取2—3家快递企业开展试点，评估快件包装存在的环保问题，指导企业研究制定有针对性的解决措施，优化生产流程，试点快件包装标准化。加强试点跟踪管理和总结评估，通过试点树立5—10个绿色快递网点，探索快件绿色包装应用的技术实现路径和政策路径。（市场监管司牵头，政策法规司、中国快递协会、各地邮政管理部门配合）

10. 建设快递产学研协同创新基地。将快递业绿色包装有关内容纳入快递产学研协同创新基地建设。依托基地资源和技术优势，实施快递业绿色包装产学结合、集约生产的试点工程，推进绿色包装的政策、标准、生产、应用和回收的供给侧试点，提高社会、企业和用户绿色包装意识。（中国邮政快递报社牵头，政策法规司、市场监管司、人事司、有关省局配合）

11. 配合推动绿色制造实施工程试点。积极参与工业和信息化部绿色制造实施工程试点工作，推荐快件绿色包装设计生产企业申报试点项目，通过试点探索快递业包装环保生产设计机制体制，发挥示范引领作用。（政策法规司负责与工业和信息化部对接，市场监管司负责项目在行业内组织实施）

12. 开展企业绿色包装培训示范工程。完善快递业绿色包装培训内容，将有关法规标准和企业减少过度包装、使用环保包装材料的典型经验纳入培训内容。组织开展快递业绿色包装培训，重点对快递业绿色包装理念、标准、政策及相应技术应用等方面进行培训。鼓励企业通过规范操作流程，培养员工节约包装的良好习惯，减少过度包装。（中国快递协会牵头，人事司、市场监管司、普遍服务司配合）

四、保障措施

（一）统一思想认识。各级邮政管理部门要把推进快递业绿色包装工作作为加快绿色邮政建设、推动邮政业健康发展的重要抓手。要切实增强责任感、使命感和紧迫感，坚持问题导向，深入调查研究，强化精准施策。要坚持在发展中妥善解决包装问题，以绿色包装工作推动快递业转型升级、提质增效。

（二）加强组织领导。国家邮政局建立推进快递业绿色包装工作领导小组，由主要领导任组长。领导小组下设办公室，由分管局领导任主任，各有关司局、单位作为成员单位。国家邮政局要加强工作指导，各级邮政管理部门要加强管理，实化细化相关举措，常抓不懈、久久为功；要建立相应工作机制，明确工作职责，层层传导压力，抓好贯彻落实。

（三）争取政策支持。落实国家鼓励节能减排、循环利用资源的优惠政策，各级邮政管理部门要积极争取和充分利用中央有关部门和地方财政专项资金，支持有关企业申报各地方节能减排、技术改造、中小企业、信息化等专项资金，加大清洁生产技术和快递用可降解、可循环包装材料的研发推广。快递协会要发挥桥梁纽带作用。

（四）形成工作合力。各级邮政管理部门要紧紧抓住生态文明建设和快递业高速发展的战略机遇期，与法制、发展改革、住房城乡建设、工业和信息化、科技、商务、质检、环保、财政等部门紧密合作，推动建立部门互动、区域联动、上下齐动的长效工作机制，营造良好的政策环境。要加强宣传引导和行业自律，发布"走绿色之路、促健康发展"倡议书，加快形成环保、绿色、低碳发展的行业共识。要营造良好社会舆论氛围，组织各类媒体和有关机构开展形式多样的绿色包装主题宣传活动，发布《中国快递领域绿色包装发展现状与趋势报告》，做好典型经验总结与宣传推广工作。

（五）强化督查督办。要把抓落实摆上重要位置，将本方案各项重点任务列入各级邮政管理部门年度重点工作和重要督查事项，定期梳理汇总有关情况。加强跟踪督办，落实逐级抓、逐级报的督查机制，定期通报工作进展。强化考核评估，将重点任务推进情况与各部门、各单位年终考核和对企业监督检查挂钩，确保快递业绿色包装工作取得实效。

Ⅱ

快递市场与安全

快递末端网点备案登记实施办法(试行)

(2016年3月15日国家邮政局市场监管司印发　局监函〔2016〕16号)

第一条　为贯彻落实国发〔2015〕61号等国务院有关文件要求,促进快递服务便捷惠民,深入推进简政放权,加强快递末端网点管理,推动快递市场健康发展,制定本办法。

第二条　办理快递末端网点备案登记手续适用本办法。

快递末端网点是由经营快递业务的企业及其分支机构在社区、乡镇、学校等区域,直接设立的或者委托各类商业机构、服务组织、管理部门等提供快递末端服务的,具有固定场所、设施的网点。

第三条　在居住区、商业区、办公区等设立的收发室、传达室等内部机构,代收件人接收并保管快件的,不属于快递末端网点,不在备案登记范围之内。

第四条　省级以下邮政管理机构在省(区、市)邮政管理局的指导下负责本辖区快递末端网点的备案登记工作。

第五条　快递末端网点由经营快递业务的企业或其分支机构向网点所在地省级以下邮政管理机构办理备案登记手续。

第六条　快递末端网点应当符合以下规范:

(一)具有专门的快件存放和保管区域;

(二)具有相应的通讯设备、办公设备;

(三)具有消防、监控等安全设备;

(四)具有公示的服务承诺事项。

第七条　办理快递末端网点备案登记手续应提交以下材料:

(一)快递末端网点备案登记表;

(二)经营快递业务的企业快递业务经营许可证(副本)复印件;

(三)快递末端网点负责人身份证明复印件;

(四)安全承诺书。

分支机构办理快递末端网点备案登记手续的,应当提交分支机构名录复印件及所属法人企业授权委托书。

委托各类商业机构、服务组织、管理部门等提供快递末端服务的,还应当提交与受托方签订的委托协议。

第八条　本办法第七条所称委托协议应当包括下列内容:

(一)快递末端网点的业务范围和有效期限。

上述事项应在委托方的快递业务经营许可范围之内。

(二)委托方负责督促受托方落实收寄验视、实名收寄等安全监管要求,并承担相应法律后果。

(三)因快递末端服务损害用户权益的,由委托方向用户承担相应责任。

(四)快递末端服务应符合《快递服务》国家标准。

(五)双方因委托开展快递末端服务所约定的其他权利义务内容。

第九条　办理快递末端网点备案登记手续的主体应当确保所提交材料真实、准确,不得提供虚假信息,或者篡改、伪造备案登记材料。

快递末端网点备案登记表通过邮政管理部门网站在线填写并提交。

第十条　备案登记提交材料符合条件的,快递末端网点所在地省级以下邮政管理机构应当于十日内办理备案登记手续,在备案登记表加盖备案登记专用章。

备案登记表一式三份,邮政管理部门存档一份,备案办理主体留存一份,快递末端网点留存一份。

第十一条　快递末端网点的服务活动,不得超出备案登记办理主体的许可范围。

第十二条　快递末端网点停止或暂停快递末端服务的,应当提前告知经营快递业务的企业或其分支机构,妥善处理尚未投递快件,并张贴公告。

第十三条 经营快递业务的企业及其分支机构应当对其直接设立或委托服务的快递末端网点进行监督、管理,加强服务培训,采取有效措施管控服务质量和寄递安全,承担安全主体责任,保障用户权益。

第十四条 快递末端网点应当接受邮政管理部门的监督检查。

备案登记表登载事项发生变化的,备案登记办理主体应当在线重新办理备案登记手续。

第十五条 有下列情形之一的,邮政管理部门应当撤销快递末端网点的备案登记:

(一)快递末端网点终止快递末端服务的;

(二)快递末端网点发生严重违法、违规行为的;

(三)快递末端网点备案登记申请材料隐瞒真实情况、弄虚作假的;

(四)快递末端网点不再具备第六条规定的相应规范条件的;

(五)快递业务经营许可被注销或分支机构被撤销的。

快递末端网点备案登记撤销后,原办理备案登记手续的主体应当向所在地邮政管理部门交回快递末端网点备案登记表。

第十六条 任何组织和个人不得伪造、涂改、冒用、租借、倒卖和非法转让快递末端网点备案登记表。

第十七条 本办法自印发之日起实施。

快递市场清理整顿专项行动工作方案

(2016年5月16日国家邮政局印发 国邮发〔2016〕52号)

为进一步深化"放管服"改革,加强快递市场监管,遏制企业未经许可经营快递业务等行为,维护快递市场秩序,特制定本方案。

一、工作目标

坚持依靠改革不断释放快递市场活力,坚持发挥市场在资源配置中的决定性作用,深化简政放权、放管结合、优化服务,既要简得准放到位,又要不失位控得住。

深入贯彻落实《中华人民共和国邮政法》《快递业务经营许可管理办法》和《快递市场管理办法》等法律法规中关于快递业务经营许可的相关规定,针对当前许可类违法行为高发的态势,按照处罚和规范相结合的要求,自2016年6月起至12月底,集中开展专项行动,主动出击,从严治理,在全国范围内形成打击快递业务经营许可类违法违规行为的高压态势,维护快递市场秩序,促进快递行业健康有序发展。

二、工作重点

(一)坚决查处违法违规行为,维护快递市场秩序

查处重点:

1. 未经许可经营快递业务

经营快递业务,必须按照《中华人民共和国邮政法》第五十一条的规定取得快递业务经营许可。针对经营快递业务的主体,首先应确定其商事主体资格。属企业法人的,应当检查其是否取得《快递业务经营许可证》;属企业法人分支机构的,应当检查其上级企业是否取得《快递业务经营许可证》,其是否已列入相应的分支机构名录。属于非企业法人的,根据实际情况和经营形式,依法判断其应当取得许可或者作为末端网点实施备案管理。针对未取得快递业务经营许可经营快递业务的单位和个人,按照《中华人民共和国邮政法》第七十二条进行处理。

2. 未按规定办理变更手续

《快递业务经营许可证》登载的企业名称、企业类型、股权关系、注册资本、企业地址、经营范围、经营地域和分支机构等事项发生变更,经营快递业务的企业应当按照《快递业务经营许可管理办法》第十九条的规定向邮政管理部门办理变更手续,并换领许可证。针对未办理变更手续的行为,按照《快递业务经营许可管理办法》第三十一条进行处理。

3. 设立分支机构未备案

取得快递业务经营许可的企业设立分公司、营业部等分支机构，取得工商营业执照后，应按照《中华人民共和国邮政法》第五十四条的规定向邮政管理部门办理备案手续；经营快递业务的企业合并、分立，应当按规定向邮政管理部门备案。未按要求办理备案手续的，按照《中华人民共和国邮政法》第七十三条进行处理。对于已取得快递企业分支机构名录而未办理工商营业执照即开展快递业务的，要将相关案件线索和证据材料书面移送工商管理部门。自办理工商登记之日起20天内向邮政管理部门办理备案，未及时办理的，依法查处。

4. 超地域范围经营

企业许可地域范围核定到设区的市一级，在许可地域范围未覆盖的市（地），不得经营快递业务。今年以来，个别企业取得跨省（自治区、直辖市）经营许可后，面向许可经营地域以外的区域招揽加盟商，造成不良社会影响。对此，可认定为超许可地域范围开展快递业务，按照《快递市场管理办法》第十条、第四十一条进行处理。对在前期规范和清理快递企业经营范围工作中未在相应市（地）设立自有网络却仍在经营快递业务的企业，不再设置缓冲期，一律立案查处，责令停止超地域范围经营行为。

5. 委托未经许可企业经营、超许可范围委托经营

经营快递业务的企业应按照《快递市场管理办法》第十一条的规定委托经营，将快递业务委托给未取得快递业务经营许可的企业经营或超越经营许可范围委托经营，按照《快递市场管理办法》第四十二条进行处理。委托个人经营的，对个人以未经许可经营快递业务为案由，按照《中华人民共和国邮政法》第七十二条处理。对名义上为"委托"但经调查实际为加盟关系的，应当认定为违反加盟管理规定，按照《快递市场管理办法》第四十三条处理。

6. 违反加盟管理规定

以加盟方式经营快递业务的企业，应遵守《快递市场管理办法》第十四条规定。加盟人和被加盟人都应当取得快递业务经营许可，加盟人未取得快递业务经营许可，按照未经许可经营快递业务进行处罚，同时对被加盟人按照违反加盟管理规定进行处罚。加盟不得超越被加盟人的经营许可范围。被加盟人与加盟人应当签订书面协议约定双方的权利义务，明确用户合法权益发生损害后的赔偿责任。参与加盟经营的企业，应当遵守共同的服务约定，使用统一的商标、商号、快递服务运单和收费标准，统一提供跟踪查询和用户投诉处理服务。违反上述加盟管理规定的行为，按照《快递市场管理办法》第四十三条进行处理。

7. 未按期提交年度报告书

经营快递业务的企业，未按期提交年度报告书的，按照《快递业务经营许可管理办法》第十八条、第三十一条进行处理。

8. 骗取经营许可，办理备案、变更等弄虚作假

申请人申请快递业务经营许可或办理备案、变更手续时，隐瞒真实情况，弄虚作假，如企业与加盟人合谋，通过设立分支机构形式成为企业法人的直营机构，骗取跨省经营许可或用以增加经营地域范围；加盟人要求法人企业隐瞒真实情况为其办理分支机构名录，以规避许可制度。针对上述情况，邮政管理部门可通过现场调取企业信息系统、对分支机构工作人员进行调查询问等方式，全面客观调查相关主体之间的真实法律关系。申请人隐瞒真实情况，弄虚作假，骗取经营许可的，由邮政管理部门按照《快递业务经营许可管理办法》第三十条依法撤销经营许可，并予以相应罚款。办理备案和变更手续、提交年度报告书，隐瞒真实情况、弄虚作假的，由邮政管理部门按照《快递业务经营许可管理办法》第三十一条进行处理。

9. 停止经营未告知并交回许可证

快递企业停止经营快递业务，未按规定提前书面告知邮政管理部门，交回《快递业务经营许可证》，并妥善处理未投递快件的，按照《中华人民共和国邮政法》第五十八条、第七十三条进行处理。

（二）继续深化简政放权，放管结合，守住安全底线

1. 坚持简政放权，落实各项要求。继续贯彻落实《国家邮政局关于印发〈快递业务经营许可工作优化方案〉的通知》（国邮发〔2015〕103号），按照优化方案的要求，精减材料、简化手续，全流程网上办理，严格遵守审批时限。

2. 认真履行职责，依法许可审批。各级邮政管理部门要按照《中华人民共和国邮政法》《快递业务经营许可管理办法》等法律法规的要求，认真履行行政审批职责，严格准入、变更、增设分支机构等许可审核。一是对申请经营快递业务的企业，严格审核是否具有与申请经营的地域相适应的服务能力、是

否有严格的服务质量管理制度和完备的业务操作规范、是否有健全的安全保障制度和措施。二是认真落实《关于加强快递业务经营许可工作的若干意见》(局监函〔2016〕7号)提出的各项要求,严格实地核查,守住安全底线。无论跨省许可还是省内许可企业,新设分支机构一律实地核查。对未达到《邮政业安全生产设备配置规范》标准的新申请企业及新申请设立分支机构,一律不予核准。三是加强对申请跨省经营企业及跨省经营企业新设分支机构的审核。企业总部应在经营地域所在省份设有符合《邮政业安全生产设备配置规范》的较大分拣处理中心,省局要把关负责。

3. 加强闭环管理,落实退出制度。各级邮政管理部门要将经营许可注销工作纳入常态化,加强对存在业务量畸低、长期未开展业务、未按期申请许可延续、连续两年未提交年报等情形的企业,加大巡查力度,发现《中华人民共和国行政许可法》规定的注销情形,按照《快递业务经营许可注销管理规定》的要求,依法予以注销。对注销后的企业在政府网站予以公示,通过相关媒体进行宣传。同时对业务量较低、违法加盟、假直营的跨省经营企业进行重点关注。

4. 深化简政放权,加强末端监管。各省(区、市)邮政管理局要认真落实《关于印发〈快递末端网点备案登记实施办法(试行)〉的通知》(局监函〔2016〕16号),结合各地实际,积极主动开展摸底排查,认真组织末端网点到所在地邮政管理部门备案,加快推进末端网点备案工作,加大对末端网点的监管力度。

三、工作步骤

(一)动员部署阶段(5月底前)

国家局对专项行动进行部署。各省(区、市)邮政管理局根据辖区行业实际情况,制定细化实施方案,部署专项整治工作,于5月30日前报国家局市场监管司。各地邮政管理部门要部署辖区企业开展自查自纠,结合实际经营情况,限时6月30日前向所属邮政管理部门提交许可申请或者办理变更、备案手续,逾期未纠正的,邮政管理部门采取法律手段予以整治。

(二)专项检查阶段(6月1日至11月30日)

各级邮政管理部门要加大执法检查力度,全面排查,结合本地日常监管、消费者申诉和案件线索举报工作情况,强化动态监管,全面查处快递业务经营许可类案件,会同工商、公安等部门联合执法,规范市场秩序。国家局将结合执法规范年活动,组织对部分重点地区开展检查和暗访,对各省(区、市)邮政管理局专项行动开展情况进行抽查。对行动迟缓、工作开展不力的地区,国家局将重点督办,重抓实效。

(三)总结提升阶段(12月1日至12月31日)

各省(区、市)邮政管理局总结专项行动开展成效、经验做法和存在问题,于12月15日前报送国家局市场监管司。国家局将根据行动开展情况,总结经验,梳理不足,形成规范快递市场秩序的长效机制,同时,将根据各省(区、市)工作开展情况评先树优,鼓励先进,鞭策后进。

四、工作要求

(一)加强组织领导

各级邮政管理部门要高度重视,充分认识此次清理整顿专项行动对于维护市场秩序、促进快递行业健康有序发展的重要意义,切实加强组织领导,要根据辖区实际制定细化实施方案,明确任务要求和责任分工,突出整治重点,完善工作措施,精心组织,强化责任,狠抓落实,确保专项整治行动取得实效。

(二)依法清理整顿

各级邮政管理部门要树立法治意识,善用法治思维,依法开展清理整顿专项行动,确保各项工作合法合规。要严格按照《中华人民共和国邮政法》等现行法律规定,正确界定相关主体的法律关系和适用案由,严格遵守《中华人民共和国行政处罚法》《邮政行政处罚程序规定》等规定确定的执法程序,切实做到实体和程序合法。对各种违法行为,要依法严肃处理、严厉打击,积极履行监管职责,做到执法必严、违法必究,保持对许可类违法行为的高压态势,切实维护快递市场秩序。

(三)发挥合力作用

各级邮政管理部门要充分发挥行业协会、媒体等有关方面的积极作用,健全社会共治机制。认真落实跨区域协作监管机制,积极配合其他邮政管理部门的跨区域监管要求。要完善部门协作联动机制,加强与工商、公安等部门的沟通协作,密切配合,切实增强工作实效。

(四)注重信息报送

各省(区、市)邮政管理局要及时汇总和上报工作信息,指定专人负责信息报送工作,每月5日前向国家局市场监管司报送工作进展、案件统计、主要成效和工作中遇到的问题(报送格式见附件一,略)。

重要情况要随时报告。

附件:“快递市场清理整顿”专项行动统计表

附件

2016 年快递市场清理整顿专项行动统计表

填报单位:　　　　　　　　　　　　　　　　　　　　　　　　填报日期:　　年　月　日

时间	出检人次	检查单位(家次)	查处问题(次)										处理方式				
			未经许可经营快递业务	未按规定办理变更手续	设立分支机构未备案	超地域范围经营	违规委托经营	违反加盟管理规定	未按期提交年度报告	申请许可、变更等弄虚作假	停止经营未按规定办理	其他	约谈(次)	责令整改(次)	行政处罚(件)	罚款金额(元)	信息公开(次)
6 月																	
7 月																	
8 月																	
9 月																	
10 月																	
11 月																	
合计																	

赈灾包裹寄递服务和安全管理规定

(2016 年 5 月 25 日国家邮政局、民政部印发　国邮发〔2016〕57 号)

第一条　为规范赈灾包裹寄递服务,保障赈灾包裹寄递安全,根据《中华人民共和国邮政法》《中华人民共和国公益事业捐赠法》《中华人民共和国慈善法》《自然灾害救助条例》《邮政行业安全监督管理办法》及有关法律、行政法规,制定本规定。

第二条　重大自然灾害发生后,民政部门组织开展救灾捐赠活动期间,邮政企业、快递企业从事的赈灾包裹寄递活动,以及邮政管理部门、民政部门相关监督管理工作,适用本规定。

第三条　本规定所称赈灾包裹,是指各地民政部门和基金会、慈善会等公益慈善类社会组织(以下简称公益慈善类社会组织)在重大自然灾害发生后的救灾捐赠活动期间,以邮件、快件形式寄往灾区民政部门和公益慈善类社会组织的赈灾物品。

第四条　赈灾包裹寄递服务和安全保障坚持部门协调、政企联动、安全高效的工作方针,保障寄递渠道畅通和赈灾包裹安全。

第五条　邮政管理部门和民政部门应当加强信息沟通和协调配合,根据救灾捐赠活动需要和邮政行业实际情况,协商制定赈灾包裹寄递服务和安全保障工作方案,明确赈灾包裹寄递活动的起止时间、地域范围、服务对象、物品种类以及其他要求,并以适当方式部署实施。

第六条　邮政企业、快递企业应当积极参与赈灾包裹寄递活动,为民政部门和公益慈善类社会组织提供优质、安全、高效的赈灾包裹寄递服务,可以适当减免寄递费用。

第七条　邮政企业、快递企业在赈灾包裹寄递活动中,应当优先保障赈灾包裹寄递服务和安全,可以根据实际情况暂缓收寄其他邮件、快件,并向用户进行解释说明。

第八条　民政部门和公益慈善类社会组织向邮政企业、快递企业交寄赈灾包裹时,应当提前沟通协调,妥善安排交接,并且遵守禁寄物品管理规定和国家其他有关规定,配合邮政企业、快递企业做好收寄验视工作,防止各类禁寄物品进入寄递渠道。

第九条 邮政企业、快递企业应当加强赈灾包裹投递管理,提前与灾区民政部门和公益慈善类社会组织进行沟通协调,合理安排赈灾包裹投递交接工作。灾区民政部门和公益慈善类社会组织应当提前做好接收赈灾包裹各项准备工作,确保顺利交接。

第十条 邮政企业、快递企业可以将赈灾包裹与其他邮件、快件进行区分,实施单独处理,优化作业流程,减少中转环节,提高赈灾包裹寄递效率。

第十一条 邮政企业、快递企业应当向交寄赈灾包裹的民政部门和公益慈善类社会组织提供及时、准确的寄递信息查询服务,遇有特殊情况主动进行通报。

第十二条 邮政企业、快递企业应当依法加强赈灾包裹寄递活动安全管理,加强收寄验视,保证生产安全。

第十三条 因突发事件导致赈灾包裹受损或者积压时,邮政企业、快递企业应当妥善进行应急处置,及时组织疏运,防止损失扩大,并向所在地邮政管理部门报告。

第十四条 邮政管理部门和民政部门应当加强赈灾包裹寄递活动监测预警和信息沟通,指导邮政企业、快递企业根据灾区客观条件和救灾捐赠情况变化及时调整生产操作,保证寄递渠道安全畅通。

第十五条 根据灾区寄递渠道运行负荷情况和安全管理需要,邮政企业、快递企业可以暂缓收寄民政部门和公益慈善类社会组织以外其他组织或者个人直接寄往灾区的捐赠物品,引导其通过其他方式办理捐赠事宜。

第十六条 邮政管理部门应当依法对邮政企业、快递企业赈灾包裹寄递服务和安全保障工作进行监督检查,邮政企业、快递企业应当予以配合。

第十七条 本规定自发布之日起施行。

邮件快件微剂量X射线安全检查设备配置管理办法(试行)

(2016年7月1日国家邮政局印发　国邮发〔2016〕67号)

第一章　总　　则

第一条 为加强邮件、快件安全检查设备配置管理,保障邮件、快件寄递安全,根据《中华人民共和国邮政法》《中华人民共和国安全生产法》《中华人民共和国反恐怖主义法》以及《邮政行业安全监督管理办法》等法律、行政法规和有关规定,制定本办法。

第二条 邮政企业、快递企业及其他提供寄递服务的企业(以下统称寄递企业)用于邮件、快件安全检查的微剂量X射线安全检查设备(以下简称安检设备)的配置管理,以及邮政管理部门实施相关监督管理工作,适用本办法。

第三条 安检设备的安装、使用、检测、维修和报废,应当符合国家标准或者行业标准。

安检设备制造单位应当通过ISO 9001、ISO 14000以及ISO 18001体系认证。

第四条 安检设备的配置应当满足寄递渠道安全防范的需要,坚持科学配置、应检必检、安全高效、注重实绩的原则。

第五条 寄递企业是安检设备配置、使用与管理的责任主体,要按照"谁收寄、谁安检、谁负责"的要求,确定专门机构或者人员负责安检设备的配置、使用与管理工作,并建立健全相关责任制度。

第二章　安检设备配置

第六条 寄递企业可以采取自主配置、联合配置或者委托第三方机构提供安检服务等方式配置安检设备。安检设备的配置应当满足以下要求:

(一)航空和高铁邮件、快件,以及国际和港澳台邮件、快件全面过机安检;

(二)重点地区、重点部位、重大活动所在地的寄达邮件、快件再次过机安检;

(三)省际邮件、快件过机安检;

(四)根据需要配置省内及同城邮件、快件安检设备。

除前款第一项和第二项规定的邮件、快件外,对已签订安全协议的用户交寄的大宗邮件、快件,寄递企业与邮政管理部门签订安全责任书并报备安全协议,征求有关部门同意后,可以采取特定方式过机安检。

寄递企业应当结合业务发展实际,制定安检设备配置计划,确保满足安检设备配置要求。

第七条 配置安检设备的场所应当符合相应的技术规范和要求,并处于视频监控范围之内。

第八条 寄递企业根据安检工作需要,可以在较大规模的营业场所配置安检设备,或者对签订安全协议的用户采取前置安检等方式提高安检效率。

第九条 安检设备应当至少具有双能量探测功能,能够有效区分有机物和无机物,并具备计数、存储、回放、数据上传等功能,图像资料保存时间不少于三十日。

鼓励寄递企业采用具有自动采集寄递详情单图像、码号信息,自动识别禁寄物品,能够关联存储、查询安全检查扫描图像、安全检查时间等功能的智能安检设备。

第十条 安检设备应当符合《微剂量X射线安全检查设备》(GB 15208)系列标准规定的要求,其中设备的穿透力应当达到A类以上要求。

第十一条 安检设备应当具有接入邮政管理部门的信息管理系统的数据接口,能够与邮政管理部门的信息管理系统联网,并按要求报送相关数据。

第三章 安检设备使用

第十二条 寄递企业承担邮件、快件安全检查的主体责任,应当制定并严格执行安检设备使用、管理和维护规程。使用、管理安检设备必须执行定人、定机、定岗、定责制度,并强化对安检设备的定期检测和日常维护,确保安检设备正常运行。

寄递企业联合配置安检设备或者由第三方机构提供安检服务以及以其他方式配置安检设备的,应当与相关单位或者机构商定各自的责任、权利与义务。

第十三条 寄递企业应当配备满足安检需要的安全检查人员操作安检设备,并对安全检查人员进行专门的教育和培训。

寄递企业应当对安全检查人员进行多种形式、不同等级的教育和培训,提升安全检查人员辨识禁寄物品的能力,并建立安全检查人员教育和培训档案,详细记载教育和培训情况。

第十四条 寄递企业应当通过在醒目位置加盖安检戳记等方式,对已过机安检的邮件、快件逐件作出安检标识,载明安检单位和安检省份,确保应检必检。

第十五条 寄递企业应当按照有关规定妥善处置邮件、快件安全检查中发现的禁寄物品,并按规定及时报告邮政管理部门以及有关部门。

第十六条 安检设备的使用应当具有规定的安全距离和安全防护措施。与安检设备安全相关的附属设施,应当符合法律法规和有关规定。

寄递企业应当建立安检人员防护制度,并按规定为从事安检设备使用、管理、维护等作业的人员提供必要的安全防护用品。

第十七条 寄递企业应当与安检设备制造单位签订有关协议,明确对安检设备定期进行检查、校验、维护保养等事项;安检设备使用中发现异常情况的,应当及时处理。

检查、校验、维护保养应当做好记录,并由有关人员签字。

第十八条 寄递企业的安全检查人员在安检设备使用、管理过程中发现设备故障、事故隐患或者其他不安全因素,应当立即向现场安全管理人员和本单位有关负责人报告。

第十九条 安检设备出现故障或者发生异常情况,承担安检设备检查、校验、维护保养等事项的单位应当对其进行全面检查,排除故障或者消除事故隐患后,方可继续使用。

寄递企业应当做好安检设备事故、故障的统计、分析工作。对经常发生故障的部位或者部件,应当督促相关单位进行分析、排查,并制定防范和改进措施。

第二十条 寄递企业应当制定安检设备应急处置专项预案,发生安检设备严重故障或者其他突发情况时,应当立即启动预案,采取应急处置措施。

第四章 安检设备管理

第二十一条 寄递企业的主要负责人对安检设备的配置、使用及管理工作全面负责。

第二十二条 寄递企业的安检设备管理机构或者管理人员应当履行下列职责：

（一）组织制定本单位安检设备配置计划，提出配置要求；

（二）督促落实本单位安检设备安装、定期检测、日常维护、维修、缺陷设备召回等事项；

（三）组织或者参与制定本单位安检设备使用、管理的规章制度、操作规程和应急处置专项预案；

（四）组织或者参与本单位安全检查人员的教育和培训工作，如实记录教育和培训情况；

（五）检查本单位的安检设备运行状况，及时排查事故隐患。

第二十三条 寄递企业应当将本单位配置、使用安检设备的种类、型号、数量和安全检查人员配备等情况自安检设备安装完毕之日起二十日内报邮政管理部门备案。安检设备配置、使用情况发生重大变化的，应当自发生重大变化之日起二十日内重新报邮政管理部门备案。

第五章 监督管理

第二十四条 邮政管理部门应当依照有关规定会同有关部门对寄递企业安检设备的配置、使用及管理等情况进行监督管理。

第二十五条 邮政管理部门应当将本辖区寄递企业安检设备的配置、使用情况汇总后向上级邮政管理部门报告。报告内容应当包括各寄递企业配置、使用安检设备的种类、型号、数量以及安全检查人员配备情况等。

第二十六条 寄递企业未按本办法的规定配置、使用、管理安检设备，或者未对安全检查人员进行教育和培训的，邮政管理部门依法予以查处。

第六章 附 则

第二十七条 本办法自发布之日起施行。

禁止寄递物品管理规定

（2016年12月16日国家邮政局、公安部、国家安全部发布 国邮发〔2016〕107号）

第一条 为加强邮政行业安全管理，防止禁止寄递物品进入寄递渠道，妥善处置进入寄递渠道的违禁物品，维护寄递渠道安全畅通，促进邮政业健康发展，依据《中华人民共和国邮政法》《中华人民共和国反恐怖主义法》以及《邮政行业安全监督管理办法》等法律、行政法规和相关规定，制定本规定。

第二条 在中华人民共和国境内提供和使用寄递服务活动，以及相关监督管理工作适用本规定。

法律、行政法规以及国务院和国务院有关部门对禁止进出境物品另有规定的，适用其规定。

第三条 本规定所称禁止寄递物品（以下简称禁寄物品），主要包括：

（一）危害国家安全、扰乱社会秩序、破坏社会稳定的各类物品；

（二）危及寄递安全的爆炸性、易燃性、腐蚀性、毒害性、感染性、放射性等各类物品；

（三）法律、行政法规以及国务院和国务院有关部门规定禁止寄递的其他物品。

具体禁寄物品详见附录《禁止寄递物品指导目录》。

第四条 邮政管理部门应当监督指导提供寄递服务的企业（以下简称寄递企业）落实收寄验视制度，督促企业加强寄递安全管理；监督指导寄递企业加强对从业人员的安全教育和培训；依法对寄递企业实施安全监督检查，查处违法收寄禁寄物品行为。

第五条 用户交寄邮件、快件应当遵守法律、行政法规以及国务院和国务院有关部门关于禁寄物品的规定，不得交寄禁寄物品，不得在邮件、快件内夹带禁寄物品，不得将禁寄物品匿报或者谎报为其他物品交寄。

第六条 寄递企业应当在其营业场所公示并以其他方式向社会公布本规定及相关指导目录。

第七条 寄递企业应当建立健全安全教育培训制度，强化从业人员对禁寄物品的防范意识、辨识知识和处置能力。未经安全教育和培训的从业人员不得上岗作业。

第八条 寄递企业应当严格执行收寄验视制度，依法当场验视用户交寄的物品是否属于禁寄物品，以及物品的名称、性质、数量等是否与寄递详情单所填写的内容一致，防止禁寄物品进入寄递渠道。

第九条 寄递企业应当建立健全安全检查制度，配备符合国家标准或者行业标准的安全检查设备，安排具备专业技术和技能的人员对邮件、快件进行安全检查。

第十条 寄递企业应当制定禁寄物品处置预案，根据情况变化及时修订，并向邮政管理部门备案。寄递过程中发现禁寄物品的，应当按照预案规定妥善处置。

第十一条 寄递企业完成收寄后发现禁寄物品或者疑似禁寄物品的，应当停止发运，立即报告事发地邮政管理部门，并按下列规定处理：

（一）发现各类枪支（含仿制品、主要零部件）、弹药、管制器具等物品的，应当立即报告公安机关；

（二）发现各类毒品、易制毒化学品的，应当立即报告公安机关；

（三）发现各类爆炸品、易燃易爆等危险物品的，应当立即疏散人员、隔离现场，同时报告公安机关；

（四）发现各类放射性、毒害性、腐蚀性、感染性等危险物品的，应当立即疏散人员、隔离现场，同时视情况报告公安、环境保护、卫生防疫、安全生产监督管理等部门；

（五）发现各类危害国家安全和社会稳定的非法出版物、印刷品、音像制品等宣传品的，应当及时报告国家安全、公安、新闻出版等部门；

（六）发现各类伪造或者变造的货币、证件、印章以及假冒侵权等物品的，应当及时报告公安、工商行政管理等部门；

（七）发现各类禁止寄递的珍贵、濒危野生动物及其制品的，应当及时报告公安、野生动物行政主管等部门；

（八）发现各类禁止进出境物品的，应当及时报告海关、国家安全、出入境检验检疫等部门；

（九）发现使用非机要渠道寄递涉及国家秘密的文件、资料及其他物品的，应当及时报告国家安全机关；

（十）发现各类间谍专用器材或者疑似间谍专用器材的，应当及时报告国家安全机关；

（十一）发现其他禁寄物品或者疑似禁寄物品的，应当依法报告相关政府部门处理。

第十二条 邮政管理部门接到寄递企业发现禁寄物品的报告后，应当按规定向上级部门报告，并视情况联合公安、国家安全、卫生防疫、海关、检验检疫、新闻出版、工商行政管理、安全生产监督管理、野生动物行政主管等部门相互配合、依法处置。

第十三条 禁寄物品指导目录由国务院邮政管理部门会同有关部门确定、公布，并适时调整。

第十四条 对及时发现、报告禁寄物品，维护国家安全、公共安全和人民生命财产安全，或者有效避免、减少寄递安全事故的单位和个人，邮政管理等部门可依法给予表彰。

第十五条 寄递企业违法收寄禁寄物品的，邮政管理部门依照《中华人民共和国邮政法》《中华人民共和国反恐怖主义法》等法律、行政法规的规定予以处罚。

第十六条 用户违反本规定，在邮件、快件内夹带禁寄物品，将禁寄物品匿报或者谎报为其他物品交寄，造成人身伤害或者财产损失的，依法承担赔偿责任；构成犯罪的，依法追究刑事责任；尚不构成犯罪的，依照《中华人民共和国治安管理处罚法》及有关法律、行政法规的规定处罚。

第十七条 本规定自发布之日起施行。国家邮政局 2007 年 11 月 6 日发布的《禁寄物品指导目录及处理办法（试行）》（国邮发〔2007〕152 号）同时废止。

附录

禁止寄递物品指导目录

一、枪支（含仿制品、主要零部件）弹药

1. 枪支（含仿制品、主要零部件）：如手枪、步枪、冲锋枪、防暴枪、气枪、猎枪、运动枪、麻醉注射枪、钢珠枪、催泪枪等。

2. 弹药（含仿制品）：如子弹、炸弹、手榴弹、火箭弹、照明弹、燃烧弹、烟幕（雾）弹、信号弹、催泪弹、毒气弹、地雷、手雷、炮弹、火药等。

二、管制器具

1. 管制刀具：如匕首、三棱刮刀、带有自锁装置的弹簧刀（跳刀）、其他相类似的单刃、双刃、三棱尖刀等。

2. 其他：如弩、催泪器、催泪枪、电击器等。

三、爆炸物品

1. 爆破器材：如炸药、雷管、导火索、导爆索、爆破剂等。

2. 烟花爆竹：如烟花、鞭炮、摔炮、拉炮、砸炮、彩药弹等烟花爆竹及黑火药、烟火药、发令纸、引火线等。

3. 其他：如推进剂、发射药、硝化棉、电点火头等。

四、压缩和液化气体及其容器

1. 易燃气体：如氢气、甲烷、乙烷、丁烷、天然气、液化石油气、乙烯、丙烯、乙炔、打火机等。

2. 有毒气体：如一氧化碳、一氧化氮、氯气等。

3. 易爆或者窒息、助燃气体：如压缩氧气、氮气、氦气、氖气、气雾剂等。

五、易燃液体

如汽油、柴油、煤油、桐油、丙酮、乙醚、油漆、生漆、苯、酒精、松香油等。

六、易燃固体、自燃物质、遇水易燃物质

1. 易燃固体：如红磷、硫磺、铝粉、闪光粉、固体酒精、火柴、活性炭等。

2. 自燃物质：如黄磷、白磷、硝化纤维（含胶片）、钛粉等。

3. 遇水易燃物质：如金属钠、钾、锂、锌粉、镁粉、碳化钙（电石）、氰化钠、氰化钾等。

七、氧化剂和过氧化物

如高锰酸盐、高氯酸盐、氧化氢、过氧化钠、过氧化钾、过氧化铅、氯酸盐、溴酸盐、硝酸盐、双氧水等。

八、毒性物质

如砷、砒霜、汞化物、铊化物、氰化物、硒粉、苯酚、汞、剧毒农药等。

九、生化制品、传染性、感染性物质

如病菌、炭疽、寄生虫、排泄物、医疗废弃物、尸骨、动物器官、肢体、未经硝制的兽皮、未经药制的兽骨等。

十、放射性物质

如铀、钴、镭、钚等。

十一、腐蚀性物质

如硫酸、硝酸、盐酸、蓄电池、氢氧化钠、氢氧化钾等。

十二、毒品及吸毒工具、非正当用途麻醉药品和精神药品、非正当用途的易制毒化学品

1. 毒品、麻醉药品和精神药品：如鸦片（包括罂粟壳、花、苞、叶）、吗啡、海洛因、可卡因、大麻、甲基苯丙胺（冰毒）、氯胺酮、甲卡西酮、苯丙胺、安钠咖等。

2. 易制毒化学品：如胡椒醛、黄樟素、黄樟油、麻黄素、伪麻黄素、羟亚胺、邻酮、苯乙酸、溴代苯丙酮、醋酸酐、甲苯、丙酮等。

3. 吸毒工具：如冰壶等。

十三、非法出版物、印刷品、音像制品等宣传品

如含有反动、煽动民族仇恨、破坏国家统一、破坏社会稳定、宣扬邪教、宗教极端思想、淫秽等内容的图书、刊物、图片、照片、音像制品等。

十四、间谍专用器材

如暗藏式窃听器材、窃照器材、突发式收发报机、一次性密码本、密写工具、用于获取情报的电子监听和截收器材等。

十五、非法伪造物品

如伪造或者变造的货币、证件、公章等。

十六、侵犯知识产权和假冒伪劣物品

1. 侵犯知识产权：如侵犯专利权、商标权、著作权的图书、音像制品等。

2. 假冒伪劣：如假冒伪劣的食品、药品、儿童用品、电子产品、化妆品、纺织品等。

十七、濒危野生动物及其制品

如象牙、虎骨、犀牛角及其制品等。

十八、禁止进出境物品

如有碍人畜健康的、来自疫区的以及其他能传播疾病的食品、药品或者其他物品;内容涉及国家秘密的文件、资料及其他物品。

十九、其他物品

《危险化学品目录》《民用爆炸物品品名表》《易制爆危险化学品名录》《易制毒化学品的分类和品种目录》《中华人民共和国禁止进出境物品表》载明的物品和《人间传染的病原微生物名录》载明的第一、二类病原微生物等,以及法律、行政法规、国务院和国务院有关部门规定禁止寄递的其他物品。

快递业信用体系建设试点工作方案

(2016 年 6 月 13 日国家邮政局印发　国邮发〔2016〕58 号)

为贯彻落实国务院《社会信用体系建设规划纲要(2014—2020 年)》和《关于促进快递业发展的若干意见》,实施《国家邮政局关于加强快递业信用体系建设的若干意见》,扎实有效推动快递业信用体系建设,国家邮政局决定于 2016 年 6 月—12 月在天津、内蒙古、吉林、浙江、河南、湖北和陕西七省(区、市)开展快递业信用体系建设试点工作。为确保该项工作顺利开展,特制订本方案。

一、工作目标

组织和引导试点省(区、市)邮政管理局和品牌企业总部积极开展快递业信用体系建设工作,积累经验,为全国推进快递业信用体系建设夯实基础。通过开展快递业信用体系建设试点,探索建立科学合理的信用管理体制,完善信用评价工作机制,建立健全信用评价指标体系,在此基础上修改完善《快递业信用管理办法》和《快递业信用评定指标》,实现快递业信用管理的规范化与常态化。

二、总体思路

试点总体思路:坚持一个中心,坚持三项原则,正确处理四个关系,抓好六个着力点,积极稳妥做好试点工作。

一个中心:以快递业信用体系建立和完善为中心。

三项原则:坚持社会共治的原则,充分发挥相关主体在信用体系建设试点工作中的积极作用;坚持循序渐进的原则,信用评定指标要简便易行,试点工作的开展要按照先易后难做好适时动态调整;坚持规范运行的原则,立足规范化和制度化开展试点,以制度引导试点,以试点完善制度,最终实现行业信用科学建章立制和规范管理。

四个关系:正确处理国家局与地方邮政管理部门的关系,试点工作注重发挥属地管理的积极性和能动性,指标设定权重按照国家局 60%、地方邮政管理部门 40% 进行配置;正确处理品牌快递企业总部和地方加盟企业、分支机构的关系,在坚持企业属地管理原则的基础上,建立并强化总部与地方加盟企业、分支机构的信用连带责任;正确处理硬件和软件的关系,在探索开展信息化建设、为信用管理提供支撑手段的同时,注重制度、体制和机制的完善,注重行业诚信文化建设和良好氛围的营造;正确处理邮政管理部门和其他有关部门的关系,充分借鉴其他部门在信用建设方面的好的做法,强化信息共享和经验交流。

六个着力点:一是开发建设信用管理信息系统,发挥系统的科技支撑作用,逐步实现信用信息采集、管理的信息化。二是科学设定信用评定指标。三是建立信用档案。四是完善信用信息采集工作机制。五是信用评定和利用。六是行业诚信文化建设。

三、主要工作任务

(一)试点建设快递业信用管理信息系统。指导和支持浙江杭州局立项开展快递业信用管理信息系统建设,参照《快递业信用管理办法(草案)》和《快递业信用评定指标(草案)》,明确业务需求,确定系统的各项主要功能,通过信息化手段为试点地区邮政管理部门开展信用建设试点工作提供必要的支撑,提升信用监管工作效率。

(二)建立完善信用档案。摸清试点地区快递企业和从业人员基本情况,按照"一企一档"、"一人一档"的原则,建立经营快递业务的企业和从业人员的信用档案,用以记载和保存快递企业、从业人员的信用信息。依托快递业信用管理信息系统实现信用档案建立与管理的信息化。

(三)全面采集信用信息。按照快递业信用信息产生和来源,合理确定信用信息采集的方式和途径,主要包括系统对接、邮政管理部门录入、企业自行录入和其他部门共享等。充分利用日常检查、行政执法、消费者申诉、媒体曝光等途径获取信用信息,并归入信用档案作为信用记录。具体采集方式参照《快递业信用体系建设试点操作指南》(见附件2)执行。

(四)开展信用评定。由邮政管理部门、快递协会、快递企业和相关专家代表等组成快递行业信用评定委员会。在征求有关方面意见的基础上,编制快递信用评定方案,确定评价指标并赋予相应分值。评价指标体系以国家局确定的信用评价指标为主,占60%,各地结合本地实际提出补充,占40%。快递行业信用评定委员会根据快递信用评定方案对快递企业、从业人员的信用信息考核打分,并确定信用等级。评定的周期为试点期间半年。

(五)信用评定结果的应用。针对信用等级评定结果,结合日常监管工作中了解掌握的情况和信息,进行试点成效的评估。以评定结果是否契合实际情况为标准,全面审查评定指标是否合理,评定方法是否科学,广泛听取品牌企业总部、参加试点的企业和从业人员、相应邮政管理部门、快递协会的意见建议,认真总结试点中暴露出来的问题,完善快递业信用管理相关规章制度,优化信用管理体制和相关工作流程,改进信用监管工作机制。

(六)诚信文化建设。在全国范围内组织开展以"诚信快递、你我同行"为主题的有奖征文活动、演讲比赛和主题宣传活动。编印《诚信手册》供企业和从业人员阅读使用。鼓励各地邮政管理部门采取多种形式开展行业诚信文化建设,积极营造良好工作氛围。

四、组织机构和任务分工

(一)组织机构

成立快递业信用体系建设试点工作领导小组,由国家邮政局刘君副局长任组长,市场监管司负责人任副组长,发展研究中心、中国邮政快递报社、中国快递协会主要负责人任小组成员。领导小组在市场监管司市场检查处设办公室,负责组织、协调快递业信用体系建设试点工作(领导小组及办公室联络员名单详见附件1)。

(二)任务分工

1. 市场监管司

一是制定试点工作方案,并组织落实。制定和完善工作方案,全面部署快递业信用体系试点工作,组织召开快递业信用体系建设试点工作布置动员会议。组织开展试点中期评估,及时总结存在的问题,制定完善的措施。试点结束后,及时总结试点情况并实现规范化和制度化。二是引导品牌企业总部积极参与试点工作。三是指导和督导各试点地区邮政管理部门开展快递业信用体系建设试点工作,确保各项工作要求落到实处。

2. 发展研究中心

一是接受浙江杭州局委托开发快递业信用管理信息系统,为快递业信用体系建设试点提供信息化手段。二是做好《快递业信用建设试点和制度完善研究》软课题项目的研究工作,为试点工作提供全面支撑,并按规定时间提交有关成果。

3. 中国邮政快递报社

一是做好快递业信用体系建设相关工作的宣传报道,为试点工作营造良好的氛围。二是参与征文评审等有关工作。

4. 中国快递协会

一是推动会员企业落实行业自律公约和诚信经营的理念;二是加强与会员企业的信息沟通,配合做好宣传引导工作;三是帮助企业协调解决信用体系建设中遇到的问题。

5. 省(区、市)邮政管理局

参加试点的七省(区、市)邮政管理局的职责:一是按照国家局的试点工作方案,制定细化本省(区、市)快递业信用体系建设试点工作实施方案。二是负责辖区内快递企业和从业人员信用档案建立、信用信息采集和评定、试点工作评估和总结等工作。三是开展诚信文化建设。其他省(区、市)邮政管理局积极参加国家局组织的快递业诚信文化建设活动,结合辖区实际先试先行,探索多种形式的信用体系建设工作模式。

五、工作步骤和时间安排

（一）制定和完善试点工作方案

国家局制定和完善试点工作方案，明确工作目标、工作任务、职责分工和时间步骤、有关工作要求等内容，确保试点工作有序进行。各试点省（区、市）邮政管理局根据辖区实际，制定细化实施方案。

时间：2016年6月中旬印发国家局试点工作方案，试点省（区、市）实施方案6月30日前报国家局。

（二）试点建设快递业信用管理信息系统

浙江杭州局委托国家邮政局发展研究中心开发建设快递业信用管理信息系统，为试点工作提供信息化支撑。

时间：2016年6月底前完成上线运行。

（三）召开布置动员会议

国家局组织品牌快递企业总部、试点省（市）邮政管理局召开快递业诚信用体系建设试点工作布置动员会议，解读试点工作方案，介绍试点工作相关事宜，明确试点工作要求。

时间：2016年6月底前。

（四）全面推进，跟进督导

试点省（区、市）邮政管理局摸清本辖区快递企业和从业人员数量，建立企业和从业人员信用档案，明确采集信用信息的方法，建立符合本地实际的信用评定体系，并做好日常信息记录和维护。国家局跟进、指导试点省（区、市）局及时解决试点过程中遇到的问题，确保试点工作顺利推进。

时间：摸底数、建档案和完善指标体系，7月30日前完成；信用记录维护、国家局督导跟进等，试点期间。

（五）中期评估

品牌企业总部向国家局提交中期报告，报告评估品牌企业在各试点省（区、市）参与信用体系建设试点的情况。各试点省（区、市）邮政管理局向国家局提交中期总结，总结试点工作开展以来本辖区信用体系建设中遇到的问题和好的经验做法。国家局组织召开试点中期工作交流座谈会，邀请工商总局、各试点省（区、市）邮政管理局、快递企业代表等参加。

时间：中期评估报告和总结于9月30日前报国家局，10月10日前召开中期评估交流座谈会。

（六）试点总结

各省（区、市）邮政管理局总结试点工作开展成效、经验做法和存在不足报送国家局。国家局全面总结试点工作情况，评估工作成效，根据各地经验和做法，以及企业反馈的情况，修改完善《快递业信用管理办法》和《快递业信用评定指标》，并呈请启动规范性文件审查程序。

时间：各省（区、市）邮政管理局将试点总结于2017年1月15日前报送国家局，国家局2017年1月30日前完成《快递业信用管理办法》和《快递业信用评定指标》修改完善工作。

六、工作要求

（一）加强组织领导

各试点省（区、市）邮政管理局要成立试点工作领导小组，负责协调解决试点工作中的重大事项，抓好各项工作部署的全面落实。邮政管理部门分管领导要亲自抓，切实发挥好组织、推进、协调、管理等作用。

（二）强化试点带动

各试点省（区、市）邮政管理局要围绕《国家邮政局关于加强快递业信用体系建设的若干意见》和试点工作任务，推进制度创新、体制创新和工作方式方法创新，先行先试，不断总结经验，为快递业信用体系建设工作提供经验借鉴和示范带动，逐步实现快递业信用监管规范化、制度化和常态化。其他省（区、市）邮政管理局立足本地实际，加强行业诚信文化建设。

（三）注重舆论引导

各试点省（区、市）邮政管理局要加大对快递业信用体系建设试点工作及其成果的舆论宣传，为试点工作营造良好的社会氛围。对试点工作过程中涌现出来的行业诚信先进人物和先进事迹，要加大宣传报道力度，积极传播行业正能量。

附件：1. 领导小组及办公室联络员名单（略）

2. 快递业信用体系建设试点操作指南

3. 快递业信用指标评定试点方案

附件2

快递业信用体系建设试点操作指南

一、基本问题

(一)信用信息定义。快递行业信用信息是指能够反映快递企业及其从业人员基本情况、遵守有关法律规定和履行服务承诺等信用状况的各类信息。

(二)信用管理的原则。快递行业信用信息管理应当遵循标准统一、分级分类、动态调整和公开、公正、公平的原则。

(三)管理职责与权限。快递行业信用管理以经营快递业务的企业(以下简称快递企业)、从业人员为对象,建立唯一信用档案,分别进行信用等级评定和分类管理。

快递企业的加盟企业、分支机构由所在地邮政管理部门实施信用管理。

(四)企业信用管理责任。快递企业对其从业人员实施的失信行为,应当承担信用管理责任。

品牌快递企业总部对其加盟企业、分支机构的失信行为,应当承担信用管理责任。

二、信用档案

(一)信用档案的建立。邮政管理部门应当建立快递企业、从业人员的信用档案,用以记载和保存快递企业、从业人员的信用信息。信用档案应当使用统一的信用代码。信用代码具有唯一性。快递企业以国家有关登记管理部门发放的统一社会信用代码为信用代码,从业人员以居民身份证号为信用代码。

方式方法:通过快递业信用管理信息系统,建立电子化信用档案,用以记录、存储快递企业及其从业人员信用信息。

(二)信用信息具体内容

1. 快递企业信用信息应当包括以下内容:

(1)基本信息。包括企业名称、工商登记注册编号、住所(主要办事机构所在地)、经工商核准的经营范围、法定代表人身份信息等;

(2)许可管理信息。包括快递企业取得快递业务经营许可、备案、年度报告、变更以及许可的地域范围、业务范围等情况;

(3)快递服务质量信息。通过满意度调查、消费者申诉、时限测试、行政执法、社会监督员监督、舆情监测等反映的快递服务质量状况;

(4)寄递安全信息。包括快递企业安全生产责任制度建设、执行收寄验视制度、安全培训、突发事件预防和处置、行政处罚等情况;

(5)社会责任信息。包括快递企业遵守社会公德、商业道德,开展企业诚信文化建设,维护快递市场秩序,弘扬行业核心价值观等情况;

(6)获得表彰奖励等其他反映快递企业信用状况的信息。

2. 快递从业人员信用信息主要包括以下内容:

(1)基本信息。包括姓名、性别、民族、籍贯、出生日期、身份证号码、政治面貌、联系方式、职业资格、从业经历、一寸免冠照片等信息;

(2)服务质量。包括寄递合规和服务态度等遵守法律规定和快递服务国家标准的情况;

(3)寄递安全。包括执行收寄验视等安全制度,保障快件、货款和消费者信息安全等情况;

(4)职业道德。在从事快递业务活动过程中,遵守法律和社会公德、尊重他人合法权益和社会公共利益等情况;

(5)获得表彰奖励等其他反映快递从业人员信用状况的信息。

三、信用信息的采集

(一)权限划分。省级和省级以下邮政管理部门负责采集辖区快递企业及从业人员信用信息。

跨省(区、市)经营快递业务企业总部、经营国际快递业务企业及从业人员的信用信息由所在地省级邮政管理部门按照国务院邮政管理部门的要求负责采集。

(二)采集方式

1. 快递企业信用信息通过下列方式采集:

(1)快递企业的基本信息从快递业务经营许可管理信息系统采集,与系统对接有异常的,核实后补正录入。

(2)许可管理信息。快递企业取得快递业务经营许可、备案、年度报告、变更的信息从快递业务经营许可管理信息系统采集,按照许可的地域范围、业务范围经营的情况可以结合行政执法管理信息系统采集,系统对接异常的,经核实后补正录入。

(3)服务质量信息。邮政管理部门通过消费者申诉、行政执法、社会监督员监督、舆情监测等手段获取的服务质量信用信息,直接从相关信息系统采集或者由相关业务部门提供。其他影响快递企业服务质量的信用信息,企业应当在每月的 1 日主动申报。

(4)寄递安全信息。邮政管理部门通过消费者申诉、行政执法、社会监督员监督、舆情监测等手段获取的寄递安全信用信息,直接从相关信息系统采集或者由相关业务部门提供。其他寄递安全信息,企业应当在每月的 1 日主动申报。

(5)社会责任信息。快递企业履行社会责任的情况应当主动申报,并提供相关证明材料,经邮政管理部门审核确认。对邮政管理部门监督检查、媒体曝光和他人举报获取的快递企业信用信息,由邮政管理部门核实后录入。

2. 快递从业人员信用信息通过下列方式采集:

(1)基本信息。由所在快递企业按邮政管理部门要求主动申报,从业人员基本信息发生变化的,每月 1 日通过信息系统进行变更。

(2)服务质量和寄递安全信息。邮政管理部门通过消费者申诉、行政执法、社会监督员监督、舆情监测等手段获取的服务质量和寄递安全信用信息,直接从相关信息系统采集或者由相关业务部门提供。其他涉及从业人员服务质量和寄递安全的信用信息,企业应当在每月 1 日主动申报。

(3)职业道德信息。应当由其所在快递企业按邮政管理部门要求主动申报,并提供相关证明材料,经邮政管理部门审核确认。对邮政管理部门监督检查、媒体曝光和他人举报获取的从业人员信用信息,由邮政管理部门核实后录入。

3. 邮政管理部门对其他部门获得的快递企业及从业人员的信用信息,通过共享机制采集。

其他相关信用信息,按照信息来源、产生方式由邮政管理部门确定适当的方式采集。

4. 信用信息的变更。做出的行政处罚决定被依法变更或者撤销的,邮政管理部门应当自变更或者撤销决定生效之日起 10 日内自行完成信用记录的变更。

其他部门做出的行政处罚决定被变更或者撤销的,通过信用信息共享机制实现变更。

5. 信用信息异议。快递企业和从业人员认为信用信息记录不准确,可以向所在地省级以下邮政管理部门提出异议,并提供相关证明材料。邮政管理部门应当自收到异议申请之日起 10 日内进行复核。异议属实的,应当自核实之日起 10 日内完成变更。

信用信息记录经当场复核有误且可当场完成变更的,应予当场变更。

四、信用评定与利用

(一)机构与职责。省级及省级以下邮政管理部门组织成立本辖区的快递行业信用评定委员会,负责本辖区内快递信用评定和利用工作。

快递行业信用评定委员会由邮政管理部门、快递协会、快递企业和相关专家代表等组成。

快递行业信用评定委员会负责编制年度快递信用评定方案,确定评价指标并赋予相应分值。快递信用评定方案发布前,应当征求快递企业等相关主体的意见。

(二)信用评定分制和等级划分。快递行业信用评定采用百分制。各级快递行业信用评定委员会根据年度快递信用评定方案对快递企业、从业人员的信用信息考核打分,根据得分将快递企业和从业人员划分为一、二、三、四、五星级和失信企业(个人),得出评定结果。

快递企业及其从业人员信用等级分为一、二、三、四、五星级。评定得分 90 分以上为五星级;评定得分 80 分以上 90 分以下为四星级;评定得分 60 分以上 80 分以下为三星级;评定得分 50 分以上 60 分以下为二星级;评定得分为 40 分以上 50 分以下为一星级。40 分以下的为失信企业(个人)。以上不含本数,以下含本数。

快递企业及其从业人员的信用等级起评分为 80 分,以减分为主、加分为辅。

(三)失信确定

1. 失信企业确定。除了评定得分 40 分以下以外,快递企业出现下列情况的,本评定周期信用评定得分为零分,直接列为失信企业:

(1)因管理不善,造成重大安全责任事故,单次致使 3 人以上死亡,或者 10 人以上重伤,或者因企业自身原因单次造成快件丢失、损毁 5000 件以上的;

(2)伪造、涂改、冒用、租借、倒卖和非法转让快递业务经营许可证的;

(3)消费者有效申诉率连续 4 个月排名前三的;

(4)因服务质量或者安全等问题被国家级媒体曝光 3 次以上,省、市(地)范围内经营快递业务的企业被省级、地市级媒体曝光 3 次以上的;

(5)因快递业务经营活动中有危害国家安全行为被处罚的;

(6)其他经省级以上快递行业信用评定委员会确定为严重失信行为的。

2. 失信从业人员确定。除了评定得分 40 分以下以外,从业人员出现下列情况的,本评定周期信用评定得分为零分,直接列为失信个人:

(1)因从事违法犯罪活动被判处刑事处罚的;

(2)盗窃用户快件、侵吞代收货款、侵占公司财物涉案金额累计达 1 万元以上的;

(3)贩卖、非法提供或者泄露用户个人信息或者使用寄递服务信息累计 100 条以上的;

(4)被用户有效申诉 10 次以上并被确认有责的;

(5)因快递业务经营活动中有危害国家安全行为被处理的;

(6)违法收寄禁寄物品 3 次以上,或者因违法收寄禁寄物品造成重大损失 1 次以上的;

(7)伪造资格证书或者证明,虚构个人学历等信息的;

(8)其他经省级以上快递行业信用评定委员会确定为严重失信行为的。

五、其他方面

(一)对失信行为较为严重企业,邮政管理部门可以约谈告诫其法定代表人,提高其守法诚信意识。

(二)各级邮政管理部门应当引导全行业开展诚信文化建设,营造讲诚信、守信用的行业氛围。

附件 3

快递行业信用评定试点方案

一、指标权重设定

国家局设定的指标占 60%,地方邮政管理部门设定的指标占 40%。

各地邮政管理部门可以按照辖区实际和监管工作需要设定部分评定指标,企业或从业人员个人得分 = 国家局指标得分 ×60% + 地方邮政管理部门指标得分 ×40%。

各地邮政管理部门也可不再另行设定指标,此种情况下,企业或从业人员得分等于国家局指标得分。

二、指标重复计分情况的处理

评定指标出现重复计算情况时,取分值高者为准。例如,某企业未及时处理用户投诉按照指标赋分应当扣除 1 分,同时因该行为违反《快递服务》国家标准而被处罚,按照赋分应当扣除 2 分,此种情况下,取分值高的仅做一次扣除,即扣 2 分。

三、企业分值计算公式

企业(分支机构、加盟企业等)得分 = 80 - 企业扣分值 - (从业人员扣分值 ×5‰) + 企业加分值 + (从业人员加分值 ×5‰)

品牌企业总部得分 = 80 - 总部扣分值 - (总部从业人员扣分值 ×5‰) - (分支机构/加盟企业扣分值 ×5‰) + 企业加分值 + (总部从业人员加分值 ×5‰) + (分支机构/加盟企业加分值 ×5‰)

企业省级区域总部与所辖分支机构、加盟企业的信用连带责任,可以由省(区、市)邮政管理局参照 5% 的比例进行计算。

四、国家局设定的主要指标

(一)快递企业减分项

快递企业减分项

记分项目	考核内容和计分标准	累计减分
一、许可管理	未按规定办理备案手续,减 2 分/次	
	超业务范围经营,减 2 分/次	

续表

记分项目	考核内容和计分标准	累计减分
	超地域范围经营,减2分/次	
	委托未经许可企业经营,减2分/次	
	超许可范围委托经营,减2分/次	
	未按规定办理变更手续,减1分/次	
	未按期提交年度报告书,减1分/次	
	办理备案手续弄虚作假,减2分/次	
	办理变更手续弄虚作假,减2分/次	
	违反加盟管理规定,减2分/次	
二、快递服务质量	未按规定分拣作业被行政处罚,减2分/次	
	未按规定公示服务承诺,减1分/次	
	未及时处理用户投诉,减1分/次	
	未按规定处理用户申诉,减1分/次	
	未按规定和标准处理无着快件,减1分/次	
	违法扣留用户快件(邮件),减2分/次	
	倒卖快件(邮件),减2分/次	
	违反《快递服务》国家标准被处罚的,减2分/次	
	年度消费者申诉率行业排名第一,减3分/次	
	年度消费者申诉率行业排名第二,减2分/次	
	年度消费者申诉率行业排名第三,减2分/次	
	因质量问题被地市级媒体曝光并属实的,减1分/次	
	因质量问题被省级媒体曝光并属实的,减3分/次	
	因质量问题被国家级媒体曝光并属实的,减4分/次	
三、寄递安全	非法检查他人快件(邮件),减2分/次	
	不建立或不执行收寄验视制度,减3分/次	
	违反有关禁限寄规定收寄快件(邮件),减3分/次	
	未按规定执行实名收寄制度的,减3分/次	
	企业违法提供用户使用寄递服务信息,减2分/次	
	未按规定建立突发事件应急机制,减2分/次	
	发生重大服务阻断未按规定报告或公告,减2分/次	
	暂停快递业务经营未按规定报告或公告,减2分/次	
	停止经营未妥善处理邮件(快件),减2分/次	
	未按规定记录和保存事故资料,减2分/次	
	违规收寄不能确定安全性的物品,减2分/次	
	未按规定记录和保存寄递服务信息,减2分/次	

续表

记分项目	考核内容和计分标准	累计减分
	未按要求保存或报送监控资料,减 2 分/次	
	未按规定报送企业运营信息,减 2 分/次	
	处理中心建设前或者竣工后未备案,减 2 分/次	
	未按规定对从业人员进行安全教育培训,减 2 分/次	
	特种作业人员未经专门培训无证上岗,减 2 分/次	
	未按规定设置安全警示标志被处罚的,减 1 分/次	
	安全设备不符合国家行业标准被处罚的,减 2 分/次	
	未按要求维护保养检测安全设备被处罚,减 2 分/次	
	未整改重大安全隐患被处罚的,减 2 分/次	
	未制定突发事件应急预案或者专项预案,减 2 分/次	
	因寄递安全被地市级媒体曝光属实且造成重大不良影响的,减 2 分/次	
	因寄递安全问题被省级媒体曝光属实且造成重大不良影响的,减 2 分/次	
	因寄递安全被国家级媒体曝光属实且造成重大不良影响的,减 3 分/次	
四、社会责任	企业生产作业扰民被有关部门处理的,减 2 分/次	
	配合电商企业参与"刷单"的,减 4 分/次	
	不正当竞争扰乱市场秩序被有关部门认定处理,减 3 分/次	
五、其他	非法寄递国家机关公文,减 2 分/次	
	未按规定标注信件字样,减 2 分/次	
	将信件打包为包裹寄递,减 2 分/次	
	录入信用信息不真实、不完整或不及时,减 2 分/次	
	不配合、拒绝、阻碍监督检查,减 3 分/次	
	拒绝参加邮政管理部门约谈告诫,减 2 分/次	
	拖欠应缴罚款,减 3 分/次	
	邮政管理部门责令改正,拒不改正的,减 3 分/次	
总计		
总部信用责任	说明:作为信用独立核算主体的加盟商、分支机构扣减总分,×5‰为品牌企业总部信用管理责任扣减分值,累计扣减,直至零分。	

(二)快递企业加分项

快递企业加分项

计分项目	计分标准	总计
表彰奖励	获得国务院邮政管理部门表彰的,加 6 分/次	
	获得省、自治区、直辖市邮政管理部门或者国家快递行业组织表彰的,加 4 分/次	
	获得地市邮政管理部门或者各地快递行业组织表彰的,加 2 分/次	
履行社会责任	积极协助邮政管理部门处理重大突发事件,加 4 分	
	积极参与公益事业被国家级有关机构认可的,加 4 分	

续表

计分项目	计分标准	总计
总部信用责任	说明：作为信用独立核算主体的加盟商、分支机构加分总值，×5‰为品牌企业总部信用管理责任增加分值，累计增加，直至满分。	

（三）从业人员减分项

从业人员减分项

计分项目	计分标准	累计减分
一、服务质量	未按规定和标准处理无着快件，减 2 分/次	
	被用户投诉并确认有责的，减 2 分/次	
	被用户申诉并确认有责的，减 2 分/次	
	未按规定分拣作业，减 2 分/次	
	未按标准收费，减 2 分/次	
	未提示用户按规范填写快递面单，减 1 分/次	
	未按规定处理无法投递快件，减 2 分/次	
	擅自更改运单信息，减 3 分/次	
	发现问题快件，未按规定记录和处理，减 1 分/次	
	收件后未及时录入收寄信息，减 1 分/次	
	违规将信件打包寄递，减 2 分/次	
二、寄递安全	不执行收寄验视制度，减 3 分/次	
	违规收寄不能确定安全性的物品，减 3 分/次	
	违反有关禁限寄规定收寄快件，减 3 分/次	
	过失泄露用户信息 50 条以上，减 2 分/次	
	未按规定执行实名收寄制度的，减 3 分/次	
	非法提供用户寄递服务信息 50 条以上的，减 3 分/次	
	丢失、损毁快件，减 2 分/次	
	冒领快件，减 2 分/次	
	私自开拆快件，减 2 分/次	
	非法检查快件，减 2 分/次	
	违法扣留用户快件，减 4 分/次	
	侵占代收货款，减 4 分/次	
	盗窃快件，减 4 分/次	
三、职业道德	谈吐不文明、对用户态度恶劣的，减 2 分/次	
	对用户态度恶劣，辱骂或殴打用户的，减 3 分/次	
	向用户额外索取费用，减 3 分/次	
	收派时不遵守交通规则，减 2 分/次	
	不服从街道办、小区物业等管理扰乱社会秩序的，减 2 分/次	
	破坏公私财物，减 2 分/次	

续表

计分项目	计分标准	累计减分
	不遵守企业内部规章制度，被企业处分的，减2分/次	
	不遵守企业内部规章制度，被企业开除的，减2分/次	
四、其他	协助他人实施违法行为，减3分/次	
	参与电商“刷单”等弄虚作假行为的，减4分/次	
总计		
企业信用责任	说明：作为信用独立核算主体的从业人员减分总值，×5‰为所属企业信用管理责任扣减分值，累计扣减，直至零分。	

（四）从业人员加分项

从业人员加分项

计分项目	计分标准	总计
表彰奖励	获得国务院邮政管理部门表彰的，加20分/次	
	获得省、自治区、直辖市邮政管理部门或者国家快递行业组织表彰的，加10分/次	
	获得地市邮政管理部门或者各地快递行业组织表彰的，加5分/次	
总计		
企业信用责任	说明：作为信用独立核算主体的从业人员增加分值，×5‰为所属企业信用管理责任增加分值，累计增加，直至满分。	

国家邮政局市场监管司关于开展邮政行业网络扫毒专项行动的通知

（2016年5月20日　局监函〔2016〕32号）

各省、自治区、直辖市邮政管理局：

国家禁毒委员会办公室近日作出部署，要求各地区、各有关部门自2016年5月中旬至6月中旬统一开展网络扫毒专项行动，对若干互联网涉毒专案进行集群收网。为做好相关配合工作，现就同步开展邮政行业网络扫毒专项行动有关工作通知如下：

一、切实提高对互联网禁毒工作的认识

近年来，在信息技术发展和现实毒情蔓延共同作用下，互联网迅速发展成为毒品违法犯罪新的传播平台和联络渠道。部分吸毒人员在网上聚集交流吸毒体会，集体进行吸毒活动，引诱发展新吸毒人员。部分制贩毒分子通过互联网发布毒品及其他涉毒物品销售信息，交流制毒技术，联络实施毒品犯罪。互联网上涉毒有害信息和涉毒活动加速毒品传播，加重毒品危害，使毒品问题更加复杂严重。为此，2015年4月，国家禁毒办、国家邮政局等部门联合印发了《关于加强互联网禁毒工作的意见》（禁毒办通〔2015〕32号）；6月29日，国家禁毒办、中宣部、中央网信办、国家邮政局等部门联合发布了《中国互联网禁毒公约》。各级邮政管理部门要充分认识互联网涉毒活动的严峻性、复杂性和危害性，充分认识互联网禁毒工作对邮政行业发展带来的影响，站在维护国家长治久安、保障人民群众健康幸福的高度，积极服务于全国互联网禁毒工作大局。

二、认真配合开展网络扫毒案件侦破工作

严厉打击网上贩卖毒品活动，是互联网禁毒工作的重要组成部分。网上贩卖毒品活动往往利用寄递渠道传递毒品实物，实现毒品交易。做好邮政行业互联网禁毒工作，支持配合公安禁毒等相关部门依法打击互联网涉毒违法犯罪活动，对于切断毒品传递渠道，遏制不法分子利用互联网从事毒品违法犯罪活动，具有重要意义。近年来，各级邮政管理部门、寄递企业及其从业人员积极支持配合公安禁毒部门侦破不法分子利用寄递渠道实施的毒品违法犯罪案件，取得大量成果。在本次专项行动中，要积极与公安禁毒部门沟通协调，进一步动员寄递企业及其从业人员支持配合公安禁毒部门案件侦破工作，积极提供情报线索，创造工作条件。对于及时发现和报告寄递渠道毒情线索的寄递企业及其员工，要会同公安禁毒部门给予表彰或者奖励。同时，也要注意保护企业员工人身安全，维护企业正常经营秩序。

三、不断强化邮政行业互联网禁毒工作基础

各级邮政管理部门要进一步推动邮政行业安全监管各项法律法规、规章制度落实执行，紧紧抓住寄递渠道安全管理收寄验视、实名收寄、过机安检“三项制度”落实，不断强化安全监管基础，提高监管效能。强化落实寄递企业主体责任，引导行业自律，开展行业诚信建设。要切实加强对电商业务占比较大的邮政企业、快递企业经营行为监管，督促快递企业加强对寄递毒品行为的发现力度。加强安全监管执法检查，配合公安禁毒部门依法查处利用寄递渠道运输毒品和涉毒物品行为。进一步加大对寄递企业涉毒问题责任追究力度，根据公安禁毒部门提供的证据，对在互联网涉毒案件中负有责任的寄递企业及其从业人员采取有针对性的监管措施。要充分运用寄递渠道安全管理领导小组机制作用，积极反映邮政行业禁毒工作情况，积极争取与履行职责相适应的政策支持。

四、组织开展互联网禁毒主题宣传教育活动

各级邮政管理部门要在本次专项行动期间，以及“6·26”国际禁毒日前后，联合公安禁毒部门组织开展互联网禁毒主题宣传教育活动。邀请公安禁毒部门专家对寄递企业及其从业人员进行专题培训，促使其提高对邮政行业互联网禁毒工作的认识，提升辨识、防范毒品的意识和能力，完善邮件快件安全检查技术装备，切实落实禁毒工作主体责任。要主动宣传寄递渠道安全管理规定，充分收集整理邮政行业禁毒工作成果和先进事迹，积极联络主流媒体进行正面宣传报道。督促指导寄递企业综合运用网站发布、网点提示、宣传标语、音频视频等多种方式，提示社会用户遵守禁寄物品管理规定，不得寄递毒品和其他涉毒物品。要着力营造声势，形成整体规模，旗帜鲜明地参与禁毒人民战争，有力震慑和遏制企图利用寄递渠道实施的毒品违法犯罪行为。

相关工作情况，请及时报告国家邮政局市场监管司。

国家邮政局关于进一步做好汛期和下半年安全生产工作的通知

（2016年7月21日　国邮电传〔2016〕71号）

各省、自治区、直辖市邮政管理局：

今年以来，全国邮政业安全生产状况总体平稳，安全生产工作取得积极进展，但各类安全隐患仍然突出，安全事故时有发生，尤其是今年入汛以来，受连续强降雨极端天气影响，造成部分地区邮件、快件积压、丢失、损毁，企业生产经营中断和寄递服务阻断，安全形势不容乐观。为认真贯彻落实习近平总书记和李克强总理关于加强安全生产和汛期安全防范工作的重要指示批示精神以及7月20日全国安全生产电视电话会议精神，切实做好汛期和下半年安全生产工作，坚决防范遏制重特大事故发生，确保寄递渠道安全畅通，现将有关事项通知如下：

一、加强组织领导，提高思想认识。各级邮政管理部门要树立“安全生产是民生大事，一丝一毫不能放松”的理念，以对人民极端负责的态度抓好行业安全生产工作，进一步强化红线意识和责任意识，加强组织领导，坚持“党政同责、一岗双责、失职追责”，按照“管行业必须管安全、管业务必须管安全、管生产经营必须管安全”的要求，“一把手”负总责，靠前指挥，分管领导具体抓，一级抓一级，层层压实责任，层层传导压力，坚持守土有责，守土尽责。要把防大事故作为当前安全生产工作的首要任务，摆上重要议事日程进行再动员、再部署、再推动、再落实，采取更加有效、更加严密、更加得力的措施，堵塞漏洞盲区，消除隐患风险。要督促企业严格落实安全主体责任，健全安全生产责任制度，加大安全投人，定期开展安全隐患排查治理，发现问题立即整改，切实做到安全责任到位、安全投入到位、安全培训到位、安全管理到位、应急救援到位。

二、全力做好汛期安全防范工作，保障寄递渠道安全畅通。当前，"七下八上"防汛关键期和台风多发期已经来临，据气象部门预测，近期还将有多次大到暴雨的强降雨过程，部分地区可能出现严重的雨情汛情，防汛抗洪形势依然严峻。各级邮政管理部门要根据汛情、灾情的发展变化，认真组织寄递企业妥善应对，降低灾害损失，全力保护人民群众生命财产安全，保障行业平稳运行。要深入组织开展专项督导检查，领导干部要到基层受灾一线现场开展防汛救灾巡查，督促寄递企业落实防汛工作责任和安全防范措施，切实做到超前预防有力、严密防控到位。要开展安全隐患排查治理，督促寄递企业加强对生产厂房、工棚、仓库、运输车辆的安全检查，重点加强对靠近山体、江河湖畔、低洼地带等容易发生山洪地质灾害地区的生产处理场地、仓库、老旧局房的隐患排查，做好邮件、快件防水防潮工作，提前采取有效防范措施，防患于未然，确保全覆盖、零盲点。要督促企业切实做好汛期电力安全防范工作，防范发生火灾、触电等事故。要密切与气象、交通、地震、国土、水利等部门之间的沟通联系，加强信息共享，加强应急联动。要充分利用气象等部门预测预报成果，科学研判可能对行业安全生产带来的影响，及时发布安全预警信息，指导寄递企业做好防范应对工作，确保分拣作业场地人员、外勤投递人员、快递车辆司机的人身安全。要督促企业加强对重点地区、重点场所、重点线路的监测监控，有效避免山洪等地质灾害造成人员伤亡、财产损失、寄递渠道中断等事件。要认真做好消费者申诉工作，保障消费者合法权益。

三、全面扎实做好下半年行业安全生产工作，严防发生重特大安全事故。下半年，邮政业安全生产任务仍然艰巨繁重。杭州G20峰会、新疆亚欧博览会等一系列重大活动即将举办，汛期、暑期、国庆、中秋、"双11""双12"等重点时段、重大节假日、业务旺季期间行业安全监管面临的压力加大。各级邮政管理部门要督促寄递企业严格执行"收寄验视、实名收寄、过机安检"寄递安全管理三项制度，全面提升人防物防技防水平。要突出抓好杭州G20峰会、新疆亚欧博览会等重大活动期间寄递渠道安全保障工作。要加强快递业务旺季期间安全生产工作，提前谋划，周密部署，全力保障旺季平稳运行。要进一步加强安全生产教育培训工作，着力提高从业人员安全意识和安全技能。要切实加强重点环节安全监管，加强对邮政、快递车辆和机要车辆、消防安全、生产作业现场的安全管理。要加快推进实施寄递渠道安全监管"绿盾"工程，积极利用信息技术提升安全监管能力，大力推进企业安全生产信息化、标准化建设，建立健全隐患排查治理体系，强化内部管理和自查自纠。要按照"源头管控、预防为主"的工作方针，开展寄递渠道危险化学品和易燃易爆物品安全专项治理，坚持以零容忍的态度严厉打击寄递危险化学品、易燃易爆品等违法行为。要加强督促检查，督促企业严格落实安全生产责任制和各项安全防范措施，对部署不到位、责任不明确、措施不得力、工作不落实的，要立即纠正，情节恶劣的要依法追究责任。

四、加强应急管理，强化应急值守。各级邮政管理部门要进一步完善相关应急预案，强化应急预案演练，必要时按规定及时启动相应级别的应急响应，及时开展应急处置工作，指导寄递企业做好路由调整、物资调配和邮件、快件丢损理赔、消费者投诉处理等工作，积极开展抢险救灾。要加强应急保障工作，做好应急装备、物资、队伍等各项应急准备工作，切实增强应急指导和综合协调能力。要认真做好应急值守工作，严格执行24小时值班和领导带班制度，保障信息渠道畅通，严格落实突发事件报告制度，按照有关要求及时报送安全信息，遇到重大问题和突发事件，第一时间报告国家邮政局。

Ⅲ

行业标准与行业规划

现行邮政业标准发布目录

（2016年4月1日）

序号	标准类别	标准号	标准名称	发布年代	备注
1	国家标准	GB/T 28582—2012	快递运单	2012	
2		GB/T 27917.1—2011	快递服务 第1部分:基本术语	2011	
3		GB/T 27917.2—2011	快递服务 第2部分:组织要求	2011	
4		GB/T 27917.3—2011	快递服务 第3部分:服务环节	2011	
5		GB/T 10757—2011	邮政业术语	2011	
6		GB/T 22657.2—2011	邮件封面书写规范 第2部分:国际	2011	
7		GB 50631—2010	住宅信报箱工程技术规范	2010	
8		GB/T 16606.1—2009	快递封装用品 第1部分:封套	2009	
9		GB/T 16606.2—2009	快递封装用品 第2部分:包装箱	2009	
10		GB/T 16606.3—2009	快递封装用品 第3部分:包装袋	2009	
11		GB/T 24295—2009	住宅信报箱	2009	
12		GB/T 22585—2008	透明窗口信封	2008	
13		GB/T 22657.1—2008	邮件封面书写规范第1部分:国内	2008	
14		GB/T 20164—2006	传染病爆发流行期间疫区邮件及处理系统预防控制规范	2006	
15		GB/T 1416—2003	信封	2003	正在制订修订单
16	邮政行业标准	YZ/T 0151—2016	邮政业车辆定位系统技术要求	2016	
17		YZ/T 0150—2016	智能快件箱设置规范	2016	
18		YZ 0149—2015	快递安全生产操作规范	2015	
19		YZ/T 0148—2015	快递电子运单	2015	
20		YZ/T 0147—2015	寄递服务用户个人信息保护指南	2015	
21		YZ/T 0146—2015	快递服务监管信息交换规范	2015	
22		YZ/T 0145—2015	快递末端投递服务规范	2015	
23		YZ/T 0144—2015	邮政业服务设施设备分类与代码	2015	
24		YZ/T 0143—2015	快件基础数据元	2015	
25		YZ/T 0142—2015	邮政业信息系统安全等级保护定级指南	2015	
26		YZ/T 0141—2015	快递代收货款服务信息交换指南	2015	
27		YZ/T 0140—2015	邮件和快件投递状态分类与代码	2015	
28		YZ 0139—2015	邮政业安全生产设备配置规范	2015	
29		YZ/T 0138—2015	邮政业从业企业标准化工作指南	2015	

续表

序号	标准类别	标准号	标准名称	发布年代	备注
30		YZ/T 0137—2015	快递营业场所设计基本要求	2015	
31		YZ/T 0136—2014	快递专用电动三轮车技术要求	2014	
32		YZ/T 0135—2014	快递业温室气体排放测量方法	2014	
33		YZ/T 0134—2013	快递代收货款服务规范	2013	
34		YZ/T 0133—2013	智能快件箱	2013	
35		YZ/T 0132—2013	邮政业机构代码编制规则	2013	
36		YZ/T 0131—2013	快件跟踪查询信息服务规范	2013	
37		YZ/T 0130—2012	快递服务与电子商务信息交换标准化指南	2012	
38		YZ/T 0129—2009	邮政普遍服务	2009	
39		YZ/T 0093.2—2005	邮件包装箱 第2部分:国际	2005	
40		YZ/Z 0054.1—2005	机要专用封装用品 第1部分:机要信封	2005	
41		YZ/Z 0054.2—2005	机要专用封装用品 第2部分:机要包装箱	2005	
42		YZ/Z 0054.3—2005	机要专用封装用品 第3部分:机要包装袋	2005	
43		YZ/T 0088.1—2004	专用信封 第1部分:首日封和纪念封	2004	
44		YZ/T 0088.4—2004	专用信封 第4部分:保价信封	2004	
45		YZ/T 0088.6—2004	专用信封 第6部分:邮资信封	2004	
46		YZ/T 0089.1—2004	明信片 第1部分:国内	2004	
47		YZ/T 0102—2004	信卡	2004	
48		YZ/T 0104—2004	国内邮政包裹详情单	2004	
49		YZ/T 0105—2004	挂式邮政信箱	2004	正在制订国标
50		YZ/Z 0050—2004	异形邮资明信片	2004	
51		YZ/T 0093.1—2003	邮件包装箱 第1部分:国内	2003	
52		YZ/T 0094.1—2003	邮件包装袋 第1部分:气垫膜包装袋	2003	
53		YZ/T 0094.2—2003	邮件包装袋 第2部分:塑料编织布包装袋	2003	
54		YZ/T 0005.3—2002	邮政业务词汇 第8部分:邮资票品发行与集邮	2002	
55		YZ/T 0067—2002	信筒	2002	正在制订国标
56		YZ/T 0041—2001	信封模板	2001	
57		YZ/T 005.2—2001	邮政业务词汇 第1部分:基本概念	2001	
58		YZ/T 0047—2001	邮政特快专递详情单	2001	
59		YZ/T 0003—2000	国际明信片	2000	
60		YZ/T 0005.1—2000	邮政业务词汇 特快专递部分	2000	
61		YZ/T 0024—2000	邮资机技术条件	2000	
62		YZ/T 0016—2000	邮政业务用航空公司代码	2000	

续表

序号	标准类别	标准号	标准名称	发布年代	备注
63		YZ/T 0017—2000	邮政业务用机场代码	2000	
64		YZ/T 0008—2000	邮政营业电子秤准确度等级	2000	
65		YZ/T 0009—2000	包裹收寄电子秤	2000	
66	邮电行业标准	YD/T 955—1998	邮筒	1998	
67		YD/T 956—1998	贺卡信封	1998	
68		YD/T 556—1997	国际包裹五联单	1997	
69		YD/T 574—1997	邮电日戳技术条件	1997	
70		YD/T 919.2—1997	邮件封面书写规范 国际信函	1997	正在制订国标
71		YD/T 775—1996	信封检测方法	1996	
72		YD/T 776—1996	信封色度检测仪	1996	
73		YD/T 845—1996	邮件处理中心噪声测量方法与噪声限制值	1996	
74		YD/T 861—1996	邮政印刷品包装袋	1996	

声明:仅限用于内部管理,禁止用于商业用途。

邮政普遍服务
(YZ/T 0129—2016)

(2016 年 12 月 26 日国家邮政局发布　自 2017 年 3 月 1 日起实施)

前　言

本标准代替 YZ/T 0129—2009,与 YZ/T 0129—2009 相比,除编辑性修改外主要技术变化如下:
——修改了邮政普遍服务的定义(见 2.1);
——增加了保障寄递安全的相关内容(见 3.3);
——增加了邮政营业场所服务功能方面的规定(见 4);
——增加了邮政营业场所应公示的内容(见 5.2);
——增加了邮政包裹柜设置的相关内容(见 5.4);
——修改了邮件全程时限的相关规定(见 6.3.1 和 6.3.2);
——增加了关于人员着装、文明用语的规定(见 7.1.3 和 7.2.5);
——增加了包裹要按址投递的相关规定(见 7.2.1.2);
——修改了用户领取部分情形的相关表述(见 7.2.1.3);
——修改了乡、镇人民政府所在地和乡、镇其他地区投递深度的相关规定(见 7.2.4.2 和 7.2.4.3);
——修改了无着邮件处理的相关规定(见 7.4);
——增加了给据邮件查询渠道、查询凭证、查询内容的相关表述(见 7.6.1、7.6.2 和 7.6.3);
——修改了查询答复时限的相关内容(见 7.6.5);
——修改了用户投诉的相关规定(见 8.1);
——增加了用户申诉的相关规定(见 8.2);
——修改了赔偿条件和赔偿标准的相关内容(见附录 A.1 和 A.3)。

本标准按照 GB/T 1.1—2009 给出的规则起草。

本标准由国家邮政局提出。

本标准由全国邮政业标准化技术委员会(SAC/TC 462)归口。

本标准起草单位:国家邮政局发展研究中心。

本标准主要起草人:胡凯、李慧、朱丽、胡萍萍、王宇飞、焦铮。

本标准代替了 YZ/T 0129—2009。

引　言

邮政普遍服务标准(YZ/T 0129—2009)是邮政政企分开之后制定的第一部邮政普遍服务行业标准,与修订后的《中华人民共和国邮政法》同步配套实施。自 2009 年 10 月 1 日实施以来,标准为规范邮政企业服务行为、加强邮政普遍服务监督管理、保障人民群众的基本用邮需求提供了重要依据。

近年来,国家对邮政普遍服务从资金补贴、税费减免、基础设施建设等多方面给予了持续保障,形成了连接全球、覆盖城乡、功能集成的邮政普遍服务网络。邮政普遍服务标准(YZ/T 0129—2009)在部分关键内容上已滞后于目前邮政普遍服务的实际能力和应有水平,制约了邮政普遍服务水平的进一步提升;且《中华人民共和国邮政法》已两次修正,邮政普遍服务标准(YZ/T 0129—2009)的部分内容已同法律规定不相一致;此外,随着经济社会的不断发展,人民群众的用邮需求在内容和层次上已经发生了深刻变化,邮政普遍服务标准(YZ/T 0129—2009)规定的服务质量和水平难以满足。为了进一步提升邮政普遍服务质量和水平,满足经济社会发展和人民群众对邮政普遍服务的更高要求,推进基本公共服务均等化,有必要对邮政普遍服务标准(YZ/T 0129—2009)进行修订。

本次标准的修订本着目标导向与问题导向相结合、群众期望与保障能力相权衡、因地制宜与促进均等相结合的原则,着力解决人民群众反映最为突出、需求最为迫切、感受最为直接的邮政服务问题,重点对邮件全程时限和包裹投递两方面内容作了修订;提供邮政普遍服务的邮政营业场所设置要求、邮筒(箱)设置要求、营业时间和开取筒(箱)次数以及收寄等基本满足当前服务需要,因此本次不作技术性修改。

1　范　围

本标准规定了邮政普遍服务的业务范围、邮政设施、服务时限、服务环节、用户投诉与申诉、赔偿等内容。

本标准适用于按国家规定提供邮政普遍服务的邮政企业及与邮政普遍服务相关的其他组织和人员。

本标准也适用于邮政企业提供的义务兵平常信函、盲人读物和革命烈士遗物的免费寄递等特殊服务业务。

2　术语和定义

下列术语和定义适用于本标准。

2.1　邮政普遍服务　universal postal service

按照国家规定的业务范围、服务标准,以合理的资费标准,为中华人民共和国境内所有用户持续提供的邮政服务。

2.2　邮政企业　postal enterprise

中国邮政集团公司及其提供邮政服务的全资企业和控股企业。

[GB/T 10757—2011,定义 3.1]

2.3　邮件　mail

邮政企业寄递的信件、包裹、汇款通知、报刊和其他印刷品等。

2.4　平常邮件　ordinary mail

邮政企业收寄时不出具收据,投递时不要求收件人签收的邮件。

[GB/T 10757—2011,定义 5.1.5]

2.5　给据邮件　registered mail

邮政企业在收寄时向寄件人出具收据,投递时由收件人签收的邮件。

[GB/T 10757—2011,定义 5.1.6]

2.6 保价邮件 insured mail

寄件人按规定交付保价费，由邮政企业对该邮件的丢失、损毁、内件短少等承担相应赔偿责任的邮件。

［修改 GB/T 10757—2011，定义 5.1.7］

2.7 全程时限 time limit from acceptance to delivery

邮政企业从收寄邮件到投递邮件的时间间隔，以邮件上日戳时间计算为准。需要投递通知单的邮件，以通知单上日戳时间计算为准。

注：全程时限 = 投递日戳日期 - 收寄日戳日期。

［GB/T 10757—2011，定义 8.6］

3 总 则

3.1 时效性

邮件寄递时限应达到国务院邮政管理部门规定的标准。

3.2 准确性

邮政企业应将邮件按照规定的投递方式投交给收件人。

3.3 安全性

安全性应主要包括：

——交寄邮件不应对国家、组织、公民的安全构成危害；

——邮政企业应通过各种安全措施保护邮件和服务人员的安全，同时在向用户提供服务时不应给对方和公共安全造成危害；

——除因国家安全或者追查刑事犯罪的需要，由公安机关、国家安全机关或者检察机关依照法律规定的程序对通信进行检查外，任何组织或者个人不应以任何理由侵犯公民的通信自由和通信秘密。除法律另有规定外，任何组织或者个人不应检查、扣留邮件、汇款；

——邮政企业应实行安全查验制度，对用户身份进行查验，对寄递物品进行安全检查或者开封验视；

——提供邮政普遍服务的邮政营业场所和邮件处理场所的消防、监控、隔离、安检、报警及其他安全生产设备配置，应符合《邮政业安全生产设备配置规范》的相关规定。

3.4 方便性

邮政企业应按规定提供相应的服务条件，以方便用户办理业务。

3.5 强制性

邮政企业应按照国家规定承担提供邮政普遍服务的义务。

3.6 普遍性

邮政企业应对中华人民共和国境内的所有用户提供邮政普遍服务。

4 业务范围

邮政企业应对信件、单件重量不超过 5kg 的印刷品、单件重量不超过 10kg 的包裹的寄递以及邮政汇兑提供邮政普遍服务。

提供邮政普遍服务的邮政营业场所应开办所有上述业务。未经邮政管理部门批准，不应停止办理或者限制办理上述业务。

每个县级行政区内应至少有一个开办国际及港澳台邮件业务的邮政营业场所。

每个乡、镇应至少有一个提供包裹领取服务的邮政营业场所。

5 邮政设施

5.1 提供邮政普遍服务的邮政营业场所设置要求

5.1.1 提供邮政普遍服务的邮政营业场所的设置应至少满足下列条件：

——北京市城区主要人口聚居区平均 1km 服务半径或 1 ~ 2 万服务人口；

——其他直辖市、省会城市城区主要人口聚居区平均 1 ~ 1.5km 服务半径或 3 ~ 5 万服务人口；

——其他地级城市城区主要人口聚居区平均 1.5 ~ 2km 服务半径或 1.5 ~ 3 万服务人口；

——县级城市城区主要人口聚居区平均 2 ~ 5km 服务半径或 2 万服务人口；

——乡、镇人民政府所在地和乡、镇其他地区主要人口聚居区平均5～10km服务半径或1～2万服务人口；

——交通不便的边远地区，应按照国务院邮政管理部门的规定执行。

5.1.2 乡、镇人民政府所在地应至少设置1个提供邮政普遍服务的邮政营业场所。

5.1.3 较大的车站、机场、港口、高等院校和宾馆，应设置提供邮政普遍服务的邮政营业场所。相关单位应在场地、设备和人员等方面提供便利和必要的支持。

5.2 提供邮政普遍服务的邮政营业场所服务设施要求

提供邮政普遍服务的邮政营业场所的服务设施应满足下列要求：

——营业场所应公示名称、所在区域邮政编码、每周的营业日和每天的营业时间，并按公示的时间营业；

——营业场所应公示或者以其他方式公布其服务种类、资费标准、邮件和汇款的时限标准、查询及损失赔偿办法、禁止寄递或者限制寄递物品的规定；

——营业场所内应在明显位置公示用户对其服务质量的投诉、申诉渠道及联系方式；

——营业场所内应免费为用户提供邮政编码查询服务；

——营业场所内应提供便民服务设施及用品用具；

——营业场所内应布局合理，指示清晰，环境整洁。

5.3 邮筒（箱）设置要求

5.3.1 邮筒（箱）的设置应至少满足下列条件：

——直辖市、省会城市城区主要人口聚居区平均0.5～1km服务半径；

——其他地级城市城区主要人口聚居区平均1～2km服务半径；

——县级城市城区主要人口聚居区平均2～2.5km服务半径；

——乡、镇人民政府所在地主要人口聚居区平均5km服务半径；

——交通不便的边远地区，应按照国务院邮政管理部门的规定执行。

5.3.2 提供邮政普遍服务的邮政营业场所门前应设置邮筒（箱）。

5.3.3 较大的车站、机场、港口、高等院校等人口密集的区域，宜根据需要增加邮筒（箱）的设置数量。

5.4 其他

机关、企事业单位应设置接收邮件的场所。城镇居民楼应设置接收邮件的信报箱，具备条件的地区应逐步设置邮政包裹柜。乡、镇其他地区应逐步设置村邮站或者其他接收邮件的场所，未设置固定邮件接收场所的，由各建制村村民委员会代为接收邮件。

建设城市新区、独立工矿区、开发区、住宅区或者旧城区进行改建，应同时建设配套的提供邮政普遍服务的邮政设施。

邮政设施的产权主体应对其设置的邮政设施进行经常性维护，保证邮政设施的正常使用。

6 服务时限

6.1 营业时间

提供邮政普遍服务的邮政营业场所的营业时间应满足下列要求：

——城市主城区每周营业时间不应少于6天，每天营业时间不应少于8小时；城乡结合区每周营业时间不应少于6天，每天营业时间不应少于6小时；

——乡、镇人民政府所在地每周营业时间不应少于5天，每天营业时间不应少于6小时；

——乡、镇其他地区每周营业时间不应少于3天，每天营业时间不应少于4小时；

——车站、机场、港口、高等院校、繁华地区等人流量大的区域，应根据实际情况合理安排营业时间；

——交通不便的边远地区，应按照国务院邮政管理部门的规定执行；

——遇国家法定节假日和省级人民政府规定的节假日，提供邮政普遍服务的邮政营业场所可根据实际用邮需求，适当调整营业时间，调整后的营业时间应提前3日对外公布，并按公布的时间对外营业。

6.2 开取邮筒（箱）次数

邮政企业应在邮筒（箱）上标明开取次数和时间，并按时打开邮筒（箱），收取信件。开取邮筒（箱）次数应满足下列要求：

——城市每天不应少于1次；

——乡、镇人民政府所在地每周不应少于5天,每天不应少于1次;

——乡、镇其他地区每周不应少于3天,每天不应少于1次;

——交通不便的边远地区可按当地的投递频次开取邮筒(箱)。

6.3 邮件全程时限

6.3.1 信件全程时限

信件全程时限应满足下列要求:

——同一城市城区内次日送达的比例不低于70%,且2天内送达的比例不低于90%;直辖市城区寄往远郊区县城区2天内送达的比例不低于80%,且3天内送达的比例不低于95%;

——省内3天内送达的比例不低于70%,且5天内送达的比例不低于95%;

——直辖市、省会城市间4天内送达的比例不低于70%,且6天内送达的比例不低于95%;

——省际地级以上城市间5天内送达的比例不低于70%,且7天内送达的比例不低于95%;

——省际其他地区间6天内送达的比例不低于70%,且8天内送达的比例不低于95%。

6.3.2 印刷品、包裹全程时限

印刷品、包裹全程时限应满足下列要求:

——同一城市城区内次日送达的比例不低于70%,且2天内送达的比例不低于90%;直辖市城区寄往远郊区县城区2天内送达的比例不低于80%,且3天内送达的比例不低于95%;

——省内3天内送达的比例不低于70%,且5天内送达的比例不低于95%;

——直辖市、省会城市间5天内送达的比例不低于70%,且7天内送达的比例不低于95%;

——省际地级以上城市间6天内送达的比例不低于70%,且8天内送达的比例不低于95%;

——省际其他地区间7天内送达的比例不低于70%,且9天内送达的比例不低于95%。

6.3.3 邮政汇兑时限

按址汇兑的时限应满足下列要求:

——邮政汇兑全国联网网点,应在收汇3天内将取款通知单投递用户;

——邮政汇兑非全国联网网点,应在收汇10天内将取款通知单投递用户;

——邮政企业应在收款人收到汇款通知之日起60天内,为用户兑付汇款。

6.3.4 其他

交通不便的边远地区的邮件全程时限,应按照国务院邮政管理部门的规定执行。

国际及港澳台邮件在国内部分的寄递时限,应按照国内邮件时限标准执行。

7 服务环节

7.1 收寄

7.1.1 收寄方式

邮政企业应根据实际情况提供下列收寄方式:

——窗口收寄;

——邮筒(箱)收寄;

——流动服务收寄。

7.1.2 收寄要求

7.1.2.1 业务资费

邮政企业应严格执行实行政府指导价或者政府定价的邮政业务资费标准。

邮政企业不应限定用户支付信件、印刷品和包裹等邮件资费的方式,不应以任何方式限定或者指定用户使用高资费业务或者搭售其他商品。

7.1.2.2 邮件封面和单据

邮件封面和单据应满足下列要求:

——邮件封面和单据采用的格式条款中涉及用户权利和义务的,应以足以引起用户注意的方式载明;

——邮政企业在收寄邮件时应清晰、规范地加盖或者打印收寄日戳等各种业务戳记;

——邮政企业应按规定向用户提供收据或者发票等凭证,业务单据的填写应规范、明晰、完整。

7.1.2.3 禁止寄递和限制寄递物品

邮政企业收寄邮件和用户交寄邮件,应遵守法律、行政法规以及国务院和国务院有关部门关于禁止寄递和限制寄递物品的规定。

7.1.2.4 收寄验视

对用户交寄的信件，必要时邮政企业可要求用户开拆，进行验视，但不应检查信件内容。用户拒绝开拆的，邮政企业应不予收寄。

对信件以外的邮件，邮政企业收寄时应当场验视内件。用户拒绝验视的，邮政企业应不予收寄。

7.1.3 营业人员

营业人员应统一穿着具有邮政企业标识的服装，佩戴工号牌或者胸卡，使用文明用语。

7.2 邮件投递

7.2.1 投递方式

7.2.1.1 基本要求

邮件的投递方式主要包括按址投递、用户领取以及与用户协商的其他方式。

邮政企业投递邮件时，应清晰、规范地加盖或者打印投递日戳。

7.2.1.2 按址投递

下列邮件应按本标准7.2.4的规定实行按址投递：

——信件；

——印刷品；

——包裹；

——汇款通知等各类通知单。

7.2.1.3 用户领取

对于下列情况，邮政企业可通知用户到指定地点领取：

——重量超过5kg的乡、镇人民政府所在地及乡、镇其他地区的包裹；

——邮政汇款；

——保价信件；

——存局候领邮件；

——无法投入信报箱的印刷品；

——单包不符、封皮或者内件破损，重量短少或者有拆动嫌疑，需要收件人会同拆验的邮件；

——有补收资费等其他原因需要收件人办理手续的邮件；

——其他不具备按址投递条件的邮件。

7.2.1.4 与用户协商

对有特殊需求的用户，邮政企业可与用户协商，采取多种方法投递邮件。

7.2.2 投递频次

邮件投递频次应满足下列要求：

——城市每天不应少于1次；

——乡、镇人民政府所在地每周不应少于5次；

——乡、镇其他地区每周不应少于3次；

——交通不便的边远地区的投递频次，应按照国务院邮政管理部门的规定执行。

7.2.3 按址投递条件

新建的企业事业单位、居民住宅，应由企业事业单位、居民住宅管理单位到当地邮政企业或者其分支机构办理邮件投递登记手续；单位更改名称、收件人变更地址，应事先通知当地邮政企业或者其分支机构，也可办理邮件改寄新址手续。邮政企业应公布登记地点和电话号码。

具备下列条件者，邮政企业应予以登记，并自登记之日起1周内安排投递：

——具备邮政车辆和邮政服务人员的通行条件；

——有公安机关统一编制的门牌号数；

——已设置信报箱、邮政包裹柜或者接收邮件的场所；

——按规定需要办理中外文名称登记并已办妥手续的。

7.2.4 投递深度

7.2.4.1 城市

7.2.4.1.1 单位

单位、单位附设机构、单位个人用户、单位院内宿舍用户的邮件，应投递到单位设在地面层的收发

(传达)室或者其他接收邮件场所。

多单位同在一幢楼或者一个院内的邮件,应投递到统一设置的收发(传达)室或者其他接收邮件的场所。

寄交船舶的邮件,应投递到船舶所属单位的收发(传达)室或者其他接收邮件的场所。

7.2.4.1.2 住宅楼房

设置信报箱或者邮政包裹柜的,应投递到信报箱或者邮政包裹柜;未设置信报箱或者邮政包裹柜的,可投交收发(传达)室或者物业服务企业;未设置信报箱或者邮政包裹柜,且没有收发(传达)室和物业服务企业的,可投递到与用户协商的指定位置。

7.2.4.1.3 住宅平房

应按街巷(胡同、里弄)门牌号投递到院落门口。住户较多的大院在大院总入口处设置信报箱或者邮政包裹柜的,应投递到信报箱或者邮政包裹柜;设置收发(传达)室或者代收点的,可投递到收发(传达)室或者代收点。

7.2.4.2 乡、镇人民政府所在地

乡、镇人民政府所在地邮件的投递深度,应等同于城市投递深度。超过5kg的包裹可投递领取通知单,具备条件的可短信或者电话通知领取。

7.2.4.3 乡、镇其他地区

乡、镇其他地区邮件应至少投递到村邮站或者其他接收邮件的固定场所。超过5kg的包裹可投递领取通知单,具备条件的可短信或者电话通知领取。

7.2.5 投递人员

投递人员应统一穿着具有企业标识的服装,佩戴工号牌或者胸卡,使用文明用语。

7.2.6 其他

机关、企业事业单位、住宅小区管理单位等应为邮政企业投递邮件提供便利。

收发(传达)室、物业服务企业、村邮站或者其他接收邮件的场所对接收的邮件应妥善保管并安排人员及时正确转投。

7.3 邮件的改寄和撤回

各类邮件交寄后,寄件人确有需要变更名址或者撤回的,邮政企业应按规定提供邮件改寄和撤回服务。

7.4 无法投递邮件的处理

邮政企业对确认无法投递的邮件,应在确认无法投递后的一个月内退回寄件人。

收发(传达)室、物业服务企业、村邮站或者其他接收邮件的场所对超过一个月确认无法转交的邮件,应签注意见并妥善保管,由邮政企业定期收回。

无法投递又无法退回的邮件,应由邮政企业依据《无法投递又无法退回邮件管理办法》的规定处理。

无法投递又无法退回的进境国际邮递物品,应由海关依据《中华人民共和国海关法》的规定处理。

7.5 逾期未兑领汇款的处理

收款人逾期未兑领的汇款,应由邮政企业退回汇款人。自兑领汇款期限届满之日起1年内无法退回汇款人,或者汇款人自收到退汇通知之日起1年内未领取的汇款,由邮政企业上缴国库。

7.6 给据邮件查询

7.6.1 查询渠道

邮政企业应对用户交寄的给据邮件提供下列免费查询渠道:

——给据邮件交寄时的邮政营业场所;

——邮政企业客户服务电话;

——互联网;

——其他。

7.6.2 查询凭证

给据邮件交寄后,用户可根据给据邮件单据对邮件进行跟踪查询。

7.6.3 查询内容

用户可查询给据邮件当前所处的服务环节、位置和处理情况。

7.6.4 查询期限

用户交寄给据邮件后：

——国内邮件可自交寄之日起1年内持收据向邮政企业查询；

——国际邮件可自交寄之日起180日内持收据向邮政企业查询；

——邮政汇款的汇款人可自汇款之日起1年内持收据向邮政企业查询。

7.6.5 查询答复时限

用户查询时，邮政企业应即时提供给据邮件信息。

不能即时提供的，自用户查询之日起，邮政企业应在下列期限内将查询结果告知用户：

——国际邮件、边远地区邮件宜为30日内，最长不超过60日；

——其他地区邮件宜为5日内，最长不超过30日；

——邮政汇款宜为5日内，最长不超过20日。

8 用户投诉与申诉

8.1 投诉

邮政企业受理投诉时，应记录下列信息：

——投诉人的姓名、地址和联系方式；

——投诉原由及诉求；

——其他投诉内容。

邮政企业应在接到投诉后7日内答复用户办理情况，15日内将处理结果告知用户。

8.2 申诉

用户向邮政企业投诉后7日内未得到答复，或者对邮政企业投诉处理和答复不满意的，或者邮政企业投诉渠道不畅通、无人受理的，用户可向邮政管理部门申诉，邮政管理部门将依据《邮政业消费者申诉处理办法》进行处理。

9 赔　　偿

邮政企业对邮政普遍服务业务范围内的邮件和汇款的损失赔偿应符合附录A的规定。

附　录　A
（规范性附录）
损失赔偿

A.1 赔偿条件

发生下列情况，邮政企业应承担赔偿责任：

a）因故意或者重大过失造成平常邮件发生丢失、短少、损毁的；

b）给据邮件在寄递过程中，发生丢失、短少、损毁，致使邮件失去邮件本身全部或者部分价值的；

c）给据邮件自受理查询日起至查询答复时限期满未查到邮件的；

d）邮政汇款查询答复时限期满未查到汇款的。

A.2 免责条件

属于下列情况的，邮政企业依法不承担赔偿责任：

a）邮政企业对平常邮件的损失不承担赔偿责任，但是，邮政企业因故意或者重大过失造成平常邮件损失的除外；

b）不可抗力，但因不可抗力造成的保价的给据邮件的损失除外；

c）所寄物品本身的自然性质或者合理损耗造成给据邮件损失的；

d）寄件人、收件人的过错造成给据邮件损失的；

e）用户在规定的查询期限内未向邮政企业查询又未提出赔偿要求的。

A.3 赔偿标准

邮政企业对用户的损失赔偿应按下列标准执行：

a）邮政企业因故意或者重大过失造成平常邮件损失，依照民事法律的有关规定承担赔偿责任；

b）保价的给据邮件丢失或者全部损毁的，按照保价额赔偿；部分损毁或者内件短少的，按照保价额与邮件全部价值的比例对邮件的实际损失予以赔偿；

c)未保价的给据邮件丢失、损毁或者内件短少的,依据《中华人民共和国邮政法》及其他相关规定予以赔偿;

d)邮政汇款查询答复时限已满未查到汇款的,应向汇款人退还汇款和汇款费用;

e)邮政企业因故意或者重大过失造成给据邮件损失,无权援用本列项第 b)、c)项的规定限制赔偿责任;

f)邮政企业未在营业场所的告示中和提供给用户的给据邮件单据上,以足以引起用户注意的方式载明本列项第 b)、c)项规定,无权援用本列项第 b)、c)项的规定限制赔偿责任。

A.4 支付赔偿时限

邮政企业对邮件的损失承担赔偿责任的,应在 7 日内向用户或其指定的受益人予以赔偿。

A.5 赔偿争议的解决

用户可依法选择投诉、仲裁、诉讼等方式解决赔偿争议。

智能快件箱设置规范
(YZ/T 0150—2016)

(2016 年 1 月 12 日国家邮政局发布 自 2016 年 5 月 1 日起实施)

前 言

本标准按照 GB/T 1.1—2009 给出的规则起草。

本标准由国家邮政局提出。

本标准由全国邮政业标准化技术委员会(SAC/TC 462)归口。

本标准起草单位:成都我来啦网格信息技术有限公司、北京云邮信通物联网研究院。

本标准主要起草人:何锦华、贾勇、邱光、信雨、郭杰。

本标准为首次发布。

1 范 围

本标准规定了智能快件箱的设置原则、设置位置、格口配置数量、设置方式、场地与空间、配套设施和设备固定等要求。

本标准适用于城镇地区住宅小区、办公楼宇(含政府机关、企事业单位、商业区等,下同)、院校及公共场所的室内、室外智能快件箱的设置和安装。符合条件的乡村地区和智能包裹箱的设置可参照执行。

2 规范性引用文件

下列文件对于本文件的应用是必不可少的。凡是注日期的引用文件,仅注日期的版本适用于本文件。凡是不注日期的引用文件,其最新版本(包括所有的修改单)适用于本文件。

YZ/T 0133—2013 智能快件箱

3 术语与定义

下列术语和定义适用于本文件。

3.1 智能快件箱 intelligent self - express service machine

设立在公共场合,可供寄递企业投递和用户提取快件等物品的自助服务设备。

3.2 格口 box

智能快件箱内存放快件的独立最小单元。

[YZ/T 0133—2013,定义 3.2]

3.3 格口箱 box - group

由一列或多列格口组成的一组箱体。智能快件箱可包含多组格口箱。

[YZ/T 0133—2013 定义3.3]

3.4 控制柜 control cabinet

智能快件箱中安装操控显示屏、条码扫描器、键盘等人机交互模块以及控制系统的箱体。

[YZ/T 0133—2013 定义3.4]

4 设置原则

4.1 新建、改建、扩建的住宅小区、办公楼宇、院校及公共场所建筑工程，宜将智能快件箱纳入建筑工程统一规划和设计。

4.2 智能快件箱宜集中进行设置，为快件投取双方提供迅速、准确、安全、方便的服务。

4.3 智能快件箱的设置（含屋、亭、遮雨篷等附属设施）在整体上应与环境相协调，不应影响住宅小区、办公楼宇、院校及其他公共场所的建筑布局和风格。

4.4 智能快件箱的设置应根据当地地域和气候等特点，满足防雨雪、防冰冻、防风沙等需要。

4.5 智能快件箱应符合YZ/T 0133的相关要求。

5 设置位置

5.1 智能快件箱的设置位置应满足以下要求：

——场地宽敞明亮，通风条件良好，取电照明方便，具有网络信号。

——不影响其他建筑设施的采光和通风，不妨碍车辆和人员的正常通行，不遮挡消防设施，不阻碍安全疏散通道。

——应留有智能快件箱及其配套设备的更换、拆卸、保养、维修空间。

5.2 住宅小区的智能快件箱宜设置在小区入口或物业管理处。部分大型小区，居民楼距离小区入口或物业管理处较远时，宜选择小区中心位置或多点集中设置智能快件箱。

5.3 办公楼宇的智能快件箱宜设置在楼宇的大厅门庭区域或其通道上。

5.4 院校的智能快件箱宜设置在人员集中区域或院校快递服务区内。

5.5 室外公共场所的智能快件箱宜设置在人员流动频繁且易投取快件的区域。

5.6 气候潮湿或严寒以及风沙大、台风多的地区，智能快件箱宜设置在室内。

5.7 具有门禁系统的住宅小区、办公楼宇等场所，智能快件箱宜安置在门禁系统外且方便快件投取的地方。

6 格口配置数量

6.1 住宅小区的智能快件箱，其格口数宜按小区每日平均投递量（包括快件和包裹等）的1倍~1.3倍来配置。

6.2 办公楼宇的智能快件箱，在空间允许的条件下，其格口数宜按楼宇内每日平均投递量（包括快件和包裹等）的1倍~1.3倍来配置。

6.3 院校的智能快件箱，其格口数宜按在校学生规模的5%~15%来配置；对于设有快递服务站的院校，智能快件箱的格口数可适当减少。

6.4 公共场所的智能快件箱，其格口数可根据实际的情况及场所的空间进行配置。

7 设置方式

7.1 智能快件箱的设置方式一般可分为附墙式和自立式两种。其中，附墙式智能快件箱的箱体宜紧贴墙体设置。

7.2 根据场地空间条件和四周环境要求，智能快件箱可按一字型、L型、U型、多排型等进行摆放，其摆放示意图参见附录A。

8 场地与空间

8.1 场地要求

8.1.1 设置在室内的智能快件箱，场地地面应具备足够的承重能力，满足所安装智能快件箱的使用要求。

8.1.2 设置在室外的智能快件箱，应选择地势较高的场地，场地地面宜进行平整及硬化处理，硬化表面与地面距离不应小于 100mm,硬化表面应留有投取人站立操作的空间。

8.2　空间要求

8.2.1　智能快件箱前端应留有不小于 1000mm 的投取空间。

8.2.2　U 型摆放的智能快件箱,相对箱体之间的距离应不小于 1500mm。

8.2.3　多排型摆放的智能快件箱,采用单侧附墙式时,至少一排箱体与墙体之间距离应不小于 1000mm;采用背靠背紧密式时,箱体与墙体之间距离应不小于 1000mm;采用相对附墙式时,箱体之间距离应不小于 1500mm。

8.2.4　一字型、L 型、U 型、多排型智能快件箱的空间距离示意图参见附录 B。

9　配套设施

9.1　通往智能快件箱的主要出入口宜设有无障碍坡道。

9.2　安装在室外的智能快件箱宜置于 24 小时监控范围内。

9.3　设置在室外的智能快件箱应具有照明、防火、防雷、遮雨等设施,遮雨篷材质应具有阻燃、耐承重、耐寒、耐热、抗辐射等性能,其结构设计可参见附录 C。

9.4　在住宅小区、办公楼宇、院校及其他公共场所的主要出入口处,应设有标明智能快件箱方位的引导文字。

10　设备固定

10.1　智能快件箱应摆放整齐,箱体与箱体之间应连接牢固。

10.2　智能快件箱的地脚应与地面进行牢固固定,防止设备倒塌。

10.3　对无法进行地面固定的智能快件箱,可固定在墙体上,墙体宜为混凝土或具有相应承重能力的砌体结构。

10.4　遮雨篷应固定在智能快件箱顶部或者墙体上,墙体与遮雨篷的连接处应做防水处理。

附录 A(资料性附录)　智能快件箱摆放示意图(略)

附录 B(资料性附录)　智能快件箱的空间距离示意图(略)

附录 C(资料性附录)　智能快件箱遮雨篷的结构设计(略)

邮政业车辆定位系统技术要求
(YZ/T 0151—2016)

(2016 年 1 月 12 日国家邮政局发布　自 2016 年 5 月 1 日起实施)

前　言

本标准按照 GB/T 1.1—2009 给出的规则起草。

本标准由国家邮政局提出。

本标准由全国邮政业标准化技术委员会(SAC/TC 462)归口。

本标准起草单位:邮政科学研究规划院。

本标准主要起草人:刘海芳,郑虹,宋远越,刘奇峰。

1　范　围

本标准规定了邮政业车辆定位系统结构与组成、车载终端功能要求、监控平台功能要求、车载终端性能要求、监控平台性能要求和系统接口等内容。

本标准适用于总质量为 12t 以下,邮政和快递生产运输车辆(含机动车辆和非机动车辆,以下简称车辆)定位系统的研发、使用和管理。

2 规范性引用文件

下列文件对于本文件的应用是必不可少的。凡是注日期的引用文件，仅注日期的版本适用于本文件。凡是不注日期的引用文件，其最新版本(包括所有的修改单)适用于本文件。

GB 20263—2006 导航电子地图安全处理技术基本要求

GB/T 2260—2007 中华人民共和国行政区划代码

JT/T 766—2009 北斗卫星导航系统船舶监测终端技术要求

JT/T 794—2013 道路运输车辆卫星定位系统车载终端技术要求

YD/T 1050 800MHz CDMA 数字蜂窝移动通信网设备总测试规范：移动台部分

YD/T 1214 900/1800MHz TDMA 数字蜂窝移动通信网通用分组无线业务(GPRS) 设备技术要求：移动台

YD/T 1367 2GHz TD - SCDMA 数字蜂窝移动通信网 终端设备技术要求

YD/T 1547 2GHz WCDMA 数字蜂窝移动通信网 终端设备技术要求(第三阶段)

YD/T 1558 800MHz/2GHz cdma2000 数字蜂窝移动通信网设备技术要求 移动台(含机卡一体)

YD/T 2575—2013 TD - LTE 数字蜂窝移动通信网 终端设备技术要求(第一阶段)

YZ/T 0135—2014 快递业温室气体排放测量方法

3 术语和定义

下列术语和定义适用于本文件。

3.1 车载终端 vehicle terminal

安装在邮政和快递生产运输车辆上，具有卫星定位、可与监控平台完成信息交互等功能的装置。

3.2 监控平台 monitoring and management platform

邮政企业、快递企业自建或委托建设的，对一定范围内的车辆进行信息设置、实时监控、查询统计、安全运营管理的系统平台。

3.3 固件 firmware

运行在车载终端微处理器中的嵌入式软件。

[JT/T 794—2013，定义 3. 1. 1]

3.4 休眠 sleep

车辆熄火后，车载终端继续保持与监控平台联系的一种特殊状态。

[JT/T 794—2013，定义 3.1.7]

4 缩 略 语

下列缩略语适用于本文件，见表1。

表1 缩略语

序号	缩略语	中文名称	英文名称
1	CAN	控制器局域网	Controller Area Network
2	MTBF	平均故障间隔时间	Mean Time Between Failures
3	TCP	传输控制协议	Transmission Control Protocol
4	UDP	用户数据报协议	User Datagram Protocol

5 系统结构与组成

5.1 系统结构

邮政业车辆定位系统主要由车载终端、监控平台两部分组成。车载终端和监控平台之间可实现内部通信，监控平台可与生产企业等第三方系统实现外部通信。系统结构示意图如图1所示。

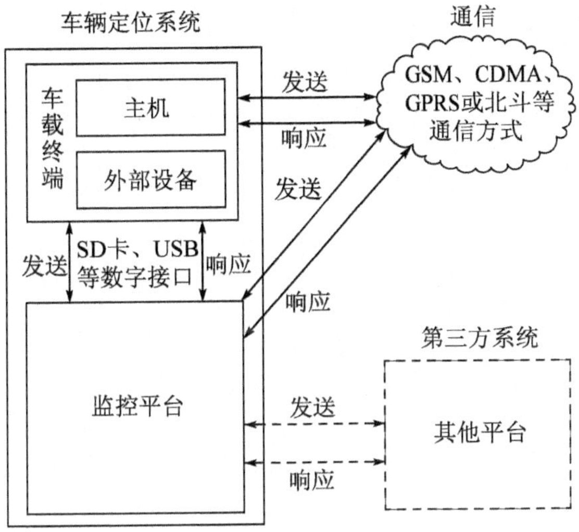

图1　系统结构示意图

5.2　系统组成

5.2.1　车载终端

车载终端由主机和外部设备组成。主机应包括微处理器、数据存储器、卫星定位模块、无线通信模块等;外部设备应包括卫星定位天线、无线通信天线、应急报警按钮等,可包括通话装置、读卡器、打印机、显示器等。车载终端向监控平台提供终端状态、车辆位置等信息。

5.2.2　监控平台

监控平台应由监控显示屏、服务器等组成,实现对车载终端的管理、车辆的监控、查询统计和电子地图等功能。

6　车载终端功能要求

6.1　基本功能

6.1.1　自检

车载终端启动时,应启动自检功能,宜通过信号灯、显示屏或者语音提示车载终端当前主要状态,包括:卫星定位及通信模块工作状态、主电源状态、卫星定位天线状态、其他外部设备状态等。若车载终端出现故障,则存储故障信息并上传至监控平台。

6.1.2　定位

车载终端的定位功能应包括以下内容:

——应按监控平台指定的卫星定位模式启动定位功能;

——应提供和储存当前时间、经度、纬度、速度、高程和方向等定位信息,同时上传至监控平台;

——应支持时间、距离间隔或外部事件触发方式上传定位信息,且时间和距离间隔可由监控中心设定。

6.1.3　通信

6.1.3.1　通信方式

车载终端应至少支持基于通用 GSM、CDMA、TD - SCDMA、WCDMA、CDMA2000、TDLTE、FDD - LTE 等多种无线通信网络以及北斗卫星导航系统传输机制下的通信模式之一。网络之间支持多种通信方式切换,车载终端应首先选择分组数据传输方式,当所在地无线网络不支持分组数据传输时,可切换到短消息方式传送数据。

6.1.3.2　通信要求

车载终端通信应满足以下要求:

——车载终端应支持数据批量接收与发送、断点续传功能;

——当车载终端无法连接无线网络时,应将数据保存,直至连接到无线网络时一并发送。

车载终端通信宜满足以下要求：

——车载终端宜支持与主监控平台和备份监控平台的远程链接，能在与主监控平台通信中断时自动切换至备份监控平台；

——车载终端宜支持在加油站等危险区域内，自动关闭或手动关闭通信的功能。

6.1.4 行驶记录

车载终端应具有车辆行驶记录功能，可记录经度、纬度、车速等信息，并将行驶记录数据上传至监控平台。

6.1.5 警示

车载终端的警示功能应包括人工报警与自动提醒，宜通过图像监控车内货物。

a）人工报警

当遇到抢劫、交通事故、车辆故障或邮件快件自燃等紧急情况时，驾驶员可通过触动应急报警按钮向监控平台上传报警信息，并宜立即启用图像、视频、音频采集功能。人工报警应防止误操作。

b）自动提醒

车载终端根据监控平台设定的条件自动触发提醒，并上传至监控平台。

车载终端应具备以下自动提醒功能：

——超区提醒：当车辆驶入禁入区域或驶出禁出区域时自动触发；

——偏移路线提醒：当车辆驶离设定的路线时自动触发；

——超速提醒：根据预设的速度阈值或监控平台下发的提醒信息，提醒驾驶员当前处于超速状态；

——疲劳驾驶提醒：当车辆连续驾驶时间超过疲劳驾驶时间阈值时自动触发；疲劳驾驶时间阈值可由监控平台远程设置；

——车载终端故障提醒：当车载终端的主机或外部设备工作异常时自动触发；

——欠压提醒：在蓄电池欠压、内置电池欠压时自动触发。

车载终端宜具备以下自动提醒功能：

——断电提醒：车载终端的主供电源被切断时自动触发；

——超时停车提醒：车辆停车时间超过系统预设时间时自动触发；

——碰撞提醒：车辆受到强力碰撞时自动触发，触发后车载终端应及时上传车辆定位信息；

——侧翻提醒：车辆侧翻时自动触发，触发后车载终端应及时上传车辆定位信息；

——车辆开关门提醒：车辆开门或关门时自动触发；

——自燃提醒：车厢内温度异常升高或产生大量烟雾时自动触发。

6.1.6 休眠

当车辆熄火后，车载终端向监控平台发送车辆熄火信号并自动进入休眠状态。车载终端在休眠状态下应满足以下要求：

——除无线通信模块外，关闭其他设备。在需要上传时自动唤醒卫星定位模块。

——按监控平台远程设置或初始化时设置的频率要求上传相关数据。

——在蓄电池欠压报警后，转由内置备用电池供电。在内置备用电池电量用完时自动关机。

——在休眠期间，车载终端的平均功率不应超过2W。

6.1.7 终端管理

车载终端应支持远程或者本地方式（SD卡、USB或其他数据接口等）更新固件、修改和查询固件参数等功能。

6.1.8 人机交互

车载终端应具有人机交互功能。车载终端宜通过语音报读设备、显示设备、信号灯或蜂鸣器等设备向驾驶员提供信息，驾驶员能通过按键、触摸屏或遥控器等方式操作车载终端。

6.2 扩展功能

6.2.1 基本信息采集

车载终端可支持通过CAN总线或其他方式采集车辆参数信息，包括行驶里程、车速等；宜支持采集车辆的制动踏板、加速踏板、门、转向灯、喇叭等状态信息，并上传至监控平台。

6.2.2 载货状态采集

车载终端宜支持通过车辆载货状态检测装置或人工输入方式，采集车辆载货状态（满载、半载、空载、温度、湿度等），并上传至监控平台。

6.2.3 驾驶员信息采集

车载终端宜支持通过 IC 卡等方式采集驾驶员身份信息，并上传至监控平台，实现对驾驶员身份的识别和监控。

6.2.4 多媒体信息采集

车载终端宜具有图像信息、音频信息和视频信息采集及存储功能，支持监控平台以定时、事件触发等方式实现图像信息、音频信息和视频信息的采集、存储、检索及上传，支持通过 USB 等接口对图像信息、音频信息和视频信息的导出。图像信息、音频信息、视频信息的具体技术要求应分别满足 JT/T 794—2013 中 5.4.7、5.4.8 和 5.4.9 的要求。

6.2.5 车辆故障远程诊断

车载终端宜按照监控平台要求，将当前故障代码上传至监控平台 YZ 并将监控平台下发的故障指示信息显示在屏幕上。

6.2.6 信息服务

车载终端宜具有以下信息服务功能：

——支持监控中心直接下发信息和驾驶员主动上报信息；

——通过显示设备、语音报读设备等向驾驶员提示监控中心下发的调度、警示等信息，驾驶员可向监控中心回传应答信息。

6.2.7 通话

车载终端宜具有通话功能，包括通话限制、语音存储、电话簿管理、电话回拨、音量调节、来电自动摘机等。通话时应将需要上传的定位等数据保存，通话结束后上传。

6.2.8 数据展现

车载终端宜具有数据展现功能，可通过显示屏等设备展示车辆当前位置、与目的地的距离以及车厢内温度等内容。可支持通过手机或平板电脑等便携设备进行数据展现。

7 监控平台功能要求

7.1 基本功能

7.1.1 车载终端管理

监控平台应具备车载终端参数配置、车载终端注册和注销、车载终端转车等管理功能。其中，车载终端参数配置管理应包括 IP 地址配置、报警参数配置、车载终端固件升级等。

7.1.2 车辆管理

监控平台应具备车辆 SIM 卡管理、车辆基础信息管理和驾驶员信息管理等功能。

7.1.3 平台管理

监控平台应具备平台的用户管理、角色管理、权限管理、日志管理和运行监控管理等功能，其中运行监控管理应能监控服务器的各种服务状态和资源消耗情况。

7.1.4 行驶记录管理

监控平台应具备远程调用车辆行驶记录相关信息的功能，并能够对车辆行驶记录信息进行保存、查询、统计和分析等处理。

7.1.5 历史轨迹回放

监控平台应具备回放过去一段时间内指定车辆历史轨迹的功能。

7.1.6 车辆管控

监控平台应具备车辆监控、车辆跟踪、车辆点名、车辆查找、区域查车和车辆远程控制等功能。

——车辆监控：实时接收车载终端上传的车辆动态信息，并在电子地图上显示其位置；

——车辆跟踪：定时在电子地图上显示单车或多车的实时位置和状态信息；

——车辆点名：向指定车辆发送点名指令，车载终端上报车辆位置信息，监控平台在电子地图上显示车辆位置；

——车辆查找：按照车牌号码、SIM 卡号码、驾驶员姓名和车队名称等条件查询车辆；

——定时定位车辆查询：查询指定时间、经过指定区域内的车辆信息；

——区域查车：在电子地图上查询设定区域的在线车辆；

——车辆远程控制：将监听、解除监听、无线通信连接、图片抓拍等指令发送到车载终端，通过车载终端实现对车辆的远程控制。

7.1.7 准点准班率统计

统计各班次车辆到达目的地的时间，分析车辆准点准班情况。

7.1.8 行驶时间和里程统计

统计指定车辆在某个时间段的行驶时间和行驶里程。

7.1.9 报警信息统计

监控平台应支持接收由车载终端触发的人工报警和自动提醒等信息，并具备统计指定车辆在某个时间段内产生的各种报警信息的功能。

7.1.10 分路段限速监控

监控平台应支持对指定路段设置限速阈值，实现超速报警，并具备对超速车辆进行警示、记录等功能。

7.1.11 电子地图

电子地图应满足以下要求：

——能够实现漫游、放大、缩小、拉框放大、拉框缩小、距离量算、比例尺显示、打印和保存当前屏幕图像等基本操作；

——具备鹰眼、标注、图层控制、地理信息查询和路径分析等功能；

——具备设置行驶区域和行驶路线的功能；

——具备对邮政和快递营业场所、处理场所的名称、地址和行政区域等信息进行模糊检索的功能；

——电子地图表达应符合 GB 20263—2006 的规定。

7.2 扩展功能

7.2.1 车辆调度

监控平台宜支持通过多种方式选择车辆，并对指定车辆下发调度指令的功能。

7.2.2 多媒体信息管理

监控平台宜具备对车载终端上传的音频、视频、图像等信息进行存储、检索和查看的功能。

7.2.3 驾驶员信息识别

监控平台宜具备对车载终端上传的驾驶员身份信息进行识别，并将有效性结果信息下传到车载终端，完成驾驶员信息识别的功能。

7.2.4 油耗管理

监控平台宜具备多种方式统计实际油耗信息，计算特定时间内车辆的平均油耗、最大油耗，并对油耗进行预测等功能。

7.2.5 碳排放量统计

监控平台宜具备根据燃油消耗量等信息，计算车辆运行所产生的碳排放量的功能。碳排放量计算公式按 YZ/T 0135—2014 中 6.3 的要求执行。

7.2.6 驾驶行为统计

监控平台宜具备对驾驶员的驾驶行为进行统计的功能，包括：某时间段超速行驶次数、疲劳驾驶情况等。

8 车载终端性能要求

8.1 整体性能

车载终端应保持 24h 持续稳定工作，同时应满足以下性能要求：

——车载终端的平均无故障间隔时间（MTBF）最低为 3000h；

——应具有 USB、总线数据等接口，可具有 RS232、RS485 以及连接传感器和外部设备的其他数据接口。

8.2 定位性能

车载终端的定位性能应满足以下要求：

——定时报送：行驶状态下，最小报送时间间隔不大于 5s，最大报送时间间隔不大于 60s；

——定距报送：行驶状态下，最小报送距离不大于 100m，最大报送距离间隔不大于 1000m；

——定位应答时间：从车载终端收到监控平台下发的实时定位请求到车载终端发出应答信息，时间不大于 10s；

——通信中断存储：应能在通信中断时，以先进先出方式存储不少于 10000 条的定位信息。若采用北斗通信方式，应能够存储不少于 2000 条的定位信息；

——记录时间精度：在24h内累计时间误差在±5s以内。

8.3 卫星定位模块

卫星定位模块要求如下：

——卫星接收通道：不小于12个；

——灵敏度：优于-130dBm；

——定位精度：水平定位精度不大于15m，高程定位精度不大于30m，速度定位精度不大于2m/s；差分定位精度（可选）为1m～5m；

——最小位置更新率：最小位置更新率为1Hz；

——热启动时间不超过10s。

8.4 无线通信模块

8.4.1 误码率

通信模块的误码率或误块率等无线通道质量参数应符合YD/T 1050、YD/T 1214、YD/T 1367、YD/T 1547、YD/T 1558及其他相关标准的要求。

8.4.2 最大发射功率

通信模块的最大发射功率应符合YD/T 1050、YD/T 1214、YD/T 1367、YD/T 1547、YD/T 1558、YD/T 2575及其他相关标准的要求。

8.4.3 北斗通信方式

若车载终端采用北斗通信方式，应符合JT/T 766—2009中4.4.2.1.3、4.4.2.2.2、4.4.2.3和4.4.2.4的要求。

8.5 电气性能

车载终端的电气性能应满足以下要求：

——车载终端的主电源为车辆电源，车载终端内应具有备用可充电电池。当车载终端失去主电源后，备用电池工作时间应足够车载终端向监控平台报警或传输必要的数据。

——电源电压适应性、耐电源极性反接、耐电源过电压性、断电保护性能和低压保护性能应分别满足JT/T 794—2013中6.4.1.2、6.4.1.3、6.4.1.4、6.4.1.5和6.4.1.6的要求。

——连接线、接插器性能应分别满足JT/T 794—2013中6.4.2和6.4.3的要求。

8.6 电磁兼容

车载终端的电磁兼容应符合JT/T 794—2013中6.6的要求。

8.7 环境适应性

车载终端的机械环境适应性应满足JT/T 794—2013中6.5.2的要求。

车载终端应能在以下气候环境条件下正常使用：

——温度：-20℃～70℃；

——湿度：10%～90%。

注：在其他使用环境下，车载终端应做特殊防护处理。

8.8 安装要求

车载终端的安装要求应满足JT/T 794—2013中第7章的要求，确保不影响车辆本身安全和驾驶员安全。

9 监控平台性能要求

9.1 总体性能

监控平台的总体性能应满足以下要求：

——支持平台7×24h不间断运行；

——在没有外部因素影响的情况下，故障恢复时间不超过120min。

9.2 车辆信息接入性能

监控平台的车辆接入性能应满足以下要求：

——具有对车辆定位数据的高并发处理能力：平均500条/s、峰值1000条/s；

——能支持至少10000台车载终端接入，并对其进行监控。

9.3 平台响应时间

监控平台的最大并发用户数达到系统设计要求时，平均响应时间不应超过单用户平均响应时间的5倍。

9.4　地图数据质量

电子地图数据质量应满足以下要求：

——应使用经国家测绘主管部门审核批准的电子地图；

——地图更新频率应不少于1次/年。

9.5　安全要求

监控平台应满足以下安全要求：

——用户密码等关键数据应加密存储；

——车载终端与监控平台之间数据交换应采用加密传输方式；

——对关键操作、接收和发送的关键数据进行日志记录；

——宜具有备份平台 主平台出现问题时能自动切换到备份平台。

10　系统接口

10.1　概述

系统接口为车载终端与监控平台之间的接口。

10.2　口信息交换流程

10.2.1　信息流程图

主要接口信息交换流程如图2所示。

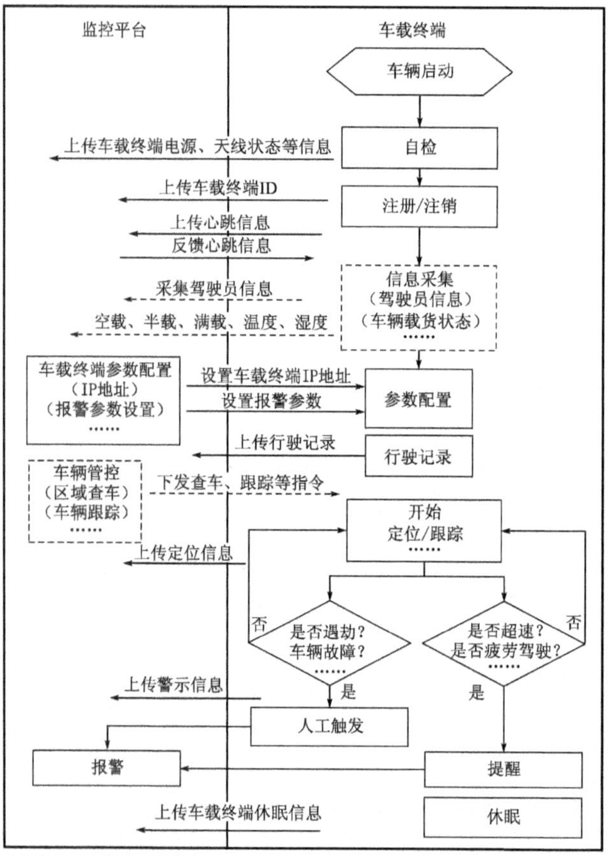

注：图中实线为必选信息，虚线为可选信息。

图2　系统接口信息流程图

10.2.2　接口信息流程说明

10.2.2.1　自检

车辆启动后，车载终端开启自检功能，向监控平台发送车载终端电源、天线状态等信息。

10.2.2.2　注册/注销

车载终端在首次使用时,应首先进行注册,向监控平台发送车载终端 ID 等信息。车辆需要拆除或更换车载终端时,车载终端应执行注销操作,取消终端和车辆的对应关系。

10.2.2.3　心跳信息

车载终端与监控平台之间互相发送心跳信息,监控平台可监控到车载终端是否连接或断线。

10.2.2.4　信息采集

车载终端将采集到的驾驶员信息(驾驶员 ID 号、采集时间等)、车辆载货状态(空载、半载、满载、温度、湿度)等信息上传至监控平台。

10.2.2.5　车载终端参数配置

监控平台向车载终端发送参数配置信息,包括:设置 IP 地址和设置报警参数等。

10.2.2.6　行驶记录上传

车载终端将行驶记录数据上传至监控平台

10.2.2.7　车辆管控

监控平台可向车载终端下发车辆查找、区域查车等管控指令。

10.2.2.8　车载终端定位

车载终端可按时间间隔、距离间隔向监控平台上传定位信息。

10.2.2.9　车载终端警示

车载终端可将超速提醒、疲劳驾驶提醒等警示信息上传至监控平台。

10.2.2.10　车载终端休眠

车辆熄火时,车载终端上传车载终端休眠信息至监控平台,并进入休眠状态。

10.3　接口传输方式

车载终端与监控平台之间的通信协议宜采用 TCP 或 UDP。

10.4　接口内容及实现方式

接口内容见附录 A,具体实现方式由接口双方商定。

附录 A(规范性附录)　接口内容(略)

邮政业信息系统安全等级保护基本要求
(YZ/T 0152—2016)

(2016 年 11 月 2 日国家邮政局发布　自 2017 年 2 月 1 日起实施)

前　言

本标准按照 GB/T 1.1—2009 给出的规则起草。

本标准由国家邮政局提出。

本标准由全国邮政业标准化技术委员会(SAC/TC 462)归口。

本标准起草单位:顺丰速运有限公司、深圳职业技术学院。

本标准主要起草人:田民、刘新凯、谢朝海、黄鹏程、熊莹、潘盛合、彭波、刘玉霞、林苏毅、龙军。

引　言

依据《中华人民共和国计算机信息系统安全保护条例》(国务院 147 号令)、《国家信息化领导小组关于加强信息安全保障工作的意见》(中办发〔2003〕27 号)、《关于信息安全等级保护工作的实施意见》(公通字〔2004〕66 号)和《信息安全等级保护管理办法》(公通字〔2007〕43 号),制定本标准。

本标准是邮政业信息系统安全等级保护相关系列标准之一。

本标准传承了 GB/T 22239—2008 以安全保护能力为目标、分级保护的基本编制思路。结合邮政业实际情况,本标准在保留 GB/T 22239—2008 信息安全类 S、服务保证类 A、通用安全保护类 G 三类安全要求的基础上，增加了邮政业增强保护类P的安全要求，并参考行业内一些企事业单位的实践经验，对部分控制项进行了细化。

1 范围

本标准规定了邮政业不同安全保护等级信息系统的基本保护要求，包括基本技术要求和基本管理要求。

本标准适用于邮政业信息系统的安全建设、安全检查和监督管理。

2 规范性引用文件

下列文件对于本文件的应用是必不可少的。凡是注日期的引用文件，仅注日期的版本适用于本文件。凡是不注日期的引用文件，其最新版本（包括所有的修改单）适用于本文件。

GB/T 5271.8 信息技术 词汇 第8部分：安全（GB/T 5271.8—2001，idt ISO/IEC 2382—8：1998）

GB/T 10757—2011 邮政业术语

GB 17859—1999 计算机信息系统 安全保护等级划分准则

GB/T 22240—2008 信息安全技术 信息系统安全等级保护定级指南

GB/T 22239—2008 信息安全技术 信息系统安全等级保护基本要求

GB/T 28448—2012 信息安全技术 信息系统安全等级保护测评要求

GB/T 28449—2012 信息安全技术 信息系统安全等级保护测评过程指南

GB/Z 28828—2012 信息安全技术 公共及商用服务信息系统个人信息保护指南

YZ/T 0142—2015 邮政业信息系统安全等级保护定级指南

3 术语和定义

GB/T 5271.8、GB 17859—1999和YZ/T 0142—2015界定的以及下列术语和定义适用于本文件。

3.1 业务移动终端 business mobile terminal

邮政行业在提供寄递服务及实施行业管理等过程中使用的智能手机、平板电脑、手持终端等移动设备

4 邮政业信息系统安全保护能力

4.1 安全保护能力

不同安全保护等级的信息系统应具备与其安全等级相适应的基本安全保护能力。邮政业信息系统各级安全保护能力要求见表1。

表1 邮政业信息系统各级安全保护能力要求

级别代码	级别	要求
1	第一级安全保护能力	（1）能够防护系统免受来自个人的、拥有很少资源的威胁源发起的恶意攻击、一般的自然灾难，以及其他相当危害程度的威胁所造成的关键资源损害； （2）在系统遭到损害后，能够恢复部分功能
2	第二级安全保护能力	（1）能够防护系统免受来自外部小型组织的、拥有少量资源的威胁源发起的恶意攻击、一般的自然灾难，以及其他相当危害程度的威胁所造成的重要资源损害； （2）了解系统的安全状态，能够发现重要的安全漏洞和安全事件； （3）在系统遭到损害后，能够在一段时间内恢复部分功能
3	第三级安全保护能力	（1）能够在统一安全策略下，防护系统免受来自外部有组织的团体、拥有较为丰富资源的威胁源发起的恶意攻击、较为严重的自然灾难，以及其他相当危害程度的威胁所造成的主要资源损害； （2）能够发现安全漏洞和安全事件，评估系统的安全状态； （3）在系统遭到损害后，能够较快恢复绝大部分功能

续表

级别代码	级　别	要　求
4	第四级安全保护能力	(1)能够在统一安全策略下,防护系统免受来自国家级别的、敌对组织的、拥有丰富资源的威胁源发起的恶意攻击、严重的自然灾难,以及其他相当危害程度的威胁所造成的资源损害; (2)能够发现安全漏洞和安全事件,实时动态评估系统的安全状态; (3)在系统遭到损害后,能够迅速恢复所有功能
5	第五级安全保护能力	略

4.2 基本安全要求的四种类型

基本安全要求分为技术要求和管理要求两大类。技术类安全要求主要通过在信息系统中部署软硬件并正确配置其安全功能来实现;管理类安全要求主要通过控制各种角色的活动,并对制度、流程、记录等方面作出规定来实现。

技术要求和管理要求根据保护内容的不同分为四种类型,具体类型见表2。其中,字母表示安全要求的类型,数字表示适用的安全保护等级。各类安全要求的选择和使用见附录A。

表2 基本安全要求的四种类型

类型代码	安全要求的类型名称	用途
S	信息安全类	主要用于保障业务信息安全
A	服务保证类	主要用于保障保证系统服务安全
G	通用安全保护类	适用于保障业务信息安全与系统服务安全
P	邮政业增强保护类	邮政业特有的要求 适用于保障业务信息安全与系统服务安全

5 第一级基本要求

5.1 技术要求

5.1.1 物理安全

5.1.1.1 物理访问控制(G1)

机房出入应安排专人负责,控制、鉴别和记录进入机房的人员。

5.1.1.2 防盗窃和防破坏(G1)

a)应将主要设备放置在机房内;

b)应将设备或主要部件进行固定,并设置明显的不易除去的标记。

5.1.1.3 防雷击(G1)

机房建筑应设置避雷装置。

5.1.1.4 防火(G1)

机房应配置灭火设备。

5.1.1.5 防水和防潮(G1)

a)应对穿过机房墙壁和楼板的水管增加保护措施;

b)应防止雨水通过机房窗户、屋顶和墙壁渗透。

5.1.1.6 温湿度控制(G1)

机房的温、湿度应控制在设备运行所要求的范围之内。

5.1.1.7 电力供应(A1)

应在机房供电线路上配置稳压器和过电压防护设备。

5.1.2 网络安全

5.1.2.1 结构安全(G1)

a)关键网络设备的业务处理能力应满足基本业务需要;

b)接入网络和核心网络的带宽应满足基本业务需要;

c)应绘制与当前运行情况相符的网络拓扑结构图。

5.1.2.2 访问控制(G1)

a)应在网络边界设置访问控制设备,启用访问控制功能;

b)应根据访问控制列表对源地址、目的地址、源端口、目的端口和协议等进行检查,以允许或拒绝相关数据包出入;

c)应通过访问控制列表允许或拒绝用户访问系统资源,控制粒度至少为用户组。

5.1.2.3 网络设备防护(G1)

a)应对登录网络设备的用户进行身份鉴别;

b)应具有登录失败处理功能,可采取结束会话、限制非法登录次数和网络登录连接超时自动退出等措施;

c)对网络设备进行远程管理时,应采取措施防止用户鉴别信息在网络传输过程中被窃听。

5.1.3 主机安全

5.1.3.1 身份鉴别(S1)

应对登录操作系统和数据库系统的用户进行身份标识和鉴别。

5.1.3.2 访问控制(S1)

a)应启用访问控制功能 依据安全策略控制用户对系统资源的访问;

b)应限制默认账户的访问权限,重新命名系统默认账户,修改这些账户的默认口令;

c)应及时删除多余的、过期的账户,避免共享账户的存在。

5.1.3.3 入侵防范(G1)

操作系统应遵循最小安装的原则,仅安装需要的组件和应用程序,并及时更新系统补丁。

5.1.3.4 恶意代码防范(G1)

应安装防恶意代码软件,并及时更新防恶意代码软件版本和恶意代码库。

5.1.4 应用安全

5.1.4.1 身份鉴别(S1)

a)应具有专用的登录控制模块对登录用户进行身份标识和鉴别;

b)应具有登录失败处理功能,可采取结束会话、限制非法登录次数和自动退出等措施;

c)应启用身份鉴别和登录失败处理功能,并根据安全策略配置相关参数。

5.1.4.2 访问控制(S1)

a)应具有访问控制功能,控制用户组/用户访问系统功能和用户数据;

b)应由授权主体配置访问控制策略,并严格限制默认用户的访问权限。

5.1.4.3 通信完整性(S1)

应约定通信会话方式,保证通信过程中数据的完整性。

5.1.4.4 软件容错(A1)

应具有数据有效性检验功能,通过人机接口输入或通过通信接口输入的数据格式或长度应符合系统设定要求。

5.1.5 数据安全及备份恢复

5.1.5.1 数据完整性(S1)

应能够检测到重要用户数据的完整性在传输过程中受到破坏。

5.1.5.2 备份和恢复(A1)

应能够对重要信息进行备份和恢复。

5.2 管理要求

5.2.1 安全管理制度

5.2.1.1 管理制度(G1)

应建立日常管理活动中常用的安全管理制度。

5.2.1.2 制定和发布(G1)

a)应指定或授权专门的人员负责安全管理制度的制定;

b)应将安全管理制度以纸质或电子版等方式发布到相关人员手中。

5.2.2 安全管理机构

5.2.2.1 岗位设置(G1)

应设立系统管理员、网络管理员、安全管理员等岗位,并明确各个岗位的职责。

5.2.2.2 人员配备(G1)
应配备一定数量的系统管理员、网络管理员、安全管理员等。
5.2.2.3 授权和审批(G1)
应根据各个部门和岗位的职责明确授权审批部门及批准人,对系统投入运行、网络系统接入和重要资源的访问等关键活动进行审批。
5.2.2.4 沟通和合作(G1)
应加强与同业单位、公安机关、安全机关、运营商等的合作与沟通。
5.2.3 人员安全管理
5.2.3.1 人员录用(G1)
a)应指定或授权专门的部门或人员负责人员录用;
b)应对被录用人员的身份和专业资格等进行审查,确保其具有基本的专业技术水平和安全管理知识。
5.2.3.2 人员离岗(G1)
a)应立即终止离岗员工的所有访问权限;
b)应取回各种身份证件、钥匙、徽章等以及机构提供的软硬件设备。
5.2.3.3 安全意识教育和培训(G1)
a)应对各类人员进行安全意识教育和岗位技能培训;
b)应告知相关人员安全责任和惩戒措施。
5.2.3.4 外部人员访问管理(G1)
外部人员在访问受控区域前应获得授权或审批。
5.2.4 系统建设管理
5.2.4.1 系统定级(G1)
a)应明确信息系统的边界和安全保护等级;
b)应以书面形式说明信息系统确定为某个安全保护等级的方法和理由;
c)信息系统的定级结果应经过相关部门的批准。
5.2.4.2 安全方案设计(G1)
a)应根据系统的安全保护等级选择基本安全措施,依据风险分析结果补充和调整安全措施;
b)应以书面形式描述系统的安全保护要求、保护策略和安全措施等内容,形成系统的安全方案;
c)应对安全方案进行细化,形成能指导安全系统建设、安全产品采购和使用的详细设计方案。
5.2.4.3 产品采购和使用(G1)
信息系统安全产品的采购和使用应符合国家有关规定。
5.2.4.4 自行软件开发(G1)
a)开发环境应与实际运行环境物理分开;
b)软件设计相关文档应由专人负责保管。
5.2.4.5 外包软件开发(G1)
a)应根据开发要求检测软件质量;
b)应在软件安装之前检测软件包中是否存在恶意代码;
c)应确保软件开发单位提供软件设计的相关文档和使用指南。
5.2.4.6 工程实施(G1)
应指定或授权专门的部门或人员负责工程实施过程管理。
5.2.4.7 测试验收(G1)
a)应对系统进行安全性测试验收;
b)在测试验收前应根据设计方案或合同要求等制订测试验收方案,在测试验收过程中应详细记录测试验收结果,并形成测试验收报告。
5.2.4.8 系统交付(G1)
a)应制定系统交付清单,并根据交付清单对所交接的设备、软件和文档等进行清点;
b)应对负责系统运行维护的技术人员进行相应的技能培训;
c)应确保提供系统建设过程中的文档和指导用户进行系统运行维护的文档。
5.2.4.9 安全服务商选择(G1)
a)安全服务商的选择应符合国家有关规定;

b)应与选定的安全服务商签订安全协议,明确约定相关责任。

5.2.5 系统运维管理

5.2.5.1 环境管理(G1)

a)应指定专门的部门或人员定期对机房供配电、空调、温湿度控制等设施设备进行维护管理;

b)应对设备与人员进出机房、服务器的开关等工作进行管理;

c)应建立机房安全管理制度,对人员进出机房,物品带进、带出机房和机房环境安全等作出规定。

5.2.5.2 资产管理(G1)

应编制与信息系统相关的资产清单,包括资产责任部门、重要程度和所处位置等内容。

5.2.5.3 介质管理(G1)

a)介质应存放在安全环境中,对各类介质实行有效控制和保护;

b)应对介质的归档和查询等过程进行记录,并根据介质存档清单定期进行盘点。

5.2.5.4 设备管理(G1)

a)应指定专门的部门或人员定期对信息系统相关的设备、线路等进行维护管理;

b)应建立设备安全管理制度,对信息系统中各种软硬件设备的选型、采购、发放和领用等作出规定。

5.2.5.5 网络安全管理(G1)

a)应指定人员对网络安全进行管理,负责运行日志和网络监控记录的日常维护,以及报警信息分析处理工作;

b)应定期进行网络系统漏洞扫描,及时对发现的安全漏洞进行修补。

5.2.5.6 系统安全管理(G1)

a)应根据业务需求和系统安全分析,确定系统的访问控制策略;

b)应定期进行漏洞扫描,及时对发现的系统安全漏洞进行修补;

c)应安装最新的系统补丁程序,并在安装系统补丁前对重要文件进行备份。

5.2.5.7 恶意代码防范管理(G1)

应提高所有用户的防病毒意识,告知其及时升级防病毒软件。在读取移动存储设备上的数据以及网络上接收文件或邮件之前,先进行病毒检查。在外来计算机或存储设备接入网络系统之前也应进行病毒检查。

5.2.5.8 备份与恢复管理(G1)

a)应明确需要定期备份的重要业务信息、系统数据及软件系统等;

b)应规定数据的备份方式、备份频率、存储介质、保存期等。

5.2.5.9 安全事件处置(G1)

a)应制定安全事件报告和处置管理制度,规定安全事件的现场处理、事件报告和后期恢复等内容;

b)应报告所发现的安全弱点和可疑事件,且在任何情况下均不应尝试或验证安全弱点。

6 第二级基本要求(略)

7 第三级基本要求(略)

8 第四级基本要求(略)

9 第五级基本要求(略)

附 录 A
(规范性附录)
基本要求的选择和使用

A.1 概述

不同安全保护等级的信息系统,对业务信息的安全性要求和系统服务的连续性要求可能存在差异,其安全保护等级由业务信息安全等级和系统服务保证等级较高者决定。因此,对某个定级后的信息系统的安全要求可以有多种组合。

A.2 定级组合

信息系统定级后,不同安全保护等级的信息系统可能形成的定级结果组合见表 A.1。

表 A.1 信息系统可能形成的定级结果组合

安全保护等级	信息系统可能形成的定级结果组合
第一级	S1A1G1P1
第二级	S1A2G2P2,S2A2G2P2,S2A1G2P2
第三级	S1A3G3P3,S2A3G3P3,S3A3G3P3,S3A2G3P3,S3A1G3P3
第四级	S1A4G4P4,S2A4G4P4,S3A4G4P4,S4A4G4P4,S4A3G4P4,S4A2G4P4,S4A1G4P4

本标准中的每级安全等级保护的基本安全要求按照业务信息安全等级和系统服务保证等级相同的情况来组织,即针对 S1A1G1P1、S2A2G2P2、S3A3GP33 和 S4A4G4P4 的情况给出。

A.3 选择和使用

对于确定了安全保护等级的信息系统,选择和使用基本安全要求时,可以按照以下过程进行:

a)明确信息系统应该具有的安全保护能力,根据信息系统的安全保护等级选择基本安全要求,包括技术要求和管理要求。根据本标准,一级系统选择第一级基本安全要求,二级系统选择第二级基本安全要求,三级系统选择第三级基本安全要求,四级系统选择第四级基本安全要求,以此作为出发点;

b)根据信息系统的定级结果对基本安全要求进行调整。根据系统服务安全等级选择相应等级的系统服务保证类(A 类)基本要求;根据业务信息安全等级选择相应等级的业务信息安全类(S 类)基本要求;

c)针对信息系统的不同特点,分析可能在某些方面存在的特殊安全保护能力要求,由此选择较高级别的基本安全要求或补充基本安全要求;

d)本标准中提出的基本安全要求无法实现的或另有更加有效的安全措施可以替代的,可以对基本安全要求进行调整,调整的原则是保证不降低信息系统的整体安全保护能力。

快递末端投递服务信息交换规范
(YZ/T 0153—2016)

(2016 年 11 月 2 日国家邮政局发布 自 2017 年 2 月 1 日起实施)

前 言

本标准按照 GB/T 1.1—2009 给出的规则起草。

本标准由国家邮政局提出。

本标准由全国邮政业标准化技术委员会(SAC/TC 462)归口。

本标准起草单位:邮政科学研究规划院。

本标准主要起草人:李蕾蕾、甄青坡、郑虹、李玮。

1 范 围

本标准规定了快递末端投递服务的信息交换类型、信息交换业务流程、通信接口、报文规范、安全控制等内容。

本标准适用于为完成快递末端投递服务而开展的信息交换工作。

2 规范性引用文件

下列文件对于本文件的应用是必不可少的。凡是注日期的引用文件,仅注日期的版本适用于本文件。凡是不注日期的引用文件,其最新版本(包括所有的修改单)适用于本文件。

GB/T 25061—2010 信息安全技术 公钥基础设施 XML 数字签名语法与处理规范

GB/T 27917.1—2011　快递服务　第 1 部分:基本术语
GB 32100—2015　法人和其他组织统一社会信用代码编码规则
YZ/T 0132—2013　邮政业机构代码编制规则
YZ/T 0133—2013　智能快件箱
YZ/T 0140—2015　邮件和快件投递状态分类与代码
YZ/T 0143—2015　快件基础数据元
YZ/T 0145—2015　快递末端投递服务规范

3　术语和定义

下列术语和定义适用于本文件。

3.1　快递末端投递服务　terminal service in express

快递服务组织及其委托的其他组织,在快递投递环节与用户接触所产生的活动过程及其结果。

[YZ/T 0145—2015,定义 3.1]

3.2　快递服务组织　express service organization

在中国境内依法注册的,提供快递服务的企业及其加盟企业、代理企业。

注:快递服务组织包括快递企业和邮政企业提供快递服务的机构。

[GB/T 27917.1—2011,定义 2.2]

3.3　快件编号　tracking number of express item

由一组阿拉伯数字和英文字母组成,印制在快递运单上用于标识快件的唯一代码。

[GB/T 27917.1—2011,定义 5.2.1]

3.4　智能快件箱　intelligent selfexpress service machine

设立在公共场合,可供寄递企业投递和用户提取快件的自助服务设备。

[YZ/T 0133—2013,定义 3.1]

3.5　统一社会信用代码　unified social credit identifier

每一个法人和其他组织在全国范围内唯一的、终身不变的法定身份识别码。

[GB 32100—2015,定义 3.5]

3.6　合作网点　cooperative site

快递服务组织通过与其他单位或组织合作,开展快递末端投递服务的场所。

4　概　　述

4.1　快递末端投递服务主要通过自有网点、合作网点和智能快件箱等服务渠道实现。

4.2　自有网点与其所属快递服务组织之间为完成快递末端投递服务而开展的信息交换内容和格式由各快递服务组织自行规定。

4.3　智能快件箱与快递服务组织之间为完成快递末端投递服务而开展的信息交换内容和格式应执行 YZ/T 0133 的有关规定。

4.4　合作网点与快递服务组织之间为完成快递末端投递服务而开展的信息交换内容和格式等应符合第 5 章到第 9 章的有关规定。

5　信息交换类型

合作网点末端投递服务信息交换类型见表 1。

表 1　合作网点末端投递服务信息交换类型

信息交换类型	交换信息	发送方	接收方	备注
快件信息	快件投递信息	快递服务组织信息系统	合作网点信息系统	必选信息
	快件状态信息	合作网点信息系统	快递服务组织信息系统	必选信息
	问题件报告	合作网点信息系统	快递服务组织信息系统	必选信息
	问题件处理意见	快递服务组织信息系统	合作网点信息系统	必选信息

续表

信息交换类型	交换信息	发送方	接收方	备注
合作网点信息	合作网点基础信息	合作网点信息系统	快递服务组织信息系统	必选信息
	合作网点设备信息	合作网点信息系统	快递服务组织信息系统	必选信息
结算信息	快递费账单核对请求	合作网点信息系统	快递服务组织信息系统	可选信息
	快递费账单核对结果	快递服务组织信息系统	合作网点信息系统	可选信息

6 信息交换业务流程

6.1 信息交换业务流程图

合作网点末端投递服务过程中的信息交换业务流程如图1所示。

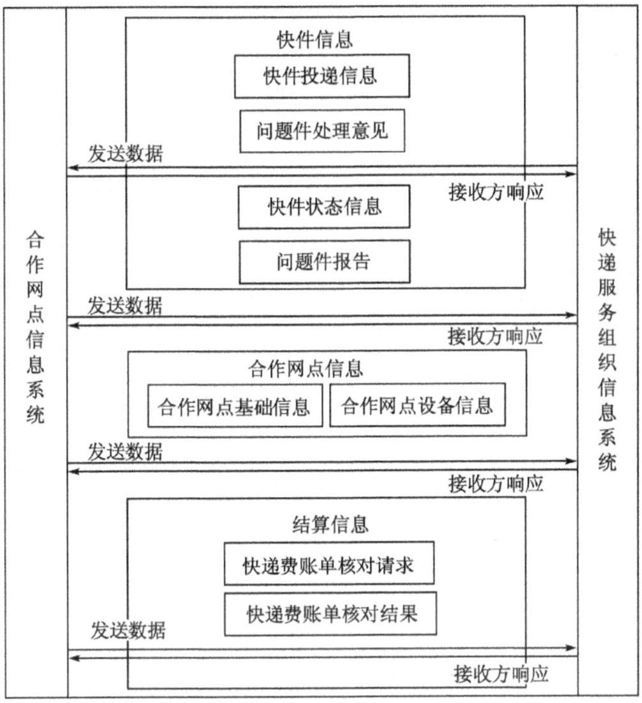

注：实线部分表示必选信息，虚线部分表示可选信息。

图1 信息交换业务流程图

6.2 信息交换流程说明

6.2.1 快件投递信息：快递服务组织信息系统将快件投递信息发送给合作网点信息系统。

6.2.2 快件状态信息：合作网点信息系统将签收成功或失败等快件投递状态信息发送给快递服务组织信息系统。

6.2.3 合作网点信息：合作网点信息系统将其基础信息和设备信息发送给快递服务组织信息系统。

6.2.4 问题件报告与处理：合作网点信息系统将有问题的快件信息发送给快递服务组织信息系统。快递服务组织信息系统接收问题件报告，并向合作网点信息系统返回问题件处理意见。

6.2.5 快递费账单核对请求与结果：合作网点信息系统定期将快递费账单核对请求信息发送给快递服务组织信息系统。快递服务组织信息系统接收快递费账单核对请求，并向合作网点信息系统返回快递费账单核对结果。

6.3 信息处理机制

6.3.1 正常处理机制

快递服务组织和合作网点在数据交换过程中，数据发送方发送交易报文，数据接收方在接收到数据后应及时返回成功响应代码。

6.3.2 异常处理机制

1)快递服务组织和合作网点在数据交换过程中,如因网络异常等原因导致连接失败,处理超时,则由发送方内部程序自动报告错误;

2)发送方未能在规定时间内收到接收方的响应,发送方应有报文重发机制。发送方在规定时间内收到接收方接收失败的响应信息也应重新进行数据发送,超时时间及重发频次由数据交换双方约定,超时时间可设置为10min、30min重发一次数据;

3)为避免报文重发给网络传输和应用系统造成过大压力,对于未能收到响应的报文应限制其每日最大重发次数,具体可由数据交换双方约定,一般设置为50。

7 通信接口

7.1 通信协议

快递服务组织与合作网点之间的报文传输采用HTTPS协议,数据发送采用POST方式。

7.2 报文格式

快递服务组织与合作网点之间信息交换报文采用XML格式。

8 报文规范

8.1 报文种类

快递末端投递服务信息交换报文种类见表2。

表2 报文种类

报文代码	报文种类	发送方	接收方
1011	快件投递信息	快递服务组织信息系统	合作网点信息系统
1021	快件状态信息	合作网点信息系统	快递服务组织信息系统
1031	问题件报告	合作网点信息系统	快递服务组织信息系统
1032	问题件处理意见	快递服务组织信息系统	合作网点信息系统
2001	合作网点基础信息	合作网点信息系统	快递服务组织信息系统
2002	合作网点设备信息	合作网点信息系统	快递服务组织信息系统
3011	快递费账单核对请求	合作网点信息系统	快递服务组织信息系统
3012	快递费账单核对结果	快递服务组织信息系统	合作网点信息系统

8.2 数据类型说明

快递末端投递服务信息交换报文中使用的数据类型见表3。

表3 数据类型

数据类型	说明
String	字符串型
Int	整型
Date	日期型(YYYY - MM - DD)
DateTime	日期时间型,精确到时分秒(YYYY - MM - DD hh:mm:ss)
Double	双浮点数,本标准中的Double型数据未特殊说明均精确到小数点后两位
Boolean	布尔型,取值true或false,长度不限制

8.3 报文接口

8.3.1 快件投递信息

8.3.1.1 描述

快递服务组织将快递运单号、收件人名称、内件名称、应收货款等信息发送至合作网点,合作网点应及时响应。

8.3.1.2　信息项说明

该信息涉及的业务数据项说明见表4。

表4　快件投递信息数据项

序号	字段名	中文名称	数据类型	最大长度	可否为空	说明
1	MessageNo	报文流水号	String	20	N	
2	MessageCode	报文代码	String	4	N	
3	CodeOfExpressSevice Organization	快递服务组织代码	String	30	N	见YZ/T 0132
4	CodeOfCooperativeSiteType	合作网点组织代码类型	String	2	N	01表示采用社会统一信用代码，具体代码应符合GB 32100有关规定；02表示代码由快递公司自定义
5	CodeOfCooperativeSite	合作网点组织代码	String	30	N	
6	ExpressWaybillNumber	快递运单号	String	35	N	见YZ/T 0143中6.1.3
7	ExpressWaybillTypeCode	快递运单类型	String	2	N	见YZ/T 0143中6.1.10
8	ReceiverAdministrative AreaCode	收件人行政区划代码	String	6	N	见YZ/T 0143中6.5.5
9	ReceiverName	收件人名称	String	32	N	见YZ/T 0143中6.5.1
10	ReceiverMobilePhone	收件人移动电话	String	32	N	见YZ/T 0143中6.5.7
11	ReceiverTelephone	收件人固定电话	String	32	Y	包括区号、总机电话及分机号，中间用“-”分隔
12	ReceiverDetailAddress	收件人详细地址	String	256	N	见YZ/T 0143中6.5.6
13	TypeOfInternals	内件类型	String	32	N	见YZ/T 0143中6.3.2
14	NameOfInternals	内件名称	String	32	N	见YZ/T 0143中6.3.1
15	TheStandardTimeLimit CodeOfExpressItem	快件标准时限代码	String	3	N	见YZ/T 0143中6.4.2
16	SendingDate	寄件日期	Date	19	N	
17	VASType	增值服务类型	String	256	Y	有多种增值服务时，以逗号隔开，如：到付，回单等
18	DeliveryFee	应收快递费	Double	15,2	N	单位：元
19	LocalTime	当前时间	DateTime		N	
20	Remark	备注	String	256	Y	

8.3.2　快件状态信息

8.3.2.1　描述

快件投递状态发生变化，合作网点将快递运单号、投递状态和投递状态说明等信息发送至快递服务组织，快递服务组织应及时响应。

8.3.2.2 信息项说明

该信息涉及的业务数据项说明见表5。

表5 快件状态信息数据项

序号	字段名	中文名称	数据类型	最大长度	可否为空	说明
1	MessageNo	报文流水号	String	20	N	
2	MessageCode	报文代码	String	4	N	
3	CodeOfExpressSevice Organization	快递服务组织代码	String	10	N	见YZ/T 0132
4	CodeOfCooperativeSiteType	合作网点组织代码类型	String	2	N	01表示采用社会统一信用代码，具体代码应符合GB 32100有关规定；02表示代码由快递公司自定义
5	CodeOfCooperativeSite	合作网点组织代码	String	30	N	
6	ExpressWaybillNumber	快递运单号	String	35	N	见YZ/T 0143中6.1.3
7	DeliveryStatus	投递状态	String	1	N	见YZ/T 0140中5.1
8	DeliveryStatusDescription	投递状态说明	String	100	N	见YZ/T 0140中5.2.3或5.3.3
9	SignatureDateTime	签收日期时间	String	19	Y	见YZ/T 0143中6.6.11，当快件投递未成功时，该字段可为空
10	ReceiverName / Receiver AgentName	收件人姓名/代收人姓名	String	32	N	见YZ/T 0143中6.5.1或6.5.37
11	ReceiverMobilePhone / ReceiverAgentTelephone	收件人电话/代收人电话	String	32	N	见YZ/T 0143中6.5.7或6.5.38
12	LocalTime	当前时间	DateTime		N	
13	Remark	备注	String	256	Y	事件备注或失败原因代码

8.3.3 问题件报告

8.3.3.1 描述

合作网点将快件投递过程产生问题件的时间、问题件代码和问题件描述等信息发送至快递服务组织，快递服务组织应及时响应。

8.3.3.2 信息项说明

该信息涉及的业务数据项说明见表6。

表6 问题件报告数据项

序号	字段名	中文名称	数据类型	最大长度	可否为空	说明
1	MessageNo	报文流水号	String	20	N	
2	MessageCode	报文代码	String	4	N	
3	CodeOfExpressSevice Organization	快递服务组织代码	String	10	N	见YZ/T 0132

续表

序号	字段名	中文名称	数据类型	最大长度	可否为空	说明
4	CodeOfCooperativeSiteType	合作网点组织代码类型	String	2	N	01 表示采用社会统一信用代码，具体代码应符合 GB 32100 有关规定；02 表示代码由快递公司自定义
5	CodeOfCooperativeSite	合作网点组织代码	String	30	N	
6	ExpressWaybillNumber	快递运单号	String	35	N	见 YZ/T 0143 中 6.1.3
7	QECreateTime	问题件产生时间	DateTime		N	
8	QECode	问题件代码	String	2	N	见 YZ/T0140 中 5.3.3
9	QEDescribe	问题件描述	String	256	N	见 YZ/T0140 中 5.3.3
10	LocalTime	当前时间	DateTime		N	
11	Remark	备注	String	256	Y	

8.3.4 问题件处理意见

8.3.4.1 描述

快递服务组织接收问题件报告，并将问题件处理代码、问题件处理描述等信息发送至合作网点。

8.3.4.2 信息项说明

该信息涉及的业务数据项说明见表 7。

表 7 问题件处理意见数据项

序号	字段名	中文名称	数据类型	最大长度	可否为空	说明
1	MessageNo	报文流水号	String	20	N	
2	MessageCode	报文代码	String	4	N	
3	CodeOfExpressSevice Organization	快递服务组织代码	String	10	N	见 YZ/T 0132
4	CodeOfCooperativeSiteType	合作网点组织代码类型	String	2	N	01 表示采用社会统一信用代码，具体代码应符合 GB 32100 有关规定；02 表示代码由快递公司自定义
5	CodeOfCooperativeSite	合作网点组织代码	String	30	N	
6	ExpressWaybillNumber	快递运单号	String	35	N	见 YZ/T 0143 中 6.1.3
7	QEDealTime	问题件处理反馈时间	DateTime		N	
8	QEDealCode	问题件处理代码	String	2	N	见 YZ/T 0140 中 5.4
9	QEDealDescribe	问题件处理描述	String	256	N	见 YZ/T 0140 中 5.4
10	LocalTime	当前时间	DateTime		N	
11	Remark	备注	String	256	Y	

8.3.5　合作网点基础信息

8.3.5.1　描述

合作网点将其名称、面积、地址、营业时间、联系电话等基础信息发送至快递服务组织。

8.3.5.2　信息项说明

该信息涉及的业务数据项说明见表8。

表8　合作网点基础信息数据项

序号	字段名	中文名称	数据类型	最大长度	可否为空	说明
1	MessageNo	报文流水号	String	20	N	
2	MessageCode	报文代码	String	4	N	
3	CodeOfExpressSevice Organization	快递服务组织代码	String	10	N	见YZ/T 0132
4	CodeOfCooperativeSiteType	合作网点组织代码类型	String	2	N	01表示采用社会统一信用代码,具体代码应符合GB 32100有关规定;02表示代码由快递公司自定义
5	CodeOfCooperativeSite	合作网点组织代码	String	30	N	
6	CooperativeSiteName	合作网点名称	String	256	N	
7	BusinessLocation	地址	String	256	N	
8	BusinessArea	面积	Double	8,2	N	单位:平方米
9	BusinessHours	营业时间	String	256	N	如:周一至周五9:00—21:00
10	ContactPerson	联系人	String	10	N	
11	ContactNumber	联系电话	String	32	N	
12	LocalTime	当前时间	DateTime		N	
13	Remark	备注	String	256	Y	

8.3.6　合作网点设备信息

8.3.6.1　描述

合作网点将其所配有的消防设备、监控设备、安检设备和报警设备的型号和数量等设备信息发送至快递服务组织。

8.3.6.2　信息项说明

该信息涉及的业务数据项说明见表9。

表9　合作网点设备信息数据项

序号	字段名	中文名称	数据类型	最大长度	可否为空	说明
1	MessageNo	报文流水号	String	20	N	
2	MessageCode	报文代码	String	4	N	
3	CodeOfExpressSevice Organization	快递服务组织代码	String	10	N	见YZ/T 0132

续表

序号	字段名	中文名称	数据类型	最大长度	可否为空	说明
4	CodeOfCooperativeSiteType	合作网点组织代码类型	String	2	N	01 表示采用社会统一信用代码，具体代码应符合 GB 32100 有关规定；02 表示代码由快递公司自定义
5	CodeOfCooperativeSite	合作网点组织代码	String	30	N	
6	FireEquipmentNumber	消防设备数量	Int	4	N	
7	FireEquipmentType	消防设备型号	String	256	Y	消防设备数量大于零时，该项不能为空，多种消防设备型号以逗号隔开
8	MonitorEquipmentNumber	监控设备数量	Int	4	N	
9	MonitorEquipmentType	监控设备型号	String	256	Y	监控设备数量大于零时，该项不能为空；多种监控设备型号以逗号隔开
10	SecurityInspection EquipmentNumber	安检设备数量	Int	4	N	
11	SecurityInspection EquipmentType	安检设备型号	String	256	Y	安检设备数量大于零时，该项不能为空，多种安检设备型号以逗号隔开
12	AlarmEquipmentNumber	报警设备数量	Int	4	N	
13	AlarmEquipmentType	报警设备型号	String	256	Y	报警设备数量大于零时，该项不能为空；多种报警设备型号以逗号隔开
14	LocalTime	当前时间	DateTime		N	
15	Remark	备注	String	256	Y	

8.3.7 快递费账单核对请求

8.3.7.1 描述

合作网点将快递费账单核对请求的汇总信息（对账开始时间、对账结束时间、应收快递费和实收快递费等）和详情信息（快递运单号、应收快递费、实收快递费和支付方式等）发给快递服务组织进行对账。该类信息为可选信息，可根据合作网点与快递服务组织的约定进行发送。

8.3.7.2 信息项说明

该信息涉及的业务数据项说明见表 10 和表 11。

表10　快递费账单核对请求—汇总信息数据项

序号	字段名	中文名称	数据类型	最大长度	可否为空	说明
1	MessageNo	报文流水号	String	20	N	
2	MessageCode	报文代码	String	4	N	
3	CodeOfExpressSevice Organization	快递服务组织代码	String	10	N	见YZ/T 0132
4	CodeOfCooperativeSiteType	合作网点组织代码类型	String	2	N	01表示采用社会统一信用代码,具体代码应符合GB 32100有关规定;02表示代码由快递公司自定义
5	CodeOfCooperativeSite	合作网点组织代码	String	30	N	
6	StartTime	对账开始时间	DateTime		N	
7	EndTime	对账结束时间	DateTime		N	
8	DeliveryNumber	应投递快件数量	Int	4	N	对账时间段内应该投递的快递件数,单位为件
9	RealDeliveryNumber	实际妥投快件数量	Int	4	N	对账时间段内成功投递的快递件数,单位为件
10	DeliveryFee	应收快递费	Double	15,2	N	对账时间段内应该收取的快递费用,单位为元
11	RealDeliveryFee	实收快递费	Double	15,2	N	对账时间段内实际收取的快递费用,单位为元
12	LocalTime	当前时间	DateTime		N	
13	Remark	备注	String	256	Y	

表11　快递费账单核对请求—详情信息数据项

序号	字段名	中文名称	数据类型	最大长度	可否为空	说明
1	MessageNo	报文流水号	String	20	N	
2	MessageCode	报文代码	String	4	N	
3	CodeOfExpressSevice Organization	快递服务组织代码	String	10	N	见YZ/T 0132
4	CodeOfCooperativeSiteType	合作网点组织代码类型	String	2	N	01表示采用社会统一信用代码,具体代码应符合GB 32100有关规定;02表示代码由快递公司自定义
5	CodeOfCooperativeSite	合作网点组织代码	String	30	N	
6	ExpressWaybillNumber	快递运单号	String	35	N	见YZ/T 0143中6.1.3

续表

序号	字段名	中文名称	数据类型	最大长度	可否为空	说明
7	DeliveryFee	应收快递费	Double	15,2	N	应该收取的快递费用,单位为元
8	RealDeliveryFee	实收快递费	Double	15,2	N	实际收取的快递费用,单位为元
9	PaymentMeansCode	支付方式	String	2	N	见 YZ/T 0143 中 6.4.16
10	LocalTime	当前时间	DateTime		N	
11	Remark	备注	String	256	Y	

8.3.8 快递费账单核对结果

8.3.8.1 描述

快递服务组织接收快递费账单核对请求,并将确认过的快递费账单核对结果信息的汇总信息(对账开始时间、对账结束时间、应收快递费、实收快递费和快递费偏差值等)和详情信息(快递运单号、应收快递费、实收快递费、支付方式等)返回给合作网点。其中,对于出现偏差的快件还应返回快递费详情信息。该类信息为可选信息,可根据合作网点与快递服务组织的约定进行发送。

8.3.8.2 信息项说明

该信息涉及的业务数据项说明见表 12 和表 13。

表 12 快递费账单核对结果—汇总信息数据项

序号	字段名	中文名称	数据类型	最大长度	可否为空	说明
1	MessageNo	报文流水号	String	20	N	
2	MessageCode	报文代码	String	4	N	
3	CodeOfExpressSevice Organization	快递服务组织代码	String	10	N	见 YZ/T 0132
4	CodeOfCooperativeSiteType	合作网点组织代码类型	String	2	N	01 表示采用社会统一信用代码,具体代码应符合 GB 32100 有关规定;02 表示代码由快递公司自定义
5	CodeOfCooperativeSite	合作网点组织代码	String	30	N	
6	StartTime	对账开始时间	DateTime		N	
7	EndTime	对账结束时间	DateTime		N	
8	DeliveryNumber	应投递快递件数	Int	4	N	对账时间段内应该投递的快递件数,单位为件
9	RealDeliveryNumber	实际投递快递件数	Int	4	N	对账时间段内成功投递的快递件数,单位为件
10	DeliveryFee	应收快递费	Double	15,2	N	对账时间段内应该收取的快递费用,单位为元
11	RealDeliveryFee	实收快递费	Double	15,2	N	对账时间段内实际收取的快递费用,单位为元

续表

序号	字段名	中文名称	数据类型	最大长度	可否为空	说明
12	LocalTime	当前时间	DateTime		N	
13	Remark	备注	String	256	Y	

表 13　快递费账单核对结果—详情信息数据项

序号	字段名	中文名称	数据类型	最大长度	可否为空	说明
1	MessageNo	报文流水号	String	20	N	
2	MessageCode	报文代码	String	4	N	
3	CodeOfExpressSevice Organization	快递服务组织代码	String	10	N	见 YZ/T 0132
4	CodeOfCooperativeSiteType	合作网点组织代码类型	String	2	N	01 表示采用社会统一信用代码，具体代码应符合 GB 32100 有关规定；02 表示代码由快递公司自定义
5	CodeOfCooperativeSite	合作网点组织代码	String	30	N	
6	ExpressWaybillNumber	快递运单号	String	35	N	见 YZ/T 0143 中 6.1.3
7	DeliveryFee	应收快递费	Double	15,2	N	应该收取的快递费用，单位为元
8	RealDeliveryFee	实收快递费	Double	15,2	N	实际收取的快递费用，单位为元
9	PaymentMeansCode	支付方式	String	2	N	见 YZ/T 0143 中 6.4.16
10	LocalTime	当前时间	DateTime		N	
11	Remark	备注	String	256	Y	

8.3.9　应答报文

8.3.9.1　描述

在数据交换过程中，数据发送方发送交易报文，数据接收方在接收到数据后应及时回复相应的响应代码、响应说明和当前时间等应答信息。

8.3.9.2　信息项说明

应答响应信息数据项见表 14。

表 14　应答响应数据项

序号	字段名	中文名称	数据类型	最大长度	可否为空	说明
1	MessageNo	报文流水号	String	20	N	原发送报文的流水号
2	MessageCode	报文代码	String	4	N	原发送报文的代码
3	ResponseCode	响应代码	Int	4	N	成功(0)；错误(1)
4	ResponseDescription	响应说明	String	256	N	
5	LocalTime	当前时间	DateTime		N	

9 安全控制

9.1 编码格式

为保证快递服务组织信息系统与合作网点信息系统之间信息编码的兼容性，数据发送方 HTTPS、POST 的编码格式应与数据接收方的编码方式保持一致。

9.2 数据完整性

信息交换应采用符合 GB/T 25061 规定的 XML 数字签名技术进行数据完整性控制，以确保交易发起方发出的报文和接收方收到的报文的一致性。

9.3 数据网络传输安全性

发送报文的传输网络应采取必要的安全访问控制，如采用 VPN 通道传输、两端添加必要的防火墙等技术防护。

附录 A （资料性附录） XML Schema（略）

快件寄递状态分类与代码
（YZ/T 0154—2016）

（2016 年 12 月 15 日国家邮政局发布　自 2017 年 4 月 1 日起实施）

前　言

本标准按照 GB/T 1.1—2009 给出的规则起草。

本标准由国家邮政局提出。

本标准由全国邮政业标准化技术委员会（SAC/TC 462）归口。

本标准起草单位：邮政科学研究规划院。

本标准主要起草人：李蕾蕾、甄青坡、郑虹、李玮。

1 范　围

本标准规定了快件从收寄到投递全过程的状态分类和代码。

本标准适用于快件的信息处理与交换。

2 规范性引用文件

下列文件对于本文件的应用是必不可少的。凡是注日期的引用文件，仅注日期的版本适用于本文件。凡是不注日期的引用文件，其最新版本（包括所有的修改单）适用于本文件。

GB/T 27917.1—2011　快递服务　第 1 部分：基本术语

YZ/T 0140—2015　邮件和快件投递状态分类与代码

3 术语和定义

3.1 快件　express item

快递服务组织依法递送的信件、包裹、印刷品等的统称。

[GB/T 27917.1—2011，定义 2.3]

3.2 快递服务组织　express service organization

在中国境内依法注册的，提供快递服务的企业及其加盟企业、代理企业。

注：快递服务组织包括快递企业和邮政企业提供快递服务的机构。

[GB/T 27917.1—2011，定义 2.2]

4 快件寄递状态分类与代码

4.1 代码结构

快件寄递状态代码由三段5位码组成。其中，第1位表示快件所处环节，用大写英文字母表示；第2位表示快件当前所处环节的状态大类，取值为0、1、2、3、4，0表示快件处于异常状态，1表示快件进入当前环节，2表示快件正在当前环节进行内部处理，3表示快件由当前环节发出，4表示快件处于运输过程中；第3位至第5位表示状态小类，用3位阿拉伯数字表示。其结构如图1所示。

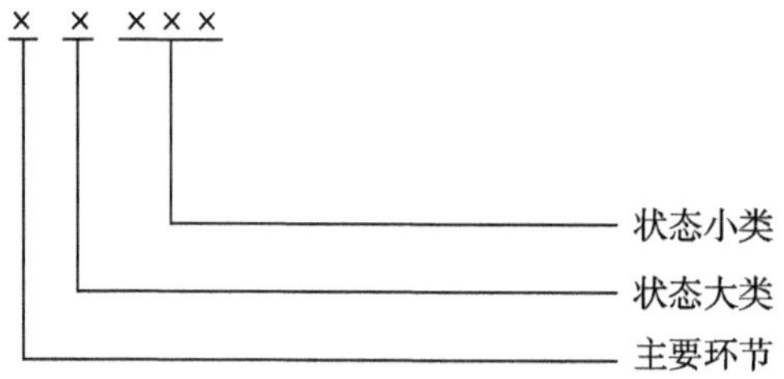

注：如果无法确定状态小类，第3位至第5位代码可为000。

图1 快件寄递状态代码结构

4.2 国内快件

4.2.1 寄递处理过程

国内快件寄递处理过程包括收寄、收寄处理、快件处理场所处理、运输、投递处理、投递等主要环节。寄递处理过程示意图见附录A.1。

4.2.2 寄递状态分类与代码

国内快件寄递状态分类与代码见表1。快递员上门取件代码使用示例见附录B.1，快件到达出口分拣场所代码使用示例见附录B.2，安排投递快件代码使用示例见附录B.3。

表1 国内快件寄递状态分类与代码

主要环节	状态大类	状态小类	代码	备注
收寄	快件接收	快递员上门取件	A1100	快递员上门取件
		自营网点收件	A1200	用户到自营网点寄快件
		合作网点收件	A1300	快递服务组织委托合作网点收取快件
收寄处理	网点接收	快递员交接	B1100	
		合作网点交接	B1200	
	内部处理		B2000	网点进行核对、打包等操作
	网点发出	发往网点	B3100	
		发往分拣中心	B3200	
	运输中	公路运输	B4100	
		航空运输	B4200	
		铁路运输	B4300	
		水路运输	B4400	
	异常处理		B0000	后三位编码见表3

续表

主要环节	状态大类	状态小类	代码	备注
出口分拣	分拣中心接收	从网点接收	C1100	
	内部处理		C2000	分拣中心进行分拣、封发等操作
	分拣中心发出	发往网点	C3100	
		发往进口分拣中心	C3200	
		发往转运(集散)中心	C3300	
	运输中	公路运输	C4100	
		航空运输	C4200	
		铁路运输	C4300	
		水路运输	C4400	
	异常处理		C0000	后三位编码见表3
转运(集散)	转运(集散)中心接收	从分拣中心接收	D1100	
		从转运(集散)中心接收	D1200	
	内部处理		D2000	
	转运(集散)中心发出	发往网点	D3100	
		发往分拣中心	D3200	
		发往转运(集散)中心	D3300	
	运输中	公路运输	D4100	
		航空运输	D4200	
		铁路运输	D4300	
		水路运输	D4400	
	异常处理		D0000	后三位编码见表3
进口分拣	分拣中心接收	从出口分拣中心接收	G1100	
		从转运(集散)中心接收	G1200	
	内部处理		G2000	
	分拣中心发出	发往网点	G3100	
		发往自助设备	G3200	
	运输中	公路运输	G4100	
		航空运输	G4200	
		铁路运输	G4300	
		水路运输	G4400	

续表

主要环节	状态大类	状态小类	代码	备注
进口分拣	异常处理		G0000	后三位编码见表3
投递处理	网点接收	从分拣中心接收	H1100	
	内部处理		H2000	网点进行开拆、核对等操作
	安排投递	分派至快递员	H3100	
		分派至自营网点	H3200	
		分派至合作网点	H3300	
		分派至自助设备	H3400	
	异常处理		H0000	后三位编码见表3
投递	妥投		I3000	后两位编码采用YZ/T 0140中5.2.3的规定表示快件妥投备注信息
	投递未成功		I0000	后三位编码采用YZ/T 0140中5.3.3的规定表示投递未成功原因
	待取	自助设备待取	I1100	
		自营网点待取	I1200	
		合作网点待取	I1300	

4.3 国际快件和港澳台快件

4.3.1 寄递处理过程

国际和港澳台快件包括出境快件和进境快件。出境快件寄递处理过程包括收寄、收寄处理、快件处理场所处理、运输、出境海关处理等主要环节；进境快件寄递处理过程包括进境海关处理、快件处理场所处理、运输、投递处理、投递等主要环节。寄递处理过程示意图见附录A.2。

4.3.2 寄递状态分类与代码

快件寄递状态分类与代码见表2。

表2 国际快件和港澳台快件寄递状态分类与代码

主要环节	状态大类	状态小类	代码	备注
收寄	快件接收	快递员上门取件	A1100	快递员上门取件
		自营网点收件	A1200	用户到自营网点寄快件
		合作网点收件	A1300	快递服务组织委托合作网点收取快件
收寄处理	网点接收	快递员交接	B1100	
		合作网点交接	B1200	
	内部处理		B2000	网点进行核对、打包等操作
	网点发出	发往网点	B3100	
		发往分拣中心	B3200	

续表

主要环节	状态大类	状态小类	代码	备注
收寄处理	运输中	公路运输	B4100	
		航空运输	B4200	
		铁路运输	B4300	
		水路运输	B4400	
	异常处理		B0000	后三位编码见表3
出口分拣	分拣中心接收	从网点接收	C1100	
	内部处理		C2000	分拣中心进行分拣、封发等操作
	分拣中心发出	发往网点	C3100	
		发往转运（集散）中心	C3300	
		发往出境分拣中心	C3400	
	运输中	公路运输	C4100	
		航空运输	C4200	
		铁路运输	C4300	
		水路运输	C4400	
	异常处理		C0000	后三位编码见表3
转运（集散）	转运（集散）中心接收	从分拣中心接收	D1100	
		从转运（集散）中心接收	D1200	
		从进境分拣中心接收	D1300	
	内部处理		D2000	
	转运（集散）中心发出	发往网点	D3100	
		发往分拣中心	D3200	
		发往转运（集散）中心	D3300	
		发往出境分拣中心	D3400	
	运输中	公路运输	D4100	
		航空运输	D4200	
		铁路运输	D4300	
		水路运输	D4400	
	异常处理		D0000	后三位编码见表3

续表

主要环节	状态大类	状态小类	代码	备注
进口分拣	分拣中心接收	从转运(集散)中心接收	G1200	
		从进境分拣中心接收	G1300	
	内部处理		G2000	
	分拣中心发出	发往网点	G3100	
		发往自助设备	G3200	
	运输中	公路运输	G4100	
		航空运输	G4200	
		铁路运输	G4300	
		水路运输	G4400	
	异常处理		G0000	后三位编码见表3
出境分拣	分拣中心接收	从出口分拣中心接收	J1100	
		从转运(集散)中心接收	J1200	
	内部处理		J2000	
	分拣中心发出		J3000	
	运输中	公路运输	J4100	
		航空运输	J4200	
		铁路运输	J4300	
		水路运输	J4400	
	异常处理		J0000	后三位编码见表3
进境分拣	分拣中心接收		K1000	
	内部处理		K2000	
	分拣中心发出	发往网点	K3100	
		发往进口分拣中心	K3200	
		发往转运(集散)中心	K3300	
	运输中	公路运输	K4100	
		航空运输	K4200	
		铁路运输	K4300	
		水路运输	K4400	
	异常处理		K0000	后三位编码见表3

续表

主要环节	状态大类	状态小类	代码	备注
出境海关处理	移交海关		E1000	
	海关放行		E3000	
	海关扣留		E0000	详情参考海关接口或标准
进境海关处理	到达海关		F1000	
	海关放行		F3000	
	海关扣留		F0000	详情参考海关接口或标准
投递处理	网点接收	从分拣中心接收	H1100	
	内部处理		H2000	
	安排投递	分派至快递员	H3100	
		分派至自营网点	H3200	
		分派至合作网点	H3300	
		分派至自助设备	H3400	
	异常处理		H0000	后三位编码见表 3
投递	妥投		I3000	后两位编码采用 YZ/T 0140 中 5.2.3 的规定表示快件妥投备注信息
	投递未成功		I0000	后三位编码采用 YZ/T 0140 中 5.3.3 的规定表示投递未成功原因
	待取	自助设备待取	I1100	
		自营网点待取	I1200	
		合作网点待取	I1300	

5 异常原因分类与代码

快件异常原因分类与代码见表 3。收寄网点发现禁限物品代码使用示例见附录 B.4。

表 3 异常原因代码

代码	分类名称	说明
100	收寄原因	
101	地址不详或错误	收件人地址不够详细或者为错误的地址
102	禁限物品	国家法律、法规禁止和限制寄递的物品
103	内件不符	快件内件与标注不符
104	身份信息不符	
199	其他	
200	投递原因	

续表

代码	分类名称	说明
201	地址不详或错误	收件人地址不够详细或者为错误的地址
202	无此收件人	书写地址正确但无此收件人
203	无人接收	快件送达无人接收
204	收件人要求延迟派送	收件人要求延迟特定时间，再进行投递
205	收件人要求改址派送	收件人要求更改投递地址
206	收件人拒收	收件人拒绝接收快件
207	收件人退回	因拒收、无人接收等原因，快件退回寄件人
208	收件人要求自取	收件人要求自行提取
209	运费到付未达成	收件人拒绝支付运费，或运费支付未成功
210	货款代收未达成	代收货款金额不相符，或者收件人拒绝支付
299	其他	其他
300	操作原因	
301	包装破损	快件外包装破损，内件完好
302	内件破损	内件破损、无法投出
303	快件丢失	快件在寄递过程中丢失
304	内件短少	快件内件数量少于发出数量
305	内件不符	快件内件与标注不符
306	快件污染	快件被污染
307	质量不符	快件标识质量与实际质量不符
308	快件延误	快件在规定时间内无法完成投递
309	单货问题	有单无货或者有货无单
310	快件超区	快件收件地址超出派送范围
311	快件滞留	因运力不足、不可抗力等原因造成快件滞留
312	快件错分	快件未按照正确路向分拣
313	快件错发	快件未按照正确路向发运
314	快件信息不规范	快件相关信息填写不规范
315	检验检疫问题	检验检疫不合格
316	无着快件	具体含义见 GB/T 27917.1 中 4.1.3.4 的规定
399	其他	其他
400	不可抗力原因	
401	自然灾害	如台风、洪水、冰雹等
402	社会突发事件	如罢工、骚乱等
499	其他	其他
900	其他	其他

附　录　A

（资料性附录）

国内、国际及港澳台快件寄递处理过程

A.1　国内快件寄递处理过程

国内快件寄递处理过程示意图如图 A.1 所示。

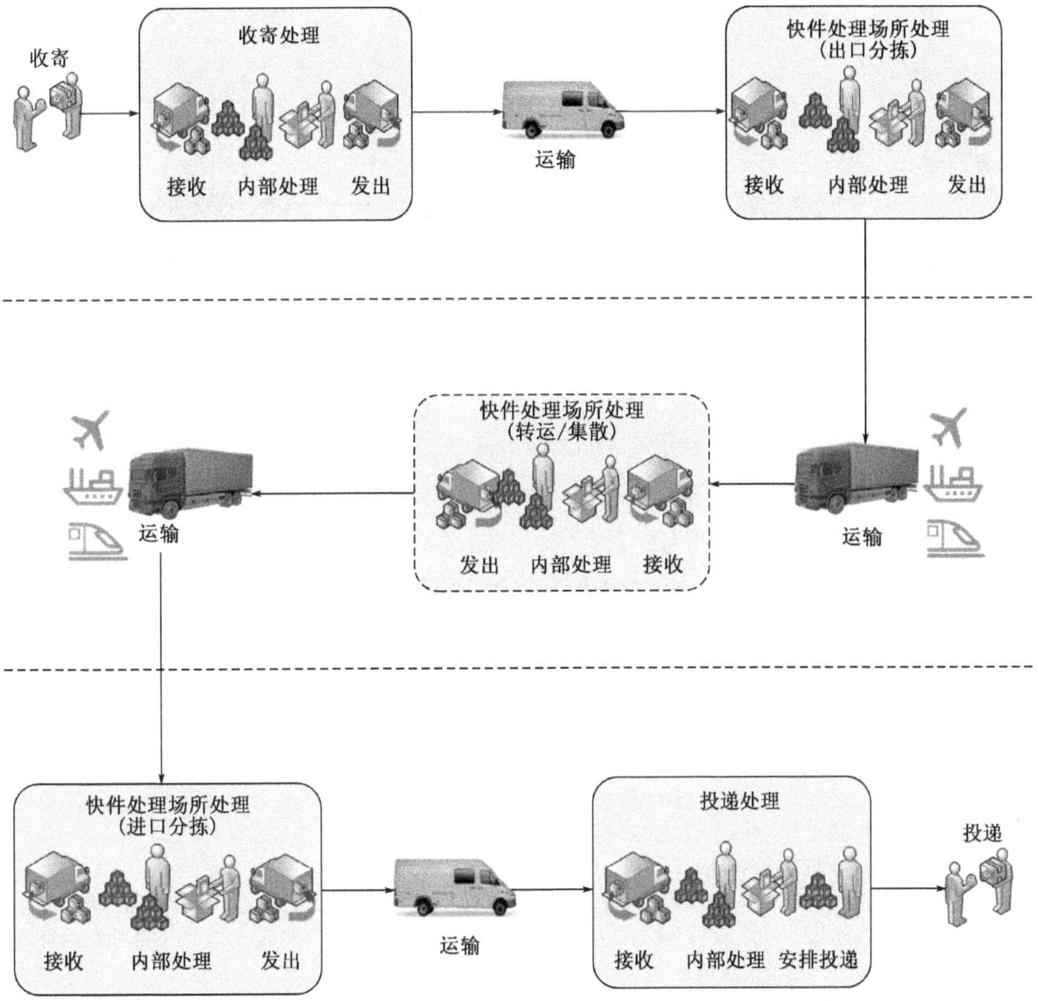

图 A.1　国内快件寄递处理过程示意图

A.2　国际快件及港澳台快件寄递处理过程

国际快件及港澳台快件寄递处理过程示意图如图A.2所示。

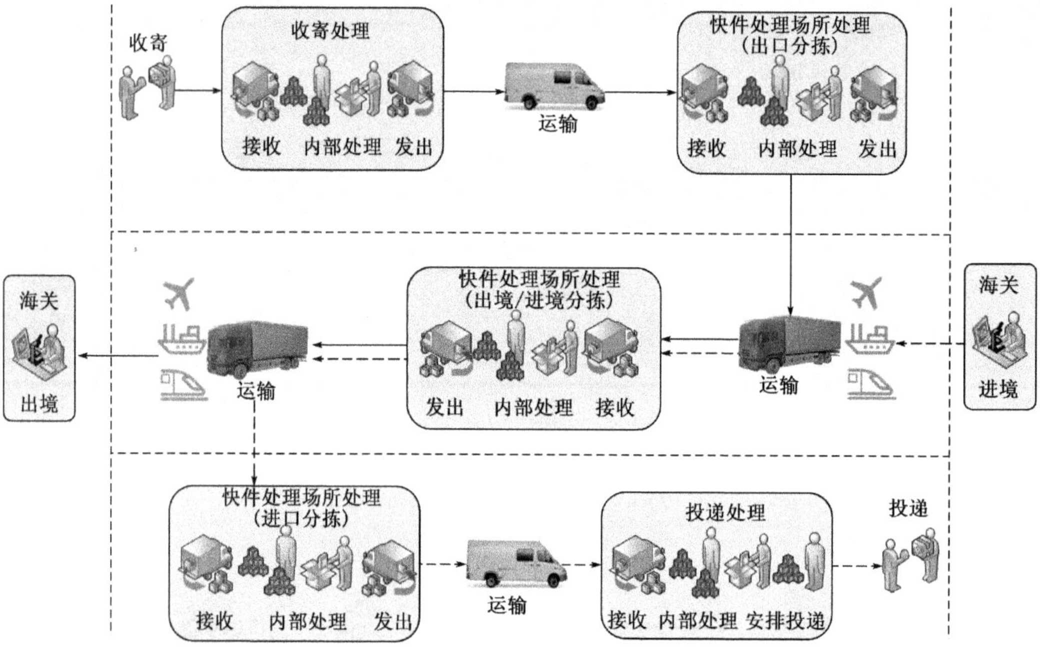

图A.2　国际快件及港澳台快件寄递处理过程示意图

附　录　B
(资料性附录)
代码使用示例

B.1　快递员上门取件

若快递员上门收寄快件,则当前的状态代码为A1100。第1位"A"表示当前环节为收寄,第2位"1"表示快件接收,第3位至第5位"100"表示快递员上门取件。

B.2　快件到达出口分拣场所

若快件从网点到达出口分拣处理场所,正在进行接收操作,则当前的状态代码为C1100。第1位"C"表示当前环节为出口分拣,第2位"1"表示快件处于接收状态,第3位至第5位"100"表示从网点接收。

B.3　安排投递快件

若快件进入投递处理环节,网点将快件分派至投递员,则当前的状态代码为H3100。第1位"H"表示当前环节为投递处理,第2位"3"表示快件已安排投递,第3位至第5位"100"表示快件分派至快递员。

B.4　收寄网点发现禁限物品

若快件在收寄网点被发现为禁限物品,则当前的状态代码为B0102。第1位"B"表示当前环节为收寄处理,第2位"0"表示快件在当前环节出现异常情况,第3位至第5位则采用表3中的代码"102",表示为禁限物品。

快件集装容器　第1部分:集装笼
(YZ/T 0155—2016)

(2016年12月15日国家邮政局发布　自2017年4月1日起实施)

前　言

本标准按照GB/T 1.1—2009给出的规则起草。

本标准由国家邮政局提出。

本标准由全国邮政业标准化技术委员会(SAC/TC 462)归口。

本标准起草单位:交通运输部水运科学研究院、浙江省邮电印刷股份有限公司、安徽共生物流科技有限公司、广东信源物流设备有限公司、安徽省质量和标准化研究院。

本标准主要起草人:邓延洁、李继春、王婧、赵洁婷、赵杰、罗仲衍、王芳、耿天霖、蒋宁、冯光权。

本标准为首次发布。

1　范　围

本标准规定了总质量不超过600kg快件集装笼(以下简称集装笼)的术语、分类、尺寸和代码、基本结构、技术要求、试验方法及检验规则等内容。

本标准适用于道路运输用快件集装笼的设计、生产、检验,其他运输方式的集装笼可参照使用。

2　规范性引用文件

下列文件对于本文件的应用是必不可少的。凡是注日期的引用文件,仅注日期的版本适用于本文件。凡是不注日期的引用文件,其最新版本(包括所有的修改单)适用于本文件。

GB 1589	汽车、挂车及汽车列车外廓尺寸、轴荷及质量限值
GB/T 1836	集装箱代码、识别和标记(GB/T 1836—1997,idt　ISO 6346:1995)
GB 2828.1	计数抽样检验程序　第1部分:按接收质量限(AQL)检索的逐批检验抽样计划
GB/T 4857.1	包装　运输包装件　试验时各部位的标示方法
GB/T 4857.5	包装　运输包装件　跌落试验方法
GB/T 4857.11	包装　运输包装件基本试验　第11部分:水平冲击试验方法(GB/T 4857.11—2005,ISO 2244:2000,MOD)
GB/T 4857.22	包装　运输包装件　单元货物稳定性试验方法
GB/T 4857.23	包装　运输包装件基本试验　第23部分:随机振动试验方法
GB/T 4996—2014	联运通用平托盘　试验方法(GB/T 4996—2014　联运通用平托盘　试验方法,ISO 8611—1:2011,MOD)
GB/T 10757	邮政业术语
GB/T 13306	标牌
GB/T 14687—2011	工业脚轮和车轮
GB/T 15234	塑料平托盘
GB/T 23679	集装箱　机械箱封(GB/T 23679—2009,ISO/PAS 17712:2006,IDT)
ISO/IEC 18000—6	信息技术　项目管理用射频识别(RFID)数据协议　第六部分:860MHz至960MHz空中接口通信用参数

3　术语和定义

GB/T 10757界定的以及下列术语和定义适用于本文件。

3.1 快件集装笼 express item container cage

用于快件运输的封闭式集装器具,具有快件单元化积载功能,能够单独构成一个基本的集装运输单元。

3.2 固定式集装笼 fixed container cage

壁板永久并稳固地固定在底架上的集装笼。

3.3 可折叠式集装笼 collapsible container cage

壁板铰接在底架上,可折叠起来进行存放和运输的集装笼。

3.4 可拆装式集装笼 demountable container cage

壁板可拆装、底部结构和上部结构可以拆卸分离,能够进行堆叠存放和运输的集装笼。

3.5 总质量 gross mass

集装笼自身质量和所装载快件质量的总和。

3.6 额定载荷 load rating

集装笼在使用时所允许的最大载荷。

4 分类、尺寸和代码

4.1 分类

按照作业方式,可分为有轮集装笼和无轮集装笼。

按照笼体结构,可分为固定式集装笼、可折叠式集装笼和可拆装式集装笼。

按照壁部结构,可分为全封闭式集装笼和格栅式集装笼。

相关的分类示意见图1,类型代码见表1。

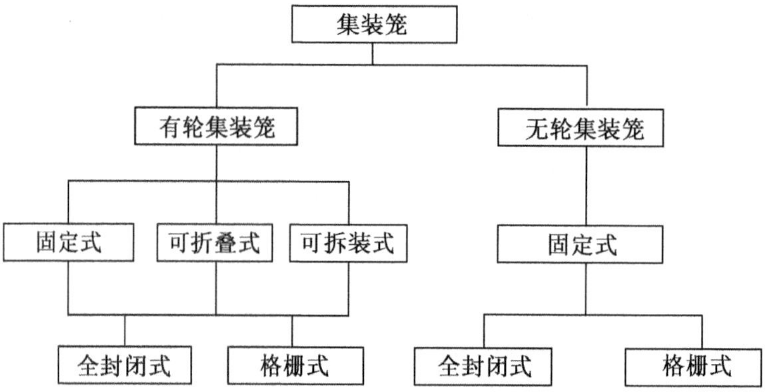

图1 集装笼分类示意图

表1 集装笼类型代码

集装笼类型	代码	说明
有轮结构	A	带有脚轮
无轮结构	B	不带脚轮
固定式	F	整体结构固定
可折叠式	C	可折叠存放
可拆装式	D	可拆装存放
全封闭式	U	采用水密式壁板
格栅式	O	采用格栅式壁板

4.2 尺寸和公差

集装笼底部外部尺寸应为1200mm×1000mm,高度宜为1800mm,外部结构示意图见图2。高度为1800mm的有轮集装笼的尺寸及公差见表2。

注:集装笼在各种运输工具上积载见附录A。

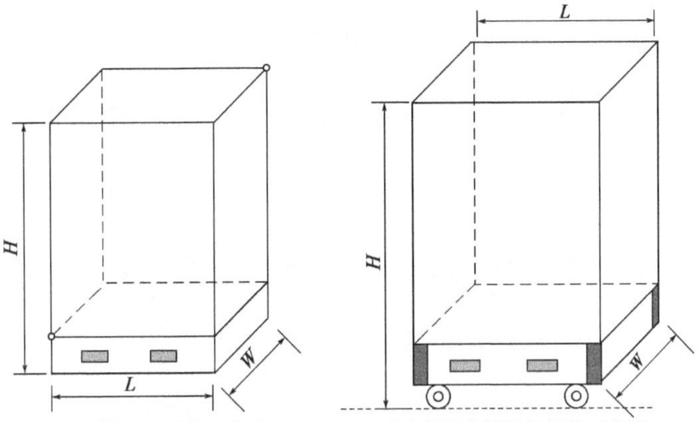

a）无轮集装笼外部结构示意图　　b）有轮集装笼外部结构示意图

说明：

L——外部长度；

W——外部宽度；

H——外部高度。

图2　集装笼外部结构示意图

表2　高度为1800mm有轮集装笼的尺寸和公差

单位为毫米

项目	长度 L	宽度 W	高度 H	公差
外部尺寸	1200	1000	1800	±3
内部最小尺寸	1100	900	1500	
对角线误差 K				2
注1：尺寸和公差的测量示意见7.1。 注2：有轮集装笼高度的内部最小尺寸应为高度外部尺寸减去300mm；无轮集装笼高度的内部最小尺寸应为高度外部尺寸减去150mm。				

4.3　代码

集装笼代码应标记在底架上，易于目视识别。集装笼代码参照GB/T1836进行编码，代码由以下四部分构成（图3）：

——所有人代码，采用3位英文大写字母表示。所有人代码应统一分配，一个所有人对应一个代码，代码应具有唯一性。

——集装笼类型代码，采用3位英文大写字母表示。第一位字母表示是否带有脚轮结构，第二位字母代表笼体结构采用固定式、可折叠式或者可拆装式中的一种，第三位字母代表壁板结构采用全封闭式或者格栅式结构的一种。

——序列号，采用5位数字表示，位数不足时，在前面补0。

——校验码，采用1位数字表示。校验码的确定方法见附录C。

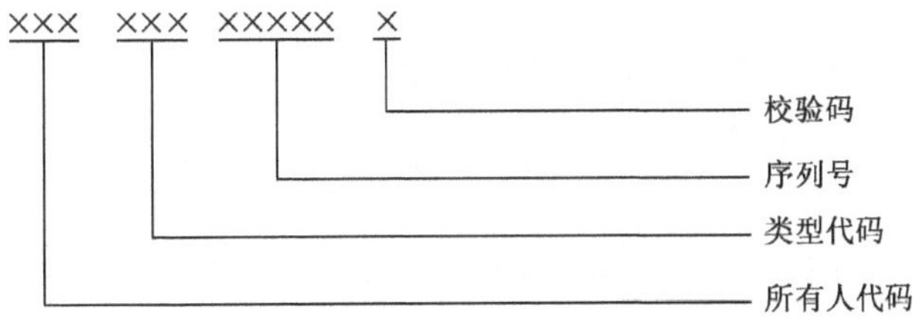

图3　集装笼代码结构

示例：

×××公司有轮固定全封闭式集装笼，序列号为00001，校验码为0，则代码表示为×××AFU000010。

5 基本结构

集装笼主要由脚轮(可选配)、底架、角柱、壁板、笼门、施封锁、顶板等基本部件构成。

格栅式有轮集装笼和全封闭式无轮集装笼的基本结构示意图分别见图 4 和图 5。可折叠式和可拆装式集装笼的结构示意图分别见图 6 和图 7。

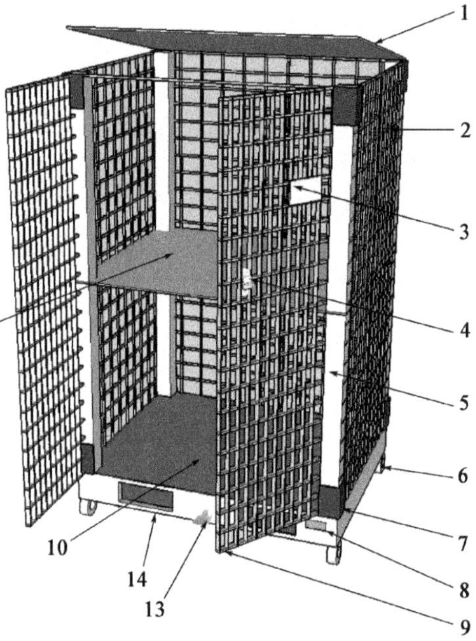

a)整体

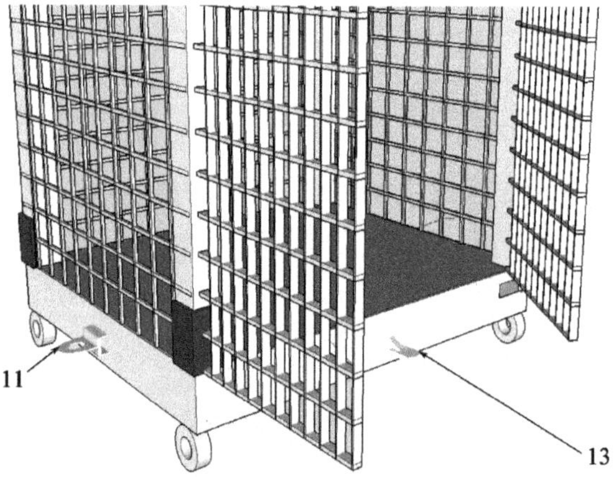

b)局部

说明:

1——顶板;	8——电子标签安装槽;
2——壁板;	9——右开门;
3——路向牌叉槽;	10——底架;
4——施封锁;	11——牵引装置;
5——角柱;	12——隔板(可选配);
6——脚轮;	13——制动装置;
7——底部防撞装置;	14——叉槽。

图 4 格栅式有轮集装笼基本结构示意图

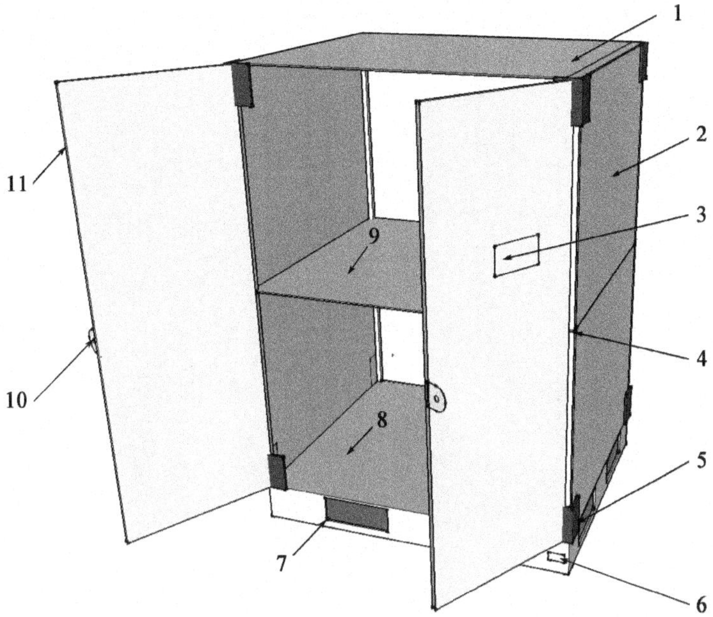

说明:

1——顶板;
2——壁板;
3——路向牌叉槽;
4——角柱;
5——底部防撞装置;
6——电子标签安装槽;
7——叉槽;
8——底架;
9——隔板(可选配);
10——施封锁;
11——左开门。

图5　全封闭式无轮集装笼基本结构示意图

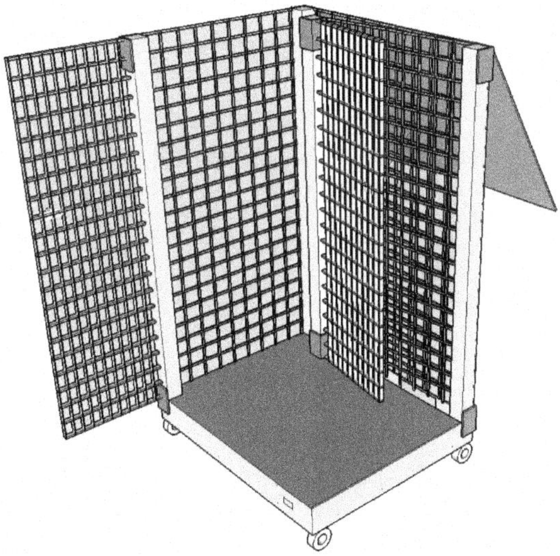

图6　可折叠式集装笼示意图

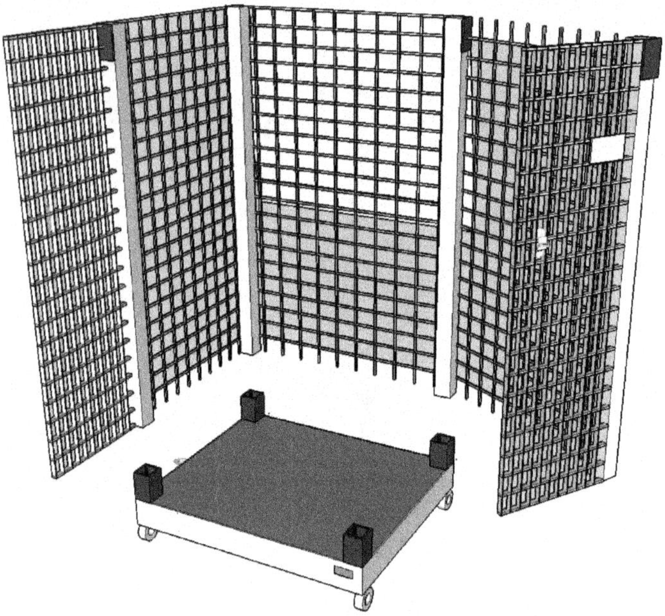

图7 可拆装式集装笼示意图

6 技术要求

6.1 材料要求

按照生产材质，集装笼可分为金属集装笼、塑料集装笼、混合材质集装笼。宜采用轻质材料。

6.2 质量要求

集装笼自身质量应小于100kg，集装笼总质量应小于600kg。

6.3 底架

集装笼的底架至少能够承载500kg的快件。底架可配置叉槽、脚轮等辅助装卸作业部件和电子标签等设备，电子标签要求见附录B。

6.4 壁板

集装笼的壁板分为端壁板和侧壁板，可采用水密式或格栅式封闭的方式，格栅式封闭板的格栅尺寸应不大于50mm×50mm。壁板宜采用硬性材料，避免快件挤压后形成不规则突起状。壁板和角柱、底架应连接牢固。

6.5 笼门

集装笼的笼门宜采取对开式设计，开口尺寸应不小于900mm×1400mm。门开启角度不小于270°，并可侧面固定。笼门进行加强设计，避免快件装卸造成损坏。

笼门应预设路向牌的安装位置，安装位置宜设置在右侧门上部，便于快件识别和运输。安装位置预留尺寸宜为110mm×125mm×0.1mm。

6.6 施封锁

集装笼应配备防篡改的刚性或柔性施封锁，施封锁可参照GB/T 23679进行设计。

6.7 脚轮

配有脚轮的集装笼，其脚轮应满足以下要求：

a）脚轮宜采用1个定向轮，其余为自带刹车的万向轮；

b）脚轮宜选用150mm轮径的聚氨酯轮或尼龙脚轮；

c）脚轮的技术条件应不低于GB/T 14687规定的C级标准，单个脚轮承重能力不低于1600N；

d）脚轮可内置，能够收缩至底架内部。

6.8 隔板

集装笼壁板中部可设置隔板，隔板应承受不少于0.4倍额定载荷的压力，水平变形不高于2mm。

6.9 顶板

对顶部强度有要求的固定式全封闭集装笼,顶板应承受不少于0.5倍额定载荷的压力,水平变形不高于2mm。

6.10 防撞装置

笼体外部应有防撞装置,笼车箱体任何部位均不得超越防撞装置相应外表面所形成的界限。采用不低于50邵氏硬度的橡胶材料,突出笼体面15mm。

6.11 牵引装置

集装笼宜在底架上设置牵引装置,其性能指标满足下列条件:

a)牵引装置应至少承受4kN水平拉力;

b)牵引装置在不使用时可方便地收起并可靠固定;

c)牵引装置应保证牵引5个满载集装笼时,无甩尾、倾翻等不安全现象发生。

6.12 制动装置

集装笼应在底架中间位置设置制动装置,可在需要时进行制动,保持集装笼在运输过程中的稳定性。

6.13 外观质量

集装笼表面应平滑、整洁,底架无翘曲。

金属部件表面应清除毛刺、锈迹、焊渣、油污等影响外观质量的异物。金属涂层厚度应均匀,表面不得有针孔、橘皮、起泡等缺陷。

塑料部件表面应光滑平整,边角部位无毛刺、飞边和气泡。同批次产品色泽基本一致。浇口应平整,不影响集装笼使用。

6.14 使用寿命

在正常作业情况下,集装笼使用寿命不少于5年。

7 试验方法

7.1 外观检查

使用精度不低于1mm的测量工具,测量集装笼外部、内部及对角线的尺寸,其结果应符合表2要求。集装笼定位尺寸测量示意图见图8。

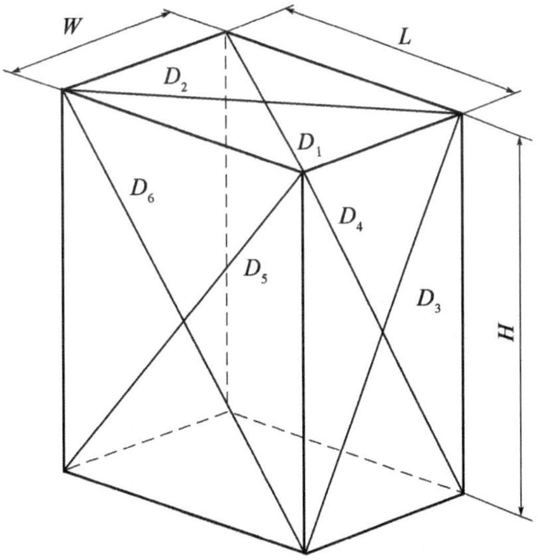

注:对角线误差用字母K表示,K为$|D_1-D_2|$、$|D_3-D_4|$、$|D_5-D_6|$的计算值。

图8 集装笼定位尺寸测量示意图

7.2 底架强度试验

按照GB/T 4996—2014第8.1条规定的方法,对底架施加均布的1.5倍额定载荷的力,测试底架结构强度,要求变形不超过2mm,无影响使用的裂纹,不影响稳定性。底架强度试验示意图见图9。

注:额定载荷通常用字母 P 表示,1.5倍额定载荷可表示为1.5P。

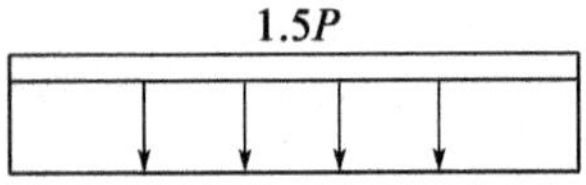

图9　底架强度试验示意图

7.3　壁板水平冲击试验

按照GB/T 4857.11的试验方法,对壁板的端壁施加均布的0.6倍额定载荷的力,侧壁施加均布的0.4倍额定载荷的力,测试壁板耐水平冲击的能力,要求变形不超过2mm,无影响使用的裂纹,不影响稳定性。端壁强度试验示意图见图10。侧壁强度试验示意图见图11。

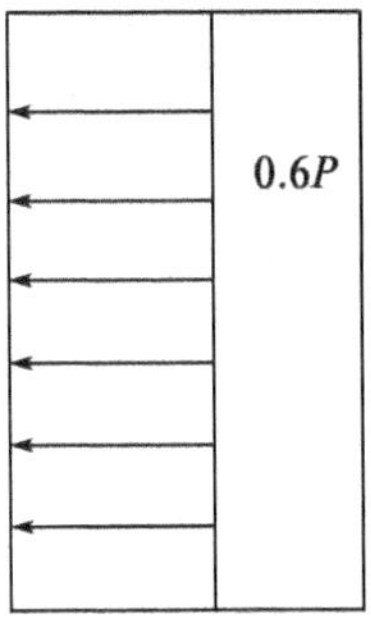

图10　端壁强度试验示意图

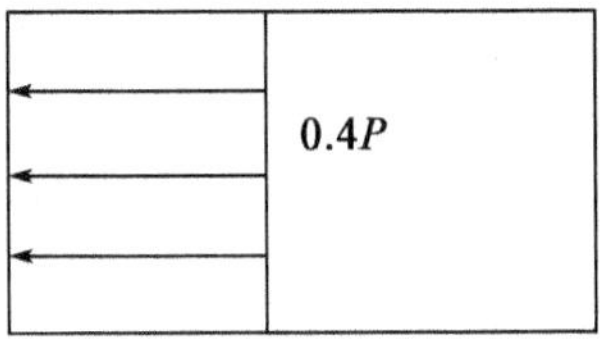

图11　侧壁强度试验示意图

7.4　顶部强度试验

按照GB/T 4996—2014第8.1条规定的方法,对顶板施加均布的0.5倍的额定载荷的力,测试顶部结构强度,要求变形不超过2mm,无影响使用的裂纹,不影响稳定性。顶部强度试验示意图见图12。

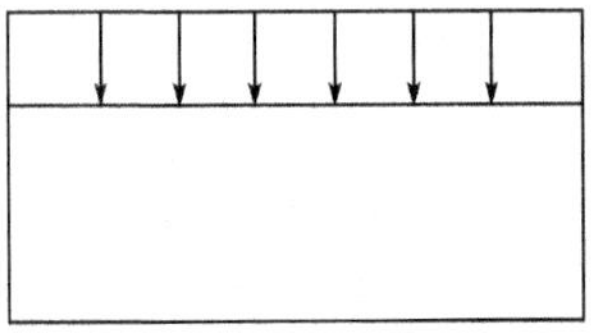

图12　顶部强度试验示意图

7.5　隔板强度试验

GB/T 4996—2014第8.1条规定的方法,对隔板施加均布的0.4倍额定载荷的力,测试隔板结构强度,要求变形不超过2mm,无影响使用的裂纹,不影响稳定性。

7.6　叉举试验

集装笼内装入1.25$R-T$的均布载荷,用叉车叉举5min,测试底部强度,要求变形不超过2mm,无影响使用的裂纹,不影响稳定性。

注:总质量用 R 表示,自重用 T 表示,1.25倍的总质量减去自重可表示为1.25$R-T$。

7.7　牵引装置试验

将集装笼固定不动,对牵引装置施加4kN的水平拉力。撤去拉力后,牵引装置不应有永久性变形、裂纹和断裂,集装笼的定位尺寸应满足表2的要求。

7.8　制动装置试验

集装笼内装入均布的1.2倍的额定载荷,以制动状态停在不小于8%的斜坡上,30min之内产生的相对位移小于5mm。

7.9　脚轮试验

按照 GB/T 14687—2011 第 8 章规定的方法进行测试,脚轮承重能力不低于 GB/T 14687—2011 第 4.2.2 中 C 级规定的 1600N。

7.10　防撞装置强度试验

满载集装笼以 5km/h 的速度,水平冲击静止在平地上的另外一个满载集装笼。冲击后,防撞装置无影响使用的裂纹和变形。

7.11　运输模拟状态试验

集装笼在 5km/h 的速度下,应行驶平稳。

7.12　跌落试验

按照 GB/T 4857.1 和 GB/T 4857.22 规定的测试方法,对集装笼整体结构承受跌落冲击的能力进行测试,要求无影响使用的裂纹和变形,不影响稳定性。

7.13　随机振动试验

按照 GB/T 4857.23 的试验方法,将集装笼固定在振动试验机上,在 0 ~ 30Hz 频率范围内以 $0.01g^2/Hz$ 的强度循环振动 4h,对集装笼承受随机振动的能力进行测试,要求无影响使用的裂纹和变形,不影响稳定性。

8　检验规则

8.1　检验类型

8.1.1　出厂检验

集装笼应经制造厂家质量检验部门检验合格后方可出厂,并应附有产品合格证书。

8.1.2　型式检验

凡属下列情况之一时,应进行型式检验:

a)新产品试制定型鉴定;

b)产品设计、工艺、原材料发生重大改变,可能影响产品的性能;

c)产品停产两年(含)以上,恢复生产;

d)正常生产批量一次超过 200 辆(含);

e)国家质量监督机构提出型式检验要求。

8.2　抽样方法

8.2.1　出厂检验

出厂检验为全数检验。

8.2.2　型式检验

型式检验的样品应在出厂检验合格产品中按照 GB 2828.1 要求随机抽取。

8.3　判定规则

8.3.1　出厂检验

出厂检验时,应检测序号为 1 ~ 7,16 的项目,见表 3。若出现 1 项强制性项目不合格则直接判定为产品不合格,超过 2 项一般性项目不合格亦判定该产品不合格。

表 3　产品检验综合判定表

序号	检查项目	属性	型式检验	出厂检验	说明
1	外部尺寸	强制性项目	√	√	"√"表示应检测项目
2	内部尺寸	一般性项目	√	√	
3	外观质量	一般性项目	√	√	
4	底部强度试验	强制性项目	√	√	
5	壁板强度试验	强制性项目	√	√	
6	顶部强度试验	强制性项目	√	√	
7	隔板强度试验	一般性项目	√	√	

续表

序号	检查项目	属性	型式检验	出厂检验	说明
8	叉举试验	强制性项目	√		“√”表示应检测项目
9	牵引装置试验	强制性项目	√		
10	止动装置试验	强制性项目	√		
11	脚轮强度试验	强制性项目	√		
12	防撞块强度试验	一般性项目	√		
13	跌落试验	强制性项目	√		
14	随机振动试验	强制性项目	√		
15	运输状态模拟试验	强制性项目	√		
16	产品自重	一般性项目	√	√	

8.3.2 型式检验

型式检验时，应检测序号为1~16的所有项目，样本若出现1项强制性项目不合格则直接判定为该样本产品不合格，超过2项一般性项目不合格亦判定该样本产品不合格。

9 标志、包装、运输和储存

9.1 标志

集装笼应在明显位置固定产品标牌，其形式和尺寸应符合GB/T 13306的规定，并标明下列产品信息内容：

a)产品名称、型号；

b)外形尺寸；

c)额定载荷；

d)自重；

e)产品序列号；

f)制造日期；

g)制造厂家名称。

9.2 包装

9.2.1 集装笼出厂时必须进行妥善的包装，以适合运输和储存的要求。

9.2.2 集装笼出厂时应配带产品合格证、使用说明书、装箱单、备件目录等文件。

9.3 运输

9.3.1 集装笼在运输过程中应固定牢固，脚轮等易活动的零部件应做必要的防护。

9.3.2 集装笼在运输过程中应防止雨水和风沙等的侵入。

9.4 储存

9.4.1 集装笼宜储存于通风良好的仓库内，不宜长期露天储存。

9.4.2 集装笼不应储存在潜在的爆炸性气体和腐蚀性环境中。

附录A(资料性附录) 集装笼在运输工具上的典型积载方式(略)

附 录 B
(资料性附录)
集装笼电子标签

B.1 电子标签的功能

电子标签与读写器、后台应用系统共同构成电子标签系统，能够对集装笼起标识识别作用，从而实现集装笼信息的自动采集和快件跟踪查询等功能。

B.2 电子标签的工作频率

电子标签应符合ISO/IEC 18000—6中类型C的规定，工作频率为840MHz~960MHz。

B.3　信息采集要求

电子标签可以使用移动式、固定式设备进行信息采集作业。集装笼的状态及流转信息的存储既可以通过更新电子标签用户区(USER)储存的对应信息,也可以通过更新资产管理系统的数据库来实现。

B.4　电子标签的安装位置

集装笼底架设置电子标签时,电子标签宜靠近角柱与底架结合处,尽量远离叉槽,并设有警示标志。

B.5　电子标签数据内容和格式

集装笼电子标签中应包含以下三种信息:

a)必备的不可变信息;

b)可选的不可变信息;

c)可选的可变信息。

B.5.1　必备的不可变信息

必备的不可变信息应包括:集装笼编码、生产日期等信息。

B.5.2　可选的不可变信息

可选的不可变信息应包括:快件的数量、目的地、车次等。

B.5.3　可选的可变信息

可选的可变信息主要包括发票开具、代收货款等其他信息。

附　录　C
(规范性附录)
校验码的确定方法

集装笼编码的校验码按C.1至C.4规定的方法和程序进行确定。

C.1　集装笼所有人代码、集装笼类型和序列号的等效数值

集装笼的所有人代码、类型代码的每个字符和序列号的每个数字应按表C.1依次规定出一个等效数值。

表C.1　等效数值

所有人代码/类型代码				序列号
字符	等效数值	字符	等效数值	数字或等效数值[a]
A	10	N	25	0
B	12	O	26	1
C	13	P	27	2
D	14	Q	28	3
E	15	R	29	4
F	16	S	30	5
G	17	T	31	6
H	18	U	32	7
I	19	V	34	8
J	20	W	35	9
K	21	X	36	
L	23	Y	37	
M	24	Z	38	

[a]序列号数字与其等效数值完全相同。

注:表中省略了等效数值11、22和33因它们是模数11的倍数(见C.3)。

C.2　加权系数

按C.1确定的每个等效数值应乘以2^0 ~ 2^{10}的加权系数。加权系数2^0用于所有人代码的第一个字符,然后依次从2到2^{10}依次与其后各等效数值相乘。

C.3　模数

C.2乘积的总和除以模数11。

C.4 校验码

按照C.3计算后得出的余数,从表C.2查出其对应的数值即为校验码。

表C.2 校验码

余数	校验码
10	0
9	9
8	8
7	7
6	6
5	5
4	4
3	3
2	2
1	1
0	0
注:因余数10和0的校验码相同,为避免重复,建议不使用余数等于10的笼号。	

C.5 校验码计算示例

ABCAFU123450

计算步骤:

Ⅰ 所有人代码、类型代码和序列号

A	B	C	A	F	U	1	2	3	4	5

Ⅱ 对应数值

10	12	13	10	16	32	1	2	3	4	5

Ⅲ 加权系数

1	2	4	8	16	32	64	128	256	512	1024

Ⅳ 第Ⅱ行和第Ⅲ行的乘积

10	24	52	80	256	1024	64	256	768	2048	5120

第Ⅳ行的乘积之和等于9702。

乘积之和除以模数11,等于882。

余数是0,查表C.2得出校验码为0。

快递营业场所基础数据元
(YZ/T 0156—2016)

(2016年12月30日国家邮政局发布 自2017年4月1日起实施)

前　言

本标准按照GB/T 1.1—2009给出的规则起草。

本标准由国家邮政局提出。

本标准由全国邮政业标准化技术委员会(SAC/TC 462)归口。

本标准起草单位:国家邮政局发展研究中心。

本标准主要起草人:冯力虎、蒲中良、朱晓磊、胡倩。

1 范　围

本标准规定了快递营业场所基础数据元的分类、编码结构和表示规范,以及快递营业场所基础数据元集和代码集。

本标准适用于快递营业场所和快递服务相关公共信息平台、电子数据交换、信息管理系统等的设计、开发与应用。

2 规范性引用文件

下列文件对于本文件的应用是必不可少的。凡是注日期的引用文件,仅注日期的版本适用于本文件。凡是不注日期的引用文件,其最新版本(包括所有的修改单)适用于本文件。

GB/T 2260　中华人民共和国行政区划代码

GB 2312　信息交换用汉字编码字符集　基本集

GB/T 7408　数据和交换格式　信息交换　日期和时间表示法

GB/T 10757　邮政业术语

GB/T 27917.1　快递服务　第1部分:基本术语

YZ/T 0132　邮政业机构代码编制规则

YZ/T 0137　快递营业场所设计基本要求

YZ/T 0143　快件基础数据元

3 术语和定义

GB/T 10757、YZ/T 0137 界定的术语和定义适用于本文件。

3.1　快递营业场所　business premises for express service

快递服务组织用于提供快件收寄、投递及其他相关末端服务的场所。

[YZ/T 0137,定义3.1]

4 数据元分类及编码结构

4.1　分类

根据快递营业场所信息的基本内容和属性,快递营业场所基础数据元划分为三大类:

a)基本信息类;

b)设施设备类;

c)运营信息类。

4.2　编码结构

快递营业场所基础数据元应具有唯一的编码,编码由三部分组成,长度为6位,其结构如图1所示。

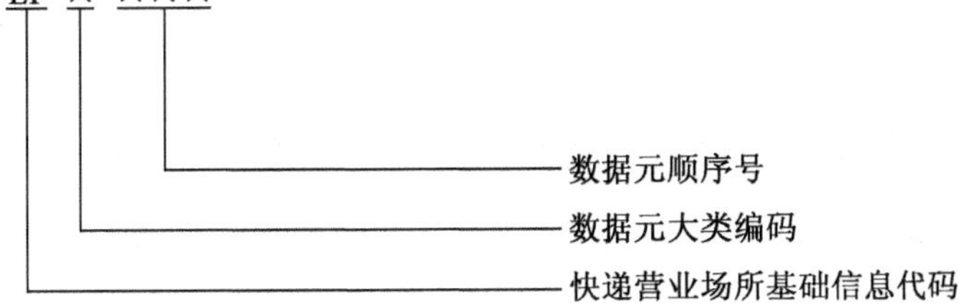

图1　快递营业场所基础数据元编码结构

具体规定为：

a）第一、二位 EP 表示快递营业场所的基础信息代码；

b）第三位为快递营业场所基础数据元的大类编码，用阿拉伯数字表示，从 0 开始到 2；

c）第四至六位表示同一大类快递营业场所基础数据元的序号，用阿拉伯数字表示，从 000 开始顺序编码。

快递营业场所基础数据元大类及编码见表 1。

表 1　快递营业场所基础数据元大类及编码

大类编码	类目名称	说　明
EP0	基本信息类	包括快递营业场所的名称、地址、类型、面积和功能区域划分等信息
EP1	设施设备类	包括快递营业场所配置的相关设施及设备的信息
EP2	运营信息类	包括快递营业场所的营业时间、服务种类、服务范围等信息

5　数据元的表示规范

5.1　基本属性

每个数据元由编号、中文名称、英文名称等基本属性组成，具体内容见表 2。

表 2　数据元表示的基本属性

序号	名称	约束	定义及说明
1	编号	M	数据元的特征号，反映该数据元在数据元集中的排列顺序
2	中文名称	M	赋予数据元的单个或多个中文字词的指称
3	英文名称	M	赋予数据元的英文全称。英文名称的拼写应采用大骆驼（UCC，Upper Camel Case）命名方式，即每个单词的首字母为大写，其他字母均为小写，并把这些单词组合起来；不应包括任何空格、破折号、下划线或分隔符等
4	说明	M	数据元区别于所有其他数据元的描述
5	数据类型	M	数据元值的类型
6	数据格式	M	数据元值的表示形式，包括所允许的最大和/或最小字符长度等
7	值域	O	数据元允许值的集合
8	计量单位	O	数字型数据元值的计量单位
9	同义名称	O	区别于给定的数据元中文名称，但表示相同含义的、在不同应用环境下的不同称谓
10	备注	O	数据元的补充描述或说明
注："约束"表示数据元是否有该属性，有两个取值： ——M（Mandatory）必备的，说明对每个数据元都应进行该属性的描述； ——O（Optional）可选的，说明对某个数据元可以描述该属性，也可以不描述。			

5.2　数据类型的表示

快递营业场所基础数据元的数据类型有："字符型""数字型""布尔型""二进制型"等。其中，"二进制型"用于表示图形、图像、音视频等信息。

5.3　数据格式的表示

快递营业场所基础数据元的数据格式中使用的字符含义如下：

a）a = 字母字符；

b）n = 数字字符；

c）an = 字母数字字符；

d）m（自然数）= 定长 m 个字符（字符集采用 GB 2312 中的有关规定）；

e）.. = 从最小长度到最大长度，前面附加最小长度，后面附加最大长度；

f）YYYYMMDDhhmmss = "YYYY"表示世纪和年份，"MM"表示月份，"DD"表示日期，"hh"表示

小时,“mm”表示分钟,“ss”表示秒,可以根据具体情况组合使用;

g)True/False = 布尔型;

h)二进制型的数据格式为 binary,表示限定长度的二元八位字节集。

示例 1:

an3..8 表示最小长度为 3 位、最大长度为 8 位的不定长字符。

示例 2:

an5(aannn)表示 5 位定长字母数字字符,前 2 位为字母字符,后 3 位为数字字符。

示例 3:

n..8,4 表示最大长度为 8 位、小数点后 4 位的数字字符。

示例 4:

n..16 表示最大长度为 16 位的数字字符,包括整数位数和小数位数,小数点不计入。

6 快递营业场所基础数据元集

6.1 基本信息类

6.1.1 营业场所名称

编号:EP0000

中文名称:快递营业场所名称

英文名称:EP Name

说明:提供快件收寄、投递及其他相关末端服务的场所名称。

数据类型:字符型

数据格式:an..256

6.1.2 营业场所代码

编号:EP0001

中文名称:快递营业场所代码

英文名称:EP Code

说明:标识快递营业场所的代码。

数据类型:字符型

数据格式:an..10

值域:按照 YZ/T 0132 进行编制。

6.1.3 营业场所所在地行政区划

编号:EP0002

中文名称:快递营业场所所在地行政区划

英文名称:EP Administrative Area

说明:快递营业场所所在地行政区划名称,如省(区、市)、市(地)、县(区)。

数据类型:字符型

数据格式:an..256

值域:见 GB/T 2260 中的行政区划名称。

6.1.4 营业场所所在地行政区划代码

编号:EP0003

中文名称:快递营业场所所在地行政区划代码

英文名称:EP Administrative Area Code

说明:快递营业场所所在地的 6 位行政区划代码(县及以上)。

数据类型:字符型

数据格式:an..6

值域:见 GB/T 2260 中的行政区划代码。

6.1.5 营业场所详细地址

编号:EP0004

中文名称:快递营业场所详细地址

英文名称:EP Address

说明:快递营业场所所在地的详细地址信息。
数据类型:字符型
数据格式:an..256

6.1.6 经度

编号:EP0005
中文名称:快递营业场所经度
英文名称:EP Longitude
说明:快递营业场所所在位置的经度信息,即地球表面经过某一特定地点的子午线与本初子午线向东或向西产生的角距离,以度、分和秒计量。
数据类型:数字型
数据格式:n..12,8
计量单位:度

6.1.7 纬度

编号:EP0006
中文名称:快递营业场所纬度
英文名称:EP Latitude
说明:快递营业场所所在位置的纬度信息,即地球表面某一特定地点与地球球心的连线和地球赤道面向北或向南产生的角距离,以度、分和秒计量。
数据类型:数字型
数据格式:n..11,8
计量单位:度

6.1.8 营业场所类型

编号:EP0007
中文名称:快递营业场所类型
英文名称:EP Type
说明:快递营业场所所属类型的名称。
数据类型:字符型
数据格式:an..32
值域:见7.1。

6.1.9 营业场所类型代码

编号:EP0008
中文名称:快递营业场所类型代码
英文名称:EP Type Code
说明:快递营业场所类型的代码。
数据类型:字符型
数据格式:an..1
值域:见7.1。

6.1.10 自有营业场所类型

编号:EP0009
中文名称:自有快递营业场所类型
英文名称:Self Owned EP Type
说明:自有型快递营业场所的类型名称。
数据类型:字符型
数据格式:an..32
值域:见7.2。

6.1.11 自有营业场所类型代码

编号:EP0010
中文名称:自有快递营业场所类型代码
英文名称:Self Owned EP Type Code

说明:标识自有型快递营业场所类型的编码。
数据类型:字符型
数据格式:an..1
值域:见7.2。

6.1.12 合作营业场所类型

编号:EP0011
中文名称:合作快递营业场所类型
英文名称:Cooperative EP Type
说明:合作型快递营业场所的类型名称。
数据类型:字符型
数据格式:an..32
值域:见7.3。

6.1.13 合作营业场所类型代码

编号:EP0012
中文名称:合作快递营业场所类型代码
英文名称:Cooperative EP Type Code
说明:合作型快递营业场所的类型代码。
数据类型:字符型
数据格式:an..2
值域:见7.3。

6.1.14 自有营业场所所属企业名称

编号:EP0013
中文名称:自有营业场所所属企业名称
英文名称:Self Owned EP Enterprise Name
说明:自有营业场所归属的快递服务组织的名称。
数据类型:字符型
数据格式:an..256
值域:按照YZ/T 0143中6.5.19进行编制。

6.1.15 自有营业场所所属企业代码

编号:EP0014
中文名称:自有快递营业场所所属企业代码
英文名称:Self Owned EP Enterprise Code
说明:自有营业场所归属的快递服务组织的编码。
数据类型:字符型
数据格式:an..10
值域:按照YZ/T 0143中6.5.20进行编制。

6.1.16 自有营业场所所属企业品牌名称

编号:EP0015
中文名称:自有营业场所所属企业品牌名称
英文名称:Enterprise Brand Name
说明:自有营业场所归属的快递服务组织的企业品牌名称。
数据类型:字符型
数据格式:an..32
值域:按照YZ/T 0143中6.5.21进行编制。

6.1.17 自有营业场所所属企业品牌代码

编号:EP0016
中文名称:自有营业场所所属企业品牌代码
英文名称:Enterprise Brand Code
说明:自有营业场所归属的快递服务组织的企业品牌代码。

数据类型:字符型
数据格式:an..16
值域:按照YZ/T 0143中6.5.22进行编制。

6.1.18 合作营业场所合作企业名称

编号:EP0017
中文名称:合作营业场所合作企业名称
英文名称:Cooperative EP Enterprise Name
说明:与合作营业场所合作的快递服务组织的名称。
数据类型:字符型
数据格式:an..256
值域:按照YZ/T 0143中6.5.19进行编制。

6.1.19 合作营业场所合作企业代码

编号:EP0018
中文名称:合作营业场所合作企业代码
英文名称:Cooperative EP Enterprise Code
说明:与合作营业场所合作的快递服务组织的编码。
数据类型:字符型
数据格式:an..10
值域:按照YZ/T 0143中6.5.20进行编制。

6.1.20 合作营业场所合作企业品牌

编号:EP0019
中文名称:合作营业场所合作企业品牌
英文名称:Cooperative Enter prise Brand Name
说明:与合作营业场所合作的快递服务组织的企业品牌名称。
数据类型:字符型
数据格式:an..32
值域:按照YZ/T 0143中6.5.21进行编制。

6.1.21 合作营业场所合作企业品牌代码

编号:EP0020
中文名称:合作营业场所合作企业品牌代码
英文名称:Cooperative Enterprise Brand Code
说明:与合作营业场所合作的快递服务组织的企业品牌代码。
数据类型:字符型
数据格式:an..16
值域:按照YZ/T 0143中6.5.22进行编制。

6.1.22 自有营业场所建筑面积

编号:EP0021
中文名称:自有快递营业场所建筑面积
英文名称:Self Owned EP Plant Area
说明:自有快递营业场所的总建筑面积。
数据类型:数字型
数据格式:n..8,2
单位:平方米

6.1.23 自有营业场所使用面积

编号:EP0022
中文名称:自有快递营业场所使用面积
英文名称:Self Owned EP Used Area
说明:自有快递营业场所的总使用面积。
数据类型:数字型

数据格式:n..8,2
单位:平方米
6.1.24 自有营业场所功能分区数量
编号:EP0023
中文名称:自有快递营业场所功能分区数量
英文名称:Self Owned EP Function Area Number
说明:自有快递营业场所内部划分的功能区域的数量。
数据类型:数字型
数据格式:n..2
6.1.25 自有营业场所功能区域名称
编号:EP0024
中文名称:自有快递营业场所功能区域名称
英文名称:Self Owned EP Function Area Name
说明:自有快递营业场所某一功能区域的具体名称。
数据类型:字符型
数据格式:an..32
值域:见7.4。
6.1.26 自有营业场所功能区域代码
编号:EP0025
中文名称:自有快递营业场所功能区域代码
英文名称:Self Owned EP Function Area Code
说明:自有快递营业场所某一功能区域所对应的代码。
数据类型:字符型
数据格式:an..2
值域:见7.4。
6.1.27 自有营业场所功能区域面积
编号:EP0026
中文名称:自有快递营业场所功能区域面积
英文名称:Self Owned EP Function Area
说明:自有快递营业场所某一功能区域的使用面积。
数据类型:数字型
数据格式:n..8,2
单位:平方米
6.1.28 合作营业场所建筑面积
编号:EP0027
中文名称:合作快递营业场所建筑面积
英文名称:Cooperative EP Plant Area
说明:合作快递营业场所的总建筑面积。
数据类型:数字型
数据格式:n..8,2
单位:平方米
6.1.29 合作营业场所使用面积
编号:EP0028
中文名称:合作快递营业场所使用面积
英文名称:Cooperative EP Used Area
说明:合作快递营业场所的总使用面积。
数据类型:数字型
数据格式:n..8,2
单位:平方米

6.1.30　合作营业场所功能分区数量
编号:EP0029
中文名称:合作快递营业场所功能分区数量
英文名称:Cooperative EP Function Area Number
说明:合作快递营业场所内部划分的功能区域的数量。
数据类型:数字型
数据格式:n..2
6.1.31　合作营业场所功能区域名称
编号:EP0030
中文名称:合作快递营业场所功能区域名称
英文名称:Cooperative EP Function Area Name
说明:合作快递营业场所某一功能区域的具体名称。
数据类型:字符型
数据格式:an..32
值域:见7.4。
6.1.32　合作营业场所功能区域类型代码
编号:EP0031
中文名称:合作快递营业场所功能区域类型代码
英文名称:Cooperative EP Function Area Type Code
说明:合作快递营业场所某一功能区域所对应的代码。
数据类型:字符型
数据格式:an..2
值域:见7.4。
6.1.33　合作营业场所功能区域面积
编号:EP0032
中文名称:合作快递营业场所功能区域面积
英文名称:Cooperative EP Function Area
说明:合作快递营业场所某一功能区域的使用面积。
数据类型:数字型
数据格式:n..8,2
单位:平方米
6.2　设施设备类
6.2.1　营业终端设备类型
编号:EP1000
中文名称:快递营业场所营业终端设备类型
英文名称:Terminal Equipment Type
说明:快递营业场所配备的营业终端设备类型名称。
数据类型:字符型
数据格式:an..16
值域:见7.5。
6.2.2　营业终端设备类型代码
编号:EP1001
中文名称:快递营业场所营业终端设备类型代码
英文名称:Terminal Equipment Type Code
说明:快递营业场所配备的营业终端设备的类型代码。
数据类型:字符型
数据格式:an..2
值域:见7.5。

6.2.3 营业终端设备数量
编号:EP1002
中文名称:快递营业场所营业终端设备数量
英文名称:Terminal Equipment Number
说明:快递营业场所配备的营业终端设备的总数量。
数据类型:数字型
数据格式:n..4
6.2.4 营业终端设备品牌
编号:EP1003
中文名称:快递营业场所营业终端设备品牌
英文名称:Terminal Equipment Brand
说明:快递营业场所配备的营业终端设备品牌名称。
数据类型:字符型
数据格式:an..32
6.2.5 营业终端设备型号
编号:EP1004
中文名称:快递营业场所营业终端设备型号
英文名称:Terminal Equipment Model
说明:快递营业场所配备的营业终端设备的型号。
数据类型:字符型
数据格式:an..64
6.2.6 计量设备类型
编号:EP1005
中文名称:快递营业场所计量设备类型
英文名称:Metering Equipment Type
说明:快递营业场所配备的计量设备的类型名称。
数据类型:字符型
数据格式:an..16
值域:见7.6。
6.2.7 计量设备类型代码
编号:EP1006
中文名称:快递营业场所计量设备类型代码
英文名称:Metering Equipment Type Code
说明:快递营业场所配备的计量设备的类型代码。
数据类型:字符型
数据格式:an..2
值域:见7.6。
6.2.8 计量设备数量
编号:EP1007
中文名称:快递营业场所计量设备数量
英文名称:Metering Equipment Number
说明:快递营业场所配备的计量设备的总数量。
数据类型:数字型
数据格式:n..4
6.2.9 计量设备品牌
编号:EP1008
中文名称:快递营业场所计量设备品牌
英文名称:Metering Equipment Brand
说明:快递营业场所配备的计量设备的品牌名称。

数据类型:字符型
数据格式:an..32
6.2.10 计量设备型号
编号:EP1009
中文名称:快递营业场所计量设备型号
英文名称:Metering Equipment Model
说明:快递营业场所配备的计量设备的规格型号。
数据类型:字符型
数据格式:an..64
6.2.11 计量设备有效期
编号:EP1010
中文名称:快递营业场所计量设备有效期
英文名称:Metering Equipment Validity Period
说明:快递营业场所配备的计量设备的有效使用日期。
数据类型:字符型
数据格式:an..8
值域:YYYYMMDD。
6.2.12 操作设备类型
编号:EP1011
中文名称:快递营业场所操作设备类型
英文名称:Operating Equipment Type
说明:快递营业场所配备的操作设备的类型名称。
数据类型:字符型
数据格式:an..16
值域:见7.7。
6.2.13 操作设备类型代码
编号:EP1012
中文名称:快递营业场所操作设备类型代码
英文名称:Operating Equipment Type Code
说明:快递营业场所配备的操作设备的类型代码。
数据类型:字符型
数据格式:an..2
值域:见7.7。
6.2.14 操作设备数量
编号:EP1013
中文名称:快递营业场所操作设备数量
英文名称:Operating Equipment Number
说明:快递营业场所配备的操作设备的总数量。
数据类型:数字型
数据格式:n..4
6.2.15 操作设备品牌
编号:EP1014
中文名称:快递营业场所操作设备品牌
英文名称:Operating Equipment Brand
说明:快递营业场所配备的操作设备的品牌名称。
数据类型:字符型
数据格式:an..32
6.2.16 操作设备型号
编号:EP1015

中文名称:快递营业场所操作设备型号
英文名称:Operating Equipment Model
说明:快递营业场所配备的操作设备的规格型号。
数据类型:字符型
数据格式:an..64

6.2.17 封装用品类型

编号:EP1016
中文名称:快递营业场所封装用品类型
英义名称:Packaging Supplies Type
说明:快递营业场所配备的封装用品类型名称。
数据类型:字符型
数据格式:an..16
值域:见7.8。

6.2.18 封装用品类型代码

编号:EP1017
中文名称:快递营业场所封装用品类型代码
英文名称:Packaging Supplies Type Code
说明:快递营业场所配备的封装用品的类型代码。
数据类型:字符型
数据格式:an..2
值域:见7.8。

6.2.19 封装用品品牌

编号:EP1018
中文名称:快递营业场所封装用品品牌
英文名称:Packaging Supplies Brand
说明:快递营业场所配备的封装用品的品牌名称。
数据类型:字符型
数据格式:an..32

6.2.20 封装用品型号

编号:EP1019
中文名称:快递营业场所封装用品型号
英文名称:Packaging Supplies Model
说明:快递营业场所配备的封装用品的规格型号。
数字类型:字符型
数据格式:an..64

6.2.21 封装用品数量

编号:EP1020
中文名称:快递营业场所封装用品数量
英文名称:Packaging Supplies Number
说明:快递营业场所所配备的封装用品的总数量。
数据类型:数字型
数据格式:n..4

6.2.22 监控摄像头编号

编号:EP1021
中文名称:快递营业场所监控摄像头编号
英文名称:Monitoring Equipment Code
说明:快递营业场所配备的监控摄像头的编号。
数据类型:字符型
数据格式:an..16

6.2.23 监控摄像头品牌
编号:EP1022
中文名称:快递营业场所监控摄像头品牌
英文名称:Monitoring Equipment Brand
说明:快递营业场所配备的监控摄像头的品牌名称。
数据类型:字符型
数据格式:an..32
6.2.24 监控摄像头型号
编号:EP1023
中文名称:快递营业场所监控摄像头型号
英文名称:Monitoring Equipment Model
说明:快递营业场所配备的监控摄像头的规格型号。
数据类型:字符型
数据格式:an..64
6.2.25 监控摄像头安装位置
编号:EP1024
中文名称:快递营业场所监控摄像头安装位置
英文名称:Monitoring Equipment Location
说明:快递营业场所配备的监控摄像头的具体安装位置。
数据类型:字符型
数据格式:an..256
6.2.26 监控摄像头数量
编号:HP1025
中文名称:快递营业场所监控摄像头数量
英文名称:Monitoring Equipment Number
说明:快递营业场所配备的监控摄像头的总数量。
数据类型:数字型
数据格式:n..4
6.2.27 X射线安全检查设备编号
编号:EP1026
中文名称:快递营业场所X射线安全检查设备编号
英文名称:Safety Iinspection Equipment Code
说明:快递营业场所配备的X射线安全检查设备的编号。
数据类型:字符型
数据格式:an..16
6.2.28 X射线安全检查设备品牌
编号:EP1027
中文名称:快递营业场所X射线安全检查设备品牌
英文名称:Safety Iinspection Equipment Brand
说明:快递营业场所配备的X射线安全检查设备的品牌名称。
数据类型:字符型
数据格式:an..32
6.2.29 X射线安全检查设备型号
编号:EP1028
中文名称:快递营业场所X射线安全检查设备型号
英文名称:Safety Iinspection Equipment Model
说明:快递营业场所配备的X射线安全检查设备的规格型号。
数据类型:字符型
数据格式:an..64

6.2.30　X 射线安全检查设备数量
编号:EP1029
中文名称:快递营业场所 X 射线安全检查设备数量
英文名称:Safety Iinspection Equipment Number
说明:快递营业场所配备的 X 射线安全检查设备的总数量。
数据类型:数字型
数据格式:n..4
6.2.31　灭火器类型
编号:EP1030
中文名称:快递营业场所灭火器类型
英文名称:Fire Extinguishing Equipment Type
说明:快递营业场所配备的灭火器的类型名称。
数据类型:字符型
数据格式:an..16
值域:见 7.9。
6.2.32　灭火器类型代码
编号:EP1031
中文名称:快递营业场所灭火器类型代码
英文名称:Fire Extinguishing Equipment Type Code
说明:快递营业场所配备的灭火器的类型代码。
数据类型:字符型
数据格式:an..2
值域:见 7.9。
6.2.33　灭火器品牌
编号:EP1032
中文名称:快递营业场所灭火器品牌
英文名称:Fire Extinguishing Equipment Brand
说明:快递营业场所配备的灭火器的品牌名称。
数据类型:字符型
数据格式:an..32
6.2.34　灭火器型号
编号:EP1033
中文名称:快递营业场所灭火器型号
英文名称:Fire Extinguishing Equipment Model
说明:快递营业场所配备的灭火器的规格型号。
数据类型:字符型
数据格式:an..64
6.2.35　灭火器数量
编号:EP1034
中文名称:快递营业场所灭火器数量
英文名称:Fire Extinguishing Equipment Type Number
说明:快递营业场所配备的灭火器的总数量。
数据类型:数字型
数据格式:n..4
6.2.36　报警设备名称
编号:EP1035
中文名称:快递营业场所报警设备名称
英文名称:Alarm Equipment Name
说明:快递营业场所配备的报警设备的名称。

数据类型:字符型
数据格式:an..128
6.2.37 报警设备类型
编号:EP1036
中文名称:快递营业场所报警设备类型
英文名称:Alarm Equipment Type
说明:快递营业场所配备的报警设备的类型名称。
数据类型:字符型
数据格式:an..16
值域:见7.10。
6.2.38 报警设备类型代码
编号:EP1037
中文名称:快递营业场所报警设备类型代码
英文名称:Alarm Equipment Type Code
说明:快递营业场所配备的报警设备的类型代码。
数据类型:字符型
数据格式:an..2
值域:见7.10。
6.2.39 报警设备品牌
编号:EP1038
中文名称:快递营业场所报警设备品牌
英文名称:Alarm Equipment Brand
说明:快递营业场所配备的报警设备的品牌名称。
数据类型:字符型
数据格式:an..32
6.2.40 报警设备型号
编号:EP1039
中文名称:快递营业场所报警设备型号
英文名称:Alarm Equipment Model
说明:快递营业场所配备的报警设备的规格型号。
数据类型:字符型
数据格式:an..64
6.2.41 报警设备安装区域
编号:EP1040
中文名称:快递营业场所报警设备安装区域
英文名称:Alarm Equipment Location
说明:快递营业场所配备的报警设备的安装区域。
数据类型:字符型
数据格式:an..256
6.2.42 车辆数量
编号:EP1041
中文名称:车辆数量
英文名称:Number Of Vehicle
说明:快递营业场所拥有的车辆总数量。
数据类型:数字型
数据格式:n..3

6.3 运营信息类

6.3.1 营业场所人员数量
编号:EP2000

中文名称:快递营业场所人员数量
英文名称:Number Of Employees
说明:快递营业场所在岗人员的总数量。
数据类型:数字型
数据格式:n..3
6.3.2 收派人员数量
编号:EP2001
中文名称:快递营业场所收派人员数量
英文名称:Number Of Delivery Staff
说明:快递营业场所从事快件收寄和投递的人员总数量。
数据类型:数字型
数据格式:n..3
6.3.3 快件收寄量
编号:EP2002
中文名称:收寄快件量
英文名称:Number Of Collection
说明:快递营业场所某一统计周期内(年、季、月、日、小时等)收寄快件的件数。
数据类型:数字型
数据格式:n..10
6.3.4 快件投递量
编号:EP2003
中文名称:投递快件量
英文名称:Number Of Delivery
说明:快递营业场所某一统计周期内(年、季、月、日、小时)派送快件的件数。
数据类型:数字型
数据格式:n..10
6.3.5 业务收入
编号:EP2004
中文名称:业务收入
英文名称:Income
说明:快递营业场所在某一统计周期内(年、季、月、日等)的快递业务收入。
数据类型:数字型
数据格式:n..12,2
计量单位:元
6.3.6 营业时间
编号:EP2005
中文名称:快递营业场所营业时间
英文名称:Business Hours
说明:快递营业场所每天的营业时间。
数据类型:字符型
数据格式:an..64
6.3.7 服务种类
编号:EP2006
中文名称:快递营业场所服务种类
英文名称:Service Category
说明:快递营业场所提供的服务种类名称。
数据类型:字符型
数据格式:an..256

6.3.8 服务电话

编号:EP2007

中文名称:快递营业场所服务电话

英文名称:Service TEL

说明:快递营业场所对外服务的电话号码。

数据类型:字符型

数据格式:an..32

6.3.9 监督投诉电话

编号:EP2008

中文名称:快递营业场所监督投诉电话

英文名称:Supervision Complaints TEL

说明:快递营业场所接受外界监督投诉的电话号码。

数据类型:字符型

数据格式:an..32

6.3.10 监督投诉电子邮箱

编号:EP2009

中文名称:快递营业场所监督投诉电子邮箱

英文名称:Supervision Complaints Email

说明:快递营业场所接受外界监督投诉的电子邮箱。

数据类型:字符型

数据格式:an..32

6.3.11 统计周期代码

编号:EP2010

中文名称:统计周期代码

英文名称:Statistical Period

说明:统计快递营业场所快件收寄量、投递量、业务收入等时间周期的代码。

数据类型:字符型

数据格式:an..1

值域:见7.11。

6.3.12 服务范围

编号:EP2011

中文名称:快递营业场所服务范围

英文名称:Service Scope

说明:快递营业场所服务范围的文字描述。

数据类型:字符型

数据格式:an..128

6.3.13 服务范围地理围栏

编号:EP2012

中文名称:快递营业场所服务范围地理围栏

英文名称:Service Scope Geo Fencing

说明:快递营业场所服务范围的地理围栏信息。

数据类型:二进制型

数据格式:binary

7 代 码 集

7.1 营业场所类型

数据元编号:EP0007/EP0008

说明:描述快递营业场所类型的名称及代码。

值域:见表3。

表 3 营业场所类型

代码	名称	代码	名称
0	自有营业场所	9	其他
1	合作营业场所		

7.2 自有营业场所类型

数据元编号:EP0009/EP0010

说明:描述自有营业场所类型的名称及代码。

值域:见表 4。

表 4 自有营业场所类型

代码	名称	代码	名称
0	基本型营业场所	9	其他
1	拓展型营业场所		

7.3 合作营业场所类型

数据元编号:EP0011/EP0012

说明:描述合作营业场所类型的名称及代码。

值域:见表 5。

表 5 合作营业场所类型

代码	名称	代码	名称
00	连锁商务机构	05	院校
01	便民服务组织	06	同业组织
02	社区服务组织	07	第三方企业
03	物业管理组织	99	其他
04	政府机关		

7.4 营业场所功能区域类型

数据元编号:EP0024/EP0025

说明:描述快递营业场所功能区域类型的名称及代码。

值域:见表 6。

表 6 快递营业场所功能区域类型

代码	名称	代码	名称
01	业务接待区	04	停车及装卸区
02	暂存区	05	充电区
03	操作区	99	其他

7.5 营业终端设备类型

数据元编号:EP1000/EP1001

说明:描述快递营业场所营业终端设备类型的名称及代码。

值域:见表 7。

表7 快递营业场所终端设备类型

代码	名称	代码	名称
01	个人计算机	99	其他
02	手持终端		

7.6 计量设备类型

数据元编号:EP1005/EP1006

说明:描述快递营业场所计量设备类型的名称及代码。

值域:见表8。

表8 快递营业场所计量设备类型

代码	名称	代码	名称
01	磅秤	04	皮尺
02	台秤	99	其他
03	卷尺		

7.7 操作设备类型

数据元编号:EP1011/EP1012

说明:描述快递营业场所操作设备类型的名称及代码。

值域:见表9。

表9 快递营业场所操作设备类型

代码	名称	代码	名称
01	货架	03	手推车
02	包装设备	99	其他

7.8 封装用品类型

数据元编号:EP1016/EP1017

说明:描述快递营业场所封装用品类型的名称及代码。

值域:见表10。

表10 快递营业场所封装用品类型

代码	名称	代码	名称
01	封套	04	胶带
02	包装箱	99	其他
03	包装袋		

7.9 灭火器类型

数据元编号:EP1030/EP1031

说明:描述快递营业场所灭火器类型的名称及代码。

值域:见表11。

表11 快递营业场所灭火器类型

代码	名称	代码	名称
01	干粉灭火器	03	水型灭火器
02	泡沫灭火器	04	卤代烷灭火器

续表

代码	名称	代码	名称
05	二氧化碳灭火器	99	其他
06	酸碱灭火器		

7.10 报警设备类型

数据元编号:EP1036/EP1037

说明:描述快递营业场所报警设备类型的名称及代码。

值域:见表12。

表12 快递营业场所报警设备类型

代码	名称	代码	名称
01	烟雾报警器	03	紧急报警系统
02	入侵探测报警器	99	其他

7.11 统计周期

数据元编号:EP2010

说明:描述统计周期的名称和代码。

值域:见表13。

表13 统计周期

代码	名称	代码	名称
1	年	4	日
2	季	5	小时
3	月	9	其他

快递车辆基础数据元
(YZ/T 0157—2016)

(2016年12月30日国家邮政局发布 自2017年4月1日起实施)

前 言

本标准按照GB/T 1.1—2009给出的规则起草。

本标准由国家邮政局提出。

本标准由全国邮政业标准化技术委员会(SAC/TC 462)归口。

本标准起草单位:国家邮政局发展研究中心。

本标准主要起草人:冯力虎、蒲中良、朱晓磊、胡倩、赵亮、唐小淳。

1 范 围

本标准规定了快递车辆基础数据元的分类、编码结构和表示规范,以及快递车辆基础数据元集和代码集。

本标准适用于快递汽车、快递专用电动三轮车、快递电动自行车和快递服务相关公共信息平台、电子数据交换、信息管理系统等的设计、开发与应用。

2　规范性引用文件

下列文件对于本文件的应用是必不可少的。凡是注日期的引用文件，仅注日期的版本适用于本文件。凡是不注日期的引用文件，其最新版本（包括所有的修改单）适用于本文件。

GB 2312	信息交换用汉字编码字符集　基本集
GB 4351.1—2005	手提式灭火器　第1部分：性能和结构要求
GB 17761—1999	电动自行车通用技术条件
GB/T 29912	城市物流配送汽车选型技术要求
YZ/T 0136	快递专用电动三轮车技术要求
YZ/T 0143	快件基础数据元
YZ 0149	快递安全生产操作规范

3　术语和定义

GB 17761、GB/T 29912、YZ/T 0136、YZ/T 0143、YZ 0149 中界定的以及下列术语和定义适用于本文件。

3.1　快递汽车　express vehicles

具有独立的封闭结构车厢或整体封闭结构车厢（车厢与驾驶室联成一体），用于快件运输、收寄、投递的厢式专用汽车。

3.2　快递专用电动三轮车　electro - tricycle for express special

以车载蓄电池作为能源，由电动机驱动，装备封闭式厢体，并具有统一标识，专门用于快递揽收和派送的正三轮电动车。

［YZ/T 0136，定义3.2］

3.3　快递电动自行车　electric bicycle for express service

以蓄电池作为辅助能源，具有两个车轮，能实现人力骑行、电动或电助动功能，用于快递揽收或派送的自行车。

注：改写 GB 17761，定义3。

4　数据元分类及编码结构

4.1　分类

根据快递车辆信息的基本内容和属性，快递车辆基础数据元划分为五大类：

a）基本信息类；

b）快递汽车类；

c）快递专用电动三轮车类；

d）快递电动自行车类；

e）运营信息类。

4.2　编码结构

快递车辆基础数据元应具有唯一的编码，编码由三部分组成，长度为6位，其结构如图1所示。

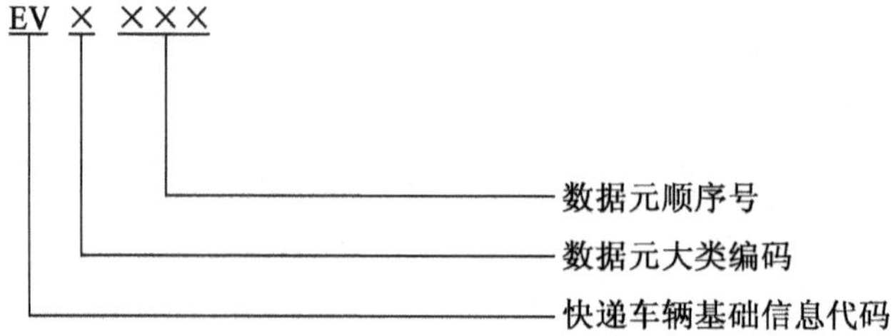

图1　快递车辆基础数据元编码结构

具体规定为：

a）第一、二位 EV 表示快递车辆的基础信息代码；

b)第三位为快递车辆基础数据元的大类编码,用阿拉伯数字表示,从0开始到4;

c)第四至六位表示同一大类快递车辆基础数据元的序号,用阿拉伯数字表示,从000开始顺序编码。

快递车辆基础数据元大类及编码见表1。

表1 快递车辆基础数据元大类及编码

大类编码	类目名称	说明
EV0	基本信息类	包括快递车辆的车型类别、牌照、整车尺寸、整备质量等基本信息
EV1	快递汽车类	包括快递汽车的能源类别、发动机号、配置设备等信息
EV2	快递专用电动三轮车类	包括快递专用电动三轮车的标识、厢体尺寸、配备设备等信息
EV3	快递电动自行车类	包括快递电动自行车的整车编码、蓄电池、电动机额定功率等信息
EV4	运营信息类	包括快递车辆出发地、目的地、出发时间、到达时间、行驶速度、车载货物等信息

5 数据元的表示规范

5.1 基本属性

每个数据元由编号、中文名称、英文名称等基本属性组成,具体内容见表2。

表2 数据元表示的基本属性

序号	名称	约束	定义及说明
1	编号	M	数据元的特征号,反映该数据元在数据元集中的排列顺序
2	中文名称	M	赋予数据元的单个或多个中文字词的指称
3	英文名称	M	赋予数据元的英文全称。英文名称的拼写应采用大骆驼(UCC,Upper Camel Case)命名方式,即每个单词的首字母为大写,其他字母均为小写,并把这些单词组合起来;不应包括任何空格、破折号、下划线或分隔符等
4	说明	M	数据元区别于所有其他数据元的描述
5	数据类型	M	数据元值的类型
6	数据格式	M	数据元值的表示形式,包括所允许的最大和/或最小字符长度等
7	值域	O	数据元允许值的集合
8	计量单位	O	数字型数据元值的计量单位
9	同义名称	O	区别于给定的数据元中文名称,但表示相同含义的、在不同应用环境下的不同称谓
10	备注	O	数据元的补充描述或说明
注:"约束"表示数据元是否有该属性,有两个取值: ——M(Mandatory)必备的,说明对每个数据元都应进行该属性的描述; ——O(Optional)可选的,说明对某个数据元可以描述该发生,也可以不描述。			

5.2 数据类型的表示

快递车辆基础数据元的数据类型有:"字符型""数字型""布尔型""二进制型"等。其中,"二进制型"用于表示图形、图像、音视频等信息。

5.3 数据格式的表示

快递车辆基础数据元的数据格式中使用的字符含义如下:

a)a = 字母字符;

b)n = 数字字符;

c)an = 字母数字字符;

d)m(自然数) = 定长 m 个字符(字符集采用 GB 2312 中的有关规定);

e).. = 从最小长度到最大长度,前面附加最小长度,后面附加最大长度;

f) YYYYMMDDhhmmss = "YYYY"表示世纪和年份,"MM"表示月份,"DD"表示日期,"hh"表示小时,"mm"表示分钟,"ss"表示秒,可以根据具体情况组合使用;

g) True/False = 布尔型;

h) 二进制型的数据格式为 binary,表示限定长度的二元八位字节集。

示例1:

an3..8 表示最小长度为3位、最大长度为8位的不定长字符。

示例2:

an5(aannn)表示5位定长字母数字字符,前2位为字母字符,后3位为数字字符。

示例3:

n..8,4 表示最大长度为8位、小数点后4位的数字字符。

示例4:

n..16 表示最大长度为16位的数字字符,包括整数位数和小数位数,小数点不计入。

6 快递车辆基础数据元集

6.1 基本信息类

6.1.1 车型类别

编号:EV0000

中文名称:车型类别

英文名称:EV Type Name

说明:快递车辆按车型进行分类的类别名称。

数据类型:字符型

数据格式:an..32

值域:见7.1。

6.1.2 车型类别代码

编号:EV0001

中文名称:车型类别代码

英文名称:EV Type Code

说明:快递车辆按车型进行分类的类别代码。

数据类型:字符型

数据格式:an..2

值域:见7.1。

6.1.3 车辆牌号类别名称

编号:EV0002

中文名称:车辆牌号类别名称

英文名称:EV Plate Type Name

说明:快递车辆牌号的类别名称。

数据类型:字符型

数据格式:an..32

值域:见7.2。

6.1.4 车辆牌号类别代码

编号:EV0003

中文名称:车辆牌号类别代码

英文名称:EV Plate Type Code

说明:快递车辆牌号的类别代码。

数据类型:字符型

数据格式:an..2

值域:见7.2。

6.1.5 车辆牌照
编号:EV0004
中文名称:车辆牌照
英文名称:EV Plate Number
说明:快递车辆的牌照。
数据类型:字符型
数据格式:an..20
6.1.6 车辆座位数
编号:EV0005
中文名称:车辆座位数
英文名称:EV Seat Quantity
说明:快递车辆出厂时核定的座位数。
数据类型:数字型
数据格式:n..2
6.1.7 车辆出厂日期
编号:EV0006
中文名称:车辆出厂日期
英文名称:EV Leave Factory Date
说明:快递车辆的出厂日期。
数据类型:字符型
数据格式:an..8
值域:YYYYMMDD。
6.1.8 车辆品牌
编号:EV0007
中文名称:车辆品牌
英文名称:EV Brand
说明:快递车辆的品牌名称。
数据类型:字符型
数据格式:an..32
6.1.9 车辆型号
编号:EV0008
中文名称:车辆型号
英文名称:EV Model
说明:快递车辆的规格型号。
数据类型:字符型
数据格式:an..128
6.1.10 整车长
编号:EV0009
中文名称:整车长
英文名称:EV Length
说明:由相关部门核定的车辆长度。
数据类型:数字型
数据格式:n..5
单位:毫米(mm)
6.1.11 车辆高度
编号:EV0010
中文名称:车辆高度
英文名称:EV Height
说明:由相关部门核定的车辆高度。

数据类型:数字型
数据格式:n..5
单位:毫米(mm)
6.1.12　车辆宽度
编号:EV0011
中文名称:车辆宽度
英文名称:EV Width
说明:由相关部门核定的车辆宽度。
数据类型:数字型
数据格式:n..5
单位:毫米(mm)
6.1.13　车载灭火器类别名称
编号:EV0012
中文名称:车载灭火器类别名称
英文名称:EV Fire Extinguisher Type Name
说明:快递车辆车载灭火器的类别名称。
数据类型:字符型
数据格式:an..32
值域:见7.3。
6.1.14　车载灭火器类别代码
编号:EV0013
中文名称:车载灭火器类别代码
英文名称:EV Fire Extinguisher Type Code
说明:快递车辆车载灭火器的类别代码。
数据类型:字符型
数据格式:an..2
值域:见7.3。
6.1.15　车载灭火器品牌
编号:EV0014
中文名称:车载灭火器品牌
英文名称:EV Fire Extinguisher Brand
说明:快递车辆车载灭火器的品牌。
数据类型:字符型
数据格式:an..32
6.1.16　车载灭火器数量
编号:EV0015
中文名称:车载灭火器数量
英文名称:EV Fire Extinguisher Quantity
说明:快递车辆配备车载灭火器的数量。
数据类型:数字型
数据格式:n..2
6.1.17　车辆额定行驶里程
编号:EV0016
中文名称:车辆额定行驶里程
英文名称:EV Rated Driving Range
说明:快递车辆在满油或满电情况下的额定行驶里程,如200km。
数据类型:数字型
数据格式:n..6
单位:千米(km)

同义名称:续航里程

6.1.18 车辆额定载质量

编号:EV0017

中文名称:车辆额定载质量

英文名称:EV Tonnage

说明:快递车辆额定承载的总质量。

数据类型:数字型

数据格式:n..6

单位:千克(kg)

同义名称:车辆吨位;最大装载质量

6.1.19 车辆整备质量

编号:EV0018

中文名称:车辆整备质量

英文名称:EV Tare

说明:快递车辆的所有工作装置加上冷却液和燃料及备用车轮和随车附件等,在不载人和快件时的总质量。

数据类型:数字型

数据格式:n..6

单位:千克(kg)

同义名称:车辆自重

6.1.20 车辆总质量

编号:EV0019

中文名称:车辆总质量

英文名称:EV Laden Weight

说明:快递车辆的额定质量加上整备质量的实际总质量。

数据类型:数字型

数据格式:n..6

单位:千克(kg)

同义名称:整车载质量;车货总重

6.1.21 车载卫星定位系统类别

编号:EV0020

中文名称:车载卫星定位系统类别

英文名称:Terminal Satellite Position Chip Name

说明:快递车辆中车载卫星定位系统的类别名称。

数据类型:字符型

数据格式:an..32

值域:见7.4。

6.1.22 车载卫星定位系统类别代码

编号:EV0021

中文名称:车载卫星定位系统类别代码

英文名称:Terminal Satellite Position Chip Tyre Code

说明:快递车辆中车载卫星定位系统的类别代码。

数据类型:字符型

数据格式:an..2

值域:见7.4。

6.1.23 车厢保温类别

编号:EV0022

中文名称:车厢保温类别

英文名称:Cabin Storage Type Name

说明:快递车辆按车厢保温类别进行分类的类别名称。
数据类型:字符型
数据格式:an..32
值域:见7.5。
6.1.24 车厢保温类别代码
编号:EV0023
中文名称:车厢保温类别代码
英文名称:Cabin Storage Type Code
说明:快递车辆按车厢保温类别进行分类的类别代码。
数据类型:字符型
数据格式:an..2
值域:见7.5。
6.1.25 车辆温度可调范围
编号:EV0024
中文名称:车辆温度可调范围
英文名称:Cabin Temperature Range
说明:保温或冷藏车辆可设置的温度范围,如-18℃~8℃。
数据类型:字符型
数据格式:an..10
6.1.26 车辆所属企业品牌名称
编号:EV0025
中文名称:车辆所属企业品牌名称
英文名称:Enterprise Brand Name
说明:快递车辆所归属的快递服务组织的品牌名称。
数据类型:字符型
数据格式:an..32
值域:按照YZ/T 0143中6.5.21进行编制。
6.1.27 最高设计时速
编号:EV0026
中文名称:最高设计时速
英文名称:Max Design Speed
说明:快递车辆出厂时设计的最高车速。
数据类型:数字型
数据格式:n..3
单位:千米/小时(km/h)
6.1.28 车辆所有权类型
编号:EV0027
中文名称:车辆所有权类型
英文名称:Vehicle Owner Type
说明:快递营业场所拥有车辆的所有权类型名称。
数据类型:字符型
数据格式:an..10
值域:见7.6。
6.1.29 车辆所有权类型代码
编号:EV0028
中文名称:车辆所有权类型代码
英文名称:Vehicle Owner Type Code
说明:快递营业场所拥有车辆的所有权类型代码。
数据类型:数字型

数据格式:n..1
值域:见7.6。

6.2 快递汽车类

6.2.1 能源类别
编号:EV1000
中文名称:能源类别
英文名称:Express Van Engine Type Name
说明:快递汽车的能源类别名称。
数据类型:字符型
数据格式:an..32
值域:见7.7。

6.2.2 能源类别代码
编号:EV1001
中文名称:能源类别代码
英文名称:Express Van Engine Type Code
说明:快递汽车的能源类别代码。
数据类型:字符型
数据格式:an..2
值域:见7.7。

6.2.3 发动机号
编号:EV1002
中文名称:发动机号
英文名称:Express Van Engine Number
说明:由厂家自主定义、发动机从生产线上下线时随机生成的序列号。一般包括发动机型号和出产年月。
数据类型:字符型
数据格式:an..35

6.2.4 电机号
编号:EV1003
中文名称:电机号
英文名称:Express Van Electric Engine Number
说明:由厂家自主定义、电机从生产线上下线时随机生成的序列号。一般包括电机型号和出产年月。
数据类型:字符型
数据格式:an..35

6.2.5 电池电压
编号:EV1004
中文名称:电池电压
英文名称:Express Van Battery Voltage
说明:快递汽车的电池电压。
数据类型:数字型
数据格式:n..6,1
单位:伏特(V)

6.2.6 车辆厂牌型号
编号:EV1005
中文名称:车辆厂牌型号
英文名称:Express Van Brand Model
说明:厂家对具有同一品牌、类型及车身形式的车辆给予的名称。
数据类型:字符型

数据格式:an..128

6.2.7 倒车影像装置品牌

编号:EV1006

中文名称:倒车影像装置品牌

英文名称:Reverse Image Device Brand

说明:快递汽车上配备的倒车影像装置的品牌名称。

数据类型:字符型

数据格式:an..32

6.2.8 倒车影像装置型号

编号:EV1007

中文名称:倒车影像装置型号

英文名称:Reverse Image Device Model

说明:快递汽车上配备的倒车影像装置的型号。

数据类型:字符型

数据格式:an..64

6.2.9 远程视频监控设备品牌

编号:EV1008

中文名称:远程视频监控设备品牌

英文名称:Remote Monitoring Aid Brand

说明:快递汽车上配备的远程视频监控设备的品牌名称。

数据类型:字符型

数据格式:an..32

6.2.10 远程视频监控设备型号

编号:EV1009

中文名称:远程视频监控设备和型号

英文名称:Remote Monitoring Aid Model Number

说明:快递汽车上配备的远程视频监控设备的型号。

数据类型:字符型

数据格式:an..64

6.2.11 汽车三角木数量

编号:EV1010

中文名称:汽车三角木数量

英文名称:Sprag Clutch Quantity

说明:快递汽车上配备的汽车三角木数量。

数据类型:数字型

数据格式:n..2

6.2.12 便携式停车专用警示灯品牌

编号:EV1011

中文名称:便携式停车专用警示灯品牌

英文名称:Portable Warning Light Brand

说明:快递汽车上配备便携式停车专用警示灯的品牌名称。

数据类型:字符型

数据格式:an..32

6.2.13 便携式停车专用警示灯型号

编号:EV1012

中文名称:便携式停车专用警示灯型号

英文名称:Portable Warning Light Model

说明:快递汽车上配备的便携式停车专用警示灯的型号。

数据类型:字符型

数据格式:an..64

6.2.14　便携式停车专用警示灯数量

编号:EV1013

中文名称:便携式停车专用警示灯数量

英文名称:Portable Warning Light Quantity

说明:快递汽车上配备的便携式停车专用警示灯的数量。

数据类型:数字型

数据格式:n..2

6.2.15　驾驶员身份认证装置品牌

编号:EV1014

中文名称:驾驶员身份认证装置品牌

英文名称:Verification and Safety System Brand

说明:快递汽车上配备的驾驶员身份认证装置的品牌名称。

数据类型:字符型

数据格式:an..32

6.2.16　驾驶员身份认证装置型号

编号:EV1015

中文名称:驾驶员身份认证装置型号

英文名称:Verification and Safety System Model Number

说明:快递汽车上配备的驾驶员身份认证装置的型号。

数据类型:字符型

数据格式:an..64

6.2.17　驾驶安全警示装置品牌

编号:EV1016

中文名称:驾驶安全警示装置品牌

英文名称:Driving Safety Warning System Brand

说明:快递汽车上配备的驾驶安全警示装置的品牌名称。

数据类型:字符型

数据格式:an..32

6.2.18　驾驶安全警示装置型号

编号:EV1017

中文名称:驾驶安全警示装置型号

英文名称:Driving Safe Warning System Model Number

说明:快递汽车上配备的驾驶员驾驶安全警示装置的型号。

数据类型:字符型

数据格式:an..64

6.2.19　厢体锁闭装置品牌

编号:EV1018

中文名称:厢体锁闭装置品牌

英文名称:Locking System Brand

说明:快递汽车厢体锁闭装置(厢体门锁)的品牌名称。

数据类型:字符型

数据格式:an..32

6.2.20　厢体锁闭装置型号

编号:EV1019

中文名称:厢体锁闭装置型号

英文名称:EV Locking System Model Number

说明:快递汽车厢体锁闭装置(厢体门锁)的型号。

数据类型:字符型

数据格式:an..32

6.2.21 车辆检验有效期

编号:EV1020

中文名称:车辆检验有效期

英文名称:EV MOT Expire Date

说明:快递汽车检验的有效日期。

数据类型:字符型

数据格式:an..8

值域:YYYYMMDD。

6.2.22 车辆交通违法数量

编号:EV1021

中文名称:车辆交通违法数量

英文名称:EV Offence Quantity

说明:快递汽车在车辆检验有效期内的交通违法数量。

数据类型:数字型

数据格式:n..3

6.2.23 车辆交通违法信息

编号:EV1022

中文名称:车辆交通违法信息

英文名称:EV Offence Information

说明:快递汽车的交通违法信息,包括号牌种类、号牌号码、违法时间、违法地点、违法行为、处理单位等。

数据类型:字符型

数据格式:an..256

6.2.24 车辆识别码

编号:EV1023

中文名称:车辆识别码

英文名称:EV Identification Number

说明:识别快递车辆的唯一编码,包括车辆生产厂家、年代、车身形式及代码、发动机号及组装地点等信息。

数据类型:字符型

数据格式:an..17

同义名称:车辆编号;车架号

6.2.25 道路运输经营许可证编号

编号:EV1024

中文名称:道路运输经营许可证编号

英文名称:Road Transport Business License No

说明:有关部门颁发的道路运输经营许可证的编号。

数据类型:字符型

数据格式:an..32

6.2.26 道路运输经营许可证有效期起始日期

编号:EV1025

中文名称:道路运输经营许可证有效期起始日期

英文名称:Starting Date of Road Transport Business License

说明:有关部门颁发的道路运输经营许可证的有效期起始日期。

数据类型:字符型

数据格式:an..8

值域:YYYYMMDD。

6.2.27 道路运输经营许可证有效期终止日期
编号:EV1026
中文名称:道路运输经营许可证有效期终止日期
英文名称:End Date of Road Transport Business License
说明:有关部门颁发的道路运输经营许可证的有效期终止日期。
数据类型:字符型
数据格式:an..8
值域:YYYYMMDD。

6.2.28 营运车辆技术等级
编号:EV1027
中文名称:营运车辆技术等级
英文名称:Technical Grade of Transport Business Vehicle
说明:快递汽车的技术等级。
数据类型:字符型
数据格式:an..2
值域:见7.8。

6.2.29 营运车辆技术等级代码
编号:EV1028
中文名称:营运车辆技术等级代码
英文名称:Technical Grade Code of Transport Business Vehicle
说明:快递汽车技术等级的代码。
数据类型:字符型
数据格式:an..2
值域:见7.8。

6.3 快递专用电动三轮车类

6.3.1 车前灯发光强度
编号:EV2000
中文名称:车前灯发光强度
英文名称:Electro Tricycle Front Light Intensity
说明:快递专用电动三轮车的前灯发光强度。
数据类型:数字型
数据格式:n..5
单位:烛光(cd,坎德拉)

6.3.2 语音提示装置
编号:EV2001
中文名称:语音提示装置
英文名称:Electro Tricycle Sound Warning System
说明:快递专用电动三轮车倒车语音提示装置的提示音声压级。
数据类型:数字型
数据格式:n..3
单位:分贝(db)

6.3.3 防雨篷长度
编号:EV2002
中文名称:防雨篷长度
英文名称:Electro Tricycle Awning Length
说明:快递专用电动三轮车防雨篷的长度。
数据类型:数字型
数据格式:n..4
单位:毫米(mm)

6.3.4 防雨篷宽度
编号:EV2003
中文名称:防雨篷宽度
英文名称:Electro Tricycle Awning Width
说明:快递专用电动三轮车防雨篷的宽度。
数据类型:数字型
数据格式:n..4
单位:毫米(mm)
6.3.5 防雨篷前风挡材质类别
编号:EV2004
中文名称:防雨篷前风挡材质类别
英文名称:Electro Tricycle Awning Windsreen Material Type Name
说明:快递专用电动三轮车防雨篷前风挡材质的类别名称。
数据类型:字符型
数据格式:an..32
值域:见7.9。
6.3.6 防雨篷前风挡材质代码
编号:EV2005
中文名称:防雨篷前风挡材质代码
英文名称:Electro Tricycle Awning Windsreen Material Type Code
说明:快递专用电动三轮车防雨篷前风挡材质的类别代码。
数据类型:字符型
数据格式:an..2
值域:见7.9。
6.3.7 防雨篷前风挡玻璃厚度
编号:EV2006
中文名称:防雨篷前风挡玻璃厚度
英文名称:Electro Tricycle Awning Windsreen Thickness
说明:快递专用电动三轮车防雨篷前风挡的玻璃厚度。
数据类型:数字型
数据格式:n..2
单位:毫米(mm)
6.3.8 防雨篷顶部强度
编号:EV2007
中文名称:防雨篷顶部强度
英文名称:Electro Tricycle Awning Top Strength
说明:快递专用电动三轮车防雨篷前风挡的顶部强度。
数据类型:数字型
数据格式:n..2
单位:千帕(kPa)
6.3.9 防雨篷质量
编号:EV2008
中文名称:防雨篷质量
英文名称:Electro Tricycle Awning Weight
说明:快递专用电动三轮车防雨篷的质量。
数据类型:数字型
数据格式:n..6,2
单位:千克(kg)

6.3.10 厢体长度
编号:EV2009
中文名称:厢体长度
英文名称:Electro Tricycle Body Length
说明:快递专用电动三轮车的厢体长度。
数据类型:数字型
数据格式:n..4
单位:毫米(mm)
6.3.11 厢体宽度
编号:EV2010
中文名称:厢体宽度
英文名称:Electro Tricycle Body Width
说明:快递专用电动三轮车的厢体宽度。
数据类型:数字型
数据格式:n..4
单位:毫米(mm)
6.3.12 厢体高度
编号:EV2011
中文名称:厢体高度
英文名称:Electro Tricycle Body Width
说明:快递专用电动三轮车的厢体高度。
数据类型:数字型
数据格式:n..4
单位:毫米(mm)
6.3.13 厢体质量
编号:EV2012
中文名称:厢体质量
英文名称:Electro Tricycle Body Weight
说明:快递专用电动三轮车的厢体自身质量。
数据类型:数字型
数据格式:n..6,2
单位:千克(kg)
6.3.14 整车编码
编号:EV2013
中文名称:整车编码
英文名称:Electro Tricycle Code
说明:快递专用电动三轮车的整车编码。
数据类型:字符型
数据格式:an..50
6.3.15 蓄电池品牌
编号:EV2014
中文名称:蓄电池品牌
英文名称:Electro Tricycle Battery Brand
说明:快递专用电动三轮车的蓄电池品牌。
数据类型:字符型
数据格式:an..32
6.3.16 蓄电池型号
编号:EV2015
中文名称:蓄电池型号

英文名称:Electro Tricycle Battery Mode Number
说明:快递专用电动三轮车的蓄电池型号。
数据类型:字符型
数据格式:an..64

6.3.17 蓄电池标称电压

编号:EV2016
中文名称:蓄电池标称电压
英文名称:Electro Tricycle Battery Voltage
说明:快递专用电动三轮车蓄电池的标称电压。
数据类型:数字型
数据格式:n..4,1
单位:伏特(V)

6.3.18 轮胎负荷

编号:EV2017
中文名称:轮胎负荷
英文名称:Electro Tricycle Tyre Pressure Limit
说明:快递专用电动三轮车的轮胎负荷。
数据类型:数字型
数据格式:n..4
单位:千克(kg)

6.3.19 厢体锁闭装置品牌

编号:EV2018
中文名称:厢体锁闭装置品牌
英文名称:Electro Tricycle Locking System Brand
说明:快递专用电动三轮车的厢体锁闭装置(厢体门锁)的品牌名称。
数据类型:字符型
数据格式:an..32

6.3.20 厢体锁闭装置型号

编号:EV2019
中文名称:厢体锁闭装置型号
英文名称:Electro Tricycle Locking System Model Number
说明:快递专用电动三轮车的厢体锁闭装置(厢体门锁)的型号。
数据类型:字符型
数据格式:an..64

6.3.21 厢体锁闭装置类别

编号:EV2020
中文名称:厢体锁闭装置类别
英文名称:Electro Tricycle Locking System Type
说明:快递专用电动三轮车的厢体锁闭装置(厢体门锁)的类别名称。
数据类型:字符型
数据格式:an..32
值域:见7.10。

6.3.22 厢体锁闭装置类别代码

编号:EV2021
中文名称:厢体锁闭装置类别代码
英文名称:Electro Tricycle Locking System Type Code
说明:快递专用电动三轮车的厢体锁闭装置(厢体门锁)的类别代码。
数据类型:字符型
数据格式:an..2

值域:见7.10。

6.3.23　快递统一标识

编号:EV2022

中文名称:快递统一标识

英文名称:Electro Tricycle Unifles Logo

说明:快递专用电动三轮车厢体上是否有“快递”统一标识。

数据类型:布尔型

数据格式:n1

值域:0:否,1:是。

6.4　快递电动自行车类

6.4.1　车前灯发光强度

编号:EV3000

中文名称:车前灯发光强度

英文名称:Electro Bicycle Front Light Intensity

说明:快递电动自行车的前灯发光强度。

数据类型:数字型

数据格式:n..5

单位:坎德拉(cd)

6.4.2　整车编码

编号:EV3001

中文名称:整车编码

英文名称:Electro Bicycle Coder

说明:快递电动自行车的整车编码。

数据类型:字符型

数据格式:an..50

6.4.3　蓄电池品牌

编号:EV3002

中文名称:蓄电池品牌

英文名称:Electro Bicycle Battery Brand

说明:快递电动自行车的蓄电池品牌。

数据类型:字符型

数据格式:an..32

6.4.4　蓄电池型号

编号:EV3003

中文名称:蓄电池型号

英文名称:Electro Bicycle Battery Model Number

说明:快递电动自行车的蓄电池型号。

数据类型:字符型

数据格式:an..64

6.4.5　蓄电池标称电压

编号:EV3004

中文名称:蓄电池标称电压

英文名称:Electro Bicycle Battery Voltage

说明:快递电动自行车蓄电池的标称电压。

数据类型:数字型

数据格式:n..4,1

单位:伏特(V)

6.4.6　电动机额定功率

编号:EV3005

中文名称:电动机额定功率
英文名称:Electro Bicycle Capacity
说明:快递电动自行车的电动机额定输出功率。
数据类型:字符型
数据格式:an..3
计量单位:瓦特(W)

6.5 运营信息类

6.5.1 目的地地址
编号:EV4000
中文名称:目的地地址
英文名称:Destination Address
说明:快递车辆行驶目的地的地址全称。
数据类型:字符型
数据格式:an..256

6.5.2 目的地位置
编号:EV4001
中文名称:目的地位置
英文名称:Destination Position
说明:快递车辆目的地位置的坐标数据,如41.881545,123.454813。
数据类型:字符型
数据格式:an..30

6.5.3 当前位置
编号:EV4002
中文名称:当前位置
英文名称:Current Location
说明:快递车辆实时位置的坐标数据,如41.881545,123.454813。
数据类型:字符型
数据格式:an..30

6.5.4 运输线路里程数
编号:EV4003
中文名称:运输线路里程数
英文名称:Operating Line Length
说明:快递车辆所行驶线路的里程数。
数据类型:数字型
数据格式:n..8,2
计量单位:千米(km)

6.5.5 连续驾驶时间
编号:EV4004
中文名称:连续驾驶时间
英文名称:Drive Time
说明:快递车辆驾驶人连续驾驶车辆的时间。
数据类型:数字型
数据格式:n..6
计量单位:分(min)

6.5.6 预计出发时间
编号:EV4005
中文名称:预计出发时间
英文名称:Expected Depature Time
说明:快递车辆按照行程预计出发的时间。

数据类型:字符型
数据格式:an..12
值域:YYYYMMDDhhmm。
6.5.7 实际出发时间
编号:EV4006
中文名称:实际出发时间
英文名称:Depature Time
说明:快递车辆的实际出发时间。
数据类型:字符型
数据格式:an..12
值域:YYYYMMDDhhmm。
6.5.8 预计到达时间
编号:EV4007
中文名称:预计到达时间
英文名称:Expected Arrival Time
说明:快递车辆到达行驶路线中下一个目的地的预计时间。
数据类型:字符型
数据格式:an..12
值域:YYYYMMDDhhmm。
6.5.9 实际到达时间
编号:EV4008
中文名称:实际到达时间
英文名称:Arrival Time
说明:快递车辆的实际到达时间。
数据类型:字符型
数据格式:an..12
值域:YYYYMMDDhhmm。
6.5.10 当前行驶速度
编号:EV4009
中文名称:当前行驶速度
英文名称:Current Speed
说明:快递车辆的当前速度。
数据类型:数字型
数据格式:n..3
单位:千米/小时(km/h)
6.5.11 平均行驶速度
编号:EV4010
中文名称:平均行驶速度
英文名称:Average Speed
说明:快递车辆在一段时间或一段距离内的平均行驶速度。
数据类型:数字型
数据格式:n..3
单位:千米/小时(km/h)
6.5.12 货仓当前温度
编号:EV4011
中文名称:货仓当前温度
英文名称:Cabin Current Temperatureo
说明:保温或冷藏类快递车辆的货仓(车辆厢体内)当前温度。
数据类型:数字型

数据格式:n..6
单位:摄氏度(℃)
同义名称:车辆厢体内温度

6.5.13 当前载货质量

编号:EV4012
中文名称:当前载货质量
英文名称:Current Loaded Weight
说明:快递车辆当前实际载货的质量,不包括车辆本身质量,如500kg。
数据类型:数字型
数据格式:n..8,2
单位:千克(kg)

6.5.14 车载货物类别

编号:EV4013
中文名称:车载货物类别
英文名称:Goods Type Name
说明:快递车辆当前承载货物的类别名称。
数据类型:字符型
数据格式:an..32
值域:见7.11。

6.5.15 车载货物类别代码

编号:EV4014
中文名称:车载货物类别代码
英文名称:Goods Type Code
说明:快递车辆当前承载货物的类别代码。
数据类型:字符型
数据格式:an..2
值域:见7.11。

6.5.16 车载货物数量

编号:EV4015
中文名称:车载货物数量
英文名称:Goods Quantity
说明:快递车辆当前承载货物的总数。
数据类型:数字型
数据格式:n..6
计量单位:件

6.5.17 车辆营运线路类别

编号:EV4016
中文名称:车辆营运线路类别
英文名称:Vehicle Type Nume By Line
说明:快递车辆按营运线路进行分类的类别名称。
数据类型:字符型
数据格式:an..32
值域:见7.12。

6.5.18 车辆营运线路类别代码

编号:EV4017
中文名称:车辆营运线路类别代码
英文名称:Vehicle Type Code By Line
说明:快递车按营运线路进行分类的类别代码。
数据类型:字符型

数据格式:an..2
值域:见7.12。

7 代码集

7.1 车型类别

数据元编号:EV0000/EV0001
说明:描述快递车辆按车型进行分类的类别名称和代码。
值域:见表3。

表3 快递车辆的车型类别

代码	名称	代码	名称
01	快递汽车	03	快递电动自行车
02	快递专用电动三轮车	99	其他

7.2 车辆牌号类别

数据元编号:EV0002/EV0003
说明:描述快递车辆牌号类别的名称和代码。
值域:见表4。

表4 快递车辆的牌号类别

代码	名称	代码	名称
01	大型以上汽车号牌	03	摩托车号牌
02	小型汽车号牌	99	其他

7.3 车载灭火器类别

数据元编号:EV0012/EV0013
说明:描述快递车辆上配备的车载灭火器类别的名称和代码。
值域:见表5

表5 快递车辆的车载灭火器类别

代码	名称	代码	名称
01	干粉灭火器	05	二氧化碳灭火器
02	泡沫灭火器	06	酸碱灭火器
03	水型灭火器	99	其他
04	卤代烷灭火器		

7.4 车载卫星定位系统类别

数据元编号:EV0020/EV0021
说明:描述快递车辆上配备的车载卫星定位系统类别的名称和代码。
值域:见表6。

表6 快递车辆车载卫星定位系统的类别

代码	名称	代码	名称
01	GPS	03	两者兼有
02	北斗	99	其他

7.5 车厢保温类别

数据元编号:EV0022/EV0023

说明:描述快递车辆按车厢保温类别进行分类的类别名称和代码。
值域:见表7。

表7 快递车辆的车厢保温类别

代码	名称	代码	名称
01	普通车辆	03	冷藏车辆
02	保温车辆	99	其他

7.6 车辆所有权类型

数据元编号:EP1041/EP1042
说明:描述快递营业场所车辆所有权类型的名称和代码。
值域:见表8。

表8 车辆所有权类型

代码	名称	代码	名称
1	营业场所自有	3	租用
2	快递员自有	9	其他

7.7 能源类别

数据元编号:EV1000/EV1001
说明:描述快递汽车能源类别的名称和代码。
值域:见表9。

表9 快递汽车的能源类别

代码	名称	代码	名称
01	电	05	油电混合动力
02	柴油	06	油气混合动力
03	汽油	99	其他
04	天然气		

7.8 营运车辆技术等级

数据元编号:EV1027/EV1028
说明:描述快递车辆技术等级的名称和代码。
值域:见表10。

表10 营运车辆技术等级

代码	名称	代码	名称
01	一级	03	三级
02	二级	99	其他

7.9 防雨篷前风挡材质类别

数据元编号:EV2004/EV2005
说明:描述快递专用电动三轮车防雨篷前风挡材质类别的名称和代码。
值域:见表11。

表11 快递专用电动三轮车防雨篷前风挡的材质类别

代码	名称	代码	名称
01	钢化玻璃	03	复合材料
02	有机玻璃	99	其他

7.10 快递专用电动三轮车锁闭装置类别

数据元编号:EV2020/EV2021

说明:快递专用电动三轮车厢体锁闭装置类别的名称和代码。

值域:见表12。

表12 快递专用电动三轮车厢体锁闭装置的类别

代码	名称	代码	名称
01	挂锁	03	电控锁
02	抽屉锁	99	其他

7.11 车载货物类别

数据元编号:EV4013/EV4014

说明:描述快递车辆当前承载货物类别的名称和代码。

值域:见表13。

表13 快递车辆车载货物的类别

代码	名称	代码	名称
01	普通货品	03	冷藏货品
02	保温货品	99	其他

7.12 车辆营运线路类别

数据元编号:EV4016/EV4017

说明:描述快递车辆按营运线路进行分类的类别名称和代码。

值域:见表14。

表14 快递车辆营运线路类别

代码	名称	代码	名称
01	省际	03	同城
02	省内	99	其他

邮政业发展“十三五”规划

(2016年12月)

邮政业是国家重要的社会公用事业,是推动流通方式转型、促进消费升级的现代化先导性产业,在国民经济中发挥着基础性作用。邮政业持续健康发展,对于保障用邮权益、降低流通成本、服务生产生活、促进创业创新和推动经济转型升级具有重要的意义。为建成与小康社会相适应的现代邮政业,根据《国民经济和社会发展第十三个五年规划纲要》,结合我国邮政业发展实际,制定邮政业发展“十三五”规划。

一、现状与形势

“十二五”期间,我国邮政业保持了规模迅速增长、结构持续优化、基础网络逐步完善、服务水平不断提升、支撑新兴业态发展作用日益凸显的态势。2015年,邮政业业务总量突破5000亿元,五年翻了两番,快递业务量居世界第一。

(一)发展现状

基础产业作用显著增强。2015年,邮政业业务收入累计完成4039亿元,占国内生产总值比重达0.6%,业务收入五年年均增长26%。普遍服务、快递业务量分别达到245亿件、207亿件。全行业从业人员突破180万人。行业年服务用户超过700亿人次，支撑网络零售交易规模突破3万亿元，带动农副产品进城和工业品下乡超过3000亿元。邮政、快递企业国际服务能力持续提升，跨境寄递服务规模迅速扩大，促进了跨境电商发展和外贸方式转变。邮政业已成为产业间、区域间的纽带，在服务经济社会发展和民生改善中发挥了重要的基础作用。

行业改革取得重大进展。国内包裹快递市场全面开放，推动内外资公平有序竞争。政企分开改革持续推进，三级邮政管理体系全面确立，县级邮政管理机构组建取得突破。政府职能加快转变，取消和下放一批邮政行政审批项目，持续优化审批流程，强化安全监管，实现执法重心下沉。邮政主业改革稳步推进，顺利完成法人体制调整，邮政企业运营规模进入世界500强。邮政市场体系不断完善。邮政普遍服务价格改革取得突破，邮政业"营改增"平稳实施。行业改革红利持续释放。

产业政策环境不断优化。邮政业发展重点内容纳入了国家规划纲要，确立了邮政业在国家规划体系中的地位。国务院出台了促进快递业发展的若干意见，为快递业转型升级、健康发展提供了强有力的政策保障。两次修改《中华人民共和国邮政法》，制修订9项部门规章，推动出台邮政地方性法规、地方政府规章38部，发布了《快递服务》等26项国家和行业标准，邮政业法规及标准体系更加健全。包括快递在内的邮政业纳入国家鼓励发展的产业目录。促进与关联产业协同、企业兼并重组、邮政创新发展、快递末端投递、快递车辆通行、寄递安全管理、行业职业教育等一系列重大产业政策相继出台，行业发展环境持续优化。

普遍服务能力稳中有升。邮政普遍服务保障力度不断加大，设施建设成效显著。补建8440个乡镇邮政局所，全国邮政普遍服务营业场所总数达到5.4万处，总体实现"乡乡设所、村村通邮"。西部和农村地区邮政局所标准化、信息化水平稳步提升。建制村直接通邮率提升至94%。邮政普遍服务功能不断完善，服务民生、服务"三农"领域不断拓展。邮政小包等业务快速发展，成为跨境电商寄递主渠道。邮件全程时限水平基本达标，投递频次和深度有所改善。邮政普遍服务满意度逐年提高，2015年提升至80.9分。

快递转型升级步伐加快。我国快递产业加快结构调整和转型升级，网络覆盖广度和深度大幅提升。2015年，快递服务营业网点达18.3万处，全国乡镇快递服务营业网点覆盖率提升至70%。建成了一批快件分拨中心和快递专业类物流园区。自动化分拣设备、智能手持终端、移动客户端、智能快件箱加快推广，快递自动化、信息化水平显著提升。高铁运快件模式取得突破，电商快递班列投入运营，国内快递专用货机达71架。企业拓展仓配一体化、代收货款、供应链管理等增值服务，跨境电商快递业务持续增长，产品体系不断丰富。时限准时率保持稳定，快递服务满意度稳步提升。

现阶段，我国邮政业发展的主要矛盾仍然是服务能力、发展水平不能满足经济社会发展和人民群众不断增长变化的服务需求。一是行业发展基础薄弱，发展模式单一，增长主要依赖传统要素投入，城乡和区域间发展不平衡。二是邮政普遍服务面临水平提升和服务创新的双重挑战。三是快递发展质量不高，同质化竞争严重，市场秩序有待规范，企业创新发展的内生动力不足、国际竞争力不强。四是邮政网络资源的综合利用水平不高，快递基础设施建设相对滞后，行业整体网络效能未能充分发挥。五是行业中高端供给不足，有效服务制造业、跨境电商等关联产业的能力亟待提升。六是寄递渠道安全形势日趋复杂，安全基础、管控能力与发展程度不相适应。

（二）发展形势

"十三五"时期，世界多极化、经济全球化、文化多样化、社会信息化深入发展。世界经济在深度调整中曲折复苏、增长乏力。新一轮科技革命和产业变革蓄势待发。我国经济发展步入新常态，向形态更高级、分工更优化、结构更合理阶段演化的趋势更加明显。在新的形势下，我国邮政业发展的基本面在更高起点上总体向好，仍处于可以大有作为的重要战略机遇期。

一是全球邮政业结构性变革深入推进，转型创新绿色发展成为新趋势。受需求转变影响，全球邮政函件业务萎缩态势难以逆转，而包裹业务增长强劲，邮政业务结构发生深刻变化，增长方式持续调整。传统邮政企业加速向多元化和市场化转型，不断提升邮政网络的开放性和包容度。邮政、快递企业竞争合作渐成趋势。发达国家快递企业整合快递服务和供应链管理等各业务板块资源，充分发挥协同效应，打造一体化的综合服务能力。受电子商务拉动，新兴经济体国家和亚太地区邮政业需求将迅猛增长。受资源环境承载能力的刚性约束，邮政业绿色发展成为必然选择。

二是供给侧结构性改革和经济转型升级，为邮政业发展创造新机遇。国家重点实施供给侧结构性改革，着力推动产业结构升级，扩大有效供给，满足有效需求。邮政业连接着生产端和消费端，迫切需要提升服务供给的质量和效率，更好地服务于降成本和补短板。产业结构的持续优化，经济增长动力加速转换，为邮政业有效延伸产业链，充分发挥便民利商的服务功能，开辟了广阔的发展空间。要素市场改革步伐加快，生产要素供给水平提升，有利于邮政业优化资源配置，提高全要素生产率。新型工业化、信息化、城镇化、农业现代化、绿色化协同推进，多元化、多层次、多领域的需求不断涌现，超大规模市场加速形成，行业发展内生动力不断增强。

三是国家增加公共服务供给，为行业全面实现城乡普惠指明新方向。国家提出要促进基本公共服务均等化，满足多样化公共服务需求，创新提供方式，提高共建能力和共享水平。随着经济社会发展，邮政、快递服务的内涵不断丰富，服务需求泛在性、成长性愈发凸显，迫切需要加大投入、创新供给、拓展范围，提升对市场需求的适应性和灵活性。邮政普遍服务亟需通过提升服务质量和网络资源的利用水平，为承接社会新需求、提升流通效率、促进城乡协调发展创造条件。快递服务亟需强化农村和西部地区的网络基础，补齐短板，创新方式，提升能力，破解农村地区消费设施不足和销售渠道不畅的“瓶颈”，改善农村地区消费和流通环境。

四是信息化变革重塑经济产业形态，为邮政业可持续发展注入新动力。科技与经济深度融合，信息化变革持续推进，“互联网+”战略深入实施，深度重塑三次产业形态，为邮政业发展提供了新的动力源。“中国制造2025”战略加快实施，制造业向数字化、网络化、智能化方向发展，邮政业亟需提升与制造业协同发展水平，有效承接制造业服务外包，拓展服务内涵，增强发展新动能。移动互联网、物联网、大数据等信息技术加速普及，信息化日益成为邮政业改善用户体验、提升运行效率、打造核心竞争力的关键要素。电子商务将进一步拉动快递规模持续增长，快递增长的结构性风险也在增加。

五是经济全球化和开放型经济体系完善，为邮政业“走出去”创造新契机。经济全球化深入发展，国内产品、资本在全球范围内流动的规模扩大、速度加快。“一带一路”和自贸区战略协同推进，为邮政、快递企业实施“跟随发展”战略，拓展网络和服务创造了有利条件。我国加速构建开放型经济新体制，放宽商贸物流等外资准入限制，对外商投资实行准入前国民待遇加负面清单管理，邮政、快递企业将面临竞争进一步加剧的挑战。跨境电子商务成为贸易新亮点，促使邮政、快递企业加快提升订单处理、跨境运输、海外仓储、境外配送能力，拓展海外市场。

六是现代化综合交通运输体系基本形成，为交邮协同发展开辟新空间。我国加快建设现代综合交通运输体系，将助力邮政业拓展服务网络、提高服务效率。国际和区际综合运输大通道和综合交通节点建设，有利于邮政业优化干线运输网络布局，配套建设核心枢纽和城市配送节点。交通运输积极促进现代物流业发展，快件的航空运输规模持续增长，铁路运输渐成趋势，有利于改善邮件快件运输组织方式和扩大寄递物品的收寄范围。农村客运公交化为邮件快件扩大通达范围、实现高效运输提供了保障。运输装备标准化和专业化水平大幅提升，有利于邮政业利用多式联运、甩挂运输、集装箱等先进运输方式，提升运输效率和绿色化水平。城市交通拥堵压力在加大，解决邮政和快递车辆城市通行问题面临客观制约。

总体来看，我国邮政业发展基础和环境正在发生深刻变化，服务经济社会发展的基础性作用将进一步增强。“十三五”时期是邮政业深化改革、转型升级的攻坚时期，是建成与小康社会相适应的现代邮政业的决胜时期，也是我国向邮政强国迈进的重要时期。

二、指导思想和发展目标

（一）指导思想

全面贯彻党的十八大和十八届三中、四中、五中、六中全会精神，深入贯彻习近平总书记系列重要讲话精神，按照“五位一体”总体布局和“四个全面”战略布局要求，牢固树立创新、协调、绿色、开放、共享的发展理念，适应经济发展新常态，把握生产流通消费变革新机遇，满足广大商家和亿万群众新需求，坚持供给侧结构性改革、坚持创新驱动、坚持依法治邮、坚持提质增效，持续推进普惠邮政、智慧邮政、安全邮政、诚信邮政和绿色邮政建设，全面建成与小康社会相适应的现代邮政业，推动我国由邮政大国向邮政强国迈进。

（二）基本思路

——贯穿一条主线。以推动行业改革和创新发展为主线。坚持需求引领和供给创新，推动行业供给侧结构性改革，扩大有效和中高端供给，增强供给结构适应性和灵活性，释放内生动力，促进产业转型升级。将创新贯穿于行业发展各环节，创新发展理念，由产品思维向用户思维转变，促进市场开放、资源共享、产业协同、绿色环保发展。创新业务领域，实施“互联网+”邮政战略，聚焦电子商务、跨境贸易、先进制造业、现代农业、现代金融业等关联产业，推动服务向专业化和价值链高端延伸、向精细化和高品质转变。创新服务模式，支撑线上与线下融合，支撑新兴业态发展，打造公共服务平台，实现互联融合发展。通过创新发展，满足生产生活和商贸流通的多元化需求。

——实现两个转变。实现发展路径转变，由主要依靠电商带动的被动型发展，向既注重挖掘电商潜力，更注重把握“一带一路”、“互联网+”、“中国制造2025”等战略机遇、拓展服务空间的主动型发展转变。实现发展方式转变，由偏重要素投入的规模速度型发展向更加注重科技进步、劳动者素质提高、管理创新的质量效益型发展转变。

——打造三个优势。打造邮政业在推动流通方式转型、促进社会消费升级、引领物流发展三个方面的优势，为国家转方式、调结构、促就业、惠民生提供重要保障。

——实现五个跨越。邮政业在发展规模、创新能力、服务能力、服务水平、竞争实力五个方面实现大幅跨越。显著提升行业服务质量和水平，显著提升行业在国民经济中的比重，显著提升行业创新发展的后劲。

（三）发展目标

1. 发展规模：实现“上百、过千、超万、破十万”。即，五年全行业累计新增就业岗位100万个以上，年服务用户超过1000亿人次，行业业务总量和收入超越1万亿元，支撑网络零售交易规模突破10万亿元。行业收入占国内生产总值的比重达到1%。

2. 创新能力：坚持需求导向和产业化方向，加快提升行业在科技研发应用、服务网络建设、产品体系拓展、商业运营模式等方面的创新能力，业内主要企业率先实现服务功能多样化、寄递服务便捷化、内部作业自动化、生产组织信息化。

3. 服务能力：构建形成覆盖全国、网络共享、功能集成的邮政普遍服务网络，保障邮政基本公共服务均等化和便利化。构建形成普惠城乡、联通国际、安全高效的快递服务网络。壮大快递航空运输机队规模。打造联通亚太、辐射全球的国际快递航空枢纽，布局建设邮件快件进出境通道。提高农村快递网络覆盖率，基本实现乡乡有网点、村村通快递。

4. 服务水平：邮政普遍服务达到服务标准，建制村实现村村直接通邮。寄递服务产品体系更加丰富，承诺时限产品比重进一步提升，重点快递企业国内重点城市间实现48小时送达。快件延误率、损毁率、丢失率、用户申诉率控制在目标值以内。遏制发生重特大安全事故。邮政普遍服务满意度位居国内公共服务前列，快递服务满意度稳步提升。

5. 竞争实力：中国邮政集团公司在世界500强的排名进一步上升，进入全球邮政前2名，成为世界一流邮政企业。积极打造“快递航母”，形成若干家年业务量超百亿件或年业务收入超千亿元的快递企业集团。企业国际化发展水平显著提升，国际业务大幅拓展。

专栏1 “十三五”时期邮政业发展主要指标

指标	2015年	2020年	年均增长[累计]
邮政业业务总量（亿元）	5079	14000	22.5%
邮政普遍服务业务量（亿件）	245	260	1.2%
快递业务量（亿件）	207	700	27.6%
邮政业业务收入（亿元）	4039	10100	20.1%
快递业务收入（亿元）	2770	8000	23.6%
邮政业年服务用户（亿人次）	706	1730	19.6%
新增就业岗位（万个）	—	—	[100]
乡镇快递网点覆盖率（%）	70	90	[20]
快递电子运单使用率（%）	55	90	[35]
配备全自动分拣系统的枢纽型分拣中心数量（个）	61	150	[89]
快件延误率（千分之）	—	5	—
快件损毁率（十万分之）	—	5	—
快件丢失率（十万分之）	—	3	—
快件有效申诉率（百万分之）	13.3	11	—

注：①邮政业业务总量按2010年不变价格计算。②[ ]内为五年累计数。③配备全自动分拣系统的枢纽型分拣中心是指重点快递企业建筑面积在1万平方米以上且配备全自动分拣系统的分拣中心。

三、主要任务

(一)深化改革,激发邮政行业发展活力

推进供给侧结构性改革。加强制度供给,完善公平竞争、优胜劣汰的市场环境和机制。推进市场开放,激发市场活力和社会创造力。培育壮大企业主体,优化产业布局,提升服务品质,增加服务品种,创建服务品牌。服务制造业转型升级和农业现代化,降低社会物流成本,提升生产流通消费整体链条的运转效率。重点加强农村和西部地区邮政、快递基础设施建设,推动健全服务网络,着力补齐服务短板。

深化审批制度改革。切实取消、下放相关邮政行政许可事项,进一步简政放权。建立许可办理执行进度的测评机制,提高行政服务效能。完善许可事项的审查细则、服务指南、流程图等公示信息,加强内外部监督管理。清理规范审批中介服务事项,拓宽许可申请信息化受理渠道,实现网上办理。简化快递业务经营许可程序,改革快递企业年度报告制度,精简快递企业分支机构和末端网点备案手续,服务大众创业万众创新。

加快转变政府职能。强化战略规划政策标准统计职能,健全依法决策机制和重大决策责任追究制度,提升治理能力。推进放管结合,优化行政流程,营造优质、高效的服务环境。配合实施快递商事制度改革,推动对快递企业实行同一工商登记机关管辖范围内“一照多址”模式。完善邮政普遍服务价格形成机制,放开邮政竞争性业务资费,研究制定邮政业务资费管理办法。

健全现代企业制度。推动邮政企业深化自身改革,发展混合所有制经济,健全现代企业制度,增强国有企业活力和影响力。推动快递企业顺应市场化改革,建立现代企业制度,完善运营机制,提高企业管理和服务水平。支持邮政和大型快递企业上市融资,中小型快递企业股权筹资,培育骨干快递企业。鼓励特许经营型快递企业通过合作、收购、股权置换等方式,完善产权激励机制,强化全程全网统筹管理,促进网络资源优化配置。

(二)完善网络,提高普遍服务均等水平

完善基础设施网络。坚持区域城乡均等化发展和资源利用最大化原则,依托国家综合运输大通道,以邮件处理中心为节点、邮政网点为终端、便民服务站和村邮站等为末梢,完善深入农村和社区的邮政普遍服务网络布局。实施邮政普遍服务均等化水平提升工程。按照优化结构的要求,提升邮政网络节点的邮件处理能力和干线运输效率。分区域、有重点地建设邮政服务网点,推进西部、农村地区以及与新型城镇化配套的邮政网点建设改造。健全完善地方邮政设施布局建设规划,做好与当地土地利用总体规划和城乡规划的衔接。

推动均等协调发展。重点提升邮政普遍服务的功能适应性和城乡均衡性。提升城市地区投递服务水平,按规定基本实现包裹投递到户。加大对农村地区和边远地区运输和投递车辆的投入,促进投递深度向下延伸,缩短农村地区普遍服务邮件寄递时限。适应公共服务发展新要求,科学优化包裹业务产品结构,拓展服务个人、电商和制造业的多层次寄递服务功能。提升普遍服务便利化和可及性,研究明确城市地区居民到达邮政网点的最长距离和农村地区邮政网点最低数量的标准。推动普遍服务快捷化发展,改进邮件收寄和投递方式,提升邮件寄递服务水平。加强邮政普遍服务科技应用,实现给据邮件信息动态跟踪管理,方便用户全程查询。

创新普遍服务提供方式。推动建立邮政普遍服务社会参与和分工协作机制。健全完善邮政普遍服务终端服务体系。探索以地方政府购买服务方式解决“最后一公里”问题的工作机制。在条件成熟的地区,引入快递企业参与村邮站运营。探索智能包裹柜与信报箱的统一建设和综合利用,鼓励社会企业参与开发建设。引导规范企业利用互联网技术改进服务提供方式,优化作业流程,提升服务水平。

保障机要通信安全。(略)

专栏2 邮政普遍服务均等化水平提升工程

继续对西部和农村约4000多个网点、200多个危旧县局房进行统一改造,并在城市新建住宅小区配套建设一批邮政网点。对沈阳、合肥等30余个邮件处理中心进行建设和工艺改造。更新和新增一级干线邮运车辆约3000多辆、投递专用汽车约4000多辆,其中,对包括民族地区在内尚未实现直接通邮的建制村配备投递车辆2000多辆。在成都、合肥建设全国邮政客户服务中心。

专栏3 邮政机要通信建设工程(略)

（三）开放共享，构建邮政综合服务平台

发展邮政寄递服务。推动邮政企业振兴寄递服务，促进“三流合一”业务发展。支持邮政企业深化与电商、制造等企业合作，提高中高端、中高重量段产品服务能力。创新与国外邮政和快递企业合作模式，拓展合作领域，做强跨境电商服务。打造农村电商邮政寄递网，推动农村邮政物流与农村电商的业务整合、信息共享和融合发展，发挥邮政在农村电商寄递中的重要作用。

推动网络开放共享。推动邮政企业构建开放共享、功能集成的服务体系。充分利用社会资源，整合村邮站、邮政三农服务站、便民服务站等服务设施，叠加服务功能，推动建立邮政综合服务平台。推动邮政基础设施向社会开放使用。鼓励邮政企业加强与电子商务平台的对接，在重点城市核心区域开放一批包裹自提网点。推动邮政企业以市场为导向，与快递企业建立互利共赢、服务规范的合作机制，开展设施共享、业务代理等合作。鼓励有条件的村邮站、邮政便民服务站代投快件，拓展服务功能，增加业务载荷。

专栏4　农村电商邮政寄递网工程

依托邮政网络基础，建设农村电商邮政寄递网，促进邮政成为服务农村电子商务的重要渠道。改扩建地市和县级配送中心，形成以市（县）级为节点的基础性农村电商运营中心，促进城乡有效联动。以邮政乡镇网点为基础，提升镇级电商配送能力，配置配送车辆。整合村级邮政服务站点，加载村级电商服务功能或配备自助服务设施。

（四）转型升级，提升快递产业竞争能力

夯实网络基础。研究利用政府和社会资本合作模式，促进行业重大项目建设。推进分拨中心、集散枢纽和快递专业类物流园区建设，提升骨干节点信息化、自动化处理水平，形成布局合理、运转高效的转运体系。优化快递公路运输网，构建快递铁路运输网，健全快递航空运输网，推动实现不同快递运输方式间的无缝衔接、快速转换，提升运输集散效率。鼓励企业通过建设末端网点、开展第三方末端服务合作、布设智能快件箱等方式，提升末端网络密度，实现“最后一公里”高效服务。推动各级地方政府将快递专业类物流园区、快件集散中心等设施用地纳入土地利用总体规划和城乡规划。研究将智能快件箱等快递服务设施纳入公共服务设施规划。

推进服务创新。鼓励快递企业拓展产业链、供应链和服务链，向综合性快递物流运营商转型。适应消费升级和现代产业体系的需要，拓展供给范畴，引导发展便捷化、差异化和定制化的寄递服务。以标准快递和国内电商快递为基础，强化与信息业、金融业协同，着力服务于先进制造业、跨境电商和现代农业，发展工厂快递、越洋快递和农商快递。支持企业健全产品体系、创新服务模式，大力发展代收货款、快递保险、合同物流、冷链快递、逆向物流、特殊物品寄递等服务，有序开展快件投递众包。推动企业服务“中国制造2025”战略，增强人才、系统、网络的专业化能力，提供仓配一体化、入场物流和供应链服务等，促进制造业规模化、集群化、国际化发展。引导企业依托网点资源，加强物联网、移动互联网、大数据技术应用，服务线上线下互动消费，拓展民生服务领域。

促进提质增效。鼓励企业实施跨行业跨区域跨所有制兼并重组，优化产业布局和结构，提升产业集中度。培育骨干企业，支持企业充分利用资本市场，壮大运营网络、提升管理水平。引导企业转变竞争方式，从价格竞争向服务品质竞争转变，实施品牌化和差异化发展战略。强化质量意识和诚信意识，提高服务透明度和时限水平，拓展和丰富时限承诺产品的种类。鼓励快递企业建设现代化立体仓库和信息平台，提升处理能力和运营效率。鼓励企业采用分区建仓＋干线运输＋落地配送的运营模式，提高服务水平和运营效率。引导企业自觉维护消费者知情权和公平交易权，保障消费者合法权益。

专栏5　航空快递枢纽工程

依托综合交通运输体系，建设一批辐射国内外的航空快递货运枢纽。在湖北建设现代化的国际快递枢纽，建设内容包括机场核心区、现代快递物流区和先进服务业产业带。充分利用既有和规划内的机场和基础设施，加快北京、上海、广州、成都、昆明、深圳、重庆、西安、乌鲁木齐、哈尔滨等机场的国际快递处理能力建设，培育国际快递货运枢纽功能，以杭州、郑州、南京、天津、石家庄等城市为重点，推动建设国内航空快递货运枢纽。

专栏6　快递专业类物流园区建设工程

依托物流节点城市，结合行业发展需求，加快布局建设快递专业类物流园区，实现产业集聚、经营集约、功能集成。全国快递专业类物流园区布局城市分为三级，一级快递专业类物流园区布局城市35个，二级快递专业类物流园区布局城市57个，各省（区、市）统筹规划，确定若干个三级快递专业类物流园区布局城市。选择基础较好的城市开展建设快递专业类物流园区试点示范。推动快递专业类物流园区与机场、铁路站场、公路站场、港口码头等物流基地的规划衔接、集约建设。鼓励快递企业入驻电子商务园区、商贸物流园区、制造业园区、保税物流园区以及农产品、商品集散中心。

一级快递专业类物流园区布局城市（35）：北京、天津、廊坊、呼和浩特、沈阳、大连、长春、哈尔滨、上海、南京、无锡、杭州、宁波、金华（义乌）、厦门、泉州、济南、青岛、郑州、合肥、南昌、武汉、鄂州、长沙、广州、深圳、东莞、南宁、重庆、成都、贵阳、昆明、西安、兰州、乌鲁木齐。

二级快递专业类物流园区布局城市（57）：石家庄、保定、苏州、徐州、南通、连云港、淮安、温州、嘉兴、台州、福州、莆田、潍坊、烟台、临沂、佛山、汕头、惠州、中山、湛江、韶关、海口、太原、临汾、大同、漯河、洛阳、芜湖、蚌埠、阜阳、赣州、上饶、宜昌、襄阳、衡阳、岳阳、怀化、盘锦、延边（珲春）、齐齐哈尔、牡丹江、包头、赤峰、呼伦贝尔（满洲里）、柳州、桂林、绵阳、南充、泸州、铜仁、拉萨、宝鸡、榆林、安康、天水、西宁、银川。

（五）普惠城乡，打造新型快递流通渠道

推进快递向西向下。支持西部地区改善基础设施，加强分拨设施和信息系统建设，加大运输装备和运力投入，提升西部地区网络的均衡度和稳定性，为发展当地特色优势产业提供支撑。深入实施“快递下乡”工程，推动快递网络下沉至乡村。鼓励企业参与流通方式创新，支持快递企业加强与农业、供销、商贸企业的合作，打造“工业品下乡”和“农产品进城”双向流通渠道，释放内需潜力。创新农商快递的服务模式，积极参与涉农电子商务平台建设，服务产地直销和订单化生产。鼓励快递企业提供包装、仓储、寄递服务，支持常温和冰鲜农产品输出，服务农民创业增收和脱贫攻坚。

提升末端服务能力。推动形成合力，补齐末端服务短板，提升末端服务规模化和协同化水平。支持企业建设标准化、规范化、信息化服务网点。鼓励企业创新与第三方的合作模式，推进快递服务进社区、进校区、进商区。鼓励快递企业与商贸流通企业、连锁零售和网络零售企业深化合作，以联盟、共同持股等多种形式开展共同配送。完善配套政策，引入多元主体，推进智能快件箱等自助服务设施建设。鼓励企业丰富便民服务内涵，提供商品展示、虚拟销售、试用代买等服务，打造多功能集约化的社区服务平台。支持企业利用符合标准的电动三轮车等小型运输工具实施终端配送作业。鼓励企业积极融入智慧城市建设，提升快递服务信息化水平和快件末端投递智能化水平。

专栏7　“快递下乡”工程

引导快递企业加强农村地区网络建设。鼓励第三方设置快递服务网点，为多家快递企业集中开展快件揽收派送服务。支持快递企业利用农家店、农村综合服务社、农产品购销代办站、村邮站等开展投递服务。强化农村地区快递枢纽和网点与重点农产品、农资、农村消费品集散中心的有效对接。鼓励快递企业与运输企业合作，通过农村客运班线搭载快件，降低运输成本。鼓励快递企业与农村商贸流通企业、供销合作社等共同制定运输、配送计划，发展农村共同配送。推进“农户＋电商＋快递”发展模式，助力精准扶贫。

（六）交邮协同，发挥综合交通运输优势

统筹基础设施建设。推动邮政和快递处理中心等基础设施与铁路、公路、民航枢纽的同步建设。加强机场、车站、码头快件绿色通道和快件装卸、接驳、仓储功能区配套建设。引导企业利用农村地区客运站、货运站等交通运输基础设施，建设仓储场地、小型分拨处理设施，进一步完善农村邮政快递基础网络。推动开展“一带一路”、长江经济带、京津冀的重点城市交邮协同发展示范。

深化交邮企业合作。提升快递企业与铁路、公路、水路、民航等运输企业市场化合作水平。积极开展多式联运，引导邮政、快递企业参与空陆联运、公铁联运、邮件快件甩挂运输试点工作，推广应用物联网、电子标签和自动识别等技术，提高运输作业效率。支持交邮企业在代运邮件快件、网点设施集约利用、票务销售等方面开展合作。推进邮政、快递与交通运输企业资源整合，形成“场站共享、服务同网、货源集中、信息互通”的农村快递物流发展新格局。

专栏8 快递"上车、上船、上飞机"工程

提高快件上车、上船、上飞机效率。推进自主航空网络建设,鼓励发展国际快递航空网,支持发展快递全货机。积极发展电商快递班列,推动建设铁路运输快件示范线。建立健全工作机制,积极推进中欧班列运输邮件快件。在环渤海、长江沿岸、海峡两岸等有条件的城市间开展快件水路运输试点,鼓励海运班轮运输。提升快件运输集装化和装卸、接驳机械化水平。加强信息互联互通,实现快件全程可追踪查询。强化航班和铁路时刻与快递作业时间的有效衔接。优化快件安检、配载流程,完善各种运输方式的快件绿色通道。加强禁寄禁运品范围的有效衔接。

(七)拓展海外,培育企业国际运营能力

支持跨境寄递发展。促进寄递服务与跨境电子商务联动发展,完善国际邮件处理中心布局,支持建设一批国际快件转运中心和海外仓。因地制宜加强各类口岸国际邮件互换局(交换站)和国际快件监管区建设。支持邮政企业开展国际小包业务。推动开展国际航空快件中转集拼业务,提升国际快件中转运输能力。充分利用自贸区、海关综合保税区、电子口岸、一站式通关等基础设施功能和政策优势,增强服务跨境电商能力。推动完善邮件快件在海关通关、检验检疫、结汇退税等方面的相关管理措施,促进跨境电商信息流、物流、资金流集约高效运行。鼓励快递企业与境外企业建立战略联盟、加盟协作关系,建立健全运营规范、业务系统及结算标准,搭建国际服务网络和体系。

鼓励企业国际化发展。积极服务"一带一路"建设和关联产业国际化,支持有条件的企业以服务跨境电商、伴随国内企业境外发展等为契机,开展国际业务。鼓励快递企业通过设立分支机构、合资合作、委托代理等方式,夯实港澳台、东亚及东南亚快递网络,加强北美和欧洲重点国家和地区业务覆盖,拓展国际服务网络。依托"一带一路"国际骨干通道建设,发挥国际通关、换装、多式联运的高效衔接优势,开辟中国与南亚、中亚、东南亚、欧洲邮件快件运输通道。利用政府间对话机制和对外商贸谈判,推动解决目标市场进入等相关问题,优化企业"走出去"国际环境。

专栏9 邮件快件进出境通道工程

以国家跨境电商综合实验区、跨境电商服务试点城市、国际运能发达城市等为重点,依托航空枢纽、铁路口岸、港口码头等交通基础设施,调整完善国际邮件处理网络,在现有国际邮件互换局、交换站布局基础上,加强业务处理能力建设。研究布局新建宁波、合肥、东莞、珲春、满洲里、凭祥互换局兼交换站,石家庄、银川、徐州、平潭、东兴、宜昌、贵阳互换局,吐尔尕特、无锡、盐城、泉州、襄阳、日喀则交换站。提升国际邮件快件处理能力,逐步构建一体化跨境物流服务体系,服务跨境电子商务发展。

(八)完善机制,提升邮政行业监管效能

完善监管体系。进一步健全邮政管理体制,形成权责明确、公平公正、透明高效、保障有力的邮政业监管体系。突出重点、因地制宜、有序推进县级邮政管理机构组建,探索县域邮政监管模式。积极推进地方邮政业监管支撑体系建设。构建互联互通、整合协同、安全高效的信息化监管支撑服务体系,推动跨部门、跨层级、跨业务的监管信息应用与共享。进一步发挥社会监督、舆论监督作用和行业自律作用。

优化监管机制。坚持简政放权、放管结合、优化服务,加强事中事后监管,推行"双随机、一公开"执法模式,构建全过程监管机制。建立健全责任追溯、违法失信主体"黑名单"及联合惩戒等制度,构建行业诚信体系。建立健全消费者申诉与市场执法联动、行政执法与刑事司法衔接的机制,维护市场秩序。严格普遍服务营业场所撤销和业务停限办审批,建立网点分级管理制度,健全普遍服务综合绩效考核体系。完善以"服务满意度、时限准时率、用户申诉率"为核心的快递服务质量评价体系。在有条件的地区探索由一个内设机构统一开展邮政行政执法工作。加强大数据、云计算等现代信息技术在行业管理、安全监控、信息公开中的应用,构建智能化的监管环境、服务环境和决策环境,探索实行"互联网+"监管新模式。

加强安全监管。建立健全人防物防技防相结合的行业安全防控体系,有效覆盖政府部门、企业和相关环节,全面落实企业安全主体责任、政府安全监管责任和用户安全用邮责任。强化从业人员的安全意识,完善安全管理制度,落实寄递渠道安全管理工作机制,加强跨部门、跨区域协作配合。推动寄递渠道安全监管纳入地方综合治理考评体系,实施属地监管、联动监管、片区化监管。严格落实邮件快件收寄验视、用户实名收寄和安全生产设备配置等相关规定,全面实施邮件快件过机安检。加强寄递服务用户个人信息安全管理。强化重点地区、重点部位、重要时期寄递渠道的安全防范工作。完善邮政业安全监管平台,提升执法装备水平和监管信息化水平。建立综合应急机制,完善应急保障,推动快递企业参与应急物流队伍建设,提高应急处置能力。

专栏10 寄递渠道安全监管"绿盾"工程

以"互联网+"监管为主线、邮政业大数据应用为核心,依托既有条件及相关工程成果,加强寄递渠道安全监管能力建设。通过完善监管手段,提升监管信息化水平,实现动态可跟踪、隐患可发现、事件可预警、风险可管理、责任可追踪等"五可"目标,有效保障邮件快件收寄验视、实名收寄、过机安检三项制度落实。健全安全监管基础设施,建设省级和重点地市安全监控中心,搭建业务应用系统和支撑环境,完善寄递渠道安全监管业务机制和标准规范,构建安全支撑体系。

(九)低碳环保,推动行业绿色健康发展

推广环保应用。促进邮件快件包装减量化、绿色化和再利用。鼓励企业设计应用新型包装、简约包装,优化包装结构,减少包装物料用量。引导企业使用环保包装袋及填充物,应用再生纸张和环保油墨印制的封装用品,减少塑料胶带使用量。鼓励企业在邮件快件周转过程中,重复利用塑料箱、纸箱和编织袋等封装容器。引导企业加强包装废弃物的回收处置管理,大力推广使用电子运单。推动开展快递包装环保监测评估,建立健全快递包装回收体系。

推动节能减排。引导企业统筹运用各类运输方式,支持甩挂运输、多式联运和绿色配送。鼓励企业科学优化运输组织,应用车辆实时调度系统,优化配送路线,降低行驶能耗。在中转盘驳、末端配送等环节推广使用新能源和清洁能源车辆。鼓励企业优化生产作业流程,推广使用中转箱、笼车等设备。鼓励企业开展基础设施节能改造,推广应用节水、节电、节材等技术工艺和产品装备。

四、保障措施

(一)加强规划实施领导

国家邮政局负责落实邮政业发展"十三五"规划、邮政普遍服务发展、快递业发展、邮政业监管体系建设"十三五"规划等专项规划。省级及以下邮政管理机构负责落实本地区邮政业发展"十三五"规划、邮政基础设施布局规划、快递服务发展等专项规划,并加强与地方发展改革、交通运输等相关部门的协调和衔接。各级邮政管理部门要做好规划宣贯,统一思想、凝聚力量,充分调动各方面积极性抓好规划实施。要建立健全目标管理责任制,落实细化具体工作方案,重点抓好重大项目、重大工程和重大政策落地实施。要强化指导、督查和考核,建立健全规划落实推进机制、规划任务与年度工作任务衔接的机制。要切实加强规划实施的跟踪和中期评估,及时把握邮政业发展中出现的新情况、新问题,系统提出应对措施,保障规划确定的目标任务如期完成。

(二)推进法治邮政建设

完善邮政法律法规体系,着力推进快递条例等行政法规的制定与实施,推动制修订部门规章,实现省级邮政地方立法全覆盖,推进市(地)立法试点。建立健全邮政规范性文件制定程序,加强清理与备案。深入开展邮政立法后评估,切实保障立法质量。参与电子商务法立法工作。坚持主体监督与行为监督相结合,进一步加强执法综合管理。完善执法人员资格管理制度,推进执法主体管理信息化。完善部门权力清单、责任清单、市场准入负面清单制度,健全行政裁量基准制度。加强邮政行政执法监督,结合多级邮政管理体系推进行政复议和应诉工作。落实行政执法责任制,利用信息化手段推进执法评议考核。推进邮政管理部门监管信息政务公开,强化内外部监督机制,完善法治邮政建设考评体系。通过政府购买服务等方式,积极推行政府法律顾问制度。开展"七五"普法工作,加强行业法治宣传教育。

(三)完善行业标准体系

贯彻深化标准化工作改革方案,加强强制性标准管理,优化完善推荐性标准,健全邮政业标准体系。修订邮政普遍服务标准。加强快递领域标准制修订工作,制定快递专用电动三轮车国家标准,制修订快递包装、快递集装容器等标准,为破解瓶颈、转型升级、绿色发展提供技术规范。制定与关联产业信息共享技术标准,推动产业协同运作。制定生产安全和信息安全相关标准,夯实邮政业安全管理基础。制定冷链、逆向快递标准,促进新型业务发展。加大标准的实施监督力度,开展标准试点示范,推动企业标准自我声明公开,切实发挥标准在提升服务、加强管理中的关键作用。

(四)优化发展政策环境

推动建立邮政普遍服务基金,建立科学透明的普遍服务基金征收使用配套制度。建立健全邮政普遍服务激励和约束机制。推动优化邮政普遍服务财政补贴机制。推动落实《国务院关于促进快递业发展的若干意见》，着力破解制约快递发展的瓶颈。推动完善相关法律法规制度设计，支持快递企业利用资本市场融资发展。鼓励金融机构创新服务方式，开展适应快递业特点的抵押贷款、融资租赁等业务。争取中央预算内投资对农村和西部地区公益性、基础性快递基础设施建设项目予以支持，推动将符合条件的邮政、快递企业和项目纳入各级财政专项资金支持范围。支持快递企业按现行规定申请执行省（区、市）内跨地区经营总分支机构增值税汇总缴纳政策，依法享受企业所得税优惠政策。从供给侧与需求侧双侧入手，继续推动出台产业联动、拓展服务网络、培育市场主体、保障寄递安全、国际化发展、绿色发展等方面的配套政策措施，进一步营造促进发展的产业政策环境。

（五）提升科技创新水平

贯彻落实创新驱动发展战略，充分发挥政府引导作用，强化企业在科技创新中的主体地位。支持企业加大科技投入。鼓励骨干企业建设工程技术中心。加强物联网、互联网技术研发和应用，增强对邮件快件、服务终端、运输车辆的可视可控能力，进一步提升服务质量，拓宽服务渠道，改善用户体验。支持智能收投、柔性装卸、集装化运输、快速分拣、自动识别等关键技术装备研发，推进机器人、无人机研发和应用，推动生产自动化、运输高效化、服务智能化。加强大数据开发和应用，提高对发展趋势的研判能力，对服务质量、网络运行和安全生产的监控能力，对行业管理的决策支撑能力。有序推广新技术、新材料、新工艺，引导行业节能减排。加强邮政业基础前沿、社会公益、重大共性关键技术研究，积极申报国家科技计划项目。开展邮政业科技应用示范，推动科技研发与标准制定紧密结合，促进科技成果转化和推广应用。

（六）加强人才队伍建设

深入推进"人才强邮"战略，全面实施人才素质提升工程、人才培养提速工程、合作办学牵手工程。探索学校、科研机构、行业协会和企业联合培养人才模式，鼓励企业、院校共同组建教育集团，建设一批国家级行业人才培养基地。引导普通高校、职业院校开设邮政、快递等相关专业，积极发展相关学科专业中职、高职、本科和研究生教育，培养行业急需的各类人才，基本建成与行业发展相适应的纵向衔接、横向贯通的新型教育体系。夯实人才培养基础，推进专业、课程教材、师资、实训基地建设，建设一批国家级邮政、快递专业示范点和产教融合示范项目。依托人才培养基地有计划组织开展企业职工培训。建立健全人才评价制度，培养选拔一批优秀行业管理人才、企业管理精英人才、专业技术创新人才、技能型名师人才、实践型教学人才。进一步推进职业能力建设，完善职业资格制度，加快职业标准开发，创新技能人才培养，举办全国职业技能竞赛。探索建立专业技术人才评价体系。加强政策研究和决策咨询专家队伍建设。实施人才调查统计制度。

（七）提高党建工作水平

坚持以党章为依据，认真落实全面从严治党要求。加强邮政系统各级党组织自身建设，强化党组织抓党建的主体责任。加强对全系统党建工作的领导和指导，建立健全邮政业基层党建工作的共管机制，推进民营快递企业基层党组织建设。坚持以党规党纪为准绳，营造良好的政治生态。严肃党内政治生活，增强政治意识、大局意识、核心意识、看齐意识，保障中央政令畅通。强化党风廉政建设主体责任和监督责任，加强反腐倡廉教育和廉政文化建设。坚持以党风促政风带行风，树立行业良好形象。大力加强行业精神文明建设，广泛开展岗位建功和文明创建活动。践行"诚信、服务、规范、共享"行业核心价值理念，全面推进行业文化和诚信体系建设。大力宣传树立行业先进典型，传播正能量。强化行风建设，引导企业勇于承担社会责任，加强自律自纠，切实保障从业人员劳动权益和用户权益。

快递业发展"十三五"规划

（2016年12月）

前言

快递业是现代服务业的重要组成部分，是推动流通方式转型、促进消费升级的现代化先导性产业，在降低流通成本、支撑电子商务、服务生产生活、扩大就业渠道等方面发挥了积极作用，已成为我国国民经济的重要产业和新增长点。

“十三五”时期是快递业改革创新的攻坚时期，是建成与小康社会相适应的现代邮政业的决胜时期，也是我国从快递大国向快递强国迈进的重要时期。促进快递业健康快速发展，有利于进一步搞活流通、扩大内需、促进就业，有利于服务大众创业万众创新、拉动新兴业态发展，有利于更好地服务生产、普惠民生。

根据《国民经济和社会发展第十三个五年规划纲要》和《邮政业发展“十三五”规划》，制定《快递业发展“十三五”规划》（以下简称《规划》）。《规划》是指导我国快递业适应经济发展新常态、把握发展新定位的行动纲领，是贯彻落实《国务院关于促进快递业发展的若干意见》的具体部署。

一、回顾与展望

“十二五”期间，我国快递业以科学发展为主题，以转变发展方式为主线，以服务经济社会发展和服务民生为宗旨，紧抓机遇，乘势而上，总体规模快速增长，服务能力显著提高，产业联动不断加强，发展环境和基础条件不断改善，圆满完成“十二五”规划的目标任务。

（一）“十二五”回顾

产业发展势头迅猛。“十二五”期间，快递业实现持续高速增长，业务量收分别增长7.8倍和3.8倍，快递业务收入占邮政业业务收入比重由45%提升到69%，快递业的重要地位日益凸显。初步形成7家年收入超200亿元、8家年收入超100亿元的快递企业，快递业市场化、网络化、规模化、品牌化程度不断提高。“十二五”末，我国快递年业务量突破200亿件，继2014年首次突破100亿件后再登新量级，稳居全球首位，最高日处理量突破1.6亿件，成为中国经济的一匹“黑马”。

能力水平持续提升。全国快递服务营业网点从6.4万个增至18.3万个，县级网点覆盖率达95%以上，乡镇网点覆盖率提升至70%，快递网络向中西部地区、中小城市及县域乡镇加快延伸。全国建成快件分拣中心逾千个，配备全自动分拣设备的枢纽型分拣中心61个，在建或建成投入使用的快递专业类物流园区超200个，处理能力显著增强，集约化程度进一步提高。快递专用货机从19架增至71架，3家快递企业拥有自主航空机队，航空快件占国内货邮吞吐量的比例超过一半。高铁运快件和电商快递班列取得突破，快递干线车辆从7万辆增至19万辆，快递综合运输能力大幅提升。手持终端近80万台，主要城市在用智能快件箱逾6万组，快递电子运单使用率达到55%，行业智能化水平明显提升。

转型升级步伐加快。重点快递企业探索建立现代企业制度，多元资本在快递领域交叉持股、相互融合，市场主体活力和创造力不断激发。业务板块由“1+1”向“1+3”拓展，重点聚焦电子商务、制造业、跨境贸易等领域，产业链进一步延伸。仓配一体化、代收货款、供应链管理等业务种类加快发展，服务内涵不断扩大，部分快递企业正由传统快递服务提供商向综合性快递物流运营商转型。快递公共服务站、连锁商业合作等末端收投新模式相继涌现，末端服务方式日益多元。快递服务满意度逐年提高，时限准时率相对稳定，用户有效申诉率逐年下降，快递服务质量明显改善。

发展环境显著优化。《中华人民共和国邮政法》修正实施，为快递业高速发展奠定了法律基础和保障。制修订6项部门规章，发布《快递服务》等23项国家和行业标准，《快递条例》列入国务院立法计划，行业法规和标准体系日益健全。简政放权深入落实，经营快递业务的企业年度报告审核、分支机构名录核定发放、分支机构备案和许可注销初审等多项职权全面下放到市（地）局。快递业务经营许可制度逐步优化，实现全流程网上办理。快递业纳入国家鼓励发展产业目录，快递服务类别列入《国民经济行业分类》(2011版)。《国务院关于促进快递业发展的若干意见》等国家政策相继发布，促进与关联产业协同、企业兼并重组、快递末端投递等一系列产业政策陆续出台，营改增税制改革平稳实施。各地促进快递业发展的意见措施相继落地，快递发展政策红利不断释放。

市场秩序逐步规范。国内包裹快递市场全面放开，统一开放竞争有序的市场体系正在加快形成。三级邮政管理体制建立并运转顺畅，县级邮政管理机构建设取得突破，依法行政能力不断加强。事中事后监管不断强化，监督检查力度加大，市场秩序得到有效规范。快递服务满意度、时限准时率、用户申诉率和快递市场监管报告四维并举的“三率一报告”质量监控体系逐步成熟。快递业诚信体系加快构建，诚实、自律、守信、互信的行业信用环境逐步形成。服务投诉、申诉渠道更加畅通，纠纷处理更加规范有效，消费者对申诉处理工作满意率达到90%以上，消费者权益得到有效维护。社会监督功能进一步发挥，三级协会组织建设成效明显，覆盖全国的行业自律组织体系基本形成。寄递安全综合治理和属地化管理加速推进，信息化监管手段陆续投入使用，监管效能显著提升。

产业贡献日益增强。“十二五”末，快递日均服务用户超过1.1亿人次，人均快递使用量15件，分别达到"十一五"末的8.8倍和8.6倍。五年间,中国快递发展指数年均增速超过30%。快递业支撑网络零售交易额突破3万亿元,占社会消费品零售总额的10%左右,已成为服务电子商务的主渠道。全国共培育92个快递服务制造业示范项目,已经形成涵盖航天、汽车、电子、制药、服装等多个领域的服务制造业试验群,快递服务制造业进程加快。快递企业加紧布局海外市场,积极服务跨境贸易。全国农村地区收投快件量超过50亿件,带动农副产品进城和工业品销售下乡超过3000亿元,农民消费需求得到激发,农村市场活力不断释放。直接吸纳就业超百万人,间接带动就业超千万人,进一步扩大了就业渠道。

总体上看,我国快递市场发展正处于转型升级的关键时期,还存在一些突出问题:一是供给能力不足,亟需培育提供差异化服务和具有国际竞争力的领军企业,综合管理和创新服务等方面专业化程度有待提升。二是结构调整有待深化,量收增长不匹配,城乡区域不协调,收投分布不均衡等发展短板依然存在,产品结构单一,难以满足市场多元化需求。三是基础设施能力不足,网络延伸不够,末端服务缺乏稳定性,快递专业类物流园区布局、自动化分拣技术装备应用等有待加强。四是企业主体安全防范水平不高,市场监管力量、手段和经验仍显不足,寄递渠道安全防控能力有待提升。五是行业人才建设存在短板,教育体系不健全、人才供给不足、结构不合理、素质不高等问题依然突出。六是制约发展的问题尚未得到有效解决,快递车辆通行难、枢纽建设用地难、末端投递难等问题依然存在,支持政策有待进一步落地。

(二)"十三五"展望

"十三五"时期,世界经济在深度调整中曲折复苏,格局更趋复杂。我国经济步入新常态,经济发展方式正在加快转变,新的增长动力正在孕育形成,经济长期向好基本面没有改变。随着供给侧结构性改革的加快推进、大众创业万众创新的全面深化和行业关联产业环境的持续优化,我国快递业进入难得的发展机遇期。

1.供给侧结构性改革为快递业转型升级提供新动能

我国经济发展逐步向形态更高级、分工更优化、结构更合理的阶段演化,将在更高层次上推动供需矛盾的解决。国家协同推进新型工业化、信息化、城镇化、农业现代化,超大规模内需潜力不断释放,为我国快递业持续高速发展创造了广阔空间。随着电子商务、制造业、农业等关联产业升级,快递业上游产业环境将更加优化,全新供给模式加快形成,迫切需要提升快递服务供给质量和效率。资本介入逐步加快,融资环境不断改善,跨界融合渐成趋势,将有力推动快递业市场主体兼并重组,建立完善的现代企业制度。推进快递业供给侧结构性改革,将逐步打破行业发展单一、同质、低质化现状,向多元、规范、精细化转型,压减低效供给,提高质量效率。

2."互联网+"行动计划为快递业创新发展提供新引擎

"互联网+"行动计划推动形成网络化、智能化、协同化的产业发展新形态,将为经济社会发展增添新动力。快递业对接供需两端,积极提高服务匹配能力,将逐步打造一个服务于各行各业、服务于新经济的生态体系。快递发展空间未来将向更广阔的领域延伸,快递与电商合作不断深化,与现代农业、制造业、跨境贸易等协同模式不断拓展。线上线下互动,将进一步畅通实物流、信息流、资金流,推动快递业加速升级,发展便民利商新业态。新一代信息技术与现代制造业、生产性服务业等融合发展,将进一步创新服务链、打通信息链、改造实物链,助推快递业步入新的发展时代。

3.开放型经济新体制为快递业国际化发展提供新机遇

我国正加快构建开放型经济新体制,推进高水平双向开放,将逐步放宽商贸物流等外资准入限制。随着国内包裹快递市场的全面开放,快递业市场竞争进一步加剧,将推动行业改革向纵深发展。"一带一路"战略步入务实合作阶段,区域间贸易活动更为频繁,国际物流战略通道建设将进一步加强,亟需形成一批深度参与国际分工、具有国际竞争力的快递企业。中国制造"走出去"步伐加快,为快递企业实施"跟随发展"战略、拓展海外市场创造有利条件。自由贸易区战略实施和跨境电子商务发展,促使快递企业加快提升订单处理、跨境运输、海外仓储、境外投递等能力。

4."放管服"改革为快递业健康发展提供新助力

面对经济下行压力和传统动能减弱,我国进一步深化简政放权、放管结合、优化服务改革。快递业务经营许可程序不断优化,商事制度改革进一步推进,将有利于推动社会资源有效聚合,持续释放快递市场活力。加强快递业事中事后监管,坚持放管结合,将有利于规范市场秩序,适应新业态、新模式发展,促进快递市场主体公平竞争。提高政务服务效率,加强政企互动,提高行业政策的针对性和有效性,将有利于助推行业健康有序发展。

5. 资源环境制约对快递业绿色发展提出新要求

我国资源环境承载能力的刚性约束趋紧,生态环境恶化趋势尚未得到根本扭转。随着快递业持续高速发展,传统发展模式受成本、资源和环境的制约越来越严峻。劳动力等生产要素成本不断上升,对行业发展影响日益突出。车辆、包装材料等生产资料需求量大幅增加,资源消耗和环境影响将进一步加大。未来快递业将全面节约和高效利用资源,通过减少收寄、分拣、封发、运输、投递等各个环节对环境的污染和资源消耗,降本增效。通过减少对传统能源的依赖,优化要素投入结构,实现快递业“低污染、低消耗、低排放、高效能、高效率、高效益”的绿色发展。

新机遇、新需求也伴随着新问题、新矛盾,快递发展同时面临诸多挑战。一是经济新常态下经济增速换挡、结构调整阵痛、动能转换等困难相互交织,快递消费需求与有效供给不匹配、要素成本攀升等问题明显。二是网购人口红利逐步衰减,电子商务发展进入增速减缓期,快递增长的结构性风险加大。三是新技术、新业态、新商业模式不断涌现,新旧市场主体间资源争夺日趋激烈,市场格局不确定性增加。四是模式创新与现行法规之间碰撞日趋频繁,对政府治理提出新挑战。五是传统安全威胁和非传统安全威胁交织,寄递安全事件频发多发,网络安全、信息安全等问题时有发生,行业安全风险加大。

二、指导思想、基本思路和发展目标

(一)指导思想

全面贯彻党的十八大和十八届三中、四中、五中、六中全会精神,深入贯彻习近平总书记系列重要讲话精神,按照“五位一体”总体布局和“四个全面”战略布局要求,牢固树立创新、协调、绿色、开放、共享的发展理念,以“互联网+”快递为发展方向,深入推进供给侧结构性改革,坚持转型升级,坚持提质增效,强主体、拓网络、升品质、保安全,充分发挥快递业对稳增长、促改革、调结构、惠民生的作用,推动流通方式转型、促进消费升级,不断满足社会生产和人民生活日益提升的服务需求。

(二)基本思路

——立足一个定位。立足“快递业是现代服务业的重要组成部分,是推动流通方式转型、促进消费升级的现代化先导性产业”的定位,充分发挥快递业在国民经济和社会发展中的重要作用,助推国民经济供给侧结构性改革,将快递业打造成为对接国家发展战略、引领邮政业创新发展的新兴产业。

——深化两个坚持。坚持转型升级,实现发展方式、核心动力、服务模式、服务领域等方面的系统转变,提升寄递服务供给层次。坚持提质增效,大力提升快递服务质量,实施品牌战略,提高全要素生产率。

——推进四个创新。一是推进管理创新。运用“互联网+”思维,创新企业管理模式,实施品牌化和差异化发展战略。持续推进简政放权,创新市场监管方式,提升行业现代治理能力。二是推进科技创新。加强云计算、大数据等共性关键技术的应用,通过信息化手段促进创新发展。三是推进产品创新。拓展增值服务,提升与创新与寄递服务配套的服务能力,厚植发展优势。四是推进模式创新。加强产业融合和互动发展,拓展协同发展空间,推动业务板块从“1+3”向“1+N”扩容转型。

——实现六个提升。牢牢把握“安全为基、发展为要、服务为上”的总体要求,推动快递业在产业能力、科技创新、服务品质、安全水平、绿色低碳、综合效益等六个方面的跨越提升。

(三)发展目标

到2020年,基本建成普惠城乡、技术先进、服务优质、安全高效、绿色节能的快递服务体系,形成覆盖全国、联通国际的服务网络。

1. 产业能力:快递市场规模稳居世界首位。服务网络进一步健全,基本实现乡乡有网点、村村通快递。建设一批辐射国内外的航空快递货运枢纽。企业自主航空运输能力大幅提升。积极打造“快递航母”,形成3—4家年业务量超百亿件或年业务收入超千亿元的快递企业集团,培育2个以上具有国际竞争力和良好商誉度的世界知名快递品牌。

2. 科技创新:创新能力全面增强,科技应用水平进一步提高,行业科技进步贡献率进一步提升。重点快递企业基本实现内部作业自动化、服务设施设备智能化,客户服务、企业运营、行业管理的信息化水平基本达到国际先进水平。建成一批工程技术中心和3—5个行业科研基地。技能人才总量达到80万人,其中高技能人才占比达5%以上,创新型人才队伍不断壮大。

3. 服务品质:寄递服务产品体系更加丰富,承诺时限产品比重进一步提升,重点快递企业国内重点城市间实现48小时送达。国际快递服务通达范围更广,速度更快。快递标准化程度提升,快递服务满意度、时限准时率稳步提高,用户有效申诉率逐年下降。行业整体信用水平明显提升。

4. 安全水平:全面落实收寄验视、实名收寄和过机安检三项安全生产制度,实现寄递流程可跟踪、隐患可发现、事件可预警、风险可管控、责任可追溯等目标，遏制重特大事故的发生。

5. 绿色低碳：快递生产方式绿色低碳水平大幅提升，能源资源利用效率大幅提高，资源消耗、碳排放总量得到有效控制。快件包装标准化、绿色化水平显著提升，基本淘汰有毒有害物质超标的包装物料，包装材料循环利用率不断提高。

6. 综合效益：快递服务普及程度大幅提高，有力带动社会就业。快递服务领域不断延伸，服务内涵不断深化，对关联行业支撑作用不断增强，快递对国民经济贡献不断增强。

专栏1 快递业“十三五”时期发展指标

指标	2015年	2020年	年均增长[累计]
快递业务量（亿件）	207	700	27.6%
快递业务收入（亿元）	2770	8000	23.6%
乡镇网点覆盖率（%）	70	90	[20]
配备全自动分拣系统的枢纽型分拣中心数量（个）	61	150	[89]
用于快递运输的专用货机数（架）	71	200	[139]
快递电子运单使用率（%）	55	90	[35]
研发经费支出占快递业务收入的比重（%）	0.6	1	[0.4]
快递服务满意度（分）	74	75	—
快件延误率（千分之）	—	5	—
快件损毁率（十万分之）	—	5	—
快件丢失率（十万分之）	—	3	—
快件有效申诉率（百万分之）	13.3	11	—
年人均快件使用量（件/人）	15	50	[35]
新增就业岗位（万个）	—	—	[100]
快递专业人才教育和在职培训合作院校（所）	170	300	[130]
智能快件箱投递快件占比（%）	2	10	[8]

注：①[ ]内为五年累计数。②配备全自动分拣系统的枢纽型分拣中心是指重点快递企业建筑面积在1万平方米以上且配备全自动分拣系统的分拣中心。

三、主要任务

（一）壮大市场主体，打造快递航母

做强骨干快递企业。围绕品牌化、集团化、国际化发展方向，鼓励快递企业通过合作、联盟、收购和交叉持股等方式实现兼并重组，开展资源要素整合，集中优势资源扩大市场份额。打造具备国际竞争力的“快递航母”，突出优势做大做强做精。全面建立现代企业制度，在做强实物网络和服务能力的基础上推动产融结合，逐步实现资源、运营、管理的全面协同。鼓励骨干快递企业拓展服务领域，健全仓储、冷链、运输、金融、供应链管理等能力，加快向综合性快递物流运营商转型。鼓励骨干快递企业实施国际化发展战略，打造国际快递品牌。

带动中小企业集约发展。鼓励中小快递企业通过战略合作、兼并重组等方式实现资源整合和优势互补，提高企业竞争力和抗风险能力。促进中小快递企业与地方实体经济、电子商务等协调发展，深耕区域性网络。加强运输、仓储、配送、信息服务等环节的有机结合，实现平台化发展。对接不同服务环节、服务领域、服务对象，提供专业定制服务。延伸服务网络，增强末端集成服务能力。

（二）强化服务能力，加快普惠发展

提升分拣处理能力。加强分拣中心、集散枢纽和快递专业类物流园区建设，形成布局合理、运转高效的骨干网络体系。支持骨干快递企业建设辐射国内外的大型航空快递枢纽和集散中心。依托全国重要物流节点城市，完善优化快件处理中心布局，推动在铁路、公路、水路站场枢纽建设快件集散中心。

鼓励快递企业建设现代化立体仓库和信息平台，推广应用自动化、信息化技术装备，提升处理能力和运营效率。探索“园区＋快递”的融合发展新模式，实现产业集聚、经营集约、功能集成。

专栏2 航空快递枢纽工程

依托综合交通运输体系，建设一批辐射国内外的航空快递货运枢纽。在湖北建设现代化的国际快递枢纽，建设内容包括机场核心区、现代快递物流区和先进服务业产业带。充分利用既有和规划内的机场和基础设施，加快北京、上海、广州、成都、昆明、深圳、重庆、西安、乌鲁木齐、哈尔滨等机场的国际快递处理能力建设，培育国际快递货运枢纽功能，以杭州、郑州、南京、天津、石家庄等城市为重点，推动建设国内航空快递货运枢纽。

专栏3 快递专业类物流园区建设工程

依托物流节点城市，结合行业发展需求，加快布局建设快递专业类物流园区，实现产业集聚、经营集约、功能集成。全国快递专业类物流园区布局城市分为三级，一级快递专业类物流园区布局城市35个，二级快递专业类物流园区布局城市57个，各省（区、市）统筹规划，确定若干个三级快递专业类物流园区布局城市。选择基础较好的城市开展建设快递专业类物流园区试点示范。推动快递专业类物流园区与机场、铁路站场、公路站场、港口码头等物流基地的规划衔接、集约建设。鼓励快递企业入驻电子商务园区、商贸物流园区、制造业园区、保税物流园区以及农产品、商品集散中心。

一级快递专业类物流园区布局城市（35）：北京、天津、廊坊、呼和浩特、沈阳、大连、长春、哈尔滨、上海、南京、无锡、杭州、宁波、金华（义乌）、厦门、泉州、济南、青岛、郑州、合肥、南昌、武汉、鄂州、长沙、广州、深圳、东莞、南宁、重庆、成都、贵阳、昆明、西安、兰州、乌鲁木齐。

二级快递专业类物流园区布局城市（57）：石家庄、保定、苏州、徐州、南通、连云港、淮安、温州、嘉兴、台州、福州、莆田、潍坊、烟台、临沂、佛山、汕头、惠州、中山、湛江、韶关、海口、太原、临汾、大同、漯河、洛阳、芜湖、蚌埠、阜阳、赣州、上饶、宜昌、襄阳、衡阳、岳阳、怀化、盘锦、延边（珲春）、齐齐哈尔、牡丹江、包头、赤峰、呼伦贝尔（满洲里）、柳州、桂林、绵阳、南充、泸州、铜仁、拉萨、宝鸡、榆林、安康、天水、西宁、银川。

强化运输保障能力。衔接综合交通运输体系，健全快递航空运输网，优化快递公路运输网，因地制宜发展快件铁路、水路运输，形成层次分明、衔接顺畅、功能齐全的运营服务体系。实施快递“上车、上船、上飞机”工程，衔接现代综合交通运输体系。打造覆盖国内外的快递航空运输网，完善航空快件“绿色通道”。大力发展电商快递班列，推进高铁运快件，积极搭载中欧班列等铁路国际联运。引导企业依托重要物流节点和快件集散地规划建设公路快运网络，开展公路客运班线代运快件试点。提升快递企业与民航、铁路、公路、水路等运输企业合作深度，积极发展甩挂运输、多式联运等，加强不同运输方式间的无缝衔接，提高物流集约水平。制定并实施快递设施设备通用标准，提升运输装备标准化和专业化水平。强化企业与航空、铁路等单位的安检合作，优化安检流程，提高安检效率。

专栏4 快递“上车、上船、上飞机”工程

构建内连外通的航空网络。加快自主航空网络建设，支持重点快递企业以南京、鄂州、杭州等枢纽为中心，干线与支线、长途与中短途航空运输相结合，提升航空网络通达和中转衔接。拓展国际货运航线，逐步打造辐射全球的国际快递航空网。积极发展电商快递班列，推动建设铁路运输快件示范线。研究推进中欧班列运输快件。在环渤海、长江沿岸、海峡两岸等有条件的城市间开展快件水路运输试点，鼓励海运班轮运输。提升快件运输集装化和装卸接驳机械化水平。加强信息互联互通，实现快件公铁联运、公航联运全程可追踪查询。加强与航空、铁路、水运禁寄禁运品范围的有效衔接。优化快件安检、配载流程，完善各种运输方式的快件绿色通道。

加强末端服务能力。引导企业利用信息化、智能化手段，加强城乡社区末端网络模式创新，推进线上线下联动。强化信息流引领，优化末端路由组合，实现服务流程最短化。加强城乡惠民综合服务平台建设，鼓励企业升级改造末端服务网点，提升网点标准化程度。引导企业优化末端投递方式，形成上门投递、智能箱投递、平台投递等多元末端服务体系。有序开展快件投递众包，提高产业协作配套水平。支持企业使用符合标准的低碳环保配送车型开展末端投递。

专栏5 城乡惠民综合服务平台建设工程

推动快递企业主动参与城乡综合便民服务，建设末端综合服务平台。与连锁商业机构、便民服务设施、社区公共服务中心、机关学校以及专业第三方企业开展多种形式的投递服务合作，共建城市社区综合服务平台。在社区、写字楼、校园等人口相对密集的地区设置智能快件箱。建设农村快递服务点（站），与交通、商务、农业、供销、邮政等合作，整合多种农村基层公共服务平台。

均衡区域间服务能力。支持东部地区率先发展，依托区位优势和产业基础，进一步提升行业发展水平、竞争层次、科技含量，着重在产业联动、系统服务、跨境寄递等方面形成示范，带动和辐射中西部地区发展。支持企业在中西部地区加强分拨设施建设，加大运输装备和运力投入，落实网点建设标准。突出快递示范城市、示范园区的引领示范作用。加快实施"快递下乡"工程，支持企业整合农村快递物流资源，建设改造农村配送公共服务中心和村级网点，实现农产品进城"最初一公里"和工业品下乡"最后一公里"的有序集散和高效配送。

专栏6 "快递下乡"工程

引导快递企业加强农村地区网络建设，完善农村地区网点建设标准和服务标准，加强服务监督。引导快递企业与邮政企业以市场为导向，建立互利共赢、服务规范的合作机制，开展农村设施共享、业务代理等合作。鼓励第三方设置快递服务网点，为多家快递企业集中开展快件揽收投递服务。支持快递企业利用农家店、农村综合服务社、农产品购销代办站、村邮站等开展投递服务。鼓励快递企业与运输企业合作，通过农村客运班线搭载快件，降低运输成本。

强化农村地区快递枢纽和网点与重点农产品、农资、农村消费品集散中心有效对接，推动快递企业深化与各类新型农业经营主体、农业现代化企业、农副产品深加工企业和涉农电子商务企业合作，积极服务农产品进城。鼓励快递企业与农村商贸流通企业、供销合作社等共同制定运输、配送计划，发展农村共同配送。推进"农户＋电商＋快递"发展模式，创造就业机会，助力精准扶贫。

（三）深化"互联网＋"快递，推进创新发展

推进管理创新。鼓励快递企业创新现代管理手段，增强运营调度和协调联动能力。强化企业质量意识和诚信意识，由产品思维向用户思维转变，提高服务透明度和时限水平，降低有效投诉率和申诉率。引导快递企业从价格竞争向服务竞争转变，促进服务质量升级，全面提升服务品质。鼓励快递企业挖掘业务数据商业价值，为客户提供个性化数据分析服务，拓宽服务领域，培育业务增长点。创新市场监管工作机制和方法，不断提升科学决策水平。适应和包容新经济、新业态发展，破除限制新技术新产品新模式发展的不合理障碍。以法治理念引导新业态发展，维护公平竞争的市场秩序。

推进科技创新。加强移动互联网、物联网、大数据、云计算、虚拟现实、人工智能等现代信息技术在企业管理、市场服务和行业监管中的应用。加大数据信息集成应用，推动实现业务平台一体化，作业环节、路由管控智能化，提升运输、服务和安全保障能力，实现快件自动分拨和快速转运。加快大数据及云平台等基础设施建设，推动信息应用向"邮政云""快递云"平台迁移。推广数据分单、数据派单等技术应用，提高生产效能。鼓励快递企业采用先进适用技术和装备，推进机器人、无人机、无人车研发和应用。

推进产品创新。鼓励快递企业拓展产业链、供应链和服务链，适应消费升级和现代产业新体系的需要，扩大供给范畴，引导发展便捷化、差异化、个性定制化的寄递服务。鼓励拓展智能消费新领域，延伸服务链条。支持企业加强与上游业态优势互补，提供快运、仓储、金融、保险、通关、货代等一体化解决方案。大力发展代收货款、快递保险、合同物流、冷链快递、逆向物流、特殊物品寄递等服务，提高时限承诺产品的比重，满足定制化服务需求。

推进模式创新。加快融入生产、流通和消费等环节，形成内嵌式的协同作业模式以及标准化的协同作业流程。以平台经济为核心引导快递企业与电子商务企业深度合作，促进线上线下互动创新。推动快递企业服务"中国制造2025"战略，积极融入智能制造、个性定制等制造业新领域。鼓励快递企业参与涉农电子商务平台建设，服务产地直销、订单生产等农业生产新模式。推动与关联产业的信息互通与共享，提高服务响应速度和资源使用效率。

专栏7 快递业与相关产业联动发展工程

快递业与电子商务联动发展。鼓励快递企业针对电子商务特点开发多品种、个性化、国际化服务的产品体系，拓展服务领域。支持快递企业与电子商务企业构建合作发展平台，推动供应链上下游资源整合，共同发展体验经济、社区经济等便民利商新业态。鼓励快递企业适应国际规则，大力发展跨境寄递，增强国际快件处理能力，融入跨境电商产业链，逐步构建一体化跨境寄递服务体系。

快递业与先进制造业联动发展。积极推进传统消费品制造产业供应链创新升级，做深做精电子领域、医药领域的快递服务，积极推进装备制造业入场物流服务，加强研发、制造和营销等环节协同。引导快递企业积极融入智能制造，由简单供应链条向复杂供应网络拓展。以制造业创新中心为核心，建设服务于工业技术研究基地的专门寄递服务体系。积极服务经济活跃区域的制造业集群。加快推进服务"中国制造"的海外通道建设，培育形成支撑中国制造全球化发展的自主供应链。

快递业与现代农业联动发展。引导快递企业为特色农产品提供包装、仓储、运输的标准化定制化服务，发展农产品冷链快递，提供适应农业生产季节性特点的快递服务。推广适合农村运输的车辆以及托盘、集装篮、笼车等标准运载单元和专业装卸设备，提升作业效率。鼓励有条件的快递企业将乡镇、农村网点纳入企业信息化系统统一管理，确保快件跟踪信息完整。推进快递服务现代农业的典型示范，以点带面，逐步推广。

（四）拓展海外市场，加速国际化发展

鼓励快递企业"走出去"。鼓励重点快递企业以服务跨境电商、伴随国内企业境外发展等为契机，衔接境外物流体系，构筑立足周边、覆盖"一带一路"、面向全球的跨境寄递网络。加强重点国家、重点城市和重点线路的国际快递网络构建，开辟中国与东北亚、东南亚、东欧和非洲快件运输通道，延伸北美、西欧服务网络。鼓励国内快递企业间、快递企业与境外企业间建立战略协作关系，设立海外集散中心和服务网点，实施衔接统一的服务标准、信息交换标准及结算标准，实现跨境寄递的全生命周期管理，提升跨境寄递服务水平。引导重点快递企业建立保税公共仓储与海外重点国家快递专线等相结合的服务体系，在重点口岸城市建设国际快件处理中心，实现跨境电商商品的集货运输、集中分送，拓展跨境电子商务领域。推动开展国际航空快件中转集拼业务，提升国际快件中转运输能力。鼓励支持企业在境外建立海外仓，实现信息共享、实体展示、批发零售等功能，提升服务层次。

建设跨境寄递通道。因地制宜加强国际快件监管区建设，调整完善设点布局。充分利用自由贸易试验区、跨境电子商务综合试验区、电子口岸、一站式通关等基础设施功能和政策优势，增强服务跨境电商能力。推动海关、检验检疫、外汇管理、税收管理等部门完善跨境快件管理措施，促进跨境电商信息流、物流、资金流集约高效运行。研究推进中欧班列运输国际快件，协助推动采用拼箱运输方式，推行电子快递清单。利用政府间对话机制和对外商贸谈判，推动解决目标市场的进入等相关问题，优化企业"走出去"国际环境。

（五）加强寄递渠道综合治理，保障安全发展

强化企业主体责任。引导快递企业树立安全与发展并重理念，健全企业安全责任体系，落实企业法定代表人对企业安全生产工作的全面责任，明确岗位责任人员、责任范围和考核标准等内容，加强对安全生产责任制落实情况的监督考核。依法设置安全生产组织领导机构和管理机构，配备安全管理人员，加强从业人员安全教育培训，鼓励企业聘用注册安全工程师从事安全生产管理工作。健全完善企业安全管理内控制度，建立安全事故隐患排查治理分类分级标准，加大安全生产技术设备投入。

落实安全防控措施。实施寄递渠道安全监管"绿盾"工程，提升行业管理部门执法装备水平和信息化监管能力。全面落实收寄验视、实名收寄、过机安检三项安全生产制度，加大对制度落实情况的监督检查。推动安全生产标准化、信息化建设。推动将邮政业突发事件应急管理纳入地方政府突发事件应急管理体系，建立跨地区、跨部门、跨企业应急救援和处置联动机制。强化对重点地区、重点部位、重要活动时期寄递渠道的安全管理，加强对违规寄递危险化学品等行为的研究防范，坚决遏制重特大事故发生。加强寄递安全宣传引导，提升寄递用户安全用邮意识。加强快递服务用户个人信息安全管理，保护消费者隐私，维护消费者权益。

专栏8　寄递渠道安全监管"绿盾"工程

以"互联网+"监管为主线、邮政业大数据应用为核心，依托既有条件及相关工程成果，加强寄递渠道安全监管能力建设。通过完善监管手段，提升监管信息化水平，实现动态可跟踪、隐患可发现、事件可预警、风险可管理、责任可追踪等"五可"目标，有效保障邮件快件收寄验视、实名收寄、过机安检三项制度落实。健全安全监管基础设施，建设省级和重点地市级安全监控中心，搭建业务应用系统和支撑环境，完善寄递渠道安全监管业务机制和标准规范，构建安全支撑体系。

（六）加快信用建设，推进诚信发展

构建行业信用管理体系。以社会共治理念为指导，健全行业信用管理工作体制。建设快递业信用信息平台，建立企业和从业人员的电子信用档案。畅通信用信息采集渠道，建立多元有序的信用信息采集工作机制。建立动态管理、适时调整的信用评价指标体系，定期开展信用评定。加强信用信息公开，构建守信激励和失信惩戒机制。完善信息交换共享机制，推动与国家统一信用信息平台对接。完善与工商、海关等部门的联合惩戒机制，逐步建立"一处失信、处处受限"的信用监管工作格局。

专栏9　快递业信用管理信息化工程

建设快递业信用信息平台，对快递企业及其从业人员的信用信息进行采集、储存和处理。开展信用等级评定，建立企业和从业人员的电子信用档案。整合行业内的执法检查、消费者申诉、信访举报等信息资源，实现信用管理的综合化和信息化。健全信用信息公开制度，在邮政管理部门门户网站设置专栏，对经营快递业务的企业、从业人员的信用信息予以公开。建立信用信息交换共享机制，与企业信用信息公示系统、"信用中国"等国家统一信用信息平台实现对接，提高快递业信用信息的影响力。

推进诚信文化建设。充分发挥传统媒体和新兴媒体的宣传引导作用，结合寻找"最美快递员"和行业诚信创建活动，树立诚信典范，对践行行业核心价值理念表现突出的企业和从业人员予以表彰和宣传。广泛开展诚信主题活动，营造崇尚诚信、践行诚信的良好氛围。深入开展诚信专项教育，加大重点领域诚信问题专项治理。

（七）高效利用资源，推动绿色发展

促进资源集约。鼓励企业开展绿色流程再造，提高资源复用率，降低生产成本。鼓励企业在分拨中心、数据中心、管理中心等场所推广应用节水、节电和节能等新技术新设备，实施能源管理，降低能源消耗。鼓励快递服务资源社会化，促进货源、车源和快递服务等信息的高效匹配，降低运营成本。积极推动运输的高效化和装卸搬运的机械化，提高装载效率。引导快递企业创新揽派模式，发展社会专业化末端服务平台，提高揽派效率。强化绿色管理，提高现代物流技术、装备应用水平，提升管理效率。

推广绿色包装。落实国家鼓励节能减排、循环利用资源的优惠政策，鼓励企业采用清洁生产技术，大力降低原材料和能源消耗。开展绿色包装物品研究，支持企业研发生产标准化、绿色化、减量化和可循环利用降解的包装材料，基本淘汰有毒有害物质超标的包装物料，推广环保箱和环保袋使用。推动包装回收，鼓励快递企业与包装生产企业协议形成回收包装再利用的闭环管理模式，建立快递包装生产者、使用者和消费者在内的多方回收体系。

推动绿色运输。推广应用高效、节能、环保的运输装备，在中转盘驳、城市配送等环节积极推广使用电动车辆。引导企业采购符合国家标准的干线运输车辆和低碳环保的末端投递车辆，逐步淘汰排放超标车辆。鼓励企业采取甩挂运输、多式联运等提高干线运输效率，合理调度快递车辆，优化路由，减少重复交错运输和快递车辆空载。

营造绿色发展环境。加强绿色快递理念、节能环保先进技术和管理等的教育培训力度，提升企业和从业人员的节能环保意识。开展快递绿色发展工程，全面提升节能环保示范的深度和广度，广泛宣传绿色快递理念，推广节能低碳、生态环保技术。倡导绿色消费方式，营造"绿色快递，人人有责"的良好氛围。

专栏10　快递绿色发展工程

健全快递业绿色发展法规标准体系，制定快递业包装标准，推动出台快件绿色包装环保标识认定使用和管理办法。加强快递业能耗和污染物排放测算方法研究，建立绿色快递统计监测评估体系。推动快递企业减少包装物料用量，研发生产可循环使用和可降解的包装材料。探索快件包装物有效利用渠道和方式，推动将快件包装物纳入资源回收政策支持范畴。淘汰落后老旧车辆，推广使用节能新车型，扩大新能源车辆使用比例，加快标准化绿色装载工具的推广应用。推广建筑节能，按照绿色建筑评价标准改造和新建服务网点、处理中心、办公楼宇等。开展快递业绿色发展试点示范。探索将绿色发展相关指标纳入行业信用体系建设，引导企业履行社会责任。

四、保障措施

（一）完善规划标准

各地要推动将发展快递业纳入国民经济和社会发展规划，在城乡规划、土地利用规划、公共服务设施规划中合理安排快递基础设施的布局建设。推动地方政府在土地利用总体规划和年度用地计划中统筹安排快递专业类物流园区、快件集散中心等设施用地，研究将智能快件箱等快递服务设施纳入公共服务设施规划。加快快递领域标准制修订工作，制修订快递包装、快递集装容器、快递服务与不同运输方式衔接等标准，制定快递专用电动三轮车国家标准。制定与制造业等关联产业信息交换技术标准，推动产业协同运作。制定完善实名收寄、收寄验视、过机安检等相关生产安全和信息安全规定，夯实快递业安全管理基础。

（二）推进依法治业

落实相关法律法规，提高快递业法治化、规范化水平。坚持简政放权、放管结合和优化服务，加快构建政府权责清晰、监管有力的市场管理新体制。进一步优化快递市场结构,推动企业兼并重组。落实快递市场主体退出机制,健全许可闭环管理体系。加强事中事后监管,实施负面清单管理,全面推行“双随机、一公开”监管。深化商事制度改革,推动对快递企业实行同一工商登记机关管辖范围内“一照多址”模式。在市场准入、网点备案、信用体系建设、寄递渠道治理等方面推进跨部门、跨区域监管协作,提升联合监管水平。推动实现省级邮政业安全中心全覆盖,鼓励有条件的地方建立地市级安全中心。严守安全底线,加大安全隐患专项治理,集中整治危化品寄递、用户信息泄露等寄递安全领域突出问题,确保寄递渠道安全畅通。探索建立违法从业人员从业禁止规定,规范从业操作。

(三)优化政策环境

发挥中央和地方政策合力和引导作用,为快递业发展营造良好环境。推动落实中央预算内投资支持农村和西部地区公益性、基础性快递基础设施建设,推动符合条件的快递企业和项目纳入各级财政专项资金支持范围。积极争取地方财政以补助、奖励、贴息、减免税等方式支持快递业基础设施建设、技术升级、研发创新、快递企业国际化和快递人才培养等。支持快递企业按现行规定申请执行省(区、市)内跨地区经营总分支机构增值税汇总缴纳政策,依法享受企业所得税优惠政策。推动金融机构创新服务方式,开展适应快递业特点的抵押贷款、融资租赁等业务。推动快递企业用电、用气、用热价格政策逐一落地。各地进一步规范快递车辆管理,对快递专用车辆城市通行和临时停靠作业提供便利,结合实际制定快递专用电动三轮车用于城市收投服务的管理办法,解决“最后一公里”通行难问题。

(四)促进科技创新

聚焦行业发展战略性、基础性、前瞻性重大问题开展研究,集中申报重大专项,着力突破关键技术。支持骨干企业建设工程技术中心,开展智能终端、自动分拣、机械化装卸、冷链快递等技术装备的研发应用。支持重点企业争取国家或省级科技研发资金、服务业发展引导资金、信息化发展专项资金等,开展技术创新,推动科技成果产业化。鼓励科技型中小企业利用创新基金,通过贷款贴息、研发资助等方式开展技术创新活动。引导企业建设市、省、国家三级企业技术中心,享受高新技术企业扶持政策。推动落实企业研发费用税前加计扣除政策,为开展科技创新活动争取政策扶持。推进相关机构加强对包装材料、服务设施设备、运载工具等研发产品的质量检测。研究设立科技交流平台,开放共享科技信息资源和科技研发成果。

(五)加快人才培养

建立和完善政府引导、行业参与、社会支持、企业和院校双主体的快递人才培养体系,引导高等学校加强物流管理、物流工程等专业建设,支持职业院校设置快递相关专业,细化学科建设,开设快递仓储、路由规划等实用课程。推进产教融合,探索学校、科研机构、行业协会和企业联合培养人才模式。推动企业、院校共同组建职业教育集团,建立一批快递人才培训基地。推动合作院校落实“双证书”制度。加强快递人才发展统筹规划和分类指导,协调落实就业创业政策和人才引进政策。建立健全人才评价制度,培养选拔一批优秀管理人才和专业技术人才,支持推进职业经理人制度建设。完善职业资格制度,加快职业标准开发。加强职业能力建设和职业技能培训,优化技能人才等级结构,大力培养高技能人才。定期举办行业职业技能竞赛,推动企业完善人才选拔激励机制,建立高技能人才多层次发展通道。加强一线劳动者权益保护和人文关怀。积极推进快递业智库建设,加强行业政策研究和决策咨询的专家队伍建设。

(六)强化运行监测

综合运用市场数据、监管数据和社会数据,降低服务和监管成本,增强对快递市场服务监管的有效性。完善快递行业统计制度,加强快递业基础统计,提高统计数据质量。整合宏观经济数据、产业发展动态、市场供需状况、质量管理状况等信息,充分运用大数据技术,改进经济运行监测预测分析。完善快递服务质量评价体系,加强服务质量监测。强化中国快递发展指数、服务质量监测、旺季消费提示等信息发布,引导行业发展预期。加强行业数据治理,创新数据挖掘分析,提高科学决策和风险预判能力。

(七)加大行业宣传

进一步发挥社会监督、舆论监督作用,大力培育和弘扬行业正能量,加强舆论引导,营造积极的舆论氛围。建立舆情搜集研判机制和应对工作机制,加强对媒体报道的日常监测分析,改进强化信息发布和政策解读工作。加强行业新闻宣传人才培养,提升宣传人员的业务水平和职业素养。加强快递业传统媒体与新兴媒体融合发展,提升公共关系处理水平,为快递业发展营造良好的舆论环境。

（八）加强党的建设

建立健全快递业党建工作的共管机制，推进快递企业基层党组织建设。坚持以党风带行风，树立行业良好形象。建立通畅合理、管理高效的党建工作机制，实现组织关系、人事关系程序化、制度化。强化党员队伍管理，督促企业健全党员基础台账，规范企业党建工作。引导企业加大党员教育培训，利用各种教育阵地，加强职工思想政治教育。规范发展党员，加强入党积极分子的培养和教育管理，增强职工向企业党组织靠拢的积极性和主动性。大力加强行业精神文明建设，广泛开展岗位建功和文明创建活动。务实推进群团工作，增强企业凝聚力。践行“诚信、服务、规范、共享”行业核心价值理念，全面推进行业文化建设。强化行风建设，引导企业勇于承担社会责任。

邮政普遍服务“十三五”规划

（2016年12月）

邮政普遍服务是国家基本公共服务的重要组成部分，是邮政事业的立业之基，在保障用邮权益，服务经济民生，促进城乡统筹等方面发挥着重要作用。为推动邮政普遍服务适应需求变革，创新驱动发展，依据《国民经济和社会发展第十三个五年规划纲要》和《邮政业发展“十三五”规划》的总体要求，制定《邮政普遍服务“十三五”规划》（以下简称《规划》）。

一、现状与形势

（一）发展基础

“十二五”时期，我国邮政普遍服务的保障力度不断加强，均等化水平逐步提升，服务质量和水平稳中向好，改革创新取得积极进展，基本建立了覆盖城乡、惠及全民、水平适度、可持续发展的邮政普遍服务体系，服务经济社会民生的基础地位得到夯实。

基础能力显著加强。邮政普遍服务基础设施建设取得重大进展，总体实现“乡乡设所、村村通邮”。全国补建空白乡镇邮政局所8440个，邮政普遍服务营业场所总数达5.4万处，较“十一五”末期净增约7000处。西部和农村地区邮政局所改造累计完成网点整修、翻建和县局房改造11065处，车辆购置4528辆。全国新建村邮站20万个，累计建成三农服务站、便民服务站22万个，邮政服务民生、服务“三农”能力不断增强。信息化能力建设逐步强化，邮政设施功能和使用效率进一步提升。

服务水平稳中有升。2015年，邮政局所平均服务人口为2.2万人，较2010年的2.9万人显著改善。基层邮政局所标准化、信息化水平稳步提升。农村地区投递服务明显改善，建制村直接通邮率提升至94%，邮政普遍服务均等化水平逐步提高。邮件全程时限和营业时间基本达标，投递频次和投递深度有所改善。农村地区邮政服务范围不断拓展，寄递、金融等综合便民服务较好满足了居民多样化用邮需求。邮政普遍服务满意度逐年提高，均超过国家考核的75分标准。

邮政改革不断深化。政企分开改革持续推进，三级邮政管理体系全面确立，地市及县级邮政企业全面完成更名挂牌。邮政普遍服务价格改革取得进展，明信片、印刷品和竞争性包裹寄递等资费由政府定价改为市场调节，为邮政企业进一步改革创新奠定制度基础。邮政业纳入“营改增”试点范围，对邮政企业提供的邮政普遍服务和邮政特殊服务免征增值税，新旧税制实现平稳转换。政府职能加快转变，行政审批事项改革得到深化。行政审批和行政执法权限下放，省级以下邮政管理部门职权全面履行到位，实现执法重心下沉。邮政企业改革取得进展，中国邮政集团公司实现普遍服务和竞争性业务分账核算，顺利完成法人体制调整，2015年在《财富》杂志的世界500强排名143位，较2011年上升200位。

创新发展初见成效。邮政普遍服务在产品创新、服务创新、网络创新等方面，取得初步成效。邮政包裹类新业务不断涌现且增速明显，2013年至2015年，邮政小包年均增长率90%以上。国际小包成为跨境电商寄递主渠道。整合利用邮政线上线下网络资源，电子商务服务体系建设取得积极进展，以村邮站等农村末端网点为依托，稳步推进农村电子商务试点。设施合作共享实现零突破，邮政企业与电商企业、快递企业合作，探索仓储、运输、投递等环节合作，推进开放式包裹自提网络建设。尝试利用现有邮政综合服务平台开办代办快递收寄业务。

法规标准逐步完善。邮政法规体系建设更加健全,行业监管力度不断强化。《中华人民共和国邮政法》修正实施,为邮政资费改革提供了法律依据。《邮政普遍服务监督管理办法》修订颁布,行业创新发展的法律基础进一步夯实。邮政业省级地方立法基本实现全覆盖,普遍服务法制体系进一步强化与完善。《邮政业术语》等8项与普遍服务有关的国家和行业标准发布。《无法投递又无法退回邮件管理办法》《村邮站服务规范》等文件颁布实施,用户合法权益得到进一步保障。《住宅信报箱》标准修订实施,信报箱建设程序逐步规范。

保障力度不断加强。邮政普遍服务列入"十二五"时期国家基本公共服务范围,并写入国家发展规划纲要。中央及地方各级人民政府从资金、政策等多个方面保障邮政基础设施建设和普遍服务运营发展。中央财政累计安排中央基建投资22亿元。中央本级累计安排邮政普遍服务及特殊服务财政补贴资金285亿元。国家和地方政府对邮政企业提供邮政普遍服务在税费减免、设施规划、用地用房、车辆通行等方面的政策支持力度不断加强。促进邮政服务创新发展等一系列政策措施出台,邮政普遍服务发展环境持续优化,企业活力进一步释放。

总体来看,我国邮政普遍服务能力提升明显,但与人民群众日益提升的用邮需求相比、与邮政普遍服务均等化的目标相比,还有较大差距。主要表现在,一是邮政普遍服务水平仍有不足,传递时效性、服务便利性等无法满足用户新需求。二是城乡发展存在差距,实现均等化任务繁重。三是邮政企业改革创新步伐仍需加快,邮政网络整体运行效率需进一步提高,网络开放共享、产业融合协同的力度还要加强。四是服务功能有待提升,设施设备信息化程度不高,与交通运输节点资源的衔接有待深化。五是邮政普遍服务监督管理机制还需完善。邮政普遍服务保障监督体系仍未形成权责对等,监督管理的信息化水平有待提升。

(二)"十三五"形势分析

"十三五"时期是全面建成小康社会的决胜期和全面深化改革的攻坚期,经济发展进入速度换档、结构升级、动力转换的新常态;"互联网+"战略深入推进,将对生产、流通和消费方式继续产生深刻影响,邮政普遍服务将面临深刻变革,挑战和机遇都前所未有。处理得当,邮政普遍服务将迎来创新驱动发展的战略机遇期。

1. 新技术新业态为邮政普遍服务创新发展带来契机

受新技术、新业态的替代作用,传统函件和邮政汇兑业务量持续下降已不可逆转。随着"互联网+"战略深入实施,信息化与产业变革深度融合,新的生产方式、产业形态、商业模式不断涌现,电子商务成为全球邮政业发展的主要驱动力。传统邮政企业加速向多元化和市场化转型,邮政与快递的业态融合和企业竞合渐成趋势,邮政服务需求范围更广,赋予普遍服务新内涵。迫切需要将挑战转化为创新和开拓新市场的机遇,将创新、融合与包容作为推动邮政普遍服务发展的主要动力,提升创新能力,加快创新产品与服务的步伐。

2. 全面深化改革为邮政普遍服务供给改革提供动力

"十三五"期间,全面深化改革将持续推进。公共服务领域的各项改革措施更加深入,将充分激发市场主体活力,有助于进一步提高邮政普遍服务供给的适应性和有效性,进一步提升邮政网络的利用效率。在公共基础设施建设和公共服务领域,社会力量支持邮政企业提供普遍服务的方式将更加多样。国家深化国有企业改革,改革公益类国有企业评价方式,将持续深化邮政企业改革,促进邮政企业创新驱动发展、提升服务质量,更好履行普遍服务义务,发挥国有资本的控制力和影响力。财政体制向公共财政方向转变,政府将更多以购买方式提供公共服务,有助于推动完善和优化邮政普遍服务保障机制,使保障和监督的权责更趋一致。

3. 全面建成小康社会要求邮政普遍服务实现更高水平均等化

到2020年全面建成小康社会,是我们党确定的"两个一百年"奋斗目标的第一个百年奋斗目标。"基本公共服务均等化总体实现"是全面建成小康社会的必然要求和重要标志。邮政普遍服务是基本公共服务的重要组成部分,在统筹城乡发展,促进消费公平,服务经济社会发展方面发挥着重要作用,邮政普遍服务均等化是基本公共服务均等化的重要内容,是全面建设小康社会的题中之义。随着邮政普遍服务的内涵不断丰富,需求不断变革,普遍服务在创新驱动发展,增强服务能力,提升服务水平等方面要加快步伐,基本实现与经济社会发展相匹配、与人民群众需求相适应的高水平均等化的发展目标。

4. 跨境电商和农村电商为邮政服务创造巨大机遇

跨境电商和农村电商发展迅速。"一带一路"贯穿亚欧非大陆,贸易前景广阔,随着传统贸易方式的转型升级,小批量、多频次趋势将进一步显现,推动B2C方式的跨境电子商务发展潜力进一步释放,跨境电商进入高速发展通道。邮政拥有链接全球的网络和便利的通关服务，是跨境寄递的主渠道，必将面临更大机遇。随着农业生产方式、农产品销售方式、农村生活方式的变化，乡村电子商务服务站不断普及，“电子商务进农村”计划、“信息进村入户”工程深入实施，农村电商将迎来持续规模增长。邮政普遍服务拥有覆盖城乡、三流合一的基础设施网络，将在带动农村电商跨越发展、服务农业现代化方面发挥更大作用。

5. 行政体制改革和邮政业情变化催促监管方式转变

“十三五”期间，随着行政体制改革不断深入，政府部门将进一步转变职能、简政放权。国家邮政局提出“三清单，双随机，一张网”的监管方式改革，为邮政普遍服务监督管理方式创新明确了方向。邮政服务业情发生深刻变革，将进入发展更快、变革更大、市场化程度更高的历史时期，提供主体更多，服务范围更广，产业融合更深，各种新业态、新模式不断涌现，邮件安全、信息安全、主体准入、引入竞争、市场公平等新老问题交织涌现。面对小机构、大行业的格局，迫切需要转变监管方式，加强事中事后监管，从坚持依法治邮，建设诚信体系，强化科技应用等方面提升监管效能。

二、总体要求

（一）指导思想

以马克思列宁主义、毛泽东思想、邓小平理论、“三个代表”重要思想、科学发展观为指导，深入贯彻习近平总书记系列重要讲话精神，坚持“四个全面”战略布局要求，坚持发展是第一要务，牢固树立和贯彻落实创新、协调、绿色、开放、共享的发展理念，以提升邮政普遍服务供给的有效性和适应性为中心，以均等化和便捷化为导向，以改革创新为主要动力，充分发挥邮政网络的基础作用，推动邮政企业做强寄递主业，着力优化设施布局，提升基础能力，提高服务水平，使人民群众共享行业改革发展成果，为全面建成与小康社会相适应的现代邮政业提供重要支撑，为加快迈向邮政强国奠定坚实基础。

（二）基本原则

坚持有效保障、依法监督。充分发挥普遍服务保障激励和监督约束作用，坚持权责统一，科学优化普遍服务保障和监督政策的机制设计，做到保障和监督相结合，实现保障科学有力，监督规范有效。

坚持企业承担、政府支持。充分发挥企业主体作用，激发企业主观能动性，提高担当意识，更好履行普遍服务义务。强化各级政府责任，更好发挥规划、支持、协调作用，完善政策措施，激发市场活力，释放发展潜能。

坚持提高质量、创新发展。加大资源投入，改善流程管控，缩短全程时限，延伸服务深度，提高基础服务质量水平。加快供给改革，推进技术、产品、网络、模式创新，完善服务功能，提高邮政普遍服务供给的适应性和有效性。

坚持优化提升、融合共享。科学规划，合理布局，优化邮政基础网络，顺畅与交通网络的衔接，提升邮政网络整体运行效能。充分发挥邮政网络的基础平台作用，坚持邮政服务与相关服务的融合共享，提升网络利用效率。

（三）发展目标

到2020年，形成统筹均等、便捷高效的邮政普遍服务运行体系，激励有力、约束有效的邮政普遍服务保障和监督体系。寄递业务快速发展，网络布局更趋优化，服务功能大幅提升，服务质量和水平明显改善，创新发展成效显著，基本实现邮政普遍服务均等化和便捷化。

服务水平显著提升。建制村实现村村直接通邮。用户用邮更加便利，投递深度得到延伸。邮件全程时限达到国家标准规定要求。邮件丢失损毁率明显下降。报刊投递服务水平明显提升。实现用户对给据邮件全程跟踪查询，用户满意度稳中有升。

寄递业务规模壮大。推动邮政企业做强寄递业务，邮政企业在全国寄递市场的份额稳步提升。其中，包裹类（含国际小包）业务快速增长，年均增速在40%以上，到2020年包裹类（含国际小包）业务量达到48亿件左右。

设施布局更加优化。网点布局符合邮政普遍服务标准规定，各类邮政服务点达40万处，其中邮政普遍服务营业场所总数不少于5.4万处，每个乡镇至少有1个邮政普遍服务网点。乡及乡以下邮政网络及终端设施逐步完善，基本建成以乡镇局所和村邮站为主要节点的农村邮政服务网络。邮件处理中心等设施与综合交通运输网络的衔接更加顺畅。

服务功能更加完善。网络运营的集约化水平大幅提升，基本实现邮政服务网点和终端设施设备信息化、标准化，邮件处理自动化，运输综合化、可视化，配送智能化，管理水平和运营效率明显提高。多式联运和甩挂运输得到推广。包裹寄递服务能力显著增强，峰值处理能力达到5000万件/日，成为畅通农产品进城和工业品下乡双向流通的主渠道。

专栏1 “十三五”时期主要发展指标

指标	2015年	2020年	年均增速[累计]	属性
➢服务水平和质量				
(1)乡(镇)以上包裹按址投递比例(%)	0	100	[100]	约束性
(2)邮政普遍服务满意度(分)	80.9	>80	—	约束性
➢服务能力				
(3)邮政服务点数量(万个)	31.9	40	[8.1]	预期性
(4)普服营业场所数量(万个)	5.4	>5.4	—	约束性
➢发展规模				
(5)邮政寄递业务收入(亿元)	304.8	800	21%	预期性
(6)包裹类业务量(亿件)	8.9	48	40%	预期性

注:①[ ]内为五年累计数;②邮政服务点包括普服营业场所、邮政社区代投点、邮政自提点和村邮站;③邮政寄递业务收入包括函件、包裹、报刊,不包括邮政EMS收入;④包裹类业务量中含国际小包业务量。

三、主要任务和重点工程

(一)深化邮政体制机制改革

做好改革顶层制度设计。推动以服务产品为主界定邮政普遍服务向以服务需求为主界定邮政普遍服务方向转变,拓展普遍服务内涵,丰富普遍服务网络功能,强化普遍服务的基础作用。研究完善邮政基础设施建设投资和运营保障机制。推动完善邮政普遍服务法律法规,夯实邮政普遍服务体制改革基础,营造有利于邮政企业创新发展的政策环境和制度环境。积极探索新形势下邮政服务监督管理的制度建设。

推动邮政企业深化改革。通过政策引导,推动邮政企业完善现代企业制度,加强内部管控,提高运营效率,提升服务质量和水平,加快邮政企业做优、做强、做大寄递服务主业进程,促使邮政企业更好履行普遍服务义务。鼓励邮政企业发展混合所有制,开展兼并重组和资本运营工作,不断增强邮政企业的经济活力和抗风险能力,提高国有资本在寄递行业的控制力和影响力。

支持邮政网络融合共享。充分发挥邮政网络的基础作用,支持邮政企业和快递企业、电子商务企业等创新合作模式,充分利用现有邮政网点优势,提高邮政基础设施利用效率。面向社会资本扩大市场准入,加快开放邮政行业的竞争性业务,引导社会资本进入邮政服务领域。推动建设由邮政网点、社会加盟点和智能信包箱(柜)组成的开放式包裹自提服务体系,为消费者提供更灵活的投递服务。

专栏2 综合服务平台示范工程

建设示范性城市综合服务平台,利用覆盖城乡的普遍服务营业场所等邮政服务点,提供代办水电、各类通讯、一卡通缴费、代售汽车票、火车票等综合性便民服务;具备合作条件的地区,逐步加载政务公开、行政审批、代办证件、代开税务发票等公共服务;具有市场需求的地区,逐步提供代理储蓄、代理保险、代销基金、代理电商购销、代收代投快件等业务。将邮政服务点建设成邮政服务、便民服务、电商服务、“三农”服务、普惠金融服务的综合性服务平台。

(二)实现普遍服务均等便捷

推进网络均等。推动邮政设施与城市新区、独立工矿区、开发区、商业区、旅游区、住宅区或旧城改造等统一规划、统一设计、统一建设、统一验收。推动较大的车站、机场、港口、高等院校和宾馆等设置邮政功能区。支持邮政企业重点推进西部和农村地区邮政网点改造工程。建立乡镇及农村邮政营业场所可持续运营的长效机制。

专栏3　西部和农村地区邮政网点改造工程
对1998年邮电分营之前建设的、确需改造的网点，按照原有规模进行改造；对1998年之后建设的危旧邮政网点进行翻建；对危旧县局房进行整修或翻建，对邮电分营后仍然借用电信生产局房、无生产用房的县局进行新建。总计包括西部和农村地区邮政网点4000多处、危旧县局房200多处。

延伸投递深度。推动邮政企业改进邮件收寄和投递方式，促进投递深度向下延伸。乡镇政府所在地函件、报刊及5公斤以下的包裹实行按址投递，农村建制村函件、报刊及5公斤以下的包裹投递到村，5公斤以上的包裹到邮政支局所领取。推进实施建制村直接通邮工程。支持邮政企业加大对农村地区和边远地区运输和投递车辆投入。推动将农村投递人员和村邮站人员纳入公益性岗位。

专栏4　建制村直接通邮工程
以满足人民群众需求、符合客观现实条件、具备经济性合理性为原则，在相关法律法规和邮政普遍服务标准框架下，分类制定建制村直接通邮统一标准。建立未通邮建制村台账，争取地方政府支持，明确各方责任，确定各地区直接通邮的具体方式、标准和进度要求，逐步实现建制村直接通邮。

缩短传递时限。推动邮政企业优化组织作业流程，加强邮件时限管理，缩短邮件全程时限。推动信息系统整合升级，促进信息共享和互联互通，实现普遍服务业务流程和业务管控可视化，实现给据邮件动态跟踪管理，方便用户全程查询和时限预测。推动邮政企业强化内部管理，实现邮件收寄、处理、运输和配送全程可控，降低邮件丢失损毁率。

（三）推动邮政创新协调发展

创新服务产品模式。引导邮政企业用好资费改革政策，在履行好普遍服务义务、提升基础服务质量的基础上，引入社会力量，提供延伸增值服务，形成新业务、新模式和新业态，实现标准化产品、个性化产品和混合型产品并存互补。鼓励企业为用户提供改址、约投等精准的投递服务，及时的信息跟踪，丰富的增值服务，多重的产品选择，避免低层次竞争。

发展农村电子商务。在建制村直接通邮的基础上，大力发展农村邮政电商寄递，推动邮政成为服务农村电子商务的重要渠道。鼓励和支持邮政企业依托邮乐网、“邮掌柜”系统、便民服务站系统和分销渠道资源，提供线上线下一体化的邮政服务农村电商体系。支持邮政企业依托县、乡、村三级邮政基础设施，科学布局农村地区的仓储网络，建设农村电商邮政寄递网，解决农村电商“最初一公里”和“最后一公里”问题。

专栏5　农村电商邮政寄递网工程
依托邮政网络基础，建设农村电商邮政寄递网，促进邮政成为服务农村电子商务的重要渠道。改扩建地市和县级配送中心，形成以市（县）级为节点的基础性农村电商运营中心，促进城乡有效联动。以邮政乡镇网点为基础，提升镇级电商配送能力，配置配送车辆。整合村级邮政服务站点，加载村级电商服务功能或配备自助服务设施。

做强国际邮政业务。支持邮政企业与其他市场主体合作，加强与航空、铁路的合作，创新与保税区商家、境外邮政企业以及电商平台的合作模式，采用多式联运，直达专线，总包直封等方式，加快国际邮政业务寄递时限。引导邮政企业拓展服务功能，为中小企业提供仓储、运输、金融、通关、保险等跨境供应链服务。建立邮政管理部门与海关合作机制。推动邮政企业与海关共同开展电子数据交换、关税电子支付、7×24小时通关、移动清关、预清关等服务，推动建立跨境邮件申报系统，提高通关便利性，缩短通关时间。

专栏6　跨境邮件申报系统建设工程
推动建立全国联网的“跨境邮件申报平台”，与海关“跨境邮件通关管理系统”进行数据共享和流程对接，实现全国范围内的网络申报、预清关、邮件状态查询（含通关）、实时查验、自动询价、在线缴税等功能，实现足不出户的通关，缩短通关时间，提升跨境邮件用户体验。

推进国际铁路运邮。根据推进“一带一路”建设部署，建立健全中欧班列运输国际邮件工作机制，实现国际邮件铁路运输常态化。加强与万国邮政联盟等国际组织的合作，建立统一互认的单证格式和通关便利等相关规则和技术标准。与铁路、海关、质检部门合作，优化国际铁路运邮作业组织、通关和

换装流程,提升邮件运输时效,改善数据反馈的及时性和准确性。积极推进铁路离境地国际邮件互换局或交换站的建设工作。

专栏7　中欧班列运邮工程

深化中欧班列运邮(快)件工作机制,加快中俄、中德间利用国际客运和货运班列运输国际邮件的相关测试工作。推动设立郑州、重庆、乌鲁木齐、苏州、哈尔滨等国际邮件铁路运输重点口岸,完善重点城市中欧班列邮件集散中心建设规划。

(四)提升处理运输基础能力

优化网络区域布局。支持引导邮政企业结合国家综合交通运输发展规划和区域经济发展趋势,科学调整各级邮政网络节点的区域布局,确定具有枢纽功能的邮政网络一级、二级节点城市。按照国家"一带一路"战略的各地方开放态势,确定辐射内外的沿边、沿海、内陆三个国际邮路区域,发挥国际邮件互换局和交换站服务地方经济的功能,完善国际邮件互换局和交换站等基础设施的规划布局。

强化交邮协同发展。加强与综合交通运输体系和地方政府相关部门的协调配合,推动邮件处理中心以及装卸场所和出入通道等邮政功能区与铁路、航空、长途客运等枢纽场站及其配套园区统一规划,同步配套建设,加强邮件处理中心与综合交通枢纽场站的有效衔接。引导邮政企业利用乡镇农村客运站、货运站、公路养护站等交通运输基础设施,建立仓储场地和小型邮件分拨中心,进一步强化县域邮件处理能力。

提升分拣运输能力。鼓励企业加大邮件处理中心更新改造力度,着力加强包裹分拣、传输、装卸等作业自动化建设,提升邮件处理自动化、标准化水平。鼓励引导邮政企业提升运输组织化水平,推动全国性、地区性、区域性的多等级、多层次邮路通道建设。大力推广甩挂运输和多式联运,提升邮件运输集装化水平。鼓励引导邮政企业引进社会力量,探索推广专业化包裹运输公司模式,提高邮件中转效率。

专栏8　邮件处理运输能力提升工程

对沈阳、哈尔滨、大连、福州、合肥、海口、银川、西安、苏州等地邮件处理中心进行迁址建设。根据国际邮政业务发展需要,建设国际邮件互换局(交换站),提高国际邮件传递速度,提升国际邮件处理能力。更新和新增邮运和投递车辆10000余辆。其中,邮运车辆3000多辆,投递车辆7000多辆。

(五)推进绿色发展智慧发展

推进绿色邮政建设。支持企业加大节能技术、减排技术、新能源技术、资源回收再利用技术的开发和应用。推广使用电子运单,有效降低材料消耗。推广使用可回收利用的绿色包装材料。加强包装废弃物的回收处置管理,提升包装物品的重复使用率。引导企业积极发展标准化、专业化的运输车辆,推动新能源汽车的普及使用。综合利用大数据和云计算等,优化邮件运输和投递线路。鼓励企业对现有设施进行节能改造,在办公场所、邮件处理中心等推广应用新能源设施。

加强技术研究应用。推动自动化分拣设备、机械化装卸设备、智能化服务终端、安全设施设备等的应用,支持发展高铁、航空邮件运输技术装备基础研究。支持邮政企业完善信息管理系统,提高邮件收寄、分拣、运输、投递等各环节的信息化、智能化和精准化水平。鼓励相关企业开发邮政服务智能终端与应用服务,推动云计算、物联网、北斗导航及地理信息等技术在邮政服务智能化管理方面的应用。适应社会需求,推动信报箱升级改造,推广智能信包箱应用。

专栏9　智能信包箱建设工程

建设推广能够通过智能化手段,同时保证信报、包裹、快件投递的智能信包箱,实现传统信报箱与智能快件箱功能的结合,提高末端投递设施使用效率,避免重复建设。鼓励企业对智能信包箱的研发设计,推动行政机关、企事业单位、商业写字楼、住宅小区等对传统信报箱的升级改造,推动将智能信包箱纳入地方政府智慧城市建设。

(六)加强普遍服务监督管理

完善监管机制。加快转变政府职能,简化审批程序和环节。建立和完善邮政普遍服务事中事后监管机制。加强对经营邮政通信业务企业的管理,加大对境外邮政企业在华揽收邮件行为的查处力度,切实维护消费者合法权益。探索建立网点分级管理制度,在农村、少数民族和边远地区制定最低网点总量红线的前提下,邮政企业可采取流动服务、便民服务等灵活机动的措施,保障邮政普遍服务水平。

制定完善邮政专用标识车辆管理规定，确保车辆规范运行。加大涉及用户权益、行业安全等重点领域执法力度。

创新监管手段。完善质量通报、监管报告制度，强化对邮政普遍服务质量的监督和管控。完善以服务质量、安全运行、成本控制等为重点的邮政普遍服务综合评价考核体系。强化公众参与的社会监督和评价机制，发挥公众对规范普遍服务市场主体行为的积极作用。有效利用大数据、云计算等信息技术，提高对邮政普遍服务的监管和服务能力。推行随机抽取检查对象、随机选派执法检查人员的“双随机”抽查机制。

专栏10　邮政普遍服务管理综合信息系统建设工程
加快邮政普遍服务行政执法信息化建设，建设以执法检查、行政审批、邮件监控、消费者申诉等为一体的邮政普遍服务管理综合信息系统。推动邮政企业相关信息系统接入邮政管理部门监督管理信息平台，实现监管过程动态化、透明化。

加强安全管控。建立健全人防物防技防相结合的行业安全防控体系，加强对邮政服务质量、网络运行和安全生产的监控预警能力，实现邮件寄递全流程动态可跟踪、隐患可发现、事件可预警、风险可管控、责任可追溯。落实企业安全生产主体责任，保障邮政通信和信息安全，切实做到安全责任、安全投入、安全培训、安全管理、应急救援“五个到位”。建立健全安全事故隐患排查治理分类分级标准，建立隐患自查、自治、自报闭环管理制度。加强邮政企业的安检能力建设，推动企业按照标准在各级邮件处理中心配备安检设备，全面实行邮件收寄验视、实名收寄、过机安检制度。

四、保障措施

（一）强化规划实施领导

国家邮政局负责推动落实邮政普遍服务“十三五”规划、邮政普遍服务基础设施布局规划，加强组织领导，做好规划宣贯，充分调动各方面积极性抓好规划实施。省级及省级以下邮政管理机构负责落实本地区邮政业发展规划、邮政设施布局专项规划，注重加强与地方总体规划、区域发展规划和相关规划的衔接。各级邮政管理部门要建立健全规划实施目标责任制度，重点抓好邮政普遍服务发展的重大项目，重大工程，推动制定相关保障措施。按照本规划确定的任务目标，加强工作部署和组织协调，制定实施方案并推进落实，争取在关键领域关键环节实现突破。加强规划评估和跟踪，根据评估结果，结合行业发展遇到的新情况、新问题，适时调整目标和任务，优化保障措施。

（二）加大政策支持力度

积极制定邮政普遍服务发展扶持政策，大力推动相关保障政策的落实。推动将邮政基础设施布局和建设纳入城乡规划，特别是邮件处理中心等枢纽设施纳入物流园区、与交通运输节点配套建设。继续推动出台产业联动、拓展服务网络、便利车辆通行等方面的政策措施，注重培育企业的创新驱动力。研究制定支持邮政服务农村电商发展、服务跨境电商发展的扶持政策，完善相关政策配套体系。注重强化邮政普遍服务保障政策落实效果的监督、评估和考核，进一步营造促进发展的产业政策环境。

（三）完善法规标准制度

完善法规标准体系，创造促进邮政普遍服务发展的良好法制环境。推动邮政普遍服务法规规章的制修订，促进与相关法规标准的衔接和协同，完善邮政地方性法规关于邮政普遍服务的相关内容。推动修订《住宅信报箱》标准，将智能信包箱（柜）内容纳入其中。推动修订实施《邮政普遍服务》标准，完善标准体系，提高标准水平。注重建立权责统一的行政执法体制，完善行政执法程序，重点加强基层执法监督，确保监督规范，提高监督效果。

（四）建立联动协调机制

加强与发展改革、财政、国土、交通、海关、税务、铁路、民航等相关部门的沟通协调，及时协调解决邮政普遍服务发展过程中面临的重点和难点问题。省级及省级以下邮政管理机构要积极与当地政府和相关部门沟通，协调运用金融、土地等政策手段，争取在国际邮件互换局等邮政基础设施的建设和土地使用方面给予政策支持，创造更加良好的发展环境。统筹交通、商务等农村物流资源，争取农村村邮站建设的政策和资金支持，扎牢邮政服务“三农”的网络末梢。充分对接综合交通运输发展政策，落实好与民航、铁路协同发展的政策。

邮政普遍服务基础设施布局规划 (2016—2020年)

(2016年12月)

邮政普遍服务基础设施是重要的通信基础设施,是国家基本公共服务设施的重要组成部分,是邮政普遍服务的重要手段和前提。邮政普遍服务基础设施布局是体现邮政普遍服务水平的重要标志。为进一步完善邮政普遍服务基础设施布局,根据《邮政业发展“十三五”规划》,制定《邮政普遍服务基础设施布局规划(2016—2020年)》。

一、现状与问题

(一)发展现状

2011—2015年是我国邮政普遍服务基础设施建设取得重大进展并加快转型升级的重要时期,初步形成了以邮政枢纽设施为核心,以邮政网点为基础,以运输网、信息网为依托,以信报箱、村邮站为终端的邮政普遍服务网络,有力推动了邮政普遍服务水平的提升。

邮政枢纽布局逐步优化。积极开展了邮政网路调整优化工作,优化一、二级中心局的布局和功能,强化地市本地网对业务的支撑能力,全国邮政干线通信网组织更加合理,全网通信效率进一步提高。积极推动邮政普遍服务综合处理平台建设,重点实施了部分中心局城市邮件综合处理和转运场地、全国信息中心等项目建设,优化功能布局,加快邮件处理中心分拣设备的更新改造。邮政枢纽设施的布局有所优化,功能得以提升。截至2015年底,全国各级邮件处理中心各类散件处理量为264.8亿件。

城乡网点体系不断完善。在城市地区积极推进邮政服务进社区、进商厦、进校园活动,完善邮政普遍服务城市服务网络;在农村和西部地区实施空白乡镇邮政局所补建工程,形成“乡乡设所”的邮政普遍服务格局。截至2015年底,在邮政管理部门备案的邮政普遍服务营业场所53931处,平均每一营业网点服务人口2.5万人;其中邮政自办提供邮政普遍服务的营业场所39237处,占邮政普遍服务营业场所总数的72.8%;开办全部普遍服务业务的邮政营业场所51120处,占邮政普遍服务营业场所总数的94.8%。2015年底,邮政便民服务站累计数量近26万个,实现了邮政网点的低成本扩张和有益补充。

“村邮户箱”设施有效改善。健全完善了以“村邮户箱”为重点的邮政普遍服务终端设施建设,推动“村邮户箱”工程纳入当地民生工程。截止2015年底,行政村村邮站达20.8万个。农村地区积极推动村邮站与农村公共服务平台有机结合,延伸服务功能,叠加服务内容,为推进农村地区实现“直接村村通邮”奠定坚实基础。全国城市信报箱比例为67%。城市地区积极开展已建城镇居民楼信报箱补建及更新工作,在部分重点城市开展了智能信包箱小范围试点,有效解决了“最后100米”投递服务问题。

信息化水平明显提升。重点实施了信息网主干网络改造、现有机房搬迁和有关信息系统建设,建成亦庄信息中心、合肥灾备中心等重大项目。积极推进“城乡邮政局所信息化改造工程”,邮政普遍服务信息化水平显著提高,2015年全国邮政普遍服务网点电子化率77.6%,特别是农村电子化邮政支局建设力度加大,基本实现了邮政汇兑业务乡镇局所的全覆盖。邮政全网数据信息的互联互通水平不断提高,有效解决了用户查询难、投诉赔偿难的问题。普遍服务监督管理信息化手段进一步完善,逐步实现了普遍服务监管的规范、透明、高效。

建设投资机制逐步理顺。邮政基础设施建设立项、投资、监督、验收等环节的工作机制逐步理顺、部门职责日益清晰、部门协作不断加强。按照邮政普遍服务均等化要求,邮政普遍服务基础设施建设纳入了国家的中央预算内投资计划安排。地方政府对邮政普遍服务基础设施建设的重视程度逐步提高,邮政基础设施建设在部分地区纳入了地方城乡规划,地方政府对邮政基础设施建设的投入不断加大,支持保障政策体系日益完善。

(二)存在问题

邮政普遍服务基础设施布局建设的主要矛盾和问题:一是邮政普遍服务基础设施布局建设滞后于

经济社会发展，邮政普遍服务基础设施未随城镇化、交通新格局的发展而相应发展，邮政枢纽、网点和终端设施的整体水平与社会需求有差距，不能完全适应国民经济发展和国家对邮政普遍服务的要求；二是邮政普遍服务基础设施发展不均衡，邮政普遍服务基础设施布局不合理，区域间、城乡间的邮政普遍服务基础设施在规模、布局、信息化水平等方面都存在较大差距；三是邮政普遍服务基础设施建设布局与城乡规划缺乏有效衔接，邮政普遍服务基础设施难以有效利用公共交通资源和城乡公共服务设施资源，邮政网络资源未得到充分整合和优化利用；四是邮政普遍服务基础设施规划建设投资管理体制改革不到位。邮政普遍服务基础设施投资渠道有待创新，中央地方共投共建和社会资本投资机制没有完全形成。

（三）规划意义

2016—2020年是我国邮政普遍服务网络完善的关键时期，也是深化邮政体制改革的攻坚时期，邮政普遍服务需求从内容到形式都面临深刻变化的挑战。

规划是适应经济社会发展的需要。2016—2020年，随着城镇化、信息化、公共服务均等化的深入推进，邮政业务需求总量将持续稳定增长，特别是包裹业务量将以40%以上速度增长。邮政需求将呈现多样化、多层次特征。邮政普遍服务需求量也会稳定增长。邮政普遍服务基础设施需要适度超前建设，适度调整布局，提高邮政普遍服务效率和服务水平，强化政府在邮政普遍服务中的主导作用，才能更好地满足经济社会发展和人民群众日益增长的普遍服务需求。

规划是推进邮政普遍服务均等化的需要。2016—2020年，我国处于走向公平与可持续发展的历史性转折时期，以人为本、公平发展将成为我国未来几十年的发展主题。国家提出到2020年总体实现基本公共服务均等化的目标，并提出统筹城乡基础设施建设和社区建设，推进城乡基本公共服务均等化。邮政普遍服务基础设施是国家基本公共服务设施的重要组成部分，推进邮政普遍服务均等化要求进一步深化邮政普遍服务基础设施规划、建设、管理体制改革，加大各级政府对农村、西部等落后地区以逐步形成适应基本公共服务均等化要求的邮政普遍服务基础设施体系。

规划是适应城镇化发展的需要。2016—2020年，我国还将处于城市化加速进程中。《国家新型城镇化规划（2014—2020年）》提出的我国新型城镇化发展目标是："2020年常住人口城镇化率达到60%"、"努力实现1亿左右农业转移人口和其他常住人口在城镇落户"。城镇化发展不仅是土地的城镇化，更是民生的城镇化，带来人的生产方式和生活方式的转变，要求基本公共服务相应转变和提升，要求根据城镇化进程在城市新区，依据邮政普遍服务标准增设邮政普遍服务网点。

规划是深化邮政改革的需要。2016年—2020年，国有企业改革在重要领域和关键环节将取得决定性成果。多类型政府和社会资本合作试点将有序开展，政府和社会资本合作模式将得到逐步推广，公共资源配置市场化将得到有效促进。因此，推进邮政业体制机制改革，推进政府购买邮政普遍服务，创新邮政基础设施建设投资模式，提升邮政普遍服务基础设施使用效率，推进邮政普遍服务基础设施资源配置市场化势在必行。

二、指导思想、目标、原则

（一）指导思想和目标

以邓小平理论、"三个代表"重要思想、科学发展观为指导，按照"五位一体"总体布局和"四个全面"战略布局，以推进邮政普遍服务均等化为主线，以提升邮政普遍服务水平为目的，统筹规划、合理布局、改善功能，全面提升邮政普遍服务基础设施功能，健全全国骨干邮路网络，提高邮政现代化水平，充分发挥邮政在国民经济中的通政、通商、通民的基础性作用。到2020年，邮政普遍服务基础设施建设布局得到优化，形成以邮件处理中心为节点、邮政网点为骨干，信包箱、村邮站为末梢的邮政普遍服务基础设施空间布局，基本形成覆盖城乡、布局合理、功能完善、层次分明、惠及全民的邮政普遍服务基础设施体系。

（二）基本原则

——立足当前，着眼长远。立足邮政普遍服务基础设施及邮政业发展现状，综合考虑未来发展趋势和潜力，以关注民生、以人为本，服务于民为宗旨，以满足邮政普遍服务标准、推进公共服务均等化为方向，着力构建邮政普遍服务基础设施网络，提高邮政普遍服务能力和服务品质，增强基础保障能力，满足邮政多层次的需求。

——区域协调、优化布局。统筹协调东中西部之间、城市群之间的全国邮政中心局城市布局，提升邮政枢纽集散、中转、分发功能，优化区域分布，着力构建联接东西、贯穿南北、畅通高效的邮政普遍服务物流大通道，促进区域协调联动发展。

——资源整合、优化配置。促进邮政各类设施资源的优化配置和合理利用,坚持自愿节约集约利用,避免低水平 重复建设 。注重邮政普遍服务基础设施发展与区域规划、城乡规划、土地规划、交通设施建设规划等相互衔接,邮政普遍服务基础设施与城乡公共设施之间的共用共享。

——统筹规划,分类指导。国务院邮政管理部门统筹总体规划、战略布局和制度安排,加强分类指导;地方各级邮政管理部门因地制宜、循序渐进抓好贯彻落实。根据各类邮政普遍服务基础设施的特点,推动形成邮政普遍服务中心局城市体系,实行分级管理、跟踪评估和动态管理。

——技术创新、改革开放。积极推进邮政普遍服务的信息化、现代化、合理化,健全完善邮政普遍服务基础设施技术标准体系。促进政府购买邮政普遍服务,鼓励邮政企业向其他企业有偿开放寄递类设施。建立政府和市场发挥各自作用的高效体制机制,依托科技进步和管理创新,充分发掘存量潜能,全面发挥增量效能。

——多元投入、适度超前。推进投资主体多元化,营造公平、有序的市场环境,鼓励地方政府和民间资本参与邮政普遍服务基础设施建设,拓宽社会资本进入邮政普遍服务领域的渠道和途径。按照全面建成小康社会的总体部署、互利共赢的开放战略、经济长期平稳较快发展的要求,着眼于邮政普遍服务基础设施网络的完善,在满足现阶段邮政普遍服务需求的基础上,使基础设施能力适度超前。

三、空间布局

根据国家区域发展总体战略部署,结合国家新型城镇化规划、全国主体功能区规划、全国土地利用总体规划纲要和综合交通运输网规划,对全国邮政普遍服务基础设施的空间布局结构如下:按照邮政普遍服务的区域发展总体情况,划分七个邮政板块;按照国家"一带一路"战略的各地方开放态势,确定辐射内外的三个国际邮路区域;根据邮件业务量和交通辐射区域,确定两级具有枢纽功能的邮政节点城市;根据邮政普遍服务标准,建设覆盖全国的邮政普遍服务网点;根据邮政便民服务和服务三农的需要,设立深入农村和社区的邮政普遍服务终端。

(一)七个邮政板块

——以北京、天津为中心的华北邮政板块(北京、天津、河北、山西、内蒙古);

——以沈阳、大连为中心的东北邮政板块(辽宁、吉林、黑龙江);

——以上海、南京为中心的华东邮政板块(山东、江苏、安徽、浙江、上海);

——以广州、厦门为中心的东南沿海邮政板块(广东、广西、福建、海南);

——以武汉、郑州为中心的中部邮政板块(湖北、湖南、河南、江西);

——以西安、兰州、乌鲁木齐为中心的西北邮政板块(陕西、甘肃、青海、宁夏、新疆);

——以重庆、成都为中心的西南邮政板块(四川、云南、贵州、重庆、西藏)。

(二)三个国际邮路区域

——沿边地区。发挥新疆独特的区位优势和向西开放重要窗口作用,打造西安内陆型改革开放新高地,发挥内蒙古联通俄蒙的区位优势,以及黑龙江、吉林、辽宁与俄远东地区的联运优势,综合利用北京—莫斯科欧亚高速运输走廊,建设向北开放的重要窗口。在既有的北京、二连浩特、满洲里、呼和浩特、丹东、大连、沈阳、长春、图们、长白、集安、延吉、珲春、黑河、绥芬河、哈尔滨、西安、乌鲁木齐等国际邮件互换局兼交换站,天津、塔城、喀什、伊宁等国际邮件互换局和霍尔果斯、红旗拉甫、吐尔尕特(暂停)、巴克图、阿拉山口等国际邮件交换站的基础上,在具备条件的情况下,规划布局调整霍尔果斯等国际邮件交换站升级为国际邮件互换局兼交换站,恢复吐尔尕特国际邮件交换站,根据国际邮路调整情况暂停或撤销相关国际邮件互换局或交换站。发挥广西与东盟国家陆海相邻的独特优势,发挥云南区位优势,以及西藏与尼泊尔等国家的边境贸易优势,推动西南地区国际邮路建设。在既有的南宁、东兴(暂停)、凭祥(暂停)、水口(暂停)、昆明、河口、天保(暂停)、畹町(暂停)、磨憨、亚东等国际邮件互换局兼交换站,拉萨国际邮件互换局和聂拉木国际邮件交换站的基础上,在具备条件的情况下,规划布局设立日喀则国际邮件互换局或交换站,恢复东兴、凭祥等国际邮件互换局兼交换站,根据国际邮路调整情况暂停或撤销相关国际邮件互换局或交换站。

——沿海地区。利用长三角、珠三角、海峡西岸、环渤海等经济区开放程度高、经济实力强、辐射带动作用大的优势,加快推进建设21世纪海上丝绸之路核心区,使沿海地区的国际邮路建设成为"一带一路"特别是21世纪海上丝绸之路建设的排头兵和主力军。在既有的上海、南京、杭州、温州、义乌、宁波、厦门、福州、济南、青岛、烟台、威海、广州、拱北、深圳、汕头、江门、东莞国际邮件互换局兼交换站,天津、苏州、海口国际邮件互换局和塘沽国际邮件交换站的基础上,在具备条件的情况,规划布局设立石家庄、平潭、泉州、无锡、徐州、盐城国际邮件互换局或交换站,根据国际邮路调整情况暂停或撤销相关国际邮件互换局或交换站。

——内陆地区。依托长江中游城市群、成渝城市群、中原城市群、呼包鄂榆城市群、哈长城市群等重点区域,发挥国际邮路在内陆开放型经济高地建设中的积极作用。通过中欧通道铁路运输和口岸通关协调机制,建设沟通境内外、连接东中西的国际邮路通道。在既有的长沙、武汉、郑州、成都、重庆、合肥等国际邮件互换局兼交换站的基础上,在具备条件的情况下,规划布局设立银川、襄阳、宜昌、贵阳国际邮件互换局或交换站,根据国际邮路调整情况暂停或撤销相关国际邮件互换局或交换站。

(三)两级邮政节点城市

根据城市进出口邮件处理量、交通、辐射区域、地理位置等基础条件,统筹考虑城市在邮政普遍服务网络中的战略地位、布局平衡、功能整合、时限半径、投入产出等因素,采取定量与定性相结合的评价方法,按照区域平衡、规模适度、结构匹配、经济适用、全网效益最大化的原则,按照东、中、西三个区域层次,结合历史基础,确定两级具有枢纽功能的邮政节点城市。

一级邮政节点城市是全国邮政网络中的关键结点,也是全国重要的综合交通枢纽城市。除完成本地区邮件集散任务外,主要担负着省(区、市)间的邮件分拣封发和邮运转口任务,在网路结构中处于全国中心地位。其组成基础是处在交通枢纽地位的大型邮件处理中心,具有大区及省际间散件和总包的经转功能,一般日处理信函量在70万件以上。

二级邮政节点城市是全国邮政网络的重要节点,是各省省际散件和总包的进出口中心,是衔接全国干线邮路和省内邮路的重要节点。除完成本地区邮件集散任务外,主要担负着省内和邻省(区)的邮件分拣封发交换和转口任务,在网路结构中处于省中心地位。其组成基础是地处省会城市或省内交通枢纽城市的中型邮件处理中心和发运中心,一般日处理信函量在40万件以上。

(四)覆盖全国的邮政普遍服务网点

全国邮政普遍服务营业场所总数不少于5.4万处。城市建成区内居民距离最近的邮政普遍服务营业场所不超过2.5公里;乡、镇人民政府所在地应至少设置一个邮政普遍服务营业场所;县级及县级以上地区的辖区内至少有一个邮政普遍服务营业场所开办国际邮政业务。

较大的车站、机场、港口、高等院校和宾馆,应设置邮政普遍服务营业场所。

(五)深入农村和社区的邮政普遍服务终端

整合已有的邮政终端资源,在城市社区、农村人口集中的乡镇或较大的行政村,建立提供邮政便民服务的综合服务站和综合服务设施,提供便民的邮件收寄、邮件存取、邮件投递服务站点,或者提供能够保障用户信息安全的智能化服务设施,作为邮政服务网络的延伸,形成覆盖城乡、深入农村和社区的邮政普遍服务终端体系。

四、重点任务

(一)优化网络节点布局,提高邮件处理效率

按照邮政网络的空间组织规律,适应交通运输发展新格局,优化邮政基础设施空间布局,推进邮政普遍服务基础设施的网络化、系统化建设。

完成一、二级邮政节点城市的布局调整。发挥邮政节点城市的各自比较优势,实行相互依托、相互支撑、错位发展、分工协作,促进邮政节点城市整体辐射能力提升。推进京津冀一体化,落实长江经济带战略,支持北京、天津、河北邮政网络一体化整合,合理布局和建设京津冀地区和长江经济带邮政节点城市。加强区域协调发展的顶层设计,做好不同层级、不同区域和相关规划之间的衔接。

依托邮政节点城市的交通运输通道优势和枢纽地位,统筹规划邮政节点城市的邮政基础设施建设,推进基础设施在各城市群内部的城市之间共建共用,实现统筹布局、资源共享,防止盲目投资,重复建设。不断扩大邮政普遍服务基础设施规模,提高基础设施承载能力和信息平台服务能力。

加强邮件处理中心的新建、改建和迁建。推动沈阳、哈尔滨、大连、福州、合肥、海口、银川、西安、苏州等地邮件处理中心的迁址建设。加强邮件处理中心设备更新,进行邮政处理工艺设备改造,提高邮件处理效率,更新一批现有邮件处理中心的设备,对工艺流程进行改造,以满足邮件快进快出流水化作业的要求。

(二)加强邮路通道建设,提升邮政运输能力

推动全国性、地区性、区域性的多等级、多层次邮路通道建设,全国干线邮路、省内干线邮路以及城镇间邮路实现合理分工、有机衔接。

调整完善全国干线邮路,以一级邮政节点城市为中心,以快速铁路、高速公路运输为骨干,以普通铁路、国省干线公路、通勤航空为补充,在满足邮件全程时限的前提下,优先考虑利用新建铁路客运专

线和既有铁路开行城际列车,调整、完善连结一、二级邮政节点城市组成的邮路大通道。

以二级邮政节点城市为中心,加快依托干线公路、城际铁路的邮路建设,连结省内二级邮政节点城市与其他地级市的通道。以地级城市为中心,依托高速公路或干线公路相对开放的快捷邮路通道。充分利用城乡交通班车发展末端运输服务。

推动开展快捷邮政工程。充分利用快速铁路、高速公路、航空等综合交通运输资源。在满足邮件全程时限的前提下,大力发展行邮专列、客列编挂自备车运邮和行李车运邮、公路直达干线运邮,推广甩挂运输和多式联运,提高邮件中转效率。协调相关部门,加强运力资源投入,提升邮运能力。推动邮政干线运输由过去的火车运输为主向铁路、公路并行发展的方向转变,及时更新公路干线运输车辆,提高一级干线运输车辆的承载能力,提高邮件递送的快捷性。

(三)加快邮政口岸建设,服务跨境电子商务

落实"一带一路"战略规划,优化国际邮路布局,依托沿线关键通道、关键节点和重点工程,加快推进邮政口岸能力建设。

完善国际邮件互换局和交换站布局。发挥国际邮件互换局和交换站服务地方经济、服务跨境电子商务发展的功能。对服务"一带一路"战略的沿海沿边城市或口岸城市,具备规定条件的,支持设立国际邮件交换站;对边贸发展迅速,本地已经设有国际邮件交换站且具备规定条件的,支持将国际邮件交换站提升为国际邮件互换局兼交换站;对服务"一带一路"战略的内地城市,具备规定条件的,支持设立国际邮件互换局或交换站。

推动国际铁路运邮。积极推进采用铁路国际联运方式运邮工作,支持国际铁路沿线城市和口岸城市的国际邮件互换局和交换站建设。围绕中欧班列邮件运输规划,推动郑州、重庆、乌鲁木齐、苏州、哈尔滨国际邮件互换局(国际邮件处理中心)的功能提升。结合国际邮件特性,推行国际邮件"属地查验、口岸验放"模式,加快推进中欧班列进出口国际邮件相关工作,实现国际邮件常态化运输。

加大跨境电商寄递能力建设。支持围绕国家跨境电商试点城市、国际运能发达城市,建设和改造北京、上海、广州、深圳、杭州、义乌、厦门、平潭国际邮件处理中心,提升邮件快速通关能力,适应跨境电子商务发展。

(四)完善城镇服务体系,构建城市智慧邮政

推动将邮政普遍服务网点作为公共设施纳入城乡建设规划。适应国家城镇化发展需要,在城市新建住宅小区、开发区、卫星城配套建设500个邮政网点。城乡邮政局所和邮筒(箱)设置达到国家规定的标准。

继续推进在社区、商厦、校园、车站等区域布设邮政普遍服务设施设备,完善服务功能。建设6000个示范性城市综合社区的邮政服务设施,发展社区邮政便民服务站,开办邮政代办代投业务,提高网点覆盖深度和广度。

积极开展已建城镇居民楼信报箱补建及更新工作。以配套邮政普通包裹实行按址实物投递为切入点,推进智能信包箱的试点、推广和普及,解决用户隐私保护和信息安全问题,提高邮政普遍服务的深度和广度。

提高全网数据信息的互联互通,有效解决用户查询难、投诉赔偿难的问题。建设南北两个全国邮政客户服务中心,提升邮政服务的信息化和智能化水平。提高邮政普遍服务客户咨询、查询的便易程度,提高邮政客户服务水平。

推进邮政普遍服务基础设施信息化升级改造,与智慧城市、智慧社区建设相融合,以邮政综合服务平台链接智慧社区建设推进邮政基础设施与公共信息平台互联互通,实施智慧邮政工程。

(五)巩固农村邮政网络,实现邮政普惠发展

积极开展西部和农村地区邮政局所的改造工程,完成邮政网点改造4245处、危旧县局房改造233处。加大农村电子化邮政支局建设力度,提高邮政局所的标准化、信息化水平,全面实现邮政汇兑业务乡镇全覆盖。

支持邮政企业综合利用乡镇农村客运站、货运站、公路养护站等交通运输基础设施以及其他公共设施,建立仓储场地、小型邮件分拨中心和邮政服务网点,实现平台间的有效衔接、综合利用和功能集成。

因地制宜地推进农村村邮站建设。做好村邮站建设规划,明确村邮站建设及运营的责任主体,落实建设和运营保障资金,确保村邮站运转顺畅。推动村邮站与农村公共服务平台结合建设,延伸服务功能,叠加服务内容,为提高邮政普遍服务的终端投递深度和广度提供支撑。

五、政策措施

（一）建立组织协调机制

加强对邮政普遍服务基础设施规划、建设的组织和协调，在相关部门各司其职、各负其责的基础上，推动建立规划实施工作协调机制，统筹中央与地方、政府在企业与不同区域、不同层级邮政节点城市的规划建设，协调解决规划实施的重大问题。推动地方发展改革、城乡建设、国土房管、市政、邮政管理等部门和单位的沟通配合，切实抓好邮政普遍服务基础设施项目的规划、立项、土地划拨、工程建设、竣工验收、房屋权属登记与过户等工作。

（二）健全建设标准规范

按照经济社会发展的新形势要求，根据我国邮政普遍服务基础设施体系建设的需要，制定邮政处理场所、邮政营业场所等邮政普遍服务基础设施建设标准，将邮政普遍服务基础设施建设纳入规范化轨道。建立邮政普遍服务基础设施项目库，并根据实际情况不断调整更新数据库。项目库包括枢纽、网点、转运设施设备和终端设备等普遍服务设施。各地方依据项目库编制邮政普遍服务基础设施建设规划及投资规划，并贯彻实施。

（三）创新建设投资机制

推动中央及地方各级政府加大对邮政基础设施的投入与政策支持。理顺建设投资管理机制，形成“中央财政保基本、地方财政促提升”的邮政普遍服务设施建设投资机制。按照统筹规划、条块结合、分层负责、联合建设的思路，合理划分中央和地方的投入责任，形成邮政普遍服务基础设施分项目、按比例的“共投共建”模式。中央预算内资金加大对农村、西部地区及边远地区邮政基础设施建设投资补助力度。采取项目补助、以奖代补等方式支持邮政普遍服务发展。鼓励包括民间资本在内的社会资本参与邮政普遍服务基础设施建设，形成多渠道、多层次、多元化的投入格局。建立中央、地方财政支持邮政普遍服务的稳定资金来源。

（四）完善建设保障政策

加强与城乡规划、土地利用规划、交通规划的衔接协调，保障规划落地和贯彻实施。将新建、改扩建和搬迁的重要邮政普遍服务基础设施用地依法及时纳入城乡规划和土地利用年度计划，合理安排土地利用指标。强化规划对邮政普遍服务基础设施建设布局的指导，增强规划的执行力和约束力。各地方要制订本地区邮政普遍服务基础设施建设布局规划，指导本地区邮政普遍服务的发展，加强其与邮政业规划、基础设施规划和地方其他相关规划的衔接与协调。探索建立大型邮政普遍服务基础设施用地效率考评标准，重点加强公益性、公共性项目规划建设管理，实现同步规划、同步审批、同步建设、同步验收。

（五）推动设施综合利用

继续深化邮政体制改革，完善政府对邮政普遍服务基础设施的规划、建设、管理机制。推进邮政普遍服务基础设施的社会化利用，逐步建立统一开放、竞争有序的邮政市场。鼓励邮政企业与快递企业合作，代收代运代投快件。提高邮政企业设施的资源利用效率，鼓励邮政企业将邮政普遍服务基础设施向快递企业依法依约开放，实现邮政普遍服务基础设施共享共用。

邮政业监管体系建设“十三五”规划

（2016年12月）

为实现全面建成与小康社会相适应的现代邮政业目标，促进邮政业主动适应经济发展新常态，结合行业发展实际，制定《邮政业监管体系建设“十三五”规划》。本规划为邮政业“十三五”规划体系的重要组成部分。

一、现状与形势

“十二五”时期，我国邮政业监管体系逐步健全。政府依法监管、权责关系明确、上下运转顺畅的国家邮政管理体制基本形成，组织管理架构逐步完善、法规制度体系基本形成、监管队伍建设整体强化、行业监管效能全面提升，完成了“十二五”监管体系规划的目标任务，为促进新时期邮政业发展提供了有效保障。

(一)发展现状

邮政管理体系逐步健全。按照《国务院办公厅关于完善省级以下邮政监管体制的通知》要求,组建了357个市(地)级邮政管理机构,在业务集中、情况特殊的地方设置了54个县级邮政管理机构。调整邮政管理体制,将邮政管理体制由中央垂直管理调整为中央和地方双重管理、以中央为主。全国298个市(地)邮政企业全部完成更名换牌工作。成立国家邮政局邮政业安全中心和江苏等地方邮政业安全中心,安全监管基础不断夯实。政策研究、新闻宣传、人才培养、消费者权益保护等方面支撑和服务行业的能力不断提升。成立海峡两岸邮政交流协会,全国组建150个市(地)快递协会,在服务、协调和自律方面的作用日益增强。调整优化邮政特邀监督员队伍,社会监督作用进一步发挥。

依法治邮水平显著提升。完成《中华人民共和国邮政法》两次修正,明确了三级邮政管理机构对邮政普遍服务和邮政市场实施监督管理的职责。颁布、修订部门规章14部次。省级邮政地方立法基本实现全覆盖,邮政法规体系进一步完善。出台《全面加强法治邮政建设的意见》,深入推进简政放权,取消1项、下放2项行政审批,将1项审批改为工商登记后置。明确各级邮政管理部门层级职权,将31项职责下放到市(地)局,实现执法重心下沉。印发《邮政行政管理权力清单、责任清单和市场准入负面清单》。编制完成《邮政业标准体系》,制修订6项国家标准和20项行业标准。颁布《邮政业安全生产设备配置规范》《快递安全生产操作规范》2项行业强制标准。行业监管法律法规、规章规范和标准体系进一步完善,制定法治邮政建设指标体系,出台邮政行政执法监督和评议考核等规定,行政执法的规范化、标准化水平和监管效能大幅提升。

安全监管与应急保障能力稳步增强。与中央综治办等九部门联合出台《关于加强邮件、快件寄递安全管理工作的若干意见》,建立寄递渠道安全监管联动机制,推动寄递渠道安全监管综合治理和属地化管理。全面落实收寄验视制度、加快实施实名收寄和过机安检制度。积极开展寄递危化品清理整顿、反恐、禁毒、打击侵权假冒、扫黄打非等专项整治活动。完善应急保障预案,严格落实日常防控、舆情监测、隐患排查、紧急处置、信息发布等制度措施。圆满完成抗战胜利70周年纪念活动、北京APEC会议等重大活动期间寄递渠道安全服务保障工作。发挥“错峰发货、均衡推进”机制作用,有效应对“双11”等旺季业务量的大幅增长。积极应对地震、台风、洪涝和泥石流等自然灾害,重点时段、重大活动、重点地区安全监管和应急保障能力大幅提高。

信息化建设大力推进。搭建完成邮政管理系统三级网络和安全体系,涵盖邮政行业管理主要业务领域的信息化应用、服务和支撑体系基本形成,为提高邮政管理部门履职效能提供了良好的信息化支撑。三级邮政管理部门的门户网站群、消费者申诉系统、职业技能鉴定考试管理等公共服务系统顺利建成,邮政管理部门的政府信息公开和公共服务能力进一步增强。应用系统基本覆盖行政许可、安全监管、普遍服务监督、行业统计等主要职能。执法信息系统在全国推广应用,基本实现各信息系统应用模块互联互通和向下延伸。安全监管信息平台顺利搭建,行业安全监管能力大幅增强。数据资源体系初步搭建。信息交换和共享能力逐步提高。

管理队伍素质不断提高。市(地)级邮政管理机构人员基本到位。出台《国家邮政局党组重大事项议事规则》和《国家邮政局系统干部培训管理办法(试行)》,为规范队伍建设提供制度保证。先后开展三批全国邮政行政执法资格考试,行政执法人员能力水平有效提升。以能力建设为核心,开展多种形式的岗位培训和多种途径的交流培养,完成了市(地)局长三年一轮训的培训目标,干部队伍整体素质和履职能力显著提高。

党建工作全面加强。坚决贯彻落实全面从严治党要求,深入开展党的群众路线教育实践活动和“三严三实”专题教育,广大党员干部不断改进作风,理想信念更加坚定。成立党建工作领导小组和党风廉政建设领导小组及其办公室,大力推进学习型、服务型、创新型基层党组织建设。成立了245个快递企业党组织,非公快递企业党建工作取得突破。党风廉政建设取得新成效,实施分区互查,督查工作有效落实,党员干部廉洁自律意识明显增强。省级以下机构纪检监察组织全部建立,纪检监察干部队伍素质进一步提高。召开首次全国邮政行业精神文明建设座谈会,开展首批快递行业青年文明号创建工作,组织首届“中国梦·邮政情”寻找最美快递员评选表彰,提出并践行“诚信、服务、规范、共享”的行业核心价值理念。

“十二五”期间,邮政业监管体系建设成效显著,但与行业发展速度和管理需求仍有不适应之处。一是国务院邮政管理部门、省(区、市)邮政管理机构和省级以下邮政管理机构之间的纵向衔接以及省级以下机构与地方有关部门的横向衔接有待进一步加强,地方支持作用有待发挥。二是各类业务向下延伸趋势明显，新成立的监管机构能力不足，支撑机构服务能力有待提升。三是行业安全监管力量薄弱，监管手段不足，市（地）以下寄递渠道安全监管压力较大。四是监管队伍结构有待优化，专业能力、执法能力亟待提升。五是信息系统互联互通和应用下沉的程度还不能完全满足监管工作的要求，信息化监管及科技支撑水平亟须提升。这些问题都极大地影响了监管作用的发挥和监管效率的提高。

（二）发展形势

"十三五"时期是邮政业深化改革、转型升级的攻坚时期，是建成与小康社会相适应的现代邮政业的决胜时期，也是我国从邮政大国向邮政强国迈进的重要时期。新形势下，邮政管理部门要加快转变政府职能，不断完善组织机构，进一步健全法制体系，大力丰富监管手段，持续提升监管水平，积极主动适应行业发展新形势，为行业发展提供坚强有力保障。

"四个全面"战略布局和经济发展新常态对邮政业监管提出新要求。中央提出全面建成小康社会、全面深化改革、全面依法治国、全面从严治党的战略布局，是新形势下推进党和国家事业发展的科学纲领，展现出治国理政的方略。十八届五中全会明确了未来我国发展的指导思想和主要目标，提出了"创新、协调、绿色、开放、共享"的发展理念。国家将供给侧结构性改革作为引领经济发展新常态、推进转型升级、提高综合竞争力的长远之策，促使邮政业加快提升供给的质效。面对新形势，行业管理部门需要坚持目标导向和问题导向，推进行业发展的结构性改革，增强行业发展的协调性、包容性、可持续性和开放性。必须从行业战略全局出发，深入谋划行业发展战略目标和实现方式，把握机遇，找准抓手，切实转变政府职能，全面推进法治政府建设，构建系统完备、科学规范、运行有效的制度体系，开创行业监管工作新局面。

法治型、服务型政府建设对邮政业监管提出新目标。党的十八届三中全会和《法治政府建设实施纲要（2015—2020年）》提出，要切实转变政府职能，深化行政体制改革，创新行政管理方式，增强政府公信力和执行力，实行法治政府建设与服务型政府建设相结合。面对新目标，邮政管理部门要加强学习，适应新形势，开辟新思路，寻找新方法，全面依法履行自身职能。要最大限度减少对行业发展微观事务的管理，清除市场壁垒，维护市场秩序，让市场机制充分发挥调节作用。要同步推进简政放权、放管结合和优化服务，进一步深化行政审批制度改革，对保留的行政审批事项要规范管理、提高效率。必须牢固树立为人民服务的理念，以方便、快捷、高效、亲民为原则，强化政府公共服务职能，创新管理手段和方法，促进向服务型政府转型，真正做到依法行政、执政为民。

行业发展新趋势推动邮政业监管迈上新高度。国内包裹快递市场的全面开放，将倒逼我国邮政和快递企业改善经营管理模式，提升市场竞争力。国家将民生保障提到了新高度，邮政业在便民惠民、促进社会公平中将发挥更大作用。现代市场体系形成，经济步入新常态，产业间协同和产业内合作并存，行业整体高增长继续吸引资本关注，资本将推动行业并购整合。邮政业结构性变革持续推进，要求行业发展必须转型创新，持续调整增长方式，充分发挥市场主体协同效应，提升一体化综合服务能力。信息化变革重塑经济产业形态，"互联网+"战略深入实施，为邮政业可持续发展注入新动力。面对结构矛盾突出、发展方式粗放、安全形势严峻、资源环境压力凸显的市场环境，邮政管理部门要提升管理能力，优化行业监管模式，创新行业监管方式，处理好改革创新、转型升级、提质增效、开放合作的多重任务，保障邮政业长期平稳较快发展。

安全形势严峻倒逼监管水平实现新跨越。寄递安全已成为国家安全、社会安全与公共安全的一部分。维护寄递渠道安全，防止和减少安全事故，保障人民群众生命和财产安全，必须加强行业安全监管。加快建设安全邮政，完善安全监管手段，全面推进安全治理体系和治理能力建设，大力提升信息科技应用对安全监管的支撑作用。突出预防为主，推动安全监管从事后处置向主动管控转变。加大安全执法检查力度，健全应急处置保障制度，充分发挥联合工作机制作用，推动行业安全在制度建设、执法检查、防范能力、标准化建设、安全宣传等多方面取得突破。

二、总体思路

（一）指导思想

全面贯彻党的十八大和十八届三中、四中、五中、六中全会精神，以邓小平理论、"三个代表"重要思想、科学发展观为指导，深入贯彻习近平总书记系列重要讲话精神和治国理政新理念新思想新战略，按照"五位一体"总体布局和"四个全面"战略布局要求，牢固树立和贯彻落实新发展理念，主动适应把握引领经济发展新常态，认真贯彻政府职能转变总体要求，协同推进简政放权、放管结合、优化服务，充分发挥市场在资源配置中的决定性作用，更好发展邮政管理部门作用，以推进行业治理体系和治理能力现代化为方向，以建设法治政府和服务型政府为目标，以完善组织机构、加强队伍建设、创新监管方式、提升监管能力为重点，加快形成权责明确、公平公正、透明高效、保障有力的邮政业监管体系，不断提升服务发展、依法监管、科学监管水平，为建成与小康社会相适应的现代邮政业、加快从邮政大国向邮政强国迈进提供支撑保障。

（二）基本思路

——坚定“一个方向”。坚定行业治理现代化方向。适应行业发展趋势和要求，改进体制机制和制度体系，创新和加强事中事后监管，严格依法履职，促进公平正义。依托信息技术，创新监管方式，提高广大干部的业务水平和治理能力，实现行业治理的民主化、法治化、科学化、规范化。

——提升“两个能力”。提升政府履职能力。加强邮政业发展战略规划、政策标准等的制定和实施，依法规范市场准入，维护公平竞争、健康有序的邮政市场秩序，提升邮政普遍服务均等化便利化水平，保护消费者知情权、公平交易权等合法权益。提升现代化治理能力。建立健全法治型、规范化的管理制度，构筑全面有效的市场供给、服务和保障体系，健全风险评估、诉求表达、纠纷解决等机制，突出责任制管理与程序化管理，创新事中事后监管方式方法，创新与各级政府部门的综合治理模式。促进加强市场监管与激发市场活力的有机结合，优化服务流程，创新服务方式，推行公开透明的政府服务，打造法治型、廉洁型、高效型、服务型政府，为邮政业创新发展营造良好环境。

——加快“三个转变”。强化法治理念，全面落实依法治邮，提升法律执行力，加快推进行业监管由管理为主向服务为主转变。强化科学理念，充分运用大数据、云计算和互联网等技术。提高监管有效性，加快推进行业监管由粗放型向精细型转变。强化共治理念，畅通公众参与渠道，提升行业自律水平，加快行业监管由单一主体向多元协同参与治理转变。

（三）发展目标

组织体系建设。加快形成决策科学、执行高效、运转顺畅、监督有力的行业管理体制和运行机制。监管模式创新取得显著进展。在业务量前15%的县（市、区）以及情况特殊的地方，推动建立县级邮政管理机构。重点省份和城市邮政管理支撑机构建设取得较大突破，推动省级邮政业安全中心全覆盖，在具备条件的地方建立地市级邮政业安全中心。事业单位改革稳妥有序推进，服务保障能力和水平明显提升。

监管队伍建设。加快形成一支政治强、水平高、素质优、作风硬的监管队伍。不断提升各级领导班子能力水平，优化监管队伍人员结构，健全完善干部选拔任用、公务员考核评价、人员交流等机制，有效增强邮政监管队伍的依法行政、公共服务、学习创新和处理复杂问题的能力。

法治能力建设。加快形成完备的行业法律法规体系、高效的行政执法体系、规范的执法监督体系。省级邮政地方立法覆盖率达到100%。邮政管理部门全面履行法定职能、健全依法决策机制、坚持严格规范公正文明执法、强化内外部制约和监督、全面推进政务公开等五个方面的工作取得显著成效。

保障能力建设。加快形成整合协同、便捷高效、支撑有力的服务保障体系。促进信息化监管系统资源整合、信息共享、业务协同和服务提升。进一步完善行业安全支撑体系，安全监管和应急保障的智能化、信息化水平稳步提升。行政办公场地建设、执法装备和安全监管设施配置取得重大进展，监管条件进一步改善。

三、主要任务

（一）增强依法履职能力

加强宏观决策。充分发挥宏观决策作用，强化战略规划、政策标准和统计分析职能。建立健全以行业战略规划为引领、以行业重大政策为纲领、以法律法规为准绳的宏观决策体系。加强宏观决策集体会商，健全依法决策机制和重大决策责任追究制度，提升宏观决策规范化和科学化水平。

深化简政放权。依法规范、下放相关邮政行政许可事项。强化调查环节，简化快递业务经营许可等审批程序，改革快递企业年度报告制度，精简快递分支机构、末端网点备案手续。深化快递业商事制度改革，推动对同一工商登记机关管辖范围内企业实施“一照多址”模式。建立行政许可办理执行进度的测评机制，提高行政服务效能。完善行政许可事项的审查细则、服务指南、流程图等信息公示制度，加强内外部监督管理。清理规范审批中介服务事项，拓宽行政许可申请信息化受理渠道。

加强事中事后监管。明确邮政行政管理职责信息要素，完善邮政管理部门行政权力清单和责任清单。按要求全面实施“双随机一公开”，修订相关规章和规范性文件，制定邮政管理部门加强事中事后监管意见。严格行政审批事项管理，指导省局、市（地）局做好普遍服务两项审批的承接工作。创新市场监管机制，强化地方监管责任，突出综合执法，实现执法重心下沉。加强信息互联共享，完善信用监管机制，提高监管效能。

加强公共服务供给。支持邮政企业和快递企业创新合作，提高邮政基础设施利用效率。推动建立邮政普遍服务社会参与和分工协作机制。推动普遍服务投递深度向下延伸，提升邮政普遍服务功能全面性和城乡均衡性，推动均等协调发展。完善邮政普遍服务价格形成机制，理顺政府定价管理邮政业务资费结构，全面提升公共服务的质量和水平。

（二）完善组织管理体系

推进管理机构纵深延伸。继续深化邮政体制改革，探索优化邮政管理部门内部职能划分和机构设置，建立行业管理、综合执法、执法监督三位一体的监管体系。充分发挥双重管理体制优势，在业务集中、情况特殊的地方推动设立县级邮政管理机构。健全完善县级邮政管理机构运行机制，探索县域邮政监管模式，实现监管工作向纵深延伸。

加快支撑服务体系建设。提升邮政管理部门执法监督、监测预警、应急处置、检测认证等方面基础能力。加快推进省级及省级以下邮政管理支撑体系建设，重点增强安全监管、研究咨询、市场监测、人才培养、新闻宣传等方面支撑能力。积极稳妥做好事业单位分类改革。探索引入竞争机制，推广政府向社会购买事务性管理服务的方式。

专栏1　省级及省级以下邮政管理支撑体系建设工程

充分发挥双重管理体制优势，积极争取各方支持，在广东、浙江、江苏等重点省份，以及广州、上海、深圳、北京、杭州等重点城市的支撑机构建设方面取得较大突破。推动31个省（区、市）建立邮政业安全中心，加强动态监测、风险预警、突发事件应对、数据灾备防范等能力，提升行业运行安全预警和应急管理水平。推动省、市两级管理部门在研究中心、职业技能鉴定指导中心、新闻宣传中心、数据中心等支撑机构建设上取得新突破。

（三）优化政策制度环境

健全法律法规体系。完善邮政业法律法规体系，适时推动《中华人民共和国邮政法》的修改工作。积极参与《电子商务法》快递物流有关条款的制定工作。着力推进快递条例等行政法规的制定与实施，开展邮政服务条例研究工作，及时制修订配套规章制度。加强邮政地方立法指导，实现省级邮政地方立法全覆盖，推进市（地）立法试点。

完善行业标准体系。贯彻国务院深化落实标准化工作改革方案重要精神，持续加强标准制修订工作，构建完善系统全面、科学合理、结构清晰、开放兼容的邮政业标准体系。精简整合强制性标准，优化完善推荐性标准，培育发展团体标准，开展团体标准试点，放开搞活企业标准。鼓励行业协会、企业参与标准制定，形成政府引导、市场驱动、社会参与、协同推进的标准化工作格局。加强法律法规、产业政策与标准规范的有效衔接。加强标准宣贯。加大对实施情况的监督检查，积极推动标准实施。建立标准动态调整机制，适时提高标准水平。

规范权力运行。健全依法决策机制和重大决策终身责任追究制度。按照“清权、确权、配权、晒权、制权”等步骤，逐步建立健全权力清单、责任清单以及负面清单制度体系。积极开展邮政管理部门法治邮政建设考核和执法评议考核，把法治建设成效作为衡量各级领导班子和领导干部工作实绩的重要内容。强化责任追溯，对失职、渎职等行为依法追究责任，不断提高邮政管理部门的公信力和执行力。

专栏2　重大标准制定工程

加强国标制定力度，制修订快递专用电动三轮车、快递封装用品等国家标准。完善行业标准体系，修订邮政普遍服务标准，制定邮政服务设施互联信息共享的相关技术标准。制定快递业与制造业等关联产业信息共享技术标准，推动产业协同运作。制定生产安全和信息安全标准，夯实邮政业安全管理基础。制定冷链、逆向快递标准，促进新型业务发展。制修订快递包装、快递集装容器等标准，推进行业绿色发展。

（四）加强改进行政执法

创新执法方式。在有条件的地区探索由一个内设机构统一开展邮政行政执法工作。建立健全消费者申诉与市场执法联动机制，推动健全邮政行政执法和刑事司法衔接机制。积极推行政府法律顾问制度，建立法制机构人员为主体、吸收专家和律师参加的邮政法律顾问队伍。

优化执法流程。建立科学监管的规则方法，制定随机抽查事项清单、市场主体名录库、执法检查人员名录库、随机抽查工作细则等制度，规范行政执法行为。优化细化执法工作流程。加强行政执法监督，落实行政执法责任制。健全完善邮政行政处罚裁量权基准制度，进一步规范裁量范围、种类和幅度。

加强考核评价。建立邮政普遍服务营业网点分级管理制度，健全普遍服务综合绩效考核体系。完善以"服务满意度、时限准时率、用户申诉率"为核心的快递服务质量评价体系，积极开展多种形式的快递服务质量评价工作，加大申诉处理力度，督促快递企业提升服务水平。加强邮政行政执法培训和考核，全面提高执法人员的能力和水平。

加强执法联动。充分发挥各部门职能优势，推进跨部门、跨行业综合执法，形成监管执法合力。建立权责一致、规范有序、高效联动、执法有力的常态化执法联动机制，促进执法巡查、案件查办等方面的交流协作。建立联席会议制度，推进信息共享、协同应对和快速处置，形成政府监管、企业负责、用户自律、社会支持的工作格局。

推进政务公开。强化政务公开意识，健全政务公开制度机制。扩大主动公开范围，加强重点领域及热点信息公开。加强信息公开平台建设，大力推进邮政业执法信息公开。依法公开监测、抽检和执法的依据、内容、标准、程序和结果。推进"互联网 + 政务服务"工作，建立一体化网上政务服务平台，优化网上服务流程、推进服务事项网上办理，提升政务服务标准化和网络化水平，实现互联网与政务服务深度融合。

（五）提升科技支撑水平

整合完善信息系统。建设寄递渠道安全监管"绿盾"工程，突出抓好实名核查、实物核查、视频联网、安检机联网和安全预警、应急处置"两实两联一预警一处置"能力建设。完善信息化管理体系，统一规划、统一管理、统一标准、分步实施，构建互通共享、安全可控的信息化基础环境。建立完善安监、许可、统计等信息系统，充分利用信息网络技术开展实时监督、监测、执法、审批和综合分析等工作。

专栏 3　寄递渠道安全监管"绿盾"工程

以"互联网 + "监管为主线、邮政业大数据应用为核心，依托既有条件及相关工程成果，加强寄递渠道安全监管能力建设。通过完善监管手段，提升监管信息化水平，实现动态可跟踪、隐患可发现、事件可预警、风险可管理、责任可追踪等"五可"目标，有效保障邮件快件收寄验视、实名收寄、过机安检三项制度落实。健全安全监管基础设施，建设省级和重点地市安全监控中心，搭建业务应用系统和支撑环境，完善寄递渠道安全监管业务机制和标准规范，构建安全支撑体系。

促进信息互联互通。完善国家邮政局与省、市邮政管理部门的信息互通体系，建立与相关机构的信息交换平台，加快实现各业务监管信息应用与共享。推动邮政快递企业相关信息系统接入邮政管理部门监督管理信息平台，促进数据在各级、各部门之间的共享共用，提高日常监督管理效能。

提升技术设备水平。充分发挥大数据、云计算和互联网等现代信息技术，加强对行业运行情况分析与预警预判，定向施策、精准发力，为邮政管理部门宏观决策、监督管理、公共服务、行政执法提供重要支撑。指导寄递企业落实《邮政业安全生产设备配置规范》，配备符合国家标准或行业标准的收寄验视设备和 X 光机，按规定对邮件、快件进行安检。推广应用移动执法设备，规范执法程序、细化监管内容、简化模板文书。

专栏 4　国家邮政局电子政务云平台建设工程

充分利用分布式计算、分布式存储、大数据挖掘等技术，初步建立国家邮政局大数据分析的基础架构，形成能满足随需而变的国家邮政局电子政务云平台。根据信息化发展进程，不断完善云平台所需的计算资源、存储资源、应用支撑等，满足支持灵活业务配置和海量数据分析的应用支撑需求。

专栏 5　国家邮政局电子信息网络工程

按照"大数据、大网络、大系统"思路，构建涵盖"3 个信息网络、1 个云服务中心、4 个应用和服务体系"的国家邮政局信息化体系。建成覆盖全系统的电子政务内网，改造现有专网，将现有专网迁移至国家电子政务外网网络平台。充分利用互联网满足与社会公众业务互动等需求。建设国家局系统电子政务云平台，形成传统架构和新型架构并行运行的基础软硬件支撑环境。整合现有应用，优化系统流程，构建行业管理、内部管理、公共服务、数据资源等四大应用和服务体系。

（六）加强队伍能力建设

优化选拔用人机制。落实《党政领导干部选拔任用工作条例》和国家邮政局党组《关于加强和改进邮政管理系统领导班子建设的意见》，不断加强领导班子和领导干部队伍建设。改进优秀年轻干部培养选拔机制，健全后备干部管理体系和后备干部库，有计划地加强干部队伍的教育培训和实践锻炼。贯彻《推进领导干部能上能下若干规定（试行）》，完善考核评价机制，加大干部问责力度，推动形成能者上、庸者下、劣者汰的用人导向和从政环境，形成能上能下的选人用人机制。做好工会、共青团、妇女和老干部工作。

提升队伍能力水平。按照“统一规划、分级负责、分类实施、协作配合”的原则，加强培训管理，从事业发展和工作需要出发，注重能力提升，坚持按需施教、学以致用，不断提升培训的针对性和实效性。完善干部交流制度，扩宽交流渠道，有计划、有步骤地组织实施干部轮岗交流。加强直属单位专业技术人才队伍建设，注重在实践中培养高层次创新型人才。加大外部资源整合力度，完善由消费者代表、行业专家和自律组织等组成的社会监督员队伍。

专栏6　队伍能力提升工程

完善干部选拔任用机制，建立市（地）局向省局，市（地）局、省局向国家局干部交流通道和东西部地区干部交流通道。建立干部管理信息系统，加强干部队伍基础管理工作。配强市级、县级邮政管理机构班子。加强干部基层锻炼，抓好轮岗交流。创新培训工作方式方法，增加系统干部轮训机会。

（七）提高党建工作水平

坚持全面从严治党。坚持以《中国共产党章程》为依据，贯彻落实《中国共产党廉洁自律准则》《关于新形势下党内政治生活的若干准则》《中国共产党纪律处分条例》《中国共产党问责条例》《中国共产党党内监督条例》等党规，认真落实全面从严治党要求。健全完善纪检制度，坚持纪严于法、纪在法前。坚持高标准和守底线相结合，注重规范惩戒、严明纪律底线，筑牢拒腐防变思想道德防线。

加强基层党组织建设。认真落实党建工作主体责任，大力加强各级党组织自身建设。抓好党员干部思想政治建设，提升党员干部的政治意识、大局意识、核心意识、看齐意识。增强党组织的创造力、凝聚力、战斗力，积极发挥党组织的战斗堡垒作用和党员的先锋模范作用。大力推进行业非公企业党建工作，发挥企业党组织在职工群众中的政治核心作用和对企业发展的政治引领作用。

加强党风廉政建设。加强权力制约和监督，进一步推动廉政建设和反腐败工作。建立权力制约机制，加强对权力行使的规范和限制。加强廉政风险防控，健全三级廉政风险防控机制，不断强化监督检查，持之以恒正风肃纪，严肃执纪问责。用好“四种形态”，完善提醒、函询、谈话、诫勉机制，规范干部履职行为。持续深入开展党风廉政教育，养成纪律自觉。

弘扬行业精神文明。坚持以党风带行风，以行风促发展，指导企业勇于承担社会责任，切实保障从业人员劳动权益和用户权益，树立行业良好形象。践行“诚信、服务、规范、共享”行业核心价值理念，全面推进行业文化和诚信体系建设。加强行业新闻宣传工作。以“奋战十三五、传递邮政情、共筑中国梦”为主题，继续开展“寻找最美快递员”、选树先进典型、组织创先争优等系列教育文化活动，把握正确舆论导向，壮大主流舆论阵地。

（八）提升行业自律水平

发挥行业协会作用。发挥行业协会在建立自律公约和职业道德准则，规范行业经营行为等方面的积极作用。鼓励行业协会参与制定国家标准、行业规划和政策法规。支持行业协会在人才培养、共性技术研究与应用、第三方咨询评估、合作交流、企业国际化发展、应对贸易摩擦等方面发挥积极作用。

建立健全信用机制。开展企业信用评级和管理，促进行业自律发展。借助信用评价体系、质量评价体系、申诉受理系统等资源，加快建设邮政市场主体信用信息平台，逐步实现与企业信用信息公示系统等互联互通。积极营造“守信激励、失信惩戒”的行业诚信氛围，建立健全行业企业和从业人员诚信档案制度、违法失信主体“黑名单”制度和联合惩戒机制。根据市场主体信用状况，实行分类分级、动态监管，对守信主体给予政策支持和奖励，对严重违法失信主体实行市场禁入制度。运用信息公示、信息共享和信用约束等手段，营造诚实、自律、守信、互信的行业信用环境。

四、保障措施

（一）加强规划组织实施

国家邮政局负责落实本规划。各级邮政管理部门要统一思想、凝聚力量，做好规划宣贯，制定和完善相关配套政策措施。要统筹协调、细化落实、有序推进规划确定的发展目标、主要任务、重大工程，确保规划落到实处。以邮政业发展“十三五”规划为统领，加强监管体系建设规划与行业发展总体规划的内部纵向衔接。做好监管体系建设规划与地方行业发展、机构建设、部门管理等政策和规划的外部横向协调。建立健全规划落实推进机制、规划任务与年度工作任务衔接机制。切实加强规划实施的跟踪和评估，及时把握行业管理中出现的新情况、新问题，提出应对措施，保障规划实施。及时总结推广邮政监管体系建设的成功经验，加强对各级邮政管理部门的指导。

（二）发挥双重管理优势

充分调动邮政管理系统人力、物力，及时解决规划实施中的问题。发挥省级以下双重管理体制优势，同地方政府建立政策协调、应急管理、安全监管等联席会议机制，研究改进工作方法，提高监管水平，将邮政监管工作融入地方政府管理工作之中。推动地方政府统筹调剂、优先解决省级以下邮政管理机构办公业务用房，争取地方政府对行业在机构设置、人员编制、行政资源、业务发展和安全管理等方面的政策资金支持与工作配合，进一步推动地方政府在邮政设施布局、交邮融合、提升末端服务等方面强化责任，为规划实施创造有利条件。

（三）完善监督制约机制

落实党风廉政建设责任制，制定实施责任追究制度，完善落实"两个责任"措施办法。理顺国家邮政局纪检监察与省、市（地）局纪检监察工作机制。发挥审计监督职能，积极主动参与和配合纪检监察工作。拓宽外部监督途径，充分发挥有关企业、社会舆论、新闻媒体和消费者的监督作用，增强监督效果。进一步健全完善特邀监督员队伍。建立以公众利益为核心的监管效果考评体系和激励机制。畅通行政复议渠道，加强监督规范化建设，切实维护市场主体及公民的合法权益。

Ⅳ

行业发展

国务院办公厅关于深入实施“互联网+流通”行动计划的意见(节录)

(2016年4月15日 国办发〔2016〕24号)

七、积极促进电子商务进社区。大力发展社区电子商务,鼓励发展社区购物服务应用软件,加强电子商务企业与社区商业网点融合互动,开展物流分拨、快件自取、电子缴费等服务,提高社区商业的信息化、标准化、规范化、集约化水平,提升社区居民生活品质。(商务部、国土资源部、住房城乡建设部、质检总局,地方各级人民政府)完善“一站式”便民服务消费功能,支持老旧小区利用闲置房间、地下空间等打造多层次、多形式的便民服务点,将零散的社区服务资源进行线上线下整合,统筹建设和改造餐饮、住宿、家政、洗染、美容美发、维修、物流、金融、文化、娱乐、休闲等生活服务网点,让门店多起来,提高城市居民生活的便利性和城市发展竞争力。(商务部、国土资源部、住房城乡建设部、文化部、新闻出版广电总局,地方各级人民政府)

国务院办公厅关于印发2016年全国打击侵犯知识产权和制售假冒伪劣商品工作要点的通知(节录)

(2016年4月19日 国办发〔2016〕25号)

一、加强重点领域治理

(一)加强互联网领域侵权假冒治理。打击网上销售假冒伪劣商品。突出食品药品、农资、家用电器、建筑材料、汽车配件、儿童用品等重点商品,组织开展网络交易集中整治,加强监管执法。加强对网络交易商品的定向监测,强化电子商务产品质量执法打假维权协作,探索建立跨境电子商务侵权假冒商品追溯机制。打击邮件、快件渠道非法寄递进出口侵权假冒商品行为。(工业和信息化部、公安部、农业部、海关总署、工商总局、质检总局、食品药品监管总局、网信办、邮政局按职责分工分别负责)打击网络侵权盗版。开展2016红盾网剑专项行动。针对网络(手机)文学、音乐、影视、游戏、动漫、软件等重点领域,开展第十二次打击网络侵权盗版“剑网行动”。进一步扩大版权重点监管范围,探索对新型网络侵权盗版行为的有效治理模式。继续组织开展电子商务领域专利执法维权“闪电”专项行动,建立电子商务领域专利执法维权协作调度机制。加强文化市场技术监管与服务平台应用,以网络(手机)游戏、音乐、动漫为重点,组织查处违法违规互联网文化产品和经营单位。(工业和信息化部、公安部、文化部、工商总局、新闻出版广电总局、知识产权局、网信办按职责分工分别负责)强化网站监管。加强网站备案、网际协议地址(IP地址)和域名管理。督促指导网站严格内容审核,研发应用技术措施,加大人工核查投入,畅通举报投诉渠道,完善监督处置机制,增强自律管理能力。加强网络交易平台监管,强化与大型电商平台合作,利用大数据分析技术,及时发现和掌握违法犯罪线索,加强预警监测和事前风险防范,增强精准打击能力。(工业和信息化部、公安部、农业部、商务部、文化部、海关总署、工商总局、质检总局、新闻出版广电总局、食品药品监管总局、林业局、知识产权局、网信办、邮政局按职责分工分别负责)

国务院办公厅关于转发国家发展改革委营造良好市场环境推动交通物流融合发展实施方案的通知(节录)

(2016年6月10日　国办发〔2016〕43号)

四、创建协同联动的交通物流新模式

(九)构建线上线下联动公路港网络。

完善公路港建设布局。加大政府支持力度,加快全国公路港建设,加强与其他交通基础设施衔接,重点构建一批综合型、基地型和驿站型公路港。鼓励龙头企业牵头组建全国公路港联盟,推动行业内资源共享和跨区域运输组织。

强化公路港功能。推进公路港等物流园区之间运输、集散、分拨、调配、信息传输等协同作业,鼓励公路港连锁经营。整合货源、车辆(舱位)、代理、金融等信息,为物流企业提供运营支撑、系统支持。鼓励推广生产生活综合配套、线上线下协同联动的新模式,促进多业态融合发展。发展往返式公路接驳运输。

专栏5　国家公路港网络工程
1. 综合型公路港 以全国性和部分区域性综合交通物流枢纽为重点,形成约50个与铁路货运站、港口、机场等有机衔接的综合型公路港,提供一站式服务,具备多式联运、信息交易、零担快运、仓储配送、政务管理、配套服务等综合功能。可为超过3000家企业提供服务,货运专线超过500条,静态停车超过3000辆,仓库面积超过8万平方米。 2. 基地型公路港 以区域性和部分地区性综合交通物流枢纽为重点,形成约100个与骨干运输通道快速连通的基地型公路港,具备公路货物运输和综合物流的基本功能。 3. 驿站型公路港 以地区性综合交通物流枢纽和国家高速公路沿线城市为重点,形成一批与综合型和基地型公路港有效衔接、分布广泛的驿站型公路港,具备货物集散、中转换装、往返接驳等功能。

(十)推广集装化标准化运输模式。

加大运输设备集装化、标准化推广力度。研究集装化、标准化、模块化货运车辆等设施设备更新应用的支持政策,推广使用托盘、集装箱等标准化基础装载单元。推进多式联运专用运输装备标准化,研发推广公铁两用挂车、驮背运输平车、半挂车和滚装船舶。加快研发铁路快运车辆、新型集装箱平车、双层集装箱车及特需车辆,提高公路集装箱货车、厢式货车使用比率,研究制定江海直达船型等标准,推进专业化航空物流运输工具研发应用。支持发展大型化、自动化、专业化、集约环保型转运和换装设施设备。培育集装箱、托盘等经营企业,鼓励企业构建高效的跨国、跨区域调配系统,推进相关设施设备循环共用。

加强技术标准支撑保障。发展改革、交通运输等部门要加强标准化等基础能力建设,依托现有研究机构和行业协会,加强对国家交通物流技术标准规范、大数据处理等的研究。标准化管理部门和行业主管部门要进一步提高交通物流全链条设施设备标准化水平,加快修订完善物流园区相关标准规范。建立共享服务平台标准化网络接口和单证自动转换标准格式。

(十一)发展广泛覆盖的智能物流配送。

发展"互联网+城乡配送"。加快建设城市公用型配送节点和末端配送点,优化城市配送网络。支持交通运输、物流企业联合构建城市、农村智能物流配送联盟,支撑配送服务向农村延伸。鼓励利用邮政、供销社等网点,开展农村共同配送,结合农村创业需要,发展农村物流服务合伙人,打通农资、消费品下乡和农产品进城高效便捷通道。

推进"互联网+供应链管理"。鼓励在生产、流通、仓储等单元推广应用感知技术,推动库存、配送信息在供应链上下游及时共享、协同响应。鼓励供应链管理企业采用大数据技术,分析生产、流通、仓储等数据,对原材料、零部件、产成品等运输仓储提供系统化解决方案。

强化"物联网+全程监管"。充分利用无线射频、卫星导航、视频监控等技术手段,开展重点领域全程监管。规划建设危险品、冷链等专业化物流设施设备,建立和完善危险品物流全过程监管体系和应急救援系统,完善冷链运输服务规范,实现全程不断链。

国务院办公厅关于转发国家发展改革委物流业降本增效专项行动方案(2016—2018年)的通知(节录)

(2016年9月13日 国办发〔2016〕69号)

二、重点行动

(四)简政放权,建立更加公平开放规范的市场新秩序。

1. 优化行业行政审批。按照简政放权、放管结合、优化服务改革要求,在确保企业生产运营安全的基础上,清理、归并和精简具有相同或相似管理对象、管理事项的物流企业和物流从业人员的证照资质,加强事中事后监管。深入推进物流领域商事制度改革,加快推行"五证合一、一照一码"、"先照后证"和承诺制,简化办理程序。适应物流企业经营特点,支持地方进一步放宽企业住所和经营场所登记条件,鼓励物流企业网络化经营布局。(交通运输部、工商总局、质检总局、海关总署、国家邮政局等部门按职责分工负责,2016年底前完成)

3. 优化货运车辆通行管控。指导各地开展城市配送需求量调查等前瞻性研究。对企业从事生活必需品、药品、鲜活农产品和冷藏保鲜产品配送,以及使用节能与新能源车辆从事配送的,优先给予通行便利。合理确定配送车辆停靠卸货区域。规范公路超限治理处罚标准,减少执法中的自由裁量权。(交通运输部、公安部、商务部牵头,工业和信息化部、国家邮政局、国家标准委、国家发展改革委按职责分工负责,2017年底前完成)

(六)补短强基,完善支撑物流高效运行的设施和标准体系。

13. 完善城市物流配送体系。优化城市物流基础设施布局,完善城市三级配送网络。依托重要交通枢纽、物流集散地规划建设或改造升级一批集运输、仓储、配送、信息交易于一体的综合物流服务基地,促进干线运输与城市配送有效衔接。加强公用型城市配送节点建设,优化配送相关设施布局,引导仓储配送资源开放共享。鼓励中心城区铁路货场转型发展为城市配送中心。支持城市末端配送点建设,大力发展智能快件箱。按照共享经济理念探索发展集约化的新型城市配送模式。在有条件的城市研究推行"分时段配送"、"夜间配送"。(商务部、国家发展改革委、交通运输部牵头,国家邮政局、公安部、住房城乡建设部、中国铁路总公司按职责分工负责,持续推进)

14. 健全农村物流配送网络。建立农村物流大企业联盟,推动物流企业、电商企业和邮政企业、供销合作社等充分利用现有物流资源开展深度合作,推动县级仓储配送中心、农村物流快递公共取送点建设,完善县乡村三级物流配送网络。(国家发展改革委、商务部牵头,国家邮政局、供销合作总社、交通运输部、国土资源部、工业和信息化部按职责分工负责,2017年底前完成)加大对农产品冷链物流设施和农产品批发市场建设的支持力度,促进工业品下乡和农产品进城的双向流通。(国家发展改革委、商务部按职责分工负责,持续推进)

三、保障措施

(九)加大对重要物流基础设施建设的投资支持。

各地发展改革部门要会同相关方面建立重要物流基础设施项目建设的协调机制和绿色审核通道,并将物流基础设施项目纳入现代物流重大工程进行调度,加强横向联动、有机衔接,形成工作合力。(国家发展改革委牵头,2016年底前完成)中央和地方资金要通过现有渠道积极支持符合条件的多式联运转运设施、城乡配送网络、农产品冷链物流、物流标准化和信息化等物流项目建设,发挥政府投资示范带动作用。(国家发展改革委牵头,商务部、交通运输部、财政部、国家邮政局等部门按职责分工负责,持续推进)

全国电子商务物流发展专项规划（2016—2020年）

（2016年3月17日商务部、国家发改委、交通运输部、海关总署、国家邮政局、国家标准委印发 商流通发〔2016〕85号）

电子商务物流（以下简称电商物流）是主要服务于电子商务的各类物流活动，具有时效性强、服务空间广、供应链条长等特点。加快电商物流发展，对于提升电子商务水平，降低物流成本，提高流通效率，引导生产，满足消费，促进供给侧结构性改革都具有重要意义。根据国务院《物流业发展中长期规划（2014—2020年）》（国发〔2014〕42号）的要求，为进一步落实《国务院关于大力发展电子商务加快培育经济新动力的意见》（国发〔2015〕24号）和《国务院关于积极推进“互联网+”行动的指导意见》（国发〔2015〕40号），特制定本规划。

一、现状与形势

（一）发展现状。

近年来，随着电子商务的快速发展，我国电商物流保持较快增长，企业主体多元发展，经营模式不断创新，服务能力显著提升，已成为现代物流业的重要组成部分和推动国民经济发展的新动力。

1. 发展规模迅速扩大。2015年，我国电子商务交易额预计为20.8万亿元，同比增长约27%。全国网络零售交易额为3.88万亿元，同比增长33.3%，其中实物商品网上零售额为32424亿元，同比增长31.6%。2015年，全国快递服务企业业务量累计完成206.7亿件，同比增长48%，其中约有70%是由于国内电子商务产生的快递量。总体看，电子商务引发的物流仓储和配送需求呈现高速增长态势。

2. 企业主体多元发展。企业主体从快递、邮政、运输、仓储等行业向生产、流通等行业扩展，与电子商务企业相互渗透融合速度加快，涌现出一批知名电商物流企业。

3. 服务能力不断提升。第三方物流、供应链型、平台型、企业联盟等多种组织模式加快发展。服务空间分布上有同城、异地、全国、跨境等多种类型；服务时限上有“限时达、当日递、次晨达、次日递”等。可提供预约送货、网订店取、网订店送、智能柜自提、代收货款、上门退换货等多种服务。

4. 信息技术广泛应用。企业信息化、集成化和智能化发展步伐加快。条形码、无线射频识别、自动分拣技术、可视化及货物跟踪系统、传感技术、全球定位系统、地理信息系统、电子数据交换、移动支付技术等得到广泛应用，提升了行业服务效率和准确性。

（二）面临形势。

随着国民经济全面转型升级和互联网、物联网发展，以及基础设施的进一步完善，电商物流需求将保持快速增长，服务质量和创新能力有望进一步提升，渠道下沉和“走出去”趋势凸显，将进入全面服务社会生产和人民生活的新阶段。

1. 电商物流需求保持快速增长。随着我国新型工业化、信息化、城镇化、农业现代化和居民消费水平的提升，电子商务在经济、社会和人民生活各领域的渗透率不断提高，与之对应的电商物流需求将保持快速增长。同时，电子商务交易的主体和产品类别愈加丰富，移动购物、社交网络等将成为新的增长点。

2. 电商物流服务质量和创新能力将显著提升。产业结构和消费结构升级将推动电商物流进一步提升服务质量。随着网络购物和移动电商的普及，电商物流必须加快服务创新，增强灵活性、时效性、规范性，提高供应链资源整合能力，满足不断细分的市场需求。

3. 电商物流“向西向下”成为新热点。随着互联网和电子商务的普及，网络零售市场渠道将进一步下沉，呈现出向内陆地区、中小城市及县域加快渗透的趋势。这些地区的电商物流发展需求更加迫切，增长空间更为广阔。电商物流对促进区域间商品流通，推动形成统一大市场的作用日益突出。

4. 跨境电商物流将快速发展。新一轮对外开放和“一带一路”战略的实施，为跨境电子商务的发展提供了重大历史机遇，这必然要求电商物流跨区域、跨经济体延伸，提高整合境内外资源和市场的能力。

二、指导思想、规划原则与发展目标

（一）指导思想。

深入贯彻党的十八大和十八届三中、四中、五中全会精神，发挥市场在资源配置中的决定性作用，树立“创新、协调、绿色、开放、共享”的发展理念，科学规划完善电商物流网络体系，加强线上线下融合，进一步提升电商物流的服务和创新能力，提高物流效率，降低物流成本，统筹国际国内两个市场、两种资源，建设有利于电商物流发展的法治化营商环境，实现电商物流健康、快速、持续发展。

（二）发展目标。

到 2020 年，基本形成“布局完善、结构优化、功能强大、运作高效、服务优质”的电商物流体系，信息化、标准化、集约化发展取得重大进展。电商物流创新能力进一步提升，先进物流装备、技术在行业内得到广泛应用。一体化运作、网络化经营能力进一步增强，运输、仓储、配送等各环节协调发展，紧密衔接。对外开放程度进一步提高，逐步形成服务于全球贸易和营销的电商物流网络。绿色发展水平进一步提高，包装循环利用水平有较大提升。电商物流企业竞争力显著加强，拥有一批具备国际竞争力、服务网络覆盖境内外的高水平企业。电商物流成本显著降低，效率明显提高，供应链服务能力大大增强。

（三）基本原则。

1. 市场主导，政府推动。发挥市场机制的决定性作用，全面激发企业活力。加强政府在法律规范、规划引导、政策促进等方面的作用，着力解决体制机制、发展环境等方面存在的问题，促进电商物流行业健康发展。

2. 统筹兼顾，重点突破。健全跨部门、跨行业、跨地区的协同工作机制。统筹当前和长远、全国与区域、城市和农村、国际和国内电商物流体系建设。围绕电商物流信息化、标准化、集约化等关键领域和薄弱环节，实现重点突破。

3. 协调发展，加强创新。促进电子商务与实体经济、商贸与物流等的协调发展，加强运输、储存、装卸、搬运、包装、流通加工、配送、信息服务等环节的有机衔接。加强电商物流模式创新、管理创新和业态创新。

4. 开放共享，绿色发展。坚持对外开放，鼓励企业开展国际化经营，努力打造内外贸结合的电商物流网络，提高电商物流企业国际竞争力。高效配置物流资源，提高共同化水平，降低物流配送的能耗和排放，促进包装标准化、减量化和循环利用。

三、主要任务

（一）建设支撑电子商务发展的物流网络体系。

围绕电子商务需求，构建统筹城乡、覆盖全国、连接世界的电商物流体系。依托全国物流节点城市、全国流通节点城市和国家电子商务示范城市，完善优化全国和区域电商物流布局。根据城市规划，加强分拨中心、配送中心和末端网点建设。探索“电商产业园 + 物流园”融合发展新模式，加强城际运输与城市配送的无缝对接，推动仓配一体化和共同配送，发展多式联运、甩挂运输、标准托盘循环共用等高效物流运作系统。

（二）提高电子商务物流标准化水平。

在快速消费品、农副产品、药品流通等领域，重点围绕托盘、商品包装和服务及交易流程，做好相关标准的制修订和应用推广工作。形成以托盘标准为核心，与货架、周转箱、托盘笼、自提货柜等仓储配送设施，以及公路、铁路、航空等交通运输载具的标准相互衔接贯通的电商物流标准体系。

（三）提高电子商务物流信息化水平。

推动大数据、云计算、物联网、移动互联、二维码、RFID、智能分拣系统、物流优化和导航集成系统等新兴信息技术和装备在电商物流领域的应用。重点提升物流设施设备智能化水平，物流作业单元化水平，物流流程标准化水平，物流交易服务数据化水平，物流过程可视化水平。引导发展智慧化物流园区（基地），推动建立深度感知的仓储管理系统，高效便捷的末端配送网络，科学有序的物流分拨调配系统和互联互通的物流信息服务平台。鼓励和支持电商物流企业利用信息化、智能化手段，加强技术和商业模式创新，推动电子商务与物流的融合发展、良性互动。

（四）推动电子商务物流企业集约绿色发展。

鼓励传统物流企业充分利用既有物流设施，通过升级改造，增强集成服务能力，加快向第三方电商物流企业转型；鼓励电商企业和生产企业将自营物流向外部开放，发展社会化第三方物流服务。支持具有较强资源整合能力的第四方电商物流企业加快发展，更好整合利用社会分散的运输、仓储、配送等物流资源，带动广大中小企业集约发展。支持电商物流企业推广使用新能源技术，减少排放和资源消耗,利用配送渠道回收包装物等,发展逆向物流体系。

（五）加快中小城市和农村电商物流发展。

积极推进电商物流渠道下沉,支持电商物流企业向中小城市和农村延伸服务网络。结合农村产业特点,推动物流企业深化与各类涉农机构和企业合作,培育新型农村电商物流主体。充分利用"万村千乡"、邮政等现有物流渠道资源,结合电子商务进农村、信息进村入户、快递"向西向下"服务拓展工程、农村扶贫等工作,构建质优价廉产品流入、特色农产品流出的快捷渠道,形成"布局合理、双向高效、种类丰富、服务便利"的农村电商物流服务体系。

（六）加快民生领域的电商物流发展。

支持电商物流企业与连锁实体商店、餐饮企业、社区服务组织、机关院校等开展商品体验、一站式购物、末端配送整合等多种形式合作。加快以鲜活农产品、食品为主的电子商务冷链物流发展,依托先进设备和信息化技术手段,构建电子商务全程冷链物流体系。支持医药生产和经销企业开展网上招标和统一采购,按照GSP(《药品经营质量管理规范》)要求,构建服务医药电子商务的网络化、规范化和定制化的全程冷链及可追溯物流体系,确保药品安全。

（七）构建开放共享的跨境电商物流体系。

加快发展国际物流和保税物流,构筑立足周边、辐射"一带一路"、面向全球的跨境电商物流体系。鼓励有实力的电商物流企业实施国际化发展战略,通过自建、合作、并购等方式延伸服务网络,实现与发达国家重要城市的网络连接,并逐步开辟与主要发展中国家的快递专线。支持优势电商物流企业加强联合,在条件成熟的国家和地区部署海外物流基地和仓配中心。促进国内外企业在战略、技术、产品、数据、服务等方面的交流与合作,共同开发国际电商物流市场。

四、重大工程

（一）电商物流标准化工程。

加快电商物流技术、装备、作业流程、信息交换、服务规范等标准制修订工作,重点完善包装、托盘、周转箱、物品编码标准,加快制订快递服务与网络零售信息系统数据接口标准。围绕托盘标准化及其循环共用,以电子商务物流企业、大型商贸连锁企业、快速消费品生产企业、第三方物流企业、托盘租赁服务企业为主体,上下游联动推进电子商务物流标准化。加强《电子商务物流服务规范》(SB/T 11132—2015)、《城市物流配送汽车选型技术要求》(GB/T 29912)、《道路车辆外廓尺寸、轴荷及质量限值》(GB 1589)的实施,引导企业推广使用符合标准的配送车型,加快开展城市配送车辆统一标识管理工作。

（二）电商物流公共信息平台工程。

鼓励现有的物流信息服务平台拓展交易、融资、保险、支付、诚信、全程监控、技术支持等服务功能,提高服务质量,扩大服务范围,提高辐射能力,形成3—5个具有整合国内国际物流资源能力的大型电商物流平台。鼓励政府部门开放物流相关信息,满足企业、社会和最终用户的需求。鼓励各类物流信息服务平台互联互通,资源共享,打破"信息孤岛"。依托跨境电子商务综合试验区,探索建设服务于跨境电商的一站式物流服务平台。

（三）电商物流农村服务工程。

结合新型城镇化建设,依托"电子商务进农村"等工程,整合县、乡镇现有流通网络资源,发展农村电商物流配送体系。鼓励电子商务企业、大型连锁企业和物流企业完善农村服务网点,发挥电商物流在工业品下乡和农产品进城的双向流通网络构建中的支撑作用。支持建立具备运营服务中心和仓储配送中心(商品中转集散中心)功能的县域农村电子商务服务中心,发展与电子交易、网上购物、在线支付协同发展的农村物流配送服务。

（四）电商物流社区服务工程。

依托"电子商务进社区"等工程,新建或改造利用现有资源,完善社区电商物流便民基础设施,发展网购自提点,推广智能终端自提设备。支持连锁零售企业、快递企业、末端配送企业、生活服务类企业共同打造便民利民的社区电商物流服务体系,解决"最后一公里"、"最后一百米"末端配送难题。

（五）电商冷链物流工程。

支持电商冷链物流企业运用现代技术优化流程,推广应用电子化运单、温湿度记录系统、物联网等技术,确保加工制作、储藏、运输、配送、销售各个环节始终处于温控状态,实现运营透明化、流程可视化、查询便利化,降低损耗率。支持电商冷链物流配送中心和配送站点建设,鼓励经营鲜活农产品、食品、药品的电子商务平台企业创新经营方式和商业模式,实现线上线下结合,有效降低冷链成本。

(六)电商物流绿色循环工程。

鼓励电商物流快递企业利用配送渠道,回收利用废弃包装物。开展电商物流业包装标准化和分类回收利用工作,提高利用效率。推广使用新型电商物流包装技术和材料,促进包装减量化和可循环使用,以及包装废弃物易降解和无害化。通过网络、电视、报纸等媒体加强环保公益宣传,树立理性包装和绿色包装理念。

(七)电商物流跨境工程。

推进跨境电商物流便利化。为电商物流企业的国际化和海外并购,提供法务、商务和税务方面的信息支持,推进海外并购审批、外汇便利化等。将跨境电子商务的订单、支付、物流、质量安全等信息集成为综合通关数据,进行汇总申报,推进通关便利化。完善海关、检验检疫、邮政管理等部门之间的协作机制,推动国家间、地区间检验检疫标准互认。鼓励国内邮政设施、邮政国际通道、航空运输资源和铁路运输资源等向电商物流企业开放与共享。

(八)电商物流创新工程。

支持科研机构、大专院校建立电商物流领域创新平台或研究机构,着力解决电商物流发展的重大技术瓶颈。鼓励构建产学研用创新联盟,创新体制与模式,重点开展电商物流机器人、云计算、北斗导航、模块集成、信息采集与管理、数据交换等基础技术的研发;推动电子合同、电子结算、物流跟踪、信息安全、顾客行为分析等技术应用。推动电商物流企业管理创新、服务创新和商业模式创新。

五、组织实施和保障措施

(一)加强规划落实和组织实施。

商务、发展改革、交通运输、海关、邮政、标准化等主管部门要在国家现代物流工作综合协调机制下,加强协调配合,突出重点,落实责任,形成合力。地方相关部门要按照本规划确定的目标和任务,根据电商物流发展特点,结合实际,加强对本地电商物流发展的指导,尽快制定具体实施方案,完善和细化相关政策措施,扎实做好各项工作。相关协会、商会、联盟等社会团体要充分发挥在行业自律、产业研究、标准宣贯、统计监测、人员培训、宣传推广等方面的作用,推动行业健康发展。

(二)营造良好发展环境。

进一步深化相关领域改革,打破地方封锁和行业垄断,禁止滥用行政权力和市场支配地位排除限制竞争。积极转变政府职能,提高行政效率,简化电商物流企业行政审批和营业网点审批(备案)手续。建立与电商物流企业网络化布局与一体化经营相适应的企业工商登记制度。完善电子发票制度,推广电子发票在各领域的应用,促进电子发票与电子商务税务管理的衔接。健全相关法律法规,规范市场主体行为,形成公平公正、统一开放、竞争有序的市场环境。

(三)加强和完善政策支持。

利用服务业发展专项资金和现有相关政策,对重点任务和重大工程给予相应的支持。鼓励运用多种融资渠道和方式服务电商物流,解决电商物流企业融资难、融资贵问题。做好电商物流的仓储、分拨、配送等规划选址和用地保障,落实好现有鼓励政策。完善城市交通和配送管理政策,解决城市配送及快递车辆通行、停靠等交通管理问题。鼓励采用新能源汽车和符合标准的电动三轮车。

(四)完善信用和监管体系。

探索电商物流企业等级评定和信用分级管理,支持建立以消费者评价为基础,以专业化第三方评估为主体的市场化电商物流信用评级机制。完善电商物流行业信息披露机制、"红名单""黑名单"制度,营造"守信受益、失信惩戒"的良好社会氛围,改善市场信用环境。加强跨境电商物流监管,建立高效、便利、统一的公共服务平台,构建可追溯、可比对的数据链条,满足监管要求。依托电子口岸,建设"单一窗口、一站式"服务平台,保障国际物流快件报关、报检、入出境、入出关实时监控。

(五)健全电商物流统计监测制度。

完善统计指标体系、创新调查方法,科学选择统计样本,确保行业统计数据及时、准确,全面掌握电商物流行业发展情况。加强电商物流统计监测,做好重点领域、重点环节、重点时间节点的数据监控,依托统计数据信息,做好行业发展形势的研判和风险分析,为相关部门、企业决策提供决策咨询和预警。

国家发展改革委、商务部等十部门关于加强物流短板建设促进有效投资和居民消费的若干意见(节录)

(2016年2月29日国家发展改革委、商务部、工业和信息化部、交通运输部、农业部、财政部、人民银行、证监会、邮政局、供销合作总社印发　发改经贸〔2016〕433号)

(四)加强村镇末端配送设施建设,健全农村物流网络体系。

鼓励地方政府加强农村物流设施网络规划和建设,整合利用现有邮政、供销、交通等物流资源,推动县级仓储配送中心、农村物流快递公共取送点建设,加快形成网络规模效应。鼓励电商企业与农产品生产加工企业联动发展,建立特色农产品电商物流标准和追溯标准。加强城乡互动的双向物流体系建设,畅通农产品进城和工业品下乡渠道。

(五)加强农产品物流设施建设,提升农产品现代物流水平。

研究公益性农产品市场体系建设的指导意见,加强公益性农产品批发市场建设,鼓励批发市场建立追溯体系,推动市场的专业化提升和精细化改造。支持集预冷、加工、冷藏、配送、追溯等功能于一体的农产品产地集配中心建设,鼓励企业构建覆盖主产区的产地集配体系和重要农产品追溯体系,提升产地预冷处理能力。鼓励建设节能环保型冷库或对老旧冷库进行技术改造,提高冷库安全、环保、节能水平。支持农产品流通企业建设具有储存、分拣、加工、包装、配送、追溯等功能的低温加工配送中心,开展农产品冷链流通标准化示范,提升农产品冷链物流水平。

(六)加强城市配送设施建设,完善城市配送体系。

优化重要节点物流基础设施布局,完善城市三级配送网络建设。依托重要交通枢纽、物流集散地规划建设集运输、仓储、配送、信息交易为一体的综合物流服务基地,加强干线运输与城市配送的有效衔接。加强公用型城市配送节点建设,鼓励物流企业加强协作,整合资源,优化城市配送设施布局。支持社区、机关、学校、商务区末端配送点建设,大力发展智能快件箱,并纳入公共服务设施规划。鼓励商贸流通企业和连锁超市等开展共同配送,提高配送效率。

(七)加强多式联运转运设施建设,提升货物中转效率。

依托物流大通道,在重要节点规划布局和建设一批具有多式联运服务功能的物流枢纽,完善不同运输方式之间的连接和转运设施,推进公、铁、水、民航等基础设施"最后一公里"的衔接。支持重要港口、枢纽机场加强集疏运体系建设,重点推动建设一批专用铁路、公路进港项目,提升港站集疏运能力和运行效率。支持公路物流园区引入铁路专用线,完善多式联运服务功能;支持铁路物流中心建设,加强与其他运输方式的衔接,提升综合运输服务能力和水平。组织开展多式联运示范工程,推广公、铁、水联运,提高多式联运比重。研究制定有关多式联运服务标准和规则,探索在重点行业领域实行"一票到底"的物流服务。

(八)加强信息技术应用,促进物流新模式发展。

研究制定"互联网+"高效物流三年行动实施方案。加强物联网、云计算、大数据、移动互联等先进信息技术在物流领域的应用,改造传统业务模式和管理系统,优化物流资源配置,提升物流运作水平。结合现代物流创新发展城市试点,推动政府部门、企业和社会组织之间开展数据平台对接,促进物流信息的互联互通和开放共享。加快国家交通运输物流公共信息平台建设,积极推进物流园区之间的互联互通,鼓励依托互联网平台的"无车承运人"发展。推进快递服务制造业的示范工程,积极融入智能制造、个性化定制等制造业新领域。

(九)加强物流标准衔接和制修订,提高物流服务效率。

加强运输工具、物流设备等标准衔接,提高设施设备利用效率和物流服务运作效率。大力推广托盘、周转箱、集装箱等标准化装载单元循环共用,支持开展租赁、维修等延伸服务。抓紧修订出台《道路车辆外廓尺寸轴荷和质量限值》(GB 1589),并做好宣贯和落实。抓紧研究出台快递配送专用电动车辆技术标准。

海关总署关于启用新快件通关系统相关事宜的公告

（2016年3月9日　海关总署公告2016年第19号）

为规范海关对进出境快件监管，加大信息化技术运用，提高通关效率，方便进出境快件通关，海关总署决定，自2016年6月1日起，正式启用新版快件通关管理系统（以下简称新快件系统），原快件通关管理系统中的报关功能同时停止使用。现就相关事宜公告如下：

一、新快件系统适用于文件类进出境快件（以下简称A类快件）、个人物品类进出境快件（以下简称B类快件）和低值货物类进出境快件（以下简称C类快件）报关。其中：

A类快件是指无商业价值的文件、单证、票据和资料（依照法律、行政法规以及国家有关规定应当予以征税的除外）。

B类快件是指境内收寄件人（自然人）收取或者交寄的个人自用物品（旅客分离运输行李物品除外）。

C类快件是指价值在5000元人民币（不包括运、保、杂费等）及以下的货物（涉及许可证件管制的，需要办理出口退税、出口收汇或者进口付汇的除外）。

二、A类快件报关时，快件运营人应当向海关提交A类快件报关单（格式详见附件）、总运单（复印件）和海关需要的其他单证。

B类快件报关时，快件运营人应当向海关提交B类快件报关单（格式详见附件）、每一进出境快件的分运单、进境快件收件人或出境快件发件人身份证影印件和海关需要的其他单证。B类快件的限量、限值、税收征管等事项应当符合海关总署关于邮递进出境个人物品相关规定。

C类快件报关时，快件运营人应当向海关提交C类快件报关单（格式详见附件）、代理报关委托书或者委托报关协议、每一进出境快件的分运单、发票和海关需要的其他单证，并按照进出境货物规定缴纳税款。进出境C类快件的监管方式为“一般贸易”或者“货样广告品A”，征免性质为“一般征税”，征减免税方式为“照章征税”。

快件运营人按照上述规定提交复印件（影印件）的，海关可要求快件运营人提供原件验核。

三、通过快件渠道进出境的其他货物、物品，应当按照海关对进出境货物、物品的现行规定办理海关手续。

四、自本公告施行之日起，《中华人民共和国海关对进出境快件监管办法》（海关总署令第104号公布，第147号、第198号修改）第十条、第十一条、第十二第、第十三条暂停执行；《海关总署关于进境KJ3类快件的申报规范、快件渠道进出境个人物品监管有关问题的公告》（海关总署2009年第39号公告）、《海关总署关于对中华人民共和国海关进出境快件报关单申报内容进行调整的公告》（海关总署2010年第41号公告）同时废止。

特此公告。

附件：快件报关单打印格式（略）

海关总署关于跨境电子商务零售进出口商品有关监管事宜的公告

（2016年4月6日　海关总署公告2016年第26号）

为做好跨境电子商务零售进出口商品监管工作，促进电子商务健康有序发展，根据《海关法》和国家有关政策规定，以及《财政部 海关总署 国家税务总局关于跨境电子商务零售进口税收政策的通知》

（财关税〔2016〕18号）、《财政部等11个部门关于公布跨境电子商务零售进口商品清单的公告》（2016年第40号）的有关规定，现就相关海关监管问题公告如下：

一、适用范围

（一）电子商务企业、个人通过电子商务交易平台实现零售进出口商品交易，并根据海关要求传输相关交易电子数据的，按照本公告接受海关监管。

二、企业管理

（二）参与跨境电子商务业务的企业应当事先向所在地海关提交以下材料：

1. 企业法人营业执照副本复印件；

2. 组织机构代码证书副本复印件（以统一社会信用代码注册的企业不需要提供）；

3. 企业情况登记表，具体包括企业组织机构代码或统一社会信用代码、中文名称、工商注册地址、营业执照注册号，法定代表人（负责人）、身份证件类型、身份证件号码，海关联系人、移动电话、固定电话，跨境电子商务网站网址等。

企业按照前款规定提交复印件的，应当同时向海关交验原件。

如需向海关办理报关业务，应当按照海关对报关单位注册登记管理的相关规定办理注册登记。

三、通关管理

（三）跨境电子商务零售进口商品申报前，电子商务企业或电子商务交易平台企业、支付企业、物流企业应当分别通过跨境电子商务通关服务平台（以下简称服务平台）如实向海关传输交易、支付、物流等电子信息。

进出境快件运营人、邮政企业可以受电子商务企业、支付企业委托，在书面承诺对传输数据真实性承担相应法律责任的前提下，向海关传输交易、支付等电子信息。

（四）跨境电子商务零售出口商品申报前，电子商务企业或其代理人、物流企业应当分别通过服务平台如实向海关传输交易、收款、物流等电子信息。

（五）电子商务企业或其代理人应提交《中华人民共和国海关跨境电子商务零售进出口商品申报清单》（以下简称《申报清单》），出口采取"清单核放、汇总申报"方式办理报关手续，进口采取"清单核放"方式办理报关手续。

《申报清单》与《中华人民共和国海关进（出）口货物报关单》具有同等法律效力，相关数据填制要求详见附件1、附件2。

（六）电子商务企业应当对购买跨境电子商务零售进口商品的个人（订购人）身份信息进行核实，并向海关提供由国家主管部门认证的身份有效信息。无法提供或者无法核实订购人身份信息的，订购人与支付人应当为同一人。

（七）跨境电子商务零售商品出口后，电子商务企业或其代理人应当于每月10日前（当月10日是法定节假日或者法定休息日的，顺延至其后的第一个工作日，第12月的清单汇总应当于当月最后一个工作日前完成），将上月（12月为当月）结关的《申报清单》依据清单表头同一收发货人、同一运输方式、同一运抵国、同一出境口岸，以及清单表体同一10位海关商品编码、同一申报计量单位、同一币制规则进行归并，汇总形成《中华人民共和国海关出口货物报关单》向海关申报。

（八）除特殊情况外，《申报清单》、《中华人民共和国海关进（出）口货物报关单》应当采取通关无纸化作业方式进行申报。

《申报清单》的修改或者撤销，参照海关《中华人民共和国海关进（出）口货物报关单》修改或者撤销有关规定办理。

四、税收征管

（九）根据《财政部 海关总署 国家税务总局关于跨境电子商务零售进口税收政策的通知》（财关税〔2016〕18号）的有关规定，跨境电子商务零售进口商品按照货物征收关税和进口环节增值税、消费税，完税价格为实际交易价格，包括商品零售价格、运费和保险费。

（十）订购人为纳税义务人。在海关注册登记的电子商务企业、电子商务交易平台企业或物流企业作为税款的代收代缴义务人，代为履行纳税义务。

（十一）代收代缴义务人应当如实、准确向海关申报跨境电子商务零售进口商品的商品名称、规格型号、税则号列、实际交易价格及相关费用等税收征管要素。

跨境电子商务零售进口商品的申报币制为人民币。

（十二）为审核确定跨境电子商务零售进口商品的归类、完税价格等，海关可以要求代收代缴义务人按照有关规定进行补充申报。

（十三）海关对满足监管规定的跨境电子商务零售进口商品按时段汇总计征税款，代收代缴义务人应当依法向海关提交足额有效的税款担保。

海关放行后30日内未发生退货或修撤单的，代收代缴义务人在放行后第31日至第45日内向海关办理纳税手续。

五、物流监控

（十四）跨境电子商务零售进出口商品监管场所必须符合海关相关规定。

监管场所经营人、仓储企业应当建立符合海关监管要求的计算机管理系统，并按照海关要求交换电子数据。

（十五）跨境电子商务零售进出口商品的查验、放行均应当在监管场所内实施。

（十六）海关实施查验时，电子商务企业或其代理人、监管场所经营人、仓储企业应当按照有关规定提供便利，配合海关查验。

（十七）电子商务企业或其代理人、物流企业、监管场所经营人、仓储企业发现涉嫌违规或走私行为的，应当及时主动报告海关。

六、退货管理

（十八）在跨境电子商务零售进口模式下，允许电子商务企业或其代理人申请退货，退回的商品应当在海关放行之日起30日内原状运抵原监管场所，相应税款不予征收，并调整个人年度交易累计金额。

在跨境电子商务零售出口模式下，退回的商品按照现行规定办理有关手续。

七、其他事项

（十九）在海关注册登记的电子商务企业、电子商务交易平台企业、支付企业、物流企业等应当接受海关后续管理。

（二十）本公告有关用语的含义：

“参与跨境电子商务业务的企业”是指参与跨境电子商务业务的电子商务企业、电子商务交易平台企业、支付企业、物流企业等。

“电子商务企业”是指通过自建或者利用第三方电子商务交易平台开展跨境电子商务业务的企业。

“电子商务交易平台企业”是指提供电子商务进出口商品交易、支付、配送服务的平台提供企业。

“电子商务通关服务平台”是指由电子口岸搭建，实现企业、海关以及相关管理部门之间数据交换与信息共享的平台。

（二十一）以保税模式从事跨境电子商务零售进口业务的，应当在海关特殊监管区域和保税物流中心（B型）内开展，除另有规定外，参照本公告规定监管。

本公告自2016年4月8日起施行，施行时间以海关接受《申报清单》申报时间为准，未尽事宜按海关现行规定办理。

自本公告施行之日起，海关总署公告2014年第56号同时废止。

特此公告。

附件一：中华人民共和国跨境电子商务零售进口商品申报清单数据

附件二：中华人民共和国跨境电子商务零售出口商品申报清单数据

附件1

中华人民共和国跨境电子商务零售进口商品申报清单数据

序号	中文名称	必填项	说明
清单表头			
1	预录入编号	否	电子口岸的清单编号（B+8位年月日+9位流水号）
2	订单编号	是	电商平台的原始订单编号
3	电商平台代码	是	电商平台识别标识

续表

序号	中文名称	必填项	说明
4	电商平台名称	是	电商平台名称
5	电商企业代码	是	电商企业的海关注册登记(备案)编码(18位)
6	电商企业名称	是	电商企业的海关注册登记(备案)名称
7	物流运单编号	是	物流企业的运单包裹面单号
8	物流企业代码	是	物流企业的海关注册登记(备案)编码(18位)
9	物流企业名称	是	物流企业的海关注册登记(备案)名称
10	担保企业编号	否	需与清单有关企业一致(电商企业或平台,申报企业)
11	账册编号	否	保税模式填写具体账号,用于保税进口业务在特殊区域辅助系统记账(二线出区核减)
12	清单编号	否	海关审结的清单编号(4位关区+4位年+1位进出口标记+9位流水号)
13	进出口标记	是	I-进口,E-出口
14	申报日期	是	申报时间以海关入库反馈时间为准,格式:YYYYMMDD
15	申报地海关代码	是	
16	进口口岸代码	是	商品实际出我国关境口岸海关的关区代码 JGS/T 18《海关关区代码》
17	进口日期	是	时间格式:YYYYMMDD
18	订购人证件类型	是	1-身份证;2-其它
19	订购人证件号码	是	海关监控对象的身份证号
20	订购人姓名	是	海关监控对象的姓名,要求个人实名认证
21	订购人电话	是	海关监管对象的电话,要求实际联系电话
22	收件人地址	是	收件人的地址,实际为运单收货人地址,不一定为个人实名认证的订购人住址
23	申报企业代码	是	申报单位的海关注册登记代码(18位)
24	申报企业名称	是	申报单位的海关注册登记名称
25	区内企业代码	否	网购保税模式必填,用于区内企业核扣账册
26	区内企业名称	否	网购保税模式必填,用于区内企业核扣账册
27	监管方式	是	默认为1210/9610区分保税或一般模式
28	运输方式	是	海关标准的参数代码《JGS-20海关业务代码集》-运输方式代码。直购指跨境段物流运输方式。网购保税按二线出区
29	运输工具编号	否	直购进口必填。进出境运输工具的名称或运输工具编号填报内容应与运输部门向海关申报的载货清单所列相应内容一致;同报关单填制规范
30	航班航次号	否	直购进口必填。进出境运输工具的航次编号
31	提运单号	否	直购进口必填。提单或运单的编号,直购必填
32	监管场所代码	否	针对同一申报地海关下有多个跨境电子商务的监管场所,需要填写区分;海关特殊监管区域或保税物流中心(B型)不需要填报
33	许可证号	否	商务主管部门及其授权发证机关签发的进出口货物许可证的编号
34	启运国(地区)	是	直购模式填写

续表

序号	中文名称	必填项	说明
35	运费	是	物流企业实际收取的运输费用
36	保费	是	物流企业实际收取的商品保价费用
37	币制	是	人民币(代码:142)
38	包装种类代码	否	海关对进出口货物实际采用的外部包装方式的标识代码,采用1位数字表示,如:木箱、纸箱、桶装、散装、托盘、包、油罐车等
39	件数	是	件数(包裹数量)
40	毛重(公斤)	是	商品及其包装材料的重量之和,计量单位为千克
41	净重(公斤)	是	商品的毛重减去外包装材料后的重量,即商品本身的实际重量,计量单位为千克
42	备注	否	
清单表体			
43	序号	是	从1开始连续序号(一一对应关联电子订单)
44	账册备案料号	否	1210保税进口二线出区业务(必填),支持保税模式的账册核扣
45	企业商品货号	否	电商平台自定义的商品货号(SKU)
46	企业商品品名	否	电商平台的商品品名
47	商品编码	是	海关对进出口货物规定的类别标识代码,采用海关综合分类表的标准分类,总长度为10位数字代码,前8位由国务院关税税则委员会确定,后2位由海关根据代征税、暂定税率和贸易管制的需要增设的
48	商品名称	是	中文名称,同一类商品的名称。任何一种具体商品可以并只能归入表中的一个条目
49	商品规格型号	是	满足海关归类、审价以及监管的要求为准。包括:品名、牌名、规格、型号、成份、含量、等级等
50	条码	否	商品条形码一般由前缀部分、制造厂商代码、商品代码和校验码组成。没有条形码填“无”
51	原产国(地区)	是	海关标准的参数代码《JGS-20海关业务代码集》国家(地区)代码表填写代码
52	币制	是	人民币(代码:142)
53	数量	是	
54	法定数量	是	
55	第二数量	否	
56	计量单位	是	海关标准的参数代码《JGS-20海关业务代码集》-计量单位代码
57	法定计量单位	是	海关标准的参数代码《JGS-20海关业务代码集》-计量单位代码
58	第二计量单位	否	海关标准的参数代码《JGS-20海关业务代码集》-计量单位代码
59	单价	是	成交单价
60	总价	是	
61	备注	否	

附件2

中华人民共和国跨境电子商务零售出口商品申报清单数据

序号	中文名称	必填项	说明
清单数据表头			
1	申报海关代码	是	办理通关手续的4位海关代码JGS/T 18《海关关区代码》
2	申报日期	是	申报时间以海关审批反馈时间为准,格式:YYYYMMDDhhmmss
3	预录入编号	否	电子口岸生成标识清单的编号(B+8位年月日+9位流水号)
4	订单编号	是	电商平台的原始订单编号
5	电商平台代码	是	电商平台的海关注册登记编码
6	电商平台名称	是	电商平台的海关注册登记名称
7	物流运单编号	是	物流企业的运单包裹面单号
8	物流企业代码	是	物流企业的海关注册登记编码
9	物流企业名称	是	物流企业的海关备注册登记名称
10	清单编号	否	海关审结生成标识清单的编号(4位关区+4位年+1位进出口标记+9位流水号)
11	进出口标记	是	I-进口,E-出口
12	出口口岸代码	是	商品实际出我国关境口岸海关的关区代码JGS/T 18《海关关区代码》
13	出口日期	是	时间格式:YYYYMMDD
14	生产销售单位代码	是	出口发货人填写海关企业代码
15	生产销售单位名称	是	实际发货人的企业名称
16	收发货人代码	是	一般指电商企业的海关注册登记代码
17	收发货人名称	是	一般指电商企业的海关注册登记名称
18	报关企业代码	是	申报单位的海关注册登记代码
19	报关企业名称	是	申报单位的海关注册登记名称
20	区内企业代码	否	针对保税出口模式,区内仓储企业代码,用于一线出区核减账册
21	区内企业名称	否	针对保税出口模式,区内仓储企业名称
22	贸易方式	是	默认为9610,可以为1210保税模式,支持多种跨境贸易方式
23	运输方式	是	海关标准的参数代码《JGS-20海关业务代码集》-运输方式代码
24	运输工具名称	否	进出境运输工具的名称或运输工具编号。填报内容应与运输部门向海关申报的载货清单所列相应内容一致;同报关单填制规范
25	航班航次号	否	进出境运输工具的航次编号
26	提(运)单号	否	提单或总运单的编号
27	总包号	否	物流企业对于一个提运单下含有多个大包的托盘编号(邮件为邮袋号)
28	监管场所代码	否	针对同一申报地海关下有多个跨境电子商务的监管场所,需要填写区分
29	许可证号	否	商务主管部门及其授权发证机关签发的进出口货物许可证的编号
30	运抵国(地区)	是	出口货物的直接运抵的国家(地区),《JGS-20海关业务代码集》国家(地区)代码表填写代码

续表

序号	中文名称	必填项	说明
31	指运港代码	是	出口运往境外的最终目的港的标识代码。最终目的港不可预知时,应尽可能按预知的目的港填报
32	运费	是	物流企业实际收取的运输费用
33	运费币制	是	海关标准的参数代码《JGS - 20 海关业务代码集》- 货币代码
34	运费标志	是	1 - 率,2 - 单价,3 - 总价
35	保费	是	物流企业实际收取的商品保价费用
36	保费币制	是	海关标准的参数代码《JGS - 20 海关业务代码集》- 货币代码
37	保费标志	是	1 - 率,2 - 单价,3 - 总价
38	包装种类代码	是	海关对进出口货物实际采用的外部包装方式的标识代码,采用 1 位数字表示,如:木箱、纸箱、桶装、散装、托盘、包、油罐车等
39	件数	是	件数(包裹数量)
40	毛重(公斤)	是	商品及其包装材料的重量之和,计量单位为千克
41	净重(公斤)	是	商品的毛重减去外包装材料后的重量,即商品本身的实际重量,计量单位为千克
42	备注	否	
清单数据表体			
43	商品项号	是	从 1 开始连续序号,与订单序号保持一致
44	企业商品编号	否	企业内部对商品唯一编号
45	海关商品编码	是	海关对进出口商品规定的类别标识代码,采用海关综合分类表的标准分类,总长度为 10 位数字代码,前 8 位由国务院关税税则委员会确定,后 2 位由海关根据代征税、暂定税率和贸易管制的需要增设的
46	商品名称	是	同一类商品的名称。任何一种具体商品可以并只能归入表中的一个条目
47	规格型号	是	满足海关归类、审价以及监管的要求为准。包括:品名、牌名、规格、型号、成份、含量、等级等
48	条形码	是	商品条形码一般由前缀部分、制造厂商代码、商品代码和校验码组成。没有条形码填"无"
49	最终目的国(地区)代码	是	海关标准的参数代码《JGS - 20 海关业务代码集》国家(地区)代码表填写代码
50	币制	是	海关标准的参数代码《JGS - 20 海关业务代码集》- 货币代码
51	申报数量	是	
52	法定数量	是	
53	第二数量	否	
54	申报计量单位	是	海关标准的参数代码《JGS - 20 海关业务代码集》- 计量单位代码
55	法定计量单位	是	海关标准的参数代码《JGS - 20 海关业务代码集》- 计量单位代码
56	第二计量单位	否	海关标准的参数代码《JGS - 20 海关业务代码集》- 计量单位代码
57	单价	是	成交单价
58	总价	是	总价 = 成交数量 * 单价

交通运输部等十一部门关于稳步推进城乡交通运输一体化提升公共服务水平的指导意见

（2016年10月25日交通运输部、国家发展改革委、公安部、财政部、国土资源部、住房城乡建设部、农业部、商务部、供销合作总社、国家邮政局、国务院扶贫办印发）

各省、自治区、直辖市、新疆生产建设兵团交通运输厅（局、委），发展改革委，公安厅（局），财政厅（局），国土资源厅（局），住房城乡建设厅（委），农业（农牧、农村经济）厅（局、委、办），商务厅（局），供销合作社，邮政管理局，扶贫办（局）：

推进城乡交通运输一体化，提升公共服务水平是加快城乡统筹协调、缩小区域发展差距、实现精准扶贫脱贫的迫切要求，是推进新型城镇化建设和实现全面建成小康社会的重要内容。为贯彻落实《国民经济和社会发展第十三个五年规划纲要》关于推动城乡协调发展的部署要求，加快推进城乡交通运输一体化，提升公共服务水平，更好地满足人民群众出行和城乡经济社会发展需要，现提出以下意见。

一、总体要求

（一）指导思想。

全面贯彻党的十八大和十八届三中、四中、五中全会精神，落实中央扶贫开发工作会议、中央城市工作会议以及中央农村工作会议相关部署，牢固树立和贯彻落实创新、协调、绿色、开放、共享的发展理念，以完善城乡交通基础设施，推进城乡交通运输协调发展，实现基本公共服务均等化为目标，坚持"城乡统筹、资源共享、路运并举、客货兼顾、运邮结合"，补齐城乡交通运输发展短板，加快交通基础设施建设，推进供给侧结构性改革，完善管理体制机制和政策保障体系，提升服务质量和水平，引领和支撑城乡经济协调发展，让人民群众共享交通运输改革发展成果。

（二）基本原则。

政府引导、市场运作。城乡交通运输具有很强的社会公益属性，要发挥政府引导作用，充分调动各方积极性，鼓励社会参与，激发市场活力。对于农村客运（含渡运）、农村通邮、城市公交（含城市轮渡）等公共服务领域，要加强政府主导，加大财政投入和政策支持力度。

以人为本、优化供给。立足保基本、补短板、兜底线，方便出行、安全第一、服务优质，逐步缩小城乡差距和地区差异，全面满足城乡交通运输公共服务需求，让人民群众有更多获得感。

统筹协调、资源整合。统筹城乡、区域之间交通运输协调发展，加快推进城乡交通基础设施的衔接和城乡交通运输服务的一体化建设。推动城乡交通运输与供销、旅游、电商等资源共享，实现优势互补和融合发展。

因地制宜、分类指导。综合考虑经济社会发展水平、不同特点分类指导，鼓励各地先行先试，探索形成不同类型、可复制可推广的城乡交通运输一体化发展模式及实施途径。

（三）发展目标。

到2020年，城乡交通运输服务体系基本建立，城乡交通基础设施网络结构优化并有效衔接，公共服务水平显著提升，城乡交通运输一体化格局基本形成，社会公众认可度和满意度显著增强，更好地满足城乡经济社会发展需要。主要目标是实现"八个100%"：具备条件的乡镇和建制村通硬化路率达到100%；具备条件的乡镇和建制村通客车比例达到100%；城市建成区路网密度和道路面积率符合要求比例达到100%；中心城市公交站点500米覆盖率达到100%；500人以上岛屿通航比例达到100%；建制村直接通邮比例达到100%；具备条件的乡镇快递服务网点覆盖率达到100%，具备条件的建制村通快递比例达到100%。

二、加快推进城乡交通运输基础设施一体化建设

（四）加强城乡交通运输规划衔接。立足城乡统筹发展，统筹规划城乡交通基础设施、客运、货运物流、邮政快递等内容，加强城乡交通基础设施衔接，整合城乡综合交通运输资源，完善优化运输网络，提升城乡交通运输公共服务水平。建立规划衔接协调机制，实现与经济社会发展规划、城乡规划、土地利用规划统筹衔接。强化规划调控力度，确保规划执行到位。

（五）加快城市交通基础设施建设。建设快速路、主次干路和支路级配合理的城市道路网系统，城市建成区平均路网密度和道路面积率符合国家有关标准；打通阻碍城乡一体化衔接的“断头路”，提高道路通达性。加强自行车道和步行道系统建设，改善步行和自行车交通出行条件。符合条件的城市要加快轨道交通建设，发挥地铁等作为公共交通的骨干作用。

（六）加快城乡交通基础路网建设。建设外通内联的城乡交通骨干通道，加强城市道路、干线公路、农村公路、渡口码头之间的衔接，强化市县乡村之间的交通联系。大力推进“四好农村路”建设，促进农村公路建管养运一体化发展。实施百万公里农村公路工程，加快实现所有具备条件的乡镇和建制村通硬化路。加快推进公路安全生命防护工程实施，进一步加强农村公路危桥改造，建设适宜的农村渡河桥。对不满足安全通行要求的窄路基路面公路要实施加宽改造。完善交通标志标线，建立配套管理机制。加强城乡道路建设与市政工程设施的协调。综合考虑群众实际需求、建设条件、安全运营等因素，分类推进撤渡建桥、撤渡修路、撤渡并渡。加强公路路域环境综合治理，推进城市道路、干线公路临近城区路段改造，缓解进出城市交通拥堵。

（七）加快城乡水运设施建设。加快建设有市场需求的内河客运码头、乡镇渡口和城乡便民停靠点。加快推进渡口标准化建设和改造，完善渡口设施设备和标志标识，促进渡口建管养一体化。改善海岛交通基础设施，加快陆岛交通码头建设。

（八）加快完善城乡运输站场体系建设。科学规划和建设标准适宜、经济实用的农村客货运站点，并保障建设用地。农村客运站点应与农村公路同步规划、同步设计、同步建设和同步交付使用。加强既有客运站点的升级改造和功能完善。鼓励客运站与城市公交站点有序衔接和融合建设，推进公交停靠站向道路客运班线车辆开放共享，方便客车乘员下车换乘。完善相关配套政策，鼓励和支持农村客货运站场用地依法立体开发使用。

三、加快推进城乡客运服务一体化建设

（九）完善城乡客运服务网络。加快建立完善综合运输网络体系，实现城乡道路客运与铁路客运、机场、码头的一体化换乘和衔接。统筹协调城市公共交通、城际客运和农村客运发展，采取不同模式提高建制村通客车率，提高城乡客运网络的覆盖广度、深度和服务水平，确保人民群众“行有所乘”。贯彻落实公交优先发展战略，稳步拓展城市公共交通服务网络。对于重点乡镇及道路通行条件良好的农村地区，鼓励通过城市公交线网延伸或客运班线公交化改造，提升标准化、规范化服务能力。采用公交化运营的客运班线，经当地政府组织评估后，符合要求的可使用未设置乘客站立区的公共汽车。对于出行需求较小且相对分散的偏远地区，鼓励开展预约、定制式等个性化客运服务。

（十）推进城乡客运结构调整。加快整合城乡客运资源，鼓励开展区域经营，积极培育骨干龙头客运企业，鼓励整合分散的农村客运经营主体。引导农村客运班线采取区域经营、循环运行、设置临时发车点等灵活方式运营。规范城乡客运经营服务行为，强化服务质量监管和社会监督，提升运营服务品质，打造城乡客运服务品牌。

（十一）完善城乡客运价格形成机制。综合考虑社会承受能力、财政保障水平、企业运营成本、运输产品服务质量差异、交通供求和竞争状况等因素，完善城乡客运价格形成机制，合理确定票制票价，建立多层次、差异化的价格体系，更好满足城乡居民出行需求。

（十二）提升乡村旅游交通保障能力。加大交通运输支持乡村旅游发展力度，积极拓展“运游一体”服务。加快改善农村特色产业、休闲农业和乡村旅游等的交通条件，进一步提升交通服务旅游的保障能力。积极支持传统村落、休闲农业聚集村、休闲农园、特色景观旅游名村、“农家乐”等乡村特色旅游区域开通乡村旅游客运线路。加快农村旅游景区、人口密集区域的停车场、充电桩等基础设施建设。

（十三）保障城乡交通运输安全。发挥县乡人民政府的组织领导作用，健全农村交通安全防控网络，大力推进乡镇交管站（办）、农村交通安全劝导站和乡镇交通安全员、农村交通安全劝导员建设、培训，切实履行好安全监管、监督责任。强化部门联动，密切分工协作，督促企业严格落实安全生产主体责任，加大安全投入，加强从业人员培训教育，切实提高安全服务水平。积极推广应用乡村营运客车标准化车型。加强渡口渡船安全管理。建立完善道路通行条件和农村客运线路联合审查机制。加强农村公路设施巡查，及早发现农村公路设施隐患，妥善处治。

四、加快推进城乡货运物流服务一体化建设

（十四）构建覆盖县乡村三级农村物流网络。按照农村物流网络节点建设指南的技术要求，加快推进农村物流网络节点建设，实现建设标准化、管理规范化、服务多元化，全面提升农村物流站点服务能力和水平。做好网络节点体系系统规划，优化站点布局，按照层次清晰、规模适度、功能完善的要求，拓展站场的仓储服务、电商快递服务、信息交易等物流服务功能,实现资源的衔接整合。统一物流站场运营服务标准,规范物流经营服务行为。加快农村物流站点的信息化建设,促进物流信息的集约共享和高效联动。

(十五)增强邮政普遍服务能力。重点推进西部地区和农村地区邮政基础设施建设,建立乡镇及农村邮政营业场所可持续运营的长效机制,支持邮政企业做强寄递主业,促进投递深度向下延伸,农村地区总体实现建制村直投到村。提升处理运输基础能力,引导邮政企业利用农村客货运站场等交通运输基础设施,建立仓储场地和小型邮件分拨中心,进一步强化县域邮件处理能力。

(十六)推进快递服务能力提升。继续推进快递"向西向下"服务拓展工程,加强中西部和农村地区快递网络建设,引导快递企业合理规划快递节点布局,落实网点建设标准,在特色经济乡镇、交通枢纽乡镇等地区建设高标准服务网络,提高网点均衡度和稳定性,实现县乡全面覆盖。健全农村快递末端网络,提高快递服务乡镇覆盖率。

(十七)加强农村交通运输资源整合。推进城乡交通运输"路、站、运、邮"协调发展。按照"多点合一、资源共享"模式,加快集客运、货运、邮政于一体的乡镇综合客运服务站点建设。引导交通运输、邮政、商贸、供销等物流资源的整合,促进农产品进城和农资、消费品下乡双向流通。推广适合农村公路条件的厢式、冷藏等专业化车型。支持农产品冷链物流体系建设,鼓励规模运输企业开展冷链运输。促进农村物流、邮政快递和电子商务融合发展。引导市场主体对接农村电商平台,积极参与农产品网上销售、流通追溯和运输配送体系建设。

五、努力营造城乡交通运输一体化发展环境

(十八)强化组织保障。进一步提高思想认识,积极争取地方党委、政府支持,将城乡交通运输一体化工作列入重要议事日程,并将城乡交通运输一体化水平纳入当地全面建成小康社会目标或年度工作目标。加强组织领导,交通运输、发展改革、财政、公安、国土、住房城乡建设、农业、商务、扶贫、邮政、供销等部门之间应加强沟通协调,明确责任分工,形成工作合力。

(十九)拓宽城乡交通运输发展资金渠道。积极推动建立政府购买城乡交通运输公共服务制度。充分利用现有农村公路建设、农村客运站建设、老旧车船更新等资金,提高资金使用效率,落实各项税收优惠政策和农村客运成品油价格补助政策。发挥好中央资金、地方一般公共预算收入的引导和杠杆作用,带动社会资本投入。鼓励和引导金融机构开发专项金融服务和产品,为城乡交通运输一体化发展提供优质、低成本的融资服务。对于中西部地区、革命老区、民族地区、边疆地区以及集中连片特困地区,按照《中共中央 国务院关于打赢脱贫攻坚战的决定》予以支持。

(二十)强化事中事后监管。加强交通运输行业信用体系建设,建立健全相关市场主体信用记录,纳入全国信用信息共享平台。建立完善城乡交通运输服务水平评价制度,加强评价结果的公布与应用。落实"双随机、一公开"监管制度,充分利用"12328"服务热线及邮政业消费者申诉受理渠道等,发挥社会公众监督作用。积极推动移动互联网等新技术在城乡客运生产管理、运营调度和安全应急等方面的应用。对于经营行为不规范、不履行普遍服务责任、存在重大安全隐患和突出交通违法行为的经营主体及其车辆,要依法严格处理。

(二十一)强化法规政策保障。加快推进城乡交通运输一体化服务的法治化、标准化进程。积极推进修订《道路运输条例》和制定《城市公共交通条例》等相关法规,完善配套规章制度。研究制定城乡交通运输一体化配套标准和相关技术政策。交通运输部会同有关部门开展城乡交通运输一体化考核评价和监督指导,加强监督检查,确保政策实效。组织开展城乡交通运输一体化建设工程,总结经验并适时加以推广。

V

地方规定

1. 北　京

北京市农村工作委员会、北京市邮政管理局关于进一步推进"农邮通"服务站建设工作的通知

（2016年7月15日　京政农发〔2016〕16号）

郊区各区农委(农业局)、邮政管理局：

为贯彻落实市委市政府《关于落实发展新理念全面提高新时期城乡一体化发展水平的意见》(京发〔2016〕13号)和交通运输部、农业部、供销合作总社、国家邮政局《关于协同推进农村物流健康发展加快服务农业现代化的若干意见》(交运发〔2015〕25号)精神，优化京郊自产农产品流通渠道，提高自产农产品流通效率，2016年6月17日，市农委、市邮政管理局在密云区召开了区域农产品集散配送中心暨"农邮通"服务站建设工作现场会，对全市"农邮通"服务站建设工作进行了部署。为进一步明确"农邮通"服务站建设内容和任务安排，现就有关事宜通知如下：

一、充分认识推进"农邮通"服务站建设的重要意义

"农邮通"服务站，是促进农产品高效集散、农产品优化配送、快递便捷转投和服务农村电商发展的开放性服务平台。建设"农邮通"服务站，对于促进农产品流通、优化产业结构、方便城乡居民生活具有重要意义。

一是有利于优化农产品流通渠道。建立一批"农邮通"服务站，有利于提高农产品集散效率，带动农产品销售；有利于促进农业企业抱团取暖，提高市场谈判能力；有利于物流企业优化路线，降低物流成本。

二是有利于推动农业产业优化升级。建立一批"农邮通"服务站，有利于提高农业组织化程度，促进区域特色农业公共品牌的培育和壮大，有利于倒逼农业生产专业化、组织化、标准化水平提升，有利于促进"互联网+"农业发展，丰富农村电商等业态。

三是有利于惠及城乡居民生产生活。建立一批"农邮通"服务站，有利于为"快递下乡"和"农产品进城"搭建双向服务平台，有利于在家门口满足农村居民快递寄送转投服务，进一步拓宽农产品物流配送和营销渠道，促进京郊自产农产品销售。

二、指导思想和建设原则

（一）指导思想

以创新、协调、绿色、开放、共享的发展理念为指导，以服务"三农"为宗旨，加强部门协同和资源整合，按照"政府引导、市场主导、资源整合、优势互补、试点先行、有序推进"的原则，因地制宜的推进各具特色的"农邮通"服务站建设，服务京郊农产品流通，惠及城乡居民生活，支撑现代农业发展。

（二）建设原则

一是坚持"政府引导、市场主导、企业参与"的原则。按照市场经济规律运作，政府部门牵线搭台，企业登台唱戏。

二是坚持"资源整合、优势互补、合作共赢"的原则。统筹协调农业、邮政、供销等行业资源，有效整合农业生产、产品供销、涉农电商、邮政快递等行业在场地、运路等方面的资源，实现功能叠加、一点多能。

三是坚持"立足既有、因地制宜、试点先行"的原则。结合各区实际，深挖现有场站利用潜力，在现有资源上发展，打造试点示范，稳步推广建设。

三、建设模式

按照主要服务功能不同，"农邮通"服务站模式主要包括：

1. 以农产品集散配送为特点的"农邮通"服务站。主要为京郊自产农产品流通提供集散配送服务，

吸引区域范围内农产品在服务站集散,吸引邮政企业和快递企业等参与配送,以更加便捷、优惠的利用第三方物流资源,达到降低物流成本,促进农产品流通的目的。典型代表:密云区密农人家"农邮通"服务站。

2. 以农产品专线配送为特点的"农邮通"服务站。主要根据服务需求和产品特点,由邮政企业、快递企业等,为农业企业(合作社)等量身定做并开通"配送专线"(降低农业企业自建物流的成本),以满足多元化的农产品配送服务需求。典型代表:延庆区北菜园"农邮通"服务站。

3. 以快递包裹寄送转投为特点的"农邮通"服务站。主要依托农村"村邮站"建立,叠加快件代收转投功能,提升农村快件投送效率,方便农村居民生活。典型代表:大兴区北臧镇马村"农邮通"服务站。

"农邮通"服务站建设模式不局限于上述三种模式。各区可以结合农业、邮政、供销等资源,因地制宜的探索适合自身实际、各具特色的"农邮通"服务站建设模式。

四、目标任务

2016年全市将按照"先试点后推广"的步骤,在涉农各区挂牌建设一批各具特色的"农邮通"服务站,形成一批"区域农产品集散配送"、"农产品专线配送"和"快递包裹寄送转投"等特色的"农邮通"服务站,为推动"互联网+"现代农业发展、促进农产品流通、方便城乡居民生活提供支撑。

2016年8月前,各区择优推荐2—5个"农邮通"服务站试点;11月前,全市力争发展"农邮通"服务站100个。各区确定"农邮通"服务站,由市农委、市邮政管理局统一授牌。

具体任务安排如下:

2016年"农邮通"服务站建设任务安排表

区	数量(个)
朝阳区	5
海淀区	5
丰台区	5
门头沟区	10
房山区	10
通州区	10
顺义区	10
大兴区	10
昌平区	10
平谷区	10
怀柔区	10
密云区	10
延庆区	10

五、工作要求

(一)高度重视,加强领导

"农邮通"服务站建设是今年农村工作会议确定的重要工作之一,各区农委要结合实际,广泛调研基层需求,主动作为、大胆尝试,努力为促进农产品流通创造有利条件,确保全年"农邮通"服务站试点建设任务全面完成。

(二)突出重点,注重实效

提高农产品流通效率,带动农业增效和农民增收,是"农邮通"服务站最重要的目标。各区要深刻把握"促流通、促增效、促增收"的目标,努力整合多方资源,突出重点,推进以区域农产品集散配送中心和专线配送服务为重点的"农邮通"服务站建设;同时要灵活把握,因地制宜,注重实效,以市场带动企业积极性,确保"农邮通"服务站建的起,立得住。鼓励各区结合实际制定政策,对推进"农邮通"服务站建设,促进农产品流通标准化、信息化等工作予以支持。

(三)宣传引导,按时推进

各区要加强宣传,引导农业企业(合作社)通过"农邮通"服务站平台,合理有效地利用物流资源,提高农产品流通效率,降低流通成本;同时,要突出地方特色,因地制宜地创新服务站服务形式,确保建设工作有效落实。农业主管部门和邮政管理部门要加强沟通协调,引导行业有效对接,确保"农邮通"服务站建设任务按时保量顺利完成。

2016年8月底之前,请各区农委明确负责人员,会同相关部门确定试点单位,认真填写《2016年"农邮通"服务站试点申报表》(见附件),并将拟定的"农邮通"服务站试点名单报市农委备案;11月底之前,各区农委将年内确定的其他"农邮通"服务站名单及全年"农邮通"服务站推广建设工作情况报市农委。市农委、市邮政管理局将采取随机抽查的方式,对部分"农邮通"服务站建设运行情况进行检查验收。

附件:2016年"农邮通"服务站试点申报表(略)

本市邮政寄递行业交通安全管理工作方案

(2016年9月19日北京市交通安全委员会办公室、北京市邮政管理局、
北京市公安局公安交通管理局印发　京交安办字〔2016〕17号)

为加强对本市邮政行业交通安全管理工作,促进行业健康持续发展,大力推进运输安全监管规范化、系统化建设,全面消除道路交通安全隐患风险,为市民群众创造更加安全、有序、畅通的道路交通环境,推进首都和谐宜居城市建设,根据《北京市道路交通安全防范责任制管理办法》,制定本市邮政行业交通安全管理工作方案如下:

一、组织领导

成立北京市邮政行业交通安全管理工作领导小组,市交通安全委员会办公室副主任任组长,市公安局公安交通管理局、市邮政管理局相关负责同志参加。同时成立市邮政行业交通安全委员会,由专业系统安委会直接管理。领导小组办公室及安委会办公室均设在市交管局,负责工作的组织、协调。各区由区安委会牵头建立辖区工作领导小组及邮政行业交通安委会,一并纳入区专业运输系统安委会管理,各区邮政行业要相应成立安委会办公室,确定专人负责。相关工作由区安委会办公室组织落实。

二、工作目标

1. 本市邮政、快递企业车辆(含非机动车)及驾驶人(含非机动车驾驶人)做到全部登记备案,并纳入属地专业运输系统安委会管理;

2. 本市邮政、快递企业对全部驾驶人(含非机动车驾驶人)实现先培训后上岗,每季度交通安全教育培训不少于一次,不断提高从业人员交通安全法制观念和文明交通素质;

3. 本市邮政、快递企业车辆(含非机动车)发生严重交通违法行为及重大交通事故的,依法责令企业及时消除交通安全隐患问题。

三、工作措施

1. 制定快递电动三轮车颜色、标识的统一标准和编码规则。各快递企业按照标准对电动三轮车进行登记、编码,并统一颜色和标识;快递企业为所使用的电动三轮车统一购买交通意外保险,提高寄递业运输车辆和人员的安全保障。

责任单位:北京市邮政管理局、北京市公安局公安交通管理局、各快递企业

完成时限:11月30日前

2. 建立驾驶人学习管理制度,统一制发邮政、快递电动三轮车驾驶人交通安全活动卡。督促企业落实培训、定期教育等主体责任,实行交通安全活动卡学习管理制度。邮政行业运输人员上岗前必须进行系统的交通安全法规学习,重点培训基础交通安全法规和电动车安全驾驶注意事项,经考试合格后上岗。寄递企业要定期对驾驶人进行安全教育,并将教育情况记录存档。

责任单位:区交通安全委员会办公室、各邮政管理派出机构

完成时限:11月30日前

3. 落实两级安办"监管责任"。本市成立市、区两级寄递行业交通安全委员会,各区交通安全委员会办公室要协调政府相关部门,深入邮政寄递单位、企业及辖区社区、外地人聚集地,对邮政、快递企业保有、使用的电动三轮车情况入户摸排,并对车辆信息、车主信息、联系方式逐一登记造册。同时与企业签订责任书,协调工商、税务、城管、消防等部门,从企业履行宣传教育,违法、事故追查,驾驶人档案建立等方面制定联合考评办法,规定企业违法、违规惩处措施,切实起到规范、警示作用。按月汇总邮政行业电动三轮车、驾驶人违法及事故情况,通报企业,提供责任追查依据。

责任单位:市区两级交通安全委员会办公室

完成时限:11月30日前

4. 落实寄递企业"主体责任"。邮政、快递企业要建立本企业交通安全考评办法,落实对电动三轮车及驾驶人的安全管理责任;各区交通安全委员会办公室要对企业落实主体责任情况开展督促指导,对存在主体责任不落实、内部驾驶人管理松懈、长期存在交通违法和安全隐患的单位,要依据先期制定的考评办法进行严格查处,落实责任追究,并通过召开现场处理大会的形式,警示其他企业吸取教训,规范内部安全管理。

责任单位:各区交通安全委员会办公室、寄递企业

完成时限:长期

5. 落实驾驶人"直接责任"。在规范企业主体责任的基础上,要完善电动三轮车及驾驶人管理档案,落实电动三轮车驾驶人交通安全直接责任,与驾驶人签订责任书,对驾驶人发生交通违法、责任交通事故等情况进行责任追究,对存在连续违法、一般以上责任事故等严重交通安全隐患驾驶人一律予以辞退处理。

责任单位:各区交通安全委员会办公室、寄递企业

完成时限:长期

6. 加强路面执法与源头管理联动。对于路面查处的运输车辆发生"涉牌"、"非法改装车辆"、"超载"、"闯禁行"、"违反规定停车"及电动三轮车"逆行"、"闯红灯"等交通违法行为,要严格路面执法,同时,各区安办也要依据"防范责任制管理办法"进行追查处理,形成路面管理和源头监管联动模式。

责任单位:北京市公安局公安交通管理局

完成时限:长期

7. 开展长期守法意识教育。要充分发挥协调牵动作用,通过召开"三会":区动员会,街乡相关领导会、社区居委会全会,组织区、街乡政府部门、各区驻区单位、社区进行动员,发动政府部门和相关单位共同深入寄递企业开展宣传教育工作,持续保持宣传声势,有效提高电动三轮车驾驶人守法意识,改善交通秩序环境。

责任单位:各区交通安全委员会办公室

完成时限:长期

8. 营造整体宣传氛围。要根据辖区企业、驾驶人、道路等特点,在寄递行业内部明显区域设置宣传专栏,由交通安全积极分子和社会志愿者担任义务宣传员,通过布置展板,播放事故案例短片、发放宣传材料等方式,扩大宣传范围,突出整体宣传氛围。

责任单位:各区交通安全委员会办公室

完成时限:11月30日前

四、工作要求

1. 认清形势任务,迅速组织部署。加强邮政行业交通安全管理工作是构建首都和谐交通环境、回应市民群众期待、全面提升交通管理工作水平的重要举措。各相关部门要高度重视,切实加强组织领导,结合实际研究制定细化方案,确保工作顺利开展。

2. 加强监督考核,推进工作开展。各单位要扎实落实各项工作,建立健全工作机制。由主管领导负责加强工作落实情况的监督、指导、检查,及时发现问题,及时纠正,确保工作收到实效。自方案下发开始,对邮政行业交通安全管理工作情况,市安办将纳入专业运输系统考核。

3. 及时总结经验,加强信息反馈。各相关部门要加强工作信息沟通,及时收集工作动态信息,及时反馈遇到问题,有序推动工作落实。

北京市“十三五”时期邮政业发展规划

(2016年10月北京市邮政管理局、北京市发展和改革委员会印发)

邮政业是国家重要的社会公用事业,是现代服务业的重要组成部分,是推动流通方式转型、促进消费升级的现代化先导性产业。加快邮政业发展,对于更好地服务生产生活、降低流通成本、拉动新兴业态发展具有重要意义。为建成与首都地位相适应的现代邮政业,依据《京津冀协同发展规划纲要》、《邮政业发展“十三五”规划》和《北京市国民经济和社会发展第十三个五年规划纲要》,结合北京市邮政业发展实际,编制本规划。

一、现状与形势

(一)“十二五”回顾

“十二五”期间,北京市邮政业保持了规模持续增长,政策环境不断优化,邮政普遍服务水平全国领先,快递业务规模持续扩大,服务保障能力显著增强,在服务经济社会发展和民生改善中发挥了重要的基础作用。

1. 基础产业作用日益凸显

“十二五”期间,北京市邮政业业务量收逐年增长,发挥着日益重要的基础产业作用。2015年,北京市邮政企业和快递服务企业业务收入(不包括邮政储蓄银行直接营业收入)完成237.24亿元,五年年均增长20.25%;业务总量完成258.52亿元,五年年均增长24.69%。北京市邮政业的业务收入占北京市GDP的比重为1.03%,业务量收均位列全国第五。

2. 政策环境不断优化

行业发展得到了市委市政府的重视支持。2011年印发《关于进一步提升首都邮政普遍服务水平的意见》,是全国第一个省级支持邮政普遍服务的政策文件。2013年出台《北京市快递安全管理办法》,是全国第一个快递安全管理的省级政府规章。2013年发布《市内邮件寄递服务规范》(DB11/T 1011—2013),是全国第一个邮政普遍服务地方标准。期间《北京市邮件快件寄递安全管理工作的实施意见》、《关于推进首都交通与邮政融合发展的意见》等政策文件相继出台。2015年11月国家邮政局和北京市政府签订《关于加快推进首都邮政行业建设与发展合作协议》,建立了促进首都邮政业发展的合作机制,全面涵盖邮政、快递两大业务领域。

3. 邮政普遍服务水平全国领先

“十二五”期间,北京市率先在全国完成所有行政村的村邮站建设,超过3800名村邮员获得公益性岗位补贴,农村地区行政村全部实现“村村建站、户户通邮”目标。2014年全面完成空白乡镇邮政局所补建任务,实现竣工率100%、开业运营率100%。2015年,邮政函件业务完成61244.21万件,包裹业务完成383.58万件,报纸业务完成70901.59万份,杂志业务完成3526.75万份,汇兑业务完成339.88万笔,业务规模处于全国领先地位。到2015年底,全市提供邮政普遍服务的营业场所达到757处,邮政邮筒(箱)5442个,邮政报刊亭1852处,邮政信报箱群176563处,村邮站3730个,三农服务站402处,邮政便民服务站479处,服务便民性进一步得到提高。

4. 快递业务规模持续扩大

“十二五”期间,北京市快递服务得到迅速发展,业务量收保持高速增长,服务质量得到显著提升。2015年,快递服务企业业务量完成14.1亿件,五年年均增长51%;快递业务收入完成181.7亿元,五年年均增长33.2%。“十二五”期末,快递业务收入占邮政行业收入比重达76.6%,较2010年提升30.6个百分点。国有、民营、外资快递企业业务量市场份额分别为20.7%、77.9%和1.4%,业务收入市场份额分别为13.7%、72.6%和9.7%。

5. 服务保障能力显著增强

“十二五”期间,邮政行业年服务用户近40亿人次,最高日处理快件量超2600万件,成功应对了每年“双十一”、“两节”等电商促销带来的服务高峰需求,并推动自动化分拣设备、智能手持终端、移动客户端、智能快件箱等科技设备和信息化技术全面推广。安全保障能力得到提升,确保了2012年中共十八大、2011—2015 年“两会”、2014 年 APEC 峰会以及 2015 年中国人民抗日战争暨世界反法西斯战争胜利 70 周年纪念日等重大活动期间的寄递服务安全，全行业未发生重大安全责任事故。邮政机要通信服务连续 5 年质量全优、服务全优、保密安全无差错。

现阶段，北京市邮政业发展的主要矛盾仍然是服务能力、服务水平不能完全满足首都经济社会发展和人民群众不断增长变化的服务需求。一是行业发展模式比较单一，增长主要依赖传统要素投入，科技进步和管理创新贡献较低。二是邮政普遍服务面临水平提升和服务创新的双重挑战，面临快递服务、电信与互联网服务的双重竞争压力。三是快递市场同质化竞争严重，发展质量不高，国际竞争力不强。四是邮政网络综合利用水平不高，快递基础设施建设相对滞后，行业整体网络效能未能充分发挥。五是寄递渠道安全形势日趋严峻，安全保障能力与任务要求不相适应。

（二）发展形势

“十三五”时期，世界多极化、经济全球化、文化多样化、社会信息化深入发展。新一轮科技革命和产业变革蓄势待发。我国经济发展步入新常态，向形态更高级、分工更优化、结构更合理阶段演化的趋势更加明显。京津冀协同发展、“一带一路”、“互联网 +”、“中国制造 2025”等国家战略和北京“四个中心”建设给邮政业带来新的发展空间和挑战。在新的形势下，北京市邮政业发展的基本面在更高起点上总体向好，仍处于可以大有作为的重要战略机遇期。

一是北京经济步入新常态和全国科技创新中心建设，为邮政业创新发展提供新机遇。十八届五中全会把创新发展作为五大发展理念之首。北京市加快全国科技创新中心建设，推进构建高精尖经济结构，将促使邮政企业和快递企业主动调整市场战略，更好的服务北京高端产业。北京的现代市场体系更加成熟和完善，商品和要素更加自由流动，简政放权加快推进，市场环境更加稳定。新型工业化、信息化、城镇化、农业现代化、绿色化协同推进，北京居民的消费需求不断释放。生产小型化、智能化、专业化渐成新特征，消费个性化、多样化、网络化渐成主流，流通渠道扁平化、精细化、专业化渐成方向。新需求、新技术、新业态、新商业模式加速成长。这些将促使邮政企业和快递企业延伸扩充服务链，抓住发展新机遇，在参与并推动北京市的经济发展中实现产业的转型升级。

二是京津冀协同发展战略为邮政业协调发展带来广阔的新空间。“十三五”时期，京津冀地区将成为中国经济重要的增长极，邮政业特别是快递业将在促进商品流通、保障民生、拉动居民消费、支撑新兴业态发展进一步发挥关键作用。京津冀产业结构进一步优化升级，服务业比重进一步上升。北京将率先建成全面小康，迈向高收入社会，消费结构、消费模式和消费习惯将发生较大变化。产业结构升级、消费结构升级将使得快递需求保持旺盛势头。在京津冀协同发展的战略目标引领下，三地的邮政企业和快递企业联系密切、差异竞争、分工合作，形成开放融合、优势互补、互利共赢的协同发展新格局，为打造邮政业改革创新的试验区、交邮协同发展的示范区、现代邮政业建设的先行区带来巨大空间。

三是邮政业结构性变革和疏解非首都功能深入推进，转型创新绿色发展成为新趋势。受需求转变影响，全球邮政函件业务萎缩态势难以逆转，而包裹业务增长强劲，与居民生活相关的快递、电商、冷链物流需求较为旺盛。邮政业务结构发生深刻变化，增长方式持续调整。传统邮政企业加速向多元化和市场化转型，邮政、快递企业竞争合作渐成趋势。劳动力、土地、资本等要素对快递运作的约束越来越明显，正在快速抬高经营成本。受资源环境承载能力的刚性约束，北京邮政业转型升级，坚持绿色发展成为必然选择。

四是国家开放型经济体系完善和全国国际交往中心建设为邮政业开放发展创造新契机。经济全球化深入发展，国内产品、资本在全球范围内流动的规模扩大，速度加快。“一带一路”战略和自贸区战略协同推进，北京国际交往中心建设和服务业扩大开放综合试点有序推进，为邮政、快递企业实施国际化发展战略，拓展网络和服务能力创造了有力条件。我国加速构建开放型经济新体制，放宽商贸物流等外资准入限制。国务院决定全面开放国内包裹快递市场，对符合许可条件的外资快递企业，按核定业务范围和经营地域发放经营许可。跨境电子商务成为国际贸易新亮点，促使邮政、快递企业加快提升订单处理、跨境运输、海外仓储、境外配送能力，拓展海外市场。

五是公共服务均等化和民生保障工程加快实施，为邮政业共享发展全面实现城乡普惠指明新方向。国家高度重视保障和改善民生，坚持共享发展，提出到 2020 年“基本公共服务均等化总体实现”的战略目标。邮政业的内涵不断丰富，需求不断增长，迫切需要提升服务能力、创新供给、拓展范围。邮政企业亟需通过提升普遍服务质量和网络资源利用水平，承接社会新需求，为提升流通效率、促进城乡协调发展创造条件。快递服务亟需强化农村地区的网络体系，补齐短板，创新经营，提升能力，改善农村地区消费和流通环境。发挥降低流通成本、支撑电子商务、服务生产生活、扩大就业渠道等方面的作用,更好的让城乡居民普惠共享行业发展成果,将是北京市邮政业发展的新方向。

二、指导思想和发展目标

(一)指导思想

贯彻落实党的十八大和十八届三中、四中和五中全会精神,牢固树立"创新、协调、绿色、开放、共享"的发展理念,依托京津冀协同发展战略,坚持"创新驱动 + 协同发展"的发展思路,提升服务能力和服务品质,促进行业转型升级,持续推进建设普惠城乡、技术先进、服务优质、安全高效、绿色节能的邮政业服务体系,全面建成"国内领先、国际一流"的首都现代邮政业,打造邮政服务首善之区。

(二)发展目标

"十三五"时期,邮政业将保持持续稳定发展态势,进入以转型升级、提质增效为主线的发展新阶段,行业保障民生和城市基本运行作用进一步有效发挥,行业资源配置更加合理,行业发展质量明显提升。预计全市邮政行业业务收入年均增长 17% 左右,"十三五"期末达到 520 亿元;行业总量年均增长 20% 左右,"十三五"期末达到 560 亿元。其中,快递业务量年均增长率保持在 25% 左右,"十三五"期末达到 40 亿件;快递业务收入年均增长率保持在 20% 左右,"十三五"期末达到 450 亿元。发展目标具体如下:

1. 城乡普惠

——邮政普遍服务网点进一步完善,邮政普遍服务营业场所数量不少于 770 个,邮政局所、村邮站等邮政普遍服务网点的乡镇覆盖率达到 100%。

——推动建设乡镇和农村快递基础设施,实现快递服务的行政村覆盖率达到 100%,实现"乡乡有网点,村村通快递"。

2. 服务水平

——邮政普遍服务营业场所法定业务开办率达到 100%,城乡给据邮件投递到户率达到 100%;用户满意度达到 85 分以上。

——快递服务质量显著提升,服务满意度高于全国平均水平;快件有效申诉率显著下降,低于百万分之六。

3. 安全保障

——服务全国政治中心建设,保障党政军机关邮政通信安全畅通,保障重大活动期间的寄递渠道安全,杜绝发生重特大安全责任性事故。

——全面落实寄递渠道的收寄验视、实名寄递、过机安检三项制度。

——邮件处理中心、快件分拨中心的安全生产设备配置达到 100%,快递安全生产操作规范的全员培训率达到 100%。

——确保用户信息安全,不发生重大信息泄露事件。

4. 智慧创新

——物联网、大数据、云计算、移动互联网等新技术在重点品牌企业的应用率达到 80% 以上。

——企业技术中心建设实现零突破。

——智能快件(包裹)箱安装格口数累计超过 10 万个。

5. 绿色发展

——积极推广节能环保车应用,新能源汽车保有量持续增长。

——快递电子运单的使用率达到 90% 以上。

——快件绿色封装用品的使用率达到 50% 以上。

三、主要任务

(一)提升均等普惠化服务水平

围绕首都城乡公共服务均等化和民生保障的需求,拓展邮政公共服务功能,加速向平台型服务的转型。大力提升邮政普遍服务水平,推进快递服务普惠化。

推动邮政普遍服务均等协调发展。落实《市内邮件寄递服务规范》等标准,重点提升农村地区普遍服务时限和频次水平。开展邮政普遍服务提供方式多元化的探索,研究推进邮政普遍服务资源应用创新,服务产品创新,服务品质提升。

推进城乡快递普惠化。鼓励建设便民服务、快递配送网点、智能快件(包裹)箱,提高服务便利化。推动快递服务延伸到农村地区,积极推进农村邮政公共服务平台建设,因地制宜推进"快递下乡"工程,实现村村通快递。

（二）完善基础设施建设布局

立足京津冀邮政业协同发展，疏解非首都功能，完善从快递物流园区、快件（邮件）处理场所到投递末端的服务体系建设，优化邮政业基础设施空间布局。

统筹布局大型邮政、快递基础设施。研究推动北京新机场临空经济区快递专业类园区规划建设，统筹纳入城市综合交通枢纽、物流园区的规划建设，辐射带动电子商务等相关产业集聚。严格执行《北京市新增产业的禁止和限制目录》，重点在六环沿线、新城规划建设一批服务于城乡配送的快件处理场所。

推进北京城市副中心、北京新机场的邮政业设施统筹规划建设。推动新增邮政支局（所）、智能快件（包裹）箱、邮政机要通信服务网点统筹纳入北京城市副中心和北京新机场规划建设，完善国际邮件处理中心，协调推进跨境电子商务邮政综合服务中心规划建设。适时启动冬奥会邮政快递服务设施的规划布局研究。

（三）保障寄递渠道安全

贯彻落实安全法律法规和规定。深入贯彻落实《中华人民共和国邮政法》、《北京市快递安全管理办法》等法律、规章和规范性文件，全面落实邮政业安全生产强制性标准实施，统筹处理好发展与安全、安全和效率的问题，使安全能力成为淘汰落后产业模式、推动行业转型升级、促进行业可持续发展的有效手段。

落实企业安全主体责任。树立"首都安全无小事，容不得半点麻痹"的理念，强化安全生产红线意识，保障寄递渠道安全。严格执行收寄验视、实名寄递、过机安检制度，建立邮件、快件流转追溯制度和应急机制，维护邮件、快件及其信息安全，防止和减少安全事故。

提高安全监管保障能力。完善政策支持和资金保障机制，进一步完善与公安、国家安全、交通等部门的协作机制，实现多部门协同、属地网格化管理的监管格局，加快推进北京市邮政业安全中心建设，完善执法装备和设备，充实安全监管专兼职力量。强化科技支撑，推进寄递渠道安全监管"绿盾"工程，提升监管效能。

提升行业安全防控水平。建立健全人防物防技防相结合的行业安全防控体系，全面落实寄递渠道安全管理收寄验视、实名寄递、过机安检三项制度。完善邮政业突发事件应急体系，建立综合应急机制，完善应急保障，做好应急队伍建设，切实提高行业应急处置能力。

（四）推进快递业转型升级

打造高效快递服务体系。引导快递企业通过兼并重组、平台整合、联盟合作等多种方式，整合资源搭建乡镇快件分拨中心，合作共建"最后一公里"服务体系，打通城区与农村、新城与乡镇之间的快件运输网络，提升服务能力。支持发展智能快件箱、共同配送、集中配送模式，满足中高端服务需求，增强服务供给的灵活性。

支持发展高端快递服务。推进快递业与高精尖制造业、信息技术、生物、新材料、智能制造业等战略性新兴产业融合发展，支持企业开展深层次合作，拓展产业链、供应链和服务链。适应消费升级和现代产业新体系的需要，满足电商快递、医药快递、农商快递需求，发展个性化、差异化和定制化的寄递服务。探索发展"快递＋金融"，整合"货物流、信息流、资金流"，为企业提供贷款、支付、融资、保价等供应链金融服务。

促进快递与交通运输业融合发展。实现设施联通、网络联通、信息畅通。鼓励邮政、快递企业与铁路、公路、港口、民航运输企业深度合作，深入实施快递"上车、上船、上飞机"工程，完善快件处理设施和绿色通道，促进多式联运发展。大力推进快件航空运输，加强航空运能保障。研究利用北京周边区域内既有铁路货运场站，配套建设快件运输通道和接驳场所，发展高铁快递和电商快递专列。探索京津冀地区空运、陆运和海运港口的一体化通关试点，推动建设立体化快递综合运输枢纽。

（五）科技创新驱动智慧邮政建设

充分发挥北京科教、智力、信息资源富集优势，紧紧围绕国家供给侧结构性改革总体要求，重点在服务智能化、生产自动化、运输高效化、管理科学化等方面加快科技研发创新，加快成果转化，持续增强发展实力。

科技研发能力进一步增强。鼓励企业开展智能终端、自动分拣、机械化装卸、冷链快递等技术装备的研发应用。支持重点企业利用国家或省级科技研发资金、服务业发展引导资金、信息化发展专项资金等，开展技术创新，推动科技成果产业化。积极引导企业加大科技投入，提升现代化信息技术和装备设施的普及,增强网络运营、客户管理和末端投递的自动化、机械化和智能化水平。

服务创新能力进一步增强。推进互联网+快递,支持快递物流与电子商务协同发展。鼓励“快递+”在电子商务领域的融合创新,促进线上线下互动创新,共同发展体验经济、社区经济、逆向物流等便民利商新业态。综合应用互联网、移动互联网、物联网、大数据、云计算、卫星导航等新兴技术,建设智能化仓储体系、配送系统;鼓励快递企业积极参与涉农电子商务平台建设,构建农产品快递网络,服务产地直销、订单生产等新业态。

(六)加快绿色邮政健康发展

推动节能减排。推广环保技术和材料应用,支持企业走绿色发展的道路。鼓励企业对现有设施进行节能改造,在营业场所和快件(邮件)处理场所推广应用节能与新能源设施。规范生产、减少资源浪费、优化作业流程,减少收寄、分拣、运输、投递等环节对环境的污染和资源消耗。

鼓励绿色运输。落实清洁空气行动计划和《大气污染防治条例》,大力推广新能源汽车在邮政业领域的应用,按照国家和北京市相关规定享受补贴和税收减免政策,并给与城区通行便利。鼓励企业开展节能驾驶培训。

加快推广绿色包装。鼓励企业采用清洁生产技术,使用可循环利用的包装材料以及可降解的物料辅料,推广使用电子运单,大力降低原材料和能源消耗。完善回收体系,加强包装废弃物的回收处置管理,提升包装物品的重复使用率。

(七)推动邮政行业“走出去”

以全国国际交往中心的建设为引领,抓住“一带一路”战略和北京服务业扩大开放综合试点的契机,加快邮政业的国际化发展方向,引导企业共建共享全球资源,共同拓展国际市场,推动打造国际快递航母。

融入北京市服务业开放的大格局。结合北京市重点推动的科学技术服务、互联网和信息服务、文化教育服务、金融服务、商务和旅游服务、健康医疗服务六大对外开放领域,进一步提升邮政、快递服务的支撑、协同发展作用。利用天竺综合保税区、平谷国际陆港建设发展、北京新机场建设的有利条件,鼓励邮政、快递企业服务跨境电子商务,大力发展国际业务,着力培育新的经济增长点。

支持邮政、快递企业国际化发展。鼓励企业通过设立分支机构、合资合作、委托代理等方式“走出去”发展,拓展国际网络建设。支持有实力的企业在国外建立运营基地、处理中心、海外仓等,加强国际运力能力。

(八)提升邮政行业监管效能

坚持简政放权、放管结合。严格规范邮政行政审批事项,加强事中事后监管。建立实施权力清单和责任清单制度。建立邮政普遍服务网点分级管理制度,健全邮政普遍服务质量评估体系、综合绩效考核体系,强化保障,严格监督。完善以“服务满意度、时限准时率、用户申诉率”为核心的快递服务质量评价体系。

加强监管能力建设。加强执法队伍建设,推行“双随机、一公开”监管,探索跨部门、跨区域的邮政行政执法工作。推进监管信息化建设,增强分析预警和研判。推动建立京津冀地区监管联动机制,探索搭建京津冀快递监管信息共享平台。进一步完善与公安、国家安全、交通等部门的协作机制。

推动诚信邮政建设。完善行业诚信体系建设,依托企业信用信息公示系统和行业监管信息系统,建立违法失信主体“黑名单”及联合惩戒制度,营造诚实守信的市场环境。

四、重大工程

(一)寄递渠道安全监管“绿盾”工程

全面提高安全生产水平。严格落实收寄验视、实名寄递、过机安检三项制度,提升邮件、快件安检水平,支持企业配置符合要求的安检机,落实邮政、快递企业安检机操作流程、人员培训和专人安检制度。完善车辆运输安全体系,探索推进在途监控手段的应用,保障干线和支线的车辆运输安全。规范无法投递又无法退回的邮件、快件管理,完善从业人员登记备案和安全教育培训制度。

加强监管保障能力建设。依托现有条件和信息系统,分期建设业务应用系统、完善支撑配套平台,建设安全监控中心,搭建监管平台,完善寄递渠道安全监管业务机制和标准规范。推动进出境安全设施建设,重点企业主要处理场地与国际安全标准接轨,配合有关部门加强邮件、快件出入境口岸生化实验室、隔离室及配套安检设施建设。

完善安全应急体系。建立健全突发事件应对工作机制,督导邮政、快递企业加强安全生产教育,加强全行业应急队伍建设和物资、技术、经费保障,提升邮政企业和快递企业安全应急预案的编制、演练、执行和资源配备水平,保障突发事件预防与处置工作的需要。

(二)城区末端服务体系建设工程

建设高效便捷的城区邮政、快递配送网络和末端网点,推动解决城区投递“最后一公里”难题。鼓励邮政、快递企业主动探索适合投递末端的新业态和新模式,拓展末端网点服务范畴,打造多元化、差异化、个性化的末端服务体系,为市民提供便利的寄递服务。积极推动在通州、大兴区和城区的机关、高校、社区等用户密集区推广智能快件(包裹)箱建设使用。

推进邮政业服务品质行动计划,推动邮政行业与智慧社区建设对接,拓展服务内容,培育发展具有品牌效应的同城寄递和冷链快递服务,实现“寄递服务一刻钟生活圈”。以推动邮政、快递服务“进校园、进社区、进楼宇、进机关”工作为重点,加快公共投递服务站建设,鼓励发展共同配送。

(三)农村公共服务平台工程

按照“政府引导、市场主导,资源整合、优势互补、试点先行、有序推进”的原则,逐步建成“区域集散、网点驻乡、投递进村”的农村邮政业公共服务平台,打造农资、“消费品下乡”和“农产品进城”双向流通渠道,惠及农村居民生活。

充分发挥农村地区邮政基础设施的作用。鼓励邮政企业开放乡镇邮政局所等邮政基础设施资源,积极推动将乡镇邮政局所、村邮站打造成为服务“三农”、服务农村电商的重要节点,打造成为保障农村通邮、解决农村“最后一公里”的重要平台。

推进“快递下乡”。按照“协商试点、共建平台、综合利用、有序发展”的思路,鼓励快递企业加强农村地区网点建设,积极参与北京市农产品流通配送服务。鼓励乡镇和有条件的行政村依托供销合作社农村基层网点、村邮站等资源,建设一批“农邮通”服务站,为农民提供网络代购、快递服务及农产品归集、网络销售、仓储配送等一体化服务。

(四)新机场快递园区规划建设工程

做好空间布局。在京津冀协同发展的框架下研究编制北京新机场快递物流园区规划,做好三地空间布局的分工合作,实现差异化发展。

着力发展航空快递。规划邮政和快递服务设施功能布局,建立快递专业类园区,吸引优秀快递企业入驻,推动北京新机场成为全球航空运营网络的重要组成部分,实现快递业与相关产业联动发展模式创新。争取地方政府的土地支持,探索委托第三方、多方投资控股或交邮联合等多种形式推进快递专业类园区的运营。

(五)快递与电商协同发展工程

促进快递与电商协同发展。实现信息流对接,推进快递企业与电商企业数据对接,整合产业链条,构筑协同发展的信息平台。推动资金流对接,研究推进快递企业与电商企业的资金结算和服务平台建设,提升快递企业的POS机刷卡、上门退款、代收货款、资金担保等金融服务能力。发展云仓、仓配一体化等新型服务模式,提升电商快件的处理专业化、自动化、个性化水平。在时限保证、个性化服务、冷链快递、逆向物流等方面提升服务水平。

促进快递与跨境电商协同发展。在京津冀区域内,充分利用综合保税区、电子口岸、一站式通关等基础设施功能和政策优势,支持重点企业积极发展境内外仓储、报关报检、产品包装、退换货处理、客户服务及供应链融资等服务。推进邮政、快递企业与北京跨境电子商务公共信息平台数据对接,完善监管场所。推动国际邮件和国际快件在海关通关、检验检疫、结汇退税等方面的流程优化,便捷通关。

五、保障措施

(一)加强规划组织实施

本规划提出的预期性目标和行业发展、结构调整等任务的完成,主要依靠发挥市场机制的作用实现。要加强与邮政业发展“十三五”规划、北京市各区县发展规划的实施对接,通过加强市场监管、健全利益导向机制和创造良好发展环境,引导市场主体行为与首都城市发展战略意图相一致。

加强规划宣贯实施。广泛开展规划宣传,凝聚各方面力量积极参与规划实施。分解本规划确定的发展目标和主要任务,制定年度计划实施,依托重大工程逐年落实规划提出的发展目标和主要任务。

完善监测评估制度。加强对规划实施情况跟踪分析和监督检查,组织开展规划实施中期全面评估。加强对服务水平、服务质量、节能减排、劳动就业等基础数据的监测,及时把握邮政业发展中出现的新情况、新问题,系统提出应对措施,保障规划确定的目标任务如期完成。

(二)推进法治邮政建设

加强邮政业发展和监管的地方立法研究,进一步贯彻落实《中华人民共和国邮政法》、《北京市快递安全管理办法》等邮政法律法规规章，推进《北京市邮政通信条例》修订工作，保障行业规范健康发展。深入推进邮政执法规范化建设，完善执法资格管理制度，加强执法监督。完善行业标准体系建设，落实强制性标准的贯彻实施，推进服务标准化、安全生产标准化。全面开展行业"七五"普法工作，进一步推进法治宣传教育和依法治理工作，为实现法治邮政建设目标提供保障，为首都"十三五"时期行业发展营造良好法治环境。充分发挥行业协会作用，加强行业自律，服务行业发展，推动服务规范和服务标准等制度建设。

（三）健全政策支撑体系

贯彻落实《国务院关于促进快递业发展的若干意见》等支持发展的系列政策文件，加快研究制定北京市具体政策措施，着力破解制约快递发展的"瓶颈"，推动行业提质增效，创新升级，健康发展。探索设立产业研究基金，研究探索政府购买邮政公共服务的实现方式，研究利用政府和社会资本合作模式加强行业重大项目建设。研究在本市腾退空间、现有厂房和存量土地统筹建设邮政业公共服务设施和便民生活设施。支持邮政机要通信设施建设，争取中央预算内投资对农村地区公益性、基础性快递基础设施建设予以支持。开展邮政业供给侧结构性改革的研究，从供给侧与需求侧入手，推动出台产业联动、创新驱动发展、培育市场主体、保障寄递安全、国际化发展、绿色发展等方面的行动计划，优化发展政策环境。

（四）完善工作体制机制

以转变政府职能为核心，优化政府服务，建立健全企业主责、行业自律、政府管理、社会监督的管理体制。建立部门协调工作机制，明确责任分工，制定工作计划，加快重点工程建设。加强与津冀政府层面联动，做好与津冀两地对口工作机构的对接，建立健全邮政业协同发展工作机制。

加快行业诚信体系建设。推进政务诚信建设，坚持依法行政和诚信施政；健全快递业信用制度和标准体系，完善快递业信用管理体制；完善信用信息采集和公示工作机制，强化信用信息的应用，加强与其他部门诚信数据交换共享；完善信用评价机制，增强监管工作的针对性；树立行业诚信典范，积极营造崇尚诚信、践行诚信的良好氛围。

坚持全面从严治党。严格落实主体责任和监督责任，深化推进廉政风险防控管理。建立健全邮政业基层党建工作的共管机制，推进民营快递企业基层党组织建设。坚持以党风促政风带行风，树立行业良好形象。大力加强行业精神文明建设，践行"诚信、服务、规范、共享"行业核心价值理念，全面推进行业文化建设。

（五）加快人才队伍建设

深入推进"人才强邮"战略。发挥首都教育资源优势，加强教育和培训力度，提高监管部门把握行业发展规律有效监管的能力，优化配置人才资源，培养高素质邮政管理队伍。鼓励企业、院校共同开展职业培训项目，培养行业急需的各类人才。支持院校开设邮政、快递等相关专业，探索学校、科研机构、行业协会和企业联合培养人才模式，加大邮政业人才培养和技能培训，全面提高全行业从业人员素质和管理水平。

2. 天　津

群众举报寄递服务违法违规行为处理与奖励办法

（2016年3月4日天津市邮政管理局印发）

第一条　为有效规范我市寄递服务行为，鼓励群众举报寄递服务违法违规行为，保护用户合法权益，促进本市邮政业健康快速发展，结合我市实际，特制定本办法。

第二条　本办法适用于天津市行政区域内所有邮政、快递企业的寄递服务行为及相关活动。

第三条　任何单位、组织和个人（以下统称举报人）均可按照属地原则向邮政管理部门举报寄递服务违法违规行为，其中涉及重大违法违规行为的，可直接向市邮政管理部门举报。

政府机关及其公务人员依法履行职责的行为不适用本办法。

第四条 本办法所称寄递服务违法违规行为，是指按照《中华人民共和国邮政法》、《邮政普遍服务监督管理办法》、《快递市场管理办法》、《邮政行业安全监督管理办法》、《天津市邮政业管理办法》等法律规章以及《邮政普遍服务》、《快递服务》、《邮政业安全生产设备配置规范》等国家或行业标准相关规定进行认定的各类违法违规行为，重点包括以下情形和行为：

（一）邮政、快递企业违反收寄验视制度或者违反规定收寄禁止（限制）寄递物品。

（二）邮政、快递企业未按照有关规定对客户身份等信息进行核实登记。

（三）邮政、快递企业从业人员未办理天津市快递人员从业卡等资格证件。

（四）邮政、快递企业未按有关规定对邮件、快件进行X光机安检。

（五）未经法律明确授权或者用户书面同意，邮政、快递企业将用户使用寄递服务的相关信息提供给其他组织或者个人。

（六）邮政、快递企业未按规定公示服务承诺；未按规定及时处理用户投诉。

（七）邮政、快递企业限定、指定用户使用高资费业务。

（八）邮政、快递企业及其从业人员非法扣留、倒卖、隐匿、毁弃邮件、快件；抛扔、踩踏或者以其他方式造成邮件、快件损毁。

（九）未经邮政管理部门批准，邮政企业撤销邮政普遍服务营业场所、停止办理或者限制办理邮政普遍服务业务和特殊服务业务。

（十）邮政企业利用带有邮政专用标志的车辆从事邮件运递以外的经营性活动，或者以出租等方式允许其他单位或者个人使用带有邮政专用标志的车辆。

（十一）未经邮政管理部门许可，擅自经营快递业务；快递企业将快递业务委托给未取得快递业务经营许可的企业经营，超越经营许可范围委托经营。

（十二）快递企业寄递国家公文；将信件打包为包裹寄递。

（十三）未经邮政管理部门许可，邮政企业以外的企业擅自经营邮政通信业务。

（十四）法律、法规、规章以及国家或行业标准规定的其他影响寄递渠道安全畅通的违法违规行为。

第五条 举报人可以通过拨打邮政业消费者申诉电话“12305”和天津市便民服务专线“88908890”，或者以书信、电子邮件、传真、走访等方式向邮政管理部门举报寄递服务违法违规行为。

第六条 举报人应提供真实、有效的姓名、地址及联系电话等信息；举报人应对其举报内容的真实性负责，并积极配合邮政管理部门做好相关核查工作。

第七条 各级邮政管理部门处理寄递服务违法违规行为的举报事项，应根据下列规定执行：

（一）各级邮政管理部门负责办理本管辖区域内的举报事项。

（二）举报事项属于本单位受理范围的，接到举报的邮政管理部门应当于7日内将受理意见告知举报人。

（三）举报事项不属于本单位受理范围的，接到举报的邮政管理部门应当于7日内告知举报人向有处理权的单位举报，或者将举报材料移送有处理权的单位。

（四）受理举报的邮政管理部门应当及时核查处理举报事项，自受理之日起60日内办结；情况复杂的，可以按照有关规定适当延长核查处理时间，但延长期限不得超过30日，并告知举报人延期理由。

（五）受理举报的邮政管理部门应当自举报事项办结后30日内将办理结果及领取奖励通知告知举报人。

第八条 邮政管理部门应当依法保护举报人的合法权益并为其保密。严禁泄露举报人的姓名、工作单位、家庭住址等情况；严禁将举报材料和举报人的有关情况透露或者转给被举报单位和被举报人。

第九条 邮政管理部门应建立健全举报奖励档案。包括举报记录、核实查处、奖励通知、奖金领取记录、发放凭证等。

第十条 经核查确认寄递服务违法违规行为属实的，邮政管理部门应当在举报事项办结后，根据举报线索的种类、案情等对举报人给予奖励：

（一）提供邮政、快递企业违法违规行为线索且案情重大的，奖励2000元至3000元。

（二）提供邮政、快递企业违法违规行为线索且案情较大的，奖励1000元至2000元。

（三）提供邮政、快递企业一般性违法违规线索的，奖励500元至1000元。

邮政管理部门将根据案情、举报线索发挥的实际效用及相关政策规定确定最终奖励数额。

第十一条 多人多次举报同一事项的，由最先受理举报的邮政管理部门给予最先举报人一次性奖励。多人联名举报同一事项的,奖励予以平均分配。一次有效举报中查实举报对象有多项违法行为的,不累计奖励。

第十二条 举报人应当在接到领奖通知后30日内凭本人有效身份证件到指定地点领取奖励。

举报人接到领奖通知30日内未领取奖励,或者因举报人个人原因导致领奖通知无法送达的,视为放弃领奖权利。

第十三条 对匿名举报,无法核实身份的;捏造、歪曲事实,诬告、陷害他人的;拒不配合邮政管理部门做好相关核查工作的,取消其奖励资格并由举报人依法承担相应责任。

第十四条 奖励所需经费由市邮政管理部门按照预算管理及相关规定予以核定拨付;奖励发放由市邮政管理部门统一负责。

第十五条 各级邮政管理部门工作人员在办理举报奖励过程中有玩忽职守、徇私舞弊行为,依法追究其行政责任。构成犯罪的,依法移送司法机关处理。

第十六条 本办法中"7日"、"30日"等关于期限的规定是指工作日,不含节假日。

第十七条 本办法由天津市邮政管理局负责解释。

第十八条 本办法自颁布之日起施行。

天津市高等学校快递服务进校园管理办法

(2016年6月12日天津市教育委员会、天津市邮政管理局印发 津教委〔2016〕25号)

第一章 总 则

第一条 为进一步规范为天津市高等学校(以下简称"高校")学生提供快递服务的行为,维护高校正常的教育教学秩序和生活秩序,创建和谐文明校园,根据《国务院关于促进快递业发展的若干意见》(国发〔2015〕61号)和《天津市人民政府办公厅转发市发展改革委关于促进快递服务业发展意见的通知》(津政办发〔2014〕4号)文件精神,结合高校实际情况,制定本办法。

第二条 快递服务进校园是指高校通过引进具有快递业务经营许可资质且经营多家快递品牌业务的第三方快递企业(以下简称"企业"),在校园安全隔离的专用区域内设立快递配送服务中心(以下简称"服务中心"),为学生提供快递服务的行为。

第三条 快递服务进校园工作应坚持"服务学生生活、服务学生健康成长"的原则,维护校园良好的教育教学秩序。

第四条 本办法适用于普通高校、高职院校以及独立学院。

第二章 服务中心的设立

第五条 高校要开辟安全隔离的快递服务专用区域,建立岛式或围墙式快递服务专用区作为服务中心。

(一)岛式快递服务专用区。利用城市道路旁校园院墙内空闲区域,架设围栏建立封闭的服务中心,快递人员从专用出入口门禁核查记录身份后进入服务中心,将普通快件投递至智能快件箱,将异形或者货到付款等特殊件交付给人工服务,学生从校园内围栏门禁出入口进入服务中心寄取快件。

(二)围墙式快递服务专用区。即将城市道路旁校园围墙拆除,安装双面智能快件箱,建立服务中心,快递人员由校园外将普通快件投递至智能快件箱,将异形或者货到付款等特殊件交付给人工服务,学生由校园内寄取快件。

第六条 高校要为服务中心的建设提供便利,包括场地、闲置房屋、水、电力供应、可接入互联网等基础设施。开通进出通道,并办理相关手续。设置明确的安全逃生通道,按标准配备相应的灭火器材等消防设施。

第七条 高校要采取公开招租形式引进企业进入服务中心经营。每所高校只能引进一家企业(邮政通信业务除外)。高校要与承租企业签订租赁合同,须将"不允许承租方转租"列为强制条款,明确双方权利、义务和争议解决方式，合同期限最长不超过五年。租金应以公益性原则收取。

第八条 企业应具有国家规定的从事经营活动的相关证照，包括《工商营业执照》、《快递业务经营许可证》等。

第九条 企业应按照《经营快递业务的企业分支机构备案管理规定》要求，在高校所在地邮政管理部门办理相关手续，并向学校相关部门办理从业人员登记等相关手续。

第十条 企业应保障服务中心内建筑、消防设施符合消防相关法律、法规规定，并接受学校消防、治安管理和检查，对检查中存在的问题要及时进行整改。

第十一条 企业如需在服务中心内建设快递人工服务用房，应符合《建筑设计防火规范》、《快递服务》、《快递营业场所设计基本要求》、《天津市快递配送公共服务中心（试点）建设标准指导手册》等相关标准。如学校可以提供符合快递人工服务用房标准的闲置房屋，可不再建设。

第十二条 企业应安装符合《邮政业安全生产设备配置规范》标准的可拆卸智能快件箱、实名收寄设备、验视记录仪、防盗报警装置和视频监控等规范化专业设施设备。智能快件箱自助设施和人工操作管理系统，应具备全程操作信息和视频记录。

第十三条 企业安装的实名收寄、验视记录和监控设施应与邮政监管系统联网。智能快件箱后台数据应接入邮政管理部门安全监管系统，做到收寄过程有记录，安全问题能追溯。

第十四条 企业应与各品牌快递企业签订代理协议，从业人员须持有行业监管部门核发的电子从业认证卡，进入服务中心的从业人员须经身份核实确认。

第十五条 企业不得采取加盟、转包、分包的形式提供高校快递服务，不得以任何形式向校内用户收取任何附加费用。

第三章 日常经营管理

第十六条 高校要将快递服务进校园工作作为提升高校办学水平，创建和谐校园，保障学生正常学习生活的重要工作，纳入学校的整体管理工作中，确定管理部门，实行统一归口管理。

第十七条 高校要根据学校安全管理规定以及卫生、环境等要求，加强对服务中心的日常管理与监督，承担起相应的管理责任和属地安全管理职责。

第十八条 高校要加强与所在地邮政管理等相关部门的沟通，建立工作联动机制，共同对企业进行监督、检查和管理，不得以任何理由对企业收取额外费用或阻碍学生正常使用寄递业务。

第十九条 高校要严格管理快递服务车辆，除学生离校等特定时间段外，高校均不得允许快递服务车辆进入校园。

第二十条 企业应禁止在经营场所外堆放杂物、占道经营，各种标牌、标志必须规范，严禁乱贴乱画，不准使用高音喇叭，及时清理经营场所内外的杂物、垃圾，主动维护服务中心及周边的治安、交通秩序及环境卫生，不得改变服务中心的房屋结构，不得私接水电，不得使用违禁电器。

第二十一条 企业应加强对从业人员的安全教育培训，强化寄递物品安全管理，严格执行收寄验视和实名收寄制度，依法严格保护用户个人信息安全。

第四章 违规违约处理及退出

第二十二条 高校违反本办法有关规定，市教委将责令限期整改，情节严重者将依照相关规定追究有关人员责任。

第二十三条 企业违反本办法有关规定，高校应责令其限期整改，并按照合同约定承担相应违约责任。情节严重者可以提前解除合同，涉嫌违反相关法律法规，将由有关部门依法依规处理。

第二十四条 企业在经营期内出现下列问题之一者，高校可以提前解除合同：

（一）经营管理混乱，且限期整改不到位，被相关行政部门予以处罚；

（二）违反《中华人民共和国邮政法》、《邮政行业安全监督管理办法》等法律法规，造成安全生产责任事故，且后果严重；

（三）安全管理措施不到位，寄递禁寄物品，且造成严重后果；

（四）未按合同约定按时缴纳租金，逾期六个月；

（五）未按合同经营范围经营，经高校规劝，限期整改无效；

（六）未履行合同约定的义务，情节严重，或出现合同中约定的其它严重违规行为；

（七）违反相关管理部门法律法规，情节严重。

第二十五条 高校与企业提前解除合同,校企双方应及时向市教委、所在地邮政管理局备案。

第二十六条 合同期满,高校要重新进行公开招租。对信誉度高、服务质量好、学生满意的企业,在招租时,高校可以在同等条件下优先选择。

第二十七条 企业退出后,自身承担其在校经营期间的盈亏,不得以经营场所的装修、设备设施购置等为由索要补偿。

第五章 附 则

第二十八条 本办法解释权归市教委、市邮政管理局。

第二十九条 本办法自发布之日起施行。有效期为五年。

天津市跨境电子商务快递企业管理办法

(2016年8月23日天津市邮政管理局印发 津邮管〔2016〕23号)

第一条 为了加强跨境电子商务快递市场管理,促进跨境电子商务发展,保护相关企业和用户的合法权益,促进跨境电子商务和快递市场健康发展,根据《中华人民共和国邮政法》、《快递业务经营许可管理办法》、《快递市场管理办法》等有关法律、法规和规章,结合本市实际,制定本办法。

第二条 本市跨境电子商务快递企业的业务经营许可申请、审批、日常经营和监督管理,适用本办法。

本办法涉及的跨境电子商务快递企业是指,在承诺时限内快速完成信件、包裹、印刷品等物品全部或部分跨国寄递活动的快递企业。包括注册和经营跨境电子商务包裹的收寄、分拣、运输、投递等业务的企业。

第三条 市邮政管理部门负责全市跨境电子商务快递市场的监督管理。各下级邮政管理机构负责对本辖区的跨境电子商务快递市场实施监督管理。

第四条 经营跨境电子商务快递业务,应当按照《中华人民共和国邮政法》、《快递业务经营许可管理办法》、《快递市场管理办法》等相关规定,取得快递业务经营许可证,并按照商务、市场监管、海关、出入境检验检疫、外汇等管理部门的相关法律法规依法办理相关审批和备案手续。

第五条 跨境电子商务快递企业向用户提供运输代理、报关、仓储、运输、退税等服务的,应该符合邮政管理部门及其他部门对经营主体业务资质的准入条件。

第六条 跨境电子商务快递企业应向邮政管理部门、海关、口岸、出入境检验检疫等部门建立的统一通关平台、数据统计平台等,提交运单等相关信息和数据,不得瞒报、篡改、编造相关信息和数据,或以任何理由不提交信息。

跨境电子商务快递企业应依法定期向邮政管理部门上报统计报表和报告,不得转移、隐匿、篡改、毁弃原始记录和凭证、统计台账、统计调查表、会计资料及其他相关证明和资料。

第七条 在填写运单、分拣作业、限时投递、签收确认、业务公示、赔偿责任、处理投诉、应急机制、高峰统筹、代收货款、禁止行为等方面,跨境电子商务快递企业行为应当符合《快递市场管理办法》以及国家和行业相关标准对快递服务的相关规定。

第八条 收件人地址是境外的,在填写运单时,跨境电子商务快递企业应辅助寄件人使用当地语言,并建议寄件人对贵重物品购买保价或者保险服务。

第九条 跨境电子商务快递企业应当使用符合标准的快递封装用品。航空快件的包装应当符合民航安全、运输标准。

经营快递业务的企业在符合快递封装相关标准的情况下,可以使用环保可再生纸质、可降解或者易降解的塑料封装用品。

第十条 跨境电子商务快递企业与跨境电子商务企业签订长期快递服务合同的,应当明确电子商务企业的产品进出口资质,并明确电子商务企业促销旺季、法定节假日等特殊时期的快递服务时限和应急措施。电子商务企业不得向收件人提供与合同约定不符的虚假承诺。因电子商务企业虚假承诺导致快件延误造成损失的，按照《中华人民共和国合同法》等相关规定，由电子商务企业承担损失赔偿等违约责任。

第十一条 对无法投递的跨境电子商务进口快件，或由于产品、寄件人及其委托人方面原因无法完成通关的出口快件，跨境电子商务快递企业应联系寄件人进行相应处理，无法联系寄件人的，应按照国家邮政局《无法投递又无法退回快件管理规定》(国邮发〔2014〕44号)相关规定执行。

第十二条 国家有关法律法规禁止进行跨境进出口贸易的商品、禁止跨境运输和寄递的物品，跨境电子商务快递企业禁止递送。已经收寄的快件中发现有上述物品的，应当立即停止转发和投递。对其中依法需要没收或者销毁的物品，应当立即向有关部门报告，并配合有关部门进行处理。对其中依法不需要没收、销毁的禁寄物品，应当与寄件人或者收件人取得联系，妥善处理。

第十三条 跨境电子商务快递企业应当建立并执行快件收寄验视制度、实名收寄制度，并百分百过机安检。经营快递业务的企业应当收寄时应检查当场验视交寄物品，检查交寄物品的内容是否属于国家法律法规禁止跨境贸易的商品、禁止跨境运输和寄递的物品，所寄物品是否与快递运单所填写的内容一致。

法律、法规、规章规定需要寄件人提供有关书面凭证或者出示身份证明的，经营快递业务的企业应当要求寄件人提供凭证原件或者有效身份证件，核对无误后，方可收寄。

寄件人拒绝验视、拒绝如实填写快递运单、拒不提供书面凭证或者不按照规定出示有效身份证件的，经营快递业务的企业不予收寄。

第十四条 跨境电子商务快递企业应当对收寄、分拣、运输、投递等作业环节实行24小时安全监控和记录，防止快件在寄递过程中短少、丢失、损毁。并应按照国家标准和政府主管部门的要求，建立信息跟踪查询系统，提供数据共享接口，为政府安全监管及公众服务提供实时数据和信息。

第十五条 跨境电子商务快递企业设计和建设快件仓储配送等处理设施、场所和设备，应当符合相关国家标准以及公安机关、国家安全机关和海关依法履行职责的要求。

第十六条 跨境电子商务快递企业应当建立健全安全生产责任制，按照《邮政行业安全监督管理办法》的规定落实重大事项报告制度，在规定时间内及时向有关部门报告相关情况。

第十七条 跨境电子商务快递企业应当按照国家关于快递业务员职业技能培训的规定，建立和完善人力资源管理制度和教育培训机制，鼓励并组织企业从业人员参加快递业务员职业技能鉴定，并确保快递业务员全部持邮政管理部门核发的电子从业卡提供服务。

第十八条 跨境电子商务快递企业从事代理通关、支付结算等业务的，应当接受海关、金融外汇管理等政府部门的法律法规实施监管。

第十九条 邮政管理部门应当建立完善快递市场监管体系，规范和优化行政审批程序，简化手续，提高办事效率；加大市场监管力度，构建权责明确、行为规范、监督有效、保障有力的执法体制，提高行政监管效能。

第二十条 邮政管理部门工作人员在跨境电子商务快递市场监督管理工作中，滥用职权、玩忽职守、徇私舞弊的，按照《中华人民共和国邮政法》第八十三条处理。

第二十一条 跨境电子商务快递企业在从事通关、支付、仓储等非快递业务过程中违法本办法，由相关管理部门按照相关法律法规和部门规章追究企业违法、违规责任。

第二十二条 跨境电子商务快递企业违反本办法其他条款，由邮政管理部门按照《中华人民共和国邮政法》、《快递市场管理办法》、《快递业务经营许可管理办法》等快递行业国家相关法律、法规的规定进行处理。

第二十三条 本办法自颁布之日起施行。

天津市邮政业发展“十三五”规划

(2016年10月8日天津市发展改革委印发)

根据《京津冀协同发展规划纲要》、《天津市国民经济和社会发展第十三个五年规划纲要》和国家

《邮政业发展“十三五”规划》,落实《中华人民共和国邮政法》(以下简称《邮政法》)和国家邮政局关于邮政业“十三五”规划编制的总体要求,结合天津邮政业发展实际,编制《天津市邮政业发展“十三五”规划》(以下简称本规划)。本规划是天津市国民经济和社会发展“十三五”规划的组成部分,是本市邮政业政府管理部门开展工作的重要依据。

一、发展环境与现状分析

(一)国内外经济发展形势

国际方面,“十三五”时期,和平与发展的时代主题没有改变,世界多极化、经济全球化、文化多样化、社会信息化深入发展。国际金融危机冲击和深层次影响在相当长时期依然存在,世界经济在深度调整中曲折复苏、增长乏力。外部环境不稳定不确定因素明显增多,国际投资贸易规则体系加快重构,我国邮政业发展面临的风险挑战加大。

国内方面,“十三五”时期,我国经济长期向好的基本面没有改变,发展前景依然广阔,但提质增效、转型升级的要求更加紧迫。经济发展进入新常态,向形态更高级、分工更优化、结构更合理阶段演化的趋势更加明显。“十三五”时期,邮政业仍将处于行业发展大有作为的战略机遇期,快递服务在区域经济和社会民生发展领域的重要性将进一步凸显。市场整合、技术升级、业态转变、服务提升和模式创新等将成为行业发展的新趋势。

区域方面,天津面临京津冀协同发展、“一带一路”、滨海新区开发开放、天津自由贸易试验区、国家自主创新示范区等多项国家战略叠加的难得机遇,新兴互联网经济和创新模式加速影响传统产业形态。邮政行业在借力发展的同时,也将对这些战略政策的落地实施形成积极的推动作用。

(二)天津市邮政业发展总体形势

首先,国家多重战略叠加形成天津发展机遇,行业发展环境持续向好。“十三五”时期,天津进入国家战略集中发力、试验政策集中落地、示范效果集中显现的发展时期,邮政业也将面临体制改革深入、行业政策调整的创新密集阶段,区域协同能力将快速提升,互联网经济和新技术引领下的多种产业将加速与邮政服务、快递服务相融合,并推动邮政行业自身的供给侧结构性改革,实现协同发展。

其次,网络零售占居民消费比例提升,持续拉动行业规模快速增长。2015 年,天津网络零售交易额突破 1000 亿元,占社会消费品零售总额比重超过 19% 。未来随着网络零售市场的发展、农村电商消费市场的开拓、移动电商和线上线下融合,天津网络零售将进一步发展,并带动邮政业业务规模快速增长。

第三,邮政普遍服务网络更加包容,邮政企业作为国有大型企业将加快改革步伐。保障邮政普遍服务仍将是邮政企业的重要任务,随着天津城市化水平的进一步提升,城乡结合部的快速发展将带来新的用邮需求,邮政基础设施、设备、人员需要相应提升。在保证均等化的邮政普遍服务之外,充分利用邮政普遍服务网络,扩大和提升邮政服务的业务范围、服务质量成为发展趋势。

第四,开放型经济体制进一步深化,推动快递服务网络的国际化。商贸、快递物流等服务领域的外资准入进一步放开,外商投资实行准入前国民待遇加负面清单的管理模式将加速国内外市场融合。同时,我国快递业也开始加快走出去步伐,配合跨境电子商务的快递服务体系不断完善。

第五,行业转型升级和专业化发展步伐不断提速。移动互联网、物联网、大数据、无人机、3D 打印等新技术将不断革新邮政行业技术水平和服务模式。鲜活农产品、食品、医药、特殊物品等专业化递送服务也会不断提升行业分工和精益服务能力。高端化服务、社区自助服务、智能快件箱等新型快递寄送服务模式也将获得发展机遇。

第六,新型城镇化建设将提升快递服务民生的普惠程度。一方面,县域居民网购的快速发展以及邮政快递网络加快在农村推行,有助于营造新型城镇化建设的服务体系;另一方面,新型城镇化也将推动邮政业广域、全网寄递能力的发展。

第七,绿色城市理念将引起更广泛关注,邮政业更加注重低碳、绿色发展。邮政业将承受越来越大的环保和低碳发展压力,通过技术发展和业务模式创新,实现行业与城市的和谐发展,将是未来邮政业必须面对的问题。

第八,供给侧改革作用进一步凸显。邮政业对推动国民经济供给侧改革,加快培育新的发展动能,特别是对去库存、降成本、补短板具有重要作用。邮政业将在经济发展新常态中又一次迎来重大发展机遇。

(三)天津市邮政业发展政策环境

“十三五”时期不仅是行业发展新政策集中制定、出台时期,也将是现有行业政策集中梳理、落实时期。国务院及天津市在“十二五”期间出台了《关于促进快递业发展的若干意见》、《天津市现代物流业发展三年行动计划》、《关于促进我市内贸流通健康发展的实施意见》等一系列促进邮政业发展的政策，主要从产业园区、物流节点、营运车辆、智慧平台、末端配送、仓储设施、农村电商、跨境电商、航空物流、供应链扩展等方面对邮政业发展提出具体目标和具体要求。这些政策将继续推动“十三五”时期邮政行业发展。

（四）天津市邮政业发展重大机遇

“十三五”时期天津市邮政业发展面临重大历史机遇。这些来自国家战略、技术革命、新兴产业、创业创新等方面的重大机遇具有鲜明的本地特色，将对“十三五”时期天津市邮政业发展带来重大影响。

“京津冀协同发展”战略将在“十三五”时期加速推进，借助天津空港的航空优势、东疆港的海运优势、武清区的电商集中优势，优化天津市与北京市、河北省的快递物流空间网络布局，实现区域政策、标准协同，促进快递物流与区域优势产业协同发展。

“一带一路”战略实施将加强天津邮政业与西部邮路通道的联系，扩大行业对外开放水平，并在推动快递物流多式联运、开通铁路邮件快件班列化运营、促进跨境快递服务发展等方面起到积极作用。

“天津自由贸易试验区”、“滨海新区开发开放”、“跨境电商综合试验区”战略的进一步实施，将拓展天津邮政业政策创新和先行先试的空间，推动邮政快递业务创新和服务创新，并对政府进一步简政放权、实现创新管理提出更高要求。

“国家自主创新示范区”、“大众创业、万众创新”等政策机遇将推动天津邮政业转型升级、加快改革创新步伐，提高先进技术、商业模式在邮政业的应用普及，提升行业运营效率。

“互联网+”、“中国制造2025”等国家战略的实施将推动天津邮政业在新技术革命引领下实现跨越式发展，提升邮政业与电子商务、先进制造、商贸流通、现代农业、金融服务和交通运输之间的协同联动发展水平，促进邮政业在保障公民基本通信权益、助力地方经济转型、扩大就业和改善民生等方面发挥重要作用。

（五）天津市邮政业发展情况

“十二五”时期，本市邮政业的改革与发展以邓小平理论和“三个代表”重要思想为指导，以科学发展观统领邮政业发展全局，按照市委、市政府和国家邮政局的统一部署，结合本市社会经济发展需要，围绕“转方式、调结构、惠民生、促发展”的工作主题，抓住机遇、锐意改革，邮政普遍服务保障力度增强，快递服务快速发展，邮政体制改革不断推进，行业发展能力和服务质量不断提高，邮政业与地方经济发展相互融合、相互依存，已成为经济社会发展的重要支撑，促进电子商务、加工制造、贸易流通和物流等产业协同发展的重要引擎，服务民生、拉动就业的重要平台，刺激消费、扩大需求的重要环节。

1. 邮政行业总量快速增长，业务收入大幅提升

“十二五”时期，天津邮政业取得快速发展，产业规模不断扩大。全行业累计完成业务总量175.50亿元，年均增速为11.79%。全行业业务收入累计完成187.21亿元（不含邮政储蓄银行直接营业收入部分），年均增速为22.80%。业务总量和业务收入增速均高于天津地区生产总值增速。行业收入占GDP比重从2.4‰提高到3.7‰。其中，快递业务量累计完成5.90亿件，年均增速45.63%；快递业务收入累计完成116.54亿元，年均增速30.28%。

2. 普遍服务得到良好保障，业务规模占比下降

“十二五”时期，天津邮政业普遍服务得到良好保障，邮政企业在全市范围为所有用户持续提供邮政普遍服务和特殊服务，公众满意度稳步提升，均高于全国水平。截至2015年底，邮政普遍服务营业场所达到416处，其中自营营业场所351处，邮筒/箱3663个、邮政报刊亭520处、安装住宅楼房信报箱2480511户（其中含智能包裹箱4组）、村邮站2582个、三农服务站272个、便民服务站3975个，市内邮路59条（均为汽车邮路），单程邮路总长度9939公里，其中农村邮路32条、单程邮路长度2941公里。由于快递服务等新兴寄递模式的崛起，使得函件、包裹、报纸、杂志等邮政普遍服务业务规模下降较快，邮政普遍服务在全行业规模占比逐年下降。

3. 快递业务规模高速增长，服务模式日趋多样

天津快递业近五年来保持了持续、稳定、高速增长。2011—2015年天津快递业务收入年均增速达到30.28%，快递业务量年均增速达到45.63%。截至2015年底，天津市取得快递业务经营许可的快递企业577家，快递营业网点1100余处，快递从业人员30000余人，每天快件进出港近100万件，业务旺季时高达180余万件。快递服务的公众满意度达82.4分，高于全国水平，投递、售后服务尤其表现突出。邮政业消费者申诉处理满意率达到98%。

天津快递企业服务产品和服务模式呈现多样化。一方面,次晨达、次日达、代收货款、上门取件、签单返还等快递时效业务和增值服务不断增加;另一方面,冷链快递、跨境包裹、社区代收、智能快递箱、校园快递、农村快递等新兴和专业化业务不断涌现。

4. 管理体制改革稳步推进,发展环境不断优化

“十二五”时期,邮政管理部门稳步推进管理体制改革,进一步转变政府职能。一是简政放权,深化行政审批制度改革,建立快递业务经营许可“绿色通道”,缩短审批时限。二是依法行政,认真贯彻《国家邮政局关于全面加强法治邮政建设的意见》精神,加强执法队伍建设和执法能力培训。三是执法重心下沉,组建四个邮政监管派出机构,明确层级职权要求,落实行政管理职权向派出机构下放。

“十二五”时期,天津邮政管理部门在严格落实《邮政法》、《快递市场管理办法》等法律法规及《快递服务》等国家标准的同时,不断推动邮政地方立法,优化行业发展政策环境。推动市政府出台了政府规章《天津市邮政业管理办法》和规范性文件《关于促进快递服务业发展的意见》,联合其他政府部门共同印发了《天津市发展跨境电子商务扩大出口的实施方案》等规范性文件。出台了《农村地区邮政与快递服务规范》、《智能邮件快件箱》两项地方标准。“十二五”末,天津市成为国务院确定的跨境电子商务综合试验区,财政部、商务部和国家邮政局确定的电子商务与物流快递协同发展首批试点城市,以及国家邮政局确定的快递服务制造业试点城市,多重机遇叠加,邮政业发展面临前所未有的政策支持和发展机遇。“十二五”期间,快递机动车辆纳入邮政专用车辆管理范畴,会同公安交管、交通运输管理部门累计核发邮政快递车辆专用通行证5000余张,有力缓解快递车辆通行难题。新能源汽车推广应用取得突破进展,邮政快递企业新能源汽车保有量突破600辆,为绿色邮政、美丽天津建设做出积极贡献。

5. 邮政服务网络持续完善,快递园区提前布局

“十二五”时期,天津不断优化邮政服务网络体系。普遍服务方面,持续推动网络服务能力建设,全面完成全市45处乡镇邮政局所补建工作,实现竣工率和运营率“双百”达标。市农委、市财政支持资金300万元,实现对3000个村邮站效能提升工作。圆满完成中心城区旧楼区信报箱更新补建任务,市、区两级财政累计投入8350万元,更新补建信报箱110.8万户,受益群众340万人。快递服务方面,提前规划全市骨干园区节点布局,并大力完善末端服务网络。积极推进天津空港、东疆港、武清三大快递聚集区建设,《天津市快递专业类物流专项规划(2016—2020)》纳入市重点专项规划。积极与院校、物业、超市及第三方代收货企业合作,大力推动智能邮件快件箱和快递末端综合服务平台建设,目前全市机关、社区、写字楼投入智能快件箱1400余组,有效格口6万余个。引导各大快递企业加快“进村下乡”和“走出去”网络布局,实现快递在农村地区的服务全覆盖。鼓励快递企业进驻海港、空港园区,提升快递服务跨境电子商务能力。

6. 快递与产业链协同发展,服务民生能力增强

“十二五”时期,快递与相关产业链协同发展水平不断提升。首先,快递改变了传统的商业形态、流通方式、产业链及供应链结构,有效助推我市电子商务、制造业、贸易流通、现代农业等产业增长,“十二五”时期,电子商务快件占快件业务总量超过70%,已经成为快递业务的主要组成部分。其次,快递与传统物流产业形成契合共振,航空快递、高铁快递开始加快布局,城市物流依托快递形态深入社区网络,“仓配一体化”的分拨中心成为快递物流园区新模式。再次,快递末端网络开始与连锁零售、生活服务等业态对接,并扩展各类代办代发,提货缴费等民生服务。“十二五”时期,快递业新增就业人员近20000人,与“十一五”时期相比增长近15倍;快递企业累计为居民和企事业单位投递快件超过15亿次。此外,邮政营业场所的代发工资、代发社保、代售商品等便民服务,也取得了良好的社会效益。

(六)天津市邮政业存在问题与挑战

“十二五”时期,天津邮政业也存在很多发展的瓶颈问题,突出的矛盾是日益增长的用邮需求与行业整体发展水平的差距。总量和结构方面,邮政业总体规模偏小、企业集中度不高、服务能力不均衡;质量与水平方面,寄递渠道安全、客户满意不足、竞争手段单一等问题仍然制约着行业发展。

一是邮政业务规模有待提升。2015年,按省市排名,天津市邮政业务总量和快递业务量在全国排名分别为第18、14位(北京第5、5位,上海第4、4位,重庆17、17位)。与天津在全国经济发展中的地位和北方国际航运核心区的发展定位相比,邮政业务整体规模有待进一步扩大。

二是邮政服务能力和服务水平仍需改进。邮政快递服务发展能力、发展水平与人民群众不断增长的用邮需求之间的矛盾依然存在。快递服务质量方面,消费者在延误、丢件、交付等方面投诉率较高。在快递专业服务方面,亟需提升冷链等特殊产品快递、仓配全程服务、社区“最后一公里”派送等专业快

递服务能力，同时对农村地区、校园、城市社区、商业区、楼宇等特定区域的快递服务能力有待提升。此外，因高峰时期快递服务能力不足引发的“爆仓”问题也在影响着人民群众的快递服务需求。

三是快递服务安全监管存在隐患。快递企业在收寄验视、实名收寄、过机安检、客户信息隐私保护等方面的安全保障制度落实还不完全到位，寄递渠道安全和用户信息安全隐患相对突出，安监立法、模式设计、制度建设等方面的工作尚待完善。

四是快递网络骨干节点建设需要加快。天津已经初步形成空港经济区、武清区、东疆保税港区等快递产业聚集区，但这些聚集区的服务辐射能力和产业带动能力有待提升。推进快递物流园区建设，完善集成服务能力，是天津快递业转型升级和集聚发展的迫切需要。

五是快递产业集中度低，市场竞争方式单一。在快递市场尤其是中低端快件市场，天津快递企业的规模偏小、市场集中度较低。很多快递企业以加盟模式运营，行业组织分散、企业管理粗放、服务水平不高。企业员工流动性高，且存在招工困难、培训不足等问题。快递市场细分服务和增值服务仍然偏少，竞争方式以价格竞争为主，企业低价同质化竞争加剧，行业整体竞争力有待提升。

六是邮政普遍服务保障机制不健全。“十二五”时期，邮政普遍服务传统业务需求萎缩，基础设施运营成本高、利用率低，尚未建立财政补贴与服务标准、服务质量挂钩机制。虽然竞争性业务与普遍服务业务实施分业经营，但由于邮政企业各类竞争性业务不断增加，挤占了部分公共资源，对普遍服务的提供形成一定影响。此外，邮政营业场所尚未纳入公建配套，影响了《天津市邮政设施布局规划（2008—2020）》的落实。

七是行业发展环境有待进一步完善。邮政服务区域协同能力尚待提升，天津作为北方国际航运核心区，邮政业对京津冀乃至北方区域的协同服务能力有待加强。快递与客户企业互联互通平台和相关标准尚待建立。劳动力工资上涨、能源价格上涨、税收体制不合理等问题带来行业运营成本不断攀升。快递城市末端投递配送依然存在通行、停靠等配套政策相对滞后问题，服务压力较大。中高端业务人才依然缺乏，劳动力素质有待提升。

二、战略定位

（一）在国家产业体系中的定位

邮政普遍服务是保障国家、国民经济各部门以及人民群众的基本通信权利，实现邮政基本公共服务均等化的国家基础性产业。快递业是现代服务业的重要组成部分，是推动流通方式转型、促进消费升级的现代化先导性产业。

（二）天津市邮政业发展定位

全面贯彻党的十八大和十八届三中、四中、五中全会精神，深入贯彻习近平总书记系列重要讲话精神，按照“四个全面”战略布局要求，牢固树立创新、协调、绿色、开放、共享的发展理念，落实《邮政业发展“十三五”规划》、《天津市国民经济和社会发展“十三五”规划纲要》等上位规划，把握生产流通消费变革新机遇，坚持供给侧结构性改革、坚持创新驱动、坚持依法治邮、坚持提质增效，不断推进普惠邮政、智慧邮政、安全邮政、诚信邮政和绿色邮政建设，全面建成与小康社会相适应的现代邮政业，发挥邮政业在“京津冀协同发展”、“一带一路”、“互联网+”、“中国制造2025”等国家战略中的积极作用，打造快递专业类国际航空物流中心、跨境快递基地和制造业快递业联动示范区。

（三）天津市快递业发展空间布局定位

紧紧围绕基本实现“一基地三区”功能定位，全面建成高质量小康社会的目标任务，确定快递业“一轴两圈三园多结点”的发展空间布局：

“一轴”指沿京津塘高速公路形成快递物流发展轴。“两圈”指沿中心城区外环线周边和滨海新区核心区周边分布形成的两个快递物流聚集圈。“三园”指空港航空快递物流园、东疆港跨境快递物流园、武清电商快递物流园。“多结点”指在津南、西青、静海、滨海、北辰、宁河、宝坻和蓟县等区域设置二级快件处理中心。

天津市快递业“一轴两圈三园多结点”的空间布局（图略）

合理布局天津快递业发展空间，实现天津快递物流的空间集聚发展。空港航空快递物流园依托航空资源及自贸区政策，面向国际、国内转运市场，发展跨境和国内快件，建设服务京津冀、辐射北方地区的航空快递物流园区。东疆港跨境快递物流园依托港口及自贸区资源，面向北方及全国的跨境消费市场，建设以保税仓、配送中心为主导的快递、通关、监管、仓配、联运一体化跨境快递物流园区。武清电商快递物流园依托现有电商集聚资源，面向华北及北方消费市场，建立适合电子商务发展的现代快递服务物流园区。推动快递聚集区之间的衔接协作能力。

依托国家跨境电商综合试验区政策，在天津自贸区设立国际邮（快）件互换局（交换站），服务跨境电子商务贸易。支持武清、宝坻、北辰等京津冀轴线区域投资建设集仓储、运输、分拨和配送于一体的快件处理中心，支持快递企业建设面向京津冀和北方地区的研发中心、快件处理中心、仓储中心、运营结算中心。到“十三五”末，天津市基本形成快递专业类物流园区—快件处理（分拨）中心—快递营业场所—基础性快递末端公共服务平台的四级快递网络布局和服务体系。

（四）行业协同发展定位

第一，推动天津快递服务与电子商务行业的线上线下协同发展。天津电子商务行业处于加速发展阶段，鼓励快递企业与各类电子商务、互联网、移动互联网行业相关企业密切协作，联动发展。

第二，推动天津快递服务与制造业的协同发展。充分利用天津先进制造业的产业基础，推动快递企业扩展制造业供应链服务，实现快递物流与制造业的联动发展。

第三，推动天津快递服务与商贸流通业的协同发展。天津商贸流通业发达，快递业要提升定制化服务与联动发展能力，参与商贸流通城市共同配送，发展国际快件的港口航运物流，推动跨境电子商务快递物流发展。

第四，推动天津快递服务与交通物流业的协同发展。天津是中国北方的国际航运核心区，快递企业要增强与区域物流和交通企业的联动发展，促进交通班线资源共享，加强企业运营协作，提升快递物流的全供应链服务能力。

第五，推动天津快递服务与现代农业的协同发展。党中央、国务院高度重视“三农”问题，快递企业要加强服务现代农业的能力，提升农村快递网络服务水平，打通农村“双向物流”渠道，提速“快递下乡”，助力“工业品下乡和农产品进城”。

第六，推动天津快递服务与金融服务的协同发展。充分发挥天津在金融领域先行先试的政策优势，鼓励快递企业探索代收货款、物流金融、包裹保险等金融服务的创新模式，推动快递服务与金融服务加速融合。

三、发展思路和目标

（一）基本思路

——做大“三区”、“三港”集聚。加快天津空港航空快递物流园、东疆港跨境快递物流园、武清陆港电商快递物流园建设。提升快递与多种交通运输行业联动发展和多式联运能力，初步建成北方快递核心枢纽城市。

——实现“六进”、“六向”发展。鼓励快递服务网络向深、向下发展，实现农村进乡镇、城市进社区；推动快递服务枢纽向边、向外发展，实现快递企业运营中心进口岸、进国外；加快快递服务业务向高、向专发展，实现快递企业定制化服务进商圈、专业化服务进园区。

——确保一条红线，保障邮政普遍服务的可持续发展。严格保证邮政普遍服务和特殊服务的持续、稳定、顺畅运营，探索创新普遍服务的提供模式，完善政府补贴及其监督管理机制。加强普服基础设施建设、更新，开展普服运营效率监督评测，提升服务质量。

——建设五个邮政，形成普惠邮政、智慧邮政、安全邮政、诚信邮政、绿色邮政共生发展和良性循环。推动形成邮政产业和社会服务体系的健康健全、技术先进、保障有力、和谐有序、环境友好型发展模式，实现“新常态”下邮政业的快速、稳定发展。

——推动六个联动，形成快递与本地相关产业的联动发展。一是深入推进“电子商务与物流快递协同发展”试点工作，提升快递服务与网络零售行业的协同发展。二是提升快递服务与天津制造业的联动发展水平，增强供应链配套服务能力。三是推进快递服务与商贸流通行业联动，推动城市商业快递物流和跨境贸易快递物流发展。四是推动快递服务与港口、交通、物流行业的联动发展。五是推动快递服务与现代农业的联动发展。六是促进快递与金融的协同发展。

（二）总体目标

预计2020年，全行业业务总量达到260亿元，业务收入达到200亿元。全行业累计新增就业岗位5万个以上。全面实现邮政普遍服务均等化。2020年，快递业实现业务收入达到170亿元，年均增长率达到31.31%；快递业务量达到13亿件，年均增长率达到38.40%。

（三）具体目标

1. 提升城乡邮政均等化服务水平，重点保障农村地区邮政普遍服务水平稳中有升，制定实施天津市村邮站建设运行管理办法及服务规范，转型升级村邮站2000个，实现邮件直投到户。

2. 全市邮政普遍服务营业网点达到500个，邮政局所人均服务人口达到2.5万人，平均服务半径达到1.5公里以内。其中,中心城区、滨海新区核心区邮政营业场所平均服务半径达到1公里以内。

3.邮政业航空货邮吞吐量达到18万吨,邮政业货运周转量达到10亿吨公里以上。

4.建设空港航空快递物流园、东疆港跨境快递物流园、武清电商快递物流园三个快递物流集聚区。园区引进全国性或区域性总部8—10家,引进和培育快递企业总数达到50家。

5.鼓励快递物流行业孵化器运营,支持小微快递企业发展,使规模以上快递企业由现在的18家增至25家。

6.提升快递企业与制造业的联动发展水平,扩大快递企业与生产制造业协同试点。推动至少10家快递企业入驻天津制造业相关产业园区,扶持至少10个快递企业与制造企业进行供应链项目合作,实现10%以上快递企业设立供应链服务部门。

7.本市规模以上快递企业全部达到《快递服务》国家标准,快递延误率、损毁率和丢失率指标处于全国领先水平。

8.建设快递末端投递综合服务网点。建设快递末端综合服务平台超过1000家,运营智能快递箱5000组,有效格口15万个,全市通过智能化终端派件量达到总体派件量30%。

9.实现快递业新能源车辆使用量超过2000辆,使用率超过50%,万元业务收入能耗较"十二五"末下降40%以上。寄递邮件采用环保包装材料比例达到80%,采用新能源车辆运输邮件的比例不低于30%。

10.实现累计组织各类快递职业培训超过5万人次。

四、主要任务

(一)推进简政放权,创新政府服务管理模式

进一步落实简政放权,明确"权力清单"。推动对快递企业实行同一工商登记机关管辖范围内"一照多址"模式。简化快递业务经营许可程序,改革快递企业年度报告制度,精简快递分支机构和末端网点备案手续。加强事中事后监管,加强执法监督,完善监管体系,提高监管透明度。支持和包容业态创新,推动政府监管从"管企业"向"管行为"转变。推动政府从行业监管职能为主向"监管与发展并重"的职能转变。加强与相关政府部门协调、论证,提升对创新型快递业务的监管能力。探索外卖送货、网订店取、智能快件箱等新型快递服务的政府监管模式,配合快递企业增值业务创新,形成政府跨部门协同监管和联合执法。

(二)深化邮政改革,构建邮政业发展新体制

推动邮政企业改革创新和开放融入,健全现代企业制度,提高国有企业活力、控制力和影响力。在确保邮政普遍服务的前提下,合理利用网络资源,提供面向社会民生的延伸性服务。推动快递业完善运营机制,支持大型快递企业上市融资,中小型快递企业股权筹资,培育骨干快递企业。鼓励支持外资、民资等多元资本进入快递业,发展混合所有制经济。鼓励特许经营型快递企业通过合作、并购、股权置换等方式,完善产权激励机制,强化全程全网统筹管理,促进网络资源优化配置。

(三)推动转型升级,实施供给侧结构性改革

顺应邮政函件业务萎缩和包裹业务增长的业务结构变化趋势,着力推进邮政行业供给侧结构性改革。引导快递企业转变单一价格竞争方式,推动企业向差异化、品牌化、集团化、国际化发展,实现行业有序竞争。平衡邮政业发展空间布局,发展城市骨干网络和提升农村邮政服务水平。推动邮政业发展多元化运输方式,推动快件上机、上铁、上船。推动行业由劳动密集型向技术密集型转变,加强自动分拣线、自动立体仓库、冷链仓库设施、AGV引导车、专业货架托盘和新能源车辆在快递物流领域应用。鼓励物联网、云计算、大数据、无人机、自动驾驶汽车、智能机器人、温控监测、3D打印等技术的行业应用,实现行业效率提升和低碳发展。鼓励快递企业创新业务模式,引导城市社区、农村、商圈、高校等区域范围的终端配送网络整合,支持快递企业开发代收货服务、送多选一、家具组装、定时投递、代理送货等多样化增值服务。

(四)保障普遍服务,提高城乡服务均等化水平

优化普服基础设施网络,逐步完善深入农村和社区的邮政普遍服务网络布局,推进农村地区和新型城镇化配套的邮政网络建设、改造,提升邮政网络节点的邮件处理能力。创新普遍服务提供方式,尝试开放各类邮政设施,为快递企业提供代理服务,实现国有资产保值增值。推进邮政设施建设和运营的社会化,鼓励社会力量参与提供邮政普遍服务,引入快递企业参与村邮站运营。探索智能包裹箱和信报箱的统一建设和综合利用。提升机要通信服务水平和服务能力,推进机要通信基础设施更新改造,提升机要通信信息化处理能力和安全防护能力,杜绝安全隐患。

（五）实现区域协同，建设京津冀快递核心枢纽

研究和推动京津冀邮政普遍服务和快递物流领域的资源整合和协同发展，发挥天津快递业在区域网络零售、航空快件、进出口跨境网络交易中的区域核心枢纽作用。认真落实国家支持快递企业发展的相关财税优惠政策，给予用地、人才等方面的支持，依托京津冀协同发展政策，集中发展快递服务聚集区。支持武清、宝坻、北辰等京津冀轴线区域投资建设集仓储、运输、分拨和配送于一体的订单处理中心建设，支持快递企业建设面向京津冀和北方地区的研发中心、快件处理中心、仓储中心、运营结算中心。继续招商和引进大型快递企业来津注册投资。推动三地电子商务和快递政策的普惠共享。合作推进三地共同配送、冷链配送等专业快递物流政策制定和实施。逐步开发和运营天津与京津冀城市的铁路快递专线运输。

（六）引导电商联动，促进快递与电商协同发展

大力推进电子商务与快递物流协同发展示范城市建设。进一步完善邮政、商务、交通、物流等领域相关政府部门的跨部门协调机制，形成系统化政策管理体系。深化快递服务与网络零售的协同发展，推广电子运单应用，升级改造现有快件处理中心，强化对网络零售企业的集货、仓储、分拨、转运、信息等一体化服务功能。招商和培育网络零售、快递及提供相关配套服务的龙头企业，引导大型快递企业在天津建立订单处理和分拨中心。提升快递服务网络零售的服务满意度和安全监管水平，推进电子商务与物流快递公共信息系统平台建设。大力发展农村电商快递服务，整合村级邮政服务站点，发展农村电商快递网络。

（七）鼓励产业联动，加强快递与其他产业协同

推动快递物流与制造、金融、农业等产业的协同联动发展。提升邮政业对农业生产基地、医药企业、加工制造企业、运输仓储企业、大型商场的定制化服务能力。鼓励快递企业积极融入智能制造等先进制造业新领域，拓展快递企业的物流和供应链综合业务。继续推进快递服务制造业试点工作，鼓励天津制造业产业园区与快递企业的协同合作。推动快递企业拓展集成制造商的循环取货（Milk－run）、JIT入厂物流业务，鼓励快递企业拓展面向制造企业的“仓配一体化”服务和“供应商管理库存”（VMI）服务，提升快递企业对中小制造企业合同物流和零散配件配送服务能力。推动快递企业与农业生产基地的直接对接，支持企业开展农资快递、生产基地到餐桌的冷链快递等服务。鼓励快递企业在符合资质和控制风险的前提下，开展代收货款、消费信贷、加盟商抵押融资、快递保险等金融相关业务。

（八）发展跨境服务，提升行业国际化运营能力

引导邮政行业树立服务区域协同、全球贸易、创新发展的大局观，推动邮政服务成为中国经济全球供应链的组成部分。加强邮政管理与海关、检验检疫、机场、海港、交通、商务等部门协调合作，完善政府对自贸区快递服务的创新管理。

充分依托天津自贸区的政策、“跨境电子商务试点城市”政策优势，提升天津快递企业的通关、退税、监管仓库、进出口贸易、跨境电子商务等外向型服务能力。出台快递行业负面清单。支持快递企业在自贸区注册经营和开展业务，完善跨境电商出口快件的清单核放、汇总申报流程，推动天津企业布局跨境电商出口“海外仓”和头程物流、供应链综合业务。发展跨境电商进口保税仓，理顺“保税备货”等创新通关模式，协力落实自贸区保税仓快件进口通关、税收政策，提升跨境电商进口快件通关效率，完善跨境电商本地快递服务网络。

落实国家“一带一路”发展战略，鼓励天津快递企业搭建区域中转中心，搭建天津快递企业西向服务通道。扩展面向“新丝绸之路经济带”的铁路快件运营服务能力。鼓励天津快递企业依托天津港拓展日韩、东南亚等地区的国际快件服务网络。鼓励快递企业实施“走出去”战略，发展跨境电子商务进、出口全程物流配套服务。

五、重点工程

（一）骨干节点工程

根据《天津市快递专业类物流专项规划（2016—2020年）》对天津市快递物流园区布局和主要功能定位，明确天津快递服务网络的骨干节点布局。大力推动航空快递发展，加快提升天津空港航空快递物流园的航空快递能力，构建中国北方的航空快递物流综合枢纽。拓展东疆港跨境快递物流园，打造海港自贸区保税仓快件集散中心；建设武清电商包裹转运陆路港，壮大武清电商快递物流园，着力构建服务京津冀的网络零售快递服务平台。推动快递园区和聚集区之间的衔接协作能力。着力构建“内贸、外贸”衔接，“线上、线下”协同的快递物流格局，形成陆、海、空快件多式联运、港口协同联动的服务体系，凸显天津区域性快递物流枢纽地位。

（二）普遍服务工程

进一步落实《天津市邮政设施布局规划（2008—2020年）》，建设滨海新区邮政枢纽，完善天津四大邮件处理中心的业务布局和协同作业机制。建设天津港邮政转运站和干线汽车邮运调度总站。新建滨海新区机要邮件处理中心，更新普遍服务基础老旧设施，争取邮政局所纳入城市公建配套建设体系。

加强中心城区、滨海新区核心区，特别是城乡结合部邮政基础设施建设。建设农村邮政设施，将邮政服务设施与新兴村邮站建设纳入农村公共配套综合服务设施统一规划和建设，因地制宜采取单独或合并建设等多种形式。促进农村村邮站业务扩展，逐步建成集信息、文化传播、农产品外销、工业品进村的农村社会化综合服务平台。

进一步完善和明确对邮政普遍服务营业场所、农村邮政网点、村邮站、信报箱等公共设施的财政补贴制度，保障寄递渠道安全畅通和公民通信权益。改善邮政普遍服务人员的待遇和工作条件，完善普遍服务基础设施，进一步提升邮政普遍服务的覆盖范围和服务能力。

（三）安全监管工程

推进"一个系统管安全"和"绿盾"工程，用好"邮政业安全监管系统"，加强事中事后管控，推进网格化管理，完善安全监管手段。严肃查处非法经营、超范围经营、违规代理等行为。强化寄递渠道的安全防范工作，进一步规范快递企业在装卸搬运、信息录入、客户信息隐私管理等方面的制度和流程。积极推进"收寄验视＋实名收寄＋过机安检＋持卡认证"安全保障制度。

强化快递企业主体责任，对高风险重点企业、重点环节、重点产品加大监督检查力度，落实《邮政业安全生产设备配置规范》强制性标准要求，力争实现所有邮件快件通过X光机进行安检。推广应用视频实时监控系统。督促企业落实安全生产人员培训，将企业对客户信息的安全管理工作纳入快递企业诚信平台评价体系。创新安全管理制度、安全检查、安全宣传、防范能力、标准化建设等方面的工作手段，提升对专业、特种快递服务的市场监管水平。

建设天津市快递诚信服务网，推行快递从业人员持卡认证，加强快递业信用体系建设试点城市工作，实现"一个平台管诚信"。建立快递企业诚信档案、严重违法企业黑名单和警示制度。实现企业信用信息在网络交易、快递查询、园区招商、金融机构和政府办公等网络平台中的公开发布。加强诚信宣传，制定失信惩戒措施，营造诚信环境。

做好旺季快递服务保障、重大活动寄递安全以及突发事件应急处置工作，杜绝重大责任性事故发生。做好重大会议及节假日应急快递安全保障等专项工作，建立健全突发事件应急工作方案和机制。实施分类施治、分级监管、常态预警。加强与公安、国安、海关等部门协作配合，做好寄递渠道禁毒、反恐、维稳、"扫黄打非"等工作。

完善政府监管、行业自查、社区监督"三位一体"监管体系。探索建立县级邮政业监管网络。做好集邮票品集中交易市场（含电子化交易模式）、邮政用品用具市场日常监管工作。

（四）末端服务工程

补齐末端快递服务短板，提升快递企业的共同配送服务能力和第三方配送服务能力，实现末端服务网络的系统和资源共用。增强城市末端配送快递网点的服务能力，将快递末端配送基础设施纳入新建城市社区的公益性基础配套。在机关、楼宇、社区、高校、购物中心等区域扩大智能邮（快）件箱自助提取系统的覆盖范围，创新智能邮（快）件箱的多元化业务和服务提供模式。支持快递企业与邮政局所、社区物业、连锁超市和各类连锁店等多元主体合作开发网订店取，网订店送模式。鼓励末端服务企业提供网络销售、营销推广、试用代买、生活缴费等集约化社区综合服务。

（五）农村邮政工程

加快快递服务网络向农村和乡镇延伸，引导和支持快递企业提升农村快递服务能力和服务水平。创新农村快递服务模式，推进既有邮政网络与农村快递服务的融合发展。完善农村快递终端配送综合服务平台建设。利用农村邮政网点、村邮站等邮政终端设施建设农村"最后一公里"综合服务平台，提升农村区县直投到村的快递网络覆盖水平。发展农村快递物流，打通农村"双向物流"渠道，提速"快递下乡"，助力"工业品下乡和农产品进城"。

（六）信息平台工程

统一快递服务与网络零售信息系统数据接口标准、信息格式和信息交换标准，实现网络零售与快递服务之间的两网互通。鼓励快递企业与客户构建数据实时交互平台。建设快递企业公共信息服务平台，逐步实现与商贸、市场监管、口岸等其他公共服务平台的对接，提升快递全程服务和跨境服务的可查询、可追溯水平。实现快递诚信、快件中心视频安全监管、末端快递网络等信息模块的平台对接。

发挥12305邮政业申诉中心的平台服务作用,实现“一个号码管服务”。加强与“8890”服务热线、本地媒体群众热线等行业企业投诉热线沟通互动,妥善解决行业服务热点和难点问题。重点研究申诉热点问题,定期在报刊媒体上刊发邮政业申诉公告,有效维护消费者合法权益。

（七）绿色邮政工程

支持企业减少收寄、分拣、封发、运输、投递等各环节对环境的污染,降低原材料和能源消耗,鼓励邮(快)件包装的回收利用。加强节能减排新技术、新工艺的应用,大力推广使用节能与新能源作业设备,落实新能源车补贴政策,提高新能源汽车普及率。完善补贴政策和社区资本参与机制,推动天津市新能源汽车公共充电设施网络建设,进一步扩大节能与新能源车使用比例。提升行业电子运单的使用普及率。引导邮政企业合理配置各类运输方式和运输工具,形成科学高效的物流线路和投递网络。

（八）交邮协同工程

支持快递业与民航、公路、铁路、海运等运输行业协同联动发展。推动交通运输与邮政业协同发展,扩展代理代办、邮路运输外包、场站资源共享等业务。支持快递企业应用全货机、铁路快运、高铁行包、集装箱海运等多种交通运力,通过各类场站改造提升快件包裹转运衔接和多式联运能力。扶植企业在天津机场发展全货机运输或扩展客机腹仓快件运输。探索开通天津的高铁行包运输,扩大铁路快件运输在京津冀班列和全国范围的网络覆盖。在保证安全的前提下,探索农村地区的长途客运、园区班车等客运班列夹带快递包裹的模式设计,鼓励交通运力协同。支持快递企业开发一站式综合物流服务,在原有“仓、干、配”业务基础上拓展通关货代、保税仓储、广告展示、预售组织、零售代理和金融保险等全供应链服务,形成定制化产业服务、消费服务和电商服务解决方案。

（九）人力资源工程

通过学历教育、职业教育和专业培训等多种形式,建立多渠道、多层次、结构合理的邮政行业服务人才培养体系。提升职鉴中心的服务能力评测职能,鼓励快递从业人员考取职业资格证书,完善行业自律与沟通交流机制。研究制定快递行业“引工稳工”措施,鼓励企业与劳务输出服务部门对接,行业协会与劳务输出地区对接,以团体形式签订劳动合作协议,进行定向职业技能培育,提升市场劳动力供给和扩大地区就业。鼓励高等院校、中等专业学校、技工学校等,开设电子商务、物流管理、快递等专业,引导校企结合,开展实习实训、产学结合和订单、定向培训模式,建立高技能人才校企合作培训机制。建立行业发展“智库”体系,鼓励高校、科研机构与大型知名企业建立产学研联盟。

六、政策措施

（一）健全法律规范和基础制度

继续抓好《邮政法》、《天津市邮政业管理办法》等法律法规的贯彻落实。做好“一份清单管边界”,推行“权力清单”和行政审批制度改革,认真做好两项邮政普遍服务行政审批工作,做好快递业务经营许可审批注销和换证工作。根据国家邮政局对事权分级管理要求,清晰划分市局和派出机构职责。

加快推动《天津市促进快递业发展条例》立法。深入贯彻落实《国务院关于促进快递业发展的若干意见》,推动市政府出台《天津市贯彻国务院促进快递业发展的实施办法》。适时出台和完善鼓励邮政企业做大做强、加强快递与网络零售协同、快递物流园区发展、跨境快递管理等方面的地方性政策。

加强地方性法律法规体系建设,加快探索电子商务环境下快递包裹保险、发票管理、包装回收、准入管理等基础性问题。规范快递末端网点备案管理、交易信用管理,细化行业统计调查项目、完善统计制度。

（二）加快制定邮政业地方标准

推动《快递服务》、《邮政普遍服务》等国家、行业标准的贯彻落实。配合我市“千项标准行动计划”,推动天津邮政业相关地方标准的制定和落实工作。加快《智能邮件快件箱》和《天津市快递物流与电子商务公共信息互联互通建设标准》等地方标准的编制和推广实施工作。与交通等相关部门协调,进一步推广快递车辆、配送中心、城市通行证等标准化管理。建设和完善邮政社区服务标准体系。制定和实施快递项目建设和消防审批规范标准。发挥快递协会、企业、高校、培训基地在标准制定方面的作用。

（三）加大邮政业发展扶植力度

认真落实国家给予邮政企业的相关税收优惠政策,加大邮政企业在用地方面的扶持力度,形成扶持行业发展的政策体系。理顺快递车辆城市通行政策,推广快递车辆统一标识,合理设定和标示快递车辆港湾式路边临时停靠装卸区域。开展快递龙头企业认定工作,研究出台培育本地龙头企业做大做强的支持政策,提升天津A级物流快递企业比例。加大快递物流园区招商引资力度,鼓励快递企业入驻各类产业园区和物流园区。出台本地化快递企业创业孵化和创新激励的相关政策，建立企业创新创业交流平台。鼓励快递企业扩展创新型、专业化、本地化业务。

（四）加强规划衔接和实施监督

加强规划衔接协调，做好本规划与《天津市国民经济和社会发展“十三五”规划纲要》、《邮政业发展“十三五”规划》、《天津市现代物流业发展“十三五”规划》等国家、地方专项规划之间的紧密衔接，增强规划编制和实施的科学性、系统性。加强规划考评监测，分解落实规划提出的重点任务并融入管理部门年度计划，保持规划执行的连续性。组织实施规划落实中期评估，监督规划落实情况，确保本规划目标和任务如期实现。

（五）加强执法监督和纪律监督

推动“一套机制管执法”，不断强化执法监督。梳理现有执法规程，理清责任段落、时间节点、操作流程等环节，保证行政执法工作在法制轨道上高效运行。研究依法行政案例，加强案卷管理。分层次、有重点地组织依法行政培训。加强执法监督工作，建立权力清单和责任清单，出台考核办法。建立预警纠错机制，及时发现和纠正违法或不当行政行为。完善邮政管理部门纪律监督体系，加强道德教育，完善廉政相关制度，建立健全行政效能监察制度。实现“一个体系管廉政”。

（六）增强区域一体化政策扶植

抓好《京津冀地区快递服务发展“十三五”规划》落实，推动京津冀形成区域一体化服务格局，推动天津空港航空快递物流园区成为北方全新的快递物流集散中心，东疆港跨境快递物流园区成为北方跨境电子商务服务基地，武清电商快递物流园区成为覆盖京津冀地区的电子商务快件仓配集散中心。争取京津冀在城市交通通行政策、快递车辆管理政策等方面形成联合统一管理模式。充分利用滨海新区开发开放和国家自主创新示范区建设契机，协调实现京津冀三地快递政策共享、资质互认，推动三地快递企业服务网络和资源合作，提升三地邮政行业联动发展水平。

天津市邮政管理局、天津市工业和信息化委员会关于加快推进快递服务制造业发展的实施意见

（2016年10月14日　津邮管〔2016〕74号）

为深入贯彻落实《国务院关于印发〈中国制造2025〉的通知》（国发〔2015〕28号）和《国务院关于促进快递业发展的若干意见》（国发〔2015〕61号），加快推动我市快递服务制造业试点城市建设，促进快递业与制造业深度融合发展，按照《国家邮政局工业和信息化部关于推进快递服务制造业工作的指导意见》（国邮发〔2013〕178号）相关要求，特提出以下实施意见。

一、指导思想

坚持制造业是快递发展的重要需求基础，快递是制造业转型升级重要服务支撑的基本原则，以加快快递业与制造业转变发展方式为主线，充分发挥市场的资源配置作用，加强政府统筹指导和政策协调，协同推动生产性服务业发展，加快完善快递业产品体系和转型升级，提升发展的质量和效益，拓展创新发展新空间，构建产业发展新体系。

二、基本原则

（一）政企合力。坚持企业主导，发挥行业协会桥梁纽带作用，强化政府引导，深化政府、企业和行业协会间的协调互动，促进社会分工协作和产业结构优化提升，创造有利于推进快递服务制造业发展的良好环境。

（二）高端引领。充分挖掘高端、先进制造业快递服务需求，努力提升快递服务质量，细化快递服务产品分类，打造专业化团队，提供高端、专业、定制快递服务。

（三）智能转型。顺应“互联网＋”发展趋势，以科技创新为驱动力，坚持信息化提升为先导，打造“互联网＋快递＋先进制造”新引擎，实现快递业与制造业的转型升级，智能融合。

（四）试点先行。加大重点服务领域扶持力度，开展试点示范工程，发挥重点企业、重点区域的辐射带动作用，以点带面推进快递服务制造业发展模式，形成可推广、可复制的经验做法。

三、推荐服务模式与重点服务领域

通过快递服务制造业的五种基本模式与有关制造业领域及环节的紧密结合，进一步促进两业深度融合发展。

（一）以“入场物流”模式服务于制造业集群

鼓励提供入场物流模式的快递企业以“都市经济圈”、“产业经济带”建设等战略布局为契机，进一步优化区域布局，积极进驻工业园区、经济开发区、高新技术产业园等制造业集聚区，依托生产要素集聚优势，打造专业团队、提升专业化能力，培养专业人员、完善资源统筹等方面的服务能力，创新服务产品和配送体系，提高产业协作配套水平，满足工业制造企业的关键绩效指标标准，提高解决方案提供能力，建设产业链完备、服务平台完善的现代化产业集群。

（二）以“仓储＋配送＋增值服务”一体化模式服务于定制化生产

支持纺织服装、鞋帽、工艺品等制造企业顺应个性化、多样化需求趋势，加强产品研发和功能设计，提供试穿、退换货、产品功能展示、网络营销等一系列特色服务。鼓励快递企业提供仓储、配送、限时寄递、仓储优化、订单管理等增值服务，满足制造业企业对仓配一体化服务外包的需求。鼓励快递企业加强产品和服务的融合度，努力提升信息化专业对接能力、专业团队协同能力和专网运营能力。

（三）以“订单末端”配送模式服务于制造业销售环节

支持快递企业为制造业企业寄递部分产品，并在产品销售环节提供部分管理服务。强化快递企业对制造业产品销售环节管理服务提供能力，主要围绕销售产品，提供信息对接、专门的团队、单独的方案（专网运行）和资源方面的统筹保障。通过快递企业“门到门”的寄递服务特点，进一步压缩制造业企业物流服务成本，提高产品销售流通环节时效。

（四）以“区域性供应链”模式服务于中小制造企业

鼓励快递企业以中小企业服务需求为导向，支持快递企业在中小制造企业聚集区建设快递服务平台，引导快递企业提升区域性专网服务能力，突出点对点服务优势，叠加诸如COD业务在内的增值服务，满足其对专业性的外包快递物流服务强烈的市场需求。

（五）以“嵌入式电子商务”快递模式服务于国际化制造业

推动快递与制造企业实施国际化同行战略。支持对现有电子商务快递业务进行改造和升级，利用快递企业在信息化方面的优势，重点在于增强与上游企业的粘合度，提高服务的增加值。推动提高国际快件通关效率，开发国际航空快递专线，支持制造企业打造区域化和全球化生产链，在更大范围内开展资源配置和价值链整合。

四、工作措施

（一）优化推进快递服务制造业发展的政策环境

以天津市人民政府办公厅《关于加快发展生产性服务业促进产业结构调整升级实施意见的通知》、《关于促进快递服务业发展的意见》为有力抓手，深入落实文件有关精神，推进财政、税收、人才等相关政策落实，推进快递服务制造业发展。

对于制造企业剥离物流资产成立快递企业或与快递企业进行兼并重组，符合相关政策适用条件的，需要依法取得快递业务经营许可或企业名称、企业类型、股权关系、注册资本、经营范围、经营地域和分支机构等原许可事项发生变更的，可加快办理快递业务经营许可申请或变更手续。

（二）引导企业提升快递服务制造业意识

快递服务制造业是快递转型升级、提质增效的重要途径，各快递企业要切实提高快递服务制造业这一发展战略高度的认识，进一步提升为制造业企业提供定制化、差异化快递服务的能力，提升为新兴制造业、个性化服务较高的制造业企业提供快递服务的能力。与此同时，各制造业企业也应真正理解快递服务制造业是制造业企业降低成本、提高工作效率的有效途径，深化与快递企业的融合发展。

（三）拓展服务领域，打造示范工程

各快递企业要提升对战略性新兴产业以及航空航天、石油化工、装备制造、电子信息、生物医药、新能源、新材料、国防科技等制造业优势产业的服务能力，努力在团队、技术、设备、管理、环节、服务、信息化等方面达到制造业企业所要求的专业化水平，具备为高端制造业或专业性较强的制造业提供快递服务的能力，融入制造业生产环节，打造具有我市特色和代表性的快递服务制造业高端示范工程。

（四）促进信息共享、标准对接

推进快递服务制造业与互联网融合发展，发挥快递企业信息网络齐全，覆盖面广等优势，鼓励制造业企业与快递企业加强信息系统建设，促进信息交互，建设面向产业链上下游的信息化服务平台。支持制造业企业与快递企业就网络互连、数据交换、生产和采用标准化的包装、计量、车辆及信息设备等方面进行有效对接与合作，建立高效的合作机制。

（五）加强复合型、创新型人才培养

邮政管理部门依托快递业务员职业技能培训及资质鉴定，大力推进校企合作，推动建设一支掌握快递和制造业知识技能的复合型专业人才队伍。支持建立人才综合培养和实训基地。统筹推动"创新人才推进计划"在快递和制造业的组织实施，提升人才队伍素质。

我市支持快递业加快发展十项措施

（2016年11月16日天津市人民政府办公厅印发　津政办发〔2016〕98号）

快递业是现代服务业的重要组成部分，是推动流通方式转型、促进消费升级的现代化先导性产业，促进快递业发展对我市稳增长、促改革、调结构、惠民生以及降成本、补短板和供给侧改革都具有重要意义。为全面贯彻落实《国务院关于促进快递业发展的若干意见》（国发〔2015〕61号），积极营造良好的发展环境，促进行业转型升级，推动我市快递业健康快速发展，制定如下措施：

一、目标任务

到2020年，基本建成普惠城乡、技术先进、服务优质、安全高效、绿色节能的快递服务体系，形成覆盖全市、联通国内、服务国际的快递服务网络，快递服务发展水平居全国前列，快递业成为我市现代服务的重要增长点，初步建成与小康社会相适应、符合天津城市定位的快递业发展新格局。

产业规模跃上新台阶。我市快递市场规模成倍攀升，快递业务收入比"十二五"时期翻两番，到2020年，快递业务量达到13.5亿件，业务收入达到170亿元，年均增长率达到45%。快递业航空货邮吞吐量达到18万吨。

综合效益更加显著。到2020年，年支撑网络零售交易额突破3000亿元，新增就业岗位4万个以上，全市快递从业人员规模达到8万人，日均服务用户600万人次以上，有效降低商品流通成本。快递业积极推广使用新能源快递车辆，实现新能源车辆保有量3000辆左右，积极推广智能快件箱等智能寄递服务终端，达到5000组以上。

企业实力显著增强。积极引导培育形成具有较强竞争力的大型骨干快递企业，增强供应链配套服务能力。提升快递业与跨境电商、先进制造、航空物流、现代金融、生物医药、汽车电子、现代农业等产业的联动融合发展。推动建设空港航空快递专业类物流园、武清电子商务快递专业类物流园、东疆港跨境电商快递专业类物流园等快递专业类物流园区，培育和引进全国性或区域性快递企业总部8家以上。

服务水平明显提升。快递进社区、进校园、进商圈、进楼宇、进机关、进农村工作取得实质性进展，有效解决快递"最后一公里"问题。持续实施"快递下乡"工程，基本实现乡乡有网点、村村通快递。快递服务公众满意度处于全国领先水平。

二、支持措施

（一）落实用地保障和实施用地优惠政策。

加强用地规划。各区县人民政府、市有关部门要将快递业发展纳入国民经济和社会发展规划，编制快递业专项规划相关工作内容，严格执行《天津市人民政府关于天津市快递专业类物流专项规划（2016—2020年）的批复》（津政函〔2016〕93号），并与城乡规划、土地利用总体规划以及综合交通规划等相关上位规划做好衔接。快递基础设施建设要纳入城乡规划，各区县人民政府在城市控制性详细规划和修建性规划中要统筹考虑快递基础建设布局。同时在用地审批、土地登记等方面优先保障，提高审批效率。

降低用地成本。对快递业建设项目符合法定划拨范围的，可以划拨方式供地。对新入驻或租用海关特殊监管区或经所在地政府认定的物流园区、快递园区、工业园区、电商园区等的快递企业营业、处理及仓储用房，由所在地政府按照以不超过30元/平方米的标准给予快递企业月租补贴，单家企业每年最高100万元，连续补贴3年的政策执行。

保障用地供给。对符合土地利用总体规划和国家产业政策的快递项目,用地指标予以倾斜。鼓励利用工业企业旧厂房、仓库和存量土地资源发展快递业的,土地用途和土地使用权人可暂不变更。允许快递企业通过租赁方式使用国有土地。

责任单位:市发展改革委、市规划局、市国土房管局、市建委、市邮政局、各区县人民政府。

(二)完善快递服务网络。

构建快递业发展空间新布局。认真落实《京津冀协同发展规划纲要》,承接快递物流等非首都核心功能溢出。实施《天津市快递专业类物流专项规划(2016—2020年)》,构建"一轴两圈三园多结点"的快递业发展空间新布局。支持快递企业在津建设面向京津冀和北方地区的快件处理中心、仓储中心、研发中心、运营结算中心等,加快建设顺丰、圆通、中通、韵达、京东等快递电商企业落户快递专业类园区项目。将长途客货运、铁路轨道交通等规划纳入快递业发展空间布局,相互配合支撑,并制定相应的支持政策,充分发挥天津西站等现有大物流站点的功能和集散作用,快速提升快递业发展水平。

大力发展快递配送公共服务中心。支持整合利用社区物业、便利店、连锁超市或现有供销合作社基层营业场所、村邮站、邮政便民服务营业场所等平台搭载快递服务,建设快递配送公共服务中心,实现区、乡、村的电子商务运营网络全覆盖。鼓励快递企业采取"人工+智能"方式,解决快递服务"最后一公里"问题。

加强智能投递终端建设。各区县人民政府要依据建设"智慧城市"要求,将智能邮件快件箱等快递服务设施纳入公共服务设施规划,重点在政府机关、高校、楼宇、住宅小区等设置。大力推广应用智能邮件快件箱等自助设施,规范快递企业投递服务终端设置备案手续。

责任单位:市发展改革委、市商务委、市教委、市建委、市农委、市国土房管局、市交通运输委、市邮政局、各区县人民政府。

(三)支持开设快递货运航线。

积极开拓国际国内货运航线,提升机场货运通达和载运能力。积极引进大型骨干航空公司、跨境电商企业、航空物流企业和快递运营商,特别是具有全货机业务能力的快递企业,加快航空物流发展,积极推动机场全天候无预约通关。加快临空产业区建设,搭建与航空物流发展相匹配的物流功能平台、信息平台和商务支持平台,为航空运输与快递物流企业提供信息交换、金融、清关等"一站式"服务。按照《天津市财政局天津市交通运输委员会关于印发天津市民航运输业发展专项资金管理暂行办法的通知》(津财建一〔2016〕44号)的规定,对新开加密航线、货运代理企业等给予补贴。支持将天津滨海国际机场建设成为国际邮件互换通道,拓展国际邮件集散功能,更好支撑跨境电商综合试验区建设。进一步提升我市航空货邮吞吐量,打造国际航空物流中心和北方国际航运核心区。

责任单位:市发展改革委、市财政局、市交通运输委、市口岸办、滨海新区人民政府、保税区管委会、天津滨海国际机场、市邮政局。

(四)优化行业发展环境。

方便工商登记。在本市注册总部或区域总部、注册资本在1000万元以上的快递企业设立分支机构办理工商营业执照,可依据市邮政局的快递经营许可分支机构名录,向有关区市场监管部门申请集中办理。探索对快递企业实行同一工商登记机关管辖范围内"一照多址"模式,降低企业设立成本,提高服务居民消费的能力。

建设行业诚信体系。推动建设本市寄递渠道诚信认证平台,并实现与天津市市场主体信用信息公示系统的互联共享,实现行业诚信管理,加强行业自律,完善企业诚信体系。各行政机关在对寄递渠道相关企业实施管理过程中产生的信用信息,应当依法向天津市市场主体信用信息公示系统归集并公示。鼓励征信机构开展专业化征信服务,逐步建立快递企业及从业人员"黑名单"制度,建立健全失信联合惩戒和守信奖励机制。加强事中事后监管,营造统一、开放、竞争、有序的市场环境。

开设快件绿色通道。鼓励民航、铁路、公路等运输部门为快件运输开设绿色通道,提供优先服务。机场、车站、口岸等单位应当支持快递企业建设快件集中处理、集中安检场所,提供快速配载、装卸、接驳等服务。

责任单位:市市场监管委、市发展改革委、市交通运输委、市商务委、市公安局、市口岸办,市邮政局,民航天津监管局、北京铁路局天津办事处、天津滨海国际机场、各区县人民政府。

(五)保障快递车辆通行。

为快递企业城市投递作业提供便利,明确快递车辆纳入邮政专用车辆范畴管理。对按邮政管理部门的规范要求喷涂统一专用标识的快递车辆,持公安交管部门核发的邮政快递通行证,在进行快递配送作业时，可以不受我市中心城区机动车尾号、外环线货车限行等措施的限制。

责任单位：市公安局、市交通运输委、市邮政局。

（六）推进行业绿色发展。

支持快递企业加大节能减排、新能源、资源回收再利用等技术的开发和利用力度。加快智能化终端、自动化分拣、机械化装卸、绿色化运输与包装等技术应用。鼓励快递企业推广电子运单、可循环使用的快递封套，鼓励使用环保填充物、可再生纸张的封装用品，降低原材料和能源消耗。大力支持企业采用购买、租赁等方式使用新能源汽车，助力行业绿色、环保、低碳发展。优先为快递企业规划建设充电桩等配套基础设施，享受非商业、工业电价优惠政策，加快研发适合快递配送的新能源汽车产品。继续实行新能源汽车中央、地方两级财政补贴政策，鼓励快递企业制定相应配套资金支持政策。

责任单位：市科委、市发展改革委、市财政局、市电力公司、市邮政局。

（七）推动产业协同集聚发展。

推进"互联网＋"快递工程。鼓励快递企业充分利用移动互联网、物联网、大数据、云计算等信息技术，优化服务网络布局，提升运营管理效率。深化快递业与重点领域协同发展。推动快递服务与电子商务协同发展，引导大型快递企业在天津建立订单处理和分拨中心，支持电子商务平台服务商、销售商进入快递市场。推进电子商务与物流快递公益性信息平台建设。发挥快递业网络优势，积极参与涉农电子商务平台建设。推动快递服务与制造业协同发展。鼓励快递企业由服务生活领域向服务生产制造领域转型升级，拓展快递企业的物流和供应链综合业务。发挥供应链管理优势，积极融入智能制造、个性化定制等制造业新领域。推动"快递下乡"工程，促进农产品进城、工业品下乡，引导快递企业加强与农产品电子商务企业及农产品原产地的合作，通过"互联网＋农业＋快递"，拓展农产品线上线下多种销售渠道。鼓励快递企业主动服务新农村建设，在乡镇开辟或延伸快递物流运输线路，新建快递物流营业场所，扩大在农村地区的网络覆盖面，提升在农村地区的服务能力，完善面向农村的综合物流信息服务和物流仓储配送体系。支持快递企业升级网络服务能力，在生鲜冷链物流仓储、配送、分拨及信息化建设方面给予资金及政策扶持。

积极引进龙头企业。鼓励国际、国内大型快递企业在津设立总部、区域总部、快件处理中心、仓储中心、呼叫中心或运营结算中心等，对符合市人民政府关于总部经济政策规定条件的，享受优惠政策。对列入重点项目的快递建设项目用地，优先安排，重点保障。

推进快递物流园区建设。加快推进空港航空快递专业类物流园、东疆港跨境电商快递专业类物流园和武清电子商务快递专业类物流园建设进度，加强园区配套设施建设，大力发展电子商务、仓配一体化，有力承接非首都核心功能溢出，支持发展中韩海运快件业务，加快形成快递产业集聚效应，提升我市北方快递枢纽建设水平。

责任单位：市发展改革委、市国土房管局、市农委、市商务委、市工业和信息化委、市邮政局、保税区管委会、东疆保税港区管委会、各区县人民政府。

（八）推进企业技术创新和升级改造。

加强基础平台建设和共享。加强位置服务、物联网、安全监控、分拣配送、仓储管理、安检数据、从业人员数据集中管控等服务快递发展的基础平台建设，推进相关基础平台向快递企业开放，实现基础平台与相关业务系统的互联互通。鼓励大型企业、社会资本搭建物流信息服务平台。支持快递企业开放快递信息资源，推进大数据开放、共享与创新应用，引导社会资源参与快递配送等服务，降低物流成本。

提高信息化水平。对获评国家3A级及以上物流企业新建信息化项目和快递公共信息平台项目，项目建设单位可按照原市经济和信息化委、市财政局《关于印发〈天津市信息化专项资金管理办法〉的通知》（津经信财〔2011〕24号）和信息化专项资金年度申报指南要求，申请财政专项资金支持。

支持设施投入和技术改造。鼓励快递园区、快递企业购置或升级改造主要用于电商业务仓储及快递操作的设备，对于投资额200万元以上、日处理快件量设计能力4万件以上的新建项目和改造升级项目，鼓励金融机构为快递企业购置快件安检机、自动（半自动）快件分拣机、重型汽车等大型设备和智能设备提供融资租赁服务。企业通过融资租赁引进智能装备的，承租企业所在地政府对承租企业按租赁标的物总额的2%给予一次性补助，单家企业补助额最高100万元。

责任单位：市工业和信息化委、市商务委、市财政局、天津银监局、市邮政局、各区县人民政府。

（九）加强人才队伍建设。

深入实施人才强市和创新驱动发展战略，鼓励我市高等院校和中专学校开设快递物流专业课程，探索学校、行业协会和企业联合培养人才模式，建立快递人才培训基地试点。严格落实安全管理要求，推进快递从业人员年度安全培训考核制度，切实加强防范，保障快递业安全。推动规模以上快递企业制定员工职业技能和职业素质培训提升计划，提高从业人员素质。落实就业创业和人才引进政策，支持快递企业组织从业人员参加相关职业培训和职业技能鉴定，符合条件的企业和人员纳入我市百万技能人才培训福利计划，享受职业培训补贴、职工培训津贴、生活费补贴和实习补贴等。

责任单位：市人力社保局、市财政局、市教委、市邮政局、各区县人民政府。

（十）加大财政扶持力度。

重点支持快递企业做大做强，加强寄递渠道安全保障，完善快递基础设施网络建设，推动快递与跨境电商、先进制造、航空物流、现代金融、生物医药、汽车电子、现代农业等产业协同发展，提高快递业信息化和科技化水平，推进快递企业节能减排等。充分利用现有各类专项资金，并适时研究设立快递业发展专项资金。各区县人民政府也要安排相应资金，将快递业列为重点扶持发展行业给予政策支持。涉及奖励、补助给企业的资金，由实际纳税注册区安排，其对象为在津注册且具有独立法人资格的企业单位，或在津纳税的法人企业分支机构。

责任单位：市发展改革委、市商务委、市财政局、保税区管委会、东疆保税港区管委会、市邮政局、各区县人民政府。

三、工作要求

各区县人民政府、市有关部门要充分认识促进我市快递业健康发展的重要意义，加强组织领导，健全工作机制，注重安全防范，强化协同联动，加大支持力度，认真抓好落实，为快递业发展营造良好环境。市有关部门要各负其责，按照职责分工抓紧制定相关配套措施，确保各项工作落实到位。市交通运输委会同市发展改革委、市邮政局负责对以上措施落实工作的统筹协调、跟踪了解、督促检查。

3. 河　北

河北省邮政业发展"十三五"规划

（2016 年 7 月河北省邮政管理局印发）

邮政业是现代服务业的重要组成部分，是推动流通方式转型、促进消费升级的现代化先导性产业。加快邮政业发展，对于便利生产生活、降低流通成本、服务创业创新、拉动消费需求、拓宽就业渠道、优化经济结构具有重要意义。为建成与小康社会相适应的全省现代邮政业，根据国家邮政局《邮政业发展"十三五"规划》《京津冀地区快递服务发展"十三五"规划》的总体安排和《河北省国民经济和社会发展第十三个五年规划纲要》《河北省建设全国现代商贸物流重要基地规划》有关要求，结合河北省实际，制定本规划。

一、现状与形势

（一）发展现状

1. 行业规模实现快速增长

"十二五"末，全省邮政业业务总量完成 131.5 亿元，业务收入完成 104.3 亿元，分别是"十一五"末的 2.3 倍和 2.7 倍。其中快递业务量完成 5.49 亿件，五年增长 11 倍，业务收入完成 56.2 亿元，五年增长 3.7 倍。石家庄、保定、廊坊等市快递业务量进入全国城市前 50 名；从业人员突破 10 万人，占全省服务业从业人员的 16.3%；新增就业人数 5.2 万人，占全省新增就业人员的 7%。邮政业基础性作用日益显现，为全省稳增长、调结构、促就业作出了重要贡献。

2. 邮政体制改革不断深化

全省 11 个设区市邮政管理局顺利组建，行业依法治理能力明显提升。邮政企业法人体制调整到位，市、县级企业完成更名挂牌。设立了省局行政服务中心，简政放权取得明显成效，政府职能转变步伐加快，快递行政许可工作全面优化，行政效率明显提高。编制了行政权力清单、审批后续监管事项清单、行政审批指导规范，按要求下放了有关职权。在全省建立了法律顾问制度。政务公开工作日益深入，执法监督不断强化，行政执法的规范化、标准化水平和监管效能明显提升。邮政业“营改增”税制改革平稳实施。

3. 行业发展环境更趋优化

邮政管理工作纳入政府工作体系，省、市两级政府均建立了促进行业发展的工作协调机制，行业进一步融入地方经济社会发展。《河北省邮政条例》《河北省邮政业安全监督管理规定》深入实施。省政府《关于促进快递业发展的实施意见》顺利出台。行业基础设施建设、市场主体培育、寄递安全保障、“快递下乡”工程等工作纳入全省“十三五”规划纲要、省电子商务发展“十三五”规划、全国现代商贸物流重要基地规划。保障普遍服务、拓展服务网络、便利车辆通行、促进与关联产业协同发展、推广应用新能源汽车等优惠政策相继出台。九部门联合建立健全寄递渠道安全体制机制，邮政管理部门与相关部门联合执法成为常态。省邮政业安全中心建设取得突破，行业发展安全平稳运行。

4. 普遍服务能力明显提升

截至“十二五”末，872 个空白乡镇补建局所全部开业运营，全省普遍服务邮政局所达 2443 处。村邮站建设纳入全省“农村面貌改造提升工程”，建成村邮站 20335 个。建成便民服务站 2.8 万个，居全国第 2 位。实现邮件行政村直投到村、城市直投到户。邮政普遍服务标准得到落实。邮政机要通信实现安全事故零发生。邮政普遍服务满意度逐年提高。

5. 快递转型升级步伐加快

服务网络不断拓展，截至“十二五”期末，全省快递营业网点达 6267 处，快递服务网络县级和乡镇覆盖率分别为 100% 和 93%。石家庄被列入国家电子商务与物流快递协同发展第一批试点城市，快递和电商融合发展实现新突破。自动化分拣设备、智能手持终端、移动客户端、智能快件箱加快推广，行业自动化、信息化水平显著提升。服务质量不断提高，快件延误率、损毁率、丢失率明显下降。快递时限准时率保持稳定，服务满意度稳步提高。

“十二五”期间，全省行业服务能力和水平得到明显提升，但仍难以满足人民群众不断增长变化的服务需求。一是行业规模偏小，占全省 GDP 比重低于全国平均水平，与河北经济大省的地位不相匹配。二是行业发展不协调、不平衡现象比较突出；快递发展方式仍比较粗放，高端服务能力不强，同质化低价竞争现象严重，缺乏本土品牌企业。三是寄递安全基础仍显脆弱，企业主体责任落实不到位，存在安全隐患，监管力量不足。

（二）发展形势

“十三五”时期，全省经济发展处于优化产业结构、发展新兴产业、提升质量效益、实现转型升级的重要窗口期。对于全省邮政业来讲，既面临着诸多现实挑战，更面临着难得的机遇。

一是经济发展新常态为全省邮政业带来新机遇。在新常态下，增长速度从高速转向中高速，发展方式从规模速度型转向质量效率型，经济结构调整从增量扩能为主转向调整存量、做优增量并举，个性化、多样化消费渐成主流，网上购物方兴未艾，线上线下互动加快，将持续推动寄递业务发展。生产智能化、专业化逐步加深，邮政行业融入社会生产的产业链、供应链和服务链将进一步提速。关联产业高水平“引进来”、大规模“走出去”正在同步发生，为业内企业实施“跟随发展”战略创造了条件。省委省政府着眼提高发展质量和效益，加强供给侧结构性改革，培育发展新动能，全面保障和改善民生，深入调整产业结构，实施物流等 8 个重点行业三年推进计划，全省服务业对经济增长的贡献率超过 50%，电子商务、信息技术等新产业、新业态成为新的经济增长点，为全省邮政业发展注入了新活力。

二是经济发展新格局为全省邮政业厚植新优势。河北沿海地区发展上升为国家战略，冀中南地区被确定为国家重点开发区域，正定新区、冀南新区等一批新的经济增长极迅速形成。新型城镇化进程加快，“大县城”战略深入实施，全省美丽乡村建设成效明显，城镇化率超过 50%。全省互联网普及率达到 60.5%。首都新机场开工建设、北京和张家口市联合获得 2022 年冬奥会举办权以及唐山成功申办世界园艺博览会，为加快邮政业基础设施建设、扩大对外影响力、实现行业发展提供了新契机。省委省政府高度重视快递业发展，印发的《关于促进快递业发展的实施意见》，为行业实现转型升级、提质增效打下了坚实政策基础。

三是京津冀协同发展为全省邮政业增添新动力。京津冀协同发展战略全面实施，第一次将河北全域纳入国家战略。协同发展战略将河北定位为“全国现代商贸物流重要基地”，为全省发展区域快递总部经济，实现集聚集约式发展创造了有利条件。对河北“产业转型升级试验区”的定位，为全省邮政业明晰转型升级思路和路径、实现创新发展提供了重要指引。而将河北定位为“新型城镇化与城乡统筹示范区”,对行业服务“三农”、普惠城乡提出了更高要求。非首都功能疏解带来的产业转移和要素溢出,为全省邮政业转型升级提供了强力支撑。省委省政府签署的冀京“6+1”、冀津“4+1”合作协议,出台的推进京津冀协同发展意见、贯彻落实协同发展规划纲要实施意见等文件,为邮政业发展带来诸多利好。

四是综合交通运输体系为全省邮政业拓出新空间。我省区位优势独特,八省通衢,已基本建成联通内外、便捷高效的陆海空综合交通运输体系。目前,高速公路通车里程达6333公里,高铁通达8个设区市,民航、港口吞吐量明显增长,行政村通油路(水泥路)率达100%。随着京津冀协同发展交通一体化的深入推进,我省将成为全国交通最为便捷、最为现代化的地区之一。全省多节点、网格状的公路交通网建设,有利于邮政业优化干线运输网络布局,提高转运效率。高效密集轨道交通和现代化航空枢纽建设,有利于改善邮(快)件运输组织方式,拓展运输通道,强化运输保障能力。互联互通的综合交通信息平台有利于邮政、快递与铁路、公路、民航在运输规范、业务流程和信息传递等方面的衔接协作。运输装备标准化和专业化水平大幅提升,有利于邮政业利用多式联运、甩挂运输等先进运输方式,提升运输效率。

五是基本公共服务均等化对全省邮政业提出新要求。我省农村面积广大,农村市场广阔,消费潜力巨大,但行业发展水平与群众服务需求存在明显差距,城乡公共服务均等化任务繁重。全省邮政普遍服务亟需优化农村地区邮政网络建设布局,进一步均衡资源配置,创新服务方式,为保障农村地区用户需求,统筹城乡行业协调发展提供有力支撑;快递服务亟需完善农村物流配送网络,扩大服务覆盖范围和通达深度,提升服务能力和水平,切实改善农村消费流通环境,在服务基层群众生产生活中发挥更大作用。

二、指导思想、基本思路和发展目标

(一)指导思想

以邓小平理论、“三个代表”重要思想、科学发展观为指导,全面贯彻党的十八大和十八届三中、四中、五中全会精神,按照“四个全面”战略布局,根据国家邮政局和省委省政府的决策部署,坚持创新、协调、绿色、开放、共享、安全的发展理念,以建设“五个邮政”为抓手,以京津冀协同发展为契机,以“互联网+邮政”为发展方向,推进行业供给侧改革,主动适应经济发展新常态,坚持市场主导,深化依法治邮,突出创新驱动,强化安全保障,为建设全国现代商贸物流重要基地提供有力支撑,全面建成与小康社会相适应的河北现代邮政业。

(二)基本思路

实现“十三五”发展目标,破解发展难题,厚植发展优势,必须始终坚持新的发展理念,促进行业取得更好更快的发展。

坚持创新协调发展:按照深化供给侧改革的要求,坚持将创新发展作为主线,以“互联网+”为支撑,不断推进发展理念、体制机制、业务种类、服务模式、科技应用等创新,加快形成上下游有机衔接、大中小企业共同参与、产学研紧密结合的行业创新格局。统筹推进邮政业与先进制造业、现代农业、信息技术等产业协同发展。抢抓京津冀协同发展战略机遇,有序承接京津物流功能和产业转移,优化发展空间布局,加快实现行业协同、融合、错位发展。

坚持绿色安全发展:坚持绿色兴业、绿色惠民,着力减少收寄、分拣、封发、运输、投递等各环节的环境污染和资源消耗,全力促进行业实现绿色低碳循环发展。坚持安全为基,全力维护寄递渠道安全和用户信息安全,防止和减少安全事故,保障人民群众生命和财产安全。强化红线意识,健全寄递安全制度体系,落实企业主体责任,提升信息科技应用水平,强化监管能力建设,构筑行业安全发展的坚实保障。

坚持开放共享发展:鼓励不同所有制资本在快递领域交叉持股。支持邮政企业与快递企业开展合作,合力提升行业服务能力和水平。支持邮政企业改善邮政普遍服务方式,推进网络资源开放共享,加快构建服务优质、高效便民、城乡一体、普惠共享的普遍服务体系。推动快递业深度融入生产、流通和消费环节,发挥快递业支撑电子商务主渠道作用,鼓励快递企业拓展服务领域,发展特色业务,创新服务模式,联通线上线下,发展便民利商新业态。

(三)发展目标

总体目标:全省邮政业供给侧结构性改革不断深化,空间发展布局更加优化,发展取得显著成效,基本建成普惠城乡、技术先进、服务优质、安全高效、绿色节能的邮政和快递服务体系,形成覆盖全省、对接京津、辐射全国、联通国际的服务网络。建成全国现代邮政业重要集聚区和示范区。到2020年,邮政业务总量达到370亿元,年均增长23%;业务收入达到240亿元,年均增长18%。

具体目标:

1. 普遍服务

设施布局:网点布局基本实现区域和城乡均等,邮政普遍服务网点总量不减少。每个乡镇至少有1个邮政普遍服务网点。乡及乡以下邮政网络及终端设施逐步完善。邮件处理中心等设施与综合交通体系的衔接更加顺畅。

服务功能:网络运营的集约化水平明显提升,基本实现邮政服务网点标准化、邮件处理自动化、运输配送综合化,管理水平和运营效率明显提高。多式联运和甩挂运输得到推广。包裹寄递服务能力显著增强。

服务水平:邮政普遍服务全面达到服务标准。用户用邮更加便利,投递深度有效延伸。邮件全程寄递时限全面达标。邮件丢失损毁率明显下降。报刊投递服务水平明显提升。用户满意度稳步提高。

2. 快递服务

产业规模:到2020年,快递业务量达到25亿件,年均增长35%;快递业务收入达到160亿元,年均增幅23%;从业人员突破15万,实现新增就业岗位9万个。

服务能力:快递服务网络乡镇覆盖率达100%,行政村快递通达率95%。市域同城快件、省内地市间快件均实现24小时投递,与省外重点城市间实现48小时送达。基本建成京津冀区域的当日达、次日达相结合的网络体系,送达准时率90%以上。企业实力明显增强,重点培育2家年业务收入超30亿、一批年业务收入超10亿元的品牌快递企业。

服务质量:快递服务标准化、规范化程度显著提升。快递延误率、损毁率、丢失率明显降低。用户有效申诉率逐年下降,用户申诉处理满意率达到98%以上。快递服务满意度稳中有升。

3. 科技水平

全省邮政业智能化、自动化加快推进。智能快件箱安装格口数达10万个。手持终端配备率达到100%。邮件、快件处理场所监控摄像头覆盖率达100%。运输车辆定位系统安装率超过95%,行驶记录仪安装率达100%。电子运单使用率占比50%以上。重点快递企业自动分拣设备配置率超过50%。新能源汽车行业保有量达30%以上。

4. 行业安全

行业安全生产体系进一步健全,安全监管能力明显增强,企业主体责任全面强化,安全生产标准化水平不断提升。邮政业安全生产设备配置规范等强制性标准得到有效落实。移动执法终端配置率达到100%。全面落实收寄验视、实名收寄制度,实现邮件快件100% 过机安检。不发生重大安全责任事故和寄递渠道安全事件。

三、重点任务

(一)提高普遍服务保障水平

加强邮政服务设施建设。制定邮政设施的布局和建设规划,与地方政府城乡规划有效衔接。完善邮政网络功能和布局,分区域、有重点地推进农村地区以及新型城镇化配套的邮政网点建设改造。进一步加强城镇居民住宅楼房信报箱建设。推动行政机关、企事业单位、商业写字楼、住宅小区等按规定设置邮件接收场所。创新村邮站建设模式,鼓励邮政企业探索邮政“三农”服务站、便民服务站、村邮站“三站合一”的长效建设运营机制。推动村邮站与行政村综合服务中心、农家书屋、电子商务村级服务点、益农信息社等服务设施对接建设。实现国际邮件互换局设立运营。在省内一、二级枢纽间完善优化干线邮路,在县域快递园区与乡镇间构建支线邮路。

推动邮政服务创新发展。推动邮政企业完善现代企业制度,加强内部管控,提高运营效率,提升服务质量和水平,加快邮政企业做优做强寄递服务主业进程,促使邮政企业更好履行普遍服务义务。鼓励并支持邮政企业加快邮政小包等新业务发展,带动传统业务水平整体提升。推动邮政企业加强新业务质量管控,持续优化作业流程,缩短寄递时限,实现邮政企业服务快捷化、便利化。支持邮政企业完善信息管理系统,落实邮政业安全生产设备配置规范等强制性标准,健全信息采集标准和共享机制,提高邮件收寄、分拣、运输、投递等各环节的信息化、自动化和精准化水平,实现邮件信息溯源追查。加强运力资源投入,大力推广甩挂运输和多式联运,提升邮件运输集装化水平。

实现普遍服务普惠共享。引导邮政企业以客户为中心,推动投递深度向下延伸,加强农村地区业务覆盖。支持邮政企业加大对农村地区和边远地区运输、投递车辆及设备等投入,提升包裹末端投递能力。鼓励邮政企业加快农村邮政电商寄递网络建设,探索创新农村物流服务模式,开展农村农产品、快消品和生产资料的流通配送。按照精准扶贫、精准脱贫的基本方略，以燕山—太行山和黑龙港流域集中连片特困地区、环首都扶贫攻坚示范区为主战场，实施邮政服务脱贫攻坚工程。充分发挥乡镇邮政局所、村邮站等基础设施的作用，全力保障支撑贫困地区党报党刊发行投递、扶贫补助款项汇兑、爱心包裹寄递等工作。

促进网络资源开放共享。鼓励和支持邮政企业以民生需求为导向，整合乡镇局所、邮政“三农”服务站、便民服务站、村邮站等服务设施资源，搭载信息传递、物品流通、文化服务、金融服务、便民服务等各类代理业务，打造功能齐全、覆盖面广、服务优质的邮政现代化综合服务平台。鼓励邮政企业和快递企业建立合作机制，创新合作模式，开展设施共享、业务代理等合作，提高邮政基础设施利用效率。在条件成熟的地区利用村邮站、便民服务站等邮政网络资源代收代投快件。

（二）推动快递行业做大做强

优化发展空间布局。引导各市（含定州、辛集市，下同）立足比较优势，明确行业发展重点，形成协同发展效应，努力构建“布局合理、特色明显、功能互补、区域联动”的格局。廊坊充分发挥毗邻北京新机场临空经济区的优势，推进建立国家一级快递枢纽，吸引华北区域总部入驻，带动品牌企业设立仓储、集散、呼叫、数据和研发中心，形成产业集聚。石家庄、保定以在省级物流业集聚区开辟专区等方式，建立国家二级快递枢纽。依托石家庄正定机场，发挥快件监管中心的作用，畅通国际快件通道，支撑跨境电子商务发展。积极推进圆通速递河北区域管理总部等重点项目建设。着力提升箱包、中药材、服装、农产品快递服务水平。唐山、秦皇岛、沧州、邯郸依托流通节点城市对外贸易通道和口岸优势，引进和扶持一批快递企业与跨境电商物流仓储中心进行业务对接，重点发展跨境快递业务，充分发挥曹妃甸、黄骅港综合保税区以及武安保税物流中心作用，用足用好保税等政策，发展面向东北亚国家和地区的跨境电商快递业务。衡水、邢台充分发挥交通运输通道、要素聚集地和专业市场优势，依托城际铁路，大力发展高铁快件及电商快递班列运输。以专业市场集群、大型展贸交易为载体，依托菜鸟物流中心等项目建设，提升快递服务水平。积极发展羊绒、羊剪绒、童车、童装、乐器、皮草制品、医疗器械等特色产品的专业快递服务。张家口、承德着力推进行业服务向生态领域延伸。探索推动快递与旅游业协同发展。引导快递企业大力发展特色农产品专业快递，着力构建环京津1小时鲜活农产品快递物流圈。依托鲜活农产品“绿色通道”，保障农村特色产品和消费品进入京津市场。

推动企业转型升级。以调结构、补短板、强服务为重点，努力增强快递发展内生动力。坚持开放发展，鼓励各类资本依法进入快递领域。支持企业兼并重组，优化资源配置，加快形成2家以上技术先进、网络健全、业务收入规模超过30亿元的具有较强竞争力的骨干快递企业。大力推进管理创新，开展民营快递企业现代企业制度建设试点示范，引导企业健全公司法人治理结构。进一步拓展产业协同空间，推动服务模式变革，加快企业向综合性快递物流运营商转型。大力实施品牌战略，引导企业增强诚信意识和质量意识，提升服务整体水平。支持企业根据用户需求开展服务创新，拓展供应链管理、特殊物品寄递、零担物流、冷链快递等增值业务。鼓励企业推广自动化分拣、数据化处理、智能化服务等技术的应用，提升运营管理效率。引导企业参与石家庄、唐山国家级城市共同配送、物流标准化示范试点工作。健全行业服务标准体系，加强服务质量检测，降低快件延误率、损毁率、丢失率和投诉率。

完善服务网络建设。推动地方政府将快递业发展纳入国民经济和社会发展规划，将城乡快递服务网点、快件处理中心、智能快件箱等快递基础设施布局建设纳入城乡规划和土地利用规划。支持国内、国际快递企业总部在我省设立直营机构。鼓励企业开展冷链运输项目建设。鼓励社会资本参与智能快件箱建设，支持企业在城市社区、写字楼、校园等区域合理布设智能快件箱，鼓励企业开展城乡自营网点标准化建设，切实提升末端投递效率。

引导社会资本参与快递物流园区建设。依托物流和流通节点城市，建设快递专业类物流园区、快件集散中心。到2020年基本建成国家一级快递枢纽1个、二级快递枢纽2个，11个设区市均建立快递专业物流园区。在省直管县、保定白沟、邢台清河、廊坊三河等发达特色专业市场及电子商务企业集中的县设立县域快递园区。重点推进廊坊华北快件分拨中心、白沟速通快递产业园、张家口空港物流园区、秦皇岛义乌商品城快递电商产业园、邢台电商快递产业园、保定快递物流中心、沧州物流快递园区、邯郸网商园等园区建设。在全省32个省级物流产业集聚区、15个电商产业园区内，推动加载仓储配送、多式联运、邮件和快件分拨等服务功能。

统筹城乡协调发展。加密快递城市网点，提高标准化水平，支持快递企业与机关、院校、连锁商业机构、便民服务设施、社区服务组织以及专业第三方企业开展多种形式的城市投递服务合作。依托全省美丽乡村建设，深入推进“快递下乡”工程，完善农村地区服务网络，助力农村经济发展。鼓励快递企业整合农村物流资源，依托农家店、农村综合服务社、村邮站、农产品购销代办站、益农信息社等建立健全农村快递服务末端网络。支持快递企业与农业、供销、商贸企业加强合作，结合“一村一品”产业推进行动，打造“工业品下乡”和“农产品进城”双向流通渠道，带动农村消费。引导快递企业开展农批对接、农超对接、农社对接、直供直销等快递服务，大力发展农产品冷链快递，打造生鲜农产品流通新模式。引导快递企业完善农村地区网点建设标准和服务标准，加强服务监督。推广适合农村运输的车辆和专业化装卸设备，提升作业效率，减少快件损毁。鼓励有条件的快递企业在农村网点配置智能手持终端，纳入本企业信息化系统统一管理。积极参与全省“五个一批”行动计划，实施快递产业扶贫工程。鼓励企业与省内贫困地区建立劳务输出合作，增加贫困地区员工聘用比例，加大对贫困地区员工培训力度。鼓励快递大众创业，支持贫困地区员工返乡创业，结合本地实际开展特色产品电商和快递服务，带动当地贫困人口就业。

强化产业协同发展。促进快递业向上下游延伸，融入社会生产、流通与消费的产业链、供应链和服务链。充分发挥服务电子商务的主渠道作用，联通线上线下，实现与先进制造业、现代农业、信息技术等产业协同发展。引导快递企业与电子商务企业深度合作，共同发展体验经济、社区经济、逆向物流等便民利商新业态。支持快递企业加强与涉农电子商务企业深度合作，参与涉农电子商务平台建设，构建农产品线上线下互动的服务网络，有效对接农产品市场（基地），拓展农产品、农资、农村消费品的流通加工、仓储配送等功能，服务产地直销、订单生产等农业生产新模式。推动企业服务“中国制造2025”战略，融入智能制造、个性化定制等制造业新领域。鼓励企业依托快递网络开展综合集成制造和分销配送。鼓励发展跨境电商快递业务，支持企业探索建立“海外仓”，带动商品和服务出口。

（三）高效衔接综合交通体系

推动基础设施建设纳入地方综合交通运输体系规划。加强与铁路、公路、民航等运输企业合作，实施快件“上车、上飞机”工程，充分利用交通运输资源，强化运输保障能力。支持邮政企业在客运站点、交管站打造“一站式”综合服务平台。引导企业利用农村客运站、货运场站、农村物流点等建立仓储场地、小型快递分拨中心和物流集散中心。结合石家庄、秦皇岛、邯郸、唐山、张家口等地机场的运营情况和承德、邢台、衡水等地机场的建设发展情况，完善航线网络和航空快件“绿色通道”，因地制宜发展快件航空运输。在有条件的地区积极推广农村“货运班线”、农村客运班车代运邮（快）件等服务模式。推动业内企业纳入汽车电子标识试点，提升运输智能化管理水平。在部分地区因地制宜发展水路邮件快件运输。

依托京津冀区域城际铁路建设，推动发展高铁快件和电商快递班列业务。协调在铁路枢纽配套建设车站快件绿色通道和快件装卸、仓储功能区，提高快件装卸、接驳机械化水平。强化安检合作，优化安检流程，实现快递禁限寄物品与铁路禁运品范围的有效衔接。

（四）助推京津冀邮政业协同发展

加强与京津两地邮政管理部门的协调联动，推动建立京津冀邮政业协同发展协调机制。强化与京津联防联控，推动建立京津冀三地执法协同联动机制。加强联合执法，探索整合执法力量，合力整治区域内流动违法行为。推动建立重大活动邮路安全保障体系和联合应急处置机制。协调做好区域行业专项规划衔接，推动建立基础设施互联互通机制，统筹规划建设京津冀区域邮政、快递基础设施。推进区域信息系统互联互通和共享开放。支持快递业在全国现代商贸物流基地建设中率先突破。围绕服务北京，充分利用北京对京冀共建物流基础设施投资支持政策，深化京津冀快递业对接合作，主动承接京津大型仓储、跨区分拨、城际配送、中转贸易等功能，推动在我省建设立足河北、服务京津、辐射全国的快递产业集聚区。

（五）推进行业绿色低碳发展

推动落实国家鼓励节能减排、循环利用资源的优惠政策。强化科技支撑，推广环保技术材料和设施设备，加强节能减排新技术、新工艺的推广应用。发挥企业的节能减排主体作用，切实转变发展方式，调整业务结构，引导企业走节能减排、低碳环保的绿色发展道路。

鼓励企业采用清洁生产技术，使用可循环利用的包装材料以及可降解的物料辅料，降低能源消耗，减少环境污染。引导企业创新包装理念，优化生产流程，抑制过度、重复包装，加强包装废弃物的回收处置管理。推广使用电子运单，有效降低材料消耗。引导邮政企业在机关单位开展邮件封套循环使用试点。

推进企业建筑围护结构、供热系统、采暖制冷系统、照明设备等符合建设节能强制性标准。引导企业推行低碳办公作业，对办公楼房、服务网点、分拨中心等建筑进行节能改造。

鼓励企业加强合作,实现运输资源合理优化配置。提高铁路运输比重,积极发展甩挂运输等先进组织模式,减少运输环节能源消耗。充分利用信息化手段和大数据应用,优化车辆调度和运递路线,加快运输周转速度,提高运递效率,提升运输装载率。淘汰落后老旧车辆,支持新能源车辆在邮政、快递领域的应用,不断提高纯电动、燃料电池等新能源汽车应用比重。推动在有条件的邮政、快递营业及投递处理场所、邮(快)件处理中心、快递专业类物流园区配建充电桩(站)。鼓励封装容器“袋改箱”,加快标准化、绿色化装载工具的推广应用。

(六)提升行业安全监管效能

形成寄递安全监管合力。贯彻《邮政法》《反恐怖主义法》《邮政行业安全监督管理办法》和九部门《关于加强邮件、快件寄递安全管理工作的若干意见》,落实《邮政业安全生产设备配置规范》和《国家邮政业突发事件应急预案》。健全完善寄递渠道安全管理工作机制,稳步推进省、市两级邮政业安全中心建设。深入实施“绿盾工程”,发挥好各地寄递渠道安全管理工作领导小组作用。加强与综治部门的沟通协调,严格落实寄递渠道安全监管属地责任,强化跨部门协作配合,提升安全监管与应急处置能力。主动联合公安、国安、工商等部门开展多种形式的安全培训和执法行动,形成齐抓共管的长效机制。协调公安、国安等部门依法严肃追究违规寄递用户的法律责任。联合相关部门做好寄递渠道禁毒、反恐、打击假冒侵权、“扫黄打非”等工作。开展行政执法人员培训,提高依法监管的能力和水平。加强与京津的安全监管协作,夯实区域内邮政业安全基础,保障寄递渠道安全。

加强应急保障能力建设。健全安全监管风险预警、应急处置、责任追溯、检查监督、执法处罚等规范化管理体系。建立舆情监测预警制度,做好省、市寄递安全热点舆论引导工作。督促企业严把收寄验视关,从源头上杜绝禁寄物品流入寄递渠道,严厉查处未经验视直接收寄行为。明确协议客户安全责任和交寄流程,实现安全协议应签尽签,确保协议客户安全管理全覆盖。严格落实《邮件、快件实名收寄实施办法》。开展安全专项培训,配置安全检测、应急处置等装备,修订完善应急预案,开展突发事件应急演练。强化危险化学品和易燃易爆物品安全专项整治。抓好全国“两会”、秦皇岛暑期等特殊敏感时期邮路安保工作。推动执法终端、智能感知、模式识别、智能控制等技术的应用。完善快递业安全监管视频监控系统,实现实时监控快递企业安全重点区域。健全信息采集标准和共享机制,实现快件信息溯源追查,依法严格保护个人信息安全。

落实企业安全主体责任。健全企业安全生产责任追究机制,实行“一票否决”制度。全面执行实名收寄、收寄验视和过机安检制度。加强企业安检能力建设,加快推进省、市级以上大型邮件、快件处理中心X光机配备到位。督促指导企业在营业场所、处理场地安装监控、消防、烟雾报警器等安全设备。鼓励企业强化安全科技信息化建设,加强技术创新和装备升级,推进安全生产标准化、规范化建设。明确收寄、分拣、运输、投递等环节的安全要求。加强企业骨干人员专业培训及一线操作人员业务技能培训。

(七)加强行业治理体系建设

健全监管体制机制。完善监管体系,有序稳妥推进县级邮政管理机构建设。优化快递业务经营许可程序,推行网上审批。简化企业分支机构、末端网点备案手续,提升服务效率。强化事中事后监管,建立健全消费者申诉和执法联动、行政执法与刑事司法衔接的机制,依法查处违法违规行为,加大涉及用户权益、行业安全等重点领域的执法力度。强化省内执法协作,推进综合执法、联合执法。推进快递市场运行监测体系建设,加强对市场行为的风险监测分析。切实加强执法信息化建设,在全省推广使用移动执法系统,提高执法的效率和规范化水平。进一步发挥社会监督、舆论监督作用。

加强信用体系建设。扎实履行行业信用管理职责,坚持问题导向,全面推进行业诚信体系建设。指导行业协会建立健全诚信制度体系,加强对本行业企业和从业人员诚实守信的教育引导,提高其自律意识。推动与河北省市场主体信用信息公示系统的互联互通和信息共享,强化对行业企业信息公开的监督检查,及时掌握行业企业的信用状况,并实行分类、分级的动态监管,对守信行业企业给予政策支持和奖励,对严重违法失信行业企业实施多部门联合惩戒,真正实现“一处违法,处处受限”,充分发挥信用监管的作用。推动京津冀快递企业信用信息共享互认,构建一体化企业信用信息监管体系。充分利用世界邮政日、国际消费者权益保护日等有利契机,广泛开展诚信主题活动,通过开展“最美快递员评选”等活动,树立行业诚信典型。

支持协会发挥作用。稳妥推进行业协会脱钩工作,建立健全省、市行业协会联动机制,促进行业协会成为依法设立、自主办会、服务为本、治理规范、行为自律的社会组织。积极构建与行业协会的新型合作关系,建立完善与行业协会的协商机制,加强对行业协会的指导和支持,及时研究解决行业协会遇到的困难和问题。支持协会发挥桥梁纽带、行业自律管理功能，在政策建议、标准拟定、从业规范、信用评级、统计调查、人才培训、咨询服务、信息发布等方面发挥更大作用。

构建和谐劳动关系。配合有关部门加强对企业落实劳动合同制度的监督、指导。增强企业依法用工意识，加强对职工的人文关怀，切实保障职工权益，提高职工依法维权意识。引导企业和职工协商共事、效益共创、利益共享，及时有效预防和化解劳动关系矛盾。加大政策帮扶力度，引导行业转型升级，通过促进行业发展，为构建和谐劳动关系创造物质条件。

四、保障措施

（一）加强组织领导

建立健全规划目标责任制和考核机制，制定详细的实施计划，明确年度考核目标。建立重点任务台账，明确任务落实要点、工作要求、责任主体，强化指导、督查和考核，确保取得实效。健全省、市两级邮政业市场发展和维护市场秩序领导小组工作机制，推动完善信息通报和联系会商机制，及时解决邮政业发展中的重大问题。建立健全新闻发言人制度，强化规划政策解读和信息发布工作，加强规划宣传引导。强化规划实施情况的跟踪分析，及时提出调整完善的意见和建议。

（二）推动依法治邮

适时修订《河北省邮政条例》《河北省邮政业安全监督管理规定》，加快推进地市邮政地方立法工作。健全依法决策机制，确定重大决策范围，按照公众参与、专家论证、风险评估、合法性审查、集体讨论决定等法定程序依法决策。建立重大决策终身责任追究制度及责任倒查机制，对出现重大决策失误、造成重大损失和恶劣影响的，严格追究相关责任人员的法律责任。健全完善法律顾问制度，发挥法律顾问在规划落实、决策制定、依法行政中的积极作用。加强行政决策落实监督，探索建立重大行政决策评估机制，确保决策落实到位。

（三）优化政策环境

全面落实国务院和省政府促进快递业发展的政策意见。积极推动地方政府设立扶持行业发展专项资金。争取省预算内投资和扶贫资金优先支持河北农村和贫困地区的邮政、快递基础设施建设。规范城市快递车辆运营管理，制定并实施城市配送汽车、电动三轮车等车辆管理办法。推动落实全省邮政、快递新能源汽车补贴资金兑补、车辆通行优惠政策。协调地方政府制定落实行业用地优惠保障政策。推动落实国家京津冀协同发展产业转移对接企业税收收入分享办法，支持符合条件的企业享受省内跨地区经营总分支机构增值税汇总缴纳政策。推动对快递企业全面实行同一工商登记机关管辖范围内“一照多址”模式。推动建立跨境快件便捷通关通道，提高通关效率。支持和鼓励骨干快递企业申报国家物流标准化试点项目支持范畴。活跃企业融资，支持骨干快递企业通过银行贷款、引入保险资金、增资扩股、中外合并等途径筹集资金。落实省政府《关于降低实体经济企业成本若干政策的通知》等文件精神，协调有关部门运用财政、金融、税收、土地等政策手段支持邮政业发展。

（四）推进科技进步

强化企业创新主体地位，支持业内骨干企业充分依托省内外科技创新平台，加强与高等院校、科研院所的对接合作，开展重点项目攻关和重大技术研发。推广使用移动互联、物联网、大数据、云计算等信息技术，提升行业监管信息化和企业生产智能化水平。协调争取省内科技发展资金、产业发展资金，支持企业开展智能终端、自动分拣、机械化装卸、数据派单、智慧仓储等关键技术装备的应用。鼓励企业依托干线网络和配送中心，探索建立覆盖客户、车辆、货物、时时监控等信息的智能化配送服务网络。结合智慧城市建设，依托全省物流公共信息平台和政务信息资源交换共享平台，加强大数据的研究应用，推进与上下游产业及相关部门的互联互通、资源共享。

（五）强化人才支撑

引导省内高等学校加强物流管理、物流工程等专业建设，支持职业院校开设快递相关专业。依托全省“巨人计划”“百人计划”和“三三三人才工程”平台，吸引行业领军人才、特殊人才、紧缺人才在我省开展创业创新等活动。探索高等学校、科研机构、行业协会和企业联合培养人才模式，建立行业人才培训基地。支持业内企业与高等学校、科研院所建立实训基地。支持从业人员参加相关职业培训和职业技能鉴定，争取并落实相关补贴政策。开展职业技能竞赛，加强职业道德、业务技能和安全知识等培训，持续提高从业人员素质。完善干部交流制度，扩宽交流渠道，有计划、有步骤地组织实施干部轮岗交流。加大干部队伍教育培训力度，优化教育形式和培训内容，促进队伍能力素质全面提升。

（六）提高党建水平

着力加强党风廉政建设，稳步推进行业突出问题专项治理工作，持续改进工作作风，建立作风建设长效机制。扎实做好党建工作,严肃党内政治生活,严明党的纪律,不断增强党组织的创造力、凝聚力和战斗力,不断提升党的建设科学化水平。积极开展非公企业党建工作,因地制宜推进快递企业基层党组织建设。坚定不移推进反腐倡廉工作,强化教育监管和制度创新,完善权力运行监督制约机制,有效防治腐败。切实加强行业精神文明建设,综合运用舆论宣传、理论阐释、文化传播等途径,在全社会营造重视邮政业发展的良好氛围。

石家庄市人民政府关于进一步促进快递业发展的实施意见

(2016 年 8 月 1 日　石政发〔2016〕31 号)

各县(市)、区人民政府,市政府各部门:

为深入贯彻落实《国务院关于促进快递业发展的若干意见》(国发〔2015〕61 号)和《河北省人民政府关于促进快递业发展的实施意见》(冀政发〔2015〕52 号)精神,进一步营造有利于我市快递业发展的良好环境,结合我市实际,提出如下实施意见。

一、指导思想

以解决制约快递业发展的突出问题为导向,以"智慧"快递为发展方向,以构建网络完善、服务优质、便捷高效的现代快递服务体系为目标,促进行业转型升级和提质增效,解决城市快递车辆通行难题,全面提升我市快递服务业发展水平,不断满足人民群众日益增长的寄递需求,提升和发挥其在服务经济社会发展和民生改善方面的地位和作用。

二、总体目标

到 2020 年,全市快递服务业发展要努力实现以下目标:

(一)产业规模跃上新台阶。全市快递业务收入达到 50 亿元,年均增长 30% 以上;业务量达到 3.5 亿件,年均增长 35% 以上;年业务收入 1 亿的骨干网络企业达到 7 个,其中年收入达到 2 亿的企业 3 个;行业从业人员达到 2 万人以上。

(二)建成国家二级快递枢纽。进一步巩固我市在全国快递服务网络中的全国性区域中心枢纽地位。建立一到两个快递园区。基本建成面向全国、紧密衔接、统一协调、使用方便、服务优质、技术先进、快捷高效的现代快递服务网络。

(三)服务能力显著增强。快递终端服务网点遍布城乡,乡镇覆盖率达到 100%,行政村快递通达率 95% 以上。省内县级以上城市间和全国 61 个重点城市间的快件实现 48 小时内投递,国际快递服务通达范围更广、速度更快,快递服务满意度稳步提高,人民群众使用快递服务的总体满意度达到 95% 以上。

(四)生产水平快速提升。规模以上快递企业员工素质、管理水平、装备水平明显提高,构建多品种、差异化、个性化的快递产品服务体系,基本实现快递服务功能多样化、寄递服务快捷化、内部作业机械自动化、生产组织信息化,利用信息通信技术以及互联网平台,让互联网与快递业进行深度融合,创造新的发展生态。

(五)安全保障能力进一步增强。企业安全生产设备配置实现标准化,行业安全监管信息化水平显著提升,收寄验视、实名寄递、过机安检制度全面落实。

三、重点工作

(一)进一步优化产业空间布局,推进快递物流园区建设。将快递服务业规划纳入本级城乡规划、土地利用总体规划,将快递物流园区建设作为城市重要的基础设施,合理安排建设布局、用地规模和开发时序,预留快递服务业发展空间。按照企业集中布局、产业集群发展、资源集约利用、功能集合构建的原则,规划建设具备集中仓储、分拣处理、快速集散、统一配送、商品展示等服务功能的现代化快递物流园区。鼓励快递企业与电子商务企业合建电子商务快递园区,形成协同发展效应。支持企业主动承接京津地区商贸物流功能和产业转移,对接农产品、小商品、服装、工业品等专业商贸市场和生产基地,完善快递服务配套设施,创新服务模式和产品体系,推动快递行业从劳动密集型加快向技术和劳动密

集型相结合的方向转型。(市商务局、市发改委、市邮政管理局、市交通局、市规划局、市国土局,有关县(市)、区政府负责)

(二)培育壮大快递企业,提升行业整体实力。鼓励各类社会资本依法进入快递领域,引导本地快递企业完善服务网络,加大科技投入,提升服务质量,增强竞争实力,积极做大做强。实施品牌战略,培育、打造有影响力的快递服务品牌,贯彻落实行业安全和服务标准,推进快递业服务标准化建设,加强服务质量监测,降低快件延误率、损毁率、丢失率和投诉率,引导快递企业从价格竞争向服务竞争转变。积极推广与快递业相关的保险业务,保障用户权益。鼓励引导快递企业提高信息化应用水平,不断提高运行效率和服务质量。支持快递企业进行技术革新,完善信息化运营平台,实现实物网与信息网融合。支持骨干企业在我市开展智能终端、自动分拣、冷链快递等技术装备的应用工作。(市邮政管理局、市金融办、市工商局、市质监局、市科技局、市发改委、市保监部门负责)

(三)坚持创新,推进"智慧"快递发展。加快快递综合信息服务平台建设。积极利用信息技术提升安全监管能力,由政府主导投资对业务受理、仓储管理、分拣配送、客户管理、安全监控、信息跟踪查询等生产管理环节建立综合服务平台,进行全方位的监测、分析,提高企业运行效率和服务质量,提升行业监管水平,同时健全信息采集标准和共享机制,依法严格保护个人信息安全。(市邮政管理局、市网信办、市商务局负责)

推动相关产业协同发展。大力发展包装、位置服务等与快递业相关的支撑产业,延伸完善产业链条,加快形成产业融合发展体系。支持大型包装印刷企业开发新型包装印刷原辅材料,促进快递业绿色发展。加强卫星导航技术储备,建立技术创新平台,为快递业提供位置服务,积极推动大数据、云计算产品和解决方案在快递领域应用,大力发展智能快递。(市发改委负责)

(四)完善快递服务网络,提高快递普惠水平。加强城乡配送末端标准化网点建设。加密快递城市网点,提高标准化水平,支持快递企业与机关、学校、连锁商业机构、便民服务设施、社区服务组织及专业第三方企业开展多种形式的城市投递服务合作。大力发展智能快件箱,支持快递企业和社会资本参与智能快件箱建设。延展农村快递网络,鼓励快递企业依托农家店、农村综合服务中心、村邮站、农产品购销代办站等建立健全农村快递服务末端网络。(市邮政管理局、市教育局、市住房城乡建设局负责)

推进快递服务综合站点建设。加快与城市共同配送体系建设的融合发展,将快递服务综合平台建设纳入城市共同配送体系。进一步推进快递末端网点备案工作,支持邮政企业利用现有邮政普遍服务网点资源,与快递企业创新合作模式,提高快递普惠水平。由政府给予政策优惠,引导快递企业与其他企业开展合作,共建快递服务综合服务网点,为快递末端投递和揽收提供服务便利,提升快递末端服务质量,节省末端服务成本,不断提升快递服务水平。(市交通局、市商务局、市邮政管理局、市住房城乡建设局负责)

推进快递"七进"工程。不断增强和改进快递服务条件,在已开展的进小区、进医院的基础上,在全市进一步推进快递服务进政区、进园区、进商区、进校区、进小区、进景区、进郊区的"七进"工程,提高行业服务网络覆盖率,延伸服务末梢,确保快递深入千家万户,为人民群众生活提供更大便利。(市教育局、市卫计委、市旅游局、市住房城乡建设局、市邮政管理局负责)

进一步推进"快递下乡"工程,助力农村经济发展。支持快递企业加强与农业、供销、商贸企业的合作,打造"工业品下乡"和"农产品进城"双向流通渠道,带动农村消费。鼓励快递企业积极参与涉农电子商务平台建设,构建农产品线上线下互动的服务网络,有效对接农产品市场(基地),拓展农产品、农资、农村消费品的流通加工、仓储配送等功能,服务产地直销、订单生产等农业生产新模式。(市农业局、市商务局、市邮政管理局负责)

进一步拓展国际快递市场。支持快递企业积极"走出去",开拓国际市场,开展跨境网购等寄递业务。鼓励快递企业与国际电子商务企业、国外快递企业联合,建设跨境快递服务网络,延伸服务链条。积极发展跨境电子商务物流快递体系,推动建设国际邮件互换局(交换站),推动跨境电商快递产业园区建设,形成航空、铁路等多种运输方式服务跨境电子商务业务的格局,拓展综合服务功能,满足国际寄递业务发展需求。(市邮政管理局、市商务局、石家庄海关、石家庄出入境检验检疫局负责)

(五)进一步改善道路运输环境,规范快递车辆管理,推动交通运输与快递服务协同发展。进一步落实快递车辆通行政策。按照依法、高效、环保的原则,研究制定城市快递配送管理办法。对快递车辆逐步统一标识,同时纳入城市配送车辆体系,实行统一管理和专项管理相结合的管理模式。对所有在市区内道路通行的合法快递车辆在严格遵守市政府有关车辆限行规定的基础上,最大限度的保障优先通行。同时,对运输快件的快递车辆在城市道路通行、临时停靠作业等相关方面给予相应便利。结合我市实际制定快递专用微型或电动货运车辆(在国家工信部汽车公告目录内)、快递专用电动三轮车(符合国家标准)用于城市收投服务的管理办法,解决“最后一公里”通行难问题。充分发挥政府、企业、市场的引导协调作用,大力组织实施快递新能源汽车推广应用,按照中央财政与地方财政的有关政策进行资金补助,加快完善配套基础设施建设,将建设充换电等基础设施纳入市政规划,在集中使用新能源汽车的快递企业优先建设新能源车辆充电桩等配套基础设施。(市公安局、市交通运输局、市邮政管理局、市工信局、市财政局负责)

促进资源共享,有效衔接综合交通体系。充分利用交通运输资源,实施快递“上车、上飞机”工程。加强运输政策、布局规划、技术规范、设施建设、业务流程、信息管理等方面的统筹协调,推进快递业与交通运输业融合发展,加强信息互联互通、资源共享,提升行业信息化服务管理水平,实现快递网络在各种运输方式间的无缝衔接、高效转换和快速通达。加强快递企业与铁路、公路、民航等运输企业合作。依托大型运输枢纽加强区域分拣中心和快递物流园区建设,辐射带动电子商务等相关产业集聚。鼓励民航、铁路等部门为快件运输开设绿色通道,提供优先通行便利。推进公路客运班车代运快件试点和快件甩挂运输方式,因地制宜发展快件航空运输。鼓励航空公司利用我市机场资源完善航线网络。(市交通运输局、市发改委、市科技局、石家庄海关、市邮政管理局负责)

(六)强化安全监管,实施寄递渠道“绿盾”工程。全面推进快递企业安全生产标准化建设,落实邮政业安全生产设备配置规范等强制性标准,明确收寄、分拣、运输、投递等环节的安全要求。落实快递企业和寄件人安全责任,落实“100%收寄验视”、“100%实名收寄”、“100%过机安检”三个百分百。完善从业人员安全教育培训制度,筑牢寄递渠道安全基础。强化安全检查措施,严格执行收寄验视制度,加强对进出境快件的检疫监管,从源头防范非法禁寄物品流入寄递渠道,防止疫病疫情传入传出和物种资源流失。积极利用信息技术提升安全监管能力,完善快递业安全监管信息平台,健全信息采集标准和共享机制,实现快件信息溯源追查,依法严格保护个人信息安全。落实寄递渠道安全管理工作机制,将快递行业安全管理工作纳入社会综合治理体系,加强跨部门协作配合,提升安全监管与应急处置能力。(市综治办、市公安局、市国安部门、石家庄出入境检验检疫局、市财政局、市邮政管理局负责)

四、政策措施

(一)推进简政放权,提升管理服务水平。深化快递行业商事制度改革,探索实行快递企业同一工商登记机关管辖范围内“一照多址”模式,对在前置许可证上已标明企业住所和其它经营场所的,且其它经营场所和企业住所在同一县(市)、区内的,可以实行“一照多址”,免于办理分支机构。优化快递业务经营许可程序,落实快递企业年度报告制度。优化快递业务经营许可程序,改革快递企业年度报告制度。精简企业分支机构、末端网点备案手续,推进快递市场投资创业便利化。优化进出境快件及跨境电子商务业务通关手续。充分发挥电子口岸等“一站式”通关平台优势,积极推进跨境电子商务业务开展,便利进出境快件及跨境电子商务企业通关。(市工商局、市商务局、石家庄海关、石家庄出入境检验检疫局、市邮政管理局负责)

(二)推进县(市)、区邮政管理机构建设,完善监管体制,优化快递市场环境。各县(市)、区政府要在办公场地、政策资金方面给予支持,完善行业监管体制,充实监管力量。充分运用现代信息及物联网技术,建立安全信息监管系统,保障寄递渠道安全。强化事中、事后监管,坚持日常检查和专项治理相结合,严格行政执法,完善快递市场主体退出管理机制。建立健全用户申诉与执法联动机制,依法查处违法违规行为,规范市场经营秩序。将快递服务主体纳入行业统计体系和我市国民经济统计体系,建立快递业运行监测分析制度,定期分析快递业发展状况和趋势。建立快递业发展报告发布制度,为有关部门及时、准确、完整地提供经济运行分析决策数据。发挥行业自律和社会监督作用,推进行业诚信体系建设,利用企业信用信息公示系统和行业监管信息系统,建立违法失信主体“黑名单”及失信联合惩戒制度,营造诚实守信的市场环境。(市编委办、市工商局、市统计局、市邮政管理局负责)

(三)加强标准建设,突出规划引领。推进我市相关地方性法规修订完善工作和标准的贯彻落实工作,提高快递业法治化、标准化水平。推进各级各部门依法行政,保障各类快递企业依法经营。加强规划引领,编制全市快递业发展行动计划,与综合交通运输、物流业、现代服务业、电子商务、物流园区等专项规划做好衔接。各级政府要将发展快递业纳入国民经济和社会发展规划,将城乡快递服务网点、快件处理中心、智能快件箱等快递基础设施纳入本级城乡规划、土地利用规划和公共服务设施规划。(市法制办、市交通局、市规划局、市发改委、市质监局、市邮政管理局,各县(市)、区政府负责)

(四)加大财政金融扶持,保障土地供给。加大财政扶持。将符合条件的快递企业和项目纳入中小企业发展专项资金和就业专项资金支持范围。对符合小微企业条件的快递企业，按照有关规定减免行政事业性收费并落实有关税收优惠政策。对快递企业投资购置并实际使用《环境保护专用设备企业所得税目录》《节能节水专用设备企业所得税目录》和《安全生产专用设备企业所得税目录》规定的环境保护、节能节水、安全生产等专用设备，按国家有关政策落实税收抵免政策。快递企业用电、用气、用热价格按照不高于一般工业标准执行。（市财政局、市国税局、市地税局、市交通局、市邮政管理局、市发改委，各县（市）、区政府负责）

加强金融支持。引导金融机构增加对骨干快递企业的授信额度，扩大贷款规模，合理确定利率水平，降低企业融资成本。鼓励金融机构创新服务方式，针对快递企业特点设置贷款评估标准，积极开展抵押贷款、融资租赁服务。支持快递企业通过股份制改造、股权转让吸纳产业投资基金、私募股权投资及社会资金，鼓励快递企业通过上市挂牌、发行企业债券及公司债券等多渠道筹措资金。（市金融办、人行石家庄中心支行、证监管理部门、市发改委负责）

保障土地供给。各级政府在土地利用总体规划和年度用地计划中统筹安排快递专业物流园区、快件集散中心等基础设施用地，使快递业用地布局与土地利用总体规划相衔接，对在我市布局建设的骨干网络快递企业和列为市重点建设项目的快递项目用地予以重点保障，优先办理规划和建设用地手续；对利用闲置划拨土地上的工业和仓储用房兴办快递企业，在一定时间内可继续以划拨方式使用土地，暂不变更土地使用性质。（市国土局、市住房城乡建设局、市发改委，各县（市）、区政府负责）

（五）重视人才引进培养，加强行业队伍建设。引导高等学校加强物流管理、物流工程等专业建设，支持职业院校开设快递相关专业。探索高等学校、科研机构、行业协会和企业联合培养人才模式，在我市建立快递人才培训基地，支持各类教育机构开展快递业技能型人才培训、再教育。支持快递企业与高等学校、科研院所建立实训基地。实施快递人才素质提升工程，将快递从业人员岗前培训、职业技能鉴定工作纳入本地培训补贴范围。在快递行业建立以职业能力为导向、以工作业绩为重点、注重职业道德和职业知识水平、社会鉴定与企业评价双轨并行的企业技能人才评价体系，对在生产一线掌握高超技能、业绩突出的职工，可破格参加技师、高级技师考评。根据我市有关就业创业工作相关政策，对快递企业招用的毕业2年内高校毕业生，按规定给予一次性吸纳就业补贴和社会保险补贴。全面加强快递人才培养、交流和引进工作。对进城务工、失业人员参加快递业务技能培训、享受社会保障等方面给予政策支持。（市教育局、市人力资源社会保障局、市邮政管理局负责）

五、组织实施

各地各有关部门要根据意见要求，进一步深化对发展快递服务重要意义的认识，要切实加强组织领导和协调配合，落实专门的牵头部门，健全工作机制，强化协调联动，加大支持力度，为我市快递业发展营造良好环境，推动全市快递服务业快速健康发展。邮政管理部门要加强对快递服务企业的行业指导，督促企业按照现代企业管理要求，建立健全公司法人治理结构，完善内部管理制度，树立企业文化，打造服务品牌，提高服务质量，不断增强企业市场竞争力。市发展改革委、市交通运输局、市邮政管理局会同有关部门负责对本意见落实工作的统筹协调、跟踪了解、督促检查。

唐山市邮政条例

（2015年12月24日唐山市第十四届人民代表大会常务委员会第二十二次会议通过
2016年3月29日河北省第十二届人民代表大会常务委员会第二十次会议批准）

第一章　总　　则

第一条　为保障邮政普遍服务，加强对邮政市场的监督管理，维护用户合法权益，促进邮政业健康发展，根据《中华人民共和国邮政法》、《河北省邮政条例》等有关法律、法规，结合本市实际，制定本条例。

第二条　本市行政区域内的邮政普遍服务、快递服务及监督管理，适用本条例。

第三条　市邮政管理部门负责本市邮政普遍服务和邮政市场的监督管理工作。

市、县(市、区)人民政府有关部门按照各自职责,依法做好促进邮政业发展的相关工作。

第四条 市、县(市、区)人民政府应当将邮政业发展纳入国民经济和社会发展规划,保障邮政业与本地经济社会协调发展。

第五条 邮政企业、快递企业应当提高服务质量,建立健全安全保障体系,为用户提供迅速、准确、安全、方便的服务。

第二章 邮政普遍服务

第六条 邮政企业提供邮政普遍服务,应当符合邮政普遍服务标准。

邮政企业应当对信件、单件重量不超过五千克的印刷品、单件重量不超过十千克的包裹的寄递以及邮政汇兑提供邮政普遍服务。

第七条 邮政企业停止办理或者限制办理邮政普遍服务,应当向市邮政管理部门提出申请;市邮政管理部门在收到申请之日起二十日内作出批准或者不予批准的决定。

因不可抗力或者其他特殊原因暂时停止办理或者限制办理的,邮政企业应当及时公告,采取相应的补救措施,并在二十四小时内向市邮政管理部门报告。不可抗力或者其他特殊原因消除后,应当立即恢复办理邮政普遍服务业务。

第八条 邮政企业撤销提供邮政普遍服务的邮政营业场所,应当向市邮政管理部门提出申请;市邮政管理部门在收到申请之日起二十日内作出批准或者不予批准的决定。经批准的,邮政企业应当自收到批准决定之日起三日内予以公告。

第九条 邮政企业应当采用先进科技和管理手段,增强普遍服务能力,发挥邮政网络优势,拓展信息传递、实物配送、金融服务和其他服务领域,满足经济和社会发展的需求。

第十条 邮政企业应当加强安全生产管理,建立健全安全生产责任制度,完善安全生产条件,确保生产安全。

(一)应当在有较大危险因素的生产经营场所和有关设施、设备上设置明显的安全警示标志;

(二)安全设备的安装、使用、检测、改造和报废应当符合国家标准或者行业标准;

(三)对安全设备应当进行经常性维护、保养和定期检测;

(四)应当为从业人员提供符合国家标准或者行业标准的劳动防护用品;

(五)对发现的重大安全隐患应当及时进行整改。

第十一条 邮政企业应当建立并严格执行收寄实名制度和收寄验视制度,发现交寄、夹寄禁止寄递物品的,不予收寄,并交有关部门依法处理。

对不能确定安全的物品,应当要求用户出具相关部门的安全证明,并详实记录物品名称、数量、重量、收寄时间、寄件人和收件人姓名地址等内容,记录留存应当不少于一年。用户不能出具安全证明的,不予收寄。

收寄药品应当符合邮政管理部门和食品药品监督管理部门的有关规定。

第十二条 邮政企业及其从业人员不得实施下列行为:

(一)无故拒办邮政业务或者擅自中止对用户的服务;

(二)强行搭售邮品及其他商品;

(三)擅自增加收费项目,强迫、误导用户使用高资费邮政业务;

(四)违法向他人提供用户使用邮政服务的信息;

(五)冒领、扣压用户汇款或者强迫用户将汇款转为储蓄;

(六)出租、出借带有邮政专用标志的车辆或者利用带有邮政专用标志的车辆从事邮件运递以外的活动;

(七)法律、法规禁止的其他行为。

第十三条 机关、事业、企业单位应当设置接收邮件的场所。农村地区应当设置村邮站或者其他接收邮件的场所。

邮政管理部门应当按照国家有关规定和标准加强对村邮站建设和服务的指导和支持。

机关、事业、企业、住宅小区物业服务、居民(村民)委员会等单位应当为邮政企业投递提供便利。

第三章 快递服务

第十四条 经营快递业务应当依法取得快递业务经营许可证;任何单位和个人未经许可,不得经营快递业务。

取得快递业务经营许可的企业设立分公司、营业部等非法人分支机构,凭企业法人快递业务经营许可证(副本)及所附分支机构名录,到分支机构所在地工商行政管理部门办理注册登记。企业分支机构取得营业执照之日起二十日内到市邮政管理部门办理备案手续。

在乡镇、街道、社区、学校、便利店等设立的快递末端投递点,自设立之日起二十日内到市邮政管理部门办理备案手续,不办理营业执照。

第十五条 快递企业应当对收寄、分拣、运输、投递等环节实行安全监控,达到监控无盲区;监控设备二十四小时连续运转,监控资料保存时间不得少于三十天。

第十六条 快递企业应当在营业场所公示服务项目、服务内容和服务价格、监督电话;上门取件或者在非营业场所进行的快递业务,应当以价目表、报价单等书面方式主动向用户公示服务价格及标准、监督电话。

对于超出派送范围的,快递企业应当以价目表、报价单等书面方式主动向用户公示超派服务价格及标准。

第十七条 快递企业收取快件时,应当在快递运单详细填写快件的重量、资费等信息,并注明时限、保价及赔偿条款等保障用户权益的相关内容。用户愿意做保价的,应当在相应位置签字确认。

用户应当阅读快递运单,正确填写收寄人的姓名、地址、电话及所寄物品的品名和数量,并在相应位置签字确认。

第十八条 快递企业应当按照快递服务标准,规范快递分拣作业活动。不得在露天场地堆放和分拣快件,不得野蛮分拣,严禁抛扔、踩踏或者以其他方式造成快件损毁,保障服务质量,维护用户的合法权益。

第十九条 快递企业投递快件,应当告知收件人当面验收。

快件外包装完好的,由收件人签字确认。投递的快件注明为易碎品及外包装出现明显破损的,企业应当告知收件人先验收内件再签收。企业与寄件人另有约定的除外。

第二十条 快递企业组织投递应当在向用户承诺的服务时限内完成。同城快递超过承诺时限三日、省内异地和省际快件超过承诺时限七日视为彻底延误快件,快递企业应当根据有关规定予以赔偿。

第二十一条 鼓励快递企业采取多种形式优化投递服务,提高投递效率。

鼓励机关、事业、企业等单位,高等院校、住宅区、商业区等场所建设智能寄递终端。

第二十二条 快递企业专用车辆,应当向市邮政管理部门申请办理快递服务专用标识。

取得快递服务专用标识的快递车辆,经公安机关交通管理部门同意,可以按照核准的路线通行,并在不妨碍车辆、行人安全通行的区域停放车辆收发件。

第二十三条 快递企业应当对其从业人员加强法制、职业道德教育,对从业人员进行档案管理和业务技能培训。

快递协会应当依法制定快递行业规范,加强行业自律,为企业提供信息、培训等方面的服务,促进快递行业的健康发展。

从业人员应当挂牌服务。服务工牌上应当注明企业名称、员工姓名、监督电话等基本信息。

第二十四条 快递企业不得实施下列行为:

(一)未向市邮政管理部门报告擅自中止快递业务的;

(二)未签订安全保障协议从事代收货款业务的;

(三)未如实上传快件跟踪信息的;

(四)非法使用、泄露、买卖用户信息的;

(五)未按照国家有关规定处理无法投递又无法退回寄件人的快件的;

(六)法律、法规禁止的其他行为。

第二十五条 本条例第十条、第十一条关于邮政企业安全生产和收寄实名制度、收寄验视制度的规定,适用于快递企业。

第四章 监督管理

第二十六条 邮政管理部门应当加强企业诚信体系建设与管理,建立对邮政企业和快递企业的服务质量测评体系,每年定期将测评结果向社会公示。

第二十七条 邮政管理部门履行监督管理职责,可以采取下列监督检查措施:

（一）进入邮政企业、快递企业、邮政市场或者涉嫌违反邮政法律、法规活动的其他场所实施现场检查；

（二）向有关单位和个人了解情况；

（三）查阅、复制有关文件、资料、凭证，调取有关监控资料；

（四）要求提供财务会计报表、注册会计师出具的审计报告以及其他有关经营的信息；

（五）经邮政管理部门负责人批准，查封、扣押与违法活动有关的场所、运输工具以及相关物品，对信件以外的涉嫌夹带禁止寄递或者限制寄递物品的邮件、快件开拆检查。

邮政管理部门进行监督检查，应当出示行政执法证件，监督检查人员不得少于两人。被检查的单位或个人应当予以配合，不得拒绝、阻碍。

第二十八条 邮政企业、快递企业应当建立服务质量监督与投诉制度，对用户或者第三人的投诉、举报应当及时处理并予以答复。用户或者第三人对处理结果不满意的，可以向邮政管理部门申诉。

邮政管理部门依法处理用户或者第三人对邮政企业、快递企业服务质量提出的申诉、举报，并自接到申诉、举报之日起三十日内作出答复。

邮政企业、快递企业应当配合邮政管理部门的调查处理工作。

第二十九条 邮政管理部门应当依法制定突发事件应急预案。

邮政企业、快递企业应当按照国家规定建立突发事件应急机制，制定本企业应急预案；发生重大服务阻断、安全事故等情形，应当及时开展应急处置工作，并向所在地县（市、区）人民政府和邮政管理部门报告。

第五章 法律责任

第三十条 邮政管理部门工作人员不依法履行职责情节较轻的，给予批评教育；情节严重的，给予行政处分；涉嫌犯罪的，移送司法机关依法处理。

第三十一条 未经邮政管理部门批准，邮政企业停止办理或者限制办理普遍服务业务，或者撤销提供邮政普遍服务的邮政营业场所的，依照《中华人民共和国邮政法》第六十八条予以处罚。

第三十二条 邮政企业、快递企业违反本条例第十条规定的，由邮政管理部门责令限期改正，可以处五千元以上一万元以下罚款；逾期未改正的，责令停业整顿，并处一万元以上三万元以下罚款；涉嫌犯罪的，移送司法机关依法处理。

第三十三条 邮政企业、快递企业违反本条例第十一条第一款规定，不执行收寄验视制度、违反规定收寄禁止寄递物品或者限制寄递物品的，依照《中华人民共和国邮政法》第七十五条予以处罚。

违反本条例第十一条第二款规定的，由邮政管理部门责令改正，并处五千元以上一万元以下罚款。

违反本条例第十一条第三款规定收寄药品的，由邮政管理部门处五千元以上一万元以下罚款；情节严重的，处一万元以上三万元以下罚款。

第三十四条 违反本条例第十二条规定的，由邮政管理部门责令改正，没收非法物品和违法所得；逾期未改正的，处一千元以上三千元以下的罚款；情节严重的，处三千元以上一万元以下的罚款。

第三十五条 快递企业违反本条例第十四条第二款规定未办理备案手续的，由邮政管理部门责令限期改正；逾期未改正的，处五千元以上一万元以下罚款；隐瞒真实情况、弄虚作假的，处一万元以上三万元以下罚款。

第三十六条 违反本条例第十五条规定的，由邮政管理部门责令限期改正，可以处五千元以上一万元以下罚款；逾期未改正的，处一万元以上三万元以下罚款。

第三十七条 违反本条例第十八条规定的，由邮政管理部门按照下列规定予以处罚：

（一）在露天场地堆放和分拣快件的，处三千元以上五千元以下罚款；

（二）存在抛扔、踩踏等野蛮分拣行为的，处五千元以上一万元以下罚款；

（三）造成快件损毁的，处一万元以上三万元以下罚款。

第三十八条 违反本条例第二十三条规定的，由邮政管理部门责令限期改正，予以警告，纳入企业诚信体系建设管理。

第三十九条 违反本条例第二十四条规定的，由邮政管理部门责令限期改正；逾期未改正的，处五千元以上一万元以下罚款；情节严重的，处一万元以上三万元以下罚款。

第六章 附 则

第四十条 本条例自2016年6月1日起施行。

张家口市快递企业标准化建设实施细则

(2016年4月6日张家口市邮政管理局印发 张邮管〔2016〕11号)

为加快推进全市快递企业标准化建设,深入实施《快递服务》系列国家标准,科学指导快递企业标准化配置,保证快递服务质量,创新管理方式,拓宽服务领域,提升我市快递企业品牌形象,全面落实企业安全生产主体责任,经局党组研究决定,特制定《张家口市快递企业标准化建设实施细则》,现将有关事宜通知如下:

一、总体要求

认真贯彻落实全省邮政管理工作会议关于快递行业标准化建设工作的安排部署和要求,把开展快递企业标准化配置建设工作作为2016年全市快递行业重点工作,快递企业营业场所标准化建设要围绕快递行业转型升级和跨越发展这一主线,按照"对照'国标',追求一流,逐步推进,整体提高"的方针,"企业自主,政府引导,树立标杆,全面推进"的方式,逐步实现全市所有快递营业场所建设标准化,服务规范化,管理流程化,并建立全市快递行业标准化建设工作长效机制,稳步提高全市快递服务水平,提升全市快递行业形象。

二、配置要求

(一)营业场所标准化

快递企业营业场所按照"临街商用、面积适宜且相对稳定"的标准进行选择。市级基本型营业场所场地面积不得小于20平米,拓展型营业场所场地面积不得小于40平米;县级基本型营业场所场地面积不得小于15平米,拓展型营业场所场地面积不得小于30平米。

基本型营业场所包括业务接待区和暂存区,两者应物流隔离。拓展型营业场所在基本型营业场所的基础上,增加独立的操作、停车及装卸、充电等功能区,且营业场所的面积应与快递业务量大小相适应。

(二)营业与快件处理场所标准化分区

企业的营业场所、处理场所、重要档案、办公区及生活区要按照"封闭、独立且面积适宜"的标准进行分区,在显著位置标明分拣区、营业区、办公区和生活区等区域划分标识,并设置异常快件处理区和紧急疏散通道,严禁生活区域与其他区域混同。

企业的营业场所应根据现场实际,在场所内划分接待、暂存及操作、停车、装卸、充电等相关功能区域,各功能区域可用标线进行分隔,保持出入畅通,方便人员、车辆及快件的进出。要在显著位置标明各区域,并设置异常快件处理区和紧急疏散通道。

(三)企业标识和车辆标识标准化

企业应当在企业营业场所、干线车辆和收寄投递车辆上喷涂统一易识别的企业标识,并保持标识长期清晰整洁。

企业应当在企业营业场所外:

1. 悬挂体现快递服务组织统一服务品牌标识的标牌(门头招牌),标牌下端可增设电子宣传显视频(LED)。

2. 悬挂包括营业场所具体名称和营业时间的营业场所标牌,并应放置入口处明显位置。其中,营业场所具体名称由"快递服务组织名称+营业场所名称"组成,如:××快递××营业部(中心)。营业场所标牌尺寸应与周边环境协调。标牌要保持干净、整洁、完好。

企业应当在企业营业场所室内:

1. 悬挂快递业务经营许可证或快递业务经营许可证副本和分支机构名录复印件、工商营业执照或非法人营业执照。

2. 悬挂服务种类、服务承诺、服务范围、资费标准、运递时限、服务查询电话或者电子邮箱、监督投诉电话或者电子邮箱等,公示牌要保持干净、整洁、完好。

3. 悬挂相关规章制度:《收寄验视制度》、《禁寄物品指导目录》、《投诉受理办法》、《损失赔偿办法》、《服务承诺》等。

4.悬挂安全生产警示标识等。

5.悬挂从业人员信息公示。

6.营业柜台前摆放快递面单“样单”牌和营业员信息牌。

7.营业厅柜台背面墙中央要有企业品牌标识(企业LOGE),可悬挂时钟(统一为北京时间)。

8营业厅内及营业厅柜台要保持干净、整洁,厅内要摆放供用户办理业务必需的座椅、饮水设备、书报刊、老花眼镜、针线盒、用户意见簿等设施和用品。

9.应展示本企业快递服务网点分布图。

10.自取快件存放架。

11.室内墙壁上可安装液晶电视播放企业形象宣传片、邮政行业安全警示教育片、服务产品介绍、显示行业新闻动态等。

企业交通运输工具有关要求:

企业干线运输车辆和收寄投递车辆要在邮政管理部门的指导下喷涂统一识别的企业标识、服务广告、投诉电话、公开网站等,并保持车箱(体)长期清晰整洁。按照《快递专用电动三轮车技术要求》,统一喷涂“张邮车管+快递品牌+车号”标识。

(四)制度措施标准化

1.服务制度标准化公示

服务种类、资费标准、服务承诺、禁寄物品目录、投诉受理办法及损失赔偿办法制作版面在营业场所收寄区的显著位置公示,便于用户阅读。版面大小:长边宜80cm—120cm,短边宜60cm—100cm,所有版面应当统一大小

2.标准化制定完备的安全保障制度和措施

收寄、运输、分拣、投递安全制度、快递服务人员、用户人身安全保障制度、用户信息保障制度、应急预案和安全保障协议制作版面按照齐备、可操作性强的要求制定,便于企业人员阅读执行:收寄安全制度应在收寄区进行设置;运输安全制度应当在运输车辆和员工学习区进行设置;快递服务人员、用户人身安全保障制度、用户信息保障制度、应急预案和安全保障协议在生产区域及员工学习区域进行设置,可将各项制度汇总到一个版面进行设置。各企业应定期组织学习上述制度和措施,确保每个员工熟悉掌握各项安保制度和措施。

在快件处理场所设置必要的安全标志及警示牌(如防火须知、禁止吸烟、消防设备位置、禁止抛扔踩踏快件等)。

(五)内部管理标准化

经理办公室原则上应有以下内容:

1.基本制度:应有企业安全生产责任制度(安全责任书)、快件收寄验视与安全检查制度、安全生产规章制度和安全操作规程、旺季生产保障和突发事件应急预案、消防安全管理制度、车辆安全管理制度。

2.服务保障制度:应包含用户投诉管理及查验赔偿管理办法、服务质量管理办法(含揽、投和内部快件处理管理办法)、营业部经理岗位工作职责、快递服务各岗位业务人员岗位工作职责。

3.内部管理制度:应包含学习、会议、培训及快递业务及文件档案管理制度。

4.基础管理台账:应包含快递企业从业人员相关资料(如从业人员花名册)、车辆管理台账、安全生产检查与隐患整改台账、内部考核、处罚台账。

5.相关文件:国家、省、市、县相关政策法规文件应分卷存放。

6.重要凭证:应包含档案资料(如面单存根联等)、重要空白凭证、票据、章戳安全存放,且做到重要凭证、票据发出有登记,作废有销号,销毁有记录。

(六)设备设施标准化配置

企业应当按照《邮政业安全生产设备配置规范》要求,配置必要的消防、隔离、监控、安检、报警等设备设施,并进行定期维护和更新,包括:

1.安装视频监控设备,确保视频监控不间断、无盲区,图像资料保存时间不得少于30天;视频前端设备要适应全天候的环境,推荐使用全景的摄像头,选用黑白监控摄像机的水平清晰度一般应要求大于500线,彩色监控摄像机的水平清晰度一般应要求大于400线;须将视频监控软件和分析软件共享一个平台,将所有录像全部存放在做过独立磁盘冗余阵列的磁盘阵列中,并保证实现任意组合的录像

回放界面，进行同时回放。

应设置专门的安全监控室，专人负责，视频监控录像和数据应实现与邮政管理部门视频监控系统联网联通。

2. 有符合相关规定的消防设施：所有分区都必须在醒目位置配置消防设备并予以注明，消防设备的数量和能力要符合各分区的实际使用要求：市级企业应配备室内外消火栓系统（消火栓箱含水带、水枪等）、手提式5公斤的ABC干粉灭火器（按照每25平米配备一个标准进行配备）、疏散指示标志灯、火灾应急照明灯；县级企业及各营业部应当至少在收寄、分拣和仓储区各配备一个，总数不少于3个的手提式5公斤的ABC干粉灭火器。

3. 安检设备：企业应根据用户类型、邮件快件处理数量、业务组织模式等因素，合理确定分拣场所X射线安全检查设备的配置数量。

4. 配备有国家计量检定合格证书的电子磅秤、电子台秤等计量器具，宜配备可与电脑进行连接的电子台秤，保证重量信息及时录入电脑。

5. 数据采集设备标准化配备，各企业须按照接收灵敏、运行稳定的标准配备包括手持终端、手持终端接收器等。

6. 配备符合国家标准的封装用品，以及必要的通讯、办公设备，尤其是前台客服应配备可供企业和用户跟踪查询快件信息的电脑和客服电话，并确保信息网络畅通。

7. 隔离设备：营业场所应安装金属门，与外界相通的窗口、通风口应安装金属栅栏。营业场所各区域应进行物理隔离，并配置防火防爆设备。

8. 报警设备：处理场所内部应安装报警器，处理场所周边宜安装入侵探测报警系统。

（七）人员标准化着装

企业应按照季节为企业的客服、分拣和揽投等人员对应配备组织标识统一的服装，并佩戴工号或胸卡。

张家口市促进快递业发展实施方案

（2016年4月26日张家口市人民政府办公室印发　张政办字〔2016〕33号）

为深入贯彻落实《国务院关于促进快递业发展的若干意见》（国发〔2015〕61号）和《河北省人民政府关于促进快递业发展的实施意见》（冀政发〔2015〕52号）精神，进一步加快全市快递业发展，结合我市实际，制定如下实施方案：

一、总体目标

（一）指导思想。以党的十八大和十八届三中、四中、五中全会精神为指导，紧紧围绕建设区域性中心强市，以市场为主导，以"互联网+"为发展方向，以服务产业结构调整、方便民众生活、促进社会消费、推动现代服务业发展为出发点，以构建网络完善、竞争有序、技术先进、服务优质的现代快递服务体系为目标，以服务冬奥会、助推电子商务发展为突破口，培育壮大市场主体，扩展服务网络及范围，保障寄递渠道安全，促进行业转型升级，提升快递服务业发展水平，在全市基本建成普惠城乡、技术先进、服务优质、安全高效、绿色节能的快递服务体系，更好地服务张家口市经济和社会发展，促进生态活力幸福之城建设。

（二）发展目标。力争到2020年，全市快递业发展实现以下目标：

1. 枢纽地位显著提升。充分发挥张家口市区位和综合交通枢纽优势，构建以航空快件运输网、高速陆运快件运输网为骨干的多式联运、高效衔接的快递运输网络，打造京、冀、晋、蒙省际区域性快递物流枢纽。

2. 市场规模不断扩大。全市年快递业务量达到3600万件，年均增长35%以上；快递业务收入达到3.7亿元，年均增长30%以上；行业从业人员达到12000人以上，实现新增就业岗位5000—7000个。重点培育2家年业务收入超亿元、一批年业务收入超5000万元的品牌快递企业。

3. 服务能力持续增强。快递终端服务网点遍布城乡，网点布局更加合理，快递网点进社区和"快递下乡”工程得到有效落实，实现快递网点乡（镇）覆盖率100%，全市行政村快递服务基本覆盖。提高快递来往寄递时效，省内快递来往寄递次日到达，与全国重点城市往来快件投递时限缩短至48小时以内，人民群众使用快递服务的总体满意度达到80%以上。

4. 科技水平显著提高。快递业信息化、标准化水平和运行维护能力大幅提高，自动化分拣技术、无线传输技术、车辆运输跟踪定位技术、影像监控技术等得到广泛应用。基本实现快递服务功能多样化、寄递服务快捷化、内部作业机械自动化、生产组织信息化。

5. 安全保障能力进一步加强。企业安全生产设备配置实现标准化，行业安全监管信息化水平显著提升。

二、重点任务

（一）促进企业转型升级。引导快递企业完善公司治理结构，建立现代企业制度，着力培育一批服务水平高、竞争力强的现代快递企业。鼓励快递企业之间资源共享，发挥整体优势，相互融合、共同发展；推动快递企业由价格竞争向服务品质竞争转变，由依靠资金、低成本劳动力发展向依靠科学技术和高素质人才发展转变，由单一快递服务领域向多元化综合服务领域拓展，积极向综合快递物流服务提供商转型。（市邮政管理局、市商务局、市发改委、市科技局负责）

（二）培育快递总部经济。推进京、冀、晋、蒙省际区域性快递分拨中心建设，吸引国内、省内骨干快递企业在我市设立区域性总部或区域性功能设施（如快件区域集散交换中心、电子商务和快递配送一体化仓储中心等）。（市商务局、市邮政管理局、市发改委负责）

（三）推进“互联网+”快递。推进快递业与工业、商贸、电子商务、交通、仓储、通信、信息、金融业密切联系和融合，充分利用综合交通资源和通信、信息、仓储、金融等服务工具，提高综合服务能力。鼓励快递企业为工业生产企业、商贸企业等定制服务流程，为企业提供产品销售寄递配送服务、售后物流服务和反向物流服务，为电子商务平台服务商、销售商提供分布式仓储、分装、分拨、配送、代收货款等一体化服务。推动企业在服务质量、人员管理、设施设备、网点建设和操作流程方面全面落实国家相关标准。筹建电商平台，鼓励快递企业与电商联合，实现快递服务与电子商务上下游产业协同发展，支持电子商务销售商进入快递市场，为消费者提供电商快件寄递、配送服务。支持面向特色产业的电子商务平台和服务体系建设，引导农业龙头企业、专业合作组织、种养大户等特色企业与快递企业开展合作，形成互动双赢的协作机制。（市科技局、市工信局、市发改委、市农牧局负责）

（四）推进“快递下乡”工程。鼓励有实力快递企业通过自建网点、加盟网点、协议委托等途径延伸网络，鼓励第三方在乡镇建立快递综合服务平台辐射农村。督促和指导邮政企业积极整合资源，提升“村邮站”功能，探索“村邮站”与村级便民服务中心整合优化，鼓励快递企业依托现有“村邮站”开展农村快递服务，促进农村电子商务快速发展。（市邮政管理局、市商务局负责）

（五）构建优质高效的快递服务体系。推进快递服务规模化、品牌化、网络化经营，健全快递网络覆盖面。鼓励企业丰富产品类型，合理规划投递路线，科学安排投递时间和频次，满足用户的多样化需求。鼓励企业建立高于快递统一服务标准的企业服务标准，提供优质服务。（市邮政管理局负责）

（六）加强行业安全监管。全面推进快递企业安全生产标准化建设，落实邮政业安全生产设备配置规范等强制性标准，明确收寄、分拣、运输、投递等环节的安全要求。落实快递企业和寄件人安全责任，完善从业人员安全教育培训制度，筑牢寄递渠道安全基础。强化安全检查措施，严格执行收寄验视、实名寄递、过机安检制度，加强从源头防范禁寄物品流入寄递渠道。完善快递业安全监管信息平台，健全信息采集标准和共享机制，实现快件信息溯源追查，依法保护个人信息安全。落实寄递渠道安全管理工作机制，加强部门合作，提升安全监管与应急处置能力。（市邮政管理局、市综治办、市公安局、市国家安全局负责）

（七）强化科技应用。加大对快递服务信息化建设及新技术应用的支持力度，推动重点品牌快递企业加快技术进步，提升信息化管理与智能化运作水平。建立邮政业信息化管理平台，实现对全市快递企业分拨中心的可视、可测，提高邮政业应急处置能力。鼓励快递企业增加投入，采用先进技术和设备实现改造升级。推动企业提高自动传输和分拣设备及信息技术应用水平。推进企业信息系统改造升级换代，提高企业信息化水平。强化企业科技应用，加大对快递服务信息化建设及新技术应用的支持力度，推动重点品牌快递企业加快技术进步，提升信息化管理与智能化运作水平。鼓励快递企业增加投入，采用先进技术和设备实现企业改造升级。推动企业提高自动传输和分拣设备及信息技术应用水平。（市科技局、市工信局、市发改委、市邮政管理局负责）

（八）推进快递产业园区建设。加大快递产业园区建设政策支持力度，推进全市快递分拨中心集聚化、集约化和规模化。将快递产业园区建设纳入全市物流业和服务业发展总体规划，建设布局与区域经济发展规划相配套。对纳入规划的快递产业园区在用地上给予重点保障，在土地利用年度计划中予以优先安排。鼓励建设标准化立体快件分拨中心，集约利用土地资源，提高土地使用效率。（市国土局、市发改委、市住建局、市邮政管理局、市规划局负责）

三、政策措施

（一）科学编制发展规划。编制综合交通运输、服务业、物流业、商贸流通等专项规划时，做好与快递业专项规划的有效衔接，把快递业专项规划纳入国民经济中长期发展规划、年度计划。将城乡快递服务网点和快件分拨中心等快递服务基础设施纳入城乡规划和物流园区、城市配送发展规划，与土地利用总体规划相衔接，合理安排建设布局、用地规模和开发时序，预留快递服务业发展空间。在城市控制性详细规划和修建性详细规划中应统筹考虑快递服务网点建设布局。城市新建住宅小区开发建设和旧城改造要将快递服务网点纳入社区服务基础设施，同步规划、同步建设。（市发改委、市邮政管理局、市规划局、市国土局、市住建局、市交通局、市商务局及各县区人民政府、各管理区管委会、经开区管委会负责）

（二）推广新能源电动快递专用车。推进绿色快递环保体系建设，积极引导快递企业使用新能源汽车从事配送服务。通过政策引导、政府补贴、企业投入，逐步淘汰能耗高、安全系数低、外观陈旧的快递车辆。（市工信局、市财政局、市发改委、市交通局、市环保局、市公安局、市商务局、市邮政管理局负责）

（三）推进快递技术创新和应用。重点推进邮政业信息化管理平台建设，支持快递企业申报城市配送、物联网、移动互联网推广应用试点示范工程和有关国家、省、市重点科技项目计划，开展科技创新和技术改造，促进快递服务业从外延式增长向内涵式发展转变。鼓励符合条件的快递企业、为快递服务业提供技术服务的企业申请高新技术企业认定。（市科技局、市发改委、市邮政管理局负责）

（四）加强快递人才队伍建设。发挥政府、企业、院校、培训机构等多方优势，探索创新多元化人才培养模式，组织全方位、多层次快递专业人才与技能人才教育培训，提高企业高级管理人才和高技能人才职业素质。推动高等院校与行业协会、重点快递企业深度对接，联合编制快递物流课程与培训教材，建立实训基地，组织实施订单培养，实现课程教学内容与岗位技能需求的无缝链接，共建快递物流人才培养基地。鼓励快递从业人员参加国家职业技能考试，对进城务工人员、企业下岗人员参加快递业务技能培训、享受社会保障等给予相关政策支持，推进快递用工“本地化”。（市教育局、市商务局、市邮政管理局、市人社局负责）

（五）落实财政金融扶持政策。将符合有关扶持政策的快递业纳入产业资金扶持范围，支持重点快递建设项目申请国家、省、市相关专项资金。对企业开展技术改造、科技创新、电子商务、信息化应用、软件研发等提升改造项目，按现行财政扶持政策予以重点支持。积极引导快递企业推广使用新能源汽车从事快递运输，按照国家相关规定，在购置补贴等方面给予政策扶持。针对快递企业特点推动金融产品创新，鼓励快递企业以股权融资、项目融资、合资合作等方式筹集资金。对信誉良好、经营规范、效益明显的快递企业，引导各类金融机构加大信贷支持力度，探索创新快递企业信贷方式，建立适应快递业发展的多元化、多渠道投融资机制。（市邮政管理局、市财政局、市金融办、市商务局负责）

（六）保障土地供应。将快递分拨中心、快递产业园区等快递物流设施用地纳入城市总体规划和土地利用总体规划，对在我市布局建设的骨干网络快递企业和列为省、市重点建设项目的快递项目用地予以重点保障，优先办理建设用地手续；对利用闲置划拨土地上的工业和仓储用房兴办快递企业，在一定时间内可继续以划拨方式使用土地，暂不变更土地使用性质。按照企业集中布局、产业集群发展、资源集约利用、功能集合构建的原则，推进全市快递分拨中心集聚化、集约化和规模化发展，建设标准化立体快件分拨中心，打造具备集中仓储、分拣处理、快速集散、统一配送、商品展示等服务功能的现代化快递园区。（市国土局、市住建局、市规划局、市邮政管理局负责）

（七）落实支持快递服务业发展政策。全面落实快递业用电、用气、用水、用热与工业同价政策。对快递企业投资购置使用环境保护、节能节水、安全生产等专用设备，按国家有关规定落实税收抵扣和优惠政策。落实小微快递物流企业的税收优惠政策，对符合条件的小微快递企业，按照有关规定减免行政事业性收费。快递企业开发电子商务平台、信息系统等新技术、新工艺的研发费用，符合条件的可按国家规定享受相关优惠。（市工信局、市国税局、市地税局、市财政局、市邮政管理局负责）

四、组织实施

（一）完善工作协调机制。建立完善由发改、财政、人社、工信、交通、公安、商务、规划、住建、国土、工商、安监、海关、税务、邮政等部门、单位组成的工作协调机制，各司其职，加强沟通协调，形成工作合力。各县区政府、各管理区管委会和经开区管委会要建立相应工作协调机制,采取得力措施,狠抓工作落实,推动快递服务业健康发展。

(二)加强监管力量。探索完善县级邮政监管模式,依法加强监管队伍建设。借鉴省内外先进经验,创新县级邮政管理体制,在部分快递业务量大、快递企业集中、电子商务发展前景好、安全监管压力较重的县区,由市邮政管理部门设置派出机构履行监管职责,具体形式由市邮政管理部门与当地政府协商确定,相关县区政府应在政策、资金、人员编制等方面给予支持。

保定市人民政府关于促进快递业发展的实施意见

(2016年5月15日　保政发〔2016〕15号)

各县(市、区)人民政府、开发区管委会,市政府有关部门:

快递业是现代服务业的重要组成部分,是推动流通方式转型、促进消费升级的现代化先导性产业。为深入贯彻落实《国务院关于促进快递业发展的若干意见》(国发〔2015〕61号)和《河北省人民政府关于促进快递业发展的实施意见》(冀政发〔2015〕52号)精神,提升我市快递业发展水平,培育打造新的经济增长点,现结合我市实际,制定本实施意见。

一、总体要求

(一)指导思想。以解决制约快递业发展的突出问题为导向,以"互联网+"快递为发展方向,培育壮大市场主体,融入并衔接综合交通体系,扩展服务网络惠及范围,保障寄递渠道安全,促进行业转型升级和提质增效,不断满足人民群众日益增长的寄递需求,更好服务于我市经济社会发展。

(二)发展目标。到2020年,在全市基本建成普惠城乡、技术先进、服务优质、安全高效、绿色节能的快递服务体系,发展速度和水平走在全省、全国前列。

枢纽地位明显提升。完成国家二级快递枢纽建设,进一步巩固保定在全省快递网络的中心城市地位,着力构建引领京津冀快递市场协同发展的先行区,努力将保定打造成为全国快递网络中的重要节点城市。

产业规模不断扩大。全市年快递业务量达到5亿件,年均增幅40%;年快递业务收入达到37亿元,年均增幅30%;从业人员突破3万人。快递企业实力明显增强。

服务水平显著提高。快递服务产品体系更加丰富,国内重点城市间实现48小时送达,国际快递服务通达范围更广、速度更快。从业人员素质普遍提升,服务满意度稳步提高。

网络建设更加完善。加快形成覆盖城乡、配套衔接、布局合理、便民惠民的快递骨干网和末端投递网,基本实现乡乡有网点、村村通快递。智能快件箱安装格口数增多;建成3个以上快递电商园区;积极引进各快递企业总部在保投资建设大型分拨中心等基础设施。

安全保障能力加强。企业安全生产设备配置实现标准化,行业安全监管信息化水平显著提升。全面落实收寄验视、实名收寄、安全检查等各项安全制度。

二、重点任务

(一)提升快递行业整体实力。推进快递企业建立现代企业制度,鼓励本地企业兼并重组,整合中小企业,积极做大做强做优,加快形成3至5家在省内外具有较强竞争力的快递企业。鼓励各类社会资本依法进入快递领域,加大招商引资力度,支持国内、国际快递企业总部在我市设立直营机构或者建立大型分拨中心等。开展行业标准化建设,重点落实《快递营业场所设计基本要求》和《邮政业从业企业标准化工作指南》,推动品牌企业全网统一标准化门店。大力推行快递服务国家标准,鼓励支持企业根据用户需求,提供多元化、个性化、定制化服务。加大资金和科技投入,完善专业服务、信息和技术装备,满足温控、防震、防腐等特殊物品的寄递需求,开展智能终端、自动分拣、冷链快递等技术装备的研发应用。不断提高快递服务水平,加强服务质量监测、管理,有效降低快件延误率、损毁率、丢失率和投诉率。(市邮政管理局、市市场监督管理局、市质量技术监督局、市科学技术和知识产权局、市工业和信息化局负责)

(二)完善快递城乡服务网络。加密快递城市网点,支持快递企业与机关、学校、连锁商业机构、便民服务设施、社区服务组织等开展多种形式的城市投递服务合作。大力推进末端第三方公共服务平台、智能快件箱等建设，提升运营管理水平。推进“快递下乡”工程，鼓励快递企业依托农家店、农村综合服务中心、村邮站、农产品购销代办站以及“万村千乡”、“美丽乡村”等加快农村地区网点布局，实现快递服务乡镇覆盖率100%，满足农村地区日益增长的快递服务需求。支持快递企业与农业、供销、商贸企业加强合作，打造“工业品下乡”和“农产品进城”双向流通渠道，带动农村消费。鼓励快递企业与邮政加强合作，充分利用邮政网络提升服务能力，扩大快递服务覆盖范围，提高快递城乡普惠水平。支持有实力的企业拓展国际快递网络，增强国际服务能力，与跨境电子商务企业等开展深度合作，融入全球供应链服务体系。（市邮政管理局、市教育局、市住房和城乡建设局、市农业局、市民政局、市商务局负责）

（三）推进快递与电子商务深度协作。抓紧对快递规划的跟进设计，发挥快递支撑电子商务主渠道作用，确保电商发展落到实处。引导快递企业与电子商务企业深度合作，提供仓储、封装、分拨、配送、代收货款等一体化服务，促进线上线下互动创新，共同发展体验经济、社区经济、逆向物流等便民利商新业态。同时积极推进电子商务进农村工作。依托快递企业建立县域电商发展解决方案，建立完善县、乡、村三级快递物流配送机制，鼓励快递在充分竞争的基础上建立农村电子商务配送中心。在交通便利的县城周边建设或改造县级快件处理中心，在符合条件的地区建设或改造乡镇级快件处理中心，结合快递、电商服务站点，共同打造农村电子商务双向流通渠道。（市邮政管理局、市商务局、市农业局、市扶贫开发办公室负责）

（四）加强对关联产业的配套支撑。推动快递与制造业、信息业、农业等紧密联合发展，促使寄递服务向上下游延伸。充分发挥寄递服务便捷高效的优势，依托园区、开发区和现代服务业集聚区，搭建产业发展合作平台。鼓励寄递企业服务“中国制造2025”战略，面向我市汽车及零部件、新能源及能源装备等制追业需求，加强功能整合和服务延伸，建立长期稳定的战略合作关系。全力服务白沟箱包、安国中药、高阳纺织、蠡县皮毛、曲阳石雕定瓷、容城服装及毛绒玩具等县域特色产业发展，逐步介入物流仓储等前端服务。与新材料产业、生物医药及高性能医疗器械等产业加强协作，建立合作发展新模式。推动我市蔬菜、辣椒、麻山药、苹果、桃、磨盘柿、大枣等特色产品“走出去”，服务产地直销、订单生产等生产新模式，实现农副产品配送与快递网络联动发展，将我市名优农产品打入京津市场和全国市场。同时加快技术融合和扩散，突破产业共性关键技术，着力培育一批产业联动发展的示范企业。［市邮政管理局、市工业和信息化局、市商务局、市农业局、市市场监督管理局、市科学技术和知识产权局，相关县（市、区）政府负责］

（五）加快推进快递园区建设。快递企业进园区是促进我市快递业聚集要素、转型升级、实施有效监管的长远之计。积极推进建立国家二级快递枢纽。在前期工作基础上，完成保定快递物流中心规划选址，根据项目前期工作进展情况，在土地指标上给予支持，尽早开工建设；加快白沟速通快递产业园工作进度，确保2016年年底全面建成并投入使用。加大在涿州、高碑店、白沟、定兴开展邮政快递招商力度，推进大型分拨中心等建设；加快在安国、容城、望都等发达特色专业市场及电子商务企业集中的区域建设快递电商专业园区，形成多节点支撑结构。鼓励快递企业与电子商务企业入驻园区，形成协同发展效应。通过有效组织整合资源要素，紧密衔接各环节，实现信息处理、分拣封装、仓储配送、服务跟踪、客户服务等环节的一站式、规模化、集约化处理，促进快递转型升级。［市发展和改革委员会、市国土资源局、市城乡规划管理局、市住房和城乡建设局、市邮政管理局、市交通运输局、市商务局，莲池区政府、白沟新城管委会、相关县（市）政府负责］

（六）深入衔接综合交通体系。加强快递业与交通在信息、设施、业务等领域的对接，推动快件处理中心等基础设施与铁路、公路枢纽的同步规划、建设。加强信息互联互通，实现快递网络在各种运输方式间的无缝衔接、高效转换和快速通达。大力发展高铁快件及电商快递班列运输，推进在高铁站配套快件运输通道和装卸操作接驳场所，优化快件安检配载、装卸交接流程。鼓励铁路等部门为快件运输开设绿色通道，提供优先通行便利。推动快递企业利用交通运输企业客运班车运送快件，特别是利用市到县和县到乡（镇）的客运班车代运快件，节省双方运输成本，提高经济效益。支持快递企业充分利用农村客运站网络、农村客运班车资源开展农村寄递服务，提升农村寄递网络化服务水平。（市交通运输局、市工业和信息化局、市科学技术和知识产权局、市发展和改革委员会、保定海关、市邮政管理局负责）

（七）推进京津保快递业率先联动发展。认真落实京津冀协同发展战略，把承接北京城市功能疏解和商贸流通产业转移作为实现我市快递转型升级的重要途径。结合我市快递业自身特点，认真调研京津市场现状，下大力对北京快递业外溢要素进行梳理。依托高速公路、高铁等交通体系以及优越的区位优势，多层次做好承接，着力构建引领京津冀快递市场协同发展的先行区。在白沟等产业转移重点地区，充分发挥快递作用，主动服务北京大红门服装市场等新迁入市场，更好地支撑箱包、服装、原辅材料、小商品、灯饰等产品的外销。大力引入国际、国内骨干网络快递企业，支持快递企业总部、区域性总部等在我市市区以及涿州、涞水、高碑店、定兴等紧邻北京的县（市）进行布局，吸引快件集散中心、仓储中心、呼叫中心、技术研发中心、培训中心等区域性服务功能设施落户。［市邮政管理局、市政府招商办公室，相关县（市、区）政府负责］

（八）实施寄递渠道安全监管"绿盾"工程。认真贯彻落实《中华人民共和国邮政法》、《中华人民共和国反恐怖主义法》、《邮政行业安全监督管理办法》等法律法规，加快推行寄递物品100%先验视、后封箱，寄递活动100%实名制，邮件、快件100%通过X光机安检制度。全面推进快递企业安全生产标准化建设，落实邮政业安全生产设备配置规范等强制性标准，明确收寄、分拣、运输、投递等环节的安全要求。加大财政支持力度，积极转变监管方式，采取现代化监管手段，打造好监管平台和监管载体，提升安全监管技术水平。落实寄递渠道安全管理工作机制，将快递行业安全管理工作纳入社会综合治理体系，加强跨部门协作配合。建立健全执法联动机制，加大对快件寄递安全管理检查力度。坚决查处违法违规行为，堵塞安全管理漏洞，尤其强化重点地区、重点部位寄递渠道的反恐和安全防范工作。贯彻《中华人民共和国进出境动植物检疫法》、《进出境邮寄物检疫管理办法》，加强对进出境快件的检疫监管，构建邮政管理、国家安全、出入境检验检疫等部门协作机制，从源头防范非法邮寄禁止进境物进入寄递渠道，防止疫病疫情传入传出和物种资源流失。（市社会管理综合治理委员会办公室、市公安局、市国家安全局、保定出入境检验检疫局、市邮政管理局负责）

三、政策措施

（一）深入推进简政放权。加快政府职能转变，进一步简政放权。深化快递行业商事制度改革，探索实行快递企业同一工商登记机关管辖范围内"一照多址"模式。按照国家和省规定，优化快递业务经营许可程序，改革快递企业年度报告制度，精简企业分支机构、末端网点备案手续，推进快递市场投资创业便利化。加快推动本地电子口岸建设，积极助推跨境电子商务业务开展，便利进出境快件及跨境电子商务企业通关。（市邮政管理局、市市场监督管理局、市商务局、保定海关负责）

（二）完善行业监管体制。充分利用好国家赋予我市的地方立法权，掌握我市快递市场特点和规律，积极推动保定快递相关法规建设，发挥地方立法在管理方面的作用。完善行业监管体制，充实监管力量。推进设立县级邮政监管机构，确保2016年上半年完成保定市邮政管理局白沟新城分局揭牌工作。牢固树立依法治邮理念，坚持日常检查和专项治理相结合，强化事中、事后监管。健全用户申诉与执法联动机制，规范快递市场秩序。建立安全信息监管系统，全力保障寄递渠道安全。发挥行业自律和社会监督作用，推进行业诚信体系建设，利用企业信用信息公示系统和行业监管信息系统，建立违法失信主体"黑名单"及失信联合惩戒制度，营造诚实守信的市场环境。（市法制办公室、市机构编制委员会办公室、市邮政管理局、市市场监督管理局，白沟新城管委会负责）

（三）落实规划及用地保障。加强规划引领，要将发展快递业纳入国民经济和社会发展规划，将城乡快递服务网点、快件处理中心、智能快件箱等快递基础设施纳入本级城乡规划、土地利用规划和公共服务设施规划。编制全市快递业发展行动计划，与综合交通运输、物流业、现代服务业、电子商务、园区建设等规划做好衔接。各县（市、区）政府、开发区管委会在土地利用总体规划和年度用地计划中统筹安排快递专业类物流园区、快件集散中心等设施用地。对在我市布局建设的骨干网络快递企业和列为省市重点建设项目的快递项目用地予以重点保障，优先办理规划和建设用地手续；对利用闲置划拨土地上的工业和仓储用房兴办快递企业，在一定时间内可继续以划拨方式使用土地，暂不变更土地使用性质；在规划建设电子商务园区时，在园区内或周边安排快递仓配用地，并能够满足3个以上品牌快递企业仓储及处理需求。（市发展和改革委员会、市国土资源局、市城乡规划管理局、市住房和城乡建设局、市交通运输局、市商务局、市邮政管理局负责）

（四）加大财政金融等支持力度。市财政可适当安排快递发展资金。加大对快递基础设施投资的扶持力度；对快递相关规划编制、安全监控信息化、快递服务标准化、公共服务平台、智能快件箱的建设推广等项目给予资金支持；对安检机等安全设备的购置予以资金补贴；对快递业的行业主管部门每年给予适当经费补助。资金申报使用具体办法由市财政局、市发展和改革委员会、市邮政管理局共同制定和组织实施。各县（市、区）政府、开发区管委会根据实际情况设立配套资金，出台相应扶持措施。此外，将符合条件的快递企业和项目纳入中小企业发展专项资金和就业专项资金支持范围。依照现行税收法律法规和政策规定有关要求,落实对符合条件的快递企业的税收优惠政策。引导金融机构增加对骨干快递企业的授信额度,扩大贷款规模,合理确定利率水平,降低企业融资成本,同时开展适应快递业特点的抵押贷款、融资租赁等业务。快递企业用电、用气、用热价格按照不高于一般工业标准执行。(市财政局、市发展和改革委员会、市国家税务局、市地方税务局、市金融工作办公室、市邮政管理局负责)

(五)改进快递车辆管理。摸清快递车辆底数,规范车辆管理,统一快递车辆标志。对快递车辆在市区通行、停靠、作业及事故处理上给予相应的便利,保障快递车辆优先快速通行。在重污染天气启动机动车限行措施期间,将快递车辆纳入不限行车辆范围。根据国家标准逐步推行快递专用电动三轮车标准化管理,制定快递专用电动三轮车用于城市收投服务的管理办法,保障快递服务便捷顺畅,有效解决"最后一公里"通行难问题。支持快递企业采购新能源汽车作为快递运输车辆,根据国家和省有关规定享受新能源汽车补贴政策。在集中使用新能源汽车的快递企业、快递园区等地,优先建设新能源车辆充电桩等配套基础设施。(市公安局、市交通运输局、市邮政管理局、市工业和信息化局、市财政局负责)

(六)提升信息科技水平。加强科技创新,使新技术成为推动快递业转型升级的重要动力。鼓励企业加大科技研发力度,加强数据分析与应用,积极推进科技成果转化,将物联网、云计算等新一代IT技术运用到跟踪查询、车辆定位、自动识别、电子数据交换等领域,提高快件全程处理效率。推广自动化分拣等设备,开发手机客户端、微信等移动服务功能,规范和推广智能快件箱的使用,提高快递企业自动化、标准化、信息化应用水平,以先进技术实现需求挖掘、智能分拣、高效运输、便捷追踪乃至精准投递。(市工业和信息化局、市科学技术和知识产权局、市邮政管理局负责)

(七)支持快递人才队伍建设。支持职业院校开设快递相关专业,采取委托培养、订单培养等方式开展职业技能教育培训。探索学校、科研机构、行业协会和企业联合培养人才模式,建立快递人才培养基地。鼓励快递企业面向职业院校招收员工,同时引进高层次专业经营管理人员。支持快递企业组织从业人员参加相关职业培训和职业技能鉴定,对符合条件的企业和人员可按规定给予补贴。(市邮政管理局、市教育局、市人力资源和社会保障局负责)

四、组织实施

成立由分管副市长任组长,副秘书长、市邮政管理局局长任副组长,有关部门为成员单位的保定市推进快递业发展工作领导小组。领导小组下设办公室,办公室设在市邮政管理局。各地各有关部门要高度重视快递业发展,切实加强组织领导,及时协调解决快递业发展中的重点和难点问题。相关单位要各负其责,加强协作,抓紧制定相关配套措施,形成工作合力。各县(市、区)政府、开发区管委会要根据本实施意见要求,将快递业列为重点扶持发展行业,抓紧制定符合本地实际的支持措施并认真抓好落实。市发展和改革委员会、市交通运输局、市邮政管理局会同有关部门负责对本意见落实工作的统筹协调、跟踪了解、督促检查。

沧州市人民政府办公室关于促进快递业健康发展的实施意见

(2016年5月27日　沧政办发〔2016〕14号)

为深入贯彻省政府出台的《关于促进快递业发展的实施意见》,营造良好发展环境,结合我市实际,提出如下实施意见:

一、总体目标

快递业作为现代服务业的重要组成部分,是物流领域的先导性产业,对培育打造新的经济增长点,推动产业结构战略性调整、促进全市经济持续较快发展等具有重大意义。

到2020年,基本建成普惠城乡、技术先进、服务优质、安全高效、绿色节能的快递服务体系。全市快递业务收入达14.03亿元,年均增长30%以上,业务量达1.61亿件,年均增长40%以上,快递终端服务网点遍布乡村,企业安全生产标准化、规范化显著提升,收寄验视、实名寄递、过机安检制度全面落实,快递服务网络枢纽地位跻身全省前列。

二、重点任务

(一)抓好快递物流园区建设

抓住京津冀协同发展战略机遇,大力推进快递分拨中心和基础设施落地建设,打造现代化的快递物流产业园区。支持明珠商贸城、泊头汽车用品、肃宁渔具、崔尔庄枣制品交易市场、青县毛刷、黄骅冬枣、河间玻璃制品等专业性商贸市场和电商快递聚集区建设,完善仓储、分拣等快递运转配套设施,促进专业批发市场销售渠道向零售和终端消费者延伸。

(二)完善快递末端服务体系

加快快递服务业与机关、学校、连锁商业机构、便民服务设施、社区服务组织以及专业第三方企业开展多种形式的投递服务合作,共建快递服务中心。在大型住宅小区、高等院校、医疗机构、政府机关等场所,提供快件用房。鼓励和支持快递企业服务网点向农村延伸,依托农家店、农村综合服务社、村邮站、农产品购销代办站、村代办员等,健全农村快递服务末端网络。

(三)促进关联产业融合发展

推进快递服务业与制造业、商贸、电子商务、交通、信息、金融业密切联系和融合,提高综合服务能力。鼓励快递企业为工业生产企业、商贸企业定制服务流程,为企业提供销售寄递配送服务、售后物流服务和反向物流服务,为电商平台服务商、销售商提供分布式仓储、分装、分拨、配送、代收货款等一体化服务。鼓励快递企业入驻电子商务园区,实现快递服务与电子商务上下游产业协同发展。支持电子商务平台服务商、销售商进入快递市场,为消费者提供电商快件寄递、配送服务。

(四)实施寄递渠道"绿盾"工程

落实寄递渠道安全管理工作机制,将快递行业安全管理工作纳入社会综合治理体系。推进快递企业安全生产标准化建设。落实快递企业和寄件人安全责任,完善从业人员安全教育培训制度。"按照政府推动、企业参与"的模式,强化安全检查措施,积极推动研发物流寄递业治安管理信息系统,推广所有快递企业及下属单位、网点安装使用,全面落实寄递物品100%实名登记、100%开箱验视、100%过X光机安检的安全管理措施。

(五)加强快递市场监督管理

市邮政管理局作为行业主管部门和牵头部门,加强与公安、交通、国安、工商等部门的联系,创新监管举措,依法做好快递市场监管。依据《国务院办公厅关于完善省级以下邮政监管体制的通知》(国办发〔2012〕6号),全力支持在快递业务规模大、业务量较集中的县(市)推动设置县级邮政管理机构。由市综治办牵头组织制定出台地方性寄递安全管理办法,整合现有行政手段,明确各部门职责分工,加强公安机关对行业治安管理的职责权重。

三、保障措施

(一)落实规划及用地保障。编制快递服务业发展专项规划。快递服务业发展要纳入国民经济和社会发展规划,并与城乡建设规划、土地利用总体规划以及综合交通运输体系规划相衔接。各级各有关部门要在快递物流园区选址规划、立项、供地审批等方面予以支持。各级政府在土地利用总体规划和年度用地计划中统筹安排快递专业物流园区、快件集散中心等基础设施用地,使快递业用地布局与土地利用总体规划相衔接,对在我市布局建设的骨干网络快递企业和列为市重点建设项目的快递项目用地予以重点保障,优先办理规划和建设用地手续,同时应当将监管、检查设施同步规划和建设;对利用闲置划拨土地上的工业和仓储用房兴办快递企业,在一定时间内可继续以划拨方式使用土地,暂不变更土地使用性质。

(二)加大财政和金融支持。各级政府每年安排一定专项资金支持快递业发展。将符合条件的快递企业和项目纳入市级中心城区现代服务业发展引导资金支持范围。对符合小微企业条件的快递企业,按照有关规定减免行政事业性收费并落实有关税收优惠政策。引导金融机构增加对骨干快递企业的授信额度,扩大贷款规模,合理确定利率水平,降低企业融资成本。鼓励金融机构创新服务方式,针对快递企业特点设置贷款评估标准,积极开展抵押贷款、融资租赁服务。快递企业用电、用气、用热价格按照不高于一般工业标准执行。

(三)完善并创新监管体制。完善行业监管体制,充实监管力量。探索创新县级行业监管新模式,相关县(市)政府要在政策资金方面给予支持。建立健全用户申诉与执法联动机制,依法查处违法违规行为,规范市场经营秩序。发挥行业自律和社会监督作用,推进行业诚信体系建设,营造诚实守信的市场环境。

（四）重视人才引进和培养。支持建设快递人才培养基地，各地政府要对基地建设给予政策资金支持。加强快递业务员职业技能鉴定工作，完善快递职业资格准入制度。鼓励引导毕业生进入快递企业工作，对学生落户提供便利。进城务工、下岗人员、退伍军人参加快递技能培训，享受社会保障等待遇。

（五）优化通行环境。规范快递车辆管理，对快递机动车辆在市区通行、停靠、作业及事故处理上给予相应的便利。支持快递企业采购新能源汽车作为快递运输车辆，并享受补贴政策。在集中使用新能源汽车的快递企业优先建设新能源车辆充电桩等配套基础设施。对统一编号、喷涂和备案的快递三轮车，享受优先快速通行。根据国家标准逐步推行快递专用电动三轮车，有效解决“最后一公里”通行难问题。

四、相关要求

各地各有关部门要加强组织领导，健全工作机制，强化协调联动。市邮政业市场发展和维护市场秩序领导小组要切实发挥作用，及时协调解决快递业发展中的重点和难点问题；各成员单位要各负其责，加强协调配合，形成工作合力。各县（市、区）要根据本实施意见要求，将快递业列为重点扶持发展行业，认真抓好落实。各有关部门要按照职责分工抓紧制定相关配套措施。

邢台市人民政府关于促进快递服务业健康发展的实施意见

（2016年6月28日　邢政发〔2016〕14号）

各县（市、区）人民政府，开发区、大曹庄管委会，市政府各部门：

为深入贯彻落实《国务院关于促进快递业发展的若干意见》（国发〔2015〕61号）及《河北省人民政府关于促进快递业发展的实施意见》（冀政发〔2015〕52号）文件精神，进一步促进快递服务业健康发展，推动全市经济结构调整和转型升级，结合我市实际，提出如下实施意见：

一、总体目标

快递业是现代服务业的重要组成部分，是推动流通方式转型、促进消费升级的现代产业，也是物流领域的先导产业，在加快流通、扩大内需、调整结构、促进就业、普惠民生等方面发挥着积极作用。到2020年，努力建成普惠城乡、技术先进、服务优质、安全高效、绿色节能的快递服务体系，使快递服务业对全市经济增长的贡献度明显提高。

——基础设施明显改善。建成1—2个快递产业园区，带动企业集聚、产业集群发展，基本形成适应京津冀协同发展需要的快递服务网络布局；智能快件箱布点科学、规范，为快递终端投递和揽收提供服务和便利；实现快递网点乡（镇）覆盖率100%，行政村快递通达率95%。

——企业实力显著增强。快递企业服务能力、科技水平、员工素质明显提高，培育1—2家年业务收入超亿元的品牌快递企业。

——服务质量大幅提高。寄递服务产品体系更加丰富，寄递时效进一步缩短，省内县级以上城市间和全国重点城市间的快件实现48小时内投递，人民群众使用快递服务的总体满意度达到80%以上。

——安全保障能力进一步加强。企业安全生产设备配置实现标准化，行业安全监管信息化水平显著提升，收寄验视、实名寄递、过机安检制度全面落实。

二、主要任务

（一）加快快递基础设施建设。将快递产业园、中转中心和配送网点纳入城乡建设总体规划和相关专项规划，对全市快递物流体系的功能布局进行合理配置。在邢台市综合物流产业聚集区开辟专区，建立省级快递枢纽。在清河县规划布局大型仓储配送中心和快递分拨中心，为区域快递资源的合理组织提供完善的基础设施支持。结合全市电子商务产业发展，同步规划构建快递的仓储和运营中心，吸引规模企业和知名品牌快递企业入驻，引导电商仓储集中布局、集聚发展。加快推进快递营业网点标准化建设，提高快递服务质量，提升行业整体形象。［责任单位：市发展改革委、市交通运输局、市商务局、市规划局、市国土资源局、市建设局、市邮政管理局，各县（市、区）政府］

（二）培育繁荣快递市场主体。加大快递资源整合力度，优化资源配置，实现快递企业之间、快递企业与其他企业之间的深度融合。引导快递企业完善公司法人治理结构，建立现代企业制度。鼓励国有资本、集体资本和非公有制资本等交叉持股、相互融合、共同发展，推动快递企业向综合快递物流服务提供商转型。优化行业结构，扶持本地快递企业做大做强，培育1—2家服务水平高、竞争力强的规模快递企业。鼓励国内大型快递企业总部、区域总部、全国或全国区域性服务功能设施（如航空快递基地、快件处理中心、电子商务和快递配送一体化仓储中心、呼叫中心）落户邢台，符合条件的享受我市总部经济的相关政策，并优先列入市重点项目，优先保障用地指标。[责任单位：市邮政管理局、市发展改革委、市商务局、市土商局、市国土资源局，各县（市、区）政府]

（三）构建完善服务网络。鼓励在校学生数量超过1万人的高等院校和已建成建筑面积5万平方米以上的住宅小区，提供面积、位置合适的用房，以满足快递服务需要，保障快件安全。机关、企事业单位、社区、高等院校为快递企业投递快件提供通行、车辆临时停放、派送等便利条件。支持整合利用机关、院校、企事业单位传达室或服务中心、社区物业、超市、便利店或现有农村服务中心、农家店、农资店、供销社、客（货）运站以及"万村千乡""美丽乡村"等平台搭载快递服务，建设快递综合服务站点。各级各部门要积极支持"快递下乡"工程，引导规模以上快递企业加快在农村地区的网络布局和建设，促进快递服务业全面发展。推广智能快件箱等自助设施建设，满足投递服务多样化的需求。[责任单位：市邮政管理局，各驻邢高校、市商务局，各县（市、区）政府]

（四）推进快递与相关产业协同发展。支持快递企业与电子商务、制造业、商贸零售和农产品企业构建合作发展平台。通过政府搭建平台，促成电商与快递合作，鼓励"前店后商"等电子商务、快递融合发展模式。鼓励快递企业积极承接制造业服务外包，通过搭建物流服务平台，整合快递网络资源，提供公共仓储配送、拼箱运输、信息接入等多样化服务，发展商贸零售快递物流业，创新"商贸零售产品＋电子商务平台＋快递"一体化服务等综合服务平台模式。[责任单位：市发展改革委、市商务局、市工业和信息化局，市交通运输局、市邮政管理局，各县（市、区）政府]

（五）强化安全监管力量。探索设立市邮政业安全中心，综合协调综治、公安、国安、安监等部门开展邮政安全监管工作，提高监管专业性和安全监管效能。全面推进快递企业安全生产标准化建设，实施寄递渠道"绿盾"工程，落实《邮政业安全生产设备配置规范》等强制性标准，明确收寄、分拣、运输、投递等环节的安全要求。落实快递企业和寄件人安全责任，完善从业人员安全教育培训制度，筑牢寄递渠道安全基础。强化安全检查措施，严格执行收寄验视制度，加强快件检验检疫监管，从源头防范禁寄物品流入寄递渠道。落实寄递渠道安全管理工作机制，将快递行业安全管理工作纳入社会综合治理体系，加强跨部门协作配合，提升安全监管与应急处置能力。在县级邮政监管机构设立之前，各县（市、区）寄递行业综治责任部门由当地政府根据实际情况予以明确，负责督促寄递企业落实100%验视封箱、100%实名收寄、100%过机安检要求。[责任单位：市综治办、市公安局、市国家安全局、市安全监管局、邢台出入境检验检疫局、市邮政管理局，各县（市、区）政府]

三、保障措施

（一）加强组织协调。建立由分管邮政管理工作的副市长牵头，市邮政管理、发改（物价）、交通、商务、公安、财政、工商、金融、教育、工信、人社、建设、农业、规划、供销、国家安全、国税、地税、检验检疫、海关、宣传等部门组成的促进快递服务业健康发展领导小组，明确职责分工，建立联席会议制度，形成整体合力，及时协调解决快递服务业发展中存在的问题。

（二）做好规划衔接。将快递服务业发展纳入"十三五"期间国民经济和社会发展规划、土地利用总体规划和城市建设总体规划，将快递园区作为城市重要的公共基础设施纳入城乡建设总体规划。做好快递服务业相关规划与《邢台市国民经济和社会发展"十三五"规划纲要》《邢台市现代服务业中长期发展规划》《邢台市综合交通运输"十三五"发展规划》等各类规划的衔接。[责任单位：市发展改革委、市商务局、市交通运输局、市规划局、市国土资源局、市邮政管理局，各县（市、区）政府]

（三）保障土地供应。将快递园区建设纳入土地利用总体规划和城乡建设总体规划，给予优先预审、优先报批、优先供地。快递企业通过租赁方式入驻园区的，在租金、物业管理费用方面给予一定期限的减免或补贴。对利用工业和仓储用房兴办快递企业的，在土地使用上给予政策优惠。对利用闲置划拨土地上的工业和仓储用房兴办快递企业的，在一定时间内可继续以划拨方式使用土地，暂不变更土地使用性质或以挂牌方式供地。[责任单位：市国土资源局、市规划局、市邮政管理局，各县（市、区）政府]

（四）加强财政扶持。各职能部门在出台电子商务、物流业扶持政策或确定重点扶持对象时，统筹考虑快递行业。积极争取和用足用好各级各类扶持资金，支持快递企业进行教育培训、应急演练和安全设备配置。鼓励快递企业入驻园区和开设农村网点，在租金、物业管理费用等方面给予优惠，在用水、用电方面实行与工业同价。支持快递企业做大做强，对具有重大社会公共效益的快递服务基础设施和技术服务创新项目给予资金补助或贴息扶持。［责任单位：市财政局、市发展改革委（物价局）、市商务局、市邮政管理局，各县（市、区）政府］

（五）提供税收金融支持。对符合条件的快递企业和项目纳入中小企业发展专项资金和就业专项资金支持范围。对符合小微企业条件的快递企业，按照有关规定减免行政事业性收费并落实有关税收优惠政策。积极引导银行业金融机构加大对快递企业的信贷支持力度，积极探索固定资产抵押或应收账款质押等多种贷款担保方式，加大信贷投入额度。鼓励银行业金融机构为快递企业建设快件处理中心，购置快件分拣机、快件安检机、重型汽车等大型设备提供融资租赁服务。对快递企业投资购置并实际使用《环境保护专用设备企业所得税目录》《节能节水专用设备企业所得税目录》和《安全生产专用设备企业所得税目录》规定的环境保护、节能节水、安全生产等专用设备，按国家有关政策落实税收抵免政策。［责任单位：市发展改革委（物价局）、市财政局、市金融办、市国税局、市邮政管理局，各县（市、区）政府］

（六）改善快递运输环境。进一步贯彻落实国家关于加强和改进城市配送管理工作的政策措施，公安交通管理部门为快递城市投递作业提供便利。因天气原因或举行大型展会、重大活动期间，交通运输部门和公安交通管理部门在确保安全的前提下为从事快递服务的车辆提供通行便利，快递服务车辆通行不受限行规定的限制。按照依法、高效、环保的原则，邮政管理部门会同各县（市、区）政府及公安、交通等部门研究制定全市快递车辆管理办法，细化管理流程，制作统一的车辆通行证，保障快递车辆优先快速通行，对快递车辆在市区通行、停靠、作业以及事故处理上给予相应的便利，杜绝乱收费、乱罚款及额外附加义务。快递企业在新增或更换城市配送车辆时，必须使用新能源汽车，对符合补贴条件的享受国家及省财政补贴政策。在集中使用新能源汽车的快递企业优先建设新能源车辆充电桩等配套基础设施。［责任单位：市公安局、市交通运输局、市发展改革委、市财政局、市工业和信息化局、市规划局、市邮政管理局，各县（市、区）政府］

（七）加强行业人才队伍建设。推进以政府为主导、企业为主体、院校为支撑的快递服务业人才教育体系建设。加强快递人才培养和职业培训，引导高等院校和中等职业学校加强与快递服务业发展相适应的学科专业建设，加快推进快递业务员职业技能鉴定工作。根据我省就业创业相关政策，对快递企业招用的毕业两年内离校毕业生或我省化解过剩产能“6643”工程失业人员，按规定给予一次性吸纳就业补贴。鼓励企业对在岗职工开展技能培训，开展职业技能竞赛。［责任单位：市教育局、市人力资源社会保障局、市邮政管理局，各驻邢高校，各县（市、区）政府］

（八）加强快递行业市场监管。探索县级行业监管新模式，相关县（市、区）政府要在政策、资金等方面给予支持。全面贯彻落实《中华人民共和国邮政法》《河北省邮政条例》《快递市场管理办法》《快递业务经营许可管理办法》《邮政行业安全监督管理办法》《进出境邮寄物检疫管理办法》《出入境快件检验检疫管理办法》等法律、法规和标准。强化事中、事后监管，坚持日常检查和专项治理相结合，严格依法行政，完善快递市场主体退出管理机制。建立健全用户申诉与执法联动机制，依法查处违法违规行为，规范市场经营秩序。发挥行业自律和社会监督作用，推进行业诚信体系建设，利用企业信用信息公示系统和行业监管信息系统，建立违法失信主体“黑名单”及失信联合惩戒制度，营造诚实守信的市场环境。［责任单位：市编委办、市综治办、市工商局、市公安局、市国家安全局、邢台出入境检验检疫局、市邮政管理局，各县（市、区）政府］

四、组织实施

各级各有关部门要按照本《实施意见》要求，进一步深化对发展快递服务业重要意义的认识，履行职责分工，制订促进快递服务业健康发展的扶持措施，切实加强组织领导和协调配合，推动全市快递服务业快速健康发展。市发展改革委、市交通运输局、市邮政管理局会同有关部门负责对本《实施意见》落实工作的统筹协调、跟踪了解、督促检查。

衡水市人民政府关于促进快递业发展的实施意见

（2016年7月6日　衡政发〔2016〕17号）

各县市区人民政府，工业新区、滨湖新区管委会，市直有关部门：

为贯彻落实《国务院关于促进快递业发展的若干意见》（国发〔2015〕61号）和《河北省人民政府关于促进快递业发展的实施意见》（冀政发〔2015〕52号）文件精神，营造有利于全市快递业健康发展的良好环境，结合我市实际，提出如下实施意见：

一、总体目标

到2020年，基本建成普惠城乡、技术先进、服务优质、安全高效、绿色节能的快递服务体系。力争快递业务量突破1.4亿件，业务收入突破10亿元。着力培育2—3家年业务收入超亿元的品牌快递企业，建设2—3个规模较大的快递物流园区。基本实现乡乡有网点、村村通快递，在降低农村流通成本、推动农民创业就业、开拓农村消费市场、带动农村扶贫开发等方面取得明显成效。快递服务满意度稳步提高。安全保障能力大幅提升，企业安全生产设备配置实现标准化，行业安全监管信息化水平显著提升，收寄验视、实名寄递、过机安检制度全面落实，联合执法机制日趋成熟，监管效能充分发挥。

二、重点任务

（一）加强发展平台建设。推进快递物流园区建设，将快递物流园区建设纳入全市服务业发展总体规划，建设布局与区域经济发展规划相配套，支持快递企业入驻园区，发挥行业集约集聚经营效应，吸引企业总部设立快件集散中心，打造区域集散节点城市，提高企业服务能力。结合全市电子商务发展，鼓励快递企业与电子商务企业合建电子商务快递园区，重点推进衡东物流基地及内陆港等项目建设，加快园区内快递物流和分拨中心的谋划和建设。在冀州区、安平县、枣强县、景县和魏屯、大营等特色产业突出和电子商务企业集中的区域规划仓储配送中心和快递分拨中心，形成协同发展效应。（责任单位：市发改委、市邮政管理局、市交通运输局、市商务局，有关县市区人民政府，工业新区、滨湖新区管委会）

（二）培育壮大快递企业。优化产业结构，支持本地快递企业做大做强，培育、打造有影响力的快递服务品牌，加快形成2—3家在省内具有较强竞争力的骨干快递企业。支持重点品牌快递企业总部在我市设立区域分拨中心、快递配送一体化仓储中心、电子商务中心等服务功能设施，提高集约效应。开展快递业服务标准化试点建设，贯彻落实行业安全和服务标准，加强服务质量监测，降低快件延误率、损毁率、丢失率和投诉率，引导快递企业从价格竞争向服务竞争转变。鼓励快递企业加大设备升级和技术改造，提高企业自动化、信息化和标准化水平。（责任单位：市邮政管理局、市食品和市场监督管理局、市商务局、市质监局、市科技局、市工业和信息化局）

（三）推进“互联网+”快递。推动产业转型升级，鼓励快递企业充分利用移动互联网、物联网、大数据、云计算等信息技术，加强信息互联互通，资源共享，提升行业信息化水平，创新运营模式，对业务受理、仓储配送、客户管理、安全监控、信息跟踪等生产管理环节进行全方位的控制、分析，提升运营管理效率，优化服务网络布局，拓展协同发展空间，推动服务模式变革，加快向综合性快递物流运营商转型。促进行业创新发展，引导快递企业与电子商务企业深度合作，提供仓储、分装、分拨、配送、代收货款等一体化服务，促进线上线下互动创新，助力发展县域经济，全力服务安平丝网、饶阳蔬菜、魏屯医疗器械、大营皮毛等县域特色产业发展。引导快递企业进驻工业园区、经济开发区、高新技术产业开发区等制造业集聚区，根据制造企业需求，创新服务产品和配送方式，构建安全高效、技术先进的快递服务体系。鼓励快递企业与制造企业在集成制造、分销配送等服务外包环节建立互利共赢的合作模式。支持快递企业为制造企业订制服务流程，构建专用服务平台，发挥供应链管理优势，积极融入智能制造、个性化订制等制造业新领域。（责任单位：市工业和信息化局、市科技局、市商务局、市邮政管理局，各县市区人民政府，工业新区、滨湖新区管委会）

（四）完善快递服务网络。

1.加强城乡配送末端建设。加密快递城市网点，提高标准化水平，支持快递企业与机关、学校、连锁商业机构、便民服务设施、社区服务组织及专业第三方企业开展多种形式的城市投递服务合作。大力发展智能快件箱,支持快递企业和社会资本参与智能快件箱建设。延展农村快递网络,鼓励快递企业依托农家店、农村综合服务中心、村邮站、农产品购销代办站等建立健全农村快递服务末端网络。支持邮政企业利用现有邮政网点资源,与快递企业创新合作模式,提高快递普惠水平。(责任单位:市邮政管理局、市教育局、市住建局)

2. 深入推进"快递下乡"工程,助力农村经济发展。引导农村合理开展农产品生产工作,支持快递企业加强与农业、供销、商贸企业、农村电子商务服务站点的合作,打造"工业品下乡"和"农产品进城"双向流通渠道,带动农村消费。鼓励快递企业积极参与涉农电子商务平台建设,构建农产品线上线下互动的服务网络,有效对接农产品市场(基地),拓展农产品、农资、农村消费品的流通加工、仓储配送等功能,服务产地直销、订单生产等农业生产新模式。(责任单位:市农牧局、市商务局、市邮政管理局)

3. 大力拓展国际快递市场。支持快递企业积极"走出去",开拓国际市场,开展跨境网购等寄递业务。鼓励快递企业与国际电子商务企业、国外快递企业联合,建设跨境快递服务网络,延伸服务链条。推动跨境电商快递产业园区建设,拓展综合服务功能,满足国际寄递业务发展需求。(责任单位:市商务局、衡水海关、市邮政管理局)

(五)深入衔接综合交通体系。充分利用交通运输资源,逐步实施快递"上车、上机"工程。加强运输政策、布局规划、技术规范、设施建设、业务流程、信息管理等方面的统筹协调,推进快递业与交通运输业融合发展,加强信息互联互通、资源共享,提升行业信息化服务管理水平,实现快递网络在各种运输方式间的无缝衔接、高效转换和快速通达。加强快递企业与铁路、公路等运输企业合作。鼓励铁路等部门为快件运输开设绿色通道,提供优先通行便利。推动快递企业利用交通运输企业客运班车运送快件,充分利用农村客运站网络、农村客运班车资源开展农村寄递服务,提升农村寄递网络化服务水平。(责任单位:市交通运输局、市工业和信息化局、市科技局、市发改委、北京市铁路局衡水车务段、衡水海关、市邮政管理局)

(六)强化安全监管。实施寄递渠道安全监管"绿盾"工程,全面推进快递企业安全生产标准化建设,落实邮政业安全生产设备配置规范等强制性标准,明确收寄、分拣、运输、投递等环节的安全要求。落实快递企业和寄件人安全责任,完善从业人员安全教育培训制度,筑牢寄递渠道安全基础。强化安全检查措施,严格执行收寄验视制度,从源头防范禁寄物品流入寄递渠道。积极利用信息技术提升安全监管能力,完善快递业安全监管信息平台,健全信息采集标准和共享机制,实现快件信息溯源追查,依法严格保护个人信息安全。落实寄递渠道安全管理工作机制,将快递行业安全管理工作纳入社会综合治理体系,设立市邮政业安全中心,综合协调公安、国安、安监、综治等部门开展专业邮政安全监管工作,加强跨部门、跨区域协作配合,提高监管专业性和安全监管效能,提升安全监管与应急处置能力。(责任单位:市综治办、市编委办、市公安局、市国家安全局、市出入境检验检疫局、衡水海关、市邮政管理局)

三、政策支持

(一)行业服务政策。优化快递许可流程,简化企业分支机构、末端网点登记备案手续,推进快递市场投资创业便利化。支持在快递业务规模大、业务量较集中的冀州区、枣强县、安平县、景县等县市区设置县级邮政监管机构,由县市区人民政府在人员经费、办公场所及车辆等方面给予保障。强化事中、事后监管,坚持日常检查和专项治理相结合,严格行政执法,完善快递市场主体退出管理机制。建立健全用户申诉与执法联动机制,依法查处违法违规行为,规范市场经营秩序。发挥行业自律和社会监督作用,推进行业诚信体系建设,利用企业信用信息公示系统和行业监管信息系统,建立违法失信主体"黑名单"及失信联合惩戒制度,营造诚实守信的市场环境。(责任单位:市编委办、市食品和市场监督管理局、市商务局、市邮政管理局,有关县市区人民政府)

(二)规划引领政策。推进我市相关规范性文件和标准制定完善工作,提高快递业法治化、标准化水平。推进各级各部门依法行政,保障各类快递企业依法经营。将快递服务业发展纳入全市"十三五"期间国民经济发展规划、土地利用总体规划和城市总体规划,将快递园区作为城市重要的公共基础设施纳入城乡规划,将城乡快递服务网点、快件处理中心、智能快件箱等快递基础设施纳入城乡规划、土地利用规划和公共服务设施规划。做好快递相关规划与《衡水市国民经济和社会发展"十三五"规划》、《衡水市服务业发展规划》、《衡水市综合交通运输"十三五"发展规划》等各类规划的衔接。(责任单位:市发改委、市法制办、市商务局、市交通运输局、市住建局、市规划局、市国土局、市邮政管理局,各县市区人民政府,工业新区、滨湖新区管委会)

（三）财税支持政策。

1.加大财政扶持。将符合条件的快递企业和项目纳入中小企业发展专项资金和就业专项资金支持范围。各级政府每年安排一定专项资金，对快递相关规划编制、安全监控信息化、快递服务标准化、公共服务平台、农村电商与快递协同发展、智能快件箱的建设推广和安检机等安全设备的购置等给予资金支持。对符合小微企业条件的快递企业，按照有关规定减免行政事业性收费并落实有关税收优惠政策。对快递企业投资购置并实际使用《环境保护专用设备企业所得税目录》《节能节水专用设备企业所得税目录》和《安全生产专用设备企业所得税目录》规定的环境保护、节能节水、安全生产等专用设备，按国家有关政策落实税收抵免政策。开发使用适合快递业生产经营特点的税收票据。快递企业用电、用气、用热价格按照不高于一般工业标准执行。（责任单位：市财政局、市发改委、市国税局、市地税局、市交通运输局、市邮政管理局，各县市区人民政府，工业新区、滨湖新区管委会）

2.加强金融支持。引导金融机构增加对骨干快递企业的授信额度，扩大贷款规模，合理确定利率水平，降低企业融资成本。鼓励金融机构创新服务方式，针对快递企业特点设置贷款评估标准，积极开展抵押贷款、融资租赁服务。支持快递企业通过股份制改造、股权转让吸纳产业投资基金、私募股权投资及社会资金。（责任单位：市金融办、市商务局、人行衡水支行、市发改委）

3.保障土地供给。各级政府在土地利用总体规划和年度用地计划中统筹安排快递专业物流园区、快件集散中心等基础设施用地，使快递业用地布局与土地利用总体规划相衔接。对在我市布局建设的骨干网络快递企业和列为市重点建设项目的快递项目用地予以重点保障，优先办理规划和建设用地手续。对利用闲置划拨土地上的工业和仓储用房兴办快递企业，在一定时间内可继续以划拨方式使用土地，暂不变更土地使用性质。（责任单位：市国土局、市住建局、市发改委，各县市区人民政府，工业新区、滨湖新区管委会）

（四）车辆通行保障政策。优化快递车辆通行环境，贯彻落实国家关于加强和改进城市配送管理工作的政策措施，按照依法、高效、环保的原则，规范快递车辆管理，对快递车辆在市区通行、停靠、作业及事故处理上给予相应的便利，保障快递车辆优先快速通行，杜绝乱收费、乱罚款等行为。根据国家标准逐步推行快递专用电动三轮车标准化管理，制定快递专用电动三轮车用于城市收投服务的管理办法，保障快递服务便捷顺畅，有效解决“最后一公里”通行难问题。支持快递企业采购新能源汽车作为快递运输车辆，根据国家和省有关规定享受新能源汽车补贴政策。在集中使用新能源汽车的快递企业优先建设新能源车辆充电桩等配套基础设施。（责任单位：市公安局、市交通运输局、市邮政管理局、市工业和信息化局、市财政局）

（五）人才建设政策。引导高等学校加强物流管理、物流工程等专业建设，支持职业院校开设快递相关专业。探索高等学校、科研机构、行业协会和企业联合培养人才模式，在我市建立快递人才培训基地。支持快递企业与高等学校、科研院所建立实训基地。实施快递人才素质提升工程，将快递从业人员岗前培训、职业技能鉴定工作纳入本地培训补贴范围。在快递行业建立以职业能力为导向、以工作业绩为重点、注重职业道德和职业知识水平、社会鉴定与企业评价双轨并行的企业技能人才评价体系，对在生产一线掌握高超技能、业绩突出的职工，可破格参加技师、高级技师考评。根据我省有关就业创业工作相关政策，对快递企业招用的毕业2年内离校毕业生或我省化解过剩产能“6643”工程失业人员，按规定给予一次性吸纳就业补贴。全面加强快递人才培养、交流和引进工作。对进城务工、失业人员参加快递业务技能培训、享受社会保障等方面给予政策支持。（责任单位：市教育局、市人力资源和社会保障局、市财政局、市邮政管理局）

四、组织实施

成立由市政府分管副市长任组长，市政府副秘书长、市发改委副主任、市邮政管理局局长任副组长，市直有关部门为成员单位的衡水市促进快递业发展工作领导小组，负责相关组织协调工作，定期调度有关情况，及时研究解决遇到的困难和问题。各县市区政府、各有关部门要根据省市意见要求，将快递业列为重点扶持发展行业，进一步深化对发展快递服务业重要意义的认识，落实保障措施，履行职责分工，切实加强组织领导和协调配合，推动全市快递服务业快速健康发展。市发改委、市交通运输局、市邮政管理局会同有关部门负责对本意见落实工作的统筹协调、跟踪了解、督促检查。

邯郸市人民政府关于促进快递业发展的实施意见

(2016年7月18日 邯政字〔2016〕68号)

各县(市、区)人民政府,市对口有关单位,市政府有关部门,冀南新区、邯郸经济技术开发区管委会:

为深入贯彻落实《国务院关于促进快递业发展的若干意见》(国发〔2015〕61号)和《河北省人民政府关于促进快递业发展的实施意见》(冀政发〔2015〕52号)精神,营造良好的快递业发展环境,促进我市快递业发展,结合我市实际,提出如下实施意见:

一、工作目标

快递业是现代服务业的重要组成部分,是推动流通方式转型、促进消费升级的现代化先导性产业。依托我市交通区位优势,按照易进、易出、易送、易联的原则,科学规划建设快递园区和快递节点,加快推进快递企业集聚发展,节约用地,形成集约效应,促进快递服务与工业、商贸、电子商务、制造业等相关产业协同发展,为快递行业持续健康发展营造较为优越的发展环境。

到2020年,初步构建"一基地、三中心、多节点"的快递产业发展格局,基本建成普惠城乡、技术先进、服务优质、安全高效、绿色节能的快递服务体系,形成覆盖全市、对接京津、辐射周边的服务网络,把我市打造成为北方重要的快递物流枢纽中心。

二、布局原则

根据邯郸市中心城区现代物流业空间布局规划,结合快递业运营特点,我市快递产业布局遵循以下原则:

(一)与城市物流总体布局规划保持一致;

(二)与城市共同配送体系建设紧密衔接,与电商分拨中心、超市分拨中心、落地配送物流企业和信息平台形成有机的整体;

(三)与商贸市场和电商业态互相支撑;

(四)快递园区建设应与铁路、公路、机场衔接;

(五)快递区域分拨中心可尊重企业选择,集中与分散布局灵活掌握,避免快递业务量集中阶段造成交通局部拥堵和快递企业过度集中造成企业对员工管理难度增大的情况;

(六)快递园区在策划、规划、开发、建设、提升、管理和运作上遵循"智慧化"和"智能化"。

三、工作重点

(一)加快构建发展平台。抢抓我市加快中心城市现代物流业发展的机遇,充分发挥便捷的交通区位优势,进一步完善全市快递行业发展布局,在主城区内,依托邯郸国际陆港、邯郸新兴国际商贸物流园区、熙平物流园区等发展平台,建设快递物流园中园;2016年,我市要招商引进1—2家规模较大、功能齐全、辐射力强的快递公司在邯建立区域总部。各县(市、区)要依托高速公路进出口和现有产业基础,按照快递营业场所技术规范,建设改造1—2个规范化、标准化的快递分拨中心,完善全市快递服务网络布局。初步建成"一基地、三中心、多节点"的快递产业发展格局。

"一基地":以铁路、机场为支撑,在邯郸国际陆港物流园区内建设综合服务型快递基地,打造我市未来航空快递的主战场,提供快件中转、仓储、运输、配送、包装、流通加工、信息处理等服务。

"三中心":结合我市交通区位优势,设立三个快递分拨配送中心。

1. 在主城区北,以京港澳高速邯郸北口为支撑,在永年县规划一个快递产业园区,招商引进1—2家较大的快递公司,建设快递分拨配送中心,主要辐射我市东部、北部区域快递节点和周边城市。

2. 在主城区东,以京港澳高速邯郸南口为支撑,在邯郸新兴国际商贸物流园区内建设快递产业园中园,建设快递分拨配送中心,主要辐射我市东部、南部区域快递节点。

3. 在主城区西,以邯武快速路和青兰高速进出口为支撑,在复兴区熙平物流园区内建设快递产业园中园,建设快递分拨配送中心,主要辐射我市中部、西部区域快递节点。

"多节点":在各县(市、区)设立快递物流网点,衔接我市快递物流基地和分拨配送中心,负责快递加工及配送服务。

（二）积极培育龙头企业。鼓励我市快递企业兼并重组，建立区域型快递总部；引导企业加强品牌建设，加快推进营业网点、投递节点布局，支持快递企业结合商业中心、大型社区、产业园区等布局建设快递服务网点，推进快递服务方式转型升级。鼓励本地快递企业向外扩展，支持快递、物流企业合作，利用航空、铁路和公路网络，发展面向国内外的商品快运通道。力争到2020年，培育形成3—5家重点龙头企业，支撑我市快递行业发展。

（三）大力推动融合发展。推动快递企业与传统产业园区、物流集聚区、制造业之间的深度合作，建设快递配送中心，鼓励快递企业建设电子商务经营平台，实现系统对接、信息交换和数据接口标准的统一，为运营商家提供商品存储、制单、打包、配送等一体化服务。支持快递企业与电子商务企业共同开发运用物联网相关技术，加快推广无线射频识别、导航定位、商品服务追溯等创新应用。

四、保障措施

（一）加强规划引领。加快制定邯郸市邮政业"十三五"专项规划。专项规划要与交通运输专项规划、城市总体规划及控制性规划衔接；城市控制性规划要统筹考虑快递园区、快递分拨中心建设，优化快递业空间布局；鼓励各县（市、区）快递业与新兴物流、电子商务、商业贸易平台的整合，形成快递业全面发展新格局。

（二）加大政策支持。减少快递经营许可变更和分支机构备案登记环节，简化变更、备案登记手续，加强日常监督检查等运行状态管理，为快递企业发展提供高效、便捷的服务环境。在土地利用总体规划和年度用地计划中统筹安排专业物流园区、快递集散中心等基础设施用地。快递产业园区内快递企业按规划用地性质享受相关用地优惠政策，对利用闲置划拨土地上的工业和仓储用房兴办快递企业，在一定时间内可继续以划拨方式使用土地，暂不变更土地使用性质。落实鼓励类服务业务收费价格政策，快递企业用水、用电、用气价格不高于一般工业标准。

（三）完善服务网点。将快递服务网点纳入城市新建住宅小区和旧城改造社区基础设施建设中，推动快递企业与物业公司开展合作，发展快递分拣站和快递驿站。支持快递企业与连锁商业机构、便民服务网点、社区服务组织及专业第三方企业等开展多种形式的城市投递服务合作。大力发展智能快件箱，支持快递企业和社会资本参与智能快件箱建设。鼓励快递网络向乡镇农村延伸，在现有供销社、客（货）运站、村邮站、邮政支局（所）、邮政便民服务网点等平台搭载快递服务，建设乡镇快递服务网点。

（四）强化车辆管理。各级交通运输、公安、邮政管理等部门要按照交通运输部、公安部、国家邮政局等七部委《关于加强和改进城市配送管理工作的意见》（交运发〔2013〕138号）的要求，建立协同工作机制，支持业内企业使用符合标准的快递车型；按照市邮政管理局、市公安局印发的《邯郸市邮政、快递车辆通行管理办法》（邯邮管〔2015〕26号），对快递行业车辆实行统一标识管理，合理确定快递车辆在城区的通行区域和时段，更好满足民生需求和城市管理要求。

（五）规范快递服务。快递行业要进一步明确快递行业服务标准。在收寄快件时，要求寄件人如实完整填写快递运单，明确提示寄件人选择保价业务或者保险业务，并告知权利义务。不得野蛮分拣，严禁抛扔、踩踏或者以其他危险方式处理快件。根据业务处理流程，及时准确将快件流转信息上传网络信息平台，并向用户提供电话或者网络等查询渠道；快递企业收派员收寄和投递快件时要统一着装，并佩戴工号牌或胸卡。

（六）加大人才培养。积极开发我市大中专、职业院校资源，鼓励校企合作，建设快递行业人才培养基地，搭建政府、企业、院校联系沟通和合作发展平台，推动建立以政府为主导、企业为主体、院校为支撑的人才培养体系，加快行业中高级人才培养，打造多层次快递物流人才队伍。支持在高校建立校园快递驿站（超市），提供实习基地，打造集学生实习、就业和创业于一体的实训平台，缓解高校就业压力，有效加快快递人才的培养与校企合作。

（七）加大财政政策支持。将符合条件的快递企业和项目纳入争取上级中小企业发展专项资金和就业专项资金支持范围，鼓励快递企业发行企业债券、票据等融资方式。市财政部门会同市发展改革、商务等部门争取上级专项资金支持快递业发展。按照有关规定减免快递企业行政事业性收费并落实有关税收优惠政策，对快递企业投资购置并实际使用《环境保护专用设备企业所得税目录》、《节能节水专用设备企业所得税目录》和《安全生产专用设备企业所得税目录》规定的环境保护、节能节水、安全生产等专用设备，按国家税收有关政策落实税收抵免政策。

（八）加强行业监管能力。充实监管力量，创新监管方式，探索建设邮政安全监管中心。充分运用现代信息及物联网技术，建立安全信息监管系统，健全快递业安全监管措施，制定快递业突发事件应急处置预案，保障寄递渠道安全。强化事中、事后监管，坚持日常检查和专项治理相结合，严格行政执法，完善快递市场主体退出管理机制。建立健全用户申诉与执法联动机制,依法查处违法违规行为,规范市场经营秩序。在快递业务规模大、业务量较集中并有条件的县(市、区),探索建立县级邮政管理机构,提升快递行业监管能力。

各牵头责任单位要按照《促进快递业发展重点工作落实责任分解表》,结合工作实际,抓紧研究制定贯彻落实的具体方案,并认真组织实施。

承德市邮政企业和快递企业融合发展及业态创新工作方案

(2016年7月25日　承邮管〔2016〕44号)

为牢固树立和贯彻落实十八届五中全会提出的创新、协调、绿色、开放、共享五大发展理念,根据国家邮政局和省邮政管理局关于邮政企业和快递企业融合发展及业态创新的工作精神,特制定此方案:

一、组织领导

成立承德市邮政企业和快递企业融合发展和业态创新工作领导小组:

组　长:付铁柱

副组长:赵铁政

　　　　杨　超

成　员:曹占兵　高凤云　李海洋　白　羽　刘唱唱　王婷婷

领导小组下设办公室,办公室设在普遍服务科,负责全市邮政行业融合发展和业态创新具体工作。

二、工作原则

以"互联网+"邮政(快递)为融合发展和业态创新的方向,坚持市场导向,按照平等、开放、合作、互利原则,引导邮政企业转变思路,积极合作。邮政企业和快递企业签订战略合作协议,协商约定各自权利义务、合作推进时间,通过"平等协商、自愿合作、先行试点、逐步完善、全市推开"等措施,充分发挥邮政企业的网络优势和快递企业的活力优势,实现资源共享、优势互补和协同发展,共同推进农村邮政(快递)服务体系建设,服务农村电子商务发展和邮政业精准扶贫工作,实现社会效益和经济效益的统一。

三、工作目标

深化供给侧结构性改革,进一步创新普遍服务的供给机制和方式,提升普遍服务的供给质量和效率,提供具有地方特色和符合地域经济特点的服务产品,提高供给质量,扩大消费需求,服务地方经济发展。

推广行业发展先进经验,引导企业融合发展和业态创新。主要在收寄、运输、投递等环节开展合作,解决"最后一公里"投递和"最初一公里"收寄工作。

创新融合理念并积极开展创新实践,在新的市场环境下,不断丰富普遍服务概念内涵,创新普遍服务理念,建设普惠邮政,提供满足百姓数需求的寄递服务。

将融合发展与精准扶贫密切结合,围绕多元化、个性化、差异化需求,做好服务创新,深化邮政企业与快递企业、电子商务企业的协同发展,积极参与并融入农村电子商务平台建设,推动农村电子商务寄递网络建设,助力脱贫攻坚。

四、工作安排

融合发展和业态创新工作分以下三个阶段进行。

(一)搭建平台阶段(7月15日至7月30日)

组织召开融合发展和业态创新启动会,引导邮政企业和快递企业积极开展业务合作,大力推动业态创新。(普遍服务科、市场监管科负责)

(二)推动合作阶段(8月1日至10月30日)

引导邮政企业向快递企业开放普遍服务末梢网点资源,创新合作模式。充分发挥空白乡镇局所补建成果作用,利用农村局所和村邮站的网点覆盖优势,为快递向下延伸、百姓享受网络信息发展成果奠

定收寄、投递网络基础,同时为邮政网点创造盈利空间,充分发挥补白局所的普惠作用。(普遍服务科负责)

以促进快递下乡和提高快递网点农村覆盖率为目标,推动快递企业同邮政企业农村网点有偿合作,利用现有邮政网点设施实现快递网点农村全覆盖,提升国有资产使用效率,适应新的发展环境下快递企业和邮政企业的有效融合,满足百姓用邮需求,保障用户用邮选择权。(市场监管科负责)

做好政策法规指导和把关工作,确保融合发展和业态创新工作依法依规进行。(办公室负责)

(三)总结推广阶段(11月1日至12月31日)

对融合发展和业态创新工作进行总结,将规范、灵活、高效的融合、创新方式在全市范围内进行推广,通过融合发展和业态创新促进行业发展和升级,并根据行业的发展适时调整和改进,持续提升全市邮政行业融合发展和业态创新的水平。

五、工作要求

(一)提高思想认识

各企业要充分认识邮政行业融合发展和业态创新的重要性和紧迫性,切实增强责任意识和大局意识,高度重视、统一思想、凝聚共识,按照工作方案的具体要求,周密筹划部署,狠抓贯彻落实,确保圆满完成各项工作任务。

(二)扎实有序推进

稳步推进项目试点,及时总结经验,扎实有序推开,有效推进融合发展和业态创新工作深入开展。

(三)科学有度引导

通过实地调研,以问题为导向,对融合发展和业态创新有度引导,确保融合、创新规范进行,确保寄递渠道安全畅通、行业安全发展。

(四)总结推广成果

对融合发展和业态创新工作取得的重要进展和重大成果,要大力做好总结推广工作,持续提升工作效益,推动全市邮政行业科学发展,为邮政服务地方经济发展、服务脱贫攻坚做出应有的贡献。

秦皇岛市人民政府关于促进快递业发展的实施意见

(2016年5月28日　秦政发〔2016〕17号)

各县、区人民政府,开发区、北戴河新区管委,市政府各有关部门:

为深入贯彻落实国务院《关于促进快递业发展的若干意见》(国发〔2015〕61号)和省政府《关于促进快递业发展的实施意见》(冀政发〔2015〕52号)精神,营造有利于我市快递业发展的良好环境,经市政府第37次常务会议研究同意,现提出如下实施意见:

一、总体目标

快递业是现代服务业的重要组成部分,是推动流通方式转型、促进消费升级的现代化先导性产业。到2020年,在我市基本建成普惠城乡、技术先进、服务优质、安全高效、绿色节能的快递服务体系,形成覆盖全市、辐射京津、联通国内外的服务网络。

产业规模进一步扩大。全市年快递业务量达到7506.19万件,年均增幅40%;年业务收入达到8.92亿元,年均增幅35%;从业人员达到1.5万人以上,实现新增就业岗位1万个。

服务水平显著提高。快递企业服务能力、科技水平、员工素质明显提高。形成多品种、差异化、个性化的快递服务产品体系,市内快件实现"当日达",城区实现12小时送达,京津冀区域主要城市间快件实现24小时送达,国内重点城市间实现48小时送达,国际快递服务通达范围更广、速度更快,快递服务满意度稳步提高。

网络支撑能力明显提升。完善快递网络布局,实现快递网点乡(镇)覆盖率100%,行政村快递通达率95%,形成适应京津冀协同发展需要的快递服务网络布局。

安全保障能力进一步加强。企业安全生产设备配置实现标准化,行业安全监管信息化水平显著提升,收寄验视、实名寄递、过机安检制度全面落实。

二、重点任务

（一）优化产业空间布局，推进快递物流园区建设。围绕“东北亚物流枢纽、京津冀区域性物流中心”等功能定位，紧密衔接交通运输业、物流业发展规划，积极推进优质快递企业向义乌小商品城电商产业园以及北部公路港、昌黎空港物流中心等物流园区集中。支持园区管理机构研究制定对快递企业的优惠政策，推动物流园区加载快递功能，吸引快递企业向物流园区聚集，实现集约化管理。支持快递企业主动承接京津地区商贸物流功能和产业转移，对接农产品、小商品、服装、工业品等专业商贸市场和生产基地，完善快递服务配套设施，创新服务模式和产品体系，加快推进快递行业从劳动密集型向技术和劳动密集型相结合的方向转型。（市发改委、市邮政局、市交通运输局、市商务局、有关县（区）政府负责）

（二）培育壮大快递企业，提升行业整体实力。鼓励各类社会资本依法进入快递领域，支持国内、国际快递企业总部在我市设立直营机构。引导本地快递企业完善服务网络，加大科技投入，提升服务质量，增强竞争实力，积极做大做强。推动本地企业兼并重组，整合中小企业，优化资源配置，实现强强联合、优势互补，努力培育具有较强竞争力的骨干快递企业。实施品牌战略，培育、打造有影响力的快递服务品牌。贯彻落实行业安全和服务标准，开展快递业服务标准化试点建设，加强服务质量监测，降低快件延误率、损毁率、丢失率和投诉率，引导快递企业从价格竞争向服务竞争转变。积极推广与快递业相关的保险业务，保障用户权益。鼓励引导快递企业不断提高信息化应用水平，不断提高运行效率和服务质量。支持快递企业进行技术革新，完善信息化运营平台，实现实物网与信息网融合。支持骨干企业开展智能终端、自动分拣、冷链快递等技术装备的应用工作。（市邮政局、市金融办、市食品和市场监督管理局、市质监局、市科技局、市工信局负责）

（三）坚持创新发展，推进“互联网＋”快递。

1. 推动产业转型升级。鼓励快递企业充分利用移动互联网、物联网、大数据、云计算等信息技术，采用仓储运输、装卸搬运、分拣包装等自动化设备，对业务受理、仓储配送、客户管理、安全监控、信息跟踪等生产管理环节进行全方位的控制、分析，提升运营管理效率，加快向综合性快递物流运营商转型。（市邮政局、市工信局、市科技局负责）

2. 促进行业创新发展。引导快递企业与电子商务企业深度合作，提供仓储、分装、分拨、配送、代收货款等一体化服务，促进线上线下互动创新，共同发展体验经济、社区经济、逆向物流等便民利商新业态。引导快递企业进驻工业园区、经济开发区、高新技术产业开发区等制造业集聚区，根据制造企业需求，创新服务产品和配送方式，构建安全高效、技术先进的快递服务体系。鼓励快递企业与制造企业在集成制造、分销配送等服务外包环节建立互利共赢的合作模式。支持快递企业为制造企业订制服务流程，构建专用服务平台，发挥供应链管理优势，积极融入智能制造、个性化订制等制造业新领域。（市商务局、市邮政局、市工信局负责）

3. 发展快递支撑产业。大力发展包装、位置服务和大数据、云计算等与快递业相关的支撑产业，延伸完善产业链条，加快形成产业融合发展体系。支持大型包装印刷企业开发新型包装印刷原辅材料，促进快递业绿色发展。加强卫星导航技术储备，建立技术创新平台，为快递业提供位置服务，积极推动大数据、云计算产品和解决方案在快递领域应用，大力发展智能快递。（市邮政局、市发改委、市工信局负责）

（四）完善快递服务网络，提高快递普惠水平。

1. 加强城乡配送末端建设，优化完善末端配送网络。将快递网点纳入基础设施建设范畴，完善城乡末端配送网点布局，促进惠民服务。加密快递城市网点，提高标准化水平，支持快递企业与机关、学校、连锁商业机构、便民服务设施、社区服务组织及专业第三方企业开展多种形式的城市投递服务合作。大力发展智能快件箱，支持快递企业和社会资本参与智能快件箱建设。延展农村快递网络，鼓励快递企业依托农家店、农村综合服务中心、村邮站、农产品购销代办站等建立健全农村快递服务末端网络。支持邮政企业利用现有邮政网点资源，与快递企业创新合作模式，提高快递普惠水平。（市邮政局、市教育局、市房管局、市民政局负责）

2. 深入推进“快递下乡”工程，助力农村经济发展。支持快递企业加强与农业、供销、商贸企业的合作，融入城乡一体化三级配送体系，改善配送车辆通行环境，打造“工业品下乡”和“农产品进城”双向流通渠道，带动农村消费。鼓励快递企业积极参与涉农电子商务平台建设，构建农产品线上线下互动的服务网络，有效对接农产品市场（基地），拓展农产品、农资、农村消费品的流通加工、仓储配送等功能，服务产地直销、订单生产等农业生产新模式。（市商务局、市供销社、市邮政局、市农业局负责）

3. 大力拓展国际快递市场。支持快递企业积极"走出去",开拓国际市场,开展跨境网购等寄递业务。鼓励快递企业与国际电子商务企业、国外快递企业联合,建设跨境快递服务网络,延伸服务链条。推动跨境电商快递产业园区建设,拓展综合服务功能,满足国际寄递业务发展需求。研究建立国际邮件监管场地,为地区民众提供方便的同时进一步提升秦皇岛市的城市功能服务管理水平。(市商务局、秦皇岛海关、市邮政局负责)

(五)促进资源共享,有效衔接综合交通体系。充分利用交通运输资源,实施快递"上车、上机"工程。加强运输政策、布局规划、技术规范、设施建设、业务流程、信息管理等方面的统筹协调,推进快递业与交通运输业融合发展,加强信息互联互通、资源共享,提升行业信息化服务管理水平,实现快递网络在各种运输方式间的无缝衔接、高效转换和快速通达。加强快递企业与铁路、公路、民航等运输企业合作。依托大型运输枢纽加强区域分拣中心和快递物流园区建设,辐射带动电子商务等相关产业集聚。鼓励民航、铁路等部门为快件运输开设绿色通道,提供优先通行便利。推进公路客运班车代运快件试点和快件甩挂运输方式。(市交通运输局、市工信局、市科技局、市发改委、秦皇岛海关、市邮政局负责)

(六)强化安全监管,实施寄递渠道"绿盾"工程。全面推进快递企业安全生产标准化建设,落实《邮政业安全生产设备配置规范》等强制性标准,明确收寄、分拣、运输、投递等环节的安全要求。落实快递企业和寄件人安全责任,完善从业人员安全教育培训制度,筑牢寄递渠道安全基础。强化安全检查措施,严格执行收寄验视制度、实名收寄制度、X光机安检制度,确保安全制度落实。加强对进出境快件的检疫监管,完善检验检疫设施,从源头防范非法邮寄禁止进境物品进入寄递渠道,防止疫病疫情传入传出和物种资源流失。积极利用信息技术提升安全监管能力,完善快递业安全监管信息平台,健全信息采集标准和共享机制,实现快件信息溯源追查,依法严格保护个人信息安全。落实寄递渠道安全管理工作机制,将快递行业安全管理工作纳入社会综合治理体系,加强跨部门协作配合,提升安全监管与应急处置能力。(市邮政局、市综治办、市公安局、市国家安全局、秦皇岛检验检疫局、市外事口岸办负责)

三、政策措施

(一)推进简政放权,提升管理服务水平。深化快递行业商事制度改革,探索实行快递企业同一工商登记机关管辖范围内"一照多址"模式。优化快递业务经营许可程序,改革快递企业年度报告制度。精简企业分支机构、末端网点备案手续,推进快递市场投资创业便利化。优化进出境快件及跨境电子商务业务通关手续。充分发挥电子口岸等"一站式"通关平台优势,积极推进跨境电子商务业务开展,便利进出境快件及跨境电子商务企业通关。(市食品和市场监督管理局、市商务局、秦皇岛海关、市邮政局负责)

(二)完善监管体制,优化快递市场环境。发挥双重管理优势,完善行业监管体系。研究组建邮政业安全中心,加强安全监管力量。探索县级行业监管新模式,相关县(区)政府要在政策资金方面给予支持。充分运用现代信息及物联网技术,建立安全信息监管系统,保障寄递渠道安全。强化事中、事后监管,坚持日常检查和专项治理相结合,严格行政执法,完善快递市场主体退出管理机制。建立健全用户申诉与执法联动机制,依法查处违法违规行为,规范市场经营秩序。将法人快递企业纳入行业统计体系和我市国民经济统计体系,建立快递业发展报告发布制度,为有关部门及时、准确、完整地提供经济运行分析决策数据。发挥行业自律和社会监督作用,推进行业诚信体系建设,利用企业信用信息公示系统和行业监管信息系统,建立违法失信主体"黑名单"及失信联合惩戒制度,营造诚实守信的市场环境。(市编办、市食品和市场监督管理局、市统计局、市邮政局负责)

(三)加强标准建设,突出规划引领。推进我市相关地方性法规修订完善工作,提高快递业法治化、标准化水平。推进各级各部门依法行政,保障各类快递企业依法经营。加强规划引领,编制全市快递业发展行动计划,与综合交通运输、物流业、现代服务业、电子商务、物流园区等专项规划做好衔接。各级政府要将发展快递业纳入国民经济和社会发展规划,将城乡快递服务网点、快件处理中心、智能快件箱等快递基础设施纳入本级城乡规划、土地利用规划和公共服务设施规划,给予政策扶持。(市法制办、市交通运输局、市规划局、市发改委、市质监局、市邮政局、各县(区)政府负责)

(四)加大财政金融扶持,保障土地供给。

1. 加大财政扶持。将符合条件的快递企业和项目纳入中小企业发展专项资金和就业专项资金支持范围。支持本地快递企业设立末端网点,更新配送车辆、购置设备及人才培训等。对符合小微企业条件的快递企业,按照有关规定减免行政事业性收费并落实有关税收优惠政策。快递企业用电、用气、用热价格按照不高于一般工业标准执行。(市财政局、市国税局、市地税局、市交通运输局、市邮政局、市发改委、各县(区)政府负责)

2. 加强金融支持。引导金融机构增加对骨干快递企业的授信额度,扩大贷款规模,合理确定利率水平,简化手续和流程,降低企业融资成本。鼓励金融机构创新服务方式,针对快递企业特点设置贷款评估标准,积极开展抵押贷款、融资租赁服务。支持快递企业通过股份制改造、股权转让吸纳产业投资基金、私募股权投资及社会资金,鼓励快递企业通过上市挂牌、发行企业债券及公司债券等多渠道筹措资金。(市金融办、人行秦皇岛支行、市发改委负责)

3. 保障土地供给。各级政府在土地利用总体规划和年度用地计划中统筹安排快递专业物流园区、快件集散中心等基础设施用地,使快递业用地布局与土地利用总体规划相衔接,对在我市布局建设的骨干网络快递企业和列为省、市重点建设项目的快递项目用地予以重点保障,优先办理规划和建设用地手续;对利用闲置划拨土地上的工业和仓储用房兴办快递企业,在一定时间内可继续以划拨方式使用土地,暂不变更土地使用性质。(市国土局、市规划局、市发改委、各县(区)政府负责)

(五)改进快递车辆管理,优化通行环境。优化快递车辆通行环境。贯彻落实国家关于加强和改进城市配送管理工作的政策措施,按照依法、高效、环保的原则,规范快递车辆管理,逐步统一标志,对快递车辆在市区通行、停靠、作业及事故处理上给予相应的便利,保障快递车辆优先快速通行,杜绝乱收费、乱罚款及附加额外义务。根据国家标准逐步推行快递专用电动三轮车标准化管理,制定快递专用电动三轮车用于城市收投服务的管理办法,保障快递服务便捷顺畅,有效解决"最后一公里"通行难问题。在2016年底前,我市研究制定快递配送电动三轮车换型方案,支持快递企业采购适合配送车型和新能源汽车作为快递运输车辆,根据国家和省、市有关规定享受新能源汽车补贴政策。在集中使用新能源汽车的快递企业优先建设新能源车辆充电桩等配套基础设施。(市公安局、市交通运输局、市邮政局、市工信局、市财政局、市城管局负责)

(六)重视人才引进培养,加强行业队伍建设。引导高等学校加强物流管理、物流工程等专业建设,支持职业院校开设快递相关专业。探索高等学校、科研机构、行业协会和企业联合培养人才模式,在我市建立快递人才培训基地。支持快递企业与高等学校、科研院所建立实训基地。实施快递人才素质提升工程,将快递从业人员岗前培训、职业技能鉴定工作纳入本地培训补贴范围。在快递行业建立以职业能力为导向、以工作业绩为重点、注重职业道德和职业知识水平、社会鉴定与企业评价双轨并行的企业技能人才评价体系,对在生产一线掌握高超技能、业绩突出的职工,可破格参加技师、高级技师考评。根据我市有关就业创业工作相关政策,对快递企业招用的毕业2年内离校毕业生或我市化解过剩产能的失业人员,按规定给予一次性吸纳就业补贴。全面加强快递人才培养、交流和引进工作。对进城务工、失业人员参加快递业务技能培训、享受社会保障等方面给予政策支持。(市教育局、市人社局、市邮政局负责)

四、组织实施

各地各有关部门要加强组织领导,健全工作机制,强化协调联动,加大支持力度,为全市快递业发展营造良好环境。市邮政业市场发展和维护市场秩序领导小组要切实发挥作用,及时协调解决快递业发展中的重点和难点问题。各成员单位要各负其责,加强协调配合,形成工作合力。各县(区)要根据本实施意见要求,将快递业列为重点扶持发展行业,抓紧制订符合实际的支持措施并认真抓好落实。各有关部门要按照职责分工抓紧制定相关配套措施。市发展改革委、市交通运输局、市邮政局会同有关部门负责对本意见落实工作的统筹协调、跟踪了解、督促检查。

秦皇岛市三轮车和电动四轮车管理办法

(2016年11月20日秦皇岛市人民政府令〔2016〕第3号公布　自2017年1月1日起施行)

第一章　总　　则

第一条　为加强三轮车和电动四轮车管理,保障道路交通安全,根据《中华人民共和国道路交通安全法》、《中华人民共和国产品质量法》等法律法规规定，制定本办法。

第二条 本市行政区域内人力、电动、燃油三轮车和电动四轮车在道路上行驶以及生产、销售等活动，应当遵守本办法。

《道路机动车生产企业及产品公告》内车型不适用本办法。

第三条 坚持确保交通安全与方便群众生活并重原则。保障残疾人必要的出行需求，保障涉及公共利益的特殊行业车辆行驶需要。

提倡残疾人、老年人选择公共交通工具出行。

第四条 市、县级人民政府公安机关交通管理部门负责三轮车和电动四轮车交通安全管理工作，质量技术监督、食品和市场监督、交通运输、城市管理等部门和有关组织依据各自职责承担三轮车和电动四轮车的相关监督管理与服务工作。

第五条 市、县级人民政府应当统筹规划建设综合交通运输体系，发展城乡公共交通，提高道路运输公共服务能力，满足公众出行需要。

第六条 本市行政区域内禁止利用三轮车和电动四轮车从事载客营运活动。

第二章 审核登记

第七条 符合相关标准的残疾人代步轮椅车、老年代步轮椅车和特殊行业电动三轮车上路行驶，应当依法登记，按照非机动车管理。

第八条 市、县公安机关交通管理部门依据残疾人证和特殊行业主管部门出具的证明以及残疾人代步轮椅车、老年代步轮椅车和特殊行业电动三轮车的相关标准，依法进行审核。对符合条件的，予以登记，发放相应的非机动车号牌和行驶证。

非机动车号牌和行驶证仅限在本市行政区域内使用。

第九条 应当自购车之日起三十日内，向公安机关交通管理部门申请办理登记，具体登记管理办法由公安交通管理部门本着便民原则制定。

第十条 非法生产、拼装、组装的三轮车和电动四轮车，不得申请登记。

第十一条 鼓励车辆所有人购买第三者责任险、人身伤害险和车辆损失险。

第三章 道路通行

第十二条 残疾人代步轮椅车、老年代步轮椅车和特殊行业电动三轮车驾驶人应当具备符合驾驶车辆要求的身体条件，遵守道路交通管理法律、法规，按照操作规范安全驾驶、文明驾驶。

饮酒、服用国家管制的精神药品或者麻醉药品，或者患有妨碍安全驾驶的疾病，以及具有其他影响安全驾驶情形的，不得驾车在道路上行驶。

第十三条 经公安机关交通管理部门登记，可以在道路上行驶的残疾人代步轮椅车、老年代步轮椅车和特殊行业电动三轮车，应当悬挂号牌，驾驶人还应当随车携带车辆行驶证及有关证明。

第十四条 残疾人代步轮椅车、老年代步轮椅车、特殊行业电动三轮车，应当在非机动车道行驶，最高时速不得超过15公里；在没有划设非机动车道的道路上，应当靠车行道的右侧行驶；非下肢残疾的人不得驾驶残疾人代步轮椅车。

环卫、通信及市政工程抢修的电动三轮车作业时，应当按照安全作业标准作业；在不影响其他车辆通行、确保安全的情况下，可以不受车辆分道行驶的限制，但不得逆向行驶。

第十五条 快递物流、桶装水配送等特殊行业电动三轮车，实行通行证管理，按照公安机关交通管理部门指定路线和规定时间行驶，避开工作日早晚出行高峰。

正在作业的环卫清扫、通信及市政工程抢修车辆除外。

第十六条 残疾人代步轮椅车、老年代步轮椅车、特殊行业电动三轮车不得在影响道路交通安全的地点停放。

第十七条 未经审核登记的三轮车和电动四轮车禁止在道路上行驶。

第十八条 取得国家质量监督检验检疫总局颁发的《特种设备许可证》的电动、燃油三轮车和四轮车，应当按照安全作业标准作业，在封闭的居民小区、场(厂)区、景区等不允许社会机动车通行的道路上行驶，不需要办理审核登记。

第十九条 任何单位和个人不得利用三轮车和电动四轮车占用道路从事非交通活动。

第四章 生 产 销 售

第二十条 三轮车和电动四轮车的生产者、销售者应当依法办理相关生产经营资质，生产、销售符合国家标准的三轮车和电动四轮车。

第二十一条 列入《强制性产品认证目录描述与界定表》的电动、燃油三轮车和四轮车，其生产者或者销售者、进口商，应当委托经国家认监委指定的认证机构对其生产、销售或者进口的产品进行认证。

销售者应当向购买人提供可供查验的强制性产品认证证明。

第二十二条 生产者、销售者不得生产、销售非法组装、拼装、改装的三轮车和电动四轮车。

任何单位和个人有权对非法生产、销售三轮车和电动四轮车行为，向质量技术监督、食品和市场监督管理部门举报。

第二十三条 采用虚假宣传、欺诈等行为销售的不符合国家质量技术标准的三轮车和电动四轮车，购买人可以向销售者提出退货申请，销售者应当无条件退货。

第二十四条 质量技术监督、食品和市场监督管理部门对涉嫌违法行为进行查处时，可以依法行使下列职权：

（一）对涉嫌从事违法生产、销售活动的场所实施检查；

（二）向有关人员进行调查；

（三）查阅、复制有关的合同、发票、账簿以及其他有关资料；

（四）查封或者扣押非法生产、销售的组装、改装、拼装或者应当认证而未经认证的列入强制性认证目录的三轮车和电动四轮车，以及直接用于生产、销售的工具。

第五章 法 律 责 任

第二十五条 残疾人代步轮椅车、老年代步轮椅车、特殊行业电动三轮车驾驶人违反本办法有下列行为之一的，依照道路交通安全管理的法律法规处罚：

（一）非机动车违反交通管制的规定强行通行，不听劝阻的，处200元以上2000元以下罚款，可以并处15日以下行政拘留；

（二）非机动车未依法登记，上道路行驶的，处以5元以上50元以下罚款；

（三）驾驶非机动车牵引其他车辆的，处以5元以上20元以下罚款；

（四）非下肢残疾的人驾驶残疾人轮椅车的，处以5元以上50元以下罚款；

（五）非机动车逆向行驶的，处以5元以上50元以下罚款；

（六）非机动车不在规定地点停放的，处以5元以上50元以下罚款；

（七）非机动车不按交通信号规定通行的，处以5元以上50元以下罚款；

（八）非机动车未在非机动车道行驶的，处以5元以上50元以下罚款；

（九）有其他违反道路交通法律法规的，按照相关法律法规进行处罚。

第二十六条 违反本办法有下列行为之一的，由公安机关交通管理部门依据道路交通安全管理的法律法规依法扣留车辆：

（一）在道路上行驶未悬挂号牌，或者未随车携带车辆行驶证，且不能提供车辆发票等相关手续，不能证明车辆合法来历的；

（二）使用伪造、变造的车辆号牌、行驶证或者使用其他车辆的号牌、行驶证、通行证的；

（三）在车辆上安装高分贝喇叭、音响等扰民设备的；

（四）调查道路交通事故需要的；

（五）拒绝接受罚款处罚的。

第二十七条 利用三轮车和电动四轮车从事道路运输经营活动的，由道路运输管理部门责令改正，情节严重的，处以1000元以下罚款。

第二十八条 非法生产、销售组装、改装、拼装或生产、销售应当进行强制性认证而未认证的三轮车和电动四轮车的，由质量技术监督、食品和市场监督管理部门依据《中华人民共和国产品质量法》第四十九条规定，责令停止生产、销售，没收违法生产、销售的产品以及直接用于生产、销售的工具，并处违法生产、销售产品（包括已售出和未售出的产品，下同）货值金额等值以上三倍以下的罚款；有违法所得的，并处没收违法所得；情节严重的，吊销营业执照；构成犯罪的，依法追究刑事责任。

第二十九条 销售者发布虚假广告欺骗和误导消费者的，由食品和市场监督管理部门依照《中华人民共和国广告法》、《中华人民共和国反不正当竞争法》的有关规定处罚。

第三十条 擅自占用道路从事非交通活动的由城市管理部门责令改正，拒不改正的处以 20 元以上 100 元以下罚款。

第三十一条 监督管理部门应当公开办事流程、执法依据，公布举报电话，依法受理投诉举报，并将调查核实与处理结果及时反馈。

第三十二条 监督管理部门及其工作人员不依法履行职责，对负有直接责任的主管人员和其他直接责任人员依法给予行政处分。

因违法行为给当事人造成损失的，应当依法承担赔偿责任。

第三十三条 对拒绝、阻碍国家工作人员依法执行职务或者扰乱社会公共秩序以及正常工作秩序的，由公安机关按照《中华人民共和国治安管理处罚法》的有关规定进行处罚；构成犯罪的，依法追究刑事责任。

第六章　附　　则

第三十四条 本办法所称的改装、拼装是指擅自改变外形尺寸、质量、制动器、车铃和夜间反光装置等。

本办法所称的特殊行业是指邮政快递、桶装水配送、报纸投递、环卫清扫、通信及市政工程抢修等行业。

第三十五条 电动自行车管理参照本办法执行。

第三十六条 本办法自 2017 年 1 月 1 日起施行。

秦皇岛市邮政管理局、秦皇岛市商务局关于促进邮政业与电子商务协同发展的实施意见

（2016 年 12 月 19 日　秦邮管〔2016〕62 号）

为认真贯彻落实《秦皇岛市人民政府关于促进快递业发展的实施意见》（秦政发〔2016〕17 号）、《秦皇岛市人民政府办公厅关于推进农村电子商务全覆盖的实施意见》（秦政办发〔2016〕11 号）等文件，进一步落实“互联网＋”行动计划，促进邮政业与电子商务协同发展，现结合我市实际，提出以下意见：

一、指导思想

深入贯彻落实《秦皇岛市政府关于促进快递业发展的实施意见》，坚持市场导向，为邮政业与电子商务在创新驱动、规模发展、设施建设等方面创造协同发展的良好政策环境，着力解决产业融合发展、信息互联互通、网络协同规划等问题，建立与协同发展需求相适应的管理制度和服务体系，推动快递业转型升级，促进电子商务加快发展，更好地服务地方经济。

二、发展目标

进一步拓展完善快递服务网络，优化城乡末端服务网点布局，加强政策创新、制度创新，推动邮政、快递、电商企业服务模式创新，培育壮大一批辐射范围广、服务能力强、社会效益好的快递、电商企业，努力促进我市邮政业与电子商务协同发展规划布局科学化、信息平台开放化、车辆通行便捷化、人才培养多样化、产业发展融合化，形成一批运行规范有序、示范作用明显的协同发展项目。

具体目标：2017 年底前，全市乡村邮政、快递服务网点覆盖率达到 80% 以上，启动 1—2 个电商快递物流园区的规划建设，到 2020 年，基本形成覆盖全市、普惠城乡、技术先进、服务优质、安全高效、绿色节能的邮政快递服务网络体系，基本实现“乡乡有网点，村村通快递”。

三、主要任务

（一）推进“互联网＋”行动计划

1. 建立健全“互联网＋”邮政业与电商协同发展服务体系。鼓励邮政、快递和电商企业通过“互联

网+"拓展协同发展空间,不断创新经营理念和服务模式,共同发展体验经济、社区经济、逆向物流等新业态。引导寄递企业与电商企业深化合作,统一数据接口标准,实现系统对接和信息交换,促进邮政快递服务与网购业务融合衔接,构建电子商务公共服务中心。支持寄递企业与电商企业共同运用物联网、大数据、云计算等信息技术,开发应用软件、手机APP等网络工具,发展仓储配送、流通加工、个性化定制、代收货款、订单生产等服务,打造信息化智能电商服务体系。探索建设集"数据采集、信息互联、政府监管"于一体的邮政快递、电商公共信息服务系统,实现用户、电商、快递、政府等多方信息的汇总与共享,促进线上线下互动创新。

2. 创新电子商务与寄递企业服务交易模式。鼓励大型生产基地和寄递企业探索建立高效的O2O交易模式,支持电商主体与邮政局(所)、快递点部和社区对接,开展"基地+商贸直销"电子商务配送业务。

(二)加快电商快递物流园区建设

支持在机场、铁路、绕城高速及公路干线周边建设电商快递物流园区,鼓励传统物流园区结合快递、电商企业发展需求改造仓储、分拣、冷链等设施设备,提供具备集中仓储、高效分拣、快速配送、商品展示等功能的仓配一体化服务。加快园区内部资源整合,引进金融、保险等企业入驻园区,提供"一站式"服务。结合市京津冀协同发展现代物流产业承接平台规划、市"十三五"现代物流规划"园中园"节点布局和定位以及省市电子商务与快递物流协同发展试点、示范城市和示范基地建设等战略规划布局,优先在龙家营、义乌小商品城、青龙、昌黎空港等地建设示范性快递物流园区,争取在抚宁、昌黎、卢龙等地规划建设现代化快递物流配送中心。

(三)优化邮政、快递末端服务网络

健全电子商务三级配送体系。加强交通运输、商贸、农业、供销、邮政等部门的协调配合,推动多站合一,建立电商与邮政快递服务网络和设施共享机制。引导寄递企业按照《邮政普遍服务标准》、《快递服务标准》、《快递营业场所设计基本要求》、《邮政业安全生产设备配置规范》等国家标准,推进营业场所标准化、分拨中心规范化、作业流程制度化建设。支持电商、寄递企业结合商业中心、大型社区、产业园区布局,规划建设末端服务合作网点,在校区、写字楼、机关事业单位等公共场所推广应用智能快件箱,加快高校邮政快递服务中心建设。推动寄递企业创新收派模式,研发应用智能冷藏包裹箱。鼓励寄递企业与物业公司、便利店等社会机构开展合作搭载邮政快递服务,推广网订店取(送)、店内寄件等服务。

(四)促进邮政、快递配送车辆便捷通行

推动出台城市邮政、快递配送车辆便捷通行和新能源车补贴政策,实现服务车辆合法规范运行,按照《城市物流配送汽车选型技术要求》、《快递专用电动三轮车技术要求》等国家标准,逐步统一城市寄递服务车辆标准,喷涂专用标识,确定适合中转运输和末端配送的车型,引导寄递企业更新使用符合国家标准的新能源车辆,鼓励邮政、快递配送车辆换型升级。

(五)推进"快递下乡"服务拓展工程

积极推进快递服务网络向农村地区拓展延伸,提升农村地区快递服务水平,打通"工业品下乡"和"农产品进城"的双向流通渠道,促进农村电子商务发展。引导邮政、快递与电商企业通过农村邮政局所、村邮站、"三农"服务站、农村供销社、客(货)运站及超市便利店等农村市场服务主体开展广泛业务合作。完善农村地区寄递服务基础设施,推广适合农村运输的车辆以及托盘、集装箱、笼车等标准化运载单元和专业化装卸设备,鼓励有条件的寄递企业在乡镇等农村地区网点配备PDA手持终端,纳入信息化系统统一管理,确保邮件、快件跟踪信息完整。

(六)加大邮政快递和电商人才培养力度

推动政府、企业、院校三方建立合作机制,利用高等院校和职业院校资源,建设集学生实习、就业和创业于一体的邮政快递、电商人才培养基地,促进毕业生就业和企业人才招聘。形成政府引导、企业接收、院校培养的人才培养体系,加快行业中、高级人才培养,打造多层次人才队伍。

四、保障措施

(一)强化工作协商

建立部门间工作协商机制,统筹协调促进邮政业与电子商务协同发展工作中的重大事项,及时研究处理突出问题,广泛开展多形式、多渠道、多层次的合作,因地制宜促进邮政业与电子商务协同发展。

(二)强化规划引领

出台发布《秦皇岛市邮政业发展"十三五"规划》、《秦皇岛市"十三五"电子商务发展规划》,推动快递业与电子商务协同发展纳入我市国民经济和社会发展“十三五”规划、物流业中长期规划、服务业发展“十三五”规划等。引导邮政快递、电商企业合理布局城乡服务网络,不断拓展协同发展空间。

(三)强化政策扶持

贯彻落实国家、省市促进邮政业与电子商务协同发展的有关政策,各级政府及有关部门积极制定促进邮政、快递和电商发展的资金、税收、人才和建设用地等扶持政策,加大对电子商务和寄递服务基础设施提升、公共平台运营、公共服务补助、人才引进培养、服务安全等方面的扶持力度,采取以奖代补、专项补助等形式,统筹安排服务业、商贸流通、电子商务等专项资金,推动邮政业与电子商务协同发展园区、公共信息化服务平台和寄递服务末端基础设施及安全设施等示范性、标准化工程项目建设,增强财政资金的支持效果。

(四)强化协会作用

指导快递、电子商务等行业协会发挥作用,加强调查研究,开展合作交流,提供政策建议,做好企业服务。引导企业诚信经营,促进市场秩序规范,维护行业共同利益,形成政府、协会、企业之间的良性互动机制。

(五)强化新闻宣传

充分发挥新闻媒体的宣传作用,组织中央、省、市主流媒体,大力宣传推进邮政业与电子商务协同发展工作的成功案例,积极营造良好的舆论氛围。

各级政府、市邮政管理局、商务主管等市直相关部门要统一思想认识,加强沟通协调,共同组织实施,根据本意见精神,按照职责分工努力促进快递业与电子商务协同发展取得实际成效。

4. 山　西

山西省邮政管理局、山西省商务厅关于促进快递业与电子商务协同发展的意见

(2016年1月26日　晋邮管〔2016〕20号)

各市邮政管理局,商务主管部门:

为认真贯彻《国务院关于促进快递业发展的若干意见》(国发〔2015〕61号)、《国家邮政局 商务部关于推进“快递向西向下”服务拓展工程的指导意见》(国邮发〔2015〕107号)和《山西省促进物流业发展两年行动计划(2015—2016年)》等文件,落实国家和我省有关决策部署,促进快递业与电子商务协同发展,现结合我省实际,提出以下意见:

一、充分认识促进快递业与电子商务协同发展的重要意义

快递业是现代服务业的重要组成部分,是推动流通方式转型、促进消费升级的现代化先导性产业。电子商务是网络化的新型经济活动,是战略新兴产业与现代流通方式的重要内容。近年来,快递业与电子商务相互依存、互为支撑,业务合作日趋紧密、关联领域不断拓展。促进快递业与电子商务协同发展,是我省加快生产性服务业发展,促进经济结构调整和产业转型升级,服务大众创业、万众创新的重要举措。

二、指导思想

以党的十八大和十八届三中、四中、五中全会精神及习近平总书记系列重要讲话精神为指导,坚持市场导向,为快递业与电子商务在创新驱动、规模发展、设施建设等方面创造协同发展的良好政策环境,着力解决产业融合发展、信息互联互通、网络协同规划等问题,建立与协同发展需求相适应的管理制度和服务体系。

三、发展目标

进一步拓展完善快递服务网络,优化城乡末端服务网点布局,加强政策创新、制度创新,推动快递、

电商企业服务模式创新，培育壮大一批辐射范围广、服务能力强、社会效益好的快递、电商企业，努力促进我省快递业与电子商务协同发展规划布局科学化、信息平台开放化、车辆通行便捷化、人才培养多样化、产业发展融合化，形成一批运行规范有序、示范作用明显的协同发展项目。

具体目标：2016年底前，全省乡镇快递服务网点覆盖率达到85%以上，启动1—2个电商快递物流园区的规划建设，到2020年，基本形成覆盖全省、普惠城乡、技术先进、服务优质、安全高效、绿色节能的快递服务网络体系，基本实现"乡乡有网点，村村通快递"。

四、主要任务

（一）推进"互联网＋"行动计划

鼓励快递、电商企业通过"互联网＋"拓展协同发展空间，不断创新经营理念和服务模式，共同发展体验经济、社区经济、逆向物流等新业态。引导快递企业与电商企业深化合作，统一数据接口标准，实现系统对接和信息交换，促进快递服务与网购业务融合衔接。支持共同运用物联网、大数据、云计算等信息技术，开发应用软件、手机APP等网络工具，发展仓储配送、流通加工、个性化定制、代收货款、订单生产等服务，打造信息化智能快递服务网络。探索建设集"数据采集、信息互联、政府监管"于一体的快递电商公共信息服务系统，实现用户、电商、快递、政府等多方信息的汇总与共享，促进线上线下互动创新。

（二）加快电商快递物流园区建设

支持在机场、铁路、绕城高速及公路干线周边建设电商快递物流园区，鼓励传统物流园区结合快递、电商企业发展需求改造仓储、分拣、冷链等设施设备，提供具备集中仓储、高效分拣、快速配送、商品展示等功能的仓配一体化服务。加快园区内部资源整合，引进金融、保险等企业入驻园区，提供"一站式"服务。结合大同市国家电子商务与快递物流协同发展试点城市建设、太原市国家电子商务示范城市建设、侯马国家电子商务示范基地建设及国家交通运输枢纽城市规划和全国物流园区规划等国家战略规划布局，优先在太原、大同、临汾等地建设示范性快递物流园区，争取在吕梁、运城、长治等地规划建设现代化快递物流园区。

（三）优化快递末端服务网络

引导快递企业按照《快递服务》、《快递营业场所设计基本要求》、《邮政业安全生产设备配置规范》等国家标准，推进营业场所标准化、分拨中心规范化、作业流程制度化建设。支持电商、快递企业结合商业中心、大型社区、产业园区布局，规划建设电商快递末端服务网点，在校区、写字楼、机关事业单位等公共场所推广应用智能快件箱，加快高校快递服务中心建设。推动快递企业创新收派模式，研发应用智能冷藏包裹箱。鼓励快递企业与物业公司、便利店等社会机构开展合作搭载快递服务，推广网订店取（送）、店内寄件等服务。

（四）促进快递车辆便捷通行

推动各地出台城市快递车辆便捷通行政策，实现快递服务车辆合法规范运行，按照《城市物流配送汽车选型技术要求》、《快递专用电动三轮车技术要求》等国家标准，逐步统一城市快递服务车辆标准，喷涂快递专用标识，确定适合中转运输和末端配送的车型，引导快递企业更新使用符合国家标准的新能源车辆，解决"客载货"问题。

（五）推进"快递下乡"服务拓展工程

积极推进快递服务网络向农村地区拓展延伸，提升农村地区快递服务水平，打通"工业品下乡"和"农产品进城"的双向流通渠道，促进农村电子商务发展。引导快递、电商企业广泛与农村邮政局所、村邮站、"三农"服务站、农村供销社、客（货）运站及超市便利店等农村市场服务主体开展快递业务合作。完善农村地区快递服务基础设施，推广适合农村运输的车辆以及托盘、集装箱、笼车等标准化运载单元和专业化装卸设备，鼓励有条件的快递企业在乡镇等农村地区网点配备PDA手持终端，纳入信息化系统统一管理，确保快件跟踪信息完整。

（六）加大快递电商人才培养力度

推动政府、企业、院校三方建立合作机制，利用高等院校和职业院校资源，建设集学生实习、就业和创业于一体的快递电商人才培养基地，促进毕业生就业和企业人才招聘。形成政府引导、企业接收、院校培养的人才培养体系，加快行业中、高级人才培养，打造多层次快递电商人才队伍。

五、保障措施

（一）强化工作协商

建立部门间工作协商机制，统筹协调促进快递业与电子商务协同发展工作中的重大事项，及时研究处理突出问题，广泛开展多形式、多渠道、多层次的合作，因地制宜促进快递业与电子商务协同发展。

（二）强化规划引领

完善出台《山西省邮政业发展“十三五”规划》、《山西省电子商务物流发展规划》，推动快递业与电子商务协同发展纳入国民经济和社会发展“十三五”规划、物流业中长期规划、服务业发展“十三五”规划等。引导快递、电商企业合理布局城乡服务网络，不断拓展协同发展空间。

（三）强化政策扶持

贯彻落实国家、我省促进快递业与电子商务协同发展的有关政策，积极向各地政府及有关部门争取财政资金和建设用地等政策支持，推动快递业与电子商务协同发展示范性工程项目建设。

（四）强化协会作用

指导快递、电子商务等行业协会发挥作用，加强调查研究，开展合作交流，提供政策建议，做好企业服务。引导企业诚信经营，促进市场秩序规范，维护行业共同利益，形成政府、协会、企业之间的良性互动机制。

（五）强化新闻宣传

充分发挥新闻媒体的宣传作用，组织中央、省、市主流媒体，大力宣传推进快递业与电子商务协同发展工作的成功案例，积极营造良好的舆论氛围。

各市邮政管理局、商务主管部门要统一思想认识，加强沟通协调，共同组织实施，根据本意见精神，按照职责分工努力促进快递业与电子商务协同发展取得实际成效。

山西省交通运输厅、山西省邮政管理局关于我省邮政专用车辆免费通行高速公路有关事宜的通知

（2016 年 7 月 18 日　晋交财发〔2016〕234 号）

省高速公路管理局、中国邮政集团公司山西省分公司：

为进一步促进我省邮政业健康发展，提高我省邮政基本公共服务水平，根据省人民政府相关批示精神，现将我省邮政专用车辆免费通行高速公路有关事宜通知如下：

一、提供邮政普遍服务的邮政专用车辆，按规定的高速公路路线行驶并在指定收费站上下高速公路，免缴高速公路车辆通行费。

本通知所指邮政专用车辆是指按照国家规定喷涂邮政标志色和“中国邮政”标识，并按照《中华人民共和国邮政法》规定从事邮政普遍服务和特殊服务的专用车辆。

二、免缴高速公路车辆通行费的邮政专用车辆由省邮政企业统一向省邮政管理局提出申请，并提供车辆照片、行驶证复印件、邮运线路及固定出入口收费站等相关资料。省邮政管理局审核和省交通运输厅审定后，省高速公路管理局为其配发“专用 ETC 卡”，实现“一车一卡”严禁交叉使用。

免缴高速公路车辆通行费的邮政专用车辆实行年审制度。省邮政企业应当于免缴期到期日前两个月内，按照上述规定申报次年免缴车辆信息（含车辆发生变动情况），其他时间内原则上不再办理。

三、邮政专用车辆在通过高速公路收费站入口时，应主动出示车辆行驶证和“专用 ETC 卡”（专用 ETC 卡代替入口通行卡使用，入口处不再领卡），收费员核对无误并录入信息后，方可驶入高速公路；在通过高速公路收费站出口时，收费员执行同样程序后，免费放行。

四、省、市邮政管理部门和省高速公路管理局及所属机构应不定期地对省邮政公司及其所属单位执行免费政策的情况进行联合检查，实行开厢查验，但不得开拆邮件。对发现的不符合免缴条件的车辆，应当要求其补交费用，并按规定进行处罚，直至取消其免费 ETC 卡。

省高速公路管理局所属机构收到举报及上级部门指示时，也可对享受免缴高速公路车辆通行费的邮政专用车辆的行驶证、路单等相关证件进行查验。驾驶人员应当主动出示，并配合检查。

五、具有以下情形之一的车辆，高速公路各收费站不予免费。

1. 车辆信息不符的；

2. 未执行邮政普遍服务运输任务、投递任务的；

3. 不按照规定邮运线路行驶固定出入口收费站的；
4. 不接受收费站工作人员查验的；
5. 通行收费站不使用该车配备的专用ETC卡的。
六、邮政专用车辆超限运输的，应当按照国家和省有关规定缴纳高速公路车辆通行费。
执行邮政普遍服务任务的邮政专用车辆，在通过收费站遇有交通拥堵时，有优先通行权。
七、本通知自下发之日起执行，执行过程中出现的问题要及时向厅财务收费管理处反映。
附件：2016—2017年已审定的邮政专用车辆备案表（略）

山西省支持快递业发展的若干措施

（2016年11月2日山西省人民政府印发）

快递业是现代服务业的重要组成部分，是推动流通方式转型、促进消费升级的现代化先导性产业。为贯彻落实《国务院关于促进快递业发展的若干意见》（国发〔2015〕61号），大力支持我省快递业发展，更好发挥快递业在促进流通、改善民生、增加就业、带动消费等方面的重要作用，结合我省实际，现提出以下措施：

一、保障快递业发展建设用地

（一）加强用地规划。将快递业发展纳入国民经济和社会发展五年规划、年度计划及各地商业网点规划，做好与城乡规划、土地利用总体规划及综合交通运输、物流业、服务业等有关规划的衔接。保障快递园区、快递公共投递服务站等快递业基础设施建设用地，与城乡公共服务设施用地同步规划。（各市人民政府，省国土资源厅、省发展改革委、省住房城乡建设厅、省交通运输厅、省邮政管理局）

（二）保障土地供应。对符合国家产业政策的快递业发展建设项目用地指标给予支持。符合《划拨用地目录》的快递业发展建设项目，可以以划拨方式供地。快递企业利用闲置划拨土地上的旧厂房、仓库等用于建设快递服务设施或提供快递服务，在5年内可以继续以划拨方式使用土地，暂不变更土地使用性质。（各市人民政府，省国土资源厅、省住房城乡建设厅）

（三）降低用地成本。快递业发展项目用地可以采取先出租后出让，在法定最高年期内实行缩短出让年期等方式出让土地。（各市人民政府，省国土资源厅、省商务厅、省住房城乡建设厅）

二、完善快递服务网络

（四）加快快递物流园区建设。各市人民政府应根据本地经济发展特点、区位优势和国家战略规划布局，在机场、铁路、绕城高速等交通干线周边建设快递专业类物流园区或具备快递服务功能的物流、电商园区，促进快递业集聚发展。2018年前，优先在太原、大同、临汾等地规划建设示范性快递专业类物流园区。2019年前，争取在长治、运城、吕梁、晋城等地规划建设现代化快递专业类物流园区。到2020年，全省各设区市均应建成至少1个快递专业类物流园区或具备快递服务功能的物流、电商园区。园区内或周边应统筹安排3个以上快递企业所需的建设用地及冷链仓储等设施建设用地，不具备快递企业配套用地的园区不纳入省级物流园区评选，快递企业入驻园区与物流企业享受同等优惠政策，首次评定为4A、5A的快递企业，分别给予20万元、50万元奖励。鼓励快递专业类物流园区建设项目采取政府和社会资本合作（PPP）模式运作，经省财政厅认定的快递专业类物流园区建设PPP项目作为省级示范项目，统一面向社会公布，并可享受省财政给予的奖补政策。（各市人民政府，省邮政管理局、省财政厅、省发展改革委、省商务厅）

（五）加强分拨处理中心建设。快递专业类物流园区或具备快递服务功能的物流园区及快递企业改扩建的分拨处理场所的服务设施，新增投资额100万元以上（不含土地价款）、快递企业用地面积占总用地面积的60%以上，运营1年以上且未发生重大安全事故的，按新增投资额10%的标准给予最高50万元补助。（各市人民政府，省邮政管理局、省商务厅、省发展改革委）

（六）推进快递公共投递服务站建设。各市人民政府应将快递公共投递服务站作为城市共同配送体系的组成部分纳入城乡规划。新建工业厂房、商业楼房、居民小区和城市改造项目应预留快递公共服务设施建设用地或用房。支持快递企业利用单位传达室或服务中心、社区物业、超市便利店等场所或专业第三方机构设置快递公共服务站。加快高等院校快递服务中心建设,鼓励其与快递企业签订合作协议,建设快递公共投递服务站或快递服务中心。(各市人民政府,省住房城乡建设厅,各高等院校)

(七)深入推进"快递下乡"工程。引导快递企业加快建设农村地区快递服务网点或开辟延伸快递服务运输线路。鼓励快递企业与邮政企业创新合作模式,提高基础设施和运输资源利用效率。支持快递企业与供销合作社经营网点、农家店、农资店、农村综合服务中心、客(货)站、农村邮政局所、村邮站等农村经营服务场所合作,建设快递便民服务驿站。"快递下乡"工程享受山西省关于支持服务业发展和支持农村电商物流发展的有关政策。(各市人民政府,省商务厅、省农业厅、省供销社、省邮政管理局)

(八)推广应用智能快件箱。各级人民政府应将智能快件箱纳入城市公共服务设施规划,鼓励快递企业或第三方服务机构在政府机关、高等院校、居民小区等人员密集区域集中设置智能快件箱。(各市人民政府,省住房城乡建设厅、省邮政管理局)

三、培育壮大快递企业

(九)引进快递企业总部。结合我省区位优势,鼓励国内外快递企业总部或区域中心在山西落户。充分利用京津冀协同发展、环渤海地区合作发展、晋陕豫黄河金三角、晋冀蒙长城金三角等区域合作政策优势,引导快递企业在山西设置区域性快件处理中心等服务功能设施。(省邮政管理局、省发展改革委、省财政厅、省经信委,各市人民政府)

(十)培育本土快递企业。支持本土快递企业通过依法兼并重组做大做强,对兼并重组后上市融资成功并完成股份制改造的快递企业,给予一次性直接融资奖励。在快递行业实现创业的个人或企业,可同等享受国家及省规定的财政贴息创业担保贷款。对已享受财政贴息创业担保贷款的单位,政府不再提供创业担保贷款基金支持。(各市人民政府,省财政厅、省邮政管理局)

四、改善快递服务车辆管理

(十一)促进快递车辆便捷通行。公安交通管理部门和交通运输部门在确保安全的前提下为快递服务车辆提供通行和事故处理便利,杜绝乱收费、乱罚款及额外附加义务。符合国家相关标准的快递服务车辆,经公安交通管理部门核准后,可在确保安全、畅通的情况下在市区禁行或禁停路段临时通行、停靠及作业。各市人民政府应结合实际,尽快制定快递服务车辆通行管理办法,解决快递服务"最后一公里"通行难问题。(各市人民政府,省公安厅、省交通运输厅、省邮政管理局)

(十二)推广使用新能源车辆。对快递企业购置纳入国家节能与新能源汽车目录汽车的,享受我省新能源汽车优惠政策。鼓励快递企业购置和更新车辆时,同等条件下优先选用本省企业生产的新能源汽车产品。各地新能源汽车配套基础设施建设应满足快递企业新能源车辆需求,可在快递企业分拨中心、公共投递服务站等区域设置专用充电桩。(各市人民政府,省邮政管理局、省财政厅、省发展改革委、省交通运输厅、省经信委)

五、优化行业发展环境

(十三)简化工商登记手续。推进工商登记便利化。深化快递行业商事制度改革,全面实行注册资本认缴登记制,全面实施"五证合一、一照一码"登记。推进企业名称核准、企业登记全程电子化。探索对快递企业实行"一照多址"模式。(省工商局)

(十四)加大资金支持力度。将快递业发展纳入到省政府及相关主管部门扶持服务业及电子商务、物流等行业的有关奖补政策中。扶持、奖补对象为在山西进行工商登记注册且具有独立法人资格的单位、组织,依法在山西纳税的法人企业分支机构和经省邮政管理部门确认对促进我省快递业发展作出突出贡献的其他单位。对省级以上扶贫开发工作重点县的扶持、奖补对象予以适当倾斜。各市人民政府相应安排一定资金,扶持快递业发展。鼓励各类社会资本依法进入快递领域。(省财政厅、省商务厅、省邮政管理局,各市人民政府)

(十五)落实财税优惠政策。各级财政专项资金要将符合条件的快递企业和快递业发展项目纳入预算内重点公益性、基础性设施建设的支持范围。快递企业用电、用气、用热价格按照不高于一般工业标准执行。总部设在山西的快递企业的增值税可按规定申请实行全省汇总缴纳。快递企业设立分支机构的,总机构和二级分支机构应按税法规定汇总缴纳企业所得税。全面落实营改增政策,切实消除重复征税,最大限度减轻快递企业税负。(省财政厅、省国税局、省地税局,各市人民政府)

(十六)促进快递业与电子商务协同发展。鼓励快递企业与电子商务企业联合建设电商快递园区,促进协同发展。入驻园区的快递企业与电子商务企业享受同等优惠政策,鼓励快递企业申报电子商务服务示范企业,支持电商快递园区申报电子商务示范园区(基地)。鼓励快递企业开展跨境电商业务,对快递企业对接我省跨境电子商务公共服务平台给予一定比例的资金支持。积极参与推动电子商务进农村，促进贫困地区经济发展，畅通农产品进城与农资消费品下乡双向流通渠道。（各市人民政府，省商务厅、省农业厅、省邮政管理局）

（十七）推动交邮融合发展。实施快递“上车、上飞机”工程。加强与铁路、公路、民航等运输企业合作，火车站、汽车站、机场、口岸等单位应当支持快递企业建设快件集中处理场所，完善快件运输处理设施，为快件运输提供配载、装卸、快速安检、通关、接驳等一体化便捷服务，实现不同运输方式的快件运输无缝衔接。鼓励发展高铁快递，稳妥推进道路客运班车代运快件试点，支持在太原武宿国际机场设立国际快件监管专用接驳区，鼓励快递企业开通太原至全国主要城市、国际中心城市的快件直达航班。鼓励快递企业与制造、电商企业建立结构合理、协作深入、标准对接的合作模式，实现互利共赢。（各市人民政府，省交通运输厅、省邮政管理局、太原铁路局、民航山西监管局、省民航机场管理局）

六、提高行业服务能力

（十八）实施“互联网＋”快递。通过“互联网＋”拓展快递业发展空间。支持开发建设集安全监控、仓储管理、分拣配送、位置服务、数据分析等功能于一体，整合物流、电商、口岸、政务等各类物流信息资源，提高物流供需信息对接和使用效率的快递业公共信息平台。鼓励物流、电商等信息化平台对快递企业开放，实现相关业务系统互联互通。鼓励重点和骨干快递企业开展快递信息化示范工程。鼓励现有仓储和转运设施的信息化改造，推广深度感知智能仓储系统建设。鼓励和引导企业应用智能化快递装备，推进云计算、物联网、北斗导航及地理信息等技术在快递智能化管理方面的应用，促进线上线下互动创新。（省邮政管理局、省商务厅、省经信委，各市人民政府）

（十九）推进基础设施升级改造。鼓励金融机构为快递企业购置的自动（半自动）快件分拣机、快件安检机、重型汽车等设施设备提供融资租赁服务。快递企业以融资租赁的方式引进智能装备的，由所在地人民政府给予一定补贴。（省金融办，各市人民政府）

（二十）加强行业人才培养。鼓励高等院校加强物流管理、物流工程等专业建设，支持职业院校开设快递专业。探索政府、院校、企业联合培养人才模式，畅通高校毕业生就业和快递企业人才招聘通道。支持快递企业与高等院校、科研机构建立人才培养基地，开展快递业人力资源培训，对培训合格人员按规定给予一定的培训补贴。将快递职业列入当地编制的《职业培训专业（工种）和补贴标准目录》，按规定对符合职业培训补贴政策的人员给予补贴。快递企业引入紧缺高级管理、专业技术人才，享受我省引进高层次人才相应政策待遇。支持进城务工、失业人员参加快递业务技能培训。（省教育厅、省人力资源社会保障厅，各市人民政府）

七、提升行业管理水平

（二十一）加强行业监管力量。市级邮政管理部门可在业务集中、情况特殊的县（市）设立县级邮政监管分支机构，各级人民政府要对完善省级以下邮政管理体制给予财政资金等方面政策支持，保障快递业健康发展。（各市人民政府）

（二十二）强化安全生产综合治理。实施寄递渠道安全监管“绿盾”工程。落实行业主管部门安全监管职责，提升突发事件应急处置水平，完善邮政业安全监管信息系统，推进自动化信息采集，确保信息完整、准确、可追溯。探索建立寄递渠道可疑线索举报奖励机制。进一步强化企业安全生产主体责任，全面实行寄递物品收寄验视、实名寄递和过机安检三项100%制度。加强综治、公安、国安、交通、邮政等部门间工作联动，落实邮政业安全生产操作规范和设备配置规范等国家标准，加强从业人员安全教育培训，开展安全法规宣传活动。省、市人民政府共同安排专项资金，用于推动全省快递企业逐步配置安全检测设备（X光机），对快递企业配置的安全检测设备（X光机）按每台购买价格的50%给予财政补贴，切实加强寄递渠道安全保障能力。（省综治办、省财政厅、省公安厅、省国家安全厅、省交通运输厅、省邮政管理局，各市人民政府）

八、健全完善工作机制

（二十三）完善支持快递业发展的统筹协调工作机制。成立省促进快递业发展工作领导小组，加强组织协调、督查落实。各地、各单位要加强组织领导，健全工作机制，认真制定实施方案或配套措施并抓好贯彻落实，重大情况及时向省人民政府报告。（各市人民政府，省直有关部门）

山西省财政厅关于对寄递企业配置X光安检机给予专项资金补贴的意见

（2016年11月25日　晋财行〔2016〕130号）

省政府：

省政府转来省邮政管理局《关于对全省寄递企业购置X光安检机给予专项资金补贴的请示》（晋邮管〔2016〕191号），申请为我省寄递企业购买X光安检机给予补助。我厅意见，省财政对8家规模以上寄递企业的市级分拨中心的88台X光机予以一次性补助，共需资金440万元，拟从预备费中解决。具体如下。

一、基本情况

目前我省有EMS、申通、中通、圆通、汇通、韵达、顺丰、天天等8家规模以上快递企业，在地市一级设立有88个分拨中心，按照中央综治办等15部委联合印发《全国集中开展危爆物品寄递物流清理整顿和矛盾纠纷排查化解专项行动的工作方案》，要求寄递企业邮件、快件收寄验视、实名收寄和过机安检"三个100%"制度，每个分拨中心均需配备X光机。

山西省人民政府《关于印发山西省支持快递业发展若干措施的通知》（晋政发〔2016〕58号）第二十二条规定，省、市人民政府共同安排专项资金，用于推动全省快递企业逐步配置安全检测设备（X光机），对快递企业配置的安全检测设备（X光机）按每台购买价格的50%给予财政补贴，切实加强寄递渠道安全保障能力。

二、解决意见

经研究，我们意见拟按照省政府晋政发〔2016〕58号文规定，财政补贴资金部分省、市各负担50%。按照单台购置价格20万元计算，省财政补助5万元/台，补助范围为我省8家规模以上快递企业在地市设立的88个分拨中心的88台X光安检机（每中心1台）。补贴金额共计440万元。

妥否，请批示。

朔州市商务局、朔州市邮政管理局关于促进全市电子商务和邮政快递业协同发展的指导意见

（2016年1月12日　朔商发〔2016〕4号）

各县（区）商务局，各寄递企业、电商及相关企业：

为进一步促进全市电子商务和邮政快递业协同发展，现提出以下意见：

一、充分认识促进电子商务和邮政快递业协同发展的重要意义

电子商务是网络化的新型交易形式，邮政快递服务是面向生产和民生的现代服务业，是我国战略性新兴产业与现代流通方式的重要组成部分。邮政快递服务是面向生产和民生的现代服务业。近年来，邮政快递服务与网络零售相互依存、互为支撑，业务合作日趋紧密、关联领域不断拓展，呈现出互利共赢的良好局面，有力促进了两个市场的发展壮大。

同时，在电子商务和快递业发展过程中，也存在一些衔接不顺畅、发展不协调的问题，如运营配套、信息共享等方面仍存在着差距。促进电子商务和邮政快递业协同发展，是坚持科学发展，转变发展方式，提高发展质量和效益，促进产业转型升级和跨越式发展的客观要求；是切实增强服务能力，提高服务水平，消除发展"瓶颈"，释放产业活力，实现产业共同做强做大的有效途径。促进电子商务和快递业协同发展，符合产业发展的客观规律，合作基础坚实，发展前景十分广阔。当前，我市电子商务和快递

业发展仍然处于融合发展的基础阶段，要抓住当前产业融合发展的趋势，进一步推进改革创新，坚定发展信心，凝聚发展合力，积极走出一条电子商务和邮政快递业协同发展的路子。

邮政快递服务业是融合信息交流、物品递送、资金流通等多种功能于一体的高成长复合型新兴服务业，具有促进商品流通能力强、拉动居民消费作用大、吸纳就业人数多、涵盖生产生活领域广等特点，在方便群众生活、服务社会生产、助推经济转型发展等方面发挥着日益重要的作用。快递服务业是邮政行业的组成部分，是公共服务的重要内容，也是电商网购产业链中的关键协作产业。

加快促进邮政快递服务业发展，有利于培育打造新的经济增长点，提升生产性服务业发展水平，对推动产业结构调整升级、完善公共服务体系、促进经济持续较快发展具有重要意义。整合发挥商务部门、邮管部门、企业等各方作用，鼓励和引导快递服务业各类主体健康发展，不断规范管理、改善服务、优化环境、提升层级，提高行业综合竞争力。针对当前快递服务业中出现的用地难、用工难、通行难、投递难、收投比例失调、发展资金短缺以及与电子商务协同发展程度低等一系列制约发展的瓶颈性问题，要给予更多关注，优化创新管理，强化配套政策措施支持，有效促进行业可持续快速健康发展。

二、协同发展的必要性和重要性

在全市加快转变经济发展方式、推进经济转型升级的大背景下，电子商务和邮政快递业作为经济发展新的增长点，整合各自优势并协同发展有以下重要性和必要性：

（一）经济结构转型的需要

作为一个资源型城市，我市正处于产业结构战略调整和经济发展转型升级的关键时期，促进电子商务和邮政快递业协同发展是系统性扭转"一煤独大"的产业结构比重失调的有效途径，有利于搞活经济、促进就业和进一步释放城乡居民消费潜力，培育新的经济增长点。

（二）壮大服务业，提升行业服务水平的重要举措

促进电子商务和邮政快递业协同发展，不仅可以扩大我市电子商务企业的数量和规模，同时也是邮政快递业丰富服务产品、增加收入和提升服务的良好契机，邮政快递企业通过完善农村、商贸服务网络，强化对农业、制造业和电子商务企业的服务能力和合作力度，逐步打造"工业品下乡"和"农产品进城"双向流通渠道，实现带动消费和服务提升两促进。

（三）工农业、商业和邮政业互惠共赢协同发展的有力抓手

我市作为晋北小杂粮的生产基地、北方瓷都、重要奶源基地，特色农产品、工业产品由于缺乏电子商务和邮政快递业的有效支撑，制约了我市农业、工业产品外销发展，通过促进电子商务与快递业协同发展，为上下游企业搭建合作互惠共赢平台，可以有效的促进我市特色产品生产规模和扩大销路，同时促进邮政快递企业丰富产品种类、扭转进出口失调比例，实现工农企业、电商企业和邮政快递企业共同发展。

三、促进电子商务和邮政业快递业协同发展的指导思想与原则

（一）指导思想

以十八大、十八届三中、四中全会精神为指引，以朔州市经济工作会议精神为指导，以落实国务院、商务部、国家邮政局以及山西省关于促进电子商务和快递业发展的有关文件要求为具体措施，以市场为导向，以企业为主体，市商务局和市邮管局紧密配合，充分发挥政府的引导作用，统筹电子商务和快递业长远发展要求，优化发展环境，为电子商务和邮政快递企业搭建发展平台，健全产业联动政策，消除协同发展障碍，促进电子商务扩容提质发展，推动邮政快递服务转型升级，为全市经济社会发展做出更多贡献。

（二）基本原则

1. 落实政策，科学发展。商务和邮政管理部门、企业要分别发挥产业引领和市场主体作用，落实国务院、省、市政府促进行业发展的相关政策，推动邮政快递与电子商务转变发展方式，优化产业结构，提高服务质量，增强发展后劲，提升竞争实力，推动两者全面、协调、可持续发展，有效满足经济社会发展的需要。

2. 平等互利，互信合作。快递企业与电子商务企业是平等、独立的市场主体，企业间开展合作应当遵循市场规律，充分考虑双方利益，坚持双方自愿、互利共赢、友好诚信，夯实互信基础，不断推动合作深化。

3. 先易后难，以点带面。集中力量优先解决最终用户、双方企业共同关注的制约协同发展的关键问题，加大对重点环节、重点区域的扶持力度，形成重点带动、整体推进。

（三）目标

有效搭建我市促进电子商务和快递业协同发展平台，促进快递业规模再上台阶，为电商企业提供优质服务，畅通我市特色农产品和工业产品外销通道，为我市经济产业结构转型发展作出积极贡献。

四、主要措施

（一）在充分发挥各自优势的基础上，形成充分有效的推动发展合力

市商务局以“互联网＋流通”为载体，以电子商务进农村、进社区为抓手，通过调研摸底，推选出有资质、有意向和符合条件的电商企业，作为电子商务和邮政快递业合作备选企业；同时以电子商务进农村为切入点，进一步整合培训资源，认真办好面向基层干部、农业企业、合作社、电商、快递网点、农民开展电子商务基础知识、网络开店及技巧、网购操作等技能培训，加快培育和发展农村电子商务经营主体步伐。

市邮政管理局以提升邮政业服务能力与发展水平为切入点，以为电商提供针对性和多样性的服务为主要手段，引导邮政快递企业建立并不断完善市、县、乡、村四级网络配送体系，不断优化收投网络投递节点分布，鼓励邮政快递企业对接涉农电子商务企业，有效衔接农产品线上线下销售网络和寄递渠道，深化与各类涉农电子商务企业、农业合作社、农业现代化企业、农副产品深加工企业的合作，提供集包装、仓储、运输于一体的标准化、定制化服务。逐步将邮政快递网络打造成为具有信息发布、供求交易、物流配送、质量追踪及售后服务等功能为一体的农村电子商务综合服务网络，使邮政快递成为农村电子商务发展的重要流通渠道。

市商务局和市邮管局在落实好国家扶持和促进电子商务和邮政快递业协同发展的各项政策中，要强化沟通协作，不断建立和完善工作机制，加强统一规划安排，积极联合开展考察调研，制定出台切合实际又利于电商和邮政快递业长远发展的政策举措，从而形成充分有效的推动发展合力，推动电子商务和邮政快递业实现互利共赢、又快又好发展。

（二）保障安全发展

强化对电子商务企业和邮政快递业的资质、服务能力及经营状况审查核查，尤其是对享受政府扶持支持政策的企业和加强事中和事后督导检查，确保政府扶持政策和资金有效扶持到位，实现电子商务和邮政快递业协同可持续发展。同时进一步强化安全生产红线意识，加强寄递安全制度体系建设，充分落实企业主体责任，不断夯实快递业安全基础，依靠科技手段创新管理方式、提升安全生产水平，保障寄递渠道安全。

五、组织领导

（一）成立协同发展领导组

组　长：市商务局局长　　安　宪

　　　　市邮政管理局局长　　田　笃

副组长：市商务局总经济师　　陈继义

　　　　市邮政管理局副局长　　蔚　玺

成　员：市商务局电子商务科及市邮政管理局行业管理科相关人员。

领导组下设办公室，办公室设在市邮政管理局行业管理科，具体负责各项具体工作的落实。

（二）建立工作机制

1. 建立市商务局和市邮政管理局工作联动机制。

两局定期召开例会，及时总结通报工作推进进度，安排部署下一阶段工作，并积极开展联合调研、现场办公等多种形式的工作，掌握和发掘新动态、新情况和新问题。根据上级部门关于电子商务和快递业协同发展新的文件精神，以及我市电子商务与邮政快递业发展新形式和新阶段，及时出台或修订促进快递业发展的新举措和新办法。

2. 建立电子商务和邮政快递企业常态化沟通机制。

按照职能划分召集电子商务企业和快递企业，定期组织召开电子商务企业和邮政快递企业发展协调会，至少每半年召开一次会议，传达我市电子商务和邮政快递企业协同发展最新政策，通报阶段性成果，表彰在协同发展中取得成绩的企业和个人，座谈研讨协调发展中的各类问题，达成促进发展意见。

临汾市邮政管理局、临汾市商务局关于促进快递业与电子商务协同发展的意见

（2016年4月11日 临邮管〔2016〕6号）

各县（市、区）商务主管部门：

为认真贯彻《国务院关于促进快递业发展的若干意见》（国发〔2015〕61号）、《国家邮政局 商务部关于推进“快递向西向下”服务拓展工程的指导意见》（国邮发〔2015〕107号）、《山西省促进物流业发展两年行动计划（2015—2016年）》和《关于促进快递业与电子商务协同发展的意见》（晋邮管〔2016〕20号）等文件，落实国家、省、市有关决策部署，促进快递业与电子商务协同发展，现结合我市实际，提出以下意见：

一、充分认识促进快递业与电子商务协同发展的重要意义

快递业是现代服务业的重要组成部分，是推动流通方式转型、促进消费升级的现代化先导性产业。电子商务是网络化的新型经济活动，是战略新兴产业与现代流通方式的重要内容。近年来，快递业与电子商务相互依存、互为支撑，业务合作日趋紧密、关联领域不断拓展。促进快递业与电子商务协同发展，是我市加快生产性服务业发展，促进经济结构调整和产业转型升级，服务大众创业、万众创新的重要举措。

二、指导思想

以党的十八大和十八届三中、四中、五中全会精神及习近平总书记系列重要讲话精神为指导，坚持市场导向，为快递业与电子商务在创新驱动、规模发展、设施建设等方面创造协同发展的良好政策环境，着力解决产业融合发展、信息互联互通、网络协同规划等问题，建立与协同发展需求相适应的管理制度和服务体系。

三、发展目标

进一步拓展完善快递服务网络，优化城乡末端服务网点布局，加强政策创新、制度创新，推动快递、电商企业服务模式创新，培育壮大一批辐射范围广、服务能力强、社会效益好的快递、电商企业，努力促进我市快递业与电子商务协同发展规划布局科学化、信息平台开放化、车辆通行便捷化、人才培养多样化、产业发展融合化，形成一批运行规范有序、示范作用明显的协同发展项目。

具体目标：2016年底前，全市乡镇快递服务网点覆盖率达到85%以上，启动临汾市电商快递物流园区的规划建设，到2020年，基本形成覆盖全市、普惠城乡、技术先进、服务优质、安全高效、绿色节能的快递服务网络体系，基本实现“乡乡有网点，村村通快递”。

四、主要任务

（一）推进“互联网+”行动计划

鼓励快递、电商企业通过“互联网+”拓展协同发展空间，不断创新经营理念和服务模式，共同发展社区经济、逆向物流等新业态。引导快递企业与电商企业深化合作，统一数据接口标准，实现系统对接和信息交换，促进快递服务与网购业务融合衔接。支持共同运用物联网、大数据、云计算等信息技术，开发应用软件、手机APP等网络工具，发展仓储配送、流通加工、个性化定制、代收货款、订单生产等服务，打造信息化智能快递服务网络。探索建设集“数据采集、信息互联、政府监管”于一体的快递电商公共信息服务系统，实现用户、电商、快递、政府等多方信息的汇总与共享，促进线上线下互动创新。

（二）加快电商快递物流园区建设

支持在机场、铁路、绕城高速及公路干线周边建设电商快递物流园区，鼓励传统物流园区结合快递、电商企业发展需求改造仓储、分拣、冷链等设施设备，提供具备集中仓储、高效分拣、快速配送、商品展示等功能的仓配一体化服务。加快园区内部资源整合，引进金融、保险等企业入驻园区，提供“一站式”服务。结合侯马国家电子商务示范基地建设，推动侯马市振通电子商务产业园、恒健商运通仓储物流有限公司转型，利用原焦铝厂址的旧址，建设综合型仓储、物流、配货、小型加工批发的物流园区。

(三)优化快递末端服务网络

引导快递企业按照《快递服务》、《快递营业场所设计基本要求》、《邮政业安全生产设备配置规范》等国家标准,推进营业场所标准化、分拨中心规范化、作业流程制度化建设。引导快递企业提升末端服务能力,综合利用智能快件箱、快递公共服务站、连锁商业合作、第三方服务平台等创新模式,推动解决快递"三进"(进机关、进校园、进小区)问题,重点破解快递进校园问题。将借鉴其他城市的快递进校园模式,以高起点规划、高标准创建、高效率运营为原则,积极推动建立"菜鸟驿站+快递企业"合作模式,有效解决山西师范大学、山西师范大学文理学院快递服务难题。

(四)促进快递车辆便捷通行

推动出台城市快递车辆便捷通行政策,实现快递服务车辆合法规范运行,按照《城市物流配送汽车选型技术要求》、《快递专用电动三轮车技术要求》等国家标准,逐步统一城市快递服务车辆标准,喷涂快递专用标识,确定适合中转运输和末端配送的车型,引导快递企业更新使用符合国家标准的新能源车辆,解决"客载货"问题。

(五)推进"快递下乡"服务拓展工程

积极推进快递服务网络向农村地区拓展延伸,县、乡两级快递企业及其网点,要以"快递+"地方特色农产品开发为主攻方向,努力提高揽收配送时效和服务质量,积极与农村电商、农产品上下游融合发展,更好地服务三农,发展壮大。已列为国家级农村电子商务示范县的侯马市,市域范围内的快递企业,既要主动为农村电商提供优质服务,又要诚信守法经营,努力打造服务农村电商的示范县。各县市要围绕本地土特产,至少培育一个"快递+"特色农产品样板项目,例如:吉县可围绕苹果、曲沃可围绕樱桃、永和可围绕红枣、隰县可围绕玉露香梨、汾西和古县可围绕核桃、翼城和安泽可围绕小米等,大做文字,协同发展。提升农村地区快递服务水平,打通"工业品下乡"和"农产品进城"的双向流通渠道,促进农村电子商务发展。

引导快递、电商企业广泛与农村邮政局所、村邮站、"三农"服务站、农村供销社、客(货)运站及超市便利店等农村市场服务主体开展快递业务合作。完善农村地区快递服务基础设施,推广适合农村运输的车辆以及托盘、集装箱、笼车等标准化运载单元和专业化装卸设备,鼓励有条件的快递企业在乡镇等农村地区网点配备PDA手持终端,纳入信息化系统统一管理,确保快件跟踪信息完整。

(六)加大快递电商人才培养力度

推动政府、企业、院校三方建立合作机制,利用高等院校和职业院校资源,建设集学生实习、就业和创业于一体的快递电商人才培养基地,促进毕业生就业和企业人才招聘。形成政府引导、企业接收、院校培养的人才培养体系,加快行业中、高级人才培养,打造多层次快递电商人才队伍。

五、保障措施

(一)强化工作协商

建立部门间工作协商机制,统筹协调促进快递业与电子商务协同发展工作中的重大事项,及时研究处理突出问题,广泛开展多形式、多渠道、多层次的合作,因地制宜促进快递业与电子商务协同发展。

(二)强化规划引领

完善出台《临汾市邮政业发展"十三五"规划》、《临汾市电子商务物流发展规划》,推动快递业与电子商务协同发展纳入国民经济和社会发展"十三五"规划、物流业中长期规划、服务业发展"十三五"规划等。引导快递、电商企业合理布局城乡服务网络,不断拓展协同发展空间。

(三)强化政策扶持

贯彻落实国家、省、市促进快递业与电子商务协同发展的有关政策,积极向市政府及有关部门争取财政资金和建设用地等政策支持,推动快递业与电子商务协同发展示范性工程项目建设。

(四)强化新闻宣传

充分发挥新闻媒体的宣传作用,组织市级主流媒体,大力宣传推进快递业与电子商务协同发展工作的成功案例,积极营造良好的舆论氛围。

各县(市、区)商务主管部门要统一思想认识,加强沟通协调,共同组织实施,根据本意见精神,按照职责分工努力促进快递业与电子商务协同发展取得实际成效。

晋城市商务粮食局、晋城市邮政管理局关于推进农村电子商务与快递下乡协同发展的实施意见

（2016年4月13日　晋市商粮市〔2016〕65号）

各县（市、区）商务粮食局，中国邮政集团公司晋城市分公司、各快递企业：

为落实《山西省人民政府办公厅关于促进农村电子商务加快发展的实施意见》（晋政办发〔2016〕29号）文件精神，推进我市农村商务与“快递下乡”协同发展，制定本实施意见。

一、总体要求

（一）重要意义

随着我市电子商务的发展和“快递下乡”工程的实施，农村地区电子商务类单批次小量、快速、个性化的快递服务需求日益旺盛。电子商务与快递企业合力前行，农村电子商务和“快递下乡”工程协同发展，有利于整体提升农村地区快递发展水平，加快电子商务发展规模，改善城乡间电子商务及快递服务均衡度，降低全社会物流成本，提升城乡居民生活水平。

（二）指导思想

认真落实商务部和国家邮政局决策部署，充分发挥政府引导促进作用和市场在资源配置中的决定性作用，健全农村地区快递网络覆盖，建立电子商务与快递服务协同机制，全面提升快递服务对电子商务的支撑能力和水平，推动快递普惠民生和转型升级，促进农村流通业现代化。

（三）基本原则

1. 市场主导，政府引导

以市场为导向，发挥企业的市场主体作用，大力拓展农村快递市场，探索电子商务与快递协同发展新模式。发挥政府的引导作用，为快递向下服务与加快电子商务发展营造良好的环境。

2. 强化基础，协同发展

引导快递企业立足自身实际，加快基础设施、信息网络布局、健全完善末端网点，提升农村地区快递网络覆盖。鼓励快递企业与电子商务企业和商贸流通企业在服务创新、末端投递方面开展协作，实现资源共享，降低服务成本，提升服务效率。

3. 务实探索，有序推进

根据不同地区的基础和条件，因地制宜地选择推进路径和工作重点，探索差别化和多样化的协同发展模式，逐步扩大推进范围。

（四）发展目标

1. 到2016年年末，基本建立与农村电子商务发展相适应的乡镇快递网络，形成覆盖城乡、配套衔接、布局合理、便民惠民的快递骨干网和末端投递网。

2. 引导农村电商与快递企业融合发展，提高乡镇快递业务规模。

二、主要措施

（一）持续推进“电子商务进农村”和“快递下乡”工程

根据《山西省人民政府办公厅关于促进农村电子商务加快发展的实施意见》文件要求，抓好“电子商务进农村”工作和“快递下乡”工作的落实。

（二）引导农村电子商务与“快递下乡”协同发展

一是积极推动快递企业深化与各类农业合作社、农业企业、涉农电子商务企业的合作，引导快递企业为特色农产品提供包装、仓储、运输的标准化、定制化服务。二是鼓励快递企业开展仓储、分拨、配送、运输综合电商服务，特色农产品标准化、定制化服务模式，满足农村电子商务应用需求。引导快递企业和电子商务企业在重点乡镇建立电商综合服务中心，形成满足当地、辐射周边乡镇的仓配一体化快递节点，促进当地电子商务和快递的长远发展。三是引导快递企业与电子商务深度融合，打造县域经济下“电商＋快递”联合投资体。使快递企业和电商企业互相渗透，互为对方行业的创建者、实施者、受益者。

(三)加强部门间合作

商务部门、邮政管理部门要建立与交通、农业、供销社等部门沟通协调机制,加强部门间的协调配合。依托各部门在农村物流发展中的基础条件和优势,加强资源整合共享与合作开发,形成“场站共享、服务同网、货源集中、信息互通”的农村物流发展新格局。

三、政策支持

商务部门和市邮政管理局要做好《山西省人民政府关于加快电子商务发展的若干意见》的政策落实工作。

(一)积极推动电子商务和快递服务业发展纳入当地经济社会发展规划,统筹布局电子商务和快递服务基础设施,科学安排重点保障快递网络节点、电子商务产业园等基础生产服务设施的用地。

(二)用足用好电子商务和快递服务在国家服务业领域有关税收优惠政策。

(三)要依据国家邮政局《快递末端网点备案登记实施办法(试行)的通知》文件要求,简化程序,鼓励快递企业发展乡镇网络。对快递企业设立乡镇分支机构的,要开设“绿色通道”,提高办证效率;对快递企业设立乡镇“代办点”,要实行备案制和形式审查制,鼓励快递企业设立乡镇代办点。

四、组织保障

市商务局与市邮政管理局要建立农村电子商务与“快递下乡”发展联席会议制度,共同制定我市农村电子商务和“快递下乡”政策目标,及时研究重大问题,加强工作检查指导,总结推广好的经验做法,推进全市电子商务与快递物流协同发展。

五、有关要求

(一)提高认识,明确责任。要把推进农村电子商务与“快递下乡”协同发展作为一项重点工作,按照“积极引导、创新推进、分步实施”的总体要求,认真抓好落实。

(二)突出重点,勇于创新。要认真调研、统筹布局、积极探索,以提升乡镇网点覆盖率、扩大农村快递业务量,服务方便农村电商发展为目标,有的放矢,努力开创工作新局面。

(三)制定方案,合力推进。各相关部门要密切配合,结合本地实际,制定具体实施方案,确保各项措施落到实处。

市商务局　联系人:张亚丽　电话:0356－2036092

市邮政管理局　联系人:张　毅　电话:0356－2299991

忻州市城区邮政业电动三轮车管理规定

(2016年4月忻州市邮政管理局、忻州市公安局交通警察支队印发)

第一章　总　　则

第一条　为了加强忻州市城区邮政业电动三轮车管理,保障道路交通安全、畅通、有序,维护道路交通参与者的合法权益,根据《中华人民共和国道路交通安全法》、《中华人民共和国邮政法》等法律、法规,结合本市实际,制定本规定。

第二条　本规定适用于忻州市城区范围内从事收寄、运输、投递等邮政业服务的电动三轮车的备案、通行和停放管理。

第三条　市公安机关交通管理部门负责邮政业电动三轮车的道路交通安全管理工作。

第二章　备 案 管 理

第四条　凡在忻州市城区范围内从事收寄、运输、投递等邮政业服务的电动三轮车,应在车厢左、右、后部固定位置设置醒目的本公司统一标志,注明单位、服务或监督电话。

第五条　凡在忻州市城区范围内从事收寄、运输、投递等邮政业服务的电动三轮车,由车辆使用单位向辖区公安交警直属大队提出申请,进行备案。申请备案需填写《忻州市邮政业电动三轮车备案登记申请表》,并提交以下材料:

(一)车辆所有人和驾驶人的身份证明;
(二)车辆合法来历证明;
(三)车辆整车出厂合格证明。

辖区公安交警直属大队应当自收到申请之日起3个工作日内,对车辆使用单位提出的备案申请进行审核,审核合格后,办理备案、登记、建档手续。

车辆的编号规则由忻州市邮政管理局和忻州市公安局交通警察支队共同确定。

第六条 已备案的邮政业电动三轮车,不得擅自改变其电动机号、外形、结构和主要技术参数。

第七条 有下列情形之一的,车辆使用单位应当在30日内向辖区公安交警直属大队提出变更或注销申请:

(一)车辆灭失、丢失、被盗或损毁的;
(二)因质量问题退车的;
(三)淘汰旧车的;
(四)车辆所有人或驾驶人变更或退出原车辆使用单位的;
(五)其他需要变更或注销的情形。

车辆使用单位提出变更或注销申请,需填写《忻州市邮政业电动三轮车变更/注销申请表》,并提供相应证明材料。

辖区公安交警直属大队应当自收到变更或注销申请之日起3个工作日内,对车辆使用单位提出的变更或注销申请进行审核,情况属实的,办理变更或注销手续,并撤销车辆编号。

第八条 未经备案的邮政业电动三轮车,不得在忻州市城区街道通行。

第三章 通行及停放管理

第九条 邮政业电动三轮车应当在非机动车道内行驶。在没有划设非机动车道的道路上,应当在道路右侧非机动车行驶范围引导线内行驶。

第十条 禁止邮政业电动三轮车在道路上逆向行驶。

第十一条 邮政业电动三轮车应当遵守交通信号灯、交通标志、交通标线的指示,服从交通警察的指挥。

第十二条 邮政业电动三轮车在进行投递作业时,应选择不影响车辆、行人通行的地点安全停放。

第四章 监督与处罚

第十三条 对违反本规定的行为,由公安机关交通管理部门依照《中华人民共和国道路交通安全法》、《山西省实施〈中华人民共和国道路交通安全法〉办法》等有关法律、法规、规章的规定进行处罚。

第十四条 对拒不接受处罚或缴纳罚款的电动三轮车所有人或驾驶人,公安机关交通管理部门可以暂扣其电动三轮车,直至接受处罚或缴纳罚款后放行。

第十五条 公安机关交通管理部门在对邮政业电动三轮车交通违法行为进行处罚的同时,应及时抄告电动三轮车所有人或驾驶人所在单位,督促其落实交通安全主体责任。

第十六条 邮政业电动三轮车所有人、驾驶人或车辆使用单位对行政处罚决定不服的,可以依法申请行政复议或者提起行政诉讼。

第五章 附 则

第十七条 本规定由忻州市邮政管理局和忻州市公安局交通警察支队联合发布。

第十八条 本规定自发布之日起施行。

附件:1. 忻州市邮政业电动三轮车备案登记申请表(略)
2. 忻州市邮政业电动三轮车变更/注销申请表(略)

太原市邮政业发展“十三五”规划

（2016年7月4日太原市人民政府办公厅印发　并政办发〔2016〕39号）

为推进我市现代服务业发展，促进产业结构优化升级，更多更好惠及民生，根据《山西省邮政业发展“十三五”规划》、《太原市国民经济和社会发展第十三个五年规划纲要》，制定本规划。

一、指导思想

全面贯彻党的十八大和十八届三中、四中、五中全会精神，坚持以马克思列宁主义、毛泽东思想、邓小平理论、“三个代表”重要思想和科学发展观为指导，深入贯彻落实习近平总书记系列重要讲话精神，遵循“四个全面”战略布局要求，牢固树立“五个发展”新理念，按照省、市统一部署，坚持“安全为基、发展为要、服务为上”，主动适应经济发展新常态。抓住落实《国务院关于促进快递业发展的若干意见》的有利契机，推进我市邮政业创新、协调、绿色、开放、共享、廉洁和安全发展。以“稳中求进”为工作总基调，以“五个邮政”建设为总抓手，以“互联网+”为发展方向，以改革创新为动力，以创优发展环境为着力点，以现代综合交通运输体系为依托，以依法治邮为保障，进一步强化全市邮政基础网络建设，健全普遍服务保障机制，鼓励快递企业做强做大。努力使全市邮政业在发展规模、服务水平、创新能力和竞争实力上实现新跨越，全面建成与小康社会相适应的现代邮政业。

二、发展思路

坚持以创新、协调、绿色、开放、共享五大发展理念为引领，围绕我市邮政业发展实际，大力实施“三五联建”战略，着力解决邮政业发展中的短板和突出问题，不断厚植发展优势，努力完成各项目标任务，努力为太原市在全省率先建成小康社会作出新的更大贡献。

（一）建设五个邮政。加快建设普惠邮政，让全市人民共享邮政业改革发展成果；加快建设智慧邮政，全面提升行业供给能力、运行效率和服务质量；加快建设安全邮政，维护邮政寄递渠道安全和用户信息安全；加快建设诚信邮政，让诚实守信成为行业基本行为准则；加快建设绿色邮政，减少收寄、分拣等环节对环境的污染和资源消耗，实现低碳发展。

（二）实施五大工程。实施普遍服务提升工程，满足太原市经济社会发展和全市人民群众用邮需求；实施快递服务提质工程，全面提升太原市快递服务质量；实施网络平台创建工程，深化邮政行业自动化、信息化、网络化的建设和应用；实施产业联动融合工程，促进相关产业联动融合发展；实施人才培育示范工程，为行业发展提供支持和保障。

（三）实现五个跨越。全市邮政业在发展规模、创新能力、服务能力、服务水平、竞争实力五个方面实现跨越。显著提升行业服务质量和水平，显著提升行业创新发展的后劲，显著提升行业在太原市经济社会发展中的比重。

三、基本原则

（一）改革为先，转型发展。坚持全面深化改革，正确处理政府、市场、社会关系，以市场为导向，创新体制机制，简化行政审批，推动邮政企业深化自身改革，支持传统快递企业转型升级，推动关联产业融合发展，促进全市邮政业整体转型。

（二）创新驱动，智慧发展。将科技创新作为全市邮政业发展的重要支撑，努力营造创新氛围，积极发扬创新精神，提升全市邮政业科学化、信息化水平，建设智慧邮政。

（三）突出重点，统筹发展。抓住邮政业发展的“牛鼻子”，优化资源，做大做强业务规模。统筹全局，联动推进，促进行业水平整体提升。突出重点抓统筹，以点带面促发展，确保实现全市邮政业快速健康发展。

（四）依法治邮，安全发展。坚持依法治邮，完善法规体系，提升法治能力，以法治思维和法治方式履行政府监管职能，树立安全发展理念，切实坚持“安全为基”，强化安全监管和风险防控，健全安全责任体系，保障全市邮政业安全有序发展。

（五）低碳环保，绿色发展。牢固树立保护生态环境就是保护生产力、改善生态环境就是发展生产力的理念，落实鼓励节能减排、循环利用资源优惠政策，通过减少收寄、分拣、封发、运输、投递等各个环节资源消耗，实现低碳环保，建设绿色邮政。

四、发展目标

（一）总体目标

到“十三五”末，全市普遍服务体系基本建成，实现“直投到村、转投到户”，邮政基本公共服务均等化目标基本实现，力争把我市建设成为全省普遍服务示范中心。现代快递服务体系不断完善，基本实现“乡乡有网点，村村通快递”，培育3家业务收入过亿、5家业务收入超5千万的立足太原、面向山西乃至全国的大型快递企业，建设示范性的快递物流园区和集散中心，初步建成“便捷高效、竞争有序、技术先进、服务优质”的快递服务体系。邮政行业市场秩序明显改善，邮政监管体系较为完善，建成与全面小康社会相适应的现代邮政业。

（二）主要指标

1. 发展规模。到2020年，全市邮政行业业务总量达到24亿元，年均增长10%以上，业务收入达到26亿元（不包括邮政储蓄银行直接营业收入），年均增长10%以上。其中，快递服务业务量达到1.3亿件，年均增长10%以上，快递业务收入达到14亿元，年均增长10%以上。全行业解决就业人数突破1万人，到2020年，邮政行业年服务用户突破6亿人次。

2. 创新能力。坚持需求导向和产业化方向，大力提升行业在科技研发应用、服务网络建设、产品体系拓展、商业运营模式等方面的创新水平，提高发展质量和效益。加强企业自动化分拣、无线传输、车辆运输跟踪定位、影像监控等技术的应用，建立统一的邮政市场监管信息平台。

3. 服务能力。（1）邮政普遍服务：到2020年，全市邮政服务网点达到200个，邮政服务网点电子化比重达到100%。全市城镇居民楼智能箱（信报箱）格口数达到300000个，邮路总长累计达到5000公里。到2020年，全市邮政服务网点平均服务半径达到1.5公里，服务人口达到3万人。（2）快递服务：建立1个大型快递物流园区，30处快递分拨中心。构建限时、定时等多样化标准化服务的快递服务产品体系。

4. 服务水平。（1）普遍服务：提升法定四项邮政普遍服务业务开办水平，有效拓展服务功能。实现行政村通邮率实现100%。全市邮政服务规范化达标率达到100%。（2）快递服务：重点企业国内异地快递服务时限72小时准时率超过90%。快件延误率、损毁率、丢失率低于全国平均标准，信息上网率、查询回复率、投诉受理率高于全国标准。通过职业资格认定的快递员比例达到70%以上。公众对行业整体满意度位居全省行业前列。

5. 竞争实力。形成3家业务收入过亿的快递企业，5家业务收入超过5千万、在省内具有一定竞争力和影响力的快递服务品牌。规模以上快递企业实现营业网点标准化、分拣中心规范化和作业流程制度化“三化”标准。鼓励本土快递企业“走出去”，大力拓展周边区域乃至国际市场。

五、主要任务

（一）深化体制改革，提升全市邮政业市场化水平

1. 加快市场化改革步伐。发挥市场在资源配置中的决定性作用，依托全市资本、土地、技术、劳动力等要素市场，打造现代邮政业市场新体系。深化邮政体制改革，进一步简政放权，建立权力清单制度。支持和包容业态创新，支持多元资本进入快递服务领域，探索政府购买邮政业公共服务的实现方式，推动实行政府和社会资本合作（PPP）模式，加强邮政重大项目建设，激发市场活力。推动邮政企业主动参与市场竞争，通过竞争不断改善和提高服务质量。鼓励和支持邮政企业拓展业务范围，开办各类代理业务，打造综合服务平台。鼓励支持各类社会资本进入邮政行业，发展混合所有制经济，完善现代企业制度，进一步增强邮政企业活力、控制力和影响力。推动快递企业市场化改革，建立现代企业制度，完善运营机制。积极落实省、市金融振兴、创新创业等激励政策，推动快递企业健康发展。鼓励邮政、快递企业融合发展。

2. 深化行政管理体制改革。积极落实简政放权，在做好普遍服务“两项审批”下放承接工作的基础上，继续做好国家和省取消和下放行政审批事项承接落实工作，确保各项审批“接得稳”、“管得好”、“落到位”。按照“五个统一”管理要求，继续贯彻《快递业务经营许可优化方案》，减少申请材料，缩短审批时限。积极落实省、市政府加快转型综改试验区建设深化行政体制改革部署，强化监督管理、战略规划以及行业统计职能，健全依法决策机制和重大决策终身责任追究制度。创新邮政业监管机制和方式，利用信息化提升管理和执法水平。积极争取市、县政府及相关部门支持，加快推进县级邮政监管机构组建，不断缩短行业服务半径，完善管理体系。

（二）完善网络布局，打造普惠邮政升级版

1. 加强普服网络建设。加强邮政服务网点建设，不断完善普遍服务网络。扩大贫困地区邮政基础设施覆盖面，支撑服务精准脱贫。与市发改、住建、国土等部门对接，推动邮政基础设施建设与全市城乡建设规划、国土空间规划相衔接。积极推进全市城中村改造后回迁局所重建工作，完善与南部新区、开发区、产业园区等建设工程配套邮政基础设施，规划建设一批新局所。积极解决因城市改造引起的部分街道无门牌号码导致投递难度增加的问题。在人口密集、业务量大的老城区，改造升级一批老局所。到“十三五”末，形成以县（市、区）为节点、各邮政网点为终端、便民服务站和村邮站为末梢的邮政普遍服务大网络。

2. 完善普服保障机制。加快建成覆盖城乡、惠及全民、水平适度、可持续发展的邮政普遍服务体系。积极参与全市基本公共服务体系建设，将邮政普遍服务与市、县（市、区）政府“实事工程”、“民生工程”对接，建立邮政普遍服务工作协调机制，落实相关优惠政策，在划拨用地、减免税费、资金补贴、车辆通行等方面依法给予支持。

3. 创新普服提供方式。由供给侧入手，改进和创新邮政普遍服务提供方式，促进邮政网络使用多元化，拓展广度深度，通过开放竞争提升普遍服务水平，研究探索农村邮政普遍服务网点运营保障机制，鼓励利用社会力量建设村邮站，引导快递企业参与村邮站运营。积极鼓励和扶持社会力量参与提供公共服务，探索以市、县政府购买服务方式解决“最后一公里”问题。探索依托智能包裹箱融合建设信报箱，鼓励企业参与开发与维护。

4. 提升普服均等化水平。不断提升农村地区邮政普遍服务水平，加大服务“三农”力度。打造特色农副产品新型流通模式，为广大农民提供农资产品销售和配送服务，进而拓宽农村金融服务和信息服务渠道，逐步缩小城乡邮政普遍服务差距。不断提升服务效率，缩短送达和投递时间，让普惠邮政更贴近群众，让全市人民都能以合理价格获得优质的寄递服务，共享邮政业改革发展成果。积极寻求人民群众、地方政府、邮政企业三方利益的最大公约数，鼓励邮政企业在履行好法定业务的基础上，多发展一些社会有需求、企业有积极性、地方发展有需要的新型服务产品。

5. 打造开放共享综合服务平台。整合邮政网络资源，加强与“智慧城市”建设对接，叠加服务功能，促进全市邮政信息网、实物网、金融网“三网合一”。积极实施农村电商邮政寄递网工程，构建全市统一的邮政农村电商公共服务平台，推动农村邮政物流与农村电商的业务整合。探索实施以乡镇为主体建设、以村为主体管理的机制，整合“三农”服务站资源，加大村邮站建设力度。推动邮政基础设施向社会开放，加强与其他平台对接，增加市区包裹自提点，鼓励村邮站等站点代收代投快件，实现普服综合平台开放共享。

（三）加速创新升级，提高快递服务综合水平

1. 优化快递网络布局。打造成具有全国影响力的区域性物流枢纽目标，快递网络建设与交通运输体系深度衔接，促进快递设施与公路、铁路、民航等运输行业联动发展。实施城市快递物流共同配送试点工程，搭建同城快递共同配送信息平台，实现信息标准化、配送区域化、服务集中化，优化“最后一公里”快递配送服务网络。按照国家部署，加快太原二级快递物流园区建设，以太原为核心，推动重点快递物流园区、大型快递作业区、航空快递中心等设施建设。做好物流园区快递企业考察入驻工作，加快市级大型物流仓储园区、太原武宿机场、汽车站、火车站及高速公路枢纽附近的快递物流产业园区建设，支持快递企业建设仓储中心、处理中心和分拨中心。改造提升市县乡村四级配送网络基础设施，形成服务城乡多节点快递网络系统。到“十三五”末，争取建成一处大型快递物流产业园区或聚集区。积极发展“互联网＋快递”，推进高效快递末端配送体系建设，解决快递“最后一百米”困境。针对于省城高校和大学城快递服务需求，建立高校快递共同配送中心。鼓励企业在社区、写字楼和大学校园逐步安装自助式快递寄取终端，多渠道解决末端配送“瓶颈”问题。

2. 推动快递提质增效。认真落实国家和省关于促进快递业发展的若干意见，结合相关促进现代服务业、商贸物流业以及电子商务发展政策，着力建立保障行业发展长效机制，推动快递提质增效。抓住电子商务快速发展的契机拓展新兴业务，做大做强寄递主业。鼓励全市快递企业横向整合，支持有实力的企业通过参股、控股、兼并、重组、合作等多种形式进行资产重组。鼓励快递企业实施品牌化和差异化战略，强化质量意识和诚信意识，保障消费者合法权益。积极搭建“走出去”平台，引导全市快递企业整合资源共建共享，大力发展跨境寄递服务，共同拓展国际市场。以重大快递物流节点和大型物流园区为依托，推动各种运输方式对快件的优先搭载，实现快递服务与多种运输方式“无缝对接”。

3. 鼓励企业创新发展。积极落实各项优惠政策，激发企业创新活力，着力提高企业技术创新能力，

用技术创新驱动服务创新和产品创新。以营业网点标准化、分拣中心规范化和作业流程制度化等“三化”建设为抓手，鼓励快递企业加快标准化和信息化建设。鼓励快递企业加强新技术应用推广，积极引进智能手持终端、计算机电话集成、全球定位系统(GPS)、地理信息系统(GIS)等信息技术及设备。鼓励企业采用仓储运输、装卸搬运、分拣包装、电子射频等专用技术装备，实现作业处理机械化。引导企业发展标准化、厢式化、专业化运输车辆。积极对接京津冀协同发展和“一带一路”战略，鼓励企业以市场为导向，开发提供面向京津冀等地区的限时、定时等快递服务产品，提升高端快递、定制快递等寄递服务能力，拓展仓储等增值服务，不断满足个性化需求，通过提供高品质、差异化的产品，实现企业向品牌化、集团化转型。

4. 持续推进“快递下乡”工程。继续落实国家快递“三向”战略，持续推进“快递下乡”工程，鼓励快递企业健全服务网络，拓展农村市场，提升农村地区网络的覆盖率、均衡度和稳定性，加强与农业、供销、商贸企业的合作，打造“工业品下乡”和“农产品进城”双向流通渠道，下沉带动农村消费，逐步缩小我市与发达地区，城市与农村地区的快件收派比差距。依托农村电商发展，支持我市各地特色农副产品向省内外输出，服务农民创业增收。坚持开放发展理念，实施快递“向外”工程，积极推进全市快递企业走出去，参与区域一体化发展和国际化竞争。

5. 营造竞争有序的市场环境。强化企业市场主体地位，为企业创造良好市场环境。着力推进快递企业营业场所、企业标识、车辆、营业员、投递员服装、工号等标准化建设。发挥政府在战略、规划、政策、标准等方面的引导作用，引导企业结合自身实际完善相关规章制度。积极落实支持小微企业和民营企业等与快递业发展有关的各类优惠政策，有关部门联合制定保障快递配送车辆便捷通行实施办法，协调解决城市快递车辆进城通行、免费停靠、装卸作业和小区进入等问题。依托太原作为省会城市以及环渤海内陆协作城市的区位优势，大力发展快递“总部经济”，吸引快递总部落户省城，并在入驻园区、税收、租金等方面依法给予优惠。探索“廉租房”模式，由政府建设厂房、仓库等物流设施，以较低价格交由快递企业租赁经营。推进快递企业诚信体系建设，引导企业树立商业诚信，维护消费者合法权益。

(四)加快融合发展，促进关联产业深度协同

1. 推进智慧邮政建设。提高邮政业科技创新水平，依托山西科技创新城建设、太原市发展现代信息技术产业等重大战略，建设全市高质量、高标准智慧邮政平台。坚持创新驱动，以大众创业、万众创新为动力，实践和丰富“互联网+”理念和行动计划，综合利用移动互联网、物联网、大数据、云计算等先进技术，通过精准、动态、科学管理和信息共享，全面提升邮政业供给能力、运行效率、安全性能和服务质量。鼓励引导企业加大科研、技术、人才投资，依托信息技术，逐步推进智能终端、自动分拣、数据分派单等先进技术应用。

2. 深化交邮协同发展。主动融入太原市大交通管理体系，推动快件处理中心、运输通道、接驳场所等功能区与交通枢纽同步规划同步建设，将全市末端配送站点布局纳入交通设施规划。逐步推进邮政业与全市交通信息平台互联互通和标准对接，实现邮件快件在多种运输方式间灵活转换、无缝对接。积极推进“上机上铁”工程，提高邮件快件多式联运、甩挂运输比例，提升运输作业效率。协调推进“公交化”快递自提配送模式，有效运用村村通公共交通，降低运输成本，激活下乡活力和积极性。积极开拓高铁快递和电商快递班列，扩大甩挂运输等先进运输组织方式在全市邮政业的应用范围。鼓励企业增加航空件比例，加大专用货机投入力度。创新交邮合作模式，在代运邮件快件、网点设施集约利用、票务销售与配送方面开展合作。努力构建智能化、信息化、便捷化、规范化的交通与邮政融合发展新格局。

3. 推动邮政业与电子商务融合。推动建立邮政业与电子商务协同发展机制，加强信息沟通、标准对接和业务联动，促进线上线下互动，发展便民利民新业态。围绕太原市建设国家电子商务示范城市契机，深入推动邮政与电子商务企业战略合作，积极协调推进快递企业、电子商务企业入驻物流园区规模化发展。发挥省、市快递协会、电子商务协会的桥梁纽带作用，推动建设电商快递产业园区。引导邮政企业、快递企业与农产品电商等原产地合作，打造生鲜农产品流通新模式，探索打造农村电商示范县。依托太原市开展跨境贸易电子商务服务试点机遇，促进邮政业更好地服务全市跨境电商发展。

4. 加快邮政业与其他产业协同发展。大力实施“快递+”战略，促进邮政业与现代农业、先进制造业、医药卫生、文化旅游、金融服务等关联产业协同发展，拓展产业链、供应链和服务链，释放内生动力。围绕“一县一业”、“一村一品”和建设高质量“菜篮子”、“米袋子”、“奶瓶子”基地工程，整合全市快递网络资源，加快建设农产品快件优先配舱、优先安检、快速通关“绿色通道”，降低运输成本，缩短配送时

限,增强客户对农产品和配送服务的双重体验。加快推动快递业与矿用设备零件、新能源汽车、不锈钢深加工等现代制造业联动发展,依托快递企业网络和服务优势,进入制造业供应链服务领域,为全市制造业设计、生产、销售等环节提供服务。鼓励快递企业在生产制造企业直接驻点,减少运递环节、时间,开展寄递运输的无缝对接,形成制造企业、快递企业和用户点到点、门对门便捷服务。鼓励快递企业推出仓储、包装、配送、退换货等快递增值服务,为企业提供更好的服务。通过联合发展,促进关联产业降本增效,优化结构,提升行业竞争力,同时带动快递企业自身开拓新市场,获取新利润,加快向综合型快递物流运营商转型。

(五)完善监管机制,提升邮政业监管效能

1. 强化普遍服务监管。严格落实"两项规定",严守"两条红线",深入开展邮政普遍服务综合监督检查,加大对违规撤销邮政普遍服务营业场所、停限办邮政普遍服务业务等行为的查处力度。结合邮政设施检查结果,对标执法,督促邮政企业按照标准设置营业场所,解决好时限慢、用邮难等问题。开展"合标"检查,监督补建局所开办法定业务、邮件时限检查、满意度调查、整改落实等情况。开展邮政专用标志车辆监督检查,重点查处社会冒用邮政专用标志车辆和邮政企业违法违规使用邮政专用标志车辆行为,进一步健全邮车基础档案。按照国家和省统一部署,继续保质保量完成报刊投递和邮件时限监测工作,并结合监测活动开展,准确掌握乡镇邮政设施设置和乡镇地区行政村通邮情况。依法开展纪特邮票发行、销售监督检查,维护集邮爱好者权益。

2. 加强快递市场监管。以快递"三化"建设为重点,进一步加快快递市场规范化进程。完善经营许可,督促快递企业依法办理许可备案手续,及时准确上报变更信息。探索建立企业"负面清单"和违规违法企业"黑名单"制度,将其列为日常检查重点,增强监管的针对性和有效性,降低事中事后监管成本。加大执法检查力度,及时通报重大服务问题,依法严肃查处违法违规行为。开展快递企业经营专项检查、安全生产大检查、安全警示教育、寄递服务信息安全和收寄验视制度专项整治,在相关媒体上发布整治通告。加大重大节日、重要会议、重大活动期间执法检查力度,消除安全隐患,维护市场经营秩序。

3. 全面落实安全监管。牢固树立安全发展理念,扎实落实寄递渠道安全三项制度,深入推进"安全邮政"建设。发挥太原市邮政行业安全生产委员会的作用,实现政企联合构筑安全防线。积极推进监管信息化建设,加强现代信息技术在安全监控中的应用,建设全市邮政业监管系统平台。全面落实"三个责任",调动各方资源,形成政府监管、企业负责、用户自律、社会支持的安全管理工作格局。加大企业安全主体责任培训,继续推行安全生产责任制,与企业签订《安全责任书》,明确企业安全生产主体责任和邮政管理监管责任。继续落实属地管理责任,建立与综治、安监、公安、国安、工商、新闻、消防等部门的工作协作机制,进一步形成安全综合治理监管态势。加强重点时期、重点地区、重点部位安全防范工作,人防、技防和流程管理相结合,督促企业落实好安全责任。实施寄递渠道安全监管"绿盾"工程,开展收寄验视制度执行情况专项监督检查,落实快递实名制。加强寄递安全检查频次,创新检查模式,督导企业牢固树立收寄验视意识。认真做好寄递渠道反恐、禁毒、扫黄打非等专项整治工作,按企业特点分批开展面单集中销毁,维护寄递信息安全。组织全市快递企业参加"山西省快递业安全生产先进企业"评选工作。

(六)倡导节能环保,加快建设绿色邮政

1. 积极落实相关政策。积极落实国家绿色邮政评估标准,营造绿色发展政策环境。通过减少收寄、分拣、封发、运输、投递等各个环节对环境的污染和资源消耗,实现邮政业"低污染、低消耗、低排放、高效能、高效率、高效益"发展。落实国家、省、市鼓励节能减排、循环利用资源优惠政策,引导邮政、快递企业走绿色发展道路,积极争取国家、省邮政业绿色低碳试点示范工程。

2. 推动运输投递节能减排。提倡绿色交通,优化运递路线,推进运输节能减排。积极争取国家、省相关政策和资金,加快全市邮政业新能源汽车推广及配套设施建设步伐,在配送环节全面推广应用电动三轮车,提高运递效率,促进节能减排。鼓励企业合理采取各类运输方式,扩大铁路在快件承运中的比重,降低排放强度。鼓励封装容器"袋改箱",加快标准化、绿色化装载工具的推广应用。

3. 加强环保技术应用。鼓励企业推广使用电子运单,主要品牌快递企业协议客户电子运单使用率达到90%以上。在全市行业推广使用可回收利用绿色包装材料,推广使用可降解胶带、环保填充物、可再生纸张和环保油墨印刷的封装用品等物料辅料。鼓励企业加大办公场所节能改造,推进无纸化办公。采用清洁生产技术,降低原材料和能源消耗。优化生产流程,推广节能型自动分拣设备,提高机械化运行效率。努力将合理利用资源与能源、减少对环境扰动、追求安全、和谐与健康贯穿于邮政业生产、服务和管理的每一个环节，促进全市邮政业绿色低碳可持续发展，为改善太原生态环境作出贡献。

六、重点工程

（一）普遍服务提升工程

全面实施邮政普遍服务均等化水平提升工程，加强全市特别是农村地区邮政基础网络建设投入和运营保障。增加承担普遍服务功能邮政营业网点数量，保障群众用邮需求。“十三五”期间全市邮政服务网点达到200个，包括升级改造10个邮政局所，改造新建300个以上村邮站。积极推进邮政企业改造分拨中心，提高邮件自动化处理能力。大力实施进机关、进校园、进小区“三进”工程，在全市住宅区、办公楼、学校等公共场所推广建设符合国家标准的智能包裹箱（信报箱）。落实相关支持政策，鼓励邮政企业配置更新新能源运输车辆。实施安全监管“绿盾”工程，推动邮政企业全面配置安检设备。

（二）快递服务提质工程

结合太原市创建国家电子商务示范城市、全市综合交通运输体系建设以及物流园区规划布局，加快推进大型综合快递物流园区、快递企业入驻各类园区建设。支持快递企业改造分拨中心，提高快件自动化处理能力，按照国家关于寄递渠道安全“三项”制度，全面配备安检设备（X光机）。支持快递企业建设标准化、规范化、信息化快递末端服务营业场所，推进快递服务进社区、进校园、进商区，基本形成覆盖城乡、配套衔接、布局合理、便民惠民的快递末端投递网。大力实施“快递下乡”工程，逐步完善农村地区快递服务网络，实现重点快递企业乡镇网点覆盖率100%。支持鼓励快递企业使用新能源运输车辆和配送专用电动车。积极培育品牌优、规模大、实力强的快递企业，引导扶持企业总部或者区域中心落户太原。

（三）网络平台创建工程

整合邮政、快递公共服务网点，积极构建“10分钟便民服务圈”，打造服务多样、惠及民生的邮政综合服务平台。构建行业监管信息化支撑体系，建设市级邮政业安全中心，提高信息化管理水平。

（四）产业联动融合工程

搭建快递企业与全市电子商务企业合作平台，促进快递服务与电子商务协同发展。积极实施“快递+”战略，服务现代农业，培育“快递+农产品”项目，促进邮政业与现代农业、快递与农村电商的协同发展，助力我市特色农产品“走出去”。促进快递企业与其他产业联动发展，不断拓展产业链、供应链和服务链。

（五）人才培育示范工程

充分利用太原作为全省教育资源集中地优势，积极开拓与省内高校、职业技术学院的合作，搭建校企合作平台，探索创办邮政人才培养基地，打造现代邮政技术技能人才队伍。深入实施《快递业务员国家职业标准》，继续开展职鉴考试，逐步提高从业人员持证比例，适应我市邮政业发展需要。

七、保障措施

（一）全面推进依法治邮

全面履行监管部门法定职能，建立健全全市邮政业规范体系。落实服务、安全等行业标准，不断完善行业技术标准。积极推进《邮政法》、《快递市场管理办法》及其相关配套规章的贯彻落实，加大法律法规宣传力度，健全依法决策机制，坚持把公众参与、专家论证、风险评估、合法性审查、集体讨论决定作为重大行政决策的必经程序。严格规范性文件备案审查制度，从源头预防违法违规行为。依法惩处各类违法行为，加大涉及用户权益、行业安全等重点领域的执法力度。完善行政执法监督，建立执法全过程记录制度，进一步规范行政执法行为。健全完善政府法律顾问制度和群众举报制度，主动接受监督。全面推行政务公开，推进决策公开、执行公开、管理公开、服务公开、结果公开。向社会公开法定职能、法律依据、实施主体、职责权限、管理流程、监督方式等事项。

（二）加快建设诚信邮政

充分发挥邮政社会监督员和行业协会作用，建立有效的行业自律机制，推进诚信邮政建设。推动邮政企业完善自律机制，落实普遍服务标准。要求快递企业遵守职业道德，树立商业诚信，规范操作流程，提升服务质量。将诚实守信作为邮政业发展的基本行为准则，建立覆盖政府部门、企业、员工和消费者的综合诚信体系，营造诚信环境。健全诚信考核指标和考评办法，制定行业诚信体系建设考核方案，完善考核方式，搞好企业诚信考核档案建设。加大企业、从业人员和消费者诚信示范宣传力度，推动信用等级评定工作，建立消费者违规寄递“黑名单”和警示制度，完善信用信息记录、共享、披露和使用等诚信评价体系。畅通申诉渠道，强化公众监督，促进全市邮政业健康发展，维护消费者合法权益。

（三）加强人才队伍建设

大力实施“人才强邮”战略，完善邮政行业人才培育、引进、激励和使用机制，健全邮政、快递企业职业教育和员工培训制度，引导企业建立完整的岗位规范和员工培训标准，不断优化员工素质和结构。重点培养一批邮政业高素质管理人才、高层次专业领军人才、高水平营销人才、高技能实用人才，努力造就一批邮政行业优秀企业家。探索建立邮政业职业教育工作定期沟通协商机制，强化行业指导，推动企业积极参与。努力构建常态化、长效化行业文化与职业精神培育机制，重视“诚信、服务、规范、共享”的行业核心价值理念与敬业守信、精益求精、勤勉尽责职业精神培养。加强监管队伍建设，持续深入践行“三严三实”，坚决落实中央八项规定，推动作风建设常态化、长效化，提升工作能力，建设现代化邮政业监管团队。

（四）加强规划实施领导

完善规划实施管理机制，进一步加强全市邮政业规划实施的监测、评估和考核，强化规划对全行业发展的统筹引领，健全规划实施机制和监测评估考核机制，推动规划有效实施。做好太原市邮政业发展“十三五”规划与省、市各类规划的衔接工作，将邮政基础设施纳入市财政预算投资，将更多邮政业发展内容纳入经济社会发展各个方面，在产业协同发展、政策资金配套、城市末端配送等方面赢得支持，稳步推进全市邮政业重点项目建设。积极制定邮政业网点、快递园区等邮政设施布局专项规划，将专项规划纳入城乡规划，完善快递园区建设布局。将总体规划通过年度任务分解落实主要目标和重点建设任务，推进快递园区等重点项目建设。加强规划年度监测评估，落实规划中期评估制度。科学制定政策和配置公共资源，为邮政业发展规划顺利实施提供有效保障。充分发挥社会各界参与规划实施的主动性和创造性，健全规划重大事项实施公开机制、社会监督机制和公众评议机制，形成群策群力、共建共享的生动局面。

阳泉市邮政业发展“十三五”规划

（2016 年 11 月 14 日阳泉市人民政府办公厅印发　阳政办发〔2016〕139 号）

邮政业是融合物品运送、信息沟通、资金流通、文化传播等功能于一体的基础性、复合型产业，具有服务人群规模大、带动辐射领域广、协同发展效应强和吸纳就业人数多等特点，是现代服务业的关键产业，是推动流通转型、促进消费升级的现代产业，是物流领域的先导产业。为加快建成全市与小康社会相适应的现代邮政业进程。根据《山西省邮政业发展“十三五”规划》和阳泉市《十三五规划纲要》及有关专项规划，结合我市邮政业改革与发展实际，制定阳泉市邮政业发展“十三五”规划（2016—2020年）。

一、现状与形势

（一）发展基础

“十二五”期间，阳泉市邮政管理局在国家邮政局、山西省邮政管理局及市委、市政府的正确领导下，以实现转型跨越发展为目标，着力构建实施邮政市场三位一体监管模式，建立安全监管联合监督机制，促进了阳泉市邮政业的快速发展，为我市社会经济发展做出了积极贡献。

1. 管理体制、监督模式与监管机制

（1）邮政管理体制改革成效显著

为适应市场经济政企分开的需求和解决省以下邮政监管缺乏组织保障等问题，“十二五”期间，按照国务院及国家邮政局关于完善省级以下邮政监管机构的决策部署，阳泉市邮政管理局于 2012 年 11 月 30 日正式成立，下设办公室、行业管理科（机要通信科）。邮政管理局成立后，初步构建邮政公共服务市场化机制，加快推进邮政普遍服务和竞争性业务分业经营，积极推动快递市场迅速发展，全面履行邮政行业管理和市场监管等职责，为阳泉市邮政业健康发展提供了组织保障和制度环境。2015 年 11 月 17 日，盂县邮政管理局挂牌成立，市县两级邮政监管机构初步形成，行业管理能力得到显著增强。

（2）监督模式立体化运行良好

为提升监督效果，阳泉市邮政管理局构建并采用了“政府监管、企业自律、社会监督”的三位一体立体监督模式。在政府监管方面，强化政府职能，坚持依法行政，规范秩序、推动发展；在企业自律方面，构建守信企业激励机制、警示企业预警机制、失信企业惩戒机制、严重失信企业淘汰机制；在社会监督方面，科学选聘优秀社会监督员，鼓励社会监督员积极参与邮政营业场所、快递营业网点服务质量监督。

(3)联合安全监管得到强化

阳泉市邮政管理局会同市综治办、公安局、国安局、交通运输局、工商行政管理局等部门下发文件，建立了全市邮件、快件寄递安全监管联合监管机制。寄递渠道安全纳入"平安阳泉"建设体系。通过建立进度台账、坚持防治相结合、加大宣传教育等手段进一步强化安全监管，落实安全保障机制，将人防、技防和流程管理相结合，严格落实收寄验视制度，保证了寄递渠道的安全。

2. 邮政业快速发展

在新的管理体制和运行机制下，阳泉市邮政业呈现出较好的发展态势，邮政规模持续扩大，行业服务能力和服务水平显著提高。2011年至2015年，全市邮政行业传统业务业务量由1.12亿元增长到1.64亿元，年均增长率为7.93%；业务收入由1.02亿元增长到1.54亿元，年均增长率为8.58%。

2012年我市的快递总量420万件，2013年我市的快递总量为650万件，2014年全年完成快递总量为1015万件，2015年全年完成快递总量为1493万件。2012、2013、2014三年同比增长均超过50%；2015年，全市邮政快递业网上购销经济规模总量为29.86亿，邮政传统业务收入1.19亿，快递服务收入1.49亿。快递件总量1493万件，较上年同比增长47%，出港178万件，进港1315万件，出进比例1:7.4，每天均件4.15万件，人均发生量11件，持续领跑全省；许可、备案的快递企业由22家增至96家，年均增长率为129.74%；从业人员逐年增加，2015年达到了1728人。

(1)邮政普遍服务业务

阳泉市邮政管理局成立以来，大力推进普惠邮政建设，在空白乡镇邮政局所补建方面，3区2县4个空白乡镇补建局所全部投入运营，实现了"补白"工作竣工率、验收率、移交率、运营率"四个百分百"，偏远乡镇用邮权益进一步保障；邮政基础设施建设稳步推进，邮政普遍服务网络不断完善。全市邮政营业网点达到69处，其中提供邮政普遍服务的邮政营业网点达到67处。通邮行政村数量达到960个，行政村通邮率达到100%。邮政普遍服务功能不断完善，邮政小包等新型业务快速发展，"邮政+特色农产品"项目成效明显。邮政普遍服务和特殊服务保障能力不断增强，服务满意度不断提高。

(2)快递业务

"十二五"期间，全市快递市场经营秩序不断规范，快递服务网络不断完善，末端服务不断延伸。全市快递企业数量大幅增加，使快递网点有效覆盖市重入驻阳泉市快递品牌达到20个，网点达到209个。快递下乡工程成效明显，乡镇快递网点覆盖率达到100%，快递企业业务范围不断向关联产业拓展，"快递+"项目稳步推进，形成了多种所有制并存、多种经营模式共生、各市场主体之间良性竞争的市场格局，快递服务能力明显增强。市场经营秩序整顿和快递服务质量整顿专项行动开展，法治邮政建设不断深化，行业服务质量不断提升，发展成果不断巩固，快递业日益成为阳泉市重要的经济形式和服务业态。

3. 发展中的主要问题

全市邮政业虽然得以快速发展，但总体来看，发展水平仍有待提高，服务质量、保障能力、安全生产、协同发展等方面还不能满足与全面建成小康社会相适应的现代邮政业目标要求。

(1)行业基础设施分布不均衡

邮政普遍服务与快递服务经营场所、运输车辆与配套设备等基础设施分布不均，县、乡、村三级寄递服务网络体系不完善。

(2)普遍服务保障能力不足

普遍服务保障机制尚不健全，政策扶持、税费减免、资金补贴亟需落实；信报箱建设仍有较大转型空间。

(3)快递发展水平有待提升

快递发展层次相对较低，快件丢失等问题仍然存在，服务"最后一公里"问题未得到根本解决。行业整体科技水平落后、装备水平偏低、专业人才较少等系列问题依然困扰着行业的可持续发展。

(4)安全监管形势依旧严峻

虽然阳泉市邮政管理局在安全监管上的力度与成效都有了长足进步，但监管机构设置、监管人员数量及执法经验等还不能完全满足行业发展需要；企业主体责任未得到有效落实；邮件快件处理、禁寄物品收寄和用户信息保护等环节的安全隐患处理能力与应对突发事件能力仍有待提高。

(5)关联产业协同发展深度不够

阳泉市快递企业“数量多、规模小”的特征限制了邮政业与制造业、农业等关联产业的深度协同发展,使其难以为关联产业借助网络平台,搭乘速递快车走向全省及全国提供完全支撑,因而难以完全发挥出关联产业协同发展带动经济发展的潜能。

(二)“十三五”发展环境

“十三五”时期,数字化、电子化和网络化是邮政业信息化建设的必然趋势;产品创新、服务创新与绿色邮政是邮政业务增收的新途径;构建虚拟战略联盟,实现协同发展是邮政业合作的主要形式。对邮政业而言,这既是机遇,也是挑战。

1. 发展机遇

(1)发展环境优良,政策导向明显

纵观国内外形势和邮政业发展趋势,结合我省经济社会发展形势,未来五年,邮政业发展仍面临诸多机遇。首先,“一带一路”建设、京津冀协同发展等国家战略的实施,将为我省邮政业发展和对外开放带来新的机遇。其次,我市作为全省的东大门,毗邻河北,地域优势更为明显。市委、市政府提出深入实施科技创新、民营经济和金融振兴“三个突破”,大力发展现代服务业等七大非煤产业,也为我市邮政业发展创造了良机。市政府总体上从行业规划、基础设施建设、业务创新、主业改革与企业发展等多方面对邮政业发展予以引导,并提供一定的政策支持。阳泉市邮政管理局推进廉洁机关建设、规范管理行为、转变工作作风、简化审批程序等多措并举,为邮政业创造良好的发展环境。

(2)经济容量扩大,市场需求增加

“十三五”时期,阳泉市经济将进行转型跨越发展,生产性和生活性服务业快速发展,省市际经济贸易往来更加密切,信息交流和物品递送活动更加频繁,对包括邮政业在内的服务业产生巨大需求,将产生越来越多的个性化寄递服务需求。

(3)电子商务繁荣,快递业务成长迅速

电子商务的快速发展极大地增加了实物传递需求,而实物传递正是邮政网络的优势所在。2015 年阳泉市邮政快递业网上购销经济规模总量为 29.86 亿,快递服务收入 1.49 亿。快递件总量 1493 万件,同比增长 47%,出港 178 万件,进港 1315 万件,出进比例 1:7.4,每天均件 4.15 万件,人均发生量 11 件,持续领跑全省。因此,电子商务的快速发展将进一步促进阳泉邮政业的发展。

(4)网络化加速,市场潜力巨大

网络技术的深入发展和阳泉市网络用户数量的持续增加为阳泉市现代邮政业的发展拓展了新的业务空间。邮政产品与服务能充分利用邮政业全网络优势,从收寄、处理、运输到投递形成迅速、可靠、低价和普遍的服务系统。现代通信的发展为邮政业在不断增长的通信市场上占有合理份额提供了机遇。

2. 面临挑战

(1)网络技术深入发展,冲击传统邮政业务

现代信息网络技术进一步发展,无纸化邮件、无纸化贸易和无纸化报刊更加繁荣,这对传统邮政普遍服务业务造成巨大冲击。2015 年,全市邮政函件业务累计完成 108.65 万件,同比下降 52.81%;包裹业务累计完成 1.28 万件,同比下降 51.7%;报纸业务累计完成 2484.77 万份,同比增长 1.25%;杂志业务累计完成 78.92 万份,同比下降 28.23%;汇兑业务累计完成 4.14 万笔,同比下降 48.51%。阳泉市邮政业增长方式有待深度调整,服务模式面临转变。

(2)服务供给能力滞后,管理水平有待提升

阳泉邮政业整体规模不大,基础设施建设比较薄弱,服务供给能力,尤其是快递服务供给能力相对滞后于社会日益增长的服务需求。一些乡镇普遍服务均等化保障水平亟待提高。

(3)专业人才缺乏,人员素质有待提高

“十三五”期间,阳泉市邮政业规模将继续扩大,人才需求也将进一步增大。但是邮政业人才队伍基础较为薄弱,行业人才选拔、评价、激励和保障等体制机制问题还没有解决,人才总量、结构和素质尚不能完全适应新的需求。

(4)违规行为依然存在,安全监管形势依旧严峻

2015 年国家邮政局提出了建设安全邮政的目标,寄递渠道安全监管已成为社会治理体系的重要组成部分。阳泉市快递行业发展过程中,一些企业对安全问题重视不够,投入不足,安全制度落实不到

位，寄递渠道依然存在不严格执行收寄验视制度的问题，安全防控能力不强，安全监管任重道远。

二、指导思想与发展目标

（一）指导思想与发展思路

1. 指导思想

全面贯彻党的十八大和十八届三中、四中全会、五中全会精神，以马克思列宁主义、毛泽东思想、邓小平理论、“三个代表”重要思想、科学发展观为指导，深入贯彻习近平总书记系列重要讲话精神，紧紧围绕“四个全面”战略部署，结合对邮政业发展的新定位，紧紧围绕省委“五句话”总要求和“一个指引、两手硬”的重要思路，推进邮政行业创新、协调、绿色、开放、共享和安全发展。按照国家邮政局和山西省邮政管理局、市委市政府“十三五”规划的总体部署，坚持“政府引导、规划引领、市场运作、企业主体”的发展方针，全面实施邮政法，以惠民强业为核心，充分发挥市场在资源配置中的决定性作用和更好发挥政府作用，进一步深化邮政改革，激发市场活力，转变邮政业发展方式，加快转型升级步伐，努力实现阳泉邮政业在发展规模、服务水平、创新能力和竞争实力上新跨越。

2. 发展思路

适应行业发展新常态，坚持稳中求进工作总基调，加快推进法治邮政、五个邮政建设，以提升邮政业服务能力和水平、满足社会经济发展和人民群众用邮需求为出发点和落脚点，以惠民强业为战略目标，以转型升级为核心，围绕阳泉转型跨越和服务于“一地＋两市”区域性物流中心的发展战略要求，依托阳泉优势产业和重点行业，深化邮政改革，完善邮政业基础设施，健全支撑体系，优化发展环境，着力提升应用水平，做强国有邮政，做大快递企业，增强竞争力，在实现阳泉邮政业跨越式发展同时，形成地方社会经济发展新亮点。

（二）发展目标

到2020年，阳泉市邮政业继续保持省内行业排名领先位置，经济与社会效益明显提升；全行业收入占GDP的比重和行业从业人员大幅提高；企业培育再上台阶；普遍服务、快递业务充分发展；监管能力显著增强，安全形势更加稳固，服务地方经济发展能力显著增强。

1. 普遍服务

服务能力方面，完善深入农村和社区的邮政普遍服务网络布局，保障邮政基本公共服务均等化和便利化；加强农村地区邮政基础设施建设，全面提升邮政普遍服务均等化水平；推进城镇居民住宅楼信报箱建设，实现新建住宅楼信报箱全覆盖。服务水平方面，邮政普遍服务全面达到《邮政普遍服务标准》要求，建制村全面实现直接通邮，新建城镇居民住宅楼实现投递插箱到户。邮政普遍服务满意度居全市公共服务前列。

2. 快递服务

服务能力方面，快递服务网络覆盖面进一步扩大，重点快递企业网点乡镇覆盖率达到100%；筹建晋东（平定）、阳泉市区、盂县三个快递园区，发挥行业聚集和带动效应；快递服务各环节信息化、机械化和标准化水平明显提升。服务水平方面，构建多品种、个性化服务的产品体系，积极拓宽快递产业链条，推动快递业与电子商务、现代制造业、金融业、零售服务业、农业融合；提高当日递、次晨达等限时产品的比重、快递服务72小时准时率达80%；重点快递企业快件跟踪查询和信息反馈的便利性、及时性和准确性达到同行业领先水平。服务质量方面，重点快递企业快件延误率降低到千分之八、损毁率降低到万分之一、丢失率降低到十万分之五以下。

3. 企业培育

做强邮政企业，做大快递企业。推动邮政公司深化改革，完善现代企业制度，增强竞争能力。推动高标准快递物流园区建设和运营，培育两到三家年产值在500万以上的快递企业，培育一家以上在省内具有一定竞争力和影响力的本地快递服务品牌，实现快递企业优势互补、强强联合，形成一批知名品牌快递企业。

（三）主要指标

到2020年，邮政传统业务收入达到2.59亿元，年均增长11%；邮政业务总量达到2.76亿元，年均增长11%；快递业务量完成3000万件，年均增长15%；快递业务收入突破3.5亿元，年均增长18%。“十三五”期间，全市邮政行业新增就业岗位1000人以上，进出港比例力争达到5∶1。

表1　阳泉市邮政业“十三五”规划主要指标

类别	主要指标	规划目标	
		数值	增长率
发展规模	邮政行业业务总量(亿元)	2.76	11%
	邮政行业业务总收入(亿元)	2.59	11%
	快递业务量(万件)	3000	15%
	快递业务收入(亿元)	3.5	18%
	新增就业岗位(人)	1000	—
企业培育	培育年产值在500万以上的快递企业(家)	3—4	—
	快递园区建设(个)	3	—
普遍服务	邮政服务网点总个数(个)	69	—
	邮政业普遍服务营业场所(个)	67	—
	邮政普遍服务满意度(%)	95%	—
	新建住宅楼信报箱覆盖率(%)	100%	—
	手持终端配备率(%)	100%	—
	乡镇快递覆盖率(%)	100%	—
	快递服务72小时准时率(%)	80%	—
	快件延误率(千分之)	8	—
	快件损毁率(万分之)	1	—
	快件丢失率(十万分之)	5	—
	提供快件在线查询的品牌比例	100%	—
	通过职业资格认定的快递员比例	95%	—

三、重点任务

(一)持续推动邮政业市场化改革

深化邮政体制改革,进一步简政放权,建立权力清单制度。加快转变政府职能,坚持服务为本,营造良好发展环境。积极推进邮政行政审批制度改革,强化全程全网信息化统筹管理。

“十三五”期间,以“做强邮政企业,做大快递企业”为目标,推动邮政业转型发展和全面改革,健全现代企业制度,提高国有企业的竞争力;在推动邮政业市场改革过程中,进一步推进快递市场对外开放。支持和包容业态创新,鼓励支持多元资本加速进入,推动快递下乡,激发市场活力,积极推进“三化”建设,鼓励邮政、快递企业融合发展,不断提升行业发展质效。

专栏3－1　推动邮政业市场化改革	
做强邮政企业	健全现代企业制度
做大快递企业	l 加快推动建立现代企业制度 l 积极培育地区骨干快递企业 l 积极推动信用记录建设和共享 l 鼓励快递企业通过合作、收购、股权置换等方式完善产权激励机制

(二)提升邮政普遍服务能力和均等化水平

“十三五”期间,邮政普遍服务以实现邮政基本公共服务均等化、便利化和提升普遍服务发展水平质量为重点。不断推进邮政普遍服务基础设施建设,完善邮政普遍服务网络,确保《邮政普遍服务标准》得以落实,保障全市广大人民群众基本的用邮权益,促进城乡基本邮政服务均等化水平大幅提升;

坚持“国家保障、政府支持、行业监管、企业承担”的原则，鼓励社会力量参与提供邮政普遍服务，逐步实现邮政普遍服务提供方式多元化，用现代技术手段和理念提升普遍服务，用现代经营方式优化普遍服务，构建便捷高效、竞争有序、技术先进、服务优质的邮政服务体系。健全完善政府主导、社会参与的邮政普遍服务终端服务体系。

专栏3－2　邮政普遍服务建设工程	
普遍服务基础设施建设工程	l继续加强空白乡镇局所移交后的运营监管工作，确保“补白”落到实处 l积极推进城乡局所无障碍改造工作 l积极推进城镇居民信报箱（含智能包裹柜）建设，新建住宅楼信报箱设置率达100% l按照优化结构的要求，积极推进村邮站（综合服务站）建设：在农村、乡镇、小区、街道等地，搭建综合服务平台，建设500处村邮站
普遍服务质量提升工程	l加强邮政普遍服务科技应用，实现邮件动态跟踪管理，方便用户全程查询 l综合服务网点叠加多种业务如代收水费、代收有线费、报刊订阅等公共服务项目 l进一步为残疾人、老人及儿童提供更加便利的用邮条件 l加强对邮政企业行业服务标准执行情况的考核测试 l通过第三方机构对普遍服务用户满意度进行评估，对满意度低的监督整改 l做好邮政普遍服务违法违规问题的整改工作
机要通信建设工程	l提高机要通信运行和管理信息化水平，改造机要通信信息系统 l开展邮政机要通信管理达标活动，在机要通信生产场地、运输车辆运转和技术支撑三环节上达到安全生产“零差错”的工作目标 l强化机要通信监督管理和机要通信队伍建设 l加强机要通信安全保密检查，完善机要通信独立作业系统

（三）加速快递服务创新升级

充分利用“全省转型综合配套改革试验区和全省唯一创新城市试点”的战略机遇；结合我市的发展布局和产业特点，依托市政府重点布局的“1＋1＋2”发展战略空间，构建物流发展轴——阳泉市物流经济走廊，在轴的关键节点上，布局三个具有不同功能定位的物流节点——阳泉中部综合物流园、阳泉北部生产性物流基地和阳泉南部商贸物流产业基地的发展机遇，加快快递服务创新升级。加快形成公路、铁路、园区、企业协调的复合网络式寄递体系；推动各级地方政府将快递基础设施布局和建设纳入城乡规划，切实提高快件集散水平和效率；加强农村快递网络建设，开展快递下乡配送工程，进一步发挥邮政网络和服务优势，提高快递普惠发展水平；鼓励快递企业利用阳泉市获批国家中小城市综合改革试点城市的有利契机，引导快递企业向服务品质竞争转变，创新服务模式，延伸服务领域，加快推进实施“三化”建设，着力提升快递服务水平和质量；引导企业加大科技投入，以机制创新和技术进步带动快递服务产品升级和增长方式转变。

专栏3－3　快递服务创新升级工程	
基础设施建设工程	l依托阳泉市“1＋1＋2”发展战略，构建阳泉市物流经济走廊建设机遇，加快形成公路、铁路、园区、企业协调的复合网络式物流体系，积极推动晋东快递物流园区（平定快递物流园区）、阳泉市区快递物流中心、盂县快递物流园区，建设综合型仓储、物流、配货、小型加工批发的物流园区 l开展第三方末端服务合作、布设智能投递终端等方式，提升城区末端网络密度，城区覆盖达100%，县域乡镇覆盖达100% l鼓励企业建设现代化仓库和信息平台，加快企业信息系统开发应用和改造升级换代
快递下乡工程	l乡镇快递网点（标准化网点）建设覆盖率达100% l鼓励政府、快递企业、供销合作社等机构合作，设立村级便民收寄点 l依托邮政＋快递＋网上供销合作社网络和服务优势，借鉴阿里巴巴、京东等企业服务模式，提供商品展示、虚拟销售，试用代买服务打通工业品下乡通道，同时打通农产品进城通道

续表

服务水平和质量提升工程	l初步建立"快件物流+社区网点+智能终端"全新的快递末端综合服务模式,形成快件实时投放、刷卡支付、安全存放、实时提取"一站式"服务体系 l推进企业业务创新、服务创新、管理创新和流程优化:大力发展代收货款、冷链快递、逆向物流、特殊物品寄递服务 l协调推动校企合作,加强行业技能培训,员工持证上岗率达95% l统一快递派送车辆标识、加强车辆管理 l开展以"服务满意度、时限准时率、用户申诉率"为核心的快递企业等级评定工作,评价快递服务,规范快递业务操作,定期向公众公布

(四)促进关联产业深度协同

推动建立与电子商务、工业、零售服务业、农业等关联的产业的融合发展机制。协调完善电子商务物流快递发展规划;推动企业服务"中国制造2025"战略,为中小企业和技术密集型制造企业渐进式地提供"订单末端"配送、仓配一体化和供应链服务;协调支持供销合作社、沃尔玛、华龙超市等零售网点开展线下体验,线上销售模式;依托网上供销社、"美淘村"、"乐淘村"乡村体验店开展万村千乡工程,借力线上线下平台,促进农副产品的网络销售;鼓励快递进入具有本土特色的煤炭、耐火材料、建材、煤化工、农产品等领域,探索延伸快递服务链条,大力发展大宗商品、工业品仓储物流行业试点。

促进交邮协同,实现资源优势互补。推动邮政和快递处理中心及其配套设施与铁路、公路枢纽同步建设;积极协调推进快件"上机上铁"工程;引导企业利用乡镇农村客运站、货运站等交通运输基础设施,建立仓储场地、小型快递分拨中心和集散中心,完善农村邮政快递基础网络;推进邮政和公共交通信息平台互联互通,依托大交通平台,积极推动快递与综合交通运输体系的顺畅对接,推进快递与交通运输行业在货运布局、票务代售等方面进行全方位合作。

(五)构建开放共享的综合服务体系

促进邮政信息网、实物网、金融网"三网合一",构建开放共享,功能集成的服务体系。抓住"全省唯一创新城市试点"的战略机遇,推动邮政企业与电子商务平台对接,大力发展农村邮政电商寄递,促进邮政成为服务农村电子商务的重要渠道;鼓励邮政企业与快递企业建立合作机制,鼓励村邮站代收代投快件,推动网络开放共享;推动快递服务居民共享,鼓励超市、便利店等零售网点开展网络销售,鼓励餐饮、娱乐、生活服务类商家自建平台或应用第三方平台开展网络零售、批发业务,培育新的增长点和增长极,引领经济发展。

(六)提升邮政行业监管效能

贯彻落实以《邮政法》为核心的行业法律法规,发挥"政府监管、行业自律、社会监督"三位一体的邮政行业监管体系的监管作用,完善四级邮政监管体制,规范企业日常经营行为,完善事前事中事后的监管模式。强化对邮政普遍服务和特殊服务的监督检查,建立普遍服务综合评价和考核体系,保障邮政普遍服务和特殊服务落实到位;依法实施快递市场准入和退出制度,规范快递企业经营行为,严肃查处非法经营、超范围经营、违规代理等行为,维护公平竞争、有序发展的市场秩序;完善安全管理制度,推进安全管理网格化,综合治理属地化。督促邮政、快递企业落实寄递安全制度,保障寄递渠道安全。严格落实邮件快件收寄验视、实名收寄有关制度规定,加强行业寄递服务用户个人信息安全管理。

专栏3-4　提升邮政行业监管工程
l完善四级邮政监管体制:因地制宜、有序推进县级邮政监管机构组建,探索县域监管模式 l构建行业诚信体系:建立经营异常名录和黑名单制度 l追溯责任主体:落实企业安全主体责任,政府安全监管责任和用户安全用邮责任。实施属地监管、联动监管、片区化监管 l构建安全监控信息系统联网工程,实现全市网络信息监控。加快信息平台建设,推动跨部门、跨层级、跨业务的监管信息应用与共享 l强化安检水平,到2016年12月底前,市级企业均实现过机安检。结合实名制寄递更新终端设备、改造信息系统 l健全应急管理机制,完善邮政业突发事件应急预案,联合相关部门,针对季节,地域特点组织应急演练 l做好邮政业消费者申诉受理工作,依法及时处理用户对快递服务问题的申诉,按照规定时限答复 l完善监管人员选拔、培训、考核和激励机制,提高监管队伍素质

（七）推动邮政业绿色低碳发展

鼓励邮政企业以促进节能减排、倡导低碳经济为重点，研发引进环保材料和绿色节能技术，实现运输绿色化、仓储绿色化、配送包装绿色化，办公营业绿色化，减少环境污染，提高投递效率，推动绿色邮政快速发展。

鼓励企业研发与应用环保材料和节能技术，加强包装废弃物的回收处置管理，提升包装物品的重复使用率，鼓励企业对现有设施进行节能改造。推广使用新能源车型和节能车型，重点推广应用插电式混合动力汽车，纯电动汽车，燃料电池汽车，新增或更新车辆中新能源汽车比不低于80%，鼓励新能源汽车废旧电池回收利用。对快递企业购置纳入国家节能与新能源汽车目录汽车的，按照我省新能源汽车政策给予资金补助。

（八）完善相关配套制度

全面深入贯彻落实国家性法律和地方性法规，结合阳泉市实际，加强部门协调，争取在建设用地、车辆通行、资质执照、税收政策、信贷融资等方面获得优惠政策，逐步建立起一套与提升邮政业服务社会的能力相适应的配套制度体系。

专栏3－5　相关配套制度工程	
阳泉市财政局	普惠邮政、普惠快递建设财政扶持
阳泉市规划局、国土资源局	给予优惠的建设用地政策
阳泉市交警支队	解决快递车辆进城难、停靠难问题，车辆统一标识
阳泉市工商行政管理局	简化资质行政审批程序
阳泉市交通运输局	交通业与邮政业合作
阳泉市发改委、商务局	电子商务、商业物流与邮政业融合发展
阳泉市国税局、地税局	邮政、快递企业税收政策扶持
阳泉市各大商业银行	给予优惠地信贷融资服务支持

四、保障措施

阳泉市邮政业“十三五”发展规划是未来五年统领阳泉市邮政业发展全局的总体规划，为切实发挥规划的导向作用，保证规划目标全面实现，必须建立健全各项保障措施，为规划的顺利实施提供有力支撑。

（一）加强组织领导，明确职责分工

阳泉市邮政管理局负责落实阳泉市邮政业发展“十三五”规划，并做好规划宣传，统一思想、凝聚力量，充分调动各方面积极性抓好规划实施工作。阳泉市邮政管理局成立邮政业发展领导组，承担阳泉市邮政业发展“十三五”规划的具体组织实施，负责与有关政府部门进行衔接，负责具体的组织、协调和监督工作，全面负责规划的组织实施和指导监督工作。各相关部门根据本规划的任务和要求，结合实际，建立健全目标管理责任制，拟定并落实具体措施和工作步骤，把规划变成行之有效的行动，保证规划的顺利实施。

（二）建立健全机制，强化实施管理

建立健全年度计划与五年规划的衔接机制，将规划提出的主要目标、重点任务逐年科学分解，以保持规划的系统性和连续性，确保规划确定的各项任务有序推进。建立健全规划实施的监督考核机制，明确责任主体，定期进行督查、督办和考核通报，以督促规划顺利实施。建立健全规划实施的跟踪和评估机制，根据客观形势变化，及时组织开展规划实施情况的跟踪和评估分析，根据阳泉邮政业发展中出现的新情况、新问题，对规划进行必要的充实和微调，以提高规划的科学性、针对性和时效性。

（三）贯彻法规政策，优化发展环境

积极贯彻《邮政法》、《山西省邮政条例》等行业法律法规，配合上级部门填补地方性法规空白。积极开展行业“七五”普法工作，加大邮政业法律法规宣传力度，加强执法综合管理，完善执法人员资格管理制度，强化内外部监督机制，深化行业行政审批制度改革，营造依法行政的邮政监管环境。深刻领会国家、地方经济社会发展的重大政策，积极争取国家和地方扶持政策，抓住机遇，加强与相关部门的沟通协调，努力把各项扶持政策转化为推动阳泉市邮政业发展的具体措施，形成有利于阳泉邮政业发展的良好环境。

（四）落实行业标准，推广科技应用

加强行业管理的基础工作，积极贯彻落实基础类、服务类、产品类、技术类和信息类国家和行业标准,健全各类基础信息数据库,推进邮政行业标准化和信息化建设。引导企业加大科技投入,运用现代物流理念,综合利用追踪查询、全球定位系统、地理信息系统、单元化装卸、自动识别、电子数据交换等技术,采用仓储运输、装卸搬运、分拣包装等专用技术设备,打造现代化、智能化的商务配送与投递综合服务体系。鼓励邮政企业以促进节能减排、倡导低碳经济为重点,开发引进绿色物流技术,实现运输绿色化、仓储管理绿色化、配送包装绿色化、办公营业绿色化,减少环境污染,提高投递效率,推动绿色邮政快速发展。

(五)拓宽筹资渠道,破解资金“瓶颈”

积极争取中央和地方财政对邮政业发展的资金支持,加大规划项目投资的倾向性。充分发挥市场配置资源的基础性作用,创新投融资机制,扩大投资规模,广泛吸引各类社会资金共同参与邮政事业。鼓励邮政企业按照现代企业制度要求,运用股份制、合资、合作等方式,建立投资多元化的投入机制,切实解决好资金投入问题。快递专业类物流园区或具备快递服务功能的物流园区及快递企业改扩建的分拨处理场所的服务措施,新增投资额100万元以上(不含土地价款)、快递企业用地面积占总用地面积60%以上、运营1年以上且未发生重大安全事故的,争取省财政扶持资金予以补贴(按新增投资额10%的标准给予最高50万元补助)。首次评定为4A、5A级的物流企业、快递企业,争取省财政扶持资金予以补贴(分别给予20万元、50万元奖励)。

(六)构建培养体系,强化人才支撑

推进从业人员素质提升工程,结合阳泉高校教育资源,探索建立以山西工程技术学院、阳泉师范高等专科学校、阳泉职业技术学院为依托的校企合作培养基地,加强继续教育,为阳泉市邮政业发展提供更多的高素质邮政专业人才。协调政府相关部门,加大对邮政行业技能型紧缺人才教育培训的投入力度,大力培养高技能人才,深入实施“人才强邮”战略。引导企业树立正确的人才观,加大培训投入,积极开展全面的职业技能鉴定工作,实行从业人员持证上岗,大幅提升劳动者素质。完善行业人才工作的开发和激励机制,积极引进邮政业人才,加强高层次企业经营管理人才队伍建设,为行业的可持续发展提供源源不断的动力支撑。

(七)提高党建水平,强化行风建设

坚持以党章为依据,认真落实全面从严治党要求,加强阳泉市邮政系统各级党组自身建设,强化党组抓党建的主体责任。加强对阳泉市邮政系统党建工作的领导和指导,建立健全阳泉市邮政业基层党建工作机制,推进民营快递企业基层党组织建设。深入开展基层组织建设活动,开展党组中心组理论学习,深入贯彻党风廉政建设责任制,加强对重要领域和关键环节的监督检查,加强反腐倡廉教育和廉政文化建设。坚持以党风带行风,弘扬“诚信、服务、规范、共享”的行业核心价值观,指导企业勇于承担社会责任,加强自律自纠,切实保障用户权益,针对临汾市邮政行业系统行风问题及时开展专项教育和治理活动,全面推进行业文化建设,树立阳泉邮政业良好形象。

晋中市人民政府关于促进快递业健康快速发展的实施意见

(2016年2月19日　市政发〔2016〕7号)

各县(区、市)人民政府,开发区管委会,市直有关单位:

为充分发挥快递业拉动内需、服务民生、扩大就业和促进经济结构转型的积极作用,加大快递服务与工业、制造业、电子商务、金融业等相关产业协同发展力度,根据国务院《关于促进快递业发展的若干意见》(国发〔2015〕61号),结合晋中经济社会发展实际,特提出如下实施意见:

一、重大意义

快递业是现代服务业的重要组成部分,是推动流通方式转型、促进消费升级的现代化先导性产业。晋中市快递业及相关产业的健康快速发展将有力促进全市商品流通、拉动居民消费、吸纳劳动力就业,在便利群众生活、降低流通成本、服务社会生产、促进创业创新、实现结构优化、提高新型城镇化质量、全面助推经济社会发展等方面都将发挥极大的作用。面对当前我市经济结构单一、传统产业发展乏力、财政下行压力巨大的严峻形势，加快快递服务业滚动、跨越发展，对满足群众不断提升的寄递需求，培育打造新的经济增长点，促进全市经济结构转型具有重大现实意义。

二、总体要求

（一）指导思想

以党的十八大、十八届五中全会“创新发展、协调发展、绿色发展、开放发展、共享发展”要求和晋中市2016年经济工作会议精神为指导，紧紧围绕加快推进“六大发展”战略目标为中心，以“稳态势、促改革、调结构、惠民生、防风险”为宗旨，以解决制约快递业发展瓶颈问题为导向，全力推动快递业“走进来”（与关联产业深度融合）、“走上去”（延伸产业链条）、“走下去”（服务三农、高校及社区），充分发挥我市独特区位优势，加快将其打造成为服务优质、布局合理、技术先进、功能齐全的社会公共服务体系，更好地服务地方经济和社会发展。

（二）发展目标

到2020年，全市快递业基本建成普惠城乡、技术先进、服务优质、安全高效、绿色节能、拉动地方经济社会发展的新兴产业。

——产业规模加速扩张。快递业及直接关联产业量、收年均增长分别达到50%和35%以上，分别突破1亿件和100亿元，拉动社会消费品零售总额增加值100亿以上，占社会消费品零售总额比重达到15%以上。

——就业拉动能力凸显。深度融合电商产业发展，全力服务大众创业、万众创新，培育乡村服务主体1千个以上，年均参与培训“三农”从业者2千人以上。新增相关就业岗位达到1万个以上。

——支撑保障实力增强。快递城乡服务覆盖率达到100%，实现“乡乡有网点，村村通快递”；通过“互联网+快递”创新消费模式，畅通“日用品下乡、农产品进城”快递服务通道；全面建成社区、校园和厂矿快递综合服务惠民平台工程，打通消费流通“最后一百米”瓶颈，有力激活城乡消费市场。

——服务质量稳步提升。寄递服务产品体系更加丰富，服务满意度稳步提高。实现晋中与省内城市间次日达，与国内重点城市间两日达。公众满意度超过行业基准。

——科技水平显著提高。快递业信息化水平、标准化水平、运行维护能力大幅提高。自动化分拣技术、无线传输技术、车辆运输跟踪定位技术、影像监控技术、安检技术等得到广泛应用。

——承载动能全面发力。以太铁物流园区为依托，全面建成快递物流专区并投运，充分发挥区位、成本优势，吸引驻晋大型快递仓储、转运基地南移入园，为构建现代物流体系提供有力支撑。

三、重点任务

（一）培育壮大快递企业

推进快递企业营业网点标准化、分拣中心规范化和作业流程制度化“三化”标准建设。建立健全行业服务质量考评考核机制，全力培育品牌价值高、服务质量优、运营管理好、规模增长快、网络基础好的绩优企业做大做强。鼓励各类资本依法进入快递领域，整合中小企业，优化资源配置，实现强强联合、优势互补，全市重点培育5家极具竞争力的骨干企业，特别是全力支持1—2户全省前列、全市领先的品牌企业参与地方经济转型项目建设，探索多元发展路径，向市级强企迈进。

（二）建全基础网络设施

落实“五大惠民”工程，实施快递公共服务“百区千村”“三进”项目。每年在城乡重点社区、商区、厂（矿）区、开发区建设50个快递服务网点，切实打通快消流通“最后一百米”瓶颈，激发城乡居民日益膨胀的网购消费需求，激活消费市场无限潜力。将快递网络与乐村淘、万村千乡便民店等惠民工程项目一体规划建设，促进消费、流通无缝衔接。逐步加大投入，努力推动智能快件箱等新技术新载体应用建设，完善消费流通方式，提高安全保障和运行效率。

（三）深化快递下乡体系建设

进一步融入、整合农村商贸流通体系，全力支持快递企业点对点、面对面服务农民，对我市农产品4条流通链（农批对接、农超对接、社区直供、网上对接）提供包装、仓储和标准化、定制化的快递物流服务。开拓服务产地直销、订单生产等产销一体化新模式，服务农民创业增收，畅通我市特色“农产品进城”和“日用、工业品下乡”的双向流通渠道，拉动就业、促农增收，助力我市农村经济提速。

（四）激发高校园区活力

以智能快递包裹柜应用为基础，全面推进大学城快递综合服务平台建设，开创安全、便捷、经济集消费、流通于一体的校园服务新模式。大学城园区要合理规划，留出快递服务平台专门区域，按照一校一平台、一平台多品牌建管原则加快推进。借鉴PPP、BOT等现代建设模式吸引实力雄厚的快递企业或其他社会资本参与平台建设，把高校园区快递综合服务平台打造成为全国典型、全省领先，拉动地方区域经济的次增长极。

（五）发挥园区承载动能

充分发挥交通、区位优势，借国家“晋中城市群”战略和“太原—晋中同城化”东风，在108廊带沿线，综合考虑太原南站、武宿机场、晋中高铁站、榆次火车站、榆太路、108国道、汽车站、高速路口等各大交通枢纽及干线的位置因素，在太原、晋中接壤的高校园区周边处规划建设一座占地面积500亩以上，集电子商务、快件分拨（中转）中心、小商品集散地、农副产品交易等为一体的省级快递物流园区，先期实现市级品牌企业入园管理。通过整合生产企业、电商企业、快递企业三方资源，尽快形成“生产—仓储—销售—配送”一体化运营能力，利用区位、成本、技术、模式等优势，加快引进省级快递企业在园区设立地区总部、采购中心和配送中心，为“晋中造”更好更快更多走向市场提供强大支撑。

（六）深化关联产业一体发展

推进快递服务业与电子商务、工业、制造业、交通、金融业等关联产业的密切联系和融合，充分利用已趋于成熟的交通综合资源和通信、信息、仓储、金融等服务工具，提高综合服务能力。鼓励快递企业为工业、制造业等产业提供专业定制服务，探索完善工业产品销售寄递配送服务、售后物流服务和反向物流服务，拓宽快递业服务领域和经营实力。引导快递企业发展冷链快递，涵盖生鲜食品、母婴食品、粮油副食、酒水饮料、休闲零食和产地直采蔬果，采用全程冷链配送。

（七）统一快递车辆管理

增强绿色环保意识，积极推进快递车辆规范管理、运行。加快制定快递专用车辆技术改造管理办法，广泛推广应用混合动力汽车、新能源汽车等节能环保运输工具，按照早更新早补贴、一次更新大额补贴原则，逐步统一标识、统一牌照（证），提高通行效率、提升形象品质、增强行业美誉度，使快递运输载体成为宜居晋中的一道亮丽风景。

（八）强化专业人才保障

推进以政府为主导、企业为主体、院校为支撑的快递业人才教育培养体系建设。支持高校结合实际需要开设快递物流专业课程，广泛培养行业紧缺人才。加强快递业专业技术人员继续教育，并优先纳入全市专业技术人才知识更新工程，每年培养100人以上。继续推进快递从业人员职业技能鉴定工作，不断提升持证上岗率。

（九）加强行业安全监管

扎实推进“平安晋中”和实施寄递渠道安全监管“绿盾”工程，充分发挥寄递渠道安全协同监管机制优势，全面推进快递企业安全生产标准化建设，落实邮政业安全生产设备配置规范等强制性标准，明确收寄、分拣、运输、投递等环节的安全要求。落实快递企业和寄件人安全责任，完善从业人员安全教育培训制度，筑牢寄递渠道安全基础，建立公开、公平、安全、有序的快递流通市场环境。特别要建立健全县级区域邮政监管体制机制，以县（区、市）综合治理为基础，积极探索组建县级邮政监管机构，进一步明确区域和属地监管职责，加大监管力度，维护好社会发展安全稳定大局。

四、政策支持

（一）简化准入程序。精简企业分支机构、末端网点备案手续。对快递企业实行同一工商登记机关管辖范围内“一照多址”模式。对新入驻本市的快递企业，其总部统一办理工商登记注册和经营许可证后，其法人或非法人分支机构，即可登记备案。

（二）财政扶持政策。支持快递企业入驻电商仓储设施或中心。对被确定为重点快递企业，自建仓储面积10000平方米以上或租赁（合同5年以上）单个仓储设施在5000平方米以上的，经评审认定后按其仓储面积给予一次性补贴50元/m^2，单家企业补助不超过100万元。

（三）税收优惠政策。对处于起步阶段、规模不大但发展前途广阔、有利于大众创业、万众创新的小微企业，要落实好小微企业减半征收所得税、暂免征收增值税和营业税等税收扶持政策。

（四）用地支持政策。市、县（区、市）人民政府要为快递业发展提供用地支持，快递企业建设物流项目使用国有建设用地的，按招拍挂方式供应；使用集体建设用地的，可按照市政府建设用地使用权流转的规定办理。按照物流园区各功能分区、布局的功能用途实行挂牌出让，涉及仓储、货物、转运等设施用地可参照市场地价水平、基准地价、工业用地最低标准确定出让底价。

五、落实措施

（一）强化组织领导。成立晋中市快递业发展领导小组，组长由市政府分管副市长担任，副组长由市政府分管副秘书长和市邮政管理局局长担任，市邮政管理局、市发改委、财政局、国安局、公安局、住建局、规管局、交通运输局、工商局、安监局等相关部门为成员单位,共同推进我市快递业发展。各县(区、市)人民政府要对应成立政府统一领导、协调机制,合力构建快递业发展新格局。

(二)强化规划布局。各县(区、市)人民政府要将城乡快递服务网点和仓储、处理、集散场地等快递基础设施纳入本级城乡规划、土地利用总体规划,合理安排建设布局、用地规模和开发时序,预留快递业发展空间并纳入国民经济和社会发展"十三五"规划。城乡新建住宅小区、工业园区、商业区等开发建设和旧城改造要将快递服务公共基础设施,同步规划、同步建设。

(三)强化政策落实。各有关部门要按照职责分工,结合工作实际,细化措施,及时研究新情况、解决新问题,为快递服务业健康快速发展创造良好的政策和体制环境。

晋中市邮政业发展"十三五"规划(2016—2020)

(2016年12月5日晋中市邮政管理局制订
2016年12月2日晋中市人民政府办公厅印发 市政办发〔2016〕77号)

邮政业是现代服务业的关键产业,是推动流通转型、促进消费升级的现代产业,是物流领域的先导产业。"十三五"时期,是晋中市全面挺进全省第一方阵、全面建成小康社会"两个全面"奋斗目标的关键期,也是邮政业转变发展方式,提高服务质量,构建先进完备的邮政服务体系、快递服务体系和现代邮政监管体系,全面建成与小康社会相适应的现代邮政业的关键期。加快邮政业发展,对于推进晋中市现代服务业发展、促进资源型经济结构转型升级、更好地惠及城乡居民生产生活具有重要的意义。根据《晋中市国民经济和社会发展第十三个五年规划纲要》和《山西省邮政业发展"十三五"规划》要求,结合我市邮政业发展实际,制定晋中市邮政业发展"十三五"规划(2016—2020)。

一、发展现状与形势

(一)发展现状

"十二五"时期,晋中市邮政业持续较快发展,行业规模不断扩大,市场秩序逐步规范,信息化水平快速提高,服务能力和服务水平稳步提升,较好地完成了"十二五"时期的主要目标任务。

1. 邮政体制改革顺利实施

根据国务院《关于完善省级以下邮政监管体制的通知》精神,晋中市邮政管理局于2012年11月正式成立,在山西省邮政管理局和市委、市政府双重领导下,晋中市邮政管理局加强内部管理,健全内设机构,完善部门职责,建立工作运行和管理机制,依法履行监督管理职能,在保障邮政普遍服务、规范快递市场秩序方面发挥了积极作用。邮政业改革稳步推进,2014年2月,山西省晋中市邮政局正式改制为山西省邮政公司晋中市分公司,2015年3月,再次改制为中国邮政集团公司晋中市分公司,2015年10月,10个县级邮政企业全部完成改制工作,改制后的市县两级分公司,作为国有企业,依据《中华人民共和国邮政法》规定,承担普遍服务四项基本业务和特殊服务,普遍服务业务与竞争性业务分账核算,邮政体制改革进入到一个新的阶段。

2. 行业发展环境显著改善

市委、市政府高度重视邮政业发展,将邮政普遍服务网点建设纳入大学城建设总体规划,市政府制定出台《关于促进消费增长的若干意见》、《关于加快电子商务发展若干措施的通知》,对快递业进行政策支持和专项资金补贴,并大力推动电商快递协同发展。各县(市、区)也将邮政网点建设纳入地方城乡建设规划。普遍服务"两项审批"和快递市场准入权限进一步下放到市级邮政管理部门,通过开展全市普遍服务合标检查、标准化建设工作以及快递市场经营秩序整顿、快递服务质量专项整治等活动,全行业发展环境明显改善,依法经营、依法行政意识明显增强。

3. 行业发展规模持续扩大

"十二五"以来,全市邮政业快速发展,邮政业综合实力不断提高。2015年全市邮政行业业务总量累计完成2.97亿元,同比增长17.63%;业务收入(不包括邮政储蓄银行直接营业收入)累计完成2.97亿元,同比增长13.35%。业务收入占全市生产总值的0.25%,与"十一五"期末相比,全市邮政业务量和业务收入稳步增长,业务总量和业务总收入年均增长率分别达到11.58%和5.5%,其中,快递业迅猛发展,业务量和业务收入年均增长分别达到54.65%和96.2%。

4.普遍服务能力不断提高

覆盖城乡的邮政普遍服务基础设施网络和投递网络基本形成,截止2014年底,“十二五”时期国家计划补建的26处空白乡镇邮政局所全部完工并投入运营。全市118个乡镇共建有邮政普遍服务局所158个(其中:城市局所32个,农村局所126个),普遍服务网点实现乡镇全覆盖,乡镇设所、行政村通邮目标全部实现。机要通信实现连续38年保持安全无事故,国家规定的报刊发行投递、义务兵信函等工作得到有效保障。网点覆盖率、服务范围、服务时限、邮件全程时限、邮件投递等邮政普遍服务指标全部达到国家规定的标准要求。

5.快递服务能力显著提高

快递业伴随电子商务等新兴业态迅猛发展,截止2015年底,全市共有品牌快递企业20家,共设有分支机构185个,其中:国有快递企业分支机构10个,民营快递企业分支机构172个(其中:许可15个,备案157个),是2012年的4.86倍,年平均增长率为69.5%。全市规模以上快递企业业务总量和业务总收入年均增长分别达到54.65%和96.2%,最高日处理量达到21万件。目前,13家主要品牌快递企业在各县(市、区)都设有分支机构,在乡镇设有代办点,2015年底乡镇代办点达了183个,覆盖率达80%,并开始向偏远乡镇、农村延伸。全市快递从业人员1200余人。快递服务能力、服务水平和客户满意度稳步提高,快递服务发展优势不断显现,潜力不断释放,发展势头强劲,在降低流通成本、方便群众生活、服务创业创新、推动地方经济发展等方面发挥了积极的作用。

6.寄递渠道安全保障机制进一步完善

加强寄递渠道安全监管,由市综治办牵头,市邮政管理局、公安局、国安局、交通局等六部门联合成立了寄递渠道安全管理工作领导小组,明确了各部门工作职责,细化了责任分工,制订了六部门联席会议制度、情况通报制度和联络员工作制度,为保障寄递渠道安全奠定了良好基础;开展了寄递渠道反恐、禁毒、扫黄打非、安全隐患排查等活动;举办了安全生产知识培训和消防安全演习,组织观看消防安全警示教育片,进一步提高了全行业从业人员安全生产意识,寄递渠道安全得到进一步加强。

7.信息化水平显著增强

邮政监管信息化水平稳步提升,行业统计、普遍服务监管、快递经营许可管理、安全监管等邮政监管信息系统架构基本形成。邮政、快递企业持续推进信息化建设,随着手持终端(PDA)、无线传输系统、车辆运输定位系统等一系列先进技术手段的使用,企业信息化大大加强,基本覆盖了从前端客户服务到后端生产作业、从指挥调度到财务核算的各个环节和方面;快递企业利用云仓平台和互联网技术,快递订单实现实时跟踪查询,快递营业网点和分拣中心实现了24小时监控无死角,监控资料保存下限达30天;借力综合交通运输资源体系,全市邮政、快递企业网点信息全部纳入晋中市“智慧交通”平台,向公众提供快递订单实时查询、服务网点列表和地理位置查询等服务。信息化水平的提升,有力带动了企业服务领域拓展、流程优化、业务协同和管理创新,支撑了全行业服务能力和服务水平的提升。

“十二五”期间,我市邮政业发展迅猛,规模不断扩大,但整体上与全面建成与小康社会相适应的现代邮政业的要求还存在一定差距:一是邮政业基础设施薄弱。多数农村局所存在年久失修、设备老旧、服务设施不够完善的问题;快递企业缺乏自主产权的营业场所,现有场地无法满足货物吞吐量快速发展需求。二是传统邮政业务面临严峻挑战。随着互联网的普及和电子邮件、电子转账业务的广泛使用,以信函、汇兑、印刷品、普包为代表的传统邮政业务逐年萎缩。三是普遍服务保障机制不健全。随着经济发展和民众生活水平的提高,邮政普遍服务传统业务需求下降,基础设施建设、运营、维护、人员成本提高,而利用率却在不断降低,邮政普遍服务持续、健康发展的保障机制尚未完全建立。四是快递业低水平发展。快递企业标准化、自动化和信息化水平还有待加强,从业人员文化水平低、管理服务能力弱,抗风险能力差,缺乏核心竞争力,服务现代制造业、现代农业、电子商务、旅游等行业发展的能力还有待进一步提高。五是行业安全监管形势严峻。市邮政管理局成立后,狠抓行业监管,努力夯实行业发展基础,行业安全管理水平显著提升,但受到快递行业快速发展、网点数量和从业人数迅猛增加、第三方派送服务等新业务不断涌现、监管机构人员短缺、县级没有监管机构等因素限制,行业监管面临很大挑战。六是协同性亟待进一步加强。快递车辆通行难、枢纽建设征地难、末端投递难等问题亟待得到有效解决,需要各有关部门加强协同,形成合力,落实政策,补齐短板。

(二)发展形势

“十三五”是晋中市邮政业深化结构调整、转变发展方式、提升服务能力的重要战略机遇期。随着全面建成小康社会的不断推进和全市经济的企稳回升,“十三五”期间晋中市经济增长将在合理区间运行，经济发展的质量和效益将稳步提高，邮政业将在更高的起点上，持续、稳定、健康发展。

从国内环境看，我国经济发展进入新常态，国家实施的“四个全面”战略部署等，促使发展重点领域、主攻方向更加清晰。“一带一路”、京津冀协同发展、环渤海合作发展、促进中部崛起等国家战略和“中国制造 2025”、创新创业及“互联网 +”等重大举措，进一步促使经济增长模式转到内需主导、消费拉动、科技驱动的轨道上来，为邮政业的发展提供了广阔空间。全面深化改革破冰，加强供给侧结构性改革，促进生产性、生活性服务业发展等一系列打破行政垄断和市场垄断的政策设计和制度安排，邮政业作为服务业的重要组成部分，在促进稳增长、调结构、转方式、促转型、防风险、保民生等方面的地位进一步得到提升，重要性进一步得到凸显，邮政业发展活力将进一步得到增强。

从全省发展看，“一带一路”建设、京津冀协同发展、环渤海地区合作发展等国家战略的实施，将为我省邮政业发展和对外开放带来新的机遇。山西国家资源型经济转型综合配套改革试验区建设全面推进，《山西省国民经济和社会发展第十三个五年规划纲要》、《国家创新驱动发展战略山西行动计划(2014—2020 年)》、《山西省物流业中长期规划(2015—2020 年)》、《山西省人民政府关于加快发展生产性服务业促进产业结构调整升级的实施方案》等有利于邮政业发展的各类政策效应逐步显现。省委、省政府提出大力实施战略性新兴产业培育工程、能源产业创新工程、传统优势产业提质工程、现代服务业发展工程、特色现代农业增效工程、“双创”孵化新产业新业态工程等“六大工程”，大力发展现代服务业，发布了《山西省“十三五”服务业发展规划》，出台了《山西省进一步支持服务业发展的若干措施》，为邮政业发展创造了良好的发展机遇。

从行业形势看，总理八次点赞快递业，彰显了中央的高度重视。“转方式、调结构”为行业发展带来新动力。作为支撑新型消费的服务业，国家提振消费需求势必带动邮政业规模持续增长。产业结构的不断优化推动邮政业与农业、先进制造业、网络零售业等上下游产业深度融合。国家大力支持非公经济发展，将有利于邮政企业和快递企业资源共享和互利共赢。对快递市场的进一步开放，有利于实现国内国际市场深度融合，提升寄递服务水平和行业国际竞争力。随着新型城镇化深入推进，快递服务民生的普惠程度不断提高。

纵观全国、全省经济发展形势，邮政业发展趋势，结合我市经济社会发展形势，未来五年，我市邮政业发展面临诸多机遇。首先市委、市政府主动适应和引领新常态，提出全面挺进全省第一方阵、全面建成小康社会“两个全面”奋斗目标，“十三五”期间，将坚持“五位一体”总体布局和“四个全面”战略布局，牢固树立“五大发展”理念，着力推进和实施“创新驱动、转型带动、改革推进、项目拉动”四大战略，从培育发展新动力、拓展发展新空间、加快工业新型化、推进农业现代化、培育千亿级旅游产业、促进服务业提档升级及 108 廊带一体化发展等方面不断提升全市经济发展质量和效益，为全市邮政业快速发展创造了良机。其次市委、市政府高度重视邮政业发展，将《晋中市邮政业发展“十三五”规划》纳入《晋中市国民经济和社会发展“十三五”发展纲要》体系，制定出台了《关于促进快递业健康快速发展实施意见》，鼓励引导快递企业做大做强，邮政业迎来新的发展机遇。总体来说，“十三五”期间，我市邮政业面临的挑战与机遇并存，应深刻认识、科学把握、积极应对，敢做善为，化挑战为机遇，主动适应新常态下邮政业发展的新变化、新要求，取得新时期全市邮政业发展新的更大的成绩。

二、指导思想与发展目标

（一）指导思想

高举中国特色社会主义伟大旗帜，全面贯彻落实十八大、十八届三中、四中、五中全会和习近平总书记系列重要讲话精神，遵循“四个全面”战略布局要求，紧紧围绕“五大发展”理念，积极服务全市“四大发展”战略，主动适应新常态，坚持依法治邮，创优发展环境，激发发展活力，努力促进邮政业在服务规模、服务水平、创新能力和竞争实力上实现跨越，确保建成与晋中市全面小康社会相适应的现代邮政业。

（二）基本思路

“十三五”时期，全市邮政业的发展思路是：围绕一条发展主线，完善一套监管体系，健全两大服务网络，实现五个方面跨越。

围绕一条发展主线：以不断深化邮政体制改革和推动行业创新发展、激发行业市场发展活力为主线，推动行业供给侧结构性改革。将创新贯穿于行业发展和管理的各个环节，全面实施“互联网 +”战略，加快行业体制与机制创新，促进行业转型升级，推进邮政业与关联产业协同发展，全面建成与小康社会相适应的现代邮政业。完善一套监管体系：基本形成系统完善的制度化、程序化、法治化的邮政监管体系，全面履行邮政行业政府管理职能。健全两大服务网络：基本形成健全的覆盖城乡、惠及全民、供给多元、水平适度、持续融合的邮政普遍服务网络和竞争有序、便捷高效、技术先进、服务优质、安全平稳的快递服务网络。实现五个方面跨越:发展规模不断扩大,服务能力大幅提高,服务水平显著提升,创新能力持续加强,竞争实力明显增强。

(三)发展目标

发展规模:到2020年,全市邮政业业务总量达5.94亿元,邮政业务总收入达5.94亿元,分别较“十二五”期末翻一番,年均增长14.9%;其中:快递业务量将达1400万件,快递业务收入达2.44亿元,分别较“十二五”期末翻两番,年均增长24.6%,占邮政业业务收入的比重达40%,“十三五”期间,全市邮政业新增岗位万个以上。邮政行业年服务用户突破5亿人次。

创新能力:坚持企业和用户需求导向和市场化方向,大力提升全行业在科技信息化应用、服务网络建设、产品体系拓展、商业运营模式等方面的创新水平,提高发展质量和效益。

服务能力:提升法定四项邮政普遍服务业务开办水平,有效拓展服务功能,推进城乡邮政服务网络基础设施建设,到2020年城镇信报箱、智能快件箱建设覆盖率达50%,新建便民(三农)服务站1000个,实现城市地区包裹直投到户,农村地区“直投到村,转投到户”的目标;全面优化城乡快递服务网络,增强城市快递服务辐射能力,推进“快递下乡”,实现“县县有分拨,乡乡有网点,村村通快递”,快递乡镇网络覆盖率达到100%。

服务水平:邮政普遍服务、特殊服务用户满意度达90%以上,机要通信继续保持安全无事故,服务满意度达100%。提高快件投递时限,扩大限时承诺产品比重,同一行政区域内快递服务全程时限不超过24小时、县(市、区)城市间72小时投递率达95%以上,快递服务用户满意度达85%以上。

邮政业“十三五”时期主要发展指标

主要指标	2015年	2020年	年均增长[ ]
邮政行业业务总量(亿元)	2.97	5.94	14.9%
快递业务量(亿件)	0.035	0.14	24.6%
邮政行业业务收入(亿元)	2.97	5.94	14.9%
快递业务收入(亿元)	0.61	2.44	21.67%
新增就业岗位(万个)	—	—	[1]
邮政普遍服务、特殊服务用户满意度		90%以上	
机要通信服务满意度		100%	
重点企业国内异地快递服务时限72小时准时率(%)	—	95	—
乡镇快递网点覆盖率(%)	80	100	—

注:①邮政业务总量按2010年不变价格计算;②[ ]内为五年累计数。

三、主要任务

(一)深化体制改革,释放行业发展新活力

坚持市场在资源配置中的决定性作用,全面深化邮政体制改革,扩大邮政业的有效供给,补齐邮政业发展短板,增强邮政业区域竞争力,提升邮政业普惠水平。

1. 推进行业市场化改革

有序推进邮政管理体制不断向下延伸,逐步建立县级邮政管理机构,健全完善四级邮政管理体制。推动组建市级邮政业安全中心,建立安全监管信息平台,构建面向市场的专业化、信息化安全监管体系,落实行业安全监管属地化管理。

2. 推进简政放权

完善权力清单、责任清单和市场准入负面清单“三个清单”。优化服务职能,创新服务方式,打造政务服务“一张网”,实现行政服务事项预约、申报、办理、查询等全流程网上运行。建立完善邮政管理部门随机抽查事项清单、检查对象名录库和执法检查人员名录库。支持和包容业态创新,支持多元资本进入快递服务领域,激发市场活力。

3. 推动建立健全现代企业制度

推动邮政企业深化自身改革,发展混合所有制经济,增强国有企业活力和影响力。支持快递市场对外开放,顺应市场化改革,鼓励快递企业建立现代企业制度,不断完善运营机制。

4. 加强信息化建设

加强北斗导航、互联网、物联网、大数据、云计算等先进信息技术在邮政行业的应用，促进邮政行业信息与铁路、公路、民航、检验检疫等信息资源的有效对接，实现与关联产业的信息互通和信息共享，通过提前接入相关数据，实时了解和掌握生产资源，及时对生产人员、运输车辆、仓储场地等资源进行整合利用、合理调配，提高服务响应速度和资源使用效率。要大力推动二维码、电子运单等新技术的应用，为用户提供快捷安全的寄递服务，同时做好个人信息保护。要积极依托智能快件箱提供7×24小时投递服务，及时准确反馈投递信息，拓宽服务渠道，延长服务时间。要积极引导企业通过运用自动化装卸、传输和分拣等先进设备来降低劳动强度，控制企业成本，提高装备水平，提升处理效率。

5. 完善人才培养体系

依托高校园区的教育资源，鼓励引导高等院校加强物流管理、物流工程等专业建设，支持职业院校开设快递相关专业，积极培养行业专业人才，满足行业发展需求。鼓励企业与高等院校合作，建立人才培养基地、开展人员培训、参与项目开发、提供技术服务。研究人才引进制度，重点引进复合型经营人才、高级专业技术人才和营销人才。加强职业技能培训，严格落实职业资格鉴定制度，将各类主体市场从业人员全部纳入职业技能鉴定范围，提升从业人员整体素质。

（二）完善网络布局，培育行业发展新动力

不断完善邮政业基础设施网络，优化资源配置，提升网络运行功效，强化配套衔接，全面提升邮政业基础设施的使用效率。

1. 加强邮政普遍基础设施建设

逐步完善以县（市、区）为端口，普遍服务局所为节点，信报箱、便民服务站和村邮站为末梢的城乡邮政基本公共服务网络体系。加强邮政普遍服务网点规划，将邮政基础设施建设纳入全市城乡建设总体规划和土地利用规划，不断完善邮政普遍服务网络。按照普遍服务标准要求，加强普遍服务局所建设，加快推进旧城改造、新城区邮政普遍服务局所建设工作，新建邮政局所5个，升级改造邮政普遍服务局所20个，保障人民群众基本用邮需求。按照“农资分销加盟站＋便民服务站＋村邮站＋农家书屋”的模式，推进村邮站建设，建立和完善村邮站运营和管理机制，将村邮站工作人员纳入公益性岗位进行管理，明确村邮站工作人员岗位职责。

专栏1：

1. 普遍服务均等化水平提升工程。新建邮政普遍服务局所5个；升级改造普遍服务局所20个。

2. 村邮站建设工程。按照“农资分销加盟站＋便民服务站＋村邮站＋农村书屋”的模式，推进村邮站建设，实现建制村全覆盖。

2. 加快推进智能信报箱建设

将住宅信报箱（智能信报箱）工程作为我市民生实事工程，新建企事业单位、居民小区、商场等场所100%安装信报箱或智能信报箱，做到与主体工程同设计、同施工、同竣工、同验收。加快住宅信报箱（智能信报箱）补建工作，在各县（市、区）政府机关、住宅小区、企事业单位、商业区、学校等场所推广建设符合国家标准的智能快件箱，为人民群众提供方便、快捷的寄递环境。

专栏2：

1. 信报箱（智能信报箱）建设工程。新建企事业单位、居民小区、商场等场所100%安装信报箱或智能信报箱。在全市住宅小区、政府机关、企事业单位、商业区、学校等场所推广补建符合国家标准的智能快件箱，补建率达50%。

3. 加强城乡快递服务基础设施建设

推进快递园区建设。充分发挥交通、区位优势，借国家“晋中城市群”战略和“太原—晋中同城化”东风，在108廊带沿线、武宿机场、晋中高铁站、榆次火车站、榆太路、108国道、高速路口等各大交通枢纽及干线位置，规划建设500亩以上，集电子商务、快件分拨（中转）中心等为一体的快递物流园区，先期实现市级品牌企业入园管理。通过整合生产企业、电商企业、快递企业三方资源，尽快形成“生产—仓储—销售—配送”一体化运营能力，为“晋中造”更好更快更多走向市场提供强大支撑。推进城市配送网点建设。依托市城区现有连锁便利店、便民服务网点、社区（楼宇）物业公司服务站点、智能自助提货柜等建立100个便民快递配送点，建立社区共同配送体系，初步形成涵盖快消品、医药、生鲜、食品等重点行业的全市配送“一张网”。推进农村快递末端网点建设。实施“快递下乡”国家工程，以示范引领、以点带面为突破口,到“十三五”末,实现乡镇快递网络100%覆盖。

专栏3:
1. 快递物流园区建设工程。在108廊带沿线,晋中高铁站、榆太路、108国道、高速路口等各大交通枢纽及太原、晋中接壤区域,规划建设一座占地面积500亩以上,集电子商务、快件分拨(中转)中心等为一体的快递物流园区。 2. 城市快递配送站点建设工程。依托市城区现有连锁便利店、便民服务网点、社区(楼宇)物业公司服务站点、智能自助提货柜等建立100个便民快递配送点,初步形成涵盖快消品、医药、生鲜、食品等重点行业的全市配送“一张网”。 3.“快递下乡”工程。到“十三五”末,实现全市118个乡镇快递网络实现100%覆盖。

(三)拓展服务功能,提升普遍服务均等化水平

1. 完善普遍服务保障机制

加快建成覆盖城乡、惠及全民、水平适度、可持续发展的邮政普遍服务体系。将邮政普遍服务纳入全市基本公共服务体系建设。推进邮政设施建设和运营社会化,鼓励社会力量参与提供邮政普遍服务,健全完善“政府主导,社会参与”的邮政普遍服务终端服务体系。研究制定《邮政普遍服务保障补贴办法》,完善“国家补偿、政府监管、企业承担”的邮政普遍服务发展机制,在中央财政补贴基础上,加大市、县两级政府对邮政企业承担普遍服务义务的政策扶持。建立邮政基础设施用地保障机制,邮政基础设施建设用地,县(市、区)政府要按照城市基础设施用地和公益事业用地依法划拨。建立邮政普遍服务协调工作机制,进一步落实相关优惠政策,在减免税费、资金补贴、车辆通行等方面给予支持。

2. 拓展普遍服务局所服务功能

不断提升邮政普遍服务水平,将普遍服务局所打造成为集邮政业务、代收费、农资、日用消费品等多类产品经营为一体的综合服务平台。加强农村地区普遍服务局所服务“三农”力度。为广大农民提供农资产品销售和配送服务,逐步缩小城乡邮政普遍服务差距。按照“方便群众、有利发展、合理布局、一村一站”的原则,新建便民服务站(村邮站)1000个,实现行政村全覆盖。着力推进“邮政+农特产品”项目,建设农村电商邮政寄递网,打造特色农副产品的新型流通模式,促进农产品进城和工业品下乡的双向流通,支撑邮政服务精准脱贫,提高邮政服务供给效率。

3. 加强普遍服务和特殊服务管理

建立健全考核评价体系,定期对邮政企业执行服务标准进行考核评估。加强对企业履行普遍服务和特殊服务义务的监督检查。严格按照法律法规,做好普遍服务局所撤销、停限办业务的报批和报备工作,确保我市邮政普遍服务水平不降低。定期开展义务兵信函等特殊服务邮件时限测试和服务质量调查,保障特殊服务。

4. 提升机要通信服务水平

加大机要通信基础设施建设力度,实现网点布局合理、安防能力合规、信息化处理能力全面提升。继续做好机要邮件传递时限监测工作,完善机要通信业务处理信息系统,强化对各环节保密制度的落实,加强全过程安全管理,全面提升我市邮政机要通信安全保障和服务水平。

(四)推进创新发展,提升快递企业竞争力

加快推动快递服务创新升级,到2020年基本建成普惠城乡、技术先进、服务优质、安全高效、绿色节能的快递服务体系,更好的发挥服务群众生产生活、降低流通成本、服务创业创新、扩大内需和就业、优化产业结构等方面的重要作用。

1. 创新快递服务模式

推进快递服务与电子商务、医药、玻璃制造、交通、金融等关联产业的密切联系和融合,充分利用已趋于成熟的交通综合资源和通信、信息、仓储、金融等服务工具,提高综合服务能力。鼓励快递企业为医药、玻璃制造等工业产业提供专业定制服务,探索完善工业产品销售寄递配送服务、售后物流服务和反向物流服务,拓宽快递服务领域,提升企业经营实力。引导快递企业发展冷链快递,生鲜食品、母婴食品、粮油副食、酒水饮料、休闲零食和产地直采蔬果等,采用全程冷链配送。

2. 培育壮大快递企业

推进快递企业营业网点标准化、分拣中心规范化和作业流程制度化“三化”标准建设。建立健全行业服务质量考评考核机制,全力培育品牌价值高、服务质量优、运营管理好、规模增长快、网络基础好的绩优企业做大做强。鼓励各类资本依法进入快递领域,整合中小企业,优化资源配置,实现强强联合、

优势互补,全市重点培育5家极具竞争力的骨干企业,特别是全力支持1—2户全省前列、全市领先的品牌企业参与地方经济转型项目建设,探索多元发展路径,向市级强企迈进。

3. 营造良好市场环境

健全快递市场监管报告制度,严格落实快递业务经营许可制度,规范快递市场准入和退出机制。加大对无证经营行为及扰乱市场秩序行为的打击力度,净化市场环境。加强城市配送车辆的标准化管理,与交通、城管等部门协调,制定城市配送车辆技术标准,对快递专用车辆在市区通行、临时停靠以及装卸作业提供便利,更好地服务全市生产生活。探索合作机制,规范小区、高校、企事业单位等场所快件派送,破解新情况下"最后一公里"快件派送难题。加强对快递企业财税、金融和用地政策的支持,进一步加大对基础设施建设的扶持,着力解决企业用地难问题。支持农村地区、偏远地区公益性、基础性快递基础设施建设,将符合条件的企业和项目纳入各级财政专项资金支持范围。

(五)坚持互惠共赢,推进关联产业协同发展

以"互联网+"作为全市邮政业发展方向,依托"晋中制造2025"计划,引导推进邮政业更好地服务地方电子商务、先进制造业、金融业、旅游业等关联产业,不断满足人民群众生产生活日益增长的寄递服务需求。

1. 加快促进交邮融合

积极对接《晋中市综合交通运输"十三五"发展规划》,依托晋中市内畅外通的公路网络,完善城市通畅配送体系,以晋中市"四个交通"建设为契机,推动全市邮政业基础设施与铁路、公路枢纽的同步规划建设,将快递大中型分拨中转中心纳入交通货运枢纽布局规划。逐步推进邮政业与全市交通信息平台互联互通和标准对接,实现邮件快件在多种运输方式间灵活转换、无缝对接。鼓励快递企业加强与铁路部门合作,积极发展高铁、动车快递业务。推进邮政快递和交通基础设施营运互利合作,在城乡客运站点、农村客运站设置邮政快递窗口或代办邮政快递业务,在城乡邮政快递网点开办代售客车票、ETC卡、公交卡、公共自行车卡等充值业务。

专栏4:

1. 邮政交通综合便民服务平台建设工程。积极发展农村邮政物流和储蓄、保险、票务、政务等代理代办业务,推动乡村两级邮政网点功能完善工作。在城乡客运站点、农村客运站设置邮政窗口或代办邮政业务和邮政代理业务,在城乡邮政营业网点开办代收客车票、ETC卡、公交卡、公共自行车卡等充值业务。

2. 与电子商务协同发展

推动建立邮政业与电子商务协同发展机制,加强信息沟通、标准对接和业务联动,促进线上线下互动,发展便民利民新业态。围绕晋中左权、和顺国家级电子商务进农村示范县契机,深入推动邮政与电子商务企业战略合作,积极协调推进邮政、快递企业、电子商务企业入驻物流园区规模化发展。加快电商快递物流园区建设。引导邮政企业、快递企业加强与农特产品电商等原产地的合作,打造生鲜农特产品流通新模式,促进邮政业更好地服务地方经济社会发展。

3. 与特色工业产业联动发展

鼓励、推动邮政、快递企业与地方传统产业、特色制造业、新兴产业联动发展,促进产业链、供应链和价值链的一体化整合,助推晋中市工业产业转型升级。大力发展生产性快递物流服务,鼓励快递企业与辖区内工业企业建立长期稳定的战略合作伙伴关系,为制造业等工业企业提供"一站式、全方位"快递物流服务,服务"晋中制造2025"。依托全市物流云平台,整合铁路、公路、民航等信息资源,实现互联互通和资源共享。建立工业企业快速配送体系,促进工业企业降本增效,优化结构,提升行业竞争力。

4. 积极服务现代农业

进一步融入、整合农村商贸流通体系,全力支持邮政、快递企业点对点、面对面服务农业生产。鼓励邮政、快递企业积极服务农业转型发展,围绕"一村一品"、"一县一业"战略,在鲜活农产品冷链生产加工企业直接设置快运联系点,建立鲜活农产品"绿色通道",降低寄递物流成本,缩短配送时限,增强客户对农产品购买和配送服务的双重体验,服务农业生产生活,带动农村经济发展。对我市农产品4条流通链(农批对接、农超对接、社区直供、网上对接)提供包装、仓储和标准化、定制化的快递物流服务。开拓服务产地直销、订单生产等产销一体化新模式,服务农民创业增收,畅通我市特色"农产品进城"和"日用、工业品下乡"的双向流通渠道,拉动就业、促农增收,助力我市农村经济提速。

(六)完善监管体系,提升行业监管效能

1. 完善监管体系。全面履行邮政行业政府管理职能,强化法治邮政和制度建设,建立系统完善的

制度化、程序化、法治化的邮政监管体系,促进监管队伍人员结构更加优化,监管能力不断提升,监管手段日趋完善,监管设备配置率不断提升。构建互联互通、整合协同、安全高效的信息化监管支撑服务体系,推动跨部门、跨层级、跨业务的监管信息应用与共享,进一步发挥社会监督、舆论监督和行业自律作用。

2. 优化监管机制。加强事中事后监管,严格普遍服务营业场所撤销和业务停限办审批,建立网点分级管理制度,健全普遍服务综合绩效考核体系。优化快递业务经营许可审批流程,规范市场管理,严肃查处非法经营、超范围经营、违规代理等行为。加强大数据、云计算等现代信息技术在行业管理、信息公开中的应用,探索实施科学化、属地化、片区化监管模式。

3. 加强安全监管。深入推进"安全邮政"建设,更加突出预防为主,从事后处置向主动管控转变。调动各方资源,形成政府监管、企业负责、用户自律、社会支持的安全管理工作格局,全面落实企业安全主体责任、政府安全监管责任和用户安全用邮责任。加强跨部门、跨区域协作配合。推动寄递渠道安全监管纳入地方综合治理考评体系,实施属地监管、联动监管、片区化和网格化监管。严格落实邮件快件收寄验视、用户实名收寄和安全生产设备配置等相关规定。加强寄递服务用户个人信息安全管理。发挥寄递渠道安全管理领导组职责,完善信息化安全监管平台建设,强化科技支撑,强化重点地区、重点部位、重点时段寄递渠道的反恐和安全防范工作。建立综合应急处置机制,完善应急保障,推动企业参与应急队伍建设,提高应急处置能力和水平。

专栏5:

1. 行业安全监管"绿盾"工程。推动我市邮政企业、快递企业分拨中心,按照国家关于寄递渠道安全三个100%等规定,全面配置安检设备(X光机)。

2. 安全监管平台建设工程。建设市级邮政业安全中心,实现全市邮政、快递网点生产作业实时监控。

(七)推进节能减排,打造绿色邮政发展环境

支持企业加大节能减排、新能源等技术和产品的应用。推广电子运单和电子办公,有效降低材料消耗。加快推进快件包装等材料的环保和回收利用,支持邮政、快递企业推广使用成本低、无污染、易回收再生的复合环保包装物料。加强包装废弃物的回收处理,提升包装物品重复使用率。鼓励邮政、快递企业增加低能耗、低排放营运车辆的使用,积极推广新能源汽车、电动汽车、电动三轮车在运输和投递环节的应用。推广执行《绿色建筑评价标准》,采用节能建筑结构,充分利用太阳能,推进快递网点、分拨中心、办公楼等建筑的节能减排。努力推动全市邮政业绿色低碳可持续发展,为改善晋中市生态环境作出贡献。

专栏6:

1. 新能源车辆更新工程。鼓励支持邮政、快递企业借助国家和地方有力政策,配置更新新能源运输车辆和专业快递三轮车。

四、保障措施

(一)加强统筹协调

邮政业发展事关国计民生。各级各部门要高度重视,切实把邮政业发展作为深入推进基本公共服务均等化的重要事项和加快培育现代服务业新增长点的重要内容,纳入国民经济和社会发展规划。进一步加强组织领导和统筹协调,按照邮政普遍服务和快递服务的特征,建立邮政业发展部门联席会议制度。发改部门负责推进邮政业基础设施建设,行业管理设施和重大项目布局,交通部门负责推进邮政业与综合交通体系对接,邮政管理部门负责统筹协调相关部门各司其职,相互支持,形成合力,推进邮政业安全健康快速发展。

(二)强化政策扶持

各级政府要将邮政营业场所、邮件处理场地、信报箱、村邮站等基础设施建设纳入城乡建设规划统筹安排,并在选址、征地、建设投资等方面给予支持。落实邮政建设用地划拨、税收减免、邮政车辆通行费减免等优惠政策。大力推动农村物流发展,建立邮政服务"三农"的长效机制。全面落实晋中市政府出台的《促进快递业健康快速发展的实施意见》,交警部门牵头制定保障快递车辆便捷通行的具体实施办法,改善快递车辆通行难、停靠难现状;农业、商务、交通运输、旅游、邮政管理部门等部门要通力合作,推动建立快递与电子商务、制造业、医药业、农资及农副产品批零业联动发展机制。

(三)深化部门沟通协作

邮政管理部门要加强与公安、交通、发改、新闻广电、国安、住建等部门的沟通协作,建立长效沟通

机制，在联合执法、企业备案、行业宣传、引进项目、信息共享等方面深化合作；要积极搭建邮政业融资平台，建立金融机构与快递企业之间沟通联系机制与平台，引导金融机构加强对快递企业的信贷支持；邮政管理部门要关注地方重大布局，发展规划、产业政策的出台，及时将邮政业发展纳入相关政策、规划；要加快与市交通运输部门建立常态化、制度化联合工作机制，定期就重大问题进行交流、磋商，协调解决联合发展中的重点、难点问题；要保持与主流媒体的良好关系，宣传报道行业法律法规和全市邮政业发展情况，加大对农村地区的报道力度，营造促进行业发展的良好舆论氛围，助推全市邮政业健康快速发展。

（四）推进法治邮政建设

全面推进法治邮政建设，加大行业法律宣传力度，通过发放宣传册、座谈交流、学习培训等形式，增强邮政、快递企业及其从业人员守法意识。积极主动向社会公开法定职能、法律依据、实施主体、职责权限、管理流程、监督方式等事项，提升依法行政水平。开展行业"七五"普法工作，加深全社会对邮政体制改革、邮政法律法规及邮政普遍服务的了解和认知。建立健全企业依法管理、依法经营机制，增强邮政行政执法人员依法监督的能力，为实现全市邮政业治理体系和治理能力现代化提供保障。

（五）加快建设诚信邮政

将诚实守信作为邮政业发展的基本行为准则，建立覆盖政府部门、企业、员工和消费者的综合诚信体系，营造诚信环境。建立公正透明的行政运行机制，加强监管人员诚信管理和教育。健全诚信考核指标和考评办法，建立行业诚信评价体系，推动信用等级评定工作，定期向社会发布公告。加大企业、从业人员和消费者的诚信示范宣传力度，建立违规寄递"黑名单"和警示制度，完善信用信息记录、共享、披露和使用等制度。

（六）促进行业自治自律

加强行业自律功能，建立行业协会，充分发挥协会在行业协调、政策研究、行规行约制定方面的作用，规范行业行为，维护行业秩序，协调会员利益，促进公平竞争。组织开展快递服务质量达标、服务标准等级评定等活动，促进快递企业不断优化操作程序、规范经营行为，提升快递服务水平。组织协会会员之间进行学习交流，实现优势互补、互利共赢。

（七）全面加强党建和党风廉政建设

全面落实从严治党要求，以《党章》为根本遵循，以《条例》、《准则》为基本准绳，把纪律和规矩挺在前面，切实落实"三严三实"，坚决反对"七个有之"，确保各级党委、政府和上级行业主管部门的决策部署落到实处。加强对全市邮政系统党建工作的领导和指导，推进民营快递企业基层党组织建设。从严落实"两个责任"，加强反腐倡廉教育和廉政文化建设，坚决落实中央八项规定，聚焦中心任务，强化执纪监督，坚决反对"四风"，不断推进作风建设常态化长效化，努力营造风清气正的行业发展良好氛围。

附：晋中市邮政业"十三五"重大工程项目表（略）

大同市邮政业发展"十三五"规划

（2016年12月9日大同市人民政府办公厅印发）

邮政业是现代服务业体系中具有关键性、先导性和领军性的产业，在服务生产、惠及民生、促进生产、拉动消费、支撑新兴业态发展和推进经济结构转型升级等方面，具有十分重要的作用。"十三五"时期是大同市全面建成小康社会的决胜期，是推进资源型经济转型综合配套改革取得重大进展的攻坚期，也是邮政业改革创新、转型升级、提质增效，推进"五个邮政建设"的关键期。依据《中华人民共和国邮政法》，按照《山西省邮政业发展"十三五"规划》和《大同市国民经济和社会发展第十三个五年规划纲要》的总体安排，结合我市邮政业改革和发展实际，制定《大同市邮政业发展"十三五"规划（2016—2020年）》。

第一章　现状和形势

一、"十二五"回顾

"十二五"期间，大同市邮政业取得快速发展，体制改革取得新突破，综合实力迈上新台阶，普遍服务得到新提升,快递服务迈入新阶段,行业监管取得新成效,较好地完成了"十二五"规划目标,为全市经济社会发展做出了积极贡献。

(一)体制改革顺利实施

按照国务院《关于完善省级以下邮政监管体制的通知》要求,2012年,大同市邮政管理局挂牌成立,围绕"夯基础、重监管、保民生、促发展"的发展思路,各项工作全面有序推进。《关于促进快递业发展的若干意见》、《邮政行业安全监督管理办法》、《快递业务经营许可注销管理规定》等法律法规、行业标准和政策相继出台,邮政体制改革进一步深化,政府职能转变逐步推进。多措并举确保"邮政普遍服务两项审批下放承接工作"有序平稳,提高政府行政效能。邮政业纳入营业税改增值税范围,新旧税制整体上实现了平稳转换,对邮政企业提供邮政普遍服务实行免税政策继续得到有效落实。

(二)综合实力明显增强

社会对邮政服务的整体需求不断增加,业务总量、业务收入保持快速增长,邮政业规模进一步扩大。"十二五"时期,全市邮政业业务总量年均增长23.29%,业务收入年均增长18.38%(见图1.1,图1.2),明显高于全市GDP增幅。2015年,全市邮政业业务总量累计完成4.40亿元,业务收入达到4.08亿元,分别是2011年的2.12倍和1.88倍,各占全省的10.20%和8.93%。截止2015年底,全市共有邮政企业1个,快递企业22家,275家快递企业分支机构,覆盖范围不断扩大。过去5年,邮政业综合实力明显增强,与生产、投资、消费等领域的关联性越来越大,日渐成为产业内、产业间、区域间和文化间的重要桥梁与纽带,在扩大内需、促进就业、拉动消费、创新服务等方面发挥了重要作用。

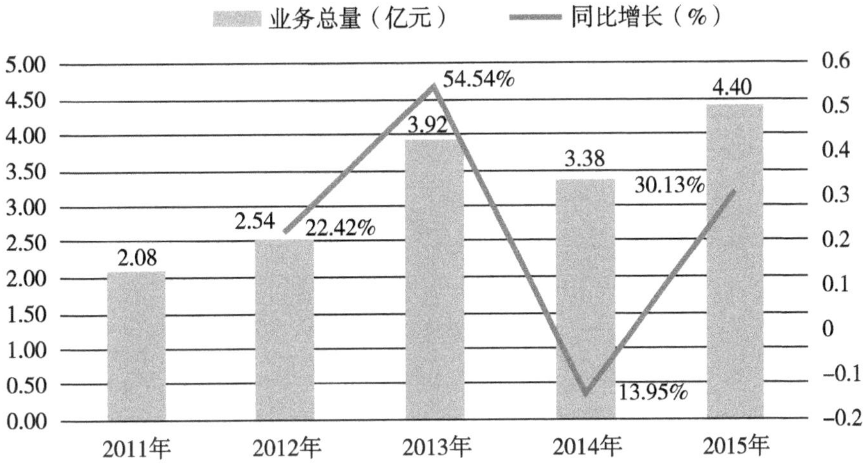

图1.1 2011—2015年大同市邮政行业业务总量情况

图1.2 2011—2015年大同市邮政行业业务收入情况

（三）普遍服务惠及民众

邮政普遍服务业务稳步发展，投递网络基本形成，服务保障力度显著增大。“十二五”时期，补建空白乡镇局所31处，移交率和运营率分别达到100%。整修邮政普遍服务局所16处，改造面积达2339平方米。截至2015年，全市邮政局所164个，普遍服务网点达到143个，局所平均服务面积99.13平方公里，平均服务人口2.38万人。邮政投递点达到70个，投递线路301条，总长度达到8368公里，其中农村投递线路长度6452公里。2015年，全市邮政函件业务完成179.69万件、包裹业务完成3.79万件、报纸业务完成3857.51万份、杂志业务完成195.06万份、汇兑业务完成9.60万笔。认真贯彻国家局、省局部署，圆满完成机要通信、国家规定报刊投递和义务兵信函等各项工作。较好的保障了全市行政区域内所有用户对普遍服务和特殊服务的需求。

（四）快递服务持续发展

随着我市社会经济的转型发展，社会对快递服务的需求不断增长，全市快递服务呈现出良好的发展态势。“十二五”时期，全市快递业务量和业务收入年均增长率达到443.54%和518.27%（见图1.3，图1.4）。2015年，全市规模以上快递服务企业业务量完成550.83万件，业务收入达到0.96亿元，分别是2011年的53倍和96倍。快递服务经营主体不断增加，服务范围进一步拓展，初步形成了多种经营模式共生、各市场主体之间相互竞争合作的市场格局。2015年底，全市共有品牌快递企业22家，共有快递企业、分支机构及营业网点275家，快递乡镇网点覆盖率达71.72%，最高日处理量突破20.45万件。快递服务能力明显提升，快递企业对硬件及软件的投入呈逐年增长态势，网络迅速扩张，机械化、信息化程度不断提高。2015年，全市快递服务满意度首次突破70分，高于全省公共服务指数。

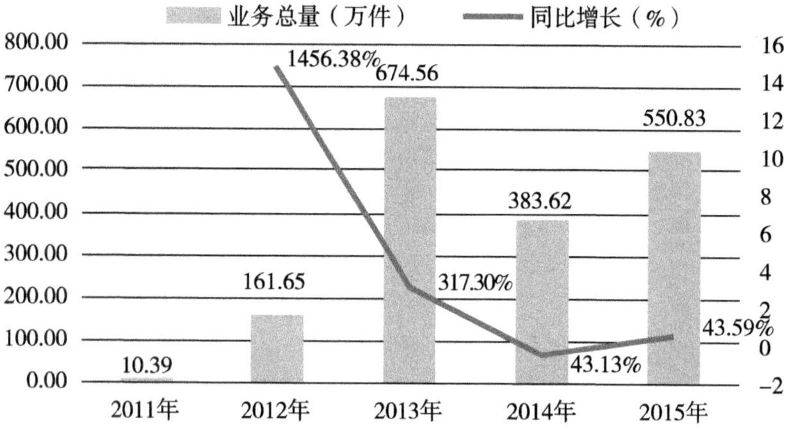

图1.3　2011—2015年大同市快递行业业务总量情况

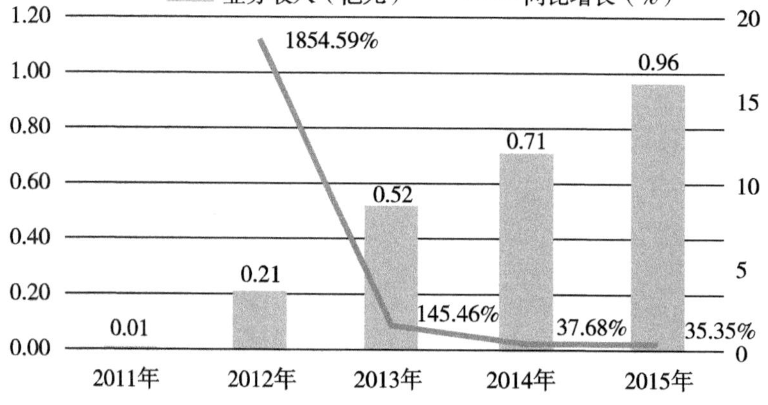

图1.4　2011—2015年大同市快递行业业务收入情况

（五）行业监管得到强化

认真贯彻修订后的《中华人民共和国邮政法》、《山西省邮政条例》、《快递业务经营许可管理办法》等相关法律法规和政策标准，制定行业监管措施。建立了大同市邮政业突发事件应急预案，确保寄递渠道的安全畅通，促进全市邮政业全面、协调、可持续发展。全面恢复邮政普遍服务营业场所的汇兑业务。对快递、集邮和邮政用品用具市场实施动态监管。建立了快递市场准入和退出机制，实现市场经营者合法入市、依法经营、有序退出。联合市工商局完善了快递企业分支机构备案审批和登记管理制度。分阶段开展快递市场经营秩序专项整治活动。积极与交通部门沟通协调，制定快递车辆便捷通行保障方案。大同市与乌兰察布市、张家口市邮政管理局正积极对接“蒙晋冀三市”邮政业区域合作发展规划。

二、存在的问题

“十二五”期间，我市邮政业发展取得了长足进步，但仍存在一些制约行业发展的问题，主要体现在：

（一）邮政基础设施仍较薄弱

全市邮政普遍服务半径低于行业标准，不能满足用户日益增长的用邮需求。用邮需求潜力大的新区、产业集聚区及开发区，邮政普遍服务仍存在空白。旧城区改造，邮政局所需要拆迁重建。农村局所存在基础设施老化，邮件接转投递质量不高。快递企业分散，难以集聚发展。快递业务迅速扩张，现有仓储中心、分拣中心、中转场等不能满足需求。农村快递末端服务网络尚未建成。高速公路、铁路等运送快件的相关基础设施不配套。

（二）普服保障机制有待完善

受新技术、新业态的替代作用，传统函件和邮政汇兑业务量持续下降。未能充分把握电子商务带来的机遇，跟不上经济社会发展和人民群众不断增长的用邮需求。财政补贴预算和服务标准相挂钩机制尚未建立，补贴绩效评价与服务质量考核存在脱节。邮政普遍服务基础设施建设运营成本高、利用效率低。邮政设施的建设和发展与其他公共服务设施规划布局缺乏统筹规划和有效衔接，未能实现与社会主义新农村建设的同步发展。新建空白乡镇邮政局（所）运营和保障机制仍不健全，持续运营存在不确定性。

（三）快递服务质量有待提高

农村地区服务网点密度低，投递深度浅、寄递时限无保障、查询方式不便捷、投诉理赔无渠道。“最后一公里”服务尚未得到较好解决。服务同质化、低价格竞争的情况愈演愈烈。快递企业运营成本过高，影响企业可持续发展。资本市场的不健全，快递企业融资路径难。多数快递企业组织结构呈现区域化布局，人力资源管理水平低下，且未建立业务和技能培训制度。

（四）行业安全监管形势严峻

我市邮政管理局面临监管力量薄弱、监管任务重的突出矛盾。事中事后监督处理能力和手段不足，监管机构执法队伍整体素质和水平有待提高。企业主体责任落实不到位，责任追溯机制尚不健全。快递服务对象广泛，寄递物品种类多样，寄递渠道安全和用户信息安全隐患突出。与市政府相关部门联合监管机制仍较薄弱。

三、“十三五”时期面临的机遇和挑战

“十三五”时期是我市邮政业争取突破性进展的重要时期，也是承上启下、攻坚克难的关键时期。深刻分析并准确把握各种条件下全市邮政业发展面临的挑战和机遇，对我市邮政业的发展，具有十分重要的现实作用。

（一）邮政业发展趋势

伴随国际经济危机带来的外部风险，使中国经济发展的旧有模式难以为继。我国经济步入以中高速增长为标志的“新常态”，这不仅意味着经济增速的放缓，更意味着经济增长动力的转换和经济发展方式的转变。新常态下我国邮政业发展的特点和趋势：消费需求扩大带动行业规模持续增长、非公有制经济发展促进邮政普遍服务资源开放共享、新型城镇化建设提高快递服务民生的普惠程度、产业结构优化推动快递与关联行业竞合发展、网络消费升级提升服务专业化水平、技术和资本或将成为制约行业发展的主要因素。

（二）面临的机遇和挑战

“十三五”时期，我市邮政业面临着诸多机遇：

从国内看，“京津冀协同发展战略”、“长江经济带”、“一带一路”等国家战略的实施，将为我市邮政业发展和对外开放带来新的机遇。《邮政普遍服务监督管理办法》的颁布实施，对加强邮政普遍服务监督管理，提升普遍服务质量和水平，促进普遍服务健康持续发展，保障用户合法用邮权益提供了依据。国务院《关于促进快递业发展的若干意见》，明确了促进快递发展的总体要求、重点任务和政策措施。国家邮政局、教育部《关于加快发展邮政行业职业教育的指导意见》，对提高行业人才队伍素质、实现行业科学发展具有重要意义。

从省内看，山西国家资源型经济转型综合配套改革试验区建设全面推进，《山西省促进物流业发展两年行动计划（2015—2016年）》、《山西省人民政府关于加快发展生产性服务业促进产业结构调整升级的实施方案》、《国家创新驱动发展战略山西行动计划（2014—2020年）》等政策效果正逐步显现。省委、省政府提出全面推进“三个突破”，努力做好煤与非煤两篇文章，大力发展现代服务业等七大非煤产业，也为我市邮政业发展创造了良机。

从大同市看，市政府提出大力发展现代服务业，并将物流快递业发展写入《大同市国民经济和社会发展第十三个五年规划纲要》，随即相应出台一系列与邮政业发展相关的利好政策，为全市邮政业发展提供了机遇。“蒙晋冀（乌兰察布—大同—张家口）长城金三角合作区”纳入京津冀协同发展规划纲要，独特的区位优势为我市物流快递等现代服务发展创造了有利条件。2015年，大同市列入国家电子商务与物流快递协同发展试点城市，《大同市电子商务与物流快递协同发展项目实施计划》等配套政策的出台，为全市快递业的发展提供了契机。新型城镇化和新农村建设持续推进，将增加用邮需求，扩大邮政快递市场规模。电子商务和网上购物的迅猛发展，为快递配送业务带来新的发展动力。

看到机遇的同时，也必须清醒认识到，未来五年全市邮政业仍面临诸多挑战。一是经济下行影响邮政业发展。经济下行持续加大，稳增长、调结构、转方式的任务仍然艰巨，全市投资增长乏力，经济仍在低速运行，势必影响邮政业的发展。二是邮政市场的开放使竞争更加激烈。随着国家放宽商贸物流等服务业领域外资准入限制，提供邮政服务市场主体大幅增加，逐步形成了邮政业服务主体多元化格局，外资企业逐步涌入中国市场，其自身优势给国内快递企业带来的竞争压力不断增大。伴随电子商务配送、综合生产服务型快递服务的迅猛发展，使得竞争的范围不断拓展、层次不断升级。三是社会对邮政普遍服务的要求进一步增强。我市邮政普遍服务能力仍存在不足，邮政普遍服务补偿机制尚不完善，邮政普遍服务基金尚未建立，邮政普遍服务补贴的使用缺乏有效监管等现状，使得邮政普遍服务暂时不能满足人民群众的公共服务需求。

综合判断，新时期我市邮政业发展仍处于大有作为的战略机遇期，机遇与挑战并存，压力和动力共生，机遇大于挑战。

第二章　指导思想和发展目标

一、指导思想

高举中国特色社会主义伟大旗帜，以邓小平理论、“三个代表”重要思想和科学发展观为指导，全面贯彻党的十八大，十八届四中、五中全会精神和9·24国务院常务会议精神，按照市委市政府和省邮政管理局统一部署，主动适应经济“新常态”，服务好“六大发展”，围绕“一个中心、三个大同”，坚持“安全为基、发展为要、服务为上”，以建成与小康社会相适应的现代邮政业为目标，以建设“普惠邮政、智慧邮政、安全邮政、诚信邮政、绿色邮政”为重要抓手，以改革创新为动力，以转变邮政业发展方式、强化基础能力、创新服务供给为主线，全面实施邮政法，充分发挥市场在资源配置中的决定性作用和更好发挥政府作用，以依法治邮为保障，进一步强化邮政基础网络，健全保障机制，丰富服务功能，推动邮政事业健康发展，促进邮政普遍服务均等化，增强快递产业竞争力，有效服务生产，做强企业实体，充分发挥三流合一的基础性服务功能和撬动需求的重要作用，把快递产业打造成为现代服务业的重要支撑。

二、基本原则

坚持稳中有进，持续发展。我市邮政业发展的主要矛盾仍是发展能力及水平不能充分满足人民日益增长的服务需求。因此，坚持发展为第一要务，牢牢把握“稳中求进”的发展节奏，促进邮政普遍服务提质增效，引导快递服务健康持续发展。

坚持改革创新，转型发展。将改革创新作为推动现代邮政业发展的根本动力，以体制机制创新、管理职能创新、科学技术创新、服务模式创新等多方面为突破口，加快转变发展方式，推动国有企业自身改革，支持传统快递企业转型升级，促进全市行业转型升级。

坚持以人为本，惠民发展。邮政业是现代服务业的重要组成部分，与生产生活和消费者利益紧密相连,惠及全民既是邮政业发展的落脚点。因此,要不断提升邮政普遍服务均等化和快递服务普惠化水平,实现促发展和惠民生的有机统一。

坚持统筹兼顾,协调发展。强化邮政业与电子商务的融合发展,加强快递园区与物流园区同步建设,加快邮政业与综合交通运输体系的配套设施建设,协调好行业短期效益与长远目标、服务规模扩大与质量提升、业内发展与跨界融合间平衡关系。

坚持管控结合,安全发展。邮政寄递渠道安全与国家安全和社会稳定有着密不可分的关系。随着居民使用邮政服务的频次不断增加,寄递渠道安全风险持续上升。因此,坚持安全为基的发展原则,创新安全监管模式,明确服务各环节的安全责任,确保将寄递渠道安全风险降至最低。

坚持节能环保,绿色发展。正确处理邮政发展同生态环境保护的关系,牢固树立保护生态环境就是保护生产力和促进可持续发展的理念,通过采用新装备、新工艺,以减少收寄、分拣、封发、运输、投递等各个环节的资源消耗,实现行业的低碳、节能和环保。

三、发展目标

(一)总体目标

“十三五”时期,大同市邮政业的总体目标:

基本形成统筹均等、供给多元、开放融合、便捷高效的现代邮政普遍服务体系,邮政普遍服务便捷化和均等化目标基本实现,邮政普遍服务在保障用邮需求、促进流通业转型、解决最后“一公里”的公共服务职能得到充分发挥;邮政企业成为现代企业,在寄递业中的基础地位得到提升。构建与我市发展相适应的“普惠城乡、技术先进、服务优质、安全高效、绿色节能”快递服务体系,形成覆盖全市、联通全国的服务网络,基本实现“乡乡有网点、村村通快递”,力争将我市率先建成“国家电子商务与物流快递协同发展试点城市”,积极培育形成具有全国竞争力的大型骨干快递企业。全面实施“互联网+”战略,加快行业转型升级。发挥邮政服务业的终端配送优势,推动邮政服务与关联产业融合协同发展。行业监管能力显著增强,显著提升行业服务质量和水平,显著提升行业在服务业领域的比重和地位,建成与小康社会相适应的现代邮政业,适应大同市经济社会发展和人民生活需要。

(二)主要指标

发展规模。到2020年,全市邮政行业业务总量达到10.95亿元,年均增长20%,业务收入达到9.53亿元(不包括邮政储蓄银行直接营业收入),年均增长18.5%。其中,快递服务业务量达到2045.19万件,年均增长30%,快递业务收入达到3.17亿元,年均增长27%。全行业新增就业人数2000人。

服务能力。(1)邮政普遍服务:到2020年,全市邮政服务网点达到151个,改造网点23个,邮政服务网点电子化比重达到60%。推进城镇居民楼信报箱的建设和补建工作,全市新建住宅楼信报箱覆盖率达100%,城镇居民信报箱补建率达到12%。新建邮件分拨中心2处,干线邮路总长累计达到4540公里。到2020年,我市邮政服务网点平均服务半径达到5.46公里,服务人口达到2.24万人。(2)快递服务。建立1个多功能示范性现代化快递物流园区、4个快递集散基地、23处快递分拨中心。构建“隔日达”、“三日达”、“定时达”等多样化和标准化服务的快递服务产品体系。顺应小批量保险品、化学品和危险品等特殊快递要求,拓展特殊品快递服务产品。

服务水平。(1)普遍服务:提升法定四项邮政普遍服务业务开办水平,有效拓展服务功能。实现“乡乡设所,村村建站”,直投到村比例达到100%,行政村通邮率实现100%。全市邮政自办服务网点形象达标率、服务规范化达标率达到100%。(2)快递服务:重点企业国内异地快递服务时限72小时准时率超过90%。快件延误率、损毁率、丢失率低于全国平均标准,信息上网率、查询回复率、投诉受理率达到100%。公众满意度达到85分以上。

创新能力。坚持需求导向和产业化方向,大力提升行业在科技研发应用、服务网络建设、产品体系拓展、商业运营模式等方面的创新水平,提高发展质量和效益。加强企业自动化分拣、无线传输、车辆运输跟踪定位、影像监控等技术的应用,建立统一的邮政市场监管信息平台。

竞争实力。重点培育业务收入过3000万的大型企业,形成省内具有一定竞争力和影响力的快递服务品牌。规模以上快递企业全部实现内部作业标准化和对外服务标准化,网络型快递企业实现统一形象标识。鼓励快递企业“走出去”,大力拓展国际市场。

“十三五”大同市邮政业发展主要指标

发展方向	主要指标	2015年	2020年	年均增长[ ]
业务规模	邮政行业业务总量(亿元)	4.4	10.95	20.00%
	邮政行业业务收入(亿元)	4.08	9.53	18.50%
	邮快递业务量(万件)	550.83	2045.19	30.00%
	快递业务收入(亿元)	0.96	3.17	27.00%
	新增就业人数(人)	—	—	[2000]
服务能力	邮政服务网点总量(个)	143	151	—
	邮政企业改造网点(个)	—	23	—
	邮政服务网点电子化比重(%)	—	60%	—
	新建住宅楼房信报箱安装率(%)	—	100%	—
	城镇居民信报箱补建率达到(%)	—	12%	—
	干线邮路总长累计达到(公里)	3530	4540	—
	邮政服务网点平均服务半径(公里)	5.61	5.46	—
	邮政服务网点平均服务人口(万人)	2.38	2.24	—
	新建多功能示范性现代化快递物流园区(个)	—	1	—
	建设快递集散基地(个)	—	4	—
	改扩建快递处理或分拨中心(处)	—	23	—
	直投到村比率(%)	—	100%	—
	国内异地快递服务时限72小时准时率(%)	—	90	—
	公众满意度(分)	—	85	—

注:①[ ]内为五年累计数。

第三章 主要任务

一、深化邮政改革,激发市场主体活力

“十三五”时期是我市经济转型跨越的攻坚期,也是进一步发挥市场在资源配置中决定性作用的关键期。全市邮政业将在“十二五”已有改革成果的基础上,继续深化邮政改革,不断适应市场竞争要求。

(一)加快政府职能转变

加快推进县级监管机构的组建,健全县级邮政管理机构人员、资产、职能保障机制。认真落实简政放权,在做好省局“两项审批”下放承接工作的基础上,继续做好国家局和省局取消和下放行政审批事项的承接落实工作,确保审批工作有序平稳开展,提高政府效能。认真贯彻新修订的《邮政普遍服务监督管理办法》,创新邮政普遍服务有效供给。落实《快递业务经营许可工作优化方案》,精简审批流程,提高审批效率,促进快递业务健康有序发展。深化快递行业商事制度改革,全面实行注册资本认缴登记制,全面实施“五证合一、一照一码”登记。推进企业名称核准、企业登记全程电子化。创新邮政服务供给,推进各类业务全流程网上运行。简化快递业务经营许可手续,探索快递企业工商登记“一照多址”。

(二)推动邮政企业改革

鼓励邮政企业顺应市场需求和发展方式的转变,加快转变观念,深化改革,激活存量资源,深化与电子商务的协同发展,在法律和政策允许的范围内,创新服务和产品,增强寄递服务能力,强化国有资本的控制力和影响力。推动邮政企业深化自身改革,发展混合所有制经济。稳步推进邮政资费改革,实现邮政普遍服务价格由政府定价向政府指导价转变。探索邮政企业和快递企业合作模式,充分利用现有邮政网点优势,提高基础设施和运输资源的利用效率。

（三）培育壮大快递企业

鼓励各类资本进入快递领域，支持快递企业兼并重组，整合中小企业，优化资源配置，实现强强联合、优势互补，加快形成具有国内竞争力的快递企业。引导快递企业建立职业经理人制度，逐步形成协调运行、规范高效、管控力强的现代企业治理结构，为培育更多有较强竞争力的市场主体奠定基础。着力培育和发展资本、土地、技术装备、劳动力等要素市场，巩固快递服务发展基础。探索快递企业服务三农的补贴政策。

二、保障普遍服务，促进公共服务均等化

围绕整体实现邮政基本公共服务均等化目标，进一步强化基础、完善机制、提升服务，努力构建覆盖城乡、惠及全民、可持续发展的邮政普遍服务体系。

（一）优化普遍服务网络布局

以实现普遍服务均等化为目标，优化网络布局，建设邮政基本公共服务平台，构建与“蒙晋冀长城金三角合作区”相适应的邮政网络运行体系。按照邮政普遍服务局所标准，完成邮政普遍服务网点新增和改造工作，推动邮政普遍服务均等化进程。创新网点建设和运营方式，推进在社区、商厦、校园、车站等公共服务设施建设邮政便民服务站，提高网点覆盖深度和广度。加强以“村邮户箱”为重点的普遍服务终端服务体系建设。在有条件的地区实现村村建站，创新村邮站建设模式，推动村邮站与农村地区公共服务平台结合建设，实现村邮站建设和运行社会化，为服务农村网络经济，实现邮件直接投递到村提供重要支撑。创新末端投递方式，采用PPP模式，推广智能包裹柜的试点、推广和普及。设置新型信报箱，推动老旧小区信报箱补建、新建小区信报箱设置。

（二）完善普遍服务保障机制

积极参与我市基本公共服务体系建设，将邮政普遍服务全方位、多层次纳入政府公共服务体系。理顺财政部门、行业主管部门和邮政企业的职能关系，强化我市邮政管理部门的监管力度，提高补贴资金使用的透明度。将补贴资金使用规模与普遍服务绩效考核有效挂钩，确保普遍服务有效供给。建立普遍服务亏损补贴预算制度，合理确定财政补贴水平。建立“统一管理、限时办结、反馈回访、结果公开、全程监察”的申诉处理机制。

（三）创新普遍服务有效供给

鼓励邮政服务设施对外开放共享，推动邮政基础设施资源的综合利用，面向快递企业、电子商务企业、增值服务商，打造邮政普遍服务基础平台，提升邮政普遍服务效率。紧抓电子商务发展机遇，积极发展邮政小包等新兴业务。充分发挥农村地区的网络优势，满足农村网络经济的市场需求，在农村购物和农产品进城双向流通体系中发挥主导作用，逐步提高农村电商寄递市场份额。鼓励和扶持社会力量参与提供邮政普遍服务业务，推动市场对邮政普遍服务保障的补充和完善，有效发挥市场活力。

三、加速转型升级，提升快递服务水平

坚持规模化、集约化、规范化、融合化的发展思路，继续增加服务规模、提升服务能力，着力构建便捷高效、竞争有序、技术先进、服务优质的快递服务体系。

（一）构建高效快递服务网络

紧抓蒙晋冀（乌大张）长城金三角合作区建设的契机，加强三市物流快递网络深度融合，引导快递企业在我市设置区域性快件处理中心等服务功能设施。积极落实《山西省物流业发展中长期规划》、《山西促进物流业发展两年行动计划（2015—2016）》，加快大同快递服务网与山西省物流业发展规划深度衔接，促进快递设施与公路、铁路等交通运输设施规划建设同步配套。充分利用交通运输枢纽优势，在物流园区基础上，统筹规划快递专业类物流园区，积极推进快递企业入园，实现产业集群、企业集聚。充分与《大同市电子商务与物流快递协同发展项目方案实施计划》深度衔接，推动快递电商集散基地建设，完善骨干节点和末端投递服务点建设。依托装备制造园区、产业园区配套建设快件分拨中心，充分整合资源，提高快递服务的时效性。支持快递企业与农业、供销、商贸企业的合作，打造“工业品下乡”和“农产品进城”双向流通渠道，下沉带动农村消费。积极开展“快递超市”进校园的试点工作。鼓励快递企业发展跨境电商快递业务，探索建立国际快件处理中心，提高大同市的进出口比例。

（二）创新快递服务产品体系

政府和快递企业合力，逐步扭转快递业务同质的恶性价格竞争模式，引导和鼓励快递企业向多元化、差异化和细分化发展，建立层次清晰的产品细分体系，形成供应链服务领域的竞争优势，推动快递业务持续、健康发展。推动快递业务从“1+1”（即标准快递+电子商务）向“1+2”（即标准快递+电子商务+先进制造业）转变，加快快递、电商与制造业融合发展，拓展库存管理、仓配一体化管理、代收货款、供应链金融等增值服务的快递产品。依托现代信息和交通技术,不断夯实快递服务信息平台物流和信息跟踪能力,拓展"限日达"、"三日达"、"隔日达"服务承诺产品,提升快递业务的附加值。打造快递服务特殊服务能力,顺应小批量保险品、化学品和危险品等特殊快递要求,拓展特殊快递服务产品。

(三)提升快递技术应用水平

实施创新驱动发展战略,支持企业加大科技投入,在物联网、互联网技术方面开展研发和应用。推进"互联网+"快递,鼓励快递企业充分利用移动互联、物联网、大数据、云计算等信息技术,优化服务网络布局,提升运营管理效率,加快向综合性快递物流运营商转型。加快建设集安全监控、仓储管理、分拣配送、位置服务、数据分析等功能于一体,整合物流、电商、政务等各类物流信息资源,提高物流供需信息对接和使用效率的快递业公共信息平台。鼓励物流、电商等信息化平台对快递企业开放,实现相关业务系统互联互通。完善城市配送车辆技术标准,统一颁发专用标识和城区通行证,提高快件的配送效率。加大对小区、高校、写字楼等地智能包裹柜的投放力度,切实解决快递服务"最后一公里"问题。大力推广自动化分拣、智能化终端服务、机械化装卸、绿色化运输与包装等技术设备在行业的应用,提升快递运营的效率和水平。

四、强化监督检查,提升行业监管效能

加大邮政普遍服务的监督管理,保护用户的基本通信权利,保障邮政普遍服务水平。规范快递市场经营秩序,提升企业服务质量,切实维护广大消费者的合法权益。强化安全监管,建设安全邮政,全面提升行业监管效能。

(一)加强普遍服务监管

坚持国家保障、企业履行、政府监督的邮政普遍服务机制,认真履行监管职能,持续推动邮政普遍服务健康发展。建立健全科学合理的普遍服务监督保障绩效考核机制,实现财政补贴资金与邮政普遍服务质量相挂钩,提升监督管理的激励约束作用。贯彻落实新修订的《邮政普遍服务监督管理办法》和《邮政普遍服务标准》,加强邮政普遍服务和特殊服务监督管理。依法开展邮政普遍服务行政审批和备案管理工作,加强邮政专用标志车辆的管理,建立健全邮政基础设施信息台账。利用现代化手段创新监管方式,提高监管信息化水平。组织开展邮政普遍服务质量监督,做好邮件全程时限监测、党报党刊投递调查等服务质量测试工作,推动提升全市邮政普遍服务水平。做好重大题材邮票发行销售监管工作,维护消费者合法权益。推动增强全市邮政机要通信保障能力,强化保密安全监督检查,确保国家秘密载体传递的绝对安全。加强社会监督管理,提升社会监督效果。

(二)加强快递服务监管

加强事中事后监管,构建面向企业的全程监管体系。强化市场引导和加强经营许可管理等办法,规范市场竞争,淘汰服务能力差、客户投诉多的落后企业,提高市场集中度,构建统一开放、竞争有序的快递市场体系。定期开展快递市场经营秩序专项整治活动,依法查处无证无照经营、侵犯邮政专营权等违法违规行为。强化快递市场监管,加强执法检查,建立科学的抽检抽查、责任追溯、经营异常名录和黑名单等制度。加强申诉与市场执法的业务衔接和执法考核评议,优化快递市场主体准入和退出机制。利用新闻媒体、宣传标语等传媒工具,加大寄递渠道"扫黄打非"宣传力度,营造良好的社会舆论氛围。加快建立快递营业厅二维码身份识别制度,杜绝"黑快递"的运营,保障消费者的寄递安全。建立以公众满意度、时限准时率、用户申诉率和执行标准情况为核心的快递服务质量评估制度,定期进行评估并向社会公布。

(三)全面落实安全监管

坚持安全为基的发展原则,创新安全监管模式。构建"监管单位、责任科室、执法人员、生产企业、一线人员"五级安全生产网格化管理体系,实现"责任全覆盖、监管无盲区"的单元式安全管控体系。创新监管方式,积极利用信息技术提升安全监管能力,建设安全监管中心,搭建安全监管信息平台,健全信息采集标准和共享机制,实现快件信息溯源追查,依法严格保护个人信息安全。全面推进邮政、快递企业安全生产标准化建设,落实邮政业安全生产设备配置规范等标准,明确收寄、分拣、运输、投递等环节的安全要求。落实企业和寄件人安全责任,完善从业人员安全教育培训制度,筑牢寄递渠道安全基础。加大执法信息化建设和深化应用,提高执法的效率和规范化水平,助力政府管理水平提升。

(四)加强诚信邮政建设

加快建设诚信邮政,夯实行业发展基础。加强政府部门诚信建设,建立诚信奖励和失信惩戒机制,加强公务员的诚信管理和教育,提升监管效能。加强企业诚信建设,构建企业诚信评价体系,制定行业诚信体系建设的考核方案,推动信用等级评定工作。推动企业建立和完善对加盟企业、员工和消费者的诚信考核、记录和评价。引导人民群众诚信用邮，推行对用户的收寄验视提醒和告知制度，加强与其他部门诚信记录共享。营造诚信环境，加大诚信企业、从业人员和用户的示范宣传力度，制定行业自律规则，加强失信惩戒措施，营造"守信光荣、失信可耻"的氛围。认真贯彻落实国家邮政局《关于加强快递业信用体系建设的若干意见》，推动快递业健康有序发展。

五、加快融合发展，促进关联产业深度协同

加快推进"互联网＋"，培育新兴业态、打造新的增长点、释放经济发展活力。加快推进邮政业与电子商务、制造业及交通运输业等关联产业融合发展、绿色发展。

（一）推进产业融合发展

积极承接政府公共服务项目，做好便民服务站、三农服务站等便民服务设施的整合利用，推动邮政普遍服务向产业上下游延伸，发展供应链服务、电子商务配送、一体化物流和分销配送等业务，以"互联网＋"的方式，加快与电子商务、制造业、服务业、物流业等关联产业紧密协同发展。构建金融服务平台，推动邮政网点开展"普惠金融"支付结算平台建设，争取提供电子商务第三方支付服务，促进邮政行业转型升级。

以建设电子商务与物流快递协同发展试点城市为抓手，引导快递企业与电子商务企业深度合作，促进线上线下互动创新，共同发展体验经济、社区经济、逆向物流等便民利商新业态。充分发挥快递服务便捷高效的优势，依托园区、开发区和现代服务业聚集区，搭建快递企业与电子商务企业的合作平台。充分发挥邮政网络资源优势，积极参与涉农电子商务平台建设，构建农产品快递网络，服务产地直销、订单生产等农业生产新模式。建立适宜的快递配送体系，提升电子商务配套服务能力。发挥供应链管理优势，积极融入智能制造、个性化定制等制造业新领域。支持快递企业完善信息化运营平台，发展代收货款等业务。

（二）加快与交通运输联合发展

加快邮政业与交通运输业在信息、通道、设施、业务等领域的合作，推动交邮融合发展。推进邮政和公共交通信息平台互联互通。在交通运输领域，完善快件处理设施和绿色通道，辐射带动电子商务等相关产业集聚。推动邮政和快递处理中心等基础设施与铁路、公路枢纽的同步建设，推进汽运站、火车站邮政和快递功能区建设。支持发展高铁快递和电商快递班列，扩大甩挂运输等先进运输组织方式在邮政业的应用范围。支持邮政企业在城乡客运站点、农村客运客运站点设置邮政窗口或代办邮政业务。引导邮政企业在城乡营业网点为运输企业提供代售客票和ETC卡、公交卡充值等业务。

（三）大力发展绿色邮政

实施创新驱动发展战略，支持企业加大科技投入，在物联网、互联网技术方面开展研发和应用，通过减少收寄、分拣、封发、运输、投递等各个环节对环境的污染和资源消耗，实现邮政业"低污染、低消耗、低排放、高效能、高效率、高效益"发展。鼓励邮政企业和快递企业积极采取甩挂运输、多式联运等手段，客车代运邮件、铁路运输代替公路运输等方式，以及在配送环节推广电动三轮车、电动汽车等措施提高运递效率、促进节能减排。引导快递企业开展物料辅料的回收和循环使用，最大限度降低材料浪费。采用扁平件、包裹同机分拣作业模式，实现"一机多用"，提高劳动生产率，减少能源消耗。全面推行电子面单使用，鼓励邮政快递企业使用绿色包装材料，应用新型包装、简约包装，减少包装物料用量，推进绿色邮政建设。

第四章　重点工程

一、普遍服务能力提升工程

（一）村邮站建设工程

大力实施全市行政村村邮站建设工程，切实解决农村投递"最后一公里"问题，全面推进普惠邮政建设。通过村邮站建设，旨在打造一个集邮件接转、代收代缴、公共服务、金融服务、文化服务于一体的综合性网络平台，加快实现基本公共服务均等化，促进美好乡村和谐发展。"十三五"期间，着力规划建设1000个村邮站，满足村民"足不出户"邮寄、缴费、取款等需求。

（二）普遍服务网点工程

根据城乡建设规划，在人口集聚、用邮需求潜力大的御东新区、产业集聚区及开发区（园区），规划新建一批标准化局所。在旧城改造区，邮政局所需要拆迁重建的，确保"拆一还一"，就近置换建设一批新局所，保障群众用邮需求。积极推进破旧农村局所的改造，完善水、电、路、通讯等配套基础设施的建设。"十三五"期间，重点新建标准化局所9处，完成23处农村局所的改造，实现全市普遍服务网点的全覆盖。

（三）信报箱安装工程

全面落实市委、市政府提出的“15分钟便民商圈”的重要举措，遵循“政府主导、邮政参与、社区落地、百姓满意”的原则，促进邮政智能包裹柜安装工程建设，提供快捷优质的便民服务，积极参与社区服务体系构建。“信报箱”是提供24小时自助服务的便民服务系统，能为群众提供自助取件服务，以及水、电、燃气、通信、收视等费用自助缴纳服务。“十三五”期间，陆续对住宅小区、写字楼、社区、校园、商圈实施信报箱安装工程。

（四）邮筒和报刊亭建设工程

优化邮筒和报刊亭建设布局，推动列入城镇总体规划，作为基础文化设施，作为方便群众生活、展示城市形象的“城市家具”统筹布局。优化邮筒和报刊亭外观设计，塑造外观优美、与城市形象和谐统一的靓丽景观。优化邮筒和报刊亭管理，减免占道费、卫生费以及市政管理费等。鼓励旅游城市在景区设置邮筒和报刊亭。

二、快递服务转型升级工程

（一）物流快递园区建设工程

充分整合现有资源，实现我市邮政产业集群式发展，并积极落实蒙晋冀协同发展中物流快递方面的各项承接工作，打造山西省最具特色的物流快递园区。“十三五”时期，主要依托空港物流产业园区，统筹规划快递园区建设，推动我市物流快递一体化、规模化发展。建立健全快递企业入驻园区的各项规章制度，落实各项优惠政策，实现企业集聚发展。

（二）快递电商集散基地工程

加快我市电子商务与物流快递协同发展试点城市的建设，完善基础设施配套，建立健全协同发展管理制度和服务体系，充分发挥电子商务与物流快递融合发展效应，满足我市经济社会发展需求。“十三五”期间，结合我市中心城区工业及物流仓储用地规划，规划建设4个快递电商集散基地，实现货物储存、装卸、分拣、发货、结算一体化运作，推进电子商务和物流快递协同发展。

（三）快件分拨中心建设工程

依托装备制造园区、塔山循环经济产业园区，配套建设2个快件分拨中心，主要以公路和同城快件为主，实现就近提货和配送，提高快递服务的时效性，解决快递的“最后一公里”问题。

（四）便民末端服务网点工程

为了提高快递投递效率，打破“最后一百米”的“瓶颈”，我市将大力建设快递入校园、便民末端服务网点工程。“十三五”期间，整合大同大学快递网络资源，借助菜鸟驿站平台，打造第三方快递服务中心；通过与物业、便利店合作，在企事业单位、商贸中心及社区建设300个快递便民服务中心；整合农村网络资源建150个乡村快递便民服务网点；在社区、高校、写字楼、商贸中心和机关单位设置50组智能包裹柜，提供24小时自助寄件、取件服务。

（五）技术设备改造升级工程

鼓励快递企业采用统一标准的信息编码技术，建立健全信息管理系统。完善客户管理信息系统，推进统一号码的呼叫中心和客户服务热线建设。鼓励邮件处理中心应用自动识别手写体和条形码的信函分拣机、多席位包裹分拣机等自动化分拣处理设备等，稳步实现半自动化、并向更高自动化水平迈进。推动邮政业企业通过互联网、电子数据交换等方式，与上下游客户实现信息整合和实时对接，提高供应链管理效率。推动邮件、快件寄递机动化。推动规模以上快递企业逐步实现收件投递环节机动化，提高收派人员工作效率。

（六）新能源车辆推广工程

发展新能源汽车符合城市绿色发展的需要，适应邮政业的特点，有利于促进行业转型升级，又好又快发展。“十三五”期间，主动适应城市快递配送发展的新趋势，推广新能源快递车辆50台。落实新能源快递配送车辆的优惠政策。完善配套设施建设，不断改进汽车性能，满足快递企业的业务需求。进一步与政府、交警、城建等部门协调，推动末端配送车辆实行“统一车型、统一标识、统一服务标准、统一管理”的“四统一”管理模式，推动全市邮政业快速健康发展。

三、公共信息平台搭建工程

依托互联网、无线通信、卫星定位等技术，积极推进邮政业公共信息平台的建设，满足邮政及快递企业、消费者和邮政管理部门之间的信息发布与交换需求。突出信息平台的公共性、易用性和服务性，采用统一行业服务热线或“一键拨号”等形式，方便广大消费者使用、查询、申诉，利于企业规范服务方式、扩大业务范围，重点在同城业务方面获得新突破、提供新服务。“十三五”时期，构建一个邮政业公共信息平台，形成邮政管理与商务、金融、税务、交通运输、铁路运输等部门之间的信息共享机制，完善行政许可、诚信管理、安全管理、时限监测、消费者申诉等行政服务子系统，改善管理和服务手段，提高行业管理、公共服务和社会应急的信息一体化水平。

四、邮政服务安全放心工程

构建安全监控信息系统联网平台，实现全市邮政、快递网络信息监控，提升行业监管水平。到“十三五”末，力争实现与全市22家快递企业、275处快递营业网点全部联网，实现实时监控。建立市邮政业安全中心，完善执法设备配备。为落实国家关于寄递渠道三个100%规定，在全市邮政和快递分拨中心配置安检设备（X光机）。支持重点企业采用DVIR跟踪可视化系统，增强安全监控能力。支持重点企业配备安检设备，自建安检机构，强化安检力度。

五、邮政管理局所建设工程

为巩固邮政管理局工作持续开展，全面履行邮政普遍服务和特殊服务、快递市场、邮政行业安全生产等监督管理工作，解决邮政管理局所办公场所迫在眉睫。“十三五”时期，根据国家、省局统一安排，完成邮政管理局办公场所的建设工作。

六、邮政行业队伍培育工程

积极建立以政府为主导、企业为主体、院校为支撑的人才培养体系。积极推动邮政快递企业与各类院校合作办学，开设专业课程，以委托培养、订单式招生等方式，培养专业人才。引导企业充分利用社会培训资源，多种形式开展在职员工岗前培训、在职教育、继续教育，全面提高企业员工素质。“十三五”期间，每年培养专业人才160人，满足邮政业发展需求。

推行国家职业资格证书制度，充分发挥邮政管理部门的作用，着力开展多层次职业技能培训，认真组织职业技能鉴定考试。推行员工持证上岗，强化人才评价，形成职业化的人才队伍。严格执行《劳动合同法》等法律法规，规范企业用工行为，完善员工培养机制。

第五章　保障措施

一、完善规划实施保障机制

加强规划衔接，将我市邮政业发展目标纳入经济社会、基本公共体系、综合交通以及现代服务业发展规划，做到邮政业规划与其他相关规划的有效衔接。将邮政普遍服务基础设施的规划、布局和建设纳入城乡规划，明确建设开发区、工矿区、商业区、产业园区、高等院校和旧城区改造等项目时，根据需求同时规划、建设与之配套的邮政基础设施，实现与建设项目统一规划、统一设计、统一建设。加强规划中期评估，检查规划落实情况，及时解决规划实施过程中出现的问题。继续探索“蒙晋冀三市”邮政业区域合作发展规划。抓好《山西省促进物流业发展两年行动计划（2015—2016年）》、《大同市电子商务与物流快递协同发展项目实施计划》的实施工作，建立重点工程建设责任制，对确定的重点工程，要落实责任，明确要求，确保重点工程顺利实施，并取得预期成效。

二、加大各类政策支持力度

全面落实省、市相关文件精神，抓紧制定完善支持邮政业发展的配套政策措施。加大土地等政策支持力度，着力降低运营成本，在符合土地总体规划、城市总体规划、年度计划和产业政策的前提下，对邮政业项目用地优先给予保障。切实落实价格和税费政策，邮政业用电、用水、用气价格按照不高于一般工业标准执行。根据各地交通实际状况，制定城市配送车辆管理与通行规定，通过建立分路段、分时段、分车型的货车通行证制度，适度放宽对符合标准的城市配送车辆在中心城区通行的限制，提高城市邮政网络的配送能力。贯彻落实《国务院关于促进快递业发展的若干意见》和《山西省支持快递业发展的若干措施》精神，切实促进全市快递业又好又快发展。总部设在山西的快递企业的增值税可按规定申请实行全省汇总缴纳。落实营改增政策，切实消除重复征税，最大限度减轻快递企业税负。严格执行鲜活农产品运输“绿色通道”政策。鼓励金融机构为快递企业购置的自动（半自动）快件分拣机、快件安检机、重型汽车等设施设备提供融资租赁服务。鼓励金融机构创新服务方式，开展适应快递业特点的抵押贷款、融资租赁等业务。

三、加强和改善党的领导

顺利完成我市邮政业“十三五”规划目标任务，党的领导是根本政治保证。要认真落实全面从严治党要求，深入实施党建工作创新工程，充分发挥党委总揽全局、协调各方的领导核心作用，切实提高领导发展的能力和水平，更好推进经济社会发展。邮政管理局认真践行“三严三实”要求，加强党性修养，提高履职能力，坚持依法治邮，坚持提质增效，推进全市邮政业保持科学的发展路径和稳健的发展态势。邮政系统党建工作既要加强顶层设计，又要推动重心下移，突出政治功能、强化服务功能。一是深入推进基层服务型党组织建设。二是严格和规范党内政治生活。三是健全完善基层党建工作制度。四是积极推动基层党建工作创新。

四、加强专业人才队伍建设

加强我市邮政管理队伍建设，提升政治理论水平和监管能力。深入开展邮政业法律法规、行业统计和收寄验视等专项培训。定期开展邮政、快递企业座谈会，切实了解行业的发展动态。深入贯彻《国家邮政局、教育部关于加快发展邮政行业职业教育的指导意见》，提高行业人才队伍素质，推动行业科学发展。引导大同大学加强物流管理、物流工程等专业建设，支持职业院校开设邮政相关专业。推动普通高校、行业、企业、科研院所与职业院校协同发展。实施行业人才素质提升工程，建立健全人才评价制度，落实就业创业和人才引进政策。支持快递企业组织从业人员参加相关职业培训和职业技能鉴定，对符合条件的企业和人员可按规定给予补贴。

五、发挥邮政行业协会作用

积极发挥协会的服务功能，利用自身优势，服务政府、企业及用户。进一步发挥行业协会在企业、社会与政府间的桥梁纽带作用，维护消费者和企业的合法权益，形成和谐的行业环境和社会关系。创新工作方式，深入开展调查研究，反映行业情况及会员诉求，协助政府部门制定行业政策、规划和标准，为应对经济发展新常态、推动行业发展提供决策咨询。加强行业自律，建立行业公平竞争、承担社会责任的良好形象，为行业的可持续发展建立牢固基础。

附件：大同市邮政业发展“十三五”规划项目库（略）

朔州市邮政业发展“十三五”规划

（2016年12月20日朔州市发展和改革委员会印发）

邮政业是现代服务业的关键产业，是推动流通转型、促进消费升级的现代产业和物流领域的先导产业，是集物品运送、信息交流、资金流通、文化传播等多种功能于一体的复合型产业，具有服务人群规模大、带动辐射领域广、协同发展效应强、吸纳就业人数多等特点。邮政网络是国家重要的通信基础设施，在促进国民经济和社会发展、保障公民基本通信权利等方面，发挥着十分重要的作用。加快邮政业发展，对于更好地服务生产、惠及民生，促进内需、扩大出口、降低流通成本、支撑新兴业态发展和推进经济转型升级具有重要意义。

按照《邮政业发展“十三五”规划》、《山西省邮政条例》、《山西省邮政业发展“十三五”规划》的总体安排，结合全市邮政业发展实际，制定朔州市邮政业发展“十三五”规划。本规划的范围是朔州市的行政区划范围，规划期限为2016—2020年。

一、发展现状与发展形势

“十二五”期间，全市邮政业坚持稳中求进的总基调，保持了行业发展规模逐步扩大，普遍服务领域不断拓展，快递服务能力显著提升，邮政监管体制全面推进，行业发展环境持续优化的良好态势。“十三五”时期是全市建成与小康社会相适应的现代邮政业的重要攻坚期，也是推动行业转型升级，促进行业做大做强的重大机遇期。

（一）发展现状

1. 行业发展规模逐步扩大

2013—2015年，全市邮政业业务总量累计完成3.83亿元。其中：函件业务量累计完成288.39万件，报刊业务量累计完成8689.18万份，汇兑业务量累计完成77.03万笔；快递业务量累计完成298.12万件。全市邮政业业务收入累计完成4.19亿元。其中快递业务收入累计完成6455万元，占邮政行业业务收入的比重为15.41%。（注：朔州市邮政管理局于2012年11月16日成立，故“十二五”期间的统计数据仅含2013—2015年。）

2015年，全市邮政业业务总量累计完成1.52亿元，同比增长24.1%。其中：函件业务量累计完成

62.94 万件,包裹业务量累计完成 1.43 万件,报刊业务量累计完成 2878.74 万份,汇兑业务量累计完成 15.83 万笔;快递业务量累计完成 136.2 万件,同比增长 40.11%,同城、异地快递业务占比分别为 8.02%、91.98%。全市邮政业业务收入累计完成 1.59 亿元,同比增长 15.19%。其中:快递业务收入累计完成 2900 万元,同比增长 31.93%,占邮政行业业务收入的比重为 18.24%。

2. 普遍服务领域不断拓展

"十二五"期间,全市邮政网络规模不断扩大,网点布局持续优化,普遍服务基础设施持续加强,服务均等化和普惠化进程加快。截至 2015 年底,全市邮政局所已达 122 处,其中:城市自办 45 处,农村自办 7 处、代办 70 处。邮政普遍服务网点已达 95 个,其中:城市网点 18 个,平均服务半径 2 公里;农村网点 77 个,平均服务半径 8 公里。补建空白乡镇邮政所 39 个,接收率和运营率均达 100%。设置信报箱群 219 个,邮筒(箱)86 处,邮政报刊亭 10 处,便民服务站 292 个,三农服务站 330 个,村邮站 183 个。共建邮政邮路 12 条,邮路总长度(单程)已达 1192 公里。

图 1-1 朔州市普遍服务网点分布图(略)

3. 快递服务能力显著提升

"十二五"期间,全市快递经营主体持续增加,服务能力显著提升,服务水平不断提高,科技应用逐渐加大,信息化、标准化建设取得较大突破。2015 年,快递企业总数已达 150 家,其中:独立法人企业 10 家,分支机构 140 家,形成较有影响力的快递服务品牌 8 家。快递从业人员持证上岗率达 49.86%。快递服务有效申诉率低于百万分之二十三,用户申诉受理率已达 100%。全市快递企业拥有机动车辆 71 台,电动三轮车 246 台,计算机 180 台,监控摄像头 507 个。规模以上快递企业电话、网络平台的查询业务开通率达 100%,一线员工终端设备手持率达 78%,基本实现随时随地联网扫描作业。

图 1-2 朔州市快递网点分布图(略)

4. 邮政行业监管全面推进

"十二五"期间,邮政监管机构建设取得重大突破,监管手段逐步多元化,执法队伍不断壮大,寄递安全工作深入开展。随着朔州市邮政管理局的挂牌成立和党支部的顺利组建,政府履职能力明显增强,监管支撑体系逐步完善。2015 年,累计邀请 198 人次社会监督员开展社会监督工作。推进快递市场专项整治工作,出动检查人员 550 人次,立案处罚快递企业 11 家,罚款 1.9 万元,下发整改通知 22 份。引导企业树立寄递安全"红线"意识,开展辖区内危险品"清源"活动。重点对全市邮政、快递企业在收寄验视、监控设施、消防设施配置运行、安全制度和应急预案方面进行检查。

5. 行业发展环境持续优化

认真贯彻落实《邮政法》、《山西省邮政条例》等法律法规,推动企业法制化、标准化、规范化发展。市政府在邮政设施用地、推进空白乡镇邮政局所建设和"村邮户箱"建设方面为普遍服务提供了政策性支持,推进快递业与关联产业协同发展的有机结合。市邮政管理局积极创新工作思路,利用短信平台及微博、微信等新媒体传达行业信息。

6. 发展中存在的困难和问题

现阶段,全市邮政业发展的主要矛盾仍然是服务能力、发展水平不能满足经济社会发展和人民群众日益增长变化的服务需求。

一是朔州市属煤炭重化工地区,服务业欠发达,出口商品较缺,造成邮政企业、快递企业进口量远大于出口量,导致企业利润低下,持续发展能力较弱。

二是普遍服务水平不高。目前,城市邮政服务时限、服务环节以及用户投诉和赔偿基本能够达到《邮政普遍服务标准》要求。但在农村,由于邮政普遍服务补贴落实不透明,企业运营成本高,普服网点基层人财物配备不到位,加上农村普服网点多数地处偏远,交通不便,在服务时限、服务深度、投递频次、法定业务开办等方面尚有差距。农村乡镇、村(社区)邮政基础设施和发达地区相比差距较大,全市 1592 个行政村的通邮主要依托 70 个乡镇网点提供服务,导致农村普遍服务不达标问题突出,随着信息化的不断发展及行业市场竞争的日趋激烈,普服业务量逐年下滑,网点的运营压力较大,乡镇普服局所尤其是新移交运营的一些空白乡镇补建局所"吃不饱"、亏损运营的情况普遍存在。

三是快递行业基础设施薄弱。快递物流园区建设相对滞后,绝大部分快递企业均不具备标准规范的仓储及快件处理场地,随着快递业务量的快速增长,业务旺季的服务支撑及保障能力明显不足;民营快递企业规模普遍较小,营业生产场狭小简陋,车辆、信息管理系统等配备尚不到位,生产效率不高、服务能力不足;小区信报箱设置率较低,城区投递"最后一公里"的问题相对突出。

四是邮政行业监管形势较为严峻。监管能力还不能适应行业高速发展的需要;监管方式略显单一，手段较为滞后；事前事中事后监管处理手段有限，监管机构执法水平有待提高；监管队伍结构有待改善，人员能力亟需提升；缺少全面系统的监控信息平台，行业“打黄扫非”、禁毒反恐防暴等任务比较艰巨。在目前县区无邮政监管机构的情况下，很难做到全覆盖、高频次对全部网点进行监管。

（二）发展形势

“十三五”时期，全国经济发展步入新常态。“一带一路”、环渤海地区合作发展等重大战略实施，为全省创新发展、协调发展、绿色发展、开放发展、共享发展、廉洁和安全发展提供了历史机遇。新型工业化、信息化、城镇化、农业现代化同步推进，为全省稳增长、调结构、防风险、保民生拓展了新空间。全面深化改革破解发展深层次体制机制障碍，为全省补齐全面建成小康社会短板增强了动力和活力。国家资源型经济转型综合配套改革试验区建设将持续推进，《国家创新驱动发展战略山西行动计划(2015—2020)》、《山西省物流中长期发展规划(2015—2020)》等各类政策效应将逐步显现，现代服务业等七大非煤产业将成为带动全省经济腾飞的新动力。

科学制定和有效实施“十三五”规划，对于全面建成小康社会，促进经济结构明显优化和发展质量显著提升，建设美丽朔州和“塞上明珠”，具有十分重要的意义，朔州市邮政业发展完全可以搭上第三产业发展的快车有所作为。

1. 经济发展步入新常态，为邮政业发展提供新动力

未来一段时间，我国经济发展进入新常态，经济发展方式从规模速度型粗放增长向质量效率型集约转变，更加注重强调科学发展、可持续发展和包容性发展。产业组织呈现小型化、智能化和专业化，邮政业在服务制造业、促进企业降低成本和提高运营效率方面大有可为。人口老龄化日趋明显，劳动力供给下降。将推动邮政业从以劳动密集型向以技术密集型和资本密集型的深刻转变。朔州市“一煤独大”，因煤而兴、因煤而困，市政府已作出调结构、转方式的发展战略，将大力支持发展服务业，寻找经济新增长点，为全市邮政快递企业发展带来新机遇。

2. 基本公共服务均等化深入推进，普惠邮政发展条件日趋成熟

邮政普遍服务是国家基本公共服务的重要组成部分，也是发展较为薄弱的领域，还不能与经济社会发展和人民群众服务需求日益增长相适应。随着新型城镇化步伐的加快，要求邮政普遍服务主动融入城镇化发展进程，努力提高全市邮政普遍服务能力和水平，将普遍服务基础设施建设纳入到城镇化建设体系中来，适应经济和社会发展新形势，顺应人民群众对邮政普遍服务的新期待，充分发挥好服务民生、服务社会的基础性作用。

3. 市场主体竞争加剧，快递服务面临全新要求

快递市场规模高速增长，行业竞争日趋激烈，原有粗放型的经营模式和小作坊的操作模式已经不能适应现代企业竞争的需求，企业只有转型升级和提质增效。才能在市场竞争中把握主动，抢占先机。另外，企业兼并重组加剧，将促使行业产业集中度持续提升，规模小、实力弱、管理差的企业运行将日益维艰。

4. 互联网和信息技术应用加速普及，推动智慧邮政大发展

新一轮互联网发展热潮推进信息技术应用的领域和方式发生变化，邮政业转型升级的力度和实效前所未有。物联网、大数据、云计算、移动应用、4G等技术已逐渐渗透到邮政业，企业开始关注需求挖掘、自动化分拣、精准投递，进一步加大使用智能手机、APP、微信、手持智能终端等产品应用。智能快件箱推广范围不断扩大，新能源汽车使用比例增加。

5. 立体交通网络形成，交邮协同发展迈出新台阶

“十三五”期间，朔州市将通高铁、建机场，依托大秦、京包、北同蒲铁路大通道、高速公路网及干线公路，主动融入京津冀经济圈、环渤海经济圈和乌大张长城“金三角”合作区建设，构建机构合理、设施配套、技术先进、运转高效的现代物流体系，打造朔州成为北方煤炭物流中心和中西部地区重要的现代物流节点城市。交通枢纽作用进一步加强，到2020年，全市将基本形成适度超前、功能配套、安全高效、四通八达的现代化立体交通骨干网络。加强邮政业与交通运输业在运输规范、业务流程、信息传递等方面紧密衔接，基本建成便捷高效、安全绿色的交通邮政配送体系，将有助于实现交通运输与现代邮政协同发展。

二、指导思想、基本原则和发展目标

（一）指导思想

以邓小平理论、“三个代表”重要思想、科学发展观为指导，深入贯彻落实习近平总书记系列重要讲话精神，遵循“四个全面”战略布局，紧紧围绕朔州与全国同步建成全面小康社会、国家“一带一路”建

设和全省经济建设,政治建设、文化建设、社会建设、生态文明建设等重大战略部署,以不断满足深刻变革中人民群众用邮需求为目标,以建设"普惠邮政、智慧邮政、安全邮政、诚信邮政、绿色邮政"为抓手,以"转变发展方式、强化基础能力、创新服务供给"为主线,着力推进邮政普遍服务均等化,着力提升快递服务质量和水平,着力完善行业监管体制,全面推进依法行政,为保障人民群众用邮需求、降低流通成本、统筹城乡发展提供基础支撑,加快推进建成与小康社会相适应的现代邮政业建设进程。

(二)基本原则

贯穿一条主线。以推动行业创新发展为主线,促进上下游有机衔接、大小企业共同参与、产学研紧密结合,实现全市邮政业向民生、集群、特色、高端方向转变,构建与朔州市基本公共服务相融合、与朔州市城镇化进程相协调、与保障和改善民生相适应的邮政业发展新格局。

坚持两个推动。推动邮政普遍服务均等化和快道服务转型升级。推动城乡邮政服务均衡配置,提升邮政服务水平和服务内容,提高邮政普遍服务质量和效率。坚持普惠、创新、协同、融合、安全、诚信、绿色发展,实现发展方式、发展路径、核心动力、运营方式、服务区域和增长方式转变。

打造三个协同。实施"邮政+"战略,推动邮政业加快融入生产、流通和消费环节,联通线上线下,拓展"三流合一"服务,打造与朔州市电子商务、制造业、现代农业等产业协同融合发展,满足生产生活和商贸流通的多元化需求。

实现四项跨越。注重把握"一带一路"、"互联网+"、"中国制造2025"等战略机遇,打造邮政业在推动流通方式转型、促进社会消费升级、引领物流发展三个方面优势,实现发展规模、服务能力、服务水平、综合效益的提升。

(三)发展目标

1.发展规模

到2020年,邮政业业务总量突破2.8亿元,业务收入突破3亿元,年均增长率均达到13%以上。其中:快递业务量突破400万件,快递业务收入突破8000万元,年均增长率均达到25%。年新增就业岗位68个,年人均用邮支出超过70元,年人均快递支出超过17元,邮政业直接支撑的网络零售交易规模超过6亿元。

2.普遍服务

到2020年,基本形成统筹均等、供给多元、开发融合、便捷高效,与小康社会相适应、全面协调可持续的现代邮政普遍服务运行体系。

(1)服务能力

到2020年,邮政营业场所达到125个,市区平均服务半径2公里,农村平均服务半径7公里;新建500个村邮站,建制村直接通邮率达到100%;新建416个便民服务站,信报箱2000个,200个三农服务站;邮政干线运输车达12辆,邮政投递运输车达23辆。

(2)服务水平

法定邮政普遍服务开办率达100%,邮政普遍服务满意度达85分,邮件妥投率达98%,全程寄递时限、营业时间、营业服务、投递服务等达到国家标准规定要求。

3.快递服务

到2020年,初步形成竞争有序、服务优质、技术先进、安全高效的现代快递服务体系,提升快递业标准化、信息化、智能化和集约化水平。

(1)服务能力

快遍服务营业网点总数达到420个,其中:城市120个,农村300个,网点服务面积1.07万平方公里,网点服务180余万人,重点快递企业县城网点覆盖率达到100%,重点快递企业乡镇网点覆盖率达到90%;快递车辆标准化建设达80%,绿色环保车辆达70%。

(2)服务水平

快递服务水平出现较大突破,快递服务满意度可达80分;重点快递企业全国重点城市间快件72小时投递率超过90%,同城快件24小时投递率超过90%;快递服务有效申诉率控制在十万分之一,快件延误率不超过千分之五,快件损毁率不超过万分之一,快递丢失率不超过十万分之三。

(3)科技创新

重点快递企业快递员手持终端设备配备率达100%,快件在线跟踪查询服务提供率达100%,监控摄像头覆盖率达100%,GPS安装率超过20%,电子面单占比超过90%,重点快递企业自动分拣设备配置率超过10%,加快智能快件箱发展步伐。

(4)企业培育

重点培育1家业务收入超千万元的快递企业,15家业务收入超百万元的快递企业。

(5)人才培养

快递从业人员达1000人,持证上岗率超过70%;取得快递中高级职业资质人员达20%。

4. 监管体系

到2020年,逐步建立起一套制度化、规范化、程序化、法治化的邮政监管体系,监管的有效性和长效性得以保障。

(1)监管队伍

监管队伍人员结构更加优化,干部选拔任用、考核评价等机制更加健全,监管队伍依法行政、公共服务、学习创新和处理复杂问题能力素质明显提高。

(2)监管手段

行政执法人员移动执法终端配置率达100%;建成市邮政管理局行政执法办案专用区;完善朔州市寄递渠道安全信息监管系统,提升科技化监管水平。

三、主要任务

(一)强化基础设施,着力提升普遍服务均等水平

加强邮政基础设施建设,完善邮政服务网络,推进邮政服务网点建设和改造升级,进一步扩大网点覆盖面。强化末端投递,构建以"乡所村站户箱"为重点的邮政普遍服务城乡终端服务体系。不断提升邮政普遍服务的功能全面性和城乡均衡性,实现城乡投递深度、时限、频次和网点设置的均衡。推进设施建设运营社会化、探索政府购买服务、引入快递企业参与村邮站运营、鼓励社会力量参与等方式,逐步实现普遍服务提供方式的多元化,促进邮政服务创新发展。发展电商寄递服务,推动邮政基础设施向社会开放。鼓励邮政企业因地制宜发展农村邮政服务,推动农资下乡和农产品进城。加强邮件妥投工作,实现建制村全面直接通邮。完善邮政服务保障体系,落实邮政普遍服务补偿机制,形成责权统一的邮政普遍服务保障与监督机制。

专栏1　邮政基础设施建设和改造工程	
邮件处理中心建设工程	到2020年底,新建一处占地1000平方米的朔州市邮件处理中心;在平鲁、山阴、应县、怀仁、右玉每个县(区)建设一处500平方米的邮政普遍服务邮件处理及投递中心。
城乡邮政局所改造和建设工程	到2020年,完成全市城乡邮政局所标准化、电子化改造。完成新(扩)建城区8个普服标准化局所的设置。
邮政基础设施配套建设工程	到2020年底在中心城区主要道路、道路交叉口、居民区等处设置10处报刊亭,每一处普服所至少设1个邮筒。
村站户箱社点建设工程	到2020年底,完成全市1592个行政村村邮站建设任务,实施城镇居民楼信报箱更新补建项目,完成全市180个社区邮政便民服务点的建设。
普遍服务均等化水平提升工程	升级改造20个以上邮政局所,改造新建500个以上村邮站,安装设置5个以上多功能邮政报刊亭等。

(二)深化业务创新,加快促进快递企业转型升级

抓住快递服务由劳动密集型向技术密集型和资本密集型发展的机遇,加快快递企业发展方式由规模扩张向规模扩张和质量效益并重转变,加快从价格竞争向服务竞争转型,促进快递企业推行承诺服务和差异化竞争,优化快递产品组合,满足多样化、个性化消费需求。引导快递企业在重点区域建设快递分拨综合服务中心,结合物流园区、电子商务园区建设方案,推进快递功能园区建设。加快实施"快递下乡"工程,支持快递企业在乡镇一级设置更多网点。提升快递末端投递能力,引入智能快件箱,鼓励企业开展第三方合作模式创新,推进城市"三进工程",解决快递进社区、进校园、进办公区等"最后一公里"难题。

专栏2　快递基础设施建设工程	
市级快递园区建设工程	在朔州市新建占地面积80亩的市级快递园区，企业集中布局，资源集约利用，政府统筹引导，探索引进第三方解决资金“瓶颈”，加快园区规范化和作业流程制度化建设，提升标准化程度。
快递企业分拨中心建设工程	推进邮政、EMS、顺丰、“四通一达”、天天、宅急送等10家邮政快递企业升级改造分拨中心，提升邮政快递自动化处理能力。
快递公共投递服务站建设工程	建设80个基本型、20个拓展型快递营业场所。
快递下乡工程	逐步完善农村地区快递服务网络，基本形成覆盖城乡、配套衔接、布局合理、便民惠民的快递末端投递网，基本实现“乡乡有网点，村村通快递”。

（三）推动产业协同，积极发挥关联产业集聚功效

主动适应“互联网+”行动计划，促进快递业向上下游延伸，推进快递业与电子商务、制造业、跨境电子商务、现代农业、社区物业和旅游业等协同发展，实现资源共享。积极建设适应电子商务发展需要的快递配送体系，发挥快递业在新型流通体系中的先导作用和基础作用，鼓励快递企业依托电子商务建立相应的产业链和交易平台。推动快递业在农村地区加快网络布局，满足农村网络经济的市场需求，支持企业在农产品加工企业集聚区建设服务平台，提供公共仓储配送、拼箱运输、信息接入等多样服务，逐步建立结构合理、协作深入、标准对接的合作发展新模式。支持快递企业与制造企业建立长期稳定战略合作关系，促进快递网络建设与制造企业空间布局的有效衔接，支持制造企业依托快递网络开展精益制造、准时制造、综合基础制造和分销配送。

专栏3　“快递+”联动发展工程	
快递+现代农业工程	支持快递企业以农产品销售为导向，完善快递产品，提升产品包装、保鲜、寄递服务能力，打造生鲜水果、特色牛羊肉农产品向外输出的便捷通道，形成长期稳定、互利共赢的战略合作关系。
快递+制造业工程	围绕打造全国日用陶瓷生产基地目标，鼓励快递企业入驻工业园区制造业聚集区，提供仓储、外包、配套配送服务，推进快递服务于制造业。
快递+电子商务工程	建立快递与电子商务联动发展机制，加快建设适应电子商务发展的配送体系。鼓励快递企业入驻电子商务功能园区、电子商务信息大厦等平台。充分发挥快递业网点布局、整合资源的优势，支撑电商扩大经营范围、挖掘地方特色、丰富产品种类，巩固食品加工、煤机零件、小杂粮等产品出口优势，促进地方产业发展。
快递+旅游业工程	支持快递企业挖掘特色旅游产品，满足游客对快递服务的需求。突出塞外风情、长城古堡、佛教古建，整合历史文化内涵和地理气候资源，打造独具特色的朔州旅游品牌。鼓励快递业与旅游业跨界融合，提供便捷、高效、安全的快递服务。
快递+社区物业工程	鼓励快递企业与社区物业在末端配送环节深度融合，建立社区终端配送服务网络，实现互惠互利的双赢，破解末端投递存在的难题，真正让“小快递”服务“大民生”。

（四）打造智慧邮政，大力推动公共信息平台建设

建设智慧邮政，是推进行业管理创新的重要手段，是提升行业服务能力的重要途径，也是加快行业转型升级的重要支撑。强化企业科技创新主体地位，积极争取各类科技专项资金。利用大数据、云计算等技术加强数据挖掘，服务企业运营。加快企业信息系统建设与优化，实现网络布局、安全监控、快递流转信息跟踪和科学决策的一体化。推动行业公共信息平台建设，促进快递信息与公共服务信息有效对接，实现服务政府监管、企业经营和用户用邮的有机结合。

专栏4　智慧邮政工程	
行业公共信息平台建设工程	满足邮政及快递企业、消费者和邮政监管机构之间的信息发布与交换需求，形成邮政业与商务、金融、税务等部门之间的信息共享机制，逐步实现信息对接和信息共享。
“智慧朔州”城市建设融入体系工程	以邮政综合服务平台链接推进智慧社区建设，推进邮政基础设施与邮政业公共信息平台互联互通。
智能快件箱建设工程	计划到2020年，在全市综合办公楼、社区、居民区和高校建设50组智能快件箱，提升快递服务的深度和广度。

（五）完善交邮融合，高效利用综合交通运输体系

结合全省"三纵十二横十二环"高速公路网建设，依托全市"便捷、安全、经济、高效"的立体化综合交通运输网络，推动邮政业与交通运输体系深度衔接、协同创新。推动邮政和快递处理中心等基础设施与铁路、公路、民航枢纽同步建设，推进机场、火车站、汽运站、公交枢纽站邮政和快递功能区建设。积极推动快件"上机上铁"，大力发展多式联运，加快推进公铁联运、甩挂运输等试点工作。支持交邮企业通过联盟合作等方式进行资源整合，鼓励市到县和县到乡的客运班车代运邮件和快件，推广应用经济适用的农村邮政快递车型。

专栏5　快件"上机上铁"工程	
市场合作化推进工程	提升快递企业与航空、铁路运输企业市场化合作水平，推进在高铁车站、机场同步规划、建设功能园区、布局规划接驳场地、快件处理中心和营运网点。
运输集装化推进工程	推动快递企业开发更多航线、车次资源，鼓励快递企业发展高铁快递和电商班列，提高快件运输集装化水平，鼓励实施空地联运和公铁联运。
信息共享化推进工程	建立信息共享平台，加快快件作业与民航、铁路作业时间对接，实现快件全程可追踪查询。
新能源车辆推进工程	鼓励支持邮政、快递企业借助国家及地方有利政策，配套更新新能源运输车辆和配套专用电动三轮车。

（六）加强行业监管，建立健全安全寄递保障机制

一是完善邮政监管体制，全面履行政府邮政行业管理职能。强化邮政支撑机构建设，探索建设行业安全监管中心，科学谋划、实事求是、因地制宜成立县一级监管队伍，创新县域管理模式。二是优化监管机制。构建全过程监管工作机制和行业诚信体系，健全申诉与执法联动、执法与司法衔接机制，完善快递服务质量评价体系。三是深入开展专项执法检查活动，促进市场稳定有序发展，加强执法检查、监管联动和执法协作，建立健全科学的抽检抽查、责任追溯等制度，加强企业黑名单设置管理，严肃查处非法经营、超范围经营、违规代理等行为。严格落实邮政快件收寄验视与安全检查制度，全面实行寄递实名制，完善寄递渠道安全信息监管系统，强化寄递渠道信息安全、反恐、禁毒、扫黄打非、打击侵权假冒等工作，加强邮政行业寄递服务用户个人信息安全管理。

专栏6　安全监管"绿盾"工程	
邮政监管基础建设工程	到2020年，建成朔州市寄递渠道安全监管中心；完善和提升朔州市寄递渠道安全信息监管系统，建立和公安、国家安全等部门信息共享机制；在全市所有邮政局所、邮件处理场所和快递网点、快递分拣作业场所安装接入视频监控设备，设置专职安全员，实现监管部门与企业资源共享。
邮政配送标准化建设工程	完成全市所有邮政标识专用车辆、快递网络班线车和末端投递车辆跟踪定位系统建设。
寄递渠道安全检查培训工程	完善安全管理制度、加强从业人员法制、安全生产、职业技能、职业道德教育和培训，加大硬件设施建设，做到安全投入到位、安全培训到位、基础管理到位、应急救援到位，实行全行业的实名收寄和在邮件、快件处理场所进行100%的X光机安检。全市邮政局所，邮件处理中心、快递营业场所100%安装监控设备。行政执法人员移动执法终端配置率达到100%。

四、保障措施

（一）完善机制，加强规划组织领导

依托朔州市促进和保障邮政业跨越发展协调领导小组和朔州市寄递渠道安全管理工作领导小组，邮政管理和政府各相关部门各司其职，分工负责，协作融合，形成推动邮政业发展的合力。建立健全目标监管责任制，做好邮政业规划推进、政策制定、资金安排、土地供应等重大项目的协调和督导检查工作，将发展目标和任务分解到年度计划，建立相应的中长期项目库，制定实施邮政业发展考核办法。积极推进全市邮政业发展规划与全市经济社会发展总体规划、交通运输业、农业、现代服务业等规划衔接工作。加强规划实施测评，健全规划评估机制，做到自我评估和委托评估相结合，定量分析与定性分析相结合，及时把握邮政业发展中出现的新问题、新情况，适时调整规划和相关政策。

(二)优化环境,争取出台利好政策

强化市县政府在推动邮政业发展的职责,提高对邮政企业提供邮政公共服务的保障能力,研究出台关于促进邮政业与相关产业融合发展的若干意见。积极争取中央、省级预算内投资,加快公益性、基础性邮政普遍服务和快递基础设施建设;市县政府逐步加大对农村普遍服务和农村快递业发展的财政投入力度,对全市村邮站、农村快递网点等"最后一公里"投递设施建设等项目予以扶持。加大财政预算内增量投资,建立财政扶持长效机制,对全市寄递渠道安全信息监管平台、村邮站、住宅信报箱、邮政便民服务点和快递园区、分拨中心、智能快件箱、农村快递网点、设施装备改造等项目予以积极扶持。健全普遍服务运营保障机制,完善产业联动、培育市场主体,落实建设普惠邮政、智慧邮政、安全邮政、诚信邮政、绿色邮政等方面的政策措施。推动行业重大工程和项目建设。

(三)强化监管,确保行业规范发展

强化"服务民生"理念,健全完善邮政普遍服务保障机制,构建统一开放,国有、民营和外资竞争有序的市场体系。加强对邮政通信与信息安全的监督管理,健全邮政管理部门与公安机关、国家安全机关的安全保障机制,共同做好寄递渠道的安全监管工作。监督邮政和快递企业严格执行《邮政法》、《山西省邮政条例》等法律法规,认真履行服务承诺,全面提高服务能力和服务质量。

(四)加强自律,推动诚信体系建设

探索组建全市快递协会,强化相关行业协会在行业自律、诚信体系建设、营造发展环境等方面的优势,在政策研究、市场规范、信息统计、技术合作等方面,为政府和企业提供服务。支持行业协会制定行业规范,推动资源共享,实现优势互补,建立业内竞争的自律机制。鼓励行业协会开展诚信企业评比活动,建立快递从业人员诚信档案,规范企业行为,促进行业公平竞争和有序发展。组织会员企业间的协作与交流,总结推广先进经验,引导企业不断改进自身服务质量,提高行业整体服务水平。加强企业党建和工青妇等组织建设,通过抓党建促企业发展,提高企业党建工作水平,共同推动邮政业繁荣发展。

(五)培育人才,提高从业人员素质

加快行业人才教育培养体系建设,做好人才"引进来"和"走出去"工作,鼓励企业积极引进专业人才,吸纳回乡创业青年、大中专毕业生和退伍军人参与行业发展。依托校企合作平台,积极开展"订单式"培训和教育,为邮政业发展提供人才支撑。鼓励企业开展从业人员的职业技能培训工作,支持企业选拔优秀人才"走出去",参加培训,增长见识,提高技能。严格执行《劳动合同法》等法律法规,规范企业用工行为,建立员工薪酬与技术技能挂钩的激励机制。

(六)营造氛围,塑造行业品牌形象

加大邮政业相关法规政策宣传和舆论引导,总结推广发展邮政业的典型案例和经验,为全市邮政业发展营造良好的氛围。通过电视、网络、报刊、电台等传统渠道和微博、微信等新媒体加大行业宣传,提升全市邮政行业的社会认可度。支持邮政企业、快递企业参与国内外行业论坛、展会等交流活动,扩大全市邮政和快递企业的影响力。

名词解释(略)

吕梁市邮政业发展"十三五"规划

(2016年12月吕梁市人民政府办公厅印发)

"十三五"时期是建成与小康社会相适应的现代邮政业奋进的五年,是推动行业转型升级和跨越发展的重要五年,也是检验市级邮政管理部门依法治邮成果的关键五年。随着电子商务等新业态的蓬勃发展,"十三五"时期邮政业迎来了大发展的难得机遇,未来发展空间和潜力巨大。加快吕梁邮政业发展,对于吕梁市转变经济发展方式,调整产业结构,拉动城乡消费,促进商贸流通,吸纳社会就业,具有重要意义。为贯彻落实《吕梁市国民经济和社会发展第十三个五年规划纲要》(吕政发〔2016〕26号)文件精神,依据国家邮政局、省邮政管理局关于邮政业发展"十三五"规划的有关精神,结合吕梁市邮政业发展实际,编制《吕梁市邮政业发展"十三五"规划》。

一、现状与形势

"十二五"期间,吕梁市邮政业保持了快速发展,行业整体实力不断增强,邮政体制改革成效显著,行业服务能力和服务水平不断提升，为促进经济社会发展和民生改善做出了贡献。

（一）“十二五”发展回顾

1. 邮政普遍服务得到新保障

通过“村邮户箱”工程建设，使全市邮政基础设施更加健全，邮政普遍服务网络更加完善。截至2015年底，全市邮路共46条，邮路单程总长度达3185公里。全市邮政农村投递路线235条，农村投递路线长度（单程）7391公里。全市邮政城市投递路线124条，城市投递路线长度（单程）2287公里。全市共有普遍服务营业网点168处，其中城市网点23处，农村网点145处，营业网点平均服务半径由24公里缩短至21公里，平均服务人口由3.3万人降低到2.8万人。城乡设置信筒信箱133个，邮政报刊亭37处，成为邮政普遍服务的有力支撑。同时，2015年5月，吕梁市56处空白乡镇补建邮政局所全面运营，提前实现补建局所100%运营目标，标志着吕梁市“乡乡设所”目标全面完成。

2. 快递行业发展进入新轨道

“十二五”期间，与邮政普遍服务业务量全面持续下降形成鲜明对比的是，全市快递业务无论是同城快递业务、异地快递业务还是国际及港澳台快递业务均呈现出快速增长的态势。2015年，全市取得快递业务经营许可证企业和已备案的分支机构达196家（其中许可16家，备案180家）。全市快递业目前拥有各类营业网点407个，快递网络市、县覆盖率达100%、乡镇覆盖率达72.97%，从业人员达1100余人。全市主要品牌快递企业业务量完成316.02万件，同比增长88.85%；快递业务收入完成5129.12万元，同比增长61.24%。

3. 行业管理能力迈上新台阶

2012年11月，在省邮政管理局和吕梁市委、市政府的大力支持下，吕梁市邮政管理局正式挂牌成立，这一重大调整和变革使吕梁市邮政监管体制得到进一步完善。监管体系、监管机制、安全监管等方面不断优化。一是进一步完善了监管体系。选取孝义市、汾阳市探索开展县域邮政监管模式。构筑行业监管数据支撑体系。通过对邮政、快递企业进行统计制度和业务技能培训，加强企业月度、季度、年度统计工作分类指导审核，为全市行业监管筑起数据支撑体系。二是进一步优化了监管机制。建立了多部门协作机制。与住建、交通、国安等部门在信报箱建设和安全生产方面建立了协作平台和联合执法机制，出台了《关于切实加强住宅信报箱建设的通知》、《关于进一步明确邮政行业安全生产监管职责的通知》等规范性文件。完善了邮件全程时限监测。建立了监管情况通报制度。三是进一步加强安全监管。督导企业认真贯彻落实《邮政法》、《邮政行业安全监督管理办法》、《快递业务安全防范规范》等法律法规，并与辖区内各邮政企业、快递企业签订了《安全生产责任书》，落实了安全生产责任制。组织开展行业安全生产大检查、寄递服务信息安全专项整治行动、寄递渠道“扫黄打非”专项行动和收寄验视制度专项整治活动，严格落实各项安全监管制定。

（二）存在的问题

1. 邮政普遍服务村邮站点建设有待加强

目前，吕梁市“乡乡设所”的目标已经全面完成，使得邮政普遍服务能力与水平进一步得以完善。但是，随着经济社会的发展，人们的交流活动日益频繁，特别是广大农村地区人民群众对通邮、用邮的需要也进一步激增，目前的村邮站布局仍不能满足农村民众不断增长的用邮需求。因此，大力推进村邮站建设将成为“十三五”时期，吕梁市邮政普服能力建设亟待完成的重要工作之一。

2. 快递业服务质量有待优化

近年来，快递业在电商迅猛发展的背景下快速成长，多数企业处于被动型、偏重要素型投入的规模速度型发展，忙于应付业务量的快速增长，快递企业专业化、差异化服务能力重视不足，快递从业人员素质参差不齐，导致同行业内同质低价竞争问题日益突显。因此，“十三五”期间，吕梁市应进一步推进快递营业网点标准化、分拣中心规范化和作业流程制度化建设。

3. 邮政业监管能力有待提高

近年来，随着快递业务的迅速发展，市场规模不断扩大，企业规模快速膨胀，这对加强行业监管，维护市场秩序稳定，保护用户合法权益提出了新的要求。特别是在安全监管方面，寄递渠道安全问题凸显，从业主体对安全问题重视不够、投入不足、安全制度落实不力，安全监管面临的压力与日俱增。

（三）“十三五”面临的形势

“十三五”时期是我国经济结构调整、产业实现转型升级的关键期，十八届五中全会明确了未来我国发展的指导思想和主要目标，提出了“创新、协调、绿色、开放、共享”的发展理念。我国经济将逐步进入中高速增长的新常态，传统行业加速转型升级，推动行业发展实现结构性改革将成为现代邮政业发展的重要目标。

1.宏观经济形势

中国经济正在由工业主导向服务业主导加快转变,服务业成为重要的经济增长引擎,在经济增长中发挥着关键作用。山西作为中部能源大省,随着煤炭价格持续下行,2014年、2015年的经济增速均低于预期,煤、焦、冶等传统支柱产业的经营状况整体不佳,加上"能源革命"以及资源环境的内外制约,使得我省未来一段时期对结构调整和产业转型的需求更为迫切。"十三五"期间,我省将加大服务业,特别是以生产性服务业为代表的现代服务业的产业转型步伐,现代物流、电子商务等现代服务业将成为全省实施产业转型、优化投资结构的重点方向。

综合国内及全省经济形势分析,当前邮政行业正处于前所未有的战略机遇期,全市邮政业只要坚决落实改革举措,不断提升行业发展质量,开拓思路,积极推动与农业、制造业、商业贸易等产业融合,加速同"互联网+"、交邮协同发展,就一定能够打造吕梁市经济增长的新亮点,为全市转型发展做出贡献。

2.行业发展趋势

随着信息技术的快速发展,邮政服务能力、网点建设、运输能力、技术水平不断提升,以供给侧结构性改革为重点的邮政行业发展将迎来深刻变革。

"互联网+邮政业"带来行业深刻变革。随着现代信息技术不断深入渗透到经济社会的各个领域,互联网技术的普及应用将对邮政业的生产运作和业务流程将产生深远影响。一方面,快递业务量呈现"井喷式"增长,邮政业的业务格局正在发生结构性变化,过去赖以生存的函件业务不断萎缩,而包裹、快递和物流业务持续增长,比重不断上升,主要业务及利润来源发生重大变化,邮政业已逐步转向以包裹、快递和物流业务增长为主的发展模式;另一方面,经济一体化和信息技术发展不断催生电子商务、个性化生产及供应链管理等新的经营业态,人们的生活消费方式也向个性化转变,传统邮政业经营范畴不断拓展,与其他行业融合不断加深,包括第三方物流、电子商务配送、城市中间业务、邮政金融等在内的新业务有望在未来成为邮政行业新的利润增长点,邮政业将迎来更广阔的市场发展空间。

粗放式发展模式发生根本性改变。"十三五"是我国经济结构调整、产业转型升级的转折期,邮政行业的产品供给将实现结构性变化,邮政业业务结构单一、经营和管理粗放的模式也将发生根本改变。一是企业将更注重多元化、品牌化发展,以物流业为代表,企业将更关注消费者体验,关注配送链条与网络的构建,并在快递、供应链、邮政金融领域开展业务创新,逐步形成综合化、多元化的业务经营模式,打造集约化的现代物流供应生态链。二是企业将不断整合电子商务、信息技术、交通网络等各方资源,邮政业一体化服务能力和行业服务质量将会迈上一个新台阶。三是将更加关注绿色发展,采用清洁能源汽车、节能环保材料,提高技术含量、尽量减少资源消耗和环境破坏将逐步成为行业发展共识。

行业竞争更加激烈。我国快递市场自上世纪90年代逐步开放,随着邮政业政企分开、跨国快递企业进入中国等改革开放不断深入,当前,我国邮政业多元、完全竞争格局已基本形成。"十三五"期间,预计邮政行业竞争的激烈程度将进一步加剧,并带来全国范围内行业的重组洗牌。邮政行业的传统函件、包裹、报纸杂志等普遍服务业务量和利润率将持续下降,快递业务有望继续保持高增长率,但竞争将更为激烈。对我市实力较弱的小型民营快递企业来说,行业竞争带来的较大冲击,也为企业进一步提升管理水平和技术手段,提升服务质量,实施"走出去"战略提供了条件。

3.面临的机遇与挑战

"十三五"是我国服务业发挥主力军作用的第一个五年,以现代物流为代表的生产性服务业迎来重大转折,邮政行业将面临一系列机遇与挑战。

行业总体处在快速增长期和战略机遇期。"十三五",我国仍将处在工业化、城镇化加快发展期,对我市邮政业来说,随着全省转型综改的持续推进,中部崛起有利政策的落实,以振兴和发展服务业为主题的经济结构调整步伐不断深入,全市邮政业将继续迎来快速增长期和战略机遇期。一是邮政业的发展环境和基本条件将获得持续改善,全市交通、通信、邮政邮路等基础设施将进一步健全和完善,以高速公路为骨干的内外交通运输体系日益完善,铁路战略装车点将陆续建成,邮政网点布局日趋合理,城镇邮政投递服务能力和农村邮政终端服务能力将不断提升。二是邮政需求市场将不断扩大。随着我市电子商务发展行动计划的推进,在全市电子商务示范基地、示范企业、试点县(乡、镇)的带动下,服务业、农业利用电子商务平台,将产生大量的消费品和特色农产品的寄递需求,我市的邮政业将迎来难得的发展机遇。三是随着"快递下乡"、快递网点"三化"建设工程的持续推进,全市邮政业普遍服务均等化、网络覆盖程度将不断提高,一个稳定、高质量、覆盖城乡的邮政网络体系在"十三五"期间将初步成形。

深化改革将进一步释放政策红利。“十三五”是我国各项改革举措深入推进的攻坚期，改革进入“深水期”后，各项政策红利将逐步释放，邮政行业发展活力也将不断增强。从国家层面看，新修订的《邮政法》将为快递业发展提供坚实的法律基础；自2014年1月1日起，铁路运输和邮政业纳入营业税改征增值税试点，对邮政行业的推动刺激作用将在“十三五”期间全面显现；国家启动实施现代服务业发展战略、物流业调整与振兴规划，并推动构建现代农业邮政物流服务体系以及鼓励和支持非公经济参与发展，使邮政行业发展环境进一步改善和优化。从全省层面看，2015年5月，省发改委印发《山西省促进物流业发展两年行动计划（2015—2016年）》，其中，利好邮政业发展的内容涉及五大类13项，占比达三分之一，这是继《山西省加快发展生产性服务业促进产业结构调整升级实施方案》后，全省邮政业在政策方面获得的又一次重大利好。《计划》提出，要加强全省物流基础设施网络建设，切实降低物流成本，并推动物流业与制造业、电子商务、供销社对接合作，提升物流企业规模化、集约化水平。在一系列政策利好影响下，我市只要坚决落实各项改革任务，大胆创新，就能抓住这一轮改革契机，为政策红利的释放创造有利环境。

科技应用水平提升将有效改善行业发展质量。当前，移动互联、大数据、云计算、物联网、车载信息技术正在邮政业获得快速应用和普及，这都将大大提升行业生产效能。自动化分拣技术、无线传输技术、车辆运输跟踪定位技术、影像监控技术等广泛应用，使邮政业标准化水平明显提高；快递企业管理软件逐步普及，业务员配备手持终端，实现快件信息便捷传输，客户随寄随查，促进了服务品质提升。随着科学技术的不断推广应用，极大地提升了行业服务质量和消费者满意程度。随着全市邮政业信息化、机械化、标准化水平不断提高，全行业的发展质量将获得显著提升。

同时也必须清醒看到，未来五年，我市邮政业面临的挑战也前所未有，全市邮政业不论是从发展规模，还是集约化水平来看都存在一定差距，一是当前我市邮政行业发展主要依赖要素数量投入，全行业劳动生产率较低，企业缺乏以技术、品牌、质量、服务为核心的竞争力，邮政普遍服务基础和能力有待加强，不能很好地适应当前邮政业快速崛起的形势需要。二是制约行业发展的体制机制性障碍依然存在，行业市场发展仍不成熟，市场秩序不规范的问题较为严重，而大型快递、物流企业带来的竞争压力较大，全行业总体将仍处在“内修”（提升自身实力）“外练”（对抗外部竞争）的攻坚克难期。我们必须进一步增强机遇意识和忧患意识，科学把握发展规律，主动适应环境变化，充分利用各种有利条件，着力解决突出矛盾和问题，推进“十三五”全市邮政业又好又快发展。

二、“十三五”时期的指导思想和发展目标

（一）指导思想

高举中国特色社会主义伟大旗帜，以邓小平理论、“三个代表”重要思想和科学发展观为指导，深入贯彻落实党的十八大和十八届三中、四中、五中全会和习近平总书记系列重要讲话精神，按照“五位一体”总体布局和“四个全面”战略布局，牢固树立并切实贯彻“五大发展”新理念，按照省委“五句话”总要求，以扶贫攻坚为首务，以科学发展惠民强业为主题，以深化邮政改革创新为主线，以推进邮政公共服务均等化为核心，着力加强邮政公共服务，提升普遍服务能力和水平；着力推动快递转型升级，提高快递发展的规模、质量和效益；着力加强市场监管，推进行业和谐发展，实现吕梁市邮政业跨越式发展，提升构建和谐吕梁、促进富民强市的服务能力，为全面建成与小康社会相适应的现代邮政业做出更大的贡献。

（二）发展目标

1. 发展规模：到2020年，全市邮政行业业务总量达到4.5亿元，年均增长11%以上，业务收入达到5.3亿元（不包括邮政储蓄银行直接营业收入），年均增长11%以上。其中，快递服务业务量达到0.1亿件，年均增长30%以上，快递业务收入达到1.5亿元，年均增长25%以上。全市邮政行业新增就业岗位1000个以上。

2. 创新能力：坚持需求导向和市场化方向，加快提升全行业在科技研发应用、服务网络建设、产品体系拓展、商业运营模式等方面的创新水平，提高发展质量和效益。

3. 服务能力：完成全市行政村村邮站建设，推进城镇居民楼信报箱的建设和补建工作，邮政普遍服务网络更加完善，基本实现全市“乡乡设所、村村建站、户户设箱”。快递服务网络覆盖面进一步扩大，乡镇网络覆盖率达到90%，农村网络覆盖率达到80%。

4. 服务水平：邮政普遍服务达到国家规定标准，城镇居民楼投递插箱到户，农村投递到村邮站，全市邮政普遍服务满意度达到90分以上。快递服务逐步规范化，快件跟踪查询和信息反馈的便利性、及时性和准确性大幅提升,快递服务的社会用户总体满意度达到85分以上。

5.竞争实力:做大做强快递企业,提升民营快递企业实力,形成一批知名品牌快递企业,吸引更多快递企业在吕梁设立分支机构,培育出2个年业务收入超百万、若干个年业务收入超十万,服务质量好、品牌效益显著、竞争力强、管理规范的大中型快递企业,建成一个综合性快递物流园区,实现产业集聚、功能集成和经营集约化。

三、主要任务

(一)完善邮政服务体系

进一步完善邮政服务网点建设、优化邮政信息网络、提升邮政服务能力,在切实提升全市邮政行业法定四项基本业务开办能力的基础上,持续提高邮政普遍服务能力水平,满足群众日益增长的用邮需求。

1.完善邮政服务网点建设

加强邮政基础设施布局规划,推动邮政普遍服务项目纳入全市“十三五”时期“民生工程”范围,加快邮政服务精品网点、标准化网点建设,严守“两条红线”,完善邮政普遍服务网络,提升城镇邮政投递服务能力和农村邮政终端服务能力,到2020年实现村村建站、户户设箱目标,让全市民众能更加便捷地使用基本邮政业务。依法查处未经审批擅自撤销邮政普遍服务营业场所、停限办邮政普遍服务业务的行为,保障群众的基本用邮权。

因地制宜推动村邮站建设,将村邮站打造成保障农村通邮、服务农村电商的重要平台。鼓励各县、乡镇结合实际采取多种方式建设村邮站。

推动城镇社区智能信报箱建设。推动新建、改建、扩建的居民住宅楼房配套设置信报箱,到2020年实现全市城镇居民楼信报箱的安装率达到100%,实现新建居民楼信报箱配建全覆盖。落实信报箱建设各项制度,信报箱纳入建筑工程统一规划、设计、施工和验收,并应与建筑工程同时投入使用,所需费用纳入建设项目投资。建筑工程竣工验收时,应进行信报箱工程的专项验收。住宅信报箱的设计、施工应当符合《住宅信报箱工程技术规范》国家标准。

继续推进城镇邮政报刊亭建设。在市区和具备条件的乡镇新建一批式样统一、美观大方、相对稳定的邮政报刊亭,恢复重建一批报刊亭,更换和维修一批陈旧报刊亭。到2020年实现新式报刊亭在全市主要街道和乡镇的全覆盖。推动全市各县、乡镇将邮政服务网点和邮筒(箱)、邮政报刊亭等邮政基础设施纳入配套建设范围。

2.优化邮政信息网络

加快邮政企业、快递企业信息系统建设和完善,推动跟踪查询、单元化装载、自动识别、电子数据交换等信息技术在全市寄递企业的实际应用;整合邮政企业生产指挥调度系统、干线汽车GPS卫星跟踪定位系统,构建电子化支局等营业、生产终端与综合网的联接通道;打造邮政综合服务平台。到“十三五”末期,实现全市邮政业务系统内部互联互通和社会相关信息系统有效对接,实现市内邮政干线网络生产运行实时监控和调度。

3.提升邮政服务能力

推动邮政运输网络建设,促进邮政业发展。结合吕梁建设“三大产业集聚带”和打造连通京津冀、辐射晋陕蒙的物流枢纽城市的规划,加快构建以汽车运输为主,铁路、航空和其他运输方式为辅的邮件运输网络,完善邮政普遍服务投递网,有效扩大运输能力,提高邮件传递时限和效率;鼓励多式联运配送节点建设,合理布局城市物流配送中心和末端配送站点二级网络,加强社区末端配送设施建设,推广共同配送、“网订店取(送)”等创新模式。

鼓励寄递企业因地制宜发展城乡邮政物流服务。以市辖区社区、大专院校和商物楼宇等为重点加快建设快递配送终端,支持委托物业代办派件和收件业务,提升终端配送效率。支持邮政企业与供销社合作,推动农资、日用消费品下乡和农产品进城。提升快递终端配送服务效率,对物流配送车辆车型、技术标准、通行证核发、申请条件、办理程序等做出明确规定,解决邮政业“最后一公里”问题。

结合吕梁“电子商务进农村”行动,推动邮政业与电子商务企业的战略合作,促进利用“互联网+”发展机遇,全市“邮政+电子商务”产业发展,在“十三五”时期培育一批省级“邮政+电子商务”示范企业和示范基地。充分发挥邮政行业的网络、信息、服务优势,深入推动全市邮政行业与电子商务企业的战略合作,深入推进电子商务示范、电子商务进农村、电子商务扶贫、电子商务育才、电子商务物流等专项计划。

加快建设绿色邮政。要通过减少收寄、分拣、封发、运输、投递等各个环节对环境的污染和资源消耗,实现邮政业"低污染、低消耗、低排放、高效能、高效率、高效益"发展。要大力推广环保技术材料,使用可循环利用的包装材料以及可降解的物料辅料,大力降低原材料和能源消耗,积极开展物料辅料的回收使用。要推动运输节能减排。大力推广节能环保车辆,最大程度地降低运输环节的能耗。

搭建邮政行业发展协作平台。要积极争取吕梁市支持,推动邮政基础设施建设在"十三五"时期纳入吕梁市城乡公共设施规划和政府为民实事承诺中,争取吕梁市在政策保障和财政资金等方面对邮政行业发展的支持和倾斜。做好邮政行业与发改、住建、交通、国安、公安等部门的沟通协调和工作衔接,建立健全工作协作和信息共享机制,在邮政公共服务、行业安全监管等方面共同探索,在"十三五"时期加快制定出台一批规范性、保障性文件要求,形成齐抓共管、联合执法、共同推进的长效机制,促进全市邮政行业服务水平进一步提升。

4. 提升邮政行业社会形象

践行社会主义核心价值观,加强行业精神文明建设,夯实党的群众路线教育实践活动成果,打造服务型邮政,提高邮政管理的社会知名度,强化企业文化建设,从行为规范、语言规范、操作程序、岗位技能、服务环境等方面加强对从业人员的宣传教育,不断提升行业文明礼仪形象。加强诚信建设,加强行业自律,建立公正透明的行政运行机制和邮政企业诚信评价体系,建立企业"黑名单"制度,依托"12305"做好消费申诉处理,维护邮政管理部门公信力。加大诚信企业、从业人员和用户的示范宣传力度,营造诚信氛围。

(二)推动快递企业转型升级

1. 提升城镇快递配送效率,提高农村网络覆盖率

加强城市社区末端配送设施建设。根据市场需求,以市辖区的社区、大专院校、机关企事业单位和商务楼宇为重点,支持电子商务服务网点建设,建设一批高标准、规范化的配送分拨中心和智能快递配送终端,解决"最后一公里"问题。规范城区配送车辆车型、技术标准、通行证核发、申请条件、办理程序等,提升配送覆盖率。继续大力推进"快递下乡"工程,促进农村快递末端网点、村邮站和农村合作社"三社合一"协同发展。鼓励快递企业深入乡镇设置自有网点,延伸末端投递服务网络,扩大派送区域。引导快递企业依托乡镇较大超市、客运站等设置代办网点,并试点建设乡镇快递服务中心,促使乡镇网络覆盖率达到90%,农村网络覆盖率达到80%以上,努力实现"村村通快递"。

2. 创新快递末端配送服务模式

创新快递服务模式,打造多元化、差异化、个性化的末端服务体系。鼓励企业因地制宜,与连锁商业机构、便民服务设施、社区组织、机关学校管理部门以及专业第三方企业开展多种形式的派件和收件服务合作,推广共同配送、"网订店取(送)"、"快递超市"门店等创新模式。探索快递企业与便利店合作提供"社区商品配送"服务的O2O与C2B的混合模式,快递员直接到便利店门店取货,然后直接送货。

3. 推进快递企业规范化、集约化、品牌化发展

引导快递企业建立健全现代企业制度,转变发展方式,从做大规模向做强实力转变,从快递服务向综合快递运营体系转型,从粗放发展向集约化和品牌化发展。力争培育出2个年业务收入超百万、一批年业务超过10万,服务质量好、品牌效应显著、竞争力强、管理规范的大中型快递企业。优化企业管理。推进快递人员职业化、车辆标准化建设,优化操作流程,严格快递监管,基本实现快件零延误、零损毁、零丢失。

(三)积极推进产业融合

以邮政产业与关联产业融合联动、协同发展为目标,推动快递服务向产业上下游延伸,积极融入产业链、供应链和服务链。

1. 推动农村电商发展,加强邮政服务"三农"力度

支持邮政企业大力发展农村邮政物流。充分利用"8+2"农业产业化计划取得的成果,将快递融入市场建设关键环节。争取地方政府政策资金,支持邮政企业发展农业生产资料、日用消费品、医药产品、中小学教材等连锁配送服务,为农产品进城、销售等方面提供全方位、高质量的寄递服务。结合我市"电子商务进农村"专项行动,推进电子商务示范企业和示范基地建设,力争有更多的县(市、区)列入全国电子商务进农村示范县,阿里巴巴"千县万村"计划试点县、阿里巴巴农村淘宝县。充分结合农村邮政局所位置优势,积极开展分销、代收费等更多便民服务项目,着力打造管理集约化、网络规模化、服务社会化的现代农村邮政物流综合服务平台。

2. 推动快递与电子商务、制造业联动发展

以“互联网+”催生的“快递+”为契机，加快快递与电子商务和制造业的联动发展。围绕煤焦、铝、现代农业、白酒、光能、大数据、机械制造业、旅游业、物流业九大产业集群，依托基本形成的立体化交通网络体系，加快以离石、汾阳、兴县为重点的物流信息服务平台和货物配载中心及相关配套设施建设，着力打造联通京津冀、辐射晋陕蒙的物流枢纽。推进地方制造业、小微企业等与电商、快递企业建立长期稳定的战略合作关系，加强信息沟通和业务联动。鼓励快递企业与围绕我市特色产业，建设适应产业电子商务发展的快递配送体系，引导快递企业发展分销配送、供应链服务和一体化物流，积极承接生产和商贸企业的外包服务。利用寄递网络的通达优势叠加更多便民增值服务，在农产品进城、线上商品下乡、食品药品配送、制造业精密零售配件寄递等领域发挥更大作用。

（四）增强服务支撑能力

1. 推进邮政业与综合交通运输体系无缝对接

积极推动邮政企业依托铁路战略装车点和高速公路网络，加快新城区物流组团和有关县市物流中心建设，发展多式联运配送。鼓励邮政企业与公路、铁路枢纽货运站合作，将条件好的货运站改造和建设成为物流配送中心，形成交通枢纽物流配送中心网络。积极推动邮政设施与综合交通运输体系的对接，充分利用中南部铁路大通道、大武机场等便捷的交通优势，加强港口联建和联营协作，推动海铁联运、海空联运和通关一体化，在公路、铁路和航空客货运枢纽的布局建设中，推动邮政和快递服务网点、处理中心及作业枢纽设施建设的同步配套。推动“上机上铁”工程，完善铁路和航空快件“绿色通道”，优化快件安检和配载流程，强化航班时刻与快递作业时间的有效衔接。协调运输管理部门，解决城市配送电动三轮车的通行和末端网点停车场建设等问题，解决邮政业车辆通行难、投递难等现象。鼓励邮政和快递企业与运输企业，实现资源与优势互补。依托邮政和快递网络，继续推动邮政窗口代售车票、一卡通充值等代理代办业务。在农村客运站点与村邮站合作打造“客货邮商”综合服务体系。

2. 提高应急保障和处制能力

尽快出台我市邮政突发事件应急预案，建立完善突发事件应急保障体系，及时妥善处理各类突发事件。扎实推进收寄验视制度，进一步规范收寄验视制度操作流程。严格落实九部委《关于加强邮件、快件寄递安全管理工作的若干意见》，逐步实行寄递实名制、寄递企业配备符合国家标准的或行业标准的收寄验视手持设备和X光机等制度。组织开展行业突发事件应急演练和督导企业积极开展安全生产教育培训工作。改造现有应急储备设施，规划建设集多种应急需要为一体的物流中心，加强应急仓储、中转、配送设施建设，提升应急物流设施的标准化和现代化水平，提高应急物流效率和应急保障能力。

（五）提升邮政行业监管效能

加强事中事后监管，推进科学化和属地化监管，构建面向市场的安全监管体系。

1. 着力构建“三位一体”监管机制

着力构建“政府监管、行业自律、社会监督”的“三位一体”全市邮政业监管机制。

一是落实政府相关责任。推动市政府和各县政府完善邮政业组织领导机制，落实主要领导的领导责任、分管领导的直接责任、领导小组的推动责任、邮政部门的实施责任、相关部门的配合责任，形成上下联动、齐抓共管的工作格局。特别是要加强邮政普遍服务监管。加强对邮政企业遵守《邮政法》以及《普遍服务标准》情况的监督检查，深入推广应用“六大要素检查程序机制”，促使邮政普遍服务监管效能不断提升。加大对违规行为的处罚力度，增强邮政普遍服务监管的权威性和严肃性。

二是加强行业协会监管。要充分重视行业协会的作用，积极支持快递行业协会的发展，将协会建设成为能够真正代表行业利益、反映企业诉求、提供中介服务、规范企业行为的行业组织。加强协会的行业自律功能，充分发挥协会在行业协调、政策研究、行规行约制定等方面的作用，规范行业行为，维护行业秩序，协调会员利益，促进公平竞争，保障快递服务健康发展。

三是加强社会监督。建立邮政普遍服务社会监督体系，建立邮政普遍服务监测网络，有效发挥消费者协会、新闻媒体和社会监督员的监督作用，完善邮政普遍服务社会评估制度，定期开展邮政普遍服务运行情况的评估和用户满意度测评，建立完善邮政普遍服务质量自查机制，对邮政普遍服务质量进行全面监测。

2. 健全服务质量评价体系

健全服务质量评价体系。建立快递企业诚信体系和服务质量监管体系，形成邮政业申诉热线、新闻媒体、消费者服务热线、社会监督员等全方位多层次的服务监督网络，督促快递企业认真解决快件延

误、丢失、损毁及赔偿等消费者关心的热点、难点问题。加强邮政业信用体系建设，建立企业行为信用档案，规范企业和从业人员的行为。组织开展快递服务质量达标、服务标准等级评定等活动，建立以公众满意度、时限准时率、用户申诉率和执行标准情况为核心的邮政普遍服务、快递服务质量评估制度，建立快递企业量化分级管理制度和“快递企业经营异常名录”，建构违法案例通报制度和服务安全“光荣榜”、“黑名单”制度，定期进行评估并向社会公布。

3. 完善市场准入制度

贯彻平等准入、公平待遇原则，平等对待国有、民营、外资、合资等各类市场主体，建立公开、公平、竞争有序的市场环境，保证行业各种所有制经济依法平等使用生产要素、公平参与市场竞争，使全市在“十三五”时期形成完善多种所有制并存、多元市场主体竞合、多层次服务共生的邮政市场新格局。加强区域合作，积极推进吕梁与大太原经济圈内主要城市的邮政业对接；加强与周边城市的分工协作，推动邮政业的一体化发展。鼓励和吸引社会资本以多种方式参与邮政业开发和重点项目建设；积极吸引跨国企业、国内外知名快递企业在吕梁设立总部、区域性总部或分拣中心；鼓励本土竞争力较强的企业走出去发展，开拓国际市场；对不能达到快递企业服务标准且整改后仍不能达标的，依法实行市场退出机制。

4. 强化行业安全监管

进一步完善邮政行业安全监管责任体系。认真贯彻“安全第一、预防为主、综合治理”的方针，按照预防和应急并重的要求，将人防、技防和流程管理相结合，强化重点地区、重点部位、重大活动、重点时段反恐和安全防范工作。

以《邮政行业安全监督管理办法》为重点，深入贯彻行业安全法律法规，健全全市邮政行业安全责任体系。出台安全生产动态监控实施方案，完善辖区内寄递企业安全信息员的备案、建档工作，搭建安全信息发布平台，对企业违反安全监管有关规定、发生安全事件以及对有关责任人进行处理的情况及时在行业内进行通报，必要时向社会进行公开。

深入巩固企业安全生产四个责任体系，以《年度安全生产责任书》、《机要保密安全生产责任书》和《保密承诺书》、《旺季安全生产责任书》等为基础，明确企业主体安全生产第一责任人和各生产环节直接责任人。适时组织开展安全生产隐患排查与治理专项检查活动。完善安全生产专项培训制度，定期对辖区内企业负责人、安全信息员等人员组织专项培训和考核，将考核结果安如企业综合评价体系。

严格落实九部委《关于加强邮件、快件寄递安全管理工作的若干意见》，督导企业严格执行“收寄验视 + 实名登记 + 过机安检”三项制度。加快全市邮政业监管电子信息平台建设，实现寄递业务流程全程信息化管理。充分利用与综治、公安、国安等相关部门组成的寄递安全管理领导机构和监管体制，有效遏制和严厉打击利用寄递渠道进行的违法犯罪活动。定期开展突发事件的应急演练，强化从业人员的突发事件预防意识，提升从业人员预防与处置突发事件的能力。

（六）提升行业科技水平

支持快递企业加大科技投入，引进吸收国内外先进技术，提高科技化程度。

1. 提高行业标准化水平

进一步推动寄递企业“三化”（快递营业网点标准化、分拣中心规范化和作业流程制度化）建设，加强网点管理，规范服务行为和标准化，实现从业人员持证上岗。加快推进寄递企业对现有仓储、转运设施和运输工具的标准化改造，加大对射频识别、货物跟踪和快速分拣技术的应用。推动邮政快递配送车辆的标准化、专业化发展，对快递配送车辆采取通行证管理，保障配送车辆的便利通行。鼓励新能源等节能环保车辆的推广应用，促进邮政业向资源节约型和环境友好型方向发展。

2. 大力推广应用信息技术

推进信息技术在邮政业的应用。综合利用互联网、物联网、大数据、云计算等先进技术，全面提升行业运行效率、安全性能和服务质量。加强移动互联网等相关技术的应用，提高收投效率、增进用户体验。加强装备研发和应用，鼓励企业使用追踪查询、单元化装卸、自动识别、电子数据交换等技术，以及采用仓储运输、装卸搬运、分拣包装等专用技术装备，提高企业劳动生产率和运营效率。加强现代信息技术在邮政业管理、行业监管和安全监控中的应用，构建智能化的监管环境、服务环境和决策环境。

3. 稳步推进邮政业自动化

积极推动邮政业智能化建设，推进快递业管理信息化、生产自动化、运输综合化、配送智能化、过程可视化、装备高效化。大力推进终端机具的配备，发展自提点，布放智能包裹柜等客户自助服务装置，增强服务能力。引导企业加大分拣自动化设备等科技成果的推广力度，提高生产效率。鼓励企业采用先进的工艺流程,配置自动化、流水化工艺设备,对处理中心进行全面升级改造,打造面向电商寄递市场的高效处理平台。

(七)加强人才队伍建设

着眼邮政管理工作长远发展需要,针对经济发展新常态和邮政市场及监管工作新变化,实施“人才强邮”战略,坚持“分步实施、有序推进、稳步提升”的原则,加快完善全市邮政行业人才培养、引进、使用机制。

1.建立人才培养体系

联合教育主管部门、院校、企业,建立以政府为主导、企业为主体、院校为支撑的人才培养体系,促进行业内外教育资源整合,形成全方位、多层次、多形式的人才培养格局。强化技能型人才培养,引导快递企业重视人才培养和引进,全面提升企业管理水平。鼓励企业与研究机构、高等院校开展合作,积极培养与吸纳专业人才。制定年度岗位培训计划,采取“走出去、请进来”的方式,组织以开展业务培训、全员练兵和技能提升等活动,提高从业人员的工作水平和业务素质。

2.完善人才引进机制

研究制定人才引进保障制度,重点引进复合型邮政业经营管理人才、高级专业技术人才和营销人才。健全邮政行业人才统计指标体系,建立科学、规范和可行的人才统计调查制度。

3.全面推行职业资格证书制度

全面推行国家职业资格证书制度,鼓励引导快递企业从业人员参加国家有关部门组织的职业技能鉴定,实行从业人员持证上岗。推进企业科学管理,加强职业技能培训,提升从业人员的整体素质。

四、重点工程

(一)普通服务均等化提升工程

按照统一标准、区域突破、分步实施的原则,加快城镇信报箱和村邮站建设,重点改善农村地区尤其是贫困地区邮政普遍服务水平,提升邮政普遍服务保障能力。

——村邮工程。在全市行政村分期分批建立适应当地农村发展水平、满足农民邮政通信需求的新型村邮站或邮件转接点,推动实现邮件投递到户,妥投率达到100%。

——户箱工程。开展城镇居民楼智能信报箱(快件箱)的建设和补建工作,在办公楼、商业区和学校等公共场所推广建设符合国家标准的智能信报箱(快件箱)。新建住宅楼信报箱安装率达到100%,基本完成全市城区老旧住宅楼房信报箱的补建工作。

——推动邮政报刊亭建设,力争在2020年使全市邮政报刊亭总数达到70个以上。

(二)邮政物流区域农资仓储配送中心建设工程

结合农村邮政发展特点和农村发展需求,完善农村邮政物流布局。到“十三五”期末,全市所有区县和半数以上的乡镇建立不同规模的多功能邮政物流区域农资仓储配送中心。以此为依托,开展与农技推广部门、交通部门、各类农民专业合作社和供销社的合作,实现优势互补、资源整合、共同发展,不断扩大经营范围。在配送中心的支持下,已有的邮政“三农”服务网点逐步成为集农资、邮政、电信、报刊、金融服务、非处方药品、小型家电、农村日用消费品、科技信息、文化娱乐等多类产品经营为一体的农村社会化综合服务平台。

(三)快递企业自动化信息化标准化建设工程

推动快递企业根据企业现状、企业发展战略目标、运作模式、业务拓展,实现信息自动化、标准化技术升级。推动建立快递企业与电子商务合作平台,鼓励在电子商务相对集中的区域设立快递服务园区,促进电子商务商家与快递企业的深度合作。推动探索政府指导、协会主导、企业参与的“电子商务+快递服务”模式,推动快递服务与电子商务的融合发展。支持全市邮政、EMS、顺丰、“四通一达”等邮政、快递企业升级改造分拨中心,提升邮件、快件自动化处理能力。支持企业建设标准化、规范化、信息化快递末端服务营业场所,鼓励企业开展第三方合作模式创新,逐步建成覆盖城乡、布局合理的快递公共投递服务体系。实施行业安全监管“绿盾”工程,逐步推动全市邮政、快递企业分拨中心按照国家关于寄递渠道安全三个100%等规定,全面配置安检设备(X光机)。

(四)快递物流园区建设工程

结合国家快递物流与电子商务协同发展试点城市建设、国家电子商务示范城市建设、国家交通运输枢纽城市规划布局及全国物流语言区规划布局等国家战略规划,依托机场、工业园区、铁路战略装车点、公路货场、商贸集聚区等,因地制宜、合理布局,在有条件的县(市、区)逐步建设快递物流园区,引导周边物流企业向园区集中,实现园区内企业的互补和资源共享。

五、保障措施

"十三五"期间,要加快推动邮政业供给侧结构性改革,加快全行业转型升级,落实各项优惠政策、加强行业监管和文化建设,实现邮政业快速增长。

(一)完善规划领导与任务落实机制

1. 以目标责任考核为重点,狠抓规划的任务落实

《规划》颁布实施后,要认真贯彻落实各项重点任务,狠抓项目落地,全面完成推进目标任务,为实现全市邮政业未来五年的发展目标奠定坚实基础。

一是完善考核体系。以《规划》确定的目标任务为基础,以年度为单位,完善全市邮政系统的目标责任考核体系,充分调动干部职工的工作积极性、主动性。在实施目标责任制考核的基础上,考虑建立"双轴两线"考核体系。其中"双轴"主要是指在抓好基层工作人员考核的同时,将分管领导也纳入目标岗位责任制考核,发挥领导干部的统领带头作用;"两线"中一条线是业务工作考评,细化各年度重点工作任务,另一条线是综合工作考评,内容主要涵盖思想政治、工作作风、业务学习、廉洁自律、任务完成情况五大方面,"两线"共同组成目标岗位责任考核基本分,形成"人人有责、齐抓共管"的良好工作局面。

二是量化目标责任,强化奖惩激励。在明确工作目标责任的基础上,将《规划》确定的目标任务全部实现分解量化,所有工作任务要层层分解到科室,件件落实到个人,并明确每项工作任务的完成时限、具体措施和质量要求,做到"人人肩上有担子,人人身上有压力",真正把目标责任落到实处。加大目标责任考核的奖惩激励力度,设置灵活机动的附加分、扣分形式,有效运用考核结果,对年终考评成绩未进入前三名的,取消年度评先评优资格,将考评优劣作为干部提拔晋升的重要依据,充分发挥目标考核的激励效果。

三是以"项目化"方式统筹推进年度重点任务。要坚决贯彻执行分管领导"项目负责制",根据《规划》全面梳理重点任务项目,逐项帮助解决存在问题,根据分解量化的年度、季度、月度目标全力加快重点项目建设进度,确保完成《规划》预定目标。

2. 以督查为手段,加强工作的监督改进

为了确保目标岗位考核各项工作持续改进,制定《年度工作任务督查方案》,对重点工作任务进行定期督查,根据督查结果对行业发展基本情况进行评估监测,并与目标岗位责任考核评分相挂钩,推进各项工作任务的落实与改进。主要评估和督查工作有:一是行业发展和责任部门工作的基本情况督查。对目标岗位责任制考核的业务工作,每两周进行1次督查,及时督查推进当月限期完成的和正在开展的重点工作任务,及时掌握行业重点企业发展动态信息。二是综合工作督查。对基层调研次数、报送工作总结和信息等综合考评工作,每月进行1次督查,确保综合工作与业务工作齐头并进。三是阶段性重点工作督查。对上级部门和市委、市政府布置的阶段性重点工作,每周进行1次督查,保证重点工作的全面落实。同时,为了提高督查工作实效,建立督查工作定期评议制度,每半月和月底专门召开会议,集中评议工作任务完成情况,切实提升工作督查的严肃性,进一步提高工作推进效率。

(二)构建协作发展与监管机制

1. 积极推动建立全市邮政业发展会商机制

市邮政管理局要发挥主体作用,积极推动建立由市政府分管领导牵头,市交通、市住建、市农委、市经信委、市发改等相关部门组成的吕梁市邮政业发展会商机制,原则上每年会商一次,安排部署邮政业发展的相关工作,协调重大合作事项。重点在物流园区项目建设、企业"三化"建设、提高邮政普遍服务水平、建立现代物流体系、推进农村物流和电子商务发展方面开展部门间会商。要与相关部门及分管领导加强交流,及时沟通信息,做到信息共享,要定期深入重点领域、重点行业、骨干企业调研,确保掌握真实情况和一手资料。

2. 密切衔接其他专项规划及任务推进工作

一是要认真做好邮政业与全省、全市"十三五"国民经济发展规划、各产业专项规划及相关行业规划纲的衔接工作。积极主动和省、市相关主管部门加强联系和沟通,认真做好衔接,避免相互冲突,争取上级部门的支持,争取将本市邮政业重点项目纳入上一级规划或其他专项规划的工作任务当中,形成工作合力。二是要认真做好各县邮政业发展规划和年度工作计划制定的指导和衔接工作,形成上下联动,层层推进的任务推进机制。

3. 加强行业部门间的协同监管

高度重视行业安全监管工作。积极配合相关部门做好寄递渠道的安全监管工作,指导企业严格执行收寄验视制度和应急保障制度;加强对快递市场信息的整理分析,研究市场动向,协助做好行业安全

预测工作。

（三）优化市场与政策环境

1.加强扶持优惠政策落实

认真落实国家出台的《关于促进邮政服务创新发展的若干意见》，以及《山西省促进物流业发展两年行动计划(2015—2016年)》、《山西省物流业发展中长期规划(2015—2020年)》等各项规划及指导意见，抓好营改增等税收优惠政策落地；积极向市政府及相关部门争取将邮政设施布局纳入城乡建设规划，加快推动快递物流园区建设进度，从邮政设施建设用地划拨、税收减免等方面给予一定的优惠，争取邮政基础设施建设费减免，重点支持提供邮政普遍服务的邮政设施建设，积极协商补建空白乡镇邮政网点及城镇住宅楼信报箱。

2.优化行业发展环境

优化邮政行业发展环境，消除行业发展的体制性制约。完善政策支持，充分发挥金融、营销和物流等方面的综合性优势，重点鼓励民间资本以独资、合作、联营、参股等方式投资快递企业，实现快递企业投资主体多元化；按照“鼓励竞争，促进发展”的原则，支持社会资源进入快递行业，促进快递与其他产业的融合发展。支持保险企业发展快件保险业务。积极帮助符合条件的快递企业申请使用市政府设立的支持物流业发展专项资金，并享受补助、贴息奖励等政策。

3.规范企业经营行为

加强企业经营行为的规范，推动《山西省快递营业网点标准化、分拣中心规范化和作业流程制度化建设指导意见(试行)》和《快递企业“三化”标准》等行业标准严格落实，加快全市快递企业“三化”建设。鼓励支持邮政企业、快递企业建立现代企业制度，建立良好信誉。加强对代收货款业务的监管。注重维护用户合法权益，规范市场秩序，妥善处理各类申诉案件，保障消费者的合法权益。

4.支持打造全市农业电商物流品牌

利用全市电子商务示范基地、示范企业和示范县、乡(镇)已有平台，打造具有吕梁特色的农产品电商自主物流平台，发挥自身优势，提升综合实力。鼓励全市重点电商企业扩大规模，拓展全国市场，积极实施“走出去”战略，打造具有全国影响力的农产品电商物流品牌。

（四）加强行业文化建设

邮政行业文化建设是行业发展过程中不断积累的宝贵财富和智力支持，有利于增强企业的凝聚力、向心力和竞争力，是促进行业改革创新、转型升级的引导力和推动力。

1.着力建设诚信邮政

制定《吕梁市邮政行业诚信服务标准》，公布服务承诺和监督电话，认真受理用户投诉、申诉，针对社会公众反映的邮政服务问题制定并落实整改方案。颁布《吕梁市邮政行业文明行为公约》，开展职业理想、职业道德、职业纪律、职业技能的教育培训。积极引导诚信用邮。推行对用户的收寄验视提醒和告知制度，建立违规寄递“黑名单”和警示制度，加强与其他部门诚信记录共享。

2.积极打造邮政公共服务平台

以邮政网络健全、局所功能完善为基础，以报刊发行为抓手，以邮票发行、集邮文化建设、邮政、快递与文化事业、文化产业的融合发展为重点，打造我市邮政服务文化建设的公共服务平台，拓展服务领域，服务全市文化建设，提升全市邮政业从业人员素质和行业文明水平，树立全市邮政行业良好形象。推进邮政管理部门监督信息政务公开，强化内外部监督机制，利用信息化手段推进执法评议考核。

3.加快实现法治邮政

完善邮政监管部门权力清单、责任清单、负面清单制度，健全形成裁量基准制度，加强邮政行政执法监督，推进行政复议和应诉工作。加强行政执法队伍建设，增强全行业从业人员法治意识和能力，狠抓执法纪律和职业道德教育，强化从业人员的学法、尊法、守法、用法意识；深入开展行业“七五”普法工作，利用门户网站、报纸、电视等载体，进一步加深对邮政体制改革、邮政法律法规以及邮政普遍服务的宣传，增强全行业法律意识和法律素养，推动形成企业学法、守法、依法经营，消费者知法、用法、依法维权，监管部门普法、尊法、依法行政的良好氛围，加快实现全市邮政业法制化，为实现邮政业治理体系和治理能力现代化提供保障。

5. 内蒙古

内蒙古自治区人民政府关于促进快递业发展的实施意见

（2016年4月28日　内政发〔2016〕48号）

各盟行政公署、市人民政府，自治区各委、办、厅、局，各大企业、事业单位：

快递业是现代服务业的重要组成部分，是推动流通方式转型、促进消费升级的现代化先导性产业。为认真贯彻落实《国务院关于促进快递业发展的若干意见》（国发〔2015〕61号）精神，促进我区快递业持续健康发展，结合自治区实际，现提出以下意见。

一、总体要求

（一）指导思想。深入贯彻落实国家和自治区发展快递业的决策部署，培育壮大快递市场主体，融入并衔接综合交通体系，扩展服务网络普惠城乡，整合电商快递资源，建设电商快递综合平台和区域性商贸物流中心，打造“工业品下乡、农畜产品进城”双向流通渠道，着力构建便捷高效、竞争有序、技术先进、服务优质的快递服务体系，不断满足自治区经济社会发展需求。

（二）发展目标。坚持政府引导、企业实施、突出重点、分步推进、市场运作、讲求实效的原则，推动快递业持续健康发展。全力推进“互联网+”快递，力争到2020年，建成中部以呼和浩特市为中心，东部以通辽市、赤峰市为中心，西部以包头市、鄂尔多斯市为中心，覆盖盟市、旗县（市、区）、苏木乡镇、嘎查村四级，功能完善、运行高效的电商快递综合服务平台，基本实现“盟市有园区、旗县有分拨中心、乡镇有网点、村村通快递”的局面。充分发挥我区独特的区位优势，建成连通周边，辐射东北、华北、西北和蒙古国、俄罗斯的区域快递服务网络。

快递产业规模效益、服务水平明显提升。力争到2020年，快递业务收入达到36亿元，年均增长24%；快递业务量达到2亿件，年均增长28%以上；年服务达到10亿人次，带动电商电子商务网络购物交易额达到400亿元，占社会消费品零售总额比重达到5%左右；培育年业务收入过5亿元的企业2家、过亿元的企业5家，累计新增就业岗位达到2万个；快递企业依法合规经营管理水平进一步提升，服务网点建设标准化率达到90%；投诉处理满意率达到95%以上，行业服务社会用户满意度达到85%以上。

二、主要任务

（一）培育壮大快递市场主体。鼓励各类资本依法进入快递领域，支持快递企业兼并重组、整合资源、联合发展，培育一批骨干龙头快递企业。引导中小快递企业从价格竞争为主的低端竞争模式向“管理出效益、服务留客户”的发展方式转变。鼓励基层快递企业通过业务合作，壮大区域内末端投递多元主体，拓宽末端投递渠道。

（二）协同推进“互联网+”快递。支持规模快递企业充分利用移动互联、大数据、云计算等信息技术，优化网络布局，提升运营效率，拓展发展空间，加快向综合性快递物流运营商转型。充分发挥快递业服务电子商务的主渠道作用，促进线上线下融合发展，实现电商、快递、仓储三大平台的深度融合和协同发展。鼓励快递企业积极开展冷链快递等服务，积极参与涉农涉牧电子商务平台建设，构建特色农畜产品快递网络，服务产地直销、订单生产等农牧业生产新模式。发挥供应链管理优势，积极融入智能制造、个性化定制等制造业新领域。

（三）健全完善快递服务网络。加快快递基础设施建设。各盟市要规划建设集中统一的电商快递专业物流园区和中转中心，各旗县（市、区）要规划建设快递分拨中心，苏木乡镇要规划建设快递服务网点，嘎查村建成村级快递末端投递综合服务中心。完善干线运输网络，强化运输保障能力，构建功能配套、方便快捷、服务高效的盟市、旗县、苏木乡镇、嘎查村四级快递运输网络。推进快递网络“向下”“向外”拓展，在现有农村牧区服务中心、农（牧）家店、农资店、供销社、村邮站、邮政便民服务网点等平台搭载快递服务，健全农村牧区快递服务网络，实现“工业品下乡，农畜产品进城”的双向流通，助推我区特色产品特别是绿色农畜产品走向全国市场。积极支持快递企业参与“俄蒙通”建设,推动有条件的快递企业设立境外分支机构,建设“海外仓”,开发国际航空、铁路快递专线,发展跨境电商快递,开拓国际市场。

(四)加强快递业信息化建设。坚持快递运输系统网络化、智能化的发展方向,逐步建立完善以仓储、配送、运输调度、快件跟踪等为主要内容的快递管理和服务系统,构建公共信息网络平台,提高快递业信息化整体水平。加快推进跨区域、跨行业之间的信息平台对接,支持快递企业与上下游供应链企业的信息标准统一和系统对接,实现运输方式、快件方向等行业信息资源的共享互通。推动快递企业与管理部门间的信息对接,确保邮政业安全监管信息系统、统计信息系统等监管系统数据真实准确。加快推进使用快递业电子面单,在强化管理的同时降低企业成本。

(五)提升快递业标准化水平。大力倡导运输车辆的标准化、专业化和清洁化,加快推进建立快递运输装备准入和退出机制,淘汰低效率、能耗高的运输装备。推动快递营业网点标准化建设,对新设立网点的营业场所、安全设备、制度公示等情况依法进行审核,加快老旧网点改造,规范操作环境,提升服务质量和形象。推动快递企业采用先进的快递包装和集装技术,降低劳动强度,提高劳动效率,节约成本,保护环境。

(六)促进快递业与综合交通运输体系融合。鼓励快递企业与铁路、公路、民航等运输企业加强合作,稳妥推进公路客运班车代运快件和快件甩挂运输试点,强化运输保障能力。鼓励在铁路枢纽配套建设快件运输通道和接驳场所;鼓励民航、铁路、公路等运输部门为快件运输开设绿色通道,提供优先服务。机场、车站、口岸等单位应支持快递企业建设快件集中处理场所,提供快速配载、装卸、交接等服务。

(七)全面提升监管水平。进一步加强执法监督,对快递企业实行分类管理,规范市场行为,完善快递业调查统计和信息管理制度。邮政管理部门要督促快递企业做好寄递渠道安全监管工作,推动寄递企业落实寄运物品100%先验视、后封箱,寄递活动100%实名制,邮件、快件100%通过X光机安检等制度,强化从业人员资格审查;落实快递企业安全生产主体责任规定,大力推进快递业人防、技防设施建设。建立健全计划单列城市、重要节点城市、边境口岸城市的快递监管机制,加强监管人员培训,提升监管水平。充分发挥自治区快递业协会的作用,提升行业自律水平。

加快建设“互联网+”监管的快递监管模式,通过完善行业统计信息系统、行政许可审批系统、安全监管信息系统和行政执法应用系统,切实加强和改进对快递市场主体的服务和监督。建立邮政管理与工商、公安、国安、综治等部门的信息共享机制,强化联合执法,增强安全监管的预防、预警和应急能力。

三、政策支持

(一)行业准入政策。深化快递业商事制度改革,探索对快递企业实行同一工商登记机关管辖范围内“一照多址”模式。简化快递业务经营许可程序,放宽快递企业准入条件,凡新办快递企业,注册资本按国家快递业准入相关规定的最低注册标准执行。规范交通运输、公安、消防、工商等部门的审批程序,缩短审批时间,提高审批效率。改革快递企业年度报告制度,简化企业分支机构、末端网点备案手续。发挥电子口岸、国际陆港等“一站式”通关平台优势,扩大电子商务出口快件清单核放、汇总申报通关模式的适用范围,建设进出境快件便捷通关。

(二)财政扶持政策。积极争取中央预算内投资补助和贴息资金支持,加大对公益性、基础性快递基础设施建设投资力度。各盟市根据实际情况可设立促进快递业发展专项资金,支持重点快递建设项目申请国家、自治区扶持服务业或物流业发展专项资金;支持快递服务业发展规划编制、快递安全监控信息化建设、快递服务标准化建设,建设推广快递综合便民服务中心、智能快件箱,打造快递电商合作示范基地等;支持快递企业推广应用快件自动分拣和新能源环保车辆、X光安检机等新设备、新技术。

(三)税收优惠政策。依法对快递企业进行税费征收管理,严禁违规增加税费负担。对取得《快递业务经营许可证》的企业从事属于营改增范围的快递业务,按照适用税率征收增值税。快递企业可按现行规定申请执行自治区内跨地区经营总分支机构增值税汇总缴纳政策,依法享受企业所得税优惠政策。

(四)用地支持政策。将快递业发展用地纳入土地利用总体规划,统筹安排快递产业园、快递网络重要节点及揽投点、快递综合便民服务中心等基础设施用地,切实保障土地供给。对快递业建设项目符合法定划拨范围的,可以划拨方式供地。

(五)金融支持政策。积极创造条件支持中小型快递企业发展,引导企业以股权融资、项目融资、合资合作等方式筹集资金。积极引导银行业金融机构加大对快递企业的信贷支持力度,积极探索固定资产抵押或应收账款质押等多种贷款担保方式,加大信贷投入额度,支持快递企业做大做强。对信誉良好、经营规范、效益突出的快递企业，各类金融机构要建立符合快递企业特点的信用评估和授信制度，大力推进适应民营快递企业发展需求的信贷产品和金融服务创新。保险企业要创新保险产品和服务，研究适合快递服务业特点的新险种，大力发展寄递保险业务。快递企业要增强保险意识，运用保险机制防范化解经营风险。

（六）人才支持政策。支持快递企业引进高层次的管理和技术人才，快递业发展急需的技能型人才可纳入就业培训、农村牧区劳动力转移培训的范围。内蒙古邮政管理局可与有条件的高校联合建立快递业从业人员职业技能培训基地，立足自治区实际，以快递业发展对人才的需求为导向，深入开展快递业在岗培训、社会再就业培训和订单式招生，大力实施“金蓝领”培训工程，开设快递专业培训班，按政策规定享受再就业培训补贴，不断提高快递从业人员的素质，为快递业长远发展提供坚实的人力资源支撑保障。

（七）保障通行政策。统筹兼顾城市配送需要，实现快递业相对集中、大型车辆从主要交通干线就近入园的目标，力争“人便于行、货畅其流”。对于符合有关规定从事快递收投业务的车辆，统一颁发专用标识和通行证，给予快递车辆通行和临时停靠政策。城市邮政快递车辆应当检验合格，符合法律法规和机动车国家安全技术标准，依法参与城市交通。鼓励快递企业使用符合节能减排要求的封闭式轻型、微型小型货运汽车和新能源车辆。快递企业购置和使用绿色低碳环保新能源汽车开展收投业务，除享受国家、自治区确定的优惠政策外，在通行等方面给予特别保障。允许使用符合标准和规范的非机动车从事快递业收投业务，解决“最后一公里”通行难题。

（八）末端建设政策。将快递末端服务体系纳入城市配送体系，统一规划建设。鼓励通过快递企业自主设立、合作设立、委托第三方设立的方式，增加快递末端服务网点。鼓励快递企业与机关、社区、超市、写字楼、企业、学校等合作，建设末端配送综合服务平台。鼓励物业管理企业提供一定的封闭场所作为物业快递服务中心，按照快递企业有偿使用的原则，为业主提供收件、派件、自提等快递服务。对物业快递服务中心，邮政管理部门要简化许可手续，核发备案证明。全力推进智能快件箱建设，支持快递企业在机关、企事业单位、写字楼、社区等有条件的地方推广普及智能快件箱。

四、保障措施

（一）强化组织领导。自治区成立促进快递业发展协调领导小组，各盟市也要成立相应的组织领导机构，推动形成政府统一领导、部门协调配合、企业广泛参与、公众支持认同的促进快递业发展的工作格局。

（二）强化法制规划建设。推动修订《内蒙古自治区邮政条例》，建立健全相关法规（行业）标准，提高快递业法制化、标准化水平。各级人民政府要将快递业发展纳入当地国民经济和社会发展规划，将快递园区、中转中心和服务网点纳入城市总体规划和城市交通发展总体规划，合理安排快递基础设施的建设布局。

（三）强化行业监管。邮政管理部门要加强行业监管，充实监管力量，创新监管方式，全面提升市场监管能力。建立健全用户申诉与执法联动机制，依法查处违法违规行为，规范市场经营秩序。充分发挥行业自律和社会监督作用，利用“信用内蒙古”网站、企业信用信息公示系统和行业监管信息系统，建立违法失信主体“黑名单”及联合惩戒制度，营造诚实守信的市场环境。加强与应急管理等相关部门的沟通、协调与合作，强化行业安全监管，进一步提高安全隐患排查、安全事故防范和突发事件应急处置能力。切实落实快递企业寄递实名制度，推动实名信息系统和公安部门治安管理信息平台对接。依法维护信息安全，保护用户合法权益。全面落实收寄验视制度，防止不法人员利用寄递渠道将枪支、毒品、邪教宣传品等违禁品流入我区或从我区流出。实现寄递活动全程跟踪和实时查询，确保货物来源可追溯、责任能倒查、违法受追究。

（四）强化政策落实。各有关部门要按照职责分工，结合实际，细化措施，及时研究新情况、解决新问题，为快递业加快发展创造良好的政策和体制环境。自治区促进快递业发展协调领导小组要加强指导和督促检查，健全考核评价和责任追究制度，确保各项政策的贯彻落实，为促进快递业持续健康发展提供有力保障。

内蒙古自治区涉毒违法犯罪线索举报奖励办法(试行)

(2016年6月6日　内公办〔2016〕116号)

一、任何单位和个人均有权利和义务向公安机关举报或协助公安机关查证毒品违法犯罪案件。

二、举报人以书面材料、电话或者其他形式向全区各级公安机关举报涉毒违法犯罪线索,依照本办法进行奖励。

三、对于举报线索,经公安机关查证不属实,发现举报人有捏造事实,有意诬陷他人等行为的,公安机关应视情节及危害程度依法追究举报人的法律责任。

四、举报提供下列线索,应当予以奖励:

(一)举报走私、贩卖、运输、制造以及非法持有海洛因、冰毒、鸦片、大麻摇头丸、氯胺酮("K"粉)等毒品违法犯罪线索的;

(二)举报走私、贩卖、非法运输、非法制造以及非法持有国家规定管制的其他能够使人形成瘾癖的精神药品、麻醉药品线索的;

(三)举报走私、非法生产、非法运输、非法买卖国家规定管制的易制毒化学品、麻黄草、制造毒品原料线索的;

(四)举报单位和企业不按规定购买、使用、销售易制毒化学品线索的;

(五)举报非法种植毒品原植物、种植麻黄草以及生产大麻不用作生产经营,流向可能产生毒品的毒源地线索的;

(六)举报制造、加工、生产制毒物品、毒品厂(窝点)线索的;

(七)举报在逃涉毒犯罪嫌疑人线索的;

(八)举报歌舞娱乐场所、旅店、交通运输等公共场所或其它场所涉毒违法犯罪线索的;

(九)举报其他毒品犯罪线索的。

五、奖励标准:

(一)缴获海洛因不满10克的,或相当数量的其它毒品,每案奖励1千元;

(二)缴获海洛因10克以上(含)不满50克的,或相当数量的其它毒品,每案奖励3千元;

(三)缴获海洛因50克以上(含)不满100克的,或相当数量的其它毒品,每案奖励5千元;

(四)缴获海洛因100克以上(含)不满1千克的,或相当数量的其它毒品,每案奖励1万元;

(五)缴获海洛因1千克以上(含)不满3千克的,或相当数量的其它毒品,每案奖励1万元以上3万元以下;

(六)缴获海洛因3千克以上(含)不满5千克的,或相当数量的其它毒品,每案奖励3万元以上5万元以下;

(七)缴获海洛因5千克以上(含)不满1万克的,或相当数量的其它毒品,每案奖励5万元以上10万元以下;

(八)缴获海洛因1万克以上(含)或相当数量的其它毒品,每案奖励10万元。

六、举报走私、非法买卖国家规定管制的易制毒化学品的,根据缴获量进行奖励:

(一)缴获麻黄草300千克以上(含)的,每案奖励1千元以上1万元以下;

(二)缴获三类管制品种的,缴获量在1吨以上(含)的,每案奖励1千元以上1万元以下;

(三)缴获二类管制品种的,缴获量在400千克以上(含)的,每案奖励5千元以上5万元以下;

(四)缴获一类管制品种的,缴获量在100千克以上(含)的,每案奖励5千元以上10万元以下。

七、举报非法种植毒品原植物的,根据毒品原植物缴获量进行奖励。

(一)罂粟铲除量在5百株以下的,根据铲除数量,每案奖励1千元以上3千元以下;

(二)罂粟铲除量在5百株以上(含)不满3千株的,每案奖励5千元;

(三)罂粟铲除量在3千株以上(含3千株)不满1万株的,或大麻3万株以上(含)不满10万株的,每案奖励1万元;

（四）罂粟铲除量在1万株（含）或大麻10万株以上（含）的，每案奖励5万元；

（五）举报非法贩卖罂粟壳，缴获量在50千克以下的，根据缴获量，每案奖励1千元以上5千元以下；

（六）举报非法贩卖罂粟壳，缴获量在50千克以上（含）不满200千克的，每案奖励1万元；

（七）举报非法贩卖罂粟壳，缴获量在200千克以上（含）的，每案奖励3万元。

八、举报制造、加工制毒物品、毒品厂（窝点），每捣毁一个分别奖励3万元以上5万元以下。制造、加工毒品是指非法从毒品原植物中直接提炼毒品或者利用化学合成的方法生产、加工和制造海洛因、冰毒、"摇头丸"、氯胺酮等毒品的犯罪行为。

九、举报自治区公安厅督捕在逃重大毒品犯罪嫌疑人线索的，每抓获1名奖励1万元；举报悬赏通缉的重大毒品犯罪嫌疑人线索的，按照悬赏金额奖励。

十、举报歌舞娱乐场所内或其它社会面吸贩毒品活动的，根据下列情况进行奖励：

（一）根据举报，在一个场所内一次性查获1名以上（含）3名以下吸贩毒品人员的，奖励3千元；

（二）根据举报，在一个场所内一次性查获3名以上（含）吸贩毒品人员的，根据抓获人数奖励5千—1万元；

（三）根据举报，查明娱乐场所及其从业人员贩卖、提供毒品，或者组织、强迫、教唆、引诱、欺骗、容留他人吸食、注射毒品的，奖励1—3万元；

十一、举报人不愿透露真实身份的，经工作查证线索的真实性后，按规定的奖励数额打入举报人提供的银行账号或领取现金。

十二、内蒙古自治区禁毒办涉毒违法犯罪线索举报奖励电话：0471－6527454。

呼和浩特市人民政府关于促进快递业发展的实施意见

（2016年9月11日　呼政发〔2016〕40号）

各旗、县、区人民政府，经济技术开发区管委会，市有关部门：

为贯彻落实《国务院关于促进快递业发展的若干意见》（国发〔2015〕61号）和《内蒙古自治区人民政府关于促进快递业发展的实施意见》（内政发〔2016〕48号），保障快递业健康发展，充分发挥快递业对电子商务的支撑作用，促进呼和浩特市国家电子商务示范城市建设，加快转型升级和供给侧改革，降低流通成本，推进我市产品拓展市场，特提出如下实施意见：

一、总体思路

整合电商快递资源，培育壮大快递市场主体，融入并衔接综合交通体系，拓展城乡服务网络；打造"工业品下乡、农畜产品进城"双向流通渠道；提升跨境服务能力。着力构建便捷高效、竞争有序、技术先进、服务优质的快递服务体系。

二、发展目标

行业规模持续扩大。行业规模持续扩大。到2020年，实现快递业务收入突破17亿元，年均增长24%。快递业务量突破9000万件，年均增长28%。支撑网络零售交易额突破200亿。

服务能力优化升级。坚持政府引导、市场运作、企业实施、社会参与、统一规划、分步推进、追求时效、讲求实效的原则，推动快递业持续健康发展。全力推进"互联网＋"快递，完成行业整合，到2017年，基本实现"城区有园区、社区有站点、旗县有分拨、乡镇有网点、村村通快递"的目标。

创新能力明显提升。行业在科技研发应用、服务网络建设、产品体系拓展、商业运营模式等方面的创新水平不断提升。收寄、分拣、运输、投递等各环节的机械化、信息化、智能化水平显著提高。全部实施新能源环保车辆和绿色包装。

竞争实力显著增强。到2020年，培育2家以上年业务收入超过3亿元的快递企业，6家以上年业务收入超亿元的快递企业。培育5家规模以上面向蒙俄欧开展国际快递业务的企业。快递电商产业园建成，产业集聚初步形成。

三、主要任务

(一)强化基础设施建设,实现行业稳健发展

推进快递产业园建设(一级服务网络平台)。构建快递产业园,将快递电商产业园、快递分拨处理中心等服务基础设施建设纳入我市城乡规划和土地利用总体规划。在城发恼包公路物流园等物流园区规划建设符合行业标准的呼和浩特市快递电商产业园,实现电商、快递、仓储平台的一体化发展,成为快递行业的集约平台、安全平台和公共配送平台。支持有能力的快递企业自建分拨处理中心,并在用地、手续办理上享受物流、电子商务等行业发展方面优惠政策,并由园区统一按时限办理相关手续和兑现政策。推进企业间整合配送网络体系和运力资源,集约发展共同配送。(刚布和副市长牵头,市四区政府负责,市发改委、规划局、国土资源局、商务局、邮政管理局、城发公司配合,9月底完成)

推进快递服务网点建设(二级服务网络平台)。构建区域分拨中心,城市控制性详规必须统筹考虑快递服务网点建设布局,将快递服务网点及综合服务网点等作为城市重要的公共基础设施纳入城乡规划和建设规划,没有网点规划的一律不予审批。发挥快递服务网点承接分拨处理中心和支撑快递公共服务站的配送仓功能,缓解城市配送压力。推进300处快递服务网点标准化建设,发挥营业服务的基础功能,建立与电子商务企业深度合作,促进线上线下互动创新,共同发展体验经济、社区经济、逆向物流等便民利商新业态。(赛青克主任牵头,市规划局负责,市商务局、邮政管理局配合,9月底完成服务网络规划)

推进快递公共服务站建设(三级服务网络平台)。构建智能社区,支持企业通过智能科技提升末端服务能力,综合利用智能快件箱、连锁商业合作、第三方服务平台等创新模式,推进快递服务进校园、进社区、进机关商厦,打造智能化、信息化的智慧快递末端服务平台。在各类社区消费服务业态叠加快递服务,有效解决快递物流"最后一百米"配送难的问题,构建线上和线下零距离智能社区服务体系。推进1000处快递公共服务站建设,制定行业服务标准,逐步实现全市快递服务社区全覆盖,高等院校快递服务覆盖率达100%。全力推进10万格口智能快件箱建设,支持快递企业在机关、企事业单位、写字楼、社区等地方推广普及智能快件箱。升级改造信报箱为智能自取箱。(赛青克主任牵头,市四区政府负责,市商务局、邮政管理局、规划局、城乡建设委、房管局、城管执法局配合,2017年完成)

推动快递与"大交通"的融合。构建无缝对接体系,快件分拨处理中心、运输通道、接驳场所等功能区与交通物流枢纽同步规划、同步建设,加强与铁路、公路、民航等运输企业合作,推动航空、铁路向快递企业开放更多运输资源,鼓励实施空地联运和公铁联运。加强机场、车站邮件快件绿色通道建设,提高处理效率。(刘晶副市长牵头,市交通局负责,市规划局、邮政管理局、铁路、机场配合,2016年完成)

(二)加强产业融合协同,实现行业协调发展

支持快递企业参与电商企业园区合作运营,推进快递与网络零售业务流程的融合,组建电商仓储配送联合体,提升交易效益,降低物流成本。支持快递产业园同步建设与电子商务交易供应链相配套的功能区。争取将我市纳入全国快递与电子商务协同发展试点城市。(市商务局牵头,市邮政管理局配合)

打造快递工业品牌,快递业面向制造企业提供公共仓储配送、拼箱运输、信息接入等多样服务,积极向综合型物流运营商转型。更加注重快递服务制造业工程,支持快递企业与电子信息、通信、医药保健、装备制造、肉类加工、服装制造等企业协作,在供应链管理和冷链快递等方面实现与国际接轨。(市邮政管理局牵头,市经信委、商务局配合)

开发"快递+"特色产品。针对产地直销、订单生产等农业生产新模式,构建特色农产品快递服务网络。商务局制定农畜产品产地和城区周边建设冷链、仓储、加工配送等基础设施建设规划和快递网络建设规划,积极发展乳制品、牛羊肉、特色蔬菜瓜果等冷链物流,支持快递企业、电商开展农超、农批、农社、农商等多种形式的对接。以和林格尔、清水河、托克托等旗县被列为电子商务示范县为契机,启动快递服务现代农业示范工程,培育我市"电商+"样板产区、示范地区及"快递+"特色农畜产品样板项目。(市商务局牵头,市邮政管理局、各旗县政府配合)

(三)促进企业提质增效,实现行业创新发展

推动智慧物流建设。围绕智慧城市建设,综合利用互联网、物联网、大数据、云计算等先进技术,通过精准、动态、科学的管理和信息共享,全面提升行业供给能力、运行效率、安全性能和服务质量。商务局要构建全市统一的快递物流配送信息平台,提高快递业信息化整体水平,加快推进跨区域、跨行业之间的信息平台对接,支持快递企业与上下游供应链企业的信息标准统一和系统对接,实现运输方式、快件方向等行业信息资源的共享互通。快递企业要以信息化为牵引,推动现代信息技术与服务和管理全

面融合,实现快递业管理信息化、生产自动化、运输综合化、配送智能化、过程可视化、装备高效化。(市商务局牵头,市经信委、科技局、邮政管理局配合)

支持快递企业做大做强。倡导快递企业建立现代企业制度,政府通过政策支持和引导,鼓励企业通过控股、收购、兼并、联合等多种方式进行资产重组,扩张业务规模。鼓励各类资本进入快递服务领域,支持具有较强实力和竞争力的企业集团参与快递行业,拓展协同发展空间,推动服务模式升级,促进行业提升整体服务质量和水平。(市邮政管理局牵头,市发改委配合)

(四)持续推进快递下乡,实现行业共享发展

紧密衔接全市"十个全覆盖"工程,以行政村便民连锁超市等基础平台搭载快递服务,构建全市乡村快递物流配送体系。整合各类配送资源,支持快递企业与交通、医药、农业、供销、商贸企业的合作开展共同配送和站点建设,构建市、县、乡三级快递运输网络和市、县、乡、村四级快递服务网络体系。打造智慧集镇,各旗县要建设快件分拨中心、"仓配一体化"物流快递处理中心。乡镇快递网点覆盖率达到100%,保障"网货快递下乡"、"农畜产品进城"的双向流通。(各旗县政府牵头,市商务局、邮政管理局、交通局配合)

(五)拓展跨境寄递服务,实现行业开放发展

推动具有国际快递物流业务经营资质的企业与跨境电子商务企业联动发展,提供仓储和配送服务,加快形成跨境电子商务快递物流体系。实施网上网下建设"一带一路",完善国际快件处理中心和国际邮件互换局功能,充分利用国际快件监管中心、国际机场、国家电子商务示范城市、申报国家跨境电子商务综合试验区等基础设施功能和政策机遇,提升国际邮(快)件处理能力。推动国际快递物流业务经营企业设立境外分支机构,建设"海外仓",重点向俄蒙、欧洲延伸快递服务网络。支持企业开发国际航空、铁路快递专线,发展跨境电商快递,提升跨境快递服务能力,有效承接跨境业务。(市商务局牵头,市交通局、邮政管理局、呼和浩特海关机场办事处、内蒙古出入境检验检疫局机场办事处配合)

(六)加强寄递渠道管理,实现行业安全发展

完善安全监管体系建设。贯彻落实《中华人民共和国邮政法》、《反恐怖主义法》,推动落实"收寄验视+实名收寄+过机安检"三项安全制度,健全企业主体、政府监管、属地管理三个责任体系。推动寄递渠道安全监管"绿盾工程"建设,加快"一中心两平台"建设,2016年底前建成安全监控中心、安全执法平台和安全检查平台。组建全市邮政业安全中心,园区设立联合监管办公室和警务室,2017年6月前建成全市主要快递企业分拨中心、营业网点24小时动态视频监控系统和安检信息管理系统,实现与智慧城市系统对接。推进寄递企业分拨处理中心、营业网点视频监控系统建设,企业网点集中联网接入率达到100%。(市邮政管理局牵头,市国家安全局、公安局配合)

加快建设"互联网+"监管的快递监管模式,通过完善行业统计信息系统、行政许可审批系统、安全监管信息系统和行政执法应用系统,切实加强和改进对快递市场主体的服务和监督。建立邮政管理与工商、公安、国安、综治等部门的信息共享机制,强化联合执法,共同做好寄递渠道禁毒、反恐、扫黄打非、打击侵权假冒等工作,增强安全监管的预防、预警和应急能力。(市邮政管理局牵头,市国家安全局、公安局、工商局配合)

(七)强化人才队伍建设,实现行业持续发展

支持快递企业引进高层次的管理和技术人才,快递业发展急需的技能型人才可纳入就业培训、农村牧区劳动力转移就业培训的范围。市邮政管理局可与有条件的高校联合建立快递业从业人员职业技能培训基地,立足行业实际,以快递业发展对人才的需求为导向,深入开展快递业从业人员岗前培训、在岗培训和订单式招生培训,加强职业道德教育和安全防范教育,不断提高快递从业人员的素质,为快递业长远发展提供坚实的人力资源支撑保障。(市邮政管理局牵头,市教育局、人力资源和社会保障局配合)

四、政策支持

(一)行业准入政策。深化快递业商事制度改革,实施对快递企业实行同一工商登记机关管辖范围内"一照多址"制度。改革快递企业年度报告制度,简化企业分支机构、末端网点备案手续。发挥电子口岸、国际陆港等"一站式"通关平台优势,扩大电子商务出口快件清单核放、汇总申报通关模式的适用范围,建设进出境快件便捷通关。

(二)财政扶持政策。积极争取中央预算内投资补助和贴息资金支持,加大对公益性、基础性快递基础设施建设投资力度。支持重点快递建设项目申请国家、自治区、市扶持服务业或物流业发展专项资金。

支持快递电商产业园建设。采取按市、区现行财力分成比例政府补贴的方式进行分级负担。引导快递企业进驻园区，第一年给予快递企业租金100%的补贴，第二年给予租金60%的补贴，第三年给予租金40%的补贴。补贴资金按每年2000万元（三年总计6000万元）直接补贴给园区建设方城发公司。统筹完善园区水、电、供热、通讯、交通、后勤等配套设施。

支持快递公共服务站、乡镇快递综合服务站和标准化营业网点建设。市邮政管理局、商务局对快递站点建设实施验收考核、备案管理的，按每站点上限2万元给予一次性资金补助，补助资金按快递站点分等分级精准计算。加快智能快件箱建设，对在呼和浩特市推广符合国家相关标准智能快件箱的企业，建设并投入运营快件箱格口按每格口上限80元给予一次性资金补助。

在政府投资基金中专门安排用于快递业发展的资金，连续三年支持快递运输配送车辆标准化建设、共同配送补贴、企业转型升级、协同发展试点建设、寄递安全建设等方面，支持企业通过科技创新提高生产效能，提高自动化分拣设备、智能快件箱、电子运单、集中视频监控、PDA手持终端、互联网信息技术等方面应用，持续提升运营管理能力。

（三）税收优惠政策。依法对快递企业进行税费征收管理，严禁违规增加税费负担。对取得《快递业务经营许可证》的企业从事属于营改增范围的快递业务，按照适用税率征收增值税。快递企业可按现行规定申请执行自治区内跨地区经营总分支机构增值税汇总缴纳政策，依法享受企业所得税优惠政策。

（四）用地支持政策。将快递业发展用地纳入土地利用总体规划，统筹安排快递产业园、快递网络重要节点及服务站点等基础设施用地，切实保障土地供给。

（五）金融支持政策。积极创造条件支持快递企业发展，引导企业以股权融资、项目融资、合资合作等方式筹集资金。积极引导银行业金融机构加大对快递企业的信贷支持力度，积极探索固定资产抵押或应收账款质押等多种贷款担保方式，加大信贷投入额度，支持快递企业做大做强。对信誉良好、经营规范、效益突出的快递企业，各类金融机构要建立符合快递企业特点的信用评估和授信制度，大力推进适应民营快递企业发展需求的信贷产品和金融服务创新。保险企业要创新保险产品和服务，研究适合快递服务业特点的新险种，大力发展寄递保险业务。快递企业要增强保险意识，运用保险机制防范化解经营风险。

（六）配送车辆购置政策。推进三级服务网络共同配送体系建设，支持快递物流企业购置新能源车，2016年11月前按三级服务网络配送实际确定车型类别统一、外观标识统一、设施配备统一的新能源运输车辆和末端配送车辆，鼓励快递企业购置或租用封闭式轻型、微型小型货运新能源车辆。配送车辆应符合国家《城市物流配送汽车选型技术要求》（GB/T 29912—2013）、国家新能源车型目录及公安交管部门有关规定，优先选用本地新能源车制造企业生产车型。出台新能源车购置和使用的配套政策，启用新能源车专用号牌，按照市政府出台的《推广应用新能源汽车专项资金管理办法》，快递运输配送车辆购置纳入新能源汽车的管理范围内执行。

（七）保障通行政策。统筹兼顾城市配送需要，实现快递业相对集中、大型车辆从主要交通干线就近入园的目标，力争"人便于行、货畅其流"。推进快递共同配送车辆标准化建设，保障快递末端共同配送车辆通行，降低流通成本，提升行业形象。对于符合国家有关规定从事快递收投业务的车辆，统一颁发专用标识和通行证，车牌号预留专用牌照号段，给予快递车辆通行和临时停靠政策，邮政快递运输车辆免收过路费。城市邮政快递车辆应当符合法律法规和机动车国家安全技术标准，依法参与城市交通。

（八）末端平台建设政策。将快递末端服务体系纳入城市配送体系，编制服务网络规划。快递公共服务站和智能快件箱纳入城市基础服务设施，机关、企业事业单位、城市住宅小区及物业管理企业需提供便利的封闭场所作为快递公共服务站，为用户提供收件、派件、智能自取、共同配送、OTO等多种服务。各级地方政府及相关部门要积极配合、落实政策、协同推进末端服务平台建设。新建社区要规划建设快递公共服务站和智能快件箱，现有社区要进行基础设施改造，新增社区快递公共服务站和智能快件箱。原则上人口规模在5000人以下的社区，规划建设的社区快递公共服务站建筑面积在20—80平方米，人口规模大于5000人的社区，每增加1000人公共配送网点建筑面积增加10平方米。

五、保障措施

（一）强化组织领导。成立促进快递业发展协调领导小组，加强市邮政管理与发改、财政、公安、国安、交通、规划、商务、城建、房管、经信、工商、税务、城管等部门及各旗县区政府间的工作联系，推动形成政府统一领导、部门协调配合、企业广泛参与、公众支持认同的促进快递业发展的工作格局。

（二）强化法制规划建设。建立健全相关法规（行业）标准，提高快递业法制化、标准化水平。做好《呼和浩特市邮政业发展“十三五”规划》与全市经济社会发展规划、综合交通运输发展规划及相关产业发展规划的衔接，切实提高规划对行业发展的指导作用。

（三）强化行业监管。邮政管理部门要加强行业监管，充实监管力量，创新监管方式，全面提升市场监管能力。提高安全隐患排查、安全事故防范和突发事件应急处置能力，依法查处违法违规行为，规范市场经营秩序。加强行业统计监测，完善行业统计信息系统功能。推进行业诚信体系建设，充分发挥行业自律和社会监督作用，利用“信用内蒙古”网站、企业信用信息公示系统和行业监管信息系统，建立违法失信主体“黑名单”及联合惩戒制度，营造诚实守信的市场环境。全面采集快递企业数据，推动行业信息系统与公安部门治安防控平台对接，利用平台数据分析功能，实现对快递企业安全管理，有效遏制利用快递企业运输违禁物品、假冒伪劣产品、贩卖毒品、危险物品等案件的发生。实现寄递活动全程跟踪和实时查询，确保货物来源可追溯、责任能倒查、违法受追究。支持在快递业务规模大、业务量较集中的旗县推动设置县级邮政管理机构，由旗县在人员经费、办公场所及车辆等方面给予保障。

（四）强化政策落实。各有关部门要按照职责分工，结合实际，细化措施，及时研究新情况、解决新问题，为快递业加快发展创造良好的政策和体制环境。促进快递业发展协调领导小组要加强指导和督促检查，做好补贴资金监管，健全考核评价和责任追究制度，确保各项政策的贯彻落实，为促进快递业持续健康发展提供有力保障。

6. 辽　宁

辽宁省人民政府关于促进快递业健康发展的实施意见

（2016年1月14日）

各市人民政府，省政府各厅委、各直属机构：

为贯彻落实《国务院关于促进快递业发展的若干意见》（国发〔2015〕61号）精神，培育我省现代服务业新的增长点，服务大众创业、万众创新，更好地发挥快递业对稳增长、促改革、调结构、惠民生的作用，现提出以下实施意见。

一、总体要求

（一）指导思想。以党的十八大和十八届三中、四中、五中全会精神为指导，全面贯彻落实省委、省政府有关要求，发挥快递业在推进城乡区域协调发展、保障和改善民生中的积极作用，优化快递业发展环境，打造我省快递服务竞争优势，鼓励企业科技创新、产品创新、管理创新和模式创新，推进快递与综合交通运输体系的顺畅对接，促进快递与电子商务、制造业等相关产业联动发展。

（二）发展目标。到2020年，基本建成普惠城乡、技术先进、服务优质、安全高效、绿色节能的快递服务体系，全省快递服务发展水平处于全国先进行列，满足全面建成小康社会的总体要求。

1. 产业规模跨上新台阶。到2020年，快递业务量达到5.5亿件，较“十二五”期末年均递增20%，快递业务收入达到80亿元，年均递增15%。

2. 经济社会效益更加显著。快递成为连接产业间、城乡间、区域间的重要纽带，服务生产和便利民生等基础性作用显著提升。“十三五”期间新增快递业就业岗位2万个。

3. 服务能力大幅提升。居民社区、高校园区、企事业集中办公区公共服务平台设施趋于完善，智能快递柜、综合服务站点等邮政服务设施得到广泛应用。乡镇快递网络覆盖率从45%提高到100%，省内各县、乡（镇、街道）和行政村基本实现“县县有分拨，乡乡设网点，村村通快递”。

4. 企业实力明显增强。全省形成若干具有较高知名度和较强竞争力的大型快递综合服务企业，培育年收入超10亿的龙头快递企业5家，超过5亿元的网络快递企业10家。

二、主要任务

(三)落实“互联网+”战略。加快移动APP、物联网、云计算、大数据等技术的应用,推动产业以互联网为基础的信息化、智能化进步,加快智能化收投终端、自动化分拣、机械化装卸、绿色化运输与包装等技术装备的应用。促进产业线上、线下互联契合,融入社会生产与消费的产业链、供应链和服务链,共同发展体验经济、社区经济,加快向综合性快递物流运营商转型。鼓励企业运用新技术优化服务网络布局,提升生产及运营管理效率,变革服务模式。

(四)促进产业协调发展。促进快递业融入社会生产与消费的产业链、供应链和服务链。推进与电子商务、制造业、现代农业、金融业等其他服务业协同发展。支持快递企业与仓储、航空、铁路、信息、金融等企业协作,加快向综合快递运营商转型升级,形成复合服务能力。推进快递与综合交通体系的深度融合,实现快递服务无缝对接、高效运行。引导快递企业面向城乡社区创新末端网络运营模式,推动线上线下联动,打造便民利商的综合服务平台。

(五)提升服务管理水平。加强快递企业服务质量监管,做好消费者申诉处理工作,提高企业服务质量的透明度,降低快件延误率、丢失率、损毁率,提高用户满意度。大力提升快递服务质量,实施品牌战略,建立健全行业安全和服务标准体系,引导快递企业从价格竞争向服务竞争转变。积极推广快递保险业务,保障用户权益。

(六)培育壮大骨干企业。引导快递企业构建产权清晰、权责明确、管理科学的现代企业制度,完善公司法人治理结构,建立经营管理者激励机制。鼓励企业实施跨地区、跨行业、跨所有制的兼并重组,壮大运营网络,提升产业集中度。加强境内外快递企业的协调配合,延伸跨国网络,提高国际快递服务能力。支持企业充分利用资本市场,促进生产要素向骨干企业集聚,加快形成具有国内和国际竞争力的企业集团。

(七)提高寄递安全保障能力。强化行业安全综合治理,落实行业主管部门安全监管职责和企业安全生产主体责任,加强跨部门、跨区域协作配合,实施寄递渠道安全监管“绿盾”工程,建设安全监管中心,利用信息技术建立快递业安全集中监控和监管信息平台,全面推进快递企业安全生产标准化建设,落实邮政业安全生产操作规范和设备配置规范强制性标准。加强从业人员安全教育培训,面向寄递用户开展邮政安全法规宣传,强化从业人员、寄件人安全责任意识。

三、保障措施

(八)做好规划衔接。各级政府要把快递服务业纳入国民经济中长期发展规划、年度计划和综合交通运输、服务业、物流业、商贸流通、农村新型城镇化等专项规划中。要把城乡快递服务网点和快件处理中心、集散中心等快递服务基础设施纳入本级城乡规划、土地利用总体规划和物流园区、城市配送发展规划,合理安排建设布局、用地规模和开发时序,预留快递服务业发展空间。根据国家和省有关标准,把快递服务场所、智能快件箱等纳入公共服务设施同步规划同步建设。(责任单位:省发展改革委、省经济和信息化委、省国土资源厅、省住房城乡建设厅、省交通厅、省商务厅、省邮政管理局,各市政府)

(九)强化基础建设支持。支持在沈阳建设辐射东北地区的区域性快递转运中心,在大连建设国际快件转运中心,在盘锦等重要节点城市建设省内快件转运中心,形成布局合理、运转高效的快件转运体系。对重要的快递基础设施建设项目,提供补助、贴息扶持,经批准可给予城市基础设施配套费减免优惠。加大对快递企业分拣作业机械化或自动化改造、技术创新与转化、软件研发、信息设备与科技应用、快递专用车辆监控平台等领域的扶持力度。(责任单位:省发展改革委、省经济和信息化委、省财政厅、省科技厅、省国土资源厅、省邮政管理局,各市政府)

(十)完善快件末端投递服务体系。机关、企事业单位、校园以及社区物业服务等单位应为快件投递车辆进出和快递从业人员递送快件提供便利条件,不得收取任何费用。利用多种形式鼓励、吸引快递企业及第三方投资设置智能快件箱或综合服务站点。鼓励高等院校、科研院所与快递企业开展合作,通过开办校园快递、快递超市等形式,为师生提供高质量的快递服务。鼓励快递企业在乡(镇、街道)建立快递网点,利用村邮站、便民服务站投递快件,扩大农村快递服务网络。(责任单位:省商务厅、省发展改革委、省财政厅、省住房城乡建设厅、省民政厅、省教育厅、省邮政管理局,各市政府)

(十一)加快快递与综合交通体系的协同发展。发挥综合交通运输体系的资源优势和组合效率,逐步形成稳定便捷、经济高效的快件航空、铁路、公路、水路综合运输通道。支持机场快递设施建设,完善航空快件“绿色通道”,实现航空与其它运输方式的灵活转换。在机场区域或周边地区合理规划建设航空快件集散中心、空港快递园区。支持货运航空公司在省内机场的发展,鼓励骨干快递企业在省内机场设立基地。大力发展高铁快递和电商快递班列,优化快件安检配载、装卸交接流程。实现公路客货运班线代运快件，在公路场站、火车站配套快件运输通道和装卸操作接驳场所。（责任单位：省发展改革委、省交通厅、民航东北地区管理局、沈阳铁路局、省邮政管理局，各市政府）

（十二）促进快递服务业与电子商务协同发展。引导快递企业发展分销配送、供应链服务和物流网络，推动建立快递服务与电子商务合作发展机制。推进城市快递集约化运作，加快城市流通体系建设和产业结构调整，进一步发挥快递服务与电子商务对我省经济发展的引领作用。引导快递企业与电子商务企业深度合作，促进线上线下互动创新，共同发展体验经济、社区经济、逆向物流等便民利商新业态。鼓励快递企业积极参与涉农电子商务平台建设，构建农产品快递网络，服务产地直销、订单生产等农业生产新模式。建立"工业品下乡"和"农产品进城"双向流通渠道，推动农村消费。支持快递企业完善信息化运营平台，发展代收货款等业务。（责任单位：省商务厅、省发展改革委、省邮政管理局、省农委，各市政府）

（十三）推进跨境电商与快递协同发展。加快发展快递服务贸易，加强与日、韩、俄、蒙、欧等国家和地区的服务合作与交流。支持快递企业在自贸区、综合保税区、保税物流园区等区域内建设跨境电子商务邮件、快件物流中心。鼓励快递企业提供统一采购、仓储和配送等服务，逐步形成与跨境电商相适应的快递服务体系。支持与国际电子商务企业、快递企业开展合作，探索在境外建立海外仓，在省内建设保税仓。建立跨境快件便捷通关通道，简化通关流程，提高通关效率。完善电子商务进出口快件的清单核放、汇总申报的通关模式。推进快递企业物流信息系统与跨境电商公共服务平台、跨境电商平台、通关监管平台等信息对接与共享，为跨境电商企业提供物流信息一体化服务。（责任单位：省商务厅、省经济和信息化委、省财政厅、省交通厅、大连海关、沈阳海关、省国税局、辽宁出入境检验检疫局、省邮政管理局，各市政府）

（十四）推动快递服务业与制造业协同发展。鼓励快递企业与制造企业建立结构合理、协作深入、标准对接的合作模式，实现互利共赢。支持制造企业外包服务环节依托快递网络，开展综合集成制造和分销配送，构建产业发展新体系。支持快递企业根据制造业需求，加强功能整合和服务延伸，开发信息流、资金流、实物流融合型服务，构建安全高效、技术先进的快递服务体系。引导快递企业进驻工业园区、经济开发区、高新技术产业园等制造业集聚区，依托生产要素集聚优势，创新服务产品和配送体系，提高产业配套协作水平。（责任单位：省发展改革委、省经济和信息化委、省邮政管理局）

（十五）提供车辆通行便利。按照依法、高效、环保的原则，研究制定快递服务车辆管理办法，在统一规范快递车辆的基础上，对快递车辆运输快件在市区通行、停靠、作业给予相应的便利。规范快递末端服务车辆管理，制定我省快递专用电动三轮车管理办法，确保经过依法审核登记的快递专用电动三轮车用于城市收投服务。（责任单位：省公安厅、省交通厅、省财政厅、省邮政管理局，各市政府）

（十六）简化快递企业设立手续。按照国务院关于行政审批制度改革和简政放权的要求，优化快递业务经营许可审批流程和年度报告手续。采取精简许可材料、压缩审批时限、建立绿色通道、优化审批流程等许可优化措施，建立务实便利、高效透明的快递许可工作体系，进一步便利快递企业及其分支机构的工商登记。较大规模的快递企业设立分公司、营业部等分支机构办理工商营业执照，可依照省邮政管理部门的快递业务经营许可分支机构名录，向市级工商行政管理部门申请集中统一办理。（责任单位：省邮政管理局、省工商局，各市政府）

（十七）加大快递职业培训力度。大力实施"邮政行业队伍培育"工程，提高快递从业人员素质。支持引进快递服务业领军人才。各级政府要将快递行业相关职业列入当地编制的《职业培训专业（工种）和补贴标准目录》，对符合现有享受培训补贴政策的人员，按规定给予职业培训补贴。对通过初次邮政行业职业技能鉴定并取得资格证书或专项职业能力证书的符合条件的人员，按有关规定申请一次性职业技能鉴定补贴。（责任单位：省教育厅、省邮政管理局、省人力资源社会保障厅，各市政府）

（十八）加强行业监管。发挥12305邮政业消费者申诉热线作用，完善申诉工作机制和处理流程，建立消费者申诉与市场监管联动机制，切实维护消费者合法权益。支持快递协会制定行业规范，加强行业自律，规范竞争秩序，推进快递诚信体系建设，提高快递服务业自我监督、自我管理、自我约束能力。创新县（市）邮政管理体制，在已建立15个县（市）邮政管理机构基础上，进一步完善管理职能，扩大试点范围。各级政府要在政策、资金等方面给予支撑。（责任单位：省邮政管理局、省政府法制办、省编委办，各市政府）

（十九）加强安全监管。指导企业建立严格的收寄验视制度和应急保障制度，充分运用现代信息及物联网技术，建立安全监管信息系统，保障邮路寄递渠道安全。将寄递渠道安全管理作为平安创建的重要内容，纳入综治工作考评体系，加强综治、公安、国安、交通、邮政等部门间协调配合，健全组织机构，建立工作机制，加强信息化建设，强化信息资源共享，坚持常态联动、坚持问题导向、坚持优势互补、坚持责任共担，确保部门协同联动。（责任单位：省综治办、省公安厅、省安全厅、省交通厅、省邮政管理局，各市政府）

各地区、各有关部门要根据本意见要求，进一步加强组织领导，落实责任，尽快制订符合本地区和本部门实际的扶持发展措施，推动快递服务业快速健康发展。

辽宁省人民政府关于促进城市配送发展的实施意见

（2016年2月15日　辽政发〔2016〕17号）

各市人民政府，省政府各厅委、各直属机构：

为贯彻落实《国务院关于印发物流业发展中长期规划（2014—2020年）的通知》（国发〔2014〕42号）精神，加强我省城市配送体系建设，提高城市配送发展质量和水平，结合我省实际，现提出如下实施意见。

一、总体要求

（一）指导思想。

贯彻落实党的十八大和十八届三中、四中、五中全会精神，以提高城市配送服务保障能力为目标，以改革开放为动力，以互联网、物联网、云计算、大数据等现代信息技术为支撑，完善机制、整合资源、合理布局、优化结构、创新驱动，营造城市配送发展的良好环境，推进城市配送服务体系建设，促进传统仓储向现代化配送和供应链管理转变，满足广大居民消费升级、现代流通和经济社会发展的需要。

（二）基本原则。

市场运作，政府推动。充分发挥市场配置资源的决定性作用，强化配送企业市场主体地位，提高城市配送服务能力。加强政府统筹规划和产业政策的宏观引导，维护良好的市场秩序，营造良好的发展环境。

资源整合，绿色环保。合理有效组织商业、物资、邮政、供销等仓储、配送资源，提高资源利用率。更新改造城市配送设施装备，发展绿色配送，减少交通堵塞、噪音、尾气排放等影响，改善城市居住环境。

统筹协调，分类推进。以培育市场主体、优化城市配送网络布局、完善城市末端网络、创新城市配送模式为重点，在城市快速消费品、生鲜食品、医药、农资、危险化学品等领域率先突破，促进城市配送体系整体协调发展。

创新驱动，注重效率。以企业为主体，加强产学研合作，通过制度创新、管理创新、服务创新和技术创新，促进城市配送供应链上下游企业资源共享，建立长期、稳定的利益联结链条，提高配送效率和服务水平。

（三）发展目标。

构建覆盖全省、需求匹配、层级合理、高效便捷、绿色环保、监管有力的城市配送服务发展新格局，在网络布局、设施装备改造升级、技术应用、标准推广、模式创新、功能完善、交通管控、市场监管等方面取得突破性进展，提升城市配送网络化、信息化、标准化、专业化、社会化和国际化水平，提高城市配送效率，降低配送成本。到2020年，城市配送网点覆盖率达到60%以上，连锁零售企业商品购进统一配送率达到80%以上。

二、重点任务

（四）优化城市配送服务网络布局。

推进传统仓储、运输、商贸、供销、邮政、快递业转型升级，整合利用现有资源，形成层级合理、规模适当、需求匹配的城市配送节点网络。增强重要商品的口岸、区域和跨境多式联运、仓储中转分拨与配送能力，提高城市配送的协同化、精细化水平。在交通枢纽、口岸、能源和产业基地、工业产业园区、特大型生产制造企业周边，规划发展一批综合性、跨区域、辐射范围广、大批量货物中转、仓储、加工型物流园区和海外仓储物流园区。(省发展改革委牵头,省国土资源厅、省住房城乡建设厅、省交通厅、省商务厅、沈阳海关、大连海关、沈阳铁路局、民航东北地区管理局、省邮政管理局、省口岸办、省供销社配合)在城市周边、商贸业集聚区、批发市场、居民集中区附近,培育发展一批城市配送中心;在城市社区等末端配送需求集中区域,培育发展一批末端配送网点。(省商务厅牵头,省国土资源厅、省住房城乡建设厅、省交通厅、省公安厅、沈阳铁路局、民航东北地区管理局、省邮政管理局、省供销社配合)

(五)建设城市配送信息服务平台。

鼓励和引导物流园区、城市配送中心、末端配送网点建设企业信息系统。支持基础较好、具有较强资源整合能力、品牌影响力和综合竞争力的企业投资建设全省城市配送公共信息服务平台,集成城市配送信息服务、电子商务、供应链融资、电子政务、信用评价等综合服务功能,跨区域、跨行业、跨部门开放、互联互通、资源共享、数据共用,提高商品供应、批发、配送、末端网点和金融等增值服务企业及政府相关部门的配送信息化水平,形成技术、安全监管接口标准统一、服务管理规范的全程透明可视化、智能化、一体化、国际化的城市配送信息服务系统,逐步解决"信息孤岛"问题,降低交易成本。(省商务厅牵头,省交通厅、省经济和信息化委、省邮政管理局、省供销社、沈阳铁路局配合)

(六)改造升级配送设施装备与技术。

鼓励和引导一批企业将自用停车场、配送站点向社会开放。在城市商业中心区和公共服务区建设配送停车和装卸场地,为配送车辆提供停靠、装卸便利。(省商务厅牵头,省住房城乡建设厅、省公安厅、省交通厅、省国土资源厅、省邮政管理局、沈阳铁路局、民航东北地区管理局、省供销社配合)鼓励和引导城市配送园区和企业应用条形码、射频识别、电子数据交换、电子订货、库存控制、集装单元、全球卫星定位系统、北斗卫星导航定位系统、地理信息系统、配送路径优化等物流新技术。(省商务厅牵头,省经济和信息化委、省交通厅、省公安厅、沈阳海关、大连海关、沈阳铁路局、民航东北地区管理局、省邮政管理局、省供销社配合)鼓励企业采用立体仓储、绿色仓储、移动货架、搬运装卸、分拣加工、节能和清洁能源及新能源运输工具、特种车辆,以及鲜活农产品产地预冷、初加工、低温仓储、冷藏保鲜、冷链运输等机械化、自动化、智能化、专业化的设施装备;建设城市配送信息追溯系统和标准化托盘循环共用系统,提高城市配送的现代化、柔性化水平。(省商务厅牵头,省交通厅、省农委、省邮政管理局、沈阳铁路局、民航东北地区管理局、省供销社配合)

(七)推广先进的配送模式与服务方式。

鼓励有条件的城市配送中心建立战略联盟,加强合作,统筹管理,对区域内用户实施共同配送。鼓励大型连锁商业配送中心,通过统一采购、标准、价格、配货、标识、核算与管理,为所属门店和社会网点实施统一配送。支持医药、食盐、烟草、农资和危险化学品等特殊商品流通企业建立全程跟踪、控制与监管的专业化配送中心。(省商务厅牵头,省交通厅、省食品药品监管局、省新闻出版广电局、省农委、省邮政管理局、省供销社、沈阳铁路局、民航东北地区管理局配合)鼓励电子商务和快递业联动发展,推动快递企业与商业机构、便民服务设施、社区服务组织、机关学校管理部门,以及第三方企业开展多种形式合作,提高区域和城市内快递物流配送的快速、准时、个性化服务水平。(省商务厅牵头,省邮政管理局、沈阳铁路局、省供销社配合)

(八)加快城市配送国际化进程。

以沈阳、大连、营口、丹东、锦州等口岸为重点,充分发挥大连保税港区、沈阳综合保税区等海关特殊监管区域,以及营口、盘锦、铁岭等地保税物流中心的政策和功能优势,培育发展一批内外贸一体化的国际物流园区、城市配送中心和快递转运中心,提高国际采购、国际中转、国际配送、保税仓储、出口加工和集散分拨配送能力。鼓励国内物流企业同国际先进物流企业合作。培育发展一批国际货运代理企业,促进海外服务网络建设,拓宽市场发展空间,提高外贸运输代理主导权控制能力和规模化水平。努力打造连接海内外、沟通沿海地区、辐射东北及内蒙古东部腹地、面向东北亚的跨境物流配送网络,促进国内外干线运输与支线配送网络的有效衔接。(省商务厅牵头,省交通厅、沈阳海关、大连海关、沈阳铁路局、民航东北地区管理局、省邮政管理局、省口岸办、省供销社配合)

(九)加强城市配送标准化建设。

推进仓储、配送、流通加工等城市配送关键环节的标准化、专业化。宣传贯彻实施大型商场、超市等商业设施配送停车场地的配建标准、仓储业管理办法、担保存货第三方管理规范、网络零售仓储作业规范与评价、绿色仓库要求及评价、联运通用平托盘主要尺寸及公差等有关标准。(省商务厅牵头,省住房城乡建设厅、省交通厅、省公安厅、省邮政管理局、沈阳铁路局、省质监局配合)宣传贯彻实施快递专用电动三轮车技术要求等有关标准。允许符合技术标准要求的电动三轮车等小型运输工具合法合规实施终端配送作业。(省邮政管理局牵头,省公安厅配合)完善城市配送车辆技术标准和通行管理,统一车辆标识。宣传贯彻实施车用起重尾板加装与使用技术要求等有关标准。(省公安厅牵头,省交通厅、省邮政管理局配合)

三、保障措施

(十)深化行政审批制度改革。

推进商事制度改革,严格执行“先照后证”改革措施,按照“谁审批,谁监管”,“谁主管,谁监管”原则,全面落实监管职责,切实加强事中事后监管。(省工商局牵头,省交通厅、省公安厅、沈阳海关、大连海关、辽宁出入境检验检疫局、民航东北地区管理局、省邮政管理局、省商务厅、省食品药品监管局配合)允许物流企业经营网点设立非独立核算分支机构。(各级政府负责)快递等物流企业总部统一申请获得的资质,其非法人分支机构可通过备案获得。(省交通厅牵头,省邮政管理局、省商务厅配合)简化车辆道路运输证年审手续,优化审验程序,基本实现网上年审。(省交通厅牵头,省公安厅、省邮政管理局配合)

(十一)保障合理用地。

将物流仓储用地纳入城市总体规划。支持利用工业企业旧厂房、仓库和存量土地资源兴办配送中心,涉及原划拨土地使用权转让或者租赁的,应按规定办理土地有偿使用手续。强化物流用地的节约集约利用强度,按照规定认真落实物流用地税收优惠政策。(省国土资源厅牵头,省住房城乡建设厅、省地税局、省国税局配合)

(十二)加大财政金融扶持力度。

省直相关部门和各级财政部门要加大对城市配送服务体系建设的支持力度。落实各项扶持政策,大力推进城市配送发展。(省财政厅牵头,省发展改革委、省交通厅、省商务厅、沈阳铁路局、民航东北地区管理局配合)。鼓励金融机构、社会资本参与城市配送体系建设。建立银企合作平台,完善对接机制,进一步拓宽物流企业投资融资渠道;鼓励股权融资、债券融资等直接融资方式,推进城市配送企业与金融业融合发展。引导金融机构探索适合物流业发展特点的信贷产品和服务方式。鼓励金融机构在审贷机制上建立绿色通道,加大城市配送企业贷款投放力度。(省政府金融办牵头,省发展改革委、省商务厅配合)

(十三)便利城市配送车辆通行。

落实国家城市配送车辆运行管理相关政策。合理规划配送车辆通行区域和时段,合理确定配送车辆停靠卸货区域,完善配送车辆通行、停靠有关的交通标志、标线。(省公安厅牵头,省交通厅、省邮政管理局配合)研究推广配送车辆快速卸货作业技术,严厉打击客车载货,非法运营等违法行为。(省交通厅牵头,省公安厅、省商务厅、省邮政管理局配合)严格执行国家、省有关鲜活农产品运输“绿色通道”政策。对整车合法装载运输鲜活农产品车辆免收通行费。(省交通厅牵头,省公安厅、省邮政管理局等配合)公安、交通管理部门对符合国家规定企业的配送车辆,根据城区道路交通条件提供通行和停靠便利。(省公安厅牵头,省交通厅、省邮政管理局配合)

(十四)规范配送市场秩序。

加强城市配送信用体系建设,培育物流信用服务机构,完善城市配送和快递企业的服务质量检测和信誉考核制度,科学制定评价内容、评价标准、评价方法和评价周期等,建立分类监管和失信惩戒机制,推动物流信用信息资源整合共享,引导企业加强管理、诚信经营、优质服务,保障城市配送安全。(省商务厅牵头,省交通厅、省邮政管理局、省质监局、省工商局、省供销社配合)

(十五)加强物流配送监管。

落实国家物流配送安全监管制度、跨境物流生物安全监管制度以及交通运输管理、收寄物品验视、交寄人员和企业信息实名登记等相关法律法规规章。(省综治办牵头,省交通厅、省公安厅、省商务厅、沈阳海关、大连海关、辽宁出入境检验检疫局、沈阳铁路局、省邮政管理局、民航东北地区管理局配合)加强跨境物流检验检疫监管。依法查处禁止通过跨境物流进出境的动植物及其产品,防止疫病疫情传入、外来有害生物入侵和物种资源流失,保护国门生物安全。(辽宁出入境检验检疫局负责)加强对城市配送价格的动态监测,研究建立价格监测分析制度,引导市场合理价格的形成。依照相关法律法规规章,严肃查处城市配送企业达成价格垄断协议、串通商定价格和以低运价抢夺货源、排挤竞争对手等违法行为,严厉打击城市配送企业收费不公示、不明码标价、价格欺诈、哄抬价格等不正当行为。(省物价局牵头,省交通厅、省商务厅、省邮政管理局配合)

四、组织实施

（十六）健全管理体制。

各级政府要建立政府主导，商务主管部门牵头，多部门配合的工作协调机制。形成部门协调配合、企业广泛参与、公众支持认同的工作格局，推进城市配送运营与管理法制化、制度化、规范化。（省商务厅牵头，省交通厅、省邮政管理局、省供销社、沈阳铁路局、民航东北地区管理局配合）

（十七）加强规划布局。

各级政府要将构建城市配送服务体系有关内容纳入城乡建设、交通运输、商贸物流、农村物流、邮政快递等相关发展规划，整合利用现有配送资源，合理布局城市配送服务网络，完善城市配送基础设施。（省发展改革委牵头，省商务厅、省公安厅、省国土资源厅、省住房城乡建设厅、省交通厅、省农委、省邮政管理局配合）

（十八）组织试点示范。

组织实施城市配送试点示范工作，在网络布局、设施装备改造升级、技术应用、标准推广、模式创新、功能完善、诚信经营等方面先行先试，总结经验，发挥典型的示范引领带动作用。（省商务厅牵头，省发展改革委、省交通厅、省质监局、省邮政管理局、省供销社、沈阳铁路局、民航东北地区管理局配合）

（十九）加强配送运行监测。

建立全省城市配送重点物流园区、城市配送中心联系制度，加强配送运行监测，开展配送运行情况调查，及时分析和报告行业发展动态和趋势，就重大变化与问题提出政策意见和建议。（省商务厅牵头，省发展改革委、省交通厅、省邮政管理局、省供销社配合）

（二十）加强人才培训。

依托省内高级技工学校、技师学院、高等院校、科研院所、企业和行业协会，建立一批城市配送人才培训基地。将具备条件的城市配送相关职业纳入政府补贴指导目录。（省人力资源社会保障厅牵头，省财政厅、省商务厅配合）

辽宁省邮政业发展“十三五”规划

（2016年11月17日）

为落实党的十八大和十八届三中全会精神，全面深化改革，全面建成与小康社会相适应的现代邮政业，促进全省邮政业更好更快发展，根据《邮政业发展“十三五”规划》和《辽宁省国民经济和社会发展第十三个五年规划纲要》，结合我省邮政业实际，制定本规划。

一、现状与形势

“十二五”期间邮政体制改革顺利实施，辽宁邮政业实现了较快发展，为“十三五”快速发展奠定了坚实基础。“十三五”是辽宁老工业基地全面振兴的决胜期和四个全面建设的关键期。随着邮政改革的深化，邮政业将迎来发展的战略机遇期。

（一）辽宁邮政业发展现状

“十二五”期间，全省邮政业发展既面临机遇，也面临着严峻的挑战。世界经济增长放缓、全球经济通胀压力加大，国家提出调结构、转方式发展战略，并实施从紧的宏观调控政策，经济运行中的不确定因素增多，给我们组织实施“十二五”规划带来一定的难度和压力。我们以科学发展观为指导，按照“十二五”规划的总体要求，进一步解放思想，抓住机遇，突出重点，全面推进，确保了我省“十二五”规划目标实现，为邮政业更进一步发展奠定坚实基础。

1. 邮政业发展基础全面增强

邮政业发展速度加快。到“十二五”期末，我省邮政业业务收入达到76.8亿元，比“十一五”末期同比增长115%，超过全省经济增幅。邮政业业务总量达到75亿元，按可比口径，比“十一五”末期增长111%。全省邮政业向社会提供就业岗位4.5万个；报刊发行投递量35.9亿件，年均增长4.1%。邮政企业用工总量与“十一五”期末明显增长；规模以上快递企业以每年10%的速度增加用工岗位，“十二五”期末新增就业岗位15000个；缩小邮政设施和服务水平方面的城乡差距，达到城市普遍服务水平的乡镇所占比重,2015年末达到24.2%。

服务和保障水平提高。到"十二五"期末,邮政普遍服务水平全面高于《邮政普遍服务》标准。邮件丢失、损毁赔偿率达到98%。全省邮政普遍服务满意度平均75分以上;快件延误率降低到千分之八、损毁率降低到万分之一、丢失率降低到十万分之五以下。用户申诉受理率达到100%,用户申诉处理满意认可率达到90%以上;省会城市平均0.5—0.8公里服务半径、其他地级市平均0.8—1.8公里服务半径、县级城市城区平均1.8—2.3公里服务半径有局所;农村行政村"村邮站"及其他接收邮件场所建设达到全覆盖;省内市县党报党刊当日妥投率100%,农村地区3天内投递比例达到92%;城市快递服务网络进一步优化升级,市县快递网络覆盖率达到98%以上;省内县、乡级快递网络覆盖率达到80%以上;建成30人以上的专业技术人才队伍和300人以上的高层次技能型快递人才队伍;达到乡镇邮政局所设置全覆盖;达到城镇新建居民楼信报箱覆盖指标。

2.邮政业发展软环境不断完善

继续深化邮政体制改革。2012年全省设立14个市级邮政管理机构。2015年在全省部分县设立县级邮政管理机构。

2014年,全省14个市(地)级"邮政局"完成更名"邮政分公司"。2015年,经财政部批准,中国邮政拟对31个省邮政公司进行吸收合并。合并后,省邮政公司注销,中国邮政将承继31个省邮政公司各自拥有的全部资产、负债、业务、人员、合同和其他一切权利和义务,并将依照中国有关法律法规继续经营。

快递企业实现整合升级。多种手段促进快递转型升级,进一步优化企业内部资源,促进企业内部重组。一是通过开展规范清理快递企业经营范围专项活动,实现了重点快递品牌地级市的直营化,优化企业管理模式,加强企业管理能力。二是对规模企业,促进其进一步优化内部资源,细化管理区,实行区域化、精细化管理,实现内部资源整合。三是转变经营模式,进一步优化配送流程,提升末端服务能力。对末端网点布局覆盖不全、配送能力不强的企业,引导其转变经营管理模式,对末端配送网点实行加盟、合作模式,扩大服务范围,提升服务能力,促进企业发展。

法制环境不断改善。积极推进《中华人民共和国邮政法》贯彻实施。深入省内重点地区开展对《中华人民共和国邮政法》、《辽宁省邮政条例》贯彻实施情况的督察工作,协调解决各地方落实法规制度存在的实际问题。"十二五"期间,省内沈阳、大连、鞍山、抚顺等城市完成或启动市级邮政条例的修订工作。各市积极出台扶持邮政业发展的配套政策,支持普遍服务基础设施建设,有效解决行业发展存在的突出矛盾和问题。

科学技术应用步伐加快。全省邮政、规模以上快递企业五年累计用于科技进步的投资约1.5亿元。企业在业务管理、技术升级改造、作业流程优化、推进信息技术、自动识别、电子数据交换等技术的应用,极大地提高了企业生产作业效率。

加强行业人才队伍建设。提升行业队伍整体素质,积极推进校企合作,建立快递技能培训基地,加快培养企业急需的高技能人才。深入开展邮政业特有工种职业技能鉴定工作,初级快递业务员持证人数达到10559人,中级快递业务员持证人数达到367人,高级快递业务员持证人数达到663人。

(二)存在的主要问题

行业发展不平衡现象依然存在。我省邮政业结构不优、贡献率不高、发展粗放等问题依然存在,服务国民经济的广度和深度都需要拓展。快件进、出比例失衡,与城乡群众日益增长的需求不相适应。寄递渠道安全问题比较突出,在有些企业表现得相当严重。邮政管理队伍以及基础工作仍显薄弱,执法监管能力建设任重道远。

行业发展受到地方环境制约。我省面临经济下行压力较大,在建设城乡电子商务平台、建立综合物流配送体系、支持统一配送、共同配送等方面配套政策相对滞后,在一定程度上制约了快递服务的快速健康发展。快递企业用地难、快递服务车辆生产运营受限等问题仍未彻底解决。

政府管理职能有待强化。全省邮政监管体系不够健全,县级监管得不到有效覆盖,监管力量薄弱,市场监管机制有待完善,与履行政府监管职能的要求不相适应。

行业从业人员素质有待提高。"十二五"期间快递市场发展速度爆炸式增长,企业管理人员和一线员工的知识层次、职业素质、法律意识普遍不高,劳动力要素已经成为快递市场全要素投入效率的短板。

(三)"十三五"面临的形势

行业发展面临历史机遇。辽宁省是国家"一带一路"规划中18个重要省区之一,也是中蒙俄经济走廊的重要节点。国务院出台《关于近期支持东北振兴若干重大政策举措的意见》,为辽宁省再发展提供了坚实的政策保障。大连金普新区是国务院新批准的第10个国家级的经济新区,将成为我国面向东北亚开放的一个战略高地。随着"十三五"辽宁全面振兴,经济总量增加带动信息交流、物品交换活动更加频繁,社会用邮需求将持续较快增长。城市化建设步伐加快对邮政、快递的服务水平提出了更高要求,网络购物已进入高速增长期,将为快递服务带来广阔市场空间。特别是"互联网+"行动计划的完善落实,对助推产业共同发展意义深远。辽宁省扶持个人创业,支持小微企业发展的政策措施频频出台。随着加快落实创新驱动发展战略,主动适应和引领经济发展新常态,大众创业、万众创新的浪潮必将推动我省邮政业加快发展。

行业发展政策逐步完善。辽宁省委、省政府提出加快服务业发展的重要举措,支持快递服务发展。省委书记做出"大力支持邮政业、特别是快递服务发展"的重要批示。辽宁省邮政管理局联合省服务业委、省发改委、公安厅、财政厅、人社厅、交通厅、科技厅、国土厅、工商局等十部门出台《关于推进全省电子商务快递服务健康发展的意见》,为全省快递服务发展提供机制、规划和政策保障,使我省快递服务逐渐步入健康发展的轨道。省政府提出将加快推进以现代物流、电子商务等为重点的现代服务业发展,真正实现服务业发展的转型升级。行业发展日益受到重视,更加宽松的政策环境,为我省邮政业发展提供了有利的契机和条件。

建立产业融合协调发展新机制。《辽宁省交通运输推进物流发展规划》(2015—2020年)、《关于融入国家"一带一路"发展战略 构筑"辽满欧"综合交通运输大通道建设的实施意见》的出台,为辽宁邮政业发展提供支撑。在制度层面保障辽宁邮政业与交通相关部门,形成产业优势互补协调发展的新格局。

邮政业转型升级面临新形势。农村快递由于缺少业务量的支撑,而其运输等成本又远远高于城市和发达地区,所以快递企业在乡镇、农村市场的网点亏损严重很难产生经济效益,如果不进行多种经营,多数企业难以维持正常运行。"三农"问题历来得到党中央、国务院的高度重视,农村物流是农业生产资料供应和农产品流通的重要保障。交通运输部、农业部、供销合作总社、国家邮政局《关于协同推进农村物流健康发展加快服务农业现代化的若干意见》(交运发〔2015〕25号)文件,为邮政业转型升级,面向农村发展,提供了政策支撑。

邮政发展面临挑战。世界经济增速放缓,发达国家经济衰退,对邮政国际业务发展带来严峻挑战。互联网的普及和电子邮件的广泛使用,使邮政传统信件业务不断萎缩。随着经济和社会的发展,国家对邮政普遍服务的要求越来越高,消费者需求日趋多样化、个性化,普遍服务保障机制尚不健全,对邮政企业履行邮政普遍服务义务带来压力。

二、指导思想和原则

(一)指导思想

深入贯彻落实党的十八大和十八届三中、四中、五中全会精神,以促进邮政业科学发展为主题,以推动行业转型升级为主线,以深化改革、创新驱动为动力,"十三五"时期是全面建成小康社会的决胜阶段,以"创新、协调、绿色、开放、共享"的发展理念为指导,以"依法治邮"为核心,以建设普惠邮政、智慧邮政、安全邮政、诚信邮政、绿色邮政为抓手,注重加强邮政公共服务,提升普遍服务能力和水平;注重培育快递骨干企业,提高快递发展的规模、质量和效益;注重建立统一开放、竞争有序的邮政市场,推进行业和谐发展;注重加强市场监管,提高依法行政水平;注重发展现代邮政,实现邮政业跨越式发展。为全面建成小康社会和实现"两个一百年奋斗目标"奠定基础。

(二)基本原则

坚持市场主导,注重政府引导。强化企业的市场主体地位,发挥市场在资源配置中的决定性作用。积极发挥政府职能,在战略、规划、政策、标准等方面起到引领行业发展作用。

坚持统筹规划,突出发展重点。按照适度超前、远近期结合、系统规划、重点突出的思路,全面推进政策法规体系、邮政基础设施体系、科技应用体系、市场诚信体系、安全监管体系和环保体系建设。

坚持优化结构,促进协同发展。把优化行业结构作为推动邮政业科学发展的动力,加强配套机制建设,探索发展的新途径,积极引导行业与"互联网+"融合。实现邮政业与交通物流、电子商务、新农村建设有机统一,协同发展。

坚持创新驱动,实现发展惠民。要保障全体人民享受到更高水平的邮政普遍服务,维护通信权益,提供多元化服务选择,提供更高质量的快递服务,把邮政业发展目标落实到惠民、便民、富民上,实现惠民与强业的有机统一。

三、发展目标

辽宁邮政业到2020年全面提升普遍服务质量，提高快递服务城乡普惠水平，增强行业监管效能，全面建成与小康社会相适应的现代邮政业。

在邮政普遍服务方面，以实现邮政基本公共服务均等化和提升普遍服务发展水平为重点，建立覆盖城乡、惠及全民、水平适度、可持续发展的邮政普遍服务体系，满足经济社会发展和人民群众的基本用邮需求。

在快递服务方面，以规模化、集约化、规范化、融合化、国际化和低碳化为核心思路，构建便捷高效、竞争有序、技术先进、服务优质的快递服务体系，打造快递服务竞争优势，满足经济社会发展和社会各层次的快递服务需求。

在设施建设、服务质量、技术进步方面，以建设普惠邮政、智慧邮政、安全邮政、诚信邮政、绿色邮政为基准线，提升邮政普遍服务质量，提高快递服务城乡水平，增强行业监管效能，保障行业安全运行。

（一）社会效益

1. 邮政业业务总量和业务收入指标。到“十三五”期末，全省邮政业务总量达到129亿元，较“十二五”期末年均递增14%，邮政业业务收入（不含邮储直营收入）达到125亿元，较“十二五”期末年均递增13%。其中快递企业业务量完成5.5亿件，较“十二五”期末年均递增20%，快递业务收入达到80亿元，年均递增15%。

2. 邮政城乡公共服务均等化阶段性指标。缩小邮政设施和服务水平方面的城乡差距，省内行政村邮件“直投到村、转投到户”比例，2020年达到100%。

3. 邮政业安置就业指标。邮政业“十二五”期末从业人员4.5万人。邮政企业用工总量与“十二五”期末持平；规模以上快递企业按照每年10%的速度增加用工岗位，“十三五”期间预计新增就业岗位12000个。

（二）服务水平

1. 邮政普遍服务水平

（1）邮政普遍服务水平全面高于《邮政普遍服务》标准。

（2）邮政普遍服务营业时间高于《邮政普遍服务》标准，繁华地点的营业时间适当延长。

（3）省内平信、包裹寄递时限达标率100%。

（4）邮件丢失、损毁赔偿率达到100%。

（5）邮政普遍服务营业网点法定业务开办率100%。

（6） 全省邮政普遍服务满意度平均80分以上。

2. 快递服务水平

（1）快递服务水平全面高于《快递服务》标准。

（2）快件时限。省内地级市互寄快件达到次日递。快件准时率“十三五”期末达到95%以上。

（3）快递服务质量。快件延误率降低到千分之五、损毁率降低到万分之一以下、丢失率降低到十万分之五以下。

（4）用户申诉受理率。用户申诉受理率达到100%，用户申诉处理满意认可率达到95%以上。

（5）快递服务质量满意度。到“十三五”期末，全省快递服务的社会用户满意度达到75分以上。

（三）资源配置

1. 完善城市邮政服务设施布局。提高居民社区、高校园区、企事业集中办公区公共服务平台设施建设水平，智能快递柜、综合服务站点等邮政服务设施得到广泛应用。

2. 推进快递物流园区建设。沈阳、大连、营口、盘锦等节点城市，建成功能全面、设施齐全的快递物流园区。

3. 省内地级市间、市县间、县乡间，邮件/快省内地级市间、市县间、县乡间，邮件/快件使用公共运输网络班线达到50%以上。

4. 农村行政村“村邮站”及其他接收邮件的场所建设率100%。

5. 快递网络覆盖率。到2020年，城市快递服务网络进一步优化升级，乡镇快递网络覆盖率达到100%。

6. 快递服务城乡一体化发展。到2020年，省内具备条件的县、乡和行政村基本实现“乡乡设网点，村村通快递”。

（四）行业安全

1. 邮政行业安全制度、相关各项标准有效贯彻落实。

2. 省、市、县三级邮政行业监管部门，建成有效的安全监管系统平台。

3. 按照安全生产原则落实责任，邮政行业内不发生重、特大安全生产责任事故。

四、主要任务

（一）坚持依法治邮

全面建设政策法规体系，推进依法治邮，目标是建设法治邮政，实现邮政业治理体系和能力现代化。以贯彻落实《国家邮政局关于全面加强法治邮政建设的意见》为主轴，以行业制度建设和执法综合管理为抓手，把建设法治邮政贯穿于邮政业发展的全过程和各个方面。一是要实现从法治邮政重点领域向全面推进依法治邮转变，完善行业治理体系，提升治理能力；二是要实现从静态性行政执法向动态性行政执法转变，延伸监管链条；三是要实现从规范执法向规范与保障并重转变，加强现代信息技术在执法中的应用，推进邮政行政执法标准化建设。

（二）建设普惠邮政

全面规划建设邮政基础设施体系，促进消费公平、统筹城乡发展是建设普惠邮政的必由之路。关键是共享公共资源，创新管理模式，拓宽服务领域，提升服务品质，实现惠民利民。一是要提升普遍服务水平。通过提高标准、强化保障、严格监督，着力推动空白乡镇局所补建运营，促进邮政普遍服务提速度、优服务、拓市场。二是要实现快递服务均等化。按照国家邮政局快递“三进一下”总体工作部署，加快快递网络共建共享步伐。

（三）建设智慧邮政

全面建设科技应用体系，综合利用互联网、物联网等现代化科学技术，提高行业资源使用和生产运行效率，提升行业现代化水平，发展智慧邮政。一是要加强行业智能化建设。推动现代信息技术与服务和管理有机融合，实现行业管理的信息化、生产自动化、运输综合化、配送智能化。利用科学技术不断优化网络布局，加强移动互联网应用，提高收投效率。二是要提升行业监管技术水平。加强现代化科学技术在行业管理、市场监管和安全监控中的应用，构建智能化的监管环境，推进全省安全监管监控平台建设，全面提升安全管理现代化水平。

（四）建设平安邮政

全面建设安全监管体系，加强行业安全工作，维护邮政通信和信息安全，实现生产平稳运行，促进行业持续安全发展，建设平安邮政。一是要将安全作为行业发展第一要务。认真贯彻落实“安全第一、预防为主、综合治理”方针，强化红线意识，按照“谁主管、谁负责”原则，明确安全主体责任，切实增强行业安全发展共识。二是要完善安全监管机制。提升邮政管理部门安全能力建设制度化、规范化水平，联合相关部门推进行业安全监管协调发展步伐，加大安全执法检查力度，将落实情况纳入邮政管理考核体系，完善应急处置保障制度，确保行业安全生产。

（五）建设诚信邮政

全面建设市场诚信体系，将诚实守信作为发展的基本行为准则，促进行业持续健康发展。建立行业良性运行秩序，建设诚信邮政。一是要建立诚信政府。建立诚信奖励和失信惩戒机制，加强公务员诚信管理和教育，提升监管效能。二是要营造诚信市场环境。加大诚信企业、从业人员和消费者的诚信示范宣传力度，建立企业诚信评价体系，推动信用等级评定工作，建立消费者违规寄递“黑名单”和警示制度，完善信用信息记录、共享、披露和使用等诚信评价体系。

（六）建设绿色邮政

全面建设环保体系，减少行业在收寄、分拣、封发、运输、投递、管理等各个环节对环境的污染和资源浪费，实现行业和谐发展，建设绿色邮政。一是要争取政策支持。推动落实地方政府关于鼓励节能减排、循环利用资源等发展政策，鼓励企业优先使用新能源车辆，创新生产模式。二是要推动资源共享。依托省交通厅提出的《打造“一带一路”综合交通运输走廊建设工作方案》，融入国家“一带一路”发展战略工作目标，积极推进“交邮”合作，整合交通、邮政资源，促进航空、铁路、客运、网点等资源整合，推动行业提质增效。

五、重点项目建设

（一）重大工程

1. 积极推动快递园区建设。倡导集约式发展，提高行业运行效率，支持沈阳、大连、盘锦三个邮（快）件集散城市，将快递企业园区（分拨处理中心）设施建设纳入省内物流聚集区统筹规划，在供地、供水、供电、供暖等方面争取扶持政策，通过国家和省、市规定的土地出让方式，满足其产业发展用地需要。支持营口国际快件处理中心建设，实现进出口快件直运营口，通关配送，减少时间和物流成本，推动跨境电子商务及邮政业发展。积极争取各级政府给予资金支持，支持落户辽宁的快递企业投资建设大型分拨中心，加大科技资金投入，节能减排，建设绿色邮政。

2. 城市邮政业安全监管平台建设工程。监管平台可依靠数据库、远程监控、云共享等先进技术，对各市全部快递企业分拨中心、中转现场、服务网点、收寄窗口以及其他重点关键部位实现24小时联网远程视频监控；根据企业的作业情况实现定时监控、在线监督、预警纠错、信息服务、决策辅助等功能，形成一个全面覆盖、实时监控、运行高效、方便快捷的立体安全监管网络。安全监管平台将为邮政、国家安全、公安、安监等部门监管工作提供支撑，为平安邮政建设奠定保障基础。

3. 实施从业人员素质提升工程。贯彻行业职业教育指导意见，推动实施行业人才素质提升工程、人才培养提速工程、合作办学牵手工程，扩大人才培养规模，建设专业人才队伍，提高行业人才素质。引导和支持院校设置邮政、快递相关专业，加快遴选和建设邮政、快递专业示范点，筹划快递产学研论坛。启动新职业标准开发，联合制定高职专业教学标准，协调推进职业培训、职业技能鉴定和职业技能竞赛，举办高等级职业技能大赛，指导举办快递专业大学生创业创新大赛，加大“双创”人才培养力度。

（二）重大项目

1. 城市邮政业公共服务平台建设项目。全面推动省内14个城市构建邮政业公共服务平台，构建市、县、乡三级仓储、分拨、配送平台，引导邮政、快递企业拓展服务功能，提高行业整体竞争能力。引导邮政和快递企业进社区、进校园、进公共办公区，利用智能快递箱等形式，完善收派件服务功能。鼓励企业积极开发使用物联网技术，实现信息与管理、运行与运营的有效整合。充分利用现代科技手段，提升智慧邮政建设水平。

2. 推进快递企业转型发展。大力推动邮政和快递企业发挥优势，积极服务“三农”，实现普惠邮政建设。一是推动邮政和快递企业充分发挥实物流、资金流、信息流“三流合一”的独特优势，完善农村物流基础设施，以三农服务站、村邮站等形式，实现农村物流与邮政综合服务平台的有效嵌入。二是推进邮政和快递企业以综合服务平台为依托，以信息技术手段为支撑，积极开展与省供销合作联社等单位的合作，凡是具备邮政渠道站点布设条件的乡镇行政村基本实现“一村一站”，抓住工业品下乡和农产品返城两条主线，构建“无二次批发”的现代城乡双向流通体系。三是推进邮政和快递企业打造“工业及日用品下乡和农产品返城”的绿色通道，以建立现代电子商务高新技术网络为抓手，发展有特色的邮政农村电商业务，鼓励邮政和快递企业积极探索农产品与邮乐网等电商平台合作的接入点，为本地名特优产品外销搭建全国性销售网络，助推全省三农工作的发展。

3. 完成诚信邮政体系建设。一是加快推进政务诚信建设。将依法行政贯穿于决策、执行、监督和服务的全过程，全面推进政务公开，在保护国家信息安全、商业秘密和个人隐私的前提下，依法公开在行政管理中掌握的信用信息，建立有效的信息共享机制。切实提高政府工作效率和服务水平，转变政府职能。健全权力运行制约和监督体系，确保决策权、执行权、监督权既相互制约又相互协调。完善政府决策机制和程序，提高决策透明度。进一步推广重大决策事项公示和听证制度，拓宽公众参与政府决策的渠道，加强对权力运行的社会监督和约束，提升政府公信力，树立政府公开、公平、清廉的诚信形象。二是深入推进企业诚信管理制度建设。开展邮政和快递企业诚信承诺活动，加大诚信企业示范宣传和典型失信案件曝光力度，引导企业增强社会责任感，在生产经营、财务管理和劳动用工管理等各环节中强化信用自律，改善商务信用生态环境。鼓励企业建立客户档案、开展客户诚信评价，将客户诚信交易记录纳入应收账款管理、信用销售授信额度计量，建立科学的企业信用管理流程，防范信用风险，提升企业综合竞争力。

六、保障措施

（一）全面履行政府职能

落实政府相关责任。推动市、县政府完善邮政业发展组织领导机制，落实主要领导的领导责任、分管领导的直接责任、领导小组的推动责任、邮政部门的实施责任、相关部门的配合责任，形成上下联动、齐抓共管的工作格局。

加强规划实施的组织。制定贯彻实施方案，细化分解目标任务，研究重大问题，加强综合协调，集成各种资源，加强有效衔接，推动规划目标、任务和工程的有效实施。

完善行业统计调查制度。建立科学、统一、全面、协调的行业统计调查制度，完善统计调查方法和指标体系，建立政府统计和行业统计互为补充的统计调查体系，健全行业信息发布制度。

加强政府领导。推进由省政府牵头、邮政管理部门和相关职能部门共同参与的工作协调机制，研究解决邮政业发展中的重大问题，落实促进辽宁省邮政业发展的各项政策措施。

（二）落实法律法规制度

推进邮政法制建设。全面贯彻实施《中华人民共和国邮政法》等法律法规，结合辽宁省实际，研究制订配套的地方法规和规章，完善本地区邮政普遍服务保障机制和邮政市场监管机制。对省内重点地区开展《中华人民共和国邮政法》、《辽宁省邮政条例》贯彻实施情况的督察工作，协调解决各地落实法规制度存在的实际问题。加强支持普遍服务基础设施建设等方面政策研究，协调解决存在的突出矛盾和问题。

强化依法行政。完善行政执法责任制度，全面规范行政执法行为，严格依法实施对全省邮政普遍服务和邮政市场的监督管理，依法查处违规行为。开展依法行政培训教育，提高依法行政能力。建立法律顾问工作机制，加强依法行政的智力支持。建设完善电子政务体系，扩大网上办事的范围，提高行政审批效能。

加强行业法规宣传教育。开展邮政法规制度宣传教育，让各级地方政府了解、理解《中华人民共和国邮政法》等法律法规，支持邮政普遍服务发展。采取培训座谈、媒体宣传、知识答题等多种形式，面向社会监督员、邮政和快递企业、社会公众开展广泛深入的宣传活动。

（三）政策扶持邮政业发展

完善各项扶持政策。推动各级政府将邮政基础便民服务纳入城乡基层公共服务体系，加大政策扶持力度，依法对空缺的政策加以弥补，对原则性的政策加以细化量化，对未同步的政策加以修订完善，对已明确的政策加以督导落实，对已执行的政策加以考核评估。

推动各级政府出台支持邮政普遍服务的政策。研究依法制定支持邮政企业履行邮政普遍服务义务的政策，重点对农村邮政普遍服务网点建设和运行提供财力支持，弥补农村邮政普遍服务以及义务兵通信等特殊服务的政策性亏损。

制定保障邮政普遍服务的具体办法。研究制定邮政设施建设用地划拨等具体规定和办法；研究邮政普遍服务地方补贴资金使用监督管理办法，监督邮政企业正确合理使用补贴资金；建立和完善辽宁省邮政普遍服务综合评估制度，促进邮政企业改善服务。

加强邮政规划工作沟通协调。建立长效机制，纳入政府规划体系，争取各方面政策支持，合力推动规划落实。研究制定支持快递企业发展的政策措施，享受资金补贴及税收优惠相关政策。

（四）加强标准化建设

标准是技术法规的主要表现形式，是开展经济和社会活动的技术依据。研究制定和贯彻执行各项标准是引导发展、规范市场的重要措施和有效手段。

进一步拓宽标准制定领域。在国家已经发布实施相关标准基础上，结合省情实际，提出具有辽宁特色地方标准的研究制定工作，设立内容全面、结构合理、水平先进的地方邮政行业标准项目。

进一步加大对现有标准的宣贯培训和实施监督力度。指导全省邮政业有序开展标准化工作。引导企业不断进行科技创新，在国家和行业标准体系的指导下，逐步建立完善企业标准框架和内容，形成标准化的生产模式、管理模式和服务模式，提高市场竞争力。

积极参与各项国家标准、行业标准和地方标准的制定工作，共同推动行业科技进步。

（五）加强人才队伍建设

提升行业队伍整体素质。积极推进校企合作，建立快递技能培训基地，加快培养企业急需的高技能人才。深入开展邮政业特有工种职业技能鉴定工作，实行从业人员持证上岗。指导企业建立专兼职师资队伍，健全内部培训体系。引导和推动企业、单位和社会组织加大对邮政业人才队伍建设的资金投入，保证企业足额提取和使用职工教育经费。

提高监管队伍行政能力。加强人才引进交流，扩大公务员队伍的选拔范围，选派有培养前途的干部到省直相关部门学习交流，到企业锻炼。加大人员培训力度，制订培训规划，开展对公务员的基础培训、专业强化培训、提升培训，不断提高公务员依法行政的能力。完善人才激励机制，畅通优秀人才晋升渠道，对工作突出、成绩优异的公务员提供脱产学习进修的机会。

（六）促进行业自律

充分重视行业协会的作用，积极支持省、市两级快递行业协会的发展，将协会建设成为能够真正代表行业利益、反映企业诉求、提供中介服务、规范企业行为的行业组织。加强协会的行业自律功能，充分发挥协会在行业协调、政策研究、行规行约制定等方面的作用，规范行业行为，维护行业秩序，协调会员利益,促进公平竞争,保障快递服务健康发展。组织开展快递服务质量达标、服务标准等级评定等活动,促进快递企业不断优化操作流程、规范经营行为,提升快递服务水平。组织协会会员之间进行学习交流,实现优势互补、互利共赢。

(七)优化行业监管环境

健全政府监管、行业自律、社会监督的邮政行业监管模式。加强邮政监管组织保障,完善监管机构设置,加强执法队伍建设。加强社会监督,建立覆盖全省县级行政区划的服务质量监测点。

加强对企业经营服务的监管。监督邮政企业执行邮政法律法规情况,检查快递市场中快递业务经营许可制度和邮政专营规定的执行情况。推动快递企业全面落实《快递服务》标准。依法打击非法生产邮政用品用具的行为,加强集邮品广告管理,推进集邮市场管理的规范化。

规范服务行为和市场秩序。积极落实《中华人民共和国邮政法》,依法规范市场。通过许可规范快递企业资质和从业人员资格,实现市场经营者合法入市、依法经营、有序退出。按照企业分级分类管理办法,实行分级管理、分类指导,扶优汰劣,规范市场秩序,营造公平竞争环境。对违法经营依法实施行政处罚,建立公平有序的市场经营秩序,促进快递服务良性发展。

本溪市人民政府关于促进快递业健康发展的实施意见

(2016年11月4日)

各自治县、区人民政府,市政府各委办局、直属机构:

为贯彻落实《辽宁省人民政府关于促进快递业健康发展的实施意见》(辽政发〔2016〕9号),培育我市现代服务业新的增长点,更好地发挥快递业对稳增长、促改革、调结构、惠民生的作用,市政府现就促进快递业健康发展提出如下实施意见:

一、总体要求

(一)指导思想

以党的十八大和十八届三中、四中、五中全会精神为指导,全面贯彻落实市委、市政府关于加快发展现代服务业有关要求,紧紧抓住新一轮东北老工业基地振兴发展机遇,以深化快递业改革创新为主线,以完善快递服务体系为抓手,以提质增效为核心,优化快递业发展环境,着力发挥快递业在推进城乡区域协调发展、保障和改善民生中的积极作用,打造我市快递业竞争优势,鼓励企业科技创新、管理创新和模式创新,推进快递业与综合交通运输体系顺畅对接,推动快递与电子商务、制造业等相关产业联动发展。

(二)发展目标

1.产业规模上新台阶。到2020年,快递业务量达到1000万件,较"十二五"期末年均递增约28%,快递业务收入达到1.5亿元,年均递增24%。

2.经济社会效益更加显著。支持快递企业进行商业模式创新、丰富产品体系、拓展服务网络,促进行业转型升级。快递服务生产和便利民生等基础性作用显著提升,力争"十三五"期末我市快递从业人员达到1500人以上。

3.服务能力大幅提升。促进快递企业与物业、高校、企事业单位合作,鼓励第三方主体参与末端派送,完善居民社区、高校园区、企事业集中办公区公共服务平台建设。推进智能快件箱应用。乡(镇)快递网络覆盖率达到100%,实现"县县有分拨、乡乡设网点、村村通快递"。快递企业应与物业企业加强沟通与协调,为快递企业发展提供条件。

4.服务水平显著增强。快递企业要在承诺时限内完成快件收寄服务,快件延误率、损毁率、丢失率分别控制在千分之八、万分之一、十万分之五以内。同城快递、省内地级市间快件要达到次日送达。规模以上快递企业全部建立投诉处理平台,投诉受理率达到100%,投诉处理满意率达到95%以上,社会用户满意度达到85分以上。

二、主要任务

(一)落实"互联网+"战略。加快移动APP、物联网、云计算、大数据等先进技术应用,推动快递产业以互联网为基础的信息化、智能化进步。加快推进智慧邮政建设步伐,积极融入“智慧本溪”建设。加快智能化收投终端、自动化分拣、机械化装卸、绿色化运输与包装等技术设备应用。鼓励企业运用新技术优化服务网络布局,推进县到村级的快递物流配送网络建设,提升生产及运营管理效率,变革服务模式,促进转型升级,实现可持续发展。

(二)促进产业协调发展。促进快递业融入社会生产与消费的产业链、供应链和服务链。推进快递业与电子商务、制造业、旅游业、现代农业、金融业等其他产业协同发展。推进快递业与综合交通体系深度融合,使其高效便捷运行。引导快递企业创新城市社区和农村末端网络运营模式,推动线上线下联动,打造便民利商、互利共赢的综合服务平台。

(三)提升服务管理水平。加强快递企业服务质量监管,提高快递企业服务质量透明度,监督快递企业落实快递服务标准和业务操作规范,引导快递企业从恶性价格竞争向良性服务竞争转变。做好快递业消费者申诉处理工作,降低快件延误率、丢失率、损毁率,提高用户满意度。及时公布申诉处理报告,使快递服务满意度全省排名稳中有升。

(四)强化寄递安全保障。强化快递行业安全综合治理工作,加强安全监管能力建设。督促快递企业建立健全安全生产管理体系,落实安全主体责任,加大安全生产设施设备投入,完善快递从业人员安全教育培训制度。完善快递业安全监管信息平台,健全信息采集标准和共享机制。强化安全监管措施,严格落实快件收寄验视、实名寄递及过机安检“三个100%”制度,全面提升行业安全生产水平。加强与相关部门协作配合,积极开展行业安全联合执法工作。

三、保障措施

(一)做好规划衔接,加快产业园区建设。各级政府要把快递服务业纳入国民经济中长期发展规划、年度计划和综合交通运输、服务业、物流业、商贸流通、农村新型城镇化等专项规划。要将城乡快递服务网点和快件处理中心、集散中心等快递服务基础设施建设纳入本级城乡规划、土地利用总体规划和物流园区、城市配送发展规划,合理安排建设布局、用地规模和开发时序,预留快递服务业发展空间。鼓励快递企业积极入驻彩北交通物流产业园等快递物流园。各相关部门要协调配合,明确责任分工,编制好我市快递物流园区专项规划,使我市未来的现代化快递物流园覆盖全地区。(责任单位:市发展改革委、市城乡规划建设委、市交通运输局、市服务业委、市邮政管理局、各县区政府、本溪高新区管委会)

(二)加大政策扶持力度。公安交警部门要放宽对快递物流配送电动三轮车辆管理,为物流配送电动三轮车辆合理规划运行路线和运行时间,对物流配送电动三轮车辆提供法律咨询和交通安全宣传教育。(责任单位:市公安局)

(三)推进快递与综合交通体系协同发展。支持快递企业加强与铁路、公路等运输企业合作,有效利用多种社会资源,推动行业科学发展。依托客运站建立快递业务平台,推进公路客运班车代运快件试点,实现公路客运班线代运快件。在公路场站、火车站配套设置快件运输通道和装卸操作接驳场所,优化快件安检配载、装卸交接流程。(责任单位:市发展改革委、市交通运输局、沈阳铁路局本溪车务段、市邮政管理局、各县区政府、本溪高新区管委会)

(四)完善快件末端投递服务体系。机关、企事业单位、校园以及社区物业服务等单位应为快件投递车辆的进出和快递从业人员递送快件提供必要便利,防止不法分子冒充快递人员作出违法事件,快递企业与物业服务企业要建立协调机制,及时定人、定时、定位沟通。鼓励企业通过自建或与第三方合建等形式,建设邮政快递综合便民服务站。利用多种形式鼓励、吸引快递企业、第三方主体、高校等依据各自实际情况加强合作,设置智能快件箱或综合服务平台。通过校园快递、快递超市等形式,为高校、机关、企事业单位提供优质高效快递服务。鼓励快递企业在乡(镇、街道)、村(居)委会建立快递网点,利用村邮站、便民服务站等投递快件,扩大农村快递服务网络。(责任单位:市服务业委、市发展改革委、市城乡规划建设委、市房产局、市教育局、市邮政管理局、各县区政府、本溪高新区管委会)

(五)促进快递业与电子商务协同发展。引导快递企业发展分销配送、供应链服务和物流网络,推动建立快递服务与电子商务合作发展机制。以本溪高新区生物医药产业基地获批国家电子商务示范基地为契机,打造东北医药电子交易平台,推动快递服务与电子商务合作发展共赢。结合我市产业基础和发展现状,重点打造中国药都保税物流中心项目、现代物流园区电子商务及物流中心一期正远大厦项目、长江农产品物流交易中心、桓仁特产电子商务平台项目。引导快递企业与电商企业和交易平台深度合作,促进线上线下互动创新。积极推动快递企业参与本溪、桓仁两县电子商务进农村全国示范县建设项目,畅通快递物流渠道,逐步扩大“工业品下乡”和“农产品进城”的双向流通渠道。(市服务业委、市外经贸局、市邮政管理局、各县区政府、本溪高新区管委会)

（六）推动快递业与制造业协同发展。鼓励快递企业与制造企业建立结构合理、协作深入、标准对接的合作模式，实现互利共赢。支持制造企业外包服务环节依托快递网络，开展综合集成制造和分销配送，构建产业发展新体系。支持快递企业根据制造业需求，加强功能整合和服务延伸，开发信息流、资金流、实物流融合型服务，构建安全高效、技术先进的快递服务体系。引导快递企业进驻桥北钢铁深加工产业园、东风湖钢铁深加工产业园、本溪县装备制造产业园、五女山经济开发区等重点制造业园区，依托生产要素集聚优势，创新服务产品和配送体系，提高产业配套协作水平。（责任单位：市邮政管理局、市经济和信息化委、市发展改革委）

（七）提供车辆通行便利。按照依法、便捷、高效的原则，根据我市实际情况，由市邮政管理局、市公安局、市交通运输局研究制定快递服务车辆管理办法，在统一规范快递车辆基础上，根据相关政策，对快递车辆在市区通行、停靠、作业以及事故处理等方面给予相应便利政策。鼓励快递企业使用CNG（Compressed Natural Gas压缩天然气）等清洁能源车辆开展快递配送业务，由市邮政管理局、市公安局、市交通运输局制发快递车辆统一专用标识，完善城市配送网络，解决“最后一公里”问题。（责任单位：市交通运输局、市公安局、市邮政管理局、各县区政府、本溪高新区管委会）

（八）简化快递企业及其分支机构设立手续。按照国务院关于行政审批制度改革和简政放权的要求，优化快递业务经营许可审批流程和年度报告手续。采取精简许可材料、压缩审批时限、建立绿色通道、优化审批流程等措施，建立务实便利、高效透明的快递许可工作体系。快递企业设立分支机构办理工商营业执照，可依照《快递业务经营许可证（副本）》的分支机构名录，向市工商局申请集中统一办理。允许快递企业办理住所备案登记设立营业网点。（责任单位：市邮政管理局、市工商局、各县区政府、本溪高新区管委会）

（九）加大快递职业培训力度。实施“邮政业人才培育”工程，提高快递从业人员素质。对符合规定的快递行业相关人员职业（工种）培训补贴和鉴定补贴，按照我市相关文件执行。积极推进我市与全国快递相关专业领先的院校开展联合办学，建立快递业人才教育培训基地，培育快递高级管理人才和专业技术人才。依托各类院校和社会培训机构对快递企业在职人员开展快递管理培训，提高快递从业人员整体素质。（责任单位：市教育局、市邮政管理局、市财政局、市人社局、各县区政府、本溪高新区管委会）

（十）加强安全监管综合治理。指导企业建立严格的收寄验视制度和应急保障制度，充分运用现代信息及物联网技术，建立安全信息监管系统，定期举行邮政快递业综合应急演练活动，保障邮路寄递渠道安全。将寄递渠道安全管理作为平安建设的重要内容，加强综治、公安、国安、交通、邮政等部门协调配合，健全组织机构，建立工作机制，加强信息化建设，强化信息资源共享，坚持常态联动、坚持问题导向、坚持优势互补、坚持责任共担，确保部门协同联动。各县（区）政府要对邮政管理部门安全信息监管系统建设给予支持。（责任单位：市综治办、市交通运输局、市国家安全局、市公安局、市安监局、市邮政管理局、各县区政府、本溪高新区管委会）

（十一）强化行业监管，全面推进依法治邮。加强快递业行政执法力度，不断提升企业依法合规经营水平。发挥12305邮政业消费者申诉热线作用，完善申诉工作机制和处理流程，建立消费者申诉与市场监管联动机制，切实维护消费者合法权益。支持快递行业协会制定行业规范，加强行业自律，规范竞争秩序，提高快递服务业自我监督、自我管理、自我约束能力。（责任单位：市邮政管理局、各县区政府、本溪高新区管委会）

各县（区）、各有关部门要按照本实施意见要求，深化对发展快递业重要意义的认识，切实加强组织领导和协调配合，加强检查考核，推动全市快递服务业快速健康发展。

7. 吉　林

吉林省综治办等五部门关于下发寄递企业X光安检机购置补贴资金的通知

（2016年4月20日吉林省社会治安综合治理委员会办公室、吉林省财政厅、吉林省公安厅、吉林省国家安全厅、吉林省邮政管理局印发　吉邮管〔2016〕17号）

各市（州）综治办、邮政管理局、公安局、国家安全局、财政局，公主岭市综治办、财政局：

根据《国务院关于促进快递业发展的若干意见》（国发〔2015〕61号）和中央综治办等15部门《全国集中开展危爆物品寄递物流清理整顿和矛盾纠纷排查化解专项行动工作方案》（中综办〔2015〕27号）精神，为推动我省寄递企业安检机配置工作，保障邮件、快件100%通过X光安检机安检，坚决遏制重大涉爆涉危案件和事故发生，切实做好维稳安保工作，经研究决定，对寄递企业购置X光安检机给予财政补贴。现就有关事项通知如下：

一、补贴对象

本次财政补贴以本省辖区内邮件、快件省际分拨中心所在的寄递企业和具有分拨中心功能的市（州）级（含扩权强县试点市）寄递企业作为补贴对象。

二、补贴原则和标准

为加强寄递安全制度体系建设，本着"先购置后补贴，一次性补贴"的原则，对安检设备配置总量、进度安排和基本功能符合要求的寄递企业在2016年1月1日—6月15日期间购置X光安检机的费用按照40%的标准给予补贴。最高补贴11万元/台。X光安检机单价在12万元以下的，财政资金不予补贴。补贴资金按照安全属地管理原则，由省级财政负担60%，市（州）财政负担40%。凡通过本次财政补贴购置的安检机，不得向其他省市进行调用。

寄递企业购置的X光安检机需符合三个方面要求：

（一）符合《GB 15208.1　微剂量X射线安全检查设备　第1部分：通用技术要求》的相关要求，其中设备的穿透力应当达到A类以上要求，且通道规格不小于100cm×80cm；

（二）具有双能量探测功能，能够有效区分有机物和无机物，并具备计数、存储、回放、数据上传等功能，图像资料保存时间不少于30天；

（三）具有能够接入邮政管理部门的信息管理系统的数据接口。

三、补贴审核

各市（州）成立由综治办、公安局、国家安全局、财政局、邮政管理局组成的寄递企业X光安检机购置补贴审核小组，负责X光安检机购置补贴审核和具体工作的组织实施。审核小组办公室设在邮政管理局市场监管（行业管理）处（科）。具体流程为：

（一）购置

企业按照需求数量和技术标准自主购置安检机，本次可享受补贴企业名单及数量见附件2。

（二）申报

企业填报X光安检设备购置补贴申领表（见附件1），交所在市（州）邮政管理部门。同时递交如下材料：

1. 购机发票（交验原件，留存复印件）；
2. 法人身份证明（经办人办理的需提供身份证明和企业授权委托书）；
3. 企业银行账户（户名需与发票付款方一致）。

（三）实地核查

申报材料审核合格通过后，由审核小组办公室组织核查小组根据企业申报材料所报内容对安检设备购置情况及时进行实地核查。

（四）复核

审核小组办公室将审核通过的《安检机购置补贴申领表》及相关材料转市（州）综治办、财政局，由市（州）综治办、财政局两部门共同予以复核。

（五）拨付

对于经复核符合补贴要求的，由市（州）综治办、财政局联合报省综治办、财政厅后，省财政厅依据上报材料向各市（州）财政局拨付资金，各市（州）财政局应在收到指标文件15日内将资金拨付给企业。

四、补贴监管

（一）补贴审核小组办公室要督促企业按要求配置安检机，配齐配强安检人员。对于未按照要求配置安检机、达不到100%过机安检要求的，监管部门要作为重点监管对象，定期抽查检查，对发现的安全隐患予以整改。

（二）对于存在虚开发票、以少充多等不如实申领补贴的企业，一经查实，将不予发放补贴，并按照法律法规有关规定予以查处。

（三）各市（州）邮政管理、公安和国家安全部门要加强监督检查，督促企业严格按照技术要求加快配置安检机；财政部门要加强财政监督，确保财政补贴资金拨付符合财经相关规定。

附件：1. X光安检设备购置补贴申领表（略）

2. 享受补贴企业名单（略）

吉林省人民政府关于促进快递业发展的实施意见

（2016年4月26日　吉政发〔2016〕17号）

各市（州）人民政府，长白山管委会，各县（市）人民政府，省政府各厅委办、各直属机构：

快递业是现代服务业的重要组成部分，是推动流通方式转型、促进消费升级的现代化先导性产业，促进快递业健康快速发展，对我省稳增长、促改革、调结构、惠民生具有重要意义。为贯彻落实《国务院关于促进快递业发展的若干意见》（国发〔2015〕61号）精神，加快我省快递业发展，更好地发挥快递业在降低流通成本、支撑电子商务、服务现代农业和制造业、方便人民生活、扩大就业等方面的重要作用，现就促进我省快递业发展提出如下实施意见。

一、总体要求和发展目标

（一）总体要求。以解决制约快递业发展的突出问题为导向，实施互联网和快递融合发展，培育壮大市场主体，利用综合交通体系，扩展服务网络，保障寄递渠道安全，促进行业转型升级和提质增效，不断满足人民群众日益增长的寄递需求，更好地服务我省国民经济和社会发展。坚持市场主导、安全为基、创新驱动、协同发展的原则，激发市场主体活力和创造力，创新管理方式，持续提高服务能力和服务质量，提高我省快递业竞争优势。以建设快递强省为目标，进一步简政放权，充分发挥法律法规、规划、标准的规范引导作用和市场在资源配置中的决定性作用，坚持放管结合，确保快递业健康有序发展。

（二）发展目标。到2020年，基本建成普惠城乡、技术先进、服务优质、安全高效、绿色节能的快递服务体系，努力使快递业对全省经济增长的贡献度明显提高，全省快递业发展水平处于全国先进行列，基本实现快递业现代化。

1. 扩大快递产业规模。快递收寄业务量突破3亿件，投递业务量达到10亿件，快递业务收入突破50亿元，年均增长率达到25%。

2. 完善城乡服务设施。建成省级快递功能园区2个，20家快递企业入驻，各市（州）均建成1个快递园区。提高居民社区、高校园区、企事业集中办公区公共服务平台设施建设水平，智能快递柜、综合服务站点等快递服务设施得到广泛应用。

3. 扩展网络覆盖范围。快递服务营业网点总数达到3000个，城市快递服务网络进一步优化升级，乡镇快递网络覆盖率达到100%，做到“县县有分拨，乡乡有网点，村村通快递”。

4. 提高综合社会效益。快递服务现代农业和制造业成效明显，全年支撑网络零售交易额400亿元，日均服务用户500万人次。按照每年10%的速度增加用工岗位，快递从业人员达到22000人。

二、主要任务

（三）加强基础设施建设。在长春、吉林、延边等地规划建设一批具备集中仓储、分拣处理、快速集散、统一配送、商品展示等服务功能的现代化快递园区。引导快递企业推进自动分拣、自动化立体仓库、自动化装卸系统等先进物流装备应用。鼓励快递企业对快件处理流水线、配送管理系统、快件收发人员手持设施等进行信息化改造提升。

（四）强化运输保障能力。鼓励企业对干线车辆和配送车辆进行更新。规范车辆管理，逐步统一标志，推广使用节能车辆，制定快递专用电动三轮车或其他轻型车辆用于城市收投服务的管理办法，解决城市配送难题。推动交通运输业与快递业在基础设施建设、运营网络资源、农村快递等方面融合发展。

（五）完善城乡服务网络。鼓励快递企业创新管理模式，拓宽服务网络，提升服务品质，共享公共资源，实现惠民利民。统筹城乡发展，全面推进"快递下乡"工程，构建农产品快递网络，服务全省名优特产品产地直销、订单生产等农业生产新模式，提升农村地区快递服务水平。支持快递企业加强与农业、供销、商贸企业合作，建立"工业品下乡"和"农产品进城"双向流通渠道，带动农村消费。

（六）推进"互联网＋"快递。鼓励快递企业充分利用移动互联、物联网、大数据、云计算等信息技术，优化服务网络布局，提升运营管理效率，拓展协同发展空间，推动服务模式变革，加快向综合性快递物流运营商转型。

（七）加强行业安全监管。完善安全监管机制，全面加强安全监管体系建设，加大安全执法检查力度，完善应急处置保障制度，升级安全监管信息系统，提升管理部门的安全监管能力。督促快递企业建立完善安全管理体系，明确安全责任，加大安检设备投入和使用，确保行业安全生产，维护通信和信息安全，实现生产平稳运行，建设平安快递。

三、政策措施

（八）做好规划衔接。各地在制定国民经济中长期发展规划、年度计划以及综合交通运输、服务业、物流业、商贸流通、农村新型城镇化等专项规划时，要把快递业纳入其中。将城乡快递服务网点和快件处理中心、集散中心等快递服务基础设施纳入本级城乡规划、土地利用总体规划和物流园区、城市配送发展规划，合理安排建设布局、用地规模和开发时序，预留快递服务业发展空间。各级政府在城市控制性详细规划和修建性详细规划中应统筹考虑快递服务网点建设布局。对适宜快递业发展的工业园区、住宅区、商业区，优先考虑快递网点的进驻。支持快递企业利用工业企业旧厂房、仓库和存量土地资源，建设快递服务基础设施或提供快递服务。（责任部门：省发展改革委、省国土资源厅、省住房城乡建设厅、省交通运输厅、省商务厅、省邮政管理局）

（九）加快快递园区建设。各地、各有关部门要在园区选址规划、立项、供地审批等方面予以支持。对入驻快递产业园区的快递、电商及其他配套服务企业，落实税收等优惠政策，以吸引更多企业入驻。（责任部门：省发展改革委、省财政厅、省国土资源厅、省住房城乡建设厅、省国税局、省邮政管理局）

（十）鼓励快递企业提升服务能力。提高规模以上快递企业省级枢纽型分拨中心自动化分拣设备以及市、州级分拨中心机械化分拣设备配置率。分拨中心及网点监控摄像头、干线车辆GPS、城市内快递员手持终端设备配置率均达100%。快递企业购置纳入国家新能源汽车补助目录的新能源环保车辆，按照我省新能源汽车补贴政策，给予新能源汽车购置补助。（责任部门：省发展改革委、省公安厅、省财政厅、省邮政管理局）

（十一）强化与交通运输融合发展。落实《吉林省交通运输厅 吉林省邮政管理局关于交通运输与邮政业融合发展的指导意见》（吉交联发〔2015〕62号），鼓励快递企业与交通运输企业开展干线、支线运输合作。鼓励快递企业入住客运站，免费提供快件处理场所和营业场所。推动客运班车代运快件，开发点对点运输快件的试点线路。（责任部门：省财政厅、省交通运输厅、省邮政管理局）

（十二）鼓励特色优势产业发展。鼓励特色优势产业精深加工，打造知名品牌，提升我省优质产品的影响力，为发展电子商务提供商品支撑。倡导利用网络平台提供个性化订制产品，在农林特产品、医药品、工业制成品中开发适合快递运输的轻小包装，通过网络销售。引导快递企业延伸服务链条，拓展合作领域和范围，畅通全省商品销售渠道，发展快递产业。（责任部门：省农委、省商务厅、省邮政管理局）

（十三）落实快递车辆通行政策。规范快递车辆管理，逐步统一标志，对快递专用车辆城市通行和临时停靠作业提供便利。快递企业应采购符合国家相关标准且能满足快件末端投递需求的轻、微型封闭式新能源车辆或电动三轮车，用于城市末端配送。（责任部门：省工业信息化厅、省公安厅、省财政

厅、省交通运输厅、省邮政管理局）

（十四）大力推广智能快件箱。各级政府应将智能快件箱纳入城市共同配送体系，重点在高校、住宅小区设置智能快件箱。利用多种形式鼓励、吸引快递企业或第三方投资设置智能快件箱，建立统一的投递服务平台，共同解决好快递终端投递的难题，满足群众用邮需求。（责任部门：省财政厅、省商务厅、省邮政管理局）

（十五）大力推进快递服务中心建设。各级政府应将快递服务纳入城市共同配送体系，加快与城市共同配送体系建设的融合发展。引导快递企业与城市社区、高等院校等合作，共建快递服务中心，为快递终端投递和揽收提供服务和便利，提升快递终端服务的质量，节省终端服务成本，不断提升快递服务水平。鼓励建筑面积5万平方米以上的新建住宅小区，提供快件用房，以方便本小区居民收发快件，保护快件的安全。（责任部门：省民政厅、省住房城乡建设厅、省商务厅、省邮政管理局）

（十六）推进"快递下乡"工程。落实《吉林省人民政府办公厅关于支持"快递下乡"的意见》（吉政办发〔2015〕16号）。2016年全省快递服务乡镇覆盖率达到100%，鼓励和扶持在空白乡镇建立快递服务网点或共建快递服务中心，对持续经营半年以上且达到建设标准的，经邮政管理部门考核验收，市县政府给予一定支持。（责任部门：省农委、省邮政管理局）

（十七）鼓励开辟跨境国际邮路。支持开通国际货运航线，畅通国际邮路，发展对周边国家跨境电子商务业务。快递企业自主开辟跨境国际航线，试航期间从现有资金渠道给予一定补贴。提高通关保障能力，增强对旺季和业务量突增等情况的通关保障。（责任部门：省财政厅、省商务厅、长春海关、省邮政管理局）

（十八）加大培训扶持。大力实施"邮政行业队伍培育"工程，建立2个邮政行业人才培养基地，邮政行业人才培养合作院校达到3所。对符合职业培训补贴的人员，按规定给予职业培训补贴。（责任部门：省教育厅、省财政厅、省农委、省邮政管理局）

（十九）加强安全监管。实施寄递渠道安全监管"绿盾"工程，全面推进快递企业安全生产标准化建设，落实《邮政业安全生产设备配置规范》等强制性标准，明确收寄、分拣、运输、投递等环节的安全要求。各级监管部门要督促快递企业加大安检设备投入和使用，规模企业地市级分拨中心逐步完成安检设备配备，对配备安检设备的企业给予一定资金补贴。落实快递企业和寄件人安全责任，完善从业人员安全教育培训制度，筑牢寄递渠道安全基础。强化安全检查措施，严格执行收寄验视制度，加强对进出境快件的检疫监管，加强对各类快件的安全监管，从源头防范禁寄物品流入寄递渠道。积极利用信息技术提升安全监管能力，完善快递业安全监管信息平台，健全信息采集标准和共享机制，实现快件信息溯源追查，依法严格保护个人信息安全。落实寄递渠道安全管理工作机制，按照省综治办等部门《关于加强全省邮件、快件寄递安全管理工作的实施意见》（吉综治办〔2015〕2号）和省综治办等部门《关于加强全省物流安全管理工作的实施意见》（吉综治办〔2015〕8号）要求，加强跨部门、跨区域协作配合，提升安全监管与应急处置能力。（责任部门：省综治办、省公安厅、省国家安全厅、省财政厅、长春海关、吉林出入境检验检疫局、省邮政管理局）

（二十）加强行业监管。发挥"12305"邮政业消费者申诉中心作用，完善申诉工作机制和处理流程，建立消费者申诉与市场监管联动机制，切实维护消费者合法权益。支持快递协会制定行业规范，加强行业自律，规范竞争秩序，推进快递诚信体系建设，建立违法失信主体"黑名单"及联合惩戒制度，提高快递业自我监督、自我管理、自我约束能力。（责任部门：省邮政管理局）

四、组织实施

各地区、各有关部门要充分认识促进快递业发展的重要意义，加强组织领导，健全工作机制，强化协同联动，加大支持力度，为快递业发展营造良好环境。各级政府要根据本意见，结合本地区实际情况研究出台有针对性的支持措施并认真抓好落实。各有关部门要各负其责，按照职责分工抓紧制定相关配套措施。省交通运输厅、省发展改革委、省邮政管理局会同有关部门负责对本意见落实工作的统筹协调、跟踪了解、督促检查。

吉林省邮政业发展“十三五”规划

（2016年12月12日吉林省邮政管理局、吉林省发展和改革委员会印发　吉邮管〔2016〕73号）

“十三五”时期是我国全面建成小康社会的决胜阶段，也是吉林实现富民强省、全面振兴的重要战略机遇期。加快邮政业发展，全面建成与小康社会相适应的邮政业，对于更好地服务生产、普惠民生、扩大需求、降低流通成本、推进供给侧结构性改革具有重要意义。根据《邮政业发展“十三五”规划》和《吉林省国民经济和社会发展第十三个五年规划纲要》，结合我省邮政业发展实际，制定吉林省邮政业发展“十三五”规划。

一、基础与环境

“十二五”期间，我省邮政业继续保持快速平稳增长，行业规模持续扩大，基础网络逐步完善，服务能力稳步提升，发展环境持续优化，行业监管全面强化。邮政业在服务吉林经济社会发展和改善民生中发挥了重要的基础作用。

（一）发展基础

1.行业规模持续扩大。“十二五”时期，吉林省邮政业整体规模持续扩大，2015年全省邮政业务总量完成36亿元，是“十一五”末的2.2倍，年均增长17.2%；实现业务收入43亿元，是“十一五”末的2.3倍，年均增长18.0%，2015年的业务收入相当于全省地区生产总值的0.35%。其中快递业务发展更为迅猛，2015年快递业务量完成9017万件，是“十一五”末的4.9倍，年均增长37.2%；实现快递业务收入17.0亿元，是“十一五”末的3.5倍，年均增长28.7%。邮政业从业人员达到2.7万人，年服务用户超过5亿人次。2015年，进出转快递业务量累计超过3亿件，快递最高日处理量达到180万件，成为带动行业发展的主要力量。

“十二五”期间吉林省邮政行业业务量和业务收入

指　标	2011年	2012年	2013年	2014年	2015年	年均增长率(%)
邮政业业务总量(亿元)	18.36	22.29	25.84	30.66	36.13	17.16
邮政业业务收入(亿元)	21.66	25.83	31.14	36.05	43.00	18.03
其中:快递业务量(万件)	2647.29	3854.37	4526.69	6640.24	9017.05	37.20
快递业务收入(亿元)	6.31	8.07	8.75	13.06	16.96	28.43

注:1.统计数据来源于吉林省邮政行业统计信息系统。
2.邮政业业务收入不包括邮政储蓄银行直接营业收入。

2.基础网络逐步完善。普遍服务基础设施建设成果显著。吉林省在全国率先完成空白乡镇邮政局所补建工作，共补建局所30个，已经全部投入运营，实现了邮政普遍服务营业场所乡（镇）全覆盖。设置便民服务站5579个，三农服务站10039个；累计建成村邮站8965个（无村邮站的行政村全部实现直投到户），基本实现“乡乡设所、村村通邮”。“快递下乡”工程有效推进，共有490个乡镇设立快递网点1635个，乡镇覆盖率达到78%。全省快递分拨转运中心11个，面积达到9.34万平方米。开通长春至俄罗斯莫斯科、爱沙尼亚塔林的国际快递航线和珲春至俄罗斯符拉迪沃斯托克、朝鲜罗先的邮路。邮政EMS、顺丰公司在长春龙嘉机场实现货机起降。圆通、中通、申通公司入驻长春快递产业园区，顺丰公司入驻长春经济开发区。

3.服务能力稳步提升。全省邮政普遍服务营业场所已达到1000处，比2010年增加43处，恢复开办汇兑业务网点154个，全省9个地区四项基本业务全覆盖，实现了总量不减，服务不降。其中，城市网点282个，农村网点718个。投递频次和投递深度均达到《邮政普遍服务标准》要求，邮政普遍服务满意度逐年提升。全省快递业务经营许可企业291家，分支机构813个，末端服务网点1150余个，从业人员13933人，拥有机动车辆7789台。机械化分拣设备、智能手持终端、智能快件箱加速推广，自动化、信息化水平显著提升，邮政EMS第一条自动化分拣线投产使用，快递持证上岗率达59.24%。全省快递服务满意度稳步提升,快递服务有效申诉率不断降低。

4.发展环境持续优化。修订《吉林省邮政条例》,出台《长春市邮政条例》。国家邮政局与省政府签署《关于加快推进吉林省快递下乡合作协议》。推动地方政府或者联合相关职能部门出台支持邮政普遍服务、交通邮政融合发展、邮政创新发展、快递车辆便捷通行、快递下乡、快递末端投递、关联产业协同等一系列政策措施。各市(州)推动地方政府建立支持邮政业发展工作协调联动机制、宣传贯彻落实《中华人民共和国邮政法》、《吉林省邮政条例》工作协调机制以及促进邮政业健康安全发展政策措施。邮政小包业务快速发展,成为跨境电商寄递主渠道。

5.行业监管全面强化。9个市(州)邮政管理机构顺利组建,邮政企业全部完成更名。加快转变政府职能,明确层级职权,建立绿色通道,缩短办理时限,优化快递业务经营许可备案流程,下放邮政普遍服务两项行政审批项目,实现执法重心下沉。加强邮政市场监督管理,贯彻落实邮政业各类标准,实现动态监管,开展专项整治,加大执法力度,有效规范市场秩序。强化安全监管,部门协同、联合监管的机制已经形成,深入贯彻执行收寄验视制度,严格执法检查,开展寄递渠道安保工作,加强应急管理,杜绝重特大安全生产事故发生。

(二)主要问题

现阶段,我省邮政业发展的主要矛盾仍然是服务能力、服务水平、服务质量不能满足市场需求,业务开发深度不够,市场规模整体不大,转方式、调结构、提质量、促改革的任务依然艰巨。

1.行业发展基础薄弱。"十二五"期间吉林省邮政业业务收入增长速度仅相当于全国平均水平的3/4左右,业务收入占全省地区生产总值的比重仅为全国平均水平的3/5左右,发展相对不足。受本省产业结构和产品结构的制约,快件进出比例失衡,投递业务量远远大于揽收业务量。

2.普遍服务面临挑战。邮政普遍服务保障体制机制不健全,政策扶持、税费减免、资金补贴亟需全面落实,专业经营、分账核算需要在深化体制改革中进一步解决和完善。邮政普遍服务传统业务需求萎缩,邮政基础设施利用效率低,局所建设投入与运营回报不成正比,传统业务内生动力不足。

3.快递发展质量不高。快递企业间低价、同质竞争现象严重,快递和地方经济的融合度还不够。快递延误、丢失等问题依然存在,快递车辆便捷通行政策各地执行标准不一,末端配送"最后一公里"问题没有得到根本解决。企业规模普遍偏小,实力偏弱,快件收派比例失衡,利润空间较小,承受风险能力不强,市场竞争力亟待提高。

4.基础网络建设滞后。邮政普遍服务基础设施分布不均衡,运营成本高、开放程度低,整体网络效能未能充分发挥。服务内容和服务质量不适应人民群众用邮需求。快递基础设施建设相对滞后,经营场所、生产场地、运输车辆、终端设备等不规范,设施建设不能满足社会需要。

5.安全监管日趋复杂。新业态不断涌现,行业安全形势日趋复杂,邮政监管力量与市场发展不相适应,寄递渠道安全风险大。安全基础、管控能力与发展程度不相适应,安全监管相关制度仍有待健全。邮件快件处理,禁寄物品收寄、用户信息保护等环节安全隐患突出。突发事件应急响应处置能力有待提高。

(三)发展形势

"十三五"时期,我国经济步入增长保持中高速,质量迈向中高端的新常态,我省邮政业发展基础和环境发生深刻变化,发展的基本面在更高起点上总体向好,仍处于可以大有作为的重要战略机遇期,对经济社会发展的基础性作用将进一步增强。

1."一带一路"战略为我省邮政业发展带来新机遇。我省被列为"一带一路"战略向北开放的重要窗口,这为大力发展跨境电子商务,积极开辟跨境电商国际航线、邮路,发展对周边国家跨境电子商务业务创造了有利条件。东北亚经济圈是世界经济发展最具潜力的区域之一,通过"一带一路"将实现有关国家的互联互通,物资的国际间流动必然给邮政业带来无限商机。近几年来,国家相继批准建立长春兴隆综合保税区、珲春国际合作示范区和长春新区,新一轮东北振兴政策的出台,必将极大地促进全省经济的发展,为邮政业的进一步发展提供有力支撑。

2."向下向外"战略为我省邮政业发展创造新条件。随着国家邮政局与省政府签署《关于加快推进吉林省快递下乡合作协议》以及省政府支持"快递下乡"意见的深入实施,必将加速吉林省农村地区快递服务发展,促进农村地区快递发展水平提升。跨境电子商务成为贸易新亮点,促使邮政、快递企业加快提升订单处理、跨境运输、海外仓储、境外配送能力,拓展海外市场。吉林省现有口岸21个,跨境寄递业务正在形成规模且发展潜力巨大,为实施"向外"战略创造了新条件。

3."结构调整"压力对我省邮政业发展提出新要求。受需求因素制约,全球邮政函件业务萎缩态势难以逆转，而包裹业务增长强劲，邮政业务结构发生深刻变化。邮政普遍服务亟需通过开放网络和提升水平，以承接社会公众新需求。快递服务亟需强化农村网络基础，补齐短板，创新方式，提升能力，破解农村地区消费设施不足和销售渠道不畅的“瓶颈”。受电子商务拉动，我省邮政业需求将迅猛增长。受资源环境承载能力的刚性约束，邮政业绿色发展成为必然选择。新技术、新业态、新商业模式加速成长，促使邮政业延伸服务链，参与并推动经济转型升级。

4.“鼓励消费”政策为我省邮政业发展增添新动力。寄递服务作为联结生产与消费的重要环节，其社会需求将继续保持旺盛增长。我省提出要打好服务业攻坚战，需要充分发挥互联网对消费的拉动作用。我省是农业大省，是国家重要的商品粮生产基地，农林特产品资源丰富，绿色、特色、优质农产品在国内外具有广阔的市场和较高的声誉，对单批次运量小、速度快、个性化的寄递服务需求旺盛。而随着居民消费升级和电子商务快速发展，网络消费呈现几何式增长，必将带动我省邮政业快速发展，为我省邮政业转型升级、提质增效增添了新动力。

5.“交邮融合”模式为我省邮政业发展开辟新空间。随着长春—珲春高铁客运专线的开通，通化、白城、松原支线机场投入运营，以及高速公路网延伸等交通运输条件的改善，为邮政业优化干支线运输网络布局，配套建设枢纽工程和城市配送节点奠定了基础。便捷高效的现代综合交通运输体系建设，有利于推进多式联运，发展厢式、冷藏、城市配送等专用车辆运输，开发应用适应不同速度等级需要的各类寄递产品，助力邮政业拓展服务网络、提高服务效率。农村客运公交化为邮件快件扩大通达范围、实现高效运输提供了保障。

二、思路与目标

（一）指导思想

全面贯彻党的十八大和十八届三中、四中、五中全会精神，深入贯彻习近平总书记系列讲话精神，按照“四个全面”战略布局要求，牢固树立创新、协调、绿色、开放、共享的发展理念，立足吉林省经济社会发展和邮政业发展实际，围绕建设“普惠邮政、智慧邮政、安全邮政、诚信邮政、绿色邮政”和建成与小康社会相适应的现代邮政业目标，全面实施《中华人民共和国邮政法》、《吉林省邮政条例》，深入贯彻落实《吉林省人民政府关于促进快递业发展的实施意见》，坚持创新驱动，坚持深化改革，坚持依法治邮，坚持转型升级，提升邮政管理效能，统筹邮政服务和快递服务，进一步扩大总量、优化结构、提升竞争力，推动吉林邮政业发展提速、质量优化、水平提升，努力实现普遍服务便捷化、快递服务普惠化、普惠服务品质化，为吉林省全面建成小康社会贡献力量。

（二）基本思路

——贯穿一条主线。以推动行业创新发展为主线。加快吉林邮政业向集群、特色、高端方向转变，构建与吉林基本公共服务相融合，与吉林城镇化进程相协调，与保障和改善民生相适应的邮政业发展新格局。

——坚持两个推动。推动邮政普遍服务均等化和快递服务转型升级。推动城乡邮政服务均衡配置，提升邮政服务水平和服务内容，提高邮政普遍服务质量和效率；坚持普惠、创新、协同、融合、安全、诚信、绿色发展，实现发展方式、发展路径、核心动力、运营方式、服务区域、增长方式转变。

——打造三个协同。实施“邮政＋”战略，推动邮政业加快融入生产、流通和消费环节，联通线上线下，拓展“三流合一”服务，打造与吉林电子商务、先进制造业、现代农业等产业协同融合发展，满足生产生活和商贸流通的多元化需求。

——实现四项提升。注重把握“一带一路”、“互联网＋”、“中国制造2025”等战略机遇，打造邮政业在推动流通方式转型、促进社会消费升级、引领物流发展三个方面优势，实现发展规模、服务能力、服务水平、综合效益的提升。

（三）发展目标

1.发展规模：到2020年，邮政业业务总量突破70亿元，业务收入突破85亿元。其中：快递业务量突破3亿件，快递业务收入突破50亿元。行业收入达到全省地区生产总值的0.4%以上。

2.服务能力：到2020年，邮政普遍服务营业场所达到1010个，农村地区平均服务半径不高于8公里，继续保持市区平均服务半径不增加，实现村邮站进驻村级政务大厅达到20%，确保乡镇网点自营率不低于70%。做到乡乡有网点、村村通快递，快递服务营业网点总数达到3000个，快递专业类物流园区建成2个。建立5个邮政行业人才培养基地，邮政行业人才培养合作院校达到8所。

3.服务水平：邮政普遍服务全面达到服务标准，行政村整体实现直接通邮。法定邮政普遍服务业务开办率达到100%，邮政普遍服务满意度达85分。快递服务水平实现较大突破，快递服务满意度达

90 分，快件延误率不超过 7‰，快件损毁率不超过 0.06‰，快递丢失率不超过 0.003‰。分拣中心及网点监控摄像头、干线车辆 GPS 配置率达到 100%，通过智能快件箱派件量占比 30% 左右。

4. 综合效益：加快提升行业在科技应用、网络建设、产品拓展、商业模式等方面的创新水平。支持邮政企业落实“一体两翼”战略，重点培育 1 家业务收入超 10 亿元的快递企业，1—2 家业务收入超 5 亿元的快递企业，3—4 家业务收入超 3 亿元的快递企业。全行业年服务用户超过 7 亿人次，年新增就业岗位超过 3000 个。

三、重点任务

（一）提升普遍服务均等水平

鼓励邮政企业科学调整邮件处理中心布局，提升处理中心运营效率。逐步完善深入农村和社区的邮政普遍服务网络布局。鼓励邮政企业在社区、高等院校、较大的车站等人口密集区域设置邮政便民服务站，扩展服务功能，提高网点覆盖深度和广度。重点加强农村地区邮政服务网点建设和改造升级，将村邮站打造成保障农村通邮、服务农村电商、解决农村“最后一公里”的重要平台。将乡镇邮政网点作为服务“三农”、服务农村电商的重要节点。促进邮政信息网、实物网、金融网“三网合一”，充分利用社会资源，整合村邮站、邮政三农服务站、便民服务站等服务设施，叠加服务功能，推动建立邮政综合服务平台。鼓励邮政企业开展农村农产品、快消品和生产资料的流通配送，帮助电商企业开拓农村市场，使邮政服务成为农村电子商务的重要渠道。积极探索和鼓励邮政企业充分利用网点覆盖面广的优势，对外开放普遍服务投递网络，为快递企业提供接入服务。加强邮政普遍服务科技应用，实现邮件动态跟踪管理，方便用户全程查询。

专栏 1：普遍服务重点工程
◆邮政普遍服务基础设施建设工程：对全省约 70 个危旧县局房进行整修或翻建，对邮电分营后仍然借用电信生产局房、无生产用房的县局进行新建；对使用 8 年以上的车辆进行更新，并根据需要适当增配车辆，更新和新增邮运和投递车辆约 130 多辆。 ◆邮政机要通信建设工程（略）

（二）推动快递服务转型升级

鼓励各类资本依法进入快递领域，支持快递企业兼并重组，充分利用资本市场，壮大运营网络，提升管理水平，强化质量意识和诚信意识，提高服务透明度和时限水平，提高服务水平和运营效率。健全城乡配送网络，推进网络共建共享，加快形成覆盖城乡、配套衔接、布局合理、便民惠民的快递骨干网和末端投递网，解决“最后一公里”问题。鼓励快递企业充分利用移动互联、物联网、大数据、云计算等信息技术，优化服务网络布局，提升运营管理效率，提高快递网络覆盖广度和深度。利用多种形式鼓励、吸引企业或第三方投资设置智能包裹快件箱，建立统一的投递服务平台，满足群众用邮需求。鼓励和支持在未建立快递网点的乡镇建立快递服务网点或共建快递服务中心。加强分拨中心、集散枢纽和快递专业类物流园区建设。优化快递公路运输网，构建快递铁路运输网，健全快递航空运输网，提升运输集散效率。鼓励快递企业入驻电子商务园区、商贸物流园区和农产品、商品集散中心，建设快递处理设施，推动省内各级地方政府将快递基础设施布局和建设纳入城乡规划，在税收、用地等方面给予优惠政策支持。鼓励和引导快递企业，积极推动自动化分拣、机械化装卸等技术设备的应用，提高企业运行效率和服务质量。引导快递企业转变竞争方式，从价格竞争向服务品质竞争转变，实施品牌化和差异化发展战略，鼓励拓展服务领域，向综合物流商转型。积极推广快递保险业务，保障用户权益。

专栏 2：快递服务重点工程
◆快递专业类物流园区工程：按照企业集中布局、产业集群发展、资源集约利用、功能集合构建的原则，在长春、吉林、延边、通化等地规划建设一批具备集中仓储、分拣处理、快速集散、统一配送、商品展示等服务功能的现代化快递专业类物流园区。 ◆快递下乡工程：全面贯彻落实省政府支持“快递下乡”政策措施，引导快递企业向下发展，解决快递“最后一公里”问题，提升快递终端服务的质量。引导专业第三方或快递企业在业务量较小的乡镇和村屯建立或合作建立快递服务网点。引导快递企业与农产品网代办站、农村综合服务社、农家店等，共建快递服务中心。支持乡镇邮政局所向快递企业开放平台。支持快递企业加强与农业、供销、商贸企业的合作，打造“工业品下乡”和“农产品进城”双向流通渠道。

（三）推进交邮协同融合发展

深入贯彻落实交通推进邮政业健康发展的实施意见和交通运输与邮政业融合发展的指导意见，实现交通运输与邮政业在基础设施建设、运营网络资源、农村物流、信息互通、政策法规和执法合作等方面的有机融合。推进货运枢纽（物流园区）、客运枢纽项目合理布局邮政、快递服务功能区。按照“有偿、互惠、互利、共赢”原则，整合交通运输和邮政站点、快递网点资源，通过代理代办和合作经营方式，开发新产品，提供新服务，实现共同发展。实施邮件、快件“上机上铁”工程，逐步形成稳定便捷、经济高效的邮件快件铁路运输通道。优化快件安检、配载流程，建立高铁和航空快件“绿色通道”，推动快递作业时间与航班时刻、铁路列车运行时刻的有效衔接。支持交邮企业在代运邮件快件、网点设施集约利用、票务销售等方面开展合作。积极研究、探索制定符合吉林省特点和满足快递末端多频次、小批量投递需求的相关车型的技术规范、标准，推动末端投递车辆向新能源、标准化、厢式化发展。

专栏3：交邮协同发展重点工程
◆快件“上机上铁”工程：提升邮政、快递企业与民航、铁路运输等企业市场化合作水平。支持发展快递全货机、高铁快递和电商快递班列。提升邮件、快件运输集装化水平，推动专业化运输货机和车辆发展，鼓励实施空陆联运和公铁联运。加强机场、车站快件绿色通道和快件装卸、仓储功能区配套建设，提高快件装卸、接驳机械化水平，提高快件上机上铁效率。强化安检合作，优化安检流程，加强邮件、快件寄递禁寄物品与航空、铁路禁运品范围的有效衔接和统一检查。

（四）促进关联产业协同发展

创新农商快递的服务模式，支持快递企业和农村合作社等机构合作，设立村级便民收寄点，提供包装、仓储和标准化、定制化的运输服务，大力发展助农服务，结合我省区域特色和农产品产业布局，积极培育建立农村邮政快递下乡重点货源带，东部以长白山人参、木耳、山野菜等特色产品为重点，西部以杂粮杂豆等生态产品为重点，中部以大米、特色玉米等粮食产品为重点，为电子商务和邮政快递企业提供各具特点的货源供应。为农村电子商务与邮政快递企业提供吉林省农特产品地域目录、重点农产品加工企业目录和产品目录，鼓励、帮助农村电子商务和邮政快递企业外销吉林省地域特色农产品，服务农民创业增收。引导企业通过网点直补、派费及中转费补助等多种方式，在乡镇一级设置经营网点，积极参与公共投递服务站建设。以标准快递和国内电商快递为基础，鼓励快递企业与吉林农林特产品生产、销售企业加强合作，打造快递电商一体化模式；推动快递与网络购物、零售业的跨界融合，支持邮政快递企业与吉林电商企业构建合作发展平台，促进邮政业与汽车、医药和食品等吉林特色制造业领域协同发展，提高邮政业服务地方经济发展能力。

（五）推动跨境寄递有序发展

服务“一带一路”战略，发挥吉林边疆近海优势，依托长春兴隆综合保税区，推动与“菜鸟”网络科技有限公司在电商、物流、通道建设等方面开展合作，充分发挥吉林省跨境电子商务综合服务平台的作用，为开展国际邮件快件的企业提供仓储、物流及相关信息服务。支持企业积极开辟跨境电商邮路，发展对俄罗斯、日本、韩国跨境电子商务业务，加快“走出去”步伐，支持吉林制造、农林特产品通过寄递渠道“走出去”，开拓国际市场。促进寄递服务与跨境电子商务联动发展，加强各类口岸国际邮件互换局（交换站）和国际快件监管中心建设。支持邮政企业开展国际小包业务。充分利用海关综合保税区、电子口岸、邮件快件口岸、一站式通关等基础设施功能和政策优势，增强服务跨境电商能力。推动完善邮件快件在海关通关、检验检疫、结汇退税等方面的相关管理措施，促进跨境电商信息流、物流、资金流集约高效运行。鼓励邮政、快递企业与俄罗斯、日本、韩国、朝鲜等地区的寄递企业加强合作，通过利用政府间对话机制和对外商贸谈判，解决外部市场的准入等问题，优化企业“走出去”国际环境。

专栏4：跨境寄递发展重点工程
◆邮件快件进出境通道工程：依托航空枢纽、铁路口岸等交通基础设施，布局建设长春、延吉等2个国际邮件处理中心。在长春、延边、白山等地，布局建设联通“一带一路”沿线国家和地区的寄递通道，在主要口岸城市设立国际邮件互换局（交换站）和国际快件监管中心，加大国际邮（快）件处理能力，逐步构建一体化跨境物流服务体系，服务跨境电子商务贸易发展，助力吉林制造“走出去”。

（六）保障寄递渠道安全稳定

完善寄递渠道安全管理工作机制，落实企业安检制度和措施，坚决遏制重特大安全事故发生。着力加强重点地区、重点部位寄递渠道安全防范工作,强化特殊地区进出邮件、快件安检措施。加强寄递渠道治安管理,维护寄递企业生产经营秩序。落实收寄验视制度和寄递实名制度,规范寄递渠道信息登记工作,保障用户个人信息安全。实行邮件、快件收寄先验视后寄递。实施寄递渠道安全监管“绿盾”工程,加强企业安检能力建设,引导企业按照标准配备安检设备,实现出港邮件、快件过机安检。实现邮政行业安全监管平台与企业监控系统的有序对接,提升服务质量、网络运行和安全生产的监控能力。加强从业人员管理与培训,建立从业人员实名档案,加强安全教育和培训。

(七)推进行业低碳经济环保

通过减少收寄、分拣、封发、运输、投递等各个环节对环境的污染和资源消耗,引导企业走绿色发展道路。推广使用电子运单,有效降低材料消耗。鼓励企业推广使用可回收利用的绿色包装材料。鼓励使用环保填充物、可再生纸张和环保油墨印刷的封装用品。加强包装废弃物的回收处置管理,提升包装物品的重复使用率。鼓励企业对现有设施进行节能改造,在办公场所、邮(快)件处理中心等推广应用节能与新能源设施。鼓励企业合理配置各类运输方式,提高铁路运输比重,降低运输能耗和排放强度。优化运递路线,提高运递效率。积极稳妥推广在中转盘驳、末端配送等环节使用新能源车型和节能车型,最大程度地降低运输环节的能耗。

四、保障措施

(一)加强规划统筹协调

邮政管理部门要做好国家、省邮政业发展“十三五”规划规划的宣传贯彻工作,并按照地域范围,负责落实本地区邮政业发展“十三五”规划。在基础设施建设、推进业务合作、深化资源共享、推进互联互通、实施示范试点工程等方面,积极推动邮政业规划与地方政府各部门以及各类规划的有效衔接,充分调动各方面积极性抓好规划实施。要加强规划任务分工,建立健全目标管理责任制,充分发挥规划的导向、约束作用,重点抓好重大项目、重大工程和重大政策的落实,确保规划确定的各项任务有序推进。要加强规划实施监督,建立健全规划落实推进机制、规划任务与年度工作任务衔接的机制,做好规划实施的跟踪和中期评估,及时把握邮政业发展中出现的新情况、新问题,系统提出应对措施,保障规划实施。

(二)推进法治邮政建设

以依法行政为核心,依法规范和引导邮政和快递服务,建立竞争有序的市场秩序。完善邮政法律法规体系,着力推进《中华人民共和国邮政法》等行政法规的贯彻与实施。规范行政权力运行,完善部门权力清单、责任清单制度。深化邮政行政审批制度改革,加强邮政行政执法监督,建立健全邮政行政执法案卷评查常态工作机制,实现执法案卷标准化、规范化,推进行政复议和应诉工作。提升执法能力和水平,落实行政执法责任制,利用信息化手段推进执法评议考核。推进邮政管理部门监管信息政务公开,强化内外部监督机制,建立健全依法治邮考核指标体系。通过政府购买服务等方式,积极推行法律顾问制度,开展行业“七五”普法工作。加大对邮政行业各类标准的实施监督力度,强化强制性标准实施,开展标准试点示范,推动企业标准自我声明公开,促进标准真正成为企业生产服务的行动指南、政府行政管理的有效手段。

(三)优化行业发展环境

推动落实《吉林省人民政府关于促进快递业发展的实施意见》,着力破解制约快递发展的“瓶颈”问题。深入推进“快递下乡”,解决“最后一公里”问题。积极为邮政业基础设施建设项目和产业园区建设项目等争取地方优惠政策和引导资金。按照依法、高效、环保原则,协调地方政府部门制定非机动快递车辆配送管理办法,支持符合标准的非机动快递车辆从事城乡末端配送。在邮政快递终端投递环节试点推广新能源电动专用车。在国家现有补贴政策的基础上,为邮政快递企业争取推广使用新能源汽车补贴政策。进一步推动落实省内跨地区经营快递企业总分支机构增值税汇总缴纳政策。继续推动出台产业联动、拓展服务网络、培育市场主体、保障寄递安全、绿色发展、普惠发展等方面的配套政策措施,进一步营造促进发展的产业政策环境。

(四)提升行业监管水平

进一步落实简政放权,加强事中、事后监管,简化审批流程,提高审批效率,逐步下放审批事项至地市级邮政管理部门。因地制宜推进县级邮政监管机构组建,探索县域邮政监管新模式。加强支撑体系建设,建立健全邮政业安全监管、消费者申诉、职业技能鉴定等支撑机构。完善部门权力和责任清单制度建立快递企业诚信档案,加强行业诚信体系建设。通过政府购买服务方式,引入第三方评估机制,完善以“服务满意度、时限准时率、用户申诉率”为核心的快递服务质量评价体系。推进邮政行业安全监管信息化应用，加强应急管理，进一步完善应急保障制度，适时修订应急预案。做好旺季生产服务保障，重大节日、重大活动期间寄递渠道安全稳定和安全生产工作。加大对邮件、快件寄递安全管理执法检查力度，建立健全联合执法机制，坚决查处违法违规行为，堵塞安全管理漏洞。进一步发挥社会监督、舆论监督作用和行业组织自律作用。

（五）加强人才队伍建设

深入实施"人才强邮"战略，推进从业人员素质提升，建设邮政业人才培养基地。建立健全以"政府为主导、企业为主体、院校为支撑"的邮政行业人才教育培养体系。鼓励企业引进和培育高层次职业经理人和快递物流专业技术人才。发挥吉林高校集聚优势，加强邮政快递人才培养和职业培训，引导高等院校和中等职业学校加强与邮政快递服务业发展相适应的学科专业建设，加快培养快递服务业紧缺人才。支持有条件的快递企业与高校、科研院所联合建立实训基地，支持各类教育培训机构开展服务业技能型人才再培训、再教育。利用"新型职业农民培育"工程，加快推进快递业职业培训项目实施，将农村快递人员培训纳入职业农民培训计划，做好对农村劳动者入选快递行业的岗前培训、入职后资格培训、专业培训和就业指导，为快递企业定向培训专业快递人员。鼓励支持快递企业推进用工"本地化"。争取地方政府就业扶持政策，开展职业技能鉴定，提高快递从业人员持证比例。践行"诚信、服务、规范、共享"的行业核心价值理念，全面推进行业精神文明建设和企业文化建设。强化行风建设，加强自律自纠，切实保障用户权益。

四平市促进快递业发展实施方案

（2016年11月24日四平市人民政府办公室印发　四政办发〔2016〕98号）

为加快我市快递业健康发展，规范快递服务市场秩序，更好地发挥快递服务业在促进生产、改善民生、增加就业、扩大内需等方面的重要作用，按照《国务院关于促进快递业发展的若干意见》（国发〔2015〕61号）、《吉林省人民政府办公厅关于支持"快递下乡"的意见》（吉政办发〔2015〕16号）和《吉林省人民政府关于促进快递业发展的实施意见》（吉政发〔2016〕17号）要求，结合我市实际，制定本实施方案。

一、总体要求和发展目标

（一）总体要求。以规模化、集约化、规范化、融合化、国际化和低碳化为核心思路，构建便捷高效、竞争有序、技术先进、服务优质的快递服务体系，打造快递服务竞争优势，满足经济社会发展和社会各层次的快递服务需求。以提升我市产业竞争力、打造快递服务业强省为目标，充分发挥市场在资源配置中的决定性作用，坚持放管结合，确保快递行业有序健康发展。

（二）发展目标。到2020年，基本建成普惠城乡、技术先进、服务优质、安全高效、绿色节能的快递服务体系，努力使快递服务业对全省经济增长的贡献度明显提高，全市快递服务发展水平处于全省先进行列，扩大产业规模，完善城市服务设施布局，建设快递物流园区，提高快递网络覆盖率，做到"县县有分拨，乡乡有网点，村村通快递"，基本实现快递服务业现代化。

二、主要任务

（一）强化快递基础设施建设。在各县（市）、区规划建设一批具备集中仓储、分拣处理、快速集散、统一配送、商品展示等服务功能的现代化快递园区。引导快递企业推进自动分拣、自动导引车辆、自动化立体仓库、自动化装卸系统等先进物流装备应用。鼓励快递企业对快件处理流水线、配送管理系统、快件收发人员手持设施等进行信息化改造提升。

（二）强化运输保障能力。鼓励企业对干线车辆和配送车辆进行更新。规范车辆管理，逐步统一标志，制定快递专用电动三轮车用于城市收投服务的管理办法，解决城市配送难题。推动交通运输业与快递行业在基础设施建设、运营网络资源、农村物流等方面融合发展。

（三）完善服务网络。统筹城乡发展，实现快递服务均等化。鼓励快递企业创新管理模式，拓宽服务领域，提升服务品质，共享公共资源，实现惠民利民。全面推进"快递下乡"工程，构建农产品快递网络，服务产地直销、订单生产等农业生产新模式，提升农村地区快递服务水平。

（四）推进"互联网+"快递。鼓励快递企业充分利用移动互联、物联网、大数据、云计算等信息技术,优化服务网络布局,提升运营管理效率,拓展协同发展空间,推动服务模式变革,加快向综合性快递物流运营商转型。

（五）加强安全监管。全面建设安全监管体系,加强行业安全工作,维护邮政通信和信息安全,实现生产平稳运行,促进行业持续安全发展,建设平安邮政。完善安全监管机制,提升安全监管能力,升级安全监管信息系统,加大安全执法检查力度,完善应急处置保障制度。督促快递企业加大安检设备投入和使用,确保行业安全生产。

三、工作措施

（一）加强快递园区建设。

1. 做好规划衔接。各级政府在制定国民经济中长期发展规划、年度计划以及综合交通运输、服务业、物流业、商贸流通、农村新型城镇化等专项规划时,要把快递服务业纳入其中。将城乡快递服务网点和快件处理中心、集散中心等快递服务基础设施纳入本级城乡规划、土地利用总体规划和物流园区、城市配送发展规划,合理安排建设布局、用地规模和开发时序,预留快递服务业发展空间。各级政府在城市控制性详细规划和修建性详细规划中应统筹考虑快递服务网点建设布局。城市新建住宅小区开发建设和旧城改造要将快递服务网点纳入社区服务基础设施,同步规划、同步建设。对适宜快递服务发展的工业园区、住宅区、商业区,优先考虑快递服务网点的进驻。支持快递企业利用工业企业旧厂房、仓库和存量土地资源,建设快递服务基础设施或提供快递服务。（负责部门:各县市区政府、市发改委、市国土局、市住建局、市交通局、市邮政局）

2. 加快快递园区建设。快递产业园项目用地按工业类用地供给。各级政府及相关部门要在园区选址规划、立项、供地审批等方面予以支持。对入驻快递产业园区的快递、电商及其他配套服务企业给予税收、租金、装修补助等优惠政策,以吸引更多企业入驻。鼓励在现有规划的物流园区建设中,划分区域建设快递园区,号召规模快递企业集中入驻,在租赁、交通等方面给予优惠政策。按照企业集中布局、产业集群发展、资源集约利用、功能集合构建的原则,在有条件的县（市）区规划建设一批具备集中仓储、分拣处理、快速集散、统一配送、商品展示等服务功能的现代化快递园区。（负责部门:各县市区政府、市发改委、市国土局、市交通局、市邮政局）

（二）改善快递运输环境。

1. 落实快递车辆通行政策。对快递车辆运输快件在通行、停靠、作业等方面给予相应的便利,杜绝乱收费、乱罚款及额外附加义务。制定快递专用电动三轮车用于城市收投服务的管理办法,允许符合要求的快递专用电动三轮车从事城市末端配送。通过招投标等方式选择具有资质的本土生产企业,改装、订制符合国家相关标准且能满足快件末端投递需求的轻、微型封闭式新能源车辆和电动三轮车,采取定额补助方式鼓励快递企业推广使用。（负责部门:市公安局、市交通局、市邮政局）

2. 试点推广新能源电动专用车。在快递终端投递环节试点推广新能源电动专用车。在国家现有补贴政策的基础上,我市新能源汽车推广应用的快递企业购置使用新能源汽车享受新能源汽车推广应用省市财政补贴政策。（负责部门:市工信局、市财政局、市邮政局）

（三）加快快递网点建设。

1. 大力推进快递服务中心建设。各级人民政府应将快递服务纳入城市共同配送体系,加快与城市共同配送体系建设的融合发展。引导快递企业与城市社区、小区物业等合作,共建快递服务中心,为快递终端投递和揽收提供服务和便利,提升快递终端服务的质量,节省终端服务成本,不断提升快递服务水平。建筑面积5万平方米以上的住宅小区,提供一定面积的快件用房,以保护快件的安全。（负责部门:各县市区政府、市邮政局、市财政局、市商务局）

2. 推进"快递下乡"工程。落实《吉林省人民政府办公厅关于支持"快递下乡"的意见》（吉政办发〔2015〕16号）。2016年全省快递服务乡镇覆盖率达到100%,鼓励和扶持在空白乡镇建立快递服务网点或共建快递服务中心,对持续经营半年以上快递服务网点,经邮政管理部门考核验收,达到快递服务标准的快递服务网点给予一次性奖励一万元。对乡镇网点推进标准化建设,对达到基本的快递服务标准,经邮政管理部门考核验收,达到快递服务标准的快递服务网点给予一次性奖励0.5万元。（负责部门:各县市区政府、市财政局、市商务局、市邮政局）

3. 大力推广智能快件箱。各级人民政府应将智能快件箱作为城市共同配送体系的一部分纳入规划,统一建设,每年投入一定资金,重点在政府机关、高校、住宅小区设置智能快件箱;利用多种形式鼓励、吸引快递企业或第三方投资设置智能快件箱,建立统一的投递服务平台,共同解决好快递终端投递的难题,满足群众用邮需求。（负责部门:各县市区政府、市商务局、市邮政局）

（四）推动快递协同发展。

1. 推动快递服务业与电子商务协同发展。对快递企业用地、车辆通行、终端建设等方面给予扶持，促进快递服务与电子商务协同发展。鼓励快递企业与电子商务企业合建电商快递园区，形成协同发展效应。发展冷链快递，拓展农产品冷藏及低温仓储配送等服务功能。支持符合条件的电商快递园区申报示范基地（园区），支持快递企业申报电子商务服务示范企业。大力推动“互联网+”和“快递+”发展战略，全面带动我市地方经济发展。（负责部门：市商务局、市邮政局、市农委、各县市区政府）

2. 强化与交通运输融合发展。落实《关于交通运输与邮政业融合发展的指导意见》（吉交联发〔2015〕62号），鼓励快递企业与交通运输企业开展干线、支线运输合作。鼓励快递企业入住客运站，免费提供快件处理场所和营业场所。推动客运班车代运快件，开发点对点运输快件试点线路，每件快件给予1元补贴。对备案的快递中转车辆实行减免公路费政策，降低运输成本。（负责部门：市交通局、市邮政局）

（五）加强快递人才培育。

1. 完善快递行业培训基础设施。加强快递人才培养和职业培训，引导高等院校和中等职业学校加强与快递服务业发展相适应的学科专业建设，加快培养快递服务业紧缺人才。支持有条件的快递企业与高校、科研院所联合建立实训基地，支持各类教育培训机构开展服务业技能型人才再培训、再教育。（负责部门：市教育局、市邮政局）

2. 加大培训扶持力度。利用邮政行业队伍培育工程和新型职业农民培育工程，加快推进快递业职业培训项目实施，将农村快递人员培训纳入职业农民培训计划中，做好对农村劳动者入选快递行业的岗前培训、入职后资格培训、专业培训和就业指导，为快递企业定向培训专业快递人员。鼓励支持快递企业推进用工本地化。将快递业务员列入当地编制的《职业培训专业（工种）和补贴标准目录》，对符合现有相应政策或专项资金补贴条件的，按规定给予职业培训补贴。（负责部门：各县市区政府、市农委、市人社局）

3. 强化行业职业技能鉴定。鼓励邮政行业积极开展职业技能鉴定，提高快递从业人员持证比例。邮政管理部门负责资格认定，各级人力资源社会保障部门参与督导，各级政府对邮政管理部门开展职业技能鉴定可按就业扶持政策有关规定给予支持。（负责部门：各县市区政府、市人社局、市邮政局）

（六）加强快递政策扶持。

1. 将快递服务业列为重点扶持发展行业给予政策支持。各级政府要高度重视快递服务业的发展，将快递服务业列为重点扶持发展行业，给予政策支持。要结合本地区经济特点，推动相关产业与快递服务业协同发展，共同服务地方经济。（负责部门：各县市区政府、市发改委、市邮政局）

2. 帮助电子商务和快递企业寻找货源。结合我市区域特色和农产品产业布局，积极培育建立农村“快递下乡”重点货源带，为电子商务和快递企业提供各具特点的货源供应。建立以地方特产为重点的货源带，为农村电子商务和快递企业提供四平市农特产品地域目录、重点农产品加工企业目录和产品目录，鼓励和帮助农村电子商务与快递企业外销四平市地域特色农产品。选择发展潜力大、基础条件好、特色鲜明的乡镇开展试点示范。（负责部门：各县市区政府、市农委、市商务局、市邮政局）

3. 在工商登记管理方面给予快递企业便利。较大规模的快递企业设立分公司、营业部等分支机构，办理工商营业执照，可依省邮政管理部门的快递业务经营许可分支机构名录，向属地工商行政管理部门申请办理。（负责部门：市工商局、市邮政局）

4. 切实减轻快递企业税收负担。对快递企业投资购置使用环境保护、节能节水、安全生产等专用设备，按国家有关规定落实税收抵免政策。采取总分机构形式在市内跨地区经营的快递企业，可按相关规定汇总计算缴纳增值税、企业所得税。促进快递企业合理划分运输收入，按照国务院部署加快推进营改增改革，根据国家出台的相关税收政策规定推动快递企业产生的各类费用逐步列入可抵扣范围。鼓励快递企业推广使用手持税控终端开具普通发票，对购置手持税控终端成本可按规定在所得税税前扣除。（负责部门：市国税局、市地税局）

5. 鼓励金融机构积极支持农村快递服务业发展。鼓励金融机构创新符合快递服务业需求的金融产品和服务方式，积极探索、推广仓储设施和运输车辆抵押贷款业务，建立完善适应快递服务业特点的信用评估和授信制度，支持融资性担保机构为小微快递企业提供融资担保服务，引导保险公司大力发展快递保险业务，进一步提高对快递企业的金融服务水平。推动社会资本进入快递服务领域。（负责部门：市金融办、四平银监分局、市工信局）

（七）支持安全设备升级。

1. 提高快递安全生产水平。鼓励引导快递行业不断提高信息化应用水平，积极引导快递企业运用现代通信、网络技术,对业务受理、仓储管理、分拣配送、客户管理、安全监控、信息跟踪查询等生产管理环节进行全方位的监测、分析,提高企业运行效率和服务质量。各级人民政府对邮政管理部门安全信息监管系统建设给予财政补贴。督促快递企业加大安检设备投入和使用,地市级规模企业分拨中心逐步完成安检设备配备,对配备的企业每台给予40%购置补贴。(负责部门:各县市区政府、市发改委、市财政局、市安监局、市邮政局)

2. 鼓励快递企业提升服务能力。规模以上快递企业在省级枢纽型分拨中心自动化分拣设备配置率超过50%,在市、州级分拨中心机械化分拣设备配置率达到100%。分拣中心及网点监控摄像头、干线车辆GPS、城市内快递员手持终端设备配置率均达100%。对快递企业推广应用快件自动分拣、新能源环保车辆等新设备、新技术以及建设电商物流仓项目给予技术改造、转型升级资金补助支持。对快递服务业的行业主管机构每年给予适当经费补助。(负责部门:市发改委、市财政局、市工信局、市邮政局)

(八)加强行业监督管理。

1. 加强政府指导。邮政管理部门要引导快递企业按照现代企业制度的要求,建立健全公司法人治理结构,完善内部各项管理制度,培育企业文化,打造服务品牌,提高服务质量,不断增强企业的市场竞争力。(负责部门:市邮政局)

2. 加强行业监管。建立健全行业管理制度,加大监督检查力度,强化快递行业规范管理,加大惩处快递企业违反法律法规的行为。发挥12305邮政业消费者申诉热线作用,完善申诉工作机制和处理流程,建立消费者申诉与市场监管联动机制,切实维护消费者合法权益。支持快递协会制定行业规范,加强行业自律,规范竞争秩序,推进快递诚信体系建设,提高快递服务业自我监督、自我管理、自我约束能力。(负责部门:市邮政局、市工商局)

3. 加强安全监管。加强综治、公安、国安、交通、工商、邮政等部门间协调配合,健全组织机构,建立工作机制,加强信息化建设,强化信息资源共享,坚持常态联动、坚持问题牵引、坚持优势互补、坚持责任共担,确保部门协同联动。落实寄递渠道"三个100%"措施,充分运用现代信息及物联网技术,建立安全信息监管系统,严厉打击利用寄递渠道传递、贩运枪支弹药、爆炸物品、危险化学品、管制刀具和毒品等违法犯罪行为,保障邮路寄递渠道安全。(负责部门:市综治办、市公安局、市国安局、市交通局、市工商局、市邮政局)

四、工作要求

(一)提高认识。各地、各部门要根据本实施方案要求,切实加强组织领导和协调配合,进一步深化对发展快递服务业重要意义的认识。

(二)落实责任。责任单位要结合工作实际,尽快落实符合我市快递业发展的扶持措施,落实工作责任,切实把促进快递业发展工作落到实处。

(三)统筹发展。各地、各部门要加强对我市快递业发展的统筹规划与协同发展,相互协调、相互配合,切实解决制约快递业发展中存在的实际问题。结合我市经济发展特点,充分发挥"互联网+"和"快递+"的作用,推动相关产业与快递服务业协同作业,共同促进我市经济快速发展。

各县(市)、区政府及各相关部门和单位要根据本实施方案要求,进一步深化对发展快递服务业重要意义的认识,结合工作实际,尽快落实符合我市实际的扶持发展措施,切实加强组织领导和协调配合,推动全市快递服务业快速健康发展。

8. 黑龙江

黑龙江省人民政府关于促进快递业发展的实施意见

(2016年7月6日 黑政发〔2016〕22号)

各市(地)、县(市)人民政府(行署),省政府各直属单位:

为贯彻落实《国务院关于促进快递业发展的若干意见》(国发〔2015〕61号)精神,进一步促进我省快递业健康发展，现提出如下实施意见：

一、总体要求

（一）指导思想。全面贯彻落实国务院关于促进快递业发展的若干意见，充分发挥市场在资源配置中的决定性作用，提升产业竞争力，促进快递行业有序健康发展。

（二）发展目标。以解决制约快递业发展的突出问题为导向，以“互联网+”快递为发展方向，培育壮大市场主体，拓展服务网络惠及范围。到2020年，全省基本建成普惠城乡、技术先进、服务优质、安全高效、绿色节能的快递服务体系。

1. 产业规模跃上新台阶。快递市场规模不断扩大，全省实现乡乡有网点、村村通快递。到2020年，快递企业年业务量力争达到4亿件，年业务收入力争达到70亿元。

2. 企业实力明显增强。在哈尔滨临空经济区规划建设国际国内航空快件分拨中心，在全省边境保税区建设跨境贸易电子商务快件分拨中心，将哈尔滨打造成全国性对俄国际快件集散中心，引导并培育7家至9家具有品牌竞争力的大型骨干快递企业。

3. 服务水平大幅提升。寄递服务产品体系更加丰富，省内地级城市实现48小时送达，国际快递服务通达范围延伸至欧洲、北美，服务满意度稳步提高。

4. 综合效益显著。到2020年，年均新增就业岗位2000个，当年支撑网络零售交易额突破800亿元，日均服务用户300万人次以上，有效降低商品流通成本。

二、重点任务

（一）培育壮大快递企业。

1. 吸引快递企业总部或区域总部落户黑龙江。保障扶持快递建设项目用地列入省重点建设项目用地，优先安排，重点保障。（责任单位：省国土资源厅、发改委、住建厅、国税局、地税局、各市（地）政府（行署））

2. 推动本土快递企业兼并重组、做大规模。实现“强强联合、优势互补”，重点推进邮快合作模式，并着力推动本土中小规模快递企业间的兼并重组，吸引各类社会资本参股、入股，迅速做大企业规模，多种形式整合市场，整合终端网络资源，避免中小企业数量过多、低质竞争。（责任单位：省邮政管理局、邮政公司、各市（地）政府（行署））

3. 引导本土企业通过不断完善服务网络，加大科技投入，加强人员培训，提升信息化、自动化水平，提升服务质量，增强竞争实力，从而形成一批在全国有一定影响力的黑龙江快递企业。（责任单位：省邮政管理局、工信委、邮政公司、各市（地）政府（行署））

4. 提高快递信息化水平。鼓励引导快递企业不断提高信息化应用水平，积极运用现代通信、网络技术，对业务受理、仓储管理、分拣配送、客户管理、安全监控、信息跟踪查询等生产管理环节进行全方位的监测、分析；推广应用快件跟踪查询、信息处理、行业信息交互对接、快件时效管理、优仓优配等先进技术，提高企业运行效率和服务质量，鼓励“一家投入、多家共用”的方式，实现资源有效利用。（责任单位：省邮政管理局、各市（地）政府（行署））

5. 推进快递业标准化建设。大力推广新能源电动专用车，促进快递车辆标准化、统一化、低碳化，支持快递企业采购新能源、清洁能源汽车作为快递运输车辆和快件投递配送车辆，各级财政给予适当补贴。支持企业选配自动（半自动）分拣、搬运、装卸、仓储等设备，不断提高快件处理的机械化、自动化水平。鼓励物流地产商为企业提供标准化的快件集散交换中心设计、建设服务。（责任单位：省财政厅、工信委、邮政管理局、邮政公司、各市（地）政府（行署））

（二）推进相关产业协同发展。

1. 推动快递服务业与电子商务协同发展。鼓励快递企业充分利用互联网、物联网、大数据、云计算等信息技术，优化网络布局、提升管理效率、拓展产业空间，同时推动服务模式的变革，加快向综合性快递物流运营商的转型。重点是支持快递进市场、进企业、进（建）仓储+配送，实现网络布局合理，仓配一体并进，及时为用户提供方便快捷的快递服务。充分发挥快递支撑电子商务主渠道作用，使线上线下的衔接更加紧密，共同创新体验经济和社区经济，包括逆向物流新业态，鼓励快递企业与电子商务企业合建电子商务快递园区，形成协同发展效应。支持符合条件的电子商务快递园区申报示范园区，支持快递企业申报电子商务服务示范企业。（责任单位：省商务厅、邮政管理局、邮政公司、各市（地）政府（行署））

2. 推动快递业与制造业协同发展。鼓励快递企业发挥供应链管理优势，积极融入智能制造、个性化定制等制造业新领域。把适合快递寄递的体积小、重量轻、批次多、数量少、附加值高的高精尖产品作为服务2025工业制造的一项重点工作抓紧、抓好、抓实、抓大。引导快递企业加强与本省快递专用车企业对接合作，实现互利共赢。支持制造企业对外包服务环节依托快递网络开展综合集成制造和分销配送，构建产业发展新体系；支持快递企业根据制造业需求，加强功能整合和服务延伸，开发信息流、资金流、实物流融合型服务，构建安全高效、技术先进的快递服务体系；引导快递企业进驻工业园区、经济开发区、高新技术产业园等制造业集聚区，依托生产要素集聚优势，创新服务产品和配送体系，提高产业配套协作水平。（责任单位：省邮政管理局、商务厅、工信委、邮政公司）

（三）构建完善服务网络。

1. 加强快递园区规划布局。在哈尔滨市建设一级快递专业园区，在齐齐哈尔市、牡丹江市建设二级快递专业园区。各市（地）要支持快递企业入驻电子商务园区、商贸物流园区、制造业园区、保税物流园区和农产品、商品集散中心。（责任单位：省发改委、国土资源厅、财政厅、交通运输厅、邮政管理局、商务厅、工信委、农委、各市（地）政府（行署））

2. 实施快递“向下”工程。以扩大农业农村电子商务应用，带动“快递向下”战略落实，引导快递企业为农村消费者提供普惠、便捷服务。为农民网商创收增效，推进农村快递网络化信息服务建设。贯彻落实《中共中央、国务院关于落实发展新理念加快农业现代化实现全面小康目标的若干意见》（中发〔2016〕1号）精神，推动“快递+涉农电商平台”建设，构建各地农副名优特农产品的快递网络，服务直采直销等农业生产新模式，加强农产品流通设施和市场建设，加强商贸流通、供销、邮政等系统物流服务网络和设施建设与衔接，加快完善县、乡、村物流体系。创新末端服务方式，制定《快递末端备案管理办法》，促进工业品“进乡”和农产品“进城”的双向流通，解决农村买卖难问题，打造农村经济发展新引擎。鼓励快递企业之间、快递企业与交通部门、快递企业与社会网点间的合作，通过集中运输、搭载运输、代收代投，降低运输成本，提高运递效率。把“快递向下”作为精准扶贫的有效方式之一，推动快递企业深化与各类农业合作社、农业现代化企业、农副产品深加工企业和涉农电子商务企业的合作。快递企业为特色农产品提供包装、仓储、运输的标准化、定制化服务，发展农产品冷链物流，提供适应农业生产季节性特点的快递服务。鼓励传统邮政业进一步加快转型发展，支持邮政企业和快递企业创新合作模式，充分利用现有邮政网点优势，提高邮政基础设施利用效率。（责任单位：省邮政管理局、商务厅、工商局、农委、交通运输厅、供销社、省邮政公司、各市（地）政府（行署））

3. 鼓励快递企业发展跨境电子商务快递业务。加强电子信息平台建设，推动企业信息平台与口岸监管、政务信息平台以及电子商务、公路、航空、铁路运输等服务链上下游企业信息平台对接。加大对快递企业“走出去”服务力度，充分利用现有基础设施，邮政国际互换局和海关监管仓库的便利条件，加快在边境城市建设对俄快件处理中心，探索建立“海外仓”。鼓励支持省内重点快递企业开拓欧洲、北美等海外市场，通过自建、合作、并购等方式建设跨境网络，开展跨境网购等寄递业务。（责任单位：省邮政管理局、工信委、商务厅、哈尔滨海关、黑龙江检验检疫局）

4. 鼓励高等院校、社区与快递企业开展合作。通过开办大学生创业平台、校园快递、社区快递，集散存贮分发站等方式，增加就业岗位，解决快递进校园社区难的问题。在师生数量超过1万人的高等院校和中等以上社区提供面积适合的快件用房，以满足快递服务需要，保障快件安全。推动“快递+教育”在校企合作、人才引进培养、技能鉴定、课题研究、专家咨询等方面加强队伍建设，为勤工助学贫困大学生提供岗位，为大学生创业提供机遇。（责任单位：省教育厅、邮政管理局、财政厅、各市（地）政府（行署））

5. 推动快递企业与金融机构合作，鼓励金融机构创新服务方式，开展适应快递行业特点的抵押贷款、融资租赁、小额贷款、代收货款、代发工资等业务。（责任单位：人民银行哈尔滨中心支行、省邮政管理局）

6. 各机关、企事业单位、住宅小区管理单位等应当为快递企业收寄和投递快件提供通行、临时停车、代收、保管等便利服务。鼓励通过设立快件集中代收代投服务点、设置自助服务终端等形式，为快件收寄和投递提供便利和安全保障，将智能快件箱等快递服务设施纳入公共服务设施规划。（责任单位：省邮政管理局、交通运输厅、住建厅、各市（地）政府（行署））

（四）衔接综合交通体系。

1. 实施快递“上车、上船、上飞机”工程，支持快递企业与铁路、公路、水路、民航等运输企业合作，鼓励快递企业利用哈尔滨航空港的场地设施及业务平台，在哈尔滨太平国际机场设立航空港国际快件监管中心专用接驳区，推动机场国际货运业务开通。支持快递企业增开黑龙江至全国各地、世界中心城市的快件直达航路。支持快递企业包机、包舱运递快件。适时开展利用高铁动车运递快件试点。（责任单位:省交通运输厅、民航黑龙江监管局、哈尔滨铁路局、哈尔滨海关、黑龙江检验检疫局、省邮政管理局、各市(地)政府(行署))

2. 建立邮、快件通关绿色通道。支持哈尔滨建成国际快件监管中心,为进出境快件提供代理报关、报检、仓储、分装、分拣、发寄服务。建立进出境快件便捷通关机制,吸引对俄贸易快件在哈尔滨集散,扩大哈尔滨进出境快递物流规模,增强辐射能力。开辟机场、高铁动车快件便捷通道,优化作业流程,提供快件快速安检、配载、装卸、交接、通关的一体化服务,探索跨境电子商务出口商品的物流快递通关退税模式,推动多部门联合通关服务综合试点,实现航空与陆运方式无缝衔接,形成快件国内及进出境的"绿色通道"。(责任单位:省邮政管理局、商务厅、国税局、黑龙江检验检疫局、民航黑龙江监管局、哈尔滨铁路局、哈尔滨海关、邮政公司)

(五)加强行业安全监管。

1. 推动建立省、市两级邮政业安全监管中心,各级政府应对邮政管理部门安全信息监管系统、视频监控平台建设、安检机配置等相关安全设施给予财政补贴。(责任单位:省编办、财政厅、邮政管理局、各市(地)政府(行署))

2. 实施寄递渠道安全监管"绿盾"工程。全面推进快递企业安全生产规范化、标准化建设,落实邮政业安全生产设备配置规范等强制性标准。(责任单位:省邮政管理局、公安厅、各市(地)政府(行署))

3. 推进"三项制度"落实。指导企业严格落实收寄验视、实名收寄、过机安检三项制度,落实企业安全生产主体责任,完善从业人员安全教育培训制度,充分运用现代信息及物联网技术,建立安全信息监管系统寄递数据库,适应反恐工作需要,保障寄递渠道安全。加强跨部门、跨区域协作配合,提升安全监管及应急处置能力,将快递业突发事件应急处置工作纳入地方政府应急处置体系。(责任单位:省邮政管理局、安全厅、省政府应急办、黑龙江检验检疫局、各市(地)政府(行署))

三、政策措施

(一)深入推进简政放权。

1. 便利企业工商登记。深化快递行业商事制度改革,探索对快递企业实行同一工商登记机关管辖范围内"一照多址"模式。简化快递业务经营许可程序,改革快递企业年度报告制度,精简企业分支机构、末端网点备案手续。凡取得省内经营快递业务资质的快递企业设立分公司、营业部等分支机构,可凭省邮政管理部门颁发的快递业务经营许可及所附分支机构名录,向分支机构所在地工商行政(市场监督)管理部门提交申请,统一办理工商执照。(责任单位:省邮政管理局、工商局)

2. 发挥电子口岸等"一站式"平台优势。深入推进"单一窗口"综合服务体系建设,以实现跨境电子商务检验检疫监管全备案、全申报管理要求,实现进出境快件便捷通关。(责任单位:省商务厅、发改委、哈尔滨海关、黑龙江检验检疫局)

(二)优化快递市场环境。

1. 充实监管力量,创新监管方式。强化事中事后监管,全面提升市场监管能力,建立健全用户申诉与执法联动机制,依法查处违法违规行为,规范市场经营秩序,加大监管力度,建立完善县(市)邮政管理体制,开展邮政行业安全监管工作,更好地履行快递行业发展、安全、服务监管职能。(责任单位:省邮政管理局、相关地方政府)

2. 利用"信用黑龙江"网站、企业信用信息公示系统和各部门门户网站发布企业行政审批、行政处罚等信用信息,多部门联合建立违法失信主体"黑名单"及联合惩戒制度,完善社会舆论监督机制,加强对失信行为的披露和曝光,营造诚实守信的快递市场环境。(责任单位:省诚信办、省委网信办、省工信委、工商局、邮政管理局)

(三)健全法规规划体系。

1. 做好规划衔接。将全省邮政业发展"十三五"规划纳入到当地国民经济和社会发展"十三五"规划中,加强与交通运输部门衔接,将邮政业发展规划纳入交通运输业"十三五"规划之中,积极推动与综合交通运输体系的顺畅对接;将快递业与电子商务、跨境贸易、现代服务业协同发展纳入到当地商务部门"十三五"规划之中。(责任单位:省发改委、交通运输厅、商务厅、邮政管理局、各市(地)政府(行署))

2. 修订《黑龙江省邮政条例》。将推动快递业发展重点内容纳入我省国民经济发展规划纲要和综合交通运输、城乡建设等专项规划。依法打击网络购物领域侵犯知识产权和制售假冒伪劣商品、骗买骗卖等违法行为,优化电子商务和物流快递发展环境。落实行业安全规范标准,建立健全快递业安保

责任体系和协作机制,确保寄递渠道安全。(责任单位:省政府法制办、省邮政管理局)

(四)加大政策支持力度。

1.保障土地供应。各市(地)要在土地利用总体规划和年度用地计划中统筹安排快递专业类物流园区、快件集散中心等设施用地,在临空经济区、电子商务园区、物流园区建设上要统筹安排与物流快递协同推进发展用地。鼓励利用现有园区,建设符合规划的快递专业园区,在用地政策上给予重点扶持。(责任单位:省国土资源厅、住建厅、邮政管理局、各市(地)政府(行署))

2.落实国家税收政策。快递企业开发新技术、新产品、新工艺所发生的研发费用,未形成无形资产计入当期损益的,可在按照规定据实扣除的基础上,按照研发费用的50%加计扣除;形成无形资产的,按照无形资产成本的150%摊销。对快递企业投资购置使用环境保护、节能节水、安全生产等专用设备,按国家有关规定落实税收抵免政策。采取总分机构形式的省内跨地区经营快递企业可按相关规定汇总计算缴纳增值税、企业所得税。促进快递企业合理划分运输收入,按照国务院相关部署加快推进"营改增"改革,根据国家出台的相关税收政策规定推动快递企业产生的各类费用逐步列入可抵扣范围,对政策性因素导致税负加重的部分适当给予财政补助。鼓励快递企业推广使用手持税控终端开具普通发票,对购置手持税控终端成本可按规定在所得税税前扣除。(责任单位:省国税局、地税局、各市(地)政府(行署))

3.落实国家鼓励类服务业价格政策。快递企业用水、用电、用气、用热实行与一般工业同价。(责任单位:省物价监管局、邮政管理局、各市(地)政府(行署))

4.落实快递车辆通行政策。按照依法、高效、环保的原则,研究制定城市配送管理办法,在统一规范快递车辆的基础上,根据相关政策,对快递机动车辆、电动三轮车运输快件在市区通行、停靠、作业等方面提供相应的便利条件。(责任单位:省公安厅、交通运输厅、邮政管理局、各市(地)政府(行署))

5.加大职业培训力度。大力实施"快递人才素质提升"工程,支持有条件的快递企业与高校、科研院所、技工院校、职业培训机构联合建立实训基地,支持各类教育培训机构开展服务业技能型人才再培训、再教育。鼓励有条件的快递企业与各类技工院校、职业院校和职业培训机构开展校企合作,实施快递业务员职业技能培训,按规定给予职业培训补贴。对通过初次邮政行业职业技能鉴定并取得资格证书或专项职业能力证书的符合条件人员,按有关规定申请一次性职业技能鉴定补贴。(责任单位:省邮政管理局、人社厅、教育厅、财政厅、各市(地)政府(行署))

四、组织实施

各地、各部门要充分认识促进快递业健康发展的重要意义,加强组织领导,健全工作机制,强化协同联动,加大支持力度,为快递业发展营造良好环境。各市(地)要根据本实施意见,结合本地实际情况研究出台有针对性的支持措施并认真抓好落实。各有关部门要各负其责,按照职责分工抓紧制定相关配套措施。省交通运输厅、发改委、邮政管理局、商务厅会同有关部门负责对本意见落实工作的统筹协调、跟踪了解、督促检查。

黑龙江省邮政业发展"十三五"规划

(2016年12月黑龙江省邮政管理局印发)

邮政业是重要的社会公用事业,同时也是现代服务业的重要组成部分,邮政网络是国家重要的通信基础设施。大力发展邮政业,充分发挥邮政业在发展经济、保障公民基本通信权利、服务社会和安置就业等方面的作用,对于推动黑龙江实现科学发展、和谐发展、跨越发展,实现全面建成小康社会目标具有重要意义。

当前,我国经济发展进入新常态,党的十八届三中全会对全面深化改革做出战略部署,对新时期邮政行业改革发展提出了新的要求。为了深入贯彻党的十八大精神,促进邮政业在"十三五"期间提质增效,加快推进与小康社会相适应的现代邮政业建设进程,制定黑龙江省邮政业发展"十三五"规划。本规划依据国家《邮政业发展"十三五"规划》和《黑龙江省国民经济和社会发展第十三个五年规划纲要》等进行编制,规划期限为2016年至2020年。

一、现状与形势

（一）“十二五”黑龙江邮政业发展回顾

“十二五”以来，黑龙江邮政业以邓小平理论和“三个代表”重要思想为指导，深入贯彻落实科学发展观，按照国家邮政局“稳中求进”的决策部署，全面实施《中华人民共和国邮政法》，以惠民强邮为战略目标，保障监督并举，着力提高邮政普遍服务能力，提升快递发展水平，扎实推进《黑龙江邮政业发展“十二五”规划》实施。

1. 邮政业总体发展迈上新台阶

“十二五”期间，黑龙江邮政业持续快速发展，体制机制逐步理顺，发展现代化、产业融合化、服务公共化趋势明显，邮政业服务经济社会发展的基础性作用进一步增强，行业的影响力持续扩大。

2015年全省邮政行业业务总量完成52.15亿元，同比增长17.06%。全省邮政行业业务收入（不包括邮政储蓄银行直接营业收入）完成63.28亿元，同比增长20.43%。

截至2015年底，我省邮政业总体量收均以较高速度增长，“十二五”期间业务总量累计完成198.43亿元；“十二五”期间业务收入累计完成238.07亿元；全省累计依法取得快递许可证的企业214家，备案分支机构2135家，快递从业人员达15737人。行业中龙头企业增长快速，业务总量、业务收入继续保持较快增长。其中，EMS、顺丰、中通、圆通、韵达、申通等企业在此期间发展迅速，成为黑龙江快递业的领军企业。

2. 邮政普遍服务和特殊服务持续稳定发展

“十二五”期间，黑龙江邮政函件、包裹、报刊、机要、汇兑等各项邮政普遍服务和特殊服务寄递时限达到国家规定标准，服务满意度保持稳定。在国家和地方政府的大力支持下，推动了空白乡镇邮政局所的补建和运营，信报箱建设的逐步落实，服务网点、设施设备的更新改造。截至2014年底，全省105个空白乡镇邮政局所补建完成，并将补建后投入运营的局所及时纳入监管范围。

3. 快递服务能力、水平不断提高

快递服务是邮政业以及现代服务业的重要组成部分，全省已形成了国有、民营和外资企业共存发展、相互促进的格局。《快递市场管理办法》和《快递业务经营许可管理办法》规定了经营快递业务的基本要求，快递市场经营秩序明显规范。一是业务规模扩大和业务收入增加。有力地拉动了黑龙江地方经济发展，有效地服务了社会民生。二是快递服务能力明显提升。民营快递企业不断壮大，网点迅速扩张，基本覆盖全省主要市（地）和重点县（市），部分企业开始以多种方式布局乡、镇网络，并在末端派送方面做了各种尝试性探索，取得了一定的成效。三是服务内容不断拓展。一些快递企业提供代收货款、快件保险等增值服务，并涉足仓储、物流、电子商务、配送等增值服务领域，满足了不同层次的市场需求。四是企业人力资源素质逐步提高，快递服务满意度不断增强。随着快递人员数量增多和素质的提升，快递服务质量也不断提高，服务满意度随之提升。截至2015年年底，全省快递从业人员达到15737人，其中持有国家职业资格证书的快递业务员达6495人，占快递业务员总量的41%。

4. 邮政业监督管理不断强化

建立了省级以下邮政监管体系。2012年1月20日，《国务院办公厅关于完善省级以下邮政监管体制的通知》（国办发〔2012〕6号）正式印发。按照文件的要求，由中央、省两级垂直管理体制调整为中央和地方双重管理，邮政业务、机构编制、干部、财务等以上级邮政管理部门为主的体制。全省建立了13个市（地）行政管理机构，顺利推进省级以下邮政监管体制的组建，加强了对市（地）邮政管理局的指导和服务，进一步深化了邮政体制改革，完善了邮政监管体系，促进政府职能转变，实现政企分开。

（二）当前黑龙江邮政业存在的主要问题

黑龙江邮政业在“十二五”期间取得了较大的成绩，为“十三五”期间邮政业又好又快发展夯实了基础。但是，黑龙江邮政业的发展还存在以下问题：

1. 邮政基础设施薄弱，普遍服务能力不足

黑龙江地域面积广，地区差异大，邮政普遍服务水平与地方经济社会快速发展的需求还有一定的差距，发展规模偏小，传统业务逐年萎缩，邮政基础设施有待提升，农村普遍服务存在严重亏损现象，城乡邮政公共服务水平存在差异。

2. 快递企业体制多样，服务水平不高

全省快递服务从业主体众多，体制多样，市场竞争激烈，存在以下问题：一是在业务构成方面，全省进出港业务量呈现“进多出少”的态势，对地方经济的拉动作用不强；二是快递产业集中度较低，服务质量参差不齐，违规经营、侵害消费者合法权益等问题时有发生，不能满足经济社会发展和人民群众生活

需求；三是快递企业主要由民营资本构成，在机械化和自动化方面的投入有限，大部分快递企业装备和信息化水平仍然较低；四是快递从业人员素质不高，多数快递企业没有快递人才的管培机制，快递企业中管理、运营、技术等方面的专业人才匮乏；五是快递车辆进城难、停靠难等最后一公里配送仍然是制约快递业发展的“老大难”问题；六是寄递渠道安全形势日趋复杂，安全基础、管控能力与发展程度不相适应。

3. 发展环境亟待优化，监管体制有待完善

当前，邮政业与地方发展的对接还不够全面和紧密，邮政普遍服务作为地方公共服务的重要组成部分、快递服务作为现代服务业的重要新兴增长点的地位还没有得到应有的重视。邮政业法律法规和管理政策有待进一步完善和健全，政府对邮政业的宏观管理和协调能力有待加强。按照《国务院办公厅关于完善省级以下邮政监管体制的通知》有关规定和国家邮政局要求，亟需完成全省县级邮政监管机构的组建工作。

（三）“十三五”黑龙江邮政业面临的形势与环境

“十三五”是我省邮政业重要的战略转型期和发展机遇期。经济全球化将进一步深入发展，科技革命加速推进，工业化、信息化、城镇化、市场化和国际化进程加快，邮政业发展面临着新的机遇和挑战。

1. 邮政业服务领域空间扩大，为邮政业发展提供新平台

“十三五”期间，黑龙江经济将面临严峻挑战，内需将进一步释放，经济规模持续壮大，商品和服务贸易、资本流动规模显著扩大，信息交流、物品交换和资金流通等活动更加频繁，社会用邮需求将不断扩大，为邮政业发展提供了更加有利的经济社会环境。随着工业化、信息化、城镇化、市场化、国际化深入发展，专业分工持续深化，供应链管理、电子商务的蓬勃发展，二、三产业的衔接更加紧密，公共服务均等化的诉求更加强烈，这为邮政业介入相关领域、扩大业务范围提供了更为广泛的市场空间和运作空间，将极大地释放邮政业的发展潜力。邮政与交通运输体系的衔接和融合，也将为邮政发展提供新的平台。

2. 快递业迎来发展黄金期，行业发展将形成新秩序

一是快递业地位在国民经济中的地位不断提高，快递业作为稳增长的利器、调结构的重点和惠民生的基本产业，首次写入政府工作报告，有望在兼并重组、税收减免、土地使用和资金支持方面继续受到国家及地方政府的政策支持和鼓励；二是快递业进一步延伸与制造业、信息业、交通业协同发展，给快递业的发展创造升级空间和机遇，为黑龙江省加速向实物流、资金流和信息流“三流合一”的现代邮政业转变奠定了坚实的基础；三是电子商务快速发展将拉动快递产业升级。互联网的进一步普及、网速的持续提高、移动终端使用范围的扩大、网络购物环境的改善、传统商家向电商的转变等因素将促进电子商务市场进一步繁荣，快递业迎来发展黄金期。

3. 产业间协同和产业内合作并存，跨界融合掀起新高潮

随着《关于促进快递服务与网络零售协同发展的指导意见》、《关于进一步促进电子商务健康快速发展有关工作的通知》、《关于推进快递服务制造业工作的指导意见》等一系列政策的密集出台，邮政业与网络零售业、电子商务、制造业等行业的联动加速，向着服务链更长、附加值更高的综合物流运营商转变。邮政业将与制造业、农业深层次联动发展，形成邮政业与工业、商业、农业等多方因素的混业发展模式。国家支持国有资本与其他资本融合发展，将促使邮政企业与快递企业在基础设施、业务运营等领域开展合作，实现资源共享和互利共赢。邮政业将在产业链、价值链和供应链整合中迎来新机遇。

二、指导思想与发展目标

（一）指导思想

以邓小平理论、“三个代表”和科学发展观重要思想为指导，全面贯彻党的十八大精神，主动适应经济发展新常态，进一步深化邮政改革，转变邮政业发展方式，加快转型升级步伐，努力使黑龙江邮政业在发展规模、服务水平、创新能力和竞争实力上实现跨越。

（二）发展思路、原则及目标

1. 发展思路

根据中央对邮政业的新“三定位”，牢牢把握安全为基、发展为要、服务为上的总要求，围绕建成与小康社会相适应的现代化邮政业目标，进一步深化邮政体制改革，加快转型升级步伐，坚持依法治邮、创优发展环境，稳态势、转方式，调结构、提质效，转职能、惠民生，充分发挥市场在资源配置中的决定性作用。

2. 发展原则

坚持市场导向原则。遵循产业发展规律,建立统一开放、竞争有序的快递市场体系,充分发挥市场在快递领域中资源配置的基础性作用,增强市场的活力和竞争力。加强规划引导和政策扶持,发挥政府在产业发展中的统筹协调作用。

坚持开拓创新原则。把创新作为推动邮政业科学发展的基本动力,加快构建以企业为主体的自主创新体系,推动市场创新、服务创新、技术创新、管理创新和制度创新,努力培育邮政业新的竞争优势。

坚持统筹兼顾原则。妥善处理好速度与结构、质量的关系,改革与发展、稳定的关系,普遍服务与快递服务的关系,发展与规范的关系,国内市场与国际市场的关系,使发展中的各个方面相互适应、相互促进、良性互动,实现邮政业发展与社会和谐的有机统一。

坚持"五个邮政"原则。以建设"普惠邮政、智慧邮政、安全邮政、诚信邮政、绿色邮政"五个邮政为抓手,主动适应经济发展新常态。将结合地域发展实际,坚持依法治邮,坚持提质增效,在改革创新中增强新动力,在转型升级中保持好态势。

3. 发展目标

(1)总体目标

"十三五"期间,黑龙江省邮政业的发展重点将围绕推进依法治邮和邮政业市场化改革,提升普遍服务能力水平;加快推进快递网络重要节点建设,建立完善快递服务网络,促进关联产业融合发展;依托邮政快递网络,发展农村物流,注重行业安全建设,推动快递技术装备和从业人员素质提升,提高邮政行业监管效能等方面。

到2020年,邮政企业(不含EMS)业务收入比"十二五"末增长6.11%,业务总量达到44亿元,业务收入达到55.6亿元;到2020年,快递企业年业务量力争达到4亿件,年业务收入力争达到70亿元。

(2)普遍服务

①服务能力。

进一步完善邮政设施的布局和建设,邮政局所服务人口达到《邮政普遍服务》标准要求;重点加强邮政普遍服务终端能力建设,完成行政村村邮站建设,实现乡乡设所、村村通邮;推进城镇居民住宅楼房信报箱建设,有效提升信报箱覆盖水平;改善城市邮政普遍服务基础设施的设置,提升邮政普遍服务终端能力,实现邮政改革发展成果的普惠。

②服务水平。

邮件全程时限、投递频次和深度不低于《邮政普遍服务标准》的要求。农村投递到村邮站。邮政普遍服务满意度平均达到90分。

(3)快递服务

以解决制约快递业发展的突出问题为导向,以"互联网+"快递为发展方向,培育壮大市场主体,拓展服务网络惠及范围。到2020年,全省基本建成普惠城乡、技术先进、服务优质、安全高效、绿色节能的快递服务体系。

①产业规模跃上新台阶。快递市场规模不断扩大,全省实现乡乡有网点、村村通快递。到2020年,快递企业年业务量力争达到4亿件,年业务收入力争达到70亿元。

②企业实力明显增强。在哈尔滨临空经济区规划建设国际国内航空快件分拨中心,在全省边境保税区建设跨境贸易电子商务快件分拨中心,将哈尔滨打造成全国性对俄国际快件集散中心,引导并培育7—9家具有品牌竞争力的大型骨干快递企业。

③服务水平大幅提升。寄递服务产品体系更加丰富,省内地级城市实现48小时送达,国际快递服务通达范围延伸至欧洲、北美,服务满意度稳步提高。

④综合效益显著。到2020年,年均新增就业岗位2000个,当年支撑网络零售交易额突破800亿元,日均服务用户300万人次以上,有效降低商品流通成本。

(4)人才培养

健全完善人才培养体系,大力提升人才队伍素质。建立完善以政府为主导、企业为主体、院校为支撑的人才培养体系。引导和支持快递企业组织员工参加职业技能培训、考试,并不断提高从业人员技术等级。积极推动黑龙江省快递企业和院校联合协作,以委托培养、订单式招生等灵活方式开展快递企业从业人员的各类职业教育和在职培训,大幅度提高快递从业人员的整体素质。大力引进和培养高级管理人员,提高邮政行业的经营管理水平。

三、主要任务

(一)深化改革提高服务质量

推进全省法治邮政体系建设,强化市场事中事后监管,提高监管效能,确保行业有序发展,企业有序经营。建立黑龙江省邮政法律法规行政执法协调机制,加强邮政业服务安全行政执法与刑事司法衔接融合工作。主动对接和服务国家“一带一路”工程。培育壮大快递企业,支持快递企业兼并重组、上市融资,提高快递服务质量,提高产业集中度和发展规模,实施品牌战略,鼓励“走出去”参与国际竞争;鼓励快递企业由加盟向直营模式转变,以顺应电商发展对快递业集中化、机械化、标准化、一体化的要求,促进快递企业由劳动力密集型产业向技术密集型产业的升级,增强黑龙江快递企业的实力,提高服务质量和总体竞争力。推动本土快递企业兼并重组、做大规模。实现“强强联合、优势互补”,重点推进邮快合作模式,并着力推动本土中小规模快递企业间的兼并重组,吸引各类社会资本参股、入股,迅速做大企业规模,多种形式整合市场,整合终端网络资源,避免中小企业数量过多、低质竞争。

(二)提升普遍服务能力水平

党的“十八大”明确把“人民生活水平全面提高,基本公共服务均等化总体实现”作为全面建成小康社会的目标之一。十三五期间,黑龙江邮政普遍服务要更加突出普遍服务包容性,惠民和均等化的特征,统筹推进村邮站、城乡局所、邮政服务进社区和邮政便民服务平台等建设工作,进一步提升普遍服务能力水平。

1. 围绕全省战略部署,强化邮政基础设施建设。围绕全省战略部署,按照近期与长期相结合的原则,加快邮政普遍服务基础设施规划建设,加强农村和边远地区普遍服务网络建设,优化面向农村的邮政社会化服务设施,提升邮政服务水平,保障邮政普遍服务,逐步提高全省邮政普遍服务的均等化水平。积极开展邮政普遍服务需求调查,广泛听取社会对邮政普遍服务和特殊服务的意见和建议。完善城乡局所的建设和布局使其更加科学、合理。缩小城乡和区域之间的普遍服务水平差距,提升普遍服务均等化水平。处理好基本邮政需求与多样化、多层次、多方面邮政需求的关系,满足人民群众日益增长的用邮需求,切实保障和服务社会民生,持之以恒地稳定邮政业价格总水平,确保邮政业和谐稳定。

2. 推动邮政基础网络资源向社会开放。优化普遍服务资源配置,统筹城乡和各市县邮政普遍服务协调发展,大力提高农村和边远地区普遍服务水平,努力缩小服务水平的差距,使人民群众充分分享邮政业发展和改革的成果。支持和鼓励邮政“三农”服务网点拓展经营范围,支持邮政企业及其所属加盟连锁邮政“三农”服务网点经营化肥、农药、种子等农资产品,并逐步建设成集农资、邮政、电信、报刊等多类产品经营为一体的综合性服务网点。重点做好农资服务、文化服务、家电下乡服务、农产品进城、农村医药配送等工作。鼓励村邮站、城乡局所以多种模式整合邮政终端服务资源,延伸服务链、拓展服务领域,构建覆盖城乡、惠及民众、方便快捷、多方共赢、独具地方特色的邮政综合服务平台。到2020年,全省建制村通邮达100%。邮政普遍服务满意度、机要通信满意度平均达到90分。

3. 有效实施邮政普遍服务监管。贯彻落实邮政普遍服务标准和交通不便边远地区邮政普遍服务标准,鼓励督促邮政网点尤其是农村局所完善硬件设备、充实业务门类、强化基础管理,提供优质便捷的邮政服务。积极推动城乡、区域邮政统筹协调发展,提升城镇邮政普遍服务水平,增强城乡结合部邮政服务能力,改善农村地区邮政服务能力,促进城乡基本邮政服务对接。重点监督邮件传递时限和投递服务质量不符合普遍服务标准的问题。

(三)构建邮政综合服务平台

整合邮政网络资源。充分利用社会资源,整合村邮站、邮政三农服务站、便民服务站等服务设施,叠加服务功能,推动建立邮政综合服务平台,避免重复建设,提高资源利用率。发展电商寄递服务。适应电子商务发展需求,推动邮政企业发展电商小包、仓配一体化等业务。深化邮政企业电商企业合作,推动农村邮政物流与农村电商的业务整合、信息共享和融合发展。推动邮政基础设施向社会开放。推动邮政企业加强与电子商务平台的对接,推动邮政企业以市场为导向,与快递企业建立机会均等、服务规范的合作机制,开展设施共享、业务代理等合作。鼓励村邮站、邮政便民服务站代收代投快件,拓展服务功能,增加业务载荷。

(四)加速快递企业转型升级

引导本土企业通过不断完善服务网络,加大科技投入,加强人员培训,提升信息化、自动化水平,提升服务质量,增强竞争实力,从而形成一批在全国有一定影响力的黑龙江快递企业。以实现产业转型升级为目标,转变发展方式,调整企业运营模式、网络结构和产品结构,从粗放向集约经营转变。引导快递企业改革管理机制,建立现代企业制度,创新体制机制,培育一批服务水平高、竞争力强的大型现代快递企业;推进"互联网+"快递,鼓励快递企业充分利用信息技术,拓展与电子商务、现代农业、先进制造业的协同发展空间,促进邮政、快递服务与电子商务、金融业、信息业、制造业、农业的协同合作和共同发展,形成一体化的供销价值链。推动邮政与交通运输业融合发展,依托交通,统筹规划,强化快递集散中心建设,设置合理的城乡快递网点,尤其是要加强农村快递网点的建设,促进农村快递的发展,促进交通和邮政业务合作,加强邮政代理交通业务,实现资源和优势互补;在哈尔滨市建设一级快递物流园区,在齐齐哈尔市、牡丹江市建设二级快递物流园区。充分发挥快递企业网络、品牌、核心能力优势,努力培养2—3家取得国际快递业务经营许可的品牌快递企业。

(五)强化邮政行业监督管理

深入贯彻落实《中华人民共和国邮政法》,开展邮政普遍服务综合绩效考核,继续实施快递经营许可制度,营造公平竞争的市场环境。进一步强化执法监督和行业自律,规范邮政市场行为,监督快递企业落实寄递物品安全机制,保障寄递渠道安全。完善邮政行政执法、行政审批监督机制,提高依法行政能力,促进邮政监管工作"高效、务实、健康、有序"运行,形成诚信邮政建设的长效机制。

一是以维护市场运行的安全性为出发点,着力构建"政府监管、行业自律、社会监督"的"三位一体"监管机制,切实推进行业安全监管水平的不断提升,推动邮政行业的安全发展。

二是构建面向市场的全程监管体系,推行属地和科学监管。严格实施快递服务经营许可制度,营造公平竞争的市场环境。加强审批改革后的事中事后监管,加强快递企业的资质审核,严肃查处非法经营、违规代理等行为,优化业务经营许可证审批、发放、吊销以及办理快递企业备案的程序和形式,实现对快递企业的事中事后监管;继续推进快递业务经营许可地域范围清理,优化快递企业分支机构备案管理制度;建立重大案件督办制度。完善申诉工作机制和处理流程,实现科学监管。

三是保障行业安全监管,促进邮政行业安全发展。健全邮政管理制度,监督寄递渠道安全,保证国家信息安全,维护公民通信安全。推进以收寄验视为基础的邮政业安全监管体系建设,建立政府协调、责任追究、高效执法、安全生产、公众监督工作机制,与相关地区和部门签署邮政业安全监管合作备忘录,确保重大事故零发率。配合有关部门共同做好寄递渠道禁毒、反恐、"扫黄打非"等工作,督促企业堵截各类非法出版物;全面落实《寄递服务用户个人信息安全管理规定》,保障用户信息安全。

(六)提升行业科技应用水平

全面贯彻落实党中央、国务院决策部署,以推动行业改革和创新发展为主线,以行业科技应用水平进一步提升、科技进步贡献率进一步提高、科技创新能力进一步增强、科技创新体制机制进一步完善为目标,重点在服务智能化、生产自动化、协同信息化、运输高效化、运营绿色化、管理科学化等"六化"上狠下功夫,不断加强科技创新、不断加快成果转化、不断加大科技投入,大力提升发展后劲,持续增强发展实力。

注重以信息技术改造和提升传统邮政服务,加快推进传统邮政业向现代邮政业转变。鼓励和支持邮政、快递企业加大科技研发力度,积极推进科技成果转化,提高邮政、快递企业自动化、标准化、信息化应用水平,科技应用的重点逐步从生产运行向服务营销、优化流程和辅助决策转变,优化、改造工艺设施,提高邮政枢纽、快递处理中心机械化与自动化水平,以科技创新推进业务创新、服务创新、管理创新、流程优化和资源整合,推动传统邮政业转型升级。关注新技术的发展和研究,重点关注物联网技术的发展与应用,重点扶持邮政企业和主要快递企业,推动物联网等相关技术在邮政行业的应用,鼓励企业使用跟踪查询、单元化装载、自动识别、电子数据交换等技术,提高企业运营效率和行业整体服务水平。

(七)促进关联产业深度协同

加快推动邮政及快递与综合交通运输体系的衔接融合,形成稳定便捷、经济高效的邮件快件航空、铁路、公路、水路综合运输通道。推动邮政业与交通运输业信息共享平台建设,实现信息互联互通;交通业为快递企业提供专线服务,快递企业优化产品结构,促进交通业发展,交通运输企业和邮政企业可以利用各自的站点、网点资源优势,相互代办业务,并努力开发新产品、新服务,实现互惠互利。鼓励邮政及快递企业在汽车站、铁路站、航空站设置服务网点,提供物品寄递、售票查询、通信缴费等便民服务;进一步加强运输资源整合和共享,推动运输合作,鼓励邮政及快递干线甩挂运输,探索推进公路客运班线代运邮件及快件试点。推动快递服务业与电子商务协同发展。鼓励快递企业充分利用互联网、物联网、大数据、云计算等信息技术,优化网络布局、提升管理效率、拓展产业空间,同时推动服务模式的变革,加快向综合性快递物流运营商的转型。充分发挥快递支撑电子商务主渠道作用,使线上线下的衔接更加紧密,共同创新体验经济和社区经济,包括逆向物流新业态,鼓励快递企业与电子商务企业合建电子商务快递园区,形成协同发展效应。推动快递业与制造业协同发展。鼓励快递企业发挥供应链管理优势,积极融入智能制造、个性化定制等制造业新领域。支持制造企业对外包服务环节依托快递网络开展综合集成制造和分销配送,构建产业发展新体系;支持快递企业根据制造业需求,加强功能整合和服务延伸,开发信息流、资金流、实物流融合型服务,构建安全高效、技术先进的快递服务体系;引导快递企业进驻工业园区、经济开发区、高新技术产业园等制造业集聚区,依托生产要素集聚优势,创新服务产品和配送体系,提高产业配套协作水平。

(八)加强企业职业技能培训

充分发挥邮政管理部门的作用,着力开展多层次职业技能培训,认真组织职业技能鉴定考试。强化人才评价,形成职业化的人才队伍。规范企业用工行为,严格执行《劳动合同法》等法律法规,健全与完善员工培养发展、薪酬分配、激励约束等人力资源管理的制度和机制,强化企业劳动者权益保障。

(九)推进“互联网+”快递

鼓励快递企业充分利用移动互联、物联网、大数据、云计算等信息技术,优化服务网络布局,提升运营管理效率,拓展协同发展空间,推动服务模式变革,加快向综合性快递物流运营商转型。引导快递企业与电子商务企业深度合作,促进线上线下互动创新,共同发展体验经济、社区经济、逆向物流等便民利商新业态。积极参与涉农电子商务平台建设,构建农产品快递网络,服务产地直销、订单生产等农业生产新模式。发挥供应链管理优势,积极融入智能制造、个性化定制等制造业新领域。支持快递企业完善信息化运营平台,发展代收货款等业务。

四、重大工程

(一)邮政普遍服务建设工程

依法保障提供邮政普遍服务的邮政设施的建设。加强邮政基础设施建设,提升邮政服务能力,保障邮政普遍服务,逐步提高邮政普遍服务的均等化水平。完善城镇邮政基础设施,推动地方政府将邮政设施的布局和建设纳入城乡规划,对提供邮政普遍服务的邮政设施的建设给予支持。加强农村局所的整修改造和电子化改造,更新和新增营业设备、用品用具和信息化设备。完善农村邮政服务网点,提高邮政普遍服务水平。

“十三五”期间,根据城市的发展,在城市地区配套补建邮政局所,完善普遍服务网点布局。改扩建部分邮件处理中心,调整功能布局,加强运力资源投入,提升邮运能力。

推进住宅楼房信报箱建设工程

加快城镇住宅楼房信报箱的建设,在政府的支持下,与建设管理部门推进住宅楼房信报箱建设工程,新建住宅楼房信报箱建设依照《中华人民共和国邮政法》的规定,由住宅楼房的建设单位承担,有效提升信报箱覆盖水平,保障公民享有邮政普遍服务的通信利益。

创新村邮站建设模式,完成村邮站建设

村邮站是邮政服务广大农民的终端,是农村投递的最后一个环节,对促进农村经济发展和社会进步有着重要的作用。加快村邮站建设,通过创新村邮站建设模式,推动村邮站建设与农村公共服务体系建设有机结合,加强与农家书屋、“万村千乡”市场工程的统筹和衔接,因地制宜地切实提高农村邮政服务水平,到2020年全面完成村邮站建设工作,全省共建成村邮站9011个。同时打造农村邮政物流、代办邮政业务和村邮站相结合的平台,促进村邮站的长足发展,解决全省农民人口直接通邮的问题。对城乡结合部、乡镇和农村的街道名称、门牌号码做好规划设置,解决影响农村邮件直投难的突出问题,解决邮政网络终端“最后一公里”邮件投递的问题。

(二)促进关联产业融合发展

推进快递企业与电商融合发展,提高定制化、个性化服务水平,为电子商务平台服务商、销售商提供分布式仓储、分装、分拨、配送、代收货款等一体化服务。鼓励快递企业面向制造业、商贸企业需求,加强功能整合和服务延伸,建立结构合理、协作深入、标准对接的合作发展新模式。支持电子商务平台服务商、销售商进入快递市场,为消费者提供电商快件寄递、配送服务。

支持快递企业采购新能源、清洁能源汽车作为快递运输车辆和快件投递配送车辆,促进快递车辆标准化、统一化、低碳化。支持快递企业选配自动(半自动)分拣设备和快件搬运、装卸、仓储设备,不断提高快件处理的机械化、自动化水平。鼓励快递企业推广应用快件跟踪查询、信息处理、行业信息交互对接、快件时效管理、优仓优配等先进技术。

(三)快递“向下、向外”工程

实施快递“向下”工程。以扩大农业农村电子商务应用,带动“快递向下”战略落实,引导快递企业为农村消费者提供普惠、便捷服务。为农民网商创收增效，推进农村快递网络化信息服务建设。创新末端服务方式，制定《快递末端备案管理办法》，促进工业品"进乡"和农产品"进城"的双向流通，解决农村买卖难问题，打造农村经济发展新引擎。鼓励快递企业之间、快递企业与交通部门、快递企业与社会网点间的合作，通过集中运输、搭载运输、代收代投，降低运输成本，提高运递效率。把"快递向下"作为精准扶贫的有效方式之一，推动快递企业深化与各类农业合作社、农业现代化企业、农副产品深加工企业和涉农电子商务企业的合作。快递企业为特色农产品提供包装、仓储、运输的标准化、定制化服务，发展农产品冷链物流，提供适应农业生产季节性特点的快递服务。鼓励传统邮政业进一步加快转型发展，支持邮政企业和快递企业创新合作模式，充分利用现有邮政网点优势，提高邮政基础设施利用效率。

鼓励快递企业发展跨境电子商务快递业务。加强电子信息平台建设，推动企业信息平台与口岸监管、政务信息平台以及电子商务、公路、航空、铁路运输等服务链上下游企业信息平台对接。加大对快递企业"走出去"服务力度，充分利用现有基础设施，邮政国际互换局和海关监管仓库的便利条件，加快在边境城市建设对俄快件处理中心，探索建立"海外仓"。鼓励支持省内重点快递企业开拓欧洲、北美等海外市场，通过自建、合作、并购等方式建设跨境网络，开展跨境网购等寄递业务。

（四）促进邮政业资源整合、节能减排建设

支持和引导快递企业服务网络向农村地区延伸；积极协调地方政府给予政策支持，营造良好发展环境；积极推动邮政行业之间、快递企业与当地有关单位之间、快递业与交通运输业之间、快递企业与乡镇政府部门之间的资源整合与互惠协作，降低运营成本，保持网络稳定。

积极推进邮政、快递运输车辆节能减排，鼓励邮政企业、快递企业使用低能耗、低排放营运车辆，争取国家和省市节能减排资金支持，鼓励重点企业使用大吨位、环保型运输车辆，淘汰落后运能，提高物流交通运输能源利用效率。积极推进邮件、快件包装材料环保和回收利用，鼓励支持邮政企业、快递企业推广使用成本低、无污染、易回收再生的复合环保材料，鼓励推广使用电子单式，减少纸张消耗。积极引导邮政企业、快递企业在分拨中心、处理中心、营业网点、办公场所等建筑节能减排建设改造，鼓励低碳设计，采用节能建筑围护结构以及采暖和空调，发展利用太阳能光伏、生物质能等新能源，创建一批节能低碳型快递企业。鼓励支持传统物流园区、传统专业市场转型发展快递产业园区，鼓励快递产业园打造成为低碳示范园。

推进快递业标准化建设。大力推广新能源电动专用车，促进快递车辆标准化、统一化、低碳化，支持快递企业采购新能源、清洁能源汽车作为快递运输车辆和快件投递配送车辆。支持企业选配自动（半自动）分拣、搬运、装卸、仓储等设备，不断提高快件处理的机械化、自动化水平。

（五）推进快递"上车、上船、上飞机"工程

实施快递"上车、上船、上飞机"工程，支持快递企业与铁路、公路、水路、民航等运输企业合作，鼓励快递企业利用哈尔滨航空港的场地设施及业务平台，在哈尔滨太平国际机场设立航空港国际快件监管中心专用接驳区，推动机场国际货运业务开通。支持快递企业增开黑龙江至全国各地、世界中心城市的快件直达航路。支持快递企业包机、包舱运递快件。适时开展利用高铁动车运递快件试点。建立邮、快件通关绿色通道。支持哈尔滨建成国际快件监管中心，为进出境快件提供代理报关、报检、仓储、分装、分拣、发寄服务。建立进出境快件便捷通关机制，吸引对俄贸易快件在哈尔滨集散，扩大哈尔滨进出境快递物流规模，增强辐射能力。开辟机场、高铁动车快件便捷通道，优化作业流程，提供快件快速安检、配载、装卸、交接、通关的一体化服务，探索跨境电子商务出口商品的物流快递通关退税模式，推动多部门联合通关服务综合试点，实现航空与陆运方式无缝衔接，形成快件国内及进出境的"绿色通道"。

（六）大力推动快递物流园区建设

加强快递园区规划布局，在符合土地利用总体规划、城市总体规划的前提下，按照节约、集约用地的原则，在基础设施好、业务量大的重要节点城市合理布局快递园区。在哈尔滨市建设一级快递物流园区，在齐齐哈尔市、牡丹江市建设二级快递物流园区。配合"一带一路"战略，依托物流节点城市以及机场、铁路、高速公路、水路等立体交通优势，结合行业发展需求，加快布局建设快递物流园区，实现产业集聚、经营集约、功能集成。引导快递企业尤其是规模以上快递企业入驻，促进集聚发展，促进物流、资金流和信息流的整合，实现资源共享，提高企业运营和服务效率，形成规模效应，通过园区建设，做大做强快递龙头企业，推动快递业转型升级。推动在铁路、公路、水路站场枢纽建设快件集散中心。

（七）提升邮政行业监管效能

完善监管体系，健全邮政行业监管体系，完善政府依法监管，重点突出、因地制宜，有序推进全省县级邮政监管机构组建。进一步发挥社会监督、舆论监督作用和行业组织自律作用。

优化监管机制。坚持简政放权、放管结合、优化服务，加强事中事后监管，建立健全消费者申诉与市场执法联动，行政执法与刑事司法衔接的机制，严格普遍服务网点撤销和业务停限办审批，健全普遍服务综合绩效考核体系。

加强安全监管。一是推动建立省、市两级邮政业安全监管中心，各级政府应对邮政管理部门安全信息监管系统、视频监控平台建设、安检机配置等相关安全设施给予财政补贴；二是实施寄递渠道安全监管“绿盾”工程。全面推进快递企业安全生产规范化、标准化建设，落实邮政业安全生产设备配置规范等强制性标准；三是推进“三项制度”落实。指导企业严格落实收寄验视、实名收寄、过机安检三项制度，落实企业安全生产主体责任，完善从业人员安全教育培训制度，充分运用现代信息及物联网技术，建立安全信息监管系统寄递数据库，适应反恐工作需要，保障寄递渠道安全。加强跨部门、跨区域协作配合，提升安全监管及应急处置能力，将快递业突发事件应急处置工作纳入地方政府应急处置体系。

（八）信息化建设工程

完善行业信息化建设，搭建适合多终端访问、操作简便的大数据信息平台，形成邮政管理与工商、海关检验、综合交通、经信商务等部门之间的信息共享机制。推动邮政快递安全实时视频监控系统建设。加强执法信息化建设，加快推广统一制式的移动执法终端。健全完善邮政安全监管大数据平台，探索跨区域协作执法，提高执法装备和监管信息化水平。加强电子信息平台建设，推动快递企业信息平台与口岸监管、政务信息平台和公路、航空、铁路运输等服务链上下游企业信息平台对接。

提高快递信息化水平。鼓励引导快递企业不断提高信息化应用水平，积极运用现代通信、网络技术，对业务受理、仓储管理、分拣配送、客户管理、安全监控、信息跟踪查询等生产管理环节进行全方位的监测、分析；推广应用快件跟踪查询、信息处理、行业信息交互对接、优仓优配等先进技术，提高企业运行效率和服务质量，鼓励“一家投入、多家共用”的方式，实现资源有效利用。

（九）诚信体系建设工程

对接黑龙江省公共信用信息服务平台，建立企业信用评级体系和邮政、快递企业服务安全信用档案数据库，鼓励与其他领域信用信息共享。创建企业诚信联盟，依托专业信用评估机构，建立和完善邮政业市场主体量化分级管理和公示制度，构建诚信评价体系，对违背市场竞争原则和侵害消费者权益的快递企业和快递从业人员建立“黑名单”制度，对列入严重失信名单的企业进行重点监控。建立快递从业人员诚信档案，登记违规操作、违法犯罪记录，为企业用人提供参考。组织和开展邮政快递企业信用专题培训，开展黑龙江省邮政业文明创建、诚信消费等活动，积极营造诚信的行业氛围。

五、政策措施

（一）建立长效机制，保障普遍服务

认真做好邮政基础设施建设工作，依托综合运输体系发展现代邮政业，实现邮政网络与各种运输方式的衔接、快速转换、快速运递。加强邮政普遍服务网点的信息化改造；做好村邮站建设的推进，鼓励各地因地制宜统筹推进村邮站补建和维护、逐步形成长效机制；城市重点做好城镇信报箱建设，指导各市（地）做好住宅楼房建设工程的信报箱设置验收、智能快递箱的试点与推广；加快邮政服务进社区和邮政便民服务平台等建设工作。

（二）加快产业培育，做大快递企业

鼓励快递企业加快产品、服务和管理创新，实现管理体制优化和服务产品升级，积极向产业上下游延伸，发展分销配送、供应链服务和一体化物流，加快向综合型快递物流企业转型。推动建立快递企业与电子商务、制造业企业合作发展机制，快递企业与电子商务、制造业联动发展。采用先进信息技术改造和优化运营管理流程。鼓励快递企业兼并重组。支持有实力的企业通过兼并、联合等方式，实现资本化运作、集约化运营、规模化发展。进一步加大政策支持力度，积极推动将快递服务纳入全省鼓励发展的目录，在建设用地、税收优惠、信贷融资等方面给予政策支持。

（三）转变政府职能，强化公共服务

进一步转变政府职能，强化对行业的指导、协调和调控职能，建设服务型政府。完善行业突发事件处理机制，综合运用法律、经济、行政等各种监管手段，加强对行业的宏观调控。深化行政审批制度改革，简化流程，提高工作效率和办事水平，改进服务方式，加快电子政务建设，推进政务公开，提高透明度。加强对行业经济运行监控。完善邮政业统计制度，提高行业统计的准确性、及时性和完整性。建设邮政业数据信息库，逐步将各类从事寄递业务的企业纳入邮政业统计范畴，建立统计资料上报和监督检查机制，保证统计数据的完整、准确。加强经济运行的统计、分析、预测和监测，及时发布市场供需状况、投资指南和监管等重要信息。

（四）推进市场化改革，促进产业深度协同

积极建立健全县级邮政监管机构，逐步完善四级邮政监管体制。推动邮政企业深化自身改革，健全现代企业制度。支持快递市场对外开放，支持国内外资本进入省内快递市场，鼓励快递企业建立现代企业制度，推动快递下乡。鼓励邮政、快递企业融合发展。

推动建立与电子商务、制造业、服务业、物流业等关联产业合作发展机制，加强信息沟通、标准对接和业务联动。促进快递配送网络与电子商务网络和企业物流网络一体化协同发展。引导快递企业发展分销配送、供应链服务和一体化物流，积极承接生产和商贸企业的外包服务。支持发展高铁快递和电商快递班列，扩大甩挂运输等先进运输组织方式在邮政业的应用范围。推动《黑龙江省电子商务与物流快递业协同发展指导意见》推进“快递＋”战略规划实施；将快递业列入黑龙江省“一带一路”战略重点扶持产业，支持哈尔滨、绥芬河等城市借助口岸优势开展对俄跨境服务试点，引导企业建立配送海外仓；促进快递服务与制造业协同发展，贯彻落实《黑龙江省关于推进快递服务制造业工作的实施意见》，开展联合项目建设，充分发挥快递在服务制造业发展方面的重要作用，进一步促进快递业与制造业协同发展；推进解决快递电动三轮车禁限行问题，规范快递车辆管理，逐步统一标志，对快递专用车辆城市通行和临时停靠作业提供便利。

（五）依托交通平台，推动协同发展

推动邮政设施与交通设施同步配套。依托大交通平台，协调公路、民航、铁路等运输政策，积极推动邮政行业与综合交通运输体系的顺畅对接，充分借助信息化、标准化、自动化等技术手段，提升邮政和快递服务效率。在公路航空铁路客货运枢纽的布局中，推动邮政和快递服务网点、处理中心及作业枢纽设施的同步配套，促进综合交通运输平台的集约利用。推进行业互利合作。鼓励邮政和快递企业与运输企业合作，依托邮政和快递网络，扩大车票和机票代售网络。推动公路客运运载邮件试点。推进在铁路客货运线路加载邮件和快件车厢，开行邮运专列。进一步加强邮件和快件的航空运力供给。

（六）提升监管效能，提高行业形象

继续优化快递市场环境，充实监管力量，创新监管方式。强化事中事后监管，全面提升市场监管能力，建立健全用户申诉与执法联动机制，依法查处违法违规行为，规范市场经营秩序，加大监管力度，开展邮政行业安全监管工作。

加强行业精神文明建设，践行社会主义核心价值观，打造服务型政府，提高邮政管理的社会知名度，强化企业文化建设，树立行业良好社会形象。加强依法治邮，抓好队伍建设，维护邮政管理部门公信力。加强行业诚信体系建设，推进快递“三化”进程，建立企业“黑名单”制度，提升行业从业人员素质，依托“12305”做好消费申诉处理不断提高服务满意度。

（七）推进法治邮政建设，规范邮政市场秩序

依法打击网络购物领域侵犯知识产权和制售假冒伪劣商品、骗买骗卖等违法行为，优化电子商务和物流快递发展环境。落实行业安全规范标准，建立健全快递业安保责任体系和协作机制，确保寄递渠道安全。严格依法行政，认真贯彻落实邮政业法律法规和规章制度，加强执法综合管理，规范市场秩序，营造发展环境；提升邮政管理透明度，做好政务公开和便民服务；做好“七五”普法，全面推进依法治邮；强化市场监管力量，在全省范围内成立邮政业安全中心，将各市（地）安全监控平台纳入全省监控平台；进一步推进行业安全监管联动机制，推动寄递渠道安全监管综合治理和属地化管理，加快全省邮政业信息监控系统建设，推广便携式执法检测设备应用；探索健全县级邮政监管工作机制，加强地方邮政管理部门支撑体系建设，增强依法履职能力。发挥行业协会自律作用，完善自律机制，提高自律水平；健全完善邮政及快递服务质量监测体系，不断加强社会监督员队伍建设，完善社会监督工作机制。加强行业诚信体系建设，建立健全企业信用管理制度，营造诚实守信市场环境，提高服务诚信度，增强消费者信心。加强与社会治安综合治理部门合作，营造行业安全运营环境。

（八）融入当地发展规划，争取相关政策支持

一是保障土地供应。各市（地）要在土地利用总体规划和年度用地计划中统筹安排快递专业类物流园区、快件集散中心等设施用地，在临空经济区、电子商务园区、物流园区建设上要统筹安排与物流快递协同推进发展用地。鼓励利用现有园区，建设符合规划的快递专业园区，在用地政策上给予重点扶持；二是落实国家税收政策。快递企业开发新技术、新产品、新工艺所发生的研发费用，未形成无形

资产计入当期损益的,可在按照规定据实扣除的基础上,按照研发费用的50%加计扣除;形成无形资产的,按照无形资产成本的150%摊销。对快递企业投资购置使用环境保护、节能节水、安全生产等专用设备,按国家有关规定落实税收抵免政策。采取总分机构形式的省内跨地区经营快递企业可按相关规定汇总计算缴纳增值税、企业所得税。促进快递企业合理划分运输收入,按照国务院相关部署加快推进"营改增"改革,根据国家出台的相关税收政策规定推动快递企业产生的各类费用逐步列入可抵扣范围,对政策性因素导致税负加重的部分适当给予财政补助。鼓励快递企业推广使用手持税控终端开具普通发票,对购置手持税控终端成本可按规定在所得税税前扣除;三是落实国家鼓励类服务业价格政策。快递企业用水、用电、用气、用热实行与一般工业同价;四是落实快递车辆通行政策。按照依法、高效、环保的原则,研究制定城市配送管理办法,在统一规范快递车辆的基础上,根据相关政策,对快递机动车辆、电动三轮车运输快件在市区通行、停靠、作业等方面提供相应的便利条件。

(九)培养造就人才,提供发展动力

一是加强对邮政管理干部队伍的建设。坚持凭德才、凭实绩任用干部。完善竞争性选拔干部制度机制,完善公务员考核激励机制,切实提高公务员管理工作水平。强化干部教育培训,进一步提高我省邮政管理系统领导干部依法行政能力、公共服务能力、学习创新能力和解决问题能力。

二是加大职业培训力度。大力实施"快递人才素质提升"工程,支持有条件的快递企业与高校、科研院所、技工院校、职业培训机构联合建立实训基地,支持各类教育培训机构开展服务业技能型人才再培训、再教育。鼓励有条件的快递企业与各类技工院校、职业院校和职业培训机构开展校企合作,实施快递业务员职业技能培训。

三是完善职鉴工作机构,通过职鉴考试促进员工培训,增强从业人员专业知识和工作能力。不断提高从业人员技术等级,以满足现代快递企业对专业化、技能型管理和操作人才数量的需求。力争在2020年末,较大幅度提高黑龙江省快递从业人员的素质,满足黑龙江经济快速发展的需求。

(十)提高党建工作水平

坚持以党章为依据,认真落实全面从严治党要求。加强邮政系统各级党组织建设,强化党组织抓党建的主体责任。坚持以党规党纪为准绳,营造良好的政治生态。强化党风廉政建设主体责任和监督责任,加强反腐倡廉教育和廉政文化建设。坚持以党风带行风,树立行业良好形象。积极推进学习型党组织建设,着力提高党员干部思想政治素质和业务素质;扎实推进服务型党组织建设,着力推动转变机关作风;着力推进创新型党组织建设,着力提高直属机关党建工作科学化水平。大力加强行业精神文明建设,广泛开展岗位建功和文明创建活动。践行"诚信、服务、规范、共享"行业核心价值理念,全面推进行业文化和诚信体系建设。

9. 上　海

上海市邮政业安全管理实施纲要(2016—2020年)

(2016年3月上海市寄递安全管理工作领导小组印发)

邮政业跨行业、跨区域、跨时空,是生产性和生活性叠加的基础性、公共性、服务性行业,集实物传递网和虚拟IT网于一体,贯通商流、物流、信息流和资金流,网络纵向到底、横向到边,广联国内外。邮政业安全包括收寄安全、运行安全、通信安全、生产安全、产业安全、信息安全和机要安全,是企业立身、产业立市、行业立足和政府立信的根本,维系着政令通畅、社会安定和国家政治、经济、文化和信息安全。这些年,上海邮政业高速发展,总体上呈现出安全向好的局面,但与上海特大型城市的地位和要求比较,仍有较大差距,面临着许多复杂问题和严峻的挑战。为此,特制定本实施纲要。

一、总体目标

1.1　适应上海"四个中心"、科创中心和全球城市建设的需要,遵循"预防为主、风险管理、全程控制、社会共治"的原则,根植"安全为基"的发展理念,确保全市邮政业安全纳入法治轨道。(责任部门:

市综治办、市邮政管理局、各成员单位,完成时限:2016—2020 年)

1.2 加快实现邮政业企业运营安全智能化、分拣中心安全装备化、营业网点安全标准化、收派转运安全制度化、全网安全监控可视化、人员安全持证比例化,有效提高安全警觉能力,有效防控风险隐患,有效解决突出问题,有效遏制违法犯罪苗头,确保总体有序可控。(责任部门:市邮政管理局、市公安局、市安监局、各成员单位、市人保局,完成时限:2016—2020 年)

1.3 实施"寄递渠道安全三项制度",依法筑牢邮政、快递渠道以收寄验视为重点的外围防线、以全程管控为重点的内控防线和以源头控制为重点的追溯防线,把上海建成全国邮政业安全最优质、最满意、最放心的城市,守住不发生区域性、系统性安全事件的底线,确保不发生重大安全事故。(责任部门:市综治办、市公安局、市安监局、市邮政管理局、各成员单位,完成时限:2016—2020 年)

二、主要任务

2.1 聚焦市场主体

2.1.1 落实"谁经营、谁负责"企业主体责任,强化"抓总、总抓"和"一岗双责"。(责任部门:市邮政管理局、市安监局,完成时限:2016 年)

2.1.2 建立企业安全机构、人员、制度、装备、投入、自检等安全管理体系,实现企业安全管理垂直领导、上收一级。(责任部门:市邮政管理局、市安监局,完成时限:2016 年)

2.1.3 督导企业保证用于安全的资金投入和人力、物力投入,建立安全投入财务专账。(责任部门:市邮政管理局、市安监局,完成时限:2016—2020 年)

2.1.4 强制企业在各转运中心及收派站点配备安检机,稳步实现(邮)快件过机安检。(责任部门:市综治办、市公安局、市邮政管理局、市安监局,完成时限:2016 年)

2.1.5 推行企业安全日清零、员工安全违规扣分辞退等制度。(责任部门:市邮政管理局、市安监局、市人保局,完成时限:2016—2020 年)

2.1.6 围绕收寄验视、安全管控、安全可追溯、安全可追责等,指导企业编印安全手册。(责任部门:市邮政管理局、市国安局、市公安局、市安监局,完成时限:2016 年)

2.2 聚焦渠道再造

2.2.1 严格化学品的合法合规收寄,强化案件移交。(责任部门:市邮政管理局、市国安局、市公安局、市交通委、市安监局、市禁毒办,完成时限:2016 年)

2.2.2 出台以"十个严禁"为重点的化学品安全收寄导则,制定化学品分级收寄目录。(责任部门:市邮政管理局、市公安局、市交通委、市安监局、市禁毒办,完成时限:2016 年)

2.2.3 开发禁寄目录外化学品的收寄、分拣、运输、投递的联网联控系统。(责任部门:市邮政管理局、市公安局、市交通委、各成员单位,完成时限:2016—2020 年)

2.2.4 推行邮政机要模式,再造特种(邮)快件收寄渠道。(责任部门:市邮政管理局、各成员单位,完成时限:2016—2020 年)

2.2.5 构建特种(邮)快件检验监测所、(邮)快件安全集中监管中心等监检机构。(责任部门:市邮政管理局、市公安局、市国安局、市交通委、市安监局,完成时限:2017 年)

2.3 聚焦分级分类

2.3.1 出台邮政业企业安全分类分级标准,划定监管等级,实施量化分级管理和分色预警,融入交通分色预警体系,构建安全企业激励机制、警示企业预警机制、欠安企业惩戒机制、严重欠安企业淘汰机制。(责任部门:市邮政管理局、市公安局、市国安局、市安监局、市交通委、市工商局,完成时限:2016—2020 年)

2.3.2 对应国际邮政安全合作组织(Postal Security Action Group),试行国际 TAPA 的 A 级安全认证,实现与国际物流安全标准接轨,未取得授权和认证的企业不得从事与资质不符的寄递业务。(责任部门:市邮政管理局、市公安局、市国安局、市安监局、市交通委,完成时限:2016—2020 年)

2.4 聚焦法制标准

2.4.1 在准入许可、年度报告中推行强标,抬高门槛,完善安全审查机制。(责任部门:市邮政管理局、市国安局、市公安局,完成时限:2016—2020 年)

2.4.2 建立安全管控责任状制度、企业自查自纠报告制度、考核奖惩制度、违法案情警示制度、企业异常经营行为名录制度、"黑名单"制度和调查评估制度。(责任部门:市邮政管理局、市工商局、各成员单位,完成时限:2016 年)

2.4.3 全面推行标准化认证,建设安全标准化示范企业,打造示范样本,组织邮政业安全达标评

优活动。(责任部门:市邮政管理局、市安监局、市质监局,完成时限:2016—2020年)

2.4.4 出台本市特种收寄安全管理规定、邮政业安全管理条例。(责任部门:市邮政管理局、市公安局、市国安局、市安监局、市交通委,完成时限:2016—2020年)

2.4.5 强化危化品交寄人法律责任,纳入本市危化品管理法规。(责任部门:市邮政管理局、市公安局、市安监局、市交通委,完成时限:2016—2020年)

2.4.6 滚动修订完善上海市邮政业安全应急预案,监督指导企业制定和完善安全应急预案。(责任部门:市邮政管理局、市公安局、市国安局、市安监局、市交通委,完成时限:2016—2020年)

2.4.7 落实本市邮政业安全事件防范应对规程、邮政业安全事故报告和调查处罚办法,建立邮政业安全快速反应体系,加强邮政业安全应急处置与城市应急管理的联动,保障应急力量动员调配和舆情应对,强化"行刑衔接"、责任追究。(责任部门:市邮政管理局、市公安局、市安监局,完成时限:2016—2020年)

2.4.8 落实所有法律法规事关邮政业安全的法律规定。(责任部门:市邮政管理局、市综治办、市公安局、市国安局、市安监局,完成时限:2016—2020年)

2.5 聚焦收派源头

2.5.1 建立邮政业收派人员名录信息库,牵住邮递员、快递员"牛鼻子",把住收寄验视源头,实现100%收寄验视。(责任部门:市邮政管理局、市综治办、市公安局、市国安局、市人保局,完成时限:2016—2018年)

2.5.2 指导企业在收寄面单上加印安全交寄警示语,在收派站点统一张挂服务投诉、申诉电话公示牌及安全交寄警示牌。(责任部门:市邮政管理局、市公安局、市国安局,完成时限:2016年)

2.5.3 制定收派端规范升级标准,提出快递综合服务站布局规划,加快建设共同配送、服务优质、安全可控、节能减排的"地网",实现快递收派端智能化、标准化、公共化、平台化、集约化、便捷化。(责任部门:市邮政管理局、市住房和城乡建设委、市交通委、市质监局,完成时限:2016—2018年)

2.5.4 依法依规推行寄件实名制。(责任部门:市公安局、市国安局、市综治办、市邮政管理局,完成时限:2016—2020年)

2.6 聚焦专项整治

2.6.1 开展专项治理行动,坚持零容忍、严执法、全覆盖,采取巡查、普查、专查、抽查、复查、回访等方式,持续下沉执法重心,严打严查严办邮政业安全违法违规行为,落实"八个最严"和吊销许可证处置基准要求,强化查处通报和案件公开力度。(责任部门:市邮政管理局、市公安局、市国安局、市工商局,完成时限:2016—2020年)

2.6.2 运用警示、诫勉谈话、挂牌督办、黄牌警告、处分建议、末位淘汰等手段推动整改。(责任部门:市邮政管理局,完成时限:2016—2020年)

2.6.3 严格执法问责,做到"谁检查、谁签字、谁担责"。(责任部门:市邮政管理局,完成时限:2016—2020年)

2.6.4 试行监管专员进驻制度,对可能存在风险的企业组织工作组进驻。(责任部门:市邮政管理局,完成时限:2016—2020年)

2.7 聚焦综合治理

2.7.1 以底数清、隐患清、记录清为要求开展基础情况调查,建立邮政业安全风险防控手册,加强对重点企业、重点部位、重点环节和重要管控点的安全管控。(责任部门:市邮政管理局、市公安局、市安监局,完成时限:2016年)

2.7.2 开展综合治理行动,形成联合震慑态势。(责任部门:市邮政管理局、各成员单位、市税务局、市人保局,完成时限:2016—2020年)

2.7.3 建立邮政业安全综合治理体系,完善"邮政出面、多方联动、合作共事、一体落实"的安全管控模式,加强监管平台互联互通,构建部门主体、多方联动、属地管理的托底机制,成立本市邮政业安全协作理事会,将邮政业安全管理责任纳入社会治安综合治理和平安建设考核体系,对因邮政业安全管理属地责任或部门监管责任不落实、措施不到位而引发严重影响社会治安稳定的重特大案事件的地区或部门,实行一票否决制。(责任部门:市综治办、市邮政管理局、各成员单位,完成时限:2016—2017年)

2.7.4 建立邮政业安全隐患举报核查体系,搭建"12305"等全功能资讯平台,组建邮政业安全信息员、联络员、监督员、志愿者队伍,实施网格化联防联控。(责任部门:市综治办、市公安局、市邮政管理局,完成时限:2016—2020年)

2.7.5 将邮政业安全事件纳入公共信用信息平台体系,企业寄递安全违法记录纳入企业信用信息公示系统,个人寄递安全行为纳入个人信用报告。(责任部门:市综治办、市公安局、市国安局、市工商局、市邮政管理局,完成时限:2016—2020年)

2.7.6 加强邮政业安全日常监测、重要时节性监测和风险评估,定期发布本市邮政业安全调查评估报告。(责任部门:市邮政管理局,完成时限:2016—2020年)

2.8 聚焦培训宣传

2.8.1 编撰本市邮政业安全培训大纲。(责任部门:市邮政管理局、市安监局,完成时限:2016—2020年)

2.8.2 联建培训中心。(责任部门:市邮政管理局,完成时限:2016—2017年)

2.8.3 组织开展企业法人、关键岗位、一线收派员安全培训,试行违法违规企业负责人强制培训和新入业人员上岗前安全培训,实现应训尽训、持证上岗,百分百获合格证书。(责任部门:市邮政管理局、市公安局、市国安局、市安监局、市禁毒办、华东民航局、市人保局,完成时限:2016—2020年)

2.8.4 按照"会调查研究、会资讯研判、会指挥调度,知周边形势、知辖区情况、知处置程序"的"三会三知"要求,有针对性地加强行业管理人员、企业人员应对和处置突发事件的能力培训,开展应急演练。(责任部门:市邮政管理局、市公安局、市安监局,完成时限:2016—2020年)

2.8.5 开展邮政业安全社会宣传,融入政务微博平台,开辟微信公众平台,嵌入各类载体播放邮政业安全宣传片,做好报纸、网络、电视等宣传工作,宣传邮政业安全常识和法律法规,增强全社会安全交寄意识。(责任部门:市邮政管理局、市安监局、市公安局、市国安局、市禁毒办、市交通委,完成时限:2016—2020年)

2.8.6 推动邮政业法律法规融入普法教育渠道,进机关、进学校、进社区、进商区、进园区、进重点单位。(责任部门:市邮政管理局、各成员单位,完成时限:2016—2020年)

2.9 聚焦数据科技

2.9.1 建立邮政业安全台账、安全档案和企业生命体征指标预警体系。(责任部门:市邮政管理局,完成时限:2016年)

2.9.2 建立行业大数据库,将邮政业企业、件量、人员、信用等纳入数据库,实行数据化监管。(责任部门:市邮政管理局,完成时限:2016—2018年)

2.9.3 建设地理信息系统和融基础信息、监控监测、事件预警、应急处理于一体的邮政业安全管理可视化智能监控综合信息平台。(责任部门:市邮政管理局、市交通委,完成时限:2016—2018年)

2.9.4 研发本市邮政业安全评价指数。(责任部门:市邮政管理局、市交通委,完成时限:2016年)

2.9.5 研发"行政执法案件管理系统"。(责任部门:市邮政管理局,完成时限:2016年)

2.9.6 布局邮政业安全监控监测直报点、应急演练基地。(责任部门:市邮政管理局、市公安局,完成时限:2016—2020年)

2.10 聚焦产业发展

2.10.1 落实上海市邮政管理局《关于促进上海快递总部企业改革创新、转型升级、增效提质、开放融入的实施意见》。(责任部门:市邮政管理局、市工商局、市发改委,完成时限:2016—2020年)

2.10.2 开展上海邮政业发展与社会管理的耦合研究。(责任部门:市邮政管理局、市综治办,完成时限:2016年)

2.10.3 将安全保障能力纳入上海市快递总部企业成长性评测指标体系。(责任部门:市邮政管理局,完成时限:2016年)

三、保障支持

3.1 建设专业队伍。组建本市邮政业安全执法机构,确定职能、编制和经费,实现邮政业安全管理专业化、专业制度化、制度流程化、流程信息化。(责任部门:市邮政管理局、市交通委,完成时限:2016年)

3.2 建设第三方。加强邮政业安全管理第三方力量建设,建立第三方服务、沟通、鉴证、评估、监督机制,强化邮政业安全的社会化约束和惩戒。引导社会中介组织和服务机构加强邮政业安全研究和能力建设,充分运用第三方力量行使间接管理、动态管控和事后监督,指导邮政业企业利用第三方专业能力提高安全管理水平。(责任部门:市邮政管理局,完成时限:2016—2020年)

3.3 建设协调平台。完善和提升市寄递业安全管理协调机构层级,负责全市邮政业安全规划、组织、协调、督办和落实,联合形成沟通协调机制、监督评价机制、信息反馈机制、奖励激励机制。(责任部门:市邮政管理局、各成员单位,完成时限:2016—2020年)

附件

《上海市邮政业安全管理实施纲要(2016—2020)》目标责任分解方案表

序号	目标任务	具体措施	责任部门	完成时限
一、总体目标		1.1 适应上海"四个中心"、科创中心和全球城市建设的需要,遵循"预防为主、风险管理、全程控制、社会共治"的原则,根植"安全为基"的发展理念,确保全市邮政业安全纳入法治轨道。	市综治办 市邮政管理局 各成员单位	2016—2020年
		1.2 加快实现邮政业企业运营安全智能化、分拣中心安全装备化、营业网点安全标准化、收派转运安全制度化、全网安全监控可视化、人员安全持证比例化,有效提高安全警觉能力,有效防控风险隐患,有效解决突出问题,有效遏制违法犯罪苗头,确保总体有序可控。	市邮政管理局 市公安局 市安监局 各成员单位 市人保局	2016—2020年
		1.3 实施寄递渠道安全三项制度,依法筑牢邮政、快递渠道以收寄验视为重点的外围防线、以全程管控为重点的内控防线和以源头控制为重点的追溯防线,把上海建成全国邮政业安全最优质、最满意、最放心的城市,守住不发生区域性、系统性安全事件的底线,确保不发生重大安全事故。	市综治办 市公安局 市安监局 市邮政管理局 各成员单位	2016—2020年
二、主要任务	2.1 聚焦市场主体	2.1.1 落实"谁经营、谁负责"企业主体责任,强化"抓总、总抓"和"一岗双责"。	市邮政管理局 市安监局	2016年
		2.1.2 建立企业安全机构、人员、制度、装备、投入、自检等安全管理体系,实现企业安全管理垂直领导、上收一级。	市邮政管理局 市安监局	2016年
		2.1.3 督导企业保证用于安全的资金投入和人力、物力投入,建立安全投入财务专账。	市邮政管理局 市安监局	2016—2020年
		2.1.4 强制企业在各转运中心及收派站点配备安检机,稳步实现(邮)快件过机安检。	市综治办 市公安局 市邮政管理局 市安监局	2016年
		2.1.5 推行企业安全日清零、员工安全违规扣分辞退等制度。	市邮政管理局 市安监局 市人保局	2016—2020年
		2.1.6 围绕收寄验视、安全管控、安全可追溯、安全可追责等,指导企业编印安全手册。	市邮政管理局 市国安局 市公安局 市安监局	2016年
	2.2 聚焦渠道再造	2.2.1 严格化学品的合法合规收寄,强化案件移交。	市邮政管理局 市国安局 市公安局 市交通委 市安监局 市禁毒办	2016年
		2.2.2 出台以"十个严禁"为重点的化学品安全收寄导则,制定化学品分级收寄目录。	市邮政管理局 市公安局 市交通委 市安监局 市禁毒办	2016年
		2.2.3 开发禁寄目录外化学品的收寄、分拣、运输、投递的联网联控系统。	市邮政管理局 市公安局 市交通委 各成员单位	2016—2020年

续表

序号	目标任务	具体措施	责任部门	完成时限
二、主要任务	2.2 聚焦渠道再造	2.2.4 推行邮政机要模式，再造特种(邮)快件收寄渠道。	市邮政管理局 各成员单位	2016—2020年
		2.2.5 构建特种(邮)快件检验监测所、(邮)快件安全集中监管中心等监检机构。	市邮政管理局 市公安局 市国安局 市交通委 市安监局	2017年
	2.3 聚焦分级分类	2.3.1 出台邮政业企业安全分类分级标准，划定监管等级，实施量化分级管理和分色预警，融入交通分色预警体系，构建安全企业激励机制、警示企业预警机制、欠安企业惩戒机制、严重欠安企业淘汰机制。	市邮政管理局 市公安局 市国安局 市安监局 市交通委 市工商局	2016—2020年
		2.3.2 对应国际邮政安全合作组织(Postal Security Action Group)，试行国际TAPA的A级安全认证，实现与国际物流安全标准接轨，未取得授权和认证的企业不得从事与资质不符的寄递业务。	市邮政管理局 市公安局 市国安局 市安监局 市交通委	2016—2020年
	2.4 聚焦法制标准	2.4.1 在准入许可、年度报告中推行强标，抬高门槛，完善安全审查机制。	市邮政管理局 市国安局 市公安局	2016—2020年
		2.4.2 建立安全管控责任状制度、企业自查自纠报告制度、考核奖惩制度、违法案情警示制度、企业异常经营行为名录制度、“黑名单”制度和调查评估制度。	市邮政管理局 市工商局 各成员单位	2016年
		2.4.3 全面推行标准化认证，建设安全标准化示范企业，打造示范样本，组织邮政业安全达标评优活动。	市邮政管理局 市安监局 市质监局	2016—2020年
		2.4.4 出台本市特种收寄安全管理规定、邮政业安全管理条例。	市邮政管理局 市公安局 市国安局 市安监局 市交通委	2016—2020年
		2.4.5 强化危化品交寄人法律责任，纳入本市危化品管理法规。	市邮政管理局 市公安局 市安监局 市交通委	2016—2020年
		2.4.6 滚动修订完善上海市邮政业安全应急预案，监督指导企业制定和完善安全应急预案。	市邮政管理局 市公安局 市国安局 市安监局 市交通委	2016—2020年
		2.4.7 落实本市邮政业安全事件防范应对规程、邮政业安全事故报告和调查处罚办法，建立邮政业安全快速反应体系，加强邮政业安全应急处置与城市应急管理的联动，保障应急力量动员调配和舆情应对，强化“行刑衔接”、责任追究。	市邮政管理局 市公安局 市安监局	2016—2020年

续表

序号	目标任务	具体措施	责任部门	完成时限
二、主要任务	2.4 聚焦法制标准	2.4.8 落实所有法律法规事关邮政业安全的法律规定。	市邮政管理局 市综治办 市公安局 市国安局 市安监局	2016—2020年
	2.5 聚焦收派源头	2.5.1 建立邮政业收派人员名录信息库,牵住邮递员、快递员"牛鼻子",把住收寄验视源头,实现100%收寄验视。	市邮政管理局 市综治办 市公安局 市国安局 市人保局	2016—2018年
		2.5.2 指导企业在收寄面单上加印安全交寄警示语,收寄点统一张挂服务投诉、申诉电话公示牌及安全交寄警示牌。	市邮政管理局 市公安局 市国安局	2016年
		2.5.3 制定收派端规范升级标准,提出快递综合服务站布局规划,加快建设共同配送、服务优质、安全可控、节能减排的"地网",实现快递收派端智能化、标准化、公共化、平台化、集约化、便捷化。	市邮政管理局 市住房和城乡建设委 市交通委 市质监局	2016—2018年
		2.5.4 依法依规推行寄件实名制。	市公安局 市国安局 市综治办 市邮政管理局	2016—2020年
	2.6 聚焦专项整治	2.6.1 开展专项治理行动,坚持零容忍、严执法、全覆盖,采取巡查、普查、专查、抽查、复查、回访等方式,持续下沉执法重心,严打严查严办邮政业安全违法违规行为,落实"八个最严"和吊销许可证处置基准要求,强化查处通报和案件公开力度。	市邮政管理局 市公安局 市国安局 市工商局	2016—2020年
		2.6.2 运用警示、诫勉谈话、挂牌督办、黄牌警告、处分建议、末位淘汰等手段推动整改。	市邮政管理局	2016—2020年
		2.6.3 严格执法问责,做到"谁检查、谁签字、谁担责"。	市邮政管理局	2016—2020年
		2.6.4 试行监管专员进驻制度,对可能存在风险的企业组织工作组进驻。	市邮政管理局	2016—2020年
	2.7 聚焦综合治理	2.7.1 以底数清、隐患清、记录清为要求开展基础情况调查,建立邮政业安全风险防控手册,加强对重点企业、重点部位、重点环节和重要管控点的安全管控。	市邮政管理局 市公安局 市安监局	2016年
		2.7.2 开展综合治理行动,形成联合震慑态势。	市邮政管理局 各成员单位 市税务局 市人保局	2016—2020年
		2.7.3 建立邮政业安全综合治理体系,完善"邮政出面、多方联动、合作共事、一体落实"的安全管控模式,加强监管平台互联互通,构建部门主体、多方联动、属地管理的托底机制,成立本市邮政业安全协作理事会,将邮政业安全管理责任纳入社会治安综合治理和平安建设考核体系,对因邮政业安全管理属地责任或部门监管责任不落实、措施不到位而引发严重影响社会治安稳定的重特大案事件的地区或部门,实行一票否决制。	市综治办 市邮政管理局 各成员单位	2016—2017年

续表

序号	目标任务	具体措施	责任部门	完成时限
二、主要任务	2.7 聚焦综合治理	2.7.4 建立邮政业安全隐患举报核查体系，搭建“12305”等全功能资讯平台，组建邮政业安全信息员、联络员、监督员、志愿者队伍，实施网格化联防联控。	市综治办 市公安局 市邮政管理局	2016—2020年
		2.7.5 将邮政业安全事件纳入公共信用信息平台体系，企业寄递安全违法记录纳入企业信用信息公示系统，个人寄递安全行为纳入个人信用报告。	市综治办 市公安局 市国安局 市工商局 市邮政管理局	2016—2020年
		2.7.6 加强邮政业安全日常监测、重要时节性监测和风险评估，定期发布本市邮政业安全调查评估报告。	市邮政管理局	2016—2020年
	2.8 聚焦培训宣传	2.8.1 编撰本市邮政业安全培训大纲。	市邮政管理局 市安监局	2016—2020年
		2.8.2 联建培训中心。	市邮政管理局	2016—2017年
		2.8.3 组织开展企业法人、关键岗位、一线收派员安全培训，试行违法违规企业负责人强制培训和新入业人员上岗前安全培训，实现应训尽训、持证上岗，百分百获合格证书。	市邮政管理局 市公安局 市国安局 市安监局 市禁毒办 华东民航局 市人保局	2016—2020年
		2.8.4 按照“会调查研究、会资讯研判、会指挥调度，知周边形势、知辖区情况、知处置程序”的“三会三知”要求，有针对性地加强行业管理人员、企业人员应对和处置突发事件的能力培训，开展应急演练。	市邮政管理局 市公安局 市安监局	2016—2020年
		2.8.5 开展邮政业安全社会宣传，融入政务微博平台，开辟微信公众平台，嵌入各类载体播放邮政业安全宣传片，做好报纸、网络、电视等宣传工作，宣传邮政业安全常识和法律法规，增强全社会安全交寄意识。	市邮政管理局 市安监局 市公安局 市国安局 市禁毒办 市交通委	2016—2020年
		2.8.6 推动邮政业法律法规融入普法教育渠道，进机关、进学校、进社区、进商区、进园区、进重点单位。	市邮政管理局 各成员单位	2016—2020年
	2.9 聚焦数据科技	2.9.1 建立邮政业安全台账、安全档案和企业生命体征指标预警体系。	市邮政管理局	2016年
		2.9.2 建立行业大数据库，将邮政业企业、件量、人员、信用等纳入数据库，实行数据化监管。	市邮政管理局	2016—2018年
		2.9.3 建设地理信息系统和融基础信息、监控监测、事件预警、应急处理于一体的邮政业安全管理可视化智能监控综合信息平台。	市邮政管理局 市交通委	2016—2018年
		2.9.4 研发本市邮政业安全评价指数。	市邮政管理局 市交通委	2016年
		2.9.5 研发“行政执法案件管理系统”。	市邮政管理局	2016年
		2.9.6 布局邮政业安全基层监控监测直报点、应急演练基地。	市邮政管理局 市公安局	2016—2020年

续表

序号	目标任务	具体措施	责任部门	完成时限
二、主要任务	2.10 聚焦产业发展	2.10.1 落实上海市邮政管理局《关于促进上海快递总部企业改革创新、转型升级、增效提质、开放融入的实施意见》。	市邮政管理局 市工商局 市发改委	2016—2020 年
		2.10.2 开展上海邮政业发展与社会管理的耦合研究。	市邮政管理局 市综治办	2016 年
		2.10.3 将安全保障能力纳入上海市快递总部企业成长性评测指标体系。	市邮政管理局	2016 年
三、保障支持		3.1 建设专业队伍。组建本市邮政业安全执法机构,确定职能、编制和经费,实现邮政业安全管理专业化、专业制度化、制度流程化、流程信息化。	市邮政管理局 市交通委	2016 年
		3.2 建设第三方。加强邮政业安全管理第三方力量建设,建立邮政业安全第三方服务、沟通、鉴证、评估、监督机制,强化邮政业安全的社会化约束和惩戒。引导社会中介组织和服务机构加强邮政业安全研究和能力建设,充分运用第三方力量行使间接管理、动态管控和事后监督,指导邮政业企业利用第三方专业能力提高安全管理水平。	市邮政管理局	2016—2020 年
		3.3 建设协调平台。完善和提升市寄递业安全管理协调机构层级,负责全市邮政业安全规划、组织、协调、督办和落实,联合形成沟通协调机制、监督评价机制、信息反馈机制、奖励激励机制。	市邮政管理局 各成员单位	2016—2020 年

注:各成员单位指上海市寄递安全管理工作领导小组成员单位

上海市禁止、限制和控制危险化学品目录
(第三批第一版)

(2016 年 5 月 27 日上海市安全监督管理局制订
2016 年 6 月 20 日上海市人民政府办公厅转发　沪府办发〔2016〕25 号)

《上海市禁止、限制和控制危险化学品目录》(第三批第一版)(以下简称《目录》)由全市禁止部分、工业区禁止部分、中心城限制和控制部分组成,具体要求如下。

1　总　　则

1.1　(责任体系)各区县、各部门、各单位要结合各自实际,建立健全“党政同责、一岗双责、失职追责”的安全生产责任体系,落实党政同责“四级五覆盖”;按照“管行业必须管安全、管业务必须管安全、管生产经营必须管安全”和“分类管理、分级负责、属地为主”的要求,切实落实危险化学品安全监管职责。

1.2　(信用体系)负有危险化学品安全监管职责的部门应当依据各自职责,建立危险化学品安全生产信用信息系统,记录和披露企业的违法行为信息,根据信用状况,实行分类分级、动态监管,建立危险化学品安全生产领域“黑名单”。

1.3　(规划要求)各类危险化学品生产、储存、经营、使用设施的布局应当符合城乡规划及产业规划的要求。

1.4　(油气管线)各区县应当把油气管道、燃气管道和危险化学品管道的发展和建设规划纳入城乡规划,从源头合理布局;加大在役管道的清理占压工作和督促整改的力度。各管道企业应当保障安全生产投入,配备安全管理人员,加大设施巡查和隐患排查力度,设置防泄漏、实时检测系统及紧急切

断设施，提高运行管理水平和事故防范及处置能力。

1.5 （特定区域）位于本市科技创新中心的产业园区、高校和科研单位等，如涉及使用危险化学品试剂的，鼓励建设集中的危险化学品仓库，由专业试剂公司运维，统一进行危险化学品的配送和废弃物处置。涉及危险化学品及其废弃物集中储存设施建设的，需按照相关标准建设并履行相关手续。

1.6 （隐患排查）危险化学品企业应当建立完善事故隐患排查治理制度，定期进行全面的事故隐患排查，确定事故隐患等级和治理方案，落实治理方案并建立事故隐患排查治理信息档案。对确定为一级事故隐患的，应当立即向负有安全生产监管职责的部门报告事故隐患的现状，并及时报送风险评估结果和治理方案。市、区县两级安全监管部门应当制定危险化学品重大事故隐患年度督办治理计划，推进危险化学品重大事故隐患督办。

1.7 （本质安全）危险化学品企业应当切实提高本质安全度。新建的化工建设项目必须设计装备自动化控制系统，涉及重点监管危险化学品、重点监管危险化工工艺和危险化学品重大危险源的装置还应设计装备安全仪表系统。未经正规设计的在役化工装置，企业应当委托具有资质的设计单位进行设计复核。

1.8 （集中交易）危险化学品经营企业宜逐步进入危险化学品集中交易平台从事经营活动，涉及危险化学品委托储存和运输的，应当将有关购买、销售、储存和运输危险化学品等信息实时输入危险化学品流动流向监管系统。带有危险化学品储存设施的集中交易市场和入驻经营企业应当严格划分零售店面区、专用仓储区、专用停车区，严禁仓储与经营混杂，严禁超量、超范围储存、混存和分装危险化学品。

1.9 （定置管理）危险化学品生产、储存（含带储存设施的经营、仓储经营）、使用企业涉及危险化学品仓库储存危险化学品的，应当对近年来所储存的危险化学品品种和量进行筛选比对，在满足国家有关储存量、禁忌物储存等要求的基础上，划定区域、仓间储存危险化学品，做到作业场所台账、标签、安全技术说明书、应急预案等精准、有效，实现危险化学品定品定量、有序周转，实施定置管理。

1.10 （使用环节）使用危险化学品从事生产并且使用量达到规定数量的化工企业，应当依照本市有关规定取得安全许可。使用量未达到规定数量的化工企业，应当按照国家有关规定，进行3年1次的安全评价，并将评价报告报属地安全监管部门备案。其他使用危险化学品的单位应当委托具有资质的单位实施危险化学品配送，使用和储存方式应当符合国家和本市有关安全管理的规定，并根据其所在的行业、领域，将使用危险化学品的品名、数量等信息向卫生计生、教育、科技等行政主管部门进行报备；无行政主管部门的单位应当将有关信息向所在乡镇政府、街道办事处进行报备；使用具有危险特性的化学品的，在报送行政主管部门之前，还应当根据国家有关物质安全技术说明书的要求，将理化特性、防护措施、应急措施等信息在本市危险化学品登记机构登录。负有危险化学品安全监管职责的部门、乡镇政府和街道办事处应当对所属行业、领域和辖区内危险化学品的使用安全进行指导、监督、检查。

1.11 （运输环节）非本市注册的外省市驻沪经营（起讫地均在本市）的运输企业，应当执行本市交通运输主管部门有关备案手续的规定。外省市危险化学品运输车辆进入本市运输时，应当将GPS信号接入交通运输部全国重点营运车辆联网联控平台，并按照本市规定的危险化学品道路运输区域、路段和时段运输。

1.12 （责任保险）鼓励危险化学品企业购买安全生产责任保险进行防灾防损。

1.13 （电子标签）鼓励危险化学品企业采用电子标签等自动识别技术手段，提升危险化学品管理水平。

1.14 （标准化）危险化学品企业应当推进安全生产标准化建设，提升安全生产水平。

2 全市禁止部分

《目录》“全市禁止部分”所列危险化学品，在全市范围内禁止生产、储存、经营、运输和使用。有关单位确需使用《目录》“全市禁止部分”所列危险化学品的，应当向上级政府主管部门提出申请，无主管部门的单位应当向所在乡镇政府、街道办事处申请；经认可后，到具有相应资质的危险化学品单位采购，并委托具有相应资质的危险化学品运输单位按公安部门指定的区域、路段和时段配送。

3 工业区禁止部分

3.1 国家和市级批准的工业园区、地块和产业基地内，禁止《目录》“工业区禁止部分”所列危险化学品工业化的生产、储存(含带储存设施的经营、仓储经营)、运输和使用。《目录》“工业区禁止部分”所列危险化学品,可以以试剂的形式在全市范围内流通,如涉及国家在特定的行业可豁免使用的,按照国家规定执行。

3.2 不在国家和市级批准的工业园区、地块和产业基地已建生产企业、仓储经营企业和使用危险化学品从事生产的化工企业,应当按照本市有关产业结构调整的政策逐步调整。确需保留的,应当出具所在地区县政府予以保留的书面意见。

3.3 除杭州湾北岸化工产业带外,各区县原则上不再新建危险化学品生产企业和使用危险化学品从事生产的化工企业。如确需建设为所在区县产业配套的危险化学品生产企业和使用危险化学品从事生产的化工企业的,按照本市有关规定执行。

3.4 杭州湾北岸化工产业带部分

3.4.1 杭州湾北岸化工产业带涵盖上海石化、金山第二工业区、上海化学工业区(含金山分区和奉贤分区)、奉贤星火开发区等工业园区、地块和产业基地。具体区域,以市经济信息化委公布的范围为准。

3.4.2 新建危险化学品生产企业和使用危险化学品从事生产的化工企业,原则上均应当设立在杭州湾北岸化工产业带,且产业方向应当符合该区域产业发展规划,符合所在工业园区、地块和产业基地的详细规划。

3.4.3 在杭州湾北岸化工产业带内上海化学工业区区块中,实施光气总量控制,除现有装置改扩建、主体化工项目配套和产业循环利用需求外,原则上不建设涉及光气、氯的建设项目。环氧乙烷、氨、乙烯等易燃、有毒气体的生产和大型储罐建设项目应当位于上海化学工业区总体规划控制的重化工区域内。金山第二工业区实施环氧乙烷总量控制,原则上不再建设涉及环氧乙烷的项目。

3.4.4 杭州湾北岸化工产业带应当开展整体性安全风险和环境风险评价工作,科学评估园区安全容量和环境承载能力,控制安全风险和污染物排放总量。

3.4.5 杭州湾北岸化工产业带应当逐步利用物联网手段强化区域联动联控,建设危险化学品信息监控平台;建立危险化学品电子标签自动识别系统,为加强危险化学品过程管控和提升应急处理能力提供技术支撑。

3.4.6 杭州湾北岸化工产业带内各工业园区、地块和产业基地的管理机构应当推进园区封闭式管理,开展危险化学品安全监管、道路运输、应急监管等联动联控。鼓励各管理机构购买安全生产第三方技术服务进行安全监管。

3.4.7 金山新城设置禁入区,危险化学品车辆全天禁止通行;危险化学品运输车辆在6:00—20:00禁止在沪杭公路(朱山路至亭卫南路)通行(持特别通行证车辆除外)。

4 中心城限制和控制部分

4.1 外环线以内(位于外环线内的国家和市级批准的工业园区、地块和产业基地除外)(以下简称“中心城”),只允许《目录》“中心城限制和控制部分”所列危险化学品的工业化生产过程中的使用、运输和储存;未列入《目录》“中心城限制和控制部分”的其他危险化学品,只可以试剂的形式进行流通。《目录》“中心城限制和控制部分”所列危险化学品,亦可以以试剂的形式进行流通,并由具有资质的单位实施配送,使用和储存方式应当符合国家和本市有关危险化学品安全管理的规定。

4.2 中心城指定区域内只允许涉及国计民生的汽油、柴油、溶剂油、液化石油气、液化天然气、压缩天然气、新型燃料、制冷剂等和工业气体如氧、氮、氩、氨等危险化学品以专用槽车或厢式货车运输的方式进行配送,其他危险化学品只可以通过厢式货车运输。

4.3 中心城内科研院所、学校、医院等单位和工矿商贸企业等使用《危险化学品目录》(2015版)所列危险化学品的,应当按照总则1.10的相关规定,向行业、领域或属地主管部门进行信息报送。使用未列入《危险化学品目录》(2015版)具有危险特性的化学品的,应当根据国家有关物质安全技术说明书的要求,准备理化特性、防护措施及应急措施等有关材料,至上海市危险化学品登记办公室进行登录后,根据其所在的行业、领域或属地向主管部门进行信息报备。

5 附　　则

5.1 《目录》所述的生产,是以该危险化学品为主要中间产品或者最终产品的生产。如果在生产过程中出现列入禁止目录中的难以消除的副产物,企业应当按照有关规定进行妥善处置。

5.2 《目录》所述的经营,不含危险化学品的港口经营。《目录》所述的运输,是指公路运输(不含港区内的公路运输)。

5.3 《目录》列举的危险化学品在生产、储存、经营、运输和使用时,还应当遵守国家和本市关于危险化学品的其他规定。涉及需要履行国际公约的危险化学品的生产、储存、经营、运输和使用,还应当按照国家有关要求,到相应的部门办理相应手续。

5.4 《目录》自2016年7月1日起施行,《上海市禁止、限制和控制危险化学品目录》(第二批)同时废止。

5.5 本市将逐步实现危险化学品目录化清单式管控方式,市安全监管局可根据本市实际情况调整《目录》,并报市政府批准后实施。

上海市危险化学品安全管理办法

(2016年9月5日上海市人民政府令第44号公布　自2017年1月1日起施行)

第一章　总　　则

第一条(目的和依据)

为了加强危险化学品的安全管理,保障人民生命、财产安全,维护社会公共安全,根据《中华人民共和国安全生产法》《危险化学品安全管理条例》《上海市安全生产条例》等有关法律、法规,结合本市实际,制定本办法。

第二条(适用范围)

本市行政区域内危险化学品的生产、经营、储存、运输、使用和废弃危险化学品的处置,及其相关的安全监督管理活动,适用本办法。

危险化学品的种类,按照国家有关部门公布的目录执行。

民用爆炸品、烟花爆竹、放射性物品、核能物质以及用于国防科研生产的危险化学品的安全管理,不适用本办法。法律、法规、规章对监控化学品、属于危险化学品的药品、农药、燃气等的安全管理另有规定的,依照其规定。

第三条(单位责任)

生产、经营、储存、运输、使用危险化学品和处置废弃危险化学品的单位(以下统称危险化学品单位),应当按照有关法律、法规、规章和技术标准的要求从事危险化学品的相关活动。

危险化学品单位的负责人应当组织制定本单位的危险化学品安全管理制度和操作规程,保证各项安全管理措施的有效执行,并对本单位危险化学品的安全负责。

第四条(行政管理部门职责)

市和区安全生产监督管理部门(以下简称安全生产监管部门)负责本行政区域内危险化学品安全监督管理综合工作,指导、协调、监督同级人民政府有关部门和下级人民政府履行危险化学品安全监督管理职责,组织实施本办法。

安全生产监管、公安、交通、海事、质量技监、环保、工商、邮政、铁路、民航、检验检疫等依法对涉及危险化学品安全生产的事项负有审批、处罚等监督管理职责的部门(以下统称危险化学品安全监管部门)按照职责,做好相应的危险化学品安全监督管理工作。

对行业、系统负有管理职责的部门应当对本行业、系统所属单位的危险化学品安全管理加强督促、检查、指导。

其他有关行政管理部门按照各自职责做好危险化学品安全管理的相关工作。

第五条(属地监管)

区人民政府应当加强对本行政区域内危险化学品安全监督管理工作的领导,建立危险化学品安全监督管理工作协调机制,支持、督促有关部门依法履行危险化学品安全生产监督管理职责,协调解决危险化学品安全管理中存在的重大问题。

乡镇人民政府、街道办事处、产业园区管理机构应当按照职责，加强对辖区内危险化学品安全管理的监督检查，向有关部门报告违法行为及事故隐患，协助有关部门实施危险化学品安全监督管理。

第六条（信息系统）

危险化学品安全监管部门以及对行业、系统负有管理职责的部门应当加强本部门危险化学品监管信息系统建设，实现信息的互联互通。

第七条（信息发布）

安全生产监管部门应当会同有关部门通过相关媒体，及时登载国家和本市有关危险化学品安全管理的法律、法规、规章和技术标准，定期宣传危险化学品安全防护的有关知识，适时发布本市危险化学品安全管理的实施情况和危险化学品重大事故的相关信息，并公布社会监督和举报电话。

第八条（事故应急）

发生危险化学品事故，各有关部门和单位应当按照事故应急预案，及时组织、开展抢救受害人员、控制危害扩散、消除危害后果等救援工作。

市安全生产监管部门应当根据本市突发公共事件总体应急预案，组织编制本市危险化学品事故应急预案，并报市人民政府批准后实施。

危险化学品单位应当制定本单位的事故应急预案，并向安全生产监管部门和其他有关部门备案。生产、储存危险化学品的企业和使用危险化学品从事生产的企业应当每半年组织一次事故应急演练；其他危险化学品单位应当每年组织一次事故应急演练。鼓励危险化学品单位与具有危险化学品专业救援能力的单位签订应急管理和救援服务协议，提高应急处置能力。

安全生产监管部门和其他有关部门应当对危险化学品单位事故应急预案的制定和演练进行指导、监督。

市和区综合性应急救援队伍依法承担危险化学品事故的现场救援工作。危险化学品安全监管部门可以根据各自职责，采用政府购买服务等方式加强应急救援能力建设，作为危险化学品应急救援的补充力量。

第九条（举报和奖励）

任何单位和个人发现违反危险化学品安全管理规定的行为，均有权向安全生产监管部门或者其他有关部门举报。

对举报属实的，安全生产监管部门或者其他有关部门应当给予奖励。

第十条（协会组织）

鼓励相关行业协会、学会组织开展下列工作：

（一）向危险化学品单位提供安全培训、技术咨询和指导服务；

（二）推广应用安全生产的先进技术；

（三）开展相关领域危险化学品安全风险监测和评估；

（四）研究危险化学品专业技术难点问题。

第二章 危险化学品的生产、储存和使用

第十一条（生产和储存的规划）

本市对危险化学品的生产和储存实行统筹规划、合理布局和严格控制。

本市危险化学品生产、储存的布局规划，由市经济信息化部门会同市安全生产监管、规划国土等有关部门制定，报市人民政府批准后实施。

第十二条（生产、使用企业和建设项目）

危险化学品生产企业和使用危险化学品从事生产并且使用量达到规定数量的化工企业，应当依法取得相应的许可。

危险化学品建设项目应当依法经安全生产监管部门安全审查。国家和本市对港口危险化学品建设项目的安全审查另有规定的，依照其规定执行。

配套建设危险化学品生产装置和储存设施的建设项目，建设单位应当委托具备相应资质、能力的机构进行安全评价和安全设施设计，并依法组织竣工验收，形成书面报告备查。

第十三条（安全制度和人员配备）

生产、储存危险化学品的企业和使用危险化学品从事生产的企业应当建立安全管理制度和安全管理机构，在生产车间和储存库区配备专职安全生产管理人员，在作业班组配备兼职安全生产管理人员。

安全生产管理人员应当具备与本单位所从事的生产经营活动相应的安全生产知识和管理能力，并经主管的危险化学品安全监管部门考核合格。

第十四条（标牌和图示）

生产、储存危险化学品的企业和使用危险化学品从事生产的企业应当在作业场所设置标牌和图示，对作业场所的平面布局以及安全责任、操作规范、作业危险性、应急措施等事项进行告知。

第十五条（安全设施、设备和装置）

生产、储存危险化学品的企业和使用危险化学品的单位应当按照国家有关规定和技术标准，设置相应的防火、防爆、防雷、防毒、防静电、监测、报警、联锁等安全设施、设备和装置，定期进行维护、保养和检测，并做好相关记录。相关记录应当保存3年以上。

第十六条（生产装置、设施设备的安全评价和检测）

生产、储存危险化学品的企业和使用危险化学品从事生产的企业应当按照国家有关规定，定期对生产装置、储存设施委托具有相应资质的安全评价机构进行安全评价。对易燃易爆场所的防爆设施、设备，还应当每3年委托具有相应资质的检测机构进行一次检测。

生产、储存危险化学品的企业和使用危险化学品从事生产的企业应当根据安全评价结果及时采取整改措施，并将安全评价及整改情况报所在地的区安全生产监管部门备案。港区内储存危险化学品的企业应当将安全评价及整改情况报交通部门备案。

第十七条（包装物和容器的管理）

危险化学品的包装物、容器，应当经具有相应资质的专业机构检测、检验合格。

第十八条（储存管理）

危险化学品应当储存在专用仓库、专用场地或者专用储存室（以下统称专用仓库）内，并按照相关技术标准规定的储存方法、储存数量和安全距离，实行分类、分隔储存。禁止将危险化学品与禁忌物品混合储存。

危险化学品专用仓库应当符合相关技术标准对安全、消防的要求，设置明显标志，并由专人管理。危险化学品出入库应当进行核查登记，并定期检查。

剧毒化学品应当在专用仓库内单独存放，并实行双人双锁、双人收发、双人保管制度。

第十九条（出入库信息化）

生产、储存危险化学品的企业、取得危险化学品安全许可的使用企业以及其他存放剧毒化学品、易制爆危险化学品的单位应当采用电子标签等自动识别技术手段，实现危险化学品出入库信息动态管理。

危险化学品安全监管部门可以根据监管需要，实时获取危险化学品库存和出入库信息。

鼓励其他危险化学品单位运用信息化技术手段，提升危险化学品安全管理水平。

第二十条（特殊场所作业管理）

在受限空间或者可能产生有毒有害物质的场所内从事危险化学品作业的，应当遵守下列规定：

（一）制定安全作业方案和事故应急预案，并经企业负责人批准；

（二）采取有效的隔离、通风、静电接地等措施，并对作业环境安全进行分析、监测；

（三）确定专人进行现场作业的统一指挥，由具有专业资质的人员实施作业，并配备必要的通讯、救援设备；

（四）作业人员正确使用符合国家标准的劳动防护用品。

鼓励危险化学品单位委托专业技术服务机构、行业协会对受限空间作业等危险作业进行现场安全管理。

第二十一条（使用单位的监管）

本市按照分级分类、属地监管的原则，建立危险化学品使用单位申报制度。

医院、学校、科研院所等使用危险化学品的单位（应当依法取得危险化学品安全许可的除外）应当建立危险化学品安全管理制度，并将使用危险化学品的品名、数量、用途、安全管理措施等信息，每季度一次分别报送卫生、教育、科技等主管部门。其他没有主管部门的危险化学品使用单位应当将相关信息报送产业园区管理机构或者所在地乡镇人民政府、街道办事处。

使用危险性不明确的化学品的，应当根据国家有关物质安全技术说明书的要求，将理化特性、防护措施、应急措施等信息录入本市危险化学品登记机构信息系统，并报送主管部门。

有关主管部门、产业园区管理机构和乡镇人民政府、街道办事处应当对其系统、辖区内危险化学品的使用安全进行督促、检查和指导。

第二十二条(确定产品方案的安全要求)

生产危险化学品的企业和使用危险化学品从事生产的企业在确定或者改变产品配方、生产工艺时,应当组织专业技术人员或者委托具备相应资质、能力的单位进行安全论证,制定安全操作规程和应急预案。

第二十三条(管道安全)

危险化学品管道所属单位及其运行管理单位应当设置和完善管道安全标志和警示标识,落实对管道的定期检测、维护、检修、更新以及日常巡查,发现隐患及时处理,并做好相关记录。

因管道被占压、安全距离不足等原因造成安全隐患的,所在地的区人民政府应当组织乡镇人民政府、街道办事处和有关行政管理部门依法予以处理。

市规划国土、建设部门在进行城乡规划和建设管理时,应当加强对已有危险化学品管道的保护。

第二十四条(废弃处置管理)

废弃危险化学品及其包装物、容器的处置,按照固体废物污染环境防治法和国家有关规定执行。环境保护部门应当对处置情况进行监督。

危险化学品单位应当及时处置废弃危险化学品及其包装物、容器。无法自行处置的,应当委托具有相应资质的专业单位代为处置;所需费用,由产生废弃危险化学品的单位承担。

有关部门在行政管理活动中发现、收缴的废弃危险化学品及其包装物、容器,由发现、收缴的部门委托具有相应资质的专业单位进行处置。

公众上交的废弃危险化学品及其包装物、容器,由公安部门依法接收,并委托具有相应资质的专业单位进行处置。

第三章　危险化学品的经营

第二十五条(经营许可)

设立危险化学品经营企业,应当符合国家规定的条件,并向安全生产监管部门申请取得经营许可。

危险化学品经营企业有两处以上经营场所的,应当分别办理经营许可。

第二十六条(平台化交易)

本市推进危险化学品集中交易,鼓励危险化学品生产、经营企业通过危险化学品电子交易平台开展危险化学品交易。

危险化学品电子交易平台应当具有收集危险化学品交易、仓储、物流等信息的功能,并根据危险化学品安全监管部门的需要提供相关信息。

安全生产监管、交通、公安等部门应当对危险化学品电子交易平台的建设和运营给予支持,利用危险化学品电子交易平台信息提升危险化学品安全监管水平。

在危险化学品电子交易平台内从事经营的无储存设施的危险化学品经营企业,申请经营许可时,可以适用告知承诺等简化程序。

第二十七条(经营企业的储存管理)

危险化学品经营企业应当按照本办法第十八条的规定,将危险化学品储存在专用仓库内。

从事危险化学品零售的企业可以在其经营场所内存放民用小包装的危险化学品,但总量不得超过国家规定的限量。

第二十八条(运输工具的加油站、加气站)

运输工具的加油站、加气站应当设置紧急切断和防静电接地装置。运输工具的加油站、加气站不符合消防安全距离等规定,又无法拆除、迁移的,应当采用阻隔防爆、油气回收等技术。

第二十九条(剧毒化学品、易制爆、易制毒危险化学品的购买和销售)

单位购买剧毒化学品的,应当依法凭相应的许可证件或者向公安部门申请取得购买凭证;购买易制爆危险化学品的,应当依法凭相应的许可证件或者本单位出具的合法用途说明;购买易制毒危险化学品的,应当依法凭相应的许可证件、购买凭证,或者在购买前向所在地公安部门备案。

危险化学品经营企业不得向不符合前款规定条件的单位销售剧毒化学品、易制爆、易制毒危险化学品,不得向个人销售剧毒化学品(农药、灭鼠药、灭虫药除外)和易制爆危险化学品。

危险化学品经营企业、购买单位应当在销售或者购买剧毒化学品、易制爆、易制毒危险化学品后,将品种、数量以及流向信息实时录入公安部门的监管信息系统。

第四章 危险化学品的运输

第三十条(运输单位条件)

危险化学品道路运输企业(包括使用自备车辆为本单位运输危险化学品的单位,下同)、水路运输企业,应当符合国家和本市规定的条件以及本办法第三十一条、第三十二条对相关条件的具体规定,并向交通部门申请取得相应的资质。

外省市危险化学品道路运输企业驻沪从事危险化学品运输的,应当持企业资质证书,以及符合本办法第三十一条、第三十二条规定的相关证明材料,向市交通部门备案;来沪从事危险化学品运输的,应当按照本市规定向交通部门办理车辆查验等手续。

第三十一条(运输工具)

危险化学品道路运输企业应当具备符合相关技术标准的专用车辆,配置安全防护、环境保护和消防等设施、设备,并按照规定悬挂或者喷涂警示标志。

危险化学品运输专用车辆应当配置车载卫星定位系统,并接入全国和本市重点营运车辆联网联控平台。

危险化学品水路运输企业应当具备符合国家规定的运力、安全技术和设备等要求的船舶。

在本市通航水域航行、停泊、作业的危险化学品运输船舶,应当配备船载卫星定位系统和船舶自动识别系统。

本条规定的卫星定位系统、船舶自动识别系统等设备,应当符合交通、海事部门规定的配备要求,并纳入专用车辆和船舶定期审验的范围。

第三十二条(专用停车场地)

危险化学品道路运输企业应当具有与运输规模相适应的专用停车场地。运输剧毒化学品和国家规定的Ⅰ类包装危险化学品的,还应当划定相应的专用停车区域,并设置明显的警示标志。本市中心城和新城范围内不得新设立危险化学品专用停车场地;已设立的,应当按照规划迁移。

第三十三条(运输专业人员)

从事危险化学品运输的驾驶员、船员、装卸管理人员、押运人员、申报人员、集装箱现场检查员(以下统称运输专业人员),应当取得相应的资格证书。

运输专业人员更换从业单位的,应当由更换后的单位向交通、海事部门办理变更手续。

第三十四条(运输监控)

危险化学品道路、水路运输企业应当通过卫星定位系统或者船舶自动识别系统,对危险化学品运输车辆、船舶进行运输全程监控,保证车辆、船舶按照规定的时间、路线运输。

交通、海事部门应当按照各自职责,对危险化学品运输企业全程监控危险化学品运输的情况进行监督检查。

第三十五条(托运人的责任)

危险化学品的托运人应当遵守下列规定:

(一)查验承运人的危险化学品运输资质证书或者备案证明,复印后与货运单证一并留存;

(二)向承运人提供危险化学品的安全技术说明书,并书面告知品名、数量、危害特性、应急处置措施等情况;

(三)不得在普通货物中夹带危险化学品,不得匿报危险化学品,不得将危险化学品谎报为普通货物托运。

第三十六条(承运人的责任)

危险化学品的承运人应当遵守下列规定:

(一)查验托运人的危险化学品生产、经营等许可证,复印后与货运单证一并留存,不得为无相应许可证的单位运输危险化学品;

(二)在装载前核对危险化学品的品名、数量,并检查包装情况,不得承运包装破损或者不符合包装要求的危险化学品;

(三)根据国家有关规定和相关技术标准进行装卸,不得超过规定的荷载、限量装载危险化学品,不得违反积载隔离要求装载危险化学品;

(四)在运输车辆、船舶的规定位置设置统一的安全警示标志,并按照规定显示专用信号;

(五)不得将承运的危险化学品转交其他无相应资质的单位或者个人运输;

（六）符合国家和本市危险化学品运输安全管理的其他规定。

第三十七条（运输代理经营者的责任）

运输代理经营者应当查验托运人的危险化学品生产、经营等许可证和承运人的危险化学品运输资质证书，复印后与货运单证一并留存，不得为无相应许可证或者资质证书的单位提供危险化学品运输代理服务，不得在托运的普通货物中夹带危险化学品，不得匿报危险化学品，不得将危险化学品谎报为普通货物托运。

第三十八条（发送和接收单位的责任）

危险化学品单位发送和接收危险化学品时，应当查验承运人运输车辆或者船舶的营运证件（含外省市车辆查验证明）以及运输专业人员的资格证书，复印后与货运单证一并留存。接收外省市道路运输来沪的危险化学品，还应当查验其经指定道口检查的记录，复印后与货运单证一并留存。

危险化学品单位发送和接收危险化学品时，发现下列情形之一的，应当立即采取相应的安全处置措施，并向危险化学品安全监管部门报告：

（一）运输车辆、船舶无营运证件，或者运输专业人员无相应资格证书的，向交通或者海事部门报告；

（二）车辆、船舶超载的，分别向公安、海事部门报告；

（三）在普通货物中夹带危险化学品，或者匿报危险化学品、将危险化学品谎报为普通货物运输的，向交通或者海事部门报告；

（四）外省市危险化学品运输车辆，未经指定道口进入本市的，向公安部门报告；

（五）通过邮件、快件寄送危险化学品的，向邮政管理部门报告。

危险化学品单位在进出口环节发送和接收危险化学品时，发现前款规定情形之一的，还应当向检验检疫部门报告。

第三十九条（告知和申报）

危险化学品单位向外省市购买或者销售危险化学品，并由外省市单位承担运输的，应当书面告知本市危险化学品运输管理的有关规定，并保存书面告知的相关记录。

危险化学品单位向外省市购买或者销售易燃易爆、强腐蚀性化学品的，应当在交付运输前 24 小时向公安部门或者海事部门申报承运人名称、危险化学品品名和数量、运输起讫地、运输路线和时间等情况。

第四十条（道路运输路线和时间）

市公安部门应当会同市安全生产监管、交通、环保等部门确定本市危险化学品运输车辆禁止通行的区域、道路和时间。

因运输目的地等特殊情形确需进入禁止通行区域、道路的，应当事先向公安部门报告，由公安部门指定行车路线和时间，并发给临时通行证明。

第四十一条（特殊情况道路运输）

每年 6 月 15 日至 10 月 15 日，禁止在上午 10 时至下午 4 时进行易燃易爆等危险化学品的道路运输。

遇灾害性天气或者全市性体育赛事、演出、展览等重大活动，市公安部门可以会同市安全生产监管、交通等有关部门发布易燃易爆等危险化学品道路临时禁运公告。

本条规定的易燃易爆等危险化学品的种类，由市安全生产监管部门会同市公安、交通部门确定，向社会公告，并根据本市实际情况适时调整。

第四十二条（剧毒化学品的道路运输）

道路运输剧毒化学品的，托运人应当按照国家有关规定，向公安部门办理剧毒化学品道路运输通行证。承运人应当根据运输通行证载明的车辆、驾驶员、押运人员、装载品名、装载数量和指定的路线、时间、速度运输。

第四十三条（道口检查）

危险化学品运输车辆进出本市，应当经指定道口接受检查。

交通部门的道口检查人员应当查验车辆的营运证件、运输专业人员的资格证书，并在运输单证上加盖验证签章或者发给其他验证证明；公安部门的道口检查人员应当查验车辆装载情况，并告知本市禁止通行的区域、道路和时间。

对未按规定设置统一的安全警示标志或者超载危险化学品的车辆，由公安部门牵头依法处理；对无营运证件或者其他有效证明的车辆,以及超限、夹带、匿报、谎报危险化学品的,由交通部门牵头依法处理。

本条规定的指定道口,由市安全生产监管部门会同市交通、公安等有关部门确定。

第四十四条(船舶载运和航行管理)

船舶载运危险化学品,应当符合有关危险化学品积载、隔离等安全技术规范。

进出黄浦江水域载运易燃易爆和毒害化学品的散装液态化学品船舶,应当符合国家规定的Ⅱ型船舶要求或者采取等效的安全防护措施。承运人认为必要时,还应当采取辅助船舶待命防护等应急预防措施,或者向海事部门请求导航、护航。

海事部门可以对本市水域内的危险化学品运输船舶实行总量控制。

第四十五条(水路运输的禁止和限制)

黄浦江和内河水域及本市饮用水水源保护区水域禁止运输剧毒化学品以及国家和本市规定的其他危险化学品。本市规定的禁止通过上述水域运输的危险化学品目录,由市交通部门会同海事、环保部门确定并公布。

遇灾害性天气或者全市性体育赛事、演出、展览等重大活动,海事部门可以发布公告,禁止或者限制油轮和载运易燃易爆、毒害化学品的散装船舶在黄浦江水域航行。

海事部门可以对危险化学品船舶夜间在黄浦江杨浦大桥上游水域航行实施限制措施。

前款规定水域的范围,由海事部门会同市交通部门确定。

第四十六条(港口进出和作业)

船舶载运危险化学品进出港区、码头的,应当按照国家有关规定向海事部门办理申报手续。

从事危险化学品港口作业的,应当按照国家有关规定取得相应的资质,并向交通部门办理报告手续。

第四十七条(危险货物运输规定)

危险化学品道路、水路运输企业通过道路、水路运输危险化学品的,还应当遵守国家和本市关于危险货物运输的相关规定。

第四十八条(铁路、民航和邮政管理)

通过铁路、民航运输危险化学品的,按照国家有关规定执行。

任何单位和个人不得邮寄危险化学品。

第五章 危险化学品集中区域

第四十九条(集中区域)

除运输工具的加油站、加气站以及港口危险化学品建设项目外,本市新建、改建、扩建危险化学品建设项目应当按照本市危险化学品生产、储存的布局规划,在工业园区或者其他专业区域(以下统称危险化学品集中区域)内进行。

现有危险化学品生产企业、仓储经营企业的生产装置和储存设施不在危险化学品集中区域的,应当按照本市产业布局政策逐步迁入危险化学品集中区域。

因产业配套等特殊原因,确需在危险化学品集中区域外建设危险化学品建设项目的,所在地的区人民政府应当召开听证会,听取周边居民和企业意见,并组织专家进行论证,认为能够降低综合风险的,可以依法进行建设。

第五十条(日常管理)

危险化学品集中区域管理机构应当加强安全生产的日常监督管理,指导企业落实安全生产主体责任,支持区域内企业与专业技术服务机构加强安全生产合作,协调解决企业之间的安全生产问题。

第五十一条(整体性安全风险评价)

危险化学品集中区域管理机构应当委托安全评价机构,每5年进行一次整体性安全风险评价,核定安全容量,实施总量控制,降低区域风险。

第五十二条(委托执法)

安全生产监管部门可以依法委托危险化学品集中区域管理机构,实施危险化学品安全监管的相关行政许可和行政处罚。

第六章 监督管理

第五十三条(目录清单管理)

本市实行危险化学品目录清单管理制度。市安全生产监管部门应当会同市发展改革、经济信息化、公安、交通、环保、规划国土等部门编制本市危险化学品禁止、限制、控制措施目录,列明本市不同区域危险化学品生产、储存、使用和运输的种类以及相关管理措施,经市政府批准后向社会公布并适时调整。

规划国土、发展改革等部门在实施建设项目规划、投资审批时,应当执行危险化学品禁止、限制、控制措施目录的规定。

危险化学品单位应当遵守危险化学品禁止、限制、控制措施目录,开展危险化学品生产经营活动。

第五十四条(信息交互平台的建设与维护)

危险化学品安全监管部门以及对行业、系统负有管理职责的部门应当将日常监管中掌握的危险化学品生产、经营、储存、使用、运输和处置等环节的相关信息实时录入本部门的监管信息系统。

本市依托政务数据资源管理平台建立危险化学品监管信息交互平台,实现各部门监管信息系统的互联互通。市安全生产监管部门应当加强对危险化学品监管信息交互平台建设的综合协调。市经济信息化部门应当加强对危险化学品监管信息交互平台建设的信息化技术支持。

第五十五条(监督检查)

危险化学品安全监管部门、对行业、系统负有管理职责的部门和乡镇人民政府、街道办事处、产业园区管理机构应当按照分级分类、突出重点的原则,制定危险化学品年度监督检查计划,并按照计划确定的监督检查对象、范围和方法进行监督检查。

对生产、储存危险化学品的企业和使用危险化学品从事生产的企业按照本办法第十六条的规定报送备案的安全评价报告以及整改情况,安全生产监管、交通部门应当每年按照不低于年度备案量30%的比例,对备案单位进行抽查。

第五十六条(专业技术服务机构)

危险化学品安全监管部门和乡镇人民政府、街道办事处、产业园区管理机构可以聘请具有相应资质、能力的专业技术服务机构对专业技术问题和日常监测数据进行分析、判断,并基于专业技术服务机构出具的专业报告依法履行监督管理职责。专业技术服务机构应当对其出具的专业报告依法承担法律责任。

聘请、委托专业技术服务机构出具专业报告、进行鉴定的,所需费用列入财政预算。

第五十七条(信息公开和联动惩戒)

危险化学品安全监管部门应当对危险化学品单位及相关责任人员受到行政处罚、发生责任事故被处理等信息依法公开,并将相关信息纳入本市公共信用信息平台。

危险化学品单位发生严重违法行为或者有多次违法记录的,危险化学品安全监管部门应当增加监督检查频次;有关行政管理部门依法在政府采购、工程招投标、授予荣誉等方面予以限制。

第五十八条(工伤保险费率挂钩制度)

本市建立健全危险化学品单位工伤保险费率与企业生产安全事故发生情况及安全生产标准化达标情况挂钩制度,具体办法由市人力资源社会保障部门会同市安全生产监管等部门制定。

第七章 法律责任

第五十九条(行政责任)

有关行政管理部门及其工作人员在履行危险化学品安全监督管理职责过程中有下列行为之一的,对直接负责的主管人员和其他直接责任人员给予警告或者记过处分;情节较重的,给予记大过或者降级处分;情节严重的,给予撤职处分:

(一)未按照年度监督检查计划开展监督检查的;

(二)超越、滥用法定职权的;

(三)对危险化学品事故隐瞒不报、谎报或者拖延报告的。

因前款规定行为直接导致危险化学品事故的,对直接负责的主管人员和其他直接责任人员给予记过、记大过处分;情节较重的,给予降级或者撤职处分;情节严重的,给予开除处分。

第六十条(违反建设规定的处罚)

建设单位违反本办法第十二条第三款规定,未委托具备相应资质、能力的机构对配套建设危险化学品生产装置和储存设施的建设项目进行安全评价和安全设施设计，或者未依法组织竣工验收的，由安全生产监管部门责令改正，可处以5000元以上3万元以下的罚款。

第六十一条（违法生产、储存、使用的处罚）

生产、储存危险化学品的企业和使用危险化学品的单位违反本办法第十四条、第二十条规定，有下列情形之一的，由安全生产监管部门和交通部门按照职责分工，责令改正，处以1万元以上5万元以下的罚款：

（一）未按规定在作业场所设置标牌和图示的；

（二）在受限空间或者可能产生有毒有害物质的场所内从事危险化学品作业，未按规定采取安全管理措施的。

生产、储存危险化学品的企业和使用危险化学品从事生产的企业未按照本办法第十三条规定在生产车间、储存库区、作业班组配备安全生产管理人员的，由安全生产监管部门和交通部门按照职责分工，责令改正，处以5000元以上2万元以下的罚款。

第六十二条（违反出入库信息化规定的处罚）

生产、储存危险化学品的企业、取得危险化学品安全许可的使用企业以及其他存放剧毒化学品、易制爆危险化学品的单位，未按照本办法第十九条规定采用电子标签等自动识别技术手段的，由安全生产监管、公安和交通部门按照职责分工，责令改正，可处以1万元以上5万元以下的罚款。

第六十三条（未按照规定进行危险化学品使用信息申报的处罚）

使用危险化学品的单位违反本办法第二十一条规定，未及时报送危险化学品有关信息的，由相关主管部门按照职责分工，责令改正，可处以1万元以上5万元以下的罚款。

第六十四条（违反确定产品方案规定的处罚）

生产危险化学品的企业和使用危险化学品从事生产的企业违反本办法第二十二条规定，在确定或者改变产品配方、生产工艺时，未进行安全论证，或者未制定安全操作规程和应急预案的，由安全生产监管部门责令改正，可处以1万元以上5万元以下的罚款。

第六十五条（违法经营的处罚）

运输工具的加油站、加气站未按照本办法第二十八条规定设置紧急切断和防静电接地装置，或者未按规定采用阻隔防爆、油气回收技术的，由安全生产监管部门和燃气管理部门按照职责分工，责令改正，处以2万元以上10万元以下的罚款。

危险化学品经营企业和购买单位违反本办法第二十九条第三款规定，未将销售、购买剧毒化学品、易制爆、易制毒危险化学品的信息实时录入公安部门的监管信息系统的，由公安部门责令改正，处以1万元以上5万元以下的罚款。

第六十六条（违反从业变更登记和运输监控规定的处罚）

危险化学品道路、水路运输企业违反本办法第三十三条第二款规定，未按规定为更换从业单位的运输专业人员办理变更手续的，由交通、海事部门按照职责分工，责令改正，处以1000元以上5000元以下的罚款。

危险化学品道路、水路运输企业违反本办法第三十四条规定，未配置卫星定位系统、船舶自动识别系统，对危险化学品运输车辆或者船舶进行运输全程监控的，由交通、海事部门按照职责分工，责令改正，处以2万元以上20万元以下的罚款。

第六十七条（违反托运、承运、发送、接收规定的处罚）

危险化学品单位违反本办法第三十五条、第三十八条规定，有下列情形之一的，由交通、海事、邮政、检验检疫部门按照职责分工，责令改正，可处以1万元以上5万元以下的罚款：

（一）托运人未按规定查验承运人的危险化学品运输资质或者备案证明，复印后与货运单证一并留存的；

（二）危险化学品单位发送和接收危险化学品时，未查验运输车辆、船舶的营运证件或者运输专业人员的资格证书，复印后与货运单证一并留存的；

（三）危险化学品接收单位接收外省市道路运输来沪的危险化学品，未按规定查验其经指定道口检查的记录，复印后与货运单证一并留存的；

（四）危险化学品单位发送和接收危险化学品时，发现违法行为未立即采取妥善处置措施或者向有关部门报告的。

危险化学品单位向外省市购买或者销售危险化学品，未按照本办法第三十九条第一款的规定书面告知本市危险化学品运输的有关规定,并保存告知记录的,由交通、海事部门按照职责分工,责令改正,可处以1000元以上5000元以下的罚款。

危险化学品单位向外省市购买或者销售易燃易爆、强腐蚀性化学品,未按照本办法第三十九条第二款的规定提前申报相关运输安排情况的,由公安部门或者海事部门按照职责分工,责令改正,处以5000元以上3万元以下的罚款。

承运人违反本办法第三十六条第(五)项的规定,将承运的危险化学品转交其他无相应资质的单位或者个人运输的,由交通、海事部门按照职责分工,责令改正,处以2万元以上10万元以下的罚款。

第六十八条(违反道路禁运和指定道口通行规定的处罚)

危险化学品道路运输企业违反本办法第四十一条、第四十三条规定,有下列情形之一的,由公安部门责令改正,处以2万元以上10万元以下的罚款:

(一)违反特殊情况道路禁运规定的;

(二)车辆未经指定道口进出本市的。

第六十九条(违反水路运输规定的处罚)

危险化学品水路运输企业违反本办法第四十四条、第四十五条规定,有下列情形之一的,由海事部门责令改正,处以2万元以上10万元以下的罚款:

(一)载运易燃易爆和毒害化学品的散装液态化学品船舶在黄浦江水域航行,不符合国家规定的Ⅱ型船舶要求或者未采取等效的安全防护措施的;

(二)油轮和载运易燃易爆、毒害化学品的散装船舶违反灾害性天气等禁止或者限制运输规定的;

(三)违反海事部门关于危险化学品船舶夜间在黄浦江杨浦大桥上游的规定水域内航行的限制措施的;

(四)未按照危险化学品运输船舶总量控制要求运输危险化学品的。

第七十条(违反禁止、限制、控制措施的处罚)

危险化学品单位违反本办法第五十三条第三款规定,开展生产经营活动时未遵守本市危险化学品禁止、限制、控制措施目录的,由危险化学品安全监管部门按照职责分工,责令改正,可处以1万元以上10万元以下的罚款。

第八章 附 则

第七十一条(风险抵押金)

本市按照国家有关规定,对危险化学品单位实行风险抵押金制度。危险化学品单位投保商业性安全责任险的,可以不再缴纳风险抵押金。

风险抵押金的具体实施办法,由市安全生产监管部门会同有关部门按照国家有关规定另行制定。

第七十二条(名词解释)

本办法下列用语的含义是:

(一)危险化学品建设项目,是指危险化学品生产、储存的建设项目以及伴有危险化学品产生的化工建设项目(包括危险化学品长输管道建设项目,配套建设危险化学品生产装置和储存设施的建设项目除外),并且应当进行投资审批、核准、备案的固定资产投资项目。

(二)配套建设危险化学品生产装置和储存设施的建设项目,是指冶金、有色、建材、机械、轻工、纺织、烟草、商贸企业建设的产生、储存危险化学品,并将其用于主业生产经营的固定资产投资项目。

(三)使用危险化学品从事生产的企业,是指使用危险化学品作为原料生产化学品(危险化学品除外)的企业。

(四)危险化学品电子交易平台是指基于现代信息技术(互联网、物联网、电子商务等)促成危险化学品交易的平台。

(五)受限空间是指各类塔、釜、槽、罐、炉膛、锅筒、管道、容器以及地下室、窨井、坑(池)、下水道或者其他封闭半封闭场所。

第七十三条(施行日期和废止事项)

本办法自2017年1月1日起施行。2006年2月16日上海市人民政府令第56号发布,根据2010年12月20日上海市人民政府令第52号公布的《上海市人民政府关于修改〈上海市农机事故处理暂行规定〉等148件市政府规章的决定》修正的《上海市危险化学品安全管理办法》同时废止。

附件:上海市危险化学品安全管理相关部门职责分工

附件

上海市危险化学品安全管理相关部门职责分工

根据《中华人民共和国安全生产法》《危险化学品安全管理条例》《安全生产许可证条例》和《上海市危险化学品安全管理办法》等法律、法规和规章，对相关行政管理部门负责危险化学品安全管理的主要职责分工如下：

一、上海市安全生产监督管理局

（一）负责危险化学品安全监督管理综合工作，指导、协调、监督同级人民政府有关部门和下级人民政府履行危险化学品安全监督管理职责。

（二）负责危险化学品生产、使用、经营的行政许可工作。

审查、核发危险化学品安全生产许可证；审查、核发危险化学品安全使用许可证；审查、核发危险化学品经营许可证；对危险化学品生产、储存建设项目进行安全审查。对上述行政许可事项进行监督管理。

（三）负责危险化学品生产、使用、经营活动的监督管理。

组织制定危险化学品生产、使用、经营企业的安全管理规范；对剧毒化学品和构成重大危险源的其他危险化学品的生产、储存安全进行监督管理；对危险化学品生产、使用、经营企业生产装置、储存设施的安全评价和整改情况进行监督检查；对危险化学品生产、使用、经营单位的防爆设施、设备检测和整改情况进行监督检查；对危险化学品生产、使用、经营企业的安全生产进行检查；组织实施危险化学品安全专项整治；对危险化学品生产、使用、经营的重大事故隐患整改情况进行监督检查。

（四）会同有关部门确定危险化学品运输车辆进出本市的指定道口。

（五）会同有关部门发布危险化学品安全管理的相关信息；宣传危险化学品安全防护的相关知识；对举报危险化学品安全管理违法行为属实的单位和个人实施奖励。

（六）负责危险化学品事故应急救援和事故调查处理的相关工作。

组织制定危险化学品事故应急预案，报市人民政府批准后实施；对危险化学品单位的事故应急预案的制定和演练进行指导和监督；为危险化学品事故应急救援提供有关专业辅助队伍、专家信息和技术支持；对危险化学品生产安全事故进行调查处理。

二、上海市公安局

（一）负责危险化学品公共安全管理的行政许可工作。

审查、核发剧毒化学品购买凭证；审查、核发剧毒化学品道路运输通行证；对易燃易爆等危险化学品单位新建、改建、扩建工程的消防设施进行设计审查和验收。对上述行政许可事项进行监督管理。

（二）负责危险化学品公共安全的监督管理。

对剧毒化学品和构成重大危险源的其他危险化学品的生产、储存安全进行监督管理；会同有关部门确定危险化学品运输车辆禁止通行的区域、道路和时间；会同有关部门发布易燃易爆等危险化学品在灾害性天气等条件下的道路临时禁运公告；对危险化学品运输车辆的装载、行驶情况进行检查，并会同有关部门对违反规定的车辆依法处理。

（三）负责危险化学品道路运输事故应急救援和事故调查处理的相关工作。

制定和实施危险化学品道路运输事故应急预案；承担危险化学品事故的现场救援工作；对危险化学品道路运输事故和危害公共安全的危险化学品爆炸、火灾等事故进行调查处理。

三、上海市交通委员会

（一）负责危险化学品道路运输的行政许可工作。

对危险化学品道路运输企业进行资质认定；对危险化学品道路运输专业人员进行考核和资格认定；审查、核发道路运输经营许可证、道路危险货物运输许可证和道路运输证。对上述行政许可事项进行监督管理。

（二）负责危险化学品道路运输活动的监督管理。

组织制定危险化学品道路运输企业的安全管理规范；制定和实施危险化学品道路运输企业和车辆安全防护设备的相关技术规范；对危险化学品运输车辆及其车载卫星定位系统和安全防护设备进行定期审验；对危险化学品道路运输企业通过卫星定位系统实施运输全程监控的情况进行监督检查；负责在高速公路的收费、检查站设置危险化学品运输车辆的专用或者指定通道，并在指定道口对危险化学品运输车辆和运输专业人员的相关证件进行查验，并会同有关部门对违反规定的车辆依法处理；对危险化学品道路运输企业的重大事故隐患整改情况进行监督检查;为外省市驻沪、来沪从事危险化学品运输的企业办理备案、车辆查验等手续。

(三)参与危险化学品道路运输事故应急救援和事故调查处理工作。

(四)负责危险化学品港口作业的行政许可工作。

对港区内危险化学品建设项目进行安全审查;对危险化学品港口作业企业进行资质认定;对危险化学品港口作业报告进行审批;对危险化学品港口从业人员进行考核和资格认定。对上述行政许可事项进行监督管理。

(五)负责危险化学品水路运输的相关行政许可工作。

对危险化学品水路运输企业进行资质认定;审查、核发危险化学品运输船舶营运证;对危险化学品水路运输专业人员进行考核和资格认定;对危险化学品运输船舶进行检验。对上述行政许可事项进行监督管理。

(六)负责危险化学品港口作业的监督管理。

负责港区范围内危险化学品安全的监督管理;组织制定危险化学品港口作业的安全管理规范;对港口危险化学品作业场所的安全评价和整改情况进行监督检查;对危险化学品港口作业企业重大危险源的安全进行监督管理;对危险化学品港口作业企业的重大事故隐患整改情况进行监督检查。

(七)负责所辖水域危险化学品运输活动的监督管理。

对危险化学品运输船舶实行总量控制;对危险化学品水路运输企业通过卫星定位系统实施运输全程监控的情况进行监督检查;对油轮等载运危险化学品的船舶实施导航或者护航;发布油轮和载运易燃易爆化学品的散装货轮在灾害性天气等条件下禁止或者限制航行的公告;对危险化学品水路运输企业的重大事故隐患整改情况进行监督检查。

(八)制定和实施危险化学品港口作业事故应急预案;制定和实施所辖水域危险化学品运输事故应急预案;负责危险化学品港口作业事故调查处理的相关工作;负责所辖水域危险化学品运输事故的调查处理。

四、上海海事局

(一)负责危险化学品水路运输的相关行政许可工作。

对危险化学品运输船舶进出上海港进行审批;审查、核发危险化学品运输船舶的注册登记证书;对危险化学品水路运输专业人员进行考核和资格认定。对上述行政许可事项进行监督管理。

(二)负责所辖水域危险化学品运输活动的监督管理。

对危险化学品运输船舶实行总量控制;对危险化学品运输船舶进行监控和检查;对油轮等载运危险化学品的船舶实施导航或者护航;发布油轮和载运易燃易爆化学品的散装货轮在灾害性天气等条件下禁止或者限制航行的公告;对危险化学品运输船舶的重大事故隐患整改情况进行监督检查。对危险化学品水路运输企业配置卫星定位系统、船舶自动识别系统,并实施运输全程监控的情况进行监督检查。

(三)制定和实施所辖水域危险化学品运输事故应急预案;

负责所辖水域危险化学品运输事故的调查处理。

五、上海市质量技术监督局

(一)对危险化学品及其包装物、容器(包括运输工具的槽罐)的产品质量进行监督检查。

(二)组织制定危险化学品及其包装物、容器(包括运输工具的槽罐)的相关地方标准。

(三)制定和实施危险化学品包装物、容器(包括运输工具的槽罐)事故应急预案;负责危险化学品包装物、容器(包括运输工具的槽罐)安全事故调查处理的相关工作。

六、上海市环境保护局

(一)对废弃危险化学品及其包装物、容器的处置单位进行资质认定;对危险化学品生产、储存建设项目的环境影响评价进行审批;对危险化学品生产、储存建设项目的环境保护设施进行设计审查和验收。对上述行政许可事项进行监督管理。

(二)对废弃危险化学品及其包装物、容器的处置进行监督管理。

(三)制定和实施危险化学品事故造成环境污染的应急处置预案;对有毒化学品事故现场进行应急监测;负责重大危险化学品污染事故和生态破坏事件的调查处理。

七、上海市工商行政管理局

(一)核发危险化学品生产、经营、使用、储存、运输企业(含分支机构)的营业执照。

（二）对危险化学品市场经营活动进行监督管理。

（三）会同有关部门查处无证无照、超越经营范围从事危险化学品生产、经营、使用、运输的违法行为。

八、上海市卫生和计划生育委员会

（一）对危险化学品单位职业病防治工作进行监督管理；负责危险化学品的毒性鉴定。

（二）对医疗机构生产、储存、使用危险化学品和处置废弃危险化学品及其包装物、容器进行安全管理。

（三）制定和实施危险化学品事故医疗救护应急预案。

九、上海铁路监督管理局

（一）负责铁路车站范围内危险化学品安全的监督管理；对危险化学品铁路运输工具进行监督检查；对铁路车站范围内重大危险源的安全进行监督检查；对铁路运输危险化学品的重大事故隐患整改情况进行监督检查。

（二）制定和实施危险化学品铁路运输事故应急预案；负责危险化学品铁路交通事故的调查处理。

十、上海市邮政管理局

（一）对邮寄危险化学品进行监督检查。

（二）制定和实施危险化学品邮寄事故的应急预案。

十一、民用航空华东地区管理局

（一）负责机场范围内危险化学品安全的监督管理；对危险化学品航空运输单位及其航空器的安全进行监督检查；对机场范围内重大危险源的安全进行监督管理；对危险化学品航空运输的重大事故隐患整改情况进行监督检查。

（二）制定和实施危险化学品航空运输事故的应急预案。

十二、上海市经济和信息化委员会

（一）会同有关部门制定危险化学品生产、储存的行业规划。

（二）对危险化学品监管信息交互平台建设提供信息化技术支持。

十三、上海市规划和国土资源管理局

（一）负责危险化学品生产、储存建设项目和危险化学品专用停车场地的选址、用地规划和工程规划的行政许可，并进行监督管理。

（二）负责在进行城乡规划时，加强对已有危险化学品管道的保护。

十四、上海市住房和城乡建设管理委员会

负责在进行建设管理时，加强对已有危险化学品管道的保护。

十五、上海市气象局

负责危险化学品生产、储存建设项目防雷设施的设计审查和验收，并进行监督管理。

十六、上海市民防办公室

承担危险化学品事故应急救援的相关工作，参与危险化学品事故的调查处理。

十七、上海市教育委员会

对学校储存、使用危险化学品和处置废弃危险化学品及其包装物、容器进行安全管理。

十八、上海市科学技术委员会

对科研院所储存、使用危险化学品和处置废弃危险化学品及其包装物、容器进行安全管理。

十九、上海出入境检验检疫局

负责对本市进出口危险化学品及其包装物、容器实施检验。

上海市邮政业发展“十三五”规划

（2016年12月30日上海市邮政管理局、上海市发展和改革委员会印发）

邮政业是国家重要的社会公用事业，是推动流通方式转型、促进消费升级的现代化先导性产业，在国民经济中发挥着基础性作用。上海邮政业持续健康发展，对于保障市民用邮权益、降低流通成本、服务生产生活、促进创业创新和推动城市经济转型升级具有重要的意义。依据国家《邮政业发展“十三五”规划》和《上海市国民经济和社会发展第十三个五年规划纲要》等，结合本市邮政业发展实际，制定上海市邮政业发展“十三五”规划。

一、现状与形势

（一）“十二五”回顾

“十二五”时期，上海市邮政业务总体规模不断扩大，邮政普遍服务基础网络建设得到加强，快递业务规模保持高速增长，产业间协作融合能力增强，地方邮政法规政策体系逐步完善，行业发展环境持续优化，初步形成了具有中国特色、上海特点的现代邮政业。

1. 邮政业总体发展迈上新台阶

上海邮政业持续快速发展，体制机制逐步理顺，呈现出发展现代化、企业国际化、产业融合化、服务公共化的态势。2015年，全市邮政业业务收入（不包括邮政储蓄银行直接营业收入）累计完成507.6亿元，比“十一五”末增长了3.1倍，年均增长33%；业务总量累计完成385.8亿元，比“十一五”末增长了1.2倍，年均增长26%。2015年本市邮政业业务收入占全国邮政业业务收入12%，拉动了超过30万人的直接、间接就业。

2. 邮政普遍服务稳定发展

服务满意度稳步提升，函件、包裹、报刊、机要、汇兑等各项邮政普遍服务和特殊服务寄递时限达到国家规定标准。2015年，上海市邮政普遍服务业务总量达到57.4亿元，比“十一五”末增长了1.51倍。其中，邮政函件业务完成10亿件，普通包裹318.8万件，报纸业务完成9.45亿份，杂志业务完成3195.2万份，汇兑业务完成455万笔，盲人读物1.38万件，义务兵平常信函5.89万件，较好地满足了社会用户的普遍服务需求。普遍服务能力保持稳定，截至2015年底，上海市共有邮政普遍服务营业场所543个，邮筒（箱）3005个，共有1605个行政村，已实现全部通邮。

3. 快递服务能力显著增强

快递业成为上海现代服务业中最具活力的新兴产业之一，在上海国际航运中心建设和国家电子商务示范城市创建中发挥了重要作用。快递服务投诉率显著下降，投递时效明显增强，“最后一公里”服务模式更加多样化、便捷化。2015年，快递业务量达17亿件，比“十一五”末增长了6.1倍，年均增幅为48%。快递业务收入完成455.2亿元，比“十一五”末增长了4.3倍，年均增幅为40%。快递企业数量不断增加，截止2015年底，全市有经许可快递企业1433家，比“十一五”末增长了2.87倍，备案企业680家。快递总部经济实力持续增强，“十二五”期间，上海市集聚了24家快递总部，形成了外资在东、国有在中、民营在西的快递企业总部格局。青浦区“全国快递行业转型发展示范区”建设积极推进。

4. 邮政体制改革深入推进

邮政体制改革不断深化，取得新的突破。一是优化调整邮政监管体制。上海市邮政管理体制由中央垂直管理调整为国家邮政局与上海市人民政府双重管理，进一步促进了双轮驱动和交邮融合。二是省级以下邮政体制构建新格局。依据区域分片设置了浦东、黄浦、宝山、青浦、松江、奉贤六个邮政监管派出机构，管理范围覆盖全市。三是国有邮政企业改革取得新进展。市邮政企业实施了区县邮政体制的改革，对辖区内邮政营业和投递分支机构实现了统一管理，形成与上海行政区划基本对应的管理格局。

5. 邮政业信息化水平逐步提升

邮政业不断向规范化、机械化、信息化转型升级。规模以上快递企业持续、长效地开展快递营业场所规范化建设，行业信息化水平不断提升。邮政行业手持终端普及应用，电子运单使用率大幅提升，依托WIFI数据传输、GPRS无线实时数据传输、图片签收等功能，实现业务便捷化、标准化、可视化管理。邮政行业加强车辆远程视频监控，开发运营管理信息系统，建设自动化分拣系统，开发手机客户端，建立数据仓库等信息化应用平台，实现核心业务各环节的信息化运作和全方位的监控查询。市邮政管理部门以平台建设、数据汇集、创新应用为重点，开展顶层设计研究，分阶段推进邮政大数据体系建设，初步完成了涵盖基础管理、安全监管和信息服务等三大功能的信息平台框架建设。

6. 行业发展环境持续优化

上海市邮政法规政策体系日益完善。《上海市实施〈中华人民共和国邮政法〉办法》正式施行，出台《关于促进上海市快递业健康发展若干意见》等产业发展专项政策。国家邮政局和上海市人民政府签署《关于加快推进上海快递总部经济建设与发展合作协议》。推动将邮政业纳入国际航运中心建设、生活性服务业和电子商务发展等地方重大政策支持范围。行业发展政策方面实现了多个突破：在全国邮政管理系统率先建立邮政市场行刑衔接机制，将邮政业纳入上海市服务业发展引导资金和信息化发展专项资金申报范围，将邮件、快件寄递安全管理工作纳入上海市综治工作考评体系，将快递业信息化建设和新技术应用纳入上海市智慧城市建设范畴，推动成立上海市促进邮政业发展联席会议。

"十二五"期间，上海市邮政业取得了长足的发展，但仍然存在影响平衡、协调和可持续发展的问题，在监管、设施、末端配送、国际通关等方面存在一定制约。行业安全形势愈加严峻，行业监管能力与业务规模增长速度不相匹配；行业转型升级面临较大压力，向技术密集型资本密集型转移的步伐需进一步加快；快递总部经济的拉动效应仍未充分发挥，品牌化建设有待继续加强；普遍服务遭遇需求的自然萎缩，发展定位有待调整。

（二）"十三五"形势

"十三五"时期，世界多极化、经济全球化、文化多样化、社会信息化深入发展，世界经济在深度调整中曲折复苏，新一轮科技革命和产业变革蓄势待发。互联网时代多种业态融合发展为邮政业发展提供了前所未有的机遇，"一带一路"、长江经济带、自贸试验区等战略为进一步促进上海邮政业开放融合发展提供了新平台。

1. 邮政业结构变革深入推进，行业发展站在新起点

全球邮政的结构性改革不断深入，发展态势呈现出新的特点，全球函件业务萎缩态势难以逆转。2007年以来，全球函件业务量单调下滑，7年间减少近千亿件，降幅超过20%。各国邮政面临经济疲软、竞争加剧和数字化浪潮的挑战，不断加速向多元化和市场化转型。随着全球人口流动、跨境电子商务以及跨国企业生产模式的深化发展，邮政业的服务组合将由单纯的寄递业务走向寄递、金融、综合物流、国际电商快递产品等多种业务组合，全球邮政业结构发生新的变化。

2. 经济发展步入新常态，行业转型升级面临新要求

我国经济发展进入新常态，创新、协调、绿色、开放、共享的发展理念引领未来发展。上海"四新"经济发展迅猛，平台经济、分享经济等新兴业态与邮政业的联系愈加密切，邮政业地位日益重要。随着上海"四个中心"和具有全球影响力的科技创新中心建设的全面推进，对邮政业发展提出了更高的要求，促使邮政业发展方式由速度规模型向质量效益型转变，核心动力由要素驱动向创新驱动转变，模式形态由独立发展向融合发展转变，服务区域由主打国内市场向打造国内外双向市场转变，大型快递企业向综合性快递物流运营商转型。

3. 外部协同和内部合作并存，行业发展形成新格局

随着中央《关于促进快递服务与网络零售协同发展的指导意见》《关于进一步促进电子商务健康快速发展有关工作的通知》《关于推进快递服务制造业工作的指导意见》等一系列政策密集出台，邮政业与网络零售业、电子商务、制造业等行业的联动加速，向服务链更长、附加值更高的综合物流运营商转变。邮政业将与制造业、农业、金融业联动发展，形成各具特色的混业发展模式。国家支持国有资本与其他资本融合发展，将促使邮政企业与快递企业在基础设施、业务运营等领域开展合作，实现资源共享和互利共赢。快递业务规模扩大和市场竞争加剧，使得快递企业对资本的需求增加，行业兼并重组、融资并购加剧，上海作为快递企业总部最多的城市，将率先迎来行业竞争秩序的重构。

4. 新技术、新业态不断涌现，行业模式将出现新焦点

随着移动互联网、大数据、云计算、物联网等技术在邮政行业的应用，邮政业将逐步实现智能分拣、高效运输、便捷追踪及精准投递。"中国制造2025"、"互联网+"等重大战略的深入推进，为提升邮政业信息化和智能化水平创造了有利条件。新技术应用将不断催生新的业务模式，如跨境物流、冷链宅配等。同时，末端快递派送也将形成由智能快件箱、校园派送站、商超合作代收店等多种模式组成的小生态圈，成为新的行业竞争领域。

二、指导思想和发展目标

（一）指导思想

以邓小平理论、"三个代表"重要思想和科学发展观为指导，全面贯彻党的十八大和十八届三中、四中、五中、六中全会精神，坚持创新、协调、绿色、开放、共享发展理念，以《国务院关于促进快递业发展的若干意见》为行动纲领，大力实施创新驱动发展、经济转型升级战略，紧紧围绕上海建设"四个中心"和具有全球影响力的科技创新中心的目标，以社会需求为导向，以行业安全为基础，以提质增效为核心，以改革创新为动力，以"互联网+"邮政为发展方向，以新技术应用、新业态发展、新模式引领、新产业培

育为手段,聚焦供给侧结构性改革,推进邮政普遍服务均等化发展,促进快递服务规模化、集约化、规范化、融合化、国际化和低碳化发展,全面推进普惠邮政、智慧邮政、安全邮政、诚信邮政、绿色邮政发展,全面建成与小康社会相适应的国际化大都市现代邮政业。

(二)总体思路

全面推进改革,重点领域突破。全面推进邮政业的改革创新和转型发展。以解决行业"瓶颈"问题为导向,聚焦供给侧结构性改革,在安全监管、总部经济、末端体系建设、智慧邮政等重点领域取得突破。

加强市场培育,推动创新驱动。尊重市场规律,使市场在资源配置中起决定性作用,营造良好的市场环境。以"大众创业、万众创新"为契机,加快邮政业与电子商务、智能制造等产业的融合,鼓励新模式、新业态、新产业发展。

保障基本需求,推动多元协同。牢牢把握普遍服务作为基本公共服务的属性,创新邮政普遍服务提供机制,提升普遍服务水平。注重需求多样性和服务个性化,引导市场主体细化产品层次,让邮政服务更便捷、更高效、更贴心。

强化安全意识,加强行业监管。进一步强化安全生产红线意识,加强寄递安全制度体系建设,落实企业主体责任,夯实快递业安全基础。利用信息技术提升安全监管能力,保障寄递渠道安全。

(三)发展目标

"十三五"时期上海邮政业发展的总体目标是全面建成与小康社会相适应的"两地、三中心"上海现代邮政业。即:力争打造中国邮政业的门户高地和"向外、向西、向下"的"航母基地",亚洲一流高端聚集、较强国际竞争力的世界邮政业生产性服务中心、标准化运营中心和全球资源配置中心。继续巩固完善覆盖全市、网络共享、功能集成的邮政普遍服务网络,保障邮政基本公共服务均等化和便利化。打造上海邮政业"一体两翼"空间格局新优势。深耕市区(一体):聚焦快递产业服务和安全,打造智能化、平台化、标准化、公共化、便捷化、集约化的快递末端派送体系。做强浦东(东翼):聚焦浦东祝桥临空经济区,推进国家级快递物流园区建设,形成中国快递业国际化的战略高地。提升青浦(西翼):聚焦上海青浦民营快递总部集聚区,建设和完善青浦全国快递业转型发展示范区。

1. 规模效益

到2020年,行业业务总量和业务收入均超千亿元,邮政行业年服务用户超过百亿人次,年支撑网络零售交易规模超1万亿元。

2. 普遍服务

服务水平

——提升整体服务水平,加快基本公共服务均等化进程,保持全国领先地位。

服务能力

构建形成全国领先、网络共享、功能集成的邮政普遍服务网络。

——市区1—1.2公里服务半径或3—5万人口,设置一个邮政普遍服务营业场所;每个乡(镇)或农村地区主要人口聚居区平均2—5公里服务半径,设置1个邮政普遍服务营业场所。

——大型居住社区服务网点覆盖率达100%。

3. 快递服务

综合实力

——快递业务收入达1100亿元。

企业竞争力

——品牌企业总部数量位居全国前列,全市涌现出1家业务收入超千亿元、多家业务收入超百亿元的总部在沪的、具有强大国际竞争力的网络型快递总部企业。

——总部在沪的上市企业4—6家。

——城乡网络覆盖率位居全国前列,标准化服务网点数达到5000个。

服务质量

——快递申诉处理满意率达到95%,高于全国平均水平。

服务能力

——构建形成城乡一体、联通国际、快速便捷、安全高效的快递服务网络。快递网络实现乡镇全覆盖。打造联通亚太、辐射全球的国际航空快递枢纽。重点快递企业国内重点城市间实现48小时送达。

信息化建设

——提升分拣设备的自动化程度,自动化分拣线不低于10条。

——建设上海邮政业管理综合信息平台。

人才队伍

——职业技能培训投入位居全国前列。

——继续吸引集聚快递行业高端人才。

表1 "十三五"时期上海邮政业发展主要指标

指标	2015年	2020年	年均增长[累计]
邮政业业务总量(亿元)	385.8	1000	21%
邮政普遍服务业务总量(亿元)	57.4	60	1.2%
快递业务量(亿件)	17.1	50	25%
邮政业业务收入(亿元)	507.6	1180	18.5%
快递业务收入(亿元)	455.2	1100	19.2%
安全生产标准化达标率(%)	30	80	[50]
大型居住社区服务邮政普遍服务网点覆盖率(%)	15	100	[85]
总部在沪的上市企业(个)	0	4—6	[4—6]
标准化服务网点数(个)	1127	5000	[3873]
快递申诉处理满意率(%)	94	95	[1]
自动化分拣线(条)	3	≥10	[≥7]
快递电子运单使用率(%)	60	90	[30]
快件有效申诉率(百万分之)	15	10.5	

注:[ ]内为五年累计数,邮政业业务总量计算使用邮政行业2010年新不变单价。

三、主要任务

(一)以深化改革引领对外开放,主动服务国家战略

继续推进邮政体制改革,按照下放权限、属地管理的思路打造监管体系,强化事中事后监管,提高行政效能。加快推动行业供给侧结构性改革,激发市场活力和创造力,提升服务品质。主动对接和服务国家"一带一路"战略,鼓励邮政、快递企业加强与国际快递、物流及航空公司的战略合作,强化目的地国干线网络建设,提升国际服务能力。拓展航空快递业务,深化国际中转集拼业务,加快实施"向外"工程。充分利用上海自贸试验区大平台,加快建设浦东祝桥国际现代快递物流园区。围绕建设"四个中心"和具有全球影响力的科技创新中心战略目标,培育具有国际竞争力的品牌快递企业,率先推进快递业转型升级,发挥对长江经济带乃至全国的辐射带动作用。

(二)推进邮政普遍服务均等化,提升普遍服务品质

按照普惠邮政的要求,强化公共服务职能,不断丰富邮政普遍服务的内涵,优化普遍服务网络,创新普遍服务供给方式,提高普遍服务质量。发挥邮政覆盖城乡的网络优势,促进农村新型商品流通体系建设。对接公共服务相关项目,探索建立邮政综合公共服务平台,依据本市"15分钟生活圈设计导则",打造城市生活区和商务区"十五分钟用邮服务圈"。研究构建上海市邮政基本服务均等化指标体系。继续完善邮政业服务评价体系,鼓励中介评估机构开展服务质量评价活动,引导企业竞争向服务品质竞争转变。

(三)充分利用要素资源优势,加强快递总部功能培育

充分发挥上海邮政业部市合作的制度优势和全球资源配置的市场优势,加快快递总部功能提升。支持快递企业组建快递联盟,鼓励各种所有制快递总部企业在沪发展。积极引导快递企业总部加强战略思维,开展纵向产业链、供应链、服务链和价值链一体化整合。制定实施快递总部企业品牌发展战略,发布上海邮政业最有价值品牌榜,鼓励企业加强品牌塑造。

(四)实施创新驱动战略,加快培育新模式、新业态

引导邮政、快递企业细化产品,深耕专业市场,丰富服务模式,开放共享资源,探索新业态发展,满

足市场多样化需求。鼓励跨境物流发展，支持快递企业探索建立自贸试验区内外联动发展机制，打造贸易综合服务体系。鼓励企业完善跨境物流布局，利用自贸试验区便利条件，完善跨境物流服务。推进邮政、快递企业与跨境电子商务平台合作，鼓励跨境邮路服务业态创新。鼓励快递企业开辟冷链物流市场，支持企业加快冷链物流基础设施和追溯体系建设。引导快递企业与电子商务企业深度合作，促进线上线下互动创新，共同发展体验经济、社区经济、逆向物流等便民利商新业态。支持企业开发利用海量物流数据，开展仓储配送，开发增强客户粘性的深度产品。

（五）强化低碳环保理念，深化绿色邮政建设

逐步建立健全邮政业节能减排统计、检测、考核管理体系，切实推进邮政、快递企业实施《快递业温室气体排放测量方法》，鼓励邮政、快递企业按照绿色建筑评价标准改造和新建服务网点、处理中心、办公楼宇。推进快件绿色包装工作，2020年协议客户电子面单使用率达90%以上，减少二次包装，推广包装箱、总包袋的循环利用，支持引导快递企业使用可降解、重复使用的包装，试点开展“逆向物流”回收包装，促进资源循环利用。鼓励邮政快递企业加大新能源汽车的投入使用，采用甩挂运输、多式联运等方式降低运输能耗。

（六）加强行业安全监管，提升服务质量和能级

加快推进上海市邮政管理局邮政业安全中心建设，打造安全监管网络体系。推进本市快递从业人员实名注册登记管理，探索建立快递人员持证上岗制度，加强从业人员的配送行为的规范化管理。全面推进快递企业安全生产标准化建设。加强快件安全监管，实现快件信息溯源追查，依法严格保护个人信息安全。加快“最后一公里”模式创新，鼓励、引导多元主体参与末端平台建设，推进末端服务平台形式多元化。充分利用移动互联、物联网、大数据、云计算等信息技术，通过精准、动态、科学的管理和信息共享，全面提升行业安全监管效率，推动服务模式创新。

四、重大工程

（一）门户高地工程

加快完善青浦“全国快递行业转型发展示范区”功能，强化总部经济效应，形成一批服务水平高、国际竞争能力强的大型现代快递企业。依托浦东祝桥临空经济区，加快浦东祝桥国际现代快递物流园区建设，推动上海快递产业高端化发展。结合浦东国际机场三期扩建工程、上海大型通用机场规划推进等契机，支持邮政快递企业入驻，加快实施“向外”工程，努力打造联通亚太、辐射全球的国际航空快递枢纽。鼓励优势快递企业通过参股控股、兼并重组、协作联盟等方式拓展产业链，形成一批资本密集、科技密集型的大型快递企业集团，鼓励“走出去”参与国际竞争。围绕具有全球影响力的科技创新中心建设，探索建设中国邮政业科技创新孵化中心，打造行业创新高地。

（二）安全监管工程

实施寄递渠道安全监管“绿盾”工程，建设本市邮政业安全监管与应急指挥综合信息平台。全面实行快件收寄验视、实名收寄、过机安检三项制度。逐步建立寄递安全风险源评估评价制度，加强寄递渠道安全和突发事件应急管理，形成本市邮政业应急体系。深化寄递渠道安全防范联合工作机制建设，推进寄递渠道综合治理，加强邮政行业安全执法检查。加强服务安全追溯体系建设，加强抽检、风险监测、企业自检和基层快速检测。建立基层监督员或信息员、协管员以及志愿者队伍，形成社会监管网络。

（三）转改增效工程

大力推进企业运用物联网技术，变革自动化处理设备，再造业务流程，实现快递作业流程的智能化、管理与控制。引导企业对快递作业中的海量数据进行开发和挖掘，构建云快递服务平台，实现对快递业务流量流向、货品种类等分析和预测，提高行业资源配置能力。推动邮政企业加大基础设施公开、共享力度，坚持以市场化、专业化、国际化为导向推动邮政企业改革。

（四）产业融合工程

鼓励快递企业拓展制造业供应链等业务领域，逐步建立结构合理、协作深入、标准对接的合作发展新模式。以冷链寄递体系建设为重点，形成鲜活农产品配送物流链，打造生鲜农产品流通新模式，促进快递与现代农业融合发展。鼓励快递与金融业的互动，探索支付结算、小额消费信贷等金融产品，实现资金流与物流融合。

（五）末端综合服务工程

支持邮政企业和快递企业创新合作模式，充分利用现有邮政网点优势；整合末端派送资源，共享自提柜、便利店等自提网络，实施数据对接和信息共享。鼓励邮政、快递企业加快智能包裹柜、智能快件

箱布局和建设，推动将智能包裹柜、智能快件箱纳入便民服务、民生工程等项目。鼓励社区物业为业主提供代收代寄便民服务，完善服务设施，明确各方权责。鼓励相关企业推进标准化门店建设和综合性快递服务站（点）建设，打造智能化、平台化、标准化、公共化、便捷化、集约化的末端综合服务体系。

（六）智慧邮政工程

鼓励电商企业和快递企业对接系统建设，统一信息交换和数据接口标准，在运力调整、交通引导、供给调解和市场服务等方面加强协作。依托信息化建设创新监管手段、提升服务效能，建设邮政业统一的电子地图和企业、网点动态信息数据库，接入邮政、快递业务信息实现安全监控，面向公众提供全方位服务支持，构建集基础管理、安全监控和公共服务为一体的邮政业管理综合信息平台。

（七）交邮联动工程

推进交邮联动，促进全市邮政业与交通运输业政策互补、资源互享、执法互动和信息互通。鼓励邮政、快递企业与航空、铁路运输企业加强市场化合作，加强基础设施和技术装备的配套，强化流程衔接和信息共享，推进快件上车、上船、上飞机。加快推进公路客运班车代运快件试点和快件甩挂运输方式，因地制宜发展快件水路运输。推进高铁快递发展，形成稳定便捷的邮件快件铁路运输通道。协助支持邮政、快递企业完善航线网络，优化航班时刻，探索地空联运新路径。研发应用合标快递物流配送车型。探索制定用于城市收、派服务的邮政快递专用电动车管理办法。

（八）诚信体系工程

充分对接上海市公共信用信息服务平台，建立本市邮政快递企业信用评级体系、征信系统和邮政、快递企业服务安全信用档案数据库，加大信用信息共享。依托专业信用评估机构，建立和完善邮政业市场主体量化分级管理和公示制度，探索建立“黑名单”制度。鼓励企业建立诚信联盟，联合建立从业人员诚信档案。组织和开展邮政、快递企业信用专题培训，开展上海市邮政业文明创建、诚信消费等活动，营造“守信受益、失信惩戒”的行业氛围。

（九）人才队伍工程

实施邮政、快递企业“千名经营管理人才建设工程”，健全市场化的人才引进机制，培育职业经理人队伍，开辟上海快递企业总经理论坛。支持上海科研院所、高等院校与邮政、快递企业开展多种形式的学用联合。加强以市快递行业协会申报命名的本市高技能人才基地建设，积极争取地方相关政府部门对基地的政策支持和资金投入，提升基地建设水平。加强行业特有工种考试鉴定站的软硬件建设，全面强化师资考评力量，提升职业技能鉴定考务管理水平。充分利用现有各类社会职业教育培训资源和力量，建设技能含量高、体现邮政行业特色的公共实训基地，面向社会提供技能培训、职业技能鉴定服务。

（十）区域联动工程

支持企业跨地区资源整合，实现双赢多赢的区域快递发展模式，增强区域快递服务综合实力。依托长三角的交通运输基础设施，形成城乡一体的快递网络体系。鼓励企业在长三角区域发挥比较优势，开展基础设施、干支线运输、网络网点、快件揽收和末端派送等各方面合作，探索建立长三角地区航空快递协会。结合上海各区县产业发展特色，优化快递网点合理布局，提高派送效率，实现产城协调发展。

五、保障措施

（一）加强组织保障，增进统筹协调

进一步健全完善支持上海邮政业发展的双轮驱动模式，形成合力。充分利用本市促进邮政业发展联席会议制度，协调各有关各方，做好邮政业规划推进、政策制定、资金安排、土地供应、资源整合等重大协调和督导工作。加强与区县交通管理部门协调、联系，推动交邮融合深度发展。探索建立交通、邮政、公安等联合执法机制，严厉打击借用邮政、快递渠道寄递禁寄物品等行为。

（二）健全法规政策体系，完善基础支撑

评估促进快递服务发展政策文件的落实执行情况，集成、落实各项利好政策。制定《关于促进上海市快递业发展的实施意见》，推进快递行业健康持续快速发展。制定上海市邮政管理局权力清单、责任清单，推进行业管理部门治理体系和治理能力现代化。出台《上海市邮政业依法行政实施纲要》，制定上海市邮政管理局行政处罚程序规定、行政执法和执法监督管理办法、处罚听证程序实施办法、执法案件评查标准等执法规程。推进完善行政执法协调机制，协同市工商、公安、司法等行政管理部门确保上海市邮政业相关执法案件立案受理和处罚执行到位。

(三)强化制度创新,突破发展"瓶颈"

试行上海市邮政业监管等级划定制度,健全专家论证、技术咨询、政务公开、行政问责等制度,完善属地管理、联动管理、片区化管理制度。加强事中事后监管,在准入许可年度报告中探索建立安全审查机制、信用管理体系和部门监管信息共享机制,加大行业监测信息公开力度。鼓励和引导邮政、快递企业开展科技创新和技术集成应用,推动将行业重大项目、重点工程纳入政府专项规划、示范工程。积极对接亚太示范电子口岸建设,推动建立集安全检查、海关监管、商检卫检和地面服务等于一体的邮件快件进出境服务体系,提升通关效率。完善应急预案体系,推动将邮政业突发事件应急预案纳入本市城市应急管理体系,强化联动处置能力,有效防控风险隐患。鼓励城市资源共享,围绕快递行业的城市通行、停车等问题开展专题研究。

(四)加快标准建设,优化行业环境

发布上海市邮政普遍服务地方标准。建立邮政行业安全工作标准体系,包括寄递企业处理场所的安全检查设备、安全管理人员等标准,收寄、分拣、储存、运输、投递等各环节安全操作标准,收寄验视标准等。研究制定满足末端多批次、小批量投递需求的相关车型的技术规范和标准,分类制定快递收派车辆行业标准。借鉴国家相关物流信息化标准,开展快递信息分类编码标准、快递信息采集标准、快递电子单证及信息交换平台标准等快递信息标准化研究,推动快递相关标准制定和实施,不断提升本市邮政行业的标准化水平。

(五)加大资金支持,鼓励金融创新

积极争取市财政支持,探索建立邮政业发展转型专项引导资金。鼓励邮政快递企业申报信息化发展、服务业发展等专项资金。鼓励大型快递企业与证券中介机构搭建投融资平台,支持、引导大型快递企业上市。鼓励金融机构创新服务方式,开展适应快递特点的抵押贷款等业务。充分利用本市金融创新优势,鼓励对邮件、快件自动分拣设备、运输工具等开展融资租赁业务。

邮政普遍服务规范(报批稿)
(DB31/T 1016—2016)

(2016年11月11日上海市质量技术监督局发布 自2017年1月1日起实施)

前　言

本标准按照GB/T 1.1—2009给出的规则起草。

本标准由上海市社会管理和公共服务标准化技术委员会提出并归口。

本标准起草单位:上海市邮政管理局、上海市质量和标准化研究院。

本标准主要起草人:李燕、马娜、盛家俊、王晓挺、夏玉宾、康俊生。

本标准为首次发布。

1　范　围

本标准规定了邮政普遍服务的邮政设施设置要求、人员要求、服务时限、服务要求及服务监督、投诉处理与改进要求。

本标准适用于上海市行政区域范围内提供邮政普遍服务的邮政企业,与邮政普遍服务相关的其他组织和人员可参照使用。

本标准也适用于邮政企业提供的义务兵平常信函、盲人读物和革命烈士遗物的免费寄递等特殊服务业务。

2　规范性引用文件

下列文件对于本文件的应用是必不可少的。凡是注日期的引用文件,仅注日期的版本适用于本文件。凡是不注日期的引用文件,其最新版本(包括所有的修改单)适用于本文件。

GB/T 10757　邮政业术语
GB/T 17242　投诉处理指南
GB/T 22657.1　邮件封面书写规范 第1部分:国内
GB/T 24295　住宅信报箱
GB 50631　住宅信报箱工程技术规范
YZ/T 0129—2009　邮政普遍服务

3　术语和定义

GB/T 10757中界定的以及下列术语和定义适用于本文件。为了便于使用,以下重复列出了GB/T 10757中的一些术语和定义。

3.1　邮政普遍服务　universal postal service

按照国家规定的业务范围、服务标准,以合理的资费标准,为中华人民共和国境内所有用户持续提供的邮政服务。

注:邮政普遍服务包括信件(信函、明信片)业务、单件重量不超过10 kg的包裹业务、单件重量不超过5 kg的印刷品业务以及邮政汇兑业务。

3.2　寄递　posting and delivery

接受用户委托,将信件、包裹、印刷品等物品,通过收寄、分拣、运输、投递等环节,按照封装上的名址递送给特定个人或单位的活动。

[GB/T 10757—2011,定义2.2]

3.3　邮政企业　postal enterprise

中国邮政集团公司及其提供邮政服务的全资企业和控股企业。

[GB/T 10757—2011,定义3.1]

3.4　邮政设施　postal facilities

邮政企业提供邮政服务的设备和场所的统称。

注1:邮政设施包括邮政支局、邮政所等邮政营业场所以及邮件处理场所、邮政便民服务站(亭)、邮筒(箱)、信报箱、智能包裹柜等设施。

注2:改写GB/T 10757—2011,定义4.1。

3.5　邮政营业场所　business premises for postal service

邮政企业提供邮件收寄及其他相关服务的场所。

[GB/T 10757—2011,定义4.2]

3.6　邮件处理场所　mail handling area

邮政企业专门用于邮件分拣、封发、储存、交换、转运、投递等处理活动的场所。

[GB/T 10757—2011,定义4.3]

3.7　邮筒(箱)　postal pillar box;mailbox

邮政企业供用户投寄平常信件的专用容器。

[GB/T 10757—2011,定义4.4]

3.8　信报箱　private mail box

供用户接收信件、报刊及其他邮件的箱体。

[GB/T 24295—2009,定义3.1]

3.9　邮件　mail

通过邮政企业寄递的信件、包裹、汇款通知、报刊和其他印刷品等的统称。

[GB/T 10757—2011,定义5.1.1]

3.10　平常邮件　ordinary mail

邮政企业在收寄时不出具收据,投递时不要求收件人签收的邮件。

[GB/T 10757—2011,定义5.1.5]

3.11　给据邮件　registered mail

邮政企业在收寄时向寄件人出具收据,投递时由收件人签收的邮件。

[GB/T 10757—2011,定义5.1.6]

3.12 全程时限 time limit from acceptance to delivery

邮政企业从收寄邮件到投递邮件的时间间隔,以邮件上日戳时间计算为准。需要投递通知单的邮件,以通知单上日戳时间计算为准。

注:全程时限=投递日戳日期-收寄日戳日期。

[GB/T10757—2011,定义8.6]

3.13 中心城区 central city

<邮政>黄浦区、徐汇区、静安区、长宁区、普陀区、虹口区、杨浦区、浦东新区沿黄浦江地区。

注:浦东新区沿黄浦江地区包括:潍坊新村街道、陆家嘴街道、周家渡街道、塘桥街道、上钢新村街道、南码头路街道、沪东新村街道、金杨新村街道、洋泾街道、浦兴路街道、东明路街道、花木街道。

3.14 郊区 suburbs (county)

<邮政>闵行区、宝山区、青浦区、嘉定区、松江区、金山区、奉贤区、崇明区、浦东新区非沿黄浦江地区。

3.15 农村地区 rural area; countryside

<邮政>郊区除郊区政府、郊区乡镇政府所在地以外的地区。

4 邮政设施设置要求

4.1 提供邮政普遍服务的邮政支局/所

4.1.1 网点设置

4.1.1.1 邮政支局/所的设置应符合以下条件:

——中心城区平均服务半径0.9km~1.3km或服务人口3万~5万;

——郊区政府所在地平均服务半径1.3km~1.8km或服务人口1.5万~3万;

——郊区乡镇政府所在地平均服务半径1.8km~3km或服务人口2万左右,各乡镇政府所在地至少设置一个邮政营业场所;

——农村地区平均服务半径3km~8km或服务人口1万~2万。

4.1.1.2 邮政支局/所的建筑面积应满足以下要求:

——邮政支局建筑面积不小于1500m^2;

——邮政所建筑面积不小于160m^2。

4.1.1.3 邮政支局/所宜设于交通便利、人口集中的商业区、居住社区,以及主要对外交通枢纽等处,并设置停车位,便于邮政服务。

4.1.2 网点设施

4.1.2.1 邮政支局/所内各功能区应布局合理、标识清晰,并保持服务环境整洁、明亮、安全。

4.1.2.2 邮政支局/所应设置标牌标识,并符合以下要求:

——场所外应设置和使用统一的单位铭牌、专属标识和营业时间牌;

——场所内营业台席上方应设置席位标识牌,柜台上应有“票款当面点清”、“暂停服务”等提示牌;

——指示标识应有中英文对照。

4.1.2.3 邮政支局/所应设置邮政综合台席等,并符合以下要求:

——邮政支局宜设置3个及以上邮政综合台席;

——邮政所宜设置2个及以上邮政综合台席;

——邮政支局/所邮政综合台席前应设置一米线并配置电子秤;

——各邮政支局/所可根据实际情况调整邮政综合台席数量。

4.1.2.4 邮政支局/所应设置以下便民设施:

——书写台、公共座椅、钟表、日历、垃圾筒等公众服务设施;

——书写台等适当位置应摆放供用户参考的业务单式规范填写样张、用邮指南等;

——邮政编码查询簿、书写笔、老花镜、意见簿等用品用具。

4.1.2.5 邮政支局/所应对下列内容进行公示公告:

——服务种类;

——资费标准;

——禁限寄物品规定;

——服务承诺；
——邮件和汇款的查询及损失赔偿办法；
——监督方式等。

4.1.2.6 邮政支局/所应设置低柜台、坡道等无障碍设施。

4.1.2.7 邮政支局/所应提供引导用邮服务，包括：
——设置清晰的引导指示牌；
——营业期间的现场咨询、维持营业厅服务秩序、处理用户各类服务问题等。

4.1.2.8 邮政企业应配备必要的安保人员及监控设施。

4.2 邮件处理场所

4.2.1 邮件处理场所应独立占地，确保邮件安全。

4.2.2 邮件处理场所的设置应便于邮政运输车辆通行和邮件装卸，保证邮件得到及时处理。

4.3 邮筒(箱)

4.3.1 邮筒(箱)应由邮政企业统一配置和维护，其他单位和个人不应擅自拆除或挪移邮筒(箱)。

4.3.2 邮筒(箱)设置应符合以下要求：
——中心城区平均服务半径为0.5km～1km；
——郊区政府所在地平均服务半径为1km～2km；
——郊区乡镇政府所在地平均服务半径为2km～2.5km；
——农村地区平均服务半径为5km，人口较少的农村地区，按国家邮政主管部门设置。

4.3.3 邮政支局/所门前应设置邮筒(箱)。

4.3.4 在较大的车站、机场、港口、宾馆、高等院校、写字楼和标志性旅游景点等人群集中的地方，根据当地实际情况增加邮筒(箱)的设置数量。

4.4 信报箱

4.4.1 信报箱设置位置应方便邮件投递。

4.4.2 信报箱的技术要求应符合GB/T 24295的要求。

4.4.3 信报箱的设计安装应符合GB 50631的要求。

4.5 智能包裹柜

4.5.1 邮政企业可根据业务需求在高等院校、写字楼、大型社区等场所设置智能包裹柜，由邮政企业统一配置及维护。

4.5.2 智能包裹柜应具备安全防护能力，在无人监管的情况下能保障用户包裹安全。

4.5.3 智能包裹柜应具备用户取件功能，宜具备支付、退件、查询等功能。

4.5.4 智能包裹柜宜根据包裹尺寸设置不同大小的置物箱。

4.5.5 智能包裹柜应在醒目位置告知用户取件的流程、取件注意事项及24h服务热线。

4.6 邮政便民服务站(亭)或自助邮政服务设施设置

现有邮政营业场所无法满足用户用邮需求且暂时无法增设的，邮政企业应当合理设置邮政便民服务站(亭)或者自助邮政服务设施。

5 人员要求

5.1 邮政企业从业人员应具备相应的法律知识、业务技能和职业道德。

5.2 邮政企业从业人员应按服务环节和业务需求进行配置，并持证上岗。

5.3 邮政企业从业人员应进行岗前培训和继续教育培训，包括职业道德、法律法规、服务礼仪、邮政投递业务知识、邮政投递技能训练等。

5.4 邮政营业员、投递员应统一着装，佩戴工号牌，对外服务中应做到主动热情、礼貌待人，规范使用服务用语。

6 服务时限

6.1 营业时间

6.1.1 提供邮政普遍服务的邮政支局/所的营业时间应满足以下要求：
——除农村地区外的邮政支局每周营业时间不应少于7天，每天营业时间不应少于8小时；

——除农村地区外的邮政所每周营业时间不应少于6天,每天营业时间不应少于8小时;

——农村地区的邮政支局/所每周营业时间不应少于5天,每天营业时间不应少于7小时。

6.1.2 设置在车站、码头、机场等客流量较大区域的提供邮政普遍服务的邮政营业场所,可根据实际情况延长营业时间,保证用户基本业务需求。

6.1.3 邮政便民服务站(亭)可根据实际需要设置营业时间。

6.1.4 提供邮政普遍服务的邮政营业场所在国家法定节假日和上海市人民政府规定的节假日调整营业时间的,应提前三日对外公布,并按照公布的时间对外营业。

6.2 邮件全程时限

6.2.1 信件全程时限

收寄地和送达地均在本市的信件(信函、明信片)应在1~3日内送达,信件全程时限要求如下:

——收寄地和送达地均在中心城区的信件应在次日送达,准时送达率不低于95%;

——其他信件应在2日内送达,准时送达率不低于96%。

6.2.2 包裹全程时限

收寄地和送达地均在本市的单件重量不超过10 kg的包裹(包括用户领取邮件通知单)正常情况下应在1~3日内送达,包裹全程时限要求如下:

——收寄地和送达地均在中心城区的包裹应在次日送达,准时送达率不低于96%;

——其他包裹应在2日内送达,准时送达率不低于96%。

6.2.3 印刷品全程时限

收寄地和送达地均在本市的单件重量不超过5 kg的印刷品正常情况下应在2日内送达,准时送达率不低于95%。

6.2.4 邮政汇兑时限

6.2.4.1 本市范围内的信息无误的邮政汇兑在收汇2日内应将取款通知单投递收款人。

6.2.4.2 邮政企业应凭取款通知单,在收款人收到取款通知单之日起60日内,为用户兑领汇款。

7 服务要求

7.1 收寄

7.1.1 基本要求

7.1.1.1 邮政企业应在营业场所明示用户关于禁止寄递或者限制寄递物品的规定,应严格按照规定收寄邮件。

7.1.1.2 邮政工作人员在收寄邮件时应清晰、规范地加盖收寄日戳等各类业务戳记。

7.1.2 窗口收寄

7.1.2.1 邮政企业应按照政府规定的邮政普遍服务业务资费进行收费。

7.1.2.2 邮政企业应向用户提供收据或发票等凭证,业务单据的填写应规范、清晰、完整。

7.1.2.3 邮政营业员应指导用户在交寄邮件时使用符合标准的信封和其他封装用品,用户若使用不符合标准的信封、明信片或无效邮资凭证,营业员应给予指导更正。

7.1.2.4 邮政营业员应提示用户交寄邮件时在邮件封面上指定的位置正确规范书写收件人、寄件人姓名、地址和邮政编码,并符合GB/T 22657.1的要求。

7.1.3 邮筒(箱)收寄

7.1.3.1 邮政企业应在邮筒(箱)上标明开取邮筒(箱)的次数和时间,并按时开取邮筒(箱)。

7.1.3.2 开启邮筒(箱)频次应满足以下要求:

a)邮政支局/所门前和支局/所内部邮筒(箱)每天2次;

b)其他邮筒(箱)每天1次。

7.2 验视

7.2.1 邮政营业员收寄邮件应执行收寄验视制度。

7.2.2 邮政营业员对用户交寄的信件,必要时可以要求用户开拆,进行验视。用户拒绝开拆的,邮政企业应不予收寄。

7.2.3 邮政营业员收寄印刷品和包裹应当场验视内件,合格后加盖验视戳记。用户拒绝验视的,邮政企业应不予收寄。

7.3 分拣

7.3.1 邮政企业应采取有效措施,保证邮件得到及时、准确分拣,不得积压邮件。

7.3.2 分拣场地应封闭管理,不应在露天堆放邮件。

7.3.3 分拣作业人员进行邮件分拣传送时,不应有随意拖曳、抛扔等破坏性动作。

7.4 运输

7.4.1 邮政企业应合理安排邮件运输作业计划,从业人员不应擅自改变邮件运输路线。

7.4.2 邮件装卸作业中应当轻装、轻卸,堆放整齐。不应野蛮装卸,造成邮件破损。

7.4.3 邮政企业不应利用带有邮政专用标志的车辆从事邮件运递以外的活动,不应以出租等方式允许其他单位或个人使用带有邮政专用标志的车辆。

7.5 投递

7.5.1 *基本要求*

7.5.1.1 投递员对接收的邮件应加盖当日投递日戳,并按规定路线、于当日有效频次完成投递任务。

7.5.1.2 单位收发室、物业管理等部门的邮件转投人员在接收邮政企业投交的邮件时,应当面核对、签收,并承担保护和及时、准确递送的责任;不应私拆、隐匿、毁弃邮件和撕揭邮票;对无法转交或者误收的邮件,应及时通知邮政企业收回。

7.5.1.3 由于信息有误而导致误投的邮件,邮政企业应在接收者主动告知后将此邮件取回,并按无法投递邮件进行处理。

7.5.1.4 使用信报箱的投递服务单位和个人应爱护信报箱。

7.5.2 *投递方式*

7.5.2.1 按址投递

7.5.2.1.1 以下邮件应按址进行投递:

——信件(保价信件除外);

——印刷品(无法投入到信报箱的除外);

——汇款通知、包裹领取等各类通知单。

7.5.2.1.2 满足以下条件的新建企业、事业、居民住宅,自登记之日起5个工作日内安排投递:

——具备寄递服务车辆和寄递服务人员的通行条件;

——有公安机关统一编制的门牌号码;

——已按规定设置接收邮件的信报箱或接收邮件的场所;

——按规定需要办理中外文名称登记并已办妥手续的;

——已由单位或者居民住宅的物业管理部门到当地邮政企业办理邮件投递登记手续的。

7.5.2.2 用户领取

对于以下情况,邮政企业可通知用户到指定地点领取邮件:

——包裹;

——邮政汇款;

——存局候领邮件;

——投递到用户租赁的邮政专用信箱的邮件;

——无法投入信报箱的邮件;

——单包不符、封皮或内件破损,重量短少或有拆动嫌疑,需要收件人会同拆验的邮件;

——有补收资费等其他原因需要收件人办理手续的邮件;

——其他无法按址投递的邮件。

7.5.2.3 挂号函件的投递

7.5.2.3.1 挂号函件的投递方式如下:

a)按址投递并由收件人签收;

b)无法联系到收件人的,出具给据邮件领取单,由用户领取。

7.5.2.3.2 凡符合通邮条件的住宅,装有合格信报箱的用户可与所在邮政支局/所签订协议,所有挂号函件一律投送至用户信报箱内,超过信报箱体积的函件除外。

7.5.2.4 与用户协商的其他方式

对有特殊需求的用户,邮政企业可与用户协商,采取多种方式投递邮件。

7.5.3 投递频次

7.5.3.1 中心城区、郊区政府所在地以及郊区乡镇政府所在地每天投递次数不少于2次。

7.5.3.2 农村地区每天投递次数不少于1次。

7.5.4 投递深度

7.5.4.1 邮政企业在进行按址投递时,有信报箱的应入箱投递。

7.5.4.2 地址是单位用户的应投交到单位设在地面层或单位门口的传达(收发)室,或指定的邮件接收处;多单位同在一幢楼或一个院内的,投交到地面层总入口处指定的统一传达(收发)室,或投交到单位分设在地面层的指定接收邮件处。

7.5.4.3 名址是个人用户且没有信报箱的,投交到传达(收发)室;没有设传达(收发)室和信报箱的,投到与用户协商的指定位置;封闭管理的住宅区,可投交物业管理部门,并与物业管理部门签订协议。平房用户,按门牌号投递。

7.5.4.4 名址为农村地区的邮件,按址妥投到户或投递到其他接收邮件的场所。

7.6 改寄和撤回

各类邮件交寄后,寄件人确有需要变更名址或撤回的,邮政企业应按规定提供邮件改寄和撤回服务。

7.7 无法投递邮件的处理

7.7.1 无法投递的邮件,邮政企业应将邮件返回原址或寄件人。

7.7.2 无法投递又无法退回的邮件,邮政企业应安排专门的场地进行分类保管,保管期限分别为:

a)平常信件自登记保管之日起不少于六个月;

b)平常印刷品自登记保管之日起不少于十日;

c)给据信件自登记保管之日起不少于六个月且自用户交寄之日起不少于一年;

d)其他给据邮件自用户交寄之日起不少于一年;

e)对于不宜长期保存或发生泄漏造成污染的无法投递又无法退回邮件,邮政企业在登记注明后可视实际情况处理。

7.7.3 无法投递又无法退回的邮件保管期满且无人认领的,按情况做如下处理,并登记处理情况:

a)信件一律销毁;

b)其他邮件应由两名以上工作人员共同开拆处理。

7.7.4 邮政管理局应对邮政企业保管、核实和处理无法投递又无法退回的邮件的情况进行日常监督检查。

7.8 逾期未兑领汇款的处理

收款人逾期未兑领的汇款,应由邮政企业退回汇款人。自兑领汇款期限届满之日起1年内无法退回收款人,或者汇款人自收到退汇通知之日起1年内未领取的汇款,由邮政企业上缴国库。

7.9 签收

邮政企业将给据邮件投交收件人时,应提醒收件人或代收人进行签名,确认邮件已收到。

7.10 查询

7.10.1 查询时限

邮政企业应向用户提供给据邮件查询服务,自交寄之日起一年内凭收据在交寄的邮政营业场所申请查询。

7.10.2 答复期限

邮政企业应自用户提出查询之日起5个工作日内答复用户。

7.11 赔偿

邮件赔偿应按YZ/T 0129—2009中第9章的规定执行。

7.12 信息安全

7.12.1 涉及用户信息的邮政普遍服务业务档案应按期、按类归档,妥善保管。保管期为2年。保管期满的档案应登列清单报主管部门予以监督销毁。

7.12.2 邮政企业从业人员及其他从事寄递服务的人员应保守用户通信秘密,不应泄露用户信息。

7.12.3 邮政营业、分拣、投递的内部处理工作现场应实行封闭管理,无关人员不应入内。

7.12.4 邮政企业应避免无关人员翻阅邮件、用户资料及档案。

7.12.5 邮政企业应建立信息系统的授权分级管理制度,防止相关信息非法获得和破坏。

8 服务监督、投诉处理与改进

8.1 服务监督

8.1.1 邮政管理局应建立监督制度,定期或不定期对邮政企业的服务质量进行监督。

8.1.2 邮政企业应建立内部监督制度,明确内部职责权限及违规责任,规范服务行为。

8.1.3 邮政企业应建立内部自我评价制度,定期开展自我评价。

8.2 投诉处理

8.2.1 邮政企业应提供多种投诉渠道,并确保投诉渠道畅通有效。

8.2.2 邮政企业应设立专门部门负责调查、处理和回复用户的投诉。

8.2.3 邮政企业应按 GB/T 17242 的要求受理用户投诉,应在接到用户投诉之日起 5 个工作日内将相关处理情况反馈给用户。

8.3 服务质量改进

8.3.1 邮政企业应根据内部自我评价、投诉处理、内部监督和邮政管理局上级监督结果,实施纠正或预防措施,持续改进服务质量。

8.3.2 邮政企业应注重服务人力、物力资源的合理配置,服务流程的优化、服务效能的提升。

10. 江　苏

江苏省邮政管理局、江苏省商务厅关于推进“快递下乡”工程促进农村电子商务发展的意见

(2016 年 6 月 27 日　苏邮管〔2016〕100 号)

各市邮政管理局、商务局,沭阳、泰兴、昆山市商务局:

推进“快递下乡”工程,促进快递服务与农村电子商务协同发展,是扩内需、调结构、发展农村经济的重要举措,是建设社会主义新农村的重要内容,是使传统农业经济向信息经济过渡的有效途径,是促进城乡经济流通,建立城乡经济社会发展一体化新格局的重要着力点。为贯彻落实《中共中央国务院关于落实发展新理念加快农业现代化实现全面小康目标的若干意见》(中发〔2016〕1 号)、《国务院关于促进快递业发展的若干意见》(国发〔2015〕61 号)、《商务部等 19 部门关于加快发展农村电子商务的意见》(商建发〔2015〕306 号)和《国家邮政局商务部关于推进“快递向西向下”服务拓展工程的指导意见》(国邮发〔2015〕107 号),进一步推进我省“快递下乡”工程,加快快递服务在农村地区与电子商务的协同发展,现提出以下意见:

一、指导思想与基本原则

(一)指导思想

深入贯彻党的十八大、十八届二中、三中、四中、五中全会精神,以服务“三农”为宗旨,坚持部门协同和资源整合,充分发挥市场在资源配置中的决定性作用,加快构建覆盖县、乡、村三级农村快递服务网络体系,全面提升快递服务对电子商务的支撑能力和水平,充分发挥电子商务与快递服务的协同作用,推动快递普惠民生和转型升级,促进农村流通现代化,释放江苏农村市场潜能,进一步推动江苏经济迈上新台阶。

(二)基本原则

1. 自身建设与政府扶持相结合。立足电商与快递企业自身实际,加快信息网络、仓储、网点等基础设施建设,实现资源共享,切实提升农村地区电商、快递服务能力。积极发挥政府在规划、政策、标准等方面的引导作用,为农村快递服务与电商协同发展营造良好的发展环境。

2. 促进发展与加强规范相结合。加大对快递服务、农村电子商务协同发展的政策支持力度,因地制宜拓展服务范围,创新服务方式,改善服务水平。强化规范市场秩序,切实保障快递服务质量,维护消费者权益,确保寄递渠道安全。

3. 示范引领与全面推广相结合。培育一批快递服务与农村电子商务协同发展的示范典型,建设一批县级电商快递产业示范园。以点带面,全面推进"快递下乡"工程,努力促进农村电子商务发展。

二、发展目标

农村地区快递服务网络进一步完善,覆盖城乡、配套衔接、布局合理、便民惠民的快递骨干网和末端投递网基本形成。快递与农村电子商务的协同效应明显增强,服务三农的作用得到显著发挥。到2020年,全省每个地市至少建设1个电商快递产业园县级示范点,基本实现"县县有分拨,乡乡有网点,村村通快递"。

三、主要任务

(一)建设县级电商快递产业园区。在农村电子商务示范县创建中优先考虑县级电商快递园区建设。在电子商务发展较快的县(市)建设具备仓配一体化、冷链配送等功能的电商快递产业园县级示范点,并逐步在全省各县(市)均推动建设具有地方特色的电商快递产业园区。支持在电子商务产业园中引入快递企业并与电商企业享有同等优惠政策,鼓励电子商务产业园配套建设快递服务功能区。鼓励示范县开展政策先行先试,出台土地出让、税费减免、业务发展优惠措施,在营造发展环境、加强规制建设、完善服务体系等方面发挥示范引领作用。

(二)健全农村快递服务网络。鼓励快递企业加强农村地区自营网点建设,在乡镇、行政村建设快递投送点。支持邮政、快递和专业第三方企业整合利用乡镇邮政局所、邮政便民服务站、村邮站、农村快递网点、农家店、农村综合服务社、农产品购销代办站、农村乡镇客运站场、农村电商服务点、村级信息服务站等建设快递综合服务站点。

(三)完善农村快递运输方式。在有条件的地区,加快推广定时、定点、定线的农村物流快递"货运班线"模式,开展县至乡镇、沿途行政村的双向快递运输配送服务,提高农村快递运输的时效性和便捷性。鼓励县乡客运班车、镇村公交代运邮件和快件,健全小件快运服务体系,降低快递运输成本。引导运输企业与农村商贸流通企业、供销合作社、邮政快递企业共同制定运输、配送计划,积极发展以城带乡、城乡一体的农村物流快递共同配送模式。支持有实力的邮政、快递企业参与农村共同配送体系建设,提供县到乡、乡到村的快件代运、代投服务。

(四)发展农特产品快递服务。鼓励快递企业积极服务农特产品进城和农业订单生产,探索与涉农电子商务企业等农特产品网络销售渠道的有效对接,协同提供农特产品从农村到城市、从经济欠发达地区到经济发达地区的快递服务。推动快递企业深化与各类农业合作社、农业现代化企业、农副产品深加工企业和涉农电子商务企业的合作。鼓励寄递企业在自有电商平台开设农业电商专区,推动"三品一标"、"名特优新"、"一村一品"农产品上网销售,与社区对接开展生鲜产品"基地+社区直供"电子商务业务。引导快递企业对特色农产品提供包装、仓储、运输的标准化、定制化服务,发展农产品冷链物流,提供适应农业生产季节性特点的快递服务。

(五)提升农村地区快递服务水平。引导快递企业完善农村地区网点建设标准和服务标准,加强服务监督。推广适合农村运输的车辆以及托盘、集装篮、笼车等标准化运载单元和专业化装卸设备,提升作业效率、减少快件损毁。鼓励有条件的快递企业在乡镇、农村网点配置PDA手持终端,纳入信息化系统统一管理,确保快件跟踪信息完整。以合作、委托代理等形式与电子商务配送站点、商贸流通网点等合作开展快递服务的,要与合作方签订合作或委托协议,明确合作方的基本条件和服务要求,确保快递服务质量和寄递渠道安全。

四、保障措施

(一)加强协调联动。各市邮政管理局、商务局要建立工作联系机制,在落实好双方现有协同发展政策的基础上,因地制宜推进本地区快递服务及与农村电子商务的进一步联动发展。对于工作推进中遇到的突出问题,要加强交流协作,研究出台相关政策,及时推动解决。

(二)加强政策扶持。将"快递服务与电子商务协同发展"纳入我省电子商务发展政策支持范围。将邮政快递企业、快递产业园列入省级电子商务示范企业、示范基地培育创建计划,由省邮政管理局向省商务厅推荐优秀快递下乡企业和产业园区,省商务厅可根据实际情况优先确认和命名为省级电子商务示范企业、示范基地。省商务厅和省邮政管理局将根据国务院有关文件精神,另行制定支持农村公益性和基础性快递基础设施建设的相关政策意见。各市邮政管理局、商务局要进一步加强与地方相关部门的工作对接，在行业规划、财政扶持、税收优惠、用地支持、保障通行、末端投递等方面对“电子商务进农村”、“快递下乡”给予政策支持，积极推动对农村快递服务网点建设、派送车辆配置以及通过快递外销本土产品等方面给予资金补贴，不断激发快递企业服务地方发展、助力农村电商的动力，推动本地区新业态释放更大活力。

（三）加强示范引领。结合“电子商务进农村”综合示范，加强培育“电商村”、电商专业户、农商合作社，推进快递服务农村电子商务的典型示范。加快农特产品和电商、仓储、配送、冷链物流等产业链配套建设。选择具有代表性的区县，积极推进电商快递产业园等重点项目建设，加强政策和资金支持，及时总结和宣传经验，逐步在行业、区域或全省推广。

（四）加强督导考评。对各地快递服务与农村电子商务协同发展工作推进、政策配套及落实情况进行督查和考评，推动省各有关部门发挥统筹协调、政策制定的作用，为促进产业发展打通关键支撑环节，营造良好发展环境。推动各级政府着眼长远，创新思维，建立相应的工作体系，制定切实可行的支持政策，加大工作推进力度。对各地电子商务交易、快递业务发展，量化考评标准，促进全省电商快递协调发展。

（五）加强市场监管。各市邮政管理局要加强农村地区快递服务网点和服务质量的监管，完善邮政业消费者申诉处理工作，加大执法检查工作力度，切实维护农村地区用户的合法权益。要加强安全监管，落实属地管理，健全安全风险防控机制，督促快递企业切实履行安全主体责任，保障寄递渠道安全、畅通。

（六）加强协会引导。各地快递协会、电子商务行业协会、要切实发挥桥梁纽带作用，引导快递企业和农村电子商务企业加强合作，促进信息交流和项目对接；加强与地方农业行业协会、交通运输行业协会等社会团体的沟通协作，推动产业协同发展。

江苏省快递服务警示制度（试行）

（2016年6月28日江苏省邮政管理局印发　苏邮管〔2016〕101号）

第一章　总　　则

第一条　为加强江苏省快递服务质量监管，规范企业经营行为，完善快递服务提升机制，保障用户合法权益，根据《中华人民共和国邮政法》、《快递市场管理办法》等法律法规和规章标准制定本制度。

第二条　本制度适用于江苏省各级邮政管理部门对快递服务实施监督并进行警示，警示对象为在江苏省经营快递业务的企业及其所经营品牌的企业总部。

第二章　分析评估

第三条　邮政管理部门每年从寄递时限、服务满意度、消费者申诉率、违法违规情况、安全生产情况等方面对快递企业的服务水平进行分析评估。

第四条　寄递时限指快递企业从收寄快件至妥投快件的全过程作业时间，由收寄、处理、运输、投递等各生产环节的作业时间组成，通过随机抽取企业网站快件查询信息、实寄测试等方式采集。

第五条　服务满意度指用户对快递企业所提供快件寄递服务的满意程度，通过第三方调查、发放调查函、电话调查等方式采集。

第六条　消费者申诉率指用户对快递企业的有效申诉占企业业务量的比例，通过邮政行业消费者申诉处理信息系统采集。

第七条　违法违规情况主要包括快递企业因违法违规行为受到邮政管理部门责令改正和行政处罚的情况，通过日常执法活动、行政执法信息系统采集。

第八条　安全生产情况主要包括快递企业建设与落实安全生产制度、安全生产机构设置、设施配备、教育培训、安全应急处置工作以及生产安全事故、邮政业突发事件发生情况等，通过日常检查、媒体报道、群众举报等采集。

第三章　分级警示

第九条　邮政管理部门每年公布本地区快递企业服务水平分析评估结果，并对服务水平靠后的快递企业进行警示。服务警示分为红色、橙色、黄色三级。

第十条　服务警示按照“分级管理”原则实施。省邮政管理局对主要品牌快递企业总部实施警示，市邮政管理局对本地区快递企业实施警示。

第十一条　对主要品牌快递企业总部的服务警示按照以下标准实施：

对年度内存在以下情况之一的品牌快递企业总部进行黄色警示：省内快件寄递时限达标率低于95%；在我省的服务满意度在主要品牌中列倒数3—4位；在我省的消费者申诉率在主要品牌中列3—4位且百万件快递有效申诉30件以上；快递企业总部及省内经营该品牌的快递企业被我省邮政管理部门实施行政处罚数量在主要品牌中列3—4位；省内经营该品牌的快递企业发生因企业原因引发的Ⅳ级邮政业突发事件；发生邮政管理部门认为需要进行黄色警示的其他事项。

对年度内存在以下情况之一的品牌快递企业总部进行橙色警示：省内快件寄递时限达标率低于90%；在我省的服务满意度在主要品牌中列倒数第2位；在我省的消费者申诉率在主要品牌中列第2位且百万件快递有效申诉30件以上；快递企业总部及省内经营该品牌的快递企业，被我省邮政管理部门实施行政处罚数量在主要品牌中列第2位；省内经营该品牌的快递企业发生因企业原因引发的Ⅲ级邮政业突发事件；其他邮政管理部门认为需要进行橙色警示的事项。

对年度内存在以下情况之一的品牌快递企业总部进行红色警示：省内快件寄递时限达标率低于85%；在我省的服务满意度列主要品牌中最低；在我省的消费者申诉率在主要品牌中最高且百万件快递有效申诉30件以上；快递企业总部及省内经营该品牌的快递企业，被我省邮政管理部门实施行政处罚数量在主要品牌中最多；省内经营该品牌的快递企业，发生因企业原因引发的Ⅱ级以上邮政业突发事件；发生邮政管理部门认为需要进行红色警示的其他事项。

第十二条　对省内快递企业服务警示的实施标准由各市邮政管理局根据本地区实际研究制定。

第四章　管理措施

第十三条　邮政管理部门每年在行业内对快递服务警示情况进行通报，并通过政府网站向社会公示。

第十四条　邮政管理部门对所有被警示快递企业（总部）下达责令改正通知书限期整改，对受到橙色、红色警示的快递企业（总部）实施行政约谈，对受到红色警示的快递企业（总部）实施重点监管。

第十五条　受到黄色警示的快递企业一年内不得推荐为快递行业放心消费先进、示范企业，受到橙色、红色警示的快递企业二年内不得推荐为快递行业放心消费先进、示范企业。

第十六条　受到橙色以上警示的快递企业一年内不得申请办理快递专用机动车辆统一标识，一年内不得享受许可备案绿色通道企业资格。

第十七条　邮政管理部门将快递企业的服务警示情况纳入快递企业信用信息进行管理。

第五章　附　则

第十八条　本制度由省邮政管理局市场监管处负责解释，自发布之日起执行。

江苏省邮政管理局、江苏省农业委员会关于推进快递服务“三农”工作的意见

（2016年7月26日　苏邮管〔2016〕117号）

各市邮政管理局、农业委员会，沭阳县、泰兴市、昆山市农业委员会：

快递业是现代服务业的重要组成部分，是推动流通方式转型、促进消费升级的现代化先导性产业。加快农村地区快递业发展，推进快递服务“三农”工作，是扩内需、调结构、加快农业现代化建设的重要

举措，是建设社会主义新农村的重要内容，是促进农民增收的重要途径，是建立城乡经济社会发展一体化新格局的重要着力点。为贯彻落实《中共中央国务院关于落实发展新理念加快农业现代化实现全面小康目标的若干意见》（中发〔2016〕1号）、《国务院关于促进快递业发展的若干意见》（国发〔2015〕61号）和《交通运输部、农业部、供销合作总社、国家邮政局关于协同推进农村物流健康发展加快服务农业现代化的若干意见》（交运发〔2015〕25号）、《商务部、农业部、国家邮政局等19部门关于加快发展农村电子商务的意见》（商建发〔2015〕306号），进一步推进我省快递服务"三农"工作，提出以下意见：

一、指导思想与基本原则

（一）指导思想

深入贯彻党的十八大和十八届三中、四中、五中全会精神，认真落实党中央国务院、省委省政府决策部署，坚持部门协同和资源整合，充分发挥市场在资源配置中的决定性作用，加快构建县、乡、村三级农村快递服务网络体系，全面提升快递服务"三农"的能力和水平，推动快递服务业与现代农业协同发展，促进农村流通现代化，为农村地区"大众创业，万众创新"创造条件，进一步推动江苏经济迈上新台阶。

（二）基本原则

——政府引导，市场主导。充分发挥企业市场主体作用，积极拓展农村快递市场，探索快递业与现代农业协同发展新模式。积极发挥政府在规划、政策、标准等方面的引导作用，为快递服务"三农"工作营造良好的外部环境。

——资源整合，优势互补。探索建立邮政管理部门与农业部门的协调机制，依托快递业、农业各自基础条件和优势，加强资源整合和业务合作，形成"政策联动、设施共享、信息互通、合作发展"的新局面。

——试点先行，有序推进。培育一批快递业与现代农业协同发展的示范典型，建设一批具备快递服务功能的益农信息社。选择部分地区先行先试，强化试点示范，探索积累相关经验，完善政策体系与制度规范，以点带面逐步扩大推进范围。

二、工作目标

经过几年的努力，农村地区快递服务网络进一步完善，覆盖城乡、配套衔接、布局合理、便民惠民的快递骨干网和末端投递网基本形成。快递业与现代农业的协同发展效应良好，服务"三农"取得显著成效。到2020年，全省建设1000个以上具备快递服务功能的益农信息社，形成10个以上"快递+"特色农产品样板项目，行政村（农村社区）快递网点覆盖率达50%以上、快递服务通达率达100%。

三、主要任务

（一）推进农村快递基础设施建设。将快递基础设施纳入乡村建设规划，鼓励快递企业加快农村地区自营网点建设，提高网点的覆盖率和稳定性。引导有条件、有能力的快递企业在特色经济乡镇、交通枢纽乡镇等地区建设较高标准的服务网络。强化快件处理中心、服务网点与重点农产品、农资、农村消费品集散中心的有效对接，鼓励在农村地区建设具备冷链仓储与配送功能的快件处理中心。

（二）推进快递服务点与益农信息社共建。鼓励益农信息社（村级信息服务站）提供包裹代投服务，支持快递企业、专业第三方企业在益农信息社内建立快递服务中心、合作网点、代办服务点。支持以已建益农信息社为载体新建村邮站，以已建村邮站为载体新建益农信息社。积极推进在未建村邮站、益农信息社的行政村（农村社区）开展共建活动，共同选址、共同设计、共同建设、共同验收，并引入快递服务功能。要加强"益农信息社"与村邮站合作，推进"站、社合一"的村级便民服务综合平台示范点建设，"十三五"期间力争每年建成示范点200个以上。

（三）推进"特色农产品进城"。鼓励邮政、快递企业积极服务农特产品进城和农业订单生产，探索与涉农电子商务企业等农特产品网络销售渠道的有效对接，协同提供农特产品从农村到城市、从经济欠发达地区到经济发达地区的快递服务。推动邮政、快递企业深化与各类家庭农场、农民合作社、农业生产型企业、农副产品深加工企业和涉农电子商务企业的合作，支持快递服务进入现代农业产业园区、农产品加工集中区和县域农产品电子商务服务中心。引导邮政、快递企业对特色农产品提供包装、仓储、运输的标准化、定制化服务，发展农产品冷链物流，提供适应农业生产季节性特点的快递服务。鼓励邮政、快递企业利用自有电商平台大力发展农业电商，优先推动我省"三品一标"、"名特优新"、"一村一品"、"苏菜"等品牌农产品上网销售，与社区对接开展生鲜产品"基地+社区直供"电子商务业务。每个市要至少培育1个本地区"快递+"特色农产品样板项目并积极推动形成销售规模。对邮政、快递企业所经销农产品市场良好，未发生重大质量安全事故，且农产品年销售额在当地排名靠前的，可优先申报农业产业化引导资金项目。

（四）推进“优势农产品出口”。引导邮政、快递企业充分利用移动互联、物联网、大数据、云计算等信息技术，优化服务网络布局，建立农产品出口服务平台；利用自身网络优势，建立出口农产品冷链物流，推动优势农产品出口。鼓励邮政、快递企业利用自有电商平台大力发展农产品跨境电子商务，探索建立境外营销窗口或“海外仓”，开展农产品境外营销推介、品牌宣传和营销对接活动。鼓励邮政、快递企业参与省农委组织的农产品境外促销活动。

（五）推进“日用工业品下乡”。支持邮政、快递企业、益农信息社运营企业加强与电子商务平台的合作，将农村快递服务点、益农信息社、村邮站等设为电商包裹自取点，配套提供农村地区包裹配送服务。鼓励邮政、快递企业参与农村共同配送体系建设，积极推动利用镇村公交代运快件。鼓励在具备条件的村邮站、农村快递服务点、益农信息社提供电子商务代购服务，为农村群众网购日用工业品提供便利。

（六）推进放心农资入户。组织相关企业、合作社与邮政、快递企业合作，依托电商平台和村邮站、农村快递服务点、益农信息社等，开展化肥、种子、农药等生产资料电子商务，推动放心农资下乡、进村、入户，为农民提供优质、实惠、可追溯的农业生产资料。

四、保障措施

（一）建立工作机制。省邮政管理局市场监管处、省互联网农业发展中心为推进我省快递服务“三农”工作的联系部门，负责各项工作任务、合作项目的协调实施。各市也要建立工作联系机制，在落实好双方现有协同发展政策的基础上，因地制宜推进本地区快递服务与现代农业的进一步联动发展。对于工作推进中遇到的突出问题，要加强交流协作，研究出台相关政策，及时推动解决。

（二）加强政策扶持。加强政策创新，积极将快递服务相关涉农内容纳入支农政策范围，对符合支农政策的项目予以优先支持。省邮政管理局和省农业委员会将根据国家和省有关文件精神，另行制定快递与现代农业协同发展的专项支持政策。各市邮政管理局、农业委员会要进一步加强与地方相关部门的工作对接，在行业规划、财政扶持、税收优惠、用地支持、保障通行、末端投递等方面对“信息进村入户”、“快递下乡”给予政策支持，力争实现对农村快递服务网点建设、派送车辆配置以及通过快递外销本土农产品等给予资金补贴，不断激发邮政、快递企业服务地方发展、助推现代农业的动力，推动本地区新业态释放更大活力。

（三）强化示范引领。各市邮政管理局、农业委员会要结合“信息进村入户”试点和“电子商务进农村”综合示范，研究制定本地区推进快递服务“三农”工作方案。要推进快递服务“三农”的典型示范，选择具有代表性的县（市、区），积极实施快递服务点与益农信息社共建、特色农产品电商配送等重点项目，及时总结和宣传经验。省邮政管理局、农业委员会将对各地快递服务“三农”工作的推进、政策配套及落实情况进行督导，推动各级政府着眼长远，创新思维，建立相应的工作体系，加大工作推进力度，为促进产业发展营造良好环境。

（四）完善市场监管。各市邮政管理局要加强农村地区快递服务网点和服务质量的监管，完善邮政业消费者申诉处理工作，加大执法检查工作力度，切实维护农村地区用户的合法权益。要加强安全监管，落实属地管理，健全安全风险防控机制，督促快递企业切实履行安全主体责任，保障寄递渠道安全、畅通。

江苏省邮政管理局、江苏省住房和城乡建设厅关于加快推进住宅区等邮政服务用房规划建设实施的指导意见

（2016年11月7日）

各市建设局、规划局、住房保障和房产管理局、邮政管理局：

为贯彻落实《邮政普遍服务监督管理办法》及江苏省政府办公厅《关于促进快递服务业健康发展的实施意见》，解决邮政服务末端难题，保障广大人民群众能够享受迅速、准确、安全、方便的寄递服务，更好地发挥邮政业对稳增长、促改革、调结构、惠民生的重要作用，特提出如下意见：

一、充分认识住宅小区等设场所置邮政服务用房的重要性

邮政业是现代服务业的重要组成部分，是推动生产方式转型，促进消费升级的现代化先导产业。近年来，我省邮政业，尤其是快递服务的发展迅速，连续三年快递业务增幅超过50%，2015年达到22.9亿件，同比增长54%，平均每天发件627万件，平均每天投递超过600万件，在降低物流成本，支撑电子商务，服务生产、生活，促进社会经济发展等方面发挥了积极的作用。然而，出于安全考虑，许多小区、校区不允许邮政、快递投递员进入，导致投递员在小区、学校门口“摆地摊”，影响了交通和市容；投递员工作时间用户不在家，物业拒绝代收导致了重复投递；上楼投件时邮快件无人看管导致的丢件、损毁等问题都极大地影响了群众的用邮体验。用户的投诉、申诉量不断增加，末端投递问题已经成为寄递业发展的一道亟待破解的难题。因此，积极引导小区安排邮政服务用房，用于设置快递服务中心、智能包裹柜、快递箱等人工、智能终端的建设意义重大。

二、邮政服务场所的规划设置标准

1. 新建住宅小区，建设单位应严格按照《城市居住区规划设计规范》公共服务设施配建控制指标的相关要求，设置与其规模相适应的邮政服务场所。老旧小区更新改造时，要尽可能按照业主需求将邮政服务场所纳入更新改造内容。

2. 建筑面积5万平方米以上的住宅小区，尽可能提供不低于25平方米的邮政服务场所，在校学生数量超过1万人的高等院校，应在校区内提供面积适合的邮政服务场所，以保障用户的用邮便利和邮件、快件的安全。

3. 邮政服务场所设置在主入口或者楼房地面层，具有便捷使用通道，方便邮件、快件的收投。邮政服务场所建设应当符合国家有关工程质量和安全的要求。邮政服务场所须用于建设开放性的寄递服务中心或者设置快件箱、包裹柜、智能信包箱等寄递服务终端。

三、相关要求

各市规划、建设、房产、邮政等行政主管部门要各负其责，加强沟通；邮政管理部门应该引导邮政、快递及相关企业，合理使用邮政服务场所并加强对使用情况的监督管理。各地可借鉴无锡市建设、规划、房产等部门联合印发的《关于新建住宅小区设置快递服务场所的通知》（详见附件）的有关做法，共同推进邮政服务用房的协调和落实工作，让广大人民群众能够真正享受安全、方便、智能的邮政服务。

连云港市人民政府办公室关于促进快递业健康发展的实施意见

（2016年3月28日）

各县、区人民政府，市各委办局，市各直属单位：

快递业是现代服务业的重要组成部分，是推动流通方式转型、促进消费升级的现代化先导性产业，在降低流通成本、支撑电子商务、服务生产生活、扩大就业渠道等方面发挥了积极作用。但与此同时，快递业发展方式粗放、基础设施滞后、安全隐患较多等问题仍较为突出。为贯彻落实《国务院关于促进快递业发展的若干意见》（国发〔2015〕61号）以及《省政府办公厅关于促进快递业健康发展的实施意见》（苏政办发〔2014〕85号）文件精神，进一步加快我市快递业发展，规范快递市场秩序，更好地发挥快递业对稳增长、促改革、调结构、惠民生的重要作用，现就促进我市快递业健康发展提出如下实施意见。

一、总体要求

（一）指导思想。以解决制约快递业发展的突出问题为导向，以“互联网+”快递为发展方向，培育壮大市场主体，融入并衔接综合交通体系，扩展服务网络惠及范围，保障寄递渠道安全，促进行业转型升级和提质增效，着力推进我市快递行业健康快速发展，不断满足人民群众日益增长的寄递需求。

（二）基本原则。

市场主导。遵循市场发展规律，用市场化手段引导快递企业整合提升，鼓励企业持续提高服务能力和服务质量。

安全为基。进一步强化安全生产红线意识，加强寄递安全制度体系建设，落实企业主体责任，夯实

快递业安全基础。依靠科技手段创新管理方式、提升监管能力,保障寄递渠道安全。

创新驱动。支持快递企业加快推广应用现代信息技术,不断创新商业模式、服务形式和管理方式。

协同发展。推动快递业加快融入生产、流通和消费环节,充分发挥服务电子商务的主渠道作用,联通线上线下,实现与先进制造业、现代农业、信息技术等产业协同发展。

(三)发展目标。到2020年,努力使快递业对全市经济增长的贡献度明显提高,基本实现快递服务现代化。

产业规模稳步提升。快递市场规模逐步扩大,全市快递年业务量突破9000万件,快递年业务收入突破10亿元。

基础设施明显改善。建成1—2个快递产业园区,带动企业集聚、产业集群发展;快递服务中心、智能快件箱布点科学、规范,为快递终端投递和揽收提供服务和便利;实现乡乡有网点、村村通快递,进一步提高服务深度。

服务水平大幅提高。寄递服务产品体系更加丰富,寄递时效进一步缩短,国内重点城市实现48小时送达。

二、主要任务

(四)培育壮大快递企业。鼓励各类资本依法进入快递领域,整合中小企业,优化资源配置,实现强强联合、优势互补。大力提升快递服务质量,建立健全行业安全和服务标准体系,加强服务质量监测,降低快件延误率、损毁率、丢失率和投诉率,引导快递企业从价格竞争向服务竞争转变。支持快递企业加大技术创新、管理创新力度,鼓励快递企业走集约化、规模化发展之路,促进快递企业转型升级。

(五)推进"互联网+"快递。鼓励快递企业充分利用移动互联、物联网、大数据、云计算等信息技术,优化服务网络布局,提升运营管理效率,拓展协同发展空间,推动服务模式变革。引导快递企业与电子商务企业深度合作,促进线上线下互动创新,共同发展体验经济、社区经济、逆向物流等便民利商新业态。积极参与涉农电子商务平台建设,构建农产品快递网络,服务产地直销、订单生产等农业生产新模式。发挥供应链管理优势,积极融入智能制造、个性化定制等制造业新领域。

(六)构建完善服务网络。实施快递"向下"工程,建设快递物流园区和快递末端服务平台,完善农村地区服务网络。支持快递企业加强与农业、供销、商贸企业的合作,打造"工业品下乡"和"农产品进城"双向流通渠道,下沉带动农村消费。鼓励传统邮政业进一步加快转型发展,支持邮政企业和快递企业创新合作模式,充分利用现有邮政网点优势,提高邮政基础设施利用效率。推动快件代收代投服务点、快递综合服务超市、智能快件箱等终端设施建设,满足投递服务多样化的需求。

(七)衔接综合交通体系。加强与铁路、公路等运输企业合作,制定并实施快递设施通用标准,强化运输保障能力。稳妥推进公路客运班车代运快件试点和快件甩挂运输方式。在交通运输领域,完善快件处理设施和绿色通道,辐射带动电子商务等相关产业集聚。

(八)加强行业安全监管。实施寄递渠道安全监管"绿盾"工程,全面推进快递企业安全生产标准化建设,落实邮政业安全生产设备配置规范等强制性标准,明确收寄、分拣、运输、投递等环节的安全要求。落实快递企业和寄件人安全责任,完善从业人员安全教育培训制度,筑牢寄递渠道安全基础。强化安全检查措施,严格执行收寄验视制度,从源头防范禁寄物品流入寄递渠道。积极利用信息技术提升安全监管能力,健全信息采集标准和共享机制,实现快件信息溯源追查,依法严格保护个人信息安全。落实寄递渠道安全管理工作机制,加强跨部门、跨区域协作配合,提升安全监管与应急处置能力。

三、保障措施

(九)加强组织协调。建立由分管市长任组长,发改、经信、公安、财政、人社、国土、规划、交通、国家安全、工商、商务、房管、建设、教育、物价、邮政管理等部门为成员的促进快递业健康发展领导小组。建立工作协调机制,明确职责分工,形成整体合力,及时协调解决快递业发展中存在的问题。

(十)做好规划衔接。将快递业发展纳入"十三五"期间国民经济发展规划、土地利用总体规划和城市总体规划,将快递园区作为城市重要的公共基础设施纳入城乡规划。做好快递相关规划与《连云港市国民经济和社会发展十三五规划》、《连云港市物流业发展十三五规划》的衔接,按照企业集中布局、产业集群发展、资源集约利用、功能集合构建的原则,规划建设1至2个具备集中仓储、分拣处理、快速集散、统一配送、商品展示等服务功能的现代化快递园区。(责任单位:市发改委、经信委、商务局、规划局、国土局、城乡建设局、交通运输局、邮政管理局,各县、区人民政府)

(十一)保障土地供应。土地利用总体规划和年度用地计划中应统筹安排快递专业类物流园区、快件集散中心等设施用地。快递园区建设项目应符合土地利用总体规划,供地方式可参照工业项目用地。鼓励利用在实施城乡规划和旧城改造中收购储备的存量土地发展快递业。以划拨方式取得土地的企业或单位利用原有工业厂房、仓储用房兴办快递业的，土地用途和土地使用权人可暂不变更。（责任单位：市规划局、国土局、城乡建设局、邮政管理局，各县、区人民政府）

（十二）积极予以政策支持。鼓励和支持符合条件的重点快递企业、建设项目和产业园区申请现代服务业发展引导资金，对重要的快递基础设施建设项目，提供补助、贴息扶持，经批准可给予城市基础设施配套费减免优惠。落实国家鼓励类服务业价格政策，快递企业用电、用气、用热价格按照不高于一般工业标准执行。（责任单位：市发改委、经信委、财政局、物价局、邮政管理局，各县、区人民政府）

（十三）落实快递车辆通行政策。按照依法、高效、环保的原则，在统一规范快递车辆的基础上，根据省公安厅、交通运输厅、工商局及邮政管理局等部门下发的《关于加强快递企业运输车辆管理的通知》等相关政策，对快递车辆运输快件在市区通行、停靠、作业，以及事故处理上给予相应的便利，杜绝乱收费、乱罚款及额外附加义务。（责任单位：市公安局、交通运输局、邮政管理局，各县、区人民政府）

（十四）规范管理快递终端投递工具。根据中华人民共和国公共安全行业标准《机动车类型术语和定义》(GA 802—2014)、《机动车运行安全技术条件》(GB 7258—2012)，结合《快递专用电动三轮车技术要求》，大力推广新能源电动专用车，公安、交通运输、邮政管理等部门研究制定快递专用车管理办法，有效满足快递行业使用需求。（责任单位：市公安局、交通运输局、邮政管理局，各县、区人民政府）

（十五）大力推进快递服务中心建设。引导快递企业与城市社区、小区物业等合作，共建快递服务中心，为快递终端投递和揽收提供服务和便利，提升快递终端服务的质量，节省终端服务成本，不断提升快递服务水平。新建建筑面积5万平方米以上的住宅小区，应规划建设一定的快件用房，产权属全体业主所有，供快递企业免费使用，以保护快件的安全。（责任单位：市规划局、建设局、房管局、商务局、民政局、邮政管理局，各县、区人民政府）

（十六）大力推广智能快件箱。将智能快件箱等作为城市共同配送体系的一部分纳入规划，统一建设，每年投入一定资金，重点在政府机关、高校、商务区、住宅小区设置智能快件箱；利用多种形式鼓励、吸引快递企业或第三方投资设置智能快件箱，建立统一的投递服务平台，共同解决好快递终端投递的难题，满足群众用邮需求。（责任单位：市邮政管理局、房管局，各县、区人民政府）

（十七）大力推进高等院校与快递企业合作。鼓励高等院校、职业学院与快递企业开展合作，在校区内提供面积适合的快件用房，通过开办校园快递、快递超市等形式，为师生提供高质量的快递服务，保障快件安全。（责任单位：市教育局、邮政管理局，各驻连高校，各县、区人民政府）

（十八）完善邮政行业培训基础设施。加强快递人才培养和职业培训，引导高等院校和中等职业学校加强与快递业发展相适应的学科专业建设，加快培养快递业紧缺人才。支持有条件的快递企业与高校、科研院所联合建立实训基地，支持各类教育培训机构开展服务业技能型人才再培训、再教育。各级政府对邮政管理部门开展的相关人才培训和职业技能鉴定给予资金支持。（责任单位：市教育局、人社局、邮政管理局，驻连高校，各县、区人民政府）

（十九）将快递业列为重点扶持发展行业给予政策支持。2010年，快递业被列入《江苏省现代服务业产业指导目录》，2011年，国家《产业调整指导目录》将快递业列为鼓励类产业。各级政府要高度重视快递业的发展，将快递业列为重点扶持发展行业，给予政策支持。要结合各自经济特点，推动相关产业与快递业协同发展，共同服务地方经济。（责任单位：市发改委、邮政管理局，各县、区人民政府）

（二十）在工商登记管理方面给予快递企业便利。较大规模的快递企业设立分公司、营业部等分支机构，办理工商营业执照，可依省邮政管理部门的快递业务经营许可分支机构名录，向工商行政管理部门申请集中统一办理。积极探索对快递企业实行"一照多址"模式。（责任单位：市工商局）

（二十一）加强安全监管力量。设立市邮政业安全中心，综合协调公安、国家安全、安监等部门开展专业邮政安全监管工作，提高监管专业性和安全监管效能。建立县区邮政管理机构，具体形式由市邮政管理部门与县区人民政府协商确定。各县区人民政府要在政策、资金等方面给予支持。（责任单位：市邮政管理局，各县、区人民政府）

四、组织实施

各县（区）、各有关部门要根据本意见要求，进一步深化对发展快递业重要意义的认识，尽快制订促进快递业健康发展的扶持方案，落实保障措施，履行职责分工，切实加强组织领导和协调配合，推动全市快递业快速健康发展。

镇江市邮政管理局、镇江市商务局关于推进“快递下乡”工程 促进农村电子商务发展的意见

(2016 年 8 月 10 日)

各辖市(区)商务局、镇江新区服务业办、各邮政企业、快递企业:

推进“快递下乡”工程,促进快递服务与农村电子商务协同发展,是扩内需、调结构、发展农村经济的重要举措,是建设社会主义新农村的重要内容,是使传统农业经济向信息经济过渡的有效途径,是促进城乡经济流通,建立城乡经济社会发展一体化新格局的重要着力点。为贯彻落实《江苏省邮政管理局 江苏省商务厅关于推进“快递下乡”工程促进农村电子商务发展的意见》(苏邮管〔2016〕100 号),进一步推进我市“快递下乡”工程,加快快递服务在农村地区与电子商务的协同发展,现提出以下意见:

一、指导思想与基本原则

(一)指导思想

深入贯彻党的十八大、十八届二中、三中、四中、五中全会精神,以服务“三农”为宗旨,坚持部门协同和资源整合,充分发挥市场在资源配置中的决定性作用,加快构建覆盖县、乡、村三级农村快递服务网络体系,全面提升快递服务对电子商务的支撑能力和水平,充分发挥电子商务与快递服务的协同作用,推动快递普惠民生和转型升级,促进农村流通现代化,释放我市农村市场潜能,进一步推动全市经济迈上新台阶。

(二)基本原则

1. 自身建设与政府扶持相结合。立足电商与快递企业自身实际,加快信息网络、仓储、网点等基础设施建设,实现资源共享,切实提升农村地区电商、快递服务能力。积极发挥政府在规划、政策、标准等方面的引导作用,为农村快递服务与电商协同发展营造良好的发展环境。

2. 促进发展与加强规范相结合。加大对快递服务、农村电子商务协同发展的政策支持力度,因地制宜拓展服务范围,创新服务方式,改善服务水平。强化规范市场秩序,切实保障快递服务质量,维护消费者权益,确保寄递渠道安全。

3. 示范引领与全面推广相结合。培育一批快递服务与农村电子商务协同发展的示范典型,建设一批电商快递产业示范园。以点带面,全面推进“快递下乡”工程,努力促进农村电子商务发展。

二、发展目标

农村地区快递服务网络进一步完善,覆盖城乡、配套衔接、布局合理、便民惠民的快递骨干网和末端投递网基本形成。快递与农村电子商务的协同效应明显增强,服务三农的作用得到显著发挥。到 2020 年,全市建设 1—2 个电商快递产业园县级示范点,基本实现“县县有分拨,乡乡有网点,村村通快递”。

三、主要任务

(一)建设县级电商快递产业园区。在农村电子商务示范县创建中优先考虑电商快递园区建设。在电子商务发展较快的辖市(区)建设具备仓配一体化、冷链配送等功能的电商快递产业园示范点,并逐步在各辖市(区)推动建设具有地方特色的电商快递产业园区。支持在电子商务产业园中引入快递企业并与电商企业享有同等优惠政策,鼓励电子商务产业园配套建设快递服务功能区。鼓励示范县开展政策先行先试,出台土地出让、税费减免、业务发展优惠措施,在营造发展环境、加强规制建设、完善服务体系等方面发挥示范引领作用。

(二)健全农村快递服务网络。鼓励快递企业加强农村地区自营网点建设,在乡镇、行政村建设快递投送点。支持邮政公司、快递企业和专业第三方企业整合利用乡镇邮政局所、邮政便民服务站、村邮站、农村快递网点、农家店、农村综合服务社、农产品购销代办站、农村乡镇客运站场、农村电商服务点、村级信息服务站等建设快递综合服务站点。

(三)完善农村快递运输方式。在有条件的地区,推广定时、定点、定线的农村物流快递“货运班

线”模式，开展县至乡镇、沿途行政村的双向快递运输配送服务，提高农村快递运输的时效性和便捷性。鼓励县乡客运班车、镇村公交代运邮件和快件，健全小件快运服务体系，降低快递运输成本。引导运输企业与农村商贸流通企业、供销合作社、邮政快递企业共同制定运输、配送计划，积极发展以城带乡、城乡一体的农村物流快递共同配送模式。支持有实力的邮政公司、快递企业参与农村共同配送体系建设，提供县到乡、乡到村的快件代运、代投服务。

（四）发展农特产品快递服务。鼓励快递企业积极服务农特产品进城和农业订单生产，探索与涉农电子商务企业等农特产品网络销售渠道的有效对接，协同提供农特产品从农村到城市、从经济欠发达地区到经济发达地区的快递服务。推动快递企业深化与各类农业合作社、农业现代化企业、农副产品深加工企业和涉农电子商务企业的合作。鼓励寄递企业在自有电商平台开设农业电商专区，推动“三品一标”、“名特优新”、“一村一品”农产品上网销售，与社区对接开展生鲜产品“基地＋社区直供”电子商务业务。引导快递企业对特色农产品提供包装、仓储、运输的标准化、定制化服务，发展农产品冷链物流，提供适应农业生产季节性特点的快递服务。

（五）提升农村地区快递服务水平。引导快递企业完善农村地区网点建设标准和服务标准，加强服务监督。推广适合农村运输的车辆以及托盘、集装篮、笼车等标准化运载单元和专业化装卸设备，提升作业效率、减少快件损毁。鼓励有条件的快递企业在乡镇、农村网点配置PDA手持终端，纳入信息化系统统一管理，确保快件跟踪信息完整。以合作、委托代理等形式与电子商务配送站点、商贸流通网点等合作开展快递服务的，要与合作方签订合作或委托协议，明确合作方的基本条件和服务要求，确保快递服务质量和寄递渠道安全。

四、保障措施

（一）加强协调联动。邮政、商务部门要建立工作联系机制，在落实好双方现有协同发展政策的基础上，因地制宜推进本地区快递服务及与农村电子商务的进一步联动发展。对于工作推进中遇到的突出问题，要加强交流协作，研究出台相关政策，及时推动解决。

（二）加强政策扶持。将“快递服务与电子商务协同发展”纳入我市电子商务发展政策支持范围。将邮政公司、快递企业、快递产业园列入市电子商务示范企业、示范基地培育创建计划，由市邮政管理局向市商务局推荐优秀快递下乡企业和产业园区，市商务局根据实际情况确认和命名为市级电子商务示范企业、示范基地。邮政、商务部门要进一步加强与地方相关部门的工作对接，在行业规划、财政扶持、税收优惠、用地支持、保障通行、末端投递等方面对“电子商务进农村”、“快递下乡”给予政策支持，积极推动对农村快递服务网点建设、派送车辆配置以及通过快递外销本土产品等方面给予资金补贴，不断激发快递企业服务地方发展、助力农村电商的动力，推动本地区新业态释放更大活力。

（三）加强示范引领。结合“电子商务进农村”综合示范，加强培育“电商村”、电商专业户、农商合作社，推进快递服务农村电子商务的典型示范。加快农特产品和电商、仓储、配送、冷链物流等产业链配套建设。选择具有代表性的区县，积极推进电商快递产业园等重点项目建设，加强政策和资金支持，及时总结和宣传经验，逐步在行业、区域或全市推广。

（四）加强服务督导。邮政管理部门要加强农村地区快递服务网点和服务质量的督导，完善邮政业消费者申诉处理工作，切实维护农村地区用户的合法权益。

（五）加强协会引导。市快递协会、电子商务行业协会、要切实发挥桥梁纽带作用，引导快递企业和农村电子商务企业加强合作，促进信息交流和项目对接；加强与地方农业行业协会、交通运输行业协会等社会团体的沟通协作，推动产业协同发展。

11.浙　江

浙江省财政厅、浙江省商务厅、浙江省邮政管理局转发财政部办公厅、商务部办公厅、国家邮政局办公室关于做好电子商务与物流快递协同发展试点绩效评价工作的通知

（2016 年 2 月 18 日　浙财企〔2016〕12 号）

杭州市财政局、商务委、邮政管理局：

现将《财政部办公厅 商务部办公厅 国家邮政局办公室关于做好电子商务与物流快递协同发展试点绩效评价工作的通知》（财办建〔2015〕120 号）转发给你们，并就有关问题补充通知如下：

一、加快推进试点工作进程

你市要进一步提高试点工作认识，加强部门协作，严格按照试点工作实施方案，认真做好试点项目具体组织实施，并加快推进试点工作进程，确保电子商务与物流快递协同发展试点工作于 2016 年 3 月 31 日前完成。

二、加强试点工作规范管理

按照《浙江省财政厅 浙江省商务厅 浙江省邮政管理局关于下达 2014 年电子商务与物流快递协同发展试点补助资金的通知》（浙财企〔2014〕234 号）要求，切实加强对试点项目和资金的监督管理，建立健全试点项目申报、评审、建设、验收手续，严格资金管理和拨付，确保补助资金专款专用。在项目完成后，抓紧组织初步验收，对初验通过的项目及时向省里提出复核验收申请，省商务厅、省邮政管理局将会同省财政厅按程序开展项目验收及监督检查。

三、加强试点工作绩效评价

严格按照财办建〔2015〕120 号文件要求的评价内容和指标，在试点工作结束后及时做好绩效自评，并将试点工作绩效自评报告和相关材料于 2016 年 5 月 31 日前书面报送省财政厅、省商务厅、省邮政局审核。

联系人：省财政厅企业处　罗　荆
　　　　电　话：0571－87058472
　　　　省商务厅电商处　邵嘉宾
　　　　电　话：0571－87050825
　　　　省邮政局市场处　张　婷
　　　　电　话：0571－87183036

财政部办公厅、商务部办公厅、国家邮政局办公室关于做好电子商务与物流快递协同发展试点绩效评价工作的通知

（2015 年 12 月 29 日　财办建〔2015〕120 号）

天津、河北、山西、大连、吉林、安徽、浙江、福建、河南、湖南、贵州省（市）财政、商务、邮政主管部门：

为贯彻落实《国务院关于深化流通体制改革加快流通产业发展的意见》（国发〔2012〕39 号）、《国务院关于促进信息消费扩大内需的若干意见》（国发〔2013〕32 号）精神和“互联网＋”在流通领域的深度应用，财政部、商务部和国家邮政局于 2014 年始，联合开展了电子商务与物流快递协同发展试点工作，印发了《关于开展电子商务与物流快递协同发展试点有关问题的通知》（财办建〔2014〕68 号）等指

导性文件，加强对试点工作的指导。

为进一步加强管理，及时发现解决试点过程中存在的问题，总结宣传推广试点取得的成效，确保试点达到预期目的，现要求各试点城市所在省级财政、商务、邮政主管部门（以下简称相关主管部门）组织试点城市根据《财政部关于印发〈中央财政服务业发展专项资金管理办法〉的通知》（财建〔2015〕256号）以及试点工作要求，对试点工作进行绩效评价。2014年开展试点的5省于2016年3月31日前完成试点工作，并于2016年6月30日前完成绩效评价和报送工作。2015年开展试点的6省（市）于2016年12月31日前完成试点工作，并于2017年3月31日前完成绩效评价和报送工作。

绩效评价结果将作为今后中央财政补贴资金及其他支持政策的重要依据。绩效评价要围绕项目管理、财务管理、目标达成、试点效益四个方面逐项开展，具体要求详见附件。请遵照执行，提前部署、按时开展绩效评价工作。

附件：1. 电子商务与物流快递协同发展试点绩效评价管理规定

2. 电子商务与物流快递协同发展试点工作绩效评价指标及评分标准

附件1：

电子商务与物流快递协同发展试点绩效评价管理规定

一、总体要求

（一）为进一步规范电子商务与物流快递协同发展试点工作（以下简称试点工作），促进建立激励和约束机制，切实提高财政资金使用效益，根据有关财政财务管理制度和试点工作要求，制定本规定。

（二）本规定所称试点绩效评价管理，是指对财政部、商务部和国家邮政局批准开展的试点工作，运用科学、合理的评价指标、评价标准和评价方法，综合评价试点工作绩效目标的实现程度。

（三）绩效评价管理应当坚持客观、公正、科学、规范的原则。

二、绩效评价的组织机构及职责

（四）绩效评价实行统一组织，分级实施。

（五）财政部、商务部和国家邮政局指导试点绩效评价的组织、管理和监督，根据绩效评价结果，采取相应奖惩措施。

（六）省级财政、商务、邮政主管部门（以下简称相关主管部门）负责本省试点城市的督导、监管、验收和绩效评价，及时向财政部、商务部和国家邮政局上报绩效评价结果。

（七）试点城市财政、商务、邮政主管部门要及时向省级相关主管部门报送验收、评价材料，配合上级部门的检查和考评工作，并对绩效评价中发现的问题及时整改。

三、绩效评价的依据和内容

（八）绩效评价工作主要依据以下相关规范和文件开展：

1. 各级财政部门制定的资金管理规章制度；

2. 商务部、邮政局颁布的有关业务指导文件；

3. 试点城市制订并报送三部门备案的实施方案；

4. 试点城市制订的试点项目和资金管理规定；

5. 试点项目的申报书、可行性报告、立项批复文件、项目合同以及资金申请文件、资金拨付文件、财务会计资料、费用支出凭证、验收审核报告等相关资料；

6. 其他调研、调查等相关资料。

（九）绩效评价的主要内容：

1. 项目管理情况（主要评价方案制订、过程管理和组织管理水平等）；

2. 财务管理情况（主要评价财务制度和资金使用情况等）；

3. 目标达成情况（主要评价政策规划、基础设施、车辆规范、末端配送、人员培训、信息服务系统等完成情况）；

4. 试点效益情况（主要评价试点的经济效益、社会效益、创新效益和可持续效益等）。

四、绩效评价的方法和程序

（十）绩效评价采取量化打分方式。财政部、商务部和国家邮政局根据试点确定的工作任务，结合试点工作和资金管理要求，建立电子商务与物流快递协同发展绩效评价指标及评分标准。省级相关主管部门可结合实际，细化评价指标。

(十一)绩效评价可采用部门评价或委托第三方机构评价、委托专家评价等方法进行。

(十二)省级相关主管部门在督导的基础上,结合项目验收情况对试点城市工作开展绩效评价。

省级相关主管部门于试点工作结束后3个月内将绩效评价材料以正式文件报送财政部、商务部和国家邮政局。

(十三)财政部、商务部和国家邮政局视情况对省级有关部门上报的绩效评价材料进行复核、综合评估,总结推广试点经验。

五、绩效评价结果及运用

(十四)绩效评价(综合评估)结果分为优秀、良好、合格和较差四个等级。

其中,根据量化评价得分85分以上(含85分)为优秀,70—85分(含70分)为良好,60—70分(含60分)为合格,60分以下为较差。

(十五)试点城市有下列情况之一的,直接评价为较差:

1. 违反备案的试点实施方案,擅自更改试点实施方案、改变试点内容;

2. 被纪委、监察、审计、财政监督机构等查处,或被媒体曝光、群众举报等并经查实,在试点工作中存在重大违规违纪行为;

3. 项目发生安全生产事故或质量事故,或者造成重大经济损失和社会不良影响;

4. 项目进度非因不可抗力等客观因素严重滞后;

5. 自评过程中弄虚作假。

(十六)评价结果是对各地试点工作的综合评价,直接与资金、政策支持挂钩:

1. 评价结果为优秀、良好的,作为以后中央财政补贴资金和其他支持政策的重要依据。

2. 评定结果为较差的,通报批评,必要时追回已拨付的试点补贴资金。

(十七)各级相关主管部门应当根据评价结果,及时总结经验,查找不足,完善项目、资金的管理制度,不断提高管理水平和资金使用效益。

附件2:

电子商务与物流快递协同发展试点工作绩效评价指标及评分标准

一级指标	二级指标	三级指标	评分标准	备注(附材料)
项目管理(100分,权重20%)	方案制订(20)	试点方案科学完备(20)	试点方案科学是指编制过程中充分调研,广泛听取各部门意见,提出的任务符合本地发展实际。科学,10分,较科学5分,不科学0分。 试点方案完备是指总体思路、工作目标、配套政策、资金安排、实施步骤等内容明确。 完备,10分,每少一项扣2分。	试点实施方案
	过程管理(50)	按时报送工作信(10)	每次按要求按时报送10分。每迟交一次,扣1分。	报送文件
		公开公正筛选项目(10)	项目筛选程序的公开性(5分)和公正性(5分)。项目申报等信息通过媒体、会议等渠道公开,5分,未公开,0分;项目评审采用第三方评审机制,5分,未采用第三方评审机制,0分。	相关材料
		按计划推进试点工作(10)	按照试点方案的时间节点推进试点工作,10分;延迟于试点方案制定的时间节点,5分。	各节点完成时间
		加强试点工作宣传(10)	媒体公开报道数量,每篇得1分;其他宣传形式,2分。最高分为10分。	相关宣传材料
		主管部门加强监督(10)	市级、省级主管部门对试点工作的监督检查。每进行一次得2分,最高不超过10分。	相关材料
	组织管理(30)	管理制度健全(15)	建立试点工作机制和项目管理办法,15分,未建立0分。	相关材料
		部门配合有力(15)	试点工作小组就重要事项进行协调或开会研究,牵头部门间协调配合有力,10—15分,重大事项不研究或协调配合不力,0分。	会议纪要等相关材料

续表

一级指标	二级指标	三级指标	评分标准	备注（附材料）
财务管理（100分，权重20%）	财务制度（30）	资金管理办法（30）	制定，30分；未制定，0分。	试点资金管理办法
	资金使用（70）	实际支出情况（20）	专项资金实际支出与方案相符，20分；不相符，0分。	财政或审计部门证明材料
		安排配套资金（15）	配合此次试点安排配套资金，15分，未安排，0分。	
		试点资金“专款专用”（20）	按规定使用，20分；发现挤占截留挪用专项资金现象，0分。	
		财务资料齐全规范（15）	会计账簿、凭证、报表等财务资料齐全且符合有关规定，15分；资料不齐全或不符合有关规定，0分。	
目标达成（100分，权重30%）	政策规划（20）	工作专项规划（6）	出台促进电商与物流快递发展相关规划，6分；未出台，0分。	相关材料
		纳入城市发展总体规划（4）	将电商物流快递发展纳入城市发展总体规划，4分；未纳入，0分	相关材料
		相关配套政策（10）	出台的配套政策数量。每项配套政策2分，最高分为10分。	相关材料
	基础设施（20）	完善快递服务网络（5）	本市快递服务网络布局进一步完善。2015年全市快递服务网络覆盖增长率×5分。	2014、2015年全市快递服务网络覆盖率
		保障建设用地需求（5）	城市配送基础设施建设用地、大型物流中心、分拨中心、“仓配一体化”的快件处理中心的用地增加情况，包括购买、租赁等方式取得的土地使用权。用地增长率×5分。	2014、2015年上述用地的数据
		建设车辆充电设施（5）	建设充电桩或其他措施，能够有效满足本市物流快递新能源车辆使用，5分；不能有效满足，3分；未建设，0分。	相关材料
		建设车辆停靠设施（5）	建设车辆停靠设施或其他措施，能够有效满足本市物流快递车辆停靠需求，5分；不能有效满足，3分；未建设，0分。	相关材料
	车辆规范（15）	出台管理措施（5）	出台了规范运营车辆的管理办法或标准，5分；未出台，0分。	相关材料
		使用新能源汽车（5）	本市新能源车辆的使用数量。试点方案包含明确的完成任务，本项得分按照任务完成率×本项分值计算。若无此项的明确完成任务，本项得分则按照年度增长率×本项分值计算。	相关材料
		改造末端配送车辆（5）	本市末端配送车辆的规范改造数量。试点方案包含明确的完成任务，本项得分按照任务完成率×本项分值计算。若无此项的明确完成任务，本项得分则按照年度增长率×本项分值计算。	相关材料
	末端配送（20）	营业网点标准化建设（8）	标准化营业网点数量。试点方案包含明确的完成任务，本项得分按照任务完成率×本项分值计算。若无此项的明确完成任务，本项得分则按照年度增长率×本项分值计算。	相关材料
		智能快件箱铺设（6）	本市智能快件箱的铺设数量。试点方案包含明确的完成任务，本项得分按照任务完成率×本项分值计算。若无此项的明确完成任务，本项得分则按照年度增长率×本项分值计算。	相关材料
		末端投递综合服务站建设（6）	本市末端投递综合服务站的建设数量。试点方案包含明确的完成任务，本项得分按照任务完成率×本项分值计算。若无此项的明确完成任务，本项得分则按照年度增长率×本项分值计算。	相关材料

续表

一级指标	二级指标	三级指标	评分标准	备注（附材料）
目标达成（100 分，权重 30%）	人员培训（10）	从业人员培训（5）	本市快递从业人员的培训数量。试点方案包含明确的完成任务，本项得分按照任务完成率 × 本项分值计算。若无此项的明确完成任务，本项得分则按照年度增长率 × 本项分值计算。	相关材料
		快递员持证上岗率（5）	本市快递从业人员持证上岗率。年增长率 ×5 分。	相关材料
	信息服务系统建设（15）	企业间信息系统对接（15）	建设电商企业与物流快递企业信息对按系统，功能完备，10—15 分；功能不完备，5—9 分；未建设，0 分。	相关材料
试点效益（100 分，权重 30%）	经济效益（15）	网络零售额提升（5）	网络零售额的增加额。网络零售额年增长率 ×5 分。	2014、2015 年本市网络零售额
		快递业务量增加（5）	快递业务量的增加额。快递业务量年增长率 ×5 分。	2014、2015 年本市快递业务量
		带动社会投资额（5）	带动的社会投资额达到试点专项资金的 10 倍及以上，5 分；达到 5 倍—10 倍，3 分；不足 5 倍，1 分。	相关材料
	社会效益（35）	带动就业增长（7）	带动就业增长情况。带动就业增长率 ×7 分。	相关材料
		车辆出行矛盾解决（8）	本市快递车辆违规处罚数量。违规处罚减少率 ×8 分。	相关材料
		社会满意度提升（20）	包含"企业对行业发展环境的满意度"、"快递服务满意度"和"网络零售满意度"。三个满意度百分比的平均值 ×20 分。	三个满意度的数值
	创新效益（35）	政策制度创新（10）	有明显的创新突破 8—10 分；有一定创新 4—7 分；无创新 0 分。	相关材料
		管理方式创新（10）	有明显的创新突破 8—10 分；有一定创新 4—7 分；无创新 0 分。	相关材料
		商业模式创新（7）	有明显的创新突破 5—7 分；有一定创新 3—4 分；无创新 0 分。	相关材料
		新技术应用（8）	新技术应用对降低企业成本、提高工作效率等方面，效果明显，8 分；有一定效果，4—6 分；无效果，0 分。	相关材料
	可持续效益（15）	试点效益持续发挥（15）	能够在较长时期持续发挥试点效益，且有保障试点效益持续发挥的政策措施和推进计划，10—15 分；能在一定程度上持续发挥试点效益，且有保障试点效益持续发挥的政策措施 6—9 分；不能持续发挥试点效益，0 分。	相关材料

浙江省人民政府关于促进快递业发展的实施意见

（2016 年 3 月 25 日　浙政发〔2016〕10 号）

各市、县（市、区）人民政府，省政府直属各单位：

为贯彻落实《国务院关于促进快递业发展的若干意见》（国发〔2015〕61 号）精神，推动我省快递业快速健康发展，现提出如下实施意见：

一、目标要求

坚持创新、协调、绿色、开放、共享五大发展理念，以解决制约快递业发展的突出问题为导向，以"互联网+"快递为发展方向，坚持市场主导、规划引领、安全为基、创新驱动、协同发展，大力推进全省快递业转型升级和提质增效，加快实现从快递大省向快递强省的新跨越。到2020年，全面建成普惠城乡、技术先进、服务优质、安全高效、绿色节能的快递服务体系，快递业发展继续位居全国第一方阵。

——产业规模快速壮大。到2020年，全省快递年业务量达到100亿件，年业务收入超过1000亿元。年业务收入超100亿元的快递总部企业达5家以上，其中年业务收入超200亿元的快递总部企业超过2家。

——网络体系更加完善。加快形成覆盖全省、联通全国、走向国际的快递服务网络。提高城乡快递服务网点覆盖率，全面实现乡乡有网点、村村通快递。

——创新能力显著增强。快递服务标准化、信息化、自动化和管理现代化加快推进，物联网、云计算等技术得到推广运用，快递物流与信息流、资金流深度融合，快递企业核心竞争力显著增强。

——协同发展水平大幅提升。快递业加快融入生产、流通和消费环节，实现与先进制造业、现代农业等产业协同发展，快递业服务生产和便民惠民的作用进一步提升。

二、重点任务

（一）增强快递企业实力。支持国际、国内知名快递企业在我省落户和布局企业总部、全国性区域总部、全国或区域性服务功能设施。鼓励我省企业家控股经营的快递企业总部回迁浙江，鼓励各类资本依法进入快递领域。支持快递企业通过上市融资、兼并重组等方式整合资源，加快形成若干具有国内外竞争力的企业集团。推进发展"互联网+"快递，鼓励快递企业充分利用移动互联网、物联网、大数据、云计算等信息技术，优化服务网络布局，提升运营管理效率，推动服务模式变革，加快向综合型快递物流运营商转型。实施品牌战略，大力提升快递服务质量，降低快件延误率、损毁率、丢失率和投诉率，引导快递企业从价格竞争向服务竞争转变。实施国际化战略，鼓励重点快递企业通过自建、合作、并购、设立公共海外仓等方式，向外拓展服务网络。

（二）完善快递服务设施。规划建设快递物流区域中心和专业类物流园区，发挥快件集散中心集聚功能。鼓励和支持快递企业面向农村和山区、海岛等边缘区域布局落户，推动快递企业在乡镇铺设服务网点。加强快递企业与农业、供销、商贸企业的合作，拓展工业品下乡和农产品进城双向流通渠道。建设国际快件处理中心，积极推动快递企业发展跨境电子商务业务，为我省跨境电商企业提供一站式跨境出口快递服务解决方案，形成与跨境电子商务相适应的快递服务体系。提升快递末端服务能力，加快快递企业末端网点标准化建设，支持快递企业与商业机构、社区服务组织、机关、学校等依法开展多种形式的投递服务合作。鼓励和推进智能快件箱等新型服务模式运用，鼓励社会力量参与快递终端建设。将快递派送作为民生工程列入物业管理的服务内容，支持新建小区配套建设快件派送场所、智能快件箱（E邮柜）。创新邮政、快递企业合作模式，提高邮政基础设施利用效率。

（三）提升综合运输效率。加强快递业与综合交通运输体系的有效衔接，逐步形成稳定便捷、经济高效的快件航空、铁路、公路、水路综合运输通道。支持机场快递设施建设，完善航空快件绿色通道，发挥萧山国际机场直航优势，加大义乌机场的直航建设力度，缩短航空时限。鼓励骨干企业组建货运航空公司并在省内机场设立基地，在航线、航班时刻、货机购置等方面给予支持。在新改扩建机场中同步建设航空快件集散中心、空港快递园区，实现航空与其他运输方式灵活转换。鼓励发展高铁快递和电商快递班列，优化快件安检配载、装卸交接流程。推广甩挂运输，推进公路客运班线代运快件试点。在公路场站配套建设快件运输通道，建设装卸操作接驳场所。因地制宜发展快件水路运输，加快港口码头快件设施建设。

（四）推动产业协同发展。促进快递业与上下游产业密切联系和融合，引导快递企业功能整合和服务延伸。推动快递与电子商务协同发展，支持快递企业入驻电子商务园区，与电商及仓储企业深度合作，促进线上线下互动创新，共同发展体验经济、社区经济、逆向物流等便民利商新业态。加快快递业与制造业融合发展，降低制造业物流成本。鼓励邮政、快递企业积极参与涉农电子商务平台建设，提供代收代缴、网络代购等多元化服务，拓展双向流通渠道，加快构建农产品电子商务物流体系。鼓励邮政、快递企业完善农村物流配送服务网络，打造仓储+配送模式，构建县乡村三级农村物流网络节点。引导快递企业丰富产品结构，积极发展再包装、代客报关、仓储、代收货款等增值业务，探索提供一体化供应链解决方案。鼓励快递企业内部仓储设施对外开放和经营，促进快递仓储资源社会化。

（五）落实安全管理措施。全面实施寄递渠道安全监管"绿盾"工程，严格落实邮政业安全生产设备配置规范等强制性标准，推进快递企业安全生产标准化建设。落实快递企业安全生产主体责任和寄件人寄递责任，加强从业人员安全教育培训，建立权责清晰的快递安全责任体系。各地要支持邮政管理部门强化安全管理工作。积极推广快递保险业务,保障用户权益。全面落实快件上机安检要求,严格执行收寄验视制度,从源头防范禁寄物品进入寄递渠道。督促企业加强信息系统建设,规范信息登记和录入,强化内部管控,保护信息安全。加强寄递渠道安全监管多部门合作机制建设,提升邮路安全保障能力,依法维护国家安全和公共安全。加大对非法扣押、盗窃快件、非法阻拦快件车辆、扰乱快递企业正常营业秩序等行为的打击力度,保障消费者和经营者的合法权益。

三、保障措施

(一)建立协调推进机制。各级政府及有关部门要重视支持快递业发展,建立健全与快递业发展新任务、新要求相适应的工作推进机制。建立省促进快递业发展联席会议制度,及时协调解决快递业发展过程中面临的相关问题。

(二)加大政策支持力度。将快递业发展纳入国民经济和社会发展规划,做好快递业发展与城乡规划等各类规划的有效衔接,在城乡规划、土地利用规划、公共服务设施规划中合理安排快递基础设施。省本级预算内投资通过投资补助和贴息等方式,支持公益类、基础性快递基础设施建设,对符合条件的快递企业和项目纳入各级财政专项资金的支持范围。对快递企业总部或快递企业总部在我省设立的地区总部,所在地的市、县(市、区)政府要加大支持力度,建立从招商洽谈、协调服务、落地建设、政策扶持到竣工验收一整套推进和服务机制。各地要在土地利用总体规划和年度用地计划中统筹安排支持快递专业类物流园区,支持规模以上快递企业在规划园区内设置大型快递分拨中心。支持利用工业企业旧厂房、仓库和存量土地资源及"三改一拆"后腾出的土地资源,建设快递服务设施。对跨省设立营业机构的本省快递企业总部、新引进的省外快递企业总部,在3年内按规定减免地方水利建设基金。改进纳税方式,对于总机构和分支机构不在同一县(市)的快递企业,经各级财政主管部门同意其由总机构汇总纳税的,可由快递企业总机构向主管税务机关申请汇总缴纳增值税。快递企业用电、用气等价格按照不高于一般工业标准执行。

(三)方便快递车辆通行。各地要重视快递服务车辆管理工作,交通运输主管部门、公安机关交通管理部门要会同邮政管理部门按照保证需求、分类管理、适度调控、合理调度、有序通行的原则,制定出台快递服务车辆便利通行的相关管理办法。各地要研究措施,切实解决"最后一公里"通行难问题。交通运输主管部门、公安机关交通管理部门要会同有关部门,根据城市道路交通的实际情况,研究制定相应管理措施,优先给予快递服务车辆通行和停车便利。鼓励快递企业使用新能源交通工具,并按照国家相关规定进行补贴。

(四)推进人才队伍建设。鼓励高等院校开设快递物流专业课程,建设校企合作人才培训基地。推动规模以上快递企业制定员工职业技能和职业素质培训提升计划,提高从业人员素质。落实就业创业和人才引进政策,支持快递企业组织从业人员参加相关职业培训和职业技能鉴定,对符合条件的企业和人员可按规定给予补贴。

(五)规范快递行业秩序。推动快递业管理地方立法,提高快递业法制化水平。简化快递业务许可程序,优化快递企业分支机构备案手续,对快递企业实行同一工商登记机关管辖范围内"一照多址"管理。发挥行业自律和社会监督作用,建立违法失信主体黑名单及联合惩戒制度,加强事中事后监管,强化对快递行业监督检查和执法力度,营造统一、开放、竞争、有序的市场环境。

浙江省全面推进寄递渠道登记验视信息化工作方案

(2016年4月5日浙江省社会治安综合治理委员会办公室、浙江省邮政管理局、浙江省公安厅印发 浙综委办〔2016〕10号)

根据我省实际,现就全面推进全省寄递渠道登记验视信息化工作,制定如下方案。

一、指导思想

深入贯彻《中华人民共和国邮政法》《中华人民共和国反恐怖主义法》和中央综治办等9部委《关于加强邮件、快件寄递安全管理工作的若干意见》精神,紧紧围绕G20杭州峰会安保工作和社会治安防控体系建设,积极推进寄递渠道登记验视信息化,切实堵塞寄递行业安全监管漏洞,全面提高物品动态管控能力，大力提升寄递行业安全监管水平。

二、建设模式和原则

（一）建设模式。经前期试点实践、专家论证、专题研究，决定推广“寄递企业专用巴枪软件改造”和“智能手机APP应用”两种模式（以下简称“巴枪”模式和“APP”模式）。两种模式均通过智能应用、手工操作等方式，对非协议的寄递用户身份信息、寄递物品开包情况进行数字化、代码化、图片化采集，并利用无线信号进行实时传输，关联寄递企业、监管部门数据库，实现寄递过程的智能化管理和采录数据项的研判运用。各地可结合实际，自行选择确定模式，原则上不搞自行研发。

（二）基本原则。系统建设遵循以下原则：

1.信息安全原则。充分考虑公民身份信息安全、个人隐私安全、通过模糊信息显示、关闭截屏功能、操作流程不可逆、主动删除缓存等技术手段，确保收寄员无法在信息采集终端设备留存和获取用户信息。采取加密措施，加强信息传输和信息存储安全，互联网服务器上不存留个人敏感信息。对涉及公民隐私、权益的信息调用设定权限，严格按照权限进行查阅、应用。加强员工信息安全意识，建立健全信息安全制度。

2.数据统一原则。终端采集内容为“五录入、三提取、一选填”等九项。“五录入”为物品寄递单号、寄件人身份信息、收件人手机号码、寄往城市和开包验视照片等数据项；“三提取”为可通过终端设备自动记录的寄件位置GPS定位信息、寄件时间、揽件人标识等信息；“一选填”为寄件人手机号码。各地可根据需要预留收件人身份信息、收件人地址、物品种类、揽件网点等数据项，提升信息运用的实战效能。建立全省寄递用户身份信息库（设在省公安厅），统一全省采集信息数据格式。采集数据直接传送到信息库，经整合后供全省应用。各地采集的数据（包括非共性数据）仍返还采集市进行应用。

3.因地制宜原则。综合考虑资金投入、用户接受、工作延续、便捷有效等因素，以设区市为单位，在嘉善、新昌、金华金东、台州椒江等试点单位的两种建设模式中选择确定一种，统筹下辖县（市、区）全面推进。如寄递企业总部确定采用统一的信息平台或信息系统的，其推进登记验视信息化工作，应当按照本方案的规定要求，特别是在完成时间和信息对接上，与全省同步推进。

三、职责分工

省综治办：协调省寄递安全工作领导小组成员单位，共同推进寄递渠道登记验视信息化工作。协调省级有关部门加大对登记验视信息化工作的支持力度。牵头开展对登记验视信息化工作的督促检查和考评推动。

省邮政管理局：加强对寄递企业收寄登记验视信息化工作的指导，督促推进工作落实。会同公安、系统开发单位等，对寄递企业开展应用培训。指导、督促寄递企业建立信息安全制度，提高禁限寄物品识别能力。依法查处不按规定对寄递用户身份信息进行查验登记等行为。加强与国家邮政局对接，争取支持。

省公安厅：负责制订信息系统建设的数据采录标准，建设省级数据库等。会同邮政管理部门开展寄递渠道登记验视信息化建设，提升企业信息安全意识和禁限寄物品识别水平。建立与邮政管理部门、寄递企业工作联系制度。加强寄递渠道发现违法犯罪案件线索、预警信息互通、共享机制建设，加强寄递渠道登记验视信息实战应用。

四、实施步骤

（一）准备阶段。4月上旬，组织召开全省全面推进寄递渠道登记验视信息化工作会议，制定下发《浙江省全面推进寄递渠道登记验视信息化工作方案》，进行动员部署。

（二）建设阶段。4月底前，各市完成寄递行业基础排摸，结合实际确定系统建设模式，报省寄递渠道登记验视信息化工作领导小组办公室备案。6月中旬前，各市全面推开寄递渠道登记验视信息化建设，建立健全工作机制，实现寄递渠道登记验视信息化建设全覆盖，并投入实际运行。6月底之前，建成全省寄递用户身份数据库。

（三）验收阶段。6月底前，由省寄递渠道登记验视信息化工作领导小组牵头，对各市建设情况进行验收。

（四）巩固阶段。7月份开始，各市进一步完善优化系统建设，总结巩固好的经验和做法，落实常态严管措施，巩固提升递渠道登记验视信息化水平。

五、工作要求

（一）加强组织领导。各级各有关部门要将寄递渠道登记验视信息化工作列入重要议事日程，迅速启动，周密部署，狠抓落实省级成立全省寄递渠道登记验视信息化工作领导小组，市、县两级均成立领导小组和工作专班,确定专人,明确职责,全面推动工作落实。各市领导小组人员名单请于4月15日前报省领导小组办公室。联系人:刘骏,联系电话0571-87286183,手机15158080909,公安短号:692891。

(二)健全工作机制。建立健全信息采集、保护、互通共享等工作机制。建立健全寄递渠道安全监管协作配合机制,形成寄递行业安全监管联动格局。各级各有关部门、寄递企业要加强联系沟通和统筹协调,形成合力、整体推进。

(三)推动应用共享。统一技术标准和信息共享技术接口,确保信息互通共享。积极对接兼容寄递企业信息系统,实现寄递企业业务流程智能化、专业化管理。整编归类数据信息,依托公安机关信息综合平台、情报平台等综合性应用平台,为相关单位和部门提供自动比对、请求服务、信息检索、接口服务、战法模型配置、数据分析等各类应用服务和信息实时推送服务,实现精确制导,精准管理。

(四)加强宣传培训。综合运用电视、广播、网络等传统和新兴媒介,加大舆论宣传力度,进一步提高公众对寄递实名登记、开包验视以及信息采集相关工作的知晓率、认知度,提醒用户自觉遵守寄递安全有关法律规定和要求。加强对寄递企业和从业人员开展寄递安全以及登记验视信息化系统应用的业务技能培训,提高系统应用的熟练度。加强对从业人员有关法律法规的宣讲。

(五)强化检查督导。各地要通过联合督察、暗访突查、问题通报等方式,全面推动寄递渠道登记验视信息化工作落实。对检查发现的问题,由邮政管理部门督促寄递企业逐条倒查责任,逐条整改处理。对未按信息化要求落实寄递渠道实名登记、开包验视的,依法对寄递企业、直接负责的主管人员和其他直接责任人员给予处罚。对涉嫌违法犯罪的,依法处理。

附件:全省寄递渠道登记验视信息化工作领导小组成员名单(略)

浙江省邮政管理局、浙江省综治办、浙江省财政厅关于做好寄递业安检机现场验收和补贴资金清算工作的通知

(2016年4月26日 浙邮管〔2016〕61号)

各有关市、县(市、区)邮政管理局、综治办、财政局:

2015年12月,省财政厅、省综治办、省邮政管理局联合下发了《关于下达寄递业安检机配备补助资金的通知》(浙财企〔2015〕178号),拟对我省寄递企业购置的X光机给予财政补贴。目前,寄递企业的X光机已基本购置到位,现就做好现场验收和补贴资金清算工作通知如下:

一、2015年11月1日至2016年3月31日期间,我省除淳安县、常山县、开化县之外的县(市、区)和11个设区市(宁波市单列)的寄递企业均有新购入X光机(附件1),请各地综治、邮政管理等部门组织力量进行现场验收,并将《浙江省寄递企业购置X光机财政补助申请表》《浙江省寄递企业购置X光机现场核对表》《寄递企业购置X光机财政补助汇总表》(附件2)、现场照片及经各市寄递渠道安全管理领导小组核实无误后的购置合同、发票(复印件)等资料统一汇总并经财政部门审核后于4月30日前报送省邮政管理局。

二、我省寄递企业本次购入的X光机单价要以省快递行业协会与X光机供应商统一会谈的协议价为上限(附件3),高于此价格的部分财政资金不予补助,低于协议价的按照实际价格按比例予以补助。未经省快递行业协会与X光机供应商统一会谈的个别X光机品牌,其单价请各地参照同类X光机的市场价加以严格把关。

三、省邮政管理局会同省综治办、省财政厅对各有关市、县(市、区)报送的补贴资金清算材料进行审核,并在5月31日前提出补贴资金清算意见,由省财政厅会同省综治办、省邮政管理局将清算资金下达到各有关市、县(市、区)财政部门。各有关市、县(市、区)落实好本级财政承担的25%配套资金后,一并将补贴资金兑付到相关快递企业。

(联系人:省邮政管理局 丁锋 电话:87183016 省财政厅 傅文正 电话:87058410)

附件:1. 各地寄递企业购置X光机上报数(略)

2-1. 浙江省寄递企业购置X光机财政补助申请表(略)

2-2. 浙江省寄递企业购置X光机现场核对表(略)

2－3. 寄递企业购置X光机财政补助汇总表(略)
3. 主要品牌X光机销售给浙江寄递企业协议价(略)

浙江省邮政业发展"十三五"规划

(2016年12月浙江省邮政管理局印发)

邮政业是国家重要的社会公用事业,在改善民生福祉、推动流通转型、促进消费升级、引领物流发展和服务经济社会等方面具有不可替代的重要作用。

"十三五"是我省加快建成与高水平全面小康社会相适应的现代邮政业的关键时期,根据《浙江省国民经济和社会发展第十三个五年规划纲要》和国家邮政局《邮政业发展"十三五"规划》,坚持主动适应经济发展新常态,找准邮政行业发展新定位,结合浙江邮政业发展实际,特制定本规划。本规划是指导"十三五"时期浙江邮政业发展的纲领性文件,规划期为2016年至2020年。

一、"十二五"发展回顾

"十二五"时期是我省深入实施"八八战略"的重要时期和扎实推进"全面小康六大行动计划"的重要阶段。浙江邮政业积极贯彻国家邮政局和省委、省政府对邮政业改革发展的总体部署,抓改革、增活力、调结构、促转型,实现了跨越式发展,"十二五"规划目标任务全面完成,业务发展超预期目标,为全省经济社会发展和民生福祉改善做出了重要贡献。

(一)体制机制改革持续推进

1. 邮政体制改革成效显著。体制改革深化推动行业加速发展,市场主体功能进一步提升,市、县邮政企业完成更名,充分实现普遍服务和竞争性业务分业经营,快递行业保持高速发展,邮政业先导性、领军性作用日益明显。

2. 监管自律格局基本形成。基本建成政府监管、行业自律和社会监督"三位一体"的邮政监管体系。执法重心不断下沉,全省市级邮政管理部门和一批县级邮政监管机构先后建立,省以下监督管理机构不断完善。推动实现地级市快递协会全覆盖,行业自律性运行机制不断完善。拓展社会监督功能,社会监督员队伍不断壮大,监督对象由邮政企业拓展到快递企业,监督内容涵盖邮政普遍服务和快递服务两个方面。

3. 市场经营秩序日益好转。全行业呈现良好的依法依规经营局面,市场经营秩序明显好转。先后建立健全了行业市场准入、年报备案、监督检查、信息报送、统计分析、信息公开等监管制度,制度建设明显加快。创新监管手段和模式,建成快递分拨中心远程在线监控系统,接入全省50个大型快递分拨中心视频信息,筑牢行业安全坚固基石。

(二)发展实力稳居全国前列

1. 综合实力不断增强。一是业务实力跨越式提升。2015年全年,全行业业务总量累计完成811.01亿元,较2010年增长426.4%,年均增长39.41%;业务收入(不包括邮政储蓄银行直接营业收入)累计完成453.35亿元,较2010年增长了400%,年均增长37.97%,增速均大大快于全国平均水平。二是行业实力稳居全国前列。2015年全年,全省邮政业业务总量和收入占全国的比重分别达到15.97%和11.22%,分别从2010年的7.76%和7.1%提升了8.21个百分点和4.12个百分点。三是行业贡献度不断提高。2015年,全省邮政业业务收入增速是同期GDP增速的4.3倍,占全省GDP比重从2010年0.33%提升到1.05%。全省邮政业继续呈现出发展快速、结构优化、提质增效的良好态势。

2. 普遍服务稳步提升。一是函件、包裹、报刊、机要和汇兑等业务平稳发展,普遍服务和特殊服务得到切实保障。2015年全年,普遍服务和特殊服务业务收入累计达68.22亿元,较2010年增长80.81%,年均增长12.58%。二是普遍服务基础设施不断完善,服务能力不断提升。截至"十二五"末,全省共有村邮站23492家、"村邮乐购"店达到10901个、直投到户行政村(社区)3566个、邮政局(所)1855处,单程邮路总长度约26.84万公里、报刊亭2316个、信报箱格口数735.9万个、邮筒(箱)26904个、邮政便民服务站(处)16105个,基本满足城乡居民普服需求,便民利民惠民宗旨得到落实。

3. 快递服务加速发展。一是企业规模不断壮大。截至2015年底,全省依法取得快递业务经营许可资质企业达1328家,获得分支机构名录的企业3544家,机动车近3万辆,从业人员约14万人。二是业务量和业务收入位列全国前列。2015年全年,全省快递服务企业业务量累计完成38.31亿件,较2010年增长1438%,年均增长72.76%;业务收入累计完成383.81亿元,较2010年增长625%,年均增48.62%。三是国际及港澳台业务增长迅速。2015年,国际及港澳台业务量累计完成5263.6万件,较2010年增长340.06%,年均增长34.49%;业务收入累计完成44.49亿元,较2010年增长137.33%,年均增长18.87%。四是基础设施不断完善。场地面积一万平米以上的分拨中心108个,全省11个省级处理中心日处理318.5万票,日处理能力1万票以上的大型处理中心达到63个。五是信息化水平有较大提升。自动化分拣技术、无线传输技术、车辆运输跟踪定位技术、影像监控技术、高速扫描录技术得到应用,服务能力不断提升。全省快递业继续呈现出加速发展的良好态势。

(三)行业服务能力稳步提升

1.服务网络日臻完善。一是邮政普遍服务完全实现“乡乡设所、村村通邮”。建立了“省—市—县—农村邮政局所—三农服务站”五级农村邮政物流服务体系;建成功能完善的信息化村邮站10926个、新型报刊亭1430个,全部实现信息化联网。二是快递服务基本实现“全城布端点、县区无盲点”。全省新增处理中心面积超过20万平方米,服务网点实现所有县区全覆盖,部分快递企业深入乡村开展服务。城市快递网点、智能快件箱建设取得明显成效,“十二五”期间,全省累计建成E邮柜4356个,“最后100米”服务能力得到显著增强。三是国际业务服务能力不断增强,增设了宁波、义乌国际邮件互换局,有效支撑跨境电子商务发展。

2.服务渠道不断拓宽。一是无缝对接互联网和电子商务,成为网络零售配送主渠道。智能快件箱等“互联网+”和快递实体门店等“邮政+”新型业态不断涌现,以邮乐网“特色浙江”频道为代表的村级电商服务链已成为我省“农产品进城,工业品下乡”重要服务渠道。二是快递行业“向下”、“向西”、“向外”拓展初见成效。通过“快递下乡”,全省农村(乡镇)快递网点达1826个,农村(乡镇)覆盖率达到80.05%。三是全面服务跨境电商,寄递企业入驻电子商务园区,拓展延伸向外服务能力。

3.服务模式不断创新。一是不断推出新型服务。拓展以大宗商品、定制物品和主题邮品为代表的寄送服务,满足个性化和差异化用邮需求。二是不断打造新型业态。鼓励以仓储物流中心为代表的“制造+仓储+配送”一体化业态,基于互联网、制造业和邮政业融合发展,推动快递业务“1+1”(标准快递+电子商务)向“1+3”(标准快递+电子商务+先进制造业+跨境网购)转变。

(四)经济社会效应不断增强

1.民生服务效果显著。一是不断强化公共服务职能。积极利用邮政服务网络优势和信息化优势,提供代发工资、话费充值、电力缴费,联网出售汽车票和代售小商品等便民服务。二是不断拓展服务领域。积极探索和提供养老服务、社区服务、福利彩票发行等惠民服务。三是不断提升服务内涵。利用信息化报刊亭等发布重要政务、公益信息和播报热点新闻,成为服务政府、联系百姓的信息纽带。

2.经济促进作用凸显。一是邮政业业务收入占全省GDP比重不断提升,资源配置效应、经济带动效应和消费刺激效应非常明显,成为联接多层市场主体的重要纽带。二是快递企业努力融入地方经济社会发展,形成“快递+电子商务+专业市场+块状经济”发展模式,呈现“小快递、大市场”发展格局,有力地推动经济发展。三是邮政行业支撑就业功能明显,“十二五”期间,全省邮政行业吸纳新增就业超50000人。

“十二五”时期,浙江邮政业实现了跨越式发展,但面对不断变化的发展环境、不断增长的用邮需求和经济社会发展进入新常态,制约行业发展的问题依然突出。主要表现在:

一是行业监管体制机制有待完善。地方性邮政业管理法规有待加强,邮政管理队伍组建时间短、人员少、任务重,监管力量明显不足,监管能力有待提高。

二是行业政策扶持力度有待加强。快递行业车辆进城难、发展融资难、企业用地难、空运租仓难等“瓶颈”问题不同程度存在,财税政策、人才培养、科技创新等政策支持力度尚待加强。

三是行业形象和服务水平有待提升。快递行业技术标准、服务标准和操作标准不够细化,部分企业员工服务意识不强,用户体验较差,行业形象有待改善,行业同质化竞争未得到根本扭转。

四是责任意识和邮路安全有待加强。部分企业主体责任意识不强,安全生产投入不足,员工安全责任意识和能力不足,个别用户违法用邮问题有待解决。

五是信息化和技术化手段有待改进。部分企业信息化、自动化、标准化水平不高,处于粗放式发展,运营效率不高,物联网技术、大数据、云计算等技术手段在行业的应用仍待推进。

二、“十三五”发展形势

（一）市场空间拓展和收入持续增长造就邮政业发展新机遇

1. 经济全球化提供国际化新机遇。随着经济全球化、一体化进程的加快和各国邮政市场准入制度不断完善，邮政业“走出去”、“请进来”渠道不断拓宽，有利于加快我省邮政和快递企业的国际化步伐。

2. 市场空间拓展挖掘发展新潜力。随着“一带一路”、长江经济带、“中国制造2025”、“互联网+”等国家战略相继实施，国内经济潜能将得到持续释放，国际市场空间将得到持续拓展，全社会用邮需求将快速增长，我省邮政业发展潜力巨大。

3. 消费方式不断转变催生新业态。随着消费水平不断提高，居民对个性化消费、生产、服务和配送需求增强，推动邮政业与电子商务、制造业和金融业融合发展，我省快递业“1+3”和“互联网+”战略的深入实施，将催生实体化、综合化和个性化的“邮政业+”新业态不断涌现。

4. 跨境业务增长造就发展新优势。借助浙江省跨境电子商务发展三年行动计划（2015—2017）、中国（杭州）跨境电子商务综合试验区运行和义乌市国际贸易综合改革试点深化，我省一批跨境电子商务产业园区和公共海外仓平台相继建成，有利于我省邮政、快递企业进一步增加国际业务量，打造竞争新优势。

5. 迈向高收入将激发用邮新需求。根据我省目前经济发展态势，预计我省在“十三五”时期人均GDP将达到世界高收入水平。国际经验表明，这一阶段正是我省现代服务业高速发展的黄金时期，产业体系将向服务主导型转变，将有力拉动和激发我省居民用邮新需求。

（二）市场竞争加剧和发展动力调整带来邮政发展新挑战

1. 快递市场深度开放，发展方式有待转变。快递市场加速对外开放导致市场竞争加剧，需要企业创新链、产业链、资金链的精准对接，推动快递企业向集聚、集约、集群发展，向个性、柔性、智能、精细转变。

2. 发展动力面临调整，行业效能有待提升。邮政流通渠道扁平化、精细化、智能化趋势明显，新技术、新产品、新业态以及众创、众包、众扶、众筹模式对邮政业冲击巨大，需要加速运用移动互联、大数据、云计算、物联网等新技术，提升效能。

3. 偏好特需化新趋势，服务内容有待调整。我省城乡居民生活水平提升要求邮政业在普遍服务和快递服务之间发展更多的特需服务，我省制造业专业化、块状化的区域集群特色明显，对邮政服务的特色需求相对集中，需要提供更多区域性和局部空间高度精细化的服务。

三、思路与目标

（一）指导思想

以科学发展观为指导，深入贯彻习近平总书记系列重要讲话精神，以“四个全面”战略布局和“五大发展理念”为统领，以“八八战略”为总纲，坚持改革创新和引领发展，率先建设“五个邮政”，全面提升我省邮政业公共服务能力、产业促进能力和国际竞争实力，更好服务我省大众创业、万众创新，为高水平全面建成小康社会、建设“两富”、“两美”浙江做出更大贡献。

（二）基本思路

“十三五”时期我省邮政业发展思路为“123”：围绕一条主线——改革创新；抓住两个机遇——产业融合机遇和业态创新机遇；实现三个目的——提质增效、增强优势和服务全局。力争实现发展规模、创新能力、服务能力、服务水平、竞争实力的五大跨越。

1. 围绕一个主线。牢牢抓住邮政业深化改革和创新发展主线，坚持需求引领和供给创新。加快形成用户体验至上、资源充分共享、产业融合共生、绿色健康发展的行业生态，加快形成上下游有机衔接、大中小企业共同参与、产学研紧密结合的行业格局。

2. 抓住两个机遇。一是抓住中国（杭州）跨境电子商务综合试验区建设和浙江“互联网+”行动计划实施机遇，寻找、整合全省电子商务、物联网、大数据、云计算、智慧物流等优势领域与邮政业发展的结合点，发展“邮政+”新业态。二是抓住《中国制造2025浙江行动纲要》实施和全面推进基础设施现代化机遇，寻找、整合全省装备制造、海洋生物、轻工纺织、新能源汽车等优势产业与邮政业发展的结合点，发展“邮政+”新业态。

3. 实现三个提升。一是全面提升服务水平，进一步推动邮政普遍服务和快递服务提质增效；二是全面提升行业优势，进一步推动流动方式转型、促进社会消费升级和引领物流发展；三是全面提升融入地方经济发展大局能力，进一步发挥邮政业在服务社会、促进经济、惠民便民和创新创业方面的积极作用。

（三）发展目标

“十三五”时期我省邮政业总体目标为“12345”：保持“第一方阵”、推动“两个倍增”、完善“三个体系"、实现"四个突破"和完成"五个率先",保持中高速发展,各项指标稳步走在全国前列(见表1)。力求从快递大省走向快递强省,打造"中国邮政业改革先行区、长三角快递业发展核心区",引领邮政业市场化、国际化发展。

1.稳居"第一方阵"。"十三五"时期,全省邮政业业务收入涨幅领先于全国,业务收入增速快于全省GDP增速,快递服务成为全国质量排头兵,力争成为全国邮政业竞争实力最强、发展活力最好、开放程度最高的省区。

2.推动"两个倍增"。一是到2020年,全省邮政业业务总量和业务收入在2015年基础上均翻一番以上,分别达到1935亿元和1150亿元,年均分别增长19%和20.46%;二是到2020年,全省快递业业务总量和业务收入在2015年基础上翻一番以上,分别达到117亿件和1000亿元,年均分别增长25%和21.09%。

3.完善"三个体系"。一是完善政府主导、覆盖城乡、惠及全民、水平适度、服务均等的邮政普遍服务体系;二是完善普惠城乡、技术先进、服务优质、安全高效、绿色节能的快递服务体系;三是完善政府监管、行业自律、社会监督"三位一体"行业监管体系。

4.实现"四个突破"。一是邮政业体制机制改革实现新突破;二是邮政业提质增效实现新突破;三是邮政业技术创新和应用实现新突破;四是快递国际化发展实现新突破。

5.完成"五个率先"。一是率先建成完善的地方政策和法规体系;二是率先探索形成一批邮政业发展新模式和新业态;三是率先建立稳固的行业监管保障机制;四是率先建好普惠邮政、智慧邮政、安全邮政、诚信邮政和绿色邮政;五是率先建立覆盖城乡、联通全国、走向国际的快递服务网络。

表1 "十三五"时期浙江邮政业发展主要指标

类别	指标名称	单位	2015年	2020年	年均增长(%)
发展规模	邮政业业务总量	亿元	811	1935	19
	邮政业业务收入	亿元	453.4	1150	20.46
	普遍服务业务总量	亿件	22.1	23.5	1.2
	快递业务量	亿件	38.3	117	25
	快递业务收入	亿元	384	1000	21.09
	邮政业业务收入占GDP比重	%	1.05	1.55	2.4
	新增就业岗位	万个	/	10	/
	邮政业支撑的网络零售额	万亿	/	1.2	/
	快递专业类物流园区数量	个	0	6	/
	配备全自动分拣系统的枢纽型分拣中心数量	个	15	50	27.2
服务能力	邮筒(箱)	个	26904	27030	0.09
	信报箱格口数	万个	735.9	800	1.68
	智能化、信息化村邮站数量	个	10926	15764	7.61
服务水平	普遍服务满意度	分	78.4	80	0.40
	乡镇快递网点覆盖率	%	80	100	4.6
	省内"次日达"服务县(市、县)覆盖率	%	80	85	1.22
	快件延误率	%	0.5	0.1	-27.5
	快件损毁率	%	0.01	0.001	-36.9
	快件丢失率	%	0.005	0.001	-27.5
	快递投诉处理满意率	%	90	≥95	1.08

续表

类别	指标名称	单位	2015年	2020年	年均增长(%)
环境保护	新能源车辆数量	辆	1130	3000	21.6
	快递电子运单使用率	%	75	90	3.7
人才培养	高级技师、高级技工人数	个	670	1200	12.36

四、主要任务与重点工程

(一)深化市场改革,完善政府服务职能

一是加快建立健全现代企业制度。运用市场思维,把握市场规律,顺应市场需求,充分激发邮政业各类市场主体活力,推进国际国内联动、网上网下融合,构建有中国特色和浙江特点、布局合理、统一开放、竞争有序的市场体系。二是加强邮政生产要素市场培育,积极促进快递市场公平竞争,激发市场主体活力和创造力。三是完善政府监管、行业自律和社会监督“三位一体”的邮政监管体系和格局,创新监管方式,提升监管效能。四是健全“权力清单、责任清单”动态调整机制,下放部分行政审批事项和职权,处理好政府、市场、企业之间的关系。五是着力创新治理方式,提升监管部门依法行政能力和公共服务职能。六是进一步促进简政放权,加强事中事后监管,依法规范市场经营秩序。

(二)城乡统筹发展,提升普遍服务水平

一是统筹城乡普遍服务,优化网路布局。加强邮政集散中心建设,推进城乡邮政服务网点改造,拓展村邮站服务功能,创新住宅信报箱建设和运营模式,加快形成便捷、通畅、高效的邮政普服网络体系。二是发挥覆盖城乡的网络优势,提升邮政普遍服务功能,推动邮政普遍服务城乡均衡发展。三是推进普服设施运营社会化,探索政府用邮购买新方式,鼓励社会组织和快递企业参与村邮站运营,创新普遍服务提供方式。四是强化普遍服务业务,稳步发展函件业务,拓展跨境包裹业务,扎实做好机要通信和特殊服务,提升发展邮政文化产品,完善普遍服务结构。

■“普遍服务提升”工程

进一步完善邮政基础网络,健全普遍服务保障机制,丰富服务功能,提升运营效能,提高邮政基本公共服务均等化水平,推动邮政普遍服务持续健康发展。

(1)开展邮政营业场所的补建、改造和升级,完成全省10处邮政局(所)整修和7处危旧县局房改造,逐步完善基层普遍服务功能,提升普遍服务水平。

(2)进一步推进和完善集农资、邮政、通信、报刊文化传播和其他农村服务的村邮站建设,推进信息化村邮站建设,配置自助存取款机具加强金融服务,争取政府保障措施等方面取得实效。“十三五”末,智能化、信息化村邮站从目前10926增加达到15764个,年增长7.61%。

(3)推动落实智能快件箱的城镇老居民区补建和新居民楼新建工作,落实住宅楼信报箱作为城镇住宅楼的配套设施和邮政服务设施的终端纳入《住宅设计规范》强制性条款,做到同住宅楼“同步规划、同步设计、同步施工、同步验收”。

(4)加强与各级城建、规划、文化市场管理等相关部门协调,管理好2316个报刊亭,提升信息化功能,为居民提供方便快捷的话费充值、电力缴费,联网出售汽车票、电力卡充值等服务,打造城市文化新景观、便民服务新阵地。

(5)完善三农服务站提供农业生产资料、消费品、农产品和其他商品的销售和配送服务。完善城市邮政便民服务站为广大城乡居民提供邮政类、缴费类、票务类、代理销售类、商旅服务类等便民业务。

(6)加大投资力度,提高普遍服务能力和水平。投资1.5亿元建设宁波邮件处理中心,投资1亿元建设嘉兴或湖州或台州邮件处理场地,投资1亿元建设和改造邮政网点支局所,投资2000万元新增改造实物网工艺设备,投资1.25亿元更新增加干线车辆、投递车辆等生产车辆,新建智能快件箱3000个。

(三)完善网络体系,增强行业服务能力

一是依托物流节点城市,结合行业发展需求,加快建设快递专业类物流园区,发挥快件集散中心集聚功能。二是无缝对接综合交通运输体系,以各地高速公路为快递物流分拨集散圈层,积极构建快递辐射带,增强区域集中配送能力和服务功能,提升综合运输效率,逐步形成稳定便捷、高效经济的快件航空、铁路、公路、水路综合运输通道。三是结合我省空间布局特点,拓展海上快递线路,不断提升快件传递实效,加快推进“快递向下”工程建设,到“十三五”末实现“乡乡有网点,村村通快递”。四是加快

完善智能快件箱建设布局、支持快递企业末端网点共建公用，鼓励快递企业与便利店、社区物业等合作，进一步增强城乡快递“最后100米”能力建设，加大快递企业末端网点标准化建设力度，努力提升快递末端服务能力和水平。五是加快实施邮政业公共服务信息化平台、骨干快递业企业信息化平台与国家交通运输物流公共信息平台的互联互通。

■“快递专业类物流园区建设”工程

进一步优化我省快递专业类物流园区建设，加快建设快递专业类物流园区，重点打造特色快递产业园区，形成若干条转运效率较强的快递物流干线路，加快快递区域总部建设，形成兼具综合、特色、效能和集聚为一体的全国一流快递物流网络。

(1)到2020年在杭州、宁波、金华(义乌)布局建设一级快递专业类物流园区，在温州、嘉兴、台州布局建设二级快递专业类物流园区。统筹规划若干个三级快递专业类物流园区。

(2)建设萧山长三角快递物流产业园区，吸引规模以上的大型核心企业入驻，发挥航空物流优势。在宁波保税区内建设快递产业园，在舟山综合保税港区，建设以快件海淘保税仓为主导的快递专业类物流园区，吸引规模以上的大型快递企业在园区建设境外商品到境内的集散仓储，实现海外购物在浙江本土的仓配，税收在浙落地；在电子商务产业园区内，搭建以服务电商为主导的快递专业类物流园区，实现电子商务快件的仓配集散，把浙江打造成辐射亚太地区、长三角地区及内地的综合集散枢纽。

(3)落实“浙商回归”战略，发挥桐庐“中国快递之乡”等人缘优势和浙江的地缘优势，推动总部回归。利用优惠政策，产业资源优势，解决对用地难问题，积极争取将快递处理中心用地纳入当地工业园区、物流园区、电子商务园区规划中，引导快递总部加大在浙江空间布局，鼓励快递企业将区域性总部设在浙江。

(四)创新发展方式，推动快递企业做强

一是鼓励快递企业向综合物流供应商升级转型。推动快递企业丰富业务产品种类，完善“标准快递+国内电商快递+服务先进制造业快递+跨境电商快递”体系，大力推进业务创新。二是研究利用政府和社会资本合作模式，借鉴PPP等模式促进行业重大项目建设，鼓励各类资本依法进入快递领域，支持快递企业兼并重组、上市融资，实现强强联合和优势互补。三是实施品牌战略、国际化战略，鼓励“走出去”参与国际竞争，积极培育“快递航母”，加快形成若干家具有较强国际竞争力的企业集团。四是督促快递企业强化服务理念，把我省快递业建设成为具有一流服务团队、一流服务文化和一流服务品牌的现代服务业。五是鼓励快递企业紧跟市场个性化、定制化、品质化和精细化服务需求，加快推进服务标准化、信息化、自动化和管理现代化，提高快递企业核心竞争力。六是推动行业科技创新，提升快递处理中心自动化、智能化、环保化、模块化的装备水平，完善信息管理系统，加快移动终端靠拢，大幅提升用邮便利性、及时性和准确性。

■“快递企业做强”工程

以《国务院关于促进快递业发展的若干意见》和浙江省政府《关于促进快递业发展的实施意见》的出台为契机，以市场为主导，扩大开放，完善治理结构，加强新技术的研发和推广，做大做强快递行业。

(1)到2020年，全省快递业务量达到117亿件，业务收入超过1000亿元。年收入100亿元的网络型快递企业5个以上，其中年收入达到200亿元的网络型企业达2个，实现由“快递大省”向“快递强省”转变。

(2)落实《邮政业从业企业标准化工作指南》，推动快递企业开展标准化建设。2020年快递营业场所达标率力争达到90%。在行政中心区、商业中心区、风景名胜区等人流密集的场所，改造提升一批场地整洁有序、设施齐全、公示上墙、服务规范的快递示范门店，到2020年，全省试点建设快递示范门店5000家，提高服务质量，提升服务形象。

(3)鼓励有条件的民营快递企业在有条件的乡镇开设农村快递服务网点，到2020年，全省乡镇快递网点覆盖率实现100%，建制村快递服务无盲点。省内85%县(市)实现互寄“次日达”，国内重点城市间的快件实现48小时内投递，快递服务公众满意度达到85%以上。

(4)会同有关部门出台快递服务车辆便利通行的相关管理办法，积极稳妥推广新能源交通工具，加强节能减排新技术新工艺推广应用，走绿色低碳发展之路。

■"技术研发应用"工程

通过先进技术的应用和研发,提高行业的信息化、自动化、标准化水平,提升行业服务的便利性、时效性、准确性、安全性。创新管理方式,提升信息化管理水平。

(1)加快大数据、云计算、EDI、RFID、GPS、ERP和POSTWMS等技术手段在行业中的应用和研发,以技术流引领信息流、物流、资金流,提高邮政企业和快递企业信息化、自动化和标准化水平。加快电子面单、应用APP、支付宝、微信支付等信息化手段的应用,逐步向依靠移动端靠拢,大幅提升用邮便利性、及时性、准确性。加快智能快件箱、智慧终端建设和专业化的投递信息售后服务平台建设。

(2)建设以行业监测分析、政务公开、行政执法、安全监管和社会应急等为重点内容的邮政业公共服务信息化平台,实现全行业社会公共服务信息化,促进监管部门监管能力和公共服务能力不断提升。

(3)建立和完善诚信管理、安全管理、服务时限监测、消费者申诉、公众满意度评价、服务网点、资费以及邮编查询等公共服务子系统。开展全省邮政业用户申诉处理平台升级和技术改造,升级用户申诉处理平台建设,完善局长信箱与申诉处理受理平台,促进申诉处理受理无纸化。

(4)加快冷链物流技术研发,提高冷链物流技术水平,在加工、贮藏、运输、分销和零售等环节最大程度保证服务安全,减少损耗和污染。

(五)拓展业务领域,推进产业融合发展

一是提升邮政业服务农村的能力和水平。完善村邮站功能建设和创新村邮站运营模式。拓展行业"工业品下乡、农产品进城"的支撑能力,提升邮政行业服务农村能力和水平,努力实现农民购物不用出村、生活不用出村、金融不用出村、创业不用出村,销售不用出村。二是推动邮政业对接全省各地重点旅游景点,在旅游市场推广、旅游文化宣传等方面进行深度合作,开发和设计有地方景区、文化特色的纪念性邮品项目,开发景区旅游纪念品包邮包直递业务,邮资明信片门票加载电子门禁功能,使景区售票、验票等实现信息化。三是落实《国务院关于大力发展电子商务加快培育经济新动力的意见》,进一步推进电子商务与邮政快递的融合共生,促进线上线下互动创新,共同发展体验经济、社区经济、逆向物流等便民利商新业态,推动产业协调发展。四是发展定制化生产,全力发展"制造+仓储+快递"一体化模式,将设施、系统、服务嵌入于制造企业之中。拓展跨境电商寄递产品,为我省跨境电商卖家提供灵活、经济、优质的一站式跨境出口解决方案。发展快递冷链产品,将快递融入家庭饮食之中。

■"产业联动发展"工程

进一步推动邮政业结构优化,推动行业与关联行业融合发展,满足现代服务业和先进制造业对综合化精细化的寄递服务需求。

(1)积极推动《关于推进浙江省快递服务制造业工作的实施意见》实施,加快推动快递融入现代农业、先进制造业和现代服务业。鼓励快递企业进驻制造业集聚区,加强信息对接,鼓励传统制造业发展网络营销。

(2)积极促进行业与金融业、物流业、制造业、信息技术、国际贸易等产业的对接,培育新的市场增长点。鼓励快递企业服务进开发区(高技术、经济技术)、进商区、进园区(商务、工业、高新)、进校区(大专院校)、进社区、进景区、进村区。

(3)创新推出个性化物品、高端私人订制等邮政服务新兴业务,积极发展个性化邮票网络定制服务、主题邮局、节假日和地方文化明信片和专属快递服务,满足市场个性化、定制化、品质化和精细化服务需求。

(4)积极发展再包装、报关、保价、仓储、代收货款等增值业务,探索提供一体化供应链解决方案。加快快递企业与电子商务、装备制造、商贸流通、出口加工、现代农业等相关产业融合发展。鼓励发展药品保健品等专业快递,扩大冷链快递服务覆盖范围。

(六)加强监督管理,切实保障行业安全

一是做好行业法律、法规、规章和标准的贯彻实施,组织制定我省交通不便的边远地区的邮政普遍服务标准。开展行业地方性立法,逐步建立完善的法律法规体系。二是强化监管体系建设,推动完善邮政监管机构,积极拓展行业协会功能,充分发挥监督员作用。三是加大对无证经营、超范围经营、违规经营等行为的打击力度,切实维护市场秩序。四是建立企业诚信体系和服务质量监管体系,形成邮政业申诉热线、新闻媒体、社会监督员等全方位多层次的服务监督网络,建设行业失信企业惩戒机制和淘汰机制,努力提升行业经营主体的依法经营意识。五是推动企业建立安全管理队伍,落实企业主体责任,全面加强收寄验视、过机安检、实名信息化登记等安全制度的贯彻实施。提升安全监管信息系统功能,推动快递服务网点、快件处理中心和其他作业设施的配套同步和信息共享。六是强化安全协调机制建设,努力实现与相关部门的信息互通,保障寄递渠道安全和高效。

■"行业安全保障"工程

进一步牢固树立安全发展理念,进一步加强寄递渠道安全管理,落实企业主体责任,确保行业安全和信息渠道畅通。实现动态可追踪、隐患可发现、事件可预警、风险可管理、责任可追踪的"五可"目标。

(1)建立邮政业安全中心,切实承担省邮政业安全监控、应急保障、科技支撑、安全培训等基础服务保障工作。

(2)拓展与相关部门信息共享和联合执法监管,加强行业信息安全管理和安全生产管理,推动企业建立健全安全保障制度和措施。

(3)严格落实三项安全制度,确保邮件、快件安全。

(4)强化行政执法管理信息系统和安全监管信息系统作用,到2020年实现主要快递分拨中心和规模以上快递企业监控视频全部接入安全监管信息系统。

(5)严把市场准入,对照《邮政业安全生产设备配置规范》,提高企业的安全保障能力。

(6)做好监管风险预警和应急处置,继续做好旺季服务保障,及时发布消费风险提示。

(7)做好重大活动和重大节日期间邮路安保,杜绝重特大安全事故发生。

(七)融入地方经济,服务全省发展全局

一是发挥行业网络优势,帮助全省企业宣传品牌、推介产品和拓展市场,努力帮助中小企业解决营销难、物流运输难等"瓶颈"。二是依托行业寄递网络,建立邮政服务全省品牌企业的高效网络营销推广平台,不断增加线上产品种类,做到广大消费者足不出户就能买到"原汁原味源产地"的浙江名优产品。三是鼓励企业结合我省地域经济实际,发挥县域资源优势、文化特色和民俗风情,助力地方经济社会发展、文化传播和旅游宣传。四是建设一支数量充足、结构合理、技术精湛、素质优良的专业化技能型人才队伍,发挥普遍服务和快递服务的劳动密集型和技术密集型特点,促进地方就业创业。五是积极拓展城乡社区服务功能,利用全省邮政邮政局(所)、村邮站、便民服务站及投递网,提供多种类便民服务等叠加业务。

■"专业人才培养"工程

促进快递企业高层管理人员职业化,一线生产人员专业化,提高快递企业管理水平和员工整体素质,提高企业服务水平,增强企业竞争力。

(1)打造经营管理人才、专业技术人才和技能型人才三支队伍,积极推进校企合作,探索建立职业教育、高等教育和在职培训鉴定相衔接的教育培养模式。建设快递专业人才培养基地,发展多层次教育体系和在职人员培训体系,建设专业化技能型人才培训基地和建设高等人才公共实训基地。

(2)探索从业人员诚信管理办法,开展从业人员信用信息库建设。

(3)推动行业精神文明建设,深入开展形式多样、内容丰富的快递行业文化建设。提升从业人员职业素养,增强敬业爱岗意识,培养良好的职业道德和外在形象。会同共青团机关开展"青年文明号"创建,加强最美快递员队伍建设。

(八)加快开放发展,助推跨境业务拓展

一是鼓励我省邮政、快递企业利用"一带一路"、义新欧专列、亚投行、中韩和中澳自贸区及跨境电子商务发展带来的机遇,积极发展国际航线邮寄包机业务。二是加快与国外邮政合作推出小包服务,加快构建全球物流供应链和境外邮政物流服务体系。三是进一步推动有关部门完善公共服务平台,为邮政、快递企业的跨境仓储、物流提供数据交换服务。加快建设和充分发挥杭州、宁波、温州、义乌国际邮件互换局、交换站的处理能力和服务功能。四是引导跨境电商平台在浙江建仓,在跨境电商园区入驻和仓配一体化服务等方面给予政策支持。五是鼓励快递企业国际化发展,着力培育国际物流快递骨干企业,鼓励外贸综合服务企业和第三方专业服务企业为我省实施国际化战略的快递企业提供通关、检疫、仓储、融资和结汇等服务。

■"国际业务拓展"工程

加快构建我省邮政和快递全球物流供应链和境外物流服务体系,不断提高海外业务的收入比重。

(1)鼓励邮政公司,优化国际"e邮宝"、国际"e速宝"、国际"e特快"、国际"e包裹"及中邮海外仓等一系列适应跨境电商的产品,形成国际产品体系。

(2)扶助和鼓励我省民营快递企业积极发展国际航线包机业务,开通国外专线和国际转运中心,重点抢占港澳台、东南亚、东北亚等周边亚洲市场,发展国际快递;对接国际电子商务平台,推动我省寄递企业提供优质的寄递服务。

(3)引导和整合跨境电商、邮政和快递企业在采购、物流、清关、仓储和配送环节业务,加快形成跨境电商采购中心、配送中心、仓储中心,支持建设国际快递处理中心,和海外仓。

五、保障措施

（一）加强组织领导，做好统筹协调。一是省邮政管理局负责落实省邮政业发展“十三五”规划，省级以下邮政管理机构负责本地区邮政业发展“十三五”规划。二是各级邮政管理部门做好规划宣传，统一思想、凝聚力量，切实把邮政业发展作为深入推进基本公共服务均等化的重要事项和加快培育现代服务业新增长点的重要内容。三是加强与省“十三五”规划、国家邮政业“十三五”规划和其他专项规划的衔接和协调，增强规划编制和实施的科学性、系统性。四是强化考核和检查，把规划指标纳入全省邮政业发展综合评价和绩效考核体系，分解落实。五是发挥新闻媒体、社会监督员作用，适时开展规划宣传和展示，及时向社会、企业公布规划实施进展。六是进一步落实《浙江省人民政府关于促进快递业发展的实施意见》，加强顶层设计，建立快递业联席会议制度和快递发展研究中心，争取各级政府有关部门对邮政业发展的重视和支持，及时协调解决行业发展中的各类问题。七是加强省、市快递行业协会建设，支持协会开展工作，充分发挥快递行业协会的作用。

（二）健全法律法规，强化监督管理。一是认真贯彻实施行业法律法规和标准，加快推进行业地方性法规的制定与实施。健全邮政规范性文件制定程序，深入开展立法试点、评估工作，保障立法质量。二是进一步加强执法综合管理，完善管理部门权力清单、责任清单、行政裁量基准制度，依法下放审批权，强化事中事后监管，营造依法治邮、依法行政的邮政监管环境。三是完善省、市邮政部门管理体系，推动县级邮政管理机构建设，提高监管效能。四是加强行业监管，营造公平竞争市场环境，建立和完善覆盖全省的邮政服务质量监测点，加强社会监督员队伍建设。五是积极吸取群众意见改进邮政服务，不断提高广大城乡居民对邮政服务的满意度。

（三）落实保障政策，完善配套服务。一是落实对邮政普遍服务的支持保障政策。推动建立科学规范的普遍服务成本核算制度、激励和约束机制。二是推动邮政基础设施建设纳入地方城乡规划。落实村邮站保障政策，落实城镇住宅楼房信报箱建设管理法规及措施。三是落实农村邮政发展的政策，支持邮政企业通过完善邮政农资配送渠道，拓宽农村金融服务和信息服务渠道，丰富业务种类，完善服务功能。四是落实和完善就业创业和人才引进政策，支持快递企业人才职业培训和职业技能鉴定，对符合条件的有关部门可按规定给予补贴。积极整合我省教育资源优势，构建企业、院校、政府合作发展平台，探索创新多元化人才培养模式，开展学历教育、职业教育和在岗教育等多层级的教育和培训，为企业提供人才和智力支持。

（四）优化发展环境，加快绿色发展。一是规范行业秩序，建立违法失信主体黑名单及联合惩戒制度，加强事中事后监管，营造统一、开放、竞争、有序的市场环境。二是着力解决快递企业用地难、用地贵问题，加强快递分拨中心、网点和快递专业类物流园区规划布局，进一步明确功能定位，整合和规范现有园区，节约、集约用地，提高资源利用效率和管理水平。三是完善邮政、快递车辆管理制度，努力解决城市快递配送车辆通行、停靠、装卸作业和小区进入等难题。四是推动建立和完善航空快件集中处理、优先配舱、优先安检、快速通关的“绿色通道”，提高快件转运时效。五是鼓励和扶助企业采用环保材料和节能技术装备，实现绿色、环保、低碳运营。同时强化供给侧改革，不断出台推动产业联动、拓展服务网络、培育市场主体、保障寄递安全、加快国际发展、引领绿色发展等方案的配套措施，进一步营造促进我省邮政业又好又快发展的产业政策环境。

杭州市人民政府关于加强危险物品安全管理的决定

（2016年8月16日杭州市人民政府令第294号公布）

为确保二十国集团领导人第十一次峰会顺利举行，根据《浙江省人民代表大会常务委员会关于授权省及设区的市人民政府为保障二十国集团领导人第十一次峰会筹备和举办工作规定临时性行政措施的决定》及有关法律法规规定，市政府决定，在本市行政区域范围内对危险物品实施临时性安全管理措施。有关事项如下：

一、本决定所称的危险物品，包括枪支弹药、民用爆炸物品、剧毒化学品、放射性物品、易制爆危险化学品、涉爆易制毒化学品及危险性刀具、散装汽油和火药动力的射钉器（弹）。

枪支弹药是指《中华人民共和国枪支管理法》所规定的枪支及用于枪支的弹药；民用爆炸物品是指《民用爆炸物品安全管理条例》所规定的爆炸物品；剧毒化学品是指《危险化学品安全管理条例》所规定的剧毒化学品；放射性物品是指《放射性物品运输安全管理条例》所规定的放射性物品（医疗用短寿命放射性药品除外）；易制爆危险化学品是指《危险化学品安全管理条例》所规定的可用于制造爆炸物品的危险化学品；涉爆易制毒化学品是指高锰酸钾、硫酸、盐酸和丙酮；危险性刀具是指经国务院批准公安部发布的《对部分刀具实行管制的暂行规定》所规定的管制刀具，以及大型水果刀、斧头等其他危险性刀具。

二、禁止购买、运输枪支弹药、民用爆炸物品、剧毒化学品、放射性物品、易制爆化学品、涉爆易制毒化学品。禁止销售火药动力的射钉器（弹）和实施爆破作业、持枪狩猎、射击训练等活动。暂停放射性物品的移动使用。

涉及国计民生，确需购买、运输前款规定的危险物品的，相关单位应制定落实安全防范措施，加派守护、押运力量，确保安全。审批部门应当从严审批，严格监管。

三、管制刀具一律封存，不得销售。在绕城公路以内区域销售其他危险性刀具的，经营者应当查验购买人的身份证件，登记购买人的姓名、身份证件种类和号码、联系方式及购买刀具的品种、数量和用途，禁止向未成年人、行为异常、精神异常和身份不明的人员销售。发现行为异常或精神异常人员购买的，应立即向公安机关报告。

四、严格执行散装汽油专机销售、实时监控、购买实名登记、异常情况实时报告等管理制度。在绕城公路以内区域，个人购买散装汽油的，应持本人有效身份证件和所在地社区、村（居）民委员会证明；单位购买的，应持单位证明和经办人有效身份证件。

五、危险物品从业单位应当落实人防、物防、技防等安全防范措施，严格执行人员及货物出入检查登记、负责人二十四小时在岗值班等制度，并每日向所在地公安派出所报告情况。

六、对违反本决定规定的行为，由公安机关责令改正，可以对单位处1万元以上3万元以下罚款，对个人处500元以上2000元以下罚款；法律法规已有规定的，从其规定。

七、本决定施行日期为2016年8月20日至2016年9月7日。

金华市邮政管理局、金华市市场监督管理局关于做好快递企业分支机构备案及"一照多址"相关工作的通知

（2016年7月12日　金邮管〔2016〕31号）

各县市（区）市场监管局、各快递企业：

根据《国务院关于促进快递业发展的若干意见》以及《浙江省人民政府关于促进快递业发展的实施意见》的有关规定，为简化许可审批流程，优化快递行业分支机构办理备案手续，规范快递行业秩序，经金华市邮政管理局、金华市市场监督管理局研究，决定实施证照"一照多址"管理，具体管理流程如下：

一、增设分支机构：快递企业设立分支机构需要通过快递业务经营许可信息系统办理设立分支机构的相关手续，属地为义乌的分支机构，企业在增设过程中，分支机构所在地请选择义乌；除义乌外在其他县（市、区）设立分支机构的，分支机构所在地请选择金华。企业在系统上提交申请后，所属邮政管理部门通过系统材料审核以及现场核查确定是否予以发放分支机构名录。（流程详见附件1）

二、办理营业执照：快递企业新设分支机构办理营业执照分为两种模式：一是快递企业在住所以外另设经营场所并且和分支机构属于同一县级登记机关管辖的，凭分支机构名录到辖区市场监管部门申请办理营业执照"一照多址"手续或者选择申请单独办理分支机构营业执照。二是快递企业和分支机构不属于同一县级登记机关管辖的，凭分支机构所属法人企业的《快递业务经营许可证》和所附分支机构名录到分支机构辖区市场监管部门单独申请办理营业执照。

三、分支机构备案：快递企业在其所属营业执照上添加好新设分支机构或者新设分支机构办理好单独营业执照二十日内，需进入到经营快递业务分支机构备案系统上进行分支机构备案（流程详见附

件2)。金华市邮政管理局、义乌邮政管理局根据企业分支机构的备案情况,确定分支机构的合法身份,以此开展正常的收、派业务。

附件:1. 分支机构设立流程(略)

2. 分支机构备案流程(略)

12. 安　徽

安徽省人民政府办公厅关于促进快递业发展的实施意见

(2016年2月4日　皖政办〔2016〕9号)

各市、县人民政府,省政府各部门、各直属机构:

为贯彻落实《国务院关于促进快递业发展的若干意见》(国发〔2015〕61号),促进我省快递业健康发展,经省政府同意,现提出如下实施意见:

一、总体要求和发展目标

(一)总体要求。以解决制约快递业发展的突出问题为导向,以"互联网+"快递为发展方向,坚持"市场主导、政府推动,安全为基、规范引领,创新驱动、协同发展",加快基础设施建设,加大政策扶持力度,培育壮大市场主体,融入并衔接综合交通体系,扩展快递服务网络惠及范围,保障寄递渠道安全,促进行业转型升级和提质增效,不断满足人民群众日益增长的寄递需求,更好地服务全省经济社会发展。

(二)发展目标。到2020年,基本建成普惠城乡、技术先进、服务优质、安全高效、绿色节能的快递服务体系,实现乡乡有网点、村村通快递。全省快递业务量达到18亿件,业务收入达到200亿元,年均增长35%以上,从业人员10万人以上。与国内重点城市间快件实现48小时送达,设区市间快件48小时投递率90%以上,80%市县互寄"次日达"。网购商品通过快递配送比例超过75%,支撑网络零售交易额突破2500亿元,快递对电子商务的支撑作用全面提升。

二、重点任务

(三)加快基础设施建设。规划建设一批快递物流园区,支持快递企业建设快件分拨中心、快件处理场所、仓储配送中心等,提升运营服务能力。统筹推进电子商务园区、商贸物流园区、工业园区快递设施建设,完善园区快递服务功能。加快合肥快递后台服务基地(管理中心、技术研发中心、电子商务中心)建设,打造全国性快递呼叫中心。规划建设合肥新桥机场航空快件转运中心,引导快递企业总部建设区域性航空快递基地。依托合肥国际邮件互换局,建立进出境快件24小时通关机制,助推跨境电子商务发展。构建快递公共信息服务平台,大力推进快递电子数据交换。(省邮政管理局、省发展改革委、省交通运输厅、省商务厅、合肥海关、安徽出入境检验检疫局、省民航机场集团、各市政府负责)

(四)完善快递服务网络。推进"快递下乡"工程,鼓励和支持快递企业完善农村地区网络布局,建设快递处理场所,设立快递营业网点,构建覆盖城乡的快递服务网络。支持邮政企业和快递企业创新合作模式,发挥现有邮政网点优势,提升邮政基础设施利用效率。拓展村邮站服务功能,加快建设"农村快递"便民服务平台。完善城市快递配送模式,将城市快递配送纳入城市共同配送体系,鼓励快递企业、商贸流通企业合作共建末端服务网点,推动快递进校园、进机关、进社区、进景区,推广应用智能快件箱等自助服务设施。支持快递企业加强与农业、供销、商贸企业的合作,打造"工业品下乡"和"农产品进城"双向流通渠道。(省邮政管理局、省发展改革委、省教育厅、省民政厅、省住房城乡建设厅、省交通运输厅、省农委、省商务厅、省旅游局、省供销社、省邮政公司、各市政府负责)

(五)培育壮大快递企业。鼓励各类资本依法进入快递领域,推动快递企业兼并重组、上市融资,整合中小企业,优化资源配置,加快形成2—3家在国内具有较强竞争力的快递企业。鼓励快递企业增加研发经费投入,支持符合条件的快递企业成为高新技术企业。实施品牌战略,引导快递企业完善服务网络,提升服务质量,培育打造有影响力的快递服务品牌。落实行业安全和服务标准,加强服务质量监测,降低快件延误率、损毁率、丢失率和投诉率,引导快递企业从价格竞争向服务竞争转变。积极推广与快递业相关的保险业务，保障用户权益。（省邮政管理局、省科技厅、省经济和信息化委、省工商局、省质监局、省政府金融办、安徽证监局、安徽保监局、有关市政府负责）

（六）推进“互联网＋”快递。鼓励快递企业充分利用移动互联、物联网、大数据、云计算等信息技术，优化服务网络布局，提升运营管理效率，加快向综合性快递物流运营商转型。推进电子商务与物流快递协同发展试点，引导快递企业与电子商务企业深度合作，建设一体化配送平台，提供多种增值服务，促进线上线下互动创新。统筹推进“快递下乡”和“电子商务进农村”，将农村快递网络建设情况纳入省级电子商务示范县（市、区）考评体系。支持快递企业参与涉农电子商务平台建设，构建农产品快递网络，服务产地直销、订单生产等农业生产新模式。支持快递企业发挥供应链管理优势，为制造业提供智能仓配运输等多种服务，积极融入智能制造、个性化定制等制造业新领域。鼓励快递企业开发适应文化旅游产业的服务项目，带动地方特色产品、旅游景区工艺品、纪念品等“走出去”。（省发展改革委、省经济和信息化委、省商务厅、省农委、省旅游局、省邮政管理局、各市政府负责）

（七）衔接综合交通体系。实施快递“上车、上船、上飞机”工程，支持快递企业与铁路、公路、水路、民航等运输企业加强合作，强化运输保障和综合服务能力。在铁路枢纽设置快件运输通道和接驳场所，建立合新欧班列运输邮件（快件）合作机制。稳妥推进公路客运班车代运快件试点和快件甩挂运输方式，因地制宜发展快件水路运输，大力推动快件航空运输，合理划分机场快递功能区，为快递货机提供安检、配载、装卸、交接的“快件运输绿色通道”服务。（省交通运输厅牵头，省发展改革委、省民航机场集团公司、省邮政管理局、各市政府配合）

（八）加强“平安快递”建设。实施寄递渠道安全监管“绿盾”工程，推进快递企业安全生产标准化建设，落实邮政业安全生产设备配置规范等强制性标准，明确收寄、分拣、运输、投递等环节的安全要求。落实快递企业安全主体责任，完善从业人员安全教育培训制度，筑牢寄递渠道安全基础。强化安全检查措施，严格执行收寄验视、实名收寄、过机安检制度，从源头防范禁寄物品流入寄递渠道。大力推进行业安全监管信息技术应用，实现快件信息溯源追查，依法严格保护个人信息安全。健全寄递渠道安全管理工作机制，坚持综合治理，加强协作配合，落实属地管理责任，提升安全监管与应急处置能力。（省综治办、省公安厅、省安全监管局、省邮政管理局、民航安徽安全监督管理局、各市政府负责）

三、政策措施

（九）加强规划引导。将快递业纳入我省国民经济和社会发展规划内容。编制安徽省快递业发展“十三五”规划，做好与综合交通运输、现代服务业、电子商务、物流业等专项规划的衔接。在城乡规划、土地利用规划、公共服务设施规划中，合理安排快递基础设施的布局和建设，适当引导快递企业集中布局。将快递末端服务网点、智能快件箱等快递服务设施纳入公共服务设施规划。（省交通运输厅、省发展改革委、省国土资源厅、省住房城乡建设厅、省商务厅、省邮政管理局、各市政府负责）

（十）优化政策环境。深化快递行业商事制度改革，探索对快递企业实行同一工商登记机关管辖范围内“一照多址”模式。简化快递业务经营许可程序，精简企业分支机构、末端网点备案手续。入驻电子商务园区、商贸物流园区、工业园区的快递企业，享受园区企业同等政策。快递企业用电执行一般工业电价，用气按照非居民用价格执行。在“电子商务进农村综合示范县”建设乡镇以下营业网点的快递企业，按规定享受相关政策支持。（省工商局、省发展改革委、省经济和信息化委、省物价局、省住房城乡建设厅、省商务厅、省邮政管理局、省电力公司、各市政府负责）

（十一）强化财政扶持。争取中央预算内投资通过投资补助和贴息等方式，支持农村地区公益性、基础性快递基础设施建设，省、市、县（市、区）财政专项资金要将符合条件的企业和项目纳入支持范围。快递企业可按现行规定申请执行省内跨地区经营总分支机构增值税汇总缴纳政策，依法享受企业所得税优惠政策。（省财政厅、省发展改革委、省经济和信息化委、省国税局、省地税局、省邮政管理局、各市政府负责）

（十二）改善融资环境。鼓励金融机构、融资性担保机构针对快递企业特点，开发适应快递业需要的金融产品，拓展向民营快递企业质押融资、抵押贷款的范围，加大贷款支持力度，适当降低融资门槛。鼓励地方政府融资担保机构为符合条件的快递企业提供信用担保服务。对符合中小企业划型标准，办理商业贷款的民营快递企业，鼓励当地银行业金融机构实行贷款优惠。（省政府金融办、省发展改革委、人行合肥中心支行、各市政府负责）

（十三）加强市场监管。探索完善市以下快递监管模式，充实监管力量，创新监管方式，强化事中事后监管，全面提升市场监管能力。健全寄递渠道安全管理跨部门、跨区域协作配合机制，依法加强快递经营行为监管和寄递安全监管，加大执法检查力度，维护快递市场经营秩序，保障用户合法权益。推进快递市场诚信体系建设，利用省公共信用信息共享服务平台、企业信用信息公示系统和行业监管信息系统，建立违法失信主体"黑名单"及联合惩戒制度，营造诚实守信的市场环境。（省邮政管理局、省编办、省发展改革委、省安全监管局、省公安厅、省工商局、各市政府负责）

（十四）保障快递车辆通行。规范快递车辆管理，逐步统一标志，在有条件的地方施划快递车辆专用临时停车位，切实解决城市快递车辆市区通行、停靠和装卸作业问题。研究制定快递专用电动三轮车用于城市收投服务的管理办法，解决"最后一公里"通行难问题。（省公安厅、省住房城乡建设厅、省邮政管理局、各市政府负责）

（十五）加快快递人才培养。搭建校企合作平台，建立以政府为主导、企业为主体、院校为支撑的快递人才培养体系。支持职业院校开设快递相关专业，培养快递专业人才。委托专业培训机构对快递管理人员进行专门培训。支持快递企业组织从业人员参加相关职业培训和职业技能鉴定，对符合条件的企业和人员可按规定给予补贴。鼓励和支持快递人才实训基地建设。（省教育厅、省财政厅、省人力资源社会保障厅、省邮政管理局、各市政府负责）

四、组织实施

各地、各有关部门要充分认识促进快递业发展的重要意义，加强组织领导，健全工作机制，强化协同联动，加大支持力度，为快递业发展营造良好环境。省有关部门要根据各自职责制定配套政策和具体措施。各地要将促进快递业发展作为推进现代服务业发展和加快流通体系建设的重要内容，结合本地区实际出台有针对性的支持措施，并抓好落实。省邮政管理局、省交通运输厅、省发展改革委等部门负责对本意见落实工作的统筹协调、跟踪了解、督促检查。

安徽省邮政管理局、安徽省住房和城乡建设厅关于做好信报箱和智能快件箱验收备案工作的通知

（2016年2月17日　皖邮管〔2016〕13号）

各市邮政管理局，各市住房城乡建设委（城乡建设委、规划建设委），房地产管理局：

信报箱和智能快件箱是用于提供邮政普遍服务的基础设施，是邮政网络的重要组成部分。为认真贯彻落实《安徽省邮政条例》规定，现就我省信报箱验收备案工作通知如下：

一、信报箱验收应依据《住宅设计规范》、《住宅信报箱工程技术规范》等国家标准实施。

二、根据《安徽省邮政条例》规定，住宅建筑工程竣工验收时，邮政管理部门或者其委托的单位应当参加信报箱验收工作。建设单位应在竣工验收前通知属地邮政管理部门或者其委托的单位参加验收，邮政管理部门或者其委托的单位未到场参加验收的，视为认可。

三、根据《安徽省邮政条例》规定，信报箱工程验收未通过的，建设行政主管部门不得予以验收备案。

四、为满足目前快递投递的需要，鼓励建设智能快件箱，在便于快递投递的地方，为设置智能快件箱预留位置、埋设电源、配备照明设施。智能快件箱设置数量应根据居民收件数量确定并适当考虑未来发展需要。智能快件箱可按照"自愿有偿"原则使用。

五、已建成使用的住宅建筑未设置信报箱的，在住宅建筑改造时，应当将信报箱作为公用设施集中设置建设。也可设置单一的智能快件箱供邮政、快递企业共同使用。对邮政企业利用智能快件箱投递普遍服务邮件应予免费。

安徽省邮政管理局、安徽省教育厅关于做好高等院校快递服务工作的意见

（2016年9月6日　皖邮管〔2016〕95号）

各市邮政管理局、教育局，各高等院校、中等职业学校：

为促进电子商务与快递协同发展，满足师生用邮需求，维护高等院校管理秩序，根据《国务院关于大力发展电子商务加快培育经济新动力的意见》（国发〔2015〕24号）、《安徽省人民政府办公厅关于大力发展电子商务加快培育经济新动力的实施意见》（皖政办〔2015〕54号）、《安徽省人民政府办公厅关于促进快递业发展的实施意见》（皖政办〔2016〕9号）等文件精神，结合我省实际，现就我省高等院校校园快递服务工作提出如下意见：

一、充分认识做好高等院校快递服务工作的重要意义

2015年，我省快递企业收件量达4亿件，派件量约5.8亿件，其中电商快件占全部快件70%以上，快递已成为支撑电子商务和促进消费升级的不可或缺的基础性服务业。我省现有普通高等院校108所，在校生113万人，因高等院校学生网购产生的快件超过3900万件，约占全省电商快件量的6%，并呈持续增长态势，成为学生消费的重要方式。“校园快递”在为广大高等院校师生提供便捷服务的同时，也存在诸多困难和问题。一是校园内未设置专门的快件收发场所，导致快递车辆无序停靠、快递包裹就地堆放，存在安全隐患。二是部分高等院校出于安全管理的考虑，限制快递车辆进入校园派送，快递公司不得不将快件集中在校园周边“占道摆摊”，影响了公共交通和校园管理秩序。三是快件派送与正常教学存在时间冲突，一定程度上影响了教学秩序和派送效率。四是现有校园快递运营“脏乱差”的现象不同程度存在，快递服务质量难以保证。以上问题长期存在，师生普遍关心，社会影响面大。因此，做好高等院校校园快递服务工作，对于满足广大师生合理消费需求、维护校园安全管理秩序、提高快递服务效率和服务水平、促进快递业健康发展都有重要意义。

二、务实创新，全力做好高等院校校园快递服务工作

一是设立快递服务机构。各高校均应设立快递服务机构，该服务机构的经营服务模式可以多种多样。如由校方租赁场地引入快递企业、独立第三方，集中相关快递公司业务统一自主运营模式；学校以企业法人为主体的自主运营模式；以企业法人或者已取得快递业务经营许可的企业法人分支机构为主体，由学生组织牵头成立快递服务站，将多家快递公司集中到一个点各自派件的大学生创业模式等，各高校因校制宜选择适合本校特点的服务模式。高校已设置邮政收发室的也可在此基础扩展收发室的服务功能，将快件代收列入其职责范围。无论采取何种模式，快递服务机构必须依法取得快递业务经营许可。申请快递业务经营许可证可进入国家邮政局官网“办事服务”中提交许可申请，申请网址为http://kdjyxk.spb.gov.cn/companyLogin.jsp。

二是推广应用智能快件箱。各高等院校结合智慧校园建设，引入自助服务设施运营企业，由校方统一规划，在校内选择适当场所集中设置智能快递箱（群），供快递企业使用，方便师生自取快件。

三是鼓励企业服务创新。鼓励和支持经营快递业务的机构（企业）开放适应高等院校师生消费需求和作息规律特点的服务产品，如派前通知、约定时间派送、手机付款等，尽量避免正常教学与快件派送的“时间差”，提高派送效率和服务满意度。

三、加强管理，建构合作共赢的校园快递服务治理格局

做好高等院校校园快递服务工作涉及面广、政策性强，既要遵循市场规律，也要考虑高等院校实际情况，坚持企业主体地位，发挥政府部门引导作用，通过校方及广大师生、快递企业、行业协会等有关各方密切协作、务实创新、扎实工作，形成管理高效、运行安全、衔接顺畅、各方满意的校园快递综合治理格局。

一是邮政管理部门、教育主管部门和各高等院校要建立联合工作机制，研究制定校园快递管理的服务规范与标准，营造开放、规范、安全的校园快递环境，指导经营快递业务的企业依法经营、规范服务，督促解决校园快递工作中存在的问题，总结推广成功经验，促进“快递进校园”。各高等院校和当地

邮政管理部门要结合师生需求,制定适合本校特点的"快递进校园"工作方案,作为为师生办实事、解难题的重要举措,认真组织实施,确保取得实效。

二是加强校园快递服务场所的综合管理。各高等院校要明确专门机构负责牵头管理此项工作,杜绝多头混杂管理、责任不明。要将校园快递服务管理纳入学校日常管理工作内容,要为经营快递业务的企业提供基本的服务环境保障。高校采取引入快递企业、独立第三方企业经营校园快递服务模式的,应在国有资产保值的前提下,以合理的价格为第三方企业提供快递服务用房。快递企业、独立第三方应当合理收取寄递费用,寄递价格标准不能高于类似区域标准水平,避免垄断经营。快递集中服务机构和各快递企业应当遵守校方关于校园安全管理的有关要求。

三是强化快递集中服务机构制度建设和安全管理。快递集中服务机构应当依法经营,实行标准化管理,落实快递服务国家标准和收寄验视、实名收寄等安全制度及业务操作规范,确保服务质量和寄递安全。快递服务场所纳入标准化快递营业场所创建范围,实行标识统一、制度上墙,营业区与处理区相对分离。严格落实岗前安全培训制度,定期对从业人员开展业务培训和安全培训;未经培训,从业人员不得上岗。采取专业第三方模式设立的快递集中服务机构,应做到开放运行、规范经营、公平竞争,对快递企业不得区别对待。快递企业应与快递集中服务机构签订合作协议,明确约定投递方式、投递时效、快件保管、用户验收、费用支付、快件安全、用户信息安全等内容。

四是积极构建和谐融洽的校企关系。快递企业要选派高素质员工为高等院校提供服务。进出校园的快递员应着本快递品牌服装,或者佩戴企业标识。快递车辆应按规定喷涂标识、符合标准。校方可对进出校园的快递员及快递车辆核发证件。鼓励企业为在校学生提供勤工俭学岗位,支持企业与高校就快递产业产学研结合、人才培养等深入开展合作。

五是各市邮政管理局、教育局和高等院校要加强配合,在本年内完成各高等院校的"快递进校园"工作。省、市快递协会、省高校后勤协会要充分发挥桥梁纽带作用,引导会员做好高等院校快递服务工作,协调解决高等院校快递服务有关事项。

六是有条件的中等职业学校可参照本意见执行。

安徽省邮政普遍服务工作政企会商办法

(2016年9月26日安徽省邮政管理局印发 皖邮管〔2016〕101号)

第一条 为贯彻落实国家邮政局和省委省政府对邮政发展的重大决策部署,及时掌握邮政普遍服务运行情况,主动指导基层企业规范经营行为,更好推动邮政普遍服务业务创新发展,加强政企双方的协调和沟通,进一步促进我省邮政普遍服务事业发展,特制定本办法。

第二条 本办法所称的政企会商,是指以省邮政管理局名义组织的,邀请省邮政分公司相关负责人到场、就我省邮政普遍服务工作中带有全局性或有重要影响的工作进行当面协商讨论、提出工作方案并要求相关单位落实解决的定期会议制度。

对需要省邮政分公司提供相关情况、通报监督检查中发现的局部性、一般性问题、要求基层企业配合的专业性工作部署,省邮政管理局可以委托本局普遍服务处组织,省邮政分公司也可委托所属部门或直属单位负责人参加。

第三条 政企双方可对以下问题进行会商:

(一)省委、省政府及相关工作部门就我省邮政发展提出的思路、要求、工作部署,要求邮政管理部门负责牵头落实的;

(二)国家邮政局出台的有关邮政普遍服务规定或邮政行业发展规划、政策需要邮政企业了解、配合和贯彻执行的;

(三)国家、安徽省制定法律法规、标准或产业政策涉及邮政企业重大利益需要征求企业意见的;

(四)省邮政管理局相关业务部门或所属市邮政管理局提出,需要省邮政管理局出面与省邮政分公司会商解决,经省邮政管理局领导研究同意的;

(五)邮政企业运行中出现问题、困难,省邮政分公司认为需要省邮政管理局了解、出面解决或报告上级行业主管部门、地方政府而提出会商要求的；

（六）其他需要政企双方会商的问题。

第四条 会商实行定期与不定期相结合的办法。原则上每季度举行一次，季度会商应在每季度第一个月的25日前完成。对发生突发事件、紧急工作部署等需要进行会商处理的，可安排临时会商。

第五条 政企会商由省邮政管理局普遍服务处具体承办。普遍服务处应在每次会商前做好以下准备工作：

（一）确定会商议题，并根据议题准备相应的文件材料；

（二）将会商议题通知省邮政分公司，商定会商的时间和地点；

（三）提出会商主持人及其他参加会商的人员建议、确定记录人及其他工作人员，根据需要做好其它准备工作；

（四）需要省邮政管理局其他部门及相关市邮政管理局参加的，负责通知相关人员参加；

（五）其他与会商有关的工作。

第六条 为增强会商针对性，提高会商效果，省邮政管理局普遍服务处可组织相关部门或邀请邮政企业对拟定的会商议题进行专题调研，了解情况，听取意见，提出解决问题的建议，供会商各方参考。

第七条 会商结束后，根据会商意见，起草相应的会议纪要、会议信息或其他文件，经批准后印发。

第八条 省邮政管理局普遍服务处应做好会商议定事项的落实工作。确定由省邮政分公司抓落实的事项要及时跟踪，了解工作进展情况，协助企业抓好落实；需由省邮政管理局负责落实的，应根据内部分工积极抓好落实，并适时向省邮政分公司通报工作进展情况。

第九条 各市邮政管理局与当地邮政企业就有关普遍服务工作进行沟通协调的组织，可参照本《办法》执行。

第十条 本办法自2016年10月1日执行。

安徽省邮政管理局关于推动邮政普遍服务创新和邮政营业网点持续发展的意见

（2016年9月30日　皖邮管〔2016〕107号）

各市邮政管理局：

为做好中央巡视组提出的“对邮政网点有效运转没有实际措施，很多网点无所事事”反馈意见的整改工作，鼓励邮政企业创新普遍服务内容，升级普遍服务产品，提升普遍服务品质，使邮政服务适应不断发展变化的社会需求，提高邮政营业设施利用率，实现经济效益和社会效益的有机统一，现提出以下整改意见，请你们结合实际予以落实。

一、推动网点整合

开展普遍服务网点设置规划时，应在保证符合邮政普遍服务标准的前提下，合理确定营业场所的建设和投资规模。对现有的设置在服务区域内人口较少、业务量较小的营业场所，如邮政企业要求向服务区域内人口相对集中的地区转移的，应予允许，并协助好企业办理审批和备案手续。空白乡镇补建局所的监管工作仍按照《安徽省空白乡镇补建邮政局所监督管理办法》的规定执行。

二、鼓励多业经营

邮政营业网点可结合地方实际，在提供邮件收寄、报刊订投等基本业务基础上，加载普惠金融、代理收费、电商购销、代售车票、代办证件、代开税务发票等公共服务。鼓励邮政企业开发安徽题材集邮册、明信片等邮政文化产品。支持邮政企业推动农村邮政物流与农村电商业务整合、信息共享和融合发展，促进邮政成为服务农村电子商务的重要力量。解决好农村电商“最初一公里”和“最后一公里”问题，促进农产品进城和工业品下乡的双向流通。开展农产品信息服务和农业技术信息服务。发挥现有邮政网点优势，拓展村邮站、邮政“三农”服务站、邮政便民服务站等功能，提升邮政设施利用效率，打造邮政综合服务平台。

三、支持对外合作

邮政管理部门要以市场需求为主导,发挥政府沟通协调作用,推动邮政企业利用自身资源优势与其他企业的业务合作。在总结部分市、县邮快合作试点经验的基础上,鼓励有意愿、符合条件的邮政企业和快递企业开展全方位、全流程合作。支持邮政企业深化与电商、制造等企业合作。支持邮政企业发挥在政府政务信息宣传、旅游市场推广等领域的优势,加强与政府、旅游景点的合作,在宣传旅游文化、政府政务公开上寻找业务增长点。

四、允许服务外包

在确保为用户持续提供合标的邮政普遍服务的前提下,允许邮政企业从实际出发,将普遍服务业务外包给合格的第三方经营。邮政企业可以根据情况将生产环节的营业、运输、分拣、投递一部分或全部委托给合格的第三方代办,以降低运营成本,提高经济效益。各市局对第三方申请经营邮政通信业务的,在符合条件的情况下,应协助做好审批工作。

五、争取地方政府和相关部门的支持

全省邮政管理部门应结合当地实际,尤其对因本地区特殊原因导致的邮政普遍服务成本增加的情况,要积极向地方政府和相关部门反映,争取邮政普遍服务方面的政策保障和资金支持。同时要积极采取措施,推进现有政策实施,确保已出台的保障政策落到实处。在尽职履责的同时,合理安排企业人员参加邮政管理部门组织的业务培训,减少不必要的检查活动,避免干扰企业正常的生产经营秩序。

淮南市人民政府办公室关于促进快递业发展的实施意见

(2016年3月31日)

各县、区人民政府,市政府各部门、各直属机构:

为促进我市快递业健康发展,贯彻落实《国务院关于促进快递业发展的若干意见》(国发〔2015〕61号)、《安徽省人民政府办公厅关于促进快递业发展的实施意见》(皖政办〔2016〕9号),经市政府同意,现提出如下实施意见:

一、总体要求和发展目标

(一)*总体要求*。以解决制约快递业发展的突出问题为导向,以"互联网+"快递为发展方向,坚持"市场主导、政府推动,安全为基、规范引领,创新驱动、协同发展",加快基础设施建设,加大政策扶持力度,培育壮大市场主体,融入并衔接综合交通体系,扩展快递服务网络惠及范围,保障寄递渠道安全,促进行业转型升级和提质增效,不断满足人民群众日益增长的寄递需求,更好地服务全市经济社会发展。

(二)*发展目标*。到2020年,基本建成普惠城乡、技术先进、服务优质、安全高效、绿色节能的快递服务体系,实现乡乡有网点、村村通快递。全市快递业务量达到1.4亿件,业务收入达到15亿元,年均增长25%以上,从业人员1万人以上。省辖市快件48小时投递率90%以上,各县区间快件实现24小时内送达。派件量达到9000万件,支撑网络零售交易额突破130亿元,快递对电子商务的支撑作用全面提升。

二、主要任务

(三)*加强快递基础设施建设*。依据《淮南市邮政设施专项规划(2013—2020)》,加快推动淮南市经济技术开发区和寿县、凤台县、大通区、田家庵区等县区的快递产业园建设。加快快递产业园现代化信息平台建设。坚持快递运输系统网络化、智能化、现代化的发展方向,逐步建立完善以仓储、配送、运输调度、快件跟踪等为主要内容的快递管理和服务系统,构建公共信息网络平台,提高快递业信息化整体水平。(市邮政管理局、市发改委、市规划局、市交通局、市商务局、各县区政府负责)

(四)*完善快递服务网络*。推进"快递下乡"工程,鼓励和支持快递企业完善农村地区网络布局,建设快递处理场所,设立快递营业网点,构建覆盖城乡的快递服务网络。支持邮政企业和快递企业创新合作模式,发挥现有邮政网点优势,提升邮政础设施利用效率。拓展村邮站功能,加快建设"农村快递"便民服务平台。完善城市快递配送模式,将城市快递配送纳入城市共同配送体系,鼓励快递企业、商贸流通企业合作共建末端服务网点,推动快递进校园、进机关、进社区、进景区,推广应用智能快件箱等自助服务设施。支持快递企业加强与农业、供销、商贸企业的合作,打造"工业品下乡"和"农产品进城"双向流通渠道。(市邮政管理局、市发改委、市教育局、市民政局、市城建委、市交通局、市农委、市商务局、市旅游局、市供销社、市邮政公司、各县区政府负责)

(五)培育壮大快递企业。鼓励各类资本依法进入快递领域,加大快递资源整合力度,优化物流资源配置。引导快递企业完善服务网络,提升服务质量,培育打造有影响力的快递服务品牌。落实行业安全和服务标准,加强服务质量监测,降低快件延误率、损毁率、丢失率和投诉率,引导快递企业从价格竞争向服务竞争转变。积极推广与快递业相关的保险业务,保障用户权益。(市邮政管理局、市经信委、市工商局、市质监局、市保监局、各县区政府负责)

(六)推进"互联网+"快递。鼓励快递企业充分利用淮南大数据产业发展应用优势,加强信息技术和大数据的利用,优化服务网络布局,提升运营管理效率,加快向综合性物流快递运营商转型。争取成为省推进电子商务与物流快递协同发展试点市,引导快递企业与电子商务企业深度合作,开发多品种、个性化的服务产品,提供多种增值服务,促进线上线下互动创新。支持快递企业参与涉农电子商务平台建设,构建农产品快递网络,服务产地直销、订单生产等农业生产新模式。支持快递业发挥供应链管理优势,为制造业提供智能仓储配送运输等多种服务,积极融入个性化定制、智能制造等制造业新领域。加大淮南特色的豆制品、牛肉汤等名优品牌推介力度,带动淮南特色商品、旅游文化产品、纪念品等"走出去"。(市发改委、市经信委、市商务局、市农委、市旅游局、市邮政管理局、各县区政府负责)

(七)加强"平安快递"建设。实施寄递渠道安全监管"绿盾"工程,推进快递企业安全生产标准化建设,落实邮政业安全生产设备配置规范等强制性标准,明确收寄、分拣、运输、投递等环节的安全要求。落实快递企业安全主体责任,完善从业人员安全教育培训制度,筑牢寄递渠道安全基础。强化安全检查措施,严格执行收寄验视、实名收寄、过机安检制度,从源头防范禁寄物品流入寄递渠道。大力推进行业安全监管新信息技术的应用,实现快件信息溯源追查,依法严格保护个人信息安全。健全寄递渠道安全管理工作机制,坚持综合治理,加强协作配合,落实属地责任,提升安全监管与应急处置能力。(市综治办、市公安局、市安监局、市邮政管理局、各县区政府负责)

三、政策支持

(八)加强规划引领。做好淮南市快递业发展"十三五"规划与综合交通运输、现代服务业、电子商务、物流业等专项规划衔接,合理安排快递基础设施的布局和建设,适当引导快递企业集中布局。将快递末端服务网点、智能快件箱等快递服务设施纳入公共服务设施规划。(市交通局、市发改委、市规划局、市国土局、市城建委、市商务局、市邮政管理局、各县区政府负责)

(九)优化政策环境。深化快递行业商事制度改革,工商登记机关对同一管辖范围内快递企业实行"一照多址"模式。精简快递企业分支机构、末端网点备案手续。快递企业用电执行一般工业电价,用气按照非居民用价格执行。鼓励快递企业租用现有厂房的,支持符合条件的快递企业就近入园,享受经济开发区(园区)各项优惠政策。鼓励和支持符合条件的快递重点企业建设项目和产业园区申请省级服务业发展引导资金,对重要的快递基础设施建设项目贷款,提供贴息扶持。从2017年开始,市财政连续三年安排扶持快递行业发展以奖代补资金100万元。(市工商局、市发改委、市经信委、市财政局、市物价局、市城建委、市商务局、市经开区、市邮政管理局、市电力公司、各县区政府负责)

(十)改善融资环境。鼓励金融机构创新金融产品和服务方式,降低融资门槛,支持快递企业开展信用贷款、仓单质押等适应快递业特点的抵押贷款、融资租赁业务。对符合中小企业划型标准,办理商业贷款的民营快递企业,鼓励当地银行业金融机构实行贷款优惠。(市人民银行、市银监局各县区政府负责)

(十一)加强市场监管。探索完善市以下快递监管模式,创新监管方式,充实监管力量。推动建立市邮政业安全中心建设,适时推进县级邮政管理机构设立,切实发挥市寄递渠道领导小组的作用,加大联合检查力度,提升安全监管和应急处置能力。发挥行业自律和社会监督作用,完善快递服务质量检测和评价机制,推进快递市场诚信体系建设,引导快递企业加快从价格竞争向服务竞争转变,促进快递行业健康有序发展。(市综治办、市公安局、市国安局、市工商局、市编办、市财政局、市邮政管理局、各县区政府负责)

(十二)保障快递车辆通行。规范快递车辆管理,逐步统一标志,在有条件的地方规划快递车辆专用临时停车位,切实解决城市快递车辆市区通行、停靠和装卸作业问题。研究制定快递专用电动三轮车用于城市收投服务的管理办法,解决"最后一公里"通行难的问题。(各县区政府、市公安局、市城建委、邮政管理局负责)

（十三）加快快递人才培养。搭建校企合作平台，建立以政府为主导、企业为主体、院校为支撑的快递人才培养体系。支持职业院校开设快递相关专业，培养快递专业人才。委托专业培训机构对快递管理人员进行专门培训。支持快递企业组织从业人员参加相关职业培训和职业技能鉴定，对符合条件的企业和人员可按规定给予补贴。鼓励和支持快递人才实训基地建设。（各县区政府、市教育局、市财政局、市人社局、市邮政管理局负责）

四、组织实施

各地、各有关部门要充分认识促进快递业发展的重要意义，加强组织领导，健全工作机制，强化协同联动，加大支持力度，为加快快递业发展营造良好环境。市有关部门要根据各自职责制定配套政策和具体措施。各县区要将促进快递业发展作为推进现代服务业发展和加快流通体系建设的重要内容，结合本地区实际出台有针对性的支持措施，并抓好落实。市邮政管理局、市交通运输局、市发改委等部门负责对本意见落实工作的统筹协调、跟踪了解、督促检查。

池州市人民政府办公室关于促进快递业发展的实施意见

（2016年7月18日）

江南产业集中区管委会，各县、区人民政府，九华山风景区、开发区、平天湖风景区管委会，市政府各部门、各直属机构：

为深入贯彻落实《国务院关于促进快递业发展的若干意见》（国发〔2015〕61号）、《安徽省人民政府办公厅关于促进快递业发展的实施意见》（皖政办〔2016〕9号），培育现代服务业新增长点，推动流通方式转变，促进消费升级，经市政府同意，现就促进我市快递业发展提出以下意见：

一、总体要求和发展目标

（一）总体要求。以解决制约快递业发展的突出问题为导向，以"互联网+"快递为发展方向，坚持"市场主导、政府推动，安全为基、规范引领，创新驱动、协同发展"，加快基础设施建设，加大政策扶持力度，培育壮大市场主体，融入并衔接综合交通体系，扩展快递服务网络惠及范围，保障寄递渠道安全，促进行业转型升级和提质增效，不断满足人民群众日益增长的寄递需求，更好地服务全市经济社会发展。

（二）发展目标。到2020年，基本建成普惠城乡、技术先进、服务优质、安全高效、绿色节能的快递服务体系，实现乡乡有网点、村村通快递。全市快递年业务量达到1.35亿件（其中派件6700万件），年均增长45%以上；年业务收入达到10.5亿元；培育形成6—8家网络型快递龙头企业；全市快递企业营业网点标准化建设达标率90%以上；对省内县级以上城市和省外重点城市的快递实现48小时送达；网购商品通过快递配送比例超过75%，支撑网络零售交易额110亿元以上，快递对电子商务的支撑作用全面提升；用户对快递服务的总体满意度达80%以上。

二、重点任务

（三）加强基础设施建设。加快推动各县区政府、管委会快递产业园建设，争取快递企业总部在池州设立快件分拨中心。加快快递产业园现代化信息平台建设。坚持快递运输系统网络化、智能化、现代化的发展方向，逐步建立完善以仓储、配送、运输调度、快件跟踪等为主要内容的快递管理和服务系统，构建公共信息网络平台，提高快递业信息化整体水平。（责任单位：市邮政管理局、市信息办、市发展改革委、市住房城乡建委、市交通运输局、市商务局，各县区政府、管委会）

（四）加快建设"快递下乡"工程。加快推动"快递下乡"工程建设，培育和引导全市特色农业转型升级，为促进山区经济的发展提供支撑。县区、乡镇政府是推动"快递下乡"的责任主体。鼓励和支持快递企业完善农村地区网络布局。支持邮政企业和快递企业创新服务模式，发挥现有邮政网络优势，提升邮政基础设施利用率，拓展村邮站服务功能，加快建设"农村快递"便民服务平台。支持快递企业依托现有的乡镇为民服务中心、村级代理工作站以及农村公交公司等平台提供农村快递服务，构建农产品快递物流通道。支持快递企业加强与农业、供销、商贸企业的合作，打造"工业品下乡"和"农产品进城"双向流通渠道。（责任单位：市邮政管理局、市农委、市供销社、市商务局、市交通运输局、市政务

服务中心、市邮政分公司,各县区政府、管委会)

(五)加快快递末端共同配送体系建设。支持将快递末端服务体系纳入城市配送体系,统一规划建设。快递企业是末端服务体系建设的主体,引导快递企业加快自有品牌末端网点建设,提高快递网络覆盖率和稳定性。加快推进快递"进校园、进社区、进机关、进景区"工程建设,推动快递企业因地制宜,与机关、企事业单位、社区、学校、连锁商业网点、商务写字楼开展多种形式的投递服务合作。支持快递企业与社区物业服务机构、业主委员会加强合作,合理利用城市公共服务配套设施、社区用房、物业管理用房等资源,建设快递配送网点,鼓励邮政、快递企业参与建设并推广应用智能快件箱等自助服务设施。(责任单位:市邮政管理局、市发展改革委、市教体局、市旅委、市供销社、市商务局、市邮政分公司,各县区政府、管委会)

(六)推进"互联网+"快递发展。鼓励快递企业充分利用移动互联、物联网、大数据、云计算等信息技术,优化服务网络布局,提升运营管理效率,加快向综合性快递物流运营商转型。推进电子商务与物流快递协同发展试点工作,引导快递企业与电子商务企业深度合作,建设一体化配送平台,提供多种增值服务,促进线上线下互动创新。加强邮、快件口岸建设,促进跨境电商发展。统筹推进"快递下乡"和"电子商务进农村"。支持快递企业参与涉农电子商务平台建设,构建农产品快递网络,服务产地直销、订单生产等农业生产新模式。支持快递企业发挥供应链管理优势,为制造业提供智能仓配运输等多种服务,积极融入智能制造、个性化定制等制造业新领域。鼓励快递企业开发适应文化旅游产业的服务项目,带动池州特色产品、旅游景区工艺品、纪念品等"走出去"。(责任单位:市发展改革委、市经信委、市商务局、市农委、市旅委、市邮政管理局,各县区政府、管委会)

(七)促进行业协同发展。提高快递业与制造业、商贸、电子商务、信息、金融业融合服务能力。鼓励快递企业为企业定制服务流程,构建行业专用服务平台,提供产品仓储、分装、分拨、配送、代收货款等一体化服务。支持快递企业入驻电子商务园区,实现快递服务与电子商务上下游协调发展。鼓励重点快递企业开拓海外市场,通过自建、合作、并购等方式建设跨境网络,开展跨境网购等寄递业务。支持快递业与交通运输业融合发展、协同壮大,发挥综合交通运输优势,依托公路、航空、铁路客货运枢纽,优化快递服务网络布局。(责任单位:市邮政管理局、市商务局、市交通运输局,各县区政府、管委会)

(八)加强"平安快递"建设。实施寄递渠道安全监管"绿盾"工程,推进快递企业安全生产标准化建设,落实邮政业安全生产设备配置规范等强制性标准,明确收寄、分拣、运输、投递等环节的安全要求。落实快递企业安全主体责任,完善从业人员安全教育培训制度,筑牢寄递渠道安全基础。强化安全检查措施,严格执行收寄验视、实名收寄、过机安检制度,从源头防范禁寄物品流入寄递渠道。大力推进行业安全监管信息技术应用,实现快件信息溯源追查,依法严格保护个人信息安全。健全寄递渠道安全管理工作机制,坚持综合治理,加强协作配合,落实属地管理责任,提升安全监管与应急处置能力。(责任单位:市综治办、市公安局、市安全监管局、市邮政管理局,各县区政府、管委会)

三、政策措施

(九)加强规划引导。组织编制池州市邮政基础设施专项规划,综合考虑快递服务基础设施的空间布局。快递专业类物流园区、快递网络重要节点及快件收派服务站等基础设施应作为城市重要的公共基础设施纳入城市基础设施建设发展规划,编制城市控制性详规时应统筹考虑快递服务基础设施布局、用地规模和开发时序,预留快递业发展空间。(责任单位:市城乡规划局、市发展改革委、市经信委、市住房城乡建委、市国土资源局、市交通运输局、市邮政管理局,各县区政府、管委会)

(十)优化政策环境。深化快递企业商事制度改革,探索对快递企业实行同一工商登记机关管辖范围内"一照多址"模式。简化快递业务经营许可程序,精简企业分支机构、末端网点备案手续。入驻电子商务园区、商贸物流园区、工业园区的快递企业,享受园区企业同等政策。快递企业用电执行一般工业电价,用气按照非居民用价格执行。在"电子商务进农村综合示范县"建设乡镇以下营业网点的快递企业,按规定享受相关政策支持。(责任单位:市工商质监局、市发展改革委、市经信委、市物价局、市住房城乡建委、市商务局、市邮政管理局、池州供电公司,各县区政府、管委会)

(十一)改善融资环境。鼓励金融机构创新产品和服务方式,降低融资门槛,支持快递企业开展信用贷款、仓单质押等适应快递业特点的抵押贷款、融资租赁业务。对符合中小企业划型标准,办理商业贷款的民营快递企业,鼓励当地银行业金融机构实行贷款优惠。(责任单位:人行池州市中心支行、池州银监分局,各县区政府、管委会)

(十二)强化财政扶持。争取中央预算内投资通过投资补助和贴息等方式,支持农村地区公益性、基础性快递基础设施建设，市、县（区）财政专项资金要将符合条件的企业和项目纳入支持范围。应增强行业监管力量，加大科技信息化建设投入，市财政对行业安全生产监管和应急管理等方面每年给予80万元的资金补助，共补助3年。支持快递园区建设，对品牌快递企业给予资金扶持。（责任单位：市财政局、市发展改革委、市经信委、市国税局、市地税局、市邮政管理局，各县区政府、管委会）

（十三）加强市场监管。探索完善市以下快递监管模式，充实监管力量，创新监管方式，强化事中事后监管，全面提升市场监管能力。健全寄递渠道安全管理跨部门、跨区域协作配合机制，依法加强快递经营行为监管和寄递安全监管，加大执法检查力度，维护快递市场经营秩序，保障用户合法权益。推进快递市场诚信体系建设，利用市公共信用信息共享服务平台、企业信用信息公示系统和行业监管信息系统，建立违法失信主体"失信名单"及联合惩戒制度，营造诚实守信的市场环境。（责任单位：市邮政管理局、市编办、市发展改革委、市安全监管局、市公安局、市工商质监局，各县区政府、管委会）

（十四）保障快递车辆通行。规范快递车辆管理，逐步统一标志，在有条件的地方施划快递车辆专用临时停车位，切实解决城市快递车辆市区通行、停靠和装卸作业问题。研究制定快递专用电动三轮车用于城市收投服务的管理办法，解决"最后一公里"通行难问题。（责任单位：市公安局、市城市管理行政执法局、市交通运输局、市住房城乡建委、市邮政管理局，各县区政府、管委会）

（十五）加快快递人才培养。搭建校企合作平台，建立以政府为主导、企业为主体、院校为支撑的快递人才培养体系。支持职业院校开设快递相关专业，培养快递专业人才。委托专业培训机构对快递管理人员进行专门培训。支持快递企业组织从业人员参加相关职业培训和职业技能鉴定，对符合条件的企业和人员可按规定给予补贴。鼓励和支持快递人才实训基地建设。（责任单位：市教体局、市财政局、市人社局、市邮政管理局，各县区政府、管委会）

四、组织实施

各级各部门要充分认识促进快递业发展的重要意义，加强组织领导，健全工作机制，强化宣传引导，形成工作合力，把各项工作任务落到实处。各县区政府、管委会要根据本意见，结合实际，尽快出台本地区实施意见，为快递业发展营造良好环境，加强快递业监管，完善邮政管理体制，推进快递业持续健康发展。各有关部门要各负其责，按照职责分工抓紧制定相关配套措施。市交通运输局、市发展改革委、市邮政管理局要统筹协调，会同有关部门抓好本意见督促落实工作。

池州市促进快递业发展专项资金使用管理办法

（2016年11月2日池州市财政局、池州市邮政管理局印发　池财建〔2016〕346号）

第一条　为保证规范使用促进快递业发展专项资金，根据《中华人民共和国预算法》和《池州市人民政府办公室关于促进快递业发展的实施意见》（池政办〔2016〕28号）、《池州市人民政府办公室关于进一步加强财政资金管理制度建设的实施意见》（池政办〔2016〕54号）等有关规定，结合本市实际，特制定本办法。

第二条　促进快递业发展专项资金的管理坚持"集中使用、突出重点、统筹安排、公开公平"的原则，专款专用、专账核算。

第三条　市财政每年安排促进快递业发展专项资金80万元，共补助3年。

第四条　促进快递业发展专项资金使用范围为：支持企业发展主要用于企业购置安检机设备补贴、安装监控终端、评比表彰等方面；行业安全监管主要用于执法检查、人员聘用、业务培训、目标考核、应急演练等方面。

第五条　专项资金应专款专用，任何单位或个人不得截留、挪用。违规行为一经查实，将按照《财政违法行为处罚处分条例》（国务院令第427号）的规定严肃处理。有下列情形之一的，市财政局可以暂缓或停止拨付资金，并依法进行处理：

（一）提供虚假情况，骗取专项资金的；

（二）转移、侵占或挪用专项资金的；

（三）未按要求完成项目进度或未按规定建设实施的；

（四）未通过检测、验收评估的；

（五）不符合国家其他相关规定的。

第六条 审计、监察部门要加强对快递业发展专项资金使用和管理的监督检查，项目单位要自觉接受审计和监督检查。

第七条 完善绩效目标管理，建立健全财政项目资金绩效评价指标体系，对专项资金实行绩效评价制度，市邮政管理局按相关要求进行绩效评价。

第八条 绩效评价的方法、指标体系、标准值、考核工作程序等，由财政部门会同市邮政管理局根据有关规定和标准，另行制定。

第九条 本办法由市财政局、市邮政管理局负责解释。

第十条 本办法自发布之日起施行。

池州市促进快递业发展专项资金绩效目标

（2016 年 11 月 2 日池州市邮政管理局办公室印发 池邮管〔2016〕29 号）

近年来，池州市快递行业迅猛发展，业务量增幅居全省前列，全国范围内利用寄递渠道实施的违法犯罪行为时有发生，已成为犯罪分子从事违法犯罪行为的主渠道，行业安全监管压力与日俱增。按照《池州市人民政府办公室关于促进快递业发展的实施意见》和《池州市人民政府办公室关于进一步加强财政资金管理制度建设的实施意见》文件要求，结合我市快递业发展的实际，特制定 2016 年度 80 万元专项资金绩效目标如下：

一、行业安全监管经费（40 万元）

资金用途：聘用编外安全监管人员、开展安全执法检查、应急处理及目标考核等方面。

2017 年绩效目标：

1. “收寄验视 + 实名收寄 + 过机安检”三项制度力争达到 100% 落实。

2. 实现重大安全责任事故“零发生”。

3. 对快递企业及其分支机构检查覆盖率达 100%，全年出检不低于 2000 人次。

4. 快递服务用户申诉率低于 0.012‰；快件延误率低于 1‰；快件损毁率低于 0.05‰；快递丢失率低于 0.03‰。上述指标均低于全省平均水平。

5. 企业逾期留存面单销毁率达到 100%，用户信息泄露事件“零发生”。

二、支持企业发展经费（40 万元）

资金用途：建设企业远程监控平台及终端、对企业购置安检设备进行补贴、对优秀企业进行综合评比奖补等方面。

2017 年绩效目标：

1. 快递业务日均操作量超过 7 万件，增幅达 62%，快递业务收入增幅达 41%。

2. 基本建成普惠城乡、服务优质、安全高效、绿色节能的快递服务体系，实现乡镇快递网点覆盖率达 100%、行政村通快递率达 70%。

3. 建设企业远程监控平台，加快“绿盾工程”建设步伐，推进快件处理中心、营业网点集中监控系统建设，一年内实现企业网点集中联网接入率达到 50% 以上。

4. 制定企业购置安检机补贴办法，拟按增配安检机数量为 10 台、补贴比例为 35% 的标准对企业安检机购置款进行补贴，降低企业成本，提高企业加大安全设备投入的积极性，提升辖区快递业安全监管信息化、科技化水平。

5. 对企业安全管理、服务质量等方面进行评比表彰，对评比中获得优秀的企业实行以奖代补，树立行业内先进典型，营造行业争先创优的良好氛围。

池州市区寄递企业购置安检机补贴办法

（2016年11月10日池州市邮政管理局印发　池邮管〔2016〕33号）

为进一步落实《池州市人民政府办公室关于促进快递业发展的实施意见》（池政办〔2016〕28号）和《池州市财政局池州市邮政管理局关于印发池州市促进快递业发展专项资金使用管理办法的通知》，将专项资金用于支持企业发展上，推动我市寄递企业安检机配置工作，特制定本办法。

一、适用范围

2017年3月31日前购置安检机的市区邮政、快递企业或分支机构。

寄递企业购置的X光安检机应符合所有过机安全健康标准，稳定性强、穿透力强、分辨率高、图像清晰、具备过检计数和安检图像存储、数据上传等功能，同时符合相关监管部门的管理要求。

二、补贴标准

对在规定时间内购置安检机的企业按购置费的40%进行补贴，但最高每台补贴不超过5万元。

三、申请程序

1. 购置安检机的企业向市局提出书面申请，并附上安检机购置合同复印件、发票复印件、合格证复印件、工商营业执照复印件、快递业务经营许可证复印件、安检机前后方照片各一张和安检机使用办法。企业提交申请时，要带上合同、发票、合格证等资料的原件。

2. 收到企业申请后，市局于3日内安排两名以上执法人员到现场进行核查，同时查看安检机的使用情况。

四、兑现程序

1. 市局将企业申请安检机购置补贴情况和核查情况公示3天。

2. 公示结束无异议后，市局于3日内将补贴资金打入企业账户。

五、其他

1. 企业存在弄虚作假、套取补贴资金行为的，市局收回补贴资金，取消企业申请补贴资格。

2. 市局工作人员存在串通企业骗取补贴资金行为的，给予党纪政纪处分或追究刑事责任。

3. 本办法由市邮政管理局负责解释，自发布之日起施行。

蚌埠市电子商务与物流快递协同发展实施意见

（2016年11月2日蚌埠市人民政府办公室印发　蚌政办〔2016〕47号）

为落实“互联网+”在流通领域的深度应用，解决制约电子商务发展的“瓶颈”问题，促进电子商务与物流快递协同发展，发挥好电子商务在拉动内需、吸纳就业、推动经济可持续发展等方面的重要作用，落实国家和省有关决策部署，促进电子商务与物流快递协同发展，现结合我市实际，提出如下实施意见：

一、充分认识促进电子商务与物流快递协同发展的重要意义

电子商务是网络化的新型经济活动，是战略性新兴产业与现代流通方式的重要内容。快递业是现代服务业的重要组成部分，是推动流通方式转型、促进消费升级的现代化先导性产业。近年来，电子商务与物流快递相互依存、互为支撑，业务合作日趋紧密、关联领域不断拓展。促进电子商务与物流快递协同发展，是我市加快生产性服务业发展，促进经济结构调整和产业转型升级，服务大众创业、万众创新的重要举措。

二、指导思想

深入贯彻落实党的十八大和十八届三中、四中、五中、六中全会及习近平总书记系列重要讲话精神，坚持市场导向，为电子商务与物流快递在创新驱动、规模发展、设施建设等方面创造协同发展的良好政策环境，着力解决产业融合发展、信息互联互通、网络协同规划等问题，建立与协同发展需求相适应的管理制度和服务体系。

三、发展目标

探索政策创新、制度创新，推动电商、快递企业服务模式创新，培育壮大一批辐射范围广、服务能力强、社会效益好的电商、快递企业。提升电商快递产业园运营水平，促进电商企业集聚发展。进一步拓展完善快递服务网络，优化城乡社区电商快递综合服务点布局，努力促进我市电子商务与物流快递协同发展，实现规划布局科学化、基础设施公益化、信息系统开放化、车辆通行便捷化、人才培养多样化、产业发展融合化。

具体目标：到2020年，电子商务产业成为我市经济社会发展的重要组成部分，成为GDP增长、产业转型升级、就业岗位增加的重要支撑，建成皖北电子商务中心城市、皖北品牌快递区域总部集聚中心、皖北电商与快递人才培训中心，电子商务、快递主要指标位居全省前三名。基本建成普惠城乡、技术先进、服务优质、安全高效、绿色节能的快递服务体系，实现乡乡有网点、村村通快递。全市快递业务量突破1亿件，业务收入突破10亿元，年均增长35%以上，从业人员6000人以上。省辖市快件48小时投递率90%以上，各县、区快件实现24小时内送达。网购商品通过快递配送比例超过75%，支撑网络零售交易额突破150亿元，快递对电子商务的支撑作用全面提升。

四、主要任务

（一）推进"互联网+"行动计划。

紧紧围绕国家"互联网+"升级转型战略，加大政策扶持力度，完善支撑服务体系，着力营造电子商务与物流快递协同发展的良好环境，推动电子商务在我市各领域广泛应用。大力发展农村电商、行业电商和跨境电商，推动电子商务产业链的完善升级，形成产业布局合理、产业链完整、产业结构优化的区域电子商务体系。培育壮大电商经营主体，培育有地方特色的电商品牌，带动快递行业繁荣发展。

鼓励电商、快递企业通过"互联网+"拓展协同发展空间，不断创新经营理念和服务模式，共同发展体验经济、社区经济、逆向物流等新业态。引导电商企业与快递企业深化合作，统一数据接口标准，实现系统对接和信息交换，促进网购业务与快递服务融合衔接，打造社区电商快递公共信息服务平台。支持共同运用物联网、大数据、云计算等信息技术，开发应用软件、手机APP等网络工具，发展仓储配送、流通加工、个性化定制、代收货款、订单生产等服务，打造信息化智能快递服务网络。探索建设集"数据采集、信息互联、政府监管"于一体的电商快递公共信息服务系统，实现用户、电商、快递、政府等多方信息汇总与共享，促进线上线下互动创新。

（二）加快电商快递物流园区建设。

支持在机场、铁路、绕城高速及公路干线周边建设电商快递物流园区，鼓励传统物流园区结合电商、快递企业发展需求改造仓储、分拣、冷链等设施设备，提供具备集中仓储、高效分拣、快速配送、商品展示等功能的仓配一体化服务。支持快递企业建设快件分拨中心、快件处理场所、仓储配送中心等，提升运营服务能力。加快园区内部资源整合，引进金融、保险等企业入驻园区，提供"一站式"服务。以老工业区搬迁建设、产业布局调整为契机，在西部临港区加快推进电商物流园区建设。规划建设蚌埠机场航空快件转运中心，引导快递企业总部建设区域性航空快递基地。根据蚌埠市电子商务产业发展规划，发挥皖北保税物流中心平台作用，助推跨境电子商务发展。

（三）优化快递末端服务网络。

引导快递企业按照《快递服务》、《快递营业场所设计基本要求》、《邮政业安全生产设备配置规范》等国家标准，推进营业场所标准化、分拨中心规范化、作业流程制度化建设。支持电商、快递企业结合商业中心、大型社区、产业园区布局、社区商业便民服务体系建设或利用政府购买用房转租方式规划建设电商快递末端服务网点。鼓励快递企业与物业公司、便利店等社会机构开展自愿合作搭载快递服务，推广网订店取（送）、店内寄件等服务。支持在校区、写字楼、机关事业单位等公共场所推广应用智能快件箱，研发应用智能冷藏包裹箱，加快高校快递服务中心建设。为其他快递企业提供开放性快件代投服务，实现末端服务资源整合，推动快递企业创新收派模式。

（四）促进快递车辆便捷通行。

规范快递车辆管理，实现快递服务车辆合法规范运行。按照《城市物流配送汽车选型技术要求》、《快递专用电动三轮车技术要求》等国家标准，逐步统一城市快递服务车辆标准，喷涂快递专用标识，确定适合中转运输和末端配送的车型，引导快递企业更新使用符合国家标准的新能源车辆。公安交警部门要主动服务，创新方法，在有条件的地方划定快递车辆专用临时装卸停靠点，适当放宽快递车辆通行限制，切实解决城市快递车辆市区通行、停靠和装卸作业问题，为快递车辆进校园、进机关、进社区提供通行便利。研究制定快递城市收投服务专用电动三轮车管理办法，解决“最后一公里”通行难问题。

（五）推进“快递下乡”服务拓展工程。

积极推进快递服务网络向农村地区拓展延伸，提升农村地区快递服务水平，打通“工业品下乡”和“农产品进城”的双向流通渠道，促进农村电子商务发展。引导电商、快递企业广泛与农村邮政局所、村邮站、“三农”服务站、农村供销社及超市便利店等农村市场服务主体开展快递业务合作。支持供销、快递企业建设电子商务终端服务网点，为农村居民提供网络代购、产品代销和配送服务。积极拓展金融、通信、咨询、旅游、健康养老等服务，提供农村地区物流配送、金融支付、售后维修等消费配套服务。完善农村地区快递服务基础设施，推广适合农村运输的车辆以及托盘、集装箱、笼车等标准化运载单元和专业化装卸设备。鼓励有条件的快递企业在乡镇等农村地区网点配备PDA手持终端，纳入信息化系统统一管理，确保快件跟踪信息完整。

（六）加大电商快递人才培养力度。

搭建校企合作平台，建立以政府主导、企业主体、院校支撑的电商快递人才培养体系。利用高等院校和职业院校资源，开设快递相关专业，建设集学生实习、就业和创业于一体的电商、快递人才培养基地，促进毕业生就业和企业人才招聘。委托专业培训机构对快递管理人员进行专门培训，支持快递企业组织从业人员参加相关职业培训和职业技能鉴定，对符合条件的企业和人员按规定给予补贴。鼓励支持建设辐射皖北的快递人才实训基地。建立电商人才库，成立讲师队伍，开展各级专题培训。引进电商高端人才，享受人才优惠政策，做好吸引人才、留住人才、培育人才工作。

五、保障措施

（一）强化工作协商。

建立部门间工作协商机制，统筹协调促进电子商务与物流快递协同发展工作中的重大事项，及时研究处理突出问题，广泛开展多形式、多渠道、多层次的合作，因地制宜促进电子商务与物流快递协同发展。

（二）强化规划引领。

将电子商务与物流快递相关发展规划纳入国民经济和社会发展“十三五”规划、物流业中长期规划、服务业发展“十三五”规划、综合交通规划等。在城乡规划、土地利用规划、公共服务设施规划中，合理安排电商、快递基础设施的布局和建设，适当引导电商、快递企业集中布局。将快递末端服务网点、智能快件箱等快递服务设施纳入公共服务设施规划。

（三）强化政策扶持。

贯彻落实国家和省促进电子商务与物流快递协同发展的有关政策，用于支持电商快递经营主体、完善配套支撑体系、公益性基础设施等建设。市、县（区）财政专项资金主要通过投资补助和贴息等方式，重点支持区域内符合条件的电商、快递企业和项目实现加快发展。

探索促进新兴业态、新型商业模式健康发展的管理和服务机制，引导电商、快递企业做大做强。税务部门要认真分析电子商务新型商业模式的特点，积极探索支持其发展的税收政策措施；积极培育并鼓励具备条件的电子商务企业申请高新技术企业认定，对经认定为高新技术企业的，依法享受高新技术企业相关优惠政策。快递企业可按现行规定申请执行省内跨地区经营总分机构增值税汇总缴纳政策。小微企业依法享受税收优惠政策。

按照土地利用总体规划和建设项目用地标准，在土地利用年度计划和土地供应计划中统筹电子商务产业用地。同时按照节约集约用地要求，优化电子商务产业园用地空间布局，对于有发展潜力的成长性电子商务企业、国内外知名电子商务企业设立分支机构和重大电子商务项目建设，按照土地利用总体规划和商贸流通业建设项目用地标准，在土地利用年度计划和土地供应计划中，给予统筹和优先安排。

（四）强化协会作用。

统筹蚌埠市网商协会、蚌埠市快递协会、蚌埠市物流行业协会等行业组织组建蚌埠市电子商务与物流快递协同发展产业联盟，建设面向全市的电子商务与物流快递产业发展服务平台，开展合作交流，提供政策建议，做好企业服务。引导企业诚信经营，促进市场秩序规范，维护行业共同利益，形成政府、协会、企业之间的良性互动机制，共同推动电子商务与现代物流快递产业规模化协同发展。

各责任单位要认真制定执行计划并推进落实。市电子商务与物流快递协同发展领导小组要做好组织协调、指导推进、督促检查,各部门要定期报告有关实施情况。各级、各部门要根据本意见制定具体的工作措施和相应的奖励措施。本意见自发布之日起执行。

13. 福　建

福建省邮政业发展“十三五”规划

(2016 年 8 月 11 日福建省邮政管理局、福建省发展和改革委员会印发　闽邮管联〔2016〕5 号)

前言

邮政业是国家重要的社会公用事业,是现代服务业的重要组成部分,是推动流通方式转型、促进消费升级的现代化先导性产业。编制和实施《福建省邮政业发展“十三五”规划》(以下简称《规划》),加快发展现代邮政业,对于促进我省科学发展跨越发展,建设中国(福建)自由贸易试验区,打造“21 世纪海上丝绸之路”核心区,加快建设机制活、产业优、百姓富、生态美的新福建具有十分重要的现实意义。

本规划以《中华人民共和国邮政法》、《福建省邮政条例》、《福建省促进快递行业发展办法》等为依据,贯彻落实《国务院关于促进快递业发展的若干意见》和《福建省人民政府关于支持快递业加快发展七条措施的通知》等精神,与《邮政业发展“十三五”规划》、《福建省国民经济和社会发展第十三个五年规划纲要》、《福建省“十三五”综合交通运输发展专项规划》和《福建省加快物流业发展实施方案(2016—2020 年)》等相关内容相衔接,主要阐述规划期内福建省推进邮政业发展的发展目标、主要任务、重点工程和保障措施,是规划期间福建省推进邮政业发展的行动纲领,是制定邮政业发展相关政策、子行业规划和安排重点建设项目投资的基本依据。

本规划基期为 2015 年,规划期限为 2016—2020 年。

一、发展现状与发展环境

“十二五”以来,福建省邮政业快速发展,市场规模逐年扩大,邮政业发展既面临难得的历史机遇,也面对着诸多风险挑战。

(一)现状基础

1. 邮政行业发展态势良好。“十二五”期间,福建省扎实推进邮政体制改革,加快调整产业结构,服务水平显著提升,行业规模不断壮大,“十二五”规划确定的主要目标基本完成。2011—2015 年,全省邮政业业务收入近 500 亿元,年均增幅 23%,是同期全省 GDP 增幅的 2 倍多。邮政业业务收入占全省 GDP 的比重从 2010 年的 0.33% 提高到 2015 年的 0.54%,支撑网络零售交易规模突破 3800 亿元,带动农副产品进城和工业品下乡超过 240 亿元,五年新增就业岗位 5 万个以上,邮政业对全省经济社会发展的贡献率明显增强。两岸邮政合作不断深化,平潭国际邮件互换局兼交换站建设稳步推进,福州至台北货邮航空专线实现常态化运营,两岸海运快件业务实现双向直接运营。

2. 邮政体制改革持续深化。省级以下邮政管理机构组建取得重大进展,2012 年全省各设区市邮政管理局相继成立,行业监管力量大大增强。2015 年,县级邮政监管机构建设取得突破,泉州晋江,厦门翔安、海沧等邮政管理局顺利挂牌,为全省县域邮政监管机构建设探索经验。省级及部分设区市邮政业安全中心成立,全省邮政企业顺应邮政集团公司由母子公司调整为总分公司的改革要求,完成市县邮政企业更名挂牌工作,管理体制进一步理顺。

3. 行业政策环境不断优化。2012 年《福建省邮政条例》获省人大常委会审议通过,填补省内邮政行业立法空白。2015 年全国首部以促进快递行业发展为主旨的省级政府规章《福建省促进快递行业发展办法》颁布,《福建省邮政普遍服务保障办法》列入省政府立法计划并有序推进,《福州市邮政业管理若干规定》正式出台实施,全省邮政业法规体系逐步完善。2015 年 10 月《国务院关于促进快递业发展的若干意见》颁布实施,省政府出台《关于支持快递业加快发展的七条措施》,提出支持快递业发展的一系列政策措施,全省九地市均出台支持行业发展的意见,泉州获批中国快递示范城市,福州电子商务与物流快递协同发展全国首批试点，行业发展环境明显改善。

4. 公共服务能力稳中有升。邮政普遍服务均等化水平不断提高，邮政公共服务能力稳中有升。截至2015年末，全省共设置邮政普遍服务营业场所1360处，其中城市354处，农村1006处，平均服务人口约2.8万人，平均服务半径约5.33千米。空白乡镇邮政局所补建任务全面完成，全省79个空白乡镇邮政局所补建后全部投入运营，实现"乡乡设所"目标。邮政投递覆盖所有乡镇和建制村，通邮率达到100%，提前完成"村村通邮"目标。城镇住宅楼房信报箱建设扎实推进，信报箱纳入新建住宅楼房竣工验收项目，基本实现"户户设箱"目标。"十二五"期间完成邮政网点改造297处，建设村邮站3105个。

5. 快递转型升级步伐加快。2011—2015年间，快递服务增长迅猛，5年快递业务收入累计达到300亿元，年业务收入突破100亿元，年均增幅30%以上，占邮政业业务收入的比重超过70%。年快递业务量由"十一五"末期的1亿件猛增到近9亿件，位居全国第6位，年均增幅55%，人均快件量超过23件，远高于全国平均水平。截至2015年底，全省共有1644家快递企业及网点取得合法经营资质，全省快递服务网点县级覆盖率100%，乡镇覆盖率超过85%。快递行业智能化水平日益提高，全省投放智能快件箱突破4000组，格口数超过20万个，新增自动化分拣设备20000米。

表1 福建省邮政业"十二五"发展情况表

福建省邮政业"十二五"发展情况表			
发展指标	2010年	2015年	年均增长
邮政业业务总量(亿元)	47.72	217.23	35.41%
邮政业业务收入(亿元)	49.19	140.85	23.42%
快递业务量(亿件)	1.01	8.88	54.46%
快递业务收入(亿元)	25.96	100.85	31.18%
邮政业业务收入占GDP比重(%)	0.33	0.54	10.35%

现阶段，我省邮政业发展仍然面临着创新能力、竞争能力、供给能力不足的问题，仍不能满足经济社会发展和人民群众不断增长变化的服务需求。一是邮政网络基础建设有待完善。大型现代化仓储、转运设施等较为缺乏，末端投递服务能力相对较弱，邮政基础设施的规划建设滞后于城市发展。二是普遍服务保障能力有待提高。邮政普遍服务仍存在创新能力不足、保障机制不健全、服务水平不高、监管手段和途径不多等问题。三是快递行业发展方式有待优化。快递服务同质化竞争现象严重，服务供需不匹配，企业创新发展能力不足。四是关联产业协同发展有待加强。邮政业发展与区域经济社会发展协同不足，与现代制造业、交通运输、电子商务、外贸、现代农业等产业的联动不畅。五是行业安全监管能力有待提升。行业的高速发展，带来了诸多安全隐患，存在着安全监管压力大与监管能力不足之间的矛盾。

（二）发展环境

1. 邮政业增长步入新常态。"十三五"时期，经济发展呈现出从高速增长转为中高速增长的新常态，邮政业发展也将由"十二五"期间的爆发式增长转入增速平稳、创新升级、结构优化、服务优质的新常态。邮政普遍服务的平台作用将进一步凸显，邮政普遍服务网络将更具包容性，普惠化、平台化、社会化将成为邮政普遍服务的发展方向。快递服务将进一步拓宽服务领域，优化服务品质，提升服务能力，提高运行效率。"十三五"时期，"互联网+"战略的深入实施和供给侧结构性改革，将对生产、流通及消费领域产生变革性的影响，邮政业介入供应链、仓储、个性化定制等一体化综合服务向纵深发展，将极大地促进邮政业的改革创新。智能制造以及跨境电商、农村电商等新业态的出现，将极大推动快递业成为现代服务业新的增长点。

2. 邮政业发展面临新环境。"十三五"时期，《福建省促进快递行业发展办法》、《福建省邮政普遍服务保障办法》、省政府《关于支持快递业加快发展的七条措施》等将成为福建邮政业持续健康发展的有力政策保障。"21世纪海上丝绸之路"核心区的建设，将极大扩展我省与海上丝绸之路沿线国家的全方位交流与合作，厦门到欧洲的中欧(厦蓉欧)和中亚国际货运班列的开通，为我省融入丝绸之路经济带创造了条件。"福建制造2025"计划的实施，为实施快递服务制造业的发展路径提供了新的机遇，有利于邮政业创新服务模式，拓展发展空间。

3. 闽台邮政合作迎来新机遇。福建作为对台“三通”的重要口岸，具有开展对台合作交流的独特优势。中国(福建)自由贸易试验区，福州、平潭海峡两岸电子商务经济合作实验区的建设，为邮政业支撑跨境寄递服务创造了良好条件，可以通过闽台通道发展跨境快递业务、开辟绿色通道创新快件通关监管模式，进一步鼓励快递企业开展对台直航包机，扩大两岸邮件快件运输直航范围，闽台邮政合作迎来新的机遇。

二、发展思路与发展目标

(一)指导思想

牢固树立创新、协调、绿色、开放、共享的发展理念，坚持依法治邮，坚持提质增效，以改革创新为动力，以中国(福建)自由贸易试验区和“21 世纪海上丝绸之路”核心区建设为契机，以建设普惠邮政、智慧邮政、安全邮政、诚信邮政、绿色邮政为目标，全面落实省政府《关于支持快递业加快发展的七条措施》，深化邮政业改革，转变邮政业发展方式，优化网络空间布局，促进产业融合联动，加强行业市场监管，全面建成与小康社会相适应的现代邮政业，为建设机制活、产业优、百姓富、生态美的新福建提供有力支撑。

(二)发展原则

1. 创新驱动。推进邮政业发展方式创新、商业模式创新、服务领域创新、管理模式创新、政策服务创新等，积极引入新技术、新方法、新装备，实现邮政业发展从要素驱动、投资驱动转变为整合发展、创新驱动，形成产业融合、资源共享、合作共赢、可持续发展的智慧邮政生态链、产业融合发展生态圈。

2. 协调发展。积极处理好邮政业与相关产业融合发展的关系，促进邮政服务与电子商务、现代制造业融合联动，实现与上下游产业协调发展，改变因产业衔接不紧密制约行业发展的状况，推动邮政业与关联产业互相促进，共赢发展。

3. 绿色低碳。推动新能源汽车、非机动车在我省邮政业中的应用，推广快件环保包装材料和回收利用，引导邮政企业通过资源整合开展共同配送、集约配送等，推动邮政、快递企业绿色低碳发展。

4. 开放合作。推动闽台邮政业深度融合，拓展深化与港澳邮政业合作交流，加强与“21 世纪海上丝绸之路”沿线国家和地区的联系和合作，拓展中欧(厦蓉欧)班列的邮件、快件服务功能，构筑对台邮件、快件及跨境邮件、快件集散的战略通道，提升邮政业全方位开放合作水平。

5. 共建共享。创新普遍服务供给方式。推动邮政业基础设施的共建共享，提高邮政基础网络利用率，鼓励和引导社会力量采用多种方式提供邮政普遍服务，提高邮政普遍服务供给效率。支持邮政企业利用现有邮政网点优势，开展快件代运、代投，推动村邮站与农村公共服务平台有机结合。

(三)空间布局

按照我省功能区定位，结合地方产业特点、发展水平、设施状况、市场需求等，统筹优化邮政业发展空间布局，建设分工明确、布局合理、功能互补、错位发展的“一通道、二枢纽、三中心、五节点”的全省邮政业发展空间布局，依托铁路、高速公路，由沿海地区向内地辐射，完善邮件、快件流通渠道，带动沿线地区发展，形成以点带面、联动发展的新格局，不断优化、完善我省邮政业服务网络空间布局。

1. 一通道：两岸邮件、快件集散通道。充分发挥“21 世纪海上丝绸之路”核心区及对台交流合作先行区的优势，依托福州、厦门、泉州、平潭的国际邮件、快件处理设施及口岸优势，优化口岸邮件、快件通关功能，大力发展对台海运快件业务，通过海空联运，对接台湾成熟的航空网络，将货物快速中转至全球各地，打造两岸邮件、快件集散通道。

2. 二枢纽：泉州全国快递网络中心枢纽，平潭对台邮件、快件集散枢纽。依托泉州市现代制造业和发达的交通网络，继续发挥“中国快递示范城市”和“全国电子商务示范城市”的优势，建设泉州全国快递网络中心枢纽。依托平潭国际邮件互换局兼交换站及对台海运快件航线资源，继续发挥“两岸交流合作先行区”、“海峡两岸电子商务经济合作实验区”的优势，建设平潭对台邮件、快件集散枢纽。

3. 三中心：区域性邮件、快件集散中心。以福州市建设“电子商务与物流快递协同发展试点城市”、厦门市“东南国际航运中心”、“东南沿海区域性航空枢纽”及三明市承东启西的区位优势为依托，将福州、厦门、三明分别建设成为闽东北、闽南和闽西北地区邮件、快件集散中心。

4. 五节点：地方性邮件、快件处理节点。以莆田、漳州、南平、龙岩、宁德中心城区和当地工农业为依托，完善邮政、快递分拨体系，服务地方经济和农村电商发展，建设莆田、漳州、南平、龙岩、宁德地方性邮件、快件处理节点。

图 1　福建省邮政业发展空间布局(略)

（四）发展目标

"十三五"时期，福建省邮政业发展的总体目标是：立足闽台合作，对接"一带一路"，构建"普惠城乡、对接两岸、技术先进、服务优质、安全高效、绿色节能"的邮政业服务体系，不断壮大行业规模，稳步提升服务质量，积极服务两岸合作，有力支撑跨境交流，将福建打造为两岸邮政合作的主通道和跨境快递服务的核心区。

1. 发展规模迈上新台阶。至2020年，邮政业业务总量达到660亿元以上，年均增长超过25%，业务收入达到350亿元以上，年均增长超过20%，全省邮政行业业务收入占GDP的比重超过0.9%。快递业务量达到33亿件以上，年均增长超过30%（其中跨境快递服务业务量年均增长超过35%），快递业务收入达到250亿元以上，年均增长超过20%，支撑网络零售交易规模超过4500亿元。培育5个年业务量突破1亿件的快递品牌，2个以上本省品牌快递服务企业业务范围向省外拓展。全行业新增就业岗位5万个以上。推动福州、厦门、莆田申报中国快递示范城市。

表2　福建省邮政业"十三五"发展指标表

福建省邮政业"十三五"发展指标表			
发展指标	2015年	2020年	年均增长
邮政业业务总量（亿元）	217.23	660	25%
邮政业业务收入（亿元）	140.85	350	20%
快递业务量（亿件）	8.88	33	30%
快递业务收入（亿元）	100.85	250	20%
邮政业业务收入占GDP比重（%）	0.54	0.90	10%

2. 基础设施进一步完善。"十三五"时期，提供邮政普遍服务的营业场所数量保持稳定，农村邮政基础设施进一步完善，邮政普遍服务网点覆盖达标率达100%；快递物流园区和产业园区网络布局更加合理，推动在全省建设10个以上技术先进、高效运作、安全稳定、产业高度融合的电商快递园区。力争全面实现全省快递企业网点标准化，乡镇快递网点全覆盖，所有建制村通快递。

3. 服务水平和质量显著提升。"十三五"时期，建制村直接通邮比例力争达到100%，有效拓展服务功能。持续提高邮政普遍服务和快递服务满意度，公众用邮评价服务满意度达到83分，快递服务公众满意度达到80分。邮政普遍服务邮件传递时限准时率达到或超过国家规定水平，重点快递企业国内重点城市间实现48小时送达。快递服务产品结构和质量不断优化。快递末端投递服务能力和水平全面提升，快递公共投递服务站与智能快件箱投递快件占总派件量比例超过20%。

4. 安全监管水平进一步提高。"十三五"时期，力争无重特大安全事故，邮政业安全中心覆盖所有地市，建成由从业人员登记管理、远程视频监控、实名收寄验视、快递网点电子地图、快递车辆定位系统和X射线安检设备远程监管等六个信息系统构成的邮政业安全监管信息平台，全面落实实名收寄、收寄验视及邮件、快件过机安检措施。

5. 闽台合作水平进一步提升。"十三五"时期，两岸邮件、快件集散通道作用进一步凸显，对台海运快件实现双向常态运营，通过福建中转的两岸邮件、快件数量持续增加，年均增长超过25%，对台海运快件航线、航班进一步加密，两岸邮政、快递企业合作交流渠道进一步顺畅。

三、主要任务

（一）提升普遍服务均等水平

加快邮政基础设施建设。依托我省综合交通运输体系，完善以邮件处理中心为节点，邮政网点为终端，便民服务站和村邮站为延伸的服务网络建设，将邮政普遍服务的基础设施建设纳入我省及各级市县城乡建设规划，并切实做好政府相关政策的落实。推进邮政网点标准化、信息化改造。落实《邮政法》关于城镇居民楼信报箱建设的规定，积极开展已建城镇居民楼信报箱补建更新和智能化改造工作，探索信报箱与智能快件箱统一建设和综合利用，分期分批解决信报箱建设的历史遗留问题。推动在全省高校、较大港口、车站设立邮政网点。实施邮政基础设施改造升级工程，到"十三五"末实现全省邮政基本公共服务均等化。

专栏1:邮政基础设施改造升级工程

继续对全省约250个邮政普遍服务网点、6个危旧县级邮政企业用房进行统一改造,并在城市新建住宅小区配套建设邮政网点。更新和新增一批省内干线邮运车辆、支线邮运车辆、区内邮运车辆和投递车辆。完成福建邮政广场、福州邮件处理中心、泉州邮件处理中心等重大邮政基础设施建设,开展传统信报箱智能化升级改造。

推动普遍服务创新协调发展。鼓励邮政基层网点提供公共事业缴费、票务代理、证件手续代理等便民服务。鼓励邮政企业积极发展电商小包、电商配送、仓配一体化等适应电子商务发展需要的业务。鼓励邮政企业参照跨境贸易电子商务服务试点网购保税进口模式,在福州、平潭等地建设跨境电商保税进口仓库,做强跨境电商寄递服务。实施农村电子商务邮政寄递网工程,继续完善县、乡、村三级邮政服务网络,推动邮政物流与农村电商的业务整合,信息共享和融合发展。

专栏2:农村电子商务邮政寄递网工程

力争到2020年改扩建县级邮政配送中心15个,形成以县级中心为节点的农村电商运营中心,促进城乡有效联动。积极推动乡镇邮政网点持续运营,提升镇级电商配送能力,使乡镇邮政网点成为服务“三农”、服务农村电商的重要节点。因地制宜推动村邮站建设,至2020年,邮政村级电商服务点达到5000个。在全省推进邮政农村电商体系及“村邮网购”项目建设,建设开放的村邮代购平台,并与电商平台对接,销售农资、日用品和小家电等产品。在全省推进“邮掌柜”、“闽货邮礼”项目建设,依托村邮站平台,把福建农村最具特色的时鲜水果、时令农产品第一时间配送到城市。

推动邮政网络开放共享。大力支持邮政企业同交通运输企业开展“交邮合作”,推进资源互补,互惠互利。支持邮政企业和快递企业创新合作模式,充分利用现有邮政网点优势,开展快件代运、代投,提高邮政网络利用效率。贯彻执行《村邮站服务规范》,积极推动村邮站与农村公共服务平台有机结合,将村邮站打造成保障农村通邮、服务农村电商、解决农村“最后一公里”的重要平台。

(二)推动快递服务创新升级

夯实快递基础设施网络。依托我省主要交通枢纽、产业集聚地及电子商务集聚区,科学规划“快递物流园区—快递分拨、处理中心—末端配送点”三级快递运作基础设施网络,提升骨干节点的信息化、自动化水平,促进多种快递运作设施顺畅衔接和高效中转。推动实施快递处理设施建设升级工程,支持企业建设国家级、省级示范快递物流园区、标准化仓储设施、快件分拨中心等,完善我省快递业基础设施网络体系。

专栏3:快递处理设施建设升级工程

依托我省主要交通枢纽及产业集聚地推动快递产业园区建设,鼓励传统物流园区按照快递与电商物流发展要求更新改造仓储、分拣等设备、设施,提供集中仓储、集中分拣、快速集散、统一配送的“仓配一体化”服务。2018年前,各设区市、平潭综合实验区应根据本地区经济社会发展需要和区位特点至少建设一个电商快递园区,其中福州、厦门应立足自贸试验区的政策优势,建设满足服务跨境(对台)业务需求的电商快递园区;泉州应依托制造业优势,集仓配一体化等功能于一体,建设提供供应链式服务的电商快递园区。围绕快递集散、分拨、中转需要,在各个城市依托公路、铁路等交通枢纽建设一批快件分拨中心。鼓励快递企业入驻电子商务园区、商贸物流园区、制造业园区、保税物流园区、专业市场等。实施快递标准化示范工程,推进快递网点、车辆、仓配处理场所标准化水平。支持快递企业建设立体化仓库和信息平台,推广甩挂运输等先进运输方式和信息化技术,提高处理能力和经营效率。

推进快递供给结构改革。引导快递企业由被动适应型向主动引领型转变,增强发展的内生动力。积极发展第三方仓储、同城配送、流通加工等物流增值服务和相关金融增值服务,为供应链上下游客户提供完整配套服务,提高服务黏性。支持快递企业推进快递信息化建设。推进“互联网+”快递,鼓励快递企业充分利用互联网、物联网、大数据、云计算等信息技术,优化服务网络布局,提升运营管理效率,拓展协同发展空间,推动服务模式变革,加快向服务链更长、附加值更高的综合性快递物流运营商转型。

推动快递城乡普惠发展。加快拓展快递服务网络,由中心城区向乡镇延伸覆盖,鼓励快递企业主动服务农村电子商务发展,在乡镇开辟或延伸快递物流运输线路,新建快递物流网点,或通过与邮政企业、交通运输企业、供销社等合作方式,整合农村实体网点资源,拓展农村快递公共服务网点,构建农村双向快递物流体系,完善面向农村的综合物流信息服务和物流仓储配送体系,争取到2020年全省基本实现“县县有分拨,乡乡有网点,村村通快递”。

提升快递服务水平与服务质量。督促快递企业严格按照《快递服务》国家标准提供标准化服务，引导快递企业树立“以客户需求为中心”的服务理念，强化员工服务质量意识，加强员工服务能力培养，畅通客服受理，满足用户需求。引导快递企业通过应用新技术提升服务质量。实施快递公共投递服务站建设工程，创新解决快递投递“最后100米”难题，提升快递末端服务质量。

专栏4：快递公共投递服务站建设工程

“十三五”时期，整合利用机关、院校、企事业单位传达室或服务中心，社区物业、超市、便利店、连锁店或现有农村服务中心、农家店、农资店、供销社、客（货）运站、村邮站、邮政便民服务网点以及“万村千乡”、“美丽乡村”等平台搭载快递服务，在城市和农村地区共建设10000个快递公共投递服务站；鼓励学校、快递企业、第三方主体因地制宜加强合作，建设10个以上校园快递服务中心；推广应用智能快件箱等自助设施，简化快递企业投递服务终端设置备案手续，创新智能快件箱经营模式，至2020年全省设置智能快件箱数量超过10000组，格口50万个，快递公共投递服务站与智能快件箱派件比例达到20%以上。

（三）促进关联产业协同发展

深化“快递+电商”协同发展。引导快递企业与电子商务企业深度合作，促进线上线下互动创新，共同发展体验经济、社区经济、逆向物流等便民利商新业态。建设电商物流快递公益性信息服务平台，实现电商、物流快递与用户的信息资源共享。鼓励、支持快递企业入驻电商园区和电商聚集区，实现仓配一体化。以中国（福建）自由贸易试验区和福州、平潭海峡两岸电子商务经济合作实验区的设立为契机，积极服务跨境电商企业，探索跨境新业务、新模式，寻找新增长点。

推进“快递+制造业”协同发展。以泉州、莆田等先进制造业基地为示范，发挥供应链管理优势，引导快递企业进入制造业供应链服务市场，有效融入制造业原材料备货、订单销售管理、包装、配货、产品仓储配送等各环节。加强功能整合和服务延伸，建立结构合理、协作深入、标准对接的合作发展新模式。

加强“快递+农业”协同发展。以漳州、三明、龙岩等农村快递服务示范村为基础，拓展快递服务于农业、农村、农民的渠道。大力推进农产品冷链快递基础设施建设。推动快递企业与县乡政府部门合作，通过“农超对接”、“农企对接”，提升快递业对“工业品下乡”和“农产品进城”的服务能力，畅通特色农副产品通过快递进入流通渠道，促进城乡商品流通，发挥邮政业在引导贫困地区发展特色产业、脱贫致富方面的促进作用。

专栏5：关联产业协同发展工程

实施“快递+电子商务”工程，至2020年，启动10个以上电商快递产业园区的规划建设，建设“网订店取”等快递综合服务站5000个以上，建成省级电商物流快递公共信息服务平台，提供仓配一体化服务的快递企业超过150家，快递业支撑电子商务交易额达到5000亿元。开展电子商务与快递协同发展示范企业（项目）评选，在全省建设一批电子商务与快递协同发展示范企业（项目）并予以政策扶持。

实施“快递+制造业”工程，支持福州推动一批电子信息、通信、精密仪器、汽车等技术密集型制造业通过服务外包优化生产流程，支持厦门推动一批大型制造企业依托快递网络开展综合集成制造和分销配送，支持泉州、莆田推动一批纺织服装、鞋帽、工艺品等制造企业探索网络直销等发展模式，依托快递网络提供试穿、退换货、产品功能展示等特色服务。至2020年，建成10个以上快递与制造业联动发展示范项目并予以政策扶持。

实施“快递+农业”工程，引导快递企业结合我省漳州、三明、南平、龙岩、宁德等地特色农产品和特色文化旅游产业，在产品种植、产品包装、产品营销、售后服务、农村金融等方面与专业合作社、种植户等紧密合作，提供个性化、定制化的服务。至2020年，建成10个以上快递与农业联动发展示范项目并予以政策扶持。

推进邮政业与交通运输业协同发展。加强邮政业与交通运输业在信息、通道、设施、业务等领域的对接，推动邮件、快件处理中心等基础设施与铁路、公路、民航和港口枢纽的同步规划建设，利用交通基础设施完善邮政服务网络，开展交邮协同发展示范，积极推进“客票进所入网，邮件、快件进站上车”。依托我省日益完善的多式联运网络，实施邮件、快件“上机、上铁、上船、上车”链接工程。稳妥推进公路客运班车代运快件试点和快件甩挂运输方式，因地制宜发展快件水路运输，大力推动快件航空运输。

专栏6:邮件、快件“上机、上铁、上船、上车”链接工程

探索现代化高速运能在快递业中的应用,努力构建以中心城市为中心的8小时、24小时、48小时快递限时服务圈,提高投递时效,提升服务质量。

鼓励快递企业与民航企业加强货运合作,推动在厦门翔安机场、福州长乐机场二期、晋江、沙县等机场建设快递功能区或临空快递物流园区,鼓励快递企业增加在福建的快件货运航班数量与密度,在航线设置、航班时刻等方面给予政策支持。

鼓励快递企业、铁路企业加强合作,推动在福州南、厦门北、莆田、晋江、三明北等铁路枢纽配套建设快件运输通道和接驳场所,建立健全利用中欧(厦蓉欧)、中亚班列运输邮件、快件机制。

支持在中国(福建)自由贸易试验区福州片区、平潭片区、厦门片区开展对台海运快件业务,完善对台海运快件码头、监管点建设,加密对台海运快件航线,提升对台海运快件时效性。

支持邮政企业与客运公司合作,通过客运班车运送邮件到各乡镇,并利用“村村通”客车,将邮件送到农村便民服务站。

(四)拓展对台以及海外合作

完善两岸邮件、快件集散通道。充分发挥闽台地缘近、血缘亲、文缘深、商缘广、法缘久的优势,依托福州、厦门、平潭、泉州等物流节点实施对台邮政合作基础设施建设工程,加快对台邮件处理中心、对台快件转运中心建设,发展对台海运快件业务,完善两岸快件交换、包裹处理等功能,提升福建对台邮件、快件中转能力。扩大对台海运快件业务试点范围,鼓励更多具备条件的船舶参与对台海运快件经营业务。增加对台海运航线,形成“多点、多线”的对台海运快件发展格局,鼓励具有一定实力的快递企业开展对台直航包机、支持企业通过海空联运、空空联运方式,充分利用台湾机场与港口的优势,以台湾地区为中转,打通大陆经由台湾进出口的国际快件新通路。

专栏7:对台邮政合作基础设施建设工程

以推进对台邮政合作为主要目标,采取积极有效措施,加快推进对台邮政合作基础设施建设,完善两岸快件交换、包裹处理等功能。进一步完善厦门、平潭对台海运快件码头功能,积极争取泉州、莆田等成为对台海运快件试点码头,加快平潭对台邮件处理中心、厦门翔安新机场邮件处理中心、泉州晋江陆地港国际快件监管中心等对台邮政业合作基础设施建设。鼓励我省物流、快递企业或跨境电子商务企业在台湾设立公共海外仓,利用台湾的航空网络提供面向全球的跨境网络零售出口快递服务。

优化国际邮件、快件通关环境。创新快件通关监管模式,简化报检程序,实施快速施检,实时验放的通关措施,完善综合保税区、电子口岸、“一站式”通关等基础服务设施和监管配套设施,建立进出境快件24小时通关机制和“一次申报、一次查验、一次放行”的便捷通关模式。依托福建省国际贸易单一窗口、福建省公共服务平台以及福州、厦门、平潭等各港口的信息化平台建设,推进闽台两地海关、检验检疫、海事、质监、港航等部门的合作,实现监管互认、执法互助和信息互换等。

拓展两岸邮政合作范围。积极建立涵盖政府部门、行业协会、企业、科研机构等成员的两岸邮政行业之间的定期联络协调机制,进一步加强两岸同业人员定期对话、互访交流和业务合作,实现两岸邮政业在行业标准、科技研发、教育培训、人才交流等方面的交流合作。以设立福州、平潭海峡两岸电子商务经济合作实验区为契机,提升邮政业服务两岸电子商务等经贸合作的能力和水平。鼓励闽台两岸快递企业共同建设配送中心、营运中心、研发中心等基础设施、互设快递企业或快递企业分支机构等。

大力发展跨境寄递业务。支持平潭对台邮件处理中心和海运快件中心建设,支持建设国际邮件互换局和交换站,推动我省跨境电商发展。推动在福州、厦门航空港规划建设国际航空快件分拨中心,在福州、厦门、平潭自由贸易试验区建设跨境贸易电子商务快件分拨中心。吸引国际知名快递企业以独资、合资或合作的形式在我省机场、港口等货物集散节点布局国际快件中心和公共海外仓。鼓励具有一定实力的本土快递企业或跨境电商企业在国外重点城市建设国际快件中心或公共海外仓。积极为企业“走出去”搭建平台提供服务,引导企业整合资源共建共享,共同拓展国际市场。

(五)提升邮政行业监管效能

全面推进依法治邮。严格落实《邮政法》、《福建省邮政条例》、《福建省促进快递行业发展办法》等法律法规,推动出台《福建省邮政普遍服务保障办法》,构建一体两翼、层次分明、覆盖完整的全省邮政业法规体系,为全省邮政业发展营造良好的法治环境。建立完善权力清单、责任清单制度,落实行政执法责任制,强化行政执法监督,依法开展行政执法、行政许可、行政审批等活动,全面推进法治邮政建设。

强化事中事后管理。进一步简政放权、放管结合、优化服务，简化审批流程，提升行政审批效率。加强对快递市场、集邮市场、邮政用品用具等市场的事中事后监管，优化快递非法人分支机构、末端网点备案手续。健全依法决策机制和重大决策终身责任追究制度、责任倒查机制，提升治理能力及公共服务职能。构建行业信用体系，健全行业信用制度和标准体系，完善信用评价机制，通过建立“黑名单”等制度，强化信用信息通报和舆论约束。

保障寄递渠道安全。实施邮政业安全监管“绿盾”工程，按照“收寄、分拣、运输、投递”四个环节构建分环节安全监管体系，全面落实企业主体责任，确保寄递渠道安全畅通。健全安全监管长效机制，强化部门间安全监管协作机制，通过安全监管大数据运用，设立安全检查站以及政府购买服务等方式，为邮政业安全监管提供支撑、服务和保障。建成由从业人员登记管理、远程视频监控、实名收寄验视、快递网点电子地图、快递车辆定位系统和X射线安检设备远程监管等六个信息系统构成的邮政业安全监管信息平台，实现对从业人员基本身份信息的动态管理，以及对收寄验视信息、企业网点信息、车辆信息、安检设备信息等的采集、储存和监管，对可疑寄递行为进行有针对性的预警监测、重点检查和倒查。

专栏8：邮政业安全监管“绿盾”工程

筑牢邮政业安全监管三级联动防控响应体系，从机构上建立、制度上完善、技术上实现入手，构建三级群防体系、技防体系和响应体系。通过成立省市邮政业安全中心、建立同级横向部门联动机制、设立寄递企业安全生产管理组织等，完善三级群防体系架构；通过远程监控和安检设备加强分拨中心管理，通过云监控加强网点及企业运作管理，通过实名系统和定位管理加强从业人员管理，形成三级技防体系；通过“鹰眼”（数据采集预警、作出研判响应）、“天眼”（区域监管响应）、“全球眼”（实现无缝隙监管响应）等实现三级响应。依法监督指导企业加强内部防范，督促企业落实《邮政业安全生产设备配置规范》等行业安全标准，确保寄递渠道和邮件、快件的安全。严格督促寄递企业落实从业人员的安全培训，全面提升发现、识别禁寄物品能力。全面落实实名收寄、收寄验视及邮件、快件过机安检措施。完善企业内部信息系统，推动邮政企业、快递企业内部信息系统与邮政管理部门的信息管理系统联网。建设全省邮政行业安全监管信息平台，实现与交通运输、工商管理、海关、检验检疫等部门之间的信息互联共享。

充实基层监管力量。健全完善县级邮政监管机构设置，进一步充实基层监管力量。建立各级邮政业安全中心，强化对行业安全的监管力度。建立专业行政执法队伍，增强行政执法的规范化和标准化，提升依法行政水平。加强监管人员培养、培训力度，进一步提高行业监管效能。

四、保障措施

（一）加大行业扶持力度

省直有关部门、设区市人民政府要全面落实《国务院关于促进快递业发展的若干意见》和省政府《关于支持快递业加快发展的七条措施》等政策，采取有效措施，加大扶持力度，促进邮政业持续健康发展。省级服务业发展引导资金每年安排2000万元，重点支持企业做大做强、提供仓配一体化服务、完善快递服务网络等。各设区市政府和平潭综合实验区管委会也要安排一定资金，将快递业列为重点扶持发展行业给予政策支持，要按照本规划确定的工作重点和政策措施，制定具体落实方案，及时研究出台促进邮政业发展的政策意见，确保取得实效。

（二）强化发展要素保障

根据我省城市总体规划和邮政业发展的实际需求，强化邮政业发展的用地保障。各级政府、各有关部门要将邮政业发展纳入国民经济和社会发展规划，并与城乡规划、土地利用总体规划以及综合交通运输体系规划相衔接。邮政普遍服务的邮政营业场所、邮件处理和储运场所建设用地，应当纳入市、县土地利用总体规划和年度国有建设用地供应计划，按照城市基础设施和公益事业用地依法划拨，免征城市基础设施配套费。将快递园区、快递服务网点、智能信包箱、快递公共投递服务网点等作为城市重要的公共基础设施纳入城乡规划，城市新建住宅小区和旧城改造应当将快递服务网点纳入社区服务基础设施，同步规划、同步建设，并应当规划安排快递服务所需的停车和装卸用地。对快递业建设项目符合法定划拨范围的，可以划拨方式供地，入驻符合现代物流业发展规划的物流园区、物流配送中心等快递企业的物流项目用地、为生产配套的快递仓储物流用地，享受工业用地政策。对新建的快递物流园区、标准化仓储设施、快递分拨中心等，符合条件的，可按现代物流项目向省经信委申请项目补助或资金奖励。鼓励利用存量土地和现有厂房发展快递业，允许快递企业通过租赁方式使用国有土地。

（三）优化行业管理服务

各有关部门应当优化行业管理服务，为邮政业发展营造良好环境。方便工商登记。市、县（区）邮政企业可以凭隶属企业法人的授权文件,向辖区工商行政管理部门统一申请办理所属分支机构以及服务网点设立、变更和注销登记,并免交登记费。设立快递企业及其非法人分支机构,向工商行政管理部门申请注册登记免于提交快递业务经营许可证。对于不对外营业、不揽件的快递企业配送站点,可免于办理工商注册登记。提供通行便利。公安交通管理部门为邮政企业、快递企业城市投递作业提供车辆通行便利,支持企业依法使用符合国家标准且已办理注册登记的非机动车用于城市收投服务,各设区市、平潭综合实验区结合实际制定快递专用电动三轮车通行管理办法,解决“最后一公里”通行难问题。鼓励民航、铁路、公路等运输部门为邮件、快件运输开设绿色通道,提供优先服务。机场、车站、口岸等单位应当支持建设邮件、快件集中处理场所,提供快速配载、装卸、交接等服务。构建行业信用体系。推动建设邮政业信用信息平台并实现与省公共信用信息平台、企业信用信息公示系统的互联共享,实现行业信用管理,加强行业自律,完善企业信用体系;鼓励征信机构开展专业化征信服务,逐步建立企业及从业人员“黑名单”制度,建立健全失信联合惩戒和守信奖励机制。

(四)加强行业人才培养

实施“人才兴邮”战略,建立完善人才评价体系,营造尊重人才、发现人才的良好环境。通过国家、省、市三级机构建立多元化邮政行业人才培训平台,提升行业管理、企业经营人才的综合能力。支持行业协会、第三方服务机构等开展邮政、快递人才培训等。探索校企合作新模式,以省内合作院校为基础,形成标准化的“产学研”人才培养模式,试点建设校园快递实训基地。举办校企人才招聘会,开办行业发展讲座,组建授课专家队伍,实现高校人才从教学、实习、创业、招聘等全流程培养新模式,建立各层次行业人才梯队。加强闽台邮政、快递行业协会交流合作,探索闽台联合培养邮政、快递高端人才,加强闽台两地的师资交流,强化福建邮政业人才培养。

(五)提升行业科技水平

加强基础平台建设和共享。加强位置服务、物联网、安全监控、仓储管理、分拣配送、数据集中管控等服务快递发展的基础平台建设。对企业新增投资的重点公共平台,由省发改委、数字办按标准给予补助。推进相关基础平台向快递企业开放,实现基础平台与相关业务系统的互联互通。鼓励大型企业、社会资本搭建物流信息服务平台。支持快递企业开放快递信息资源,推进大数据开放、共享与创新应用,引导社会资源参与快递配送等服务,降低物流成本。提高信息化水平。对快递企业新增投资的信息化建设项目和快递公共信息平台,由省经信委按照标准给予补助。支持设施投入和技术改造。鼓励快递园区、快递企业购置或升级改造主要用于电商业务仓储及快递操作的设备,鼓励金融机构为快递企业购置自动(半自动)快件分拣机、快件安检机、重型汽车等大型设备和智能设备提供融资租赁服务。实施技术标准战略。对主导制订国际标准、国家标准、行业标准和地方标准的快递企业,省质监局从省标准化专项资金中给予相应奖励。

(六)倡导绿色低碳发展

鼓励邮政、快递企业购置新能源汽车作为城市邮件、快件运输和收投服务工具,并按照国家规定给予补贴优惠。积极推进邮件、快件包装材料环保和回收利用,鼓励、支持企业推广使用成本低、无污染、易回收再生的复合环保材料,鼓励推广使用电子运单,减少纸张消耗。积极引导邮政业创新发展,鼓励邮政、快递企业在分拨中心、处理中心、营业网点、办公场所等建筑内开展节能减排建设改造,鼓励低碳设计,推动邮政、快递企业绿色低碳发展。

(七)加强规划组织领导

充分发挥邮政管理部门中央和地方双重管理优势,建立省邮政行业发展工作协调小组,发展改革、财政、经信、商务、交通、海关、检验检疫、工商、公安、住建等部门按照各自职责做好邮政业规划与国民经济和社会发展规划、物流业、综合交通运输、服务业、城乡规划、土地利用总体规划等相关规划的衔接,并共同做好规划的组织实施。多渠道筹集邮政业发展建设资金,积极争取中央和地方有关支持,用好用足相关专项资金,同时充分发挥市场功能,引导社会资本投资建设邮政业发展项目。省邮政管理局会同省直有关部门按照本规划的发展目标和工作任务,建立评估制度,每年度及期中对本规划的执行进展情况及其成效进行总结评估,并对本规划建设项目实行滚动管理。各有关单位要将本规划实施过程中出现的情况和问题及时报送省邮政管理局。

附件:福建省邮政业发展“十三五”规划重大工程项目库(略)

福建省邮政管理领域通过法定途径分类处理信访投诉请求清单

（2016年8月20日）

<table>
<tr><th>序号</th><th>问题分类</th><th colspan="3">具体问题</th><th>处理方式及法定途径</th><th>相关依据</th></tr>
<tr><td rowspan="6">1</td><td rowspan="6">邮政业服务质量的申诉</td><td rowspan="5">邮政企业经营的邮政业务服务质量问题</td><td>信件、包裹、印刷品等邮件的寄递</td><td>投递未到户；未及时通知用户取邮件；邮件未收到被退回；未按时投递邮件；邮件丢失、短少、损毁，保价物品缺失；邮件延误；服务态度问题；违规收费等</td><td rowspan="6">作为申诉处理，按照《邮政业消费者申诉处理办法》规定的程序进行调解</td><td rowspan="6">《中华人民共和国邮政法》
《中华人民共和国邮政法实施细则》
《邮政普遍服务监督管理办法》
《邮票发行监督管理办法》
《快递市场管理办法》
《邮政行业安全监督管理办法》
《集邮市场管理办法》
《邮政业消费者申诉处理办法》</td></tr>
<tr><td>报刊订阅、零售、投递</td><td>报刊丢失；订阅的报刊不给送；收到的报刊不完整；报刊投递不及时等</td></tr>
<tr><td>邮政汇兑</td><td>汇兑时限问题；汇款通知单未收到等</td></tr>
<tr><td>集邮票品预订、销售</td><td>集邮票品预订、销售中存在强买强卖、欺诈等行为；集邮票品错投；预订的邮票在邮局取不出等</td></tr>
<tr><td colspan="2">其他依托邮政网络办理的业务（不包括邮政储蓄）</td></tr>
<tr><td colspan="2">经营快递业务企业的快递业务服务质量问题</td><td>违反快递服务标准中的时限、价格及损失赔偿等各类服务质量问题；延误、丢失、短少、损毁；违规收费；收寄服务质量问题、投递服务质量问题；代收货款质量问题等</td></tr>
<tr><td rowspan="8">2</td><td rowspan="8">邮政业相关违法行为的举报</td><td colspan="3">快递企业经营邮政企业专营业务范围以外的信件快递业务，未在信件封套的显著位置标注信件字样</td><td rowspan="8">作为举报处理，按照《邮政行政处罚程序规定》进行调查处理</td><td rowspan="8">《中华人民共和国邮政法》
《中华人民共和国邮政法实施细则》
《中华人民共和国海关法》
《邮政普遍服务标准》
《邮政普遍服务监督管理办法》
《快递市场管理办法》
《邮政行业安全监督管理办法》
《邮票发行监督管理办法》
《邮政行业统计管理办法》
《仿印邮票图案管理办法》
《邮政用品用具监督管理办法》</td></tr>
<tr><td colspan="3">快递企业将信件打包后作为包裹寄递</td></tr>
<tr><td colspan="3">社会组织或个人冒用邮政企业名义或邮政专用标志；伪造邮政专用品或倒卖伪造的邮政专用品</td></tr>
<tr><td colspan="3">社会组织或个人私自开拆、隐匿、毁弃他人邮件</td></tr>
<tr><td colspan="3">未经批准，邮政企业停止办理或者限制办理：信件、单件重量不超过五千克的印刷品、单件重量不超过十千克的包裹的寄递以及邮政汇兑；机要通信、国家规定报刊的发行，以及义务兵平常信函、盲人读物和革命烈士遗物的免费寄递的业务</td></tr>
<tr><td colspan="3">邮政企业利用带有邮政专用标志的车船从事邮件运递以外的经营性活动，或者以出租等方式允许其他单位或者个人使用带有邮政专用标志的车船</td></tr>
<tr><td colspan="3">不通邮问题</td></tr>
<tr><td colspan="3">邮政企业未经批准撤销提供邮政普遍服务的邮政营业场所</td></tr>
</table>

续表

序号	问题分类	具体问题	处理方式及法定途径	相关依据
2	邮政业相关违法行为的举报	邮政企业限定或指定用户使用某项业务	移交有关部门依法处理	
		违反国家规定，收寄禁止寄递的物品，未按规定收寄限制寄递的物品，或未按规定执行收寄验视制度		
		社会组织冒用他人名称、商标标识和企业标识，扰乱市场经营秩序		
		取得快递业务经营许可的企业将快递业务委托给未取得快递业务经营许可的企业经营，或超越经营许可范围委托经营	作为举报处理，按照《邮政行政处罚程序规定》进行调查处理	
		快递企业超范围经营快递业务		
		社会组织或个人未经许可经营快递业务		
		快递企业设立、合并、分立分支机构，未向邮政管理部门备案		
		邮政、快递企业未经用户许可，使用第三方（智能包裹箱、快件箱）代投邮件、快件		
		邮政、快递企业私自代替用户签收邮件、快件		
		邮政企业擅自变更已审定的纪特邮票发行计划		
		邮政企业在发行日前销售邮票；低于面值或者售价销售邮票；在发行期内高于面值或者售价销售纪特邮票；采用搭售等方式强迫消费者购买其他商品；利用其市场支配地位损害消费者权益		
		社会组织或个人伪造、涂改、冒用、租借、买卖或转让《快递业务经营许可证》		
		快递企业停止经营快递业务，未书面告知邮政管理部门并交回快递业务经营许可证，或者未按照国务院邮政管理部门的规定妥善处理尚未投递的快件		
		快递企业寄递国家机关公文		
		社会组织或个人隐匿、毁弃、非法开拆邮件、快件		
		社会组织或个人损毁邮政与快递服务设施或者影响邮政与快递服务设施的正常使用		
		外商投资的企业经营信件业务		
		除未经法律明确授权或者用户书面同意，邮政企业、快递企业或从业人员将用户使用邮政服务、快递业务的信息提供给任何组织或个人		
		邮政企业或快递企业及其分支机构或从业人员非法扣留邮件、快件		
		统计调查对象，向邮政管理部门提供不真实或不完整的统计资料		
		社会组织或者个人伪造、涂改、冒用、租借、买卖和非法转让《集邮票品集中交易市场开办许可证》		
		未经指定，社会组织或者个人经营集邮票品的进口业务		

续表

序号	问题分类	具体问题	处理方式及法定途径	相关依据
2	邮政业相关违法行为的举报	集邮票品经营者经营伪造、变造的邮资凭证；经营国家禁止流通的集邮票品；经营1949年10月1日以后台湾地区发行的集邮票品；经营未注明发行单位信息的集邮品；经营不符合国家规定的仿印仿制邮票图案的集邮品；经营明显具有虚假信息的集邮品；经营擅自进口的集邮票品；冒用他人名义制作或者销售集邮票品	作为举报处理，按照《邮政行政处罚程序规定》进行调查处理	
		邮政企业向集邮爱好者隐瞒集邮票品有关信息或者提供虚假信息		
		未通过年检的生产企业继续生产邮政用品用具		
		邮政用品用具生产企业降低产品质量，生产不符合标准的产品；使用过期的或未通过年检的生产监制证书生产邮政用品用具；转让或出售生产监制证书		
		社会组织或个人未经批准，擅自生产已经实行生产监制的邮政用品用具；或伪造、冒用、盗用生产监制（进网审批）证书		
		非邮政企业经营带有邮政专用标志的用品用具；社会组织或个人伪造、冒用带有邮政专用标志的用品用具		
		社会组织或个人销售和使用未经监制和审批的邮政用品用具		
		个人仿印邮票图案；非邮政集邮经营部门仿印邮票图案制作集邮品		
		获准仿印邮票图案的单位转让仿印邮票图案的制作权和发行权		
		社会组织或个人未经批准，对已发行的邮票图案进行再加工		
		印刷单位承印未经批准的仿印邮票图案和与邮票相似的印件		
		社会组织或个人经销未经批准的仿印邮票图案制品		
3	邮政管理行政审批事项	申请办理撤销提供邮政普遍服务的邮政营业场所审批	按照行政许可相应法定程序进行办理	《中华人民共和国邮政法》 《中华人民共和国邮政法实施细则》 《中华人民共和国行政许可法》 《中华人民共和国行政复议法》 《中华人民共和国行政诉讼法》 《国务院对确需保留的行政审批项目设定行政许可的决定》 《邮票发行监督管理办法》 《仿印邮票图案管理办法》 《快递市场管理办法》
		申请办理停止办理或者限制办理邮政普遍服务业务和特殊服务业务审批		
		申请办理纪念邮票和特种邮票发行计划审批		
		申请办理纪念邮票图案审查		
		申请办理停止使用邮资凭证审批		
		申请办理快递业务经营许可		
		申请办理仿印邮票图案及其制品审批		
		申请办理经营邮政通信业务审批		
		申请行政审批，对邮政管理部门拒绝或者在法定期限内不予答复，或者对邮政管理部门作出的有关行政许可的变更、中止、撤销等决定不服的信访事项	行政复议、行政诉讼	

续表

序号	问题分类	具体问题	处理方式及法定途径	相关依据
4	政府信息公开申请	公民、法人或者其他组织申请获取相关政府信息	按照政府信息公开有关要求进行答复	《中华人民共和国政府信息公开条例》 《中华人民共和国邮政法》 《中华人民共和国邮政法实施细则》 《普遍服务监督管理办法》 《邮票发行监督管理办法》 《仿印邮票图案管理办法》 《快递市场管理办法》 《邮政行业安全监督管理办法》 《邮政行业统计管理办法》 《邮政业标准化管理办法》 《集邮市场管理办法》 《邮政用品用具监督管理办法》
5	提出的行政复议申请	对行政机关作出的行政处罚决定不服的 对行政机关作出的查封、扣押等行政强制措施决定不服的 对行政机关作出的有关许可证、执照、资质证、资格证等证书变更、中止、撤销的决定不服的 认为符合法定条件,申请行政机关颁发许可证、执照、资质证、资格证等证书,或者申请行政机关审批、登记有关事项,行政机关没有依法办理的; 侵犯其合法权益的 认为行政机关侵犯合法的经营自主权的 认为行政机关违法集资、征收财物、摊派费用或者违法要求履行其他义务的 认为行政机关的其他具体行政行为(如信息公开、业务举报处理等)	按照行政复议法定程序依法办理	《中华人民共和国邮政法》 《中华人民共和国邮政法实施细则》 《中华人民共和国行政复议法》 《中华人民共和国行政复议法实施条例》 《普遍服务监督管理办法》 《邮票发行监督管理办法》 《仿印邮票图案管理办法》 《快递市场管理办法》 《邮政行业安全监督管理办法》 《邮政行业统计管理办法》 《邮政业标准化管理办法》 《集邮市场管理办法》 《邮政用品用具监督管理办法》

续表

序号	问题分类	具体问题	处理方式及法定途径	相关依据
6	涉及系统内部人员违法违纪问题的举报	1. 违反政治纪律、组织纪律、廉洁纪律、群众纪律、工作纪律、生活纪律的行为 2. 违反行政纪律的行为	作为信访依法调查处理	《中国共产党纪律处分条例》 《中国共产党廉洁自律准则》 《中华人民共和国国家公务员法》 《中华人民共和国行政监察法》 《行政机关公务员处分条例》
7	涉及内部公务员申诉问题	行政处分	作为信访依法调查处理	《中华人民共和国公务员法》 《中华人民共和国行政监察法》 《公务员申诉规定(试行)》
		辞退或者取消录用		
		降职		
		定期考核定为不称职		
		免职		
		申请辞职、提前退休未予批准		
		未按国家规定确定或者扣减工资、福利、保险待遇		
		法律、法规规定可以申诉的其他情形		
8	行业内相关企事业单位工作人员向我局提出的,超出我局职责范围,且能通过其他法定途径进行处理的信访事项	邮政企业经营任务重,扣奖金	作为信访处理,告知下列救济途径:1. 通过企业单位工会出面协调;2. 向企业所在地的劳动保障部门申诉、仲裁;3. 法院提起诉讼;4. 移交具有处理权限的相关部门	《中华人民共和国劳动法》 《中华人民共和国劳动合同法》 《中华人民共和国社会保障法》 《中华人民共和国劳动法》 《中华人民共和国社会保险法》
		退休职工工资待遇低		
		克扣或拖欠员工工资		
		邮政企业员工因工作等问题被辞退		
		不为员工缴纳养老、医疗、工伤、生育、失业等社会保险		

福建省邮政普遍服务保障办法

(2016年11月11日福建省人民政府令第181号公布 自2017年3月1日起施行)

第一章 总 则

第一条 为了保障邮政普遍服务,加强对邮政普遍服务的监督管理,保护用户合法权益,根据有关法律、法规,结合本省实际,制定本办法。

第二条 本省行政区域内邮政普遍服务及其保障与监督管理,适用本办法。

本办法所称邮政普遍服务,是指按照国家规定的业务范围、服务标准,以合理的资费标准,为用户持续提供的邮政服务。

第三条 邮政普遍服务属于国家基本公共服务。

各级人民政府应当依法对邮政普遍服务的发展给予必要的扶持和政策优惠,保障邮政普遍服务适应经济社会发展和人民生活的需要。

第四条 邮政企业按照国家规定承担提供邮政普遍服务的义务。国务院规定范围内的信件寄递业务,由邮政企业专营。

邮政企业应当加强服务质量管理,完善安全保障措施,严格执行服务标准,创新服务手段,逐步提高服务水平。

第五条 省邮政管理部门负责对本省行政区域内的邮政普遍服务实施监督管理。省级以下邮政管理部门负责对本辖区内的邮政普遍服务实施监督管理。

发展改革、财政、商务、经济信息、住房城乡建设、国土资源、工商、税务、公安、国家安全、交通运输、铁路、民航、农业等有关部门按照各自职责,支持邮政企业提供邮政普遍服务。

第六条 任何单位和个人不得损毁邮政设施或者影响邮政设施的正常使用,并有权制止、举报破坏邮政设施和危害邮政通信安全的行为。

第二章 服务保障

第七条 各级人民政府应当将邮政普遍服务发展纳入国民经济和社会发展规划,将提供邮政普遍服务的邮政设施作为重要的公共基础设施纳入城乡规划和土地利用总体规划,保障邮政普遍服务发展和邮政设施建设需求。

提供邮政普遍服务的邮政设施用地符合国家划拨用地目录的,应当依法划拨,免征城市基础设施建设配套等相关费用。

建设单位对按照规划要求配套建设的提供邮政普遍服务的邮政营业场所、邮件处理场所用房,以出售方式交付给邮政企业使用时,出售价格不得高于建筑安装成本。有条件的地方可以通过委托代建等方式,将规划配套建设的提供邮政普遍服务的邮政营业场所、邮件处理场所用房无偿交付给邮政企业使用。邮政企业不得改作他用。

第八条 因公共利益需要征收邮政营业场所或者邮件处理场所的,征收部门应当根据保障邮政普遍服务的要求,对邮政营业场所或者邮件处理场所的重新设置作出妥善安排;未作出妥善安排前,不得征收。

邮政营业场所或者邮件处理场所重新设置前,邮政企业应当采取措施,保证邮政普遍服务的正常进行,征收部门应当给予配合。

因道路改造等特殊情况确需迁移邮筒(箱)、报刊亭等提供邮政普遍服务的邮政设施的,应当与邮政企业充分协商后作出妥善安排,确保所在地区邮政普遍服务水平不降低。

第九条 新建、改建、扩建住宅小区、住宅建筑工程的建设单位,应当按照标准设置信报箱或者智能信包箱。建筑工程竣工验收时,应当进行信报箱或者智能信包箱工程专项验收。专项验收由建设单位负责组织,施工、设计、监理以及邮政管理部门或者邮政管理部门委托的其他单位等均应参加验收。

已建成使用的居民楼未设置信报箱的,由产权人或者其委托的物业服务企业以及其他管理者负责按照标准设置,设有住宅专项维修资金的,可按程序运用维修资金补建信报箱。

鼓励邮政企业或者第三方企业建设智能信包箱,满足人民群众用邮需求。

县级以上人民政府可以对信报箱或者智能信包箱的建设和维护给予政策和资金支持。

第十条 机关、团体、企业事业单位以及商用写字楼等应当在地面层或者主出入口设置接收邮件的收发室或者其他接收邮件的场所;两个以上单位使用同一用邮地址的,可以设置联合收发室。

住宅小区尚未设置信报箱或者智能信包箱的,或者因信报箱维修、破损等原因无法投递邮件的,邮政企业应当与物业服务企业或者其他管理者协商代收、代转邮件事项,物业服务企业或者其他管理者应当提供必要的协助。

第十一条 县级以上人民政府应当对村邮站的建设和运营给予支持,将村邮站作为农村基础设施建设的重要内容,纳入农村建设规划,与农村基础设施同步规划、同步建设、同步验收。

未实现直接投递到户的农村地区应当由村民委员会设置村邮站,与邮政企业签订业务委托协议负责接收、保管和转交邮件,并可根据实际情况提供其他邮政便民服务。

村邮站可以设置在行政村综合服务中心、村民委员会办公地点或者行政村人流较为密集的地方,按照国务院邮政管理部门制定的《村邮站服务规范》提供服务。村邮员由村民委员会与邮政企业商定人选并对其服务情况进行定期考核，村邮员岗位可按规定申报公益性岗位。

第十二条 提供邮政普遍服务的车辆应当带有邮政专用标志，实行专车专用。提供邮政普遍服务的车辆运递邮件，除早晚高峰时段外，在确保交通安全和不妨碍其他车辆、行人通行的前提下，可以临时停车不超过15分钟。

支持邮政企业依法使用符合国家标准的电动三轮车收投邮件，并实行总量控制。

经邮政管理部门和交通运输管理部门核定的邮政普遍服务运邮车辆，通过收费公路、桥梁、隧道时，按照本省有关规定减免通行费。

第十三条 县级以上人民政府支持邮政企业利用邮政普遍服务的网点网络优势，建设农村电子商务邮政服务体系，服务农村电子商务配送和农产品进城。

鼓励邮政企业与电子商务、交通运输、金融、供销、快递、通信等各类企业加强合作，共享服务网络，建设邮政综合服务平台。

第十四条 任何单位或者个人不得有下列行为：

（一）擅自迁移、损毁邮筒（箱）、信报箱或者智能信包箱等邮政普遍服务设施的；

（二）擅自开启、封闭邮筒（箱），向邮筒（箱）内投放易燃、易爆、腐蚀性物品或者其他杂物，妨碍邮政普遍服务设施正常使用的；

（三）在邮政普遍服务设施门前通道或者周围摆摊设点、堆放物品、停放车辆，妨碍邮政普遍服务业务正常进行的；

（四）其他破坏邮政普遍服务设施或者妨碍邮政普遍服务正常运行的行为。

第三章 服务规范

第十五条 邮政企业应当按照邮政普遍服务标准提供服务，保持并逐步提高服务水平。

第十六条 邮政企业应当按照邮政设施布局及社会用邮需要，在公共场所、社区和其他方便群众的地方设置邮政营业场所、邮筒（箱）、邮政报刊亭等邮政设施，有关单位和个人应当给予支持。

第十七条 提供邮政普遍服务的邮政营业场所的营业时间和邮件投递频次应当符合以下要求：

（一）营业时间：城区每周营业7天，每天营业时间不少于8小时；乡镇人民政府所在地每周6天，每天营业时间不少于6小时；乡镇其他地区每周营业时间不少于3天，每天营业时间不少于4小时；

（二）投递频次：城区、乡镇人民政府所在地每天投递不少于1次；乡镇其他地区每周投递不少于3次。

交通不便的边远地区的营业时间和投递频次，应按照国务院邮政管理部门制定的标准执行。

遇国家法定节假日，提供邮政普遍服务的邮政营业场所可以根据实际用邮需求，适当调整营业时间。调整后的营业时间应当提前3天对外公布，并由营业场所所在地的县级以上邮政企业向当地邮政管理部门备案。

第十八条 寄件人交寄信件以外的邮件，应当如实、完整填写寄递详情单，按规定出示有效身份证件，遵守关于禁止寄递或者限制寄递物品的规定。

邮政企业应当依法实行实名收寄和收寄验视制度，对寄件人交寄的信件以外的邮件，依照规定对寄件人身份进行查验，对寄递物品进行开封验视。对禁止寄递、存在重大安全隐患或者用户拒绝验视、拒绝出示身份证明的，不得寄递，发现存在重大安全隐患及可能涉及危害国家安全等违法犯罪的情况，应当及时向有关部门报告。

第十九条 邮政企业依法采取按址投递、用户领取或者与用户协商的其他方式投递邮件。

对于按址投递的机关、团体、企业事业单位、商业写字楼等的邮件，应当投递到其收发室或者其他接收邮件的场所；住宅小区的邮件应当投递到信报箱或者智能信包箱，无法投递到信报箱或者智能信包箱的，应当投递到小区收发室或者其他接收邮件的场所。给据邮件应当由收件人或者其委托的人签收。

乡镇人民政府所在地邮件，应当按照前款规定的标准投递。乡镇其他地区的邮件可以投递到村邮站或者其他接收邮件的场所。有条件的农村地区应当逐步实现邮件直投到户。

第二十条 邮政企业对用户交寄的邮件，应当及时、准确、安全投递。本省同一城市市区内互寄的信件，应当在2天内送达；不同城市市区互寄的信件，应当在3天内送达；同一城市市、县际和农村地区互寄的信件，应当在4天内送达；不同城市市、县际和农村地区互寄的信件，应当在6天内送达。印刷品和包裹可在上述信件时限标准的基础上顺延1天。遇到极端天气条件或者严重自然灾害等特殊情况的，邮件时限可在以上不同层级基础上顺延。

邮政管理部门可以委托第三方开展邮件时限监测，对邮政企业邮件传递时限进行监督。

第二十一条 邮政企业对无法投递的邮件，应当退回寄件人。

无法投递又无法退回的信件，自确认超过6个月无人认领的，由省级邮政企业在省邮政管理部门的监督下销毁。

无法投递又无法退回的其他邮件，应当由省级邮政企业按照国务院邮政管理部门的规定处理，逐项登记处理情况，并应当按季度报省邮政管理部门备案。

无法投递又无法退回的邮件在保管期限内，邮政企业应当妥善保管，不得泄露用户的通信秘密，不得抽拿、隐匿，不得私自开拆处理和销毁。

第二十二条 邮政企业应当在营业网点等场所设置用户意见箱或者意见簿，公布监督电话，接受用户对邮政普遍服务质量的监督。

邮政企业核实、处理投诉、举报事项时，应当对投诉人、举报人的相关信息予以保密，不得对投诉人、举报人进行打击报复。

第四章 监督管理

第二十三条 邮政企业设置邮政营业场所或者邮政营业场所的名称、营业时间、经营方式和产权性质等重要信息发生变更的，应当按照规定向邮政管理部门进行备案。

邮政企业撤销提供邮政普遍服务的邮政营业场所、停止办理或者限制办理邮政普遍服务业务的，应当经过邮政管理部门批准。

第二十四条 邮政企业应当加强邮件安全管理，落实企业安全生产主体责任，制定突发事件应急预案和专项预案，根据情势变化适时修订更新，并向邮政管理部门备案。

有下列情形之一的，邮政企业应当及时报告所在地省级以下邮政管理部门，并妥善处理，减少损害：

（一）邮件被盗窃、非法扣留、冒领、私自开拆、隐匿、毁弃、丢失、损毁在100件以上的，应当在事件发生48小时内报告；

（二）邮件积压1000件以上的，应当在事件发生24小时内报告；

（三）其他法律、法规规定的应当报告的情形。

第二十五条 邮政企业应当采用技术手段，对收寄、分拣、运输、投递等环节实行安全监控，防止邮件在寄递过程中丢失、短少、损毁。

邮政企业应当配备符合标准的安全检查设备，安排具备专门技术和技能的人员对邮件进行全面安全检查。

第二十六条 邮政管理部门应当建立邮政普遍服务质量社会监督网络和评价体系，聘请社会监督员，对邮政普遍服务质量进行监督。

第二十七条 邮政企业应当加强对邮政普遍服务工作数据、资料的统计和采集，根据邮政管理等部门的要求按时提供邮政普遍服务的相关数据和其他有关资料，并提供接口等技术支持和便利条件。

邮政管理部门应当定期编制邮政普遍服务监督管理报告并向社会公告。

第五章 法律责任

第二十八条 征收部门违反本办法第八条规定，未对邮政设施作出妥善安排的，由上一级人民政府责令其在保证邮政普遍服务正常进行的前提下，限期予以补建或者妥善安置；造成损失的，依法予以赔偿。

第二十九条 建设单位违反本办法第九条规定，未按照国家规定的标准设置信报箱或者智能信包箱的，由邮政管理部门责令限期改正；逾期未改正的，由邮政管理部门指定其他单位设置信报箱，所需费用由建设单位承担，处1万元以上3万元以下罚款。

建设单位未进行信报箱工程专项验收的，由邮政管理部门责令限期改正；逾期未改正的，由邮政管理部门处5000元以上3万元以下罚款。

第三十条 单位或者个人违反本办法第十四条规定，破坏邮政普遍服务设施或者妨碍邮政普遍服务正常运行的，由邮政管理部门责令改正；构成违反治安管理行为的，由公安机关依法给予处罚；构成犯罪的，依法追究刑事责任；造成损失的，依法承担赔偿责任。

第三十一条 邮政企业违反本办法第十五条规定,未按照邮政普遍服务标准提供服务的,由邮政管理部门责令改正,处3000元以上1万元以下罚款;情节严重的,处1万元以上3万元以下罚款。

第三十二条 寄件人违反本办法第十八条第一款规定,不遵守关于禁止寄递或者限制寄递物品规定的,构成违反治安管理行为的,由公安机关依法给予处罚;构成危害国家安全行为的,由国家安全机关依法给予处罚;构成犯罪的,依法追究刑事责任。

邮政企业违反本办法第十八条第二款规定,未实行实名收寄和收寄验视制度的,由邮政管理部门依据有关法律、法规进行处罚。

第三十三条 邮政企业违反本办法第二十三条第一款规定,未依法如实进行备案的,由邮政管理部门责令改正,处3000元以上5000元以下罚款;情节严重的,处5000元以上1万元以下罚款。

第三十四条 邮政企业违反本办法第二十四条第一款规定,未将突发事件应急预案和专项预案向邮政管理部门备案的,由邮政管理部门责令改正,处1000元以上5000元以下罚款;逾期未改正的,处5000元以上1万元以下罚款。

邮政企业发生本办法第二十四条第二款的情形,未在规定时限内向邮政管理部门报告的,由邮政管理部门责令改正,处3000元以上5000元以下罚款;情节严重的,处5000元以上1万元以下罚款。

第三十五条 邮政企业违反本法第二十五条第二款规定,未按照规定配备安全检查设备或者未安排具备专门技术和技能的人员对邮件进行全面安全检查的,由邮政管理部门责令限期改正,处3000元以上1万元以下罚款;逾期未改正的,处1万元以上3万元以下罚款。

第三十六条 邮政管理部门工作人员在监督管理工作中滥用职权、玩忽职守、徇私舞弊,依法给予处分;构成犯罪的,依法追究刑事责任。

第六章 附 则

第三十七条 义务兵平常信函、盲人读物和革命烈士遗物的免费寄递等特殊服务业务及其监督管理,参照本办法执行。

第三十八条 本办法所称智能信包箱,是指利用计算机、互联网技术管理与控制,通过智能识别方式获得开箱许可并自动开启,供用户接收信件、报刊以及包裹等的智能化邮政通信设施。

第三十九条 本办法自2017年3月1日起施行。

福州市促进现代物流业(含快递业)加快发展的若干措施

(2016年12月14日福州市人民政府办公厅印发)

为深入贯彻落实《福建省人民政府关于支持快递业加快发展七条措施的通知》(闽政〔2015〕62号)、《福建省人民政府办公厅关于促进冷链物流加快发展六条措施的通知》(闽政办〔2016〕134号)及省经信委、省交通厅、省商务厅联合印发的《关于进一步促进我省现代物流业发展若干措施的通知》(闽经信服务〔2015〕350号)等文件精神,加快建立完善省会中心城市物流保障体系、打造区域性物流节点城市和国家级流通节点城市,结合我市实际,现就促进现代物流业(含快递业)加快发展提出以下措施:

一、提升发展水平

1. 支持设备更新。对物流企业更新应用自动化设备、货物搬运设备和运输装备、冷链物流装备、全程温度监控设备,以及购置新能源汽车、应用轻量化车厢、企业自用充电桩等绿色物流装备,购置X光机等安全检查设备,实现仓储体系、配送系统智能化、自动化、安全化、节能降耗的,投资额在100万元以上按照投资额的20%给予一次性补助,最高不超过150万元。

2. 促进信息化建设。"鼓励互联网+"、大数据、云计算、物联网等先进技术、理念、模式在物流业中应用。对物流企业投入100万元以上用于信息化建设项目,实现与上下游企业数据互联互通、智能化管理,按投资额的10%补助,最高不超过100万元。对企业投资300万元以上建设的物流公共信息平台,提供撮合交易、诚信、金融、结算、信息等综合服务,平台运行状况良好的,按照投资额的20%补助,后续年度追加投资50万元以上的,可再补助两年,累计最高补助不超过300万元。充分发挥已建物流公共信息平台作用,对接国家、省物流公共信息平台,为物流企业提供一站式服务。支持利用信息技术提升安全监管能力,完善快递业安全监管信息平台。

3. 支持企业规范发展。支持物流企业参加国家A级企业及星级冷链物流企业评定,鼓励企业争创国家级、省级示范物流园区、电商快递园区。推动物流信用记录建设,培育物流信用服务机构,逐步建立物流企业和从业人员信用管理试点机制。对被评为国家4A、5A级的物流企业,分别给予30万元、50万元一次性奖励;对被评为四星、五星级的冷链物流企业,分别给予30万元、50万元一次性奖励;对升级企业给予补差奖励。

4. 推动标准化建设。积极宣传推广物流标准,支持物流企业、社会团体参与制订物流标准,推动物流企业、配送中心、物流园区参加国家、省级标准化试点建设。重点推动托盘、货架、传送带、运输车辆、智能信报箱、智能快件箱等设施标准化,对围绕设施标准化进行的相关配套设施设备升级改造发生的托盘租赁、设备购置、设施建设、软件开发等予以重点扶持。

二、完善网络布局

1. 推进物流枢纽建设。发展货运枢纽型、生产服务型、商贸服务型、口岸服务型和综合服务型物流园区和快递园区。在交通枢纽、工业园区、批发市场、电子商务园区周边配套建设公共物流运作基础设施。2018年前利用自贸区优势,至少建设1个跨境(对台)电商快递园区。2020年前至少建设一个与产业布局和消费需求相适应、有特色和前瞻性的低温物流园区。

在符合规划的前提下,支持建设物流园区、物流配送中心、冷链物流基地、跨境邮件和快件监管中心、快递分拨配送中心、电子商务仓配一体化设施项目。对投资3000万元以上的标准化仓储设施,及新建1万平方米以上并为3家以上我市电商企业服务的快递分拨配送中心、电子商务仓配一体化设施项目,按投资额5%给予补助,最高不超过100万元。对入驻或租用海关特殊监管区或经市商务局等部门认定的物流园区、快递园区、工业园区、电商园区等的快递企业营业、处理及仓储用房,按不高于6元/m^2的标准给予快递企业月租补贴,单家企业每年最高100万元,连续补贴3年。

2. 加快终端网点建设。鼓励物流企业开展跨区域网络化经营,推行"一址多照""一照两址"等住所登记改革。物流企业城市配送站点,不对外营业、不揽件的,可免于办理工商注册登记。新建写字楼、住宅小区和旧城改造应当将快递服务网点纳入社区服务基础设施,同步规划、同步建设。对建设并运营智能信包箱、智能快件(冷藏)箱50组以上、格口总数不少于3000个,每个格口(不含主机柜)一次性补助50元,冷藏箱每个格口一次性补助100元,一次性最高补助50万元。建设并运营快递综合服务站点(含"网订店取"等),服务3个以上快递品牌企业、运营满6个月以上,站点达到50—100个的企业,给予一次性最高50万元补助;站点达到100个以上的企业,给予一次性最高100万元补助。建设并运营校园快递服务中心3个月,面积达到200m^2以上的,给予每个站点5万元的一次性奖励。

3. 完善农村物流网络。逐步完善以农村物流枢纽站场为基础,以县、乡、村三级物流节点为支撑的农村物流基础设施网络体系,支持在乡镇、农村开辟或延伸物流运输线路,新建、改造物流营业网点,完善面向农村的综合物流信息服务和物流仓储配送体系,对物流企业投入农村带有统一标识的营业网点等固定资产,运营3个月以上并取得一定成效的,给予最高不超过新增投资额10%的补助,单个企业最高不超过100万元。

4. 拓展对外物流通道。支持航空、港口物流发展,培育连接两岸货运转运中心,推进"一带一路"物流通道建设。推进自贸试验区通关便利政策在空港、海港复制,发展重点物流干线的多式联运,完善物流转运设施。积极创造条件开通班列、班轮及全货机,给予中欧、中亚铁路货运班列及航空全货机航班适当的运营补助。推动我市企业开展"21世纪海上丝绸之路"物流合作项目,鼓励支持在"海丝"路线国家和地区新建且已运营的物流园区、集散基地、配送中心和公共海外仓等。

三、培育物流市场

1. 支持物流辅业剥离。支持工业、商贸企业剥离物流环节设立物流企业,鼓励物流企业承接制造业、商贸业企业的采购、运输、仓储、货代、流通加工、物流信息等物流服务。对符合省级扶持条件但未获省级资金支持的由市、县(市、区)级资金按相当省级资金扶持额的50%补助,最高不超过100万元。

对为3家以上我市电子商务企业提供仓配一体化服务、日均发件量超过3000件且仓储面积5000m^2以上的物流企业,给予一次性最高50万元奖励。后续发展达到省级扶持条件可再申请省级资金支持。

2. 培育第三方物流企业。对在我市新设立独立法人物流企业总部的,按福州市有关鼓励加快总部经济发展的政策落实。鼓励大型物流企业到我市新设立独立法人物流企业,支持企业兼并重组及在省外设立分支机构。

3. 鼓励货源集聚。贯彻《福建省人民政府关于印发加快港口发展行动纲要(2014—2018年)的通知》(闽政〔2014〕31号)、《福州市人民政府印发关于促进福州港江阴港区汽车整车进口口岸发展的若干措施》(榕政综〔2015〕175号)、《福州市人民政府办公厅印发关于拓展福州港口经济腹地推进陆地港发展意见的通知》(榕政办〔2014〕3号)、《福建省人民政府办公厅关于加快电子商务发展九条措施的通知》(闽政办〔2015〕89号)等鼓励货源集聚的有关政策。

4. 组织实施社会物流运行统计分析。支持开展物流产业相关的指标数据采集、数据统计分析等工作,鼓励物流平台参与项目合作以及数据采集、运用、分析和指数研发,实现物流产业运行状况的实时跟踪监测和信息发布,及时准确反映物流业的发展规模和运行效率。

四、提供通行便利

1. 规范城市配送车型和管理。出台城市配送车型标准,按照通行便利、保障急需和控制总量的原则,优化城市配送车辆市区通行办法,在遵守国家有关法律法规的基础上探索规范快递专用车辆城区便利通行措施,解决"最后一公里"通行难问题。

2. 促进快速卸货、合理停靠。推广港湾式路边停车卸货作业模式和使用笼车等快速卸货技术;充分利用市区公共停车场、交通枢纽、城市综合体、社区、企事业单位的公共资源临时停靠。规划设置公共装卸点、货物集散点和货场停靠区,批发市场、生鲜超市中心店分别按每百平方米建筑面积配套0.8个车位、1.5个车位的标准设置停车位。

3. 建设全市通关公共平台。按照一个平台、单一窗口的原则,逐步实现通关一体化和对接口岸监管部门、政府相关部门、服务企业的公共数据交换及通关服务的单一窗口。对国际物流业务量大的物流园区和物流企业,关检部门优先派驻监管人员,提供高效便捷的服务。

五、加强用地保障

1. 强化用地供给。把物流业重要基础设施纳入城市总体规划、土地利用总体规划和综合交通设施建设规划。各级政府优先解决符合"十三五"福州市现代物流业发展规划及我市现代物流发展的重点物流项目用地,在土地利用总体规划和年度供地计划中予以合理安排;国家、省政府确定建设的电商快递物流园区等项目用地要确保落实;新建工业、商业项目和居住小区应预留物流用地和配送末端网点用地。

2. 保障用地权益。对物流企业现有物流用地因公众利益不得不更改用途的,收回原国有土地使用权,给予合理补偿或按相同用途异地置换建设用地,置换用地可采取协议出让方式。

3. 实施用地优惠。对纳入物流发展规划的物流园区、物流分拨中心、配送中心等物流项目用地以及为生产配套的仓储物流项目用地,执行工业用地相关政策。新建专业物流仓储设施,不列入结合民用建筑修建防空地下室范畴;对物流业建设项目符合法定划拨范围的,可以划拨方式供地,项目用地出让年限可在法定最高年限范围内按需设定,出让金按设定的出让年限计收。一次性缴纳土地出让金确有困难的物流企业,在依法约定的前提下,首期缴纳50%后,其余可在1年内分期缴付。鼓励各地以租赁方式供应物流业用地,允许物流企业通过租赁方式取得国有土地使用权。

4. 鼓励集约用地。在符合城市规划、不改变土地用途的前提下,对企业利用现有厂区、厂房改造建设,增加容积率用于工业仓储、加工等生产性项目的,不再增收土地出让金。优先支持公共物流园区建设,引导城区物流企业向园区集聚,促进物流项目集中布局。

六、加快人才培引

1. 加大物流专业人才的培训力度。鼓励有条件的院校开设物流、快递相关专业,支持校企合作。依托院校、行业协会及相关培训机构对工商企业、物流企业在职人员及政府有关部门管理人员进行培训,开展物流行业职业技能竞赛活动,建立物流人才信息平台,交流国内外先进物流管理、技术、经验,探索人才培养新模式,多层次培育我市物流人才。

2. 积极引进优秀物流人才。将高级物流专业人才列入我市紧缺急需人才引进目录,对引进的高级物流专业人才,支持参评我市引进高层次优秀人才,认定后享受我市引进人才政策规定的相关待遇。

七、强化资金保障

1. 加大财政支持力度。积极争取上级财政资金支持,市财政每年统筹安排物流专项资金用于重点培育物流园区、冷链物流、电商物流、共同配送、智慧物流、物流信息化、标准化、产业龙头、人才提升、产业推进等。各县(市)区人民政府也要安排一定资金,将现代物流业列为重点扶持行业。永泰县扶持项目的投资标准可减半执行。

2.发展物流金融业务。推动各银行业金融机构持续加大对物流业的信贷投放力度,积极发展仓单质押、存货质押、在途货物抵押、应收账款融资等物流金融业务。支持第三方物流仓储企业对外提供仓单作为贷款抵押并提供相应担保服务。鼓励融资租赁企业为物流企业货运车辆、物流设备购置更新提供融资支持。探索支持以股权投资、建立产业基金、贷款贴息等方式对公益性、公共性、创新性强、具有示范和带动效应的项目予以扶持。

以上政策申请对象为在榕工商注册且具有独立法人资格的企业单位,或在榕纳税的法人企业分支机构。同时符合多个资金支持条件的项目按照就高原则扶持,获得国家及省级资金支持的项目,不重复扶持。以上扶持政策所需资金,五城区企业由市、区财政各承担50%,县(市)、保税区、高新区企业由县(市)、保税区、高新区财政自行负担。本意见中的"以上""不超过""达到"均含本数。

市商务局负责牵头组织实施,强化协调指导和督促检查,抓好全市物流业发展工作。各县(市)区、各有关部门要高度重视物流业发展,各司其职,密切配合,抓好落实,共同推动我市物流业健康快速发展。本意见由市商务局会同有关部门负责解释,自发布之日起执行五年。

晋江市人民政府关于促进快递服务业发展的意见

(2016年4月5日 晋政文〔2016〕67号)

各镇人民政府、街道办事处,经济开发区管委会,市直各单位:

为促进快递业健康发展,进一步搞活流通、拉动内需,服务大众创业、万众创新,培育现代服务业新增长点,推进快递业与电子商务、制造业等相关产业协同发展。现提出以下意见。

一、指导思想

以解决制约快递业发展的突出问题为导向,以"互联网+"快递为发展方向,培育壮大市场主体,融入并衔接综合交通体系,扩展服务网络惠及范围,保障寄递渠道安全,促进行业转型升级和提质增效,不断满足人民群众日益增长的寄递需求,更好服务于经济和社会发展。

二、政策措施

(一)强化用地保障

1.推动快递园区形成。优先保障快递分拨中心、仓储配送等基础生产服务设施的用地。鼓励全国性品牌快递企业在我市设立省级总部或区域总部法人企业,对在我市新增设立省级总部或区域总部法人企业的,一次性奖励50万元。快递企业省级行政总部或区域行政总部,按现行规定申请执行省内跨地区经营总分支机构增值税汇总到我市缴纳的,当年一次性奖励20万元。支持将符合现代物流业发展规划的快递企业聚集区认定命名为快递园区,形成集聚规模效应,对接国家产业政策扶持。

2.鼓励快递企业利用闲置厂房开展经营协作。鼓励快递企业利用闲置厂房、仓库和存量土地资源作为快件分拨中心、仓储用地。对于转让或出租(合同期10年及以上的)给快递企业经营的闲置厂房,经快递主管部门确认备案后,参照简化"两证"办理的政策,支持出租方或转让方申请办理产权证明。对涉及符合有关契税减免政策等规定的不动产、土地使用权转让的,按相关政策规定给予减免。对在我市设立的快递法人企业,其上年度新建的快件集散中心、仓配项目等单个设施在5000平方米以上的,经评审认定后按其新增投资额的5%给予最高不超过100万元的补助;对采取租赁方式(合同3年及以上)的快递企业,租赁面积在5000平方米以上的,一次性按其合同租金的5%给予最高不超过50万元的补助。

(二)引导产业升级

1.支持快递企业做大做强。对年业务量超过5000万件年增幅40%以上的,且为我市制造业、电商企业提供仓配一体化服务的快递企业,一次性奖励20万元。

2.鼓励快递企业技术改造。对具有完善的财务和税收制度的快递企业,上年度投资1000万元以上购置的,且日处理快件设计能力在4万件以上的分拣设备,按购置设备款的2%标准给予补助,最高不超过40万元。

3. 鼓励快递企业发展跨境业务。支持快递企业与境外电商企业、境外快递企业合作建设跨境贸易电商产业链。对境外国际快递品牌在晋江新增设立法人企业的，一次性奖励10万元。支持快递企业在晋江陆地港国际快件监管中心清关出口。

（三）改进通行条件

支持快递车辆便捷通行停靠。在不影响交通秩序及市容市貌前提下，尽可能为快递车辆在城区通行和停靠提供便利。除高峰时段，需在禁止停车路段停车的，在驾驶员不离开车辆的前提下，可以临时停车15分钟，但在处理完快件揽收、投送工作后，应立即驶离该禁行或禁停路段。鼓励快递企业使用0.75吨以下的货运机动车在我市范围内收取、派送快件。允许快递企业将喷有专用标志的12座（含）以下载客汽车（2016年1月1日前已办理注册登记或转移登记），可在我市范围内收取、派送快件。对于超核定载质量的快递货车，需在限制通行的路段、时间通行的，在不影响交通秩序的前提下，市交管部门支持办理临时通行许可手续，限量核发车辆通行证，保障快递车辆便捷通行。支持使用标准化、厢式化、标识化的末端配送车辆揽收投递快件，并给予停靠通行便利。

（四）优化公共服务

1. 支持快递员及快递车辆进出小区等开展快件揽收投递活动。小区物业、高校、机关、企事业单位等应当为快件投递提供便利，支持着工服、佩戴工卡的快递员进出开展快件揽收投递工作，快递员停放在小区或单位传达室、保安室的快递车辆予以暂时协助保管。

2. 推广应用智能投递设备。对电商企业、快递企业或第三方企业在晋江设立的自助投递终端20个以上（含20个），每个自助投递终端不少于20个智能投递格口的，经评审认定后，按自助投递终端个数给予每个1万元的一次性补助，单家企业每年补助上限50万元。对于通过第三方企业设置的智能投递设备进行投递且当年度使用设备业务量前三名的快递企业（根据智能投递设备数据平台统计结果），市财政分别给予补助5万元、3万元、2万元。

3. 推广城市共同配送试点工作。鼓励快递企业与我市具有市区车辆营运资质的专业化第三方物流企业合作，开展共同配送、统一配送、集中配送。鼓励快递企业发展冷链物流业务，为我市商贸企业、食品企业等提供冷链配送，促进冷链物流资源共享。对快递企业投资总额在300万元以上，用于建设、改造冷藏库，购置节能环保的冷链运输车辆的，按不高于投资额的5%给予补助，单家企业最高不超过30万元。

4. 完善快递服务基础设施。新建住宅小区和旧城改造应将快递服务网点纳入社区服务基础设施，同步规划、同步建设，原则上每个小区都应有快递服务网点，并按照商服、居住项目计容面积10万平方米以下应有1个快递货车专用停车位和不低于25平方米装卸用地标准规划，商服、居住项目计容面积10万平方米以上（包括10万平方米）应有不少于2个快递货车专用停车位和不低于40平方米装卸用地标准规划，确保快件投递和揽收的便捷性、安全性。加强快递投递末端建设，探索最后一公里投递服务新模式。整合存量配送资源，鼓励在人口较为集中的社区（楼宇），利用社区公共服务平台（便民服务中心、小区物业或超市、便利店），建设末端配送站，满足投递服务多样化的需求。

（五）鼓励科技创新

推广应用APP平台。创建快递服务APP或者开通微信入口，鼓励快递员利用APP投递信息服务平台，推广应用快件跟踪查询、信息处理、行业信息交互对接、快件时效管理、优仓优配等先进技术，提高服务效率。研发实名收寄信息APP系统，鼓励利用信息技术手段，推进快递实名制落实，提升安全监管能力，实现快件信息溯源追查。

（六）建设专业队伍

1. 鼓励校企合作。引导泉州轻工学院、泉州理工学院等学校加强物流管理、物流工程等专业建设，支持职业院校开设快递相关专业。鼓励校企联合培养人才模式，共建实习实训基地，对基地建设给予政策资金支持。快递企业优先提供泉州轻工学院、泉州理工学院等学校毕业生就业岗位。

2. 加大快递人才培训力度。支持把快递行业人才培训列入本市职业培训资金直补对象，鼓励快递企业组织职工（签订1年以上期限正式劳动合同并缴纳基本养老保险费）参加规定职业（工种）的职业技能培训和职业技能鉴定，职工取得人社部门核发的国家职业资格证书后，给予快递企业培训经费补贴。

（七）加强行业监管

1. 建立寄递渠道安全监管联动机制。加强跨部门、跨区域协作配合，提升安全监管与应急处置能力。邮政、公安、国安、烟草等有关部门出台寄递渠道可疑信息报告制度，市财政支持设立专项奖励资金，对于快递员在收寄中发现并举报可疑违禁物品，经核实确属禁止限制寄递物品的且配合相关部门追溯来源的，对快递员举报可疑信息予以资金奖励。强化安检机配置，对于日均出港快件量为1万件以上的快递企业（除省级分拨中心），添置首套安检设备的，以购置设备完税发票为依据，按购置设备款的20%给予最高不超过5万元补助。

2.强化行业管理。邮政管理部门负责对本辖区快递市场实施监督管理，全面推进快递企业安全生产标准化建设，强化验视、实名、安检等制度的落实。建立快递企业诚信体系建设，通过自评、公众投票、提交年度报告、专家评审等办法组织对企业诚信等级综合评定。对被评为不达标的企业，责令其整改，整改不合格的，进行重点监管，其违法违规行为，从重处罚，并予以通报或媒体曝光，推动快递企业规范经营。加快筹建快递行业协会，制定行业规范，加强行业自律，倡导良性竞争，营造诚实守信的市场环境。加强从业人员业务技能培训，提高快递企业的经营管理水平和从业人员的业务素质。

三、附则

（一）本意见中所涉及的财政补助奖励仅限于本市范围内（第三方企业除外）注册的独立法人快递企业。

（二）此前市政府出台的与快递企业相关的政策意见及相关条款，与本意见不一致的，以本意见为准。同一项目不能同时申报其他同类条款政策。

（三）对企业、单位或个人在申请政策资金过程中，有弄虚作假骗取、套取政策资金等违法违纪行为的，政策主管部门、财政部门有权依法依规取消其享受政策资金资格，追回骗取、套取的政策资金，并限制其五年内不得申请政策资金。同时，有关部门可依照《财政违法行为处罚处分条例》（国务院第427号令）的规定对当事企业、单位或个人予以处罚，并依法追究当事人和直接责任人责任；构成犯罪的，移交司法部门依法追究刑事责任。

（四）本意见的“智能投递设备是一种集收寄、投递、滞留件处理与取件多种功能于一体的24小时自动服务设备，在便利居民生活、节省派送时间、缓解城市交通压力、提高派送效率、提升小区品质、保护个人隐私等发挥着积极作用。”智能投递设备的使用流程：当快件到达投递地时，如收件人同意使用智能投递设备，快递员把快件放进智能快件箱储物格，并输入收件人电话号码，智能投递设备会自动给收件人发送短信，告知收件位置和密码，收件人凭密码就可以从智能投递设备中取走快件。

（五）本意见试行一年，从公布之日起30日后实施，至2016年12月31日止，2016年1月1日至印发之日参照执行。

（六）本意见由邮政管理局会同商务、财政等部门组织实施并负责解释。

厦门市寄递企业综合评价排行榜制度

（2016年4月7日厦门市快递行业协会印发）

第一章 总 则

第一条 为提升邮政行业寄递服务质量，维护邮政通信与信息安全，促进邮政行业健康发展，根据《中华人民共和国邮政法》、《快递服务》国家标准、《快递市场管理办法》、《邮政行业安全监督管理办法》、《快递营业场所设计基本要求》等法律、行政法规和有关规定，制定本制度。

第二条 评分对象：厦门市已取得快递经营许可证的邮政、快递企业。

第二章 评 分 工 作

第三条 厦门市寄递企业综合评价排行榜的评分工作由市快递行业协会秘书处执行，厦门市邮政管理局市场监管处监督实施。

第四条 市快递行业协会应设立专项评分小组，评分小组成员由市快递行业协会秘书处工作人员、副会长以上单位的安全保障部部长组成。评分小组成员根据《厦门市寄递企业综合评分表》对厦门市已取得快递经营许可证的邮政、快递企业进行检查、量化评分,评分结果由评分小组成员负责解释。

第五条 评分结果由市邮政管理局市场监管处审核。

第六条 评分内容分为四个部分,包含企业营业场所、处理场所的规范、安全设备的配备、服务水平以及是否发生安全事故等。(详见《厦门市寄递企业综合评分表》)

第七条 评分结果发布流程:由评分小组将《厦门市寄递企业综合评分表》和评分结果报市邮政管理局市场监管处审核后予以公布。

第八条 厦门市寄递企业综合评价排行榜每季度公布一次,每季度首月公布上一个季度的排行榜情况。

第九条 评分结果公布平台:协会网站、QQ群、协会简报等公众平台。

第三章 评分结果处理

第十条 每季度公布排行榜时,对排行前三名的企业进行表扬;对排行后三名的企业根据《评分表》的结果由市快递行业协会进行公示、通报、约谈等,责令限期整改,情节严重者或拒不整改者,报送市邮政管理局市场监管处依法处罚。

第十一条 各快递企业今后享受各级政府部门对快递业优惠扶持政策将参照各企业每季度的评分结果。

第四章 附 则

第十二条 本制度由厦门市快递行业协会负责解释。

第十三条 本制度自公布之日起施行。

泉州市建设"中国快递示范城市"实施方案

(2016年4月22日泉州市人民政府办公室印发 泉政办〔2016〕60号)

2015年11月30日,泉州获批"中国快递示范城市"。根据《国家邮政局关于开展"中国快递示范城市"创建工作的指导意见》(国邮发〔2015〕151号)和《泉州市人民政府关于促进快递服务业发展的意见》(泉政文〔2014〕198号),为发挥"中国快递示范城市"效应,促进快递产业集聚发展,打造新的经济增长点,特制定如下实施方案:

一、总体思路

立足国务院对快递业是"服务业的关键产业,代替传统流通方式、刺激消费升级的现代产业,物流领域的先导性产业"的定位,以国家邮政局"促进快递普惠和转型升级"、快递"向外"与"向下"发展的总体部署为指导,发挥政策集成和统筹协调优势,破除行业发展瓶颈,营造良好发展环境,形成全国示范效应。引领我市快递服务业主动适应新常态,打造"一枢纽三基地"(即:全国快递网络区域中心枢纽,快递服务关联产业发展基地、快递服务县域经济发展基地和快递服务跨境经济发展基地),推动快递服务业转型升级,更好地服务泉州经济社会发展。

二、工作目标

(一)行业规模壮大。泉州快递服务业发展规模层次上新台阶,到2020年,全市快递年业务量突破15亿件,进入全国前十名;年业务收入达2亿元的骨干网络企业达到8个以上;每年新增就业人员2000人以上;快递园区与快递企业基础设施投资累计达10亿元。

(二)枢纽地位提升。基本建成面向全国、走出大陆、使用方便、服务优质、技术先进、快捷高效的现代快递服务网络。打造国内一级跨省快件集散中心,巩固泉州快递在全省领先地位以及在全国快递网络的区域中心枢纽地位,将泉州打造成为快递服务两岸交流和国际合作的桥头堡。

(三)服务能力增强。到2020年,实现"县县设分拨,镇镇有网点,村村通快递"。乡镇快递服务网点100%覆盖,行政村100%通快递,全市快递企业网点100%标准化。全面提升快递末端服务水平,邮政快递综合便民驿站与智能快件箱投递快件占总派件量10%以上;快递服务时限高于国家标准。群众使用快递服务的总体满意度达到80%以上。快递产品服务体系更加完善，从业人员素质普遍提升。行业无安全责任事故。

三、工作任务

（一）优化建设快递服务网络

优化快递业态空间布局，编制并发布泉州市快递服务发展专项规划。大力培育和引进快递企业总部，支持快递企业总部、全省性乃至全国性区域总部、区域性服务功能设施在泉州布局，鼓励国内外大型快递企业在泉州设立分支机构。完善快递网络节点建设，增强快递处理能力与集散能力，推动网点布局向乡镇、农村、山区延伸。支持将快递末端服务网点、智能快件箱自助设施纳入城市配送体系，推进统一规划用地和布局建设。

（二）促进关联产业融合发展

推进实施"快递＋"战略，实现"快递＋制造业""快递＋电商""快递＋农业"等创新融合发展，培育一批示范项目。推动快递协会与电商协会战略合作。大力发展生产性快递物流服务，鼓励快递企业与国内外大型制造业企业建立战略合作伙伴关系，鼓励制造业企业分离外包快递物流服务。鼓励快递企业入驻电子商务园区、引入电商企业进驻快递产业园，支持快递企业为电子商务平台服务商、销售商提供分布式仓储、分装、分拨、配送、代收货款等一体化服务。大力推动航空快递，鼓励发展高铁快递和海运快递。推动快递服务与综合交通运输体系资源优势互补，发展多式联运，共享站点、网点、班线资源，保障快件运递车辆优先快速通行。

（三）推进跨境快递合作交流

依托国家"一带一路"战略和泉州"海上丝绸之路先行区"建设，支持快递企业与境外电商企业、境外快递企业合作建设跨境贸易电商产业链，将泉州建设成为跨境快递交流协作中心。建立进出境快件便捷通关机制，支持临空快递物流发展。依托泉州晋江国际机场，建设机场快件"绿色通道"，做大航空快件业务，将泉州打造成为两岸快递合作的核心区和跨境快件的重要集散地。

（四）推动技术装备更新换代

支持快递企业购置新能源、清洁能源汽车，采用物联网、无线射频识别、电子数据交换、快件跟踪、自动分拣、自动导引车辆等新技术，增强快递服务的时效性和管理的智能化。支持企业加大对技术设备的投入，提升综合物流快递园区、分拨中心、处理中心快件装卸和传输的机械化水平，提高快件处理率和劳动生产率。引导企业推广标准化管理模式，引入企业资源计划（ERP）等系统，推动快递企业全网统一管理和服务。

（五）提高快递市场监管效能

宣传贯彻行业法规规章，落实《快递服务国家标准》《快递电子运单》《快递安全生产操作规范》等标准。完善寄递渠道安全管理联动机制，形成执法合力。优化快递许可流程，简化快递末端服务网点备案手续。加强快递服务业统计数据采集、监测和分析。创新信息化监管措施，及时妥善处置突发应急事件。

（六）发挥城市名片示范效应

落实中央部委、省、市关于促进快递服务业发展的政策文件，积极创新实践，力争在全国快递市场发展上发挥示范引领作用。加大工作力度，着力建设一批示范工程项目，以点带面、重点突破，推动服务创新，拓展发展空间，努力将泉州建设成为发展更好、服务更优、各方认可、独具特色的快递示范城市，为全国快递服务业发展做好标杆示范，作出更大贡献。

四、工作项目

结合泉州经济特色和民生实际，重点做好以下9个工作项目：

（一）快递服务关联产业示范项目。建设适应现代制造业、电子商务、农业发展的快递综合服务体系，构建快递服务业与关联产业的经济合作发展平台。推动快递服务业向产业上下游延伸，积极融入产业链、供应链和服务链，鼓励快递企业成为综合物流服务供应商。组织实施快递服务电子商务主渠道，服务鞋帽、服装、陶瓷、茶叶、香业等泉州特色产业的示范工程和项目。（牵头单位：市邮政管理局；配合单位：市发改委、经信委、商务局、农业局）

（二）快递产业集聚发展园区项目。打造国家级快递产业集聚区，支持快递企业总部、全省性乃至全国性区域总部、区域性服务功能设施在泉州布局，通过服务上游企业、集中发展快递经济和集中利用下游资源，发挥快递产业集聚效应。建成泉州（晋江）快递产业园，推动建设若干个电商快递园区。（牵头单位：市邮政管理局，晋江市人民政府；配合单位：其他县（市、区）人民政府）

（三）机场快件“绿色通道”项目。支持泉州晋江国际机场快件“绿色通道”建设，优化作业流程，为快件优先配舱、优先安检，提供快速配载、装卸、交接等一体化服务，形成快件国内及进出境的便捷通道。支持泉州晋江国际机场开通国际货航专线。（牵头单位：市邮政管理局，泉州晋江机场公司）

（四）跨境快递服务合作平台项目。鼓励、引导快递企业与晋江陆地港、泉州综合保税区加大跨境合作，参与跨境电子商务服务平台建设。推动建设泉州国际邮件互换局或交换站，支持泉州国际快件监管中心和“海丝”国际物流中心运行提速，为进出境快件提供便捷的一体化服务。力争开辟泉台快件直达通道，以“仓＋通道”新供给，拓展两岸服务合作范围，大力发展对台电子商务快件，逐步以台湾地区为中转，提供面向全球的跨境网络零售出口快递服务。（牵头单位：市邮政管理局、泉州海关，晋江市人民政府；配合单位：市委台办，市商务局，泉州出入境检验检疫局，泉州晋江机场公司）

（五）快递末端公共服务平台项目。加强快递末端体系建设，培育一批品牌快递企业标准化示范网点。到2020年，建设邮政快递综合便民服务驿站2000个以上。完善邮政业12305申诉处理平台。（牵头单位：市邮政管理局，市快递协会；配合单位：市发改委、住建局、民政局，各县（市、区）人民政府，泉州开发区、泉州台商投资区管委会）

（六）快递服务诚信体系建设项目。推动建设快递服务诚信体系，增强快递协会与消费者协会合作，建立“黑名单”制度、分等分级机制，采取媒体公示、网站公布、行政执法与刑事司法相衔接、资质审批等有效措施，完善信用监督约束和失信联合惩戒制度，逐步建立统一规范的快递信用信息资源共享机制。配合上级邮政管理部门开展“最美快递员”评选活动。（牵头单位：市邮政管理局，市快递协会；配合单位：市委宣传部、文明办，市工商局，市消费者协会）

（七）快递人才基地建设示范项目。建设快递服务业人才培养基地。积极创建快递产学研合作基地、教学实践基地、就业实训创业基地、职业技能培训和鉴定考试基地、职工继续教育基地。鼓励院校开设快递专业课程，引导、扶持大中专院校学生到快递企业勤工俭学及加盟快递企业连锁创业。落实职业技能鉴定补贴政策。（牵头单位：市邮政管理局，市快递协会；配合单位：市教育局、人社局，各高等院校）

（八）快递安全监管平台示范项目。支持组建泉州市邮政业发展中心、安全中心。建立由从业人员登记管理、远程视频监控、实名收寄验视、快递网点电子地图、快递车辆GPS定位、微剂量X射线安检设备等信息系统构成的邮政业安全监管信息平台。严格执行收寄验视、实名寄递、过机安检等3项制度，健全安全监管制度和台账建设，加强寄递渠道安全监管工作。（牵头单位：市邮政管理局，市交通运输委，市综治办；配合单位：市公安局、财政局，市国家安全局）

（九）县域邮政管理机构示范项目。打造晋江邮政管理局成为全国示范县级邮政管理机构，加强县域邮政业监管模式、快递服务县域经济发展等课题的探索和实践。支持在快递业务规模大、业务量较集中的县（市、区）推动设置县级邮政管理机构。（牵头单位：市邮政管理局，晋江市人民政府；配合单位：其他县（市、区）人民政府）

五、保障措施

（一）加强组织领导。发挥泉州市快递服务业发展工作协调小组成员单位的部门职能作用，健全建设快递示范城市的工作机制，做好政策落实、问题协调以及日常联络等工作。协调小组办公室牵头负责快递示范城市具体事务性工作。

（二）落实各项政策。市政府将快递服务业列为重点扶持发展行业给予政策支持，对快递基础设施建设、车辆通行、人才建设、金融服务等方面提供保障。快递服务业发展纳入全市国民经济社会发展、综合交通运输发展等相关规划。市邮政管理局要积极对接上级有关部门争取各级政策引导资金落地泉州。各县（市、区）出台配套政策措施支持快递示范城市建设。

（三）营造宣传氛围。通过各类新闻媒体，发挥城市示范宣传效应。宣传部门要把快递示范城市纳入宣传工作范围。市邮政管理局要及时对建设“中国快递示范城市”工作成效和存在问题进行总结并反馈。

宁德市人民政府关于进一步加快快递业发展的意见

（2016年6月14日　宁政〔2016〕10号）

各县（市、区）人民政府，东侨经济技术开发区管委会，市政府各部门、各直属机构，各大企业，各大中专院校：

为规范和促进我市快递业健康发展，根据《国务院关于大力发展电子商务加快培育经济新动力的意见》（国发〔2015〕24号）、《福建省促进快递行业发展办法》（省政府令第151号）、《福建省人民政府关于支持快递业发展七条措施的通知》（闽政〔2015〕62号）等文件精神，结合我市快递行业发展实际，现就加快我市快递行业发展提出如下意见：

一、加快电商快递园区建设

加快我市电商快递园区建设步伐，2018年前，至少建设一个符合我市经济发展需要的电商快递园区，各县（市、区）可结合县域经济发展需要和区位特点建设相应的电商快递园区。鼓励快递企业入驻各类开发区、物流园区和电子商务园区，建立快件分拨中心或快递服务站。电子商务园区规划建设，应同步考虑快件分拨中心等快递服务基础设施建设。所在地政府应对快递企业用地供给、旧厂房利用、仓储租赁等，根据省政府闽政〔2015〕62号文件要求，按就高不就低的原则予以积极支持。

责任单位：各县（市、区）人民政府，东侨经济技术开发区管委会，市国土局、发改委、住建局、规划局、交通运输局、人防办、邮政管理局。

二、支持物流（快递）配送终端建设，加快快递综合服务站点建设

鼓励和支持市区公共配送仓、快递综合服务站、智能快件箱等物流（快递）配送终端建设。快递服务站点建设应作为社区服务基础设施，纳入城市建设改造的规划内容。大力推进快递服务站进机关、进园区、进商场、进学校、进企业、进社区的“六进”工程，新建公共建筑、住宅区、商业楼宇以及其他有条件的区域应当将智能快件箱的设置纳入社区服务基础设施，同步规划，同步设计。设置的智能快件箱应当符合国家相关标准。

对设立自助投递终端20个及以上的、每个自助投递终端不少于50个智能投递柜的快递企业，给予每年奖励20万元，连续奖励三年。鼓励快递企业以多方合作建设等方式延伸农村快递服务网络，建立快递综合服务站点。

责任单位：各县（市、区）人民政府，东侨经济技术开发区管委会，市商务局、教育局、住建局、规划局、财政局、交通运输局、供销社、邮政管理局。

三、优化快递行业管理服务，保障物流（快递）配送车辆通行

简化快递行业工商登记管理，设立快递企业及其非法人分支机构，向工商行政管理部门申请注册登记免于提交快递业务经营许可证。对不对外营业、不揽件的快递企业配送站点，可免于办理工商注册登记。公安交通管理部门为快递城市投递作业提供便利，制订实施城市快递配送专用汽车、电动三轮车等车辆管理办法和临时停车管理措施，合理规划物流（快递）配送车辆通行路线和货物装卸搬运地点，保障快递配送车辆的便利通行。机关、学校和企事业单位，以及商业楼宇、住宅区等实行物业管理的物业服务企业，应当为从事快递配送的车辆提供通行、临时停车的便利。铁路、公路等运输部门为快件运输开设绿色通道，提供优先服务。车站、口岸等单位应当支持快递企业建设快件集中处理场所，提供快速配载、装卸、交接等服务。

推动建设快递业信用信息平台并实现与省公共信用信息平台、企业信用信息公示系统的互联共享，实现行业信用管理，加强行业自律，完善企业信用体系；鼓励征信机构开展专业化征信服务，逐步建立快递企业及从业人员“黑名单”制度，把实施恶意欠费、恶意寄递违禁物品等行为的用户纳入到“黑名单”中，建立健全失信联合惩戒和守信奖励机制。

责任单位：各县（市、区）人民政府，东侨经济技术开发区管委会，市公安局、发改委、交通运输局、商务局、工商局、邮政管理局。

四、大力引进和培育快递龙头企业

鼓励国际、国内、省内大型快递企业的区域总部、或全国、全省区域性服务功能设施落户宁德市。

鼓励快递企业实施兼并重组扩大服务能力，快递企业实施兼并重组所发生的评估、审计、法律顾问等前期费用及并购贷款利息等费用予以适当支持。对快递企业当年新增业务量达到20万件及以上的，给予一次性奖励2万元。对快递企业当年业务量达到60万件及以上，且同比增长超过40%的，给予一次性奖励5万元。（统计口径以邮政管理部门的统计数据为准）。快递企业可按现行规定申请执行省（区、市）内跨地区经营总分支机构增值税汇总缴纳政策，依法享受企业所得税优惠政策。

责任单位：各县（市、区）人民政府，东侨经济技术开发区管委会，市商务局、发改委、国土局、财政局、交通运输局、物价局、国税局、地税局、邮政管理局。

五、推动快递产业集聚发展

加强快递和电商园区配套建设，各级政府在规划建设电子商务园区时，应在园区内或周边安排快递、仓配用地，并能够满足3个以上品牌快递企业仓储及处理需求。商务和经信管理部门要积极支持规模化、开放式经营的配送中心建设，推进“仓配一体化”等新型配送模式为电子商务提供仓储、包装、分销、配送一条龙服务，认真组织符合条件的企业申请省级扶持资金。

责任单位：各县（市、区）人民政府，东侨经济技术开发区管委会，市商务局、经信委、邮政管理局。

六、推进企业技术创新和升级改造

鼓励和加强位置服务、物联网、安全监控、仓储管理、分拣配送、数据集中管控等服务快递发展的基础平台建设，鼓励大型企业、社会资本搭建物流信息服务平台。

支持快递企业开放快递信息资源，推进大数据开放、共享与创新应用，引导社会资源参与快递配送等服务，降低物流成本。努力提高快递业信息化水平，鼓励快递企业加快快递公共信息平台建设。鼓励快递园区、快递企业购置或升级改造主要用于电商业务仓储及快递操作的设备，快速提高快件处理能力。各相关部门积极帮助符合要求的企业申请省发改委、数字办、经信委、商务厅等相关部门的资金支持。

对主导制订国家标准、行业标准和地方标准的快递企业，对参与我省电子商务标准化试点、示范的快递企业，质监和商务部门要予以积极支持。

责任单位：各县（市、区）人民政府，东侨经济开发区管委会，市发改委、数字办、经信委、商务局、质监局、财政局、邮政管理局。

七、加大财政对快递业的扶持力度

各县（市、区）人民政府，东侨经济技术开发区管委会要认真贯彻《福建省人民政府关于支持快递业发展七条措施的通知》（闽政〔2015〕62号）文件精神，制订具体实施意见，将快递业列为重点扶持发展行业给予政策和资金支持，重点支持企业做大做强、提供仓配一体化服务、完善快递服务网络等。涉及奖励、补助给企业的资金，其对象为在我市工商注册且具有独立法人资格的企业单位，或在我市纳税的法人企业分支机构。

责任单位：各县（市、区）人民政府，东侨经济技术开发区管委会。

各责任单位要认真制定执行计划并推进落实。市商务局要做好组织协调、指导推进、督促检查和汇总报告。

财政奖励资金由企业所在地同级财政承担，若享受本《意见》中规定的优惠政策，则不再重复享受市本级出台的其他同类优惠措施。本《意见》中若在同一年度重复享受的条款，以“就高不就低”的原则，不叠加享受。

龙岩市人民政府关于支持快递业加快发展八条措施的通知

（2016年12月5日　龙政综〔2016〕245号）

各县（市、区）人民政府，龙岩经济技术开发区（龙岩高新区）管委会，市直各单位：

为进一步落实《福建省人民政府关于支持快递业加条措施的通知》（闽政〔2015〕62号）和《福建省促进快递行业发展办法》（省政府令第151号），充分发挥快递业对电子商务发展的重要支撑作用，推进电子商务与快递业协同发展，结合《龙岩市人民政府关于促进邮政快递行业健康快速发展的意见》（龙

政综〔2015〕7号),提出以下支持措施:

一、推进园区建设,落实用地优惠政策

各县(市、区)政府、龙岩经济技术开发区(龙岩高新区)(以下简称经开区)管委会、市直有关部门在规划建设电商园区、物流园区时应优先满足快递服务需求。2018年前,适应我市快递业发展的需要,在市区建设集仓配一体化等功能于一体、提供供应链式服务的电商快递园1个。各县(市、区)政府应按照"县县有分拨"的要求,统筹电商、物流、快递等资源建设快递分拨处理中心1个。鼓励快递企业利用闲置厂房、仓库和存量土地资源作为快件分拨中心、仓储用地。对于转让或出租(合同期10年及以上的)给快递企业经营的闲置厂房,经快递主管部门确认备案后,参照简化"两证"办理的政策,支持出租方或转让方申请办理产权证明。对涉及符合有关契税减免政策等规定的不动产、土地使用权转让的,按相关政策规定给予减免。对在我市投资建设仓配处理中心项目的企业,符合有关条件要求的可享受闽经信服务〔2015〕350号文件有关政策。对入驻或租用海关特殊监管区或经所在地政府认定的物流园区、快递园区、工业园区、电商园区等的快递企业营业、处理及仓储用房,按不超过30元/平方米的标准给予快递企业月租补贴,单家企业每年最高100万元,连续补贴3年。

责任单位:各县(市、区)人民政府、经开区管委会,市发改委、国土资源局、规划局、住建局、交通运输局、邮政管理局

二、推进快递公共服务,完善快递服务网络

大力推进快递服务"六进"工程(进机关、园区、商场、学校、企业、社区),龙岩学院等大中专院校和已建成建筑面积5万平方米以上的住宅小区,要为快递配送提供面积适合的快件用房。加大快递综合服务站点建设,对与3个以上快递品牌企业签订合作协议、在我市运营满6个月以上且快递综合服务站点达到30个以上的企业,给予一次性最高30万元补助。加大投递终端建设,对建设并投入运营智能信包(快件)箱格口超过5000个、供3个以上快递品牌企业使用的企业,给予一次性30万元补助。机关、企事业单位、院校、园区、住宅小区管理单位等应当为智能信包(快件)箱建设运营单位提供建设场所、用电等便利,为快递企业收投快件提供通行、临时停车等便利。

推进快递下乡,鼓励快递企业下村镇建立快递服务营业网点,扩展快递业务服务覆盖范围。对营业网点覆盖90%以上乡镇的企业,由受益财政一次性奖励5万元。支持邮政企业开放农村基础网络,按照"一县一中心、一乡(镇)一站点、一村(行政村)一门店"的目标,构建农村三级物流配送系统,对行政村门店给予一次性5000元/个建设补助,对贫困村的门店给予每年5000元/个运营补助,连续补助3年。支持交通客货运输企业发挥其网路、运力优势经营快递业务,鼓励其利用农村客运空置运力承接快递下乡的运输业务。

责任单位:各县(市、区)政府、经开区管委会,市商务局、财政局、住建局、规划局、教育局、交通运输局、供销社、邮政管理局、机关事务管理局

三、优化行业管理服务,促进快递配送通行便利

简化快递行业工商登记管理,在坚持营业执照注册登记主体应当为法人企业或分支机构的前提下,对快递末端网点免于办理工商注册登记或简化注册登记手续。公安交通管理部门为快递城市投递作业提供通行便利,结合龙岩实际制定城市快递配送专用汽车、快递专用电动车等车辆管理办法和临时停车管理措施,合理规划快递配送车辆通行路线和货物装卸地点,支持使用标准化、厢式化、标识化的末端配送车辆揽收投递快件,并给予通行便利。

责任单位:各县(市、区)政府、经开区管委会,市公安局、发改委、交通运输局、工商局、商务局、铁办、邮政管理局

四、推动产业集聚发展,支持企业做大做强

快递企业入驻电子商务示范基地(园区)与电商企业享有同等优惠政策。对新建5000平方米以上且为3家以上我市电子商务企业进行电子商务配送的标准化仓储设施、快件处理中心,按项目投资额的5%给予最高50万元补助。推进仓配一体化,对为5家以上我市电子商务企业提供仓配一体化服务、日均发件量超过5000件且建仓面积5000平方米以上的快递企业,给予一次性最高50万元奖励。支持企业做大做强,对年快递业务量首次突破500万件、800万件、1000万件的快递企业,分别给予5万元、8万元、10万元分档奖励。

支持快递企业服务我市特色产业网上销售,鼓励快递企业服务我市特色产品,特别是"八大干""八大鲜""八大珍"等农产品外销,对利用线上、线下资源推广我市特色产品的快递企业,视推广效果给予单个企业最高额不超过30万元包装和物流补贴;支持快递企业自行建设或参与建设冷链仓库、冷链物流等

高端快递项目，相关项目享受重大科技改造优惠政策，对快递企业投资总额在300万元以上用于建设、改造冷藏库和购置冷链运输车辆的，按不高于投资额的5%给予补助，单家企业最高不超过30万元。

责任单位：各县(市、区)政府、经开区管委会，市财政局、经信委、商务局、发改委、农业局、供销社、邮政管理局

五、推进企业技术创新和升级改造

提高信息化水平，对获评国家1A、2A级物流企业的快递企业新增投资50万元以上的信息化建设项目，按项目投资额的10%给予最高20万元补助；对快递企业新增投资100万元以上建设的快递公共信息平台，按平台投资额的10%给予最高30万元补助。支持设施投入和技术改造，鼓励快递园区、快递企业购置或升级改造主要用于电商业务仓储及快递操作的设备，对于投资额50万元以上、日处理快件量设计能力1万件以上的新建项目和改造升级项目，按新增投资额的5%择优给予最高50万元补助。对快递企业配备X光机等安全检查设备的，按照购买价格的25%给予补助，每台补助最高不超过10万元。

责任单位：各县(市、区)政府、经开区管委会，市发改委、经信委、商务局、财政局、邮政管理局

六、支持快递人才队伍建设

鼓励有条件的大中专院校开设快递相关专业，探索人才培养新模式。鼓励校企合作，推进校园快递服务中心建设，打造教学、实训相结合的快递人才教育培训实践基地。支持快递企业组织从业人员参加快递业务员职业技能鉴定考试，提升员工整体素质和服务水平，通过社会化考试取得职业资格证书的个人，享受人社部门相关补贴政策。

责任单位：各县(市、区)政府、经开区管委会，市教育局、人社局、邮政管理局

七、加强行业监管力量

参照省级邮政业安全中心的设置模式，设立市级邮政业安全中心，为科级机构建制。在县级邮政监管机构组建前，按照《国务院办公厅关于完善省级以下邮政监管体制的通知》(国办发〔2012〕6号)等上级文件规定，将有关邮政监管工作委托给县一级交通运输部门，以推动寄递安全属地管理，提升安全监管实效。

责任单位：各县(区)政府、经开区管委会，市编办、人社局、交通运输局、邮政管理局

八、加大财政扶持力度

各县(市、区)人民政府、经开区(高新区)管委会要认真贯彻闽政〔2015〕62号文件精神，制定具体实施意见，将快递业列为重点扶持发展行业，重点支持快递企业做大做强、提供仓配一体化服务、完善快递服务网络等。市直各相关部门要认真组织符合条件的我市企业申请省级服务业发展引导资金。在我市工商注册并纳税的独立法人快递企业或分支机构，方可适用本通知相关政策。奖励补贴资金由企业(项目)所在地政府按财政体制承担，按"就高不就低"和"不重复享受"的原则申报，并同时享受省级以上奖励补助资金。

责任单位：各县(市、区)政府、经开区管委会，市财政局、商务局、发改委、经信委、邮政管理局

本通知涉及资金奖补政策执行期限为2016年—2018年。各责任单位要认真制定执行计划并推进落实。市商务局、邮政管理局要做好组织协调、指导推进、督促检查，有关实施情况应定期汇总报告。

智能快件箱运营服务规范
(DB 35/T 1591—2016)

(2016年6月28日福建省质量技术监督局发布　自2016年9月28日起实施)

前　言

本标准按照GB/T 1.1—2009《标准化工作导则 第1部分：标准的结构和编写》给出的规则起草。

本标准由福建省邮政管理局提出。

本标准由福建省电子商务标准化技术委员会(SAFJ/TC18)归口。

本标准起草单位：福建省快递行业协会、福建省邮政管理局、福建省标准化研究院、福州市邮政管

理局、福州市商务局、中国邮政速递物流股份有限公司福州市分公司、福建腾云宝有限公司、易栈集团有限公司。

本标准主要起草人:王丰、王文胜、王彬彬、林祎闽、沈美华、薛秀敏、胡道平、官志华、陈俊媛、陈琦冰、杨辉、曾丽芳、李婉萍。

1 范　围

本标准规定了智能快件箱(以下简称"快件箱")的设置、运营组织管理和服务要求等。

本标准适用于与快件投递相关的智能快件箱的运营管理与服务活动。

2 规范性引用文件

下列文件对于本文件的应用是必不可少的。凡是注日期的引用文件,仅注日期的版本适用于本文件。凡是不注日期的引用文件,其最新版本(包括所有的修改单)适用于本文件。

GB/T 27917.1—2011　快递服务 第 1 部分:基本术语

GB/T 27917.2　快递服务 第 2 部分:组织要求

GB/T 27917.3　快递服务 第 3 部分:服务环节

YZ/T 0133—2013　智能快件箱

YZ/T 0145—2015　快递末端投递服务规范

YZ 0149—2015　快递安全生产操作规范

3 术语和定义

GB/T 27917.1—2011、YZ/T 0133—2013、YZ/T 0145—2015 界定的及以下术语和定义适用于本文件。为了便于使用,以下重复列出了 GB/T 27917.1—2011、YZ/T 0133—2013、YZ/T 0145—2015 中的某些术语和定义。

3.1　快件　express item

快递服务组织(3.2)依法递送的信件、包裹、印刷品等的统称。

[GB/T 27917.1—2011,定义 2.3]

3.2　快递服务组织　express service organization

在中国境内依法注册的,提供快件(3.1)收投服务的企业及其加盟企业、代理企业。

注 1:快递服务组织包括快递企业和邮政企业提供快递服务的机构。

注 2:改写 GB/T 27917.1—2011,定义 2.2。

3.3　快递业务员　operational express service provider

使用快递专用工具、设备和应用软件系统,按照快递属性要求,从事快件(3.1)收寄、分拣、封发、投递等工作的人员。

[GB/T 27917.1—2011,定义 2.4]

3.4　智能快件箱　intelligent self - express service machine

设立在公共场所,可供寄递企业投递和用户提取快件的自助服务设备。

[YZ/T 0133—2013,定义 3.1]

3.5　格口　box

快件箱内存放快件的独立最小单元。

[YZ/T 0133—2013,定义 3.2]

3.6　智能快件箱运营组织　Operation organization of intelligent self - express service machine

设立、管理、维护、运营智能快件箱的组织,包括专业第三方组织以及自行设立智能快件箱的快递服务组织。以下简称快件箱运营组织。

[YZ/T 0145—2015,定义 3.3]

4 快件箱设置要求

4.1　设备要求

应按 YZ/T 0133—2013 的规定执行。

4.2 设置地点

宜设置在用户集中、出入方便、管理与使用安全的醒目位置。

4.3 监控配置

4.3.1 应安装视频监控设备,监控设备应保持每天24h运转,视频图像保存时间不少于3个月。

4.3.2 监控设备应具有红外夜视功能,能有效监控快件箱箱体周围两米内的人员活动情况,面部特征的有效画面应不少于监控显示画面的1/60。

4.4 信息公示

4.4.1 箱体明显位置应张贴公示投件和取件流程说明、异常情况处理方式、设备维护人员电话、运营组织服务电话、主管部门申诉电话等信息。

4.4.2 箱体明显位置应明示用户须在快件箱监控范围内开拆快件。

4.5 设备运作要求

4.5.1 设备应保持每天24h运转。

4.5.2 如遇快件箱暂停使用时,快件箱运营组织应及时告知用户暂停使用的原因、恢复使用的时间、联系电话等信息;快件箱恢复使用时,应及时发布公告。

4.6 回收要求

4.6.1 发生快件箱迁址、停机、报废等情形需要回收快件箱时,快件箱运营组织应提前15d通知快递服务组织处理。

4.6.2 拆除回收快件箱时,快件箱运营组织应合理操作,不破坏场地原有的电气、通信设备,不影响周围环境。

5 快件箱运营组织管理要求

5.1 日常管理

5.1.1 应建立专门的管理制度,明确操作规程、服务时限、服务质量、安全保障、投诉受理等方面的要求。

5.1.2 应与使用其快件箱的快递服务组织签订书面合作协议,明确双方的权利和义务。

5.1.3 应协助快递服务组织对快递业务员进行快件箱使用流程和服务规范的培训和指导。

5.1.4 应建立每月巡检制度,定期对快件箱的外观、软硬件功能、监控设备等进行检查和维护,并做好巡检记录;快件箱维护人员巡检时应佩戴工作证件。

5.1.5 应为服务涉及的数据共享与对接预留数据接口,保障信息的综合利用。

5.1.6 应保持客服电话每天24h畅通。

5.2 安全管理

5.2.1 应采取必要措施保护用户的信息安全和通信秘密,确保所掌握的用户使用快递服务的信息不被窃取、泄露。未经法律明确授权或者用户书面同意,不应将用户使用快递服务的信息提供给任何组织或者个人。

5.2.2 与快递服务组织签订书面协议的,应事先确认其已取得合法经营快递业务的资质。

5.2.3 快件箱运营数据保存期限应不少于1年。

5.3 故障处理

5.3.1 应建立快件箱故障应急处理预案,明确责任单位和联系人;发生故障时应启动应急处理预案。

5.3.2 一般故障处理时间不超过24h;如遇特殊故障难以及时修好时,应采取措施保障快件的正常派送。

5.4 信息报送

应按快件箱所在地邮政管理部门的要求,按月报送快件箱布放位置、格口数量和使用率、投放快件数量等相关运营信息,并确保有关数据的真实、完整。

6 服务要求

6.1 基本要求

6.1.1 快件投递服务按GB/T 27917.3、YZ/T 0145的规定执行。

6.1.2 快件箱运营组织不应向用户收取快件保管费用,与用户另有约定的除外。

6.1.3 未经用户同意,快件箱运营组织不应向其发送与快递服务无关的广告信息。

6.1.4 快件箱运营组织不应设置用户取件的前置条件，如要求用户安装手机应用软件。

6.2 事先确认

6.2.1 快递业务员将快件投放快件箱前，应事先征得用户的同意；用户明示不同意的，不应通过快件箱投递快件；交寄时已由用户指定快件箱作为投递地址的，可直接将快件投递至指定的快件箱中。

6.2.2 快递业务员投放快件前应检查快件外包装和运单信息，快递运单已注明为生鲜产品、贵重物品、易碎品或者外包装出现明显破损的快件，不应投递到快件箱，快递业务员与用户另有约定的除外。

6.3 信息告知

6.3.1 使用快件箱投递快件的，快件箱运营组织应及时告知用户快件的提取方式、提取编码以及其他相关信息。

6.3.2 征得用户同意使用快件箱投递快件但因故未成功投递的，快递业务员应告知用户，并另行约定投递方式。

6.4 投放与取件

6.4.1 快件箱每个格口应只投放一票快件，投放快件流程参见附录 A。

6.4.2 用户取件流程参见附录 B。

6.5 快件查询

6.5.1 快件投入快件箱后，快递服务组织应在当天将快件投递情况录入所在组织的快件跟踪查询系统，不提前录入快件签收信息。

6.5.2 使用快件箱投递快件的，快递服务组织应通过电话、短信、互联网等方式向用户提供跟踪查询信息，明确标识快件已投入快件箱。

6.6 逾期处理

6.6.1 对投入快件箱内超过 24h 未领取的快件，快件箱运营组织应向用户发送提醒领取信息。

6.6.2 对投入快件箱内超过 48h 未领取的快件，快件箱运营组织应告知快递业务员及时取回快件，并联系用户确定继续投递方式，取回逾期件流程参见附录 C；无法联系快递业务员的，快件箱运营组织应通知快递服务组织取回。

6.6.3 对投入快件箱内被快递业务员取回的逾期件，快件箱运营组织应向用户发送逾期件被取回通知。

7 投诉与监督

7.1 快件箱所在地邮政管理部门应对使用快件箱投递快件发生的服务问题进行监督。

7.2 快递服务组织应按 GB/T 27917.2 的规定处理用户投诉、申诉。

附 录 A
（资料性附录）
投放快件流程图

投放快件流程见图 A.1。

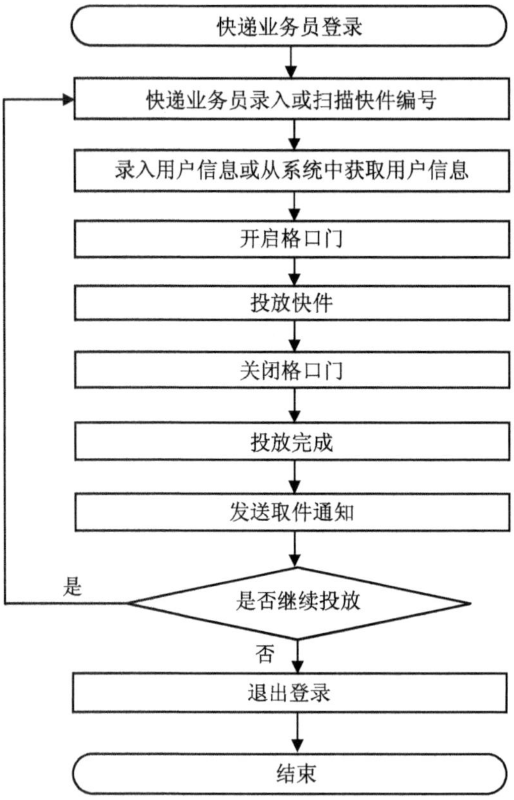

图 A.1 投放快件流程

附 录 B
（资料性附录）
用户取件流程图

用户取件流程见图 B.1。

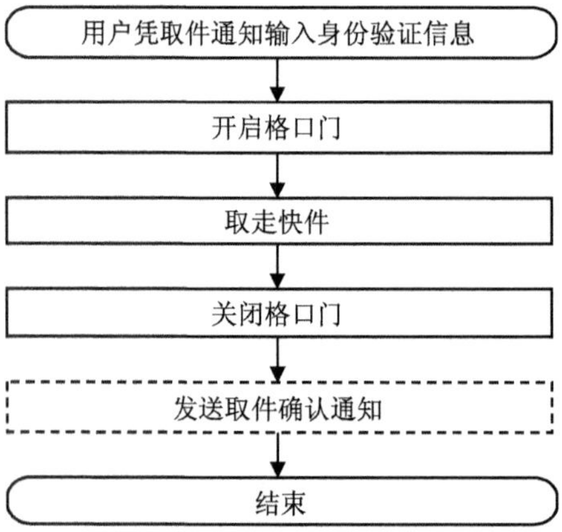

图 B.1 用户取件流程

附　录　C
（资料性附录）
取回逾期件流程图

取回逾期件流程见图 C.1。

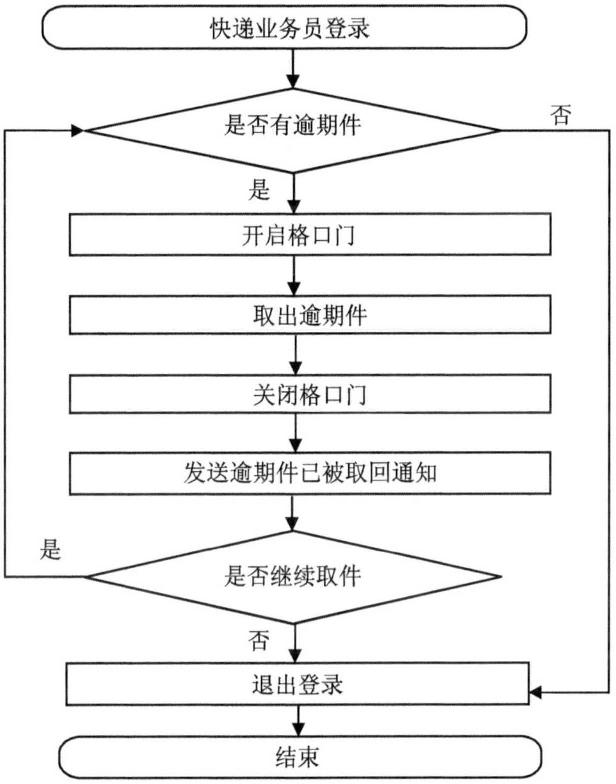

图 C.1　取回逾期件流程

14. 江　西

江西省人民政府关于促进快递业发展的实施意见

（2016 年 2 月 29 日　赣府发〔2016〕9 号）

各市、县（区）人民政府，省政府各部门：

为深入贯彻落实《国务院关于促进快递业发展的若干意见》（国发〔2015〕61号），促进快递业健康发展，进一步搞活流通、拉动内需，服务大众创业、万众创新，培育现代服务业新增长点，结合我省实际，提出如下实施意见：

一、总体要求

（一）发展思路。

以解决制约快递业发展的突出问题为导向，以“互联网 +”快递为发展方向，加强政策扶持，优化市场环境，壮大市场主体，完善服务网络，保障寄递渠道安全，全面提升快递业发展水平，更好地满足全省经济社会发展需求。

(二)基本原则。

市场主导。充分发挥市场在资源配置中的决定性作用,促进中小快递企业整合提升,推动企业持续提高服务能力和服务质量。推进简政放权,发挥法律法规、规划、标准的规范引导作用,完善相关配套政策,营造统一开放、竞争有序的市场环境。

创新驱动。鼓励快递企业加大应用现代信息技术力度,不断推进商业模式创新、产品创新、服务创新和管理创新。

协同发展。充分发挥服务电子商务的主渠道作用,推动快递与电子商务、先进制造业、现代农业等相关产业协同发展。

安全为基。强化安全生产红线意识,加强寄递安全制度体系和监管力量建设,落实企业主体责任和各相关部门寄递安全管理责任,提升科技监管能力,保障寄递渠道安全。

(三)发展目标。

到2020年,基本建成普惠城乡、技术先进、服务优质、安全高效、绿色节能的现代快递服务体系,形成覆盖城乡、联通国际的快递服务网络。

产业规模上新台阶。快递年业务量达到8亿件,比2015年翻两番。业务收入达到80亿元,年均增长30%以上。行业年承载3600亿元以上货值的商品流通。

企业实力明显增强。建成一批骨干龙头快递企业和重要节点城市快件分拨处理中心,网络服务能力大幅提升,快递企业"散、乱、小"局面得到明显改善。建成辐射国内外的航空货运快递体系。

服务能力大幅提高。农村实现乡乡有网点、村村通快递,工业产品下乡、农产品进城运营能力显著提升。国内重点城市间快件实现48小时送达,省内设区市间实现24小时送达,快递服务满意度稳步提高。

综合效益更加显著。日均服务用户超过1000万人次,新增就业岗位3万个以上,商品流通成本有效降低,快递服务生产、贸易和便利民生的基础性作用更加凸显。

二、重点任务

(一)培育壮大市场主体。引导快递企业加快转型升级,逐步建立现代企业制度。支持整合中小快递企业,加快培育本土企业,优化资源配置,实现优势互补,提升产业集中度。鼓励符合条件的快递企业实施股份制改造、挂牌融资等,促进生产要素向骨干企业集聚,加快形成具有引领辐射作用的骨干龙头企业。大力提升快递服务质量,加强服务质量监测,降低快件延误率、损毁率、丢失率和投诉率。推动企业落实《快递服务》国家标准,规范市场行为,促进快递业形象统一、服务规范。引导快递企业增强品牌意识,加快从粗放式经营向集约式经营转变,从价格竞争向服务竞争转变,实现内生式增长。支持快递企业积极参与涉农电子商务平台建设,推动发展农产品快递市场。鼓励快递企业发展跨境电子商务快递业务,拓展代收货款、供应链管理、冷链快递等增值业务,丰富产品体系。(责任单位:省邮政管理局、省商务厅、省政府金融办、省工商局、省质量技术监督局)

(二)推进"互联网+"快递。加快移动APP、物联网、云计算、大数据等信息技术应用,优化服务网络布局,提升运营管理效率,拓展协同发展空间。推广智能化收投终端、自动化分拣、机械化装卸、绿色化运输与包装等技术装备的应用。引导快递企业与电子商务企业深度合作,促进线上线下互动创新,融入社会生产与消费的产业链、供应链和服务链,加快向综合性快递物流运营商转型。鼓励快递企业服务农产品产地直销、订单生产等生产新模式,以及智能制造、个性化定制等制造业新领域。(责任单位:省商务厅、省工信委、省科技厅、省邮政管理局)

(三)构建普惠高效的服务网络。在南昌、赣州、九江等区域中心城市和重要节点城市建设配套齐全的大型快件集散中心,加快城市快递园区建设,推动电子商务园与快递园融合发展、互为配套,促进仓配一体化。推动"快递下乡",鼓励快递企业服务农村电子商务发展,在乡镇开辟或延伸快递运输线路,利用农村公共服务中心、村邮站、邮政便民服务网点等开展收投服务。引导邮政企业和快递企业创新合作模式,充分利用邮政企业现有网点和基础设施,建设农村电商快递综合服务中心,积极服务"淘宝村"等农村电商新模式,实现快递普惠化。加强快递末端服务平台建设,大力推进快递服务进社区、进机关、进园区、进商场、进学校、进企业。(责任单位:省发改委、省商务厅、省邮政管理局,各地政府)

(四)统筹衔接综合交通体系。充分利用交通运输资源,大力拓展快递服务网络,加强运输政策、布局规划、技术规范、设施建设、业务流程、信息管理等方面的统筹协调,力争实现快递网络在各种运输方式间的无缝衔接、高效转换和快速通达。依托并引导运输枢纽加强区域分拣分拨中心和快递物流园区建设。推进快递业与综合交通体系的深度融合,支持建设快递航空货运枢纽,推动快递货运飞机落地江西;大力发展高铁快递,推进公路客运班线代运快件试点。促进民航、铁路、公路、水路与快递企业信息系统互联互通,增强一体化服务能力。(责任单位:省交通运输厅、南昌铁路局、民航江西监管局、省邮政管理局、省发改委)

(五)增强寄递安全保障能力。创新寄递渠道安全管理工作机制,落实寄递渠道安全监管各部门职责,实施寄递渠道安全监管"绿盾"工程,并支持有条件的地区推进安全监管中心建设。落实快递企业安全生产主体责任,推行邮政业安全生产操作和设备配置规范,全面推进快递企业安全生产标准化建设。严格执行"收寄验视"制度,落实"实名收寄",推动邮件、快件"过机安检"。(责任单位:省公安厅、省邮政管理局)

三、政策措施

(一)深入推进简政放权。深化快递业商事制度改革,探索对快递企业实行同一工商登记机关管辖范围内"一照多址"模式。简化快递业务经营许可程序,改革快递企业年度报告制度,精简企业分支机构、末端网点备案手续。发挥电子口岸等"一站式"通关平台优势,扩大电子商务出口快件清单核放、汇总申报通关模式的适用地域范围,实现进出境快件便捷通关。(责任单位:省工商局、省邮政管理局、南昌海关、江西出入境检验检疫局)

(二)完善相关规划体系。编制快递业发展"十三五"规划,与综合交通运输、现代物流业、电子商务等专项规划做好衔接。有关方面要将发展快递业纳入国民经济和社会发展规划,在城乡规划、土地利用规划、公共服务设施规划中合理安排快递基础设施的布局建设。在建设工业园区、城市新建住宅小区、商业集中区以及旧城改造时,可将智能快件箱等快递服务设施纳入公共服务设施规划。(责任单位:省发改委、省工信委、省国土资源厅、省住房城乡建设厅、省交通运输厅、省商务厅、省邮政管理局,各地政府)

(三)加大财税支持力度。落实中央预算内投资要求,加大省级服务业、省级电子商务发展专项资金对快递业发展的倾斜支持力度。通过积极扶持,促进我省快递业在推动产业联动发展、转型升级、结构性改革等方面发挥更加突出的作用。各级财政专项资金要将符合条件的快递企业和项目纳入支持范围。加快落实快递企业按现行规定申请执行省内跨地区经营总分支机构增值税汇总缴纳政策,依法享受企业所得税优惠政策。快递企业符合规定的各类费用应依法抵扣。对符合条件的物流企业自有的大宗商品仓储设施用地,自 2015 年 1 月 1 日起至 2016 年 12 月 31 日止,减半征收城镇土地使用税。对快递企业购置用于环境保护、节能节水、安全生产等专用设备的投资额,可以按一定比例实行税额抵免。对列入各级重点的快递基础设施项目,按规定给予城市基础设施配套费减免。快递企业用电、用气、用热价格按照不高于一般工业标准执行。(责任单位:省财政厅、省国税局、省地税局、省发改委、省工信委、省住房城乡建设厅、省商务厅、省邮政管理局,各地政府)

(四)拓宽企业融资渠道。鼓励金融机构开发快递仓储设施、生产设备和运输车辆抵押贷款业务,扩大贷款规模。引导金融机构建立完善适应快递特点的信用评估和授信制度,合理确定利率水平,降低企业融资成本。利用小额贷款等多种方式,加大对快递业的有效信贷投入。鼓励金融机构为快递企业购置快件分拣机、X 光安检机、重型汽车等大型设备和智能设备提供融资租赁服务。(责任单位:省政府金融办、人行南昌中心支行、江西银监局、省发改委、省邮政管理局)

(五)切实保障土地供给。各级政府要在土地利用总体规划和年度用地计划中统筹安排快递专业物流园区、快件集散中心等设施用地。对符合土地利用总体规划和国家产业政策的快递项目,用地指标予以倾斜。其中,对列入省重大项目调度会的快递项目,根据调度会的要求,优先安排省预留新增建设用地计划指标。规划建设电子商务园区,要统筹安排快递、仓配用地,并能够基本满足快递企业仓储及处理需求。推动新建工业、商业项目和居住小区预留物流用地和配送末端网点用地。对利用现有工业厂房、仓储用房发展快递服务业的,土地用途和土地使用权人可暂不变更。快递项目用地出让年限可在法定最高年限范围内按需设定,出让金按设定的出让年限计收。对一次性缴纳土地出让金确有困难的快递企业,可在合同签订后按规定缴纳 50% 的出让首付价款。(责任单位:省国土资源厅、省发改委、省财政厅、省住房城乡建设厅、省邮政管理局,各地政府)

(六)改进快递车辆管理。按邮政管理部门的规范要求喷涂统一专用标识的城区快递运输车辆,经当地公安交通管理部门同意,在确保安全的前提下可以通行禁行路段。举行大型展会、重大活动期间,交通运输部门和公安交通管理部门在确保安全的前提下为从事快递服务的车辆提供通行便利。按照国家标准和有关规定,逐步推行快递专用电动三轮车标准化管理,制定快递专用电动三轮车用于城市收投服务的管理办法，解决“最后一公里”通行难问题。支持快递企业采购新能源汽车作为快递运输车辆，根据国家和省有关规定享受新能源汽车补贴政策。（责任单位：省公安厅、省交通运输厅、省科技厅、省工信委、省邮政管理局）

（七）推进人才队伍建设。支持高等院校和职业院校开设快递相关专业，或在相近专业中加入快递方向的课程。探索学校、科研机构、行业协会和企业联合培养人才模式，建立一批实训和教学基地。支持快递企业组织从业人员参加相关职业培训和职业技能鉴定，对符合条件的企业和人才可按规定给予补贴。对快递企业引进的高层次人才和紧缺急需人才，可按规定享受高层次人才引进优惠政策。（责任单位：省教育厅、省人社厅、省邮政管理局）

（八）优化快递市场环境。根据行业监管需要，创新县（市）邮政管理体制，相关县（市）政府要在政策、资金等方面给予支持。创新监管方式，强化事中事后监管，提升市场监管能力。建立健全用户申诉与执法联动机制，依法查处违法违规行为。发挥行业协会作用，加强行业自律。依法建立违法失信主体“黑名单”及联合惩戒制度，营造诚实守信的市场环境。（责任单位：省邮政管理局）

四、组织实施

各地、各有关部门要加强组织领导，健全工作机制，强化协同联动，加大支持力度，为全省快递业发展营造良好环境。各地要结合实际，研究制定促进快递业发展的政策措施并认真抓好落实。各有关部门要加强协调配合，按照职责分工细化完善相关配套措施。全省现代物流工作联席会议和推进电子商务发展工作联席会议要将快递业作为重要议事内容。

江西省邮政业发展“十三五”规划

（2016年12月江西省邮政管理局、江西省发展改革委印发）

邮政业是国家重要的社会公用事业，是推动流通方式转型、促进消费升级的现代化先导性产业，在国民经济中发挥着基础性作用。邮政业持续健康发展，对于保障用邮权益、降低流通成本、服务生产生活、促进创业创新和推动经济转型升级具有重要的意义。“十三五”时期（2016—2020年）是贯彻落实国家“四个全面”战略的重要时期，是全面建成小康社会的决战时期，也是江西省邮政业深化改革、增强能力、提升服务、推动发展的攻坚期。为推进江西省邮政业快速健康发展，努力在发展规模、服务水平、创新能力和竞争实力上实现新跨越，建成与小康社会相适应的现代邮政业，根据《邮政业发展“十三五”规划》和《江西省国民经济和社会发展第十三个五年规划纲要》，结合我省邮政业发展实际，制定江西省邮政业发展“十三五”规划。

一、现状与形势

“十二五”期间，全省邮政业坚持稳中求进工作总基调，坚持依法治邮，坚持提质增效，以建设“普惠邮政、智慧邮政、安全邮政、诚信邮政、绿色邮政”为抓手，主动适应经济发展新常态、积极顺应经济社会发展的新要求，全省邮政业综合实力、发展规模、服务水平和企业效益都有了显著提高，全面完成了“十二五”提出目标，为“十三五”健康可持续发展奠定了基础。

（一）发展现状

“十二五”期间，江西省邮政业持续快速发展，邮政体制改革不断深入，行业发展环境不断优化，快递服务迅速发展，市场秩序逐步规范，行业竞争能力和管理水平不断提高，服务能力和服务水平稳步提升。2015年，全省提供邮政普遍服务的邮政营业场所达到1873个，从业人员18336人；共有快递企业品牌32个，取得快递业务经营许可证的法人企业619家、分支机构1505个，快递服务从业人员18254人。全省邮政业业务总量突破69.7亿元，同比增长35.55%；邮政业业务收入达59.02亿元，同比增长31.33%。其中，快递业务量完成2.34亿件，同比增长46.76%；快递业务收入完成27.67亿元，同比增长51.90%。快递业务收入占邮政业业务收入由“十一五”末的不到10%增加到“十二五”末期的将近50%。

1.邮政体制改革持续深入

“十二五”期间，江西邮政管理部门按照党中央、国务院关于邮政体制改革的决定，积极稳妥地推进体制改革。政企分开改革顺利推进，三级邮政管理体系全面确立，政府依法监管、企业自主经营的邮政体制已经建立，政府职能加快转变，实现执法重心下沉。根据国家邮政局简政放权的总要求，省邮政管理局采取优化许可审批程序、“一建两结合”等系列举措，快递业务许可流程不断优化，许可时限明显缩短；将邮政普遍服务两项行政审批权限下放各市局，并纳入绩效考核指标体系。

2. 行业发展环境持续改善

修订了《江西省邮政条例》，相继出台了《关于促进快递业健康发展的意见》《关于保障快递企业运输车辆便捷通行的通知》《江西省物流园区发展规划》《关于加强邮件、快递寄递安全管理工作的若干意见》《江西省电子商务产业发展规划（2014—2020 年）》等，行业发展的法治环境、政策环境、社会环境得到了进一步优化，有力地促进了我省邮政业健康发展。各地市快递行业协会陆续成立，建立了地市快递服务行业自律机制，有效规范快递企业的行为，在营造发展环境、构建桥梁纽带等方面发挥着积极作用，自律能力逐渐提升。

3. 服务保障能力持续增强

“十二五”期间，邮政普遍服务保障力度不断加大，设施建设成效显著。全面完成全省 214 个空白乡镇邮政局所补建和运营工作，实现了竣工率 100%、运营率 100% 的“双百”目标。农村普服设施与机要基础设施改造工程稳步实施，全省共整修网点 319 处、改建网点 126 处、新购邮运及投递车辆 56 辆，共计投资 11509 万元；实现机要网点改造 90 处，新购机要车辆 106 辆。改善了全省农村地区邮政基础设施面貌，强化了邮政特邀社会监督员队伍建设，提升了社会公众对邮政的监督能力及效率，部分解决了监管能力不足难题。

4. 快递业持续快速健康发展

“十二五”期间，江西省快递业发展迅速，快递业的基础性、先导性作用增强。快递业与电子商务、先进制造业、现代农业协同发展，形成“快邮合作”“铜鼓模式”“抱团取暖”等多种模式并存的快递下乡途径，加快农村快递网点建设步伐。2015 年，全省共设立快递网点的乡镇为 1113 个，覆盖率达到 79%；已达标网点 192 个，达标率 14%；有部分设区市建立快递物流产业园区，其中吉安、赣州和上饶的快递物流产业园日处理量合计可达百万件。智能手持终端、移动客户端、智能快件箱加快推广，快递业科技水平逐渐提高。

5. 监管能力显著提高

“十二五”期间，邮政管理部门积极稳妥行使政府赋予的监管职能，邮政监管体系逐步完善，监管队伍迅速成长，监管能力显著提高。落实九部委《关于加强邮件、快件寄递安全管理工作的若干意见》，成立了省、市协调机构，建立并完善了协作机制，进一步明确“属地管理”责任，纳入综治考评体系。落实邮件快件收寄验视、用户实名收寄和安全生产设备配置等相关规定。推进安全监管能力建设，已建成安全监控系统平台，实时监控省级快递企业分拨中心日常作业情况，有效降低行业监管成本、提高监管效率，督促企业进一步落实安全生产主体责任。在强化日常安全监管的基础上，建立重大会议及重大活动期间专项监管检查措施，取得显著成效。

全省邮政业“十二五”时期虽然取得巨大成就，但仍存在突出问题和不足，主要表现为：一是行业发展基础薄弱，发展模式单一，增长主要依赖传统要素投入，科技进步和管理创新贡献有限；二是邮政普遍面临水平提升困难和服务创新不足的双重挑战，邮件时限和投递质量等还需进一步提高；三是快递发展质量不高，同质化竞争严重，市场秩序有待规范和完善，企业创新发展的内生动力不足；四是邮政网络运营成本高、开放程度低，快递基础设施建设相对滞后，行业整体网络效能未能充分发挥；五是寄递渠道安全形势日趋复杂，安全基础、管控能力和发展程度不相适应；六是邮政行业管理人员不足，工作繁重，监管能力有待进一步提升。

（二）面临形势

“十三五”时期是邮政业改革创新，转型升级的攻坚时期，是建成与小康社会相适应的现代邮政业的决胜时期，将给江西省邮政业的发展带来诸多机遇与挑战。

1. 政策红利进一步释放，有利于进一步营造良好的发展环境。国务院印发了《关于促进快递业发展的若干意见》，江西省政府发布了《关于促进快递业发展的实施意见》《江西省贯彻落实国务院关于大力发展电子商务加快培育经济新动力意见的若干措施的通知》，推动电子商务与物流协同发展，推进“快递下乡”和快递末端配送站点建设，完善快递物流体系和服务；促进邮政业衔接综合交通体系，推动快递“上车、上船、上飞机”。江西省财政厅、省商务厅联合下发《关于江西省开展电子商务进农村综合示范的通知》，通过创建电子商务进农村示范县，推动我省农村流通现代化快速发展。这些举措将进一步优化我省快递业发展环境，推进快递企业充分利用信息技术，加快向综合性快递物流运营商转型，实现健康快速发展。长江经济带是长江流域最发达的地区，也是全国高密度的经济走廊之一，推动长江经济带发展，是党中央、国务院主动适应把握引领经济发展新常态，科学谋划中国经济新棋局作出的既利当前又惠长远的重大决策部署。江西位于长江中下游地区，毗邻广东、浙江、福建等沿江沿海省份，地理位置极为优越，是长江经济带的重要省份之一。2016年6月，国务院正式批复设立赣江新区，成为中部地区崛起和推动长江经济带发展的重要支点和承接高端产业转移的重要平台。2016年11月，国家邮政局发布了《关于加快长江经济带邮政业发展的指导意见》，要求加快长江经济带邮政业的发展，挖掘长江中上游地区的内需潜力，将长江经济带打造成为我国邮政业转型升级发展的示范带，带动我国现代邮政业健康可持续发展，为江西邮政业的发展带来新的战略机遇。

2. 公共服务均等化加快推进，有利于进一步加快普惠邮政建设。我国确定了2020年"基本公共服务均等化总体实现"的战略目标，对邮政业公共服务均等化提出了新的要求。随着经济和社会的不断发展，邮政业公共服务的内涵不断丰富、需求不断增长。我省邮政普遍服务亟需通过加强网络建设，提升服务水平，为承接社会公众新需求、促进消费公平、统筹城乡发展创造条件。快递服务亟需强化"向下"工程，加快建设农村网络基础设施，创新服务方式，增强服务能力，以保障农村居民的基本用邮权利。

3. 电子商务持续迅猛发展，有利于邮政快递开辟广阔发展空间。江西省电子商务发展迅猛，2015年我省电子商务销售额达到2871.41亿元，同比增长107.36%，2020年将实现10000亿元目标，快递、邮政包裹作为电子商务的主要物流支撑，必将与江西电子商务发展比翼齐飞，实现快速发展、优先发展。省财政厅、省商务厅联合下发《关于江西省开展电子商务进农村综合示范的通知》，通过创建电子商务进农村示范县，以推动我省农村流通现代化快速发展。这些举措将进一步加速农村电商的发展，深化电商与上下游产业的联动发展，在更深层次上实现新兴产业与传统产业的融合，提升邮政业竞争力。

4. 行业开放外资准入，有利于进一步促进快递业提质增效。江西省快递市场已经形成国有、民营、外资多元共存、相互竞争的格局。中外运敦豪和联邦快递等知名外资快递企业看好江西在中部地区的区位优势，均已在江西省开展业务。行业外资的准入加剧了行业竞争，但也带来了行业转型升级的契机，倒逼国内快递企业增强市场竞争意识，加大资金投入、提高服务水平、完善企业管理、推动行业整合，进而促进快递业发展提质增效。

5. 民众的要求与期望增加，有利于进一步提升快递业服务质量。随着电子商务的进一步发展，快递逐渐成为人们日常生活的一部分，改变了人们的消费和生活习惯，而现今的服务能力和水平难以满足民众的多样化、高质量需求。为此，需要企业加大投入，政府积极引导，支持第三方资金进入配送服务领域，构建快捷、高效的城市配送网络，加快服务末端平台建设，提升从业人员综合素质，提高行业服务质量。

6. 行业整合与技术创新提速，有利于进一步推动邮政业转型升级。江西省提出了《关于深入实施创新驱动发展战略推进创新型省份建设的意见》，创新驱动将成为江西省邮政业特别是快递业发展的重要支撑，企业将通过技术创新、管理创新、模式创新、集成创新、制度创新等手段打造战略竞争新优势。大数据、云计算、物联网等新信息技术给快递业带来重大变革和新的挑战。专业化、一体化、个性化的快递业模式创新将引领企业抢占产业竞争制高点。

7. 全省综合交通运输体系初步成型，有利于进一步拓展交邮协同发展新空间。"十三五"期间，江西省将统筹铁路、公路、航空、水运建设，形成以南昌为中心，内外通道联通、城乡覆盖广泛、节点功能完善、运输服务高效的现代综合交通运输体系，构建对接"一带一路"和长江经济带的战略大通道，将大大缩短省内各设区市之间，到长江中游城市群中心城市，以及到广州、北京等一线城市的时间。大力发展通用航空，建设一批通用机场。我省现代综合交通运输体系的初步成型，将助力邮政业拓展服务网络、提高服务效率，交通对邮政行业的制约影响逐步消退。

综上所述，"十三五"是我省邮政业转型发展的关键时期，也是进一步落实科学发展观，实现我省邮政业又好又快发展的战略机遇期，未来江西邮政业将站在高起点，实现行业的转型升级、快速发展。

二、指导思想和发展目标

（一）指导思想

全面贯彻党的十八大和十八届三中、四中、五中、六中全会精神，深入贯彻习近平总书记系列重要讲话精神，按照"四个全面"战略布局要求，贯彻落实创新、协调、绿色、开放、共享发展理念，弘扬"崇高理想、坚定信念;实事求是、敢闯新路;艰苦奋斗、自觉奉献”的井冈山精神。坚持以提高邮政业发展质量和效益为中心,适应经济发展新常态,把握供给侧结构性改革新机遇,满足广大商家和亿万群众新需求,坚持创新驱动,坚持深化改革,坚持依法治邮,坚持提质增效,不断推进普惠邮政、智慧邮政、安全邮政、诚信邮政和绿色邮政建设。以“互联网+”邮政为发展方向,培育壮大市场主体,融入并衔接综合交通体系,扩展服务网络惠及范围,保障寄递渠道安全,实现江西邮政业新跨越,建成与富裕美丽幸福江西相适应的现代邮政业。

(二)基本原则

贯穿一条主线。以行业创新驱动为主线,促进市场开放、资源共享、产业协同、绿色环保发展。创新业务领域,实施“邮政+”战略布局,聚焦跨境贸易、先进制造业、现代农业、现代金融业等关联产业,拓展产业链、供应链和服务链。创新服务模式,支撑线上与线下融合,充分利用社会资源,增强网络弹性,拓展“三流合一”服务,打造公共服务平台,实现互联融合发展。通过创新发展,充分发挥市场的资源配置作用,消除制约邮政业发展的体制和机制性障碍,促进行业服务全面融入江西省国民经济与社会发展的大格局,促进产业转型升级。

促成两个转变。由追随社会需求的被动型适应型发展,向既注重挖掘电商潜力,更注重把握“一带一路”“京津冀协同发展”“长江经济带”“赣江新区”等战略机遇,拓展服务空间的主动引领型发展转变。促成发展方式转变,由偏重要素投入的规模速度型发展,向更加注重科技进步、劳动者素质提高、管理创新的质量效益型发展转变。

推进三个提升。通过加强寄递安全制度体系建设,落实企业主体责任,进一步提升企业安全生产红线意识。依靠科技手段创新管理方式,进一步提升邮政管理部门监管能力。推动邮政业加快融入生产、流通和消费环节,充分发挥服务电子商务主渠道作用,进一步提升邮政业与先进制造业、现代农业、信息技术等产业协同发展水平。

实现五个跨越。实现邮政业在发展规模、创新能力、服务能力、服务水平、竞争实力五个方面实现大幅跨越。显著提升行业服务质量和水平,显著提升行业在国民经济中的比重,显著提升行业创新发展的后劲。

(三)发展目标

发展规模:到2020年,全省邮政业业务总量突破221亿元,年均增长26%;邮政业业务收入达到159亿元以上(不含邮政储蓄直营收入),年均增长22%。其中快递业务量达到10亿件,快递业务收入达到102亿元,快递业务收入占行业总收入比例达64.2%。新增就业岗位2.6万个。

创新能力:坚持需求导向和产业化方向,加快提升行业在科技研发应用、服务网络建设、产品体系拓展、商业运营模式等方面的创新水平,主要企业率先实现服务功能多样化、寄递服务便捷化、内部作业自动化、生产组织信息化。

服务能力:构建形成覆盖城乡、惠及全民、水平适度、可持续发展的邮政普遍服务网络,保障邮政基本公共服务均等化和便利化。建设便捷高效的农村“快递高速公路”,乡镇快递网点覆盖率达到100%,实现快递服务网络向行政村延伸,具备条件的行政村通快递比例达到100%。

服务水平:普遍服务水平稳步提高,达到国家普遍服务标准要求的水平,行政村整体实现直接通邮,普遍服务满意度显著提升。快递服务达到国家规定的标准,快递企业在承诺的时限内提供收寄服务,提高准时率和用户满意度,控制快件延误率、损毁率、丢失率在目标值以内。

竞争能力:培育4个年业务收入超10亿,服务质量好、管理规范的大型现代化快递企业。专业人才队伍建设不断增强,人才总量占邮政业全部从业人员比例达到40%,其中高级专业技术人员占5%,中级专业技术人员占25%,初级专业技术人员占70%。

“十三五”时期邮政业发展主要指标

指标	2015年	2020年	年均增长
邮政业业务总量(亿元)	69.7	221	26%
邮政普遍服务业务量(亿件)	—	—	—
快递业务量(亿件)	2.34	10	35%
邮政业业务收入(亿元)	59.02	159	22%

续表

指标	2015年	2020年	年均增长
快递业务收入(亿元)	27.67	102	30%
邮政业年服务用户(亿人次)	22.48	38	11.5%
新增就业岗位(万个)	0.53	〔2.6〕	8%
乡镇快递网点覆盖率(%)	79	100	2.3%
快递电子运单使用率(%)	45	85	13.5%
配备全自动分拣系统的枢纽型分拣中心数量(个)	1	5	38%
快件延误率(千分之)	5	4.5	—
快件损毁率(万分之)	4.8	4.5	—
快件丢失率(十万分之)	3.2	2.5	—
快件有效申诉率(百万分之)	13.2	10.9	—

注:①邮政业业务总量按2010年不变价格计算。②配备全自动分拣系统的枢纽型分拣中心是指重点快递企业建筑面积在1万平方米以上且配备全自动分拣系统的分拣中心。③〔 〕内为五年累计数。

三、主要任务

(一)深化改革,激发邮政行业发展活力

完善现代市场体系。充分利用资本、土地、技术、劳动力等要素市场,巩固行业发展基础。加快建设统一开放、竞争有序的邮政市场体系,研究探索政府购买邮政业公共服务的实现方式。研究利用政府和社会资本合作模式,加强行业重大项目建设。

加快转变政府职能。强化制定规划、争取政策、行业统计职能,进一步简政放权,简化审批流程,减少办理时限,提高行政审批效率,提升治理能力。优化快递分支机构、末端网点备案手续。执行邮政业市场准入负面清单,以国家邮政局权力、责任清单为基础,组织编制本辖区邮政行政管理权力清单和责任清单。部署打造邮政政务服务"一张网",实现行政服务事项预约、申报、办理、查询等全流程网上运行。

建立健全现代企业制度。按照建立现代企业的发展方向,转换机制,调整结构,整合资源,降本增效,持续提升邮政企业的发展规模、运行质量和经济效益。发展混合所有制经济,健全现代企业制度,提高国有企业活力、控制力和影响力。鼓励各类资本依法进入快递领域,支持大型快递企业兼并重组,整合中小企业,优化资源配置,实现强强联合、优势互补,培育打造骨干快递企业。鼓励快递企业通过合作、收购、股权质换等方式,完善产权激励制度,强化全程全网统筹管理,促进网络资源优化配置。

加强邮政业创新能力。紧紧围绕国家供给侧结构性改革总体要求,重点在服务智能化、生产智能化、协同信息化、运输高效化、运营绿色化和管理科学化六个方面狠下功夫,加大投入,增强发展后劲和实力,进一步提升邮政行业科技应用水平,提高科技进步贡献率,增强科技创新能力,进一步完善科技创新体制机制。实施"互联网+"邮政战略布局,引导企业依托网点资源,加强物联网、移动互联网、大数据技术应用,促进"线上线下"产运销联动发展。

创新寄递产品供给和服务模式。推动邮政业与现代制造业、现代农业、信息金融和交通运输融合发展,积极发展农商快递,推进特色农产品快递物流体系建设。大力发展代收货款、快递保险、合同物流、冷链物流、逆向物流、特殊物品寄递等服务,有序开展快递投递众包。支持邮政企业加快发展快递包裹、电商配送和仓配一体化等业务。依托邮政服务网络和资源优势,丰富服务内涵、拓展服务领域,加速发展物流、资金流、信息流整合型业务。

(二)开放共享,构建邮政综合服务平台

发展邮政寄递服务。推动邮政企业振兴寄递服务,促进"三流合一"业务发展。支持邮政企业深化与电商、制造业等企业合作,提高中高端、中高重量段产品服务能力。打造农村电商邮政寄递网,推动农村邮政物流与农村电商的业务整合、信息共享和融合发展,发挥邮政在农村电商寄递中的重要作用。

推动网络开放共享。以"互联网+"为契机,推动邮政企业加快开放共享步伐。充分利用社会资源,整合利用交通运输基础设施及村邮站、邮政"三农"服务站、便民服务站等服务设施,叠加服务功能,推动建立邮政综合服务平台。提升处理运输基础能力,引导邮政企业利用农村客货运站场等交通运输基础设施,建立仓储中心和小型邮件分拨中心,进一步强化县域邮件处理能力。鼓励邮政企业加强与电子商务平台的对接。坚持以市场为导向,与快递企业建立互利共赢、服务规范的合作机制,开展设施共享、业务代理等合作。鼓励有条件的村邮站、邮政便民服务站代投快件,拓展服务功能,增加业务载荷。

(三)转型升级,提升快递产业竞争能力

推进服务创新。鼓励快递企业拓展产业链、供应链和服务链,向综合性快递物流运营商转型。适应消费升级和现代产业新体系的需要,拓展供给范畴,引导发展便捷化、个性化、差异化和定制化的寄递服务。以标准快递和国内电商快递为基础,强化与信息业、金融业协同,着力服务于先进制造业、跨境电商和现代农业,发展工厂快递、越洋快递和农商快递。支持企业健全产品体系、创新服务模式,引导企业依托网点资源,加强物联网、移动互联网、大数据技术应用,服务线上线下互动消费,拓展民生服务领域。

促进提质降本增效。鼓励企业实施跨行业跨区域跨所有制兼并重组,优化产业布局和结构,提升产业集中度,降低企业运营成本。引导企业转变竞争方式,从价格竞争向服务品质竞争转变,实施品牌化和差异化发展战略。强化质量意识和诚信意识,提高服务透明度和时限水平,拓展和丰富时限承诺产品的种类。鼓励企业采用分区建仓 + 干线运输 + 落地配送的运营模式,提高服务质量和运营效率。

深化标准化建设。落实国家邮政局深化标准化工作改革方案,增强快递服务类标准的有效供给。实现快件收寄、分拣、运输、投递等环节的标准化作业,从基础设施、运输及作业工具的技术参数、技术要求、管理标准到业务人员、车辆等的着装、标识等方面实现规范化管理,有效提升服务水平和行业形象,为行业转型打好基础。落实生产安全和信息安全相关标准,夯实邮政业安全管理基础。

(四)普惠城乡,打造新型快递流通渠道

探索城市配送新模式,加快推进城市配送网点布局。依法制定城市配送车辆管理办法,推动城市配送车辆科学管理,保障配送车辆便利通行和停靠。

提升末端服务能力。支持企业建设标准化、规范化、信息化服务网点。鼓励企业开展第三方合作模式创新,推进快递服务进社区、进校区、进机关。鼓励快递企业与商贸流通企业、连锁零售和网络零售企业深化合作,以联盟、共同持股等多种形式开展末端配送。完善配套政策,引入多元主体,推进智能快件箱等自助服务设施建设。鼓励企业丰富便民服务内涵,提供商品展示、虚拟销售、试用代买等服务,打造多功能集约化的社区服务平台。支持企业利用符合技术标准要求的电动三轮车等小型运输工具实施终端配送作业。

完善农村服务网络。推进“快递下乡”工程,构建农村“快递高速公路”网络,提升农村网络的均衡度和稳定性。创新农商快递的服务模式,促进“快递下乡”与农村电商协同发展。支持邮政快递企业与交通运输、商务、农业、供销等农村网络平台的对接,丰富乡镇邮政网点服务“三农”功能,健全农村末端配送体系。因地制宜建设具有客运服务、交通管理、农资及农产品仓储、日用品分拨配送、再生资源回收、快递配送等功能的农村综合运输服务站;完善乡镇邮政局所、农资站的综合物流服务功能,打造上接县、下连村的农村物流中转节点,支撑农村物流各类物质的中转仓储和分拨配送。大力发展常温和冰鲜农产品的助农服务,加强与重点农业生产基地和优势农产品产区的对接,支持特色农副产品输出。引导企业通过网点直补、派费及中转费补助等多种方式,在乡镇一级设置经营网点,参与公共投递服务站建设。

(五)完善机制,加强邮政行业监管效能

健全邮政行业监管体系。扎实推进寄递“绿盾”工程,进一步收紧寄递入口,前移监管端口,加强源头治理,完善寄递渠道综合治理体系,充分发挥邮政管理部门行业主管,综治、安监、公安、国安等相关部门联动协调机制的作用,利用地方综治工作考评体系提升行业安全监管效能。严格落实寄递企业的安全生产主体责任和邮件快件收寄验视、用户实名收寄、安全生产设备配置等相关规定。严格普遍服务营业场所撤销和业务停限办审批,建立网点分级管理制度。建立健全责任追溯、违法失信主体“黑名单”及联合惩戒等制度。强化重点地区、重点部位、重要时期寄递渠道的安全防范工作。完善应急保障,推动企业应急队伍建设,提高应急处置能力。

加强企业服务质量监管。切实加强对企业服务质量事中事后监管,构建全过程监管机制,督导企业严格执行有关法律法规、标准、规定和要求,认真履行服务承诺,努力提升服务质量。建立健全消费者申诉与市场执法联动、行政执法与刑事司法衔接的机制,维护市场秩序。完善以“服务满意度、时限准时率、用户申诉率”为核心的邮政业服务质量评价体系。

（六）多方合作，提升从业人员业务素质

引导高等学校加强物流管理、物流工程等专业建设，支持职业院校开设快递相关专业。开展订单式培养项目，充分利用行业、企业与学校资源，共设校企实践课程，促进合作模式创新。建立岗前培训、进阶培训、职业鉴定为主要内容的行业人才培养体系，切实提高新进人员的安全意识和操作技能。积极推动国家职业资格证书制度，引导从业人员参加邮政业职业技能鉴定。争取将快递从业人员新员工入职培训、职业技能提升培训工作纳入各设区市政府补贴范围，为符合政策条件的企业和人才向有关部门申请政府补贴。

（七）节能环保，促进行业绿色低碳发展

推广环保应用。鼓励企业加大新能源、资源回收再利用等技术的开发和应用。引导企业使用环保包装袋及填充物，应用再生纸张和环保油墨印刷的封装用品，减少塑料胶带使用量；鼓励企业在邮件快件周转过程中，重复利用塑料箱、纸箱和编织袋等封装容器。引导企业加强包装废弃物的回收处置。

推动节能减排。鼓励企业开展基础设施节能改造，在办公场所、邮（快）件处理中心等推广应用节能与新能源设施，推广应用节水、节电、节材等技术工艺和产品装备。鼓励企业科学优化运输组织，开展节能驾驶培训，应用车辆调度系统，优化配送路线，降低行驶能耗。

（八）弘扬文化，推进邮政行业品牌建设

弘扬行业文化。加强邮政行业文化建设，弘扬“诚信、服务、规范、共享”的核心价值理念，为邮政业健康快速发展营造良好的人文环境。加强行业舆论引导，宣扬行业正能量，增强行业凝聚力，培养行业文明人，树立行业好形象。充分利用移动互联网等现代信息传媒，宣传邮政行业先进文化理念，扩大行业文化影响力。发挥邮政传播文化的功能，围绕文化强省战略，通过邮票邮品、邮政报刊亭、特色邮局、主题邮局、书信活动等形式，推动行业文化交流和传播，传承和发扬百年邮政历史文化。

树立行业品牌。加强行业诚信体系建设，建立健全企业信用管理制度，营造诚实守信市场环境，提高服务诚信度，增强消费者信心，打造行业品牌。加强法治宣传教育，培育行业法治文化，营造全行业学法守法用法氛围。引导符合组建条件的快递企业建立基层党组织，以“党建＋”促进行业发展。开展文明行业、文明单位、文明窗口及青年文明号、巾帼文明岗等群众性文明创建活动，树立并宣传“最美邮递员”“最美快递员”等行业精神文明品牌，提高行业影响力。

四、重大工程

（一）快递园区建设工程

推进产业聚集发展。按照企业集中布局、产业集群发展、资源集约利用、功能集合构建的原则，引导快递企业和分拨中心入驻电子商务集聚区，建设标准化立体快件分拨中心，打造一批具备集中仓储、分拣处理、快速集散、统一配送、商品展示等服务功能的现代化快递园区。重点推进现代物流总部基地快递园区，鼓励园区运营机构在租金支付期限等方面给予适当优惠。

推动智能装备及标准化建设。支持企业建设高层自动化仓储设施，推广甩挂运输方式、集装技术和托盘化单元装载技术。推广使用自动识别、电子数据交换、可视化、货物跟踪、智能交通、物联网等先进技术的物流设施和装备。

快递园区建设项目

依托物流节点城市，结合行业发展需求，加快布局建设快递物流园区。到2020年在全省11个地级市实现快递园区全覆盖，建设一级快递专业类物流园区1个、二级快递专业类物流园区2个、三级快递专业类物流园区8个。选择基础较好，地理区位优越的城市开展建设快递专业类物流园区试点示范。推动在铁路、公路、水路站场枢纽建设快件集散中心。鼓励快递企业入驻电子商务园区、商贸物流园区、制造业园区、保税物流园区和农产品、商品集散中心。支持快递企业建设现代化立体仓库和信息平台，推广使用甩挂运输等先进运输方式和信息化技术装备，提升处理能力和运营效率。

一级快递专业类物流园区布局城市：南昌；二级快递专业类物流园区布局城市：赣州、上饶；三级快递专业类物流园区布局城市：九江、景德镇、鹰潭、萍乡、新余、吉安、宜春、抚州。

图1　省内快递园快件主要流向示意图（略）

（二）建制村通邮工程

加快村级邮政基础设施建设。建制村通邮作为国家“十三五”规划的明确要求，是建设普惠邮政，实现邮政普遍服务均等化的重要目标。切实加强农村邮政基础设施建设，将其作为推进公共服务均等化和服务民生的一项重要工程来抓，结合省发改委、省委组织部、省委农工部、省民政厅开展的农村综合公共平台建设，进一步推进建制村通邮建设工作。采用新建或充分利用现有邮政电商扶贫网点、快邮合作网点、供销合作社、客运站场、农家书屋、“万村千乡”农家店等村级活动场所等方式;结合邮政企业农村电商“百县千村”计划,按照统一标准、区域突破、分步实施的原则,在全省16834个建制村分期分批建立适应当地农村发展水平、满足农民邮政通信需求的新型村邮站点或邮件转接点,全面完成全省建制村通邮工作目标,逐步实现邮件投递到户。

邮政基础设施改造升级项目

结合省发改委、省委组织部、省委农工部、省民政厅开展农村综合公共平台建设,推进农村邮政服务基础设施建设步伐;对行政村逐步实施邮政局所建设和改建。计划对邮政普遍服务网点整修198处、改建54处,对2处危旧县局房进行改造,对38辆邮运车辆进行更新,对部分机要车辆配置车载安防设备,共计投资额11797万元,满足人民群众日益增长的用邮需求。

强化便民服务平台建设。为村级邮政服务点搭载电商、金融、通讯、票务等各项功能,实现村民在网上代销产品,代购生活用品,代收代缴水费、电费和手机通讯费。支持邮政公司积极打造“邮乐购”工程,以服务政府、服务民生、服务“三农”为目标,加强农村物流配送体系建设,解决农村电商发展“最后一公里”和“最后100米”的“瓶颈”问题。

农村邮政电商县级运营服务中心建设项目

以乡镇邮政网点为基础,对接农村电商产业园,打造农村邮政电商县级运营服务中心,提升农村电商配送能力。运营中心功能规划主要分为四大区域:一是线上农产品展示区,按照“一村一品”“一乡一业”“一县一特色”的模式,将特色农产品进行整体设计包装,在展示区集中摆放展示样品;二是设立快递超市区域,代办邮(快)件业务;三是邮件处理中心;四是办公区、客户接待区,推出特色农产品,对农产品进行包装设计、线上线下推广、客户服务等。运营中心建成后,以“农产品进城”“工业品下乡”为发展目标,打造地方经济特色。

(三)快递下乡工程

深入实施快递下乡工程,解决农村电商“最后一公里”问题,充分发挥邮政、快递业服务农村经济发展支撑作用。

推进快递企业“抱团”合作。鼓励各县区和乡镇快递企业采取强强联合“股份合作”方式,开展“抱团”合作,整合各企业优势资源,提高运行效率,压缩经营成本,提高企业赢利能力,提高企业“下乡”“进村”的意愿和能力,增强快递服务农村的能力,创新快递下乡模式。一是试点设立乡镇“快递超市”,引进第三方参与,在每个乡镇设立1—2个网点,集中经营所有快递品牌,代理快递公司的派送或者发货,解决量小、成本大的问题,通过整合资源,解决快递末端投递难题;二是利用当地“邮乐购”电子商务平台,加载快递服务功能,依托农村邮政局所,加载民营快递业务。积极探索试点多种经营模式,推动快递企业延伸服务范围,拓展发展空间,进一步激发城乡经济活力。

大力促进“快邮合作”。鼓励邮政公司开放资源,按照平等、开放、合作、互利的原则,与民营快递企业实施战略合作,共同推进快递服务下乡,实现快递服务普及全省各乡镇。

“快邮合作”项目

持续推进“快邮合作”,通过共建共享公共资源,加快形成覆盖城乡、布局合理、便民惠民的快递服务体系。依托邮政公司的农村邮政服务平台建立农村快递超市,将邮政空白乡镇补建局所、“邮乐购”、智能快件箱等面向民营快递企业开放使用;鼓励快递企业与邮政企业在乡镇运输环节开展合作,打造“快递+农产品”示范项目,打通“工业品下乡”“农产品进城”的双向流通渠道,推动农村经济发展。

加快农村地区快递服务网络建设。加快农村快递服务网点布局建设,提高快递服务网点农村覆盖率。鼓励、引导规模以上企业充分利用现有农资分销加盟店、村邮站、农家书屋、农村供销合作社等现有公共设施,将快递服务网络向农村延伸。通过农村客运班线搭载快件,降低运输成本。不断完善农村快递营业网络体系,创新农村快递网络营业模式,为广大农村用户提供便捷、高效、优质的快递物流服务。建立健全农村寄递信息网络,实现寄递企业间的信息对接,提高资源利用率。充分发挥电子商务作用,用电商快递下乡撬动精准扶贫,在助力本地特色农产品进城、促进城乡流通、缩小城乡差距等方面发挥更大作用。

(四)城市末端服务体系建设工程

推进邮政、快递服务进校园、进社区、进机关“三进”工程,解决末端服务“最后一百米”难题,提升邮政、快递服务整体质量。

加快末端服务网络建设。统筹邮政、快递企业资源,促进末端服务网络建设与城市发展建设同步进行。优先考虑邮政共同配送,合理安排邮件、快件处理中心、便民服务网点等基础设施布局建设,主动对接城市建设和城市配送管理,把末端投递服务纳入城市配送体系,支持智能快件箱建设,鼓励物业、便利店提供派送服务。支持邮政、快递企业或引进第三方,合理利用机关、院校、企事业单位传达室或服务中心、社区物业、超市、便利店、连锁店、邮政局所及快递、邮政便民服务站等平台,建设多种形式的服务网点,基本实现城区服务网络全覆盖,初步形成完善的城市末端服务网络体系。

全面提高服务标准化水平。鼓励和支持邮政、快递企业加大资金投入,提高服务标准化水平。优化现有邮政局所布局,加大服务场所设施改造升级,延伸和丰富服务功能。快递企业加快完善网点的设施设备建设,增强网点的安全保障及服务能力。指导邮政、快递企业创新服务种类和形式,拓宽末端服务的深度与广度,不断完善多式联运和配送网络。

末端配送体系建设项目

鼓励末端服务创新,健全城区末端投递网络,支持企业发展智能快件箱、综合配送服务点、合作共建末端门店、商务楼宇管家式服务等末端配送服务模式。鼓励邮政企业以市场为导向,与快递企业建立互利共赢、服务规范的合作机制。着力推进邮政服务“三进”工程,加强部门协调,积极与规划、住建等部门沟通,联合相关部门出台《江西省邮政业“三进”管理办法》,加快推进“三进”工程步伐,推动将邮政快递服务网络建设纳入城市规划和社区配套设施规划,将邮件、快件投递纳入社区综合服务平台。

快递“上车上船上飞机”项目

会同相关部门落实快递“上车上船上飞机”政策措施。支持快递企业与客运企业合作,通过客运班车运送邮件快件到各乡镇,并利用“村村通”客车,将邮件快件送到农村便民服务站。鼓励邮政、快递企业与铁路部门合作,缩短投递时限,提高生产时效。积极推动中欧班列运输邮件、快件试点工作,做好有关运输线路规划和枢纽节点的建设工作。

鼓励寄递企业与民航企业加强货运合作,推动在昌北机场建设快递功能区或临空快递物流园区,积极推动国际快件转运中心建设。推动建设航空快件优先配舱、优先安检、加速通关的“绿色通道”。推动建立进出境快件24小时通关机制和“一次申报、一次查验、一次放行”便捷通关模式。支持快递企业利用机场国际航线资源和铁路国际货运班列拓展跨境快件业务。支持重点地区、重点企业加快发展跨境寄递服务,推动与跨境电商联动发展。

(五)绿色邮政工程

推动运输、投递过程节能减排。推动落实国家鼓励节能减排、循环利用资源的优惠政策,引导企业整合配送资源,推进共同配送、甩挂运输等先进组织模式在邮件快件运输中的应用。推动企业在中转盘驳、末端配送等环节推广使用新能源和清洁能源车辆。积极稳妥推广新能源节能环保车辆,最大程度地降低运输环节的能耗,减少尾气排放。

推广环保包装辅材应用。引导和支持快递企业从生产原料、包装设计和包装使用等方面进行减量化,鼓励企业探索简约包装,减少包装使用量,采用绿色低碳的包装材料,推广建立包装物回收体系。严把采购关,充分考虑采购的物料环保性,选购环保的包装产品,使用电子面单、及时回收并循环利用包装箱、包装袋等。推广使用节水节能节材技术,推动基础设施节能改造。

(六)人才培育工程

引导各企业建立完善的培训机制,加强各企业各岗位员工的岗前和岗位教育、培训以及考核工作。到2020年,督导各企业实现员工岗前培训达到100%,岗中教育、培训达到80%的目标要求。

员工入职培训项目

加大新员工入职培训频次和力度,完善企业培训体系,使新入职员工能更深更细地了解企业文化,更快更好地掌握工作流程,强化快递员安全意识,提升新员工从业水平。力争到2020年,对主要网络型快递企业的新员工入职培训覆盖率达100%,培训合格率达100%,实现全员培训执证上岗。

综合能力提升项目

充分发挥重点院校和相关培训中心的作用，打造快递企业“精英教育”，提升企业人员的综合管理能力。根据企业管理人员的受众特点，量身定制中高层管理研修课程，邀请高校教授、知名专家讲授管理知识；组织企业管理人员实地考察，汲取优秀企业成功经验，全面学习优秀企业的管理之道。到2020年，实现对主要网络型快递企业中高级管理人员“精英教育”培训全覆盖。

依托全省邮政行业培训机构，打造快递企业“普及教育”。以企业安全生产、行业统计、信息宣传等不同岗位人员为培训对象，开展以加强寄递渠道安全管理、提升突发事件应急处置能力、落实行业信息宣传和安全信息报告制度为内容的各项培训。到2020年，实现对主要网络型快递企业一线员工培训覆盖率达100%。

职业技能鉴定项目

积极稳妥地推进国家邮政业职业资格证书制度，推行邮政、快递业务员上岗准入，加强高素质技能人才队伍建设，提高快递服务水平，推动整个邮政行业的健康有序发展。依托快递协会，为行业优秀高技能人才脱颖而出搭建平台，扩大行业影响力，营造行业尊重人才、崇尚技能的环境氛围。积极开展邮政行业职业技能培训和鉴定工作，提高快递企业从业人员业务素质。到2020年，职业技能鉴定实现新突破，争取鉴定量达到3.3万人，实现高技能人才数量不断增加。

五、保障措施

（一）全力加强组织实施

强化规划对邮政业发展的引领作用，加强邮政业规划与地方综合规划、城市建设规划、交通规划等相关规划的衔接，推动地方各级政府将快递专业类物流园区、快件集散中心等设施纳入土地利用总体规划和城乡规划。强化重大项目、重大工程和重大政策的落地实施，通过制定年度工作任务，分解落实主要目标和重点建设任务。强化规划实施的监测、评估和考核，建立完善规划实施机制和监测评估考核机制，保证规划确定的目标任务如期完成。建立科学、统一、全面、协调的行业统计调查制度，努力提高经济运行分析水平，有效支撑行业管理。

（二）推进依法治邮建设

实行国家邮政法律法规，着力推进《快递条例》的实施，建立和完善我省邮政业相关的管理条例和地方法规，推进市（地）立法试点。深入开展邮政业相关管理条例和行政法规制定后的评估工作，根据评估的结果，及时对其进行调整和完善，切实保障其质量。建立健全邮政规范性文件的制定程序，加强清理与备案。加强执法综合管理，坚持主体监督与行为监管相结合。完善执法人员资格管理制度，推进执法主体管理的信息化、规范化。加强邮政行政执法监督，落实行政执法责任制，推进邮政管理部门监管信息政务公开，强化内外部监督机制。

（三）优化发展政策环境

加大邮政普遍服务政策扶持力度，推动各级政府持续对邮政普遍服务给予财政补贴，延续现有的财政补贴政策，加强对邮政普遍服务资金使用的专项监督，建立稳定的财政补贴长效机制。落实邮政建设用地划拨、税费减免、邮政车辆通行费减免等优惠政策。建立邮政基础设施保障机制，将邮政营业场所、邮件处理场地、智能快件箱、村邮站等基础设施建设纳入城乡建设规划统筹安排，并在选址、征地、建设投资等方面给予支持。推动落实《江西省人民政府关于促进快递业发展的若干意见》，着力破解制约快递发展的用地难、融资难、行车难、末端投递难等瓶颈问题。推进由省政府牵头、邮政管理部门和相关职能部门共同参与的工作协调机制，研究解决邮政业发展中的重大问题，落实促进江西省邮政业发展的各项政策措施，进一步优化促进发展的产业政策环境。

（四）完善人才培养体系

依托江西省教育资源，积极培养行业专业人才，满足行业发展需求。鼓励企业与研究机构、高等院校开展合作，建立人才培养基地，参与项目研发、提供技术服务。组织邮政专业技术论坛，定期在中高等院校举办专场招聘会。研究制定人才引进保障制度，重点引进复合型经营管理人才、高级专业技术人才和营销人才。健全邮政行业人才统计指标体系，建立科学、规范和可行的人才统计调查制度。

（五）发挥协会自律作用

充分重视行业协会的作用，积极支持江西省快递行业协会的发展，将协会建设成为能够真正代表行业利益、反映企业诉求、提供中介服务、规范企业行为的行业组织。加强协会的行业自律功能，充分发挥协会在行业协调、政策研究、行规行约制定等方面的作用，规范行业行为，维护行业秩序，协调会员利益，促进公平竞争，保障快递业健康发展。组织开展快递服务质量达标、服务标准等级评定等活动，促进快递企业不断优化操作流程、规范经营行为，提升快递服务水平。组织协会会员之间进行学习交流，实现优势互补、互利共赢。

（六）提高党建工作水平

坚持以党章为依据，认真落实全面从严治党要求。加强邮政系统各级党组自身建设，强化党组抓党建的主体责任。加强对全系统党建工作的领导和指导，建立健全邮政业基层党建工作的共管机制，推进民营快递企业基层党组织建设。坚持以党规党纪为准绳，营造良好的政治生态。开展红色教育，传承红色基因，严肃党内政治生活，牢固树立政治意识、大局意识、核心意识和看齐意识，保证政令畅通。强化党风廉政建设主体责任和监督责任，加强反腐倡廉教育和廉政文化建设。坚持以党风带行风，树立行业良好形象。

赣州市关于推进农村物流站点建设的实施方案

（2016年4月7日赣州市现代物流产业发展协调领导小组印发　赣市物流字〔2016〕8号）

随着我市经济社会发展，信息化应用普及推广取得显著成效，城乡居民消费升级步伐不断加快，农村地区对于现代物流业服务需求日益旺盛。为深入贯彻落实市委四届七次全会和全市经济工作会议暨扶贫开发工作会议精神，深入推进我市农村现代服务业发展，改善农村、农民购物环境，使农产品进城、工业品下乡更为便利，结合当地实际，制定本实施方案。

一、指导思想

坚持以邓小平理论、"三个代表"重要思想、科学发展观为指导，深入贯彻党的十八大和十八届三中、四中、五中全会精神，认真落实市委、市政府"六大攻坚战"决策部署，充分发挥市场在资源配置中的决定性作用，更好发挥政府作用，促进城乡生产要素有序自由流动、资源高效配置、市场深度融合，健全农村物流网络覆盖，推动物流普惠民生和转型升级，促进农村流通现代化。

二、基本原则

1. 市场主导与政府引导相结合。以市场为导向，充分发挥企业的市场主体作用，拓展农村物流市场。积极发挥政府在规划、政策、标准等方面的引导作用，为农村物流业营造良好的发展环境。

2. 促进发展与加强规范相结合。加大对农村物流网点建设的政策支持力度，因地制宜拓展服务范围，创新服务方式，改善服务水平。强化规范市场秩序，切实保障农村物流网点服务质量，维护消费者权益，确保寄递渠道安全。

3. 分步实施与稳步推进相结合。农村物流站点建设是一项长期、系统、复杂的工程，不可能一蹴而就，一劳永逸，要坚持分类指导，循序渐进，通过典型示范，实现稳步推进。

4. 强化服务与促进发展相结合。农村物流站点建设要以服务"三农"为宗旨，以降低物流成本为准则，以农民受益为目标，健全保障机制，完善管理制度，促进行业持续健康发展。

三、工作目标

农村地区物流站点建设进一步完善，覆盖城乡、配套衔接、布局合理、便民惠民的物流网络基本形成，现代物流业服务城乡、服务三农作用得到显著发挥。2016年，全市乡镇物流站点覆盖率达50%，村级物流站点建设覆盖率达5%；2017年，全市乡镇物流站点覆盖率达90%，村级物流站点建设覆盖率达10%；2018年，全市乡镇物流站点全覆盖，村级物流站点覆盖率达20%。

四、建设内容

（一）乡镇物流站点

1. 新建乡镇物流站点

新建的乡镇级物流站点，面积在$100m^2$以上，包含店面装修，购置电话、电脑、打印机、空调、无线扫描枪、监控等设备，投入5万元以上。

2. 改造、升级乡镇物流站点

改造、升级的乡镇物流站点，面积在$50m^2$以上，包含店面重新装修，添置电话、电脑、打印机、空调、无线扫描枪、监控等设备，投入3万元以上。

(二)村级物流站点

1.新建村级物流站点

新建的村级物流站点,面积在$40m^2$以上,包含店面装修,购置电话、电脑、打印机、无线扫描枪、监控等设备,投入3万元以上。

2.改造、升级村级物流站点

改造、升级的乡镇物流站点,面积在$20m^2$以上,包含店面重新装修,添置电话、电脑、打印机、无线扫描枪、监控等设备,投入2万元以上。

五、保障措施

(一)强化组织领导。农村物流网点建设工作在市"六大攻坚战"领导小组的统一领导下,由现代服务业攻坚战领导小组具体部署,现代物流业工作推进组负责日常具体工作;各县(市、区)也要将农村物流站点建设纳入"六大攻坚战"的重点建设内容,建立相应工作机构,共同推动农村现代物流业加快发展。

(二)加强政策扶持。按照"企业投入为主,市级财政补助为辅,地方财政适当扶持"的原则,支持农村物流站点项目建设。符合本方案建设内容要求的建设项目,每个乡镇新建站点,由市级财政补助3000元,县级财政补助2000元;每个乡镇升级、改造站点,由市级财政补助2000元,县级财政补助1000元;每个村级新建站点,由市级财政补助2000元,县级财政补助1000元;每个村级升级、改造站点,由市级财政补助1000元,县级财政补助1000元。

(三)强化资源整合。村镇物流站点建设要合理利用资源,与农场电商、农村快递深度融合、共建共赢、协同发展。

(四)强化工作调度。村镇物流站点建设列入市物流办重点调度内容,坚持定期调度。各县(市、区)政府要建立台账,定期报送相关信息,每年年底将对目标任务完成情况进行检查考核。

吉安市邮政管理局关于推进邮政与快递合作试点工作的实施方案

(2016年8月26日吉安市邮政管理局印发 吉邮管〔2016〕31号)

为深入贯彻落实《国务院关于促进快递业发展的若干意见》(国发〔2016〕61号)和《国家邮政局办公室关于在赤峰等6个城市开展创新邮政与快递合作模式综合试点工作的通知》(国邮办发〔2016〕46号)文件精神,探索邮政企业和快递企业创新合作模式,特制订本实施方案。

一、试点目标

以共享发展为方向,以创新转型为引领,以建立邮政快递合作机制为主线,通过建设电商快递综合服务中心(站)方式整合资源,提高邮政基础设施利用效率,实现邮政和快递创新合作。利用一年左右的时间,在全市建成60个以上电商快递综合服务中心(站),每个县(市、区)不少于1个。重点推进邮政与快递在农村末端服务环节开展合作,率先在快递空白乡镇、邮政空白补建乡镇实现突破。通过较大样本的试点,发现问题,探索不同情况下进行邮政、快递创新合作的可行性及切入点,建立规则健全、互惠共赢的邮政、快递企业合作机制,在合作模式、规则机制、技术标准、政府管理等体制方面形成可复制推广的经验和模式,为全国部署推广邮政与快递合作提供有益探索。

二、试点原则

(一)市场主导。以市场需求为主导,结合邮政基础设施存在部分闲置及快递企业在乡镇覆盖能力不足的现状,推动双方开展业务合作。

(二)融合创新。整合邮政和快递企业资源,搭建合作平台,以解决群众"购物难、卖货难"等问题为核心,运用互联网手段,增强服务的便捷性,提高群众的满意度。

(三)成熟先行。结合县(市、区)各乡镇实际情况,选择合作条件比较成熟的部分乡镇先行先试,完善标准体系和政策制度,分阶段分步骤实施,确保工作有序推进。

(四)安全规范。充分认识寄递渠道安全的特殊性,根据国家有关法律法规,强化安全管理和防护,确保规范经营,保障邮(快)件安全及信息安全。

三、试点模式

由邮政企业按以下方式建设并开放县、乡、村三级快递服务平台,合作点暂定名为农村电商快递综合服务中心(站)(以下简称服务中心(站)),引导快递企业加载服务,实施快递下乡(各模式可混合使用)。

(一)建设县级快件集散中心。邮政企业在"村邮乐购"("农村e邮")县级仓储配送中心建立快件集散处理中心,集中处理合作快递企业快件,组织邮运车辆将快件运送到各乡镇服务中心(站)。

(二)建设乡镇电商快递综合服务中心。合理规划农村电商快递综合服务中心(站)布局,先行在快递空白乡镇、邮政空白补建乡镇、重点快递乡镇、贫困乡镇建设农村电商快递综合服务中心(站),以点带面,加快复制推广步伐,满足农村地区用户寄递快件的多层次要求,主要采取以下模式:

1."补建网点+"模式:主要在邮政空白补建乡镇开展,利用现有的邮政资源,在保障邮政普遍服务水平不下降的前提下加载快递业务开展邮政与快递合作,改变部分补建网点业务量不足、亏损严重、服务能力难以提升的现状,提高邮政设施、人员的综合利用效率。

2."农村电商+"模式:主要在快递空白乡镇、快递重点乡镇开展,以单体店形式建设成电商快递综合服务中心,聘请专人负责邮政快递业务,同时加载电商平台,增强制造电商快件的能力,提升农村电商综合服务能力。

3."精准扶贫+"模式:主要在贫困乡镇开展,通过"服务中心+贫困户"形式,帮助贫困户对农产品进行销售,提供脱贫造血功能,打造精准扶贫新方式。

4.其它模式:坚持市场主导的原则,结合市场发展需求和当地实际,可通过发展商户、超市等方式创新建设模式推广建设农村电商快递综合服务中心站点。

(三)建设村级快递综合服务中心(站)。合理规划邮政农村揽投站点布局,采取在已经建好的"村邮乐购"("农村e邮")、村邮站、便民服务站等资源加载快件揽投服务模式建设村级电商快递综合服务中心(站)。

四、试点标准

(一)服务中心建设标准。由快递协会牵头,邮政、快递企业根据行业发展实际,协商建立服务中心建设标准,经市邮政管理局审核备案(具体建设标准附后)。

(二)服务中心运营标准

(1)提升农村投递服务标准。邮政企业在做好农村投递普遍服务的基础上,逐步按快递服务标准打造集揽收、投递和配送为一体化的新型农村投递模式,提升农村物流配送投递能力,实现普遍服务快递化,建设运行高效的农村物流配送平台。

(2)完善代理价格体系。各级邮政企业和快递企业在开展具体合作时,要组织开展深入细致的快递市场服务价格调查,科学测算代理快递运营成本,确立邮政在代运、代投、代收快递服务的价格体系。

(3)建立平等服务机制。服务中心(站)平台为一个开放的公用平台,平台的建设运营与邮政企业包裹快递业务经营剥离,服务中心(站)涉及的从业人员,不与考核邮政企业的包裹、快递收寄指标,确保农村快递揽投平台为所有邮政、快递企业提供同质、同价服务。

(4)建立规范赔偿机制。邮政企业要与快递企业建立快件快速赔偿机制,对各自环节损坏、丢失的快递邮件先给予快速赔偿,然后再从内部自身去查找原因,分清责任,推进快递综合服务协调发展。

(5)建立安全保障机制。一是加强快件安全,快递企业转交邮政企业代运、代投的快递包裹必须全部实物包装完整无破损;邮政企业为快递企业代收的邮件必须落实"三项制度",确保收寄安全。二是确保信息安全,邮政企业和快递企业必须建立信息安全保密制度,严格保障各环节流程的信息安全。三是确保资金安全,完善费用结算体系,按时结算资金,对有代收货款的网点加强核算,严防资金风险。

(6)优化技术支撑机制。推广并完善"指尖快递"系统,使其与更多合作快递企业信息系统实现无缝对接,快件信息通过"指尖快递"系统后,物流信息由原来到县级延伸到乡镇,提高操作效率,确保投递信息网上可追溯、查询。

(三)服务中心综合监管标准。参照快递末端网点备案登记实施办法对服务中心进行备案管理,由市级邮政企业统一提交至市邮政管理局,备案应提供合作末端网点备案登记表、末端网点负责人身份证明复印件、安全承诺书等三项资料,委托各类商业机构、服务组织、管理部门等提供快递末端服务的,还应当提交与受托方签订的委托协议。对合作末端网点的监管工作,原则上由普遍服务科和市场监管科共同监管并做好衔接,建立监管互认、执法互助、信息共享的综合监管机制。

五、试点步骤

按照统筹把握、合理安排、稳步推进的原则,分三个阶段进行:

(一)调研准备阶段(2016年8月31日前)召开邮政、快递企业负责人座谈会,对邮政与快递合作进行宣传,了解双方的合作意愿和诉求。联合邮政、快递企业组成调研组,深入各县及乡镇,了解快递下乡发展现状,与当地政府及商务部门沟通,掌握电商进农村发展情况。

(二)试点探索阶段(2016年9月1日至12月31日)按照"先行试点、逐步完善、复制推广"的推进模式,在合作条件成熟的乡镇通过先行试点,制定结算模式和质量保证体系,探索适合开展邮政与快递合作的范围,完善形成多方认可的合作模式。

(三)复制总结阶段(2017年1月1日至8月31日)根据试点情况,总结邮政与快递合作中的好经验、好做法,破解合作中的问题和困难,逐步确定适合我市邮政与快递合作模式,推广复制。为全国推广邮政与快递合作提供可行的模式和有益的经验。

六、保障措施

(一)加强组织协调。加强与政府相关部门的联系沟通,争取更多政策支持,推动邮政与快递合作的顺利开展。成立吉安市邮政与快递合作试点工作领导小组。

组　长:罗　兵　市邮政管理局党组成员、副局长

副组长:夏明华　市邮政管理局党组成员、办公室主任

　　　　罗海庚　市快递行业协会秘书长

成　员:吴　颖　市邮政管理局普遍服务科科长

　　　　余　宏　市邮政管理局市场监管科科长

　　　　王俊鑫　市快递行业协会副秘书长

领导小组办公室设在市邮政管理局普遍服务科,负责邮政与快递合作试点工作日常协调和具体事宜。

(二)明确责任分工。建立统筹协调、分工负责的工作体制,共同推进试点建设。市邮政管理局负责完善监管体系、争取政策支持、协调标准出台;市邮政公司成立邮政与快递合作领导小组,由负责人担任组长,负责建立县级快件集散处理中心和农村电商快递综合服务中心、开放农村邮政服务平台、建立平等服务机制;市快递协会负责搭建行业合作沟通平台,探索在条件成熟的县成立县级协会分会,便于在县级层面进行协调。

(三)加强总结推广。邮政与快递合作涉及范围广、企业多,在监管上也是一个新的尝试,在工作中要加强沟通协调,及时发现和解决问题,加强对试点重大问题的调查研究,为深化试点提供理论指导和政策支持,及时总结工作经验,并及时将工作开展情况向省局、国家局汇报。

附件1:吉安市邮政与快递合作综合试点工作任务分工

附件2:邮政与快递合作末端网点备案登记表

附件3:吉安市邮政农村电商快递综合服务中心(站)建设标准(略)

附件1

吉安市邮政与快递合作综合试点工作任务分工

序号	工作内容	牵头部门
1	邮政公司与快递公司签订快邮合作战略协议	市快递行业协会市邮政公司
2	对各乡镇快递企业入驻情况开展实地调查,掌握全市快递空白乡镇基本情况和邮政空白乡镇补建网点运营情况	市邮政管理局
3	召开邮政、快递企业负责人会议,征集合作意见,传达全国试点文件精神,探讨合作模式,探索建立合作标准体系	市邮政管理局市快递行业协会
4	市邮政公司成立领导小组,明确责任与分工,将邮政与快递合作责任划分细化到个人	市邮政公司
5	制定规范的结算模式、价格体系、安全保障机制服务机制、运营标准、建设标准	市邮政公司市快递行业协会

续表

序号	工作内容	牵头部门
6	制定吉安市邮政与快递合作试点实施方案	市邮政管理局
7	确定试点县、乡，启动县级邮件快件分拣配送中心及标准化邮政与快递合作网点建设	市邮政公司
8	完善“指尖快递”系统，对接合作快递品牌系统，提高运营效率及服务质量	市邮政公司
9	与地方政府联系，争取资金及政策扶持，走访县级财政局、商务局等部门，了解当地扶持政策，争取政策落地	市邮政管理局
10	成立县级快递行业协会分会，搭建快邮合作县级平台	市快递行业协会
11	对邮政与快递合作网点进行监管，指导规范有效地开展快递和邮政业务	市邮政管理局
12	采取“先试点后铺开”的方式，确定试点批次，分批进行快递综合平台建设的试点推广并合理地复制推广	市邮政公司
13	对快邮合作网点经营进行监督检查，确保规范合法开办各项业务，对快邮合作模式及实际运营情况调研，总结经验，查找问题，形成可推广的经验和模式	市邮政管理局

附件2

邮政与快递合作末端网点备案登记表

备案登记表编号：

<table>
<tr><td colspan="5">邮政企业信息</td></tr>
<tr><td>企业名称</td><td colspan="4"></td></tr>
<tr><td>法定代表人</td><td colspan="4"></td></tr>
<tr><td>工商营业执照号</td><td colspan="4"></td></tr>
<tr><td>注册地址</td><td colspan="4"></td></tr>
<tr><td>联系人</td><td></td><td colspan="2">联系电话</td><td></td></tr>
<tr><td colspan="5">末端网点信息</td></tr>
<tr><td>网点名称</td><td colspan="4"></td></tr>
<tr><td>网点地域</td><td colspan="4">□社区 □乡镇及以下 □学校 □办公区 □其他</td></tr>
<tr><td>网点性质</td><td colspan="4">□企业直接设立 □委托代办
委托代办：□商超便利店 □便民服务点 □其他（ ）</td></tr>
<tr><td>营业场所地址</td><td colspan="2"></td><td>邮政编码</td><td></td></tr>
<tr><td>有无监控摄像头</td><td colspan="2">□有 □无</td><td>有无灭火器</td><td>□有 □无</td></tr>
<tr><td>张贴材料</td><td colspan="4">□客户公告（包含企业投诉电话、收寄验视制度、实名制收寄制度） □资费标准 □禁限寄物品 □收派件流程</td></tr>
<tr><td>从业人员数量</td><td colspan="4"></td></tr>
<tr><td rowspan="2">网点负责人信息</td><td>姓名</td><td></td><td>联系电话</td><td></td></tr>
<tr><td>证件类型</td><td></td><td>证件号码</td><td></td></tr>
<tr><td colspan="2">材料真实有效，对信息真实性承担责任
负责人：（签名或公章）

年 月 日</td><td colspan="3">办理意见：

（办理单位公章）
年 月 日</td></tr>
</table>

宜春市促进快递业发展实施意见

（2016年9月23日宜春市人民政府办公室印发　宜府办发〔2016〕39号）

近年来，我市快递业发展迅速，在降低流通成本、支撑电子商务、服务生产生活、扩大就业渠道等方面发挥了积极作用。为促进我市快递业发展，进一步搞活流通、拉动内需，服务大众创业、万众创新，培育现代服务业新增长点，更好发挥快递业对稳增长、促改革、调结构、惠民生的作用，助推我市经济社会发展，根据江西省人民政府《关于促进快递业发展的实施意见》（赣府发〔2016〕9号）精神，结合我市实际，提出如下实施意见：

一、总体要求

（一）指导思想

全面贯彻落实党中央、国务院、省委省政府和市委市政府的决策部署，以解决制约我市快递业发展的突出问题为导向，以"互联网+"快递为发展方向，加强政策扶持，优化市场环境，壮大市场主体，完善服务网络，保障寄递渠道安全，全面提升快递业发展水平，不断满足人民群众日益增长的寄递需求，更好服务宜春经济社会发展。

（二）基本原则

市场主导，政府引导。遵循市场发展规律，用市场化手段引导快递企业整合提升，加大快递基础设施和服务设施建设，鼓励企业持续提高服务能力和服务质量。推进简政放权，发挥法律法规、规划、标准的规范引导作用，形成有利于快递业发展的市场环境。

统筹规划，政府扶持。做好宜春市邮政业发展"十三五"规划编制工作，推进快递业发展与宜春市总体规划、综合交通运输规划、电子商务规划等衔接工作，引领和推动快递业快速发展。强化政府对快递业发展的政策扶持，在财政、金融、交通等方面给予支持，营造行业良好发展环境。

协同发展，创新驱动。发挥快递业服务网络优势，推动快递业加快融入生产、流通和消费环节，充分发挥服务电子商务的主渠道作用，联通线上线下，促进快递业与先进制造业、现代农业、电子商务等产业协同发展。鼓励快递企业加大应用现代信息技术力度，不断创新商业模式、服务形式和管理方式。

安全为基，规范发展。强化安全生产红线意识，加强寄递安全制度、能力体系建设，落实企业主体责任，夯实快递业安全基础。依靠科技手段创新管理方式、提升监管能力，保障寄递渠道安全。

（三）发展目标

到2020年，基本建成普惠城乡、技术先进、服务优质、安全高效、绿色节能的现代快递服务体系，形成覆盖城乡、联通内外的快递服务网络，满足宜春经济社会发展和人民群众不断增长变化的快递需求。

——发展规模：到2020年，全市快递业务量达到4500万件，年均增幅35%以上；快递业务收入达到5亿元，年均增幅30%以上。新增就业岗位5000个，日均服务用户50万人次以上，年支撑网络零售交易规模500亿元。培育若干家业务收入上千万元的快递企业，提升我市快递企业综合服务水平，有效降低商品流通成本。

——创新能力：坚持需求导向，以信息化和产业化为重点，大力提升行业在科技研发应用、服务网络建设、产品体系拓展、商业运营模式等方面的创新水平，规模企业率先实现服务功能多样化、寄递服务便捷化、内部作业自动化、生产组织信息化。

——服务能力：构建覆盖城乡、联通市内外的快递服务网络，布局建设快件进出境通道。健全农村快递网络，快递乡镇网点覆盖率达100%，实现"乡乡有网点、村村通快递"。快递企业实现国内异地快递服务时限72小时准时率超过80%，省内异地快递服务时限48小时准时率、同城快递服务时限24小时准时率超过90%，持续提高快递服务满意度。

二、重点任务

（一）培育壮大快递企业。引导快递企业加快转型升级，逐步建立现代企业制度。支持整合中小快递企业，加快培育本土企业，优化资源配置，实现优势互补，提升产业集中度。鼓励各类资本依法进入快递领域，支持企业充分利用资本市场，加快形成具有引领辐射作用的骨干龙头企业。加强服务质量监测，提高快递服务水平。推动企业落实《快递服务》国家标准，规范市场行为，促进快递业形象统一、服务规范。引导企业转变竞争方式，从价格竞争向服务品质竞争转变，实施品牌化和差异化发展战略。积极推广快递保险业务，保障用户权益。支持骨干企业开展智能终端、自动化分拣、机械化装卸、冷链快递等技术装备的研发应用。（责任单位：各县市区政府、市服务业发展办、市政府金融办、市工商局、市质监局、市邮政管理局）

（二）推进"互联网+"快递。引导快递企业与电子商务企业深度合作，促进线上线下互动创新，共同发展便民利商新业态。支持快递企业积极参与涉农电子商务平台建设，构建宜春特色农产品快递网络，服务产地直销、订单生产等农业生产新模式，发展农商快递。发挥供应链管理优势，推动快递业与农产品深加工、纺织服装、生物医药等企业协同发展，积极培育快递服务制造业的示范性项目。推广智能化收投终端、自动化分拣、机械化装卸、绿色化运输与包装等技术装备的应用。（责任单位：各县市区政府、市服务业发展办、市工信委、市科技局、市邮政管理局）

（三）推进"快递下乡"工程。支持邮政企业和快递企业创新合作模式，充分利用现有邮政网点优势，提高邮政基础设施利用效率，拓展服务功能，打造邮政业综合服务平台，积极服务"村邮乐购"、"淘宝村"等农村电商新模式。鼓励快递及第三方企业建设"快递超市"等各类农村快递综合网点。加强快递企业与农业、供销、商贸企业的合作，打造"工业品下乡，农产品进城"双向流通渠道。（责任单位：各县市区政府、市邮政管理局、市邮政公司、市服务业发展办、市发展改革委）

（四）实施末端配送工程。推动新建住宅小区和大型商务楼宇配套建设预留一定面积的快递投递用房。鼓励快递企业与社区服务机构、连锁商业网点、商务写字楼、机关事业单位、高校等单位广泛开展合作，有效利用城市公共服务配套设施、社区用房、物业管理用房等资源，用于快递公共配送网点建设。支持快递企业及第三方服务企业严格按照国家标准建设投放智能快件箱等自助投递终端。（责任单位：各县市区政府、市邮政管理局、市服务业发展办、市教育局、市城管局、市城建局、市房管局、市发展改革委）

（五）衔接综合交通体系。大力拓展快递服务网络，加强与铁路、公路、民航等运输企业合作，强化运输保障能力。在机场、火车站等建设配套的快件运输通道和装卸接驳场所，实现快递网络在各种交通运输方式间的无缝衔接。大力发展高铁快递，推进公路客运班车代运快件试点，着力发展宜春同城快递业务。鼓励快递企业与宜春汽运、农村公路客运站加强合作，利用城乡、农村客运班车搭载快件，降低运输成本。在交通运输领域，探索建立快件"绿色通道"。促进民航、铁路、公路与快递企业信息系统互联互通，增强一体化服务能力。（责任单位：各县市区政府、市邮政管理局、市交通运输局、宜春车务段、市发展改革委）

（六）加强"平安快递"建设。实施寄递渠道安全监管"绿盾"工程，推进快递企业安全生产标准化建设，落实《邮政业安全生产设备配置规范》等国家强制性标准，明确收寄、分拣、运输、投递等环节的安全要求。强化安全监督管理，严格落实实名收寄、收寄验视、过机安检等"三个100%"制度，严格执行国家《禁寄物品指导目录及处理办法（试行）》，严防禁寄物品通过寄递渠道流通，最大限度堵塞安全管理漏洞。积极利用信息技术提升安全监管能力，完善邮政业安全监管信息系统，健全信息采集标准和共享机制，实现快件信息溯源追查，依法严格保护个人信息安全。落实寄递渠道安全管理工作机制，加强跨部门协作，提升安全监管与应急处置能力。健全全市邮政行业安全监管体系，加强邮政安全监管力量，推进县级邮政监管体制建设。（责任单位：各县市区政府、市综治办、市发展改革委、市公安局、市交通运输局、市国安局、市工商局、市服务业发展办、宜春车务段、市邮政管理局）

三、保障措施

（一）健全工作协调机制。建立快递业发展工作联席会议制度，联席会议办公室设在市邮政管理局，研究全市快递业发展和重大快递发展政策，研究解决快递业发展中的重大问题，报市政府审定执行。（责任单位：市政府办、市发展改革委、市综治办、市公安局、市交通运输局、市国安局、市服务业发展办、市邮政管理局）

（二）做好综合规划衔接。根据宜春市总体规划要求，编制宜春邮政业发展"十三五"专项规划和重点区域规划，与宜春市国民经济和社会发展"十三五"规划纲要、宜春市物流业"十三五"规划及综合交通运输、现代服务业、电子商务、物流园区等专项规划做好衔接。将发展快递业纳入地方总体规划，在公共服务设施规划专篇中合理安排快递基础设施的布局建设。（责任单位：各县市区政府、市邮政管理局、市服务业发展办、市发展改革委、市工信委、市国土资源局、市城建局、市交通运输局）

（三）优化政策环境。深化快递业商事制度改革，探索对快递企业实行同一工商登记机关管辖范围内"一照多址"模式。优化快递业务经营许可程序，优化快递企业年度报告制度，精简企业分支机构、末端网点备案手续。入驻电子商务园区、商贸物流园区、工业园区的快递企业，享受园区企业同等政策。快递企业用水、用电、用气价格按照不高于一般工业用价标准执行。（责任单位：各县市区政府、市工商局、市物价局、市服务业发展办、市邮政管理局、宜春供电公司、市供水公司、宜春深燃公司、市发展改革委）

（四）强化财政扶持。加大市级服务业、市级电子商务发展专项资金对快递业发展的倾斜支持力度。通过积极扶持，促进我市快递业在推动产业联动发展、转型升级、结构性改革等方面发挥更加突出的作用。各级财政专项资金要将符合条件的快递企业和项目纳入支持范围。支持快递园区、快递集散中心和乡镇快递配送网点建设；参照农村电商扶持政策，对农村快件运输给予政策支持。支持智能快件箱等自助服务设施建设，鼓励快递企业购买X光机等安检设备。（责任单位：各县市区政府、市发展改革委、市财政局、市服务业发展办、市邮政管理局）

（五）切实保障土地供给。支持国内外知名品牌快递企业在宜春设立区域总部或分拨中心，对符合条件的列入地方重点项目，优先安排用地指标，供地方式可参照工业项目用地。积极支持利用在实施城乡规划和旧城改造中收购储备的存量土地发展快递服务业。以划拨方式取得土地的企业或单位利用原有工业厂房、仓储用房兴办快递服务业的，土地用途和土地使用权人可暂不变更。鼓励企业建立"快递超市"、"快邮合作"等各类农村快递综合服务网点，所在地政府为平台建设提供场地等便利条件。（责任单位：各县市区政府、市邮政管理局、市国土资源局、市财政局、市城建局、市发展改革委）

（六）加强市场监管。充实监管力量，创新监管方式，强化事中事后监管，全面提升市场监管能力。监督快递企业严格落实《快递服务》等国家标准，切实提升快递服务质量。建立健全用户申诉与执法联动机制，依法查处违法违规行为，规范市场经营秩序。发挥行业自律和社会监督作用，利用企业信用信息公示系统和行业监管信息系统，建立违法失信主体"黑名单"及联合惩戒制度，营造诚实守信的市场环境。（责任单位：市邮政管理局、市公安局、市国安局、市工商局）

（七）改进快递车辆管理。规范快递车辆管理，逐步统一标志，修订和完善城市邮政、快递等车辆通行规定，对快递专用车辆城市通行和临时停靠作业提供便利。出台快递专用车辆城市通行管理办法，解决"最后一公里"通行难问题。鼓励支持企业采用新能源汽车，促进运输车辆节能减排，推进行业绿色环保、低碳发展。（责任单位：各县市区政府、市公安局、市交通运输局、市城管局、市邮政管理局）

（八）建设专业人才队伍。引导高等院校加强快递物流相关专业建设，支持宜春学院、宜春职业技术学院开设快递相关专业方向。探索学校、行业协会和企业联合培养人才模式，建立快递人才培训基地试点。实施快递人才素质提升工程，将快递从业人员职业培训、技能鉴定纳入财政补贴范围。支持快递企业组织从业人员参加相关职业培训，按照国家职业资格许可的有关政策规定开展职业技能鉴定，对符合条件的企业和人员可按规定给予补贴。（责任单位：市人力资源社会保障局、市财政局、市邮政管理局）

四、组织实施

各地、各有关部门要充分认识促进快递业健康发展的重要意义，要按照本方案要求，加强组织领导，健全工作机制，强化协同联动，加大支持力度，为全市快递业发展营造良好环境。各有关部门要加强协调配合，按照职责分工细化完善相关配套措施，确保各项工作落到实处。

抚州市人民政府关于促进快递业发展的若干意见

（2016年12月28日）

快递业是现代服务业的重要组成部分，是推动流通方式转型、促进消费升级的现代化先导性产业。近年来，我市快递业务高速增长，企业数量迅猛增加，服务水平明显提高，在降低流通成本、支撑电子商务、服务生产生活、扩大就业渠道等方面发挥了积极作用。但与此同时，我市快递企业规模偏小、发展方式粗放、基础设施落后、安全隐患较多等问题仍较突出。为深入贯彻落实国务院《关于促进快递业发展的若干意见》（国发〔2015〕61号），江西省人民政府《关于促进快递业发展的实施意见》（赣府发〔2016〕9号），进一步搞活流通、拉动内需，服务大众创新、万众创业，培育现代服务业新的增长点，结合

我市实际,提出以下实施意见:

一、基本原则

坚持市场主导、创新驱动、协同发展、安全为基的基本原则,以解决制约快递业发展的突出问题为导向,以"互联网+"快递为发展方向,加强政策扶持,优化市场环境,培育壮大市场主体,扩展服务网络,保障寄递渠道安全,促进行业转型升级和提质增效,更好地满足全市经济社会发展需求。

二、重点任务

(一)加快建设市、县(区)级快递园区,推动电子商务园与快递园融合发展、互为配套,促进仓配一体化。支持快递企业添置快件安检设备和分拣、搬运、装卸、仓储设备,提高企业分拨转运能力和安全保障能力。严格执行"收寄验视"制度,落实"实名收寄",推动邮件、快件"过机安检"。

(二)引导快递企业从粗放式经营向集约式经营转变,加快转型升级,逐步建立现代企业制度。引导快递企业增强品牌意识,从价格竞争向服务竞争转变,推动企业落实《快递服务》国家标准,规范市场行为,促进快递业形象统一、服务规范。

(三)构建普惠高效的服务网络,推进"快递下乡"工程,促进农村电商与快递深度融合,充分利用邮政企业完善的网络,鼓励和引导快递企业与邮政企业加强合作,推广"快邮合作"发展模式,实现快递普惠化。支持快递末端服务平台建设,完善智能快件箱布局,保障快递服务车辆便捷通行,解决快递服务"最后一公里"、"进社区、进校区、进园区"难题。

(四)推进快递业与综合交通运输体系的融合,实现快递服务在铁路、公路、水路等运输方式间的无缝衔接、高效运行,增强一体化服务能力。

(五)推进"互联网+"快递,鼓励、引导快递企业积极应用移动APP、物联网、云计算、大数据等信息技术,优化服务网络布局,提高企业运行效率和服务质量,拓展协同发展空间。

三、政策措施

(一)完善相关规划体系。编制我市邮政(快递)业发展"十三五"规划,与综合交通运输、现代物流业、电子商务等专项规划做好衔接,将快递业相关发展内容纳入市、县(区)"十三五"规划,在城乡规划、土地利用规划、公共服务设施规划中合理安排快递基础设施的布局建设。在建设工业园区、城市新建住宅小区、商业集中区以及旧城改造时,在项目报批规划设计方案时,将智能快件箱等快递服务设施纳入公共服务设施规划。(责任单位:市发改委、市工信委、市规划局、市国土资源局、市建设局、市交通运输局、市商务局、市房管局、市邮政管理局,各县(区)人民政府、抚州高新区管委会)

(二)推动快递园区建设。各县(区)政府要在土地利用总体规划和年度用地计划中统筹安排快递专业物流园区、快件集散中心等设施用地。要加快快递物流园区建设,可推广"仓配电"发展模式,在建设电子商务产业园过程中,把快递企业仓储、作业场地纳入建设范畴。对进入快递园区的企业应在税收、场地租金、用水用电等方面给予优惠政策。企业自建场地及利用现有工业厂房、仓储用房发展快递服务业的,要积极落实土地使用和出让方面的相关优惠政策。对一次性缴纳土地出让金确有困难的快递企业,可在合同签订后按规定缴纳50%的出让金,剩余出让金在一年内缴清。快递园区建设条件尚不成熟的地区,可引导鼓励快递企业集中租赁第三方企业场地,政府在场地租金方面给予适当补助,实现快递企业集约化管理,提高安全保障能力。(责任单位:市国土资源局、市发改委、市财政局、市建设局、市邮政管理局,各县(区)人民政府、抚州高新区管委会)

(三)拓宽企业融资渠道。鼓励金融机构开发快递仓储设施、生产设备和运输车辆抵押贷款业务,扩大贷款规模。引导金融机构建立完善适应快递特点的信用评估和授信制度,合理确定利率水平,降低企业融资成本。利用小额贷款等多种方式,加大对快递业的有效信贷投入。鼓励金融机构为快递企业购置快件分拣机、X光安检机、重型汽车等大型设备和智能设备提供融资租赁服务。(责任单位:市政府金融办、人行抚州中心支行、抚州银监分局、市发改委、市邮政管理局)

(四)推进快递电商协同发展。落实中央预算内投资要求,各级财政专项资金要将符合条件的快递企业和项目纳入支持范围。各县(区)在对电子商务发展进行考核时,应将快递发件量作为重要指标;在对电商企业进行奖励、补贴时,将快递发件量作为参考依据。支持电商与快递等配套行业融合发展。(责任单位:市财政局、市发改委、市工信委、市商务局、市人社局、市邮政管理局,各县(区)人民政府、抚州高新区管委会)

(五)完善农村快递服务网络。推进"快递下乡"工程,鼓励快递企业依托农村公共服务中心、邮政、供销等现有场所在乡镇设立网点,做大农村电商蛋糕。鼓励快递企业积极服务本地名优特农产品外销,打通工业品下乡和农产品进城双向流通渠道。推进快邮合作发展模式,对在快递空白乡镇设立并运营一年以上的农村电商快递综合服务站点,各县(区)每年可按快递企业为销售当地农产品提供服务的情况,予以适当财政补助。支持城市配送试点项目申报,经国家认定的城市共同配送试点项目,由受益财政按其当年投资额的5%给予扶持,最高不超过200万元。支持整合县域主要快递物流资源,对搭建覆盖全县(区)所有乡镇及主要行政村快递物流网络的企业,按抚州市《关于加快推进物流业升级发展的若干措施》规定,各县(区)可根据经快递行业管理部门认定的运输里程给予1元/公里的补贴,每个县(区)补贴最高不超过15万元。(责任单位:市发改委、市委农工部、市财政局、市商务局、市供销社、市邮政管理局、市邮政公司,各县(区)人民政府、抚州高新区管委会)

(六)支持快递服务末端网点建设。加大快递末端共同配送体系建设,改善快递末端服务条件,推进快递服务进校区、进园区、进社区、进商区、进机关。企业在快递末端建设配送站、智能快件箱、快递服务超市等基础设施,相关单位应在场地、资金方面予以支持。对新建住宅小区,应设置建筑面积不小于20平方米的快递末端公共配送网点,并统筹安排信报箱、智能快件箱配置比例,同时保持出入畅通,方便人员、车辆及快件的进出。(责任单位:市发改委、市国土资源局、市政府金融办、市建设局、市房管局、市邮政管理局,各县(区)人民政府、抚州高新区管委会)

(七)改进快递车辆管理。按邮政管理部门的规范要求喷涂统一专用标识的城区快递运输车辆,在正常年检时可保留已喷涂的专用标识,经当地公安交通管理部门同意可以通行禁行路段。举行大型展会、重大活动期间,交通运输部门和公安交通管理部门在确保安全的前提下为从事快递服务的车辆提供通行便利。按照国家标准和有关规定,制定快递专用电动三轮车用于城市收投服务的管理办法,推行快递专用电动三轮车标准化管理,解决"最后一公里"通行难问题。支持快递企业采购新能源汽车作为快递运输车辆,根据国家和省有关规定享受新能源汽车补贴政策。(责任单位:市公安局、市交通运输局、市科技局、市工信委、市邮政管理局)

(八)推进人才队伍建设。支持高等院校和职业院校开设快递相关专业或在相近专业中加入快递方向课程,与快递企业合作共建业务技能培训基地和学生实训基地。加强快递业务职业技能鉴定,将快递从业人员职业技能培训工作纳入我市培训补贴范围,支持快递企业组织从业人员参加相关职业培训。对快递企业引进的高层次人才和紧缺急需人才,按规定享受高层次人才引进优惠政策。(责任单位:市教育局、市人社局、市邮政管理局)

(九)强化行业监管。根据行业发展需要,充实监管力量,创新县(区)邮政管理体制,各县(区)要在政策、资金等方面给予支持,市、县(区)两级财政合理安排专项资金用于鼓励、支持寄递企业全面购置安检设备,切实保障寄递渠道安全;要将快递行业工作纳入综治重点工作,做到同部署、同考核,严格落实社会治安综合治理责任查究制。市寄递渠道安全管理领导小组各成员单位应积极履职,推动收寄验视、实名收寄、过机安检"三个100%"制度落实,鼓励信息化技术在行业监管中的应用。创新监管方式,强化快递行业企业安全生产主体责任及行业主管部门监管责任,强化事中事后监管,提升市场监管能力。建立健全用户申诉与执法联动机制,依法查处违法违规行为。发挥行业协会作用,加强行业自律。依法建立违法失信主体"黑名单"及联合惩戒制度,营造诚实守信的市场环境。(责任单位:市综治办、市邮政管理局、市交通运输局、市公安局、市国家安全局、市财政局、市商务局、市安监局、市市场和质量监督管理局,各县(区)人民政府、抚州高新区管委会)

四、组织实施

各县(区)政府、各有关部门要充分认识促进快递业健康发展的重要意义,健全工作机制,强化协同联动,加大支持力度,为全市快递业发展营造良好环境。各县(区)、各有关部门要认真抓好落实,按照职责分工细化、完善相关配套措施,定期对本意见落实情况进行督促检查,确保各项工作落到实处。

上饶市人民政府办公厅关于促进快递业发展的若干措施

(2016年12月30日)

为贯彻落实《国务院关于促进快递业发展的若干意见》(国发〔2015〕61号)和《江西省人民政府关

于促进快递业发展的实施意见》（赣府发〔2016〕9号）文件精神，进一步落实好全市电子商务发展推进大会会议精神，推动我市快递业与电子商务产业协同快速发展，结合我市实际，制定如下措施。

一、支持企业做大做强

1. 培育壮大市场主体。引导快递企业加快转型升级，逐步建立现代企业制度。鼓励快递企业加大投入，壮大运营网络，提升产业集中度，加强服务质量监测，降低快件延误率、损毁率、丢失率和投诉率，从价格竞争转向服务竞争。推动快递企业落实《快递服务》国家标准，规范市场行为，促进快递业形象统一、服务规范。在全市培育形成5—8家“网络覆盖广、品牌效应强、服务质量高、年业务收入达2000万以上”的快递龙头骨干企业。

责任单位：各县（市、区）人民政府、上饶经济技术开发区、三清山风景名胜区管委会、市市场监督管理局、市邮政管理局

2. 推动快递电商协同发展。支持快递企业积极参与涉农电子商务平台建设，推进电子商务进农村。重点加强对全市农村名优土特产品线上销售的快递物流支撑，拓展双向流通渠道，提供代收代缴、网络代购等多元化服务，加快构建农产品电子商务快递物流体系。鼓励快递企业与电商及仓储企业深度合作，降低电商企业物流成本。每年从全市电商发展资金中安排专项资金用于加强快递企业网络建设、处理能力建设和电商快件成本补贴，对服务单个电商龙头企业快件业务量达到20万件/年的快递企业，按0.1元/件给予补贴，每家快递企业每年补贴最高5万元，全市总额不超过50万元。具体评审认定和资金使用办法由市商务局、市财政局、市邮政管理局另行制定。

责任单位：各县（市、区）人民政府、上饶经济技术开发区、三清山风景名胜区管委会、市商务局、市财政局、市邮政管理局

3. 加快推进快递园区建设。鼓励各地、各企业加快推进专业性快递园区建设。优先保障品牌快递企业自建园区建设用地，自建园区项目应符合土地利用总体规划，用地性质可参照物流项目用地。以划拨方式取得土地的企业或单位利用原有工业厂房、仓储用房兴办快递业的，土地用途和土地使用权人可暂不变更，受益财政可给予城市基础设施配套费减免优惠。支持快递企业入驻各类省级电商产业示范园、物流园，对入驻的快递企业由受益财政给予税收、租金方面的资金政策优惠，快递企业用水、用电、用气等价格按照不高于一般工业标准执行。

责任单位：各县（市、区）人民政府、上饶经济技术开发区、三清山风景名胜区管委会、市财政局、市发改委、市国土资源局、市规划局、市邮政管理局

4. 引进区域总部（分拨中心）。鼓励各类资本依法进入快递领域，支持国内外知名品牌快递企业在上饶设立区域总部或分拨中心，对符合条件的列入地方重点项目，优先安排用地指标，保障项目落地。项目实际到位注册资本金在200万元以上的，由属地财政安排资金按单家企业给予一次性落户奖励。

责任单位：各县（市、区）人民政府、上饶经济技术开发区、三清山风景名胜区管委会、市财政局、市邮政管理局

二、推进重点工程建设

5. 大力实施“快递下乡”工程。完善农村物流配送服务网络，构建县乡村三级农村快递网络节点，打造“工业品下乡”和“农产品进城”双向流通渠道，下沉带动农村消费。鼓励邮政、快递及第三方企业建设“快递超市”、“快邮合作”网点等各类农村快递综合服务平台，所在地政府须为平台建设提供场地等便利条件，对正式运营的农村快递综合服务平台由属地财政按照每个5000元的标准给予一次性资金补助，确保到2020年实现乡镇末端配送覆盖率达到100%。具体建设、验收标准和补贴细则由市邮政管理局、市商务局、市财政局另行制定。

责任单位：各县（市、区）人民政府、上饶经济技术开发区、三清山风景名胜区管委会、市财政局、市商务局、市邮政管理局

6. 大力实施城市配送工程。推动新建住宅小区和大型商务楼宇配套建设预留一定面积的快递投递用房。鼓励快递企业与社区服务机构、连锁商业网点、商务写字楼、机关事业单位、高校等单位广泛开展合作，有效利用城市公共服务配套设施、社区用房、物业管理用房等资源，用于快递公共配送网点建设。各县（市、区）要结合实际出台相关政策鼓励和支持快递企业及第三方服务企业严格按照国家标准建设投放智能快件箱等自助投递终端。对建设并投入运营智能快件箱超过40组主机、供6个以上快递品牌使用的企业，经市财政局、市邮政管理局评审认定后由属地财政给予每组5000元一次性资金补助，单家企业最高补助不超过20万。具体验收标准、补贴细则由市邮政管理局、市商务局、市财政局另行制定。

责任单位：各县（市、区）人民政府、上饶经济技术开发区、三清山风景名胜区管委会、市财政局、市工信委、市教育局、市城管局、市建设局、市规划局、市房管局、市邮政管理局

7. 大力实施安全“绿盾”工程。全面推进快递企业安全生产标准化建设，落实邮政业安全生产设备配置规范等强制性标准；强化寄件人、快递企业、政府部门的安全责任；全面落实收寄验视制度，推行实名收寄、过机安检，提升行业安全生产水平。各县（市、区）需对开展省际邮件、快件分拨处理业务的生产场所，严格按照有关要求配置X光安检机和专业技术人员。对快递企业自主购置X光安检机的，由属地财政按照每台给予2万元的一次性补贴，补贴方式为“企业先自行购买，后验收凭票补贴”，单家企业最高补贴4万元。补贴办法由市财政局、市邮政管理局和有关县（市、区）人民政府另行制定。

责任单位：有关县（市、区）人民政府、上饶经济技术开发区、三清山风景名胜区管委会、市财政局、市邮政管理局

三、加大保障支撑力度

8. 加快快递车辆便捷通行。各县（市、区）要结合实际研究制定快递专用电动三轮车通行管理办法，由市公安局、市交通运输局、市邮政管理局按照“统一规范、登记备案、总量控制、配额管理、逐年递减”的原则规范快递电动三轮车城市配送管理，为快递城市投递作业提供便利。鼓励支持微型汽车和新能源汽车在快递行业的推广应用，相关企业可享受新能源汽车相关补贴政策。

责任单位：各县（市、区）人民政府、上饶经济技术开发区、三清山风景名胜区管委会、市公安局、市交通运输局、市发改委、市工信委、市科技局、市财政局、市邮政管理局

9. 加快快递专业人才培养。市商务局、市人力资源和社会保障局要将快递职业技能培训纳入全市电商人才培训计划，由市电商培训专项基金予以保障支持。全市各级教育部门要将快递人才培养作为职业教育重点内容，鼓励全市大中专院校、职业院校开设快递相关专业（班）。引导院校与快递企业对接共建“订单式”人才培养基地，推动产学联动。

责任单位：各县（市、区）人民政府、上饶经济技术开发区、三清山风景名胜区管委会、市人保局、市商务局、市教育局、市邮政管理局

10. 加快充实执法监管力量。创新县（市、区）邮政监管体制，加强监管执法队伍建设，在条件成熟的县（市、区）探索建立邮政监管机构，具体形式由上级邮政管理部门与相关县（市、区）人民政府协商确定，相关县（市、区）人民政府要在政策、资金等方面给予支持。

责任单位：各县（市、区）人民政府、上饶经济技术开发区、三清山风景名胜区管委会、市编办、市邮政管理局

四、营造良好发展环境

11. 切实加大财政支持力度。市县两级财政安排一定的快递业发展专项资金，支持快递业发展壮大。主要用于编制规划、企业发展、人才培训、统计调查、行业监管等基础性工作。支持快递企业申请有关财政专项资金补助，享受相关税费优惠。被评为“国家电子商务进农村综合示范试点县”的有关县（市、区）要安排专门资金扶持当地快递企业发展壮大、进园区补贴和各类农村快递综合服务平台建设，建立县乡村各级邮路费用补贴机制，为推进电子商务进农村提供快递物流支撑。

责任单位：各县（市、区）人民政府、上饶经济技术开发区、三清山风景名胜区管委会、市财政局

12. 切实拓宽企业融资渠道。鼓励金融机构开发快递仓储设施、生产设备和运输车辆抵押贷款业务，扩大贷款规模，缩短贷款办理时间。引导金融机构建立完善适应快递特点的信用评估和授信制度，合理确定利率水平，降低企业融资成本。鼓励金融机构为快递企业购置快件分拣机、X光安检机、重型汽车等大型设备和智能设备提供融资租赁服务。

责任单位：各县（市、区）人民政府、上饶经济技术开发区、三清山风景名胜区管委会、市政府金融办、市财政局、人行上饶中心支行、上饶银监局、市发改委

13. 切实加大服务协作力度。推进简政放权，深化快递商事制度改革，简化快递业务经营许可程序，改革快递企业年度报告制度，精简企业分支机构、末端网点备案手续。加快电子口岸平台建设，发挥电子口岸等“一站式”通关平台优势，扩大电子商务出口快件清单核放、汇总申报通关模式的适用地域范围，实现进出境快件便捷通关。

责任单位：市市场监督管理局、上饶海关、市出入境检验检疫局、市邮政管理局

五、附则

14. 本措施适用于全市范围内注册、取得快递业务经营许可证的快递企业及分支机构。

15. 对同一企业同一事项涉及以上多项奖励及我市出台的其他多项优惠政策的，按最高标准执行。

各县(市、区)人民政府、各有关部门要根据本措施要求,进一步深化对发展快递业重要意义的认识,尽快落实保障措施,履行职责分工,切实加强组织领导和协调配合,推动全市快递业快速健康发展。

15. 山　东

淄博市综治办等九部门关于进一步加强全市物流寄递渠道安全管理工作的通告

(2016年11月30日淄博市综治办、淄博市经信委、淄博市公安局、淄博市国家安全局、淄博市交通运输局、淄博市工商局、淄博海关、淄博市邮政管理局、济南铁路局淄博车务段印发)

为进一步规范加强全市物流、寄递渠道治安保卫工作,有效提升物流、寄递企业安全防控能力,及时查处通过物流、寄递渠道非法贩运枪支弹药、管制刀具、危爆物品等禁寄物品的行为,维护物流、寄递渠道安全畅通,保护公民的人身、财产安全和公共财产安全,根据国家有关法律法规,结合本市实际情况,现就进一步加强全市物流、寄递渠道安全管理工作通告如下。

一、凡在本市行政区域内从事物流、寄递的货物运输、储存、配送等专业物流服务的企业,以及邮政、快递企业均适用本通告。

二、物流、寄递渠道安全管理工作由淄博市社会管理综合治理委员会办公室、淄博市经济和信息化委员会、淄博市公安局、淄博市国家安全局、淄博市交通运输局、淄博市工商行政管理局、淄博海关、淄博市邮政管理局、济南铁路局淄博车务段等部门按照分工各负其责,属地区县相关职能部门负责物流、寄递渠道安全管理工作的组织落实。

三、物流、寄递企业是物流、寄递安全的责任主体,对本单位的物流、寄递安全承担主体责任。物流、寄递企业的法定代表人或主要负责人为本单位安全工作第一责任人,对本单位的安全工作负有安全管理责任。物流、寄递企业应当严格落实安全防范工作逐级责任制,明确各层级负责人、各部门、各岗位的安全防范责任,开展经常性的安全防范检查,对发现的安全隐患及时整改。

物流、寄递企业应当根据内部治安保卫工作需要,设置治安保卫机构或者配备专兼职治安保卫人员。被确定为治安保卫重点单位的物流、寄递企业应当设置与治安保卫任务相适应的治安保卫机构,配备专职治安保卫人员,并将治安保卫机构的设置和人员的配备情况报主管公安机关备案。

四、物流、寄递企业应当根据相关法律法规,结合实际情况,建立健全安全防范制度,建立内部治安保卫工作档案,制定安全防范工作方案和突发事件处置预案,并定期组织演练。

五、物流、寄递企业应当严格履行招聘用工手续,不得使用无身份证明的人员,从业人员应当按照规定进行专业知识培训。

物流、寄递企业严禁在仓库设置员工宿舍。

物流、寄递企业雇佣或自行招用保安员,应当符合《保安服务管理条例》的有关规定,按要求向属地公安机关备案,保安员应当经过正规培训机构培训并取得保安员证书。

六、物流、寄递企业要严格落实寄运物品100%先验视、后封箱,寄递物流活动100%实名制,邮件、快件100%通过X光机安检制度。从业人员应当熟知本岗位职责,掌握禁寄物品的形状、性能及辨识要领,当场验视交寄物品。应当严格落实货物接收、邮件收寄环节的要求,由专人负责落实实名登记要求,主动提示用户如实填写寄递详情单,详细记录用户姓名、身份证号码、住址、电话号码等基本信息。在用户在场的情况下,当面验视托运货物,检查是否属于国家禁止流通、托运的物品,发现用户托运夹带禁限物品的,应当拒绝接收。对发现邮寄枪支弹药、爆炸物品、危险化学品、管制刀具、毒品等禁寄物品的,应当立即报告公安机关、国家安全机关和邮政管理部门。

寄递企业收寄物品验视后应当在寄递详情单上加盖验视章。

七、物流、寄递企业应当在货物、邮件、快件收寄、分拣、运输、投递等环节安装监控设备，确保设备全天24小时运转，监控资料保存时间不少于30天，严防被“调包”或加塞禁寄物品。

物流企业应当根据经营场所、存储仓库的规模、货物的属性和流量等情况，按照《消防法》依法办理消防手续，设置符合国家标准的消防设施和相应的防爆安检设备，配备专职安检人员，对货物进行安全检查。

寄递企业应当配备符合国家标准的安全检查设备，安排具备专门技术和技能的人员对邮件、快件进行安全检查，及时发现、主动堵截禁寄物品。

寄递企业在收寄、运输、投递过程中应当使用带锁的、印有公司标识的封闭式车辆，或与车辆形成一体的封闭式货箱。

寄递企业业务流程应当实行计算机管理，预留数据接口，按规定与邮政管理部门的信息管理系统联网。

八、任何公民、法人和其他组织不得交寄国家法律法规及有关部门禁止寄递的各类物品。在交寄物品时，应当如实填写详情单，并配合做好验视工作；寄递物品应当选用有合法资质、正规的物流、寄递企业，避免被骗和财物损失。

九、对从事运输、存储有爆炸性、易燃性、放射性、毒害性、传染性、腐蚀性等危险货物和传染性菌种、毒种以及武器弹药、管制刀具、弩、烟草等管制物品的物流企业，应当严格遵守国家有关法律法规。

十、物流、寄递企业一旦发现有违法犯罪线索的要立即报告公安机关（举报电话110，0533－2135042），经查实给予奖励。

十一、物流、寄递企业应当自觉接受政府有关部门的监督、检查和指导；对违反相关法律法规的物流、寄递企业，各级行政主管部门要依据职权依法对其进行处罚。

单位违反本条例的规定，存在治安隐患的，公安机关应当责令限期整改，并处警告；单位逾期不整改，造成公民人身伤害、公私财产损失，或者严重威胁公民人身安全、公私财产安全或者公共安全的，对单位处1万元以上10万元以下的罚款，对单位主要负责人和其他直接责任人员处500元以上5000元以下的罚款，并可以建议有关组织对单位主要负责人和其他直接责任人员依法给予处分；情节严重，构成犯罪的，依法追究刑事责任。

铁路、公路、水上、航空的货运和邮政、快递等物流运营单位有下列情形之一的，由主管部门处十万元以上五十万元以下罚款，并对其直接负责的主管人员和其他直接责任人员处十万元以下罚款：

（一）未实行安全查验制度，对客户身份进行查验，或者未依照规定对运输、寄递物品进行安全检查或者开封验视的；

（二）对禁止运输、寄递，存在重大安全隐患，或者客户拒绝安全查验的物品予以运输、寄递的；

（三）未实行运输、寄递客户身份、物品信息登记制度的。

十二、本通告自2016年11月30日起开始实施。

16. 河　南

河南省综治办等四部门关于联合开展清理整顿非法邮政快递网点行动的通知

（2016年2月2日河南省社会治安综合治理委员会办公室、河南省公安厅、河南省邮政管理局、河南省工商行政管理局印发　豫邮管〔2016〕14号）

各省辖市综治办、公安局、邮政管理局、工商行政管理局，省直管县（市）综治办、公安局、工商行政管理局：

为贯彻落实中央综治办等15部门《关于印发〈全国集中开展危爆物品寄递物流清理整顿和矛盾纠纷排查化解专项行动的工作方案〉的通知》精神，规范我省邮政、快递市场秩序，消除寄递渠道安全隐患，加强经营网点管理，决定在全省联合开展清"理整顿非法邮政快递网点"行动，现将有关要求通知如下。

一、指导思想

坚持按照《行政许可法》《反恐怖主义法》《邮政法》《无照经营查处取缔办法》《快递市场管理办法》《快递业务经营许可管理办法》和《邮政业安全生产设备配置规范》国家标准，对邮政快递网点进行全面梳理、分类，针对不同类型采取不同的规范整顿措施，维护市场秩序，消除安全隐患，确保我省寄递渠道安全畅通。

二、活动重点

（一）明确标准

《邮政法》规定，经营快递业务，应当取得快递业务经营许可。未经许可，任何单位和个人不得经营快递业务。取得快递业务经营许可的企业设立分公司、营业部等非法人分支机构，凭企业法人快递业务经营许可证（副本）及所附分支机构名录，到分支机构所在地工商行政管理部门办理注册登记，并到所在地邮政管理部门办理备案手续。根据《快递末端投递服务规范》（YZ/T 0145—2015）行业标准，快递服务组织可以与合作网点（如连锁商务机构、便民服务组织、社区服务组织、物业管理组织、院校、机关等）合作进行快件投递服务，合作网点应满足以下标准。

1. 基础条件

（1）快递服务组织应与合作网点签订协议，明确双方在投递方式、投递时限、快件保管、用户签收、费用支付、快件安全、用户信息安全、责任划分、质量考核等方面的权利和义务。（2）快递服务组织应对合作网点服务人员进行快递服务专业培训，确保服务人员熟悉业务操作流程和安全管理等规定。（3）合作网点应建立完善的快件交接、保管、安全管理等制度。（4）合作网点应具备专门的快件暂存区域。（5）合作网点应配备消防设备、视频监控设备，宜配备相应的快递末端服务信息系统和扫描设备。视频监控设备应当全天24小时运转，监控材料保存时间不得少于30天。（6）合作网点应在显著位置标明服务品牌以及网点名称等信息，且应向社会公布营业时间、投诉方法、投诉电话等。

2. 服务要求

（1）合作网点与快递业务员当面清点和交接快件，及时采集接收信息；（2）将快件存放于专用区域，并处于视频监控下；（3）快件接收时，不允许无关人员接触快件。接收后如发现问题快件，应及时做好记录并妥善处理。

3. 相关责任

（1）合作网点禁止收寄快件。（2）合作网点代投快件业务为非主营业务。（3）快递服务组织承担因合作网点发生快递投递服务、安全等违法违规行为的责任。

（二）清理对象

各部门要以快递品牌和法人企业为单位，按照但不限于《河南省邮政快递企业末端网点名录表》（附件1），结合辖区邮政、快递网点现状，对辖区内的邮政网点、快递分支机构、合作网点进行全面分类梳理，严肃清理整顿，确保活动全覆盖。

1. 已经取得快递业务经营许可证分支机构名录和工商营业执照的快递网点，按照《邮政业安全生产设备配置规范》的要求对照自查，确保"收寄验视＋实名收寄＋过机安检"三个100%。不能达到规范标准的，限期30天整改。整改后仍达不到要求的，邮政管理部门依法处理。

2. 已经取得分支机构名录，但未取得工商营业执照的快递网点，应当在30天内办理工商营业执照，并完成备案手续。工商部门应指导帮助企业加快办理。对逾期未办理营业执照的企业，由邮政管理部门会同工商部门依法处理。

3. 已经取得工商营业执照，但未纳入分支机构名录管理的快递网点，邮政管理部门依法责令其停止经营快递业务。继续从事快递业务的企业，应当在30天内完成分支机构增设和备案工作后从事快递业务；其他达到合作网点标准的，应当在30天内完成登记，纳入合作网点管理；对不符合快递分支机构标准又达不到合作网点标准的，依法取缔。

4. 对于未取得分支机构名录，也未取得工商营业执照的快递网点，综治部门联合公安、邮政管理、工商部门责令其停业。继续从事快递业务的企业，应当在30天内完成分支机构增设和工商营业执照办理，完成备案后方可从事快递业务；其他达到合作网点标准的，应当在30天内完成工商营业执照办理和邮政管理部门登记工作后，纳入合作网点管理；对不符合快递分支机构标准，又达不到合作网点标准的，依法取缔。

合作网点实行登记管理制度。邮政快递企业负责合作网点的登记工作,由法人企业或其委托的分支机构,向分支机构所在地邮政管理部门递交《河南省邮政管理局邮政快递合作网点登记表》(附件2)。当地邮政管理部门按照《河南省邮政管理局邮政快递合作网点编号办法》(附件3)对合作网点实行统一编号管理。

三、行动阶段

1. 部署清查阶段(2016年2月5日前)。各部门要协同配合,按照要求,及时进行动员部署,结合本地实际,全面开展底数摸排,对排查出来的问题,逐一研究制定措施,把责任落实到具体部门、具体岗位、具体人员。

2. 企业自查自纠阶段(2016年2月5日至2016年3月5日)。针对前期排查发现的问题,督促企业进行清理整顿。

3. 深化巩固阶段(2016年3月6日至2016年3月15日)。各部门对活动进行复查,如仍有不合规的分支机构和合作网点,责令停止其经营行为,并由相关部门按规定予以处理。

四、相关要求

1. 提高认识,加强组织领导

邮政、快递网点监管是寄递渠道安全的重要组成部分,是社会治安防控体系建设的重要方面,也是推动邮政行业安全发展、科学发展的现实需要。各部门要从讲政治、顾大局的高度,充分认识清理整顿邮政快递网点工作的重要意义,切实加强对活动的组织领导,各级领导要亲自安排、认真落实,确保活动取得实效。

2. 加大合作,发挥整体合力

要充分发挥合作机制,综治、公安、邮政管理、工商等部门,要采取联合检查、共同执法等多种形式,依法查处未经许可、未工商注册登记经营快递业务的行为,坚持出重拳,依法给予严厉处理,切实维护寄递渠道安全畅通。

3. 分段总结,扎实有效推进

加强各阶段总结,在阶段结束10日内,将上阶段清理整顿数量、联合执法情况、行动开展情况、先进经验做法等进行总结上报。综治与邮政管理、公安、工商部门之间要加强信息交流和沟通,及时总结推广好经验、好做法,及时发现问题、解决问题,确保活动扎实推进,不走过场。

4. 加强监管,确保活动成果

要通过活动的开展,规范邮政、快递网点设置,落实监管责任和企业主体责任,消除监督和管理的死角,消除安全隐患。活动期间,省综治、公安、邮政管理、工商等部门将组成联合督导组,对活动开展情况进行检查和抽查,对各市活动开展情况进行通报。

省综治办　联系人:常玉峰　电话:65901803
省公安厅　联系人:刘玉华　电话:65882785
省邮政管理局　联系人:李顺臣　电话:69519900
省工商行政管理局　联系人:张　敢　电话:66779285

附件:1. 河南省邮政快递企业末端网点名录表(略)
2. 河南省邮政管理局邮政快递合作网点登记表(略)
3. 河南省邮政管理局邮政快递合作网点编号办法

附件3

河南省邮政管理局邮政快递合作网点编号办法

根据《关于联合开展清理整顿邮政快递网点活动的通知》,在河南省内设立快递合作网点的企业,快递码号编号应当符合本办法。

一、码号结构

快递码号由4段构成,实行分段赋码,代投点码长为10位。

区域代码	企业代码	年份码	顺序码

二、码号信息设计

（一）区域代码设计

区域代码长度为2位，第一位号码分配（郑州A、开封B、洛阳C、平顶山D、安阳E、鹤壁F、新乡G、焦作H、濮阳J、许昌K、漯河L、三门峡M、商丘N、周口P、驻马店Q、南阳R、信阳S、济源U），第二位由各市局根据需要按照城区和县城选取大写字母（A－Z，其中I和O禁用）组成。

（二）企业代码

企业代码长度为3位，第一位为大写字母（A－Z，其中I和O禁用），后两位分别由0—9数字组成，全国型网络企业第一位字母为A，全省型网络企业第一位字母为B，后两位数字由该品牌企业确定，并按规定向省邮政管理部门申报登记，遇有重复情形的，由省邮政管理局要求调整后再行申报，全省企业代码要求统一。其他快递企业第一位字母使用（D－Z，其中I和O禁用），后两位由快递企业确定，并向省辖市邮政管理部门（济源市企业暂向洛阳市邮政管理局）申报登记使用，遇有重复情形的，由省辖市邮政管理部门要求调整后再行申报，全市企业代码要求统一。

（三）年份码和顺序码设计

年份码由2位年份组成，按照备案时间所在年份后2位登记。顺序码长度为3位，由0—9三位数字组成，按照备案顺序登记。

河南省机构编制委员会办公室关于设立河南省邮政安全发展中心的通知

（2016年7月13日　豫编办〔2016〕216号）

省交通运输厅：

你厅《关于设立省级邮政安全机构和省直管县邮政管理机构的请示》（豫交文〔2016〕45号）收悉。经研究，同意设立河南省邮政安全发展中心，为省交通运输厅直属公益一类事业单位，业务工作受省邮政管理局指导。主要负责全省邮政行业安全生产监管，负责邮政行业运行安全的监测、预警和应急管理，保障邮政通信与信息安全。机构规格相当于正处级；事业编制10名（从河南省交通高级技工学校调剂，调整后，省交通高级技工学校编制为296名），其中处级领导职数1正1副；经费实行财政全额拨款。

河南省推动交通物流融合发展工作方案

（2016年10月11日河南省人民政府办公厅印发　豫政办〔2016〕182号）

为贯彻落实《国务院办公厅关于转发国家发展改革委营造良好市场环境推动交通物流融合发展实施方案的通知》（国办发〔2016〕43号），推动我省交通物流融合发展，现结合我省实际，制定本工作方案。

一、总体要求

（一）基本思路。认真贯彻落实国家发展改革委《营造良好市场环境推动交通物流融合发展实施方案》（以下简称《实施方案》）和《河南省全面建成小康社会加快现代化建设战略纲要》《河南省国民经济和社会发展第十三个五年规划纲要》等文件精神，顺应经济发展新常态和供给侧结构性改革要求，以提质、降本、增效为导向，以交通、物流、信息融合发展为主线，以畅通全链条、打造大平台、创建新模式为核心，充分发挥企业的市场主体作用，加大政策引导支持力度，推动交通物流一体化、集装化、网络化、社会化、智能化发展，构建交通物流融合发展新体系，更好地发挥交通物流对全省经济社会发展的引领支撑作用。

（二）发展目标。到2020年，基本形成设施一体衔接、信息互联互通、市场公平有序、运行安全高效的交通物流发展新体系。交通与物流各环节瓶颈制约基本消除，运行效率大幅提高，物流成本明显降低，支撑经济社会发展整体效率显著提升。

——现代交通物流网络体系更加完善。通达全球主要枢纽机场的国际货运航线更加完善；米字形高速铁路网和“四纵五横”干线铁路网全面建成，铁路运营里程达到7000公里；高速公路通车里程达到7300公里，基本实现所有县（市）通高速；建成一批现代化综合货运枢纽、物流园区和城市配送中心。

——交通物流运营组织水平显著提升。物流的社会化、专业化、标准化、集装化水平进一步提升，“一单制”运输制度基本建立；现代信息技术和先进运输方式应用更加广泛，多式联运比率稳步提升，第三方物流、第四方物流比重明显提高，形成一批具有国际竞争力的大型综合物流企业集团和物流服务品牌，运输空驶率明显下降。

——交通物流产业支撑经济发展成效更加明显。力争到2020年，全省物流业增加值达到3000亿元，年均增长8.6%。物流成本明显下降，全社会物流总费用与国内生产总值的比率由2015年的16.9%下降到15%左右。

二、完善交通物流网络

以综合交通物流枢纽、航空网、铁路网、高等级公路网为重点，统筹推进交通基础设施建设，打造布局合理、覆盖广泛、便捷高效、保障有力的交通物流网络体系。

（一）航空国际物流通道工程。强化郑州新郑国际机场（以下简称郑州机场）门户功能，引进国际货运航空公司，加密北美、欧盟航线，串联日韩、东南亚航线，开辟澳大利亚、南美航线，拓展西亚、俄罗斯航线，在巩固卢森堡、芝加哥航线网络优势的基础上，构建联通孟菲斯、安克雷奇、法兰克福、仁川、迪拜等全球主要货运机场的空中通道。到2020年，郑州机场国际货运航线达到40条（含加密和中转航线），通航点达到35个，力争机场全年货邮吞吐量达到100万吨。

（二）陆桥国际物流通道工程。依托国家陆桥通道，向东开通连接青岛、连云港、日照、天津、上海等沿海港口群的五定（定点、定线、定车次、定时、定价）班列，向西开辟加密郑州—土耳其—卢森堡、郑州—汉堡等中欧班列（郑州）线路，增加俄罗斯、白俄罗斯、北欧等境外集疏网点。到2020年，中欧班列（郑州）实现每日往返对开各一班，形成贯通欧亚主要经济体的国际物流通道。

（三）国内物流通道工程。全面建成米字形高速铁路网，积极发展高铁货运列车，打造联通全国主要经济区域的4小时快递物流通道。稳步推进货运干线铁路建设，打通国家公路省际断头路，实施国家公路“瓶颈”拥堵路段升级改造，加快淮河、沙颍河等主要航道建设，构建联通四面、辐射八方的大能力货运通道。

专栏1：骨干物流通道重点建设任务
陆桥通道：由陇（兰州）海（连云港）铁路、徐（州）郑（州）兰（州）高铁、三门峡至沿海港口铁路、连（云港）霍（尔果斯）高速（G30）、郑（州）民（权）高速（S82）、商（丘）登（封）高速（S60）、国道310等线路组成，服务新亚欧大陆桥经济带沿线地区资源要素流通。“十三五”期间重点实施禹亳铁路改建、连霍高速商丘至豫皖界段改扩建、商登高速郑州市境段建设、国道310改线扩建等项目。
京港澳通道：由（北）京广（州）铁路、（北）京（香）港澳（门）高速（G4）、郑州至机场高速（S1）、郑州至新乡高速、国道107等线路组成，服务京津冀、中原、长江中游、珠三角等地区。“十三五”期间重点推进机场高速改扩建、国道107改线扩建、国道107官渡黄河大桥建设等项目。
济（南）郑（州）渝（重庆）通道：由郑（州）济（南）高铁、郑（州）万（州）高铁、兰（考）南（阳）高速（S83）、省道103、省道101等线路组成，服务环渤海、中原、成渝地区。“十三五”期间重点推进郑济高铁河南段、郑万高铁、兰南高速平南段改造等项目。
太（原）郑（州）合（肥）通道：由郑（州）太（原）高铁、郑（州）合（肥）高铁、宁（南京）洛（阳）高速（G36）、晋（城）新（乡）高速（G5512）、机（郑州机场）西（华）高速（S89）、省道102、省道104等线路组成，服务太原、中原、长三角地区。“十三五”期间重点推进郑太高铁、郑合高铁、机西高速二期等项目建设。
大（庆）广（州）通道：由（北）京九（龙）铁路、京九高铁、濮阳至潢川铁路，大（庆）广（州）（G45）、济（南）广（州）（G35）、德（州）上（饶）（G3W）、濮阳至阳新高速公路，国道106、国道220等线路组成，服务京津冀、中原东部、珠三角地区。“十三五”期间重点推进京九高铁、濮阳至潢川铁路、濮阳至阳新高速公路等项目建设。
二（连浩特）广（州）通道：由焦（作）柳（州）、蒙西至华中铁路，二（连浩特）广（州）（G55）、呼（和浩特）北

(海)(G59)高速公路,国道207、国道208、国道209等线路组成,服务太原、内蒙等煤炭资源富集地区,中原西部,以及北部湾、珠三角地区。"十三五"期间重点推进蒙西至华中铁路、呼北高速豫晋界至灵宝段、国道234焦作至荥阳黄河大桥等项目建设,研究启动焦柳铁路扩能改造、月山至随州铁路等项目前期工作。

晋豫鲁通道:由晋豫鲁、新(乡)月(山)、新(乡)菏(泽)兖(州)日(照)铁路,以及菏(泽)宝(鸡)高速(G3511)、南(乐)林(州)高速(S22)、台(前)辉(县)高速(S26)、国道341等线路组成,服务西北、中原北部、环渤海地区。"十三五"期间重点推进菏宝高速豫鲁界至长垣等项目建设。

沪(上海)陕(西安)通道:由宁(南京)西(安)铁路、宁西高铁,沪(上海)陕(西安)(G40)、淮(滨)信(阳)(S62)高速,国道312,淮河、沙颍河航道等线路组成,服务关中—天水、中原南部以及长三角地区。"十三五"期间启动研究宁西高铁,推进淮信高速息县至邢集以及沙颍河、淮河航道改造等项目建设。

(四)城乡物流配送网络工程。合理布局建设物流分拨中心、配送中心、末端配送网点三级配送网络。不断扩大城市共同配送范围,加快公用型城市配送节点建设。支持社区、机关、学校、商务区设置智能收件箱等末端配送设备。到2020年,新建5万个快递终端投递网点。探索城市夜间配送,分时段、分路段充分利用骨干道路。鼓励全程带拖运输,有效减少货物装卸、转运、倒载次数。推进普通干线公路低等级路段升级改造,实现普通干线公路二级以上比例达到75%,实施农村公路畅通安全工程和新农村现代流通网络建设工程,整合利用现有邮政、供销、交通等物流资源,支持和鼓励主要乡镇建设一批集客、货、邮等功能于一体的综合服务平台。

(五)综合交通物流枢纽工程。建设完善郑州航空港、铁路港、公路港,合理布局货运场站、物流园区、配送中心等次级节点,丰富快递、冷链、保税等功能,持续提升郑州全国性综合交通物流枢纽功能和辐射能力。支持其他省辖市依托物流园区、公路港、铁路物流基地、机场、内河港口等,打造区域性和地区性综合交通物流枢纽,形成与郑州对接发展、层级明晰、分工明确的综合交通物流枢纽系统。

专栏2:综合交通物流枢纽重点建设任务

郑州全国性综合交通物流枢纽

航空港。启动第三跑道前期工作,建成郑州机场北货运区国际货物转运中心、进口冷链食品批发交易中心、跨境电商物流中心、大型物流集散中心和中国邮政航空邮件处理中心等五个中心项目,研究推动河南省快递物流港建设,完善货运仓储、航空维修、客货处理、卡车运输、信息系统等配套基础设施。依托郑州南站建设高铁物流中心。完善航空港"三纵两横"高速公路网和"四纵六横"快速路网。

铁路港。加快推进郑州铁路集装箱中心站二期建设,完善中转调度、仓储分拨、多式联运等功能,积极开展换装、集批和分拨业务。建设郑州铁路国际枢纽口岸,支持郑州多式联运监管中心先行先试创新发展,建成汽车整车进口口岸二期工程,推动铁路一类口岸转型升级。支持国际陆港公司与沿海港口共建联运专用设施。加快建设中欧班列(郑州)"一干三支"铁路海运公路多式联运工程,不断提升中欧班列(郑州)运营能力,推动将其培育成为具有国际竞争力和信誉度的国际著名物流品牌,在"一带一路"建设中发挥更大作用。

公路港。加快郑州国际物流园区内电子商务快递、冷链物流、汽车物流、医药物流等功能区建设,加强与航空港、铁路港联络通道建设,吸引国内外知名第三方物流企业入驻建设仓储作业基地。

次级节点。开工建设圃田、薛店、关帝庙铁路物流基地。推动河南保税物流中心、河南万邦国际农产品物流园等国家级、省级示范物流园区建设。

区域性和地区性综合交通物流枢纽

提升河南德众保税物流园区、焦作天星现代运输物流仓储综合服务园、许昌商贸物流园区、新乡货运东站物流园、信阳金牛物流产业集聚区、驻马店恒兴仓储物流园、河南国能黄河物流园区、南阳东森医药物流园、南阳溧河物流园、平顶山圣光集团医药物流园区、漯河双汇物流园区、鹤壁市现代煤炭物流园、安阳物流港、安阳市安运交通物流园、豫东综合物流产业园、周口港口综合物流园区等省级示范物流园区服务功能,完成洛阳火车站、焦作东站提升改造和洛阳市综合铁路货场建设。支持各地创建一批国家级、省级示范物流园区。

(六)交通物流枢纽微循环工程。打通连接枢纽的"最后一公里",强化枢纽内机场、铁路货场、公路货站和物流园区的便利化衔接,着力构建集多种交通方式于一体的交通廊道。统筹推进京广、陇海铁路郑州段和陇海铁路三门峡段等铁路枢纽外绕线建设,适时启动大关庄经小李庄至郑州站联络线、郑州铁路货运环线、焦柳铁路南阳西北环线建设。实施干线公路城区拥堵路段绕行改建,布局货运专用通道,适度增加高速公路城市出入口数量。

三、提高联运服务水平

充分发挥我省铁路、公路、航空运输优势,加强与沿海港口功能对接,重点发展空陆联运、公铁联运和铁海联运，不断扩大和提升我省多式联运规模和服务水平。

（一）空铁联运工程。推动省机场集团、航投公司、郑州铁路局、武汉铁路局、郑州陆港公司等进行深度合作，在设施设备、产品开发、对外营销等方面实现统一规划设计。探索制定高铁货运组织形式、空铁联运设施标准和转运流程，支持郑州南站空铁联运项目申建国家多式联运示范工程。促进航空港、国际陆港业务衔接，扩大日韩经郑州至欧洲空铁联运产品规模。到2020年，实现国际航空货运与国内高铁快运在装载单元、组织形式、流程设计等方面一体融合，空铁联运规模力争达到20万吨。

（二）铁海联运工程。鼓励通过收购、控股或参与建设沿海港口码头等多种形式，推动沿海港口功能内移，打造我省对外开放的海洋门户。鼓励铁路运输企业在沿海主要港口与省内物流园区之间开行小编组、快运行的集装箱列车，探索铁路自备箱下海、水陆滚装运输等联运新模式。稳定并逐步扩大郑州—沿海港口—日韩地区的海铁联运业务规模，开通郑州至保加利亚海铁联运航线。提升周口、淮滨等内河港口综合运输能力，实施铁路引入港口、码头和物流园区工程，开展铁水联运集装箱业务。

（三）空路、公铁联运工程。组建本土卡车航班公司，加密郑州至北京、上海、广州及青岛的卡车航班，新开通至长三角、环渤海、京津冀、长江中游、关中—天水等经济区域和城市群的卡车航班。推动以集装箱运输和甩挂运输为重点的公铁联运发展，推广多式联运甩挂、企业联盟甩挂等组织模式。建设公路驿站，发展往返式公路接驳运输。

（四）一体化服务保障工程。按照国家统一部署，建立以"一单制"为核心的便捷运输制度，强化交通、仓储、装卸等环节对接，推进单证单据、设施设备、组织流程等标准化，实现一站托运、一次收费、一单到底，力争在郑州国际陆港集装箱铁海联运、公铁联运领域率先实现"一单制"运输。全面推行货物电子标签制度，对整箱、整车等标准化货物单元进行统一赋码，推进全链条对接、全过程追踪。依托河南电子口岸平台，建设国际贸易"单一窗口"，推动通关模式由关检合作"三个一"（一次申报、一次查验、一次放行）向"三互"（信息互换、监管互认、执法互助）转变，不断完善快速通关便捷机制。

四、打造资源共享的交通物流平台

整合信息资源，链接服务资源，拓展需求资源，加快构建交通物流服务运行平台体系，促进资源共享、高效配置。

（一）专业化经营平台工程。完善区域性、行业性交通物流信息服务平台，依托中原云，加快建设全省统一的物流云平台，建设承载"一单制"电子标签赋码及信息汇集、共享、监测等功能的公共服务平台。鼓励第三方物流企业建设面向生产制造、商贸流通企业的供应链服务平台，推动生产、流通环节与配套物流服务数据对接和信息共享。支持集成综合运输信息、物流资源交易、大宗商品交易等服务的专业化经营平台建设，逐步推广"平台+"物流交易、供应链、跨境电商等合作模式。推动各平台与全省信用信息平台对接，强化信用记录归集，建立物流企业信用信息档案。

（二）跨平台信息共享共用工程。建立交通物流经营平台与海关、出入境检验检疫、公安、商务、银行、保险等相关平台的信息交换通道，实现人、车、货、账、单等数据互联共享。建立健全网络与信息安全保障体系，与国家交通运输物流共享服务平台紧密对接，建设河南省区域交换节点，完善物流政务公共信息服务系统、物流商务公共信息服务系统、政府监管信息服务系统等子系统。依托铁路、公路、民航、邮政等管理部门和企业已有信息系统，建设一批跨行业、跨领域、跨区域的数据交换节点，实现交通物流行业信息互联互通。

五、创新应用交通物流发展新模式

立足河南实际，改造传统运输组织方式，拓展物流服务功能，促进交通物流发展向更高水平迈进。

（一）国内国外"双枢纽"工程。深化与卢森堡货航公司合作，合资成立货运航空公司，推动郑州机场飞机维修基地等项目落地，推进以郑州为亚太中心、卢森堡为欧洲中心的货运网络建设。谋划构建中亚航空"双枢纽"，探索建立东欧"双枢纽"，加快美洲"双枢纽"布局。依托中欧班列（郑州），推进与波兰、俄罗斯等铁路公司合资合作，谋划建设中波、中蒙、中哈等贸易产业园区，构建以郑州为中心，以汉堡为西欧枢纽、华沙为中欧枢纽、布拉格为东欧枢纽的物流网络框架。

（二）"互联网+"融合工程。实施"互联网+"高效物流工程，鼓励在生产、流通、仓储等单元推广应用感知技术，推动库存、配送信息及时共享、协同响应，提升采购、运输、仓储、配送等物流关键环节的网络化、信息化水平。鼓励供应链企业采用大数据技术进行分析决策，提供系统化解决方案。推动物联网、云计算、大数据等技术应用，培育智慧物流示范企业，推动物流资源整合，实现物流信息互联共享。推进"互联网+全程监管"，充分利用无线射频、卫星导航、视频监控等技术手段，开展重点领域全程监管，建立完善危险品物流全过程监管体系和应急救援系统。实施智慧物流升级行动，以各级示范物流园区为重点，支持一批智慧物流应用示范项目。

（三）交通物流标准化工程。推进交通物流设施设备（运载单元）标准化、通用化、轻量化建设，加大国家交通物流标准应用推广力度，推广使用托盘、集装箱等标准化基础装载单元，研发推广公铁两用挂车、驮背运输平车、半挂车和滚装船舶等多式联运专用运输装备。支持企业更新应用集装化、标准化、模块化货运车辆，提高公路集装箱货车、厢式货车使用比率。选择国家级、省级示范物流园区和大型货运场站、重点交通物流企业开展标准化试点。

（四）多式联运承运人培育工程。支持有实力的运输企业向多式联运经营人转变，培育无车（船）承运人等多式联运经营人，深化与DHL（中外运敦豪）、UPS（联合包裹）、FedEx（联邦快递）、TNT（荷兰天地）、顺丰、菜鸟、中国邮政等国内外大型物流集成商战略合作，整合物流服务资源，向供应链上下游延伸，建立全过程物流服务联盟，提供系统性物流解决方案。

六、强化实施保障

健全体制机制，加强政策支撑，强化组织实施，营造促进综合交通和现代物流融合发展的良好生态。

（一）优化市场环境。发展改革、交通运输、商务、工商、海关、出入境检验检疫等有关部门要按照简政放权、放管结合、优化服务的要求，进一步完善相关领域市场准入制度，加快推进行政审批制度改革，最大限度优化程序，缩短审批核准时间。发展改革等部门要将交通物流企业信用体系纳入社会信用信息共享平台和“信用河南”网站。交通运输、工商等部门要加大对违法违规经营行为的惩戒力度。交通运输、公安、安全监管等部门要加大公路超限超载惩治力度，规范收费管理。

（二）形成一体化建设机制。根据国家确定的发展格局，省发展改革、交通运输部门要加强上下衔接，配合国家制定完善全国性、区域性综合交通物流枢纽规划，各省辖市、省直管县（市）政府负责编制地区性综合交通物流枢纽规划。完善协调调度机制，明确主要任务和节点时序，统筹推进枢纽场站和物流园区建设，明确各种交通方式衔接和集疏运网络建设要求，做好与土地利用总体规划、城乡规划、交通专项规划的衔接工作。

（三）加强政策支持。各级、各有关部门要进一步加大对交通物流融合发展的支持力度。发展改革、交通运输等部门要积极申请中央预算内资金、中央车购税及各专项建设基金补助。财政部门要统筹使用燃油税转移支付资金和中央车购税等资金，积极支持交通物流公共基础设施建设、公共服务平台构建、节能减排车辆更新等领域。国土资源部门要合理界定交通物流公益性设施范围，研究出台差别化的土地政策，在用地指标上给予保障。税务部门要认真落实物流业相关税收优惠政策，不断降低物流业税收负担。支持交通物流企业通过发行债券、股票上市等方式融资，鼓励采取政府和社会资本合作模式进行项目建设和运营，推动交通物流领域面向社会资本全面开放。

（四）加强组织协调。省政府建立跨行业、跨部门、跨领域的推进机制，统筹组织、推进相关工作。发展改革、交通运输、财政、商务、工商等部门要按照职责分工落实扶持政策。各省辖市、省直管县（市）政府要抓紧组织落实本工作方案。强化政府、企业、中介组织、行业协会等信息公开与共享，形成上下联动、横向对接、协同推进的工作机制。各级、各有关部门要及时反馈工作进展情况，遇有重大问题及时向省政府报告。

郑州市全面推进物流寄递渠道
登记验视信息化工作方案

（2016年9月10日郑州市社会治安综合治理委员会办公室、郑州市公安局、
中国共产党郑州市委员会宣传部、郑州市工商行政管理局、郑州市交通运输委员会、
郑州市邮政管理局印发　郑综治办〔2016〕17号）

为全面推进物流寄递渠道登记验视信息化，切实加强物流寄递渠道安全管理工作，强化物流寄递企业主体责任，进一步压缩违法犯罪空间，确保物流寄递行业安全有序运营，结合郑州实际，特制定本工作方案。

一、指导思想

深入贯彻《中华人民共和国邮政法》、《中华人民共和国反恐怖主义法》、中央综治办等9部委《关于加强邮件、快件寄递安全管理工作的若干意见》以及中央综治办等10部委《关于加强物流安全管理工作的若干意见》(〔2015〕13号)精神,紧紧围绕社会治安防控体系建设,积极推进物流寄递渠道登记验视信息化,切实堵塞物流寄递行业安全监管漏洞,全面提高物品动态管控能力,大力提升物流寄递行业安全监管水平。

二、组织领导

成立全市物流寄递渠道登记验视信息化工作领导小组,市委政法委副书记、市综治办主任李华云任组长,市公安局副局长张武清、市综治办副主任王洪生、市交通运输委员会副主任李刚、市邮政管理局副局长冯国阳任副组长,市委宣传部、市公安局、市邮政管理局、市交通运输委员会、市工商局等相关单位任成员,共同负责推动物流寄递渠道登记验视信息化工作的开展。领导小组下设办公室,办公室设在市公安局,由市公安局治安支队副支队长霍河山担任办公室主任,负责物流寄递渠道登记验视信息化建设的协调、指导、督导等工作。

三、物流寄递登记验视信息化的概念、我市信息采集模式和采集标准要求

(一)基本概念

物流寄递渠道是指基于物流企业、邮政企业、快递企业在寄递服务活动形成的信息和实物传递渠道。物流寄递渠道登记验视信息化是指利用信息化手段,将寄收件人及寄递物品的相关信息进行采集,并通过网络传输到公安机关信息系统后台,落实物流寄递渠道实名登记和收寄验视两项制度的信息化系统。

(二)信息采集模式

利用下载物流寄递渠道登记验视APP软件的手机或"巴枪"采集设备(以下统称"信息采集设备")进行信息采集。

(三)信息采集的标准和要求

1.统一技参术标准。省公安厅建立全省物流寄递渠道登记验视信息后台数据库,各物流寄递企业自主或联合开发物流寄递渠道登记验视APP软件,采集信息所用手机必须为带有nfc功能的智能手机。各物流寄递企业员工收寄物品时,通过"信息采集设备"实时采集相关信息,并同步向省公安厅数据库传输。

2.确保信息安全。"信息采集设备"自动读取加密身份证信息传输至省公安厅后台解码,确保收寄员工无法在信息采集设备留存和获取用户信息,加强信息传输和信息储存安全,互联网服务上不存留个人敏感信息。物流寄递企业员工不得采用任何手段截留和泄露客户信息,确保公民身份信息安全。

3.规范信息采录。统一全市采集信息数据格式,采集内容为:读取加密的寄件人身份证信息;录入物品寄递单号、寄件人手机号码、收件人手机号码、寄往城市和身份证照片、开包验视照片等数据项;同时提取采集设备自动记录的寄件位置GPS定位信息、寄件时间、揽件人标识等信息。

四、职责分工

(一)市综治办

组织领导全市物流寄递安全工作领导小组成员单位及全市物流寄递企业,推进物流寄递渠道登记验视信息化工作。协调相关部门、网络运营商及企业,全力支持物流寄递渠道登记验视信息化工作。制定考核标准,加强对登记验视信息化工作的考核力度,强化考评推动。

(二)市委宣传部

加大物流寄递行业实名制等各项宣传力度。依托广播、电视、报纸、互联网等等窗口阵地,最大限度的扩大宣传面,力求做到家喻户晓、人人皆知,为实行物流寄递实名信息化登记工作奠定良好的社会基础。同时加强宣传对企业违规违法的查处,达到震慑效果。

(三)市公安局

1.在综治办的领导下,加强对物流寄递渠道登记验视信息化工作的协调、督导、考评推动等工作。

2.协助市邮政管理局、市交通运输委员会加强对网点的日常检查,督促落实登记验视信息化的应用。

3.完成物流寄递渠道登记验视信息化后台的建设,确保采集信息及时、准确、有效上传和存储,加强信息分析研判,达到实战应用目的。

4.加强对物流寄递企业日常治安管理,对内部安全防范措施不力、存在安全隐患的企业依据《治安管理处罚法》、《企业事业单位内部治安保卫条例》等法律法规从严处罚;对利用物流寄递渠道进行违法犯罪的活动进行严厉打击,确保物流寄递渠道的安全。

(四)市邮政管理局

1. 对全市各寄递企业、营业网点进行网格化排查,切实摸清底数、建立台账,加强管理。

2. 指导企业做好登记验视信息化工作的动员、教育和培训,督促企业安装、使用相关软件,全力推进寄递企业登记验视信息化工作。

3. 严格监督寄递企业落实实名登记、收寄验视制度,准确、及时、高效进行信息采集和传输,督促企业登记验视信息采集率、准确率、上传率逐步达到100%。

4. 督促指导寄递企业严格落实可疑情况报告制度,对发现邮寄禁寄物品的或相关可疑线索的,要立即报告公安机关。

5. 积极会同工商等相关部门,对无证经营的企业、网点依法查处或予以取缔;对违反上述规定的企业,充分运用《中华人民共和国邮政法》、《中华人民共和国反恐怖主义法》等相关法律法规严厉处罚,构成犯罪的移交公安机关。

(五)市交通运输委员会

1. 对全市各物流企业、营业网点进行网格化排查,切实摸清底数、建立台账,加强管理。

2. 指导企业做好登记验视信息化工作的动员、教育和培训,督促企业安装、使用相关软件,全力推进寄递企业登记验视信息化工作。

3. 严格监督物流企业落实实名登记、收寄验视制度,准确、及时、高效进行信息采集和传输,督促企业登记验视信息采集率、准确率、上传率逐步达到100%。

4. 督促指导物流企业严格落实可疑情况报告制度,对发现运输禁寄物品的或相关可疑线索的,要立即报告公安机关。

5. 积极会同工商等相关部门,对无证经营的企业、网点依法查处或予以取缔;对违反上述规定的企业,充分利用《中华人民共和国反恐怖主义法》、《道路货物运输及站场管理规定》等相关法律法规严厉处罚,构成犯罪的移交公安机关。

(六)市工商局

配合市交通运输委员会、市邮政管理局对无证经营的物流、寄递等企业、经营网点依法进行取缔。

五、实施步骤

(一)制定方案,成立机构。9月20日前,组织召开全面推进物流寄递渠道登记验视信息化工作会议,制定下发《郑州市全面推进物流寄递渠道登记验视信息化工作方案》,成立领导小组和相应机构,在全市进行动员部署。

(二)调查摸底,澄清底数。9月20日至10月31日,在市综治办的领导下,市邮政管理局、市交通运输委员会对全市物流寄递企业、各营业网点进行网格化排查,切实摸清底数、建立台账,加强管理。10月底前,各级政府各单位要完成物流寄递行业基础排摸,结合实际确定系统建设模式,报市物流寄递渠道登记验视信息化工作领导小组办公室备案。11月15日之前,市邮政管理局、市交通运输委员会将底数台账上报郑州市领导小组办公室。

(三)各负其责,全面推广。11月1日至12月20日,市邮政管理局、市交通运输委员会结合工作实际,制定工作进度,细化工作措施,强力推广物流寄递渠道登记验视信息化工作。完成全市物流寄递企业的物流寄递渠道登记验视信息APP的推广使用工作,全面落实信息上传工作。11月15日起至12月底,市委宣传部要不间断地组织媒体,加大物流寄递行业实名收寄、开包验视等工作的宣传力度,力求做到家喻户晓、人人皆知,引导群众自觉配合物流寄递企业进行登记验视信息采集工作。

(四)验收巩固,总结评比。12月21日至12月31日,各单位进一步完善优化系统建设,落实常态严管措施,巩固提升物流寄递渠道登记验视信息化水平。市物流寄递渠道登记验视信息化工作领导小组牵头,对各单位建设情况进行验收评比,总结巩固好的经验和做法,纳入全市综治考核,对推广力度大、各项工作落实到位的单位进行表彰奖励,对工作棚架、没有完成任务的单位进行通报批评,并扣除相应的分值。

六、工作要求

(一)加强组织领导。郑州市成立全市物流寄递渠道登记验视信息化工作领导小组,各县(市)区均要成立相应机构,确定专人,明确职责,全面推动工作落实。各有关部门要将物流寄递渠道登记验视信息化工作列入重要议事日程,迅速启动,周密部署,狠抓落实。

（二）健全工作机制。建立健全信息采集、保护、互通共享等工作机制。建立健全物流寄递渠道安全监管协作配合机制，形成物流寄递行业安全监管联动格局。各级各有关部门、物流寄递企业要加强联系沟通和统筹协调，形成合力、整体推进。

（三）加强宣传培训。综合运用电视、广播、网络等传统和新兴媒介，加大舆论宣传力度，进一步提高公众对物流寄递渠道实名登记、开包验视以及信息采集相关工作的知晓率、认知度。加强对物流寄递企业和从业人员开展物流寄递安全以及登记验视信息化系统应用的业务技能培训，相关法律法规培训，提高系统应用的熟练度。

（四）强化检查督导。各级职能部门要通过联合督察、暗访突查、问题通报、媒体曝光、挂牌整治等方式，全面推动物流寄递渠道登记验视信息化工作落实。对检查发现的问题，由邮政管理部门、市交通运输委员会督促物流寄递企业逐条倒查责任，逐条整改处理。对未按信息化要求落实物流寄递渠道实名登记、开包验视的，依法对物流寄递企业、直接负责的主管人员和其他直接责任人员给予处罚。对涉嫌违法犯罪的，移交公安机关依法处理。

（五）加强信息上报。领导小组成员单位于11月10日前上报此项工作联系人及联系方式。自11月18日起至12月20日，每周五上午12时前上报本单位工作进度和工作开展情况（表格附后，略）。

联系人：吴浩然、徐军杰

联系电话：69623730　69623729

邮箱：zzjjL2007@126.com

洛阳市2015年电子商务与物流快递协同发展试点城市工作实施方案

（2016年1月22日洛阳市人民政府办公室印发　洛政办〔2016〕7号）

为解决电子商务发展的“瓶颈”问题，推进洛阳市电子商务与物流快递协同发展，根据《中华人民共和国财政部办公厅、中华人民共和国商务部办公厅、国家邮政局办公室关于开展2015年电子商务与物流快递协同发展试点有关问题的通知》（财办建〔2015〕75号）精神，结合我市实际，制定本方案。

一、总体思路

以党的十八大和十八届三中、四中、五中全会精神为指导，认真贯彻落实中央及国家相关部委系列文件精神，以丝绸之路经济带建设为契机，以国家电子商务示范城市建设为依托，坚持政府引导和市场主导相结合，以试点企业为主体，以试点项目为载体，以现代化信息技术为支撑，先行先试、创新机制、科学布局、整合资源，着力解决电商物流快递网络规划、园区建设、通道拓展、末端配送、信息互联互通、行业人才培养、产业融合发展等行业发展瓶颈，建立适应电子商务快速发展的物流快递管理制度和服务体系。

二、试点目标

通过加大基础设施投入，推广现代物流快递技术应用，拓展物流快递网络通道，优化末端配送网点布局，建设物流快递公共信息和配送平台，探索政策创新、制度创新，改革管理方式，推动电商物流快递经营模式创新，实现物流快递规划布局科学化、基础设施公益化、信息平台开放化、车辆通行便捷化、人才培养多样化、产业发展融合化，培育壮大一批辐射范围广、服务能力强的电商、物流、快递企业，初步形成一批运行规范有序、公共属性较强的电商物流快递示范项目，形成促进我市电子商务与物流快递协同发展的良好格局。

到2016年底，启动2个以上电商物流快递园区的规划建设，建成快递业生产安全监管中心，新增或更新符合国家相关标准的物流快递汽车及电动配送车辆100辆以上，实现100辆统一标识快递车辆市区便利通行，累计完成快递职业技能鉴定2000人，新建或改建标准化快递营业网点50个、智能快件箱50组、“网订店取”等快递综合服务站10个，城市电商物流快递公共信息服务平台上线运营。

三、主要任务

（一）完善电商物流快递规划

制定洛阳市电子商务物流快递规划，并纳入洛阳市"十三五"物流快递规划，科学规划"两中心一网络"，即：物流分拨中心、快递集散中心、末端配送网络。加强专项规划与城市总体规划及控制性规划的衔接，进一步优化电商物流快递空间布局，并在每年实施计划中落实物流快递基础设施建设用地。

责任单位：市商务局、市邮政管理局、市发展改革委、市国土资源局、市交通运输局、市城乡规划局，各县（市、区）政府

（二）加快电商物流快递园区建设

1. 在机场、铁路、绕城高速及其周边沿线推动2—3个电商物流快递园建设，鼓励传统物流园区按照电商物流快递发展要求更新改造仓储、分拣等设施设备，提供集中仓储、集中分拣、快速集散、统一配送的仓配一体化服务。加快园区内部企业运输线路整合，引进交通、公安、工商、金融、保险等机构入驻园区，为企业提供"一站式"服务。

2. 鼓励物流快递企业新技术的运用，对快件处理流水线、配送管理系统、快件收发人员手持设施等进行信息化改造提升，实现快件的精准管理和快速准确配送，降低配载车辆回空率。

责任单位：市商务局、市邮政管理局、市国土资源局、市城乡规划局，市工商局、各县（市、区）政府

（三）拓展电商物流快递对外通道

鼓励本土物流快递企业向外扩展，支持物流、快递企业合作，利用航空、铁路和公路网络，发展面向国内外的电商快运通道。支持本土电商企业在全球布局海外仓，开展B2B、B2C跨境出口业务。借助郑州国际邮件互换局、郑州航空港的优势，建设快件处理绿色通道，将洛阳打造成为中西部速度快、成本低的快递枢纽城市。

责任单位：市邮政管理局、市商务局、市交通运输局

（四）保障快递车辆便捷通行

1. 出台城市配送车辆标识管理办法和便利通行政策。对喷涂快递服务专用标识的新能源快递配送车辆，在办理通行证、规划通行区域等方面优先、适当放宽。实行总量控制，干线快递配送车辆按有关规定实行通行证管理。

2. 统一城市配送车辆标准，根据《快递专用电动三轮车技术要求》（YZ/T 0136—2014），确定适合末端配送的车型，引导物流快递企业加快车辆更新。

3. 推广使用新能源车辆，按照国家同期补贴标准对新能源汽车推广应用予以配套补助，物流快递企业新增或更新车辆中新能源汽车占比不低于30%。支持充电桩建设，对充换电实行优惠收费，鼓励新能源汽车废旧电池回收再利用。

责任单位：市邮政管理局、市工业和信息化委、市公安局、市财政局、市交通运输局、市商务局、市城乡规划局

（五）优化城乡末端配送网络

1. 优化快递网点备案工作流程，支持品牌快递企业按照《快递营业场所技术规范》建设改造标准化快递营业网点。鼓励有条件的快递企业将网点延伸至乡镇，在现有供销社、客（货）运站、村邮站、邮政便民服务网点以及"万村千乡"等平台搭载快递服务，建设乡镇快递末端服务网点。简化快递末端网点准入手续，允许快递末端服务网点边申报边建设，待验收合格后办理登记备案手续。

2. 创新配送和收发件模式，结合商业中心、大型社区、产业园区等布局建设电商物流快递服务网点。在社区、校区、医院、机关事业单位大面积推广应用公用型智能快件箱，研发试点智能冷藏包裹箱。建立末端服务代理网点甄选标准和服务规范体系，推动快递企业与物业公司、便利店等开展合作，推行网订店取、店内寄件，将物业公司、便利店发展成为快递公司的小区分拣站和个人客户的小区中转站。指导快递企业和高校整合资源，推进校园快递服务中心建设。

责任单位：市邮政管理局、市住建委、市商务局、市教育局、市卫计委、市农业局、市供销社、市工商局，各县（市、区）政府

（六）强化物流快递信息系统支撑

1. 鼓励电商物流、快递公共信息服务平台、社区电商综合服务平台、终端物流快递软件系统等信息化建设，打造智能物流快递体系，实现电商、快递、用户、政府信息资源共享。

2. 探索建设集"数据采集、信息互联、政府监管"于一体的城市电商物流快递公共信息服务系统，通过搭载快递末端网点备案登记电子地图系统、快递末端网点收投终端系统、数据信息采集交换系统、快

递车辆GPS定位系统、收寄验视信息监管系统及远程视频监控系统等六个系统，衔接用户、电商、快递等各个环节，实现"用户、电商、快递服务企业、快递末端网点"等多方信息的汇总与共享，支撑政府部门实现"引导与调控"的功能。

责任单位：市邮政管理局、市商务局、市工业和信息化委

（七）加大物流快递人才培养

1.积极开发洛阳市大中专院校资源。协调推动校企合作，建设物流快递行业人才培养基地，搭建政府、企业、院校联系沟通和合作发展平台，推动建立以政府为主导、企业为主体、院校为支撑的人才培养体系，加快行业中、高级人才培养，打造多层次物流快递人才队伍。

2.在大中专院校建立校园快递服务站，提供实习基地，打造集学生实习、就业和创业于一体的实训平台，缓解高校就业压力，有效加快快递人才的培养的校企合作。

责任单位：市邮政管理局、市教育局、市人力资源和社会保障局、市商务局

（八）促进电商物流快递融合发展

1.鼓励本土电商企业与物流快递企业建立长期合作关系，实现系统对接、信息交换和数据接口标准的统一。支持快递企业与电子商务企业共同开发运用物联网相关技术，加快推广无线射频识别、导航定位、商品服务追溯等创新应用。

2.支持传统物流快递企业拓展和参与电商平台运营，创新思维方式和运营模式，加快报关、货代等传统业务由线下转为线上，建立规模化、专业化渠道控制体系。鼓励快递企业开发应用网络在线工具，推进快递解决方案与网络零售业务流程的融合。

3.协调电商平台和物流快递企业的深度合作，全面提升电商、物流快递的服务效率，实现优势互补、资源共享，共同提高市场风险防范能力和市场竞争力。

责任单位：市商务局、市邮政管理局

四、实施步骤

洛阳市开展电子商务与物流快递协同发展试点共分为四个阶段进行：

第一阶段：启动筹划阶段

1.2015年5月，开展电子商务与物流快递协同发展试点前期基础情况调研。

2.2015年11月前，草拟实施方案。

第二阶段：试点推进阶段

2015年12月，制定实施方案，按照实施方案确定的任务目标，全面推进电子商务与物流快递协同发展试点建设的各项主要任务。

第三阶段：项目申报阶段

1.2016年3月前，符合条件的单位（企业）向试点工作领导小组办公室申报项目；领导小组各成员单位按照分工，对申报项目进行调研指导。

2.2016年6月前，组成专家组会同相关部门对项目进行辅导、跟踪、评审，公示评审结果。

第四阶段：项目验收总结阶段

1.2016年10月前，对经公示无异议的项目由省、市两级进行验收。

2.2016年12月前，下达项目扶持资金，总结试点工作经验。

五、实施保障

（一）强化组织领导。成立洛阳市电子商务与物流快递协同发展工作领导小组，市长任组长，分管领导任副组长，市财政局、市商务局、邮政管理局等部门为成员单位（名单见附件），领导小组办公室设在市商务局。领导小组负责试点工作中重大事项的决策和部署，领导小组办公室负责日常综合协调、行业规范、运行监管、督查检查等方面工作。

（二）强化规划引领。启动编制《洛阳市电子商务物流快递发展规划》、《洛阳市邮政业"十三五"规划》、《洛阳市中心城区邮政设施布局专项规划》，将专项规划有关内容纳入城市总体规划，引导物流快递项目合理布点，实现干线运输与城市配送的有效衔接，服务电商物流快递协同发展。

（三）强化资金支持。中央补助资金全部用于支持建设改造城市电商物流快递公益性基础设施、公益性信息服务系统、大型物流快递企业更新改造末端配送车辆。制定《洛阳市电子商务与物流快递协同发展专项资金管理办法》，建立资金拨付使用监管机制和绩效评估体系，通过竞争性分配、项目招标、联合申报等多种形式，加强监督管理，支持电子商务与物流快递协同发展体系设施建设，保证财政资金使用安全、效果明显。

(四)强化部门责任。各责任单位要按照职责分工,抓紧落实电子商务与物流快递协同发展的具体措施和办法,细化落实年度工作计划。在推进过程中,要不断总结经验,针对遇到的困难和问题,积极主动加强联系沟通,争取上级的支持和指导,确保各项工作顺利推进。切实发挥电子商务、物流快递等行业协会管理职能和作用,加强调查研究、提供政策建议、做好企业服务、开展合作交流,引导企业诚信经营,规范市场秩序,维护行业利益,形成政府部门、协会与企业之间的良性互动机制。

(五)强化舆论宣传。充分发挥新闻媒体的作用,大力宣传我市在推进电子商务与物流快递协同发展试点工作的经验做法和先进典型,创造良好的舆论氛围。

附件:洛阳市2015年电子商务与物流快递协同发展试点工作领导小组成员名单(略)

洛阳市人民政府关于促进快递服务业发展的意见

(2016年8月16日　洛政〔2016〕44号)

各县(市、区)人民政府,市人民政府各部门,各有关单位:

为进一步加快我市快递服务业发展,促进快递服务业与电子商务、制造业等相关产业协同发展,根据《河南省人民政府关于促进快递服务业发展的意见》(豫政〔2014〕47号)精神,结合我市实际,提出以下意见:

一、总体要求

(一)重要意义

快递服务业是服务业的关键产业,是代替传统流通方式、刺激消费升级的现代产业,是物流领域的先导性、领导性产业,是集信息交流、物品递送、资金流通等多种功能于一体的高成长复合型新兴服务业,具有促进商品流通能力强、拉动居民消费作用大、吸纳就业人数多、涵盖生产生活领域广等特点,在方便群众生活、服务社会生产、助推经济发展等方面发挥着越来越重要的作用。近年来,我市经济规模不断扩大,对外经贸往来日益密切,电子商务、网络购物等新型服务业态发展迅猛,区域间信息交流、物品递送和资金流通等活动日趋频繁。加快促进快递服务业发展,有利于充分发挥洛阳市区位、交通、人力、市场等优势,培育打造新的经济增长点,提升现代服务业发展水平,对推动产业结构战略性调整、促进全市经济持续较快发展具有重要意义。

(二)指导思想

以党的十八大和十八届三中、四中、五中全会精神为指导,紧紧围绕国家电子商务示范城市和中原经济区副中心城市建设,以企业为主体,以市场为主导,充分发挥政府的引导和扶持作用,加快建成高效便捷、规范有序、服务优质的快递服务体系,全面提高我市快递服务业发展水平,提升和发挥其在服务经济社会发展和民生改善方面的地位和作用。

(三)基本原则

1. 统一开放,有序竞争。依照《中华人民共和国邮政法》、《快递业务经营许可管理办法》(中华人民共和国交通运输部令2009年第12号)等法律、法规,依法向国有、民营、外资企业开放快递业务经营许可,加快构建统一、开放、竞争、有序的市场体系。

2. 市场主导,创新驱动。坚持市场化运作,突出快递企业市场主体地位,发挥市场配置资源的决定性作用。坚持创新驱动,鼓励快递企业机制、技术和服务模式创新,增强企业内生发展动力,实现速度与质量同步提升。

3. 规划引导,政府扶持。加强对快递服务业发展重大问题的研究,做好快递服务业发展规划与经济发展规划以及城乡发展、综合交通等专项规划的衔接工作,为快递服务业持续、健康、有序发展提供科学指导。强化政府对快递服务业发展的政策性引导,在行政许可、财政、税费、土地等方面给予支持,营造良好发展环境。

4. 产业融合,协同发展。充分发挥快递服务业的终端配送优势,推动快递服务业与上下游产业及关联产业深度融合、协同发展,促进商品流、资金流、信息流"三流合一",实现产业链、供应链和服务链一体化整合。

5. 加强监管，规范发展。加强快递服务市场监管，依法规范快递企业经营服务行为，创造良好发展环境，维护市场秩序，保障快递服务质量和安全。

（四）主要目标

到2016年底，实现以下目标：启动2个以上电商物流快递园区的规划建设，建成快递业生产安全监管中心，新增或更新符合国家相关标准的物流快递汽车及电动配送车辆100辆以上，实现100辆统一标识快递车辆市区便利通行，累计完成快递职业技能鉴定2000人，新建或改建标准化快递营业网点50个、智能快件箱50组、"网订店取"等快递综合服务站10个，城市电商物流快递公共信息服务平台上线运营。

到2020年底，实现以下目标：枢纽地位显著提升。依托高速、高铁和航空多式联运，打造高效运输网络，把洛阳建设成为中部重要的快递运输节点城市。总体指标位居全省前列。全市快递业务年收入达到18亿元；业务量达到1.5亿件；行业从业人员达到25000人。服务能力显著增强。人民群众使用快递服务的总体满意度达到90%以上，快件丢失损毁率降低到0.035‰以下。生产水平快速提升。快递行业信息化和自动化水平显著提升，快递企业管理能力和服务质量明显提高。

二、主要任务

（一）促进企业转型升级

引导快递企业优化股权结构，完善公司治理体系，建立现代企业制度，提升企业竞争能力，着力培育一批服务水平高、竞争力强的现代快递企业。指导快递企业之间资源共享，相互融合、共同发展，增强全市快递服务综合实力。推动快递企业依靠金融、科技、人才、服务等要素竞争发展，向综合物流快递服务商转型。

（二）促进产业联动发展

推进快递服务业与工业、商贸、电子商务、交通、仓储、通信、信息、金融业密切联系和融合，提高综合服务能力。鼓励快递企业为工业生产企业、商贸企业定制服务流程，提供产品销售寄递配送服务、售后物流服务和反向物流服务，提供分布式仓储、分装、分拨、配送、代收货款等一体化服务。

（三）构建优质高效的快递服务体系

推进快递服务规模化、品牌化、网络化经营，健全快递网络覆盖面。鼓励快递企业丰富产品类型，合理规划投递路线，科学安排投递时间和频次，满足用户的多样化需求。健全快递城市配送网络，改善快递运输环境，破解末端快递服务难题，确保通行渠道畅通。统一快递车辆品牌标识，规范人员着装，提高快递服务质量，提升行业形象。

（四）强化企业科技应用

支持快递服务信息化建设，推动重点品牌快递企业提升智能化运作水平，提高信息技术应用水平。推进企业信息系统开发应用和改造升级，实现快件处理流水作业、集装化运输，推广使用电子面单，普及无线手持终端。

（五）保障行业安全

健全寄递渠道安全工作机制，加强寄递渠道安全监管，完善应急管理机制，确保快递服务业稳定、安全、有序发展。建立常态化安全检查制度，加强重点单位、重要部位、重点地区安全防范工作，做好重大活动期间寄递渠道安全保障。严格执行收寄验视、实名登记、过机安检三项安全制度，落实企业安全生产主体责任，加强从业人员安全培训，堵塞寄递渠道安全漏洞，提高行业安全发展水平。

三、保障措施

（一）加强协调领导

建立政府牵头、相关单位共同参与的促进快递服务业发展的协调工作机制，密切跟踪快递发展动向，对快递业发展中出现的新问题及时进行深入研究，适时出台相关政策引导行业发展，切实破解制约我市快递服务业发展的"瓶颈"问题。

（二）加强规划编制

在制定国民经济和社会发展规划以及交通运输、服务业等专项规划时，把快递服务业纳入其中。市邮政管理部门依据国民经济和社会发展规划、本级城乡规划、土地利用总体规划和交通运输服务业发展规划，组织编制快递服务业发展规划，合理安排城乡快递服务网点和快件处理中心、集散中心等快递服务基础设施建设布局，预留快递服务业发展空间。鼓励和引导快递企业加快在社区、校区、商业区等公共场所设置智能快件箱等自取服务设备，引导社会资源参与快递末端设施建设，提高投递效率。

（三）保障土地供给

将快递服务业发展纳入经济社会发展规划，快递服务业用地布局要与土地利用总体规划相衔接，按照“企业集中布局、产业集群发展、资源集约利用、功能集合构建”的原则，统筹考虑快递服务基础设施布局规划，妥善安排电子商务快递物流园、快递网络重要节点、营投网点等基础生产服务设施的用地，切实保障土地供给。以2015年洛阳市电子商务与物流快递协同发展试点城市建设为契机，利用政策和资金引导，支持快递企业入驻物流园区，在园区内设置大型快递分拨中心、电子商务仓储中心，通过建设园区基础设施，推动实现产业集聚、功能集成和经营集约，积极打造快递服务集聚示范区。

（四）加强财政支持

市政府统筹使用政策性资金，对具有重大社会公共效益的快递服务基础设施和技术服务创新项目给予补助和贴息扶持。支持符合条件的重点快递建设项目申请市服务业发展引导资金或物流业发展专项资金等。

支持快递企业推广使用符合国家要求的纯电动邮件、快件收投专用车，并给予财政补贴支持。对快递企业通过设计和创新为工业生产企业、电子商务企业构建专用业务平台、跨行业对接信息系统、推广应用快件自动分拣、物联网等新设备、新技术加大支持力度。

落实国家鼓励类服务业收费价格政策，快递企业用地、用水、用电、用油、用气、用热实行与工业企业基本同价政策。

（五）落实税收政策

结合营业税改增值税改革进程，简化快递服务企业发票领用程序，满足合理用票需求。落实国家服务业领域有关税收优惠政策，特别是落实小微企业税收优惠。对快递企业投资购置使用环境保护、节能节水、安全生产等专用设备，按国家有关规定落实税收抵免政策。

（六）加大金融扶持

加大对快递企业的金融支持力度，引导金融机构增加对骨干网络快递企业的授信额度，扩大贷款规模，在国家允许贷款利率浮动幅度内给予一定的利率优惠。对信誉良好、经营规范、效益明显的快递企业，各类金融机构要加大信贷投入比重，实行适应民营快递企业特点的信用评估和授信制度，大力推进适应民营快递企业需求的信贷产品创新和金融服务创新。鼓励各类创业投资机构和融资担保机构对快递企业开展业务，扩大快递企业贷款抵（质）押品范围，拓宽融资渠道。鼓励快递企业引入第三方保险机制，增强保险意识，利用保险机制防范化解经营风险。引导保险公司开发快件保险产品，对快递物品价值超过一定额度的，鼓励寄件人自愿购买快件保险或保价。

（七）实现投递资源共享

政府有关部门确定的城镇街道标准地名，对单位和居民住宅设置的门牌号码，以及其他涉及快递服务的公共信息资源发生变更的，有关部门应当及时通知邮政管理部门，并为快递企业提供方便、高效的查询服务。机关、企事业单位、社区、高等院校应当为快递企业投递快件提供通行、车辆临时停放、派送等便利条件，单位收发室应向快递企业开放。鼓励快递企业因地制宜，与机关、学校、连锁商业机构、社区服务组织以及专业第三方企业开展多种形式的投递服务合作，提高“最后一公里”服务质量。

（八）保障快递便捷通行

规范快递车辆运营管理。快递城市运输车辆和收投服务车辆要统一企业品牌标识，并依法开展运输和投递工作。对快递企业选择使用新能源汽车和清洁能源汽车作为城市快件运输和收投服务工具的，交通运输部门和公安交通管理部门要尽量放宽投放数量限制。在不影响安全和畅通的前提下，公安交通管理部门和城市管理部门要为承担快件运输和投递任务的车辆通行和临时停车作业提供便利。除早晚高峰时段，确需在城区营业门店前停车的，在不影响交通、驾驶员不离开车辆的前提下，可短时间内临时停放。快递车辆发生轻微交通事故的，适用简易程序处理后及时放行；发生一般以上交通事故的，不扣留事故车辆所载快件，及时通知相关快递企业转运处理。

（九）强化人才支撑

加快快递企业从业人员的培养，大力推进校企合作，探索建立职业教育、高等教育和职业培训鉴定相衔接的教育培养模式。职业技术学院等院校可开设快递物流专业课程，培养快递物流专业技术人才。积极对进城务工、下岗人员开展相关技能培训，为快递业培养合格人才。

（十）强化市场监管

加强对快递市场的规范治理，严格落实收寄验视、实名收寄、过机安检三项安全制度，坚决查处未经许可擅自经营快递业务、野蛮分拣、泄露用户信息、严重损害用户利益等危害寄递渠道安全的违法行为。净化并营造公平竞争的市场环境。加强行业安全监管和应急体系建设，有效应对各种突发事件和自然灾害。畅通用户申诉渠道,妥善解决用户申诉的问题。依法维护国家利益和公共安全,保障消费者和经营者的合法权益。

三门峡市邮政管理局关于促进快递服务业发展意见的通知

(2016年7月10日三门峡市邮政管理局制订
2016年7月20日三门峡市人民政府办公室转发　三政办〔2016〕36号)

为加快全市快递服务业发展,推进产业结构优化调整,根据《河南省人民政府关于促进快递服务业发展的意见》(豫政〔2014〕47号)精神,结合我市实际,现提出如下意见。

一、总体要求

(一)重要意义

快递服务业是集信息交流、物品递送、资金流通等多种功能于一体的高成长复合型新型服务业,具有促进商品流通能力强、拉动居民消费作用大、吸纳就业人数多、涵盖生产生活领域广等特点,在方便群众生活、服务社会生产、助推经济发展等方面发挥着越来越重要的作用。加快发展快递服务业,对满足群众不断提升的用邮需求,培育打造新的经济增长点,促进全市经济社会发展具有重要意义。

(二)指导思想

以党的十八大和十八届四中、五中全会精神为指导,以“互联网+快递”为发展方向,充分发挥政府的引导和扶持作用,培育壮大市场主体,加快建成高效便捷、规范有序、服务优质的快递服务体系,全面提高全市快递服务业发展水平,提升和发挥其在服务经济社会发展和民生改善方面的地位和作用。

(三)发展目标

到2020年,全市快递服务业发展要努力实现以下目标:

1.市场规模不断扩大。全市快递业务收入达到3.5亿元,业务量达到2300万件,年收入达到5000万元的企业3—5家,行业从业人员达到3000人以上。

2.服务能力持续增强。快递终端服务网点遍布城乡,网点布局更加合理;快递网点进社区和“快递下乡”工程得到有效落实;重点网络型品牌快递企业乡镇覆盖率达到100%;全市行政村快递服务基本覆盖。快递服务业“三化(营业场所标准化、分拨中心规范化、作业流程制度化)”建设达标率100%。全市快递业务员持证上岗率不低于80%。

3.服务质量稳步提升。快递服务公众满意度达到80分以上,申诉处理满意率达到95%以上,快递全程服务逾限率降低到5%以下,快件丢失损毁率降低到0.035‰以下。

4.科技水平显著提高。快递业信息化水平、标准化水平、运行维护能力大幅提高。自动化分拣技术、无线传输技术、车辆运输跟踪定位技术、影像监控技术等得到广泛应用。

二、主要任务

(一)促进企业转型升级。引导快递企业通过股份制改造、兼并、重组等方式,优化股权结构,完善公司治理结构,建立现代企业制度,提升企业竞争能力,着力培育一批服务水平高、竞争力强的现代快递企业。鼓励快递企业之间资源共享,发挥整体竞争优势,相互融合、共同发展,增强全市快递服务综合实力。推动快递企业由价格竞争向服务品质竞争转变,由依靠资金、低成本劳动力发展向依靠科学技术和高素质人才持续发展转变,由单一快递服务领域向多元化综合服务领域拓展,积极向综合快递物流服务提供商转型。

(二)促进产业联动发展。推进快递服务业与工业、商贸、电子商务、交通、仓储、通信、信息、金融业密切联系和融合,充分利用综合交通资源和通信、信息、仓储、金融等服务工具,提高综合服务能力。引导快递企业与电子商务企业深度合作,促进线上线下互动创新,共同发展体验经济、社区经济、逆向物流等便民利商新业态。支持快递企业加强与农业、供销、商贸企业的合作,打造“工业品下乡”和“农产品进城”双向流通渠道,下沉带动农村消费。积极参与涉农电子商务平台建设,构建农产品快递网络,服务产地直销、订单生产等农业生产新模式。鼓励快递企业为工业生产企业、商贸企业定制服务流程,为企业提供产品销售寄递配送服务、售后物流服务和反向物流服务,为电子商务平台服务商、销售商提供分布式仓储、分装、分拨、配送、代收货款等一体化服务。支持电子商务销售商进入快递市场,为消费者提供电商快件寄递、配送服务。

(三)构建优质高效的快递服务体系。推进快递服务规模化、品牌化、网络化经营,扩大快递网络覆盖面。鼓励快递企业丰富产品类型,合理规划投递路线,科学安排投递时间和频次,满足用户的多样化需求。建立健全快递运输保障机制,规范寄递操作行为,破解末端快递服务难题,确保通行渠道畅通。推动快递服务与综合交通运输体系资源优势互补,完善城市快递配送网络,改善快递运输环境。规范快递车辆标识与人员工作证件、服装等,提升行业形象。鼓励企业建立高于快递服务标准的企业服务标准,提供优质的承诺服务。

(四)提升企业科技应用水平。加大对快递服务信息化建设及新技术应用的支持力度,推动重点品牌快递企业加快技术进步,提升信息化管理与智能化运作水平。推进企业信息系统开发应用和改造升级换代,提高自动传输和分拣设备及信息技术应用水平,提高企业信息化水平。鼓励快递企业增加投入,采用先进技术和设备实现企业改造升级。推动企业在服务质量、人员管理、设施设备、网点建设和操作流程方面全面落实国家相关标准。实现快件处理流水作业、集装化运输,所有快件实现网上信息上传、归档、查询及投诉受理,普及收派件手持终端。

(五)保障行业安全。实施寄递渠道安全监管"绿盾"工程,落实邮政业安全生产设备配置规范等强制性标准,明确收寄、分拣、运输、投递等环节的安全要求。落实快递企业和寄件人安全责任,完善从业人员安全教育培训制度,筑牢寄递渠道安全基础。积极利用信息技术提升安全监管能力,完善快递业安全监管信息平台,健全信息采集标准和共享机制,实现快件信息溯源追查,依法严格保护个人信息安全。健全寄递渠道安全工作机制,建立常态化安全检查制度,加强重点单位、重要部位、重点地区安全防范工作,做好重大活动期间寄递渠道安全保障。严格执行收寄验视制度、完善应急管理机制,坚决防止禁寄物品进入寄递渠道,维护寄递渠道安全畅通。

三、保障措施

(一)加强协调领导。建立由政府牵头、相关单位共同参与的促进快递服务业发展的协调工作机制,密切跟踪快递服务业发展动向,对快递服务业发展中出现的新问题及时进行深入研究,适时出台相关政策引导行业发展。

(二)加强规划编制。在制定国民经济和社会发展规划以及交通运输、服务业等专项规划时,要把快递服务业纳入其中。将城乡快递服务网点和快件处理中心、集散中心等快递服务基础设施纳入本级城乡规划、土地利用总体规划,合理安排建设布局。鼓励和引导快递企业加快在社区、校区、商区等公共场所设置智能快件箱等自取服务设备,引导社会资源参与快递末端设施建设,提高投递效率。

(三)保障土地供给。在符合城乡规划、土地利用总体规划和行业发展总体要求的前提下,支持快递服务业发展用地需要,完善建设用地指标配置方式,支持盘活的存量土地用于快递服务业发展。鼓励快递企业利用工业企业厂房、仓库和存量土地资源,建设快递服务基础设施或提供快递服务。支持快递企业入驻物流园区,在园区内设置大型快递分拨中心、电子商务仓储中心,安排"电子商务—快递物流园",通过建设园区基础设施,推动实现产业集聚、功能集成和经营集约,积极打造快递服务集聚示范区。

(四)加大金融扶持。对信誉良好、经营规范、效益明显的快递企业,各类金融机构要加大信贷投入比重,实行适应民营快递企业特点的信用评估和授信制度,推进适应民营快递企业需求的信贷产品创新和金融服务创新。鼓励各类创业投资机构和融资担保机构积极面对快递企业开展业务,扩大快递企业贷款抵(质)押品范围,拓宽融资渠道。鼓励快递企业引入第三方保险机制,增强保险意识,利用保险机制防范化解经营风险。引导保险公司开发快件保险产品,对快递物品价值超过一定额度的,鼓励寄件人自愿购买快件保险或保价。

(五)落实财税政策。结合营业税改增值税改革进程,规范快递企业税务发票的发放,按国家规定落实公共服务业税收优惠政策,减轻快递企业税负。对快递企业投资购置并实际使用的环境保护、节能节水、安全生产等专用设备,按国家有关政策落实税收抵免政策。快递服务用电、用气、用水、用热执行与工业同价政策。快递车辆选用新能源汽车,可按照国家相关规定享受补贴政策。对符合条件的小微快递企业,按照国家有关规定减免税费。

(六)实现投递资源共享。政府地名主管部门确定的城镇街道标准地名,对单位和居民住宅设置的门牌号码以及其他涉及快递服务的公共信息资源发生变更的,应当及时向社会发布地名信息,并为快递企业提供方便、高效的查询服务。支持机关、企事业单位、社区、高等院校为快递企业投递快件提供通行、车辆临时停放、派送等便利条件，鼓励单位收发室向快递企业开放。鼓励快递企业因地制宜，与机关、学校、连锁商业机构、社区服务组织以及专业第三方企业开展多种形式的投递服务合作，提高"最后一公里"服务质量。

（七）保障快递便捷通行。规范快递车辆运营管理，快递城市运输车辆和收投服务车辆要按照货运技术要求标准统一选型、统一标识，并依法取得道路货物运输经营许可。对快递企业选择使用新能源汽车和清洁能源汽车作为城市快件运输和收投服务工具的，交通运输部门和公安交通管理部门要尽量放宽投放数量限制。在不影响安全和畅通的前提下，公安交通管理部门和城市管理部门要为承担快件运输和投递任务的车辆通行和临时停车作业提供便利。快递车辆发生轻微交通事故的，适用简易程序处理后及时放行；发生一般以上交通事故的，不扣留事故车辆所载快件，及时通知相关快递企业转运处理。

（八）强化人才支撑。加快人才的培训，提高快递服务业员工专业技能和业务素质，逐步实现快递服务业从业人员全员持证上岗。积极开展职业技能培训，加快培养行业发展急需的高层次经营管理人才、专业技术人才和技术技能型人才。做好职业技能鉴定工作，加快开展快递业务员技术等级的职业技能鉴定，强力推进职业资格证书制度。对进城务工、下岗人员、大学生就业参加快递业务技能培训、享受社会保障等方面给予政策支持，帮助企业妥善解决进城务工人员在住房、医疗、子女入学等方面遇到的问题。大力推进校企合作，探索建立职业教育、高等教育和在职培训鉴定相衔接的教育培养模式。

（九）强化市场监管。充实监管力量，创新监管方式，强化事中事后监管，全面提升市场监管能力。加强对快递市场的规范治理，坚决查处未经许可擅自经营快递业务、野蛮分拣、泄露用户信息、严重损害用户利益、不执行收寄验视制度危害寄递渠道安全等违法行为，净化并营造公平竞争的市场环境。畅通用户申诉渠道，妥善解决用户申诉的问题。建立健全用户申诉与执法联动机制，依法查处违法违规行为，规范市场经营秩序。根据国家规定，强化实名收寄、收寄验视和过机安检等制度的落实。发挥行业自律和社会监督作用，利用企业信用信息公示系统和行业监管信息系统，建立违法失信主体"黑名单"及联合惩戒制度，营造诚实守信的市场环境。

周口市综治办等五部门关于做好全市快递配送车辆通行和停靠保障工作的通知

（2016年11月7日周口市综治办、周口市公安局、周口市交通运输局、周口市城市管理局、周口市邮政管理局印发　周综治办〔2016〕31号）

各县（市、区）综治办，市公安局、市交通运输局、市城市管理局、市邮政管理局：

为进一步提高城市快递配送水平，解决快递企业配送车辆通行、停靠等问题，促进我市快递服务业发展，更好地为广大群众提供快捷安全服务。根据《河南省邮政管理条例》第四十八条规定和交通运输部、公安部、国家邮政局等7个部门联合下发的《关于加强和改进城市配送管理工作的意见》（交运发〔2013〕138号）精神，现就做好我市快递配送车辆通行和停靠保障工作有关事项通知如下：

一要高度重视。快递行业是支撑全市制造业、电子商务和其他相关产业发展的重要力量，在完善城市配送体系、增拓就业市场、改善人民生活质量、促进市场经济发展等方面发挥着重要作用。各地各部门要从维护社会大局和谐稳定和保障民生的高度，充分认识服务保障邮政、快递工作的重要性和必要性，主动为快递配送车辆正常通行创造便利条件。

二要密切配合。各地综治部门要加强与公安、交通、城管等部门沟通协调，及时妥善解决快递配送车辆通行和停靠中存在的困难和问题，全力保障快递企业快件正常配送。各部门之间要相互配合，通力协作，为快递配送车辆营造良好的投递环境。

三要规范管理。市邮政管理局要加强对邮政、快递企业的教育和管理，要求从业人员统一着装并佩戴工号牌上路，严格遵守交通法规，自觉服从交警和城管人员的管理，树立快递行业的良好形象，为文明城市创建贡献力量。

17. 湖　北

湖北省邮政管理局、湖北省教育厅关于加快发展湖北邮政行业职业教育的实施意见

（2016 年 4 月 6 日　鄂邮管〔2016〕23 号）

各市（州）邮政管理局、教育局，有关企业和职业院校，其他有关单位：

为贯彻落实国家邮政局、教育部《关于加快发展邮政行业职业教育的指导意见》（国邮发〔2015〕253 号），充分发挥湖北省教育资源优势，加快推进全省邮政行业职业教育发展，更好地适应全省邮政行业改革创新、转型升级、提质增效，现就加快发展我省邮政行业职业教育提出如下实施意见。

一、总体要求

（一）指导思想

以邓小平理论、“三个代表”重要思想、科学发展观为指导，深入学习贯彻习近平总书记系列重要讲话精神，坚持以立德树人为根本，以服务行业发展为宗旨，以促进就业为导向，传承和弘扬行业优秀文化，高质量培养邮政、快递专业人才，为率先在中部建成与小康社会相适应的现代邮政业提供高素质技术技能人才支撑。

（二）发展目标

坚持产教融合、校企合作，工学结合、知行合一，坚持系统培养、统筹推进、协同发展的基本原则，到 2020 年，基本建成适应全省邮政行业转型升级和创新发展要求，中等职业教育、高等职业教育、应用型本科教育和专业学位研究生教育协调发展，学历教育与职业培训并重，产教深度融合，适应湖北邮政行业做大做强要求的现代邮政职业教育体系，造就一支素质高、能力强、数量足、结构优的现代邮政人才队伍。

（三）主要任务

邮政职业教育规模稳定增长。开设邮政、快递相关专业的院校数量基本满足行业发展需求，专业布局进一步优化；相关专业招生数量逐年提升，在校生规模显著扩大，与行业人才需求相适应。

邮政人才培养质量不断提升。创新专业人才培养模式，探索建设教学资源集约共享机制，推进师资队伍、实习实训基地和教材建设，使专业人才培养和产业实际需求相吻合，学生职业素养、技术技能水平和就业创业能力不断提高。

邮政从业人员素质明显提高。通过分类推进、立体培养，强化继续教育，推进从业人员学历层次和知识结构持续优化，具备职业资格的从业人员比例稳步提升。实现企业员工岗前培训、安全教育和职业道德教育全覆盖，从业人员职业素养和技术技能水平全面提升。

二、主要措施

（一）加强规划政策引领。将加快全省邮政行业职业教育发展纳入全省职业教育体系建设规划和邮政行业发展规划，纳入全省各地经济社会和教育事业发展规划，制定并落实全省邮政行业职业教育在专业建设、师资培养、招生就业、学生奖助等方面的优惠政策，形成政府部门、行业企业、有关院校三方联动推进全省邮政行业职业教育发展的长效机制。

（二）扩大人才培养规模。组建全省邮政行业职业教育集团，探索行业职业教育资源集约共享机制，形成以邮政快递专业为纽带、以优化职业教育资源配置为宗旨、以促进职业院校和行业企业紧密结合、优势互补、合作共赢为目的，由政府主导、行业指导、企业参与的职业教育办学联合体。职业院校要积极开设邮政、快递专业，并逐步扩大招生规模。力争在我省建成一至二个国家级邮政行业人才培养基地。鼓励社会资本开办设有邮政、快递专业的职业院校。

（三）加大邮政、快递相关专业设置支持力度。引导和支持职业院校设置邮政、快递相关专业，设置

邮政行业职业技能鉴定站的院校原则上应当开设邮政、快递专业。鼓励发展邮政、快递相关专业本科及研究生教育。引导和鼓励普通本科高校紧紧围绕行业转型升级需要，增设邮政、快递相关本科专业，培养应用型本科人才，并探索邮政、快递专业学位研究生教育。有关高校要强化相关学科建设，提升理论研究水平，为企业和教育、科研机构等培养输送邮政、快递业务骨干和高层次教学科研人员。

（四）推进职业院校示范专业点建设。各相关职业院校要围绕邮政业与电子商务、先进制造业、交通、金融等产业融合发展需要，突出专业特色，改造教学内容，创新教学模式，加强邮政、快递专业建设。全省各级教育行政部门会同邮政管理部门遴选和建设一批理念先进、特色鲜明、引领辐射作用强的省级职业院校邮政、快递专业建设示范点，在政策和经费上予以支持。

（五）大力推进产教融合。鼓励职业院校与邮政、快递企业合作开展现代学徒制试点，实现校企联合培养、一体化育人。积极推行毕业证书和邮政、快递专业职业技能考试合格证书"双证书"制度。建立邮政行业职业标准与专业教学标准联动开发机制，推进专业设置、专业课程内容与职业标准相衔接。鼓励企业技术骨干到职业院校担任兼职教师，提高"双师型"专业教师比例。加快信息化教学建设，推进信息技术在教学中的广泛应用。

（六）推进邮政、快递专业实训基地建设。鼓励院校与企业联合建设兼具生产、教学和研发功能的实训基地，实现教学与生产过程的有效对接。对照企业岗位实际要求，跟踪企业技术进步，吸引企业全程参与高水平示范性实训基地建设。鼓励企业积极设立学生实习岗位，加强学生实习教学、管理和服务，突出做中学，做中教，强化实习的教学性和实践性，促进学以致用，用以促学。

（七）加强从业人员职业培训。明确并强化企业用人、育人的双主体作用，引导企业建立完整的岗位规范和员工培训标准，坚持先培训、后上岗，不培训、不上岗。企业应优先招收职业院校相关专业的毕业生，支持员工通过职业培训提高职业素养和专业技能，逐步建立职业资格等级与工资待遇挂钩制度。鼓励企业依托职业院校建立职工培训中心或企业大学，重点开展专业技能培训、安全教育和诚信文化教育等，不断优化人才队伍的素质和结构。

（八）大力培育行业文化与职业精神。构建常态化、长效化的行业文化与职业精神培育机制，重视"诚信、服务、规范、共享"的行业核心价值理念与敬业守信、精益求精、勤勉尽责的职业精神的培养。充实思想道德、法治、安全、纪律教育内涵，积极开展富有行业文化特色的志愿服务和"创业、创新"大赛等校园文化活动，增强学生对行业文化和职业精神的理解与认同。

三、保障机制

（一）加强组织领导。全省各级邮政管理部门和教育行政部门要高度重视，建立邮政行业职业教育工作定期沟通协商机制，成立湖北省邮政行业职业教育指导委员，协调和处理邮政行业职业教育发展中的重大事项。各地教育行政部门要在专业建设、师资培养、招生就业、学生奖助等方面制定并落实相应的优惠政策。各级邮政管理部门要明确邮政行业职业教育的工作机构，制定职业教育工作计划并纳入相关人才培养规划，加强就业指导，引导和鼓励邮政、快递及相关专业毕业生对口从事邮政、快递工作。

（二）加强政策保障。多渠道筹措资金，保证当地开设邮政、快递专业的职业院校的办学经费投入。全省各地教育行政部门要积极会同财政等相关部门，建立与本地邮政行业发展水平相适应的职业教育经费保障机制，落实邮政职业教育生均经费标准。贯彻落实省教育行政部门、税务管理部门制定的校企合作税收优惠政策。各级邮政管理部门要通过购买服务等方式支持行业人才培养基地建设、专业课程开发、重点课题研究等。企业应按照职工工资总额不低于1.5%的比例足额提取职工教育培训经费，保证经费专项用于职工特别是一线职工的教育和培训，严禁挪作他用。

（三）加大舆论宣传。全省各级教育行政部门、邮政管理部门、企业、职业院校、有关协会等要加大宣传力度，强化舆论引导，提升邮政行业的职业形象和社会美誉度，营造有利于邮政行业职业教育发展的良好氛围，使从事邮政职业光荣、服务民生伟大的理念深入人心，形成关心和支持邮政技术技能人才培养的良好舆论环境，促进全省邮政行业职业教育健康发展。

湖北省交通运输厅、湖北省邮政管理局关于2016年度邮政普遍服务邮运车辆免收车辆通行费的通知

（2016年4月22日　鄂交财〔2016〕216号）

各市州交通运输局（委）、邮政管理局，省公路局、省高管局、省联网收费中心、各收费经营管理单位，省邮政公司：

为进一步支持我省邮政普遍服务工作，根据《湖北省邮政条例》（湖北省人大常委会公告第一百六十三号）以及《湖北省交通运输厅湖北省邮政管理局关于对邮政普遍服务邮运车辆免收车辆通行费的通知》（鄂交财〔2014〕704号）相关精神，结合我省实际，现就2016年度邮政普遍服务邮运车辆免收车辆通行费事项通知如下：

一、经核定，2016年度符合免收车辆通行费的邮政普遍服务邮运车辆为377台，详见《2016年度邮政普遍服务邮运车辆清单》（以下简称《车辆清单》）。

二、凡在《车辆清单》范围内的车辆，在通行我省所有收费公路收费站时，免收车辆通行费。但对超过限额5%以上的车辆，不予免费，按全额征收车辆通行费。

三、邮政普遍服务邮运车辆在通行我省公路收费站时，普通公路收费站对照《车辆清单》核对相关信息后免费放行；高速公路收费站需查验邮政专用电子支付储值卡后免费放行。邮政普遍服务邮运车辆所属单位凭《车辆清单》办理邮政专用电子支付储值卡。

四、邮政普遍服务邮运车辆在通行收费站时，应服从交通运输部门管理。凡车辆信息与清单不符、不按照规定使用邮政专用电子支付储值卡，不配合、不接受交通运输部门管理的车辆，各公路收费站不予免费，并严格按照《收费公路管理条例》和《湖北省高速公路管理条例》予以查处。

五、经核定带有邮政专用标志的邮政普遍服务车辆不得出租、出借或者用于其他活动，省交通运输厅和省邮政管理局将定期开展联合稽查，违反者将依照《邮政法》予以查处。

附件：2016年度邮政普遍服务邮运车辆清单（略）

湖北省人民政府关于促进全省快递业健康发展的实施意见

（2016年11月24日）

各市、州、县人民政府，省政府各部门：

为认真贯彻落实《国务院关于促进快递业发展的若干意见》（国发〔2015〕61号）精神，进一步优化我省快递业发展环境，推动我省快递业健康快速发展，更好地发挥快递业对稳增长、促改革、调结构、惠民生的重要作用，现提出以下实施意见。

一、总体要求

（一）指导思想。以党的十八大和十八届三中、四中、五中、六中全会精神为指导，坚持创新、协调、绿色、开放、共享发展理念，以“互联网+”和供给侧结构性改革为方向，加大政策支持力度，优化行业发展环境，培育壮大市场主体，完善快递网络基础设施，加快补齐快递发展短板，巩固和提升湖北快递枢纽地位，推动全省快递业转型升级和提质增效，为湖北加快“建成支点、走在前列”、在中部地区率先全面建成小康社会提供重要保障。

（二）发展目标。到2020年，全省基本建成普惠城乡、技术先进、服务优质、安全高效、绿色节能的快递服务体系。快递行业规模和竞争能力居中部前列，全省快递业务量超过20亿件，快递业务收入超

过220亿元,年支撑国内网购交易额突破3000亿元,新增就业岗位5万个。全省形成一批具有较高知名度和较强竞争力的大型快递综合服务企业,建成1—2个国内领先、具有一定国际竞争力和影响力的快递航空枢纽和航空港,湖北作为华中地区和全国重要快递枢纽的地位进一步巩固和提升。城乡快递服务网络逐步完善,农村地区基本实现"乡乡有网点、村村通快递"。快递服务水平全面达到国家标准,用户满意度稳步提升。行业安全保障能力显著增强,收寄验视、实名寄递、过机安检"三个100%"得到全面落实。

二、重点任务

(一)培育壮大快递企业。鼓励国内外大型快递企业总部、区域性总部、全国或全国区域性服务功能设施(航空快递基地、快件处理中心、仓配一体化中心、信息服务中心等)在湖北布局,从落地优惠、航线时刻、运输集散补贴和加强服务等方面给予支持。引导快递企业通过直营延伸、股份制改造等途径,实施兼并重组,做大规模,做强品牌。培育一批年产值超过10亿元的快递企业,其中年产值超过20亿元的达到3—5家,超过50亿元的达到1—2家。加强快递标准化建设,促进快递企业提高服务质量,全面提升行业整体服务水平。(责任单位:省发展改革委、省邮政管理局、省交通运输厅,各市、州、直管市及神农架林区人民政府)

(二)加强快递枢纽建设。发挥湖北区位、交通和产业优势,加强快递分拨中心、仓储配送中心、快递产业园区等基础设施建设,支撑和带动相关产业聚集发展。大力支持湖北国际物流核心枢纽项目建设,发展辐射全国乃至全球的货运航空网络,打造航空快递核心枢纽。结合武汉天河机场三期工程建设以及国际国内航线的全面拓展,大力发展航空快递业务。加强临空快递物流基地建设,优化空间布局,加快配套产业发展。支持快递企业在省内重要节点城市建设二、三级快件分拨中心,提升快递骨干网络支撑能力。鼓励各地按照政府引导、企业主导的原则,因地制宜建设融快递、物流、电商、仓储、公共服务等功能模块于一体的新型综合快递产业园区,打造一批设施先进、布局科学、支撑有力、运转高效的国家级和省级综合快递产业示范园区。(责任单位:省交通运输厅、省发展改革委、省邮政管理局、省商务厅,各市、州、直管市及神农架林区人民政府)

(三)推进"互联网+"快递。鼓励快递企业加强信息化建设,充分利用移动互联、物联网、大数据、云计算等信息技术,优化服务网络布局,提升运营管理效率,加快服务模式创新。引导快递企业与电子商务企业深度合作,促进线上线下互动创新,共同发展体验经济、社区经济、逆向物流等便民利商新业态。鼓励快递企业开办新型增值服务,开展面向制造业、商贸流通业和农产品加工业的定制化物流服务,逐步向综合型快递物流运营商转型。(责任单位:省邮政管理局、省商务厅、省经信委、省科技厅)

(四)提升快递末端配送服务水平。推动实施快递服务进高校、进社区、进机关"三进"工程,鼓励多元主体参与快递服务末端平台建设,将快递服务纳入城市共同配送体系。引导机关、企事业单位、住宅小区、商用写字楼等设置接收快件的场所或设施,整合利用传达室、社区物业、超市、便利店、连锁店、邮政便民服务站开展多种形式的投递合作,大力推广智能快件箱,完善快递投递终端设施,打造便民利民的快递末端配送服务体系,破解"最后一公里""最后一百米"难题。(责任单位:省邮政管理局、省教育厅、省国土资源厅、省住建厅、省商务厅,各市、州、直管市及神农架林区人民政府)

(五)健全农村快递服务体系。结合推进新型城镇化建设,依托"电子商务进农村"等工程,鼓励快递企业加快农村网络布局,推动电商快递渠道下沉。结合农村特点,推动快递企业深化与各类涉农机构和企业合作,培育新型农村电商快递主体。整合利用现有邮政、供销、交通等资源,推动县级仓储配送中心建设,依托农村服务中心、农家店、农资店、供销社、客(货)运场站、村邮站以及"万村千乡""美丽乡村"村级综合服务社等平台搭载快递服务,打通农产品进城和工业品下乡渠道,加快构建布局合理、双向高效、种类丰富、服务便利的农村电商快递服务体系。(责任单位:省邮政管理局、省商务厅、省农业厅、省交通运输厅、省供销社,各市、州、直管市及神农架林区人民政府)

(六)弥补跨境快递业务短板。鼓励快递企业与国际电子商务企业、国外快递企业联合,推动跨境快递服务网络建设,大力延伸服务链条。加强快递航空枢纽、口岸国际邮件交换站、快件监管区及跨境电商快递园区建设,加快综合服务功能的拓展,不断满足国际快递业务发展需求。加快优化通关环境,增强服务跨境电商能力,完善快件在通关、检验检疫、结汇、缴进口税等关键环节"单一窗口"综合服务体系建设,促进跨境电商信息流、物流、资金流集约高效运行。(责任单位:省邮政管理局、省商务厅、武汉海关、湖北出入境检验检疫局)

(七)衔接综合交通运输体系。实施快递"上车、上船、上飞机"工程,实现快递网络在各种运输方式间的无缝衔接、高效转换和快速通达。在交通运输领域完善快件运输绿色通道,机场、车站、口岸等单位应当支持快递企业建设快件集中处理场所，为快件的快速安检、放行、配载、装卸、交接提供便利。支持快递企业与铁路运输企业合作，建设快件运输通道和接驳场所，探索利用中欧班列（武汉）运输国际快件。加快推进高铁快运业务发展，尽快实现我省境内所有高铁列车车站全部开办高铁快运业务，高铁快运运量不断增长。大力推广甩挂运输，积极推进公路客运班线代运快件试点，因地制宜发展快件水路运输。鼓励快递企业组建航空货运公司，在航线、航班时刻、货机购置、地面服务等方面给予支持。提升武汉天河国际机场快件处理能力，加强航空快件运输保障。（责任单位：省交通运输厅、省发展改革委、省邮政管理局、长江航务管理局、武汉铁路局、湖北机场集团）

（八）改进快递车辆管理。落实快递车辆便利通行政策，逐步统一标志，对快递专用车辆城市通行和临时停靠作业提供便利。各地、各有关部门结合实际，研究制定用于城市收投服务快递车辆的管理办法，适当放宽对非机动快递车辆的限制。根据国家标准，逐步推行快递专用电动三轮车。支持快递企业选择使用新能源汽车和清洁能源汽车作为快件运输和收投服务车辆，根据国家和地方有关规定享受新能源汽车补贴政策，在集中使用新能源汽车的快递企业优先建设新能源车辆充电设施。（责任单位：省公安厅、省交通运输厅、省邮政管理局、省经信委、省财政厅、国网湖北省电力公司，各市、州、直管市及神农架林区人民政府）

（九）加强行业安全监管。实施寄递渠道安全监管"绿盾"工程，督促企业完善从业人员安全教育培训制度，严格执行《邮政业安全生产设备配置规范》《快递安全生产操作规范》等强制性标准，全面落实邮件快件收寄验视、实名寄递、过机安检"三个100%"制度，强化企业安全生产主体责任和寄件人责任。充分发挥寄递渠道安全管理领导小组及相关机制作用，加强部门联动，完善安全监管工作机制，健全安全防控体系。积极利用信息技术提升安全监管能力，完善快递业安全监管信息平台，健全信息采集标准和共享机制，实现快件信息可溯源追查，依法严格保护个人信息安全。加快快递行业治安管理信息化建设，强化源头预防和治理，严密防范和严厉打击利用寄递渠道实施违法犯罪行为。（责任单位：省邮政管理局、省综治办、省公安厅、省国家安全厅、省交通运输厅、省质监局、省安监局、武汉海关、武汉铁路监管局、民航湖北安全监管局，各市、州、直管市及神农架林区人民政府）

三、政策措施

（一）加强规划引领。将发展快递业纳入地方国民经济和社会发展规划，各地各有关部门要加强快递业与综合交通运输、物流业、现代服务业、电子商务、物流园区等专项规划之间的衔接。按照统筹安排、合理布局的原则，在土地利用总体规划和年度用地计划中安排快递专业类物流园区、快件集散中心、城乡快递服务网点等基础设施用地，将智能快件箱等服务设施纳入公共服务设施规划，将城乡快递公共服务作为民生工程纳入各级政府工作计划。（责任单位：省发展改革委、省经信委、省交通运输厅、省邮政管理局、省国土资源厅、省住建厅、省商务厅，各市、州、直管市及神农架林区人民政府）

（二）保障快递用地。各地应当支持保障总部设在湖北的重点品牌快递企业和列为省重点项目的快递项目用地，加快办理规划和用地手续。快递用地享受物流仓储用地政策。对利用闲置厂房、仓储用房发展快递业的，可暂不办理土地用途和使用权人变更手续。对入驻或租用海关特殊监管区或经所在地人民政府认定的物流园区、快递园区、工业园区、电商园区的快递用房，由当地人民政府给予一定的租金减免或补贴。（责任单位：省国土资源厅、省住建厅、省邮政管理局，各市、州、直管市及神农架林区人民政府）

（三）加大财税支持力度。要充分发挥长江经济带产业基金和省级股权投资引导基金的作用，引导社会资本支持快递业发展。各地、各有关部门要将快递业作为重点扶持产业给予政策支持，将符合条件的快递企业和项目纳入各类专项资金支持范围。对总部设在湖北的快递企业和符合条件的小微企业，按规定落实相关优惠政策。快递企业用电、用气、用热价格按照不高于一般工业标准执行。快递企业可按现行规定申请省内跨区域经营总分支机构增值税汇总缴纳政策，依法享受企业所得税优惠政策。快递企业购置用于环境保护、节能节水、安全生产等专用设备的投资额，可以依法按一定比例实行税额抵免。（责任单位：省财政厅、省发展改革委、省交通运输厅、省邮政管理局、省经信委、省农业厅、省商务厅、省地税局、省国税局，各市、州、直管市及神农架林区人民政府）

（四）拓宽融资渠道。引导金融机构增加对重点品牌快递企业的授信额度，扩大贷款规模，合理确定利率水平，降低企业融资成本。鼓励金融机构创新服务方式，开发符合快递企业特点的信贷产品，积极开展抵押贷款、融资租赁和保险服务。支持快递企业通过股份制改造、股权转让吸纳产业投资基金、私募股权投资及社会资金。鼓励快递企业通过上市挂牌、发行企业债券、债务融资工具及公司债券等多渠道筹措资金。（责任单位：省政府金融办、省发展改革委、人行武汉分行、湖北银监局、湖北证监局、

湖北保监局)

（五）落实安全监管责任。各市、州、县人民政府，邮政管理部门、社会治安综合治理成员单位要按照职责分工落实邮政业安全监管责任。要充分运用现代信息及物联网技术，实现信息资源共享和整合，提升信息数据的跟踪、研判和处置能力，推进寄递渠道安全综合治理的专业化和信息化。按照事权与支出责任相适应的要求，省财政安排专项补助支持邮政管理部门进一步完善安全监管体系。（责任单位：省综治办、省邮政管理局、省财政厅、省公安厅、省国家安全厅、省安监局、武汉海关，各市、州、县人民政府）

（六）规范市场秩序。优化快递业务经营许可审批流程和年度报告制度，简化企业分支机构、末端网点备案手续，完善快递市场主体退出机制。对快递企业工商登记实行同一县（市、区）工商机关管辖范围内“一照多址”模式。强化事中事后监管，健全用户申诉与执法联动机制，依法查处违法违规行为。推进快递行业标准的宣传贯彻实施，支持鼓励快递企业运用先进技术、管理和服务开展快递服务标准化试点示范活动。发挥行业自律和社会监督作用，推进快递市场诚信体系建设，建立违法失信主体“黑名单”及联合惩戒制度，营造诚实守信的市场环境。（责任单位：省邮政管理局、省工商局、省发展改革委）

（七）建设专业人才队伍。引导高等院校加强物流管理、物流工程等专业学科建设，支持职业院校开设快递相关专业，鼓励相关院校、科研单位与快递企业共建快递实训基地，加大人才培养和职业培训力度，储备快递专业人才。支持快递企业组织从业人员参加相关职业培训和职业技能鉴定，对符合条件的企业和人员可按规定给予补贴。落实就业创业和人才引进政策，对快递企业引进急需紧缺的高层次人才，可按规定享受人才引进相关优待政策。（责任单位：省教育厅、省邮政管理局、省人社厅，各市、州、直管市及神农架林区人民政府）

省交通运输厅、省发展改革委、省邮政管理局会同有关部门负责本实施意见贯彻落实的统筹协调及督促检查工作。各地、各有关部门结合自身实际制订配套措施并认真抓好落实。

湖北省邮政业发展“十三五”规划

（2016年12月22日湖北省邮政管理局、湖北省发展和改革委员会印发　鄂邮管〔2016〕73号）

邮政业是国家重要的社会公用事业，是推动流通方式转型、促进消费升级的现代化先导性产业。为率先在中部地区建成与小康社会相适应的现代邮政业，更好地发挥邮政业稳增长、惠民生的重要作用，助推湖北实现“建成支点，走在前列”战略目标，根据《国务院关于促进快递业发展的若干意见》、《邮政业发展“十三五”规划》和《湖北省国民经济和社会发展第十三个五年规划纲要》，结合湖北省邮政业发展实际，制定《湖北省邮政业发展“十三五”规划》。

一、现状与形势

（一）发展现状

“十二五”期间，湖北省邮政业持续快速健康发展，行业规模迅速增长，基础网络逐步完善，服务能力不断提升，有力支撑了电子商务等新兴业态的发展，提前完成了“十二五”规划确定的主要目标和任务，为推动全省经济转型升级和民生改善做出了积极贡献。

1. 邮政业服务经济社会发展的基础作用显著增强

“十二五”期间，全省邮政行业规模增长迅速，取得了突出的社会效益和经济效益。2015年，全省邮政业业务收入完成115.21亿元，邮政业业务总量完成137.41亿元，均位居全国第10位，分别是“十一五”期末的3倍和2.5倍。邮政业业务收入占全省GDP比重由“十一五”期末的0.23%上升到0.39%，全行业年服务用户超过18亿人次，支撑网络零售交易规模超过700亿元。邮政、快递营业网点共计9198处，其中设在农村的3154处，营业网点平均服务面积20.2平方公里，平均服务人口0.63万人。全行业新增就业超过3.4万人，从业人员数量累计6.43万人，是“十一五”期末的2倍。邮政业在促进全省经济发展动力转换、改善城乡百姓生活、扩大社会就业渠道等方面发挥着日益重要的作用。

2. 邮政普遍服务均等化程度稳步提升

农村邮政基础设施建设强力推进。中央和地方政府进一步加大对邮政普遍服务的保障力度,全省共补建空白乡镇邮政局所46个,新增邮政汇兑网点65处,建成村邮站4297处(其中武汉市实现行政村全覆盖)。邮政普遍服务营业网点1670处,其中城市网点515处,农村网点1155处。乡镇邮政局所覆盖率100%,行政村通邮率100%,邮件直投到村率99.93%。

邮政普遍服务水平不断提高。全省邮政企业深入开展服务质量大整改、大提升活动,建成了覆盖市州及30个县市的平信质量监控体系,加强了营业网点改造和城乡综合便民服务站点建设,网络服务能力不断提升。邮政普遍服务主要指标基本达到国家标准,邮政机要通信连续21年保持安全无事故。邮政普遍服务用户满意度逐年提高,2015年达到78.7分,较"十一五"期末提高了4.8分。

邮政普遍服务范围进一步拓展。在传统邮政业务持续萎缩的情况下,邮政企业加快改革创新,积极整合资源,大力开发新业务和农村市场,邮政小包、E邮包等新型包裹业务发展迅速,农村邮政电子商务服务体系建设取得成效,服务"三农"作用进一步增强。

3. 快递服务取得跨越式发展

快递业务规模持续高速增长。2015年,全省完成快递业务量5.08亿件,是"十一五"期末的9.3倍,年均增幅高达57%;完成快递业务收入59.56亿元,是"十一五"期末的6倍,年均增幅高达43%。快递业务收入占全行业比重由"十一五"期末的26%上升到52%。全省取得快递经营许可证的法人企业1073家,是"十一五"期末的3倍。快递直接从业人员约4万人,是"十一五"期末的6倍。

快递服务水平大幅提升。到2015年,全省快递服务网点9129处,其中快递企业自有快递营业网点5553处,合作快递营业网点3576处。非邮政企业快递网点县级覆盖率达到100%,乡镇覆盖率超过98%,快递超市、便民投递站、智能快件箱(包裹柜)等末端网络加快完善。"限时达、当日递、次晨达、次日递"等产品更加丰富,农村快递、同城配送、代收货款、供应链、仓配一体化等业务发展迅速。自动分拣机、智能手持终端、移动客户端、货物跟踪系统、电子数据交换、移动支付技术等科技手段得到广泛应用,快递服务标准化、时效性和准确率不断提升,有效申诉率逐步下降。"最美快递员"等先进人物不断涌现,行业的社会形象显著提升。

快递枢纽地位进一步巩固。"十二五"期间,全省共建有省级以上快递分拨中心21处,主要品牌快递企业均在武汉设立了区域总部,部分企业在襄阳、宜昌、黄石、荆州等地建有省内快件分拨中心。顺丰全国陆运集散中心、中国邮政速递物流华中(武汉)陆路邮件处理中心(一期)、湖北邮政航空集散中心等多个重点项目陆续建成,顺丰集团快递专机、中国邮政航空公司第二频次EMS直航专机在武汉开通,湖北国际物流核心枢纽重大项目选址鄂州,湖北作为中部乃至全国快递枢纽的重要地位更加凸显。

4. 行业发展环境不断改善

法制保障体系进一步完善。继《邮政法》、《快递市场管理办法》、《快递服务标准》等一系列法律规范和国家标准修订制订和实施后,2014年湖北省人大常委会颁布《湖北省邮政条例》,为保障和促进全省邮政业发展进一步夯实了法制基础。

政策支持力度不断加大。全省邮政普遍服务补贴资金和邮政普遍服务车辆免费通行政策得到落实,各市州陆续出台促进邮政业与关联产业协同发展、支持邮政快递基础设施建设、保障快递车辆便捷通行等政策措施,行业发展环境不断改善。

交邮合作机制逐步深化。省交通运输厅与省邮政管理局联合印发了加快推进全省道路水路运输业与邮政业融合发展的指导意见,会同有关部门编制印发了农村物流融合发展规划指南,携手省商务厅、省供销合作社、湖北日报、中国邮政集团公司湖北省分公司、中国邮政速递物流股份有限公司湖北省分公司、湖北顺丰速运有限公司等多家单位签订了战略合作协议,部分地区交邮合作试点取得积极成效。

5. 行业监管有效加强

邮政体制改革持续深化。根据国务院关于完善省以下邮政监管机构方案,2012年全省成立了13个市州邮政管理局,邮政管理体制由中央垂直管理调整为中央和地方双重管理、以中央管理为主。县级邮政监管机构组建试点工作取得突破,宜城、郧西等市县邮政监管机构先后获批设立。邮政企业实施法人体制调整,湖北省邮政公司变更为中国邮政集团公司湖北省分公司,市、县两级邮政企业名称由"邮政局"变更为"邮政分公司",政企分开体制改革逐步到位。

行业监管成效显著。省以下邮政监管机构成立以后,行业监管力量得到充实,执法重心向市州下沉。各级邮政管理部门积极推动出台行业发展政策，组织编制行业发展规划，深入开展行业统计调查，依法实施快递市场许可，持续加大对邮政普遍服务和邮政市场的监督检查力度，着力完善属地化、综治化和全方位的寄递渠道安全监管机制，保障了全省邮政业平稳有序发展。

“十二五”期间，我省邮政业保持了良好的发展态势，但也存在一些问题：一是行业发展不够，服务能力有待提升。我省邮政业业务收入全国排名落后于我省 GDP 全国排名，邮政业占全省 GDP 比重、人均快件量等指标低于全国平均水平，行业服务能力与人民群众迅速增长的消费需求相比还有较大差距。二是快递企业实力不强，创新能力不足。弱、小、散的加盟型企业多，建立现代公司制的大型企业少，新技术运用和管理创新不够，发展模式单一，同质化竞争严重。三是邮政普遍服务水平不高，邮政网络整体运行效率有待提升。邮政普遍服务用户满意度偏低，邮政普遍服务面临水平提升和服务创新的双重挑战，邮政网络开放共享、行业资源整合有待加强。四是我省产业、交通和区位优势尚未充分发挥，国际业务短板较为明显。国际邮件、快件量偏低，国际业务发展环境有待优化，国际业务对跨境电商的支撑有待加强。五是区域发展不平衡，城乡差距明显。全省 70% 以上的快递业务量集中在省会武汉市，其他地区规模较小。农村地区和西部地区快递网点设置不足，快递服务能力亟需提高。六是行业安全形势严峻，行业监管能力与行业规模及增长速度不相匹配，各级邮政监管力量亟待加强。七是制约行业发展的用地难、车辆通行难、末端投递难等“瓶颈”问题尚未得到根本解决，邮政业与交通、电子商务等关联产业的协同发展力度有待进一步加大，行业发展环境需要进一步优化。这些问题都必须在“十三五”期间着力加以解决。

（二）发展形势

“十三五”时期是全面建成小康社会的决胜阶段，也是我省邮政业大有可为的战略机遇期和加快建设与小康社会相适应的邮政业的关键期，全省邮政业要顺应新形势、新要求，抢抓历史机遇，积极应对挑战，筑牢发展优势，补齐发展短板，全力推动行业发展再上新台阶。

1. 我省邮政业发展面临的机遇

多重叠加的国家战略为我省邮政业发展提供了宝贵的政策红利。“十三五”期间，国家和我省将加快转变经济发展方式，继续大力支持电子商务、现代物流业等新业态发展，强力推进“互联网 +”行动计划、“中国制造 2025”计划以及“一带一路”、长江经济带等重大国家战略，我省邮政业与上下游产业之间、与其他区域之间融合发展基础进一步夯实，行业发展环境持续向好。

更加突出的战略地位为我省邮政业发展带来了难得的历史机遇。随着长江经济带发展战略、中部崛起新十年规划的实施以及长江中游城市群建设的推进，我省将积极承接国际资本和沿海产业转移，进一步巩固“祖国立交桥”综合交通优势，着力打造内陆开放新高地，湖北在全国邮政业发展格局中的战略地位更加突出，具备了建成全国快递核心枢纽和重要快递物流基地的有利条件。

迅猛发展的信息技术为我省邮政业发展注入了强劲的增长动力。随着移动互联网、物联网、大数据、云计算等为代表的新一代信息技术的快速普及，邮政业的服务内涵不断拓展，新业态、新商业模式加速成长，邮政业与制造业、农业、电子商务等关联产业协同发展的层次不断提升，促使邮政业延伸服务链，加快转型升级步伐。

加速释放的电子商务消费需求为我省邮政业发展提供了广阔的发展空间。随着我省新型工业化、信息化、城镇化、农业现代化的推进，与电子商务对应的寄递服务需求快速增长，流通渠道扁平化精细化渐成方向，消费个性化、层次化、多样化渐成主流，生产小型化、智能化、专业化渐成趋势，邮政业的发展空间进一步拓展。

2. 我省邮政业发展面临的挑战

全面建成小康社会的总体目标对我省邮政业提出了实现高水平公共服务均等化的新要求。随着经济社会的发展，邮政公共服务的内涵不断丰富，需求不断增长，邮政普遍服务快递化、快递服务普惠化渐成趋势，全省邮政业面临加大投入、创新供给、拓展范围的迫切要求。

“建成支点、走在前列”目标对我省邮政业提出了加快发展步伐的新要求。为与全省同步实现率先在中部地区建成小康社会、在全国发展方阵中位次前移的“十三五”规划目标，我省邮政业必须加大克难攻坚力度，进一步提高发展速度，加快形成与重要战略支点相适应的行业发展实力和发展方式，力争行业规模在全国和中部地区赶超进位。

绿色低碳发展原则对我省邮政业提出了加快转变发展方式的新要求。随着资源环境承载能力的刚性约束更加趋紧，我省邮政业需要加快构建绿色循环低碳的生产方式，积极融入“绿满荆楚”生态文明建设进程，为实现我省绿色发展走在全国前列的目标做出应有贡献。

严峻的安全形势对我省邮政业发展提出了全面加强行业安全保障的新要求。未来一段时期，国内国际安全形势依然严峻，行业安全的复杂性进一步加大，发展与安全的矛盾更加突出。邮政行业监管工作既要解决长期积累的深层次问题，又要积极应对新情况新挑战，迫切需要健全邮政监管体系，完善寄递渠道安全保障机制，为行业稳定可持续发展保驾护航。

二、总体思路

（一）指导思想

全面贯彻党的十八大和十八届三中、四中、五中、六中全会精神，以马克思列宁主义、毛泽东思想、邓小平理论、"三个代表"重要思想、科学发展观为指导，深入贯彻习近平总书记系列重要讲话精神，围绕"四个全面"战略布局湖北实施，全面落实创新、协调、绿色、开放、共享发展理念，努力适应经济发展新常态，以供给侧结构性改革和创新发展为主线，积极把握生产流通消费变革新机遇，充分依托湖北区位、交通和产业优势，主动对接"一带一路"、长江经济带和长江中游城市群等重大国家战略，全面推进"普惠邮政、智慧邮政、安全邮政、诚信邮政、绿色邮政"建设，着力提升行业服务能力和监管保障能力，加快实现行业转型升级、提质增效，率先在中部地区建成与小康社会相适应的现代邮政业，实现从邮政大省向邮政强省跨越，为推进"五个湖北"建设、实现我省"建成支点、走在前列"战略目标做出新的更大贡献。

（二）基本原则

1. 坚持改革创新。加快邮政业供给侧结构性改革，扩大邮政普遍服务和快递服务有效供给，满足迅速增长的多样化寄递消费需求。鼓励大众创业、万众创新，激发邮政业市场主体活力和创造力，支持新技术、新产品和新业态发展，推动行业转型升级。

2. 坚持开放共享。突出邮政业的公共服务属性，推动邮政网络和快递网络互相开放，促进资源共享，加快完善城乡邮政快递服务体系。加大对外开放力度，鼓励邮政、快递企业开展国际化经营，加强口岸通关能力建设，提升邮政业对跨境贸易的服务支撑能力。

3. 坚持协调推进。以一元多层次战略为引领，推动邮政业与电子商务、制造业、现代农业和综合交通运输等关联产业协同发展，推动城市与农村邮政业一体化均衡发展，推动我省"两圈两带"、"一主两副"以及长江经济带、长江中游城市群各区域之间邮政业协同发展。

4. 坚持绿色发展。加强对传统邮政业生产方式的绿色改造，推广环保技术和材料应用，提高配送共同化水平，降低配送能耗和排放，促进包装标准化、减量化和循环利用，推动行业发展方式转变。

5. 坚持安全为基。强化安全红线意识，加强邮政业安全制度和标准化建设，落实企业主体责任，完善安全监管体系，加强科技手段运用，全面提升行业安全保障能力。

（三）发展目标

到2020年，全省建成较为完善的邮政普遍服务体系和快递服务体系，湖北成为全国快递核心枢纽和重要快递物流基地，率先在中部地区建成与小康社会相适应的现代邮政业，在行业规模、创新能力、服务能力、服务水平和竞争实力五个方面实现新的跨越。

1. 行业规模显著提升

全省邮政业继续保持又好又快发展态势，到2020年，全省邮政业业务总量和业务收入较"十二五"期末翻一番，邮政业业务总量突破330亿元，邮政业业务收入突破280亿元，年均增幅分别达到20%以上。其中，快递业务量和业务收入翻两番，快递业务量突破20亿件，年均增幅35%以上；快递业务收入突破220亿元，年均增长30%以上，快递业务收入占全行业收入比重80%左右。全行业新增就业岗位超过5万个，年服务用户超过35亿人次，支撑网络零售交易规模突破3000亿元，邮政业对全省经济社会发展的贡献进一步提高。

2. 创新能力显著提升

全省邮政业在科技研发运用、产品体系拓展、服务水平提升、运营模式转型、监管效能提升等方面的创新能力显著提升，到2020年，新能源快递车辆比例达到30%以上，快递电子运单使用率达到90%以上，大型社区、写字楼、高校等场所智能快件箱安装率达到50%以上，市州级邮件快件处理中心、营业网点视频监控系统集中联网接入率达到80%以上。

3. 服务能力显著提升

建成覆盖城乡、功能完善的邮政普遍服务网络和快递服务网络，到2020年，城乡各类邮政服务站点超过2.5万个，农村地区实现"乡乡设所，村村建站，直投到村，转投到户"，城市地区新建、扩建、拆迁、改建区域的邮政普遍服务网点设置达到国家标准。全省建成1—2个国内领先、具有一定国际竞争力和影响力的航空快递枢纽和航空港，建成2—5个具有影响力的国家级快递物流产业园，10个左右特色快递物流产业园。快递营业网点乡镇覆盖率达到100%，快递服务站点行政村覆盖率超过90%，基本实现“乡乡有网点，村村通快递”。全省快递营业网点标准化率达到50%以上，主要品牌快递企业城区网点标准化率达到100%。

4.服务水平显著提升

邮政普遍服务和快递服务各项指标达到国家标准。到2020年，全省建制村直接通邮率达到100%，邮政普遍服务用户满意度达到80分以上，邮政普遍服务发展指数和均等化指数高于全国平均水平，在中部地区位居前列。主要品牌快递企业服务水平达到和高于国家标准，国内重点城市间实现48小时送达，快件延误率、损毁率、丢失率低于、有效申诉率控制在目标值以内，基本杜绝重特大安全事故。快递服务满意度稳步提升，位居省内公共服务前列。

5.竞争实力显著提升

邮政企业核心竞争力加强，中国邮政集团公司湖北省分公司继续保持并扩大其业务规模在中部领先、位列全国第一方阵的优势。快递企业整体实力提升，落户我省的全国性、区域性或职能性企业总部和服务功能设施不断增多。到2020年，全省年产值10亿元以上的快递企业达到10—20家，年产值20亿元以上的快递企业达到3—5家，年产值50亿元以上的快递企业达到1—2家。

“十三五”时期邮政业发展主要指标

指　标	2015年	2020年	年均增长(%)	属性
邮政业业务总量(亿元)	137.41	330	20%	预期性
邮政业业务收入(亿元)	115.21	280	20%	预期性
快递业务量(亿件)	5.08	20	35%	预期性
快递业务收入(亿元)	59.56	220	30%	预期性
全行业从业人员(万人)	6.43	11.5	12%	预期性
全行业年服务用户人次(亿)	18	35	15%	预期性
新能源快递车辆使用率(%)	—	30%	—	预期性
电子运单使用率(%)	—	90%	—	预期性
大型社区、写字楼、高校等场所智能快件箱安装率(%)	—	50%	—	预期性
邮政服务站点(个)	4300	25000	—	预期性
快递网点乡镇覆盖率(%)	98%	100%	—	预期性
行政村快递服务站点覆盖率(%)	—	90%	—	预期性
快递营业网点标准化率	—	50%	—	预期性
建制村直接通邮率(%)	99.93%	100%	—	预期性
普遍服务用户满意度(分)	78.7	80	—	预期性
快件延误率(件/千件)	—	<5	—	预期性
快件损毁率(件/十万件)	—	<5	—	预期性
快件丢失率(件/十万件)	—	<3	—	预期性
快件有效申诉率(件/百万件)	—	<10	—	预期性
省级邮政企业业务收入全国排名(位)	7	≤7	—	预期性

三、主要任务

(一)推动普遍服务提档，实现公共服务普惠共享

1.完善邮政普遍服务基础设施

推动邮政设施建设布局纳入各级城乡建设规划，加强农村地区和新型城镇化配套邮政网点的建设

和改造。推动邮政设施与城市新区、独立工矿区、开发区、商业区、旅游区、住宅区或旧城改造等统一规划、统一设计、统一建设、统一验收,加强老旧网点的信息化、标准化改造,缩小网点服务半径,改善居民用邮条件。建立乡镇及农村邮政营业局所可持续运营的长效机制,提升乡镇邮政局所综合服务能力。在农村综合服务社、村级公共服务平台、便民服务站、三农服务站的基础上,因地制宜推进村邮站建设,打造集寄递、金融等多功能服务于一体的农村邮政综合服务平台,实现"村村建站,服务到户"。

2. 提升邮政普遍服务均等化便捷化水平

推动邮政企业改进邮件收寄和投递方式,提升末端投递能力,延伸投递深度,城市地区实现包裹按址投递,农村地区实现邮件直投到村。提升邮政网络节点的处理能力,优化作业组织流程,加强时限管理,整体缩短特别是农村地区的邮件全程时限。补齐包裹业务短板,拓展服务功能,适应公共服务发展新要求。加强客户服务平台建设,实现邮件动态跟踪管理,方便用户全程查询和时限预测。加大农村地区邮政网点信息化改造,推动信息系统整合升级,促进信息共享和互联互通,实现包裹收寄、处理全程可视化和邮件全程跟踪、查询,提升服务品质。督促邮政企业加强内部管理,全面提升服务质量,提高用户对邮政普遍服务的满意度。

3. 支持邮政普遍服务业务创新

鼓励邮政企业适应电子商务发展的需要,大力发展快递包裹业务,带动传统邮政业务整体水平显著提升。着力推进线上线下相结合的邮政综合便民服务平台建设,在不断完善网络购物寄递功能的基础上,逐步叠加网络代购、寄递自提、代售代缴代扣等便民服务。大力发展农村邮政电商寄递,打造邮政农村电商平台,依托县、乡、村三级邮政基础设施,建立完善农村邮政仓储配送服务体系,使邮政服务成为农村电子商务的重要渠道。加强国际邮件交换站的建设,强化海关邮政合作,巩固邮政跨境包裹业务优势。创新普遍服务提供方式,推进邮政设施建设和运营的社会化,探索以政府购买服务的方式解决"最后一公里"问题的工作机制,引入快递企业参与村邮站运营,探索智能包裹箱与信报箱的统一建设和综合利用,鼓励社会企业参与开发建设。引导邮政企业开放邮政网络,拓展业务范围,开办各项代理业务,打造综合服务品牌。

邮政普遍服务水平提升工程

建设项目	建设内容
邮政营业网点建设	在城市新建小区、城市扩大后原农村区域补充若干个邮政网点;对2009年以后未改造、因业务发展需要且具备改造条件的网点进行改造;对部分网点进行转型改造;对网点自助服务区进行改造;购置网点自助设备、更新终端设备及各类营业信息系统;购置一批网点安防系统。
"邮政+"综合服务平台建设	建设若干个示范性城市邮政综合服务平台,提供邮件收投服务、网络代购、寄递自提、代办水电、各类通讯、票务代售等综合性便民服务,在有条件的地区植入智能包裹箱、社区银行等邮政智能设施。
村邮站建设	因地制宜建设20000个以上村邮站,基本实现行政村"村村建站",将村邮站打造成集农产品、消费品、科技信息、文化娱乐等产品经营的农村社会化综合服务平台。
城市包裹自提开放式服务平台建设	建设投放若干组邮件智能包裹柜,建立由邮政自有网点、社会加盟点、智能包裹柜组成的包裹自提开放式服务平台,提供更加灵活的投递服务。
农村投递服务能力建设	购置和更新若干辆投递汽车、投递电动车,重点用于增强农村投递服务能力,确保农村邮件、党报党刊、机要邮件按规定时限要求安全投递。
邮政网络运输能力建设	购置若干台邮运干线、县市邮运车辆以及机要通信车辆,缓解全省邮政普遍服务运输能力不足的压力;优化省内邮运作业组织,完成武汉、襄阳、宜昌邮区中心局流水化作业改造,调整邮件分拣处理模式,提升邮政作业场地处理能力和处理效率,缩短邮件传递时限。
邮政电商寄递网建设	在武汉临空经济区建设4万平米湖北邮政电子商务园;改扩建市州和县级配送中心,实现一县一仓;提升镇级电商配送能力,以村邮站为基础加载村级电商服务功能或配备自助服务设施,构建邮政农村电商公共服务平台。

(二)推动快递服务创新,促进行业全面转型升级

1. 加强快递基础设施建设

推动各级政府将快递基础设施布局和建设纳入城乡规划,加快建成覆盖城乡、布局合理、配套衔

接、便民惠民的快递服务网络。加强各级快件分拨中心、集散中心和快递物流园区建设，提升骨干节点网络信息化、自动化处理水平，增强快递骨干网络的支撑能力。针对"最后一公里"投递难问题，着力加强快递终端能力建设，通过提升快递网点密度、开展与第三方合作、设置智能快件箱、建设公共投递服务站等多种途径，完善快递末端服务网络，显著提升快递配送服务能力。加快乡镇快递网点布局，推进村级公共投递服务平台建设，到2020年，基本实现"乡乡有网点，村村通快递"，使快递服务成为覆盖城乡、普惠民生的重要公共服务。

快递末端服务能力提升工程

建设项目	建设内容
快递标准化网点建设	贯彻实施《快递营业场所设计基本要求》行业标准，引导快递企业加强网点标准化建设，完善服务功能，力争全省快递营业网点标准化率达到50%以上，主要品牌快递企业城区网点标准化率达到100%。
智能快件箱建设	支持邮政、快递企业和第三方企业在住宅小区、高校、写字楼等人群聚集区设置智能快件箱，参照邮政信报箱管理办法，推动将智能快件箱纳入住宅建设规范，与新建小区同步规划、建设、验收。
城市公共收投服务站建设	引导学校、写字楼、社区、旅游区、医院、车站、港口、机场、码头、大型酒店等公共场所的产权或物业管理单位提供场地和人员，设置统一接收、转投快件的服务站点。
农村公共收投服务站建设	依托村邮站或村级综合公共服务平台，设立具有统一接收、转投快件功能的村级快递服务站点，推动实现"村村通快递"。

2. 推动快递服务创新

以"互联网+"战略为契机，以"大众创业、万众创新"为动力，引导市场主体建立现代企业制度，细化产品层次、延长服务链、提高附加值，抢占市场先机。以"线上线下新兴消费"为依托，挖掘新兴市场需求，拓展快递"最后一公里"服务范畴，打造多元化、差异化、个性化的末端服务体系，不断融入新业态和新模式。大力提升快递科技化水平，鼓励快递企业充分应用信息技术，优化网络布局，提升运营管理效率，拓展协同发展空间，推动服务模式变革，推动快递企业加快向综合型快递物流运营商转型。促进快递企业开办新型增值服务，引导快递企业开展面向制造业、商贸流通业和农产品加工业的定制化物流服务。加强快递标准化建设，促进快递企业提高服务质量，全面提升快递行业整体服务水平。

3. 推动快递"向下向西向外"拓展

推动快递下乡。结合新型城镇化建设，围绕"消费品下乡、农产品进城、服务本地生活"三大环节和农村"买难、卖难、送难"三大难题，依托电子商务进农村工程，鼓励快递企业加快农村网点布局，积极开展与电商、供销社等机构的合作，加强快递枢纽、服务网点与县级物流配送中心、农村客货运场站、商品集散中心的有效对接，加快建设集农村网络消费、农产品网络销售、综合便民惠民服务、物流配送服务、普惠金融服务于一体的农村电商服务平台，完善农村快递综合服务体系，实现"购物不出村，销售不出村，便民服务不出村，创业不出村，金融服务不出村"，促进城乡经济一体化发展。

推动快递西进。加强恩施、十堰、宜昌等西部偏远地区的快递分拨设施、运输能力、信息系统建设，完善快递服务网络，缩短快件传递时限，形成与鄂西特色农业发展区、休闲农业观光区、生态文化旅游圈建设相适应的快递服务能力。围绕"特色产业和转移就业脱贫"工程，大力推动电商快递发展，促进贫困地区资源开发，有效实现精准扶贫。

推动快递跨境。加强国际快递航空枢纽、口岸国际邮件交换站和快件监管区建设，促进跨境垂直电商产业发展。增强国际运营能力，发挥中欧班列（武汉）功能，支持开展国际小包业务和国际航空快件中转集拼业务，扩大国际快件通达范围。建立跨境电子商务快递物流规范管理和风险监测机制，完善邮件快件在通关、检验检疫、结汇、退税等方面的管理体制机制，推进湖北省跨境电子商务通关、检验检疫、结汇、缴进口税等关键环节"单一窗口"综合服务体系建设。

快递"向下向西向外"拓展工程

建设项目	建设内容
快递下乡	推动快递网络与邮政网络、农村公路运输网络、农村商贸流通网络的融合共建，完善县、乡、村三级农村电子商务配送服务体系。打造一批乡镇快递示范超市、"邮政+快递"综合服务示范平台、快递服务农村电商示范工程、村级快递服务示范站点，推选出若干个快递下乡示范县、示范乡参与全国评比。

续表

建设项目	建设内容
快递西进	加强鄂西地区和大别山、武陵山、秦巴山、幕阜山等贫困地区快递基础设施建设，支持贫困地区特色支柱产业发展，将快递服务纳入精准扶贫、产业扶贫和民生工程政策支持范围，打造一批快递扶贫示范工程和示范区。
快递跨境	提升武汉天河机场航空口岸货运中心功能，建设湖北国际物流核心枢纽，全面实行"一次申报、一次查验、一次放行"便利通关模式，在武汉东湖综合保税区、武汉新港空港综合保税区建设跨境电商仓储配送基地和供应链服务中心，提升快递对跨境贸易的服务支撑能力。

4. 促进快递与关联产业融合发展

实施"快递＋"战略，推动快递业向市场、设计、生产等环节渗透，促进快递与关联产业深度融合。

推动快递与电子商务融合发展。鼓励、支持快递企业建设电商产业园区或入驻电商园区和电商聚集区，开展人才培训、电商孵化、产品展示、金融服务、营销服务、信息服务等一体化综合创新业务，实施嵌入式服务，实现仓储配送一体化。建设电商物流快递公共信息服务平台，实现电商、快递与用户信息资源共享。大力发展农村电商快递和跨境电商快递，推进武汉、襄阳、宜昌等国家电子商务示范城市建设，支持鄂州葛店开发区建设国家级电子商务基地，努力将我省建成中部电子商务中心。

推动快递与制造业融合发展。立足我省制造业基础，以产业转型升级和提高分工效率为导向，引导快递企业与制造业企业建立合作发展机制，面向制造业需求提供定制化个性化服务，加强功能整合和服务延伸，建立结构合理、协作深入、标准对接的合作发展新模式，促进智能制造、新一代信息技术等战略新兴产业发展和装备制造、电子信息等传统优势产业优化升级。

推动快递与现代农业融合发展。推进农产品冷链物流基础设施和物流园区建设，提升农产品、农资、农村消费品的流通加工和仓储配送、快件分拨、农产品冷藏及低温仓储配送等服务功能。积极参与涉农电子商务平台建设，构建农产品快递网络，服务产地直销、订单生产等农业生产新模式。

快递与关联产业融合发展示范工程

建设项目	建设内容
"快递＋电子商务"融合发展示范工程	加强快递电商产业园区建设，支持快递企业为电子商务提供仓配一体化、供应链等服务，将快递发展纳入电子商务示范基地、示范城市和示范企业创建活动范围，打造一批快递与电子商务协同发展的示范项目和示范区。
"快递＋制造业"融合发展示范工程	在工业园区、大型制造企业集中地区建设若干定制化快递服务平台，提供供应链一体化快递服务，打造一批快递服务制造业示范项目和示范区。
"快递＋现代农业"融合发展示范工程	推进订单生产和"农超对接"，引导各地区因地制宜发展"快递＋"特色农产品，每个市州至少培育一个样板项目，打造一批快递服务农业示范项目和示范地区。

（三）推动核心枢纽建设，打造全国快递物流基地

依托湖北区位优势、交通条件和产业基础，建设一批重要的国际、国内快递枢纽，支撑和带动相关产业聚集发展，将湖北建成全国快递核心枢纽和重要快递物流基地。

1. 加强快递航空枢纽建设

支持在鄂州建设由4E级全货机机场、多模式物流运输基地和周边产业带组成的湖北国际物流核心枢纽项目，实现对全国（除偏远地区外）所有地市的次日、次晨达服务以及综合物流服务，实现国际快递通达国际主要区域，为进出境快件迅速集散全国创造条件。依托天河机场，建设中国邮政速递物流航空辅助（武汉）集散中心等航空快递枢纽项目，对接国内及跨境电子商务进出口业务，支撑天河机场航空货运业务发展。在武汉临空经济区、武汉新港空港综合保税区、孝感临空经济区等区域，建设一批全国性和地区性的快递分拨集散中心，巩固和提升武汉作为国家中心城市和华中快递物流中心的地位。推动建设以武汉为中心，以襄阳、宜昌、鄂州、恩施、神农架、十堰、黄冈为节点的湖北快递物流航空服务体系，推动建设航空快件优先配舱、优先安检、加速通关的"绿色通道"。

2. 加强快递陆运枢纽建设

建设以武汉为中心，以襄阳、宜昌为副中心的陆运快递枢纽。依托湖北综合交通枢纽体系和快递物流产业园，发挥陆路交通优势，形成以武汉为中心，襄阳、宜昌、荆州、孝感、黄石、黄冈、鄂州、咸宁为

重要节点的湖北快递物流陆路服务体系。引导快递企业充分发挥湖北交通地理区位优势，提升省内分拨中心能力，巩固湖北华中快递枢纽地位。

3. 加强快递物流园区建设

围绕湖北"一元多层次"战略体系和"一主两副"、"两圈两带"规划布局，依托物流节点城市，结合快递物流需求规模和增长潜力，按照政府引导、企业主导的原则，因地制宜、采取多种方式规划建设一批融合快递、物流、电商、仓储、公共服务等功能模块为一体的新型综合快递物流园区，实现产业集聚、经营集约、功能集成。全省形成以武汉和鄂州为一级、襄阳和宜昌为二级、其他若干市州为三级快递物流园区布局城市的发展格局。

快递枢纽和快递园区建设工程

序号	项目	建设主体	地点
1	湖北国际物流核心枢纽	湖北省政府、顺丰速运有限公司等	鄂州燕矶
2	武汉顺丰电商产业园	武汉市丰泰电商产业园管理有限公司	武汉市东西湖区
3	湖北邮政电子商务园	中国邮政集团公司湖北省分公司	武汉天河机场临空经济区
4	湖北邮政武汉黄金口仓储中心	中国邮政集团公司湖北省分公司	武汉黄金口
5	中国邮政速递物流航空辅助(武汉)集散中心	中国邮政速递物流股份有限公司	武汉天河机场临空经济区
6	中国邮政速递物流华中(武汉)陆路邮件处理中心(二期)	中国邮政速递物流股份有限公司湖北省分公司	武汉市东西湖区新城十五路
7	中国邮政速递物流荆门邮件处理中心(二期)	中国邮政速递物流股份有限公司湖北省分公司	荆门市东宝区
8	圆通速递华中区域(武汉)总部	湖北圆通速递有限公司	武汉市黄陂横店街
9	中通快递华中区域总部	湖北中通吉物流有限公司	武汉东西湖东吴大道以西、新岭一路以南
10	湖北中通荆州中转部	湖北中通吉物流有限公司	荆州沙市开发区鱼湖村5组
11	韵达孝感转运中心	上海韵达货运有限公司	孝感市
12	宅急送华中物流基地	北京宅急送快运股份有限公司	武汉市东西湖保税物流区
13	武汉中伟物流园	武汉全峰达快递有限公司	孝感市庙岭红莲湖开发区
14	德邦物流仓库中转集散中心	武汉市德邦物流有限公司	武汉东西湖区走马岭

4. 加强快递网络与交通运输网络融合

统筹综合交通基础设施建设，推动快件处理中心与铁路、公路、航空枢纽同步建设，支持快件"上机上铁上车"。

加强航空快件运输保障。在扩建改建武汉、襄阳、宜昌机场和新建荆州、黄冈支线运输机场时，同步规划建设航空快件集散中心、空港快递园区，提高航空快件处理能力，实现航空与陆运方式灵活转换、无缝衔接，形成快件"绿色通道"。

大力发展铁路货运。在火车站配套建设快件运输通道和装卸操作接驳场所，支持扩大快递专列、电商班列和高铁快递的覆盖范围和运营规模，探索高铁货运场站与客运场站、快递物流园区的接驳，高铁快件安检、高铁货运方式与航空、陆运紧密衔接、灵活转换以及高铁快件集散分拣的解决方式。推动开展利用高铁运递快件试点，建设高铁快件集散处理中心，力争将我省列为高铁运输快件试点省份。建设以武汉三大火车站为中心，以襄阳、宜昌、荆州、黄冈、黄石、咸宁、恩施为分中心的铁路快运服务体系和快递物流多式联运体系，强化对山区农村和毗邻省际区域的快递物流辐射功能。

优化公路运输。推动公路交通运输资源与快递资源整合，利用农村公路客货运场站建设一批快递配送综合服务站，鼓励农村客运班线代运邮件快件，打造一批交邮共建示范工程，加快完善农村快递物流服务体系。在武汉、襄阳、十堰、宜昌、黄冈、黄石等地区，积极试点多式联运和甩挂运输，实现邮件快件运输在多种方式之间无缝衔接。支持邮政企业、快递企业在交通枢纽和商贸区、产业园区建设服务中心，打造"干线运输+智能仓储+落地配"云仓服务模式。

5. 加强区域协同发展

促进省内各区域之间快递协同发展。结合武汉城市圈快递业务同城化发展趋势，引导圈内各城市协同规划建设快递基础设施，在交通设施建设、快递车辆通行等方面制定统一标准和政策规范，提升武汉对周边城市的辐射带动能力。加强武汉城市圈与宜荆荆、襄十随、鄂黄黄三个城市群之间的协同发展，引导快递企业合理布局快件分拨集散中心，优化网络作业组织，缩短快件快递时限，促进全省各区域间快递协同均衡发展。

促进我省与长江经济带、长江中游城市群各省市间快递协同发展。推动各省市间交通设施和邮政快递网络互联互通，优化省际间快递网络布局，提高武汉、长沙、南昌三城市间快件传递速度，支持相关节点城市在省际毗邻区域建设快递物流中心，培育若干带动区域协同发展的快递产业重大项目，推动区域联动发展。

（四）推动环保科技运用，引导行业绿色低碳发展

1. 推动运输组织模式和装备结构性减排

优化运输组织，鼓励企业根据实际合理选取不同的运输组织模式，提高铁路、水路在邮件快件运输中的承运比重，降低运输能耗强度和排放强度。加快甩挂模式在邮件快件运输中的应用，利用物联网技术自动识别挂车信息和货物数据，提高运输作业效率。积极探索滚装运输等多式联运在邮政业的适用，采用路由管理和仿真设计等软件，实现运输组织的科学优化。优化运输装备，引导企业采购符合国家标准的物流配送汽车和快递专用电动车，淘汰排放超标车辆以及客载货车辆。推动企业在中转盘驳、末端配送等环节提高节能、新能源和清洁能源车辆的使用比例，加快淘汰高能耗的老旧运输装备。降低燃料消耗，鼓励企业选用高品质的汽车和飞机燃料，提升燃料使用率，降低污染物排放。

2. 推广环保技术和材料运用

鼓励企业采用绿色低碳的包装物料，杜绝过度包装，减少包装物料消耗。鼓励企业使用再生纸张制作信封和明信片，使用可降解的封装用品。引导企业提供可循环使用的快递封套，标明二次使用方法和环保提示语，用于商务文书等内件的签收返还。鼓励企业在邮件和快件周转过程中，重复利用塑料箱或高强度纸箱代替一次性编织袋。鼓励企业研究包装废弃物的回收处置模式，通过与生产商签订回收协议或自行建立回收体系等方式，提升包装用品的重复使用率。

3. 推动以信息化手段提升能效

紧紧围绕国家"互联网+"战略，抢抓全面实施智慧湖北机遇，大力推进邮政业信息化建设。引导企业减少传统纸质运单的使用，在B2B和B2C寄递领域普及使用电子运单，在个人客户中推广APP在线下单模式，广泛使用电子运单，逐步降低耗材使用量，提升服务效率。推进智能快件箱（包裹柜）等自助服务设施建设，促进设施共享，减少配送环节运输排放，提高配送效率。支持邮政企业用普通打印设备制作数字邮资，减少邮资机的使用。

（五）推动监管效能提升，保障行业安全规范运行

1. 完善邮政监管体系

针对行业规模迅速扩张与监管力量不匹配的矛盾，因地制宜、有序推进县级邮政监管机构组建，积极探索县域邮政监管模式。推进省市以及重点县（市）安全监管中心、安全执法平台、安全检查平台"一中心两平台"项目建设，强化支撑体系。建立市州级邮政业消费者申诉中心，加强行业自律组织建设，进一步发挥社会监督和舆论监督的作用。

2. 健全安全监管机制

落实寄递渠道安全管理工作机制，加强跨部门、跨区域协作配合，提升安全监管与应急处置能力。实施寄递渠道安全监管"绿盾"工程，严格落实"三个100%"，即100%实名寄递、100%收寄验视、100%过机安检，督促企业落实安全主体责任，建立内部安全管理机构和各项安全管理制度。完善快递业安全监管信息平台，健全信息采集标准和共享机制，实现快件信息溯源追查，依法严格保护个人信息安全。建立预警、预控动态监测体系及常态化督导促进机制，完善应急管理机制和应急预案，建立舆情监测预警制度，加强寄递安全热点舆论引导。强化安全检查措施，从源头防范禁寄物品流入寄递渠道。

寄递渠道安全监管“绿盾”工程

项目	主要内容
安检能力建设	引导企业按照国家强制标准配备安检设备，实现邮件快件100%过机安检；为重点地区监管部门配备小型安检设备；在跨境邮件、快件分拨中心集中配备安检设备；协调在重点城市高铁站预留一定快件上车安检空间、配备相应的集中安检设备，提升安检效率。
寄递实名制建设	引导企业更新终端设备，改造信息系统，实现100%实名交寄和收寄验视，确保用户信息安全。
信息技术支撑能力建设	建设行业安全监管及应急指挥平台、寄递安全敏感用户基础信息库和邮政业安全信息系统，提升安监系统、视频监控平台容量和功能，接入干线车辆定位信息，优化消费者申诉平台。主要品牌快递企业加强信息技术建设，建立用户信息数据库，实现寄递用户信息可录入、可查询、可核对、可追溯，实现全省联网。
“一中心两平台”建设	推进省、市以及重点县（市）安全监管中心、安全执法平台、安全检查平台（“一中心两平台”）项目建设，完善安全监管体系，加强人员和设备配置，提升安全管理基础能力。推进市级处理中心、营业网点视频监控系统建设。
执法检查能力建设	扩大邮政管理部门执法终端配置比例，升级执法信息系统，创新执法手段，提升安全监管效能。
安全培训制度建设	加强企业人员专业技能培训，提升安全管理水平和安全意识及危险品识别能力。

3.创新邮政监管手段

加强大数据、云计算等现代信息技术在行业管理、安全监控、信息公开中的应用，探索实行“互联网+”监管新模式。构建互联互通、整合协同、安全高效的信息化监管支撑服务体系，推动跨部门、跨层级、跨业务的监管信息化应用与共享。通过现代技术的运用，有力提升监管效能，夯实监管基础。

4.依法规范行业发展

依法实施快递经营许可，优化许可和备案流程，加强事中事后监管。严格邮政普遍服务网点撤销和业务停限办审批，健全邮政普遍服务综合绩效考核体系。加强行业诚信体系建设，完善快递服务质量评价体系，督促邮政、快递企业依法经营，不断提升服务质量。建立健全消费者申诉与市场执法联动机制，邮政与工商、公安、国安等部门执法联动机制及可防性刑事案件发案倒查机制，加大对违法行为的查处力度，保障行业健康有序发展。

四、保障措施

（一）加强组织协调

省、市两级邮政管理部门在上级部门和地方政府的领导下，负责落实全省和各地区邮政业发展“十三五”规划，并与城乡规划、相关规划进行衔接。组织好邮政业规划宣贯，加强对市场主体的引导，争取地方政府和有关方面支持，统一认识，凝聚力量，充分调动各方面的积极性抓好规划实施。建立和完善工作机制，科学制定规划期内各阶段目标任务，落实相关责任，重点抓好重大项目、重大工程和重大政策的实施，强化目标管理，做好规划实施的跟踪评估，及时把握行业发展动向，调整应对措施，保障规划顺利实施。

（二）加强政策支持

全面贯彻落实《国务院关于促进快递业发展的若干意见》、《省人民政府关于促进全省快递业健康发展的实施意见》和《湖北省邮政条例》，推动各地出台配套措施。加强基础设施布局规划，推动各地区在土地利用总体规划和年度用地计划中统筹安排快递专业类物流园区、快件集散中心等设施用地，研究将村邮站、智能快件箱（包裹柜）等设施纳入公共服务设施规划和民生工程项目；落实总部经济政策，鼓励大型快递企业总部、区域性总部、全国或全国区域性服务功能设施在湖北布局；争取财政资金对涉及民生和安全的建设项目给予支持，引导符合条件的企业申请长江经济带产业基金和省级股权投资引导基金支持；推动落实省内跨地区经营快递企业总分支机构增值税汇总缴纳；继续推动出台产业联动、拓展服务网络、车辆便利通行、培育市场主体、保障寄递安全、国际化发展、普惠发展、绿色发展等方面的政策措施，进一步优化行业发展环境。

（三）加强法治保障

围绕“法治邮政”和“法治湖北”建设，以“一法两规”（《邮政法》、《快递条例》、《湖北省邮政条例》）为核心，深入贯彻实施邮政行业法律、法规和规章，全面加强邮政法治保障。各市州根据实际，推动出台促进邮政业发展的地方性规范，完善全省邮政法制体系，夯实行业法制基础。强化邮政行政执法监督，完善部门权力清单、责任清单、负面清单制度，实行执法评议考核，推进政务信息公开，不断提升全省邮政管理部门依法行政水平。制定实施全省邮政行业“七五”普法规划，推动湖北法治邮政建设再上新台阶。

（四）加强监管创新

按照“简政放权、放管结合”的精神，进一步优化快递业务经营许可流程，在法律框架下将部分审批工作下放给市（州）邮政管理部门，实现审批端口前移和执法重心下沉。改革快递企业年度报告制度，精简企业分支机构、末端网点备案手续，深化快递行业商事制度改革，探索对快递企业实行同一县（市、区）工商登记机关管辖范围内“一照多址”模式，打造开放宽松、规范有序的快递市场环境，鼓励更多投资主体进入快递行业，激发和提升市场活力。依法实施邮政通信业务审批，加强对邮政普遍服务承担主体的监管，确保邮政普遍服务水平达到法定要求。

（五）加强队伍建设

加强行业党建工作，建立健全基层党建工作的共管机制，加大推进民营快递企业基层党组织建设力度，强化党风廉政建设主体责任和监督责任，坚持以党风带行风，树立行业先进典型，提升行业社会形象。加强专业人才队伍建设，推动湖北省邮政行业职业教育集团建设，鼓励学校、科研机构、行业协会、企业联合建设快递人才培养和储备基地，支持快递从业人员参加职业技能培训和职业技能鉴定，落实有关创业、人才引进、职业教育等方面的政策。加强邮政管理队伍建设，加大党纪和法律培训力度，不断提升邮政管理人员廉洁自律、依法行政意识。积极争取地方政府对邮政管理机构建设、干部培养、人员待遇等方面的支持，逐步充实行业监管力量，不断提升行业监管效能。加强行业协会建设，将行业协会发展成为能够真正代表行业利益、反映企业诉求、提供中介服务、规范企业行为的行业组织。

咸宁市人民政府办公室关于促进快递业加快发展的实施意见

（2016年7月13日　咸政办发〔2016〕40号）

各县、市、区人民政府，市政府各部门，咸宁高新区管委会：

为贯彻《国务院关于促进快递业发展的若干意见》（国发〔2015〕61号）精神，进一步推动全市快递业提速发展，经市人民政府同意，现提出如下实施意见。

一、总体要求

（一）基本思路。以解决制约快递业发展的突出问题为导向，坚持“市场主导、政府推动，安全为基、规范引领，创新驱动、协同发展”的基本原则，以“互联网+”快递为发展方向，加快基础设施建设，加大政策扶持力度，培育壮大市场主体，融入并衔接综合交通体系，扩展快递服务网络惠及范围。推进快递与电子商务融合发展，提升寄递安全和服务质量，推动快递业转型升级、提质增效，带动特色农业、生产制造业、批发零售业等协同发展，全面发挥快递业在活跃流通、拉动需求、促进发展、服务民生等方面的重要作用，不断满足人民群众日益增长的寄递需求，更好地服务全市经济社会发展。

（二）发展目标。到2020年，全市出口快递业务量突破4500万件，业务收入突破3.5亿元，年均增长35%以上，新增就业人员5000人。实现省内县级以上城市24小时投递、全国重点城市48小时投递。网购商品通过快递配送比例超过75%，支撑网络零售交易额突破200亿元以上，快递对电子商务的支撑作用全面提升。基本建成普惠城乡、技术先进、服务优质、安全高效、绿色节能的快递服务体系，实现乡乡有网点、村村通快递，将咸宁打造成为“一带一路”最便捷的快递服务中心。

二、重点任务

（一）培育壮大快递企业。引导快递企业按照现代企业制度要求，完善公司法人治理结构和内部各项管理制度，建立健全行业安全和服务标准体系，加强服务质量监测，降低快件延误率、损毁率、丢失率和投诉率，不断提高服务质量，增强企业市场竞争力。引进国内外优质资源，从落地优惠、运输集散补贴和加强服务等方面，鼓励、引进国内骨干网络快递企业、大型电商企业和跨境电商企业在我市布局全国区域性服务功能设施（如陆运快件区域集散交换中心，电子商务和快递配送一体化仓储中心，技术研发中心，培训中心等）。（责任单位：市发改委、市邮政管理局、市工商局、市财政局、市商务局、市供销社）

（二）加强现代快递物流园区建设

1. 加快咸宁现代快递物流园建设。加快完善园区水、电、路、网络、通讯等生产基础设施和生活配套设施，建设园区现代化快件分拣设施、仓储配送设备和信息服务数据平台中心，并引导快递企业进驻园区集中管理，提高园区智能化管理水平，实现快递物流"一体化"发展。发挥快递物流园区集聚效应，依托"铁路、公路、水路、航空"交通优势，整合各方资源，拓展电子商务、仓储配送等关联服务，加快建成设施先进、布局科学、支撑有力、运转高效的品牌现代快递物流示范园区，助推区域人流、物流、资金流、信息流和相关产业布局的优化和融合，着力将咸宁现代快递物流园打造成为湖北重要的快件集散中心。（责任单位：市邮政管理局、市发改委、市交通运输局、市商务局）

2. 增强县（市）级现代快递物流园区对快递业的支撑能力。进一步完善县（市）级核心物流园区仓储、分拣处理、快速集散、统一配送、商品展示、分拨等服务功能，实现快件分级分拨，加快推进城乡三级物流配送体系建设，形成上游与市现代快递物流园功能互为补充、联动发展，下游与区域各乡镇顺畅衔接、有力支撑的良好布局，努力构建与全市经济社会发展相适应的现代快递物流园区体系。（责任单位：市邮政管理局、市发改委、市交通运输局、市商务局、市邮政公司，各县市区人民政府）

（三）完善城乡快递服务网络

1. 加快推进"快递下乡"与城乡三级物流配送体系融合发展。贯彻《关于落实发展新理念加快农业现代化实现全面小康目标的若干意见》（中发〔2016〕1号）和《关于协同推进农村物流健康发展加快服务农业现代化的若干意见》（交运发〔2015〕25号）要求，鼓励和引导快递企业结合农村特色产业发展和电商服务需求，推进"快递下乡"工程，进一步完善农村地区网络布局，建设城乡三级物流配送体系综合服务站、农村快递末端网点，构建覆盖城乡的快递物流配送服务网络，提升快递末端服务能力。支持快递企业加强与农业、供销、商贸企业的合作，打造"工业品下乡"和"农产品进城"双向流通渠道，下沉带动农村消费。鼓励快递企业发展跨境电商快递业务，加大对快递企业"走出去"的服务力度。（责任单位：市邮政管理局、市发改委、市交通运输局、市商务局、市委农办、市供销社，各县市区人民政府）

2. 推进邮政"乡乡设所、村村通邮"。鼓励和支持邮政企业利用网络优势，通过与商务、交通、供销等部门融合，合力推进村邮站、便民服务站、邮政三农服务站等站点的升级改造，将综合服务能力延伸至村。拓展综合服务站点服务功能，在原有农村邮政网点基础上，搭载快递服务、农村电子商务、代收代缴费、农村客运、农资配送、农村物流等多种服务。（责任单位：市邮政管理局、市邮政公司，各县市区人民政府）

3. 优化城市快递服务体系。进一步完善城市邮政、快递服务体系，创新快递服务模式，优化城市快递服务网络布局。推进快递"三进"（进社区、进机关、进校园），提升城市快递服务基础设施保障能力，鼓励快递企业、电商企业或第三方企业在机关、企事业单位、学校、写字楼、商住小区等快件投递量大的区域配建快递服务中心或设置智能快件箱等自助服务设施，缩短快递末端投递时限，有效解决末端投递矛盾。（责任单位：市邮政管理局、市住建委、市教育局、市商务局，各县市区人民政府）

（四）推进"互联网+"快递。鼓励快递企业充分利用移动互联、物联网、大数据、云计算等信息技术，优化服务网络布局，提升运营管理效率，加快向综合性快递物流运营商转型。推进电子商务与物流快递协同发展试点，引导快递企业与电子商务企业深度合作，建设一体化配送平台，提供多种增值服务，促进线上线下互动创新。统筹推进"快递下乡"和"电子商务进农村"，鼓励邮政、快递企业在生产农特产品的乡镇开设农村服务网点，积极服务农户和农村电子商务企业，对接城市农产品集散地、农贸市场。支持邮政、快递企业提升农特产品寄递服务水平，为农特产品提供优质的包装、仓储、运输服务，实现农特产品直封、直发、直运，拓宽农特产品外销寄递渠道。（责任单位：市邮政管理局、市商务局、市交通运输局、市委农办、市供销社，各县市区人民政府）

（五）衔接综合交通体系。持快递企业与铁路、公路、水路、航空等运输企业加强合作，强化运输保障和综合服务能力。在铁路枢纽设置快件运输通道和接驳场所，建立运输邮件（快件）合作机制。稳妥推进公路客运班车代运快件试点和快件甩挂运输方式，优化市内邮政、快递干线运输。支持邮政、快递企业与符合条件的汽车客运站加强合作，鼓励市到县、县到乡、乡到村的客运班车代运快件，健全小件快运服务体系，降低综合运输成本。（责任单位：市交通运输局、市邮政管理局、市发改委，各县市区人民政府）

（六）加强行业安全监管实施寄递渠道安全监管“绿盾”工程，推进快递企业安全生产标准化建设，落实邮政业安全生产设备配置规范等强制性标准，明确收寄、分拣、运输、投递等环节的安全要求。强化快递企业安全生产主体责任和寄件人安全责任，督促企业完善从业人员安全教育培训制度，加强对企业安全生产工作的技术指导。对快递安检设施配备给予一定资金支持，推进寄递企业全面配备收寄检查设备。实行部门联动，逐级建立完善工作协调和联合执法机制，切实履行部门职责，着力健全快件寄递安全防控体系，全面落实收寄验视制度，全面实行快件实名收寄，统筹推进快件过机安检，依法严厉打击和严密防范利用寄递渠道实施违法犯罪的行为。（责任单位：市综治办、市邮政管理局、市公安局、市国家安全局、市交通运输局、市安监局，各县市区人民政府）

三、保障措施

（一）加强规划引导。将快递业纳入我市国民经济和社会发展规划。编制咸宁市快递业发展“十三五”规划，做好与综合交通运输、现代服务业、电子商务、物流业等专项规划的衔接。在城乡规划、土地利用规划、公共服务设施规划中，合理安排快递基础设施的布局和建设，适当引导快递企业集中布局。将快递末端服务网点、智能快件箱等快递服务设施纳入公共服务设施规划。（责任单位：市发改委、市交通运输局、市国土资源局、市住建委、市城乡规划局、市商务局、市邮政管理局，各县市区人民政府）

（二）加大政策和资金支持。每年从市级服务业发展引导资金、电子商务进农村国家级示范县资金等财政专项资金中安排一定资金，对重点邮政快递企业在项目建设、人才培养、信息化建设和标准化应用推广等方面予以支持。支持对寄递农特产品的邮（快）件给予补贴。各地要将发展快递业纳入国民经济和社会发展规划，在城乡规划、土地利用规划、公共服务设施规划中合理安排快递基础设施的布局建设，并在土地利用总体规划和年度用地计划中统筹安排快递专业类物流园区、快件集散中心等设施用地，研究将智能快件箱等快递服务设施纳入公共服务设施规划。快递企业可按现行规定申请执行省（区、市）内跨地区经营总分支机构增值税汇总缴纳政策，依法享受企业所得税优惠政策。探索对快递企业实行同一工商登记机关管辖范围内“一照多址”模式。简化快递业务经营许可程序，改革快递企业年度报告制度，精简企业分支机构、末端网点备案手续。快递企业用电、用气价格按照不高于一般工业标准执行。（责任单位：市发改委、市经信委、市财政局、市住建委、市城乡规划局、市商务局、市工商局、市国税局、市地税局、市邮政管理局、市物价局、市供电公司，各县市区人民政府）

（三）加强市场监管。探索完善市以下快递监管模式，充实监管力量，创新监管方式，强化事中事后监管，全面提升市场监管能力。健全寄递渠道安全管理跨部门、跨区域协作配合机制，依法加强快递经营行为监管和寄递安全监管，加大执法检查力度，维护快递市场经营秩序，保障用户合法权益。推进快递市场诚信体系建设，利用行业监管信息系统，建立违法失信主体“黑名单”及联合惩戒制度，营造诚实守信的市场环境。（责任单位：市邮政管理局、市编办、市发改委、市安监局、市公安局、市工商局，各县市区人民政府）

（四）优化快递车辆管理。改进城市快递配送车辆的通行和时限控制，放宽城市配送车辆停靠限制，建立快递运输专用标识和道路通行许可证管理制度，解决城市快递车辆通行停靠难问题。要结合实际制定快递专用电动三轮车用于城市收投服务的管理办法，解决“最后一公里”通行难问题。各地因城市改造等原因实行城市通行管制措施时，要优先安排快递车辆通行停靠。对快递企业使用新能源交通工具，按照相关政策给予补贴。（责任单位：市公安局、市城管执法局、市财政局、市邮政管理局、各县市区人民政府）

（五）加强快递人才培养。积极开展职业技能鉴定，提高快递从业人员持证比例。鼓励高等院校和职业学校设置快递物流管理相关专业，加快培养快递物流管理相关专业紧缺人才。鼓励促进校企合作，支持职业院校实行订单式培养。做好对农村劳动者、返乡农民工加入快递行业的职业资格培训、岗前培训和就业指导，鼓励支持快递企业推进用工本地化。落实就业创业和人才引进政策，对符合条件的按规定给予补贴。（责任单位：市教育局、市人社局、市邮政管理局，各县市区人民政府）

四、组织实施

各地、各有关部门要充分认识促进快递业健康发展的重要意义，加强组织领导，健全工作机制，强化协同联动，加大支持力度，为快递业发展营造良好环境。市直有关部门要根据各自职责制定配套政策和具体措施。各地要将促进快递业发展作为推进现代服务业发展和加快流通体系建设的重要内容，结合本地区实际出台有针对性的支持措施，并抓好落实。市邮政管理局、市交通运输局、市发改委等部门负责对本意见落实工作的统筹协调、跟踪了解、督促检查。

宜昌市2016—2018年村邮站建设实施方案

（2016年7月15日宜昌市人民政府印发）

村邮站是农村邮政公共服务设施，是解决农村用邮“最后一公里”、支撑电子商务进农村、实现城乡邮政服务一体化的民生工程。为贯彻落实《市人民政府办公室关于建设覆盖城乡邮政及快递便民服务体系的实施意见》（宜府办发〔2015〕21号）精神，推进城乡邮政公共服务均等化，制定本方案。

一、建设目标

2016—2018年全市13个县市区共建设1255个村邮站。其中，2016年建设500个村邮站，2017年建设480个村邮站，2018年建设275个村邮站。

二、建设方式

（一）建设原则。

一是统筹规划，有序推进。将村邮站的布局和建设纳入乡镇和村庄规划，作为电子商务进农村物流体系建设的重要支撑，统筹规划，按照“先易后难、分步实施”的工作思路，确保到2018年实现全市行政村村邮站建设全覆盖。

二是因地制宜，资源整合。结合各地区农村经济社会发展水平，因地制宜，因村而异，分层分类建设村邮站。统筹村级公共资源，将村邮站与农村公共服务平台建设相结合，建设及运营经费纳入农村公益服务范畴予以扶持。

三是规范建设，科学管理。按照有“固定场地、固定人员、固定标志、签订服务协议”的标准建设村邮站。将村邮站纳入邮政普遍服务监管范畴，实现管理制度化、检查常态化，推进村邮站长效运行和管理。

四是共建共享，开放共赢。通过搭载服务、开放平台、整合电商、快递合作等手段，强化村邮站功能，拓展村邮站内涵，推动村邮站与农村电商、精准扶贫协同发展，推动村邮站的覆盖水平和运营水平稳步提升，提高农村邮政基础设施使用效率。

（二）功能定位。

村邮站是设在建制村负责接收、转交邮件的固定场所。村邮站的基本功能包括邮件、报刊的接收、保管和转交。村邮站按照功能划分为三类：

一类村邮站：房屋一般由村民委员会提供，由村委会指定人员担任村邮员，只提供邮件接收、投递等基本服务，不办理邮政其它业务和扩展服务。

二类村邮站：房屋可由农村商店提供，由店主担任村邮员，在提供基本服务功能的基础上，叠加邮政“邮掌柜”系统，开办简易收寄（受理信函、包裹、报刊的收寄收订）、代缴电费、话费，以及商品代购、商品批发、进销存管理等扩展便民服务。

三类村邮站：房屋可由农村商店提供，在二类村邮站功能基础上，依托邮乐网信息化平台，提供邮政业务的代办受理、供电通信等公用事业费用代收代缴、票务代理、分销配送业务、农村小额支付结算、定额提现、电子商务代购、快递物流等服务“三农”业务。

（三）建设标准。

村邮站需有固定的工作场所，形式可独立或与其他场所共用，工作场所面积原则上不小于15平方米，水电设施齐全、通信畅通。村邮站需配备接转邮件必备的办公设施，包括村邮站名牌和服务时间牌、专用邮筒（箱）、投递分拣办公桌、包裹文件柜、挂号夹、标志牌和村邮员岗位职责、上墙制度牌，配有规范的邮件接收、转交记录单册等基本设施及用品用具。二、三类村邮站可根据实际需求，配备电脑终端设备、商易通设备，张贴基本功能及各项盈利性服务的收费标准等。

三、工作要求

（一）统一思想，加强领导。各地各部门要充分认识村邮站建设的重要意义，将村邮站建设作为重要民生工程，高度重视，主动作为。各县市区人民政府是村邮站建设的责任主体，要认真研究，精心部署，制定符合本地实际的工作计划，切实将建设任务落实到位。

（二）明确责任，加强协调。各地各部门要按照各自职责，明确任务分工，建立部门联动、整体推进的工作机制，积极创造条件，切实加快村邮站建设进度。市邮政管理局负责统筹制定年度工作计划，加强督导检查和年终考评。各县市区政府负责提供村邮站的房屋、场地和办理邮政业务的必备条件；负责整合民政、交通运输、商务、供销等资源，落实村邮站建设的资金补贴，将村邮站建设成为一站多能的农村公共服务平台。市邮政公司负责提供村邮站办理邮政业务所需用品用具、统一的业务单式，配置统一的村邮站标识牌及邮政生产用品用具，加强对村邮站的业务指导培训，完善交接手续，保障邮件安全，确保村邮站服务质量。

（三）积极探索，大胆实践。村邮站建设和运营没有固定的模式，各地要积极探索村邮站建设和运营的多种模式，在现有人力、物力、财力基础上大胆实践，努力破解推进过程中的新情况、新问题。

附件：宜昌市2016—2018年村邮站建设计划分解表（略）

18. 湖　南

湖南省人民政府办公厅关于加强寄递物流安全管理工作的实施意见

（2016年12月15日　湘政办发〔2016〕98号）

各市州、县市区人民政府，省政府各厅委、各直属机构：

为加强寄递、物流安全管理工作，根据《中华人民共和国反恐怖主义法》、《中华人民共和国安全生产法》、《中华人民共和国邮政法》和《国务院关于促进快递业发展的若干意见》（国发〔2015〕61号）、中央综治办等九部门《关于加强邮件、快件寄递安全管理工作的若干意见》（中综办〔2014〕24号）、中央综治办等十部门《关于加强物流安全管理工作的若干意见》（中综办〔2015〕13号）文件精神，结合我省实际，现提出以下实施意见。

一、明确安全管理责任

（一）落实企业主体责任。寄递、物流企业是寄递、物流安全管理主体责任单位，其法定代表人或实际控制人是安全管理第一责任人，对安全管理全面负责。寄递企业要牢固树立安全与发展并重理念，依法依规履行安全生产职责，执行国家标准和行业标准，层层落实收寄、分拣、运输、投递等各环节安全检查责任，建立隐患排查、登记、报告、整改、销号闭环管理制度，实施全员、全过程、全方位的安全防范和隐患排查治理。物流企业要加强安全管理，健全内部安全管理责任制和安全风险防控体系，建立危险品、违禁品的信息登记管理制度，严格货物受理和安全查验工作，全面执行运输、仓储、装卸、搬运、包装、流通加工、派送等安全标准及操作规程，坚决维护公共安全。寄递、物流企业要按照“谁设立、谁管理”、“谁发展、谁负责”的原则，加强对分支机构、加盟网点的安全检查和日常管理，健全网络运营安全管理责任制，加强企业安全应急管理能力建设，制定完善安全应急管理预案，强化应急演练，做好突发事件的应急处置工作。

（二）明确部门监管职责。邮政管理、交通运输、经信、公安、国家安全、商务、工商、质监、安监、海关、民航、铁路等负有安全监管职责的部门要分工负责、各司其职，依法依规做好安全监管工作。邮政管理部门要切实履行行业主管职责，对寄递企业进行安全风险评估，对未经许可、不具备安全条件的寄递网点，坚决依法查处；对安全管理措施不落实的企业，依法责令其停业整顿。交通运输部门要依法承担道路、水路运输市场监管责任，贯彻落实物流运输有关政策、法规、技术标准和运营规范并监督实施。经信部门要推进工业化和信息化融合发展工作，组织制定工业和通信业相关政策，承担工业和通信业信息安全应急处置工作，负责民用爆炸物品生产、销售的安全监督管理。公安部门要依法监督、检查、指导寄递、物流企业内部治安保卫工作；依法核发枪支弹药、民用爆炸物品、易制毒化学品购买和运输许可，核发剧毒化学品购买和道路运输许可证，监管放射性物品道路运输；依法查处利用寄递、物流渠道进行的违法犯罪活动;依法监督检查物流领域贯彻落实国家信息安全等级保护和互联网安全管理制度,协调处置网络安全重大突发事件(事故)。国家安全部门要将寄递、物流企业纳入监管范围,主动加强监督管理,依法打击各种违法犯罪活动。商务部门要推动物流配送发展,贯彻落实商贸物流的法规、规划、标准和政策,加强商务领域信用建设,促进物流标准化、社会化、信息化水平的提高。工商行政管理部门要严格落实经营快递业务前置许可规定,对企业未取得快递业务经营许可的,不予发放营业执照。质监部门要协调推动物流安全标准制修订工作,依法管理物流行业计量器具及量值传递和比对工作,依法对特种设备安全实施监督管理。安全生产监督管理部门要依法对物流行业安全生产工作实施综合监督管理,加强对危险化学品、烟花爆竹生产经营企业的安全监督管理,指导非药品类易制毒化学品生产、经营监督工作。海关部门要严格落实国家在进出口(境)环节上的禁止、限制性规定,加强对进出境物品的监督管理,依法打击各种违法行为。民航行政监管部门、铁路监管部门要依法对民航企业、铁路运输企业安全工作进行监督检查。

(三)强化属地管理责任。各级人民政府要高度重视寄递物流安全管理工作,主动适应新形势,努力解决影响社会公共安全的源头性、根本性问题。按照分级负责、属地管理的要求,定期分析安全形势,研究解决重大事项,督促有关部门严格执法。乡镇人民政府(街道办事处)要确定分管负责人,明确工作人员协助做好本行政区域内寄递、物流安全的巡查工作,发现安全问题和隐患应及时向上一级邮政管理部门、交通运输部门、公安机关报告,并配合相关主管部门督促整改,使违法问题得到及时纠正和查处。各级综治部门要认真履行职责,加强组织协调、督导检查和考评推动,建立健全会议联系、工作联动、信息联通、案件联处的工作机制,协助落实寄递、物流安全工作属地管理责任。各有关职能部门、监管单位要加强资源整合和力量统筹,推动理念思路、方法手段创新,积极配合,履行职责,推进安全管理工作精细化、信息化、法治化,预防和减少各类重特大案(事)件发生。

二、严格落实制度要求

(四)严格落实验视制度。寄递、物流企业要贯彻落实"管理从严、执行从严"的要求,严格依法履行收寄验视、安全检查的法定义务。寄递企业收寄的邮件、快件(除信件外)必须100%实行先"验视"后"封箱",当面验视内件,确认安全后加盖收寄验视戳记或者签名;对国家明令禁止的寄递物品、不能确认安全性的物品或者用户拒绝验视的,坚决不予收寄;要规范协议客户管理,按照安全保障协议示范文本签订合同,建立完善抽检抽查制度并留存好抽查记录,有效防控安全案(事)件。物流企业要依法与托运人签订运输合同,规范管理签订长期运输合同的用户,将托运人"不夹带违禁品、瞒报危险物品及自觉检查货物"等义务在合同中加以明确;要提醒委托人核实货物是否属于违禁品,并在营业场所、运输单据上明示违规委托的法律责任;要建立完善在货物运输受理环节的安全检查制度,相关安全检查资料应保存6个月以上,防止伪报品名托运或者在普通货物中夹带违禁物品、危险品。寄递、物流企业要加强源头管控,强化对疑似爆炸装置、危险化学品、枪支弹药、易燃易爆剧毒等物品的查验把关,检查发现寄件人或托运人夹带禁寄禁运物品的,应当及时报告相关主管部门和公安机关。

(五)严格落实实名制度。寄递、物流企业要严格执行寄递物流活动100%实名制,认真做好用户身份查验和身份信息登记工作。寄递企业要提供安全、便捷的服务,对除信件、已有安全保障机制的协议客户或者通过自助邮局(智能快件箱)交寄的邮件、快件以外,一律要求寄件人出具有效身份证件并登记后方可收寄。物流企业从2017年1月1日起,要实行全行业实名制度,依法对托运人身份信息进行查验,认真核对并登记托运单位、托运人及托运货物的品名、数量等真实信息,相关登记信息留存18个月以上。寄递、物流企业要建立信息数据库,寄件人或托运人身份信息应及时抄登或录入企业用户信息库,对业务流程实行全程计算机管理,实现对邮件、快件、托运物品的全程跟踪和实时查询,确保来源可追溯、责任能倒查、违法受查究。寄递、物流企业要完善信息登记管理制度,规范实名收寄行为,切实保护用户信息安全。

(六)严格落实安检制度。各地要按照源头管控、属地管理、保障安全的要求,推动寄递、物流企业全面落实安检制度。寄递企业要实施邮件、快件"层级分流、就地安检"措施,100%通过X光机安检。自2017年1月1日起,全省市州、县市区所有收寄的邮件、快件必须就地安检,未通过安检查危措施的,不得发往下一环节。无论邮件、快件大小,件件过机,存疑复检;对安检发现夹带有禁止寄递物品的邮件、快件,坚决阻断在当地,决不能进入寄递渠道形成现实危害。寄递企业可以采取自主安检、联合安检、集中安检等方式对收寄的邮件、快件进行安全查验,凡过机安检的邮件、快件要在醒目位置加盖安检戳记或者张贴安检标识,载明安检单位、安检地区、安检时间。要制定安检操作规程,严格落实安检设备定人、定机、定岗、定责制度,保障安检工作制度化、常态化、长效化。寄递企业应当在省际分拨中心安排具有专门技术人员对寄往重点地区、重点部位、重大活动所在地的邮件、快件及国际、港澳台邮件、快件和通过航空、高铁运输的邮件、快件进行二次安检；相关邮件、快件安检资料应当保存30天以上。物流企业要全面落实安检制度，对重点时段、运往重点区域和特殊场所的货物进行重点查验，从源头上防范利用物流和零担货运渠道实施违法犯罪。鼓励地方政府支持物流企业采取多种安检方式，落实安检制度，在货物集散地可由专业公司对货物进行安检。

三、完善安全监管体系

（七）加强诚信体系建设。各地各有关部门要创新监管方式，建立失信惩戒和守信激励机制。邮政管理、交通运输部门要分别根据寄递、物流企业安全违法行为记录，建立企业诚信档案和黑名单制度，实施企业诚信评估，推进分级分类监管。探索建立企业诚信承诺、自查自纠、警示约谈、重大安全信息报告等动态监控制度，对自觉守法的企业，在法律法规允许的范围内，减少日常监督检查；对失信企业开展法律法规教育和警示约谈，增加监督检查频次；对发生重大案（事）件的企业，实行重点监管，采取信用提示警示，取消市场准入、实施行政处罚等方式进行惩戒。完善情报信息收集研判和共享机制，建立安全违法行为信息库，推进行政处罚公开、日常监督检查记录公开，促进寄递、物流企业诚信和守法经营。要发挥行业自律和社会监督作用，广泛听取收集各方面对寄递、物流企业自我安全管理的综合评价，加强行业诚信自律和约束引导，提高行业安全管理整体能力。

（八）加强信息技术建设。各有关部门要认真贯彻落实国务院《关于运用大数据加强对市场主体服务和监管的若干意见》（国办发〔2015〕51号），充分运用大数据、云计算、物联网等先进信息技术，改进和加强寄递、物流安全监管工作。根据安全溯源、作业留痕、责任倒查的需要，健全信息采集标准和共享机制。寄递、物流企业应当预留安全监管数据接口，依托公安、国家安全等情报信息系统，实现对涉枪涉爆涉毒涉危、寄运敏感物品、治安高危人员等信息的关联比对、分析研判、等级预警、全程跟踪，及时核查处置，严防发生重大案（事）件。要在业务操作场所安装视频监控设备，寄递企业监控资料保存时间不少于30天，物流企业不少于90天。鼓励物流企业建立人工与自动化抽检相结合的验视检查模式，配备相应的安全检查设施设备，提高验视的效率和准确性。

（九）加强寄递物流园区建设。各级人民政府要认真贯彻落实中央和我省关于寄递、物流发展规划要求，结合本地区产业结构特点、商品流通、安全管理等方面需求，制订寄递、物流发展规划，在城乡规划中合理布局寄递、物流基础设施建设并将其纳入土地利用总体规划。要确定专门区域，安排引导资金，科学安全建设寄递、物流园区。要严格把好入园企业安全准入关，大力支持产业配套、设备先进的寄递、物流企业入园，严格限制安全水平低的项目建设。凡经营危爆物品、化工原料等入园企业，依法实施建设项目安全审查，严格安全设计管理。要加强园区一体化监管，推动园区与社会协调发展，建立“责任明确、管理高效、资源共享、保障有力”的园区安全管理工作机制，强化园区内企业的安全管控，实施邮件、快件、物品等集中管理、集中安检，提高安全保障。要加强应急救援综合能力建设，促进园区安全发展和可持续发展。

四、加强安全管理保障

（十）强化组织保障。各地要充分认识加强寄递、物流安全管理工作的重要意义，按照“发展是第一要务、稳定是第一责任”的要求，切实加强组织领导。各有关监管部门要充实监管力量，提高监管素质，增强监管能力。要根据国务院国发〔2015〕61号文件精神，加强行业主管部门安全监管执法力量建设，健全完善省、市州、县市区三级寄递渠道安全监管机制。做好与国家寄递渠道安全监管“绿盾工程”的配套衔接，配足配齐人员力量，加强安全预警、网上巡查和应急联动。针对县市区机构缺失、同城不设防的突出短板，进一步强化基层监管队伍建设，对一些业务量大、企业数量多、安全隐患突出的地方，可以通过政府购买服务或者设置派出机构等方式充实监管力量，具体形式由上一级邮政管理部门与当地人民政府协商确定。寄递、物流企业要加强企业安全管理员队伍建设，其分支机构（含邮件、快件分拨中心、货运站场）必须设置企业安全管理机构，配备专兼职安全管理员：从业人员超过100人的，配备2名专职安全管理员；从业人员在100人以下的，配备1名专职安全管理员或2名兼职安全管理员。要对从业人员组织培训和考核，加强警示教育，着力提高从业人员安全意识和业务技能，强化岗位责任与行为规范。要加强对广大群众的宣传引导，采取多种形式开展宣传教育活动，提高《禁寄、限寄运物品名录》在广大人民群众中的知晓率。要建立举报奖励机制，充分调动人民群众举报违法犯罪线索的积极性，引导社会力量共同维护寄递、物流安全。

（十一）强化经费保障。各级人民政府要将寄递、物流安全责任目标管理、应急演练、政府购买服务等经费足额纳入财政预算予以保障。要安排经费用于加强宣传培训、消除公共安全隐患、管控寄递物流安全源、强化安检设施建设以及兑现举报奖励等。要加快寄递渠道X光机安检设备的购置,推动安全监管由人防向技防转变。寄递企业落实邮件、快件就地安检措施需添置的X光机设备,原则上在2016年12月底前配备到位,所需经费采取企业自筹为主与财政适当补贴相结合的方式进行配置。具体资金补贴方案由省邮政管理局会同省财政厅研究制定。从2017年1月1日起,各地新增加的寄递企业配备的X光机安检设备,由同级财政予以奖励性补贴。

（十二）强化考核保障。各级人民政府要遵循“依法依规、权责一致、失职追责、尽职免责”的原则,健全完善寄递、物流安全管理工作责任追究制,督促有关部门依法履行职责,保障有关法律法规和安全制度的有效落实。邮政管理、交通运输、公安、国家安全等部门要深入开展安全隐患排查、专项整治活动,重点治理寄运受理环节验视不合格、安检走过场、不留存寄运信息和瞒报货物品名等突出问题,对检查发现的各类安全隐患,要逐一通报、跟踪治理;对其中的重大隐患要及时停业整顿。要加大案(事)件查处力度,依法严厉打击利用寄递、物流渠道实施的各种违法犯罪活动,对因安全管理不到位的,要坚决依法倒查,处罚当事企业及其负责人和具体责任人;对发生重大案(事)件的,除追究当事企业主要负责人和实际控制人责任外,还要按规定追究上级企业及有关责任人的责任;对构成犯罪的,依法追究其刑事责任。各有关部门在监督管理工作中失职渎职、滥用职权、玩忽职守、徇私舞弊,对群众举报、上级督办、日常检查发现的违法行为打击不力而导致案(事)件发生的,按照有关法律法规和政策予以责任追究。各级综治部门要将寄递、物流安全管理工作纳入综治考评,并严格执行社会治安综合治理领导责任制。

湖南省邮政业发展“十三五”规划

（2016年12月20日湖南省邮政管理局、湖南省发展和改革委员会印发）

邮政业是国家重要的社会公用事业,是推动流通方式转型、促进消费升级的现代化先导性产业,在国民经济中发挥着重要作用。加快邮政业持续健康发展,对于繁荣经济、服务民生、促进创新创业和推动经济转型升级具有重要的意义。为建成与全面小康社会相适应的现代邮政业,根据《邮政业发展“十三五”规划》和《湖南省国民经济和社会发展第十三个五年规划纲要》,结合全省邮政业发展实际,编制本规划。

一、现状与形势

“十二五”时期,我省邮政业保持“质效提高、中部靠前”的良好发展态势,综合实力大步跨越,服务水平不断提高,产业基础更为坚实、服务网络更趋完善、公共服务更加均等、支撑作用更加凸显。

（一）发展现状

1.基础产业作用稳步增强。2015年,全省邮政行业完成业务总量104.15亿元,继续保持全国中游水平,业务收入五年年均增长16.5%,高于规划目标和GDP增速,发展势头强劲。邮政普遍服务业务总量6.09亿元,快递业务量达到3.18亿件。从业人员突破8万人。全省邮政行业日均服务城乡居民近1000万人次,为网络零售与工业品下乡提供有力保障。邮政、快递成为产业间和区域间的纽带,有力支撑农村电子商务、跨境电子商务等新兴业态发展,在沟通城乡、改善民生中发挥了重要的基础作用。

2.服务能力显著提升。邮政普遍服务保障加强,空白乡镇邮政局所民生实事项目全面完成,全省邮政普遍服务营业场所总数达到2658处,邮政综合便民平台17967个,村邮站37818个,总体实现“乡乡设所、村村通邮”。2015年,全省快递服务网点达4578处,覆盖70%乡镇。布局建设了一批快递分拨中心和快递物流园区。长沙至香港、南京等快递自主航线常态运行,快件吞吐量超过货邮一半。自动化分拣设备、智能终端和智能快件箱加快推广,行业自动化和信息化水平明显提升。仓配一体化、代收货款、供应链服务等,当日达、次日达、次晨达等业务种类不断丰富,服务功能和品质持续改善。邮件、快件时限准时率稳步提升,邮政普遍服务和快递服务满意度逐年提高。

3.行业改革实现新的突破。邮政政企分开改革持续推进,省以下邮政监管机构逐步完善,省、市两级邮政管理体系全面建立。邮政企业市、县级分支机构顺利更名换牌。政府职能加快转变,取消和下放一批邮政行政审批项目，持续优化审批流程。寄递渠道安全监管的“企业主抓、行业主管、部门联动、属地管控”格局基本形成。邮政企业子改分的法人体制调整全面完成。邮政市场体系不断完善，国内包裹快递业务全面对外开放。邮政普遍服务价格改革取得突破。邮政业“营改增”平稳实施，行业改革红利持续释放。

4. 产业政策环境不断优化。邮政业发展重点纳入各级政府决策部署，加速融入地方经济发展布局。株洲市获批全国电商与快递协同发展试点城市，益阳桃江、永州江永等八县获批全国农村电子商务发展试点县。地方政府相继出台了关联产业协同、快递末端投递、农村邮政物流、快递车辆通行等一系列重大产业发展政策。

现阶段，我省邮政业转型发展的瓶颈依然突出，优化升级步伐不快，发展动能亟待转换，企业成本上升、利润下降，发展面临不少困难。行业规模总量不大、有效供给能力不足，发展方式粗放，邮政基础设施与交通枢纽的配套、城乡末端服务等仍是发展短板。邮政普遍服务业务下行压力加大，网络利用率不高，转型发展任重道远。快递企业整体实力不强、发展层次较低、同质化竞争严重，服务水平有待提升。寄递渠道安全形势复杂，企业安全管理不够精细，邮政监管机构急需向下延伸，安全监管需进一步加强。

（二）发展形势

“十三五”时期是全面建成小康社会的决胜阶段，面临着经济发展速度变化、结构优化、动力转换的新常态。湖南正处在重要战略机遇期、区域发展黄金期和转型升级关键期，为邮政行业更长增长周期的发展提供了新动能、新引擎。

1. 产业结构调整带来新的发展机遇。我省深入推动产业结构升级，扩大有效供给，消费主导型需求结构、服务业主导型产业结构、城镇主导型城乡结构正在形成。产业结构的持续优化，经济增长动力加速转换，将引领邮政行业延伸服务范围，扩展能力建设，推进产业对接、要素集聚和服务升级。面对新一轮产业结构调整，邮政业在经济社会发展格局中的先导地位更加突出，有利于我省邮政业参与分工协作、延伸产业链、发挥便民利商功能，实现跨越式发展。

2. 区位优势跃升拓展新的发展空间。湖南省域的四大板块实现国家战略全覆盖，“一带一部”的新定位、“一核三极四带多点”的新格局，交汇叠加，助推我省发挥承东启西、连南接北、通江达海的区位优势，由沿海开放的内陆变为内陆开放的前沿，在更大空间更广范围集聚各种资源和要素。湖南的全国现代综合交通枢纽地位，有利于邮政业优化网络布局，改善运输组织方式，扩大邮件、快件通达范围和深度，培育新的增长点、打造新的成长区。

3. 消费需求升级孕育新的发展动力。省政府将邮政快递作为培育经济新动力、推进十大消费行动的重点领域，推动邮政业把创新服务变成产业活动，向专业化和价值链高端延伸，向高品质升级。以基本公共服务均等化为目标，着力提高共建能力和共享水平，积极推动邮政普遍服务的变革和进步。“互联网＋流通”行动计划的深入实施，线上线下融合发展，推动产业组织、商业模式、供应链不断创新，为邮政业转型升级和提质增效提供新的动力。

4. 信息技术应用增添新的发展契机。按照网络强国战略部署，“数字湖南”、“智慧湖南”提速推进，移动互联网、物联网、大数据和云计算等信息技术广泛应用，智能化建设步入新阶段。在智慧生态的影响下，信息化成为邮政行业改善用户体验、提升运行效率、拓展服务内涵、打造核心竞争力的重要因素。无论是拓展市场需求，还是参与产业协同，推进经营服务的智能化，已成为邮政行业发展需要。与此同时，电子商务将进一步拉动邮政、快递规模持续增长，结构持续调整。

5. 协同融合发展提供新的发展平台。着眼于培育和发展现代物流产业，湖南积极融入长江经济带建设，加快物流节点城市布局建设，推动电子商务、邮政快递、物流配送与现代产业体系的配套融合。物流与产业、市场的融合发展，带来更多区域性、单元化物流活动。降低流通成本、提高流通效率的社会需求，促进邮政行业适应新常态，增创新优势，参与流通大循环，增强对经济的支撑服务作用。

二、指导思想与发展目标

（一）指导思想

全面贯彻党的十八大和十八届三中、四中、五中、六中全会精神，深入贯彻习近平总书记系列重要讲话精神，按照“四个全面”战略布局，牢固树立创新、协调、绿色、开放、共享的发展理念，适应经济发展新常态，把握生产流通消费变革新机遇，满足经济社会新需求，坚持供给侧结构性改革，坚持创新驱动，坚持依法治邮，坚持提质增效，持续推进普惠邮政、智慧邮政、安全邮政、诚信邮政、绿色邮政建设，加快实施“一核三区”战略，打造邮政业强省，建成与全面小康社会相适应的现代邮政业。

（二）基本思路

围绕一个目标。按照国家邮政局和湖南省“十三五”规划总体部署，着眼于建设与小康社会相适应的现代邮政业的目标，按照规模总量提升、服务质量提升、受益群众增量提升的总要求，推进邮政业转型升级、提质增效。

坚持四个原则。主动适应经济发展新常态，坚持创新驱动、坚持深化改革、坚持依法治邮、坚持转型升级，培育发展新动力，构建发展新体系，进一步巩固和强实邮政业在经济社会发展中基础性作用，力争在全国发展方阵中总量进位、质量升级。

实现两个转变。实现发展方式转变，推动邮政行业由粗放型发展方式向内涵式发展方式转变，更加注重科技应用、模式创新和管理效益提升。实现发展路径转变，以需求引领，聚焦重点、聚集资源、聚合政策，更加注重在城乡协调、融合开放中拓展发展空间，加快推进行业向中高端转型升级。

（三）发展目标

1. 规模总量持续扩大。2020 年全省邮政行业业务总量比 2015 年翻一番，业务收入超过 200 亿元，支撑网络零售交易规模突破 2000 亿元。全省邮政行业就业人数达 10.5 万人以上。

2. 服务能力整体提升。邮政、快递网络布局深化完善，关联产业深度融合，供需全面对接联动，城乡区域发展更趋协调。构建普惠城乡、网络共享、功能集成的邮政普遍服务网络，推进邮政公共服务标准化、均等化，保障人民群众基本用邮权益。构建广覆盖、多层次、差异化、高品质的快递服务网络，推动快递下乡，实施“村村通”工程，力争每个乡镇至少有两个以上品牌快递企业覆盖。

3. 服务水平巩固提高。实现村村直接通邮。全省邮政普遍服务总体实现公共服务均等化，服务略高于国家标准。快递空白乡镇全部清零。快递承诺时限产品比重进一步提升，重点市州之间实现 36 小时送达。邮件、快件申诉率及其延误率、损毁率、丢失率控制在目标值以内。人民群众满意度明显增强。行业服务迈入现代服务业先进行列。

4. 行业影响明显增强。加快培育多种所有制市场主体，扩大有效供给，提高行业竞争力。支持邮政企业做大做强，综合实力进入“全国邮政十强”。坚持产业化方向，充分发挥快递作为电子商务物流主渠道作用，推进企业战略合作，培育若干具有行业影响力的快递联盟。建成一批全国快递园区城市和快递园区集群。

专栏 1 “十三五”时期邮政业发展主要指标

主要指标			2015 年	2020 年	年均增长[累计]
1	邮政业业务总量(亿元)		104.15	220	16.13%
2	邮政普遍服务业务总量(亿元)		6.09	6.5	1.31%
3	快递业务量(亿件)		3.18	11	28.17%
4	邮政业业务收入(亿元)		83.49	200	19.09%
5	快递业务收入(亿元)		33.89	100	24.16%
6	邮政业年服务用户(亿人次)		36.25	70	14.07%
7	邮政行业就业岗位数(万个)		8	10.5	[2.5]
8	城市快递网点标准化率(%)		40	100	[60]
9	乡镇快递网点覆盖率(%)		70	100	[30]
10	快递电子运单使用率(%)		70	90	[20]
11	配备全自动分拣系统的枢纽型分拣中心数量(个)		3	7	[4]
12	寄递企业安检 X 光机配备率(%)		30	100	[70]
13	快件有效申诉率(百万分之)		11	≤8	/
	其中:	快件延误申诉率(百万分之)	12	≤5	/
		快件损毁申诉率(百万分之)	9	≤5	/
		快件丢失申诉率(百万分之)	5	≤3	/

续表

主要指标			2015年	2020年	年均增长[累计]
14	邮件有效申诉率(百万分之)		11	≤8	/
	其中:	邮件延误申诉率(百万分之)	12	≤5	/
		邮件损毁申诉率(百万分之)	9	≤5	/
		邮件丢失申诉率(百万分之)	5	≤3	/

注:①邮政业业务总量按2010年不变价格计算。②[ ]内为五年累计数。③配备全自动分拣系统的枢纽型分拣中心是指重点快递企业建筑面积在1万平方米以上且配备全自动分拣系统的分拣中心。

三、主要任务

(一)深化改革,激发邮政行业发展活力

1. 加强发展引导。坚持以普惠性、均等化、可持续发展引领,提高邮政普遍服务能力和共享水平。坚持突出优势、补齐短板,推动快递服务向生产、流通、消费与民生保障等关键领域聚集,强化在经济社会发展中的支撑保障作用。按照“政府引导、市场配置、分类施策、融合发展”的思路,实施“互联网+”行动计划,引导邮政企业、快递企业推进产业组织、商业模式、服务链、供应链创新。加快邮政行业与现代交通、物流配送、电子商务等产业体系对接、配套和融合,培育新的增长点、增长极、增长带,提高发展层次和市场开拓能力,更好地服务生产生活、普惠民生、促进流通、繁荣经济。

2. 提升供给能力。推进邮政企业实施邮政普遍服务均等化水平提升工程,提高服务的便利化和可及性。提高邮件的投递深度和水平,城区包裹按照规定投递到户,总体实现建制村邮件直投到村。支持邮政企业优化业务产品结构,拓展服务个人、电商、制造业和现代农业的寄递服务。推动建立邮政普遍服务社会参与和分工协作机制,鼓励社会力量参与邮政普遍服务终端服务体系建设。推动邮政基础设施向社会开放,鼓励条件成熟的地区,引入快递企业参与村邮站运营。支持快递企业兼并重组、上市融资、做优做强。倡导鼓励邮政企业、快递企业组建发展联盟、协同发展,共同拓展农村服务领域、开展跨境电商寄递服务。鼓励快递企业向综合性快递物流运营商转型,开展订单末端配送、仓配一体化、入场物流和供应链服务,发展工厂快递、农商快递,丰富和拓展产品种类。

3. 提升品牌质量。强化发展战略、规划、政策、标准等制订和实施,加强企业品牌文化建设,有效引导市场主体行为。积极引导企业从价格竞争向服务品质竞争转变,实施品牌化和差异化发展战略。全面启动质量品牌提升行动,引导邮政企业、快递企业对标国际一流水准,加快品牌建设。持续强化企业形象意识、质量意识和诚信意识,提高服务品质,开展当日达、次晨达、次日达等承诺时限服务。鼓励企业采用分仓+干线运输+落地配运营模式,提高服务水平和运营效率。加强服务质量监测,重点关注末端服务监控,推动实施邮政服务公众满意度、快递时限准时率、用户申诉率排名发布制度,保障消费者合法权益。

专栏2　快递质量品牌提升行动计划

形象提升:重点推进店面改造、统一形象设计、统一标识(店面、车辆、服装)、规范服务用语等工作。

质量提升:鼓励快递企业根据《快递服务》国家标准、客户的需求和企业自身的资源能力来设定服务质量目标。

服务质量监督:完善快递行业诚信体系和服务质量评价体系。建立服务质量分析联席会议制度,健全邮政管理部门与邮政企业、快递企业的沟通、约谈、警示等机制。

(二)协调优化,改善邮政行业发展布局

4. 优化邮政业总体布局。根据邮政业业情和湖南区域发展战略,立足多元发展、多极支撑、多点突破,适应城镇化和区域经济发展,推动邮政行业集聚集群发展。构建湖南邮政业“一核三区多带”的整体空间布局,依托区位和交通优势,打造横贯东西、要素集聚、区域协同的发展走廊,塑造基础强实、特色明显、产业融合的发展格局。

专栏 3 “一核三区”空间布局

一核即“长株潭城市群”核心极，包括长沙、株洲和湘潭三市，对接落实国家重大战略部署，规划建设一批邮政、快递企业区域总部基地和快件集散枢纽，建立完善城镇邮政、快递配送终端网点，建设城市共同配送和产业协同平台，引导产业集聚，引领全省邮政业升级和创新发展，重点对接先进制造业、高技术产业、现代服务业等产业，服务区域产业与经济发展。

三区分别为湘南区、湘西区、环洞庭湖区。

湘南区包括衡阳、郴州、永州三市，围绕产业转移和新型城镇化，重点对接汽车及零部件、果蔬加工等产业，加强与广东自贸区、前海深港现代服务业示范区对接，深化邮政快递与电商、交通、制造业等的融合发展，提升邮政行业服务能力，惠及城乡居民。

湘西区包括怀化、张家界、娄底、邵阳和湘西土家族苗族自治州等市州，围绕扶贫攻坚和农业现代化，重点对接旅游商品加工、中药材精深加工、农副食品精深加工等产业，深化邮政快递与农业、农产品电商等融合发展，推进邮政业精准扶贫工程，提升行业服务地方经济发展和普惠民生的能力。

环洞庭湖区包括岳阳、常德、益阳三市，围绕“长江经济带”国家战略和湖南省“一带一部”新定位，重点对接粮油水产品加工、轻纺等产业，把“互联网 +”作为技术创新和业务转型的战略突破口，改善用户体验；加快实施“走出去”战略，大力发展国际寄递业务。

5. 完善邮政普遍服务网络。统筹衔接城乡规划，构建布局合理、同步配套、功能完备的邮政基础设施体系。坚持区域城乡均等化发展和资源利用最大化原则，依托综合运输大通道，以邮区中心局为支点、邮政网点为基点、便民服务站和村邮站为末梢，完善农村和社区的邮政普遍服务网络布局。引导邮政企业均衡布局，优化网络结构，提升邮政网络节点的邮件处理能力和干线运输效率。充分利用社会资源，整合村邮站、邮政三农服务站、便民服务站等，推动建立邮政综合服务平台。加快建设农村邮政寄递网络，实现建制村直接通邮。探索以地方政府购买服务方式解决邮政普遍服务“最后一公里”。支持邮政企业推进西部和农村地区网点改造和投递车辆更新。探索邮政精准扶贫，扩大贫困地区邮政基础设施的覆盖面。建立健全邮政机要通信风险防控体系，实现机要通信质量与服务能力的同步提高。

专栏 4 邮政普遍服务均等化水平提升行动计划

邮政基础设施建设。全省网点改造 173 个，县邮政公司改建 5000 平方米。

邮政车辆更新。更新运邮车辆 800 台。

6. 优化快递网络布局。依托物流节点城市，结合行业发展需求，加快布局建设一级、二级、三级快递园区城市。支持快递企业入驻电子商务园区、商贸物流园区、制造业园区、保税物流园区和农产品、商品集散中心，推动企业集聚、功能集成、发展集群。支持邮政公司建立中南区邮政快递物流枢纽中心，完善全省并辐射周边省份的邮政快递物流处理能力建设。鼓励快递企业设立城区共同接驳中转站、分拨场所，实现集中分送，提高资源利用效率。鼓励专业性同城配送企业承接各快递企业的同城配送业务，逐步形成“快递分拨中心—专业同城配送网—末端收派点”的城市快件收派模式。深入实施“快递下乡”工程，鼓励快递企业互利共赢、共建共享，设立农村“快递超市”，进村入寨。

专栏 5 快递网络布局

快递园区城市：一级城市（长沙）、二级城市（岳阳、衡阳、怀化）、三级城市（郴州、株洲、益阳、张家界、湘潭、常德、永州、吉首、娄底、邵阳）。

重点快递园区：长沙快递集散枢纽，郴州快递产业园、怀化鹤城电商快递园。

（三）创新发展，促进与关联产业深度融合

7. 大力推进与农业融合发展。发挥邮政企业沟通城乡的网络优势，整合供销、农村远程教育终端接收站等农村网络资源，发展壮大农村邮政物流，建设邮政农村电商公共服务平台，打造“农产品进城”和“工业品下乡”双向流通渠道。鼓励邮政企业利用“邮乐网”、“邮乐名品”、“惠民优选”电商平台，开展邮政普遍服务、政务服务、电商服务、金融服务、三农服务、便民服务等综合性服务。鼓励邮政企业探索“邮政 +”农村电商机制，开展“电商企业联盟计划”、“互联网创业扶持计划”、“供应商扶持计划”，服务农村、繁荣农业、致富农民。鼓励快递企业参与涉农电商平台建设，服务产地直销、订单生产等农业生产新模式，带动农村消费。

8. 加快推进与制造业联动发展。积极对接《中国制造 2025》，服务湖南制造强省战略，制定邮政行业行动规划。推动邮政企业、快递企业向制造业园区、产业基地集聚，探索创新模式，形成长期稳定、互利共赢、协作深入的战略合作关系。以长沙、株洲、湘潭等地区为重点，按照优势互补、共同发展的原则，推动设立一批合作试验区、示范区，完善协作机制和配套政策，推进邮政业与制造业的深入融合联动发展。推动快递企业与轨道交通、工程机械、电子元器件、新材料、航空航天装备、生物医药及高性能医疗器械等产业组团发展，延伸服务链条。鼓励快递企业开辟优化业务结构新途径，拓展和提升"入厂快递"、"入园快递"、"仓配一体化快递"、"区域性供应链服务"、"嵌入式电子商务服务"功能，支撑制造业规模化、集群化、国际化发展。

9. 加速推动与电商协同发展。发挥产业政策导向功能，推进邮政企业、快递企业与电子商务企业的协作配套和跨界融合，促进线上线下互动创新，联合打造电商公共服务平台。支持快递企业入湘设立区域性总部、集散中心。鼓励邮政企业、快递企业深度融入电商产业链，提供仓配一体化服务。加快推动电子商务大数据应用与平台建设，引导邮政企业、快递企业与电子商务企业在区域间形成分工协作体系和特色产业集群。扶持一批"电子商务与快递协同发展示范城市"，创建一批"快递 + "农产品示范县、示范乡，培育一批"淘宝村"、"快递村"，发展一批具有垂直整合能力强、产业链带动作用明显的快递电商示范企业。充分发挥邮政的网络、信息和服务优势，深入推动邮政与电子商务企业的战略合作，发展电商小包等新型邮政业务。支持快递共同配送点、智能快递箱等设施建设。鼓励邮政企业、快递企业发展保税仓、海外仓、海外购等跨境电商业务。

专栏6　快递与电商协同发展行动计划

全国快递与电商协同发展示范城市：株洲市。

全省快递与电商协同发展特色县：韶山、邵东、桑植、衡东、新化、平江、南县、溆浦、安乡、炎陵。

快递村：以永州市江永县千家峒瑶族乡刘家庄村、娄底市双峰县太平寺社区、岳阳市君山区柳林洲镇挂口村、湘西土家族苗族自治州花垣县排碧乡十八洞村等为示范，加快推动"淘宝村 + 快递村"协同发展。

10. 深化推进与交通衔接发展。加强与铁路、公路、民航发展规划的有效衔接，推动邮件、快件处理中心等基础设施与铁路、公路、民航枢纽的同步建设，配套建设邮件、快件装卸、接驳、仓储功能区。深入实施快件"上车、上船、上飞机"工程，实现邮件、快件多式联运和高效集疏。推动机场、车站、码头快件"绿色通道"建设，优先配舱、优先安检、加速通关，提高快件处理效率。引导邮政企业、快递企业参与邮件、快件甩挂运输试点工作。深化交邮企业合作，拓展农村客运班车代运快件范围。支持邮政企业、快递企业与交通运输企业在集约利用网点设施、代运邮件快件、票务销售等方面开展合作。鼓励邮政、快递企业利用农村客运站、货物站场建设仓储场地、分拨中心。

11. 提升标准与科技支撑能力。贯彻落实邮政普遍服务标准、快递服务标准，适时公布标准实施效果，引导和规范企业业务操作、经营服务行为。开展标准化示范企业、示范营业窗口创建工作，推进标准化网点（门店）建设。加强对快递安全生产操作规范、安全设备配备规范等强制标准的实施管理，组织等级考核，强化动态监督、分类监管。围绕"智慧邮政"建设，以加速信息化进程和智慧化应用为重点，运用大数据、云计算、物联网等技术，实现对邮件、快件的全程跟踪、实时查询。建立健全邮件、快件实名收寄、过机安检信息采集标准和共享机制，改进和加强寄递安全管理。支持邮政企业、快递企业根据运输配载、跟踪追溯、运行监控的需求，加快信息系统建设，提高企业整合能力。鼓励企业采用先进适用技术和装备，推进邮件、快件装卸机械化、分拣自动化和仓储现代化。

（四）开放共享，构建邮政综合服务体系

12. 提升终端服务能力和水平。更加突出共建共享和保障民生，着力解决好人民群众最直接最现实的问题，提供更充分的邮政、快递服务。根据服务范围和人口规模，优化邮政网络布局，规划建设邮政局所、社区服务站、村邮站，在城镇社区和村镇形成层级合理、规模适当、需求匹配的邮政终端设施。鼓励邮政企业、快递企业深化与商贸流通、连锁零售、网络零售企业的合作，提高配送的规模化和协同化水平。鼓励邮政企业、快递企业积极推进县、乡、村消费品和农资配送网络体系建设。引导企业融入智慧城市建设，提升快递服务信息化和末端投递智能化水平，依法有序开展快件投递众包试点。加快推进智能快件箱等自助服务设施。支持农村、社区、学校的快递公共取送点建设，鼓励快递企业综合利用智能快件箱、连锁商业超市、第三方平台等，推进快递服务进社区、进校园、进商区。

13. 深入推进"三向"工程。引导企业统筹协调城乡，继续完善中西部、农村地区快递基础设施。支持快递企业以联盟、共同持股等多种形式，在乡镇与农村设立"快递超市"，开展共同配送。鼓励邮政企业、快递企业建设服务连锁经营企业和网络销售企业的跨区域配送中心。鼓励第三方公司设立农村快递服务网点，为多家快递企业集中开展快件揽收派送服务。鼓励邮政企业、快递企业开展供应链计划、采购物流、入厂快递、信息追溯等集成服务，为常温和冰鲜农产品提供包装、仓储和寄递服务。支持邮政公司完善农村电商物流仓储及仓配一体化体系建设，打造农村邮政综合服务平台。鼓励快递企业发展冷链物流，提供适应农业生产季节特点的快递服务。鼓励邮政企业、快递企业构建服务于全球贸易的营销网络、跨境电子商务的服务体系，为国内企业“走出去”和开展全球业务提供寄递服务保障，开辟服务贸易新通道。

专栏7 “快递向西向下向外”服务拓展工程

鼓励快递企业在我省中西部欠发达地区和农村地区自营网点建设，提高网点的覆盖率和稳定性，实现市、县、乡镇和主要村的100%覆盖。打造村级邮政综合服务平台15000个。

配合农产品进城和工业品下乡工程，推动快递企业深化与各类农业合作社、大型连锁农村商贸企业、日用百货电子商务企业的合作，打造10个快递企业双向流通的省级示范项目。

在长沙、岳阳、郴州等重点口岸城市建设国际快件处理中心，探索建立“海外仓”。

14. 加强邮政寄递服务。推进邮政企业深化改革，完善区域和产业战略，加快企业结构调整，做强做优主业，形成寄递、金融“一体两翼”协同发展的新格局。推动邮政企业积极履行发展责任、社会责任，抓实对标管理，强化网运、服务质量等管控，让人民群众共享邮政发展成果。支持邮政企业以时限品质为核心，以信息和科技为引领，提高经营网络的意识，推动寄递业务的转型发展。支持邮政企业在发展农村电商、供应链服务等业务取得突破，全面提升市场竞争力，增强企业价值创造能力。加强党报党刊发行工作，扩大覆盖面。鼓励邮政企业在城市用智能信报箱逐步取代传统信报箱。

（五）安全可控，提升邮政行业监管效能

15. 完善监管体系。进一步健全邮政管理体制，加快形成权责明确、公正公平、透明高效、保障有力的邮政业监管体系。加强邮政管理部门和公安、国安、工商等部门协调联动，推动同级部门之间、部门层级之间协作配合。建立健全寄递安全监管信息共享机制，邮政企业、快递企业要按照标准建设共享信息的技术接口。发挥大数据的支撑保障作用，推进寄递渠道安全监管“绿盾工程”，实现动态可跟踪、隐患可发现、事件可预警、风险可管理、责任可追溯。建设省级和市级安全监控中心，搭建移动监管平台。按照“属地管控、就地安检”原则，以县市区为单元，加快推动邮件、快件实施集中安检。进一步发挥社会监督员和行业协会作用。

16. 优化监管机制。坚持简政放权、放管结合、优化服务，构建全过程监管机制，加强事中事后监管。建立健全责任追溯、违法失信主体“黑名单”及联合惩戒等制度，构建行业诚信体系。建立健全与公安、国家安全等部门会议联系、工作联动、信息联通、案件联处的工作机制。建立健全消费者申诉与市场执法联动、行政执法与刑事司法衔接的机制。强化对邮政普遍服务监督检查，建立普遍服务综合评价和绩效考核体系。加强集邮市场和邮政用品用具监管。加强快递市场清理规范工作，规范加盟和代理经营快递业务行为。深入实施消费者风险提示发布制度，加强快递服务满意度调查和时限测试。探索实施“互联网+”监管新模式，综合运用云计算和大数据技术，创新监管手段。

17. 加强安全监管。发挥各级寄递渠道安全管理办公室统筹协调、督导检查、考评职能作用，协助当地人民政府落实寄递安全属地管理责任。督促邮政企业、快递企业履行安全主体责任，严格执行国家强制标准。推动落实邮件、快件收寄验视、实名收寄、过机安检“三项制度”，严防邮件、快件夹带违禁品和危险品。建立健全安全生产动态监控、安全隐患排查系统，建立安全警示和预警制度。加强安全意识、风险意识教育，督促企业强化岗位责任与行为规范。加大宣传教育力度，曝光违法违规收寄和夹带违禁品、危险品的典型案件和查处结果，增强从业人员守法意识。充分发挥举报奖励机制的作用，引导市场主体和从业人员共同维护寄递安全。做好寄递渠道禁毒、反恐、打击侵权假冒、“扫黄打非”工作。完善应急管理机制和应急预案，加强应急处置物资装备和队伍建设。

专栏8 寄递渠道安全监管“绿盾”工程

一中心：在各市州设立一个安全监管信息中心。

两平台：建设安全执法平台和安全检查平台，提升信息技术在安全监管中的支撑能力，建设行业安全监管应急指挥系统、寄递安全关注群体基础数据库和安全信息（舆情）系统。

加强企业安全管理能力建设。引导企业按标准配备安检设备，实现邮件、快件100%过机安检。按照实名寄递要求，引导企业更新终端设备，改造信息系统。

（六）节能减排，推动行业绿色健康发展

18. 推广环保应用。减少收寄、分拣、封发、运输、投递等环节环境污染和资源消耗。促进邮件、快件包装减量化、绿色化和再利用。出台促进环保科技在邮政行业推广应用的指导意见，开展绿色包装试点工作。引导企业使用混合动力汽车、纯电动汽车、燃料电池汽车等节能环保、新能源车辆。鼓励邮件、快件包装重复使用和回收再利用，提高封装器具的循环利用水平。引导企业加强对包装废弃物的回收处置管理。大力推广使用电子运单。推动开展快递包装环保监测评估，建立健全快递包装回收体系。

19. 推动节能减排。引导邮政企业、快递企业综合运用各类运输方式，支持甩挂运输、多式联运和绿色配送。鼓励企业优化运输组织，提高信息化水平，减少返空、迂回运输，降低运输能耗。鼓励企业采用低能耗、低排放运输工具和节能型绿色仓储设施，推广集装单元化技术。鼓励企业开展基础设施节能改造，推广应用节水、节电、节材等技术工艺和产品装备。

四、保障措施

（一）加强规划组织实施

各市州邮政管理部门要强化规划对行业发展的统筹引领，强化项目支撑和评估考核，采取有力措施，确保规划有效实施。要加强本规划与地方总体规划、专项规划的衔接协调，力争更多项目进入地方规划，同时要结合市州邮政业发展规划的编制，制订切实可行的规划实施方案。本规划提出的预期性指标和产业发展、结构调整等任务，主要依靠企业实现，要动员行业支持和参与规划实施。要强化指导、督查和考核，建立健全规划落实推进机制、规划任务与年度工作任务衔接的机制，并予滚动落实，保障规划确定的目标任务如期完成。

（二）优化行业发展环境

落实《国务院关于促进快递业发展的若干意见》，争取将快递与电商、制造业、农业等融合发展的各类项目纳入专项资金支持；争取地方支持，保障快递分拨中心、快递园区规划选址和土地供应。建立健全邮政普遍服务激励和约束机制。推动优化邮政普遍服务财政补贴机制。支持符合条件的企业通过发行公司债券、企业债券和上市等多种方式拓宽融资渠道。继续通过政府投资对邮政业重点领域和薄弱环节予以支持。

（三）加强法治邮政建设

全面落实法治邮政建设方案，依法维护消费者权益、维护行业和谐稳定。根据国家法律赋予设区的市地方立法权的新情况，结合行业发展需要，与时俱进加强地方邮政立法工作。依法全面履行职能，完善行政程序制度和权力清单制度，健全权力制约机制、内部层级监督机制，全面落实执法责任制度，加大政务公开力度，建设权责法定、执法严明、公开公正、廉洁高效、守法诚信的法治邮政管理机关。广泛开展普法教育，加强法治文化建设，增强从业人员尊法学法守法用法观念。

（四）着力推进人才队伍建设

依托我省丰富的教育资源，深入实施"人才强邮"战略，推进实施人才素质提升工程、人才培养提速工程、合作办学牵手工程。鼓励高等普通院校、职业院校开设学科专业、专业课堂，紧密对接邮政行业实践，加强与企业合作，开展定向培养、订单培养及联合招生培养的人才培养模式，培养行业急需的人才。创建一批省级邮政、快递专业示范点和产教融合示范项目。支持邮政企业、快递企业改善实习实训条件，建立企业技能实训基地，有计划组织企业职工培训。进一步推进职业能力建设，完善职业资格制度，创新技能人才培养。举办职业技能竞赛。建立健全人才评价制度，培养选拔一批优秀行业管理、企业管理精英、专业技术创新、技能型名师、实践性教学人才。培育企业家和青年优秀人才，深入实施创新创业人才团队建设。加强政策研究和决策咨询专家队伍建设。

（五）提高行业党建工作水平

坚持党总揽全局、协调各方，坚决贯彻落实中央重大决策部署和国家邮政局工作要求，确保政令畅通。完善党组研究分析经济形势、研究重大举措、破解发展难题的工作机制。党员领导干部要增强战略定力和发展耐力，提升引领行业转型升级的能力，切实改进作风建设，确保规划实施有序、有力、有效。加强邮政业基层党建工作，推进民营快递企业基层党组织建设。强化基层党组织整体功能，凝聚行业力量，形成推动改革发展合力。加大行业精神文明建设，引导行业践行社会主义核心价值观，传播正能量。

19. 广　东

广东省人民政府关于促进我省快递业发展的实施意见

（2016年4月21日　粤府〔2016〕40号）

各地级以上市人民政府，各县（市、区）人民政府，省政府各部门、各直属机构，中直驻粤有关单位：

为贯彻落实《国务院关于促进快递业发展的若干意见》（国发〔2015〕61号）精神，充分发挥快递业推动流通方式转型、促进消费升级的先导作用，加快培育广东现代服务业新增长点，建设快递强省，现提出以下实施意见：

一、总体要求

（一）指导思想。全面贯彻党的十八大和十八届三中、四中、五中全会精神，深入贯彻习近平总书记系列重要讲话精神，紧紧围绕"三个定位，两个率先"目标，以解决制约快递业发展的突出问题为导向，加大政策扶持力度，大力优化快递市场环境，完善网络基础设施，推动产业创新发展，发挥快递业对稳增长、促改革、调结构、惠民生的促进作用，更好服务于全省经济社会发展。

（二）基本原则。

市场主导，政府引导。充分发挥市场在资源配置中的决定性作用，促进中小快递企业整合，推动企业持续提高服务能力和服务质量。转变政府职能，更好地发挥政府作用，完善相关规划标准和配套政策，营造统一开放、竞争有序、公开平等的市场环境。

创新引领，协同发展。鼓励快递企业科技创新、产品创新、管理创新和服务模式创新，推进快递与综合交通运输体系的顺畅对接，推动快递与电子商务、先进制造业、现代农业等相关产业联动发展。

强化监管，保障安全。坚持放管结合，健全监管体系，完善监管机制，加强事中事后监管，维护市场秩序。坚持安全为基，强化红线意识，落实责任制度，保障寄递安全。

（三）发展目标。到2020年，基本建成竞争有序、技术先进、安全高效、服务优质、绿色节能的现代快递服务体系，形成普惠城乡、联通世界的快递服务网络。

——产业规模上新台阶。快递市场规模稳居全国首位，全面实现乡乡有网点、村村通快递，全省快递年业务量达到125亿件，年业务收入达到2000亿元。

——企业实力明显增强。积极引导培育形成若干具有较强竞争力的大型骨干快递企业，其中年业务收入超过1000亿元的大型龙头快递企业1家、年业务收入超过100亿元的快递企业5家。

——服务能力大幅提升。寄递服务产品体系更加丰富，全省各地级以上市以及港澳地区间实现24小时送达，国际快递服务通达范围更广、速度更快，服务公众满意度稳步提升。

——经济社会效益更加显著。年均新增就业岗位约5万个，年均支撑网络零售交易额突破3.5万亿元，日均服务用户6000万人次以上；快递成为连接产业、城乡、区域的重要纽带，服务生产和便利民生的基础性作用显著提升。

二、重点任务

（四）培育壮大骨干企业。鼓励各类资本依法进入快递领域，支持民营快递企业发展。支持快递企业通过市场化手段跨地区、跨行业、跨所有制兼并重组，整合中小企业，壮大运营网络，提升产业集中度。支持快递企业通过资本市场做大做强，优化资源配置，促进生产要素向骨干企业集聚，加快形成若干具有国际竞争力的企业。鼓励支持跨国（境）或国内龙头快递企业在广东设立中国总部或南方总部。支持快递企业与仓储、航空、铁路、信息、金融等企业深度合作，形成复合服务能力，加快向综合性快递物流运营商转型。支持快递企业构建产权清晰、权责明确、管理科学的现代企业制度，完善公司法人治理结构，建立经营管理者激励机制。引导快递企业实施品牌战略，树立品牌意识，加快从粗放式经营向集约式经营转变，从价格竞争向服务品质竞争转变。鼓励境内外快递企业强强联合，延伸拓展跨国网络，提高国际快递服务能力。加强服务质量监测，落实快递服务标准和业务操作规范，降低快件延误

率、损毁率、丢失率和投诉率，提高用户满意度。（省邮政管理局、省发展改革委、省交通运输厅负责）

（五）推动行业转型升级。积极实施“互联网＋”战略，促进快递业向产业链上下游延伸。促进快递业与电子商务、先进制造业、现代农业、金融业协同发展，促进线上线下互动创新。强化企业科技创新主体地位，促进产学研结合，支持快递专业技术装备研发。加快智能化终端、自动化分拣、机械化装卸、绿色化运输与包装等技术装备的应用。建设标准化快件集散中心，推进运载设施设备标准与相关行业标准的衔接，提升装备通用性能和标准化运作水平。支持企业提升信息化、智能化水平，加快北斗导航、物联网、云计算、大数据、供应链等新技术和新商业模式的应用，推进与上下游企业及相关部门的信息对接和互联互通。（省邮政管理局、省经济和信息化委、省科技厅负责）

（六）加强基础网络建设。明确区域布局，加快建设我省区域性快递物流园区。支持在广州、深圳建设辐射国内外的国际性快递转运中心，在重要节点城市加快建设快件集散中心，形成布局合理、运转高效的快件转运体系。建立县级分拨中心，设立乡镇快递网点服务农村经济、促进农民消费。鼓励快递企业与邮政网点、农家书屋等基层公共服务平台开展合作，充分发挥各自优势，共同服务农村发展。鼓励企业通过整合利用现有商业、邮政便民服务等设施加强快递末端服务平台建设，开展多种形式的投递合作，推广快件箱等智能投递设施，解决快递进社区、校区、办公区等“最后一公里”难题。（省邮政管理局、省经济和信息化委负责）

（七）拓展开发融资渠道。鼓励金融机构创新金融产品和服务方式，探索推广快递仓储设施、生产设备和运输车辆抵押贷款业务。建立完善适应快递特点的信用评估和授信制度，合理确定贷款期限和利率。通过小额贷款等多种形式加大对快递业有效信贷投入。支持发展自动化分拣设备、货运飞机等融资租赁服务，鼓励融资担保机构支持快递企业发展。支持符合条件的快递企业进入资本市场直接融资。（省金融办、省邮政管理局负责）

（八）发展跨境电商快递服务。加快发展快递服务贸易，加强粤港澳服务合作与交流。支持快递企业在自贸区、综合保税区、保税物流园区等区域内建设跨境快件物流中心。鼓励快递企业提供统一采购、仓储和配送等服务，逐步形成与跨境电商相适应的快递服务体系。支持国际电商企业与快递企业开展合作，探索建立“海外仓”。建立跨境快件便捷通关通道，简化通关流程，提高通关效率。完善电子商务进出口快件清单核放、汇总申报的通关模式。推进快递企业物流信息系统与跨境电商公共服务平台、跨境电商平台、通关监管平台等信息对接与共享，为跨境电商企业提供物流信息一体化服务。（省商务厅、省邮政管理局、海关总署广东分署、广东出入境检验检疫局负责）

（九）加快推进“三向”工程。实施快递“向下、向深、向外”工程。推进农村快递业与农村物流、农产品运输配送融合发展。支持快递企业加强与农业、供销、商贸企业合作，积极参与涉农电子商务平台建设，构建农产品快递网络，打造“工业品下乡”和“农产品进城”双向流通渠道，下沉带动农村消费。引导快递企业面向城乡社区创新末端网络运营模式，打造便民利商的综合服务平台。鼓励快递企业服务于制造业发展，创新服务模式，拓展代收货款、供应链管理、冷链快递等增值业务。加大“走出去”服务力度，鼓励快递企业通过委托代理、设立分支机构等方式，在东南亚、北美、欧洲以及港澳台等重要国家和地区拓展服务网络。鼓励邮政企业和快递企业创新合作模式，充分利用现有邮政网点优势，提高邮政基础设施利用效率，推进邮政、快递网络共建共享。（省邮政管理局、省经济和信息化委、省商务厅负责）

（十）衔接综合交通运输体系。推进快递与综合交通运输体系深度融合，实现快递服务全环节无缝对接、高效便捷运行。发挥综合交通运输体系的资源优势和组合效率，逐步形成稳定便捷、经济高效的快件航空、铁路、公路、水路综合运输通道。支持机场快递设施建设，完善航空快件“绿色通道”，实现航空与其他运输方式灵活转换。大力发展高铁快递和电商快递班列，优化快件安检配载、装卸交接流程。推广甩挂运输，推进公路客运班线代运快件试点。在机场区域或周边地区合理规划建设航空快件集散中心、空港快递园区，在公路场站、火车站配套快件运输通道和装卸操作接驳场所。支持货运航空公司在省内机场的发展，鼓励骨干企业组建货运航空公司并在省内机场设立基地，在航线、时刻、货机购置等方面给予支持。推广应用快递设施通用标准，实现快件在多种运输方式间无缝衔接。加快推进民航、铁路、公路与快递信息系统的互联互通，增强一体化服务能力。（省发展改革委、省交通运输厅、省邮政管理局负责）

（十一）完善行业安全监管机制。落实行业主管部门和相关部门安全监管职责，强化企业安全生产主体责任；健全安全监管体系，加强应急处置能力和安全监管能力建设；实施寄递渠道安全监管“绿盾”工程，全面推进快递企业安全生产标准化建设，落实邮政业安全生产设备配置规范等强制性标准；强化寄件人、快递企业、政府部门的安全责任；全面落实收寄验视制度，推行实名收寄、过机安检，提升行业安全生产水平。（省邮政管理局、省公安厅、省安全监管局负责）

三、保障措施

（十二）深入推进简政放权。贯彻国务院关于行政审批制度改革和简政放权的要求，优化快递业务经营许可审批流程，全面落实精简许可材料、压缩审批时限、建立绿色通道、优化审批流程等措施，建立务实便利、高效透明的快递许可工作体系。落实商事制度改革措施，进一步便利快递企业及其分支机构工商登记。（省邮政管理局、省工商局负责）

（十三）强化市场监督管理。完善诚信体系建设，加强监测与信息发布，做好申诉处理工作，加强对快递环节的管控，提高企业服务质量透明度，杜绝假冒伪劣产品，营造诚实守信的市场环境。加大规范企业用工行为的监管力度，保障快递从业人员的合法权益。加强行业自律和社会监督，提高行业综合治理水平。（省邮政管理局、省人力资源社会保障厅负责）

（十四）完善法规规划体系。加快制定促进快递业发展相关法规规章，提高快递业法制化、标准化水平。编制全省和珠三角地区快递业发展“十三五”规划，与综合交通运输、土地利用、物流业、现代服务业、电子商务等专项规划做好衔接。各级政府要将发展快递业纳入国民经济和社会发展规划，在城乡规划、土地利用规划、公共服务设施规划中合理安排快递基础设施的布局建设。（省邮政管理局负责）

（十五）加大财税扶持力度。加大财政资金引导支持力度，安排支持快递业发展的财政资金，重点用于强化行业安全管理、加强行业市场监管、扶持快递行业发展等。支持快递企业申请有关财政专项资金补助，享受相关税费优惠。（省财政厅、省邮政管理局负责）

（十六）加强用地保障。各级政府要优先保障符合土地利用总体规划的快递物流园区、快件集散中心等基础设施用地的土地供给。工业园区、城市新区、城市新建住宅小区、商业集中区以及旧城改造要根据国家和省的有关标准，同步规划建设快递服务场所和智能快件箱等配套设施；研究将智能快件箱等快递服务设施纳入公共服务设施规划。合理安排利用以划拨方式取得的存量房产和原有土地、实施城乡规划和旧城改造中收购的存量土地优先发展快递服务。（省国土资源厅、省邮政管理局负责）

（十七）支持快递车辆便捷通行。抓紧研究快递企业小型专用车辆设计和运营管理措施。推广应用符合快递专用机动车系列标准的快递专用车辆，发布快递行业统一标识，核发道路运输许可证。对货运车辆实行通行管控措施的城市，根据快递服务需求，给予快递运输车辆（黄标车除外）城市通行和临时停靠作业的便利。依法依规加强快递末端服务车辆管理，各地可结合实际制定快递专用电动车用于城市收投服务的管理办法，允许经过审核登记的快递专用电动车用于城市收投服务。简化对快递企业增加车辆运营规模的审批流程，重大活动期间城市交通实行车辆限行措施的，交通管理部门应采取措施确保快递车辆的基本通行。（省交通运输厅、省公安厅、省邮政管理局负责）

（十八）加强人才队伍建设。实施快递人才素质提升工程。支持职业院校加强专业建设和培训基地建设，根据行业标准，引导规模以上企业对接职业院校，设立学生实习和教学实践岗位，鼓励快递企业参与职业院校人才培养和师资队伍建设工作，提高人才培养质量。完善快递业相关职业工种标准，将其纳入技能晋升相关专项资金补贴范围。完善快递业职业资格制度，对关键岗位实行持证上岗。落实就业创业和人才引进等政策，快递企业紧缺急需的高层次人才，符合条件的可按规定办理人才引进手续。（省教育厅、省人力资源社会保障厅、省邮政管理局负责）

各地级以上市人民政府要结合本地实际，建立健全工作机制，研究加大政策和资金支持力度。省有关部门要加强协调配合，按照职责分工完善细化相关配套措施，并做好跟踪了解和督促检查。每年1月份，省邮政管理局要将各地上一年度工作落实情况汇总报省政府。

广东省邮政业发展“十三五”规划

（2016年7月广东省邮政管理局、广东省发展和改革委员会印发）

前言

邮政业是国家重要的社会公用事业，是推动流通方式转型、促进消费升级的现代化先导性产业，在国民经济中发挥着基础性作用。为促进广东邮政业健康发展，进一步搞活流通、拉动内需、服务大众创业、万众创新、培育广东现代服务业新增长点，更好发挥邮政业对稳增长、促改革、调结构、惠民生的作用，推动转型升级、提质增效，在新起点上加快广东邮政强省建设步伐，率先建成与小康社会相适应的现代邮政业，制定广东省邮政业发展"十三五"规划。本规划依据国家邮政业发展"十三五"规划和《广东省国民经济和社会发展第十三个五年规划纲要》等进行编制，明确了"十三五"时期广东省邮政业发展的指导思想、基本原则、发展目标、主要任务、重大工程和保障措施，是指导广东邮政业未来五年发展的纲领性文件。规划期限为2016—2020年。

一、发展现状与形势

（一）发展现状

"十二五"时期，广东邮政业规模高速增长，基础设施逐步完善，服务水平显著提高，新兴业态加快涌现，行业改革不断深入，在广东经济社会发展、民生改善中发挥了重要作用。

总体规模高速增长。2015年全省邮政业业务总量实现1228.7亿元，业务收入实现737.2亿元，"十二五"期间年均增长率分别达40.5%和30.1%；快递业务量达50.1亿件，业务收入达到615.9亿元，"十二五"期间年均增长率分别达53.4%和35.2%。全省邮政业业务收入、快递业务收入、快递业务量分别约占全国比重的1/6、1/5、1/4，均居全国首位。跨境业务快速发展，2015年全省邮政国际小包业务量1.7亿件，约占全国比重1/3，跨境快递业务量完成2.1亿件，约占全国比重50%，完成业务收入155.7亿元，约占全国比重45%。

基础设施不断完善。"十二五"时期，全省邮政业基础设施建设成效显著。邮政普遍服务保障力度加大，实施国家西部和农村地区邮政基础设施建设项目工程和空白乡镇邮政局所补建工程、广东省邮政基本公共服务均等化工程，新建邮政普遍服务网点47个，更新改造邮政服务网点301个，建设村邮站1.2万余个，省内建制村和民族地区实现直接通邮，实现"乡乡设所，村村建站"目标。截至2015年底，全省共有邮政普遍服务网点3140个，平均服务半径4.27千米，平均服务人口3.34万人。快递基础设施建设提速，"十二五"时期全行业新增1万平方米以上作业场地超50个，启用分拨生产线50多条。快递末端能力建设不断加强，快递企业积极与连锁超市、社区便利店、学校及专业第三方开展合作，创新末端投递方式，智能快件箱建设投入力度不断加大，广州、深圳等城市社区、商区等陆续设置智能快件箱，快递末端投递方式更加便利化、智能化。截至2015年底，全省快递服务网点约3万个，其中乡镇及以下网点达6000个，极大地解决农产品进城问题。

服务水平显著提升。"十二五"期间，全省快递市场更趋活跃，初步形成了多种所有制并存、多种经营模式共生、各市场主体之间相互竞争合作的市场格局。截至2015年底，全省共有快递业务经营许可法人企业2310家，省内设立总部的全国性网络企业6家，省内网络型总部企业10家。快递服务范围进一步拓展，快递企业从传统快递向仓储配送、物流咨询、代收货款及签单返还等相关增值业务领域拓展，快递行业出现冷链快递、逆向快递等规模化配送，行业进一步细分，配套服务水平提升，专业服务能力增强。快递企业对硬件的投入呈逐年增长态势，机械化、智能化、信息化程度不断提高。行业从业人员规模不断扩大。截至2015年底，全省邮政业从业人员超45万人，其中快递从业人员约40万人。全省邮政业服务满意度不断提升，邮政普遍服务消费者满意度达到78.8分；快递业在业务量快速增长情况下，服务消费者满意度逐年提高，快递服务能力和服务质量逐步上升。

业态创新不断涌现。"十二五"期间，全省"互联网+邮政"新业态不断涌现，服务产品不断创新，助推行业加快发展。邮政企业自主开发"跨境易"、"微邮局"、"微邮筒"等多形式网络互动平台，大力发展线上邮政服务，国际小包业务成为跨境电商寄递轻小件物品的主要渠道之一；"快递+"发展显著，快递服务制造业形式多样，逐渐融入产业价值链，跨境快递业务迅速增长，海外仓建设兴起，快递线上线下融合速度加快，"嘿客"、"众包"等业务概念涌现，冷链快递业务发展迅速，冷链快递网络逐步建立。

行业改革不断深入。"十二五"期间邮政管理体制改革进一步深化，全省各市邮政管理局成立，探索县级邮政监管新模式，佛山顺德、揭阳普宁、汕尾海丰邮政管理办公室相继成立；行业法律法规及政策进一步完善，出台《广东省快递市场管理办法》及《深圳市发展快递业管理规定》，邮政业发展纳入省、市政府相关工作内容，车辆通行、园区建设、协同发展、末端配送等方面获得支持；商事制度改革深入开展，简化快递业务经营许可办理流程，取消开办集邮票品集中交易市场许可，推进职能转变，下放两项邮政普遍服务行政审批事权。邮政企业经营管理体制由母子公司制改为总分公司制，加强统一管理。邮政业营改增试点工作深入开展，企业税制平稳过渡。

全省邮政业"十二五"时期虽然取得快速发展和巨大成就，但仍存在突出问题和不足，主要表现为：

一是行业发展模式粗放。行业精细化管理水平不高，标准化和科技化应用推广不够，作业设备智能化不足和从业人员素质层次不高，改革创新力度有待加强；行业绿色低碳发展方式有待创新。二是网络整体效能不高。资源开放程度有待提高，基础设施有待优化升级，交邮融合亟需深化，多行业协同发展模式需进一步探索。三是服务能力相对不足。行业区域发展不平衡，粤东西北地区服务能力较弱；下乡服务深度不足，与农村电商发展结合不够；末端配送难问题依然存在，“最后一公里”难题有待破解。四是市场秩序尚需完善。行业自律有待进一步强化，品牌培育力度不足，诚信体系建设有待加强。五是安全监管亟需加强。寄递渠道安全形势日益复杂，企业安全意识薄弱，监督管理手段滞后，执法联动机制有待完善。

（二）面临形势

宏观政策和经济环境为邮政业发展带来新机遇和新挑战。国家施行“一带一路”、“中国制造2025”、“互联网＋”和“大众创业、万众创新”等战略，明确支持电子商务和快递业发展，有利于邮政业进一步拓展发展空间。广东相继出台《广东省人民政府关于促进我省快递业发展的实施意见》、《推进珠江三角洲地区物流一体化行动计划（2014—2020年）》等政策，对邮政业发展给予大力扶持。广东推动新一轮全面深化改革，新型工业化、信息化、城镇化、农业现代化、绿色化协同推进，产业结构调整和居民消费升级步伐加快，超大规模内需潜力不断释放，邮政业发展空间广阔。但受需求规律影响，邮政函件业务萎缩态势难以逆转，邮政普遍服务缺乏创新机制，保障邮政基本公共服务均等化和保护生态文明建设等刚性支出不断增长，邮政企业运营风险和政府财政压力加大，急需邮政业转变发展方式、拓展服务领域。

市场环境和业态发展要求邮政业加速创新升级。全球邮政业市场化、个性化、多元化、便捷化发展态势正在加速发展和深化，民营社会资本积极参与国有邮政企业改革，快递市场进一步开放，快递竞争更趋激烈。新技术、新产品、新业态对邮政传统业务造成巨大冲击，但电子商务、快递物流、互联网金融等新业态为邮政业发展提供空前机遇，广东需求潜力将进一步释放，大众创业、万众创新全面开展，新兴业态和消费方式，对邮政及快递服务方式创新提出新挑战。

资源环境和人力资源约束要求邮政业加快绿色、智能发展。邮政业持续迅猛发展，各种运输投递工具和非绿色环保包装材料大量使用，能源消耗和环境污染形势严峻、城市交通压力增大，对大力发展绿色邮政、推动节能减排、缓解资源压力提出更高要求。邮政业中高端人才缺乏，基层人员流动性大和企业机械化水平不高等问题日益突出，对行业可持续发展提出挑战。

现代化综合交通运输体系为交邮协同发展开辟新空间。现代化综合交通运输体系基本形成，促进现代物流业加速发展，助力邮政业拓展服务网络、提高服务效率。快件的航空运输和铁路专线规模快速增长并逐渐成为趋势，大大改善了寄递物品的运输方式、种类和时效。农村客运公交化为邮件、快件扩大通达范围、实现高效运输提供了有力保障。

综合研判，邮政业发展基础与环境正深刻变化，对经济社会发展的基础性作用将不断增强。“十三五”时期，是广东邮政业深化改革、转型升级、提质增效的攻坚时期，也是广东率先建成与小康社会相适应的现代邮政业的关键时期，广东邮政业作为全省经济社会发展的基础性、关键性领域，将迎来重要发展机遇，也面临一系列重大挑战。

二、总体要求

（一）指导思想

以邓小平理论、“三个代表”重要思想、科学发展观和习近平总书记系列重要讲话精神为指导，贯彻落实党的十八大、十八届三中、四中、五中全会精神，按照“四个全面”战略布局和广东“三个定位，两个率先”总体要求，紧紧围绕率先建成与小康社会相适应的广东现代邮政业目标，牢固树立创新、协调、绿色、开放、共享的发展理念，抓住邮政业快速发展重要机遇，主动适应经济发展新常态，以市场需求为导向，以改革创新为动力，以依法治邮为保障，加快推进普惠邮政、智慧邮政、安全邮政、诚信邮政和绿色邮政建设，进一步完善基础设施，推动产业创新、科技兴邮、人才兴业，全面提质增效，优化市场环境，打造“安全、便捷、绿色、高效”的现代邮政网络，率先将广东建设成为具有世界领先水平的邮政强省。

（二）基本原则

坚持党的领导与促进发展相结合。切实加强党对行业发展的领导核心作用，提高党领导行业发展的能力和水平，不断增强党的创造力、凝聚力、战斗力，为“十三五”期间促进邮政业发展提供坚强政治保证。

坚持市场主导与政府引导相结合。充分发挥市场在资源配置中的决定性作用，更好地发挥政府引导作用，激活市场发展动力，加强公益民生保障，夯实行业发展基础，实现邮政业质、量双升。

坚持创新驱动与协同发展相结合。鼓励企业科技创新、产品创新、管理创新和模式创新，不断增强企业竞争力。推动邮政业与综合交通运输体系顺畅对接，促进快递与电子商务、制造业等相关产业协同发展。

坚持强化监管与保障安全相结合。坚持放管结合，健全监管体系，完善监督机制，维护市场秩序。坚持安全为基，强化红线意识，落实责任制度，保障行业安全生产，促进行业安全发展。

（三）发展目标

2020 年前，率先建成与小康社会相适应的广东现代邮政业，将广东打造成为世界知名快递企业集聚地。

发展规模不断壮大。到 2020 年，行业量收继续全国领先，行业业务总量超 3000 亿元，业务收入超 2000 亿元，行业收入占 GDP 比重达到 2%，行业承载商品流通价值 4 万亿元；行业年均新增就业岗位 5 万个，有力拉动社会就业。

基础设施更加完善。邮政普遍服务和机要通信服务设施更加完善。到 2020 年，一级快递专业类物流园区布局城市建成快递专业类物流园区 4 个以上，二级快递专业类物流园区布局城市建成快递专业类物流园区 5 个以上；建成最高日均处理能力超过 100 万件的处理中心 20 个以上；建成智能快件箱格口 150 万个。全省乡镇民营快递网点覆盖率 100%，实现“乡乡有网点、村村通快递”。

服务水平显著提高。邮政普遍服务全面达到《邮政普遍服务标准》要求。快递产品结构更加多元化，全省各地市间实现 24 小时寄递。邮件、快件延误率、损毁率、丢失率明显下降，用户有效申诉率逐年降低，邮政普遍服务和快递服务消费者满意度逐步提高。

创新能力取得突破。行业监管手段信息化、智能化程度显著提升，大数据监管模式有效利用；行业发展模式多样化，“互联网 + 邮政”广泛应用，“快递 + ”各领域深度融合；绿色环保设备及材料广泛应用。

竞争实力显著增强。到 2020 年，全省形成若干具有较高知名度和国际竞争力的大型快递综合服务企业，培育年快递业务收入超 1000 亿的龙头快递企业 1 个以上，超过 100 亿元快递网络企业 5 个以上。企业服务水平和国际化发展水平显著提升，国际业务大幅拓展。

广东省邮政业发展“十三五”规划指标表

指　标	2015 年	2020 年	年均增速	属性
发展规模				
业务总量（亿元）	1228.7	3000	19.5%	预期性
业务收入（亿元）	737.2	2000	22.1%	预期性
行业收入占 GDP 比重（%）	1	2	—	预期性
从业人数（万）	45	70	9.2%	预期性
基础设施				
一级快递专业类物流园区布局城市建成快递专业类物流园区（个）	2	4	—	预期性
二级快递专业类物流园区布局城市建成快递专业类物流园区（个）	0	5	—	预期性
最高日均处理能力超过 100 万件的处理中心（个）	10	20	—	预期性
智能快件箱格口（万个）	50	150	—	预期性
乡镇民营快递网点覆盖率（%）	82	100	—	预期性
竞争实力				
年快递业务收入超 1000 亿元的龙头快递企业（个）	0	1	—	预期性
年收入超过 100 亿元快递网络企业（个）	1	5	—	预期性

（四）空间布局

围绕"一带一路"、珠江—西江经济带和广东自由贸易试验区建设和综合交通枢纽布局，加强全省各级邮政快递节点城市基础设施建设，打造以珠江三角洲地区（以下简称珠三角）为核心、粤东西北地区为片区的"一核三片"发展格局。发挥珠三角经济发达和交通网络完善的优势，加强与港澳区域合作，加快与"一带一路"沿线国家合作交流，建设成为服务华南、辐射全国、走向世界的重要邮政快递枢纽；完善粤东西北节点城市邮政设施，加快提升枢纽功能，带动粤东西北地区业务快速发展，并向西南、华中及华东等周边区域辐射。

图2－1　广东快递专业类物流园区布局一、二级节点城市（略）

科学布局邮件处理中心，提升广州、深圳、东莞、中山、佛山、汕头、湛江邮件处理中心能力，形成省内外邮件在珠三角及粤东西北地区的核心转运枢纽。规划形成以广州、深圳、东莞为一级快递专业类物流园区布局城市，佛山、中山、惠州、汕头、湛江、韶关为二级快递专业类物流园区布局城市（图2－1），其他城市为三级快递专业类物流园区布局城市的区域布局。在主要节点城市规划建设一批快递专业类物流中心和快递专业类物流园区，进一步强化珠三角广佛肇、珠中江、深莞惠、粤东汕潮揭、粤西湛茂阳快递聚集区，并形成区域发展特色。

三、主要任务

（一）创新驱动，加快行业转型升级

加强业务创新发展。依托邮政服务网络和资源优势，丰富服务内涵、拓展服务领域，加速发展实物流、资金流、信息流融合型业务。推动邮政企业加快发展电商小包、电商配送和仓配一体化等业务。加强快递业与跨境电子商务、先进制造业和现代农业的信息沟通、标准对接，强化产业协同联动发展，创新服务供给，为供给侧结构性改革提供有效保障。促进快递企业与电子商务企业深度合作，推进线上线下互动创新，共同发展体验经济、社区经济等新业态。

促进服务创新升级。加大邮政普遍服务创新力度，整合邮政网点资源，叠加便民利民服务，推动建立邮政综合服务平台。逐步在邮政普遍服务领域引入竞争，鼓励社会力量参与提供邮政普遍服务。鼓励邮政及快递企业积极发挥配送领域优势，主动开展电子商务平台建设，扩展服务内容和方式，服务线上线下消费。引导传统快递企业向配送运营中心、第三方物流和第四方物流转型，推动建立综合快递运营体系。加快建设与产业供应链、电子商务平台互联互通的快递服务信息平台，推动快递企业大力发展供应链服务、仓配一体化、冷链快递、逆向物流及报关、保险、代收货款等增值服务。鼓励快递企业通过控股、收购、兼并、联合等多种方式进行资产重组，提升产业集中度。

加强技术创新应用。大力发展智慧邮政，鼓励和支持企业加强技术研发，提高自主创新能力。推广应用北斗导航、物联网、云计算、大数据以及单元化装载、自动识别、电子数据交换、无人机等技术，加快实现分拣自动化、装卸机械化、包装运输绿色化、投递精准化、终端智能化，增强对邮件、快件寄递全过程的可验可测可控能力，提高行业运营效率和整体服务水平，不断改善用户服务体验。采用先进技术，推广行业标准化。

专栏1　行业服务创新
服务模式创新。依托"一带一路"、"中国制造2025"、"互联网＋"战略和珠江西岸先进装备制造产业带建设，推进"互联网＋邮政"、"互联网＋快递"、快递＋制造业供应链、城镇快递＋乡村邮政、合同物流、采购物流、入厂物流、交互物流、销售物流、逆向物流等服务模式创新。 技术手段创新。加快提升邮政快递企业装备和设施的标准化、自动化和智能化水平，采用自动化托盘、输送机、堆垛机、自动牵引小车（AGV）、自动货架等自动机械设备，推动运输、仓储、装卸、搬运、包装、站场等作业层面的技术进步。将物联网、云计算等新一代IT技术运用到跟踪查询、车辆定位、自动识别、电子数据交换等领域，提高邮件、快件处理效率。

（二）优化布局，完善基础设施网络

完善邮政服务设施。加强邮政公共服务体系建设，积极推进邮政基本公共服务均等化建设，统筹城市和农村地区邮政普遍服务协调发展。进一步加强邮政普遍服务网点、机要通信网点和投递站点改造升级，完善邮政基础设施，改善用户用邮环境。完善机要通信的设施条件和安防系统，提升机要通信安全运行质量和服务水平。更新邮政服务车辆，改善邮运和投递装备水平，提升运输、投递能力和质量。完善邮政枢纽布局，优化邮政服务网络，整合网络资源，推动邮政基础设施开放共享，与快递企业建立合作机制。

加快快递枢纽建设。依托广州白云机场、深圳宝安机场、珠海金湾机场等机场枢纽，广州南站、深圳北站、佛山西站等特大型铁路枢纽站场以及高速公路货运站场，在一、二级节点城市优先布局建设一批快递专业类物流园区或物流中心，并逐步向三级节点城市延伸。推进重点区域和重点城市的分拨中心、集散枢纽建设，发挥产业集聚和带动效应，形成覆盖城乡、配套衔接、布局合理、便民惠民的快递网络布局。发挥珠三角地区快递业辐射带动作用，促进粤东西北地区快递发展，加强与泛珠三角地区快递网络衔接。

提升末端服务能力。鼓励引导各类资本参与末端投递设施建设，创新开展多种形式的末端投递合作，推广智能快件箱等自助服务设施在社区、商区、校区的应用，提升末端网络密度，解决投递“最后一公里”难题。支持快递企业丰富民生服务内涵，建设集约化、多功能的社区服务平台。

专栏2　快递专业类物流园区
在广州白云国际机场、深圳宝安国际机场、珠三角新干线机场（拟建）、珠海金湾机场、揭阳潮汕机场等机场、公路货运站、物流园区、有条件的高速公路服务区，以及与中国铁路总公司高铁快递运输政策规定相适应的铁路枢纽，建设一批快递专业类物流中心、快件处理中心和营运网点。

（三）以邮促农，促进服务共享发展

推动服务“向下”延伸。加快邮政及快递服务网络向原中央苏区、革命老区、少数民族地区和欠发达地区延伸，提升投递深度。依托交通运输资源和供销网络资源，加强农村邮政物流基础网络设施与农村物流配送中心建设的衔接，推动建立县级快递分拨中心，提升农村地区快件转运效能，完善农村邮政快递基础网络，实现“村村通快递”。鼓励快递企业通过邮政网点、农家书屋、村邮站等基层公共服务平台，构建农村投递末端网络，积极服务农村发展。

畅通双向流通渠道。以珠三角优化发展和粤东西北振兴发展为契机，推动邮政快递基础设施与交通运输、农业、供销等农村物流基础设施的衔接，打通珠三角“工业品下乡”和粤东西北“农产品进城”双向通道。合理配置城乡资源，完善农村邮政及快递服务网络，加强珠三角地区与粤东西北地区重点农业生产基地和优势农产品产区的对接。加快建设和完善连接粤东西北地区的物流通道，进一步完善农村邮政及快递处理中心，丰富乡镇邮政网点服务“三农”功能，拓展村邮站功能定位，推进邮政“三农”服务站、农村快递网点建设，健全农村末端配送体系，打造保障农村通邮、服务农村电商、解决农村“最初一公里”和“最后一公里”集散和配送的重要平台，发挥邮政业在国家精准扶贫战略中的基础性作用。

发展农村电商服务。支持邮政及快递企业结合实际拓展农村业务，深化与各农业合作社、农业现代化企业、农副产品深加工企业的合作，推广农村物流“线上线下＋连锁分销＋配送到户”的综合服务新模式，为特色农产品提供标准寄递服务。鼓励邮政及快递企业参与涉农电子商务平台建设，加强与电子商务企业对接。鼓励农村地区邮政及快递网点资源共享，利用村邮站、邮政便民服务点代收代投快件，拓展服务功能。支持利用市县乡客运班车代运邮件及快件，健全小件快运服务体系，降低流通成本。提升农村邮政及快递服务信息化水平，积极融入农村物流信息平台，加强信息有效对接。

专栏3　农村邮政及快递服务重点
抢抓全省加快粤东西北地区振兴发展机遇，构建粤东西北地区县、乡、村消费品和农资配送快递网络体系。加快推进农村地区“网上邮站”建设，为农户提供购物、售物、缴费等服务。 引导邮政及快递企业与农家店、农村综合服务社、农产品购销代办站等合作开展农村快递服务，畅通线上线下渠道，激发农村电子商务消费市场。 以特色蔬菜、水果及农副产品为对象，鼓励邮政及快递企业应用农产品产地预冷、初加工、储存保鲜和低温运输技术，完善特色农产品“冷链快递”网络。

（四）强化衔接，推进交邮深度融合

搭建交邮互通平台。加快推动邮件及快件处理中心等基础设施与综合交通运输体系的衔接融合，形成稳定便捷、经济高效的邮件、快件航空、铁路、公路、水路综合运输通道。推进邮政业与交通运输业信息共享平台建设，实现信息互联互通。推进快件“上车上机”，在机场配套建设航空快件集散中心、空港快递物流园区，在公路场站、具备条件的火车站配套建设快件运输通道和装卸操作接驳场所，鼓励和支持发展高铁快递业务，开通电商快递班列，优化快件安检配载、装卸交接流程，提高邮件、快件集散效率。

深化交邮业务对接。进一步加强交邮资源整合和共享,深入推进交邮合作。鼓励邮政及快递企业在铁路站、汽车站、机场航站楼及城市候机楼设置服务网点,提供物品寄递、售票查询、通信缴费等便民服务。支持邮政网络代理票务、客运信息查询等业务,共建全省联网售票系统。支持交通运输企业在车站、码头代办邮政业务,探索推广公路客运班车代运邮件及快件试点。推动邮政业与交通运输业相关标准的有效衔接,加强快递运输时间与航班、高铁运行时刻对接,促进邮件及快件与多种交通运输方式无缝衔接。

专栏4 快件“上车上机”
推动快递企业与航空公司、机场、铁路开展合作,开辟新的快递国际航线,增加国内长途航班货邮量,增开电商专列。加强机场、车站快件绿色通道和快件装卸、仓储功能区配套建设,提高快件装卸、接驳机械化水平。强化快递企业与机场、车站间的安检合作,加强禁寄禁运物品范围的有效衔接。

(五)开放合作,加快拓展国际市场

深化跨境业务发展。推进粤港澳邮政快递企业合作,创新粤港澳跨境邮件、快件通关模式。推动邮政及快递服务与跨境电子商务联动发展,支持邮政及快递企业在自贸区、综合保税区、保税物流园区等区域内建设跨境电子商务邮件、快件处理中心。推动邮政及快递企业物流信息系统与跨境电商公共服务平台、跨境电商平台、通关监管平台等信息对接与共享,拓展服务范围,提供统一采购、仓储管理、商品配送等服务,逐步形成与跨境电商发展相适应的服务体系。在主要口岸城市设立符合国家安全机关、海关、检验检疫部门依法履职要求的国际邮件互换局(交换站)和国际快件监管区,配合推动跨境邮件及快件便捷通关通道建设,提高邮件及快件通关效率。

鼓励快递国际化发展。加快实施快递“向外”工程,鼓励和支持重点快递企业积极主动“走出去”拓展国际业务。鼓励快递企业通过自建、并购、合作等方式建立国际快件转运中心和海外仓等基础设施,完善跨境服务网络。依托国家“一带一路”战略,支持有条件的快递企业以自主品牌在“一带一路”沿线国家开展经营,拓展国际快递服务,争取成为具有全球运营网络的综合型快递物流运营商。鼓励省内邮政及重点快递企业与大型国际快递企业实施多元化合作配送模式,统一运营规范、业务系统及结算标准,完善跨境物流和供应链服务,提升国际合作水平。

专栏5 邮政海外业务拓展路径
抓住国家实施“一带一路”战略、扩大对外投资和自贸区发展等诸多机遇,发挥毗邻港澳优势,鼓励邮政及快递企业拓展国际市场,做大做强跨境业务,拓展国际航线,建设面向东亚、南亚和东盟的快递枢纽,构建服务于全球贸易和营销网络、跨境电子商务的全球仓网体系,更好地服务邮政快递向外发展,提升和巩固广东邮政强省地位。 争取各项政策支持,互联互通广东与海上丝绸之路沿线国家和地区的快捷便利通邮通道,完善国际邮件处理中心布局,增建国际邮件通邮口岸,加快构建邮政快递海外服务网络。

(六)强化监管,保障行业安全高效

完善监管体系。健全邮政业监管体系,建立全省邮政业安全中心,强化市场监管力量。健全县级邮政监管工作机制,加强地方邮政监管支撑体系建设,增强依法履职能力。完善行业内部监督机制、风险警示制度及应急处理机制,抑制恶性竞争。完善以“服务满意度、时限准时率、用户申诉率”为核心的快递服务质量评价体系。健全完善邮政及快递服务质量监测体系,不断加强社会监督员队伍建设,提升社会监督员业务水平,完善社会监督工作机制。落实企业安全主体责任,健全企业安全管理制度,推动企业安全生产标准化,实行邮件、快件收寄、运输、投递等环节专人负责,封发、分拣、储存等作业全程监控。健全完善从业人员实名档案,提高从业人员的安全意识和防范能力。

加强安全监管。加快完善寄递渠道综合防控体系,进一步规范寄递渠道信息登记,深入推行实名收寄制,加强寄递用户个人信息安全管理,全面实施收寄验视。加快行业安全监管信息化建设,完善邮政业安全监管平台,探索“互联网+监管”新模式,提升科技信息应用的支撑作用。强化安全管理,推动安全管理网格化、综合治理属地化。加强与社会治安综合治理、公安交管、消防、交通运输、安全监管、口岸管理等相关部门合作,推动信息互换、执法互助、监管互认,实行跨区域、跨部门协作执法。建立健全安全检查工作相关规章制度,采取日常检查、突击检查、联合检查、随机抽查、明察暗访、调取监控录像记录等多种方式,加大安全监管执法力度。

（七）低碳环保，推动行业绿色发展

推广绿色包装。落实国家鼓励节能减排、循环利用资源政策，坚持走绿色发展道路。积极推广技术先进、节能环保的新产品、新材料在行业中的应用，鼓励企业采用清洁生产技术，使用可循环利用的包装材料、环保填充物及可降解的物料辅料，减少收寄、分拣、封发、运输、投递等环节对环境的污染和资源消耗。引导邮政及快递企业建立包装袋回收点，配合生产企业建立废旧包装回收设施，实现包装物的回收再利用。

推动低碳寄递。启动绿色低碳试点示范工程，推广使用节能环保车辆。鼓励和支持邮政及快递企业采用新能源汽车，发展统一配送、共同配送，促进运输车辆节能减排。利用大数据技术，优化运输投递路线设计，提高运输效率。推动智能快件箱的应用，降低末端投递车辆无效出行，减少交通污染和拥堵压力。积极推动电子运单在行业中的应用，促进无纸化寄递的广泛推广。大力降低邮政及快递网点、分拣中心、办公楼等场所的建筑能耗，鼓励邮政及快递企业采用无纸化办公，广泛利用电话会议和视频会议，实现行业绿色环保、低碳发展。

专栏6　绿色邮政
环保材料应用。在运单、封套、塑料袋、编织袋、包装箱等包装生产环节加大技术研发力度，开发非环保材料的替代产品，优化现有技术及工艺，提高再生料在产品中的使用比例及产品性能。 包装材料循环利用。使用可循环利用的包装盒（袋、箱）、可降解物料辅料等，开展物料辅料的回收和循环利用，逐步将纸、木、塑料、金属、玻璃等为原料的包装容器和辅助材料更换为可循环利用产品。 节能降耗。合理配置各类运输方式，降低邮政业运输和投递环节能耗。推进电子标签、电子数据交换、管理信息系统、应用射频技术、传感器、自动分拣、标准托盘、无人机、地理信息系统、北斗导航定位系统、企业资源计划等的应用，提高收投效率、增进用户体验。

（八）弘扬文化，推进行业品牌建设

弘扬行业文化。加强邮政行业文化建设，拓展“人民邮政为人民”内涵，弘扬“诚信、服务、规范、共享”的核心价值理念，为邮政业健康快速发展营造良好的人文环境。发挥邮政传播文化的功能，围绕文化强省战略，通过邮票邮品、邮政报刊亭、特色邮局、主题邮局、书信活动等形式，弘扬广东特色文化，推动行业文化交流和传播，传承和发扬百年邮政历史。加强行业舆论引导，充分利用移动互联网等现代信息传媒，宣传邮政行业先进文化理念，宣扬行业正能量，增强行业凝聚力，培养行业文明人，树立行业好形象，扩大行业文化影响力。

树立行业品牌。加强行业诚信体系建设，建立健全企业信用管理制度，营造诚实守信市场环境，提高服务诚信度，增强消费者信心，打造行业品牌。引导邮政及快递企业创建先进企业文化，规范经营，诚信服务，增强品牌意识。加强法制宣传教育，培育行业法治文化，营造全行业学法守法用法氛围。发挥行业协会自律作用，完善自律机制，提高自律水平。引导符合条件的快递企业建立基层党组织，开展基层服务型党组织建设。开展文明行业、文明单位、文明窗口及青年文明号、巾帼文明岗等行业文明创建活动，拓展创建领域，规范评选办法，提升创建层次，不断增强行业发展软实力。开展“树文明行业形象，创优质服务品牌”等活动，发现、挖掘行业典型模范，树立并宣传“最美邮递员”、“最美快递员”等行业精神文明品牌，提高行业影响力。

四、重大工程

（一）邮政基本公共服务均等化工程

改造升级邮政普遍服务网。“十三五”期间，更新改造邮政服务网点（含机要通信网点和投递站点）约300个，提升邮件运输能力；更新邮政投递车辆约400台，改善邮运和投递装备水平，提升运输、投递能力和质量；建设邮政包裹柜约1500组，提升邮政末端投递便利化；加强全省邮政普遍服务安全保障能力建设，加强邮政基本公共服务均等化过程的安全监管。健全完善邮政普遍服务安全监管标准体系、安全监管网络和执法检查设备配置，对用户满意度、邮件质量与安全、邮递全程时限进行监测，提升监管水平。

（二）快递下乡工程

充分利用农村和社区综合服务站、邮政网点、村邮站、供销社等公共服务平台及企业自办等多种形式，扩大快递农村服务覆盖范围，提升快递农村服务水平和质量。“十三五”期间，加快建设乡镇快递服务网点，全省乡镇快递网点突破10000个，安排财政补助乡镇网点500个。利用交通场站、县乡班车等交通运输资源，为快递企业提供网点设置和快件运输服务，搭建城乡运输平台。加大向下延伸服务网络力度,推进网络共建共享。

(三)快递服务制造业工程

推进快递与制造企业网络互联互通、数据交换对接,建立面向全产业链的信息服务平台。推动快递企业建立制造业大客户管理机制,开发“一站式”整合服务和电子运单、简易组装等定制服务,探索承接维修中心、呼叫中心等服务环节,为制造业提供一体化供应链及末端投递增值服务。建设一批快递服务制造业发展的创新孵化中心,开展重点项目合作攻关。引导快递企业进驻工业园区、经济开发区、高新技术产业园等制造业集聚区,服务现代产业集群。支持快递企业拓展海外服务网络,为制造企业“走出去”提供配套服务。

(四)粤港澳合作工程

整合粤港澳三地运能优势,完善粤港澳快递合作基础设施,搭建跨境电子商务公共服务平台,推动粤港澳跨境电子签名互认试点,加快三地跨境快递业务发展。与香港海关、澳门海关共同打造“粤港澳快速通关网”,实现“通单联运方式”直接转关,开设粤港澳邮政结售汇的绿色通道。推动三地邮政、快递开展线上线下的运营合作,利用香港、澳门国际贸易港优势,发挥三地邮政、海关的能动性,搭建邮政进出口业务平台,满足市场需求,实现三地共赢。以国际物流大通关建设为契机,加快建设国际快件处理中心。依托广东自贸区和航空产业园等,加快建设一批集保税展示、物流、交易、服务为一体的跨境电子商务产业园区。

(五)信息化建设工程

完善行业信息化建设,搭建适合多终端访问、操作简便的大数据信息网络,形成邮政管理与工商、税务、海关、检验检疫、交通、经信、商务等部门之间的信息共享平台。建设邮政业公共服务信息化工程,搭建综合信息服务平台,提高公共服务的水平。建立行政许可、诚信管理、安全管理、时限监测、消费者申诉等公共服务子系统。建设邮政快递安全实时视频监控系统,实现监管过程动态化、透明化,推动邮政快递企业视频监控图像和数据与邮政管理部门视频监控系统联网联通。建设执法信息化工程,加快推广统一制式的移动执法终端,提高执法装备和监管信息化水平。积极推进万国邮联电子数据交换项目,提高进出口邮件信息化建设和科技应用水平。

(六)安全监管“绿盾”工程

完善分拨中心安全检测设备配备,提升快递业安全保障能力。引导企业配备安检设备,实现邮件、快件100%过机安检。推进用户信息采集管理系统设备升级改造,加强对收寄验视等设备配置,推动寄递实名制有效实施。按照实名制寄递要求,推动企业更新终端设备及信息系统,保护收寄人的信息安全。

五、保障措施

(一)深化改革开放

加快转变政府职能,创新管理方式、规范权力运行、提高行政效能,从“管理型政府”向“服务型政府”转变。推进邮政行政审批制度改革,坚持简政放权、放管结合、优化服务,优化行政审批流程,加强事中事后监管。充分发挥市场配置资源的决定性作用,加快推进邮政资费改革,完善邮政普遍服务价格分类管理。全面落实开放国内包裹快递市场政策,对符合许可条件的外资快递企业,按核定业务范围和经营地域发放经营许可,打造公平开放、竞争有序、高效优质的邮政快递市场。加快推进邮政企业自身改革,发展混合所有制经济,完善现代企业制度。

(二)加强统筹协调

加强规划衔接,进一步促进邮政业发展规划与全省“十三五”规划纲要、城镇化、交通、土地、电子商务和经贸等规划的相互衔接。协调快递专业类物流园区、快递电商园区建设纳入相关规划。加快推动邮政业规划与综合交通体系发展规划的衔接,依托大交通平台,促进邮政业与综合交通运输体系深度融合。加强邮政管理部门与发改、交通、规划、国土、海关等相关部门协调,建立规划推动落实机制。加强规划实施监督,充分发挥规划的导向、约束作用,跟踪评估规划落实情况,针对行业发展新问题,及时采取相应措施,确保规划落实。加强规划宣传,广泛宣传解读规划内涵,营造政府、协会、企业共同实施规划的良好氛围。

(三)推进依法治邮

严格依法行政,认真贯彻落实邮政法律法规和规章制度。推进法治邮政建设,健全邮政业规范性文件制定程序和备案制度。深化邮政审批制度改革,加强执法综合管理,完善权力清单、责任清单、负面清单制度,推进行政复议和应诉工作。规范市场秩序,营造发展环境。提升邮政管理透明度,做好政务公开和便民服务。积极推进政务公开，加大政府信息公开力度，把行政许可、市场执法等监管信息主动纳入公开范围，完善信息发布机制。加强法规体系建设和法制宣传，做好“七五”普法，为全省实现邮政业治理体系和治理能力现代化提供强力保障。

（四）加大政策支持

贯彻落实《广东省人民政府关于促进我省快递业发展的实施意见》，进一步加强部门沟通协调，联合出台财税、通行、土地、协同发展等方面的细化措施，打破行业发展“瓶颈”。积极争取中央及地方政府对邮政业发展的资金支持，加大财政扶持力度，加强对行业发展资金的使用管理，充分利用现代服务业等专项资金，发挥财政资金的杠杆作用，引导行业科学、健康、快速发展。拓展企业融资渠道，支持有条件的企业进入资本市场直接融资，通过发行债券、股票等多种方式筹措资金。加大沟通协调力度，完善统一全省快递车辆相关标准，联合发展改革、公安交管、交通运输等部门出台快递城市车辆便捷通行的政策措施，破解快递车辆城市通行问题。

（五）培养人才队伍

实施“人才强邮”战略，建立完善行业人才评价体系。健全多元化邮政管理人才培训机制，提升邮政管理干部队伍综合能力素质和业务能力水平，服务行业管理。多种方式深入开展快递员职业技能鉴定工作，引导企业加大对从业人员培训，提升从业人员素质和技能水平。积极推进校企合作，建立快递技能培训基地，加快培养高技能人才。引导邮政及快递企业参与职业院校人才培养和师资队伍建设工作，提升人才培养质量。鼓励快递和电子商务企业、制造企业建立人才交流机制，开展人才联合培养项目。加强粤港澳三地人才交流合作，引进和培养高层次邮政快递专业运营管理人才。推进非公党建工作，加强行业文化和精神文明建设，实现“文化留人才，人才促发展”。

附录：广东省邮政业“十三五”期间重点建设项目表（略）

云浮市促进快递业发展的实施意见

（2016年3月24日云浮市人民政府办公室印发　云府办〔2016〕6号）

近年来，我市快递业务收入连续多年保持40%以上的高速增长，全行业呈现安全形势持续稳定，服务满意度稳步提升，业务量迅猛发展的喜人局面。快递业已成为服务群众和推动我市经济发展的重要产业，在消费品下乡、农产品进城及电子商务发展等方面发挥了重要作用。与此同时，快递企业网点重叠、同质化竞争加剧，导致多数快递企业呈现“微利化、无利化、亏损化”趋势，制约了企业的进一步发展和服务升级。快递行业中小企业多、从业人员广、辐射范围大、运输物品杂、安全隐患较多等现实和特点，也给行业监管带来了更大挑战。

为进一步加快我市快递业提质增效，解决制约快递业发展的突出问题，规范快递服务市场秩序，破解快递业发展“瓶颈”，培育壮大市场主体，加强行业监管，促进快递业更好服务于国民经济和社会发展，现提出如下实施意见。

一、总体要求

（一）指导思想。

贯彻落实党的十八大、十八届五中全会精神，以着力解决制约快递业发展的突出问题为导向，以“互联网+”快递为发展方向，培育壮大市场主体，推进快递与电子商务、制造业联动发展，与综合交通运输体系顺畅对接，支持解决城市快递车辆通行难等问题，扩展服务网络惠及范围，保障寄递渠道安全，促进行业转型升级和提质增效，以主动适应我市经济发展新常态，为促消费、稳增长、调结构、惠民生注入新动力，为实现全面建设现代生态城市提供支撑，不断满足人民群众日益增长的寄递需要，更好服务于我市国民经济和社会发展。

（二）基本原则。

市场主导。遵循市场发展规律，用市场化手段引导快递企业整合提升，鼓励企业持续提高服务能力和服务质量。打击市场违法行为，发挥法律法规、规划、标准的规范引导作用，形成有利于快递业发展的市场环境。

安全为基。完善企业安全生产设备配置,落实企业主体责任。横向、纵向部门联动,整合资源,形成合力,齐抓共管,提升监管能力,保障寄递渠道安全。

创新驱动。支持快递企业以满足市场变化和人民群众日益增长的寄递要求为前提,不断创新商业模式、服务形式和管理方式。

协同发展。促进快递业更好服务生产、流通和消费。通过快递业和电子商务协同发展,使快递业成为打通城乡产品交换的主渠道,为农产品进城、促进个人消费做出更大贡献。

(三)发展目标。

行业发展模式多样化,"互联网+邮政"广泛应用,"快递+"各领域深度融合;农村地区实现镇镇有网点、村村通快递;快递产品结构更加多元化,省内地市间实现24小时寄递;到2020年,基本建成普惠城乡、技术先进、服务优质、安全高效、绿色节能的快递服务体系。

1.发展速度。"十三五"期间,要继续保持我市快递业高速增长的态势,成为促进创业、稳定就业、改善民生服务的重要平台,对工业化、信息化、城镇化、农业现代化同步发展起到关键性作用。

2.企业培育。重点培育1至2家经营服务制造业业务的龙头快递企业;1至2家经营跨境快递服务的快递企业。以点带面,促进各快递企业增加服务品种和提升综合实力。

3.服务能力。规模以上快递企业全部采用手持终端(PDA)设备,品牌企业快件在线查询比例达到100%,提供标准化、多样化的服务产品,包括快件代收货款、短期仓储、配货和代为包装等增值服务。"快递下乡"工程有效实施,实现全市乡镇快递网点覆盖率达100%,行政村快递服务覆盖率大幅提升。

二、主要任务

(一)做好规划衔接工作。

将快递业发展规划纳入市国民经济和社会发展"十三五"规划纲要以及城镇化、交通、邮政、土地、商务等规划,与电商、制造业以及综合交通体系发展规划相衔接,依托大交通平台,促进快递业与综合交通运输体系的有机融合,加强基础网络建设提升运递效率,提高快递业服务水平。加强规划实施监督,充分发挥规划的导向、约束作用,跟踪评估规划落实情况,根据出现的问题,采取相应措施,保证规划落实。

各县(市、区)人民政府及市各相关部门根据《国务院关于促进快递业发展的若干意见》,结合本地、本部门实际把相关内容纳入政府规划纲要或主管行业"十三五"规划。

责任单位:各县(市、区)人民政府,市发展改革局、市规划编制委、市交通运输局、市邮政管理局、市国土资源城乡规划管理局、市商务局。

(二)实施快递园区建设,促进快递服务业集聚发展。

按照企业集中布局、产业集群发展、资源集约利用、功能集合构建的原则,优先利用现有场地、厂房及办公资源实施快递园区建设,建成具备集中仓储、分拣处理、快速集散、统一配送、商品展示等服务功能的现代化快递园区。

责任单位:市邮政管理局、市商务局、市国土资源城乡规划管理局、市经济和信息化局、市发展改革局。

(三)改善运输作业环境,促进快递服务便捷高效。

落实快递车辆通行政策。按照依法、高效、环保的原则,在统一规范快递车辆的基础上,根据市邮政管理局、市交通运输局、市公安局交警支队、市工商局等部门联合印发《关于保障快递企业运输车辆便捷通行的通知》要求,对快递车辆运输快件在市区通行、停靠、作业,以及事故处理上给予相应的便利。

责任单位:市公安局、市交通运输局、市工商局、市环境保护局、市邮政管理局。

(四)加大快递投递终端建设,完善快递服务网络。

1.大力推进快递下乡工程建设。推动建设快递末端服务平台,完善乡镇、农村服务网络。简化降低乡镇快递末端网点办照、办证手续门槛,对快递企业设立乡镇末端服务网点的给予适当财政补贴。支持快递企业加强与农业、供销、商贸企业的合作,打造"工业品下乡"和"农产品进城"双向流通渠道,带动农村消费。

责任单位:市财政局、市商务局、市农业局、市供销合作社、市工商局、市邮政管理局。

2.大力发展智能投递。各级人民政府应将智能快件箱作为城市共同配送体系的一部分纳入规划,将智能包裹柜、智能快件箱纳入便民服务、民生工程等建设项目,统一建设,每年投入一定资金,重点在政府机关、高校、社区、住宅小区设置智能快件箱;利用多种形式鼓励、吸引快递企业或第三方投资设置智能快件箱，建立统一的投递服务平台，共同解决好快递终端投递的难题，满足群众用邮需求。大力鼓励和推进高等院校与快递企业开展合作，通过开办校园快递、快递超市等方式，为师生提供高质量的快递服务。在校学生数量超过1000人的高等院校，应在校区内提供面积适合的快件用房，以满足快递服务需要，保障快件安全。

责任单位：市教育局、市财政局、市规划编制委、市住房城乡建设局、市人力资源社会保障局、市邮政管理局。

（五）推动快递服务业与关联产业协同发展，积极服务地方经济。

1. 推动快递服务业与电子商务协同发展。对快递企业用地、车辆通行、终端建设等方面给予扶持，促进快递服务与电子商务协同发展。鼓励快递企业与电子商务企业合建电商快递园区，形成协同发展效应。

责任单位：市商务局、市邮政管理局。

2. 推动快递服务业与制造业协同发展。鼓励快递企业与制造企业建立结构合理、协作深入、标准对接的合作模式，实现互利共赢。支持制造企业外包服务环节依托快递网络，开展综合集成制造和分销配送，构建产业发展新体系；支持快递企业根据制造业需求，加强功能整合和服务延伸，开发信息流、资金流、实物流融合型服务，构建安全高效、技术先进的快递服务体系；引导快递企业进驻工业园区、经济开发区、高新技术产业园等制造业集聚区，依托生产要素集聚优势，创新服务产品和配送体系，提高产业配套协作水平。

责任单位：市邮政管理局、市商务局、市发展改革局、市经济和信息化局。

3. 推动快递服务业与跨境电商协同发展。支持发展跨境电子商务零售出口，贯彻落实《国务院办公厅转发商务部等部门关于实施支持跨境电子商务零售出口有关政策意见的通知》（国办发〔2013〕89号），加紧制订发展跨境电子商务扩大出口的实施方案，鼓励支持市内重点快递企业开拓海外市场，通过自建、合作、并购等方式建设跨境网络，开展跨境网购等寄递业务。

责任单位：市商务局、市邮政管理局、云浮海关。

4. 推动快递服务业与交通运输业协同发展。积极支持快递服务业与交通运输业融合发展，充分利用运输企业客运站场、班车线路等资源优势参与快递服务，主要推进小快件搭载客运班车运送，由快递企业与运输企业联合调配运输资源，将快件集中运送，节约成本，提升综合运输效能。鼓励运输部门为快件运输开设绿色通道，提供优先服务。

责任单位：市交通运输局、市邮政管理局。

（六）推动城市智能物流项目建设，构建城市智能物流服务体系。

根据各县（市、区）面积小，人口少，少有大型商业中心建设和运营的实际情况，为了满足市民日益丰富的消费需求，以“互联网+快递”的商业模式，构建城市智能物流平台，通过专注于同城物流建设，提供高效、快速的同城快递服务。城市智能物流平台包括智能物流服务体系、智能物流新干线、城市智能分拣中心、社区智能物流、冷链配送体系、区域电商平台等建设项目，项目建成后将进一步提升快递“最后一公里”服务水平，解决优质商品包括生鲜农产品卖难，买贵，安全难保障等问题。各级人民政府应对城市智能物流平台建设给予用地、政策、资金支持。

责任单位：市邮政管理局、市交通运输局、市商务局、市住房城乡建设局，各县（市、区）人民政府。

（七）大力培育总部经济，不断提升本土企业竞争力。

1. 吸引快递企业总部或区域总部落户我市。各级人民政府可结合实际，出台有效的扶持政策，吸引快递企业总部或区域总部落户。对总部企业的快递建设项目用地，优先安排，重点保障。

责任单位：各县（市、区）人民政府。

2. 推动本土快递企业兼并重组、做大规模。按照“资源整合、优势互补”的原则，引导大型快递企业向综合化转型，中型企业向专业化转型，小型企业向个性化转型，推动本土中小规模快递企业间的兼并重组，吸引各类社会资本参股、入股，迅速做大企业规模。通过多种形式整合市场，整合终端网络资源，避免中小企业数量过多、低质竞争。

责任单位：市经济和信息化局、市邮政管理局。

（八）加强人才培养，不断提升快递服务水平。

完善邮政行业培训基础设施。加强快递人才培养和职业培训，引导高等院校和中等职业学校加强与快递服务业发展相适应的学科专业建设，加快培养快递服务业紧缺人才。支持有条件的快递企业与高校联合建立实训基地，支持各类教育培训机构开展服务业技能型人才再培训、再教育。鼓励邮政行业依托现有资源加大行业人才培训和职业技能鉴定。各级人民政府对邮政管理部门开展的相关人才培训和职业技能鉴定予以资金支持。

责任单位:市人力资源社会保障局、市教育局。

三、政策措施

(一)加强政策支持,扶持行业做大做强。

1. 将快递服务业列为重点扶持发展行业给予政策支持。2011 年,国家《产业调整指导目录》将快递服务业列为鼓励类产业。各级人民政府要高度重视快递服务业的发展,将快递服务业列为重点扶持发展行业,给予政策支持。要结合各自经济特点,推动相关产业与快递服务业协同发展,共同服务地方经济。鼓励和支持符合条件的重点快递企业、建设项目和产业园区申请现代服务业发展引导资金,对重要的快递基础设施建设项目,提供补助、贴息扶持。创新服务方式,开展适应快递业特点的抵押贷款、融资租赁等业务。落实国家鼓励类服务业价格政策,快递企业用水、用电、用油、用气、用热实行与工业企业同价。

责任单位:市发展改革局、市财政局、市经济和信息化局。

2. 在工商登记管理方面给予快递企业便利。商事制度改革后,切实按"先照后证"原则,先由工商行政管理部门颁发营业执照,再由许可审批部门颁发许可证或文件,真正实现《行政许可法》提出的"谁负责审批、谁负责监管"。对快递企业设立在乡镇的末端网点,可适当降低办照手续门槛。

责任单位:市工商局、市邮政管理局。

3. 切实减轻快递企业税收负担。对快递企业投资购置使用环境保护、节能节水、安全生产等专用设备,按国家有关规定落实税收抵免政策。采取总分机构形式省内跨地区经营的快递企业,可按相关规定汇总计算缴纳增值税、企业所得税。促进快递企业合理划分运输收入,按照国务院相关部署加快推进营改增改革,根据国家出台的相关税收政策规定推动快递企业产生的各类费用逐步列入可抵扣范围。对税负加重的部分可给予财政返还。鼓励快递企业推广使用手持税控终端开具普通发票,对购置手持税控终端成本可按规定在所得税税前扣除。鼓励金融机构创新服务方式,开展适应快递业特点的抵押贷款、融资租赁等业务。

责任单位:市国税局、市地税局。

4. 保障土地供应。快递园区建设项目应符合当地土地利用总体规划,供地方式可参照工业项目用地。鼓励利用在实施城乡规划和旧城改造中收购储备的存量土地发展快递服务业。以划拨方式取得土地的企业或单位利用原有工业厂房、仓储用房兴办快递服务业的,土地用途和土地使用权人可暂不变更。

责任单位:市国土资源城乡规划管理局、市规划编制委、市住房城乡建设局。

(二)加强监督管理,推动我市快递业更好更快发展。

1. 加强政府指导。督促企业按照现代企业制度的要求,建立健全公司法人治理结构,完善内部各项管理制度,树立企业文化,打造服务品牌,提高服务质量,不断增强企业的市场竞争力。

责任单位:市邮政管理局。

2. 加强安全监管。指导企业严格建立"三个 100%"(100% 收寄验视、100% 实名登记、100% 过机安检)制度和应急保障制度,充分运用现代信息及物联网技术,建立联合的安全信息监管系统,实现联网监控,保障邮路寄递渠道安全。

责任单位:市邮政管理局、市公安局、市安全监督局、市财政局、市国家安全局、市交通运输局。

3. 加强信息化监管。进一步加强寄递渠道安全监管,通过建设云浮市寄递行业从业人员信息管理系统,有效解决人员流动性大而造成寄递从业人员底数不清的难题,全面、及时、准确掌握寄递从业人员情况,确保寄递渠道安全畅通。各级政府部门要对邮政管理部门建设从业人员信息管理系统给予适当政策、资金支持。

责任单位:市邮政管理局、市财政局。

四、组织实施

各县(市、区)人民政府、各有关部门要根据本意见要求,进一步深化对发展快递服务业重要意义的认识,切实加强组织领导和协调配合,推动全市快递服务业快速健康发展。县以下政府部门参考对县级政府要求贯彻落实。

梅州市人民政府关于促进我市快递业发展的实施意见

(2016年11月24日 梅市府〔2016〕23号)

各县(市、区)人民政府,市府直属和中央、省属驻梅各单位:

为贯彻落实《国务院关于促进快递业发展的若干意见》(国发〔2015〕61号)和《广东省人民政府关于促进我省快递业发展的实施意见》(粤府〔2016〕40号)精神,加快培育梅州现代服务业新增长点,推动我市快递业更好更快发展,现提出以下实施意见:

一、总体要求

(一)指导思想。

全面贯彻党的十八大和十八届三中、四中、五中、六中全会精神,深入贯彻习近平总书记系列重要讲话精神,围绕省"三个定位、两个率先"总目标和建成与小康社会相适应的梅州现代邮政业目标,根据《国务院关于促进快递业发展的若干意见》(国发〔2015〕61号)及《广东省人民政府关于促进我省快递业发展的实施意见》(粤府〔2016〕40号)要求,按照"一区两带"发展格局,落实粤东西北和原中央苏区两大振兴政策,以解决制约快递业发展的突出问题为导向,加大政策扶持力度,大力优化快递市场环境,完善网络基础设施,推动产业创新发展,发挥快递业对稳增长、促改革、调结构、惠民生的促进作用,更好服务于全市经济社会发展。

(二)基本原则。

坚持市场主导与政府引导相结合。充分发挥市场在资源配置中的决定性作用,更好地发挥政府引导作用,激活市场发展动力,夯实行业发展基础,实现邮政业质、量双升。

坚持创新驱动与协同发展相结合。鼓励企业科技创新、产品创新、管理创新和模式创新,不断增强企业竞争力。推动邮政业与综合交通运输体系顺畅对接,促进快递与电子商务、制造业等相关产业协同发展。

坚持强化监管与保障安全相结合。坚持放管结合,健全监管体系,完善监督机制,维护市场秩序。坚持安全为基,强化红线意识,落实责任制度,保障行业安全生产,促进行业安全发展。

(三)发展目标。

到2020年,基本建成竞争有序、技术先进、安全高效、服务优质、绿色节能的现代快递服务体系,形成普惠城乡、联通世界的快递服务网络;将梅州打造成为"对外快速联通、对内全面畅通"的闽粤赣三省快递集散中心。

产业规模上新台阶。到2020年,快递业务量达到6185万件,年均增长40%。快递业务收入达到6.01亿元,年均增幅35%。

经济社会效益更加显著。年均新增就业岗位约200个,快递成为连接产业、城乡、区域的重要纽带,服务生产和便利民生的基础性作用显著提升。

服务能力大幅提升。实现农村各镇快递服务网点全覆盖,确保"县县有分拨,镇镇有网点,村村通快递"。寄递服务产品体系更加丰富,同城快递、省内地级市间互寄达到次日递或次晨递。国际快递服务通达范围更广、速度更快,服务公众满意度稳步提升。

二、重点任务

(四)提升快递服务能力。

鼓励各类资本依法进入快递领域,支持民营快递企业发展。推动本市中小规模快递企业间的兼并重组,吸引各类社会资本参股、入股,迅速做大企业规模,促进快递企业品牌建设。支持快递企业构建产权清晰、权责明确、管理科学的现代企业制度,完善公司法人治理结构,建立经营管理者激励机制。引导快递企业实施品牌战略,树立品牌意识,加快从粗放式经营向集约式经营转变,从价格竞争向服务品质竞争转变。督促指导快递企业按照快递服务系列国家标准及快递业务操作指导规范,加快推进快件收寄、分拣、运输、投递等环节的标准化作业。[责任单位:市邮政管理局、市发展和改革局、市交通运输局、市质量技术监督局,各县(市、区)人民政府]

(五)完善快递网络体系。

全面推进快递产业园区建设,推动快件处理中心与铁路、公路和机场的建设同步规划,发挥产业集聚和带动效应;建立县级分拨中心,设立镇快递网点服务农村经济、促进农民消费。鼓励快递企业与邮政网点、农家书屋等基层公共服务平台开展合作,充分发挥各自优势,共同服务农村发展;鼓励企业通过整合利用现有商业、邮政便民服务等设施加强快递末端服务平台建设,开展多种形式的投递合作,大力支持智能快件箱、邮政包裹柜等投递终端设施推广建设,解决快递进社区、校区、办公区等"最后一公里"难题;鼓励重点快递企业开拓海外市场,通过自建、合作、并购等方式建设跨境网络,开展跨境网购等寄递业务。[责任单位:市邮政管理局、市交通运输局、市财政局、市商务局、梅州海关、梅县机场公司、梅州火车站,各县(市、区)人民政府]

(六)加快推进快递配送渠道建设。

积极推进"快递+交通"协同发展,推动快递业与铁路、公路、民航等运输业无缝衔接,实施快递"上机上车"工程,在机场、车站等交通枢纽建设快件集中处理场所,实现快件配载、装卸、分流。尝试开通货运班车或快件客车代运降低快递物流成本;积极推进"快递+电商"融合发展,支持快递企业入驻电子商务园区,实现快递服务与电子商务上下游协调发展。引导农村快递电商加强合作,鼓励电商企业代理快递服务、快递企业开办电商网店,加快推进快递网点与电商网店的融合建设;积极推进"快递+供销"共享发展,整合城乡供销合作社资源,加载快递服务功能,形成集网上交易、仓储物流、终端配送系列化的商品流通服务链条,打通"工业品下乡"和"农产品进城"双向流通渠道;积极推进"快递+邮政"合作发展,鼓励邮政企业向快递企业开放服务网点特别是农村邮政服务网点,代办快递业务,促进双方优势互补、互利共赢;积极推进"快递+快递"抱团发展,加快推进快递企业组团下乡、联动发展,有效整合快递品牌入驻快递集散中心、快递驿站,提高农村快递网点的运营效率,有效降低经营成本。[责任单位:市交通运输局、市商务局、市农业局、市供销合作社、市邮政管理局,各县(市、区)人民政府]

(七)加快推进"快递下乡"工程。

推进农村快递业与农村物流、农产品运输配送融合发展。支持快递企业加强与农业、供销、商贸企业合作,积极参与涉农电子商务平台建设,构建农产品快递网络,打造"工业品下乡"和"农产品进城"双向流通渠道,下沉带动农村消费。引导快递企业面向城乡社区创新末端网络运营模式,打造便民利商的综合服务平台。鼓励快递企业服务于制造业发展,创新服务模式,拓展代收货款、供应链管理、冷链快递等增值业务。大力支持各类品牌快递企业依托"快递下乡"工程,建立健全市、县、镇、村快递服务体系,完善快递服务网络,形成布局合理、配套完善、服务高效的现代快递物流配送体系。[责任单位:市邮政管理局、市农业局、市经济和信息化局、市商务局,各县(市、区)人民政府]

(八)完善行业安全监管机制。

根据《国务院办公厅关于完善省级以下邮政监管体制的通知》(国办发〔2012〕6号)文件,全力支持在快递业务规模大、业务量较集中的县(市、区)设置县级邮政管理机构。推进市级邮政业安全中心建设,落实行业主管部门和相关部门安全监管职责,强化企业安全生产主体责任;健全安全监管体系,加强应急处置能力和安全监管能力建设;实施寄递渠道安全监管"绿盾"工程,全面推进快递企业安全生产标准化建设,落实邮政业安全生产设备配置规范等强制性标准;强化寄件人、快递企业、政府部门的安全责任;全面落实收寄验视制度,推行实名收寄、过机安检,提升行业安全生产水平。[责任单位:市邮政管理局、市发展和改革局、市机构编制委员会办公室、市交通运输局、市公安局、市国家安全局、市安全生产监督管理局,各县(市、区)人民政府]

三、保障措施

(九)强化快递市场监督管理。

贯彻落实《中华人民共和国邮政法》、《快递市场管理办法》、《快递业务经营许可管理办法》、《邮政行业安全监督管理办法》等法律、法规和标准,加强快递市场监管,创新监管举措,规范市场秩序,维护国家利益和公共安全,保障消费者和经营者的合法权益。健全邮政管理部门与发改、经信、教育、公安、人社、住建、城乡规划、交通、农业、供销、国税、国安、工商、质监、口岸等部门联动机制,形成工作合力。[责任单位:市邮政管理局、市发展和改革局、市经济和信息化局、市教育局、市公安局、市人力资源和社会保障局、市住房和城乡建设局、市城乡规划局、市交通运输局、市农业局、市供销合作社、市国税局、市国家安全局、市工商行政管理局、市质量技术监督局、市口岸局,各县(市、区)人民政府]

(十)落实规划及用地保障。

编制快递服务业发展规划。将快递服务业发展纳入国民经济和社会发展规划,并与城乡建设规划、土地利用总体规划以及综合交通运输体系规划相衔接。妥善安排快递产业园、快递网络重要节点及揽投点、综合便民服务驿站等基础设施用地，切实保障土地供给。城市控制性详细规划应统筹考虑快递服务网点建设布局。支持快递企业利用工业企业旧厂房、仓库和存量土地资源，建设快递服务基础设施或提供快递服务。各级各有关部门要在园区选址规划、立项、供地审批等方面予以支持。[责任单位：市邮政管理局、市发展和改革局、市国土资源局、市交通运输局、市城乡规划局，各县（市、区）人民政府]

（十一）加大财政扶持力度。

市财政积极支持快递服务基础设施建设，对符合条件的快递企业市财政配合市邮政管理局申报国家、省的专项资金支持。[责任单位：市财政局、市邮政管理局，各县（市、区）人民政府]

（十二）落实税费政策。

在快递服务业领域落实国家服务业有关税收优惠政策，对快递企业投资购置用于环境保护、节能节水、安全生产等专用设备的投资额，可以按一定比例实行税额抵免。快递服务业一般纳税人对其提供的收派服务收入可选择按照简易计税办法计算缴纳增值税。为出口货物提供的邮政服务、收派服务免征增值税。落实国家鼓励类服务业收费价格政策，快递企业用地、用水、用电、用油实行与工业企业基本同价政策。在税收服务方面，做到快捷便利，帮助快递企业降低运营成本。[责任单位：市国税局、市财政局、市邮政管理局，各县（市、区）人民政府]

（十三）支持快递车辆便捷通行。

抓紧研究快递企业小型专用车辆设计和运营管理措施。推广应用符合快递专用机动车系列标准的快递专用车辆，发布快递行业统一标识，核发道路运输许可证。根据快递服务需求，给予快递运输车辆（黄标车除外）城市通行和临时停靠作业的便利。依法依规加强快递末端服务车辆管理，制定快递专用电动车用于城市收投服务的管理办法，允许经过审核登记的快递专用电动车用于城市收投服务。简化对快递企业增加车辆运营规模的审批流程，重大活动期间城市交通实行车辆限行措施的，交通管理部门应采取措施确保快递车辆的基本通行。[责任单位：市交通运输局、市公安局、市邮政管理局，各县（市、区）人民政府]

（十四）简化工商注册登记。

简化快递企业注册登记程序和分支机构、末端网点备案手续，探索实施快递企业“一照多址”模式；对进驻各种园区、校园的末端派送网点向工商申请注册登记的给予便利。[责任单位：市工商行政管理局、市住房和城乡建设局、市国税局、市教育局、市邮政管理局，各县（市、区）人民政府]

（十五）加强人才队伍建设。

支持职业院校加强专业建设和培训基地建设，根据行业标准，引导规模以上企业对接职业院校，设立学生实习和教学实践岗位，鼓励快递企业参与职业院校人才培养和师资队伍建设工作，提高人才培养质量。完善快递业相关职业工种标准，将其纳入技能晋升相关专项资金补贴范围。完善快递业职业资格制度，对关键岗位实行持证上岗。落实就业创业和人才引进等政策，快递企业紧缺急需的高层次人才，符合条件的可按规定办理人才引进手续。[责任单位：市教育局、市人力资源和社会保障局、市邮政管理局，各县（市、区）人民政府]

（十六）加强组织协调。

成立由市政府分管邮政管理工作的副市长任组长，协调邮政管理工作的副秘书长和市邮政管理局局长任副组长，有关部门为成员单位的梅州市推进快递服务业发展工作协调小组，协调小组下设办公室，办公室设在市邮政管理局，具体负责日常联络、政策落实和工作推进。

潮州市人民政府关于促进潮州市快递业发展的实施意见

（2016年12月20日　潮府〔2016〕55号）

各县、区人民政府（管委会），市府直属各单位，市各开发区、潮州新区管委会：

为贯彻落实《国务院关于促进快递业发展的若干意见》（国发〔2015〕61号）、《广东省人民政府关于促进我省快递业发展的实施意见》(粤府〔2016〕40号)精神,充分发挥快递业推动流通方式转型、促进消费升级的先导作用,培育现代服务业新增长点,缩小城乡快递服务差距,打造便捷、高效的新型服务民生平台,努力使潮州快递业在发展规模、服务水平、创新能力和竞争实力上实现新跨越,现提出以下实施意见:

一、总体要求

(一)指导思想。全面贯彻党的十八大和十八届三中、四中、五中、六中全会精神,深入贯彻习近平总书记系列重要讲话精神,紧紧围绕"三个定位,两个率先"目标,立足"一中心三片区"战略格局,以解决制约快递业发展的突出问题为导向,加大政策扶持力度,大力优化快递市场环境,完善网络基础设施,推动产业创新发展,发挥快递业对稳增长、促改革、调结构、惠民生的促进作用,更好服务于潮州经济社会发展。

(二)基本原则。

坚持市场主导与政府引导相结合。充分发挥市场在资源配置中的决定性作用,更好地发挥政府引导作用,完善相关规划标准和配套政策,激活市场发展动力,加强公益民生保障,夯实行业发展基础,推动快递企业持续提高服务能力和服务质量。

坚持创新驱动与协同发展相结合。鼓励快递企业科技创新、产品创新、管理创新和模式创新,不断提高企业核心竞争力,推动快递业与综合交通运输体系顺畅对接,促进快递与电子商务、制造业、现代农业等相关产业协同发展。

坚持强化监管与保障安全相结合。坚持放管结合,健全监管体系,完善监督机制,维护市场秩序。坚持安全为基,强化红线意识,落实责任制度,保障寄递安全,实现行业安全发展。

(三)发展目标。到2020年,基本建成全面覆盖城乡社区和家庭的民生服务网络,缩小城乡快递服务差距,打造便捷、高效的新型服务民生平台,服务水平和服务能力在全省处在中等偏上水平,全行业诚信意识普遍增强,行业发展信用环境明显改善。

——产业规模上新台阶。全面实现乡乡有网点、村村通快递,乡镇快递覆盖率达到100%,全市快递年业务量达到1.7亿件,年业务收入超过13亿元。

——企业实力明显增强。积极引导培育形成3—5家具有较强竞争力的骨干快递企业,其中年业务收入超过1亿元的品牌主要快递企业1—2家、年业务收入超过5000万元的快递企业2—3家。

——服务能力大幅提升。提高快递企业定制化、个性化服务水平,拓宽快递业务渠道和服务范围,寄递服务产品体系更加丰富,快递服务通达范围更广、速度更快,服务公众满意度稳步提升。

——经济社会效益更加显著。年均新增就业岗位约200个,年均支撑网络零售交易额340亿元,日均服务用户47万人次以上;快递成为连接产业、城乡、区域的重要纽带,服务生产和便利民生的基础性作用显著提升。

二、重点任务

(四)培育壮大骨干企业。鼓励各类资本依法进入快递领域,支持民营快递企业发展。整合微小企业,壮大运营网络,提升产业集中度。支持品牌主要快递企业做大做强,优化资源配置,促进生产要素向骨干企业集聚,加快形成3—5家有较强竞争力的中型快递企业。鼓励主要品牌快递企业粤东区域总部落户潮州,并以引进区域(粤东地区)快递分拨中心建设为重点,利用潮汕高铁站的交通优势,建设相关品牌粤东地区集散中心。支持快递企业与仓储、航空、铁路、信息、金融等企业深度合作,形成复合服务能力,推动向综合性快递物流运营商转型。支持快递企业构建产权清晰、权责明确、管理科学的现代企业制度,完善公司法人治理结构,建立经营管理者激励机制。引导快递企业实施品牌战略,树立品牌意识,加快从粗放式经营向集约式经营转变,从价格竞争向服务品质竞争转变。加强服务质量监测,落实快递服务标准和业务操作规范,降低快件延误率、损毁率、丢失率和投诉率,提高用户满意度。(市邮政管理局、市发展和改革局、市交通运输局负责)

(五)推动行业转型升级。积极实施"互联网+"战略,促进快递业向产业链上下游延伸。推动行业建立与电子商务、制造业、现代农业、金融业合作发展机制,加强信息沟通、标准对接和业务联动,促进线上线下互动创新。加强快递标准体系建设和先进技术应用,推广自动化分拣、智能化终端服务、机械化装卸等技术设备和电动汽车等新型市内配送绿色交通工具及充电基础设施在行业的应用,提升装备通用性能和标准化运作水平。支持企业提升信息化、智能化水平,推动北斗导航、物联网、云计算、大数据、供应链等新技术和新商业模式的应用,促进与上下游企业及相关部门的信息对接和互联互通。(市邮政管理局、市经济和信息化局、市发展和改革局、市科技局负责)

（六）加强基础网络建设。围绕“一中心三片区”发展格局，加强统筹规划，推进快递园区的布局和建设。强化快递企业的软硬件建设，优化网点布局，增加网点服务功能，拓展服务民生渠道，提高行业服务水平和综合效益。鼓励企业实现服务网络的末端延伸，加快各品牌企业市、县（区）快件处理中心以及社区、乡镇快递末端网点建设，加强农村地区和城市社区快递网点布局，扩大快递服务覆盖面，服务城乡经济，促进居民消费。鼓励快递企业和邮政企业创新合作模式，充分利用现有邮政网点优势，提高邮政基础设施利用效率，推进邮政、快递网络共建共享。鼓励快递企业与乡（镇）邮政局所、农村综合服务站、农家书屋等基层公共服务平台开展合作，充分发挥各自优势，共同服务农村发展。鼓励企业通过整合利用现有商业、邮政便民服务等设施加强快递末端服务平台建设，开展多种形式的投递合作，推广智能快件箱、邮政包裹柜等智能投递设施，解决快递进社区、校区、办公区（商务区）等“最后一公里”难题。（市邮政管理局、市经济和信息化局负责）

（七）拓展开发融资渠道。鼓励金融机构创新金融产品和服务方式，探索推广快递仓储设施、生产设备和运输车辆抵押贷款业务。建立完善适应快递特点的信用评估和授信制度，推动银行授信审批与纳税信用信息共享，合理确定贷款期限和利率，通过小额贷款、“创业担保贷款”等多种形式加大对快递业有效信贷投入。支持符合条件的快递企业进入资本市场直接融资，鼓励融资担保机构支持企业发展。（市金融局、市邮政管理局负责）

（八）衔接综合交通运输体系。推进快递与综合交通运输体系深度融合，实现快递服务全环节无缝对接、高效便捷运行。鼓励企业依托“大交通”平台，综合利用航空、铁路、公路等运输资源，推进高铁站、汽运站、火车站和机场等快递功能区建设；支持有条件、有能力的快递企业发展高铁快递和电商快递班列，优化快件安检配载、装卸交接流程；利用公交企业富余运力，做好快件配送工作，实现邮政快递服务与多种运输方式“无缝对接”。推广应用快递设施通用标准，实现快件在多种运输方式间无缝衔接。加快推进民航、铁路、公路与快递信息系统的互联互通，增强一体化服务能力。（市交通运输局、市发展和改革局、市邮政管理局负责）

（九）加快推进“三向”工程。实施快递“向下、向深、向外”工程。推进农村快递业与农村物流、农产品运输配送融合发展。支持快递企业加强与农业、供销、商贸企业合作，结合推广“乡城品”等项目，积极参与涉农电子商务平台建设，构建农产品快递网络，打造“工业品下乡”和“农产品进城”双向流通渠道，下沉带动农村消费。引导快递企业面向城乡社区创新末端网络运营模式，鼓励“千米网”等第三方企业参与快件末端投递和收寄服务，打造便民利商的综合服务平台。支持快递企业面向制造业需求，加强功能整合和服务延伸，建立结构合理、协作深入、标准对接的合作发展新模式，拓展代收货款、供应链管理、冷链快递等增值业务。加大“走出去”服务力度，鼓励快递企业通过委托代理、设立分支机构等方式，在东南亚、港澳台等重要国家和地区拓展服务网络。（市邮政管理局、市经济和信息化局、市商务局负责）

（十）发展跨境电商快递服务。加快发展快递服务贸易，加强与跨境电子商务企业的合作和交流，鼓励快递企业提供统一采购、仓储和配送等服务，逐步形成与跨境电商相适应的快递服务体系。建立跨境快件便捷通关通道，简化通关流程，提高通关效率。完善电子商务进出口快件清单核放、汇总申报的通关模式。推进快递企业物流信息系统与跨境电商公共服务平台、跨境电商平台、通关监管平台等信息对接与共享，为跨境电商企业提供物流信息一体化服务。（市商务局、市邮政管理局、潮州海关、饶平海关、潮州出入境检验检疫局、饶平出入境检验检疫局负责）

（十一）完善行业安全监管机制。落实行业主管部门和相关部门安全监管职责，强化企业安全生产主体责任。健全安全监管体系，加强应急处置能力和安全监管能力建设，加大以网点视频监控形式为主的行业安全监管技术手段的推广应用，建设监管部门与企业计算机管理系统的联网工程，实现对快件的远程监管，提高执法装备和安全管理信息化水平。实施寄递渠道安全监管“绿盾”工程，全面推进快递企业安全生产标准化建设，落实邮政业安全生产设备配置规范等强制性标准。强化寄递各方的安全责任，加大安全培训教育力度，进一步提高安全管理人员和从业人员的安全素质。全面落实收寄验视、实名收寄制度，探索建立与企业快速发展相适应的科学、长效的安全投入机制，在市级品牌快递企业分拣场所全面配置X光安检设备，推行过机安检，提升行业安全生产水平。（市邮政管理局、市公安局、市安全生产监督管理局负责）

三、保障措施

（十二）深入推进简政放权。贯彻国务院关于行政审批制度改革和简政放权的要求，优化快递业务经营许可审批流程，全面落实精简许可材料、压缩审批时限、建立绿色通道、优化审批流程等措施，建立务实便利、高效透明的快递许可工作体系。落实商事制度改革措施,进一步便利快递企业及其分支机构工商登记。(市邮政管理局、市工商局负责)

(十三)强化市场监督管理。加强邮政管理部门依法行政能力建设,优化执法、处罚、监督等工作流程,促进快递市场的规范化管理。完善诚信体系建设,加强监测与信息发布,做好申诉处理工作,加强对快递环节的管控,提高企业服务质量透明度,杜绝假冒伪劣产品,营造诚实守信的市场环境。加大规范企业用工行为的监管力度,保障快递从业人员的合法权益。研究制定相关政府规章或规范性文件,加强行业自律和社会监督,逐步建立覆盖政府部门、企业、员工和消费者的综合诚信体系,推动行业有序发展。(市邮政管理局、市人力资源和社会保障局负责)

(十四)完善法规规划体系。加快制定促进快递业发展相关规范性文件,提高快递业法制化、标准化水平。建立规划推动落实机制,进一步促进邮政业发展规划与市"十三五"规划、全域规划、总体规划和交通、土地、电子商务、商贸物流等规划的相互衔接,推动邮政业规划纳入国民经济和社会发展规划。各级政府要将快递企业用地纳入土地利用总体规划和城乡规划,把快递园区基础设施及其他配套设施建设纳入政府规划项目。(市邮政管理局、市发展和改革局负责)

(十五)加大财税扶持力度。加大专项资金引导支持力度,安排支持快递业发展的财政资金,重点用于强化行业安全管理、加强行业市场监管、扶持快递下乡网点建设及快递企业进驻园区补助等。(市财政局、市邮政管理局负责)

(十六)加强用地保障。各级政府要优先保障符合土地利用总体规划的快递物流园区、快件分拨中心等基础设施用地的土地供给。工业园区、城市新区、城市新建住宅小区、商业集中区以及旧城改造要根据国家和省、市的有关标准,同步规划建设快递服务场所和智能快件箱等配套设施。合理安排利用以划拨方式取得的存量房产和原有土地、实施城乡规划和旧城改造中收购的存量土地优先发展快递服务。(市国土资源局、市邮政管理局负责)

(十七)支持快递车辆便捷通行。与交通、公安交警等监管部门联合出台邮政配送服务车辆管理规范。推广应用符合快递专用机动车系列标准的快递专用车辆,发布快递行业统一标识,核发道路运输许可证。根据快递服务需求,给予快递运输车辆城市通行和临时停靠作业的便利。依法依规加强快递末端服务车辆管理,允许经过审核登记的快递专用电动三轮车和小型货运车用于城乡收投服务并给予一定的专项补贴。简化对快递企业增加车辆运营规模的审批流程,重大活动期间城市交通实行车辆限行措施的,交通管理部门应采取措施确保快递车辆的基本通行。(市交通运输局、市公安局、市邮政管理局负责)

(十八)加强人才队伍建设。实施快递人才素质提升工程。支持职业院校加强专业建设和培训基地建设,创新培训内容和形式,结合行业特点开发快递业职业教育培训项目,引导规模以上企业对接职业院校,推进本土校企合作,鼓励快递企业参与职业院校人才培养和师资队伍建设工作,提高人才培养质量。引导企业加大对从业人员培训,完善全员教育培训机制,系统化、常态化地推进各层面的人员培训,全面提升员工素质。面向社会提供技能培训和职业技能鉴定服务,加大企业职业技能鉴定工作推进力度,普遍提升职工劳动技能。完善快递业相关职业工种标准,将其纳入技能晋升相关专项资金补贴范围。落实就业创业和人才引进等政策,快递企业紧缺急需的高层次人才,符合条件的可按规定办理人才引进手续。(市教育局、市人力资源和社会保障局、市邮政管理局负责)

各县、区人民政府(管委会)要结合本地实际,建立健全工作机制,研究加大政策和资金支持力度。市有关部门要加强协调配合,按照职责分工完善细化相关配套措施,并做好跟踪了解和督促检查。每年1月份,各县、区人民政府(管委会)和市直有关职能部门要将上一年度工作落实情况报市邮政管理局,以便汇总上报市政府。

20. 广　西

广西壮族自治区人民政府关于促进广西快递业发展的实施意见

（2016年10月21日）

各市、县人民政府，自治区人民政府各组成部门、各直属机构：

为贯彻落实《国务院关于促进快递业发展的若干意见》（国发〔2015〕61号）精神，加快培育广西现代服务业新的增长点，进一步搞活流通、拉动内需，服务大众创业、万众创新，现就促进广西快递业发展提出以下意见。

一、总体思路和发展目标

（一）总体思路。以解决制约快递业发展的突出问题为导向，以“互联网+”快递为发展方向，紧紧围绕国家赋予广西的“三大定位”、深入实施“四大战略”，按照“市场主导、政府推动、安全为基、规范引领、创新驱动、协同发展”的基本原则，加大政策扶持力度，推动快递网络基础设施建设，保障寄递渠道安全，优化快递市场环境，推动产业创新发展，发挥快递业对稳增长、促改革、调结构、惠民生的促进作用，更好服务于全区经济社会发展和民生改善。

（二）发展目标。到2020年，基本建成普惠城乡、技术先进、服务优质、安全高效、绿色节能的快递服务体系，形成覆盖全区、联通全国、面向东盟的快递服务网络，全区快递年业务量突破4亿件，年业务收入达到62亿元。具体目标为：

——快递服务能力显著增强。基本实现“市市有快递物流园区、县县有快件集散中心、乡乡有网点、村村通快递”，快递支撑跨境电子商务的能力得到加强，国际快递服务通达范围更广、速度更快。

——快递服务水平大幅提升。寄递服务产品体系更加多样化、差异化、个性化，国内重点城市间、区内县城及设区市间快件实现48小时送达，其他地区间快件送达时限均达到国家快递服务标准水平，人民群众使用快递的服务满意度达到80分以上。

——快递服务企业实力明显增强。企业网络化经营能力进一步提高，信息化和供应链管理水平明显提升，快递服务企业航空运输能力大幅提升，积极引导培育出3—5家服务水平高、竞争力强、年营业收入超3亿元的大型快递服务企业。

——社会综合效益更加显著。年均新增就业岗位约4500个，全年支撑全区网络零售交易额突破600亿元，全年服务全区用户15亿人次以上，有效降低商品流通成本。

二、完善快递服务网络

（三）加强快递基础网络建设。全区县级以上人民政府要将发展快递业纳入国民经济和社会发展规划，在城乡规划、城市总体规划、土地利用规划、公共服务设施规划中统筹考虑快递基础设施的布局建设，2020年末实现“市市有快递物流园区、县县有快件集散中心”。支持快递服务企业建设标准化、规范化、信息化服务网点，继续推进“快递下乡”工程，推广“快递超市”发展模式，提升快递普惠程度，服务农村经济，促进农民消费。加快推进快递服务与城市共同配送体系的融合发展，推动快递公共投递服务站建设，推广智能快件箱等智能投递设施，鼓励快递服务企业、商贸流通企业合作共建末端服务网点，鼓励城市社区、小区物业、高等院校、医院等对快递服务需求量大的单位与快递服务企业合作共建快递服务中心，共同解决好快递终端投递的难题，满足群众用邮需求。建设国际邮件、快件监管区，恢复凭祥国际邮件互换局场地，加大国际邮件、快件处理能力。（广西邮政管理局牵头；自治区发展改革委、国土资源厅、住房城乡建设厅、交通运输厅、商务厅，南宁海关，各设区市人民政府按职责分工负责）

三、培育壮大市场主体

（四）培育若干大型骨干快递服务企业。鼓励各类资本依法进入快递领域，支持快递服务企业通过市场化手段兼并重组,整合中小企业,壮大运营网络,优化资源配置,提升产业集中度。支持各大快递品牌在广西设立区域总部。支持快递服务企业构建产权清晰、权责明确、管理科学的现代企业制度,完善公司法人治理结构,建立经营管理者激励机制。引导快递服务企业实施品牌化和差异化发展战略,加快从粗放式经营向集约式经营转变,从价格竞争向服务竞争转变。加强服务质量监测,落实快递服务标准和业务操作规范,降低快件延误申诉率、损毁申诉率、丢失短少申诉率。强化企业科技创新主体地位,支持我区机械研发机构、制造企业开展快递专业技术研发,推动快递服务企业对智能终端、自动分拣、机械化装卸、冷链快递、绿色化运输与包装等技术装备的应用,提升装备通用性能和标准化运作水平。(广西邮政管理局牵头,自治区发展改革委、工业和信息化委、科技厅、商务厅,投资促进局按职责分工负责)

四、推进"互联网+"快递

(五)推动行业转型升级。以"互联网+"为发展方向,支持快递服务企业提升信息化、智能化水平,加快移动互联、物联网、云计算、大数据、供应链等新技术和新商业模式的应用,推进与上下游企业及相关部门的信息对接和互联互通,加强功能整合和服务延伸,加快向综合性快递物流运营商转型。(自治区工业和信息化委,广西邮政管理局按职责分工负责)

(六)推进创新协同发展。支持快递服务企业健全产品体系、创新服务模式,大力发展代收货款、合同物流、冷链快递、逆向物流、特殊物品寄递等服务。促进快递业与电子商务、现代农业、先进制造业、金融业等产业协同发展。引导快递服务企业与电子商务企业深度合作,建设一体化配送平台,促进线上线下互动创新,共同发展体验经济、社区经济等便民利商新业态。支持快递服务企业在边贸区、综合保税区、保税物流园区等区域内建设跨境快件分拨中心。推动农业、供销、商贸、邮政企业与快递企业加强合作,鼓励快递服务企业积极参与涉农电子商务平台建设,构建农产品快递网络,服务产地直销、订单生产等农业生产新模式。鼓励快递服务企业为全区中小制造企业和技术密集型企业提供"订单末端"配送、仓配一体化、入场物流和供应链服务。(广西邮政管理局牵头,自治区工业和信息化委、商务厅,各设区市人民政府按职责分工负责)

五、衔接综合交通体系

(七)推进快递与交通运输系统的融合衔接。统筹基础设施建设,在机场、车站、港口等交通枢纽配套建设邮件快件处理场地、接驳场所和运输通道。实施快递"上车、上船、上飞机"工程,加强与铁路、公路、水路、民航等运输企业合作,重点推进广西航空快件运输。引导快递服务企业参与空陆联运、公铁联运、快件甩挂运输试点工作,提高运输作业效率。支持公路客运班车代运邮件快件,支持主要乡镇建设客运、邮政、快递、物流、商贸等"多站合一"的综合服务站。(自治区发展改革委、交通运输厅,广西邮政管理局按职责分工负责)

六、完善行业安全监管机制

(八)加强监管力量建设。探索完善设区市以下快递监管模式,充实监管力量,在快递业务量较大、安全形势严峻的县级行政区域组建邮政管理机构,相关市、县(市、区)人民政府要在人员编制、办公场地安排、行政经费等方面给予支持。创新监管方式,强化事中事后监管,全面提升市场监管能力。(广西邮政管理局,相关市县人民政府按职责分工负责)

(九)落实安全监管责任。落实寄递渠道安全监管部门职责,强化企业安全生产主体责任和寄件人安全责任。实施寄递渠道安全监管"绿盾"工程,推进快递服务企业安全生产标准化、规范化建设。督促寄递企业按照《邮政业安全生产设备配置规范》、《快递安全生产操作规范》等标准要求完善安全生产和安全监管设备配置,执行安全生产操作,指导企业严格执行收寄验视、实名收寄、过机安检,加强应急保障能力建设,严格保护用户个人信息安全,完善从业人员安全教育培训制度。健全安全监管体系,加强跨部门、跨区域协作配合,完善快递业安全监管信息平台,加强应急处置能力和安全监管能力建设。(公安厅、安全厅,广西邮政管理局按职责分工负责)

七、加大政策支持力度

(十)加强快递用地保障。优先安排、重点保障纳入自治区相关规划和重点建设项目及各设区市规划的快递物流园区用地。对未将快递物流园区纳入规划的市县,在开展电子商务园区、商贸物流园区、工业园区规划建设时,要预留合适的快件分拨中心场地,入驻的快递企业可享受园区企业同等政策。(国土资源厅,广西邮政管理局,各设区市人民政府按职责分工负责)

(十一)支持快递车辆便捷通行与停靠。邮政管理部门对从事快递业务车辆的快递专用标志实行统一管理,经当地公安机关交通管理部门同意,喷涂统一快递专用标志的车辆在确保安全的前提下可以通行禁行路段或者临时停靠禁止停车的地点。鼓励快递服务企业购置新能源汽车作为城市快件运输和收投服务工具,允许符合标准的快递专用电动三轮车用于城市收投服务,解决"最后一公里"通行难问题。(广西邮政管理局牵头,公安厅、交通运输厅按职责分工负责)

(十二)保障快件收寄和投递便利。机关、企事业单位、住宅小区管理单位、高等院校等应当为快递服务企业收寄和投递快件提供通行、临时停车的便利,不得收取任何费用。封闭式管理的学校、住宅小区应在依法保障公民通信权益的前提下,与快递服务企业商定进校进小区投递快件的方式。将快递公共投递服务站纳入城市、农村物流配送公共服务平台建设,并作为基础产业项目给予用地政策和专项资金支持。将智能快件箱纳入公共服务设施规划统一建设,每年投入一定资金,并利用多种形式鼓励、吸引快递服务企业或第三方投资设置智能快件箱。(教育厅、住房城乡建设厅,广西邮政管理局,各设区市人民政府按职责分工负责)

(十三)深入推进简政放权。严格执行国务院关于行政审批制度改革和简政放权、放管结合、优化服务的要求,全面落实优化快递业务经营许可审批流程,精简许可年度报告、分支机构备案、末端网点备案等手续。落实商事制度改革措施,进一步便利快递服务企业及其分支机构工商登记。推行跨境电子商务出口快件清单核放、汇总申报通关模式,对跨境电子商务进出口商品实行全申报管理和集中申报、集中查验、集中放行等便利措施,实现进出境快件便捷通关和有效监管。(广西邮政管理局牵头,自治区工商局、南宁海关、广西出入境检验检疫局按职责分工负责)

(十四)加大财税扶持力度。各设区市人民政府要将符合条件的快递服务企业和快递建设项目纳入支持农村和西部地区公益性、基础性设施建设以及服务业、物流业发展的财政专项资金范围。符合条件的快递服务企业,可按规定享受税收优惠政策;跨地区经营的快递服务企业,可按规定申请总分支机构增值税汇总缴纳。(自治区发展改革委、财政厅、商务厅、地税局、国税局,广西邮政管理局,各设区市人民政府按职责分工负责)

(十五)改善融资环境。鼓励金融机构开发适应快递业需要的金融产品和服务方式,加大贷款支持力度,支持发展自动分拣设备、安检X光机、重型汽车、货运飞机等融资租赁服务。鼓励融资担保机构为符合条件的快递服务企业提供信用担保服务。鼓励当地金融机构对符合中小企业划型标准、办理商业贷款的民营快递企业实行贷款优惠。(自治区商务厅、金融办,人民银行南宁中心支行、广西银监局,各设区市人民政府按职责分工负责)

(十六)加强快递人才培养。支持高等院校和职业学校加强建设与快递业发展相适应的学科专业,与快递服务企业联合建立人才培养基地、实习实训基地、科研基地,各市、县(市、区)人民政府每年可安排一定的专项资金对此类基地给予支持。完善快递业相关职业工种标准,将其纳入当地《职业培训专业(工种)和补贴标准目录》,对符合专项资金补贴条件的给予相应的职业培训补贴和职业技能鉴定补贴。(人力资源社会保障厅、教育厅,广西邮政管理局,各市县人民政府按职责分工负责)

各部门要加强协调配合,充分发挥部门资源、政策优势,形成工作合力,确保各项任务落到实处。各市、县(市、区)人民政府要高度重视快递业的发展,将快递业列为重点扶持发展行业,给予政策支持;要根据本意见的各项要求,切实加强组织领导和协调配合,落实对快递业的扶持发展措施,推动全区快递业快速健康发展,促进快递业带动地方经济社会发展和改善民生。

21. 海　南

海南省促进快递业发展实施方案

(2016年4月19日海南省人民政府印发　琼府〔2016〕37号)

近年来,我省快递业发展迅速,在降低流通成本、支撑电子商务、服务生产生活、扩大就业渠道等方面发挥了积极作用。为促进我省快递业发展,进一步搞活流通、拉动内需,服务大众创业、万众创新,培育现代服务业新增长点,更好发挥快递业对稳增长、促改革、调结构、惠民生的作用,助推我省经济发展,根据国务院《关于促进快递业发展的若干意见》(国发〔2015〕61 号),结合我省实际,制定如下实施方案。

一、总体要求

(一)指导思想。

全面贯彻落实党中央、国务院和省委、省政府的决策部署,以国家"一带一路"建设战略和海南"多规合一"为契机,以解决制约我省快递业发展的突出问题为导向,以"互联网+"快递为发展方向,培育壮大市场主体,融入并衔接综合交通体系,扩展服务网络惠及范围,保障寄递渠道安全,促进行业转型升级和提质增效,不断满足人民群众日益增长的寄递需求,更好服务海南经济社会发展。

(二)基本原则。

市场主导,政府引导。遵循市场发展规律,用市场化手段引导快递企业整合提升,加大快递基础设施和服务设施建设,鼓励企业持续提高服务能力和服务质量。进一步简政放权,发挥法律法规、规划、标准的规范引导作用,形成有利于快递业发展的市场环境。

统筹规划,政府扶持。以全省"多规合一"为契机,做好海南省邮政业发展"十三五"规划编制工作,推进快递业发展与海南省总体规划、现代物流业发展规划、综合交通运输规划等衔接工作,引领和推动快递业快速发展。强化政府对快递业发展的政策扶持,在财政、金融、交通、港航等方面给予支持,营造行业良好发展环境。

协同发展,创新驱动。发挥快递业服务网络优势,推动快递业加快融入生产、流通和消费环节,充分发挥服务电子商务的主渠道作用,联通线上线下,促进快递业与先进制造业、现代农业、信息技术等产业协同发展。支持快递企业推广应用现代信息技术,不断创新商业模式、服务形式和管理方式。

安全为基,规范发展。进一步强化安全生产红线意识,加强寄递安全制度、能力体系建设,落实企业主体责任,夯实快递业安全基础。依靠科技手段创新管理方式、提升监管能力,保障寄递渠道安全。

(三)发展目标。

到 2020 年,基本建成与小康社会相适应的具有国际旅游岛特色的现代快递业,满足海南经济社会发展和人民群众不断增长变化的快递需求。

——发展规模:到 2020 年,全省快递业务量达到 1.1 亿件,快递业务收入达到 22 亿元,快递业务量、业务收入年均增长 30%,累计新增就业岗位 1.5 万个,日均服务用户 120 万人次以上,年支撑网络零售交易规模 880 亿元。培育若干家业务收入上亿元的快递企业,培育具有较强竞争力和影响力的本土快递品牌,提升我省快递企业综合服务水平,有效降低商品流通成本。

——创新能力:坚持需求导向,以信息化和产业化为重点,大力提升行业在科技研发应用、服务网络建设、产品体系拓展、商业运营模式等方面的创新水平,规模企业率先实现服务功能多样化、寄递服务便捷化、内部作业自动化、生产组织信息化。

——服务能力:构建覆盖城乡、联通省内外的快递服务网络,布局建设快件进出境通道。健全农村快递网络,快递乡镇网点覆盖率达 100%,实现"乡乡有网点、村村通快递"。快递企业实现国内异地快递服务时限 72 小时准时率超过 80%,省内异地快递服务时限 48 小时准时率、同城快递服务时限 24 小时准时率超过 90%。持续提高快递服务满意度。

二、主要任务

(四)加强基础设施建设。统筹规划快递基础设施建设,将快递基础设施布局和建设纳入《海南省总体规划》,引导快递企业入驻美兰、凤凰临空经济区以及省内骨干综合物流园区,完善主要城市节点布局,推动海南省快递物流集散中心(海口、三亚)的建设,构建海口、三亚为集散枢纽,辐射琼海、儋州、琼中等区域为节点的快递物流体系,提高海南快递服务网络基础承载能力,逐步形成具有海南特色的现代快递服务网络。

(五)培育壮大快递企业。鼓励各类资本依法进入快递领域,支持企业充分利用资本市场,壮大服务网络,优化资源配置,实现强强联合、优势互补。培育骨干企业,鼓励本省快递企业"走出去"参与国内外竞争。加强服务质量监测,提高快递服务水平。引导企业转变竞争方式,从价格竞争向服务品质竞争转变,实施品牌化和差异化发展战略。积极推广快递保险业务,保障用户权益。支持骨干企业开展智能终端、自动化分拣、机械化装卸、冷链快递等技术装备的研发应用。

(六)推进"互联网+"快递。鼓励快递企业充分利用移动互联、物联网、大数据、云计算等信息技术,优化服务网络布局,提升运营管理效率,拓展协同发展空间,推动服务模式变革,逐步向综合性快递物流运营商转型。引导快递企业与电子商务企业深度合作,促进线上线下互动创新,共同发展便民利商新业态。积极参与涉农电子商务平台建设,构建海南热带特色农产品快递网络,服务产地直销、订单生产等农业生产新模式,发展农商快递。发挥供应链管理优势,支持快递企业与信息、通信、医疗、航空、汽车等企业协作,积极培育快递服务制造业的示范性项目。支持快递企业完善信息化运营平台,发展代收货款等业务。

(七)完善快递服务网络。加快推进快递"向中西向下"发展。加强快件集散中心和快递末端服务平台建设,鼓励快递企业加强中西部、农村地区网点建设,逐步实现服务网络全覆盖。支持快递企业参与城市共同配送试点,以城市共同配送试点为契机组织建设物流分拣中心、公共配送中心和末端配送网点的三级配送网络体系。鼓励企业通过建设末端网点、开展第三方末端服务合作、布设智能快件箱等方式,提升末端网络密度,实现"最后一公里"高效服务。支持快递企业利用"村邮站"等基础设施公共服务平台,加强与农业、供销、商贸企业的合作,打造"工业品下乡"和"农产品进城"双向流通渠道。支持邮政企业和快递企业创新合作模式,充分利用现有邮政网点优势,提高邮政基础设施利用效率,拓展服务功能,打造邮政业综合服务平台。强化快递服务与海南热带特色农产品、农资、农村消费品、海产品等集散中心的有效对接,引导具备条件的快递企业在百个特色产业小镇、主要交通枢纽乡镇等地区建设较高标准的服务网络。

(八)构建跨境服务网络。发挥海南区位优势,鼓励快递企业发展跨境电商快递业务。建立区域国际快件处理中心,因地制宜加强区域国际互换站建设,探索建立海外仓储基地。鼓励快递企业通过设立分支机构、合资合作、委托代理等方式,发展国际快递业务。以海南国际旅游岛离岛免税等政策为契机,建设进出境邮件信息化管理系统,推动完善快件在海关通关、检验检疫、结汇退税等方面的相关管理措施,促进跨境电商信息流、物流、资金流集约高效运行,优化快递"向外"发展环境。

(九)衔接综合交通体系。实施快递"上车、上船、上飞机"工程,加强与铁路、公路、水路、民航等运输企业合作,强化运输保障能力。在机场、火车站等建设配套的快件运输通道和装卸接驳场所,打造海陆空一体并具有岛屿特色的海南现代快递运输网络。充分利用环岛高速铁路、"田"字型高速公路等现代综合交通运输体系,发展高铁快递,推进公路客运班车代运快件试点,着力发展海南同城快递业务。鼓励快递企业与海汽集团、农村公路客运站加强合作,利用城乡、农村客运班车搭载快件,降低运输成本。在交通运输领域,探索建立快件"绿色通道"。鼓励快递企业开通航空货机,在航线航班、货机落地等方面给予政策支持。

(十)加强行业安全监管。实施寄递渠道安全监管"绿盾"工程,推进快递企业安全生产标准化建设,落实《邮政业安全生产设备配置规范》等国家强制性标准,明确收寄、分拣、运输、投递等环节的安全要求。落实快递企业和寄件人安全责任,完善从业人员安全教育培训制度,筑牢寄递渠道安全基础。强化安全检查措施,严格执行收寄验视制度,加强对进出境快件的检疫监管,加强对农药等农资产品的收寄验视,严格执行国家《禁寄物品指导目录及处理办法(试行)》,严防禁寄物品通过寄递渠道流通。积极利用信息技术提升安全监管能力,完善邮政业安全监管信息系统,健全信息采集标准和共享机制,实现快件信息溯源追查,依法严格保护个人信息安全。落实寄递渠道安全管理工作机制,加强跨部门、跨区域协作配合,提升安全监管与应急处置能力。健全全省邮政行业安全监管体系,加强邮政安全监管力量,推进海南县级邮政监管体制建设。

(十一)推动行业绿色发展。支持快递企业加大节能减排、新能源、资源回收再利用等技术的开发和利用。加快智能化终端、自动化分拣、机械化装卸、绿色化运输与包装等技术应用。鼓励快递企业推广电子运单、可循环使用的快递封套,鼓励使用环保填充物、可再生纸张的封装用品,降低原材料和能源消耗。鼓励企业对现有设施进行节能改造,在办公场所、快件处理中心等推广应用节能与新能源设施。鼓励支持企业采用新能源汽车,促进运输车辆节能减排,推进行业绿色环保、低碳发展。

三、保障措施

(十二)健全工作协调机制。将快递业工作部门联席会议纳入全省现代物流工作部门联席会议制度,联席会议办公室设在省交通运输厅,研究全省快递业发展和重大快递发展政策,研究解决快递业发展中的重大问题,报省政府审定执行。

(十三)深入推进简政放权。深化快递业商事制度改革,探索对快递企业实行同一工商登记机关管辖范围内"一照多址"模式。优化快递业务经营许可程序,优化快递企业年度报告制度,精简企业分支机构、末端网点备案手续。发挥电子口岸通关平台优势,加入国家跨境结算平台,利用电子商务出口邮件、快件清单核放、汇总申报通关模式,实现进出境邮件、快件便捷通关。

(十四)优化快递市场环境。充实监管力量,创新监管方式,强化事中事后监管,全面提升市场监管能力。监督快递企业严格落实《快递服务》等国家标准，切实提升快递服务质量。建立健全用户申诉与执法联动机制，依法查处违法违规行为，规范市场经营秩序。发挥行业自律和社会监督作用，利用企业信用信息公示系统和行业监管信息系统，建立违法失信主体“黑名单”及联合惩戒制度，营造诚实守信的市场环境。

（十五）做好综合规划衔接。根据海南省“多规合一”的要求，编制海南邮政业发展“十三五”专项规划和重点区域规划，与海南省总体规划、海南省国民经济和社会发展“十三五”规划纲要、海南省“十三五”现代物流业发展实施方案、海南省物流业“十三五”规划及综合交通运输、现代服务业、电子商务、物流园区等专项规划做好衔接。要将发展快递业纳入地方总体规划，在公共服务设施规划专篇中合理安排快递基础设施的布局建设。

（十六）加大政策支持力度。中央预算内投资通过投资补助和贴息等方式，支持农村和西部地区公益性、基础性快递基础设施建设，地方财政专项资金要将符合条件的企业和项目纳入支持范围。快递企业可按现行规定申请执行省内跨地区经营总分支机构增值税汇总缴纳政策，依法享受企业所得税优惠政策。研究将智能快件箱等快递服务设施纳入公共服务设施规划。鼓励金融机构创新服务方式，开展适应快递业特点的抵押贷款、融资租赁等业务。快递企业用电、用气价格按照不高于一般工业标准执行。

（十七）改进快递车辆管理。规范快递车辆管理，逐步统一标志，修订和完善城市邮政、快递等车辆通行规定，建立分路段、分时段、分车型的通行制度，对快递专用车辆城市通行和临时停靠作业提供便利。出台快递专用车辆城市通行管理办法，解决“最后一公里”通行难问题。

（十八）建设专业人才队伍。引导高等学校加强物流管理、物流工程等专业建设，支持我省相关院校开设快递相关专业方向。探索学校、行业协会和企业联合培养人才模式，建立快递人才培训基地试点。实施快递人才素质提升工程，落实就业创业和人才引进政策。支持快递企业组织从业人员参加相关职业培训和职业技能鉴定，对符合条件的企业和人员可按规定给予补贴。

四、组织实施

各市县政府、各有关部门要充分认识促进快递业健康发展的重要意义，要按照本方案要求，加强组织领导，健全工作机制，强化协同联动，加大支持力度。要结合本地实际，按照职责分工，抓紧制定相关政策和措施，确保各项工作落到实处。省交通运输厅、省发展改革委、省邮政管理局将会同有关部门负责对本方案落实工作进行统筹协调、跟踪了解、督促检查。

附件：海南省促进快递业发展实施方案任务分工

附件

海南省促进快递业发展实施方案任务分工

一、加强基础设施建设

（一）统筹规划快递基础设施建设，将快递基础设施布局和建设纳入海南省总体规划，完善主要城市节点布局。（牵头单位：省邮政管理局，配合单位：省国土资源厅、省财政厅、省住房城乡建设厅、省交通运输厅、各市县政府）

（二）推动海南省快递物流集散中心（海口、三亚）的建设，构建海口、三亚为集散枢纽，辐射琼海、儋州、琼中等区域为节点的快递物流体系，提高海南快递服务网络基础承载能力，逐步形成具有海南特色的现代快递服务网络。（牵头单位：省邮政管理局，配合单位：省发展改革委、省国土资源厅、省住房城乡建设厅、省交通运输厅、相关市县政府）

（三）加强分拨中心、集散枢纽建设，提升骨干节点信息化、自动化处理水平，形成布局合理的网络体系。鼓励企业通过建设末端网点、开展第三方末端服务合作、布设智能快件箱等方式，提升末端网络密度，实现“最后一公里”高效服务。（牵头单位：省邮政管理局，配合单位：省国土资源厅、省住房城乡建设厅、省交通运输厅、省工业和信息化厅、省供销联社、各市县政府）

二、培育壮大快递企业

（四）鼓励各类资本依法进入快递领域，支持企业充分利用资本市场，壮大服务网络，优化资源配置，实现强强联合、优势互补。培育骨干企业，鼓励本土快递企业“走出去”参与国内外竞争。（牵头单位：省邮政管理局，配合单位：省财政厅、省交通运输厅、省商务厅、省国资委、省工商局、海口海关、海南出入境检验检疫局、各市县政府）

（五）加强服务质量监测，提高快递服务水平。引导企业转变竞争方式，从价格竞争向服务品质竞争转变，实施品牌化和差异化发展战略。（牵头单位：省邮政管理局，配合单位：省交通运输厅）

（六）积极推广快递保险业务，保障用户权益。（牵头单位：保监会海南监管局，配合单位：省邮政管理局）

（七）支持骨干企业开展智能终端、自动化分拣、机械化装卸、冷链快递等技术装备的研发应用。（牵头单位：省科技厅，配合单位：省工业和信息化厅、省邮政管理局、各市县政府）

三、推进“互联网＋”快递

（八）引导快递企业与电子商务企业深度合作，促进线上线下互动创新，共同发展便民利商新业态。（牵头单位：省商务厅、省邮政管理局，配合单位：省工业和信息化厅、各市县政府）

（九）积极参与涉农电子商务平台建设，构建海南热带特色农产品快递网络，服务产地直销、订单生产等农业生产新模式，发展农商快递。（牵头单位：省农业厅，配合单位：省邮政管理局、省商务厅、省供销联社、各市县政府）

（十）发挥供应链管理优势，支持快递企业与信息、通信、医疗、航空、汽车等企业合作，积极培育快递服务制造业的示范性项目。（牵头单位：省邮政管理局，配合单位：省工业和信息化厅、各市县政府）

四、完善快递服务网络

（十一）加快推进快递“向中西向下”发展。加强快件集散中心和快递末端服务平台建设，鼓励快递企业加强中西部、农村地区网点建设，逐步实现服务网络全覆盖。支持快递企业参与城市共同配送试点，以城市共同配送试点为契机组织建设物流分拣中心、公共配送中心和末端配送网点的三级配送网络体系。（牵头单位：省邮政管理局，配合单位：省国土资源厅、省住房城乡建设厅、省交通运输厅、省商务厅、各市县政府）

（十二）支持快递企业利用“村邮站”等基础设施公共服务平台，加强与农业、供销、商贸企业的合作，打造“工业品下乡”和“农产品进城”双向流通渠道。（牵头单位：省邮政管理局，配合单位：省交通运输厅、省工业和信息化厅、省农业厅、省商务厅、省供销联社、各市县政府）

（十三）支持邮政企业和快递企业创新合作模式，拓展服务功能，打造邮政业综合服务平台。（牵头单位：省邮政管理局，配合单位：省交通运输厅、省发展改革委、省财政厅、中国邮政集团公司海南省分公司）

（十四）鼓励快递企业与海汽集团、农村公路客运站加强合作，利用城乡、农村客运班车搭载快件，降低运输成本。（牵头单位：省邮政管理局，配合单位：省交通运输厅、海汽集团有限公司）

（十五）鼓励企业通过建设末端网点、开展第三方末端服务合作、布设智能快件箱等方式，提升末端网络密度，实现“最后一公里”高效服务。（牵头单位：省邮政管理局，配合单位：省住房城乡建设厅、各市县政府）

五、构建跨境服务网络

（十六）发挥海南区位优势，鼓励快递企业发展跨境电商快递业务。建立完善国际邮件处理中心局，因地制宜加强国际互换站（交换站）建设，探索建立海外仓储基地。以海南国际旅游岛离岛免税等政策为契机，建设进出境邮件信息化管理系统，推动完善快件在海关通关、检验检疫、结汇退税等方面的相关管理措施，促进跨境电商信息流、物流、资金流集约高效运行，优化快递“向外”发展环境。（牵头单位：省邮政管理局，配合单位：省商务厅、海口海关、省发展改革委、省交通运输厅、海南出入境检验检疫局、相关市县政府）

六、衔接综合交通体系

（十七）实施快递“上车、上船、上飞机”工程，加强与铁路、公路、水路、民航等运输企业合作，强化运输保障能力。（牵头单位：省交通运输厅，配合单位：省邮政管理局、民航海南监管局、广州铁路监管局、各市县政府）

（十八）在机场、火车站等建设配套的快件运输通道和装卸接驳场所，打造海陆空一体并具有岛屿特色的海南现代快递运输网络。（牵头单位：省民航办、省铁路办、民航海南监管局、省交通运输厅，配合单位：省国土资源厅、省住房城乡建设厅、省邮政管理局、相关市县政府）

（十九）充分利用环岛高速铁路、“田”字型高速公路等现代综合交通运输体系，发展高铁快递，推进公路客运班车代运快件试点，着力发展海南同城快递业务。（牵头单位：省铁路办、省交通运输厅，配合单位：省邮政管理局、广州铁路监管局，各市县政府）

（二十）在交通运输领域，探索建立快件“绿色通道”。（牵头单位：省交通运输厅，配合单位：省邮

政管理局、民航海南监管局、广州铁路监管局、各市县政府）

（二十一）鼓励快递企业开通航空货机，在航线航班、货机落地等方面给予政策支持。（牵头单位：省民航办，配合单位：省财政厅、民航海南监管局、省邮政管理局、相关市县政府）

七、加强行业安全监管

（二十二）实施寄递渠道安全监管"绿盾"工程，推进快递企业安全生产标准化建设，落实《邮政业安全生产设备配置规范》等国家强制性标准，明确收寄、分拣、运输、投递等环节的安全要求。加强对农药等农资产品的收寄验视，严格执行国家《禁寄物品指导目录及处理办法（试行）》，严防禁寄物品通过寄递渠道流通。（牵头单位：省邮政管理局，配合单位：省农业厅、省公安厅、省国家安全厅、省交通运输厅、海口海关、省安全监管局）

（二十三）积极利用信息技术提升安全监管能力，完善邮政业安全监管信息系统，健全信息采集标准和共享机制，实现快件信息溯源追查，依法严格保护个人信息安全。（牵头单位：省邮政管理局，配合单位：省公安厅、省国家安全厅、省交通运输厅、省安全监管局）

（二十四）健全全省邮政行业安全监管体系，加强邮政安全监管力量，推进海南县级邮政监管体制建设。（牵头单位：省邮政管理局，配合单位：省财政厅、省交通运输厅、省编办）

八、推动行业绿色发展

（二十五）支持快递企业加大节能减排、新能源、资源回收再利用等技术的开发和利用。加快智能化终端、自动化分拣、机械化装卸、绿色化运输与包装等技术应用。鼓励支持企业采用新能源汽车，促进运输车辆节能减排，推进行业绿色环保、低碳发展。（牵头单位：省邮政管理局，配合单位：省工业和信息化厅、省交通运输厅、省科技厅）

九、深入推进简政放权

（二十六）深化快递行业商事制度改革，探索对快递企业实行同一工商登记机关管辖范围内"一照多址"模式。（牵头部门：省工商局，配合部门：省邮政管理局、各市县政府）

（二十七）优化快递业务经营许可程序，改革快递企业年度报告制度，精简企业分支机构、末端网点备案手续。（牵头单位：省邮政管理局，配合单位：省工商局）

（二十八）发挥电子口岸"一站式"通关平台优势，利用电子商务出口邮件、快件清单核放、汇总申报通关模式，实现进出境邮件、快件便捷通关。（牵头单位：海口海关，配合单位：民航海南监管局、海南出入境检验检疫局、省交通运输厅、省邮政管理局）

十、优化快递市场环境

（二十九）充实监管力量，创新监管方式，强化事中事后监管，全面提升市场监管能力。监督快递企业严格落实《快递服务》等国家标准，切实提升快递服务质量。（牵头单位：省邮政管理局，配合单位：省财政厅、省编办）

（三十）建立健全用户申诉与执法联动机制，依法查处违法违规行为，规范市场经营秩序。发挥行业自律和社会监督作用，利用企业信用信息公示系统和行业监管信息系统，建立违法失信主体"黑名单"及联合惩戒制度，营造诚实守信的市场环境。（牵头单位：省邮政管理局，配合单位：省发展改革委、省交通运输厅、省工商局、省金融办）

十一、做好综合规划衔接

（三十一）编制海南省邮政业发展"十三五"规划，与海南省总体规划、海南省国民经济和社会发展"十三五"规划纲要、海南省现代物流业发展规划（2011 年—2020 年）、海南省物流业"十三五"规划及综合交通运输、现代服务业、电子商务、物流园区等专项规划做好衔接。（牵头单位：省邮政管理局，配合单位：省发展改革委、省交通运输厅、省国土资源厅、省住房和城乡建设厅、省商务厅、省工业和信息化厅、各市县政府）

（三十二）要将发展快递业纳入地方总体规划，在城乡规划、公共服务设施规划专篇中合理安排快递基础设施的布局建设。（牵头单位：省邮政管理局，配合单位：省国土资源厅、省住房城乡建设厅、省发展改革委、各市县政府）

十二、加大政策支持力度

（三十三）中央预算内投资、专项建设基金、地方财政补贴支持农村和西部地区公益性、基础性快递基础设施建设，地方财政专项资金要将符合条件的企业和项目纳入支持范围。（牵头单位：省发展改革委，配合单位：省财政厅、省交通运输厅、省商务厅、省邮政管理局、各市县政府）

（三十四）快递企业可按现行规定申请执行省内跨地区经营总分支机构增值税汇总缴纳政策，依法

享受企业所得税优惠政策。(牵头单位:省国税局,配合单位:省财政厅、省邮政管理局、各市县政府)

(三十五)各地区、各部门为快递企业入驻我省六大物流园区和市县物流中心提供便利和政策支持。(牵头单位:省交通运输厅,配合单位:省国土资源厅、省住房城乡建设厅、省商务厅、省邮政管理局、各市县政府)

(三十六)鼓励金融机构创新服务方式,开展适应快递业特点的抵押贷款、融资租赁等业务。(牵头单位:省政府金融办,配合单位:省商务厅、省邮政管理局、银监会海南监管局、各市县政府)

(三十七)快递企业用电、用气价格按照不高于一般工业标准执行。(牵头单位:省物价局,配合单位:省邮政管理局、南方电网海南分公司)

十三、改进快递车辆管理

(三十八)规范快递车辆管理,逐步统一标志,修订和完善城市邮政、快递等车辆通行规定,建立分路段、分时段、分车型的通行制度,对快递专用车辆城市通行和临时停靠作业提供便利。省邮政管理局、省公安厅、省交通运输厅起草我省《快递专用车辆城市通行管理办法》报省人民政府审议后颁布施行,解决快递"最后一公里"通行难问题。(牵头单位:省邮政管理局,配合单位:省交通运输厅、省公安厅、各市县政府)

十四、建设专业人才队伍

(三十九)引导高等学校加强物流管理、物流工程等专业建设,支持我省院校开设快递相关专业方向。(牵头单位:省教育厅,配合单位:省人力资源社会保障厅、省邮政管理局)

(四十)探索学校、行业协会和企业联合培养人才模式,建立快递人才培训基地试点。(牵头单位:省邮政管理局,配合单位:省教育厅、省人力资源社会保障厅、各市县政府)

(四十一)实施快递人才素质提升工程,落实就业创业和人才引进政策。(牵头单位:省邮政管理局,配合单位:省教育厅、省人力资源社会保障厅、省财政厅、各市县政府)

(四十二)支持快递企业组织从业人员参加相关职业培训和职业技能鉴定,对符合条件的企业和人员可按规定给予补贴。(牵头单位:省人力资源和社会保障厅,配合单位:省财政厅、省邮政管理局、各市县政府)

海南省邮政业发展"十三五"规划

(2016年8月9日海南省人民政府办公厅印发)

邮政业是国家重要的社会公用事业,是推动流通转型、促进消费升级的现代化先导性产业。在国民经济中发挥着基础性作用。邮政业持续健康发展,对于保障用邮权益、降低流通成本、服务生产生活、促进创新和推动经济转型升级具有重要意义。为建设与小康社会相适应的具有国际旅游岛特色的现代邮政业,按照《海南省国民经济和社会发展第十三个五年规划纲要》和国家邮政局关于邮政业发展"十三五"规划编制的总体要求,结合我省邮政业发展实际,编制本规划。

一、现状与形势

"十二五"期间,我省邮政业持续快速发展,总体规模持续扩大,产业结构持续优化,基础网络逐步完善,市场秩序逐步规范,服务能力和服务水平不断提升,支撑新兴业态发展作用日益展现。2015年,全省邮政业的业务总量完成12.61亿元,同比增长18.9%,2011年至2015年的年均增长为15.24%;2015年,全省邮政业业务收入完成15.18亿元(不包括邮政储蓄银行直接营业收入)同比增长22.17%,2011年至2015年的年均增长为18.24%;2015年邮政业业务收入占全省生产总值比重达0.41%。邮政普遍服务、快递业务收寄量分别达到19644.84万件和2953.04万件,快递企业(含分支机构)共371家,快件日处理量超过84.37万件。邮政及快递从业人员突破1万人。邮政业已成为产业间和地区间的纽带,在服务经济社会发展和民生改善中发挥重要的基础作用。

(一)发展现状。

1.邮政体制改革取得重大进展。邮政管理体制改革进一步深化,根据《国务院办公厅关于完善省级以下邮政监管体制的通知》要求,三级邮政管理体系全面确立。按照市(地)行政区划设置两个市

（地）局，即海口市邮政管理局和三亚市邮政管理局，跨区域设置三个监管派出机构，即海南省东部邮政管理局、海南省中部邮政管理局和海南省西部邮政管理局。上述五个省级以下邮政管理机构自组建以来，充分履行邮政普遍服务和邮政市场监督管理职责，在保障辖区邮政行业安全生产监管和邮政通信与信息安全等方面发挥重要作用。邮政业改革持续推进，中国邮政集团公司海南省分公司和中国邮政速递物流股份有限公司海南省分公司分别完成了法人体制调整，完善了法人治理结构，实现普遍服务和竞争性业务分业经营。邮政企业县级分支机构全部更名换牌，部分品牌快递企业完成重组，实现了企业总部直营化管理，一个统一开放、竞争有序的邮政市场基本形成。

2. 行业发展环境不断优化。《海南省邮政条例》的修订，海南省政府《关于促进快递业发展的实施方案》的颁布实施，邮政业与关联产业协同、“快递向中西向下”、快递车辆通行、快递末端投递、快递园区建设等一系列重大产业政策相继出台，为我省邮政业提质增效奠定了基础。推进政府职能转变，将撤销提供邮政普遍服务的邮政营业场所审批、停止办理或者限制办理邮政普遍服务特殊服务业务审批，以及快递企业分支机构变更、年度报告审批等权限，下放至省内各市地邮政管理局和邮政监管派出机构，优化了审批流程，减轻了企业负担，激发了企业活力，提高了审批工作效率。落实“营改增”政策，实现税制平稳转换。全省邮政企业及所有许可快递企业完成“营改增”试点工作，纳入率达到100%，邮政、快递企业的税负同比有所下降，改革红利逐渐显现。

3. 普遍服务能力不断提高。邮政普遍服务基础设施建设力度加大，服务保障成效显著。村邮站建设列入省委、省政府为民办实事十大事项之一，并写入省政府工作报告。邮政普遍服务网络建设成绩斐然。累计更新改造普遍服务营业网点111处，改造市（县）邮政企业办公用房4处，装修改造机要网点20处；多部门联合完成了8个空白乡镇邮政局所补建工作，补建局所竣工率、运营率达到100%，全省邮政普遍服务营业网点数达到425个；全省2610个行政村村邮站全面建成并投入运营使用，实现“乡乡设所、村村建站”。中西部和农村地区邮政局所标准化、信息化水平稳步提升，服务能力和服务水平不断增强。法定邮政普遍服务开办率明显提高，办齐法定邮政普遍服务业务开办率达97.6%，平均服务面积83.7平方公里，平均服务半径5.2公里，平均服务人口2.2万人。

4. 快递服务迅猛发展。全省快递业发展迅速，企业数量大幅增加，业务规模持续扩大，服务水平不断提升，在降低流通成本、支撑电子商务、服务生产生活、扩大就业渠道等方面发挥了积极作用。快递市场更趋活跃，形成了国有、民营、外资等多种所有制形式并存，多种经营模式共生，各市场主体之间相互竞争合作的市场格局。快递网络覆盖广度和深度大幅提升，主要品牌快递企业加快了向县级及主要乡镇的渗透和网络布局，不断拓展服务领域。截至2015年底，县级快递网点覆盖率达100%。快递企业不断加大基础设施建设，优化配置生产设施设备，智能手持终端、移动客户端、智能快件箱加快推广，机械化、信息化程度不断提高。企业拓展仓配一体化、代收货款等相关增值服务，跨境电商快递业务需求持续增长，产品体系逐渐丰富，时限准时率保持稳定，快递服务满意度稳步提升。

5. 服务国际旅游岛建设的作用凸显。国际旅游岛建设，对现代物流业的需求日趋旺盛。热带高效农业的发展对鲜活农产品冷链物流服务需求不断增长；离岛免税市场不断扩大，需要建立高效、低成本的物流快递供应服务体系；城镇化步伐加快发展以及度假型经济增长，亟需建立一体化的物流配送体系和农村物流快递服务体系。作为全省现代服务业重点挖掘增长潜力行业之一和物流领域先导产业的邮政业，被纳入到全省现代物流业发展“十三五”规划之中。以“电子商务进百村”建设为契机，海南快递企业利用网络电商平台，采取冷链包装、航空专机运输等方式，拓展我省热带特色农产品流通渠道，改变传统的农产品流通模式，促进我省产品走向国内市场。邮政业与相关产业的协同，邮政、快递网络与交通、供销等末端服务网络融合，保障生产，惠及民生，拉动消费，在服务国际旅游岛建设中发挥了积极作用。

（二）制约因素。

现阶段，我省邮政业发展的主要问题仍然是发展能力、发展水平不能满足海南经济社会发展和群众消费对用邮服务业的需求，城乡两元结构问题突出，县级监管机构建设推进难度大。一是邮政普遍服务结构性矛盾突出。传统的邮政普遍服务业务不断萎缩，无论是服务内容还是服务质量均不能满足社会发展需求，可持续发展基础薄弱；企业管理水平不能适应规模化发展的需求，改革创新能力不足。二是服务网络不健全。邮政网络建设相对滞后，利用效率低，运维成本高，整体效能未能充分发挥。特别是乡镇、农村服务能力不足，服务质量水平不高，村邮站的服务功能未能有效拓展，邮政普遍服务水平和服务创新有待提升。三是快递企业竞争力不强。主要表现在发展方式粗放，基础设施滞后，产业集中度偏低，产业规模效应和集聚效应未能很好发挥；企业同质化竞争严重，产业转型升级受到影响；

专业人才短缺，不能适应快递业发展需要。四是寄递安全形势依然严峻。安全监管力量相对薄弱，邮政业安全中心、县级邮政管理部门监管体系尚不健全；行业监管手段单一，安全基础、管控能力与发展形势不相适应。

（三）发展形势。

一是国际国内形势为邮政业发展带来战略机遇。随着我国经济发展进入新常态，经济增长更趋平稳，增长动力更为多元，经济结构优化升级，发展前景更加稳定，新常态对"十三五"时期邮政业发展提出了更高的要求，同时也提供了重要的战略机遇。二是邮政业的新定位为邮政业发展增强动力。中央对邮政业"现代服务业的关键产业，推动流通转型、促进消费升级的现代产业，物流领域的先导产业"的定位，对邮政业发展是动力，经济新常态下，电子商务迅猛发展，个性化消费需求逐步成为主体，促使邮政业必须主动适应新形势，为消费者提供多元化的寄递服务。要素市场更加活跃，生产要素配置更加高效合理，为行业提质增效再添活力。三是宏观经济重大利好为邮政业发展创造了条件。从海南国际旅游岛升级为国家战略，到中央明确我省是海上丝绸之路的战略支点，我省经济形势迎来了前所未有发展机遇，并为我省邮政业的发展创造了条件，继续深化邮政业供给侧结构性改革，促进我省经济结构转型升级，培育壮大新的增长点。四是巨大的用邮需求，为我省邮政业提供了更大的空间。随着海南国际旅游岛建设进程的加快和国家保障消费、便利消费、引导消费和创造消费的一系列鼓励政策的出台，对完善消费环境、降低消费成本、释放消费潜力发挥了重要作用。消费需求增加带动了邮政业规模持续扩大，新型城镇化建设提高了邮政业服务民生的普惠程度，人民群众生产生活对邮政业的旺盛需求，为今后一个时期我省邮政业加快发展提供了十分广阔的空间。

二、总体要求

（一）指导思想。

全面贯彻党的十八大和十八届三中、四中、五中全会精神，深入贯彻习近平总书记系列重要讲话精神，按照"四个全面"战略布局要求，牢固树立"创新、协调、绿色、开放、共享"发展理念，全面落实《国务院关于促进快递业发展的若干意见》，不断推进普惠邮政、智慧邮政、安全邮政、诚信邮政和绿色邮政建设，全面建成与小康社会相适应的具有国际旅游岛鲜明特色的现代邮政业。

（二）基本思路。

——坚持一条主线。坚持邮政业创新发展主线。深化邮政业供给侧结构性改革，释放内生动力，促进产业转型升级。将创新贯穿于行业发展各个环节，创新发展理念由产品思维向用户思维转变。创新服务方式，坚持"向中（西）"、"向下"、"向外"三向发力，打造公共服务平台，支撑新业态发展。创新服务领域与业态，大力实施"互联网+"邮政战略，衔接综合交通体系，在做大做强寄递主业的基础上，扩展服务网络惠及范围，促进邮政业与关联产业协同发展。

——实现三个融入。发挥邮政业多向渗透、融合共生、协同发展的优势，主动融入我省国民经济和社会发展各个领域。融入全省12个产业。加快调整产业结构，破除行业壁垒，增强邮政业对实体经济的支撑力和渗透力，提高行业要素集聚水平，逐步构建产品丰富、创新活跃、竞争有序、功能完善、市场开放的行业体系，促进与关联产业融合共生、协同发展。融入全省6类产业园区建设。按照"集中布局、集约发展"原则，统筹推进邮政业设施建设，明确功能定位，优化产业布局，重点打造以海口、三亚两大物流集散中心为核心的物流配送体系，为全省6类重点产业园区建设提供全方位的邮政、快递服务。融入百个特色产业小镇和千个美丽乡村。围绕全省百个特色产业小镇和千个美丽乡村建设，形成覆盖城乡、配套衔接、布局合理、便民惠民的邮政快递服务网络，为特色小镇和美丽乡村的产业产品双向流通提供支撑，为更好地服务"大众创业、万众创新"，培育现代服务业新增长点。

——推动"五个邮政"建设。加快建设普惠邮政，推动公共服务换挡升级，促进邮政普遍服务强能力、提速度、优服务、拓市场。加快建设智慧邮政，打造科学发展新引擎，综合利用云计算、大数据、物联网等先进技术，优化网络布局。加快建设安全邮政，实现持续健康快速发展，维护邮政通信与信息安全，保障人民用邮安全。加快建设诚信邮政，夯实行业发展基础，让诚实守信成为行业基本行为准则，建立良性运行秩序，构建服务社会的文明形象。加快建设绿色邮政，实现循环低碳环保，减少收寄、分拣等各个环节对环境的污染和资源消耗，实现邮政业"低污染、低消耗、低排放、高效能、高效率、高效益"发展。

（三）发展目标。

——总体目标：到"十三五"末期，邮政业作为现代服务业关键产业及物流领域的先导产业作用进一步强化，与相关产业的融合协同进一步加深，邮政业的服务内涵和外延进一步丰富，产品体系和服务增加值明显提高,邮政业综合实力进一步提升,对国民经济的贡献率明显增加。邮政业成长为现代服务业新的增长点,实现邮政业的发展与我省在全国的战略定位相协调。

——发展规模:到2020年,全省邮政、快递业务总量和业务收入均比“十二五”期末翻一番,行业收入占全省GDP的比重达到0.59%。培育3家业务收入上亿元的快递企业,支持快递企业进一步拓展农村快递服务市场和国际快递市场,提升快递企业综合服务水平和国际竞争力。

——服务能力:邮政普遍服务全面达到国家规定的普遍服务标准,邮政局所均能开办四项法定普遍服务业务,行政村实现直接通邮,进一步拓展普遍服务的外延功能,丰富普遍服务的产品体系。快递企业实现国内异地快递服务时限72小时准时率超过80%,省内异地快递服务时限48小时准时率超过85%,同城快递服务时限24小时准时率超过90%。持续提高邮政普遍服务和快递服务的满意度。

——网络建设:构建普惠城乡、技术先进、功能集成、开放共享、服务优质、安全高效、绿色节能的邮政、快递服务网络,保障邮政基本公共服务均等化和便捷化。打造覆盖全省、联通全国、辐射全球的快递服务网络,布局建设邮件、快件进出境通道,邮路随航线延伸,服务随邮路拓展。健全农村快递网络,快递网点覆盖率达100%,实现乡乡设网点、村村通快递。

其具体发展目标如下:

指标	2015年	发展目标		备注
		2020年	年均增长	
邮政业业务总量	12.61亿元	25.36亿元	15%	
快递服务业务量	2953.04万件	9012万件	25%	
邮政业业务收入	15.18亿元	30.53亿元	15%	
快递业务收入	6.34亿元	19.35亿元	25%	

三、主要任务

(一)完善机制,提高普遍服务均等化水平。

1.加强邮政基础设施建设。健全和完善地方邮政设施建设布局,加快邮政普遍服务网点的新增、改造,加快邮件处理中心的建设,坚持区域城乡均等化发展。以邮区中心局为核心、邮政网点为节点、便民服务站和村邮站等为终端,进一步完善邮政普遍服务网络。扩大邮政便民服务站的建设范围及服务叠加力度。积极推进服务拓展工程,推动区乡镇邮政网点、村邮站、邮政“三农”服务站等办理(代理)快递业务。

2.推进普遍服务提质增效。推动投递深度向下延伸,城镇地区按规定实现包裹投递到户,农村地区总体实现邮件投递到村。提升中西部和农村地区普遍服务的服务水平、服务频次和服务时限。适应公共服务发展新要求,多措并举补齐包裹业务短板,拓展服务个人、电商、制造业的多层次寄递服务功能。

3.创新普遍服务发展方式。探索在邮政普遍服务领域引入竞争机制,逐步实现邮政普遍服务提供方式多元化。推进邮政设施建设和运营社会化,完善邮政普遍服务终端服务体系。探索以地方政府购买服务方式解决“最后一公里”问题的工作机制。

4.提高机要通信保密安全能力。推进机要通信基础设施建设,完善基础条件,实现网点布局合理、安防能力合规、信息化处理能力全面提升。改善机要通信业务处理的设施条件和安防系统配置。

(二)创新驱动,推动快递服务转型升级。

1.完善快递基础设施。合理规划布局,引导快递企业入驻美兰、凤凰临空经济区及骨干综合物流园区,完善主要城市节点布局,推动我省快递物流集散中心(海口、三亚)的建设,构建海口、三亚为集散枢纽、辐射琼海、儋州、琼中等区域为节点的快递物流体系。推动各市县政府将邮政、快递基础设施布局建设纳入本级国民经济社会发展规划。

2.推进快递服务创新发展。支持快递企业加快推广应用现代信息技术,不断创新商业模式、服务形式和管理方式。鼓励快递企业拓展服务领域,推动服务模式变革,加快向综合性快递物流商转型。支持企业健全产品体系,大力发展代收货款、合同物流、冷链快递、加载资讯广告等服务,依托网点资源,服务线上线下互动消费。

3.促进快递提质增效。鼓励不同所有制资本在快递领域交叉持股、相互融合。培育骨干企业利用资本市场,壮大运营网络,提升管理水平。引导企业强化质量意识和诚信意识,从价格竞争向服务品质竞争转变。

4. 提升快递智能化水平。加快推广应用智能快件箱,加载快件箱功能,包括发布信息(政府信息、物业信息、商家信息)功能、充值功能、网购功能、开发B2C、O2O概念项目等。鼓励快递企业自建或与专业第三方投资建设,增强企业竞争意识,提高市场活跃度,开展智能快递箱和信报箱合建试点。

(三)城乡普惠,促进城乡区域协调发展。

1. 推进快递向中西向下。支持邮政、快递企业实现服务网络全覆盖,加强分拨设施和信息系统建设,加大运输装备和运力投入,加强资源整合共享,打造"工业品下乡"和"农产品进城"双向流通渠道。创新农商快递服务模式,支持快递企业与农村合作社等机构合作,设立村级便民收寄点,提供包装、仓储及标准化、定制化的运输服务,大力发展常温和冰鲜农产品的助农服务,支持特色农产品输出,服务农民创业增收。

2. 提升末端服务能力。鼓励快递企业开展第三方合作模式创新,推进快递服务进社区、进校区、进商区、进山区、进农村。鼓励快递企业与商贸流通企业、连锁零售和网络零售企业深度合作,以联盟、共同持股等多种形式开展共同配送。

3. 完善城乡配送体系。推进资源整合,加大城乡配送交通工具投入,创新便利化通行管控,引导企业发展统一配送、集中配送、共同配送等创新型集约化组织模式。支持城乡配送公共服务平台建设。推进城乡物流资源整合与协同开发,构建城乡多层次共同配送网络。

(四)整合资源,构建邮政综合服务平台。

1. 推动网络资源开放。推动邮政网络及基础设施向社会开放。充分利用社会资源,整合村邮站、邮政三农服务网站、便民服务站等服务设施,叠加服务功能,推动建立邮政综合服务平台。

2. 多渠道融合社会资源。依托邮政信息平台,吸收超市、便利店、药店、社区等自愿加盟,改装、融合自有渠道、社会渠道和电子渠道,抓好综合业务开发,倾力打造集邮政普遍服务、公共服务、缴费服务、商旅服务、票务服务、金融服务、商品分销服务于一体的"一站式"综合服务平台。

3. 推进村邮站建设。打造农村邮政综合服务平台,在确保村邮站做好邮政服务主业的基础上,鼓励邮政及快递企业根据实际需求与开办条件,与乡镇政府及行政村商议,自筹资金进行信息化改造提升,实现村邮站扩展快递服务、邮件收寄、代收代缴、农资分销、网上购物、农村超市、邮政储蓄小额贷款等功能,将村邮站打造成为集信息流、物资流、资金流于一体的农村综合服务平台。

(五)融合衔接,促进关联产业协同发展。

1. 统筹基础设施建设。加快推进邮政、快递与综合交通运输体系的衔接融合,形成稳定便捷、经济高效的邮件、快件航空、铁路、陆路、水路综合运输通道。推进机场、汽运站、火车站、高速公路服务区、公交枢纽站、港口码头的邮政和快递功能区建设。

2. 深化交邮融合。衔接综合交通体系,推进邮政、快递企业与交通运输企业资源整合,促进邮件及快件在多种运输方式上的无缝衔接,实施快件"上车、上船、上飞机"工程,加强与铁路、公路、水路、民航等运输企业合作,制定并实施快递设施通用标准,强化运输保障能力。开辟高铁快递便捷通道和电商快递班列,优化快件安检、配载、装卸、交接流程,提高运输作业效率,保证高铁和航空快件"绿色通道"畅通,辐射带动电子商务等相关产业聚集。

3. 深化与关联产业合作。推动建立与电子商务、低碳制造业合作发展机制,加强信息沟通、标准对接和业务联动。推进快递企业与电商深度合作,促进线上线下互动创新,共同发展体验经济、社区经济、逆向物流等便民利商新业态。鼓励快递企业面向低碳制造业需求,加强功能整合和服务延伸,建立结构合理、协作深入、标准对接的合作发展新模式。支持快递业与海南热带农业、旅游会展业、商贸流通业、休闲养生、健康医疗业紧密融合,推动快递与关联产业深度衔接、协同创新,打造一体化产业链、供应链和服务链。

(六)海外拓展,提升跨境寄递服务能力。

1. 支持跨境寄递发展。推动寄递服务与跨境电子商务联动发展,建立完善国际邮件处理中心局。完善邮件、快件在海关通关、检验检疫、结汇退税等方面的相关管理措施。充分利用海关保税区、电子口岸、邮(快)件口岸、一站式通关等基础设施功能和政策优势,增强服务跨境电商能力。

2. 加大对企业"走出去"的服务力度。积极服务"一带一路"国家战略和中国—东盟自由贸易区建设,鼓励快递企业通过设立分支机构、合资合作、委托代理等方式,完善港澳台、东南亚、亚欧非快递网络,拓展国际邮政服务跨境电商。鼓励社会资本进入快递领域,通过兼并重组、上市融资,优化配置资源，强强联合，打造具有国际竞争力的企业集团，参与国际竞争。

（七）完善体制，提升行业监管效能。

1.完善监管体系。健全邮政监管体系，组建县级邮政监管机构。加强支撑体系建设，建立健全邮政业安全、消费者申诉、职业技能鉴定、研究咨询等支撑机构。强化社会监督职能，发挥行业协会作用，完善企业自律体系建设。

2.优化监管机制。坚持简政放权、放管结合、优化服务，加强事中事后监管。严格普遍服务网点撤销和业务停办、限办审批，建立网点分级管理制度，健全普遍服务综合绩效考核体系。创新监管手段，建立健全消费者申诉与市场执法联动衔接机制。

3.加强安全监管。落实企业安全主体责任、政府安全监管责任和用户安全用邮责任。完善邮政安全监管机制，发挥寄递渠道安全领导小组作用，建设安全监管中心。健全人防物防技防安全防控体系，推进安全生产标准化建设，强化重点部位安全防范，全面实施邮件、快件过机安检。建立综合应急机制，实施“绿盾”工程。

4.推进监管信息化。运用大数据、云计算机等现代信息技术，实施“互联网＋”监管新模式。完善快递业安全监管信息平台，健全信息采集标准和共享机制，实现快件信息溯源追查，依法严格保护个人信息安全。健全完善管理信息系统、执法管理信息系统和行政审批系统等基础数据库，推进车辆GPS定位系统建设。

（八）加强培育，打造海南特色邮政文化。

1.创建行业绿色文明。转变发展方式，支持企业加大节能减排、新能源、资源回收再利用等技术的开发和利用。推广新能源汽车的使用，加快智能化终端、自动化分拣、机械化装卸、绿色化运输与包装等技术应用。推进新材料在行业的应用，推广电子运单、可循环使用的快递封套，鼓励使用环保填充物、可再生纸张的封装用品，降低原材料和能源消耗。

2.加强行业文化建设。建立企业诚信评价体系、诚信奖励和失信惩戒机制以及用户的收寄验视提醒告知制度和违规寄递档案警示制度。加快信用信息系统和共享平台建设，整合邮政行业信用信息资源，加强与其它部门诚信记录共享。加强行风建设，督促企业从文明服务、职业道德、专业知识等方面提升员工素质，增强责任意识，提升服务水平。

四、重点工程

（一）基础网络设施建设工程。

到2018年，推进建成海口邮件处理中心、海南省快递集散中心（海口园区）和海南省快递集散中心（三亚园区）。加快快递物流网络建设，强化快递物流中心的辐射作用，将商场、超市、乡镇货运站、村邮站以及供销服务网点编织入网，实现全省快递物流服务全覆盖。落实《智能快件箱投递服务管理规定》，推广智能信报箱和简易包裹柜的安装率和使用率。加快三沙市邮政快递网络设施建设，积极探索科技无人机投递方式在三沙市各岛礁的推广应用。

（二）“快递＋”产业协同工程。

推动快递业加快融入生产、流通和消费环节，加快建立快递企业与电子商务合作平台，在电子商务相对集中的区域设立快递服务区，推动电子商务商家与快递企业的深度合作。引导企业加强冷链物流标准化建设，以海口、三亚为中心，依托临港物流中心建立海产品物流集散中心。

（三）农村电商双向通道工程。

引导邮政、快递企业参与涉农电子商务平台建设，服务农产品产地直销、订单生产等农业生产新模式。引导邮政、快递企业加强与重点农业生产基地和优势农产品产区的对接，与农业、供销、商贸及电子商务企业的合作，打造“工业品下乡”和“农产品进城”双向流通渠道，下沉带动农村消费。

（四）快递“向外”工程。

探索推进建设邮件、快件进出境信息化管理系统，提高进出境邮递物品的监管效能。因地制宜推动邮政国际互换局（交换站）建设。鼓励企业充分利用三沙市国际货物中转中心建设机遇，开展国际物流快递中转业务。

（五）邮政综合服务平台工程。

发挥邮政信息网、实物网、金融网“三网合一”综合优势。整合乡村邮站、邮政三农服务站、便民服务站资源，加载村级电商服务功能等，为社会提供非邮政基本服务，健全农村末端配送体系，整合村级邮政服务站点，加载村级电商服务功能，构建完善的农村电商服务网络。

（六）行业安全运行管理工程。

建设行业安全监控及应急指挥中心，发挥邮政在综治、公安、国家安全、交通运输、海关、铁路等部门在寄递安全管理工作方面的联动纽带作用，促进建立情报信息共享、技术手段互补、监管执法联动、案件问题联处的合作机制。保障特殊区位和特殊节点的行业生产安全，建立琼海市邮政行业安全管理中心，完善寄递安全敏感用户基础信息库和邮政业安全信息系统。落实《邮政业安全生产设备配置规范》等国家强制性标准，要求企业提高分拨中心安检设备配置率，实现邮件快件100%过机安检，保障邮件、快件寄递安全。

五、保障措施

（一）加强规划实施的组织领导。

要做好与海南省国民经济和社会发展规划纲要的衔接，确保规划与相关行业规划的协调。各级邮政管理部门要认真做好规划的发布、宣传和贯彻工作。要建立健全目标责任制和规划推进机制，抓好重大项目、重点工程建设，确保规划有序推进。要加强对规划实施指导、督查和考核，把规划确定的任务具体到年度工作计划，对规划实施进行跟踪和中期评估，及时把握规划实施中出现的新情况、新问题，提出应对措施，确保规划顺利实施。

（二）不断优化行业发展环境。

各市县政府及相关部门要遵循“多规合一”原则，力争把邮政业重大项目纳入各级政府国民经济社会发展规划，尽快出台邮政、快递企业建设用地、车辆通行等方面政策，重点解决快递车辆城市通行停靠、电动三轮车禁限行等瓶颈问题；各级邮政管理部门要积极推动邮政企业深化改革，激活企业的潜在优势与创新能力，提高竞争力，提升服务质量；强化邮政、快递基础网络建设，健全邮政、快递企业投资保障机制。积极探索邮政产业与相关重点产业协同融合方式和途径。从供给侧与需求侧双侧入手，继续推动出台产业联动、拓展服务网络、培育市场主体、保障寄递安全、国际化发展、绿色发展等方面的配套政策措施，进一步营造促进发展的产业政策环境。

（三）加强与相关产业的衔接。

加强统筹谋划，推动产业协同、融合发展。推进海南邮政基础设施共建、共用，邮政企业和快递企业互促共融，打造集聚平台、外延产业链条、释放内生动力，发挥邮政、快递的特色优势，肩负起服务经济民生重任。主动与交通运输部门衔接，参与构筑区域大交通运输平台，促进综合交通运输平台的集约利用。推进邮政与“三农”协同，做好特色农产品上下游对接，实现线上线下资源互通。推动快递与电子商务融合发展。增加市场切入点及收寄渠道。通过电商平台，为客户提供邮政快递包裹服务。鼓励电商与快递企业合作，从单一销售服务逐步向电子商务、快递物流、互联网金融等多种邮政服务延伸。鼓励电商公共服务平台建设，支持电商企业和快递企业对接，统一信息交换和数据接口标准，发挥信息平台在运力调整、交通引导、供给调节和市场服务等方面的作用。

（四）有效提升行业监管效能。

健全法律法规体系和政府监管体系，强化执法检查，发挥社会监督和企业自律作用。严格执行《快递安全生产操作规范》等行业标准，夯实行业安全基础，完善行业安全生产体系，提升行业安全监管水平，促进邮政业健康发展。依法实施监督检查，重点查处群众反映突出的问题。健全完善违规行为的处罚程序和工作机制，增强行业监管的权威性和严肃性。加强邮政业服务的社会监督，扩大社会公众对邮政业服务的关注度和监督的参与度。加强科技监管，积极探索推进市场检查工作逐步由传统监管手段向信息化监管方向转变，继续推进海南邮政业监管信息平台建设。推进法治邮政建设，进一步提升海南邮政业治理体系和治理能力现代化水平。深化邮政行政审批制度改革，加强邮政行政执法监督，推进行政复议和应诉机制。推进邮政管理部门监管信息政务公开，强化内外部监督机制。通过政府购买服务等方式，积极推行政府法律顾问制度。强化以用户需求为导向的邮政服务创新，建立健全以邮政用户满意度为核心的邮政服务质量定期评估机制，采用量化指标评估邮政普遍服务质量水平。鼓励邮政企业建立社会共享、便民高效的城乡邮政普遍服务设施使用机制，推动邮政基础网络资源向社会开放，丰富服务功能，打造综合服务平台。

（五）着力加强人才队伍建设。

加大全省邮政管理系统领导班子和领导干部队伍建设力度，坚持多渠道选人用人，不断优化干部结构。完善干部管理、培训管理等制度，强化教育培训，加快提升履职能力。加强执法队伍建设，加大行政执法培训力度，全面提高执法人员的业务水平、法律素养和职业道德。重点培养企业经营管理领军人才，造就一批具有国际视野、创新能力和开拓精神的优秀企业家。扩大专业人才队伍规模，提高专业水平和创新能力。加强职业培训,提升职业教育对行业人才的支撑保障,提升技能人才队伍的职业素质和技能,大力培养高技能人才。

(六)全面提升行业核心竞争力。

培育弘扬"诚信、服务、规范、共享"4S邮政行业核心价值理念,增强海南邮政的文化软实力,提升核心竞争力,实现海南邮政业的科学发展、和谐发展,努力实现企业内部和谐与外部和谐的互促共进。注重企业综合素质的培育,增强企业的凝聚力和社会影响力。以企业文化建设为动力,在企业培育整洁优美的工作环境,选贤任能的人才发展机制,反应敏捷、机制灵活的企业运行体制,协作配合、环环相扣的团队精神以及丰富多彩、积极向上的职工文化等,努力塑造企业新形象,扩大邮政业在社会公众中的影响,增强人民群众对邮政业的认同感和信任感。

(七)充分发挥行业协会职能。

强化快递行业协会及现代服务业联合会的桥梁纽带作用,健全市场运作和行业自律机制。充分发挥行业协会在政府产业政策辅导与解读、业内协调、行业发展、信息共享、咨询评估、监测研究、教育培训,以及标准制订、从业人员执业行为规范、行业信誉维护等方面的作用。建立健全不良执业记录制度、失信惩戒以及强制退出机制,将邮政快递服务机构及其从业人员诚信经营和执业情况纳入统一信用信息平台,形成"政府监管、企业自律、社会监督"三位一体监管机制和三维互动的服务保障机制。加强统计监测工作,加快完善邮政快递服务业统计调查方法和指标体系,健全相关信息发布制度。

(八)着力提升党建工作水平。

落实全面从严治党要求。加强全省邮政管理系统各级党组自身建设,强化党组织抓党建的主体责任。加强对全系统党建工作的领导和指导,建立健全基层党建工作的共管机制,推进民营快递企业基层党组织建设。实行党风廉政建设责任制度,强化党风廉政主体责任和监督责任,加强反腐倡廉教育和廉政文化建设,打造风清气正的廉洁环境。坚持以党风带政风促行风,加强行业精神文明建设,吸收借鉴其他行业先进文化成果,全面加强邮政行业诚信建设,打造具有时代特征和国际旅游岛鲜明特色的海南邮政行业文化。

22. 重　庆

重庆市人民政府关于促进快递业发展的实施意见

(2016年5月30日　渝府发〔2016〕20号)

各区县(自治县)人民政府,市政府有关部门,有关单位:

为贯彻落实《国务院关于促进快递业发展的若干意见》(国发〔2015〕61号),促进我市快递业健康持续发展,结合我市实际,现提出如下实施意见。

一、总体要求

(一)指导思想。

贯彻落实党的十八大、十八届三中四中五中全会和市委四届八次全会精神,牢固树立创新、协调、绿色、开放、共享发展理念,全面融入"一带一路"、长江经济带发展战略,深入实施五大功能区域发展战略,培育壮大市场主体,融入衔接综合交通体系,扩展完善服务网络,保障寄递渠道安全,推动我市快递业创新驱动发展和行业转型升级,更好服务于全市经济发展和社会民生。

(二)基本原则。

市场主导。遵循市场发展规律,用市场化手段引导快递企业整合提升。进一步简政放权,发挥法律法规、规划、标准的规范引导作用,形成有利于快递业发展的市场环境。

安全为基。进一步强化安全生产红线意识,加强寄递安全制度体系建设,落实企业主体责任。依靠科技手段创新管理方式、提升监管能力,保障寄递渠道安全。

创新驱动。鼓励不同所有制资本在快递领域交叉持股、相互融合,激发市场主体活力和创造力。

支持快递企业加快推广应用现代信息技术，不断创新商业模式、服务形式和管理方式。

协同发展。推动快递业加快融入生产、流通和消费环节，充分发挥服务电子商务的主渠道作用，联通线上线下，实现与先进制造业、现代农业、信息技术等产业协同发展。

（三）发展目标。

到2020年，基本建成普惠城乡、技术先进、服务优质、安全高效、绿色节能的快递服务体系，打造一批优势明显、辐射带动能力强的特色快递服务集群。

——产业规模跃上新台阶。全市快递年业务量达到6亿件，年处理量15亿件，年业务收入力争突破100亿元，在西部地区名列前茅，其中本市内快递业务量占比达50%以上。

——企业实力明显增强。快递企业信息化和自动化水平、自主航空运输能力大幅提升。培育壮大亿元级快递企业，形成规模化的产业集群，发展1—2家十亿元级企业。

——服务能力大幅提升。快递末端服务网点遍布城市社区，基本实现“乡乡有网点、村村通快递”，使用户满意度进一步提升。实现跨省快递服务与市外重点城市间48小时送达，市内区县间基本实现“次日达”。国际快递服务通达范围更广、速度更快，到“十三五”末利用“渝新欧”铁路运邮力争达到20万件/日。

——综合效益更加显著。畅通“工业品下乡”和“农产品进城”双向流通渠道，对制造业形成有力支撑，快递企业支撑网络零售年交易额突破2500亿元，人均使用快递服务达到50件次/年。

二、主要任务

（一）培育壮大快递企业。实施快递企业培育工程，进一步优化调整市场结构，推动产业转型升级，增强企业综合竞争力。鼓励全国性品牌快递企业总部、区域总部、区域性集散中心、电商配送一体化仓储中心等功能设施落户重庆。大力培育本市快递企业做大做强，鼓励各类资本依法进入快递领域，引导快递企业通过股份制改造、兼并、重组等方式，优化股权结构，扩大生产规模，提升服务质量，增强市场竞争力。发挥快递协会的桥梁纽带作用，加强快递企业间合作和应急协同，共同应对旺季服务。大力提升快递服务质量，加强服务质量监测，着力解决快件延误、丢失、损毁等群众反映较为突出的服务质量问题，引导快递企业从价格竞争向服务竞争转变。指导快递企业通过投资自主研发创新、实行技术升级，依法合规享受研究开发费用税前加计扣除的财税优惠政策。（责任单位：市邮政管理局、市财政局、市经济信息委、市科委、市交委、市商委、市地税局、市国税局）

（二）推进“互联网+”快递。鼓励快递企业加大科技创新和信息化投入，支持快递企业开展物联网、大数据、智能终端、冷链快递等新技术的应用，优化网络布局，提升管理效率，丰富产品体系，拓展发展空间，推动服务模式变革，加快产业转型升级。推动快递企业与电子商务企业深度融合发展，鼓励快递企业与电商企业在共建产业园区、构建合作发展平台和公共信息服务平台等方面加强合作，逐步实现资源共享、信息互通，促进快递与电商上下游产业协同发展和线上线下互动创新，共同发展体验经济、社区经济、逆向物流等便民利商新业态。（责任单位：各区县人民政府，市发展改革委、市经济信息委、市交委、市商委、市外经贸委、市邮政管理局、重庆海关、重庆检验检疫局）

（三）构建完善服务网络。加快完善城乡快递服务网络体系，支持建设集约化、标准化、智能化、公共化的快递仓储物流设施，鼓励大型电商、快递等企业仓储提供社会化租赁服务，推进建设“商超+快递”线上线下融合的综合快递服务平台。加快推进快递进农村、进社区、进院校、进机关，在城市住宅小区、院校、机关和企事业单位等人口密集和服务人口较多的区域，按照规划要求，支持建设一批第三方快递服务平台、社区快递综合服务网点和智能快件箱，鼓励现有城乡末端快递配送网点向公共化、标准化、智能化方向转型。物业服务公司应积极配合企业在社区末端设立快递服务站或智能快件箱，并提供必要场地支持。实施快递下乡工程，引导快递企业加快在农村地区的网络布局和基础设施建设，支持快递企业与农村地区、边远山区等地邮政企业、供销合作社经营服务体系、乡镇公共服务中心、农村客运站、村（社区）便民服务中心开展广泛合作，借助其网络资源和平台设施，采用末端共同配送、区域快递服务第三方平台等形式，构筑“快递下乡”基础服务网络，提升乡镇快递服务网络覆盖率和稳定性。实施快递向外工程，借力中新（重庆）战略性互联互通示范项目，以重庆市设立跨境电子商务综合试验区为契机，大力推进与境外相关城市和地区在快递领域的深度合作。充分发挥我市汇聚国内产品向境外出口的重要中转作用，鼓励快递企业积极开拓跨境寄递领域业务，拓展国际网络建设，探索建立“海外仓”，助推“渝新欧”跨境运输通道的建设发展。探索建立便捷通关放行机制，加大进出境电子商务商品与快件邮包信息化和场地设施等通关放行基础建设，全面实现“单一窗口”和“一站式”监管，全面提升跨境快递服务水平。（责任单位：各区县人民政府，市邮政管理局、市发展改革委、市经济信息委、市教委、市城乡建委、市交委、市农委、市商委、市外经贸委、市民政局、市国土房管局、市规划局、市供销合作社、重庆海关、重庆检验检疫局、成铁重庆办事处、民航重庆监管局)

(四)衔接综合交通体系。实施快递“上车、上船、上飞机”工程。加强快递企业与铁路、公路、水路、民航等运输企业合作,强化快件运输保障能力。加快快件联运方式发展,提高快件运输集约化水平,降低运输成本。加快在高铁站配套建设快件运输通道和接驳场所,畅通快件“绿色通道”,优化作业流程,实现即到即转。鼓励快递企业与公路运输企业加强合作,稳妥推进公路客运班车代运快件试点和快件甩挂运输,提高农村快件公路运输效率。因地制宜发展快件水路运输。推动快件航空运输,建成江北机场快件集散中心,支持快递企业在渝设立航空货运基地公司。提高快件运输,特别是快件联运方式中的信息化水平,实现监管部门间信息互换、监管互认、执法互助。(责任单位:市交委、市邮政管理局、市发展改革委、市经济信息委、市商委、市公安局、重庆海关、重庆检验检疫局、成铁重庆办事处、民航重庆监管局)

(五)推进产业协同发展。鼓励快递企业与制造企业加强合作,入驻工业园区、经济开发区、高新技术产业园等制造业集聚区,依托生产要素集聚优势,创新服务产品和配送体系。发挥供应链管理优势,积极融入智能制造、个性化定制等制造业新领域。引导快递企业加强与农业、供销、商贸企业的合作。鼓励快递企业在农特产品产地开设农村服务网点,积极参与涉农电子商务平台建设,服务农户和农村电子商务企业,对接农产品生产基地和城市农产品集散地,构建农产品快递网络,服务产地直销、订单生产等农业生产新模式。鼓励快递企业提升农特产品寄递服务水平,提供鲜活、冷链农产品上门收货、配送到站等特色快递服务,提供优质的包装、仓储、运输服务,实现农特产品快件直封、直发、直运,拓宽农特产品外销渠道。鼓励和扶持快递企业在贫困地区建立快递服务点,开展集中收购、集中配送,助力精准扶贫、促进农民增收致富。(责任单位:各区县人民政府,市邮政管理局、市经济信息委、市交委、市农委、市商委、市工商局、市扶贫办、市供销合作社)

(六)倡导绿色快递服务。引导企业整合快递配送资源,合理配置各类运输方式,推进城市分区共同配送和农村快递物流“货运班线”等先进组织模式,提升车载装载率,加快运输周转速度,减少车辆配送距离。鼓励企业全面推广电子面单。推进快递包装标准化、减量化,推广使用标准化周转箱和可回收包装材料,促进循环利用,严格查处生产和使用有害包装材料的行为,探索制定对回收一次性包装废弃物的补贴政策,推动全市快递服务向低碳环保方向发展。(责任单位:各区县人民政府,市邮政管理局、市财政局、市交委、市商委、市环保局)

(七)加强行业安全监管。实施寄递渠道安全监管“绿盾”工程,全面推进快递企业安全生产标准化建设,落实邮政业安全生产设备配置规范等强制性标准,明确收寄、分拣、运输、投递等环节的安全要求。认真贯彻中央综治委关于寄递渠道安全监管的相关要求,全面落实收寄验视、实名收寄、过机安检三项制度,确保寄递用户信息可录入、可查询、可核对、可追溯。强化快递企业安全生产主体责任和寄件人安全责任,加强对企业安全生产工作的技术指导,督促企业完善从业人员安全教育培训制度。强化快件安全检查措施,加强对进出境快件安全监管,从源头防范禁寄物品流入寄递渠道。健全用户信息安全管理制度,完善用户信息保密与安全管理措施。支持社会企业建设区域快件集中安检平台,探索建立区县快件集中安检机制。探索利用人工智能等新科技手段提升寄递渠道安全监管能力,充分发挥加强寄递安全管理专项工作组工作机制,加强成员单位联动协作配合,切实履行部门职责,构建完善寄递渠道安全综合治理防控体系。逐级完善多部门协同监督、联合执法的常态化机制,将寄递渠道安全监管纳入网格化管理。各区县要充分发挥寄递渠道安全管理协作机制作用,推动寄递安全属地化综合治理,积极协调各方力量,强化监督检查,加强综合治理,形成寄递渠道安全监管齐抓共管的局面,依法打击利用寄递渠道实施的各类违法犯罪活动。建立健全快递行业违法违规行为举报奖励制度,充分调动企业员工和用户的积极性,推进寄递渠道安全治理群防群治。(责任单位:各区县人民政府,市综治办、市邮政管理局、市公安局、市国安局、市交委、市工商局、重庆海关、重庆检验检疫局、成铁重庆办事处、民航重庆监管局)

三、保障措施

(一)强化法规规划保障。加强对快递业新情况、新问题的研究,对相关法律法规及时提出修订意见和建议。贯彻落实行业相关法律法规和邮政业发展“十三五”规划,提高快递业法治化、标准化水平。各区县人民政府、市政府有关部门要将快递业发展纳入国民经济和社会发展规划,与全市五大功能区区域用地建设总体布局、城乡规划、土地利用总体规划以及综合交通运输体系规划相衔接,加强区域快件集散中心规划建设。要将重庆市快件集散中心、快件处理中心和城乡快递服务网点、快递末端配送平台、智能快件箱等快递服务基础设施作为重要的公共基础设施纳入城乡规划。在新建工业、商业项目和居住小区合理布局快递末端配送网点，新建写字楼、住宅小区和旧城改造要将快递服务平台、智能快件箱纳入社区服务基础设施，同步规划、同步建设。（责任单位：各区县人民政府，市发展改革委、市财政局、市城乡建委、市交委、市商委、市国土房管局、市规划局、市邮政管理局）

（二）加大政策支持力度。积极争取并用好国家西部公益性、基础性快递基础设施的支持政策，统筹运用商贸流通、农业、工业等专项资金，通过财政补贴、贷款贴息、购买服务等方式支持快递企业总部落户、区域性功能设施建设、城市末端平台打造、农村快递体系建设，充分发挥财政资金的引导作用。探索创新财政政策的新模式、新方法，充分利用重庆市产业引导股权投资基金、战略性新兴产业股权投资基金、重庆现代物流产业发展基金、重庆市供销合作发展基金等产业引导基金，引导社会投资者参与快递业发展，促进快递业做大做强。对落户重庆的大型快递企业，在用地、税收方面依法给予相应的政策优惠。各行业相关优惠扶持政策适用于快递企业的，应将其纳入。（责任单位：各区县人民政府，市发展改革委、市财政局、市城乡建委、市交委、市国土房管局、市规划局、市金融办、市邮政管理局、人行重庆营管部）

（三）优化行业发展环境。对有条件的快递企业，探索实施"一照多址"模式。推动快递业信用体系建设，建立失信主体"黑名单"和联合惩戒制度。落实快递业务经营许可程序简化、快递企业年度报告制度改革、企业分支机构、末端网点备案精简等简政放权相关措施。建立健全用户申诉与执法联动机制，依法查处违法违规行为，规范市场经营秩序。发挥行业自律和社会监督作用。支持保险企业大力发展快递保险业务，保障用户权益。将快递业发展成效纳入对各区县的年度考核。（责任单位：各区县人民政府，市工商局、市邮政管理局、市保监局）

（四）改进快递车辆管理。规范快递车辆管理，逐步统一标志，对快递专用车辆城市通行和临时停靠作业提供便利。对取得快递服务车辆通行证件的快递车辆，允许在城市区域装载快件，不受货运车辆管制时间限制。支持快递企业淘汰黄标车及老旧车辆。结合实际，研究制定快递专用电动三轮车、摩托车用于城市收投服务的管理办法，解决"最后一公里"通行难问题。（责任单位：市邮政管理局、市公安局、市交委、市环保局、市市政委、市质监局、市财政局）

（五）建设专业人才队伍。加强行业人才培养，鼓励相关院校开设快递或快递方向专业，推进校企合作共建实习培训基地，引导高校毕业生进入快递企业工作。实施快递人才素质提升工程，建立健全人才评价制度，落实就业创业和人才引进政策。将农民工、下岗人员参加快递技能培训纳入全市职业鉴定补贴范畴，对其享受社会保障等方面提供支持。（责任单位：市邮政管理局、市教委、市人力社保局、市财政局）

四、组织实施

各区县（自治县）人民政府、市政府有关部门、有关单位要充分认识促进快递业健康发展的重要意义，加强组织领导，健全工作机制，强化协同联动，加大支持力度，总结经验并加以推广，为快递业发展营造良好环境。各区县（自治县）人民政府要根据实施意见，结合本地实际情况，研究出台有针对性的支持政策，认真抓好落实。市政府有关部门、有关单位要各负其责，按照职责分工抓紧制定相关配套措施。市交委、市发展改革委、市邮政管理局、市商委会同有关部门负责对本实施意见的落实情况进行统筹协调、跟踪了解、督促检查。

重庆市邮政管理局、重庆市经济和信息化委员会、重庆市公安局关于切实防范危爆物品流入寄递渠道的通知

（2016年11月11日）

市邮政管理局各分局，各区县经济信息委、公安局，化工生产企业、邮政公司、快递企业：

为进一步加强危爆物品安全管理，预防和减少事故，确保寄递渠道安全畅通，保障人民群众生命财

产安全,现将有关事项通知如下:

一、落实责任,提高防范意识

各危险化学品、民用爆炸物品、烟花爆竹等危爆物品生产经营单位要强化和落实本单位防范危险品流入寄递渠道的安全管理主体责任。依照《危险化学品安全管理条例》第六十四条规定:“任何单位和个人不得交寄危险化学品或者在邮件、快件内夹带危险化学品,不得将危险化学品匿报或者谎报为普通物品交寄。邮政企业、快递企业不得收寄危险化学品”、《烟花爆竹安全管理条例》第二十七条规定:“禁止邮寄烟花爆竹,禁止在托运的行李、包裹、邮件中夹带烟花爆竹”和中共中央办公厅、国务院办公厅《关于加强社会治安防控体系建设的意见》等要求,禁止通过寄递渠道寄递危爆物品;要严格落实从业人员岗前教育培训制度,强化从业人员安全教育、法制教育和岗位技术培训,深入学习并掌握《危险化学品安全管理条例》、《民用爆炸物品安全管理条例》、《烟花爆竹安全管理条例》、《危险化学品目录》和《禁寄物品指导目录及处理办法(试行)》,切实提高识别和防范危险品的意识和能力。

二、加强管控,强化源头治理

各危险化学品、烟花爆竹企业要严格按照《危险化学品安全管理条例》、《民用爆炸物品安全管理条例》、《烟花爆竹安全管理条例》等关于危爆物品和烟花爆竹运输安全的规定要求,选择有危险货物运输许可资质的运输企业承运,严禁通过邮政、快递寄递渠道违法违规寄递危险品。特别是要按照《重庆市民用爆炸物品配送安全管理规定》“源头控制、定点销售、流向管控、实名登记”等全过程管理措施,严防危爆物品非法流散社会。各邮政、快递企业在运输、分拣、投递环节发现危爆物品的,应立即报告当地安监部门和邮政管理部门处理。对流入寄递渠道的危爆物品在寄递过程中发生泄漏、燃烧、爆炸等安全事故的,要按规定向当地公安部门和邮政管理部门报告。

三、互联互通,建立协作机制

各级公安、经济信息和邮政管理部门应当依法履职。公安部门要加强对民用爆炸物品、烟花爆竹等危爆物品的公共安全管理及使用、运输、燃放等环节的安全监督管理,依法打击查处各类利用寄递渠道实施违法犯罪活动的行为;经济信息部门要加强对危爆物品生产、销售、储存、配送等环节的管理,防止危爆物品流入寄递渠道;邮政管理部门要加强寄递渠道安全防范,依法查处寄递危险品的行为。公安、经济信息和邮政管理部门将强化协作配合,明确专门联络人员,加强日常沟通和信息共享,相互通报寄递渠道危险品安全管理情况;要通过定期检查、随机抽查等方式加强安全监管,防范危险品流入寄递渠道。凡发现寄递渠道涉嫌收寄危险品的,将逐件溯源查实具体企业及其主要责任人和收寄人员,并依法严肃处理。凡发现危险物品生产经营企业在邮件、快件内夹带危险品,或者将危险品谎报为普通物品交寄的,依法移送相关部门进行处理。

四、自查自纠,消除安全隐患

各企业要认真按照通知要求,做好自查自纠。各危险物品生产经营企业要认真摸排并记录上一年度危险品的交寄情况,自查是否存在通过寄递渠道寄递危险品的行为。各邮政、快递企业要加强寄递渠道安全管理,对本企业及所属加盟企业、下属分公司、营业部等定期开展摸排检查,自查是否存在未执行收寄验视收寄危险化学品和烟花爆竹等情况。各企业要对检查中发现的问题认真梳理并制定整改方案,及时按要求整改到位,切实消除寄递渠道各类安全隐患,严防危险物品流入我市寄递渠道。

23. 四　川

四川省人民政府关于促进快递业健康发展的实施意见

(2016年7月19日　川府发〔2016〕35号)

各市(州)人民政府,省政府有关部门、有关直属机构,有关单位:

快递业是现代服务业的重要组成部分,是推动流通方式转型、促进消费升级的现代化先导性产业。为深入贯彻落实《国务院关于促进快递业发展的若干意见》(国发〔2015〕61号),推动快递业供给侧结构性改革，营造有利于快递业发展的良好环境，发挥快递业在降低流通成本、支撑电子商务、服务生产生活、扩大就业渠道等方面的作用，现结合我省实际，提出以下实施意见。

一、发展目标

到2020年，全省年快递业务量超过11亿件，年业务收入超过130亿元，省内重点县级以上城市间和全国重点城市间的快件实现48小时内送达，快递服务实现乡镇覆盖率100%，行政村快递通达率90%，新增就业岗位约10万个，基本建成普惠城乡、技术先进、服务优质、安全高效、绿色节能的快递服务体系，形成覆盖全川、联通国内、畅达国际的快递服务网络，将我省建成西部最大快递物流中心和联接"一带一路"、长江经济带最便捷的快递服务中心。

二、重点任务

（一）培育壮大快递企业。从落地优惠、航线时刻、运输集散补贴和加强服务等方面，支持国内、国际快递企业总部、区域总部、服务功能设施在我省布局，引导快递企业通过直营延伸、股份制改造等途径实施兼并、联合、重组，实现规模化、专业化发展，重点培育3家以上年业务收入30亿元以上具有较强竞争力的骨干快递企业。（责任单位：省邮政管理局、省政府口岸物流办、省发展改革委、商务厅。列首位的为牵头单位，下同）

（二）建设快递物流园区。各地应根据本地区经济社会发展需要和区位特点，依据当地城乡规划，将快递服务基础设施纳入本地空港经济区、临港经济区、工业园区、经济开发区、物流园区、电子商务园区、专业商贸市场、农贸市场、大型运输枢纽等区域规划建设，完善基础服务和信息平台功能，引入品牌企业设立仓储、集散、呼叫、数据和研发中心，推动制造商、电商、冷链物流服务商、第三方服务公司入驻，形成产业集聚发展。发挥成都特大中心城市辐射功能和交通、物流等区位优势，充分利用纳入全国跨境电商试点的政策，将成都打造为全省快递物流核心枢纽。建设省内绵阳、泸州、南充等7个二级节点、13个三级节点城市快递专业类物流园区（含快递仓配、分拨中心）和县域快件集散中心。加大对快递企业"走出去"的服务力度，在口岸城市建设国际快件处理中心，发展跨境电商业务。（责任单位：省政府口岸物流办、省邮政管理局、省发展改革委、商务厅、省经济和信息化委、住房城乡建设厅、成都海关、成都铁路局、民航西南地区管理局）

（三）推进"互联网+"快递。

1. 推进快递业信息化智能化建设。鼓励建设快递企业公共服务云平台，提高快递派送效率，开展事中事后监管和服务方式创新，探索建设快递业大数据中心。支持快递企业建设企业综合信息管理系统，运用物联网等技术，采用仓储运输、装卸搬运、分拣包装等专用技术装备，推进重点快递企业普遍使用机械传输、自动化分拣、手持终端设备。推广使用快递电子运单、统一编码和数据接口标准，促进快递企业信息系统与省级和国家物流公共信息平台对接，实现信息互通、共享。（责任单位：省经济和信息化委、省邮政管理局、省发展改革委、交通运输厅、省政府口岸物流办）

2. 推进电商平台、跨境电商发展。鼓励各类经营主体应用电子商务，推进实施"电商进农村"工程，引入知名电商在我省设立运营中心或独立核算机构，建设区域型中转仓，推行"干线物流+中转仓+快递"模式，促进快递与电商信息沟通、标准对接和业务联动。依托四川电子口岸跨境电商综合服务平台，大力培育跨境电子商务经营主体，加快引进知名跨境电商平台企业，发展直接发货配送的前店后仓、跨境直邮、海外仓等经营模式。（责任单位：商务厅、省邮政管理局、省发展改革委、成都海关、省政府口岸物流办、省供销社、四川出入境检验检疫局）

3. 推进快递服务制造业工程。引导快递企业进驻工业园区、经济开发区、高新技术开发区等制造业集聚区，根据制造企业需求，创新服务产品和配送方式，为制造企业定制服务流程，构建专用服务平台，在集成制造、分销配送等服务外包环节共同建立互利共赢的合作模式，深度融入制造业供应链。（责任单位：省经济和信息化委、省邮政管理局）

（四）完善快递服务网络。

1. 加快城乡快递网点建设。将快递城乡末端投递建设纳入城乡配送网点建设体系和配送中心（站点）布局，依托快递服务网络打造集中配送和共同配送体系。大力推进快递服务进机关、进园区、进商场、进学校、进企业、进社区、进农村"七进"工程。支持快递企业或第三方在政府机关、高校、住宅小区、地铁站设置智能快件箱（柜）。鼓励住宅小区、机关事业单位、院校配套建设或提供适当场所，用于快件末端投递。集合农业、供销、交通、商贸、邮政、快递等公共资源，在现有物流资源和服务网络基础上，加大农村快递物流节点建设扶持资金投入，建设集客货运站点、农资配送点、村邮站和快递服务点等"多点合一、服务同网"的服务站点（含"网订店取"等合作建设站点），鼓励建设多个与快递品牌企业签订合作协议的快递超市,发展体验经济、社区经济、逆向物流等便民利商新业态。(责任单位:商务厅、省发展改革委、省邮政管理局、省政府口岸物流办、住房城乡建设厅、交通运输厅、教育厅、农业厅、省供销社)

2.深入推进"快递下乡"工程。支持快递企业加强与农业、供销、商贸、邮政企业的联盟合作,实施"快递下乡"工程。完善县、乡、村快递物流体系,打造"工业品下乡"和"农产品进城"双向流通渠道,研究和探索冷链设施服务,解决生鲜农产品进城难问题,带动农村消费,促进农民增收。开展快递精准扶贫试点,有效对接农产品市场(基地),拓展农产品、农资、农村消费品流通加工、仓储配送等功能,服务产地直销、订单生产等农业生产新模式。(责任单位:商务厅、省发展改革委、省邮政管理局、省政府口岸物流办、农业厅、省供销社)

(五)衔接综合交通体系。推动快递"上车、上船、上机"工程,实现快递在各种运输方式间的无缝衔接、高效转换和快速通达。推广定时、定点、定线的农村物流"货运班线"模式,鼓励市到县、县到乡客运班车开展客车附搭小件业务。开展高铁快件运输,在高铁枢纽配套建设快件运输通道和接驳场所;打造"西南货物快运"列车品牌,大力发展高铁快件业务。支持快递企业增开快件直达航路,鼓励快递企业包机、包舱运递快件。鼓励快递企业组建自营航空货运公司,在航线、航班时刻、货机及设备购置、地面服务等方面给予政策支持,建设成都航空快件优先配舱、优先安检、加速通关绿色通道工程。因地制宜发展快件水路运输。(责任单位:省邮政管理局、省发展改革委、省经济和信息化委、国土资源厅、交通运输厅、省政府口岸物流办、成都铁路局、民航西南地区管理局)

(六)加强行业安全监管。加强寄递渠道安全管理工作,严格落实寄递企业主体责任、部门监管责任和寄件人责任。严格执行收寄验视、实名收寄和过机安检"三个100%"制度,加强寄递渠道安全监管信息平台和安全监管设施建设,完善应急管理机制。建立健全安全监管与执法机构,配置专职人员,完善执法装备与设备。落实《四川省人民政府办公厅关于印发四川省完善省级以下邮政监管体制工作实施方案的通知》(川办发〔2012〕37号)有关要求,省邮政管理局与市(州)人民政府协商确定履行县级邮政监管职能的部门,充实力量,切实履职尽责。强化属地管理,各级政府可在政策资金方面给予适度支持,将快递行业安全管理工作纳入社会治安综合治理体系,加强跨部门协作配合,提升安全监管与应急处置能力。(责任单位:省综治办、省邮政管理局、公安厅、安全厅、财政厅、省工商局、省安全监管局)

三、保障措施

(一)深入推进简政放权。向各类资本进一步开放快递市场,简化快递业务经营许可证办证手续,落实工商登记"一照多址"制度。取得快递业务经营许可的企业设立分公司、营业部等非法人分支机构,凭邮政管理部门颁发的企业法人快递业务经营许可证(副本)及所附分支机构名录,到分支机构所在地工商行政管理部门办理注册登记。(责任单位:省邮政管理局、省工商局)

(二)优化快递市场环境。强化事中、事后监管,坚持日常检查和专项治理相结合,严格行政执法,完善快递市场主体退出机制。发挥行业自律和社会监督作用,推进行业诚信体系建设,利用企业信用信息公示系统和行业监管信息系统,建立违法失信主体"黑名单"及失信联合惩戒制度,营造诚实守信的市场环境。(责任单位:省邮政管理局、省工商局、交通运输厅、省安全监管局)

(三)加强法规、标准和规划建设。推进《四川省邮政条例》等相关地方性法规、标准和规划修订完善工作,提高快递业法治化、标准化水平。各级政府要将发展快递业纳入国民经济和社会发展规划,并与综合交通运输、物流业、现代服务业、电子商务、物流园区等专项规划衔接。将城乡快递服务网点、快件处理中心、智能快件箱(柜)等快递基础设施纳入本级城乡规划、土地利用规划和公共服务设施规划,纳入各级政府为民办实事的民生工程。(责任单位:省发展改革委、省邮政管理局、省法制办、住房城乡建设厅、商务厅、省质监局、省政府口岸物流办)

(四)加大政策扶持力度。

1.加强财税扶持。各级政府预算内投资要重点支持基础性、公共性、公益性、示范性快递设施建设,将符合条件的快递企业和项目纳入服务业、物流业、电子商务、中小企业发展等专项资金支持范围,对符合新兴先导型服务业的快递项目给予适度支持。对快递企业投资购置并使用节能环保、安全生产等专用设备,按照国家有关规定落实税收抵免政策,支持快递企业按现行规定申请执行省内跨地区经营总分支机构增值税汇总缴纳政策。推进新能源快递汽车购置及租赁模式,落实国家补贴政策。快递企业用电、用气、用热价格按照不高于一般工业标准执行。(责任单位:财政厅、省国税局、省地税局、省政府口岸物流办、商务厅、省发展改革委、省经济和信息化委、省邮政管理局)

2. 加大金融支持力度。加快发展互联网支付、移动支付、供应链金融等服务模式，健全互联网金融征信体系。鼓励金融机构创新符合快递业特点的信贷产品和服务，根据企业风险状况，适当拓宽抵质押品范围，利用大数据等新技术，开展符合快递业特点的抵质押贷款和信用贷款，大力发展融资租赁等业务，拓宽融资渠道。（责任单位：省政府金融办、省发展改革委、人行成都分行、四川银监局）

3. 保障土地供给。各级政府在土地利用总体规划和年度用地计划中统筹安排快递专业类物流园区、快件集散中心等设施用地，对在我省布局建设的骨干网络快递企业和列为省重点建设项目的快递项目用地予以重点保障。快递仓储设施用地享受物流仓储用地政策。重大快递业项目经批准可给予城市基础设施配套费减免优惠。盘活闲置厂房、物流仓库用于发展快递业的，可实行继续按原用途和土地权利类型使用土地的过渡期政策。过渡期支持政策以5年为限，5年期满及涉及转让需办理相关用地手续的，可按新用途、新权利类型、市场价，以协议方式处理。（责任单位：国土资源厅、省发展改革委、住房城乡建设厅、省政府口岸物流办）

（五）改进快递车辆管理。落实快递专用车辆便利通行政策，按照依法、高效、环保原则，规范快递车辆管理，逐步统一标志，对快递专用车辆在城区通行和临时停靠作业提供便利，杜绝乱收费、乱罚款及附加额外义务。待快递专用电动三轮车国家标准以及生产、使用、管理规定出台后，推行标准化管理，各地可结合实际和法律规范，制定快递专用电动三轮车用于城市收投服务的管理办法，解决"最后一公里"通行难问题。（责任单位：公安厅、省邮政管理局、交通运输厅）

（六）建设专业人才队伍。引导高等学校加强物流管理、物流工程等专业建设，支持有条件的院校开设快递相关专业，与企业共建快递人才培养基地，加强业务技能培训和实习实训。实施快递人才素质提升工程，对快递从业人员参加岗位技能培训和农村转移就业劳动者、城镇登记失业人员等特殊群体参加快递业务就业技能培训，按规定落实培训和鉴定补贴。用人单位应按照相关法律法规为快递从业人员参加社会保险并按时足额缴费，确保快递从业人员依法享有各项社会保险待遇。帮助企业妥善解决农村转移就业劳动者在住房、医疗、子女入学等方面的困难。为快递企业引入紧缺的高级管理、技术人才，在住房补贴、家属随迁等方面提供支持。（责任单位：教育厅、人力资源社会保障厅、省邮政管理局）

四、组织实施

充分发挥省现代物流业推进小组作用，强化对快递业发展的统筹、协调和规划等。各地、各有关部门（单位）要认真落实本实施意见提出的各项任务，省政府口岸物流办、交通运输厅、省发展改革委、省邮政管理局要会同有关部门加强对本实施意见落实工作的跟踪了解、督促检查。各地要建立健全快递业发展工作机制，制定工作措施，安排发展资金，进一步推动快递业健康快速发展。

四川省邮政业发展"十三五"规划

（2016年11月29日四川省邮政管理局、四川省发展和改革委员会印发　川邮管〔2016〕113号）

邮政业是国家重要的社会公用事业，是现代服务业的重要组成部分，是推动流通方式转型、促进消费升级的现代化先导性产业。加快邮政业发展，对于更好地服务生产、普惠民生、扩大需求、降低流通成本、促进就业、拉动新兴业态发展、培育四川省现代服务业新增长点和推进四川省经济转型升级具有重要意义。为实现同步建成与小康社会相适应的现代邮政业，根据国家《邮政业发展"十三五"规划》、《四川省国民经济和社会发展第十三个五年规划纲要》，结合四川省邮政业发展实际，制定本规划。规划期限为2016—2020年。

一、规划背景

（一）发展现状

"十二五"期间，四川省邮政业规模不断扩大，体制改革取得突破，能力水平显著增强，创新能力逐渐加强，发展环境持续改善，行业地位大幅提升。

1. 行业规模不断扩大

"十二五"时期，全省邮政行业业务总量、业务收入保持持续高速增长，2015年完成业务总量

138.57亿元,业务收入(不含邮政储蓄银行直接营业收入)121.92亿元,“十二五”期间业务总量年均增长25.17%;业务收入年均增长22.76%。其中,2015年完成快递业务量4.88亿件,是“十一五”末的7.3倍,“十二五”期间年均增长率达到48.97%;2015年实现快递业务收入62.89亿元,是“十一五”末的4.8倍,“十二五”期间年均增长36.87%。

2.体制改革取得突破

“十二五”期间,随着国家邮政体制改革持续推进和《中华人民共和国邮政法》修订实施,四川省邮政管理体系逐步完善,全省21个市(州)邮政管理局于2012年正式挂牌成立,启动县级邮政监管机构组建工作,同时,省级以下邮政企业全部更名挂牌。政府职能加快转变,清理规范了一批邮政行政审批项目,持续优化审批流程,强化安全监管,实现执法重心下移。

3.能力水平显著增强

邮政普遍服务网络加速完善,“十二五”末,全省共有邮政网点6120处,占全国总数的11%。“十二五”期间,全省全面完成1406个空白乡镇邮政局所补建运营工作,补建数量排全国第一,占全国补建总量的16.7%,实现了“乡乡设所”。全省共建设村邮站5652个,除边远地区外,基本实现“村村通邮”。邮政企业在城区每日平均投递2次,农村每周平均投递4次,投递路线数量与邮路长度不断增长。快递业发展较快,覆盖范围和服务深度不断延伸,全省取得快递业务经营许可证的法人企业有407家,下属分支机构1982个,涵盖31个品牌,覆盖全省21个市(州)、183个县(区、市)和部分乡镇。全年单日最高快件处理量突破1200万件,处理能力明显增强。

4.创新能力逐渐加强

全球主要快递企业均在四川设立分支机构或建立分拨中心;依托成都国际航空枢纽,建立成都国际快件监管中心、成都空港国际快件中心,四川省快递可通达全球。国内大型快递企业分拨中心部分实现自动化分拣,极大提升了分拣效率和安全性,信息化程度不断提高。快递与制造业协同发展取得突破,正在形成示范效应。四川省智能快件箱生产运营企业在成都市率先布局,迅速向全国拓展,目前已成为全国乃至全球最大的智能快件箱龙头企业。

5.发展环境持续改善

省政府及办公厅陆续出台《关于印发四川省西部物流中心建设规划的通知》、《关于印发四川省物流业发展中长期规划(2015—2020)的通知》、《关于加快发展生产性服务业促进产业结构调整升级的实施意见》、《关于印发四川省五大新兴先导型服务业发展工作推进方案的通知》、《关于促进电子商务健康快速发展的实施意见》、《关于促进内贸流通健康发展的实施意见》、《关于印发四川省促进农村电子商务发展实施意见的通知》等文件,省直有关部门和各市(州)政府也相继出台支持邮政业发展的一系列政策措施,全省邮政业发展环境进一步优化。

6.行业地位大幅提升

“十二五”期间,全省邮政业通过自身的快速发展和服务水平的持续提升,在降低流通成本、支撑电子商务、服务生产生活、扩大就业等方面发挥着越来越重要的作用。实现了邮政业务总量、业务收入双“超百亿”,其中业务收入占全省GDP的比例由“十一五”末的0.25%上升到“十二五”末的0.4%,快递带动网络购物消费达到1800亿元左右,直接就业人数达到6.47万人。邮政业服务经济社会发展的基础性作用进一步增强,行业的影响力持续扩大。全省快递业务量和收入在全国排第十一名、第九名,在西部地区排名第一。

“十二五”期间,全省邮政业在取得显著成就的同时,也面临不少挑战。一是行业发展层次不高。邮政业占全省GDP的比例为0.4%,低于0.6%的全国平均水平;快递企业低层次竞争和服务同质化问题严重;综合服务能力不强,与制造业和特色产业联动不够。二是城乡区域发展不平衡。成都市邮政业务总量占全省比重50%以上,农村快递网点覆盖率低,送达时效差。三是基础设施较为滞后。快递园区数量严重不足,在规划、建设、运营、管理等方面明显不足,服务功能有待完善。多数市(州)快件分拨处理设施设备较为落后。四是行业发展环境仍有优化空间。涉及邮政业的法规和配套政策体系建设相对滞后。促进邮政业发展各项政策的力度有待加强,快递车辆通行难、枢纽和分拨中心建设征地难、末端投递难“三大难题”以及寄递安全基础薄弱、监管能力不足等问题亟待解决。

(二)发展形势

今后一个时期,是四川省适应经济新常态、加快转型发展的关键时期,经济增长进入规模质量同步提升期、工业化城镇化仍处于加速期、多点多极发展进入整体跃升期、发展动力转化到了关键期、产业转型升级进入接续期、全面建成小康社会进入决胜期,将为全省邮政业发展带来难得的发展机遇。

1. 新的发展理念为四川邮政业发展提供新动能

党的十八届五中全会提出“创新、协调、绿色、开放、共享”的五大发展理念，《国务院关于促进快递业发展的若干意见》提出“三向”、“三上”工程，国家邮政局提出“普惠、智慧、安全、诚信、绿色”五大邮政建设等，这些新的理念，新的措施，将为全省邮政业在“十三五”时期实现跨越发展注入强劲动力。特别是四川作为西南枢纽和“一带一路”的重要通道，将在全国邮政业“创新、协调、绿色、开放、共享”发展中获得更多的新动能。

2. 发展方式转变为四川邮政业发展带来新机遇

到2020年，四川省地区生产总值和城乡居民人均收入比2010年翻一番以上。创新驱动转型发展迈出实质性步伐，先进制造业加快发展，新产业新业态不断成长，服务业比重明显上升，现代农业发展取得更大进展。特别是“十三五”期间，全省将加快发展优势特色农业，加快建设特色水果、蔬菜、茶叶、木本油料等集中发展区；实施“中国制造2025四川行动计划”，大力推进战略性新兴产业发展；将电子商务、现代物流确定为四川新兴先导型服务业的重点领域；依托成都天府国际机场，同步推进国际空港经济区规划建设，加快发展临空经济。这些将为全省邮政业提升发展层次和提高综合服务能力奠定坚实基础。

3. “两个跨越”方针为四川邮政业发展指明新方向

推动四川省由经济大省向经济强省跨越、由总体小康向全面小康跨越，将为全省邮政业发展提出新目标。一是建成与全面小康相适应的现代邮政业。全面小康社会要求邮政业发展可以全面满足人民群众多层次服务需求。邮政业改革取得阶段性成果，内部结构和区域结构进一步优化。二是从邮政大省迈向邮政强省，为调结构、促消费、保就业、惠民生，实现经济大省向经济强省的转变提供强有力支撑和保障。

4. “三大发展战略”为四川邮政业发展提出新要求

“十三五”期间，四川将继续实施“三大发展战略”。多点多极支撑发展战略要求邮政业区域发展更加均衡，将对邮政业格局产生根本性影响，并促进全省邮政业多点多极发展布局的形成。“两化”互动、城乡统筹发展战略要求邮政业发展更加集约化，城乡更加均衡。城乡统筹发展将促进农产品进城和农资、日用工业品下乡，加快城乡快递物流一体化发展。创新驱动发展战略要求邮政业更加现代化。物联网、云计算、移动互联网等技术引领新一轮邮政快递技术革命，将使四川省邮政业的现代化水平不断提高，为经济社会提供低成本、高效率、多样化、精益化的邮政快递服务。

5. 社会环境变化为四川邮政业发展带来新挑战

在邮政业特别是快递业急剧扩张、快递向下向西向外的进程中，寄递渠道安全形势愈加严峻，新情况、新问题不断涌现，寄递安全事件频发，对保障寄递渠道安全提出新挑战。信息化变革推动邮政业不断呈现新业态、新模式的同时，也增加了市场监管压力和挑战。

二、总体要求

（一）指导思想

高举中国特色社会主义伟大旗帜，以邓小平理论、“三个代表”重要思想、科学发展观和习近平总书记系列重要讲话精神为指导，全面贯彻落实“四个全面”战略布局和四川省“三大发展战略”部署，牢固树立“创新、协调、绿色、开放、共享”的发展理念，强化邮政业供给侧结构性改革，坚持创新驱动战略，着力促进协调发展，实现区域、城乡发展均衡；着力增强科技投入，加强融合衔接，推动行业发展升级转型；着力强化邮政通信和信息安全保障监督能力，切实维护用户合法权益，持续推进普惠邮政、智慧邮政、安全邮政、诚信邮政、绿色邮政建设，确保同步全面建成与小康社会相适应的现代邮政业。

（二）基本要求

1. 服务“两个大局”。一是服务全省经济社会发展大局，按照“三大战略”的部署安排，着力从成都经济区单极发展转向多点多极支撑，特别是加快民族地区、边远地区的邮政业发展；着力服务好工业化和城镇化发展战略，实现城乡邮政普遍服务均等化；着力服务好创新驱动发展战略，提供良好的邮政快递服务支撑，释放高端产业的发展能量。二是服务全国邮政业总体布局和规划，强化四川省邮政业在西部地区领军地位和枢纽功能，为建成与小康社会相适应的现代邮政业做出应有贡献。

2. 明确“两个目标”。要在保持行业中高速增长的同时，坚持提质增效、又快又好，推动行业迈向中高端水平，实现行业结构更佳、服务质量更优、服务水平更高、保障能力更强、综合效益更好。

3. 启动“两个引擎”。一方面，要进一步深化行政审批制度改革，以更加包容和更加积极的心态迎接新业态、新模式的发展，创造更加宽松的政策环境，打造快递业服务“大众创业、万众创新”的新引擎。

另一方面,要改造邮政普遍服务供给的传统引擎,创新供给方式,提升邮政普遍服务水平和质量,充分发挥邮政公共服务网络资源作用。

4.强化“两个主体”。处理好政府和市场关系,使市场在资源配置中起决定性作用和更好地发挥政府引导作用。政府要在优化发展环境、制定法规标准规划、维护消费者权益、保障普遍服务、引导行业转型升级等方面更好发挥作用。

5.实施“两个战略”。用“互联网+邮政”战略推动行业升级,提升服务质量和水平,提高运营效率,走质量效率型集约增长道路;用“邮政业+”战略推动行业转型,促进全省邮政业与电子商务、先进制造业、金融业等融合发展,与综合交通、社区商业等紧密衔接,不断拓展行业服务范畴。

(三)发展目标

2020年,全省邮政业发展总体目标:同步建成与小康社会相适应的现代邮政业,实现行业规模持续扩大,服务能力、水平和质量大幅提升,城乡、区域更加均衡,创新能力显著增强,在西部和全国邮政业中的地位更加突出,邮政业在促进四川省经济社会发展中的作用更加凸显,推进长江经济带邮政业的持续健康发展。

1.行业规模持续扩大。到2020年,实现邮政业业务总量359亿元,年均增长21%,业务收入(不含邮政储蓄银行直接营业收入)303亿元,年均增长20%;快递业务量突破15亿件,年均增长25%,快递业务收入170亿元,年均增长22%。

2.服务能力、水平和质量显著提升。到2020年,行业具有较强综合服务能力,以及生鲜、医药等特殊物品寄递能力;积极推进国际跨境快递业务。邮政普遍服务水平和质量达到国家标准,有条件的农村地区总体实现建制村邮件直投到村,服务功能有效拓展;快递企业服务时限达到规定标准,省内城市间快件48小时投递率超过90%,同城快件24小时投递率超过90%,快件延误率、损毁率、丢失率、有效申诉率控制在目标值以内。持续提高邮政普遍服务和快递服务满意度。

3.创新发展取得成效。基础设施、信息化应用等科技投入不断加强;网络、产品、模式等方面的创新水平不断提升,来自农村、跨境、制造业、旅游、医药以及综合服务的业务占比明显提高,邮政快递服务成为产业链、供应链和服务链的重要环节,成为促进内外贸流通转型、推动消费升级、促进消费公平的关键性产业和服务四川省“两个跨越”、“三大发展战略”的先导性产业。

4.行业地位更加突出。到2020年,全省邮政业在区域经济中的贡献更加明显,行业收入占GDP比重达到0.6%左右,带动消费4000亿元左右,日均服务人次达到2000万以上,新增就业岗位将超过5万个,保持在中西部领先地位和枢纽功能。重点培育年业务收入超过30亿元、具有较强竞争力的骨干快递企业3家。全球主要快递企业在四川省设立区域分拨中心,国内主要快递企业在四川省设立区域总部,本土快递企业竞争能力显著增强。

专栏1 “十三五”时期邮政业发展主要指标

指标	2015年	2020年	年均增长〔累计〕
邮政业业务总量(亿元)	138.57	359	21%
邮政普遍服务业务量(亿件)	10.33	10.97	1%
快递业务量(亿件)	4.88	15	25%
邮政业业务收入(亿元)	121.92	303	20%
快递业务收入(亿元)	62.89	170	22%
邮政业年服务用户(亿人次)	20	40	15%
新增就业岗位(万个)	—	—	〔5〕
乡镇快递网点覆盖率(%)	60	90	〔30〕
快递电子运单使用率(%)	50	85	〔35〕
配备全自动分拣系统的枢纽型分拣中心数量(个)	1	3	〔2〕
快件延误率(百万分之)	3.75	3.00	—

续表

指标	2015年	2020年	年均增长〔累计〕
快件损毁率(百万分之)	0.96	0.90	—
快件丢失率(百万分之)	2.21	2.00	—
快件有效申诉率(百万分之)	11.08	10	—

注:①邮政业业务总量按2010年不变价格计算。②〔〕内为五年累计数。③配备全自动分拣系统的枢纽型分拣中心是指重点快递企业建筑面积在1万平方米以上且配备全自动分拣系统的分拣中心。

三、主要任务和重点工程

(一)推动改革持续深化,优化行业发展环境

推进供给侧结构性改革。加强制度供给,完善公平竞争、优胜劣汰的市场环境和机制。推进市场开放,激发市场活力和社会创造力。培育壮大企业主体,优化产业布局,提升服务品质,提高附加价值,创建服务品牌。服务制造业转型升级和农业现代化,降低社会物流成本,提升生产流通消费整体链条的运转效率。重点加强农村邮政地区邮政业基础设施建设,推动健全服务网络,着力补齐服务短板。

加快相关政策的衔接落实。积极争取地方党委、政府重视,切实加强部门间政策制定和实施的协调配套,推动发展改革、综合交通、电商、商贸流通、物流等与邮政业发展密切相关的政策和改革举措落到实处、形成合力。落实和完善邮政、快递车辆通行与停靠,以及企业税收减免、财政补贴与奖励、人才培养等方面的优惠政策措施。推动将快递园区及设施用地纳入城乡规划和土地利用总体规划,统筹规划和建设。推动探索建立用地节约集约利用的激励和约束机制,大幅度提高快递园区土地利用效率。加强法规标准制度建设,推动从根本上解决用地难、车辆通行难、停靠难、进社区难等长期阻碍行业发展的问题。

加快转变政府职能。做好国家邮政局下放行政审批事项的工作。编制全省邮政管理"责任清单""权力清单""负面清单",加快创新审批方式、简化审批流程、"放管服"结合。加快向强化事中事后监管转变,提高工作效率。加快推进对快递末端网点实施备案制管理。加强现代信息技术在行业管理、安全监控、信息公开中的应用,构建智能化的监管环境、服务环境和决策环境。

(二)以"互联网+"为方向,实现行业创新发展

推进"互联网+邮政"。贯彻落实创新驱动发展战略,充分发挥政府引导作用,强化企业在科技创新中的主体地位。综合利用互联网、物联网、大数据、云计算等先进技术,通过精准、动态、科学的管理和信息共享,全面提升行业供给能力、运行效率、安全性能和服务质量,创造更大的社会价值。以信息化为牵引,推动现代信息技术与服务和管理全面融合,实现邮政业管理信息化、生产自动化、运输综合化、配送智能化、过程可视化、装备高效化。加强大数据开发应用和移动互联网等应用,提高收投效率、增进用户体验。加强装备研发和应用,提升生产智能化水平,推动行业从劳动密集型向技术、劳动密集型转变。

推进快递服务创新。加快企业主体自主转型升级,创新服务功能,充分利用电子商务、网络购物等新型商贸流通优势,发展为本土产品提供寄递和跨境寄递服务的产品。支持企业健全产品体系、创新服务模式,大力发展O2O服务、社区商业服务、代收货款、合同物流、冷链快递、逆向物流、特殊物品寄递等快递业务。引导企业创新增值服务,探索提供供应链领域的信息服务、数据服务、供应链金融等服务。

创新普遍服务供给。鼓励邮政企业通过整合各类邮政设施资源,深化移动互联网应用,与社会资源开展合作,提升揽收服务水平,提供更有弹性和更精准的投递服务。引导邮政企业用好资费改革政策,在履行好普遍服务义务的基础上,继续提供延伸和增值服务,不断组合成新业务、新模式和新业态。鼓励邮政企业以平台思维进行经营理念变革和经营模式创新,持续推进线上线下相结合的综合便民服务平台建设,逐步叠加网络代购、寄递自提、代售代缴代扣等便民服务。鼓励和引导社会力量通过委托代理、服务外包、特许经营等多种途径提供邮政普遍服务,充分利用邮政通信网络从事邮政增值服务和延伸服务,不断创新业态模式,提升用户体验。

专栏1 “互联网+邮政”工程

快递综合服务进社区工程。鼓励邮政、快递及寄递服务第三方平台综合利用互联网、物联网、大数据、云计算等先进技术，打造快递末端社区服务平台，为社区提供购物、家政、缴费等便民服务，支持智能快件箱、快递公共投递服务站的加快发展。

“邮政+”综合服务平台示范工程。在城市地区和部分农村地区建设示范性综合服务平台，提供邮件收投服务，网络代购、寄递自提、代办水电、各类通讯、票务代售等综合性便民服务，并植入智能包裹箱、社区银行等邮政智能设施。

（三）优化分拨体系布局，实现行业协调发展

促进区域梯次协调发展。推动成都市加快建设邮政业核心城市，依托要素优势、区位条件和产业基础率先发展，重点发展跨境寄递、智慧邮政、提升行业科技含量；着力推动成都市邮政业与先进制造业、医药、科技服务业等产业的融合发展，将成都市建成西部重要枢纽和重要国际节点。支持甘孜州、阿坝州、凉山州确保普遍服务需求，提高普遍服务水平，提高快递服务覆盖率和稳定性。引导其他17个市（州）以服务本地经济社会发展和人民生活、支撑特色产业为重点，扩大行业规模，保持中高速增长，不断提高服务质量，完善基础设施。

引导园区多点多极布局。合理规划全省快递分拨集散体系，布局建设快递园区和仓储设施。发挥成都超特大中心城市经济功能和交通、物流等区位优势以及纳入全国跨境电商试点的政策优势，打造成都核心快递物流枢纽。建设省内绵阳、泸州、南充、宜宾、资阳、达州、自贡等七个二级节点、十三个三级节点城市快递专业类物流园区（含快递仓配、分拨中心）和县域快件集散中心。

实现交通运输网络无缝衔接。加快融入综合交通运输体系，努力实现邮政、快递网络与各种运输方式的无缝衔接、快速转换、快速运递。推动邮政和快递处理中心等基础设施与铁路、公路、民航枢纽的同步建设。支持发展高铁快递和电商快递班列，扩大甩挂运输等先进运输组织方式在邮政业的应用范围。推动落户四川省全货机数量快速增加，增强航空运输能力。

提升分拣处理能力。鼓励企业加大邮件、快件处理中心建设更新改造力度，推广立体仓库、多层楼库等仓储设施，加快安检、分拣、传输、装卸等作业自动化建设，提升骨干节点信息化、自动化处理水平。支持邮政企业升级建设国际邮件互换局和交换站，提升跨境邮件、快件处理能力。引导企业利用客运站、货运站等交通运输基础设施，建立仓储场地和小型邮件、快件分拨中心，进一步强化县域邮件、快件处理能力。

专栏2 分拨处理中心布局优化与建设工程

邮件处理中心新建、更新、改造。推动在天府国际机场建设中国邮政成都航空邮件处理中心、天府新区邮政枢纽。推动成都北站邮件处理中心迁址改建。完成绵阳、资阳、宜宾、德阳、巴中、遂宁、广安、攀枝花、达州等地邮件处理中心迁建。推动成都邮政速递物流邮件处理中心二期工程。在成都建设全国邮政客户服务中心。

快递分拨中心（园区）建设。加快建设快递专业类物流园区和快件集散中心。推动快递专业类物流园区与机场、铁路站场、公路站场、港口码头等物流基地的规划衔接、集约建设。鼓励快递企业入驻电子商务园区、商贸物流园区、制造业园区、保税物流园区以及农产品、商品集散中心。推动国内主要快递品牌在省内建设、更新改造省级或西南分拨转运中心，夯实成都市一级快递专业类物流园区布局城市地位。建设省内绵阳、南充、泸州、宜宾、资阳、达州、自贡为二级快递专业类物流园区布局城市，其他市（州）为三级快递专业类物流园区布局城市，鼓励在市（州）、县级集中建立快递电商园区和快件集散中心。

专栏3 快件处理能力提升工程

快件“上机上铁”工程。推动成都天府国际机场和各市（州）火车站的快件绿色通道建设，以及快件装卸、仓储功能区的配套建设，提高快件装卸、接驳机械化水平。推动快件处理中心和机场、火车站的联合安检，优化安检流程，避免重复安检，提高快件上机上铁效率。

快件处理与仓储设施建设改造。推动主要快递企业现有分拨中心全面完成信息化、机械化和自动化升级改造，提升分拣能力，降低劳动强度。鼓励企业建设自动立体仓库，加强仓储能力建设。

（四）推动末端普惠均等，实现行业共享发展

提升邮政末端网络均等水平。推动将邮政设施建设布局纳入当地城乡规划、国土规划。推动邮政设施与城市新区建设或旧城改造等统一规划、统一设计、统一建设、统一验收。支持邮政企业推广普及智能包裹箱，自提点等，健全城镇末端网络。推动行政机关、企事业单位、商业写字楼、住宅小区等按规

定设置邮件接收场所。支持邮政企业重点推进农村地区邮政网点建设改造。推进实施建制村直接通邮工程。

加强快递投递终端网络建设。支持企业建设标准化、规范化、信息化快递末端服务网点。鼓励企业开展第三方合作模式创新，推进快递服务进社区、进校区、进商区，鼓励社区物业、便利店等提供快件派送服务。完善配套政策，引入多元主体，推动将配套建设快递配送站、智能快件箱纳入城市社区建设规划。鼓励企业丰富便民服务内涵，提供商品展示、虚拟销售、试用代买等服务，打造多功能集约化社区服务平台、快递超市。支持快递服务网络向农村地区延伸。

提高普遍服务质量。推动邮件投递深度向下延伸，支持邮政企业加大对农村地区和边远地区运输和投递车辆投入，增加智能手持终端等设备配备，提升农村包裹末端投递能力。推动邮政企业优化组织作业流程，加强邮件时限管理，整体缩短特别是农村地区的邮件全程时限。推动信息系统整合升级，促进信息共享和互联互通，实现普遍服务业务流程和业务管控可视化，实现邮件动态跟踪管理，方便用户全程查询和时限预测。确保邮政普遍服务在农村通邮水平、邮件全程时限、邮件投递频次、邮件投递深度和跟踪查询等方面达到普遍服务标准。

促进快递提质增效。鼓励企业实施跨行业跨区域跨所有制兼并重组，优化产业布局和结构，提升产业集中度。培育骨干企业，支持企业充分利用资本市场，健全运营网络、提升管理水平。引导企业转变竞争方式，从价格竞争向服务品质竞争转变，实施品牌化和差异化发展战略。强化质量意识和诚信意识，提高服务透明度和时限水平，提供当日达、次晨达、次日达等时限承诺产品。鼓励企业采用“分仓＋干线运输＋落地配”运营模式，提高服务水平和运营效率。引导企业自觉维护消费者知情权和公平交易权，保障消费者合法权益。

专栏4　末端服务能力提升工程

邮政末端网点建设。推动新建天府新区邮政支局，持续加强西部和农村地区邮政普遍服务基础设施建设。推动规划建设由邮政自有网点、便民服务站、智能包裹箱组成的包裹自提开放式服务平台。创新模式，将村邮站打造为集农产品、消费品、科技信息、文化娱乐等于一体的农村便民综合服务平台。

快递标准化场所建设。按照标准化建设相关要求，推动建立标准化快递营业、处理场所，改造现有作业场所，标准化建设率达到50%。

（五）贯彻向西向下战略，带动农村电商发展

提高农村快递网点稳定性。推进县级分拨点、乡级服务网点建设。鼓励快递企业采用横向联合，与邮政企业“6＋1”村级公共服务中心、万村千乡商业体系和供销社流通、农村交通体系合作等多种方式，建设农村快递服务网点。推动快递企业总部加强对四川农村快递发展的支持力度，通过提高终端派费、安全设备购买支持等多种途径，提升农村快递网络覆盖率和稳定性。

推进县级区域快件分拨仓储设施建设。鼓励建立县域快件分拨、仓储中心。支持快递企业为农村电商提供包装、仓储和标准化、定制化的配送运输服务。规范使用适宜农村地区配送的电动三轮车等经济适用车辆。推广运输的托盘、集装篮、笼车等标准化运载单元和专业化包装、分拣、装卸设备，提升农村快递作业效率、减少货损货差。鼓励企业配置先进适用的冷链检验检测设备，研制储藏保鲜、冷链运输的关键技术与装备，大力发展常温和冰鲜农产品的助农服务，支持特色农副产品输出，服务农民创业增收。

大力发展农村电商寄递。促进邮政、快递成为服务农村电子商务的重要渠道。鼓励和支持企业依托便民服务站、快递超市等平台和分销渠道资源，加快打造线上线下一体化的农村电商O2O平台。支持企业建设农村电商邮政、快递寄递网，解决农村电商“最初一公里”和“最后一公里”问题，促进农产品进城和工业品下乡的双向流通。构建邮政、快递与社会共同参与的县乡电商物流体系，鼓励邮政、快递企业为农村电商提供包装、仓储、运输标准化、定制化等一体化服务。

专栏5　农村电商寄递支撑工程

“快递下乡”工程。探索推动快递企业设立统一的快递服务中心，快递服务网络向下延伸设立乡镇“快递超市”，促进电商下乡，实现农产品进城。保证快递企业下的去、稳得住、能发展。初步实现工业品下乡和农产品进城的双向畅通。

农村电商邮政寄递网建设。推动邮政企业改扩建县级配送中心，形成以县级为节点的农村电商运营中心，促进城乡有效联动。以乡、镇邮政网点为基础，提升乡镇电商配送能力，配置配送车辆。整合村级邮政服务站点功能，加载村级电商服务功能或配备自助服务设施，构建统一、高效的邮政农村电商快递物流配送平台。

(六)服务“一带一路”战略,助力四川开放发展

做强邮政跨境包裹。引导市场主体更好服务“一带一路”战略。推动邮政、快递企业与海关共同开展电子数据交换、关税电子支付、全天候通关、移动清关、预清关等服务,推动建立邮件电子通关系统,提高通关便利性,缩短通关时间。支持邮政企业及其他市场主体合作,加强与航空、铁路的合作,创新与国外邮政企业以及电商平台的合作模式,采用多式联运、直达专线、总包直封等方式,加快跨境包裹寄递时限。引导市场主体拓展服务功能,为中小企业提供投递、仓储、运输、金融、通关、保险等跨境供应链服务。

服务四川企业走出去。积极支持重点邮政、快递企业通过多种形式拓展海外市场,发展国际服务网络,与大型国际快递企业实施多元化合作配送模式。积极引导有条件的快递企业布局跨境电商业务,积极服务四川本土企业走出去。在本省快递物流园区建设相对成熟基础上,总结经验,根据实际情况,移植到境外经贸合作区或跨境经济合作区等各类园区。

服务西南地区的跨境电商。鼓励国际国内航空快递企业入驻航空物流园区国际快件中心,建设区域性快件分拨中心和跨境电子商务运营中心,鼓励有实力的航空公司在成都设立货运基地公司,并依托直飞货运航线资源,大力发展“卡车航班”等多式联运,实现航空客流、货流的无缝衔接,打造西南航空快递枢纽中心。鼓励邮政、快递企业开展服务跨境电商业务,使跨境电商成为对外贸易发展新热点,加快转变外贸方式新抓手。

专栏6　跨境寄递拓展工程

跨境邮件、快件监管中心建设。推动建设中国邮政跨境电子商务(四川双流)产业园项目。依托成都高新综合保税区和成都空港保税物流中心发展跨境电商,把电子商务培育成为四川产品的重要流通渠道。推动成都跨境电子商务海关监管中心工程更新改造,继续提升成都航空港国际快件中心的容量和功能,推动将成都天府国际机场建设为航空快递货运枢纽。

跨境邮件、快件信息平台建设。推动建立成都“跨境邮件、快件申报平台”,与成都海关“跨境邮件、快件通关管理系统”进行数据共享和流程对接,提升跨境邮件、快件用户体验。

“一带一路”跨境包裹寄递通道建设。发挥成都双流机场区域性枢纽作用,推动建设面向欧洲、北美、东南亚和西亚的国际直达包裹运输通道;以“中欧班列”为支撑,推动国际陆海联运国际通道,推动“一带一路”沿线国家邮政企业和快递企业的直接合作,建设跨境邮件、快件直达专线。

(七)以“邮政业+”为抓手,实现产业联动发展

推进快递业嵌入制造业供应链。大力推进邮政快递服务制造业,为制造业在供应链、营销网络、核心竞争力等方面提供重要的支撑。围绕制造业基地、资源开发基地、农产品深加工基地等的建设,合理布局物流、仓储、分拣、零部件等配套协作基地,以供应链管理为纽带,整合制造业上下游资源,开展区域间配套合作,促进现代邮政业与制造业融合、联动发展。

推进邮政业与科技服务业联动发展。根据科技服务业发展趋势,结合全省邮政业发展基础和优势,加强与科技服务机构和龙头企业对接、联动,为研发设计、信息资源、科技文化融合、创业孵化、科技金融、科技中介、检验检测等科技服务业态集聚发展提供支持。

推动邮政与新型业态的融合。推广“邮政+商贸”、“邮政+金融”、“邮政+旅游”等新型业态,找准行业发展突破口,增值服务分层发展,客户分行业发展,推动邮政、快递服务与多产业融合发展、共享共进。鼓励邮政业与商贸流通发展共同配送,开展专业化、网络化、全流程的服务;鼓励邮政业与金融机构合作开展垫付货款、代理保险等增值业务,金融机构为邮政业提供更加便捷的个性化服务;利用邮政快递自身优势,搭载本土旅游资源宣传,推广特色旅游商品,融入地方经济社会发展大局。

专栏7　产业联动工程

邮政业与制造业联动工程。以成都平原经济区为核心,向北辐射川东北城市群,重点形成以电子信息、农产品加工、汽摩零部件、化工医药等特色优势产业为支撑的邮政业联动工程发展带;向南辐射川南城市群、攀西城市群,重点形成以食品饮料、白酒、装备制造等特色优势产业为支撑的邮政业联动工程发展带;向西辐射川西北生态经济区,重点形成以特色果蔬深加工、中藏药药材加工、民族手工艺品等特色优势产业为支撑的邮政业联动工程发展带。

快递入园、入区工程。推动邮政、快递服务进入科技园区、工业园区、高新技术开发区、旅游景区;推动设立区域专门的邮政快递功能区,在新建和改造过程中,实现同步规划,同步建设,同步运营。

(八)强化监管基础能力,实现安全绿色发展

加强邮政业安全监管力度。建立健全覆盖政府部门、企业和相关环节的人防、物防、技防等安全防控体系,落实企业安全主体责任、政府安全监管责任和用户安全用邮责任。完善安全管理制度,将寄递渠道安全监管纳入地方综合治理考评体系,实施属地监管、联动监管、片区化监管。严格落实邮件、快件收寄验视、实名收寄和邮件、快件过机安检的有关制度规定。强化重点地区、重点部位寄递渠道的安全防范工作。优化跨境邮件、快件监管中心场地设置,集中配备安检设备。加强行业寄递服务用户个人信息安全管理。提升企业经营管理及专业技术人员安全管理水平和收派、处理人员安全意识及禁寄物识别能力。建立综合应急机制,完善应急预案及演练的保障机制。

加强邮政监管机构组建。逐步推动县级邮政监管机构组建工作。积极加强市级邮政监管机构自身建设,优化和完善邮政业安全监管系统、邮政业监管信息化系统等保障平台的建设,提升邮政行政执法装备水平。加强邮政管理部门工作人员专业知识培训,不断提升管理水平。

建立诚信、安全、绿色邮政体系。妥善协调好邮政安全与成本、效率的问题,完善监管机构设置,加强邮政监管组织保障,构建"政府监管、企业自律、社会监督"三位一体的监督管理体系,强化行业协会约束作用。积极推进行业诚信体系建设,提升文明服务水平,着力解决非诚信经营、服务违规等突出问题,提升行业服务质量。强化企业社会责任建设,推行企业服务标准、质量管理和监督制度。加快建设绿色邮政,切实减少收寄、分拣、封发、运输、投递等各个环节对环境的污染和资源消耗,推进新技术在邮政行业的应用,推广环保技术材料,推动运输节能减排,实现邮政业"低污染、低消耗、低排放、高效能、高效率、高效益"的发展。

专栏8 监管能力提升工程

邮件、快件安全监管"绿盾"工程。加强企业安检能力建设,引导企业按照标准配备安检设备,全面落实邮件、快件收寄验视、实名收寄、过机安检三项制度。推动企业更新终端设备、改造信息系统。提升信息技术支撑能力,运用互联网和大数据技术,实现市(州)邮政业视频监控系统建设全覆盖,将企业处理中心和主要网点接入监控系统。

综合管理及执法信息平台建设。建设以执法检查、行政审批、邮件监控、消费申诉、诚信评价等为一体的邮政管理综合信息平台。实现监管过程动态化、透明化。加快行政执法信息化建设。争取邮政行业执法软件系统全覆盖,配置集手提电脑、打印机、身份证读卡器等便携式移动执法终端设备。

四、保障措施

(一)加强组织领导实施

加强组织领导,完善协调机制,按照职责分工,统一思想、凝聚力量,充分调动各方面积极性,采取有力措施,确保各项任务落到实处、见到实效,推动全省邮政业发展"十三五"规划落实。各市(州)要结合本地行业实际制定具体落实方案,加强与政府部门的协调、协商,重点做好与城乡建设、交通运输、物流、电子商务等相关专项规划衔接。明确职责分工,强化协调配合,积极落实相关保障措施,做好规划主要任务与年度工作计划的有效衔接,及时总结反馈实施过程中出现的新情况、新问题。

(二)争取落实相关政策

积极贯彻落实国务院《关于促进快递业发展的若干意见》、《关于大力发展电子商务加快培育经济新动力的意见》,以及省政府和相关部门出台的《关于促进快递业健康发展的实施意见》、《关于印发四川省物流业发展中长期规划(2015—2020)的通知》、《关于加快电子商务产业发展的实施意见》、《关于印发四川省五大新兴先导型服务业发展工作推进方案的通知》、《关于印发四川省促进农村电子商务加快发展实施方案的通知》、《关于印发四川省物流园区发展规划的通知》、《四川省促进现代物流业发展专项资金管理办法》、《关于促进四川农村地区快递服务规范发展的指导意见》等文件提出的发展改革、财政、税收、土地、人才等扶持政策,积极争取地方政府将邮政业明确纳入本地区电子商务、物流、服务业等产业发展的政策保障和资金支持对象,在城乡规划中合理规划布局邮政快递设施和网点、快递园区和仓储用地,在土地利用总体规划和年度供地计划中合理安排快递园区建设用地。各市(州)邮政管理部门要进一步加强与地方政府和相关部门的工作对接,切实做好相关政策在本地区的贯彻落实工作。

(三)全面推进依法治邮

切实推进《四川省邮政条例》的修订。积极推进邮政管理部门法治能力建设,完善部门权力清单、责任清单、负面清单制度。提高邮政管理部门工作人员的法治思维和依法行政能力,将依法治邮建设

成效纳入绩效考核和依法履职的工作目标，作为领导干部选拔任用、培养管理、激励约束的重要依据。严格规范公正文明执法，加强行政执法规范化建设，建立执法全过程记录制度，完善执法程序，健全完善邮政行政裁量权基准制度。强化内外部制约和监督，邮政管理部门要主动接受监督，贯彻落实邮政行政执法监督办法，加强配套制度建设。全面推进政务公开，各级邮政管理部门要向社会公开法定职能、法律依据、实施主体、职责权限、管理流程、监督方式等事项，贯彻落实行政执法信息公开制度。开展行业“七五”普法工作，为实现邮政业治理体系和治理能力现代化提供保障。

（四）营造公平竞争市场

按照《中华人民共和国邮政法》《邮政普遍服务监督管理办法》《快递市场管理办法》等法律法规的要求，加快制定完善配套制度。加强对国家强制性标准实施的监督检查，统一执法，以市场化手段引导企业进行结构调整和转型升级。加大对邮政快递市场的监督检查力度，打击各种违法违规经营行为，做到合法入市，守法经营，有序退出，维护消费者合法权益。确保企业服务质量。加强与综治、公安、国家安全、交通运输、安监等部门的执法协作，建立信息共享和联合执法机制，形成寄递渠道安全监管合力。

（五）加强人才企业培育

培育带动能力强、增长潜力好、品牌影响大的骨干企业，成为带动行业发展的龙头；鼓励企业建立和完善现代企业制度；支持企业总部在川设立区域总部和转运中心。深入实施“人才强邮”战略，推进从业人员素质提升工程，建设一批国家级行业人才培养基地。重点培养企业经营管理领军人才，造就一批具有国际视野、创新能力和开拓精神的优秀企业家。扩大专业人才队伍规模，提高专业水平和创新能力。加强职业培训，提升技能人才队伍的职业素质，大力培养高技能人才。

24. 贵　州

贵州省农村邮政快递综合服务平台建设实施工作方案

（贵州省邮政管理局制订　2016年1月14日贵州省人民政府办公厅转发　黔府办函〔2016〕10号）

乡镇邮政快递网点覆盖全省、扎根农村，将乡镇邮政快递网点打造成功能完善的农村综合服务平台，有助于推动农村地区各项生产生活服务的有机整合，对于活跃我省农村商流、物流、资金流、信息流，拉动农村生产与消费，提升农民幸福感，建设美丽乡村具有重大意义。为加快推进农村邮政快递综合服务平台建设，特制定本工作方案：

一、总体要求

坚持“以人为本、政企共建、分级负责”的原则，以“四在农家·美丽乡村”基础设施建设为支撑，突出建设电商服务平台、便民服务平台、交邮服务平台、“三农”服务平台、普惠金融服务平台五大重点任务，强化统筹协调、财政补贴、岗位扶持、试点示范四个工作保障，全力推进农村邮政快递服务平台建设，加快构建种类齐全、便捷安全、流通迅速、带动发展的农村邮政快递综合服务体系，不断提升农村基本公共服务水平，为我省农村地区实现全面小康提供强大动力。

二、工作目标

通过省、市、县、乡四级联动、各部门大力支持和社会广泛参与，结合“四在农家·美丽乡村”小康讯基础设施建设，逐步设立农村邮政快递综合服务平台，到2016年实现全省邮政网点“乡乡设所，村村通邮”，到2017年建成700个农村邮政快递综合服务平台，在提供邮件收寄、报刊订投的基础上，逐步搭载电商购销、农村金融、快件收投、农资销售、客运服务、政务服务、代收代缴等多种惠农服务功能，努力满足农民“足不出户、畅享服务”的需求。

三、主要任务

（一）打造电商服务平台

1. 逐步建成农村“电商超市”。充分依托邮乐网、邮掌柜、贵州电子商务云和贵州农经网等网购平台和淘宝、京东等电子商务主流平台，逐步将农村邮政网点建设成“电商超市”，全力拉动农村网络交易需求，全面开拓农村新的销售渠道和市场，为我省重点打造的“五张名片”和农、特产品提供外销服务，推动农产品进城、本省产品东进、出港、出关，让更多的“网货下乡、农货进城”，逐步实现“购物不出村、销售不出村、创业不出村”的全新农村生活模式。（牵头单位：省邮政管理局；责任单位：省经济和信息化委、省农委、省商务厅、省气象局、中国邮政集团公司贵州省分公司）

2. 提供“电商”购销及快递服务。利用农村邮政网点为群众提供网购集成服务，尝试为农户代开网店，提供银行卡（含信用卡）、网银等网上金融服务，提供及时、准确、安全、便捷的现代化快递物流服务，逐步将农村邮政网点打造成为集“商品销售＋网络代购＋农产品进城＋公共服务＋普惠金融”为一体的农村电子商务重要平台。（牵头单位：省商务厅；责任单位：贵州银监局、省邮政管理局、中国邮政集团公司贵州省分公司）

3. 依托大数据提高运营效率。借助我省大力发展以大数据产业为引领的电子信息产业发展的机遇，加快农村邮政网点信息化建设，以科技创新推动邮政传统服务转型升级。对我省出省产品进行流向流量分析，建立适合我省特点的农、特产品用户分类信息库，有针对性地开展宣传促销活动。依托大数据开展电商货源组网配送，减少空载，降低物流成本。（牵头单位：省商务厅；责任单位：中国邮政集团公司贵州省分公司）

4. 注重发挥网络资源优势。探索基层邮政网点投递资源向各品牌快递企业开放，加载快递服务功能，不断拓展服务领域，丰富服务内容，实现寄递服务渠道的多元化。（牵头单位：省邮政管理局；责任单位：中国邮政集团公司贵州省分公司）

（二）打造便民服务平台

1. 整合便民服务功能。充分发挥邮政品牌优势，统筹“四在农家·美丽乡村”六项行动计划各项后期服务保障，采取整乡（镇）、整村推进的方式，全面开展水费、电费、收视费、通讯费等代缴费、商旅票务、交通违法处理等便民业务，积极探索办理便民汇款、跨品牌代理快递等创新业务，满足农村发展新需求。（牵头单位：省邮政管理局；责任单位：中国邮政集团公司贵州省分公司）

2. 整合公共服务功能。鼓励县级及乡（镇）政府把适合由社会组织提供的公共服务和解决的事项，交由乡镇邮政网点办理。通过购买公共服务的模式，将涉农的项目交给邮政企业负责落实，逐步将乡镇邮政网点打造成为政府服务农村的重要平台。（牵头单位：各市〔州〕人民政府、贵安新区管委会；责任单位：中国邮政集团公司贵州省分公司）

3. 整合旅游服务功能。支持邮政企业在游客集中的主要景区设置服务网点，提供邮政快递服务，方便游客采购寄递贵州特产。通过明信片、集邮票品等载体，宣传我省自然风光、民俗民情、美丽乡村、乡村旅游，尤其是100个旅游景区，实现以邮促游。各级政府要鼓励邮政、快递企业创新服务，对符合创新服务条件的给予适当扶持，并将邮政快递综合服务平台纳入景区规划建设内容，实现同步规划、同步建设、同步投入使用。（牵头单位：省旅游局；责任单位：各市〔州〕人民政府、贵安新区管委会、省邮政管理局、中国邮政集团公司贵州省分公司）

（三）打造交邮服务平台

1. 推进业务融合。支持农村邮政网点为交通运输企业代售长短途及城际联网客票，及时公布客运信息和相关规定，方便群众了解出行信息，推进信息平台共享，实现客运查询系统、邮政查询系统的链接并互相公布公开信息。鼓励有条件的地区在农村客运站点设置邮政服务窗口。（牵头单位：省邮政管理局；责任单位：省交通运输厅、中国邮政集团公司贵州省分公司）

2. 推进业务合作。探索县到乡（镇）的客运班车代运邮件和快件方式，建立健全邮件快运服务体系，降低寄递服务成本，提高经济效益。鼓励邮政、快递企业与交通运输企业在县乡开展农资配送平台建设、工业品下乡和农产品进城运输、快件以及分销商品捎带等方面合作。（牵头单位：省邮政管理局；责任单位：省交通运输厅、省经济和信息化委、省农委、省商务厅、中国邮政集团公司贵州省分公司）

3. 构建三级农村物流体系。以农村邮政网点为重点，依托邮政信息化网络与村邮站平台，构建“县城—乡镇—行政村”三级农村物流体系，逐步建设具有邮政仓储、交通运输、快递物流配送等功能的农村综合邮政快递服务站。（牵头单位：省邮政管理局、省交通运输厅；责任单位：中国邮政集团公司贵州省分公司）

（四）打造“三农”服务平台

1. 整合农资产品经营业务。支持邮政进入农资市场，鼓励邮政企业发展连锁经营，邮政企业及其所属连锁邮政“三农”服务网点经批准可以经营化肥等农资产品，并依法向所在地工商行政管理部门申

请办理登记手续。(牵头单位:省工商局、省农委;责任单位:省邮政管理局、中国邮政集团公司贵州省分公司)

2. 建设农资经营网络。支持邮政企业与交通运输企业合作,依托农村邮政网点和村邮站,逐步设立乡镇物流配送中心。支持邮政企业与供销社、贵州农经网合作,建设"三农服务站",逐步形成遍布城乡、覆盖全省的"省—市—县—乡—村"五级连锁的农资经营网络,提供分销配送业务。(牵头单位:省供销社、省邮政管理局;责任单位:省交通运输厅、中国邮政集团公司贵州省分公司、省气象局)

3. 提升服务"三农"能力。邮政企业要加强与贵州农经网、农技推广等部门合作,利用农村邮政综合服务平台配合做好农业技术宣传、推广和普及,逐步打造"连锁经营+配送到户+科技服务"的邮政服务"三农"新模式,提供"要货不出村、服务送上门"的零距离服务。农业部门要加强对邮政企业的培训和指导,不断提高邮政科技服务"三农"的水平。(牵头单位:省邮政管理局;责任单位:中国邮政集团公司贵州省分公司、省农委、省气象局)

(五)打造普惠金融服务平台

1. 建立健全农村普惠金融服务体系。支持邮政企业在农村地区增设邮政代理金融网点,布放离行式自动取款机(ATM)或存取款一体机(CRS),提供全方位、多品种、多功能的金融服务,满足农村群众存取款、转账、缴费等金融服务需求。鼓励邮政企业根据农村市场需求提供代理保险、代售理财产品、代销基金等理财业务,并通过网上银行、手机银行等电子渠道为农村群众提供更为广泛的交易平台,逐步构建多层次、多元化的农村现代金融电子服务体系,不断完善农村金融服务体系。(牵头单位:贵州省银监局;责任单位:中国邮政集团公司贵州省分公司、中国邮政储蓄银行贵州省分行)

2. 延伸代理金融服务。支持邮政企业在较大乡镇、行政村及群众活动集中地设立邮政代理金融便民服务点,通过定时定点服务的方式不断向农村延伸代理金融服务;鼓励邮政企业在人口较少、经济环境相对落后、金融服务需求较小的乡镇和村寨通过流动服务方式提供便捷的代缴、代扣费等基础金融服务,不断解决农村"存款难、取款难、汇款难、缴费难"等突出问题。(牵头单位:省银监局;责任单位:中国邮政集团公司贵州省分公司、中国邮政储蓄银行贵州省分行)

3. 提供便民金融服务。支持邮政企业在邮政农村电商点、村邮站、烟草款结算服务点、千乡万村放心店及农资销售点等在当地有公信力、有条件的商户布放助农取款机,建设助农取款点,提供现金汇款、转账汇款、小额取款、修改密码、补登折、查询账户余额等便民服务,逐步构建多层次、广覆盖、可持续的农村支付环境。(牵头单位:人民银行贵阳中心支行;责任单位:中国邮政集团公司贵州省分公司、中国邮政储蓄银行贵州省分行)

四、政策措施

(一)加强组织领导。各级、各有关部门要坚持和利用好"四在农家·美丽乡村"小康讯行动创建工作中已建立的工作机制,结合工作职责,加强组织协调,加快推进农村邮政快递服务平台建设,定期将工作推进情况报省邮政管理局汇总。(牵头单位:各市〔州〕人民政府、贵安新区管委会、省邮政管理局)

(二)加大资金支持。各地要将邮政基础设施建设和邮政快递综合服务平台建设纳入新农村建设规划,并在服务业发展引导支持资金、电子商务进农村国家级和省级示范县资金中安排一定比例给予支持。要结合实际,对在偏远乡镇和村寨由邮政部门建设完成验收的农村邮政网点和村邮站等基础设施给予适当补助,在邮政快递服务本地农、特产品外销等方面出台扶持政策,给予资金补贴。(牵头单位:各市〔州〕人民政府、贵安新区管委会)

(三)加强岗位扶持。要按照国家和省有关规定,在乡镇、村的邮政综合服务机构设置公益性岗位。公益性人员用工由邮政企业会同当地人力资源社会保障部门在就业困难人员中聘用,邮政企业免费负责业务培训和工作指导并按规定支付相应报酬。(牵头单位:省人力资源社会保障厅;责任单位:各市〔州〕人民政府、贵安新区管委会,中国邮政集团公司贵州省分公司)

(四)强化资源整合。要将农村邮政基础设施作为服务"三农"、服务农村电商的重要环节,支持邮政服务延伸到村,把村邮站(村级邮件接收场所)等农村地区公共取送点建设与"万村千乡市场工程"、农村书屋、村卫生室创建等公共设施统一规划,协调推进。要引导村委会在村级办公场所或村级综合服务站提供场地,并安排人员开展邮政等农村综合服务,综合解决农村"最后一公里"问题。(牵头单位:省邮政管理局;责任单位:各市〔州〕人民政府、贵安新区管委会,省商务厅、省新闻出版广电局、省卫生计生委、中国邮政集团公司贵州省分公司)

(五)开展试点示范。在全省范围内选择一批农村综合服务和快递物流需求旺盛及发展潜力大、基础条件好、特色鲜明的乡镇，通过示范建设，在建设模式、服务综合、资源共享、市场培育等方面进一步创新，及时总结发展经验，加强宣传和交流推广。（牵头单位：省邮政管理局；责任单位：各市〔州〕人民政府、贵安新区管委会，中国邮政集团公司贵州省分公司）

贵州省邮政业发展“十三五”规划

（2016年12月27日）

邮政业是国家重要的社会公用事业，是服务业的关键产业，是推动流通转型、促进消费升级的现代产业，是物流领域的先导产业，对推动供给侧改革，加快培育发展新动能具有重要作用。“十三五”时期是贵州省实现转型跨越、同步全面建成小康社会的决胜时期，也是全省邮政业深化改革、增强活力、提升服务、加快发展，不断满足全省经济社会发展和人民生活需要的重要时期。根据《贵州省国民经济和社会发展第十三个五年规划纲要》，结合贵州省邮政业发展实际，制定本规划。

一、贵州省邮政业“十二五”发展回顾

“十二五”是贵州省邮政业有史以来得到各级政府高度重视、政策支持力度最大的五年，是行业规模扩大、发展速度最快的五年，是市场从业主体增多、快递业务发展最好的五年，是网络更加完善、保障能力最强的五年，是邮政体制改革不断深化、行业发展环境最优的五年。尤其在党的十八大、省委十一届五次全会以来，全省邮政业围绕中心、服务大局，坚持强基础、优环境、促发展、惠民生、保安全，行业迅速发展，全面完成“十二五”规划的各项目标任务。

（一）政府高度重视，政策支持力度不断加大

2011年以来，各级政府高度重视邮政业发展。国务院将“加快邮政普遍服务体系建设”写入《国务院关于进一步促进贵州经济社会又好又快发展的若干意见》，出台了《关于促进快递业发展的若干意见》，国家邮政局出台《关于支持贵州省邮政业又好又快发展的意见》，成为全国第一个由国家邮政局专项发文支持发展的省份；省委、省政府领导对邮政业发展多次作出指示批示，“乡乡设所、村村通邮、网点改造、快递下乡”四项重点工程列入“四在农家·美丽乡村”基础设施建设六项行动计划，写入《政府工作报告》，纳入政府年度重点工作和民生实事工程，相继出台了《省人民政府办公厅关于促进快递业加快发展的实施意见》、《贵州省关于进一步加快商贸物流发展做好配送工作的指导意见》等系列文件，有力地支持了邮政业的发展。省委、省政府和国家邮政局领导亲临贵州（双龙）快递物流园区视察，对加快我省邮政业发展提出了具体要求，指明了方向。各快递企业总部出台了对我省快件投递的补贴政策，五年时间共补贴我省快递企业3亿多元，有效解决了快递企业可持续发展问题。各市（州）党委、政府高度重视，积极采取措施，支持邮政业发展。

（二）行业规模扩大，发展速度不断加快

“十二五”期间，邮政业总体规模持续扩大，发展速度不断加快，增速位居全省各行业前列，综合实力显著提升，为地方经济发展形成了有力支撑。邮政业务总量从2010年的15.50亿元上升到2015年的33.77亿元，年均增长16.85%。邮政业务收入从2010年的13.26亿元增长到2015年的35.02亿元，年均增长21.43%，较全省GDP增速高8个百分点。其中，快递业务量从2010年的1120.92万件上升到2015年的7034.25万件，年均增长44.39%。快递业务收入从2010年的2.95亿元增长到2015年的13.24亿元，年均增长35.02%，较全省GDP增速高21.96个百分点。

（三）市场主体增多，快递业务发展态势不断向好

随着全省经济社会的发展，快递服务需求不断增长，快递服务呈现快速发展态势，快递市场从业主体不断增加。截止2015年底，全省快递业从业人员16528人，较2010年增加14469人；快递许可企业325家，与2010年相比翻了三番多；分支机构1792个，增加1696处，快递市场主体数量总体增长了18.67倍；服务车辆2441台，增加1987台。“快递下乡”工程成果显著，快递服务覆盖率持续提升，布局重点乡镇、旅游景点和少数民族特色村寨，服务网络延伸到基层，以寄递脱贫助力全省扶贫减困，初步形成了多种经营模式共生、各市场主体之间相互竞争合作的市场格局。邮政速递物流、申通、中通、圆通等8家快递企业投资7亿元，启动首个省级快递园区—贵州（龙里）快递物流园建设，吸纳物流、电商、仓储、

农产品加工等企业入驻，带动产业链上下游的电子商务、仓储配送等关联产业发展，快递企业在发展经济和服务民生等方面的基础性作用日益显现。

（四）网络日趋完善，服务保障能力不断增强

“四在农家·美丽乡村”行动计划的实施，有力地推进了邮政基础设施建设，在省政府和相关部门大力支持下，地方配套资金6251万元，建设了658个空白乡镇邮政局所网点，实现了“乡乡设所”目标；通过由村委会提供场地和其他设置方式，陆续建成村邮站（邮件接收场所）1058个，在此基础上，邮政企业通过流动服务、捎转服务等形式，基本实现了“村村通邮”目标。实施邮政基础设施改造工程，完成危旧网点改造412处，累计新增或更新邮政车辆288辆；协调省住建厅，将住宅楼信报箱建设纳入廉租房基础设施配套建设范畴。邮政基础设施条件得到明显改善，服务能力得到进一步提升。

（五）深化体制改革，行业发展环境不断优化

完成市（州）邮政管理局组建任务，形成省、市两级邮政管理体制，启动贵安新区邮政事业发展办公室组建工作。完成《贵州省邮政条例》修订工作，强化行业法律支撑。进一步落实简政放权，先后将33项职权下放市（州）局，实现执法重心下沉。健全完善安全管理制度，不断夯实安全基础，切实强化行业安全管理，成立全省寄递安全管理工作领导小组，印发《关于加强邮件快件寄递安全管理工作的实施方案》，形成多部门对寄递渠道安全“齐抓共管”的良好局面。实行行政审批中安全事项前置审查制度，加强从业人员安全培训，开展行业职业技能鉴定考试培训8467人次，有效降低行业发展安全隐患。

二、“十三五”贵州省邮政业发展面临的机遇与挑战

“十三五”是贵州省与全国同步建成全面小康社会的重要时期，经济发展、民生改善既对邮政业发展提出了更高的要求，也给邮政业发展带来了难得的机遇。

（一）面临的机遇

1. 国家实施区域发展战略，有利于贵州加快构建西南寄递集聚仓配疏散枢纽

“十三五”时期，国家将推进新一轮高水平对外开放，大力实施“一带一路”、长江经济带、京津冀协同发展、珠江—西江经济带等区域发展战略。贵州省地处丝绸之路经济带和海上丝绸之路的中间联接地带，是连接长江经济带与珠江—西江经济带的纽带，战略地位十分重要。这些区域发展战略的实施，为贵州省邮政业加快融入重点区域发展，积极参与国际国内合作，拓展资源配置和要素引进空间，加快构建西南寄递集聚仓配疏散枢纽提供了良好契机。

2. 贵州实施大扶贫战略行动，有利于扩大群众用邮需求、促进邮政业加快发展

“十三五”时期，贵州将实施大扶贫战略行动，以“四在农家·美丽乡村”六项行动计划为抓手，着力改善贫困地区和贫困群众生产生活生态条件。随着同步建成小康社会步伐的加快推进，邮政业公共服务的内涵将不断丰富，需求将不断增长，迫切需要加大投入、增加供给、拓展范围。邮政普遍服务需要通过开放网络和提升水平，为承接社会公众新需求、促进消费公平、统筹城乡发展创造条件；快递服务需要强化农村网络基础，补齐短板，创新方式，提升能力，破解农村邮政设施不足和渠道不畅的“瓶颈”，改善农村用邮环境。

3. 贵州实施大数据战略行动，有利于邮政业实现转型升级

“十三五”时期，贵州将实施大数据战略行动，推进大数据集聚、融通和应用。大数据的应用和发展，正在深刻地改变着我们的生产和生活，同时也对邮政业提出了转型升级的要求。物联网、大数据和云计算将成为邮政业提高供给能力、提升运行效率、改善用户体验、确保安全运营的重要支撑。邮政业市场竞争模式也将发生转变，更多的企业将由依赖低人力成本的价格竞争转向更依赖新技术应用的差异化竞争。邮政职能部门履职效能亦将大幅提升，监管、服务和决策将更加智能化。

4. 贵州现代综合交通运输体系日趋完善，有利于邮政业优化干线运输网络布局、扩大邮政通达深度

2015年底，贵州已实现“县县通高速”，公路出省通道达到28条，高速公路里程达到5100公里；高铁贵广线、沪昆线东段相继建成通车，沪昆线西段、渝黔线和成贵线等高速铁路正在抓紧建设中，到2020年铁路营业里程将达到4400公里。龙洞堡机场的改扩建、遵义机场、毕节机场、六盘水机场、黔东南机场相继建成通航。“十三五”期间，贵州将按照建成布局合理、功能完善、衔接畅通、安全高效的综合交通运输体系的要求，大力推进以铁路和轨道交通、水运、机场为重点的新一轮基础设施建设，着力国省干线公路改造和农村公路建设。综合交通运输体系的日趋完善，有利于邮政业优化干线运输网络布局，配套建设核心枢纽和城市配送节点；有利于改善邮件快件运输组织方式，提升邮件快件运输效率和扩大寄递物品种类；有利于扩大邮政通达范围，实现对广大农村地区的全覆盖。

5. 贵州继续实施“5个100工程”，有利于邮政业基础设施建设、拓展服务范围

“十三五”时期，贵州将继续实施“5个100工程”，集中打造100个产业园区、100个高效农业示范园区、100个旅游景区、100个示范小城镇和100个城市综合体。随着“5个100工程”的深入推进，为邮政业发展与之相配套的仓储、物流提供了良好的基础。特别是实施100个示范小城镇、100个城市综合体建设，将加快贵州城镇化步伐，为邮政业拓展服务范围提供了广阔的空间。

6. 贵州市场需求不断扩大，有利于邮政业与电子商务和制造业进一步融合发展

“十三五”时期，贵州将把扩大消费需求和改善民生紧密结合，建立健全促进消费潜力不断释放的长效机制。随着市场需求的进一步释放，信息交流、物品交换和资金流通等活动将更加频繁，电子商务、电视购物等新型业态将迅猛发展，社会对个性化消费、生产、服务和配送的需求亦将迅速增长。邮政业通过提供寄递服务，将加入社会生产与消费的产业链、供应链和服务链，成为其中重要环节。邮政业与电子商务和制造业更紧密融合，三者将形成相互依存、相互促进、共同发展的新格局。

（二）面临的挑战

1. 基础设施建设滞后问题亟待解决

“十二五”时期，贵州邮政基础设施建设虽有较大发展，但离满足邮政业快速发展的需要还存在较大差距。截止2015年底，除基本建成省级双龙快递物流园区外，各市（州）邮政、快递物流园区尚处于规划建设阶段，市（州）、县（区）两级分拣中心大多不能满足业务发展需求，基础设施建设滞后已经成为制约邮政业持续快速发展的主要制约因素。

2. 快递业发展质量亟待提高

“十二五”时期，贵州快递业虽然发展很快，但企业加盟制占比高，规模小、自动化程度低、融资能力弱，加之缺乏长远发展规划、创新发展的内生动力薄弱，发展质量不高。由于未形成差异分级，快递企业低价低质恶性竞争明显，一些企业面临较大挑战。

3. 从业企业迫切需要转型发展

随着互联网和电子技术应用的迅速发展，传统的信函业务不断萎缩，邮政普遍服务业务迫切需要寻找新的增长点；随着电子商务和网上购物迅速发展，快递业迫切需要与电子商务高度融合，转型发展。随着企业外包方式和供应链模式的推广应用，邮政业迫切需要与制造业融合，成为供应链中重要的一环。如何与电子商务、制造业融合，形成相互依存、相互促进、共同发展的新格局，已经成为邮政业必须面对的新课题。

三、总体思路、基本原则和发展目标

（一）总体思路

围绕建设现代邮政目标，以科学发展为主线，以深化改革为动力，以建设普惠邮政、智慧邮政、安全邮政、诚信邮政、绿色邮政为抓手，大力实施邮政业攻坚行动计划。即：贯穿一条主线。以推动行业创新发展为主线，加快形成上下游有机衔接、大中小企业共同参与、产学研紧密结合的行业创新格局。强化两项服务。强化邮政普遍服务，提高普遍服务均等化水平，创新普遍服务提供方式，提升机要通信服务水平；强化特色快递服务，抢抓电子商务和快递物流协调发展试点机遇，吸引更多电子商务企业布局建设区域性节点，积极培育农村快递市场，大力发展跨境保税快递。发挥三个优势。发挥邮政业在推动流通方式转型、促进社会消费升级、引领物流发展三个方面的优势，为我省转方式、调结构、促就业、惠民生提供重要保障。打造五个平台。打造电商服务平台、便民服务平台、交邮服务平台、“三农”服务平台、普惠金融服务平台，加快构建种类齐全、方便安全、流通快捷、带动发展的农村邮政综合服务体系，为我省推进供给侧结构改革、全面实现小康提供持续推力。构楗六级网络。构建以省级邮（快）件处理中心—市级分拨枢纽—县级转运中心—乡镇寄递场站—村邮站，以及末端配送网点为核心、六级联动的邮政快递物流网络体系，释放内生动力，满足生产生活和商贸寄递流通的多元化需求。

（二）基本原则

1. 突出重点，提质增效

针对发展薄弱环节、能力欠缺的重点区域，完善基础网络，优化资源配置，强化配套衔接，保障通信服务、全面提升寄递能力和水平。按照保基本、促提高的要求，全面提升邮政普遍服务的便利化水平和对电商网购的支撑能力。按照强网络、促发展的要求，全面提高快递网络的覆盖面和均衡度。

2. 政府引导，多方参与

充分发挥各级政府引导邮政业发展的积极作用，制定出台支持邮政业发展的政策措施，建立和完善邮政业发展的监督管理制度。积极发挥市场在资源配置中的决定性作用，在竞争性业务中坚持投资

主体多元化、经营管理企业化、运作方式市场化。

3.多措并举,强化保障

充分发挥各级政府发展邮政业的积极性,不断完善国家、省、市、县多方参与的共投共建邮政基础设施机制。采取多种政策措施,整合各种有利资源,加快邮政基础设施建设。充分调动社会力量参与邮政基础设施建设的积极性,不断加快邮政业基础设施建设。

4.加快转型,加速发展

坚持把转型发展作为现代邮政业发展的根本路径,以邮政业务结构调整为着力点和突破口,把邮政业发展成为现代服务业的新增长点。不断扩大市场规模,补齐短板,缩小差距,提高企业竞争实力,增强邮政业发展协调性、包容性、可持续性。

5.建立制度,绿色发展

根据绿色发展、低碳发展、循环发展的要求,制定邮政业绿色发展制度,减少收寄、分拣、封发、运输、投递等各个环节对环境的污染和资源消耗,实现邮政业“低污染、低消耗、低排放、高效能、高效率、高效益”发展。

(三)发展目标

行业服务质量和服务水平显著提升,行业收入占全省地区生产总值的比重显著提高,行业创新发展的后劲显著增强。到2020年,力争把贵州建设成为西南地区邮政快递业中转枢纽。

1.发展规模

到2020年,基本建成普惠城乡的邮政服务体系,大幅提高邮政服务的经济效益和社会效益。行业业务总量超过73亿元,业务收入超过74亿元,其中,快递业务量突破2.6亿件,快递业务收入突破40亿元。基本实现乡乡有网点、村村通快递,打通“黔货出山”和“网货下乡”的双向流通渠道,快递年服务用户7.5亿人次,日均服务用户200万人次。全行业累计新增就业岗位7000个以上。

2.创新能力

坚持需求导向和产业化方向,加快提升行业在科技研发应用、服务网络建设、产品体系拓展、商业模式转变等方面的创新水平,业内主要企业基本实现服务功能多样化、寄递服务便捷化、内部作业自动化、生产组织信息化。

3.服务能力

构建普惠城乡、网络共享、功能集成的邮政普遍服务网络,保障邮政基本公共服务均等化和便利化。构建覆盖全省城乡、联通全国的快递服务网络。完善农村快递服务网,实现乡乡设网点、村村通快递。

4.服务水平

邮政普遍服务全面达到服务标准,建制村基本实现直接通邮。快递服务质量不断提升,快件延误率、损毁率、丢失率和申诉率控制在目标值以内。避免发生重特大安全事故。邮政普遍服务和快递服务满意度位居省内公共服务前列。

5.竞争实力

邮政企业不断做优做强,快递企业继续发展壮大,新增3家业务收入超亿元,年业务量千万件的快递企业集团。形成5个收入规模超千万元、省内领先、具有一定竞争力和影响力的邮政快递服务品牌。

“十三五”时期贵州省邮政业发展指标

类别	指标	2015年	2020年	年均增长率
发展规模	邮政业业务总量(亿元)	33.77	74	17%
	快递业务量(万件)	7034.25	26116	30%
	邮政业业务收入(亿元)	35.02	73.55	16%
	快递业务收入(亿元)	13.24	40.44	25%
	快递日均服务用户(万人次)	68	200	24.2%
	新增就业岗位(个)	—	7000	—

续表

类别	指标	2015年	2020年	年均增长率
创新能力	智能快件(包裹)箱安装格口数(个)	65500	225000	28%
	重点快递企业枢纽型分拨中心自动化分拣设备配置累计数量(个)	4	10	—
	重点企业新能源汽车保有量(辆)	67	360	40%
	重点快递企业乡镇网点覆盖率(%)	30.4	100	—
	重点快递企业标准化门店比例(%)	14	80	—
	快递物流园区累计数量(个)	1	8	—
	用于省内快递运输专用货机数量(架)	0	1	—
服务水平	建制村直接通邮比例(%)	62.8	100	—
	邮政普遍服务满意度(分)	74.2	80—85	—
	快递服务满意度(分)	74	78—82	
	业务收入超亿元的大型企业集团(家)	2	5	—
	业务收入超千万元的快递服务品牌(个)	3	5	—

四、主要任务

(一)提升行业服务普惠水平

加强邮政服务网络建设,加强农村邮政普遍服务网点运营保障,促进乡镇邮政局所平稳运营,多形式推动村邮站建设,不断完善邮政普遍服务体系。完善快递服务网络建设,建设一批市、县级现代化快递物流园区和分拨中心,力争将贵州快递物流园打造成为西南地区重要的快件集散中心。引导邮政、快递企业通过市场机制实现网点共享、优化资源,推动快递网络在农村地区的延伸,基本实现快递业务“乡乡有网点、村村通快递”。加强邮政、快递企业与交通、农民专业合作社和供销社等部门合作,叠加服务功能,打造“一站式”农村邮政快递综合服务平台。

(二)促进快递业提质增效

以“互联网+”快递为发展方向,依托大数据技术,促进快递业与电子商务融合发展,与特色农业、生产制造业、批发零售业、金融业等协同发展,与综合交通运输网络深度衔接。大力实施品牌战略,打造一批快递品牌企业。推动快递服务模式变革,发展农特产品快递、开发进出境快递、探索“仓储+干线运输+落地配”等运营模式,促进快递企业向综合型快递物流服务运营商转型。培育壮大快递企业,鼓励各类社会资本依法进入快递领域,支持快递企业兼并重组、上市融资。

(三)提高行业信息化水平

大力实施信息化引领的科技兴邮战略,围绕“传统+创新”,加强对传统业务进行信息化改造,逐步开发电子信息类新业务。围绕“业务+技术”,鼓励邮政企业、快递企业利用信息化和自动化技术,在收寄、分拣、运输、投递等业务环节实现需求挖掘、智能分拣、高效运输、便捷追踪及精确投递,降低服务成本,提高服务效率。

(四)加强行业监管能力

贯彻落实以《中华人民共和国邮政法》为核心的各项邮政法律法规,全面加强行业管理。加强对邮政普遍服务和特殊服务的监督检查,依法实施快递市场准入制度,规范快递企业经营行为,推进公平竞争、维护市场秩序。发挥行业协会作用,完善“政府监管、行业自律、社会监督”三位一体的邮政行业监管体系。强化安全监管,实施寄递渠道安全监管“绿盾”工程,落实寄递渠道安全制度,加强重点区域、重点部门寄递渠道的反恐和安全防范工作。

(五)提升从业人员素质

积极开展职业技能鉴定,提高快递从业人员持证比例。鼓励高等院校和中等职业学校设置物流管理相关专业,加快培养快递物流管理相关专业紧缺人才。鼓励校企合作,支持职业院校订单式培养。做好农村劳动者、返乡农民工加入快递行业的职业资格培训、岗前培训和就业指导。

五、重点工程

(一)邮政快递物流网络构建工程

“十三五”期间,逐步构建以省级邮(快)件处理中心—市级分拨枢纽—县级转运中心—乡镇寄递场站—村邮站,以及末端配送网点为核心,六级联动的邮政快递物流网络体系。

1. 完善省级“双龙”邮政快递物流园区建设

进一步落实《加快全省快递行业发展责任分工方案》,加快龙洞堡—龙里“双龙”邮政快递物流园区现代化快件分拣设施、仓储配送设备和信息服务数据平台中心建设,完善园区水、电、路、网络、通信和周边道路、铁路等基础设施,生活配套设施和园区智能化管理技术。吸引更多物流、电商、仓储、农产品加工企业入驻,把“双龙”邮政快递物流园区打造成集快递、电商、仓储及管理为一体的现代服务品牌,逐步形成西南地区重要的邮(快)件集散中心。

2. 加强市(州)级邮政快递分拨中心建设

《贵州省物流业中长期发展规划(2015—2025)》提出,我省将形成以贵阳大都市圈为核心,以遵义集聚区、毕水兴集聚区、都凯集聚区、铜仁集聚区为重要组成部分,以各节点城市为支撑的(一圈、四区、多节点)现代物流业发展空间布局。根据空间布局,结合各地实际,进一步加强市(州)级邮政快递分拨中心建设。

——遵义市邮政快递分拨中心。依托遵义综合保税区、遵义航空港、川黔铁路、高速公路、高速铁路等开放平台和交通枢纽,投资3.6亿元,在遵义市中部区域征地200亩,规划建设年处理包裹能力达3000万件的遵义市邮政快递分拨中心。

——毕节市邮政快递分拨中心。依托飞雄机场、隆百铁路、杭瑞和厦蓉高速公路的交通优势,投资2.5亿元,利用七星关区闲置的工业园区厂房规划建设年处理包裹能力达1000万件的毕节市邮政快递分拨中心。

——铜仁市邮政快递分拨中心。在铜仁市碧江新区规划建设占地300亩、年处理包裹能力达1000万件的铜仁市邮政快递分拨中心。

——六盘水市邮政快递分拨中心。在六盘水市红桥新区由第三方征地200亩,投资2亿元建设邮政(快递)分拨中心,加快分拨中心分拣设施、仓储配送设备和信息服务数据平台中心建设,完善分拨中心水、电、路、网络、通信和周边道路、铁路等基础设施、生活配套设施和分拨中心智能化管理技术,提高六盘水市邮政(快递)分拣效率。

——安顺市邮政快递分拨中心。在“黄桶—么铺”规划建设占地110亩、投资1.5亿元、年处理包裹能力达800万件的安顺市邮政快递分拨中心。

——黔东南州邮政快递分拨中心。在凯里市高速公路东出口规划建设占地200亩以上、年处理包裹能力达1000万件的黔东南州邮政快递分拨中心。

——黔西南州邮政快递分拨中心。在黔西南州兴义市马岭镇由第三方征地90亩,投资1000万元,规划建设年处理包裹能力达1000万件的黔西南州邮政(快递)分拨中心。

3. 加强县级邮政快递转运中心建设

按照区域性邮政快递集散中心的标准,集中各邮政、快递企业的县级快件分拨中心、仓储中心、信息系统等生产设施,规划建设一批县级集散中心。引导邮政、快递企业合资建设大型安检、装卸设备,实现大型通用设备的共享。“十三五”期末,力争实现县县建有邮政快递集散中心。

4. 加强乡镇寄递场站建设

促进乡镇邮政局所补建网点平稳运营。鼓励乡镇客运场站为邮政企业开办邮政普遍服务、邮政代理业务提供场地,将邮政服务与客运服务、物流配送、旅游集散、小商业服务等充分整合。引导邮政企业通过市场机制开放乡镇网点资源,加载快递服务功能,逐步将乡镇网点建成具有邮政仓储、交通运输、快递物流配送等功能的邮政快递综合服务平台。

5. 加强村邮站建设

按照因地制宜、逐步推进的原则,继续采取多种形式在有条件、有需求的行政村分期分批设置适应当地农村发展水平、满足农户寄递需求的村级邮政快递物流网点,力争实现邮件直投率达100%。着力保障农村邮政快递物流网点尤其是补建网点持续运营。在有条件的地区,引导快递企业参与开发建设。

6. 加强末端配送网点建设

在机关、企事业单位、院校、写字楼、商住小区等投递量大的区域配建信报箱和设置快递智能自提柜。探索和推广智能包裹箱与信报箱相结合的建设机制和运行机制。鼓励快递企业与商贸流通企业、连锁零售和网络零售企业深化合作，以联盟、共同持股等形式开展共同配送。

（二）农村邮政综合服务平台建设工程

1. 电商服务平台

依托邮乐网、邮掌柜、贵州农经网、贵州电子商务云等网购平台和淘宝、京东等电子商务主流平台，逐步将农村邮政网点建设成为“电商超市”，助推“工业品”下乡和“农产品进城”双向流通，全力拉动农村网络交易需求，全面开拓农村新的销售渠道和市场。

2. 便民服务平台

结合乡镇寄递场站和村邮站建设，全面开展代缴水费、电费、收视费、通信费等业务，以及商旅票务、交通违法处理等便民服务。探索办理便民汇款、品牌代理快递等创新业务，满足农村发展新需求。鼓励县级及乡（镇）政府把适合由社会组织提供的公共服务和解决的事项，交由乡镇邮政网点办理。通过购买公共服务的模式，将涉农的项目交由邮政企业负责落实，逐步将乡镇邮政网点打造成为政府服务农村居民的重要平台。

3. 交邮服务平台

鼓励邮政、快递企业与交通运输企业在县、乡两级开展代运邮件和快件、农资配送、工业品下乡和农产品进城运输、快件及分销商品捎带等合作，降低寄递服务成本。支持农村邮政网点为交通运输企业代售长短途及城际联网客票，推进信息平台共享，实现客运查询系统、邮政查询系统的链接并互相公布公开信息。鼓励有条件的地区在农村客运站点设置邮政服务窗口。

4. “三农”服务平台

支持邮政进入农资市场，鼓励邮政企业发展连锁经营，邮政企业及其所属连锁邮政“三农”服务网点经批准可以经营化肥等农资产品。支持邮政企业与交通运输企业合作，依托农村邮政网点和村邮站，逐步设立乡镇物流配送中心、支持邮政企业与供销社、贵州农经网合作，建设“三农服务站”，逐步形成遍布城乡、覆盖全省的农资经营网络，提供分销配送业务。支持邮政企业加强与贵州农经网、农技推广等部门合作，利用农村邮政综合服务平台配合做好农业技术宣传、推广和普及，逐步打造“连锁经营＋配送到户＋科技服务”的邮政服务“三农”模式。

5. 普惠金融服务平台

支持邮政企业在农村地区增设邮政代理金融网点，布放离行式自动取款机或存取款一体机，提供全方位、多品种、多功能的金融服务，满足农村群众存取款、转账、缴费等金融服务需求。鼓励邮政企业根据农村市场需求提供代理保险、代售理财产品、代销基金等理财业务，通过网上银行、手机银行等电子渠道为农村群众提供更为广泛的交易平台，逐步构建多层次、多元化的农村现代金融电子服务体系。

（三）邮政快递行业主体培育工程

1. 推动邮政企业深化改革

推进邮政企业建立健全现代企业制度，通过创新驱动、科技引领，不断增强国有企业活力、控制力和影响力。鼓励和支持邮政企业以建设综合便民服务平台为基础，以“金融翼”和“寄递翼”为重点，以中邮保险业务、包裹快递业务和农村电子商务为新的增长极，加快改革创新，推动转型升级，积极利用高新技术手段，提高服务效率，创新服务产品，提升服务能力，不断向现代邮政迈进。

2. 推动快递企业发展壮大

一是以提高产业集中度为重点，引导快递企业进行横向整合。支持有实力的企业通过参股、控股、兼并、重组、合作等多种形式进行资产重组，优化资源配置，实现强强联合、优势互助。二是以服务模式创新为核心，引导快递企业进行纵向整合。顺应生产性服务与制造流程分离、电子商务快速发展的趋势，依托园区、开发区和现代服务业集聚区，重点推进快递服务业与特色农业、先进制造业、电子商务联动发展，开展“入厂物流”、“仓储＋配送”一体化、“订单末端”配送、“区域性供应链”等服务模式，发展分销配送、供应链服务和一体化物流。创新“网络个性化定购＋快递高效配送”模式，建立快递业、电子商务和中小企业共同成长、消费者直接受益的多赢发展机制。

（四）邮政快递服务提升工程

1. 优化邮政普遍服务

一是提高普遍服务均等化水平。有重点地推进邮政服务网点建设，推进农村地区以及新型城镇化配套的邮政网点建设改造。二是创新普遍服务提供方式。探索引进竞争机制，逐步实现邮政普遍服务提供方式多元化；推进邮政设施建设和运营社会化，鼓励社会力量参与提供邮政普遍服务。三是提升机要通信服务水平。推进机要通信基础设施建设，改善机要通信业务处理的设施条件和安防系统配置，建设机要通信业务处理信息系统。

2. 重点培育特色快递服务

一是培育电子商务快递。抢抓电子商务和快递物流协同发展试点机遇，深化与淘宝、京东、苏宁、国美等大型电商企业以及本地商超的战略合作，加快电商产业发展，吸引更多电商企业在贵州布局区域性节点。二是培育农特产品快递。开设农村服务网点，发展农副、医药、旅游、茶叶、烟、酒、民族工艺等农特快递产品，开发适合快递寄递的生鲜产品。三是培育进出境快递。以贵阳综合保税区、贵安综合保税区、贵州航空口岸海关监管场为依托，大力发展进出境寄递业务，争取筹建国际邮件互换局（站）。加强综合保税区跨境电商快递物流园区建设，鼓励和支持第三方快递物流企业入驻。加快推进遵义综合保税区等海关特殊监管区申建工作，推进全省进出境寄递服务体系建设。

（五）邮政快递行业信息化改造工程

1. 完善全省邮政公共服务信息平台

逐步建立行政许可、诚信管理、安全管理、时限监测、消费者申诉、公众满意度评价、邮政资费查询、名址信息等公共服务子系统。提高行业管理、公共服务和社会应急的信息化和一体化水平，逐步实现与工商、公安、商务、金融、税务、海关、检验检疫、交通运输、铁路运输等部门的信息共享。

2. 构建快递服务信息系统

利用快递电子标签、快递车牌识别、移动设备等手段，对快递配送车、电瓶车等的基本信息进行登记。鼓励贵阳市建设快递大数据研发中心，汇总、储存并分析收集到的快递数据；建设快递配送信息平台，重点建设分拨中心信息平台、快递车辆调度与管理平台、网上快递服务平台、逆向快递信息服务平台等四大物流快递信息平台。

3. 推动网路组织智能化

以大数据、云计算为主要手段，为路由规划、流量调控、人员车辆动态配置，以及网路运行成本效益分析等提供依据，实施全程全网动态指挥调度。升级车辆卫星定位系统，加强邮路运输可视化调度管理。

4. 加快分拣处理自动化

鼓励企业在分拨中心或处理中心应用自动识别手写体和条形码的信函分拣机、多席位包裹分拣机等自动化分拣处理设备等，逐步实现半自动化，并向更高自动化水平迈进，大幅度提高邮（快）件分拣处理准确率和运行效率。

（六）邮政快递行业安全提升工程

1. 建立健全行业安全发展的制度体系

制定寄递企业处理场所安全检查设备、安全管理人员等人防、技防、物防建设标准。制定收寄、分拣、储存、运输、投递等各环节安全操作标准。强化企业安全管理制度，将企业安全保障机构设置、安全管理制度落实、安全工程师配置等安全保障工作制度化。建立特殊物品寄递安全管理制度。严格落实邮件快件收寄验视、实名收寄制度规定。建立寄递从业人员实名档案制度和全员持证上岗制度。

2. 建立健全行业安全发展的监管体系

建立健全安全监管和执法机构，充实安全监管力量。健全联合执法机制，全面检查寄递企业执行和落实安全保障制度情况。建立健全安全隐患排查整治机制，对各类安全隐患，逐一通报、跟踪治理，对重大隐患及时停业整顿。加大对寄件人违法寄递行为和查处力度。

3. 建立健全行业安全发展的应急体系

按照统一指挥、分工协作的要求，建立综合应急机制，形成部门联动、反应迅速、规范有序的应急机制。建立应急处置信息通报制度，对突发事件发生情况和应急处置情况进行总结，并联合有关部门及时向社会通报。

六、保障措施

（一）加强组织协调

发挥省现代服务业发展领导小组统筹协调作用，将邮政普遍服务和快递服务分别纳入“基本公共服务均等化”和服务业工作部门联席会议制度的统一组织框架。将支持邮政业发展纳入全省“十三五”时期国民经济和社会发展规划，在城乡规划、土地利用规划、公共服务设施规划中统筹安排邮政快递基础设施的布局建设。将邮政业列入电子商务、现代物流等五大新兴先导型服务业范畴予以支持，重点推进公共服务平台和示范基地建设。

（二）完善行业监管体系

组建省邮政业安全监管中心，在有条件的县（市、区）增设县级邮政管理局。健全邮政普遍服务全方位监管机制，完善快递市场监管办法，实施分等分级管理，重点督促解决丢失、损毁寄递物件理赔问题。加强集邮市场监管和邮政用品用具监管。建立邮政业统计监测制度，纳入全省服务业统计监测网络。加强行业协会建设，发挥协会在提供行业信息、加强行业自律、促进行业发展方面的积极作用，增强行业自律能力。

（三）加强行业人才培育

建立和完善以政府为主导、企业为主体、院校为支撑的人才培养体系。鼓励快递企业与研究机构、高等院校开展合作，通过参与项目研发、技术攻关和提供科技咨询、技术服务、人才培训等形式，提升行业从业人员素质。积极推行快递业务员国家职业资格证书制度。

黔东南州进一步促进邮政及快递业发展实施方案

（2016年3月10日黔东南州人民政府办公室印发）

为贯彻落实《国务院关于促进快递业发展的若干意见》（国发〔2015〕61号）及省人民政府《关于研究加快全省邮政快递业发展有关问题的会议纪要》（黔府专议〔2015〕172号）及《省人民政府办公厅关于促进快递业加快发展的实施意见》（黔府办发〔2015〕53号）的要求，进一步推动全州邮政快递业提速转型升级发展，活跃流通、拉动需求，推动大众创业、万众创新，更好的服务生产性服务业、城市与农村生活性服务业，培育全州经济新增长点，让更多的有机绿色无公害生态农特产品、民族手工艺饰品等走出黔东南，更好发挥邮政快递业推动流通、促进消费、扩大就业、惠及民生的重要作用，特制定本实施方案。

一、总体要求

（一）基本思路

以“互联网+”快递为发展方向，按照省政府提出的“整合、结合、融合”以及“全覆盖、全连通、全天候”的理念，坚持市场主导、安全为基、创新驱动、协同发展的基本原则，衔接综合交通运输体系，加快州、县两级快递功能园区、分拨中心体系建设，培育壮大市场主体，加快推进邮政快递服务网络普惠城乡。解决制约邮政快递业发展的突出问题，进一步推动邮政快递业转型升级、提质增效，促进快递与电子商务融合发展，支持并带动特色农业、生产制造业、批发零售业、旅游业等协同发展。提升寄递安全和服务质量，全面发挥邮政快递业在降低流通成本、支撑电子商务、服务生产生活、扩大就业渠道等方面的重要作用。

（二）发展目标

到2020年，基本建成普惠城乡、技术先进、服务优质、安全高效、绿色节能的快递服务体系，形成覆盖全州的服务网络，逐步建成州县两级快递物流园区和邮件快件分拨中心，基本实现乡乡有网点、村村通快递。产业规模跃上新台阶，支撑网络零售交易、降低商品流通成本等综合效益更加显著。

二、主要任务

（一）健全完善服务网络

1.加快推进州级邮政快递专业园区建设。适应电子商务及物流产业发展需要，采取政府统一规划、企业购地自建的方式，在凯里市高速公路东出口处规划建设具备集中仓储、分拣处理、快速集散、统一配送、商品展示等服务功能的黔东南州邮政快递专业园区，衔接凯里农特产品物流园，实现邮件快件分级分拨，提高流通效率，降低物流成本。（牵头单位：凯里市人民政府；责任单位：州发改委、州国土局、州规划局、州住建局、州商务局、州邮政管理局）

2.大力支持县级分拣处理暨配送中心建设。采取政府统一规划、企业购地自建的方式，逐步在各县（市）规划建设县级分拣处理暨配送中心，并与县级电子商务中心、农特产品园区等同规划、同设计、同建设，集聚邮政、快递企业。鼓励邮政、快递企业在建设分拣处理中心时，同步规划设计服务电子商务、农特产品的仓储区、电商孵化区等配套功能区域。（牵头单位：各县〔市〕人民政府；责任单位：州发

改委、州国土局、州规划局、州住建局、州商务局、州邮政管理局、州邮政分公司)

3. 加快完善农村快递服务网络。按照州委、州政府提出的扶贫攻坚任务,紧扣"传统村落"、"四在农家·美丽乡村"、"百村大战"等项目,本着"融合发展、功能完善、避免重复建设"的原则,以"建得起、立得住、用得好、见成效"为目标,采取"叠加"、"共建"的方式,给予站点建设、运输及运营补贴政策,支持邮政企业充分利用整合现有服务网点、电商普及店、乡村两级电子商务服务站点及农村电商综合服务示范点等资源,建设集农村电子商务综合服务示范点及农村邮政快递综合服务站为一体的"电商村邮站",打造"工业品下乡"和"农产品进城"双向流通渠道,下沉带动农村消费。丰富站点功能,鼓励邮政企业通过市场机制开放农村邮政末端网点,为其它品牌快递企业提供派送服务,降低行业服务成本,搭载农村电子商务、代收代缴费、农村客运、农资配送、农村金融等多种服务,真正做到"便民、利民、惠民、富民"。(牵头单位:州商务局、各县〔市〕人民政府;责任单位:州财政局、州人社局、州邮政管理局、州邮政分公司)

4. 不断优化城市配送体系

一是支持邮政企业利用现有社区服务站点,整合社区电商综合服务点,建设社区"网订店取"服务站,打造15分钟便民服务圈,促进居民生活消费,推进快递进居民小区。以凯里市居民小区为重点,逐步辐射各县城镇社区。(牵头单位:各县〔市〕人民政府;责任单位:州商务局、州民政局、州邮政管理局、州邮政分公司)

二是以黔东南州电子商务"北斗"计划中园区体系、产品体系、线上体系、线下体系为重点区域,推广"快递超市"模式,积极整合邮政、快递服务网点、交通客运场站、公路货运枢纽、电商线下体验店、机关传达室、学校收发室、社区服务中心、连锁超市门店及24小时便利店等平台和资源,打造"快递超市",推进快递"三进"(进社区、进机关、进校园)。(牵头单位:各县〔市〕人民政府;责任单位:州邮政管理局、州交通局、州商务局、州住建局、州教育局、州邮政分公司)

三是引导机关、企事业单位、学校在办公区域自建智能快件箱或设置邮(快)件收发场所,为邮政及快递企业开展配送提供通行便利。鼓励邮政、快递企业、电商企业或第三方企业在写字楼、商住小区等快件投递量大的区域配建智能快件箱,缩短快递末端配送时限,有效解决末端投递矛盾。(牵头单位:各县〔市〕人民政府;责任单位:州机关事务局、州规划局、州住建局、州教育局、州邮政管理局)

(二)拓展丰富服务功能

采取开放端口、委托代理等方式,支持邮政企业打造完善集电商服务、寄递服务、便民服务、交邮服务、三农服务、普惠金融服务、政务服务等七项合一的综合服务平台,并广泛应用于农村电子商务服务站点、城市配送服务站点,在现有基础上,进一步叠加金融、客运票务、公积金查询、个人养老金查询、政务服务等更多便民利民服务内容,实现"一口受理",实现村(居)民"足不出户,享尽便利"。(牵头单位:各县〔市〕人民政府 ;责任单位:州工信委、黔东南银监分局、人行黔东南州中心支行、州交通局、州公积金中心、州人社局、州邮政分公司)

(三)优化提升运输能力

1. 衔接综合交通体系。参照"农产品绿色通道"政策,出台具体办法,对符合条件的邮政、快递车辆高速公路通行费用予以减免。支持邮政、快递企业与符合条件的农村公路客运站加强合作,鼓励县到乡的客运班车代运邮件、快件,健全小件快运服务体系,降低运输成本。(牵头单位:州交通局、凯里高管处;责任单位:州邮政管理局、各县〔市〕人民政府)

2. 优化快递车辆管理。强化警邮合作,建立完善警邮合作工作机制,推动《黔东南州邮政及快递业城市配送交通管理办法》的实施,沟通解决实施过程中出现的问题,完善邮政快递车辆管理办法,有效解决"最先一公里"和"最后一公里"问题。(牵头单位:州公安局;责任单位:州交警支队、州邮政管理局、州交通局、各县〔市〕人民政府)

(四)服务地方经济发展

1. 融入电商发展,打造黔东南"电商+快递"模式。加大推进邮政快递与电子商务融合发展力度,拓展协同发展空间,引导邮政及快递企业与电子商务企业深度合作,促进线上线下互动创新。引导、鼓励邮政、快递企业利用自身网点资源开设网店,并打造为电商示范点。(牵头单位:州商务局、州邮政管理局;责任单位:各县〔市〕人民政府)

2. 服务旅游产业发展,打造黔东南"边游边购、边购边邮"模式。支持邮政企业利用现有景区服务站点,整合景区景点农特产品旗舰店,建设景区"旅游+快递"服务站,并辐射服务景区内的体验店,打造"边游边购、边购边邮"旅游新模式,促进旅游产品线上线下消费。(牵头单位:州旅发委、州商务局;

责任单位:州邮政管理局、各县〔市〕人民政府)

3.结合我省大扶贫战略及我州扶贫攻坚任务,找准契合点,以便更好的服务我州提出的“6个100万”绿色生态现代农业工程,大力发展农特生鲜快递。鼓励邮政、快递企业加强农特生鲜产品寄递配送体系建设,积极服务农户和农产品生产销售企业,对接城市农产品集散地、农贸市场。提升农特生鲜寄递服务水平,为农特生鲜产品提供优质的包装、仓储、运输服务,实现农特生鲜产品直封、直发、直运,拓宽农特生鲜产品外销寄递渠道。(牵头单位:州农委、州邮政管理局;责任单位:州商务局、各县〔市〕人民政府)

(五)保障行业安全稳定

实施寄递渠道安全监管“绿盾”工程。强化企业安全生产主体责任和寄件人安全责任,完善从业人员安全教育培训制度,加强对企业安全生产的技术指导。充分发挥部门联动的优势,建立完善工作协调和联合执法机制,切实履行部门职责,着力健全邮件快件寄递安全防控体系,全面落实收寄验视制度,全面实行快件实名收寄,加大公共安全设备投入支持,营造安全寄递环境。(牵头单位:州综治办;责任单位:州公安局、州国安局、州交通局、州工商局、州安监局、凯里车务段、州民航局、州邮政管理局、各县〔市〕人民政府)

三、保障措施

(一)组织保障

成立由州政府分管领导任组长,相关部门为成员的邮政及快递业发展领导小组,研究解决行业发展过程中的重大决策和有关问题。各级各部门要充分认识进一步促进邮政快递业健康发展的重要意义,高度重视邮政快递业的安全,把邮政快递业作为全州生产性服务业的重要领域,作为推动大众创业和万众创新、农村电商以及民族手工产业发展的重要支撑。要强化协同联动,加大支持力度,按照职责分工抓紧制定相关配套措施,加快方案落实,为邮政快递业发展营造良好环境,努力培育发展成支柱产业。(牵头单位:州直机关部门;责任单位:州政府办)

(二)用地保障

建设邮政快递园区及分拣处理中心所用土地,属邮政企业用地按土地管理的有关规定,采取划拨方式供地,属快递企业经营性用地,采取招拍挂方式通过市场配置土地;土地现状须达到“四通一平”(通电、通水、通路、通网络、场平);企业缴清土地出让价款后,国土资源部门立即办理土地登记、颁发土地证书,以便企业向银行进行融资。(牵头单位:州国土局;责任单位:州发改委、州规划局、州住建局、州水务局、州交通局、州工信委、凯里供电局、州邮政管理局、各县〔市〕人民政府)

(三)资金保障

州、县大力支持邮政及快递业发展,州级产业投资引导基金采取债权、股权等有偿投入方式扶持重点邮政及快递企业发展,各县(市)政府也要安排扶持资金,结合自身实际采取补助、奖励等方式大力支持邮政及快递业发展,具体支持方式,由县(市)结合自身实际制定实施。(牵头单位:州财政局;责任单位:州发改委、州商务局、州工信委、州交通局、州旅发委、州邮政管理局、各县〔市〕人民政府)

(四)规划保障

支持公益性、基础性邮政及快递基础设施建设,在土地利用总体规划和年度用地计划中统筹安排快递专业类物流园区、邮件快件集散中心等设施用地,统一建设规划,充分考虑进出口道路设置与交通干道的衔接,避免拥堵。将发展邮政快递业纳入国民经济和社会发展规划,在城乡规划、土地利用规划、公共服务设施规划中合理安排邮政快递基础设施的布局建设。将智能快件箱等快递服务设施纳入公共服务设施规划。(牵头单位:州规划局、州国土局;责任单位:州交通局、州住建局、州邮政管理局、各县〔市〕人民政府)

(五)政策保障

建立邮政快递行业与电子商务、旅游、现代农业、大健康产业等信息互通、协同发展机制。快递企业用电、用气价格按照不高于一般工业标准执行。将快递企业纳入小微企业扶持范围。加大企业融资支持力度。(牵头单位:州发改委;责任单位:州工信委、州商务局、州农委、州旅发委、州工商局、州金融办、各县〔市〕人民政府)

(六)人才保障

对邮政、快递企业吸纳返乡人员、就业困难人员就业的,给予就业补贴。鼓励高等院校和中等职业学校设置物流管理相关专业,加快培养快递物流管理相关专业紧缺人才。鼓励促进校企合作,支持职业院校订单式培养。做好对农村劳动者、返乡农民工加入快递行业的岗前培训、资格培训、专业培训和

就业指导,鼓励支持快递企业推进用工本地化。(牵头单位:州人社局、州教育局;责任单位:州邮政管理局、各县〔市〕人民政府)

六盘水市促进快递业加速发展实施意见

(2016年6月17日六盘水市人民政府办公室印发　六盘水府办函〔2016〕43号)

为深入贯彻落实《国务院关于促进快递业发展的若干意见》(国发〔2015〕61号)、《省人民政府办公厅关于促进快递业加快发展的实施意见》(黔府办发〔2015〕53号)、《省人民政府办公厅关于印发加快全省快递行业发展责任分工方案的通知》(黔府办发电〔2013〕254号)和《关于研究加快全省邮政快递业发展有关问题的会议纪要》(黔府专议〔2015〕172号)等精神,充分发挥快递业在活跃流通、拉动需求、促进就业、服务民生等方面的重要作用,结合我市实际,提出如下实施意见。

一、总体思路

贯彻落实"创新、协调、绿色、开放、共享"五大发展理念,坚持市场主导、安全为基、创新驱动、协同发展的基本原则,以"互联网+"快递为发展方向,积极推动快递与电子商务融合发展,带动山地特色农业、特色旅游业、生产制造业、批发零售业等产业协同发展、集群发展;以服务全市"三大战略行动"、"三件大事"、"四条新路"为导向,积极营造快递业加速发展的良好社会氛围和市场环境,破解快递业发展中存在的突出问题,不断培育壮大市场主体,切实加快快递业基础设施建设,进一步完善快递服务保障网络,更好地服务社会,改善民生。

二、发展目标

到2020年,基本建成普惠城乡、技术先进、服务优质、安全高效、绿色节能的快递服务体系,形成覆盖全市、联通全国、衔接国际的服务网络,培育壮大一批综合实力强劲、服务质量优良的快递品牌企业,力争快递业务量突破1000万件,快递业务收入2.5亿元,力争达到3亿元;快递年服务用户8000万人次,日均服务用户23万人次,直接带动地方特色农产品外销额10亿元以上,新增就业2000人以上;市、县两级快递园区基本建成并投入使用,乡(镇、街道、社区服务中心)、村邮政快递综合服务网络实现重大突破,基本实现乡乡有网点、村村通快递。

三、主要任务

(一)促进快递业与电子商务协同发展。着眼快递与电商协同发展需求,破除陈旧的管理体制,创造有利于快递、电商协同发展的良好环境。加强部门之间的沟通、协作,制定协同发展工作方案,积极开展试点,研究解决试点中存在的困难和问题,逐步完善相关政策。鼓励电商企业与快递企业信息共享、业务衔接、网点配套、运输配送服务优势互补,共同发展。(牵头单位:市邮政管理局;责任单位:市发展改革委、市商务粮食局、市供销社、市经济和信息化委、市交通运输局、市公安局,各县〔特区、区〕政府、钟山经济开发区管委会)

(二)培育壮大快递服务市场主体。结合全市正在实施的现代服务业"十百千"工程,加大快递物流资源整合力度,优化快递物流资源配置,实现快递企业之间、快递与生产企业、商贸企业、物流企业之间的深度融合。优化行业结构,积极引进国内外知名品牌快递企业进驻六盘水。到2020年,培育壮大本土引领型快递企业和物流服务品牌20个以上,其中业务收入超1000万元的快递企业3家,500万元至1000万元的快递企业5家。支持有条件的物流企业依法开展快递经营业务,鼓励和支持开展快递行业创业活动,培育一批专业素质较高的农村快递从业人员。引导快递企业建立和完善现代企业制度、行业安全和服务标准体系,降低快件延误率、损毁率、丢失率和投诉率。鼓励快递企业建立和运用信息技术平台、逐步配备使用智能终端、自动分拣、机械化作业、冷链快递等技术装备,不断提高服务质量与运营效率,逐步形成规模化、规范化、网络化、品牌化的现代快递物流配送服务体系,提升我市快递业的核心竞争力。(牵头单位:市邮政管理局;责任单位:市发展改革委、市交通运输局、市商务粮食局、市供销社、市人力资源社会保障局、市经济和信息化委、市工商局,各县〔特区、区〕政府、钟山经济开发区管委会)

(三)加快快递物流基础设施建设。建设快递物流基础设施物联网平台。以市中心城区"三地"同城化发展为契机，加快规划建设辐射全市，联通城乡的市、县、乡、村四级集仓储、分拣处理、快速集散、统一配送等多种服务功能为一体的快递物流基础设施物联网平台。在钟山经济开发区建设1个市级快递园区，六枝特区、盘县、水城县分别建设1个快件分拨处理中心。依托贵州省安全云、贵州农经网、贵农网、淘宝网、京东网、邮乐购、中国网络菜市场、京都购等网络平台，借助北斗大数据技术综合分析电子商务产品流量流向，在经济发展势头好、快递物流需求旺、条件成熟的特色乡（镇、街道、社区服务中心）建设一批邮政快递物流配送转运站，在农业产业布局重点村（居）建设一批邮政快递物流配送服务点（店），增强快递物流支撑能力。（牵头单位：各县〔特区、区〕政府、钟山经济开发区管委会；责任单位：市发展改革委、市交通运输局、市邮政管理局、市财政局、市规划局、市商务粮食局、市供销社、市经济和信息化委、市农委、市扶贫局、市公安局、市城管局）

建设快件投递智能终端。结合"智慧城市"创建活动，将智能快件箱等快递服务设施纳入公共服务设施建设范畴，鼓励社会资本多渠道投资设置智能快件箱。（牵头单位：市住房城乡建设局；责任单位：市发展改革委、市规划局、市邮政管理局，各县〔特区、区〕政府、钟山经济开发区管委会）

（四）完善城乡邮政快递服务网络。深化邮政"乡乡设所、村村通邮"工程、"快递下乡"工程、快件投递服务终端建设工程、快件干线运输服务保障工程，优化城乡邮政快递服务空间网络布局。

深化邮政"乡乡设所、村村通邮"工程。结合"四在农家·美丽乡村"小康讯邮政部分基础设施建设，不断完善"市县乡村四级联动、部门支持配合、多方参与"的共投共建工作机制，逐步将农村邮政网点打造成为集"电商服务、便民服务、交邮服务、三农服务、普惠金融服务"五个平台为一体的农村邮政快递综合服务体系。鼓励农村邮政快递综合服务平台向民营快递企业开放，实现优势互补，为广大农村用户提供多种品牌的快递服务体验和选择。鼓励邮政快递企业通过村邮站、便民站、捎转站和流动服务站等形式将邮政快递服务延伸至村（居）。（牵头单位：市邮政管理局；责任单位：市供销社、市商务粮食局、市农委、市扶贫局、邮政集团公司六盘水市分公司，各县〔特区、区〕政府、钟山经济开发区管委会）

深入实施"快递下乡"工程。引导快递企业围绕我市农业特色产业"3155工程"、精准扶贫"33669"扶贫攻坚行动计划、现代服务业"十百千"工程及农村电商产业布局，利用现代高效农业园区、农村邮政快递综合服务平台、供销社服务网点、农村电商服务网点、农村客运站、村邮站、农村服务中心、农家店等作为支撑点，在重点乡（镇、街道、社区服务中心）和村（居）布局快递服务网点，逐步实现多个品牌快递企业服务延伸至乡（镇、街道、社区服务中心）、村（居），打通"网货下乡、农产品进城"双向快递物流通道。（牵头单位：市邮政管理局；责任单位：市供销社、市商务粮食局、市农委、市扶贫局、市交通运输局、邮政集团公司六盘水市分公司，各县〔特区、区〕政府、钟山经济开发区管委会）

实施快递投递服务终端建设工程。大力推进快递服务进机关、进企业、进学校、进园区、进景区、进社区"六进"工程。鼓励机关、企事业单位、学校、园区、景区、社区自行建设智能快件箱，鼓励快递企业、第三方企业在各单位和各功能区域建设智能快件箱，以市场化手段为用户提供高效、便捷的邮件快件配送服务。推广"快递超市"、"网订店取"等模式，整合利用机关、企事业单位、学校、园区、景区、社区等单位传达室、物业管理、服务中心搭载快递服务功能，鼓励超市、便利店、连锁店、邮政便民服务网点开展快件收寄代理服务，提升快递服务质量与效率，破解城市邮件快件投递"最后100米"难题。（牵头单位：各县〔特区、区〕政府、钟山经济开发区管委会；责任单位：市住房城乡建设局、市邮政管理局、市机关事务局、市规划局、市城管局、市生态旅游委、市商务粮食局、市教育局、邮政集团公司六盘水市分公司）

构建邮件快件干线运输服务保障工程。整合交通运输资源，着力构建以市级邮政快递园区、县级快件分拨处理中心、乡级农村邮政快递综合服务平台、村级邮站四级邮政快递物联网节点为支撑的市、县、乡、村四级邮件快件干线运输服务保障工程。依托北斗大数据技术、云计算统计分析邮件快件流量流向，为路由规划、流量调控、人员车辆动态配置、运输安全管理提供决策依据。鼓励快递企业安装车辆卫星定位系统，实行邮路快件运输可视化调度管理，适时升级、采集路况信息和车辆信息，在线规划车辆行驶路线，全程全网动态指挥调度。整合交通货运、客运企业运输资源优势，共同发展快件干线运输业务，鼓励开办"市到县、县到乡、乡到村"的客运班车代运邮件和快件业务，降低服务成本，提高经济效益。积极研究铁路、航空运输快件的措施和办法。（牵头单位：市邮政管理局；责任单位：市交通运输局、市公安局、市城管局、市商务粮食局、市供销社、市经济和信息化委、六盘水车务段、贵州水红铁路有限责任公司、六盘水月照机场有限责任公司、邮政集团公司六盘水市分公司，各县〔特区、区〕政府、钟山经济开发区管委会）

（五）强化快递物流安全保障。着力构建政府监管、行业自律、社会监督为一体的快递行业监管体系。维护好全市快递安全生产形势持续稳定，监督检查快递企业贯彻落实安全生产方针政策、法律法规及相关标准与规范的情况；组织快递生产安全事故的调查处理和应急救援工作；指导、协调相关快递安全生产专项督查和专项整治工作。完善企业信用体系，探索建立快递企业及从业人员"黑名单"制度；构建快递行业安全管理体系，发挥部门联合优势，推动收寄验视制度、快件实名收寄制度、快件过安检制度和《中华人民共和国邮政法》、《中华人民共和国禁毒法》、《中华人民共和国反恐怖主义法》、《中华人民共和国安全生产法》等法律法规在寄递渠道得到全面落实，依法严厉打击、严密防范利用快递渠道实施违法犯罪行为。鼓励快递企业建立快递行业协会，建立快递行业依法经营、自我管理、自我约束的行业自治机制，引导各快递企业从价格竞争转换到服务质量竞争上来；充分发挥社会监督作用，畅通快递服务投诉举报申诉渠道，建立投诉举报申诉处理回应机制，促进快递行业健康快速发展。（牵头单位：市邮政管理局；责任单位：市综治办、市公安局、市国安局、市安全监管局、市交通运输局、市工商局、市民政局、市经济和信息化委，各县〔特区、区〕政府、钟山经济开发区管委会）

四、支持政策

（一）行业准入政策。探索对市内快递企业实行同一工商登记机关管辖范围内"一照多址"模式，简化快递业务经营许可、企业设置分支机构、末端服务网点备案程序和手续。依法规范和简化邮政管理、安全监管、工商、交通运输、公安、消防等行政主管部门的审批手续。各级各有关部门要按照各自职能做好对快递企业的服务工作，为快递企业生产经营提供便利。（牵头单位：市工商局；责任单位：市邮政管理局、市国安局、市公安局、市公安消防支队、市交通运输局，各县〔特区、区〕政府、钟山经济开发区管委会）

（二）监管支持政策。根据中央、省统一安排，借鉴省内外其他县级城市的做法，适时组织开展市、县两级邮政快递监管人员、机构设置、人员编制、办公场地、经费保障等研究论证，逐步充实邮政快递行业监管力量。鼓励六枝特区、盘县先行先试。（牵头单位：市邮政管理局；责任单位：市编委办、市财政局、市人力资源社会保障局，六枝特区政府、盘县政府）

（三）用地支持政策。将发展快递业纳入国民经济和社会发展规划、土地利用总体规划，把快递园区、快件分拨处理中心、快递服务场所、智能快件箱等快递服务基础设施建设纳入公共服务设施同步规划、同步建设。新建工业、商业项目、写字楼和居住小区应预留快递服务场所或配送末端设施场地。对快递企业建设项目符合《划拨用地目录》（国土资源部令2001年第9号）范围的，可用划拨方式供地，快递企业的物流、仓储用地，享受工业用地政策。鼓励依托现有物流园区、产业园区设立快递园区、分拨中心、配送中心。（牵头单位：市国土资源局；责任单位：市规划局、市住房城乡建设局、市交通运输局，各县〔特区、区〕政府、钟山经济开发区管委会）

（四）资金扶持政策。整合各类财政资金，加大对快递园区（站点）建设、配备安检设施设备、农村快件运输、促进全市农特产品外销等方面的支持。（牵头单位：各县〔特区、区〕政府、钟山经济开发区管委会；责任单位：市财政局、市发展改革委、市商务粮食局、市经济和信息化委、市交通运输局、市生态旅游委、市邮政管理局）

按照《省人民政府关于大力扶持微型企业发展的意见》（黔府发〔2012〕7号）精神，将快递业纳入市和县（特区、区）、经济开发区大力扶持的微型企业行业，符合条件的快递企业创业者可享受微型企业扶持"3个15万"的鼓励政策。（牵头单位：市经济和信息化委；责任单位：市财政局、市工商局，各县〔特区、区〕政府、钟山经济开发区管委会）

快递企业用电、用气、用热价格按照不高于一般工业标准执行。（牵头单位：市发展改革委；责任单位：市经济和信息化委、市商务粮食局、市供销社、市工商局、市能源局，各县〔特区、区〕政府、钟山经济开发区管委会）

对以租用方式入驻所在地政府组织建设的物流园区、快递园区、工业园区、电子商务园区的快递企业，由所在地政府依法给予租赁优惠政策支持。（牵头单位：各县〔特区、区〕政府、钟山经济开发区管委会；责任单位：市发展改革委、市商务粮食局、市邮政管理局）

（五）税收优惠政策。依法对快递企业进行税费征收管理。根据《国务院关于促进快递业发展的若干意见》（国发〔2015〕61号）精神，快递企业依法享受企业所得税优惠政策等。（牵头单位：市国税局；责任单位：市地税局，各县〔特区、区〕政府、钟山经济开发区管委会）

（六）金融支持政策。鼓励金融机构为快递企业提供固定资产抵押、应收账款质押等多种形式的信贷服务，开发适合民营快递企业发展需求的信贷产品，积极开展金融服务创新，支持快递企业做大做强。保险机构要研究开发适合快递业特点的新险种，大力发展快递保险业务。快递企业要增强保险意识，运用保险机制防范和化解经营风险。（牵头单位：各县〔特区、区〕政府、钟山经济开发区管委会；责任单位：六盘水银监分局、市邮政管理局、人保财险六盘水分公司、人寿财险六盘水分公司、太保财险六盘水分公司）

（七）快递车辆管理政策。研究制订全市快递配送机动车（专用电动三轮车）管理办法，逐步统一快递专用标志，对快递专用车辆在市区通行、临时停靠作业提供相应便利，解决城市快件收投服务“最后一公里”通行难问题。鼓励快递企业采购新能源、清洁能源汽车开展城市快件运输收投服务，享受国家和省有关补贴政策。（牵头单位：市公安局；责任单位：市邮政管理局、市城管局、市经济和信息化委、市交通运输局，各县〔特区、区〕政府、钟山经济开发区管委会）

（八）人才支撑政策。做好快递企业发展人才支持工作。鼓励有关部门开展针对快递服务行业的岗前培训、资格培训、专业培训和就业指导，鼓励高校毕业生、农村劳动者、返乡农民工、国有企业下岗人员、复退军人到快递企业就业，鼓励支持快递企业推进用工本地化。（牵头单位：市人力资源社会保障局；责任单位：市邮政管理局，各县〔特区、区〕政府、钟山经济开发区管委会）

鼓励高等院校和中等职业学校设置快递物流管理专业或课程，加快培养快递物流管理相关专业紧缺人才。鼓励校企合作，支持职业院校订单式培养。（牵头单位：市教育局；责任单位：市人力资源社会保障局、市邮政管理局、六盘水师范学院、六盘水职业技术学院、市广播电视大学、市民族职业技术学校，各县〔特区、区〕政府、钟山经济开发区管委会）

五、保障措施

（一）加强组织领导。成立以市政府分管副市长为组长，市政府联系副秘书长和市邮政管理局主要负责同志为副组长，市级有关部门及各县（特区、区）政府、钟山经济开发区管委会分管领导为成员的六盘水市促进快递业加速发展工作领导小组。领导小组下设办公室在市邮政管理局，市邮政管理局主要负责同志兼任办公室主任。领导小组办公室负责全市促进快递业加速发展的日常工作；负责起草促进快递业发展的总体规划、实施意见和工作方案，组织落实各项具体工作措施；做好快递业与电商等协同发展的协调、调度及日常管理工作。各县（特区、区）政府、钟山经济开发区管委会要比照成立相应领导小组及办公室。

（二）强化政策落实。要充分认识促进快递业健康快速发展的重大意义，强化协同联动。市级各有关部门要按照职责分工，结合各自行业实际，细化工作措施，加快推动本工作落实，为快递业健康发展营造良好的社会环境。邮政管理部门要对全市快递业进行统一规范、统一管理，及时研究解决快递业发展中遇到的新情况、新问题，为快递业发展营造良好的市场发展环境。各县（特区、区）政府、钟山经济开发区管委会要根据国务院、省、市有关要求，结合实际制定促进快递业加速发展的政策措施并认真抓好落实。市发展改革委、市交通运输局、市商务粮食局、市供销社、市邮政管理局等有关部门负责对本意见落实工作的统筹协调、跟踪、督促检查。

黔南州促进快递业加快发展实施方案

（2016年7月8日黔南州人民政府办公室印发　黔南府办发〔2016〕18号）

为贯彻落实《国务院关于促进快递业发展的若干意见》（国发〔2015〕61号）、《省人民政府办公厅关于促进快递业加快发展的实施意见》（黔府办发〔2015〕53号）精神，进一步推动黔南快递业提速发展，结合我州实际，特制定本实施方案。

一、总体要求

（一）基本思路。

坚持市场主导、安全为基、创新驱动、协同发展的基本原则，以“互联网+”快递为发展方向，推进快递与电子商务、特色农业、制造业等联动发展，与综合交通运输体系顺畅对接。强化政策扶持和环境营造，加强规划引导，优化政策扶持，鼓励快递企业做大做强，向下、向外拓展，促进快递企业转型升级。全面发挥快递业在活跃流通、拉动需求、促进发展、服务民生等方面的重要作用。

（二）发展目标。

到2020年，全州快递业务量突破1500万件，比2015年翻三番；快递业务收入突破2.5亿元，比2015年翻三番。在都匀市建设1个可辐射全州13县（市、区）、占地约100亩的州级快递园区；全州每个县（市）有1个占地约20亩的县级快递园区；实现县级以上行政区域至少有8个快递品牌企业提供服务；全州农村地区开办的快递服务网点总数在500个以上；快递服务覆盖所有行政村，为本土产品和网店提供网购寄递服务；培育形成4—6家网络覆盖广、品牌影响力大、竞争实力强、收入超千万元的快递品牌企业。

二、重点任务

（一）提升服务质量，打造快递品牌。

引导州内快递企业按照现代企业制度要求，完善公司法人治理结构和内部各项管理制度，建立健全行业安全和服务标准体系，加强服务质量监测，降低快件延误率、损毁率、丢失率和投诉率，不断提高服务质量，增强企业市场竞争力。加快快递产业发展，大力实施品牌战略，打造一批快递品牌企业、培育一批骨干龙头企业，争取进入省现代服务业重点企业名单。（责任单位：州邮政管理局、州发展改革委）

（二）加强快递园区建设，促进快递服务业集聚发展。

1.做好规划衔接。做好快递业发展相关规划与地方政府规划的衔接，按照企业集中布局、产业集群发展、资源集约利用、功能集合构建的原则，先期在都匀、龙里、荔波、惠水、瓮安等地规划建设一批具备集中仓储、分拣处理、快速集散、统一配送等服务功能的现代化快递园区。（牵头单位：州发展改革委；责任单位：州商务和粮食局、州城乡规划局、州工业信息化委、州邮政管理局、各县〈市〉人民政府）

2.积极予以政策支持。鼓励和支持符合条件的快递企业重点建设项目和产业园区申请现代服务业发展引导资金，对重要的快递基础设施建设项目，提供补助、贴息扶持及贷款帮助，经省政府批准可给予城市基础设施配套费减免优惠。落实国家鼓励类服务业价格政策，快递企业用水、用电、用油、用气实行与工业企业同价。（牵头单位：州发展改革委；责任单位：州财政局、州邮政管理局、各县〈市〉人民政府）

3.加快龙里"贵州快递物流园区"建设。加快完善园区水、电、路、通讯网络等生产基础设施和生活配套设施，建设园区现代化快件分拣设施、仓储配送设备和信息服务数据平台中心，提高园区智能化管理水平。发挥快递园区集聚效应，依托"铁路、公路、机场"交通优势，整合各方资源，拓展电子商务、仓储配送等关联服务，加快建设设施先进、布局科学、支撑有力、运转高效的品牌快递物流示范园区，助推区域人流、物流、资金流、信息流和相关产业布局的优化和融合，着力将龙里"贵州快递物流园区"打造成为西南地区重要的快件集散中心。（牵头单位：龙里县人民政府；责任单位：州发展改革委、州邮政管理局）

（三）推动快递服务业与关联产业协同发展，积极服务地方经济。

1.推动快递服务业与电子商务协同发展。以"大众创业、万众创新"为动力、以"互联网+"为契机，发展我州农村电子商务。结合我州产业园区和城镇化建设以及旅游景点特色，鼓励企业开展地方特色网络销售业务，开展电子商务，通过邮政、快递渠道销售我州农特产品、民族特色工艺品、地方特色商品。各地结合自身实际对当地快递企业用地、车辆通行、终端建设等方面给予扶持，促进快递服务业与电子商务协同发展。（责任单位：州商务和粮食局、州农委、州邮政管理局、各县〈市〉人民政府）

2.推动快递服务业与制造业协同发展。鼓励快递企业与制造企业建立结构合理、协作深入、标准对接的合作模式，实现互利共赢。支持制造企业外包服务环节依托快递网络，开展综合集成制造和分销配送，构建产业发展新体系；引导快递企业进驻工业园区（经济开发区）、高新技术产业园等制造业集聚区，依托生产要素集聚优势，创新服务产品和配送体系，提高产业配套协作水平。（责任单位：州工业信息化委、州邮政管理局、各县〈市〉人民政府）

3.推动快递服务业与交通运输业协同发展。积极支持快递服务业与交通运输业融合发展、协同壮大，鼓励民航、铁路等运输部门为快件运输开设绿色通道，提供优先服务。（责任单位：州交通运输局、州邮政管理局、州民航事业管理局、各县〈市〉人民政府）

（四）加大快递配送项目建设，完善城乡服务网络。

1.建设农村电商综合服务平台。充分发挥邮政点多面广的优势，整合乡镇邮政局所、村邮站、邮政"三农"服务站等邮政基础设施资源，代理农村快递业务，拓展快递包裹存取等服务功能。在完善农村网络购物服务的同时，可逐步延伸开展水费、电费、收视费、通讯费等代缴费和商旅票务、交通违法处理等便民业务，积极探索跨品牌代理快递、叠加普惠金融等创新业务，为农村居民提供“一站式”综合服务，满足农村发展新需求。同时，充分依托邮政便民取款服务点、邮政“邮乐网”电子商务服务平台和邮掌柜综合服务平台，逐步将农村邮政网点建设成“电商超市”便民服务平台。全力拉动农村网络交易需求，全面开拓农村新的销售渠道和市场，为我州农特优产品提供外销服务，推动农产品进城、外销、出口，让更多的“农货进城、网货下乡”。（牵头单位：州邮政管理局；责任单位：人行黔南州中心支行、州商务和粮食局、州邮政公司、各县〈市〉人民政府）

2. 支持快递企业“向下”拓展。加快实施快递“向下”服务拓展，整体提升我州农村快递发展水平，改善城乡间、区域间电子商务及快递服务均衡度，推进快递服务与农村电子商务协同发展。鼓励支持快递企业间在业务量较小的乡镇和村合作建立服务网点开展快递服务，支持快递企业与农家店、农村综合服务社、农产品购销代办站等以建立合作网点的形式提供投递服务。引导快递企业与供销社、邮政网点、村邮站、村民委员会、农家书屋等合作，共建快递服务中心，实现快递服务进村入户。同时，各快递企业可利用服务特色产品（如顺丰速运“生鲜配送”、中通快递“售后宝”、圆通速递“仓配一体”），拓展服务种类、范围，为农村地区提供各种特色服务。（责任单位：州邮政管理局、州邮政公司、州供销社、各县〈市〉人民政府）

3. 推进快递服务终端网络建设。优化城市快递服务网络布局，各级政府应将快递服务纳入城市共同配送体系，加快与城市共同配送体系建设的融合发展，建设一批快递服务平台和快件服务终端网点，破解城市快递服务“最后一公里”问题。引导快递企业与城市社区、小区物业、高校等合作，共建快递服务中心，为快递终端投递提供服务和便利。利用多种形式，鼓励、吸引快递企业或第三方依托住宅小区、学校现有公共区域、设施，投资设置智能快件箱，建立统一的投递服务平台，共同解决快递终端投递的难题，满足群众用邮需求。（牵头单位：州邮政管理局；责任单位：州住房城乡建设局、州商务和粮食局、州教育局、州民政局、各县〈市〉人民政府）

（五）改善运输作业环境，促进快递服务便捷高效。

1. 落实快递车辆通行政策。创新管理模式，允许符合标准的摩托车、电动三轮车从事快递运营业务。公安交警部门要依据法律法规，切实统筹好服务经济建设和保障社会效益、道路通行便利和安全管理制度落实，与邮政管理等部门建立定期会商机制，按照依法、高效、环保的原则，研究制定城市快件配送车辆管理办法；对快递车辆运输快件时，在市区通行、停靠、作业等方面给予相应的便利，解决“最后一公里”通行、停靠难问题。（牵头单位：州公安局；责任单位：州交通运输局、州邮政管理局、各县〈市〉人民政府）

2. 大力推动多方运输合作模式。整合交通、邮政、供销等资源，引导农村客运班车代运快件，创新快件配送模式。鼓励民营快递企业之间、邮政企业与民营快递企业之间开展合作，取长补短、优化邮路，有效降低物流成本，提高快件的派送时效，实现资源共享、互惠互利。（牵头单位：州交通运输局；责任单位：州邮政管理局、州供销社、州邮政公司）

（六）发挥行业自律作用，加强快递业信用体系建设。

1. 发挥快递行业自律作用。积极引导快递企业自主成立黔南州快递协会，建立健全信用管理制度，提高服务诚信度，增强消费者信心。加快实施快递企业等级评定和信用分级管理，发挥快递协会对快递企业信用评价作用，向消费者提供信用评价信息。（责任单位：州邮政管理局）

2. 加快快递业信用体系建设。建立完善快递企业的质量信用考核制度，科学制定评价内容、评价标准、评价方法和评价周期等，完善激励机制和市场退出机制，引导企业加强管理、诚信经营、保障安全。将严重失信企业列入行业“黑名单”，在日常监管、监测和抽查中将其作为检查重点，并实行动态管理。（牵头单位：州工商局；责任单位：州邮政管理局）

3. 全面推进快递业标准化建设。推进快递企业安全生产标准化建设，落实邮政业安全生产设备配置规范等强制性标准，明确收寄、分拣、运输、投递等环节的安全要求。落实快递企业和寄件人安全责任，完善从业人员安全教育培训制度，筑牢寄递渠道安全基础。（责任单位：州邮政管理局）

（七）加强政策扶持，优化发展环境。

1. 深入推进简政放权。深化快递行业商事制度改革，探索对快递企业实行同一工商登记机关管辖范围内“一照多址”模式。在证照登记管理方面给予快递企业便利，简化快递业务经营许可程序，改革快递企业年度报告制度，精简企业分支机构、末端网点备案手续。（牵头单位：州工商局；责任单位：州邮政管理局）

2. 扶持农村快递网点建设。从电子商务示范县扶持资金中或发展农产品产业资金等项目中，安排一定资金，扶持推动当地快递业发展，服务农村电商繁荣。特别是对乡镇及以下开办快递等配送业务的网点，给予适当的资金支持，具体扶持办法由各县(市)人民政府自行制定。(牵头单位:州财政局;责任单位:州农委、州商务和粮食局、州邮政管理局、州供销社、各县〈市〉人民政府)

3. 支持本土农特产品出口。制定出台我州本土产品寄递出州财政奖补管理办法，对寄递当地工业品、工艺品、农土特产品和旅游产品出州的快递企业给予适当奖励。各县(市、区)应对寄出县(市、区)的当地工业品、工艺品、农土特产品和旅游产品的快递企业制定适当的奖补政策。(牵头单位:州财政局;责任单位:州农委、州工业信息化委、州商务和粮食局、州邮政管理局、各县〈市〉人民政府)

4. 对符合条件的快递企业给予政策资金支持。鼓励企业积极申报国家、省、州专项资金支持，争取国债资金和省财政的政策支持，加快建设快递分拨中心等基础设施。按现行的邮政扶持政策，依法对从事快递的企业予以重点支持，快递企业可申请享受我州小微企业的扶持政策。对信誉好、经营规范、效益明显的快递，各类金融机构要加大信贷投入比重，实行适应快递企业需求的信贷产品创新和金融服务创新。快递企业要增强保险意识，利用保险机制防范化解经营风险，保险公司要大力发展快递保险业务，创新保险产品和服务。争取建立物流和电子商务发展奖励资金，对当地行业发展有带动作用的物流和电商企业给予适当的扶持和奖励;对地方物流及电商基础设施建设给予一定扶持，鼓励更多资金投向物流和电商行业，促进物流与电商互补互助发展。(牵头单位:州商务和粮食局;责任单位:州财政局、州工商局、州工业信息化委、州邮政管理局、州供销社、各县〈市〉人民政府)

(八)加强行业监督管理，杜绝各类安全事故发生。

1. 严格市场准入制度。认真执行《中华人民共和国邮政法》、《快递业务经营许可管理办法》(交通运输部令2015年第15号)和《快递市场管理办法》(交通运输部令2013年第1号)等法律法规，严格市场准入，依法加强对快递企业的监督管理，引导和鼓励企业建立健全内部管理制度，不断提升服务质量，快速、有效地处理消费者投诉，维护消费者合法权益和市场秩序。(责任单位:州邮政管理局)

2. 加强安全监管。指导企业建立严格的收寄验视制度和应急保障制度，全面推进“收寄验视+实名收寄+过机安检”三项措施要求的落实。有出港邮件(快件)的县(市)，由地方政府统一配备一台安检机，统一规范快件出港安检;对自行购置安检机的企业，所在地政府给予适当的补助。将邮路安全监管工作开展情况纳入社会治安综合治理目标考核，列为重要内容之一。健全邮政业安全监管体系和部门联动机制，充分运用现代信息及物联网技术，建立安全信息监管系统，保障邮路寄递渠道安全。(牵头单位:州公安局;责任单位:州综治委、州国安局、州邮政管理局、各县〈市〉人民政府)

3. 加强行业统计监测。邮政管理部门要建立健全快递企业名录登记备案制度和快递业的信息收集、统计、分析及上报制度，对快递企业进行分类指导，完善快递运行监测系统。要与统计部门对接将快递服务主体纳入行业统计体系和我州国民经济统计体系，建立快递服务业运行监测分析制度，定期分析快递服务业发展状况和趋势。建立快递服务业发展报告发布制度，为政府有关部门及时、准确、完整地提供经济运行分析决策数据。(责任单位:州邮政管理局)

(九)加强人才培养，不断提升快递服务水平。

1. 完善邮政行业人才培训基础设施。加强快递人才培养和职业培训，引导大中专院校加强建设与快递服务业发展相适应的学科专业，加快培养快递服务业紧缺人才。支持有条件的快递企业与大中专院校联合建立实训基地，支持各类教育培训机构开展服务业技能型人才再培训、再教育。鼓励邮政行业依托现有资源加大行业人才培训和职业技能鉴定。(责任单位:州教育局、州人力资源社会保障局、州邮政管理局)

2. 加大职业培训力度。加强快递业人才队伍建设，强化快递企业在职人员关于企业管理、职业技能等方面的培训，提高快递业从业人员的整体素质。抓好行业短期培训，搭建与快递企业之间的就业平台，为快递行业培养和储备人力资源。同时，依托公共就业和人才服务机构，通过开展公共就业服务专项活动和各种形式招聘会，为企业和劳动者搭建服务平台，实现快递行业用工与增加就业岗位的双赢。(牵头单位:州邮政管理局;责任单位:州教育局、州人力资源社会保障局)

三、工作要求

(一)提高思想认识。

发展好快递行业这一新兴的基础性产业，对助推地方经济发展、解决地方劳动力就业、带动低收入群体脱贫奔小康具有重大意义，各级各有关部门要提高思想认识，积极引导、帮助快递企业快速健康发展，鼓励、支持快递企业做大做强，提升企业服务能力，为本地经济发展提供基础保障，更好地为广大人民群众提供便利、优质的服务。

(二)加强组织领导。

州政府成立黔南州快递业发展工作小组,分管副州长为组长,州发展改革委、州工业信息化委、州公安局、州财政局、州城乡规划局、州人力资源社会保障局、州交通运输局、州农委、州教育局、州民政局、州住房城乡建设局、州商务和粮食局、州工商局、州国安局、州国税局、州供销社、人行黔南州中心支行、州邮政管理局、州民航事业管理局等为成员单位,工作小组下设办公室在州邮政管理局,具体负责全州快递业发展工作的统筹和协调。

(三)加快政策落实。

各相关部门要根据本实施方案,强化服务意识,对涉及本部门的工作内容,及时制定具体工作方案,推动政策落实和管理创新。需研究制定政策措施的,要深入开展调研,抓紧出台实施;需国家、省相关部门支持帮助的,要积极主动对接汇报,争取获得支持,务求各项工作取得实效。

毕节市人民政府办公室关于促进快递业加快发展的实施意见

(2016年9月7日 毕府办发〔2016〕7号)

各县(区)人民政府(管委会),市政府有关部门:

为贯彻落实《国务院关于促进快递业发展的若干意见》(国发〔2015〕61号)和《省人民政府办公厅关于促进快递业加快发展的实施意见》(黔府办发〔2015〕53号)精神,进一步推动毕节市快递业规范建设、提速发展,推动大众创业、万众创新,培育全市经济新增长点,进一步促进"山货进城、城货下乡",更好的发挥快递业推动流通、促进消费、扩大就业、惠及民生的重要作用,特制定全市促进快递业加快发展的实施意见:

一、总体要求

坚持市场主导、安全为基、创新驱动、协同发展的基本原则,密切联系毕节市经济社会现状,以"互联网+"快递为发展方向,不断完善全市快递服务网络体系建设,促进快递行业与电子商务协同发展,提升寄递安全和服务质量,推动快递行业转型升级、提质增效,与特色农业、生产制造业、批发零售业等协同发展,全面发挥快递业在活跃流通、拉动需求、促进发展、服务民生等方面的重要作用。

二、发展目标

到2020年,基本建成普惠城乡、技术先进、服务优质、安全高效、绿色节能的快递服务体系,显著提升快递行业对毕节市经济发展的贡献度,建立起一批优势突出、辐射带动能力强的特色快递服务集群。力争快递业务量突破1000万件,快递业务收入突破2.5亿元,比2015年翻三番;在金海湖新区建设1个可覆盖全市所有县(区),占地在200亩以上的市级快递园区,各县分拨中心陆续建设,基本实现乡乡有网点,村村通快递。

三、重点任务

(一)提升企业服务质量。鼓励各类资本依法进入快递领域,引导快递企业按照现代企业制度要求,完善公司法人治理结构和内部各项管理制度,建立健全行业安全和服务标准体系,加强服务质量监测,降低快件延误率、损毁率、丢失率和投诉率,不断提高服务质量,增强企业市场竞争力。(责任单位:市邮政管理局)

(二)加快快递园区建设,促进快递业的聚集发展

1. 加快市级快递园区建设。紧紧围绕我市"十三五"规划有关要求,在金海湖新区先期规划建设一个具备集中仓储、分拣处理、快速集散、统一配送、商品展示等服务功能的市级快递园区,实现全市快件的统一集散,快速出入。发挥产业集群效应,结合毕节市三省交界的重要交通区位优势,将毕节市快递物流园区逐步建成一个川、滇、黔地区的重要物流集散港。(牵头单位:市邮政管理局;责任单位:市发展改革委、市商务局、金海湖新区管委会)

2. 逐步完善县级快递分拨中心建设。各县(区)人民政府(管委会)划拨土地,匹配部分资金建设一批具备集中仓储、分拣处理、快速集散、统一配送等服务功能的县级快递分拨中心,形成上游与省、市

快递物流园区功能互补、联动发展,下游与各乡镇顺畅衔接、有力支撑的良好布局。(牵头单位:市邮政管理局;责任单位:市发展改革委、市商务局、各县〈区〉人民政府〈管委会〉)

(三)推进"互联网+"快递,推动快递业与关联产业的协同发展

1.建设快递物联网。依托大数据技术,加快建设毕节市快递物联网,合理调配运输资源,实现电商产品与快递运输的高效融合,提高流通效率,降低物流成本。引导企业对业务受理、仓储管理、分拣配送、客户管理、安全监控、信息跟踪查询等生产管理环节进行全方位的监测、分析。引导企业加强数据分析,合理规划网点布局,优化网络运输路径,推广电子快递运单,提高企业运行效率和服务质量。(牵头单位:市工业能源委;责任单位:市商务局、市发展改革委、市交通运输局、市邮政管理局)

2.推动快递行业与电商协同发展。把握我市大力发展电子商务,尤其是发展农村电子商务的良好机遇,推动我市邮政、快递企业与电商企业积极协作,鼓励邮政、快递企业入驻我市电子商务园区。鼓励快递企业搭建电商平台,利用快递企业与客户距离近、网站流量大、配送发货及时、物流速度快、费用低的优势,参与本地特色产品经营,支持快递企业与本土生产企业合作,通过邮政、快递渠道销售我市农土特产品、民族特色工艺品、地方特色商品等。积极培育本市"快递+"特色农产品样板项目,打造示范县、示范乡参与全省、全国农村"快递+"示范县、乡专题交流活动和评选。积极引导快递末端网点与农村网店、网购代办点、村邮代办点等协作配合,构建快递业的基层生态系统。(牵头单位:市邮政管理局;责任单位:市商务局、市供销社、市发展改革委、各县〈区〉人民政府〈管委会〉)

3.推动快递业与制造业协同发展。鼓励快递企业与制造企业建立结构合理、协作深入、标准对接的合作模式,实现互利共赢。支持制造企业外包服务环节依托快递网络,开展综合集成制造和分销配送,构建产业发展新体系;引导快递企业进驻工业园区、经济开发区、高新技术产业园等制造业集聚区,依托生产要素集聚优势,创新服务产品和配送体系,提高产业配套协作水平。(牵头单位:市工业能源委;责任单位:市邮政管理局、各县〈区〉人民政府〈管委会〉)

(四)完善城乡服务网络,实现城乡快递服务均等化

1.深化"乡乡设所、村村通邮"。充分利用全市所有乡镇邮政网点全覆盖的网络优势,通过村邮站、便民站、捎转站和流动服务等形式将服务能力延伸至村,并在农村邮政网点搭载快递服务、农村电子商务、代收代缴费、农村客运、农资配送等多种服务。(牵头单位:市邮政管理局;责任单位:中国邮政集团公司毕节市分公司、各县〈区〉人民政府〈管委会〉)

2.加快推进"快递下乡"。引导快递企业科学合理规划农村快递网点布局。充分发挥现有快递代办点的作用,逐步使其走向正规经营、合法经营的道路。扩展现有村邮站和村级邮政代办点对快递的揽投功能,鼓励快递企业与邮政企业共建乡镇、村级快递代办点,整合现有邮政快递资源,使农村快递网络建设实现快速化、标准化、集约化。2016年实现我市乡镇快递覆盖率达到80%,到2020年基本实现乡乡有网点,村村通快递。(责任单位:市邮政管理局;责任单位:中国邮政集团公司毕节市分公司、各县〈区〉人民政府〈管委会〉)

3.优化城市快递服务体系。完善城市快递服务体系建设,创新快递服务模式,鼓励快递企业与城市社区、小区物业、高校等合作,共同建快递服务中心或"快递超市"。引导快递企业或第三方在机关、企事业单位、写字楼、商住区等区域设置智能快递箱,提高智能快递箱的普及率和使用率,缩短快递末端配送时间和距离,有效解决城区投递服务"最后一公里"问题,满足群众用邮需求。(牵头单位:市邮政管理局;责任单位:市住房城乡建设局、市城乡规划局、市教育局、各县〈区〉人民政府〈管委会〉)

(五)衔接综合交通体系

1.衔接公路网络。支持邮政、快递企业与符合条件的汽车客运站加强合作,鼓励市到县、县到乡的客运班车代运快件,健全小件快运服务体系。对邮政、快递企业的干线运输车辆,实行适当的高速公路过路费减免政策,降低综合运输成本。(牵头单位:市交通运输局;责任单位:市邮政管理局、各县〈区〉人民政府〈管委会〉)

2.衔接航空网络。在确保航空运输安全的前提下,逐步探索建立毕节市的快件航空运输通道,在机场实现即到即转、快速安检、快速配载、快速装卸、快速交接的"快件商务通道服务",促进毕节市快递行业的提质增效。(责任单位:飞雄机场有限责任公司)

(六)推进快递业供给侧结构改革。以调结构、补短板、强服务为重点,努力推进我市快递行业发展由被动适应型向主动引领型转变,增强发展的内生动力。鼓励企业积极推进服务地方特色农土特产品的创新发展,加快丰富产品类型。推广自动化分拣、数据化处理、智能化服务等技术的应用,提升运营效率。加快快递网点标准化建设,年内主要品牌城区网点标准化达标率力争达到50%,3年内基本实

现主要品牌企业城区网点标准化全覆盖。（牵头单位：市邮政管理局；责任单位：各县〈区〉人民政府〈管委会〉）

四、保障措施

（一）落实相关扶持政策。各县（区）人民政府（管委会）要出台相关政策支持快递行业，鼓励和支持符合条件的快递企业重点建设项目和产业园区申请现代服务业发展引导资金，对重要的快递基础设施建设项目，提供补助、贴息扶持及贷款帮助。积极支持快递企业利用工业园区闲置厂房、仓库和存量土地资源建设快递服务设施；落实国家鼓励服务业类价格政策，快递企业用水、用电、用油、用气实行与工业企业同价。对依法经营的快递企业，享受我市小微企业“3个15万元”的扶持政策。对信誉好、经营规范、效益明显的快递企业，各类金融机构要加大信贷投入比重，实行适应快递企业需求的信贷产品创新和金融服务创新。引导快递企业增强保险意识，利用保险机制防范化解经营风险，保险公司要大力发展快递保险业务，创新保险产品和服务。争取建立快递和电子商务发展奖励资金，对当地行业发展有带动作用的快递和电商企业给予适当的扶持和奖励，对地方快递及电商基础设施建设给予一定扶持，推动项目建设，鼓励更多资金投向快递和电子商务行业，以此促进快递业发展。（牵头单位：市工业能源委；责任单位：市财政局、市发展改革委、市政府金融办、市工商行政管理局、市邮政管理局、各县〈区〉人民政府〈管委会〉）

（二）落实快递车辆通行政策。创新管理模式，允许符合标准的摩托车、电动三轮车从事快递运营业务。公安、交通等部门要依据法律法规，切实统筹好服务经济建设和保障社会效益、道路通行便利和安全管理制度落实，与邮政管理等部门建立定期会商机制，按照依法、高效、环保的原则，研究制定城市快件配送车辆管理办法，发放邮政、快递配送通行证，对快递车辆运输快件时，在市区通行、停靠、作业以及事故处理上给予相应的便利，解决“最后一公里”通行难问题。鼓励邮政、快递企业采购新能源、清洁能源汽车开展城市快件运输收派服务，享受国家和省、市有关补贴政策。（牵头单位：市公安局；责任单位：市工业能源委、市交通运输局、市城市管理局、市邮政管理局、各县〈区〉人民政府〈管委会〉）

（三）加快快递行业专业人才培训。鼓励高等院校和中职学校设置快递物流相关专业，加快培养快递物流管理相关专业紧缺人才。鼓励教育主管部门、大专院校、邮政及快递企业，共同建立邮政快递企业人才实习培训基地。对在职的邮政快递企业工作人员展开安全培训、礼仪培训、专业技术培训等系列培训，形成人才培训的常态化机制。（牵头单位：市邮政管理局；责任单位：市人力资源社会保障局、市教育局、市安全监管局、各县〈区〉人民政府〈管委会〉）

（四）深入推进简政放权。深化快递行业商事制度改革，探索并推行对快递企业实行同一工商登记机关管辖范围内“一照多址”模式。邮政管理部门在快递业务经营许可、年报、许可变更等方面，根据行政审批制度改革的要求，精减不必要的材料，优化办理流程，缩短办理时限，更好的发挥对快递业发展的保障和促进作用。（牵头单位：市工商行政管理局；责任单位：市邮政管理局）

（五）扶持快递网点建设。从电子商务扶持资金或发展农产品产业资金等项目中，安排一定资金，扶持推动当地快递业发展，服务农村电商繁荣。制定扶持奖补办法，3年内采用“以奖代补”的原则，对城区快递“旗舰店”、“标准店”，尤其是对乡镇及以下开办的快递“标准化”网点，符合条件的，由快递企业提出申请，由各县区电商办牵头，商务、财政、邮政管理等部门参与验收合格后，按照1—3万元标准予以财政补贴。（具体扶持奖补办法由各县〈区〉人民政府〈管委会〉具体制定）。（牵头单位：市商务局；责任单位：市财政局、市供销社、市农委、市邮政管理局、各县〈区〉人民政府〈管委会〉）

（六）加强行业安全监管。强化企业安全生产主体责任和寄件人安全责任，督促企业完善从业人员安全教育培训制度，加强对企业安全生产工作的技术指导。实行部门联动，建立完善工作协调和联合执法机制，切实履行部门职责，着力健全快件寄递安全防控体系，全面落实收寄验视制度，全面实行快件实名收寄，依法严厉打击和严密防控利用寄递渠道实施犯罪的行为。（牵头单位：市综治办；责任单位：市公安局、市国安局、市邮政管理局、市交通运输局、市工商行政管理局、各县〈区〉人民政府〈管委会〉）

五、工作要求

（一）提高思想认识。快递行业作为新兴的基础性产业，各级政府、各部门要提高快递行业对助推地方经济发展重要性的认识，积极引导、帮助快递企业发展，鼓励、支持快递企业做大做强，提升服务能力，为本地经济发展提供基础保障，更好地为广大人民群众提供便利、优质的服务。

（二）加强组织领导。市政府成立由分管副市长任组长，发改、工能、财政、交通、商务、供销、住建、规划、农委、工商、人社、教育、金融、综治、公安、国安、安监、城管、邮管等相关部门负责人为成员的促进快递业发展工作领导小组,对全市快递业的建设和发展统一部署、统筹规划。

为协调解决快递业发展中的重大问题,确保各项支持快递业发展的优惠政策落实到位,解决快递业发展中存在的困难和问题,市政府各部门、各直属机构要建立必要的联动协调机制,各县(区)人民政府(管委会)也要建立相应的组织和协调机制。

(三)加快政策落实。各级人民政府,有关部门要根据本实施意见,强化责任落实,对涉及本辖区、本部门的工作内容,要尽快制定实施方案细则,推动政策落实和管理创新。

黔西南州加强寄递渠道安全管理工作的实施意见

(2016年11月21日黔西南州人民政府办公室印发　州府办函〔2016〕155号)

为深入贯彻落实中央综治办、公安部、国家安全部、交通运输部、国家邮政局等国家十五部委有关要求,加大对寄递业的安全管控力度,进一步加强全州寄递渠道安全管理,预防、打击利用寄递领域实施违法犯罪活动,保障寄递渠道安全畅通,保护公民的人身、财产安全,保障国家公共安全和社会和谐稳定。现结合我州实际,就进一步加强我州寄递渠道安全管理工作制定本实施意见。

一、目标要求

通过加强寄递安全监管,全州邮政、快递企业全面严格落实国家十五部委《关于印发〈全国集中开展危爆物品寄递物流清理整顿和矛盾纠纷排查化解专项行动的工作方案〉的通知》(中综办〔2015〕27号)提出的"3个100%"制度,即100%收寄验视、100%实名登记、100%过机安检,实现邮件(快件)来源可追溯、责任能倒查、违法受查究的目标,有效预防犯罪分子利用寄递渠道实施违法犯罪活动。

二、工作任务

(一)严格落实收寄验视制度。全州邮政、快递企业必须按照《中华人民共和国邮政法》的规定,建立并执行收寄验视制度,对收寄的邮件(快件)100%实行"当面验视、会同封装"。用户拒绝开箱验视的,寄递企业不予收寄。开箱查验到违禁物品的,邮政、快递企业要及时主动向邮政管理部门报告。邮政、快递企业要加强对从业人员的安全教育,特别要加强对新上岗人员的岗前安全培训教育,使其具备与本岗位相适应的安全生产知识和处置技能。

(二)严格落实实名收寄制度。全州邮政、快递企业要严格落实实名比对登记制度,除信件和已有安全保障机制的协议客户快递、通过智能快件箱等交寄的邮件(快件)外,邮政、快递企业收寄邮件(快件)时一律要求用户凭寄件人的有效身份证件办理业务,并对用户身份证进行查验比对,采集寄件人姓名、身份证件号等信息,确保100%实名收寄。

(三)严格落实过机安检制度。全州邮政、快递企业要严格执行各项安全检查制度,处理场所应按照《邮政业安全生产设备配置规范》(中华人民共和国邮政行业标准YZ 0139—2015)配备微剂量X射线安全检查设备,所配备的微剂量X射线安全检查设备应满足GB 15208的要求。

2016年12月31日前,全州邮政、快递企业分拣转运中心应按上述要求配备X光机,X光安检机设备安装场地要满足生产实际需要,X光安检机的操作人员必须通过培训上岗,要选用文化素质高、责任心强、工作相对稳定的人员担任安检工作,并熟悉寄递物品相关操作规程,掌握禁寄物品和违禁品的相关知识,发现禁寄物品和违禁品懂得如何处理。如企业无法自行配置安检设备的,要采用租赁方式解决过机安检问题或进驻黔西南州快递分拣转运中心统一过机安检。全州邮政、快递企业要确保收寄的邮件(快件)逢出必检,并加盖"已安检"章戳或张贴"已安检"标签。鼓励各县(市)、义龙试验区建设快递物流园区,县级邮政、快递企业统一进驻园区过机安检。

(四)建立联动打击机制。邮政管理、公安、国安等部门要依法依规对"3个100%"制度的落实情况及可疑物品寄递进行监督检查,建立联动查处违禁品通过寄递渠道传播的长效打击机制。消防部门要加强对邮政、快递企业消防设施、设备的监督检查,不符合相关规定的一律要求整改。

三、工作要求

(一)提高思想认识。近年来,寄递业飞速发展,为社会提供了快捷、便利、高效服务,促进了地方经济社会的发展,但也存在着一定的安全隐患问题。加强寄递渠道安全监管,既是有效维护国家安全和社会稳定的重要举措,也是保障寄递业又好又快发展的客观要求。各县(市)、义龙试验区、各部门(单位)要充分认识加强寄递渠道安全监管的重要意义。

(二)落实主体责任。邮政、快递企业是寄递安全的责任主体,其负责人作为企业安全的第一责任人,要加大对从业人员的安全教育培训,加强安全知识的灌输,提高从业人员的安全意识和对禁寄物品的辨别能力;要按照相关规定配置监控、安检、消防等安全生产设备;要强化内部管理和自查自纠,建立健全各项安全制度,实施全员、全过程、全方位的安全防范和隐患排查治理,全力落实好本企业的安全生产责任制。

(三)强化日常监管。邮政管理、公安等部门要加大日常检查力度,通过明查暗访了解企业情况,督促寄递企业落实各项安全制度,对拒不执行"3个100%"制度或不按相关规定配置安全生产设备的,要果断采取相关措施,依法追究企业及其相关责任人的法律责任。要督促企业建立健全应急处置预案,各邮政、快递企业发现寄递枪支弹药、危爆物品、违禁物品等可能危害社会公共安全的可疑情况,要第一时间报告邮政管理局和公安机关,并在专业人员的指导下妥善处理,防止发生伤亡事故。

(四)坚持齐抓共管。相关部门(单位)要切实履行工作职责,要密切配合,相互支持,形成情报信息共享、技术手段互补、监管执法联动、案件问题联处的良性合作机制,形成齐抓共管、综合治理的整体合力。要建立寄递违法犯罪线索举报奖励制度,充分调动广大人民群众参与寄递安全监管的积极性,保障我州寄递渠道安全畅通。

25. 云　南

云南省人民政府关于促进快递业发展的实施意见

(2016年9月5日　云政发〔2016〕79号)

各州、市人民政府,省直各委、办、厅、局:

快递业是现代服务业的重要组成部分,是推动流通方式转型、促进消费升级的现代化先导性产业。为贯彻落实《国务院关于促进快递业发展的若干意见》(国发〔2015〕61号)精神,加快推进全省快递业健康发展,结合我省实际,现提出以下意见:

一、总体要求

(一)指导思想。坚持创新、协调、绿色、开放、共享的发展理念,以问题为导向,以"互联网+"快递为发展方向,培育壮大市场主体,融入并衔接综合交通体系,扩展服务网络惠及范围,保障寄递渠道安全,促进行业转型升级和提质增效,不断满足人民群众日益增长的寄递需求,更好服务于全省经济社会发展。

(二)基本原则。遵循"市场主导、安全为基、创新驱动、协调发展"的基本原则,用市场化手段引导和扶持快递企业整合提升;加强寄递安全制度体系和保障能力建设,夯实全省快递业安全基础;支持省内快递企业加快推广应用现代信息技术,持续提高服务能力和服务质量;推动全省快递业加快融入生产、流通和消费环节,全面发挥快递业在搞活流通、拉动内需、促进消费、服务民生等方面的重要作用。

(三)发展目标。到2020年,基本建成普惠城乡、技术先进、服务优质、安全高效、绿色节能的快递服务体系,形成覆盖全省、联通全国和辐射南亚东南亚及有关国家的服务网络。快递市场规模稳步提升,基本实现乡乡有网点,村村通快递;快递企业实力明显增强,服务水平大幅提升,州、市政府所在地之间实现48小时内送达,其他县、市、区实现72小时内送达;综合效益更加显著,快递年业务量和年业务收入达到3.2亿件和60亿元,分别是2015年的1.9倍和2倍;新增就业岗位约3万个。

二、重点任务

(四)培育壮大市场主体。遵循市场发展规律,适应国家进一步开放国内快递市场的要求,鼓励各类资本依法进入快递领域和投资快递业,支持不同所有制资本在快递领域交叉持股、相互融合,激发市场主体活力和创造力。鼓励快递企业通过盘活存量资产、战略合作、兼并重组等方式推动规模化经营和专业化发展,实现快递业转型升级。扶持龙头快递企业做大做强,到2020年,培育3—4户年业务收入超5亿元的龙头快递企业。鼓励和支持国内龙头快递企业到我省设立全国及辐射南亚东南亚和有关国家的总部及分拨、结算中心。(牵头单位:省邮政管理局;配合单位:省发展改革委、商务厅、国资委,各州、市人民政府)

(五)推进“互联网+”快递。提升快递业信息化、智能化水平,鼓励快递企业充分利用移动互联、物联网、大数据、云计算等信息技术,完善信息化运营平台,优化服务网络布局,提升运营管理效率,拓展协同发展空间。引导快递企业与电子商务企业深度合作。促进线上线下互动创新,共同发展体验经济、社区经济、逆向物流等便民利商新业态,鼓励快递企业不断开发新业务,完善代收货款、验货签收、快件保险等服务,提高配送服务水平和能力。(牵头单位:省商务厅;配合单位:省发展改革委、工业和信息化委、科技厅、农业厅,省邮政管理局)

(六)完善和加快快递基础设施布局及建设。将快递类物流园区依法纳入城市总体规划,统筹规划实施,优化完善以昆明为枢纽,以曲靖、玉溪、楚雄、红河、普洱、大理、西双版纳、临沧为节点,以磨憨、河口、瑞丽、猴桥等重点口岸为通道的快递基础设施布局。支持昆明市、曲靖市、玉溪市、楚雄州、红河州、普洱市、大理州建设一批布局科学、支撑有力、设施先进、运转高效的快递类物流园区;着力提升县、市、区快递网点的支撑能力,鼓励有条件的县、市、区建设具有现代化集中仓储、自动分拣、快速集散、统一配送的分拨中心。(牵头单位:有关州、市人民政府;配合单位:省发展改革委、国土资源厅、住房城乡建设厅、商务厅、外办,昆明海关、云南出入境检验检疫局、省邮政管理局)

(七)推进快递服务网络建设。鼓励快递企业加快自有品牌末端网点建设,鼓励企业设立快件集中代收代投服务点、自助服务终端,支持企业融入城市配送体系,通过引进社会资本,积极探索推进快递公共投递服务站建设。在农村地区,整合邮政、商贸、供销等资源,结合农村信息化、便民服务中心、商贸中心、“万村千乡”农家店等惠民工程建设,以村邮站、“三农”服务站等形式,多点合一,搭建综合服务平台公共投递服务站。加快推进“快递下乡”,提高农村地区快递配送网络覆盖率和使用率。(牵头单位:省邮政管理局,各州、市人民政府;配合单位:省公安厅、住房城乡建设厅、商务厅、工商局、供销合作社联合社)

(八)衔接综合交通运输体系。推进快递“上车、上船、上飞机”工程,促进快递企业与公路、铁路、航空等运输企业的合作,探索构建公路、铁路、航空快递绿色通道,稳妥推进公路、铁路客运代运快件试点,强化运输衔接保障能力。推动机场、火车站、汽车站、港口、码头同步建设或设置快递服务设施,推进建设航空、铁路、公路快递货运枢纽,加强铁路沿线和空港接驳场所(快件处理中心)建设,实现快件运输的无缝衔接,实现快件快速安检、快速配载、快速装卸、快速交接。(牵头单位:省发展改革委;配合单位:省工业和信息化委、交通运输厅、民航发展管理局,昆明铁路局、省邮政管理局,各州、市人民政府)

(九)推进国际快件(邮件)跨境服务体系建设。重点推进昆明国际快件(邮件)监管中心和磨憨、河口、瑞丽、猴桥等国际快件(邮件)交换平台建设,搭建涵盖快递监管、海关、检验检疫、外管、税收、物流、支付、通关等服务功能的现代电子商务大通道,建立电子商务出口快件清单核放、汇总申报通关的模式,发挥电子口岸、国际贸易单一窗口等“一站式”通关平台优势,实现出入境快件(邮件)便捷通关,增强跨境快件(邮件)的服务能力。发挥滇中新区空港经济区作用,依托昆明综合保税区和昆明长水国际机场,发挥空铁联运优势,支持快递企业发展跨境业务。鼓励快递企业走出国门,聚焦南亚东南亚,开发境外周边市场,支持快递企业通过自建、合作、并购等方式在南亚东南亚地区设立境外分支机构,延伸服务网络。(牵头单位:省商务厅,省邮政管理局;配合单位:省发展改革委、外办,昆明海关、云南出入境检验检疫局)

(十)推进快递业与关联产业融合发展。推动交邮融合发展,支持邮政、快递企业与交通运输企业开展业务全面合作,实现资源整合与优势互补。推进快递业与云南高原特色农业合作,积极参与涉农电子商务平台建设,引导快递企业发展冷链运输,强化快递企业、服务网点与重点农产品、农资、农村消费品市场的有机衔接,构建农产品快递网络,服务产地直销、订单生产等农业生产新模式。支持快递企业与制造业协同发展,发挥供应链管理优势,积极融入智能制造、个性化定制等制造业新领域。充分利用现有邮政网点优势,支持邮政企业和快递企业创新合作模式。(牵头单位:省交通运输厅,省邮政管理局;配合单位:省发展改革委、工业和信息化委、农业厅、商务厅、国资委、质监局、民航发展管理局、供销合作社联合社,昆明铁路局,各州、市人民政府)

(十一)加强行业安全监管与应急能力建设。实施寄递渠道安全监管“绿盾”工程,将快递行业安全管理工作纳入社会综合治理体系,加强跨部门协作配合,提升安全监管与应急处置能力。加强寄递渠道安全监管和安全监管信息平台建设，加快建设邮政业视频监控系统并将其纳入社会治安网格化信息系统平台，探索与公安机关情报信息系统的衔接。落实快递业安全生产设备配置规范等强制性标准，严格执行收寄验视、实名登记、过机安检制度，完善应急管理体制机制。严格落实企业安全生产主体责任和寄件人安全责任，督促企业完善从业人员安全教育培训制度。（牵头单位：省综治办，省邮政管理局；配合单位：省公安厅、安全厅、交通运输厅、安全监管局、民航发展管理局，昆明铁路局、昆明海关、云南出入境检验检疫局，各州、市人民政府）

三、政策措施

（十二）深入推进简政放权。按照国务院关于行政审批制度改革和简政放权的要求，优化快递业务经营许可审批流程和年度报告手续。采取精简许可材料、压缩审批时限、优化审批流程等许可优化措施，建立务实便利、高效透明的快递许可工作体系，为快递企业及其分支机构的工商登记提供便利。深化快递行业商事制度改革，探索对快递企业实行同一工商登记机关管辖范围内"一照多址"模式。（责任单位：省工商局，省邮政管理局）

（十三）加强法规、标准和规划的制定。适时出台我省快递管理有关制度，提高快递业法治化、标准化水平，通过立法规范和制度标准，推动和保障行业健康发展。将发展快递业纳入国民经济和社会发展规划，在城乡规划、土地利用规划、公共服务设施规划中合理安排快递基础设施建设项目。编制快递业发展规划，做好与综合交通运输、物流业、现代服务业、电子商务等专项规划的衔接。发挥行业自律和社会监督作用，完善行业监管信息系统，建立违法失信主体"黑名单"及联合惩戒制度，优化快递市场环境。（牵头单位：省法制办，省邮政管理局；配合单位：省发展改革委、国土资源厅、住房城乡建设厅、工商局，各州、市人民政府）

（十四）落实快递业发展扶持政策。各地、有关部门要研究扶持快递业发展的财政等支持政策，重点支持快递枢纽（快递类物流园区）、农村服务网点等公益性、基础性项目。快递企业可按照现行规定申请执行跨州、市经营总分支机构增值税汇总缴纳政策，依法享受企业所得税优惠政策。各州、市在推进综合交通运输、现代服务业、电子商务、城市配送体系、电子商务平台、物流园区等建设中要将快递业纳入统筹范畴，依法落实相应的财税支持政策。（牵头单位：各州、市人民政府，省国税局；配合单位：省发展改革委、财政厅、商务厅、地税局，省邮政管理局）

统筹安排快递类物流园区、快件集散中心等设施用地，对符合土地利用总体规划和国家产业政策的快递类物流园区项目，年度用地计划指标予以倾斜。探索建设智能快件箱、快递公共投递服务平台、村邮站等服务设施，将快递服务纳入基本公共服务范畴。城市新建住宅小区和旧城改造适当预留快递服务网点的区域和空间，预留快递设备的安装条件。各州、市人民政府在规划建设电子商务园区时，应在园区内或周边安排一定快递仓配用地，快递企业入驻园区与电子商务企业享有同等优惠政策。支持快递企业利用工业企业旧厂房、仓库和存量土地资源建设快件处理中心，项目建设用地享受工业用地政策。（牵头单位：各州、市人民政府；配合单位：省发展改革委、国土资源厅、住房城乡建设厅、交通运输厅、商务厅，省邮政管理局）

（十五）规范快递车辆管理。各地要规范快递车辆管理，研究制定快递专用车辆城市通行办法，逐步统一标识，改进城市快递配送车辆的通行和时限控制，研究城市配送车辆停靠管理办法，解决城市快递车辆通行难、停靠难问题。根据国家标准逐步推行快递专用电动三轮车标准化管理，各地要结合实际制定快递专用电动三轮车用于城市收投服务的管理办法，解决"最后一公里"投递难问题。支持快递企业依法使用符合国家标准且已办理注册登记的非机动车收投快件。（责任单位：各州、市人民政府，省公安厅，省邮政管理局）

（十六）加强快递人才队伍建设。引导快递企业组织从业人员参加有关职业培训和职业技能鉴定，提升从业人员持证上岗比例，强化中高级专业人才储备工作。促进校企合作，支持有条件的高等学校加强物流管理、物流工程等专业建设，支持开设快递有关专业。探索学校、科研机构、行业协会和企业联合培养人才模式，搭建多方对话交流平台，根据行业发展和市场需要，推动建立一批快递人才培训基地。（牵头单位：省邮政管理局；配合单位：省教育厅、人力资源社会保障厅）

四、组织实施

各地、有关部门要充分认识促进快递业健康发展的重要意义，加强组织领导，健全工作机制，强化协同联动，加大支持力度，为快递业发展营造良好环境。各地要根据本意见，结合本地实际情况研究制定实施细则，出台有针对性的支持措施并认真抓好落实。省交通运输厅、发展改革委和省邮政管理局要会同有关部门负责对本意见落实情况进行统筹协调、跟踪了解和督促检查。

26. 西 藏

西藏自治区邮政业发展“十三五”规划

（2016 年 7 月西藏自治区邮政管理局印发）

前言

“十三五”时期是西藏全面建成小康社会的决胜阶段，也是西藏邮政业转型升级的关键时期，为建成与小康社会相适应的现代邮政业，根据党的十八大、十八届三中、四中、五中全会和中央第六次西藏工作座谈会精神，按照《邮政业发展“十三五”规划》和《西藏自治区“十三五”时期国民经济和社会发展规划纲要》要求，结合我区邮政业发展实际，制定《西藏自治区邮政业发展“十三五”规划》（以下简称《规划》）。《规划》牢固树立和贯彻落实五大发展理念，适应经济发展新常态，推进落实《国务院关于促进快递业发展的若干意见》，坚持创新引领，坚持服务民生，推进结构改革，推进合作开放，巩固发展势态，巩固安全基础，力求不断满足经济社会和人民群众日益增长的用邮需求、全面建成与小康社会相适应的现代邮政业。《规划》涵盖了“十三五”时期西藏邮政普遍服务、快递服务和邮政业监督管理等方面工作，反映了加快邮政业基础设施网络建设、提高邮政业服务水平、加强监督管理、强化科技进步和信息化建设、提高安全与应急保障能力、推进行业精神文明建设，以及大力提高行业发展软实力等内容，体现了邮政业发展的时代要求，描绘了邮政业未来发展的蓝图，是邮政业发展的行动纲领，对“十三五”时期西藏邮政业发展具有重要的指导意义。

一、现状与形势

“十二五”时期特别是党的十八大以来，我区邮政业在国家邮政局和区党委、政府的正确领导下，加快转型升级，加快技术进步，强化基础网络，努力优化结构，提升服务水平，各项事业取得了令人瞩目的新成绩。

（一）发展现状

1. 邮政监管体制进一步完善

“十二五”时期，完成市（地）邮政管理局挂牌成立工作，三级邮政监管体系建立。邮政企业更名工作顺利完成，市场主体定位更加明晰。明确邮政管理部门层级、职权，进一步增强市（地）邮政管理局行业管理能力。安全监管工作有效推进。建立完善区地两级寄递渠道安全管理协作机制，将寄递渠道安全管理纳入综治考评。全面实施过机安检制度，率先在全国实行实名收寄制度。会同公安、国家安全、安监、质检、海关、商务、新闻出版、民航等部门开展寄递渠道信息安全、反恐、禁毒、打击侵权假冒、扫黄打非和航空邮件快件监管等工作，行业联动执法机制进一步完善。

2. 行业整体实力显著增强

“十二五”以来，我区邮政业积极应对新形势、新局面、新问题，转变职能、提升服务、优化发展环境，行业步入了高速发展时期，规模总量始终保持快速增长态势。2015 年我区邮政业业务总量达到 2.59 亿元，比 2010 年增长了 1.4 倍；业务收入达到 4.14 亿元，比 2010 年增长了 2 倍多。其中，快递业务量达到 578.23 万件，比 2010 年增长了近 3 倍；业务收入达到 1.68 亿元，比 2010 年增长了近 2 倍。在提升西藏经济的互联共融度、深化西藏与全国经济要素循环融合、促进特色产业发展、改善民生方面发挥了重要的基础作用。

3. 邮政普遍服务保障能力不断提高

“十二五”期间，西藏邮政普遍服务网络日趋完善，邮政企业履行邮政普遍服务和特殊服务的能力不断增强。“乡乡通邮”工程顺利完成，全区 565 个空白乡镇邮政局（所）全部移交并投入运营。2015 年全区邮政网点增至 747 个，比 2010 年增长了近 4 倍；干线邮路增至 46 条；行政村通邮率达 92%；党报党刊进寺庙、边境通邮工作成效显著，较好完成了自治区提出的“寺庙九有”、“八到农家”的工作任务。

4. 快递服务网络发展迅速

2015年，全区快递市场拥有企业21家、经营网点170个，覆盖全区7个市(地)、27个县，快递向下趋势不断加快。同时，根据西藏实际，快递企业与邮政企业合作推进邮政业服务，大大改善了广大人民群众的用邮环境，为邮政业服务三农，普惠全区广大农牧民群众打下了坚实基础。

5. 行业发展环境不断优化

"十二五"期间，我区邮政业法制体系不断健全，邮政监管体制日趋完善，有力地促进了行业发展。2012年，《西藏自治区邮政条例》颁布实施，以法规形式巩固了邮政体制改革成果；2015年，《西藏自治区邮政普遍服务保障办法》列入西藏自治区人民政府五年立法计划，行业发展环境日益改善。

6. 行业创新发展能力快速提升

"十二五"期间，西藏邮政业通过不断拓展服务领域、提升科技水平，努力在服务地方经济发展和安全稳定中有所作为，得到了社会各界的广泛认可。邮政、快递企业积极进行电子化网点的建设和改造，通过技术创新和管理创新，将服务领域从传统快递向"资金流、信息流、物流"三流合一的领域拓展，服务能力和服务质量逐年提高。

"十二五"期间，西藏邮政业在推动行业改革、促进行业发展方面取得了明显成效，但制约行业发展的因素依然存在。一是邮政普遍服务基础设施建设与运行投入不足，城乡普遍服务差异悬殊，偏远地区网络建设和运行问题更加严峻，制约邮政普遍服务发展。二是快递发展水平低，快递业规模偏小，经营模式相对粗放，服务产品单一，标准化程度偏低，快递服务质量不高，还不能满足经济社会发展和人民生活日益增长的快递服务需求。三是监管能力不能适应行业发展新常态。各市(地)邮政管理机构组建时间较短，邮政监管体系尚需进一步健全，监管能力还不能适应行业高速发展的需要。

(二)发展形势

1. 全国邮政业发展环境不断改善，为西藏邮政业发展创造契机

《国务院关于促进快递业发展的若干意见》出台，从国家战略高度对快递业发展作出总体部署，明确了快递业发展的总体要求、重点任务和政策措施。《关于促进邮政服务创新发展的若干意见》为邮政企业发展新兴业务、推动邮政服务创新发展和转型升级提供了具体指引。国家邮政局联合相关部门部署推进快递"向下、向西、向外"工程、加快发展"互联网+"快递、衔接综合交通体系等政策措施，推动我国从邮政大国向邮政强国不断迈进。这些政策措施的实施，为西藏邮政业发展创造了良好的外部环境，为行业发展再上新台阶打下了坚实的政策基础。

2. 西藏全面建设小康社会步伐加快，为邮政业发展带来机遇

中央第六次西藏工作座谈会提出西藏要同全国一道实现全面小康，制定了一系列特殊优惠政策，完善了对口援藏工作机制，为推动西藏发展稳定提供了强大动力。随着"十三五"时期全面小康的实现，人民群众收入快速增长，基础设施条件全面改善，城镇化水平不断提升，西藏对邮政、快递服务的需求也将进入高速增长期，这将为邮政业带来难得发展机遇。

3. 西藏经济转型为邮政业持续健康发展创造条件

新常态下，靠投资引擎带来的传统红利正在减弱，随着经济社会转型加速，消费对经济增长的支撑作用更加凸显。邮政业作为联结生产与消费的重要环节，其社会需求将继续保持旺盛增长。

4. 传统消费方式转变，为邮政业开辟发展空间

随着"互联网+"快速发展，电子商务、网络购物的日渐普及，消费市场发生了深刻变化，西藏各族群众的消费需求正从"少品种、大批量、少批次、长周期"转变为"多品种、小批量、多批次、短周期"。随着传统消费方式的转变，集成化、系统化、个性化的现代邮政业将成为推动经济增长的最为重要的朝阳产业之一。

5. 产业结构优化推动邮政业与关联行业融合发展

现代服务业和先进制造业对综合化精细化的寄递服务需求快速增长，促使邮政业与上下游产业深度融合，向着服务链更长、附加值更高的综合物流运营商转变，跨界渗透、竞合共赢的新局面正在加速形成。

6. 互联网络的普及促进邮政业向纵深发展

随着我区信息化建设的快速推进，"十三五"时期，西藏所有行政村将通宽带，网购势必成为广大农牧民群众的消费新选择，快递下乡服务"三农"将进入普及期。

7. 交通运输网络升级，为西藏邮政业发展提供支撑

"十三五"时期，西藏将实现县县通油路，所有乡镇、建制村、寺庙通公路。交通运输等基础设施条

件改善，将进一步提升邮政、快递服务效率，降低企业运营成本，为邮政业发展创造良好条件。

总体来看，“十三五”时期，我区经济社会发展将呈现新的阶段性特征，机遇与挑战并存，必须科学判断和准确把握发展趋势，充分利用各种有利条件，加快解决我区邮政业发展面临的突出矛盾，坚定信心，统筹谋划，开拓创新，不断推进行业持续健康发展。

二、指导思想和发展目标

（一）指导思想

高举中国特色社会主义伟大旗帜，以马克思列宁主义、毛泽东思想、邓小平理论、“三个代表”重要思想、科学发展观为指导，深入贯彻落实党的十八大、十八届三中、四中、五中全会精神和中央第六次西藏工作座谈会精神，牢固树立创新、协调、绿色、开放、共享的发展理念，坚持以“四个全面”战略布局为统领，坚持党的治藏方略，坚持目标导向和问题导向，始终把保障和改善民生作为全部工作的出发点和落脚点，始终把维护稳定团结作为行业发展的根本保障，加大供给侧结构性改革力度，充分发挥市场在资源配置中的决定性作用和更好发挥政府作用，转变邮政业发展方式，加快转型升级步伐，不断推进邮政普遍服务体系和快递服务体系建设，提升行业监管能力，确保全面建成与小康社会相适应的现代邮政业。

（二）基本思路

一是坚持市场运作、政府引导。尊重市场规律，充分发挥市场在资源配置中的决定性作用，积极调动企业的积极性和主动性。加快转变政府职能，强化政府在战略、规划、政策、标准等方面的引导作用。

二是坚持把握机遇、突出特色。充分结合经济社会发展实际，把握互联网加速普及、综合交通日趋完善、消费方式加快转变的新机遇，服务生产、普惠民生、释放需求，走符合西藏特点的邮政业发展道路。

三是坚持需求牵引、协同发展。从促进经济社会和关联产业协同发展的重大需求出发，充分发挥“乡乡通邮”后邮政业覆盖城乡的网络优势，聚焦经济社会发展和民生改善，争取政策红利，增强邮政业内生增长动力。

四是坚持有序发展、安全可控。规范市场经营秩序，坚持放管结合，健全监管体系和监管手段，强化邮政安全生产的红线意识和底线思维，加强事中事后监管，保障寄递安全。

（三）发展目标

按照与国家邮政局和自治区人民政府规划部署步调一致、与到2020年实现全面建成与小康社会相适应的现代邮政业奋斗目标紧密衔接的要求，综合考虑未来发展趋势和条件，今后五年西藏邮政业发展的主要目标是：

行业持续健康快速发展。全行业转变发展方式有实质性进展，在发展质量、效益明显改善的基础上，实现邮政业业务收入5.65亿元，邮政业业务总量3.92亿元；其中快递业务收入达到2.72亿元，快递业务量1150.95万件。

人民群众用邮水平全面提高。广大农牧区群众能够更方便地使用基本邮政业务，邮政普遍服务网点向村一级延伸，邮政服务网点总数达到757个，行政村直接通邮率力争达到100%，鼓励邮政企业在三级分拨中心昌都、日喀则配置自动化（含半自动化）分拣设备。建立社会共享、便民高效的城乡邮政普遍服务设施使用机制，缩小城乡区域间邮政普遍服务差距，邮政普遍服务满意度达到85分。快递网络布局更加优化，服务能力进一步提升，快递物流园区总数达到7个，快递服务网点总数达到240个，重点快递企业县级覆盖率力争超过50%，智能信包箱安装数超过280组，快递服务满意度达到80分。

跨行业衔接更为紧密。快递与电子商务、制造业联动发展，与综合交通运输体系顺畅对接，推动邮政和快递基础设施与铁路、公路、民航枢纽的同步建设，快递车辆进城难问题基本解决，航空快件绿色通道全面开通，快递园区建设融入大物流园规划。

监管体系建设成效显著。加强事中事后监管，构建面向市场的全程监管体系。邮政安全监管系统实现全面联网，区、地两级邮政监管队伍全面完成装备配备的标准化建设，监管执法水平明显提高。安全事故防范处置能力进一步增强，重大行业安全事故得到有效防范和处置。快递企业经营者诚信守法意识和安全管理水平显著提高。

行业文化软实力明显加强。用以社会主义核心价值体系为主导的社会主义先进文化教育熏陶行业干部职工，将行业价值取向和行业形象鲜明地传达给全行业职工和社会公众，树立富有感染力、吸引力、影响力、公信力的行业文化，推动行业服务于经济社会发展。

法治邮政建设显著加强。贯彻落实《邮政法》和《西藏自治区邮政条例》，推动地方立法、健全执法监督机制。充分发挥企业积极性，突出特色，循序渐进，制定和完善西藏邮政业地方性法规与政府规章，逐步建立起较为完善、行之有效的地方性邮政法规体系，适应现代邮政业发展要求。

西藏邮政业“十三五”时期发展指标

类别	指标	2015年	2020年	年均增长(%)
发展规模	邮政业业务总量(亿元)	2.59	3.92	8.64
	邮政业业务收入(亿元)	4.14	5.65	6.42
	快递业务量(万件)	578.23	1150.95	14.76
	快递业务收入(亿元)	1.68	2.72	10.12
创新能力	智能信包箱安装数(组)	100	280	22.87
服务能力	邮政服务网点总数(个)	747	757	—
	其中:邮政普遍服务营业场所数(个)	747	757	—
	快递服务网点总数(个)	170	240	—
	重点快递企业县级覆盖率(%)	36.5%	50%	—
	快递物流园区总数(个)	0	7	—
	手持终端配备率(%)	62%	97%	—
服务水平	行政村直接通邮比例(%)	92	100	—
	给据邮件丢失率(百万分之)	5	5	—
	邮政普遍服务满意度(百分制)	76.9	85	—
	快递服务满意度(百分制)	71	80	—
	快件有效申诉率(百万分之)	21.79	18.72	—

注:邮政业业务总量按2010年不变价格计算。

三、主要任务

(一)加强邮政基础设施建设，提高普惠程度

推动邮政普遍服务网络延伸，提高普遍服务均等化程度。加强农村邮站建设，协调政府相关部门在有条件的行政村依托综合便民服务中心或村民委员会办公场所设置村邮站。

促进邮政普遍服务能力提升，提高普遍服务质量。鼓励邮政企业加大运输车辆和投递车辆的投入，特别是加强农村和偏远地区的运输和车辆投入，支持邮政企业利用客运班车等社会资源代运代派邮件，提高邮政运输效率。

加快实施快递“向下、向外”工程，提高快递普惠化和国际化程度。鼓励快递企业利用超市、便利店、连锁店或专业第三方等设置快件揽投点，利用现有农村服务中心、农资店以及“万村千乡”等平台搭载快递服务；鼓励快递企业推广应用智能快件箱等自助设施，方便群众使用快递服务；鼓励快递企业在边境口岸、航空港建设快递仓储、中转场所，参与南亚贸易陆路大通道建设。

促进快递关联产业融合发展，提高快递服务水平。推进快递业与制造业、商贸、电子商务、交通、信息、金融业加强联系、融合发展，提高综合服务能力；加快发展“互联网+”快递，鼓励快递企业构建电子商务线下体验实体店，推动“网订店取”等电商物流配送经营模式创新，加快电子商务、网络购物、快递服务融合发展，着力扩大信息消费。

(二)推进综合服务平台建设，实现资源共享

推动邮政综合服务平台建设。鼓励邮政企业依托乡镇邮政局所打造一站式邮政业综合服务平台。引导邮政企业利用综合服务平台，拓展代缴话费、代派快件、代购商品等多样化服务，提高基础网络运营效益。加快邮政汇兑服务创新，积极参与“普惠金融”建设，利用多种方式参与基础金融服务“金融下乡”工作。

（三）加快完善市场监管体系，提升监管效能

完善监管体系。转变政府监管理念，立足行业发展新定位，努力实现监管主体由邮政部门监管向联合监管转变、监管领域由事前监管为主向事前事中事后全程监管转变、监管方式由粗放向精细转变、监管方法由突击性和专项性整治向日常规范管转变、监管手段由传统向现代化转变。

加强安全监管。落实企业安全主体责任、政府安全监管责任和用户安全寄递责任，建立“企业负责、员工参与、政府监管、用户自律”的安全责任体系。发挥部门联动机制作用，严格执行邮件、快件“收寄验视、实名收寄、过机安检”三项制度。加强寄递服务用户个人信息安全管理，保护消费者隐私，维护消费者权益。完善综合应急机制，形成部门联动、运转高效、反应迅速、规范有序的应急管理机制。

专栏：“十三五”时期西藏邮政业重点工程

邮政快递物流枢纽中心建设工程：建设七地市邮政快递物流枢纽中心

市（地）邮政快递安全监管中心建设工程：配合国家邮政局实施“绿盾”工程，建设七地市邮政快递安全监管中心，实现全区市（地）级邮政、快递分拨中心安检机全覆盖

邮政普遍服务能力建设工程：鼓励邮政公司建设改造邮政生产场地、邮政危旧县局房及业务综合楼，购置邮政营投网点设备、邮政信息设备，加快系统建设，购置邮政生产车辆以及机要车载安防设备

“邮乐购”实体店建设工程：由自治区邮政公司建设邮政农村电商“邮乐购”实体店

村邮站建设工程：积极配合政府在有条件的行政村依托村（居）委会综合配套建设村邮站

快递“上车、上铁、上机”工程

智能信包箱建设工程

四、保障措施

（一）完善法规政策环境

推进《邮政法》、《西藏自治区邮政条例》贯彻实施，协调解决各地方落实法规制度过程中存在的实际问题。加强邮政地方立法工作，健全完善邮政业法规体系，推动出台《西藏自治区邮政普遍服务保障办法》，完善部门权力清单、责任清单、负面清单制度，开展行业“七五”普法工作，为实现邮政业治理体系和治理能力现代化提供保障。

（二）争取财税支持

积极协调自治区财政部门力争将符合条件的企业和项目纳入地方财政专项资金支持范围。争取政策支持，协调自治区国税部门对取得《快递业务经营许可证》的企业从事属于营改增范围的快递业务，按照适用税率征收增值税。

（三）加强市场监管

严格落实《邮政法》、《西藏自治区邮政条例》等法律法规，建立开放公平、竞争有序的市场秩序。强化事中事后监管，严肃查处无证经营、超范围经营、违规代理等违法行为，规范市场秩序。完善快递安全监管机制，严格执行“收寄验视、实名收寄、过机安检”三项制度，加强应急机制建设，完善应急保障制度，加强安全监管与应急处置能力建设。探索建立部门间长效联合执法机制，健全安全保障机制，推动部门间信息互通、资源共享。建立健全消费者权益保障机制，充分利用消费者申诉、行业举报、社会监督员监督等渠道，专项整治各项违法违规行为。加强对行业安全的监督检查和行业服务质量的监测，引导企业改善服务质量。

（四）拓宽融资渠道

争取政策支持，积极探索、推广仓储设施和运输车辆抵押贷款业务，建立完善适应快递业特点的信贷审批和授信制度。协调相关部门推进融资性担保机构为小微快递企业提供融资担保服务；引导保险公司大力发展企业财产保险、货物运输保险和责任保险，为快递业提供市场化的风险管理手段；进一步提高对快递企业的金融服务水平，推动社会资本进入快递服务领域。

（五）加强行业宣传

充分利用报刊、广播、电视、互联网、手机等各类媒介，加大行业宣传力度，定期向社会各界普及科学、权威、及时的相关行业知识。建立“与媒体面对面”机制，及时解疑释惑，树立行业良好形象。

（六）强化人才培养

加强邮政监管干部队伍能力建设，打造一支忠诚、干净、担当的邮政监管队伍，提高邮政监管部门依法行政水平。加大人才交流力度，推进内地与西藏邮政管理部门间干部队伍交流挂职。

推进以政府为主导、企业为主体、院校为支撑的快递服务业人才教育培养体系建设。协调高等院

校和中等职业学校根据需要增设相关专业,为企业培养紧缺人才。开展快递服务业专业技术人员继续教育,争取将其纳入本地区培训补贴范围。

(七)提高党建工作水平

坚持以党章为依据,认真落实全面从严治党要求。加强区地两级邮政管理系统党组织自身建设,强化党组织抓党建的主体责任。加强对全系统党建工作的领导和指导,推进民营快递企业基层党组织建设。坚持以党规党纪为准绳,营造良好的政治生态。严肃党内政治生活,牢固树立大局观念和全局意识,保障中央政令畅通。强化党风廉政建设主体责任和监督责任,加强反腐倡廉教育和廉政文化建设。坚持以党风带行风,践行"诚信、服务、规范、共享"行业核心价值理念,全面推进行业文化和诚信体系建设。

(八)加强规划实施和协调

做好规划编制的协调衔接工作,推动将邮政业发展规划的重点内容纳入地方政府规划,与地方国民经济发展总体规划和相关专项规划对接。着力推动邮政业规划与综合交通体系发展规划的衔接,依托大交通平台,促进邮政业与综合交通运输体系的有机融合,加强基础网络建设提升运递效率,提高邮政业服务水平。加强规划实施监督,充分发挥规划的导向、约束作用,建立规划工作报告制度,跟踪评估规划落实情况,根据出现的新情况、新问题,积极采取应对措施,保证规划落实。

西藏自治区人民政府关于贯彻国务院关于促进快递业发展的若干意见的实施意见

(2016年9月8日)

快递业是现代服务业的重要组成部分,是推动流通方式转型、促进消费升级的现代化先导性产业。近年来,我区快递业发展迅速,企业数量大幅增加,业务规模持续扩大,服务水平不断提升,在降低流通成本、支撑电子商务、服务生产生活、扩大就业渠道等方面发挥了积极作用。为进一步贯彻落实《国务院关于促进快递业发展的若干意见》(国发〔2015〕61号),发挥快递业在推进我区经济社会跨越式发展和改善民生进程中的作用,现提出如下实施意见。

一、重要意义

当前我区对内区域间经济发展关联度不高,对外开放度不够,经济发展的"孤岛"效应日趋凸显,对特色产业发展壮大较为不利;公共服务半径过大,公共服务均等化程度低,城乡二元格局明显,农牧区公共服务与民生问题较为突出。快递作为推动传统流通方式变革、刺激消费升级的现代服务产业和物流领域的先导性、领军性产业,在国计民生方面发挥着越来越重要的作用。加快发展快递业,充分发挥"乡乡通邮"邮政网点全覆盖以及快递业覆盖城乡的网络优势,对于破解上述制约,提升区内经济的互联共融度、深化我区经济与全国经济要素循环融合、促进特色产业发展、改善民生具有重要意义。

二、指导思想

全面贯彻党的十八大,十八届三中、四中、五中全会和中央第六次西藏工作座谈会精神,深入贯彻落实区党委八届七次、八次全委会精神,按照国务院部署要求,以解决制约快递业发展的突出问题为导向,以"互联网+"快递为发展方向,培育壮大市场主体,融入并衔接综合交通体系,扩展服务网络惠及范围,保障寄递渠道安全,促进行业转型升级和提质增效,不断满足人民群众日益增长的寄递需求,更好服务于国民经济和社会发展。

三、发展目标

到2020年,全区快递业发展要努力实现以下目标:

——产业规模跃上新台阶。基本建成普惠城乡、技术先进、服务优质、安全高效、绿色节能的快递服务体系。全区快递业务量、业务收入增速超过同期国内生产总值增速,比2010年翻三番。

——服务水平大幅提升。区内主要城市间和国内重点城市间的快件实现72小时送达,基本实现快递网点县级覆盖率50%以上,人民群众使用快递服务的总体满意度达到80%以上。

——监管能力明显增强。基本建成满足快递安全生产监管需要的执法、信息、实训考核、应急救援指挥和支撑等体系,监管能力得到显著提高,为"十三五"时期国民经济和社会发展营造良好的安全生产环境。

四、主要任务

(一)完善快递服务网络。加快快递"向下、向外"发展,在七地(市)建设快递物流枢纽中心;支持快递企业利用超市、便利店、连锁店或专业第三方等设置快件揽投点,在地(市)、县(区)两级交通客运站配套建设快递附属设施,在现有农村服务中心、农资店以及"万村千乡"等平台搭载快递服务;鼓励快递企业推广应用智能快件箱等自助设施,方便群众使用快递服务;推进边境口岸、航空港建设快递仓储、中转场所,构建快递便捷通关通道,鼓励快递业参与南亚贸易陆路大通道建设,支持快递企业走出去,开展跨境快递业务。(邮政管理局、发展改革委、交通运输厅、住房城乡建设厅、国土资源厅、商务厅、工业和信息化厅、民航西藏区局、各地(市)行署(人民政府)负责)

(二)促进关联产业融合发展。支持快递业与制造业、商贸、电子商务、交通、信息、金融业密切联系和融合,提高综合服务能力;推进"互联网+"快递,支持开展"电子商务—快递"协同发展试点,引导连锁商业机构、社区服务组织参与建设快递末端投递综合服务站,鼓励快递网点构建电子商务线下体验实体店,推动"网订店取"等电商物流配送经营模式创新,加快电子商务、网络购物、快递服务融合发展,着力扩大信息消费。(邮政管理局、发展改革委、商务厅、工业和信息化厅、交通运输厅、人行拉萨中心支行、银监局、保监局、各地(市)行署(人民政府)负责)

(三)构建快件运递"绿色通道"。实施快递"上车、上铁、上机"工程,推动航空快件绿色通道建设,支持利用铁路运递快件;鼓励符合条件的快递航空企业在区内机场构建快递航线网络;稳妥推进公路客运班车代运快件试点;保障快件运递专用车辆优先快速通行,改善快递运输环境,切实解决城市快递车辆通行难、停车难等问题。(邮政管理局、发展改革委、交通运输厅、民航西藏区局、铁路办、公安厅、各地(市)行署(人民政府)负责)

(四)培养发展骨干快递企业。按照"资源整合、优势互补"的市场原则,推动本土中小规模快递企业间的兼并重组,吸引各类社会资本参股、入股,迅速做大企业规模,多种形式整合市场,整合终端网络资源,避免中小企业数量过多、低质竞争。(邮政管理局、发展改革委、工业和信息化厅、各地(市)行署(人民政府)负责)

(五)加强行业安全监管。按照中央综治办等九部局《关于加强邮件、快件寄递安全管理工作的若干意见》和区综治办等九部门《关于进一步加强全区邮件、快件寄递安全管理工作的意见》要求,健全完善和严格执行十项监管机制,指导企业建立严格的收寄验视制度和应急保障制度,推进实名收寄工作,强化快递企业严格落实安全生产主体责任,充分运用现代信息技术,建立安全信息监管系统,探索快递集中监管模式,保障邮路寄递渠道安全。(邮政管理局、综治办、交通运输厅、民航西藏区局、铁路办、公安厅、安全厅、各地(市)行署(人民政府)负责)

五、支持政策

(六)加强规划引领。各级人民政府和有关部门在制定国民经济中长期发展规划、年度计划以及综合交通运输、服务业、物流业、商贸流通等专项规划时,要把快递业发展纳入其中;将城乡快递服务网点和快件处理中心、集散中心等快递服务基础设施纳入本级城乡规划、土地利用总体规划和物流园区、城市配送发展规划,合理安排建设布局、用地规模和开发时序,预留快递服务业发展空间;在城市控制性详细规划和修建性详细规划中应统筹考虑快递服务网点建设布局,对适宜快递服务发展的工业园区、住宅区、商业区,优先考虑快递服务网点的进驻。将快递业安全信息监管系统建设和安全设备配备由行业主管部门纳入配备规划予以统筹考虑。(邮政管理局、发展改革委、交通运输厅、住房城乡建设厅、国土资源厅、商务厅、工业和信息化厅、各地(市)行署(人民政府)负责)

(七)加大财税政策支持。积极协调中央财政,通过投资补助和贴息等方式对预算内具有重大社会公共效益的快递业基础设施建设给予贴息扶持,地方财政专项资金将符合条件的企业和项目纳入支持范围。对取得《快递业务经营许可证》的企业从事属于营改增范围的快递业务,按照适用税率征收增值税。快递企业可按现行规定申请执行自治区内跨地区经营总分支机构增值税汇总缴纳政策,依法享受企业所得税优惠政策。(邮政管理局、财政厅、国税局、发展改革委、各地(市)行署(人民政府)负责)

(八)改善快递业融资环境。鼓励银行业金融机构在商业可持续和有效控制风险的前提下增加对快递业基础设施建设项目和骨干网络快递企业的信贷投放,合理确定贷款额度和期限,创新金融产品和服务方式,持续加大金融支持力度;积极探索、推广仓储设施和运输车辆抵押贷款业务,建立完善适应快递业特点的信贷审批和授信制度;支持融资性担保机构为小微快递企业提供融资担保服务;引导保险公司大力发展企业财产保险、货物运输保险和责任保险,开发适合我区的物流仓储保险、快递员意外伤害保险和退货运费保险等险种,为快递业提供市场化的风险管理手段;进一步提高对快递企业的金融服务水平,推动社会资本进入快递服务领域。(邮政管理局、人行拉萨中心支行、银监局、保监局负责)

(九)强化管理服务。规范快递车辆运营管理,在不影响安全和畅通的前提下,要为承担快件运输和投递任务的车辆通行和临时停车作业提供便利。公安交通管理部门在处理快递车辆发生的道路交通事故时,依法对符合适用简易程序处理条件的轻微道路交通事故应当及时处理后放行;发生一般以上道路交通事故的,公安交通管理部门应及时通知相关快递企业转运事故车辆所载快件及物品。(邮政管理局、公安厅、交通运输厅、各地(市)行署(人民政府)负责)

六、保障措施

(十)加强组织领导。成立以自治区分管邮政工作的副主席任组长,相关部门为成员单位的自治区快递业发展协调领导小组,负责快递业发展的统筹协调工作,研究制定快递业发展规划及相关政策措施。协调领导小组下设办公室,办公室设在区邮政管理局,负责各项日常工作。各地(市)要结合本地区实际,成立相应的协调领导小组,建立健全协调机制。(邮政管理局、自治区各相关部门、各地(市)行署(人民政府)负责)

(十一)完善快递领域法规规章建设和执法监督。根据国家立法进程,结合我区实际,加快制订和完善有关快递服务活动、市场行为、市场监管和安全生产等方面的地方性法规和政府规章,加大快递领域行政执法监督力度,切实做到法制完备、执法严格、依法行政。(邮政管理局、政府法制办、各地(市)行署(人民政府)负责)

(十二)强化落地实施。各级人民政府和有关部门要充分认识加快快递业发展的重要性和必要性,切实加强组织领导,强化责任落实,严格按照任务分工,完善和细化政策措施,为快递业健康有序发展营造良好环境。政府办公厅将把本意见落实情况纳入重大事项督查范围,进行跟踪了解、督促检查,确保各项任务落到实处。

西藏自治区邮政普遍服务保障监督办法

(2016年12月5日西藏自治区人民政府令第137号公布)

第一章 总 则

第一条 为了建立和完善邮政普遍服务保障机制,加强对邮政普遍服务的监督管理,促进邮政普遍服务健康发展,根据《中华人民共和国邮政法》、《西藏自治区邮政条例》等法律法规规定,结合自治区实际,制定本办法。

第二条 自治区行政区域内邮政普遍服务保障及监督管理,适用本办法。

第三条 本办法所称邮政普遍服务,是指按照国家规定的业务范围、服务标准,以合理的资费标准,为我国境内所有用户持续提供的邮政服务。

第四条 邮政普遍服务属于基本公共服务,县级以上人民政府应当将其纳入国民经济和社会发展规划以及城乡公共服务体系,保障邮政普遍服务与经济社会发展相适应。

第五条 自治区邮政管理机构应当会同相关部门积极争取国家支持,保障边远地区的邮政服务工作。

自治区人民政府根据经济社会发展需要及邮政普遍服务运营情况,结合自治区财力状况,对邮政普遍服务给予适当补贴。

第六条 自治区邮政管理机构负责统筹协调全区邮政普遍服务保障工作,依法履行监督管理职责。地(市)邮政管理机构负责本行政区域内邮政普遍服务的监督管理工作。

发展改革、财政、交通运输、国土资源、住房城乡建设等部门,按照各自职责落实相关政策,支持邮政企业提供邮政普遍服务。

第七条 邮政企业承担提供邮政普遍服务的义务，加强邮政普遍服务质量管理，完善安全保障措施，为用户提供迅速、准确、安全、方便的服务。

第八条 任何单位和个人都有保护邮政普遍服务设施的义务，有权制止、举报破坏邮政普遍服务设施和危害邮政通信安全的行为。

第二章 服务规范

第九条 邮政企业应当按照《中华人民共和国邮政法》的规定，向用户提供以下邮政普遍服务：

（一）信件寄递；

（二）单件重量不超过5千克的印刷品寄递；

（三）单件重量不超过10千克的包裹寄递；

（四）邮政汇兑。

第十条 邮政企业提供的邮政普遍服务应当按照国务院邮政管理部门制定的邮政普遍服务标准执行。

第十一条 邮政企业应当在其营业场所公布服务种类、营业时间、资费标准、邮件和汇款的查询及损失赔偿办法、禁止或者限制寄递物品的规定，以及用户对其服务质量的投诉办法等。

第十二条 邮政企业应当建立并执行邮件收寄验视制度，清晰、规范加盖收寄日戳等业务戳记，按照规定向用户提供收据或者发票等凭证。

邮政企业收寄邮件和用户交寄邮件，应当遵守法律、法规以及国务院和国务院有关部门关于禁止寄递或者限制寄递物品的规定。

第十三条 邮政企业应当在邮政营业场所免费为用户提供邮政编码查询服务，指导用户正确书写邮政编码、使用符合标准的信封明信片。

第十四条 邮政企业采取按址投递、用户领取或者与用户协商的其他方式投递邮件。

（一）机关、团体、企业事业单位内用户的邮件，应当投递到单位设置的收发（传达）室或者其他接收邮件场所。

（二）住宅小区内用户的邮件，应当投递到信报箱；没有设置信报箱的，可以投递到住宅小区物业服务企业；没有物业服务企业的，应当按照街巷门牌号投递到户或者用户与邮政企业协议确定的投递点。

（三）投递到农牧区的邮件，设置有村邮站的投递到村邮站，由村邮站投递到户；尚未设置村邮站的，由村民委员会指定的邮件代办人员接收和代转。

第十五条 机关、团体、企业事业单位收发人员、邮件代收点和村民委员会指定的邮件代办人员接收邮件时，应当当场核对、签收，并负有邮件的保管、及时转交和保密义务；无法转交或者误收的邮件，及时通知邮政企业处理。

第十六条 邮政企业对无法投递的邮件，应当退回寄件人。无法投递又无法退回的邮件，按照国务院邮政管理部门的规定办理；其中无法投递又无法退回的进境国际邮递物品，交海关依照《中华人民共和国海关法》的规定处理。

第十七条 新建的机关、团体、企业事业单位以及居民住宅产权单位或者物业服务企业应当到邮政企业办理邮件投递登记手续。用户变更名称、投递地址的，在变更前及时告知邮政企业或者办理邮件改寄新址手续。

第三章 服务保障

第十八条 县级以上人民政府应当将邮政普遍服务设施建设纳入城乡建设总体规划，保障邮政普遍服务需求。

第十九条 乡（镇）人民政府所在地应当设置邮政营业场所，邮政营业场所的设置应当方便邮政用户的用邮需求。有条件的村应当设置村邮站，村邮站可以设置在行政村综合便民服务中心或者村民委员会办公地点。不具备条件设置村邮站的，由村民委员会确定邮件代办人员。村邮员或者邮件代办人员可以由村民委员会成员兼任。

第二十条 邮政管理机构应当推动覆盖城乡的邮政普遍服务体系建设，推进建立和完善邮政普遍服务保障机制。

第二十一条 邮政普遍服务设施建设用地符合国家划拨用地目录的，由邮政企业提出申请，经有批准权的人民政府批准后依法划拨，依法减免城市基础设施配套等相关费用。

建设城市新区、独立工矿区、开发区、商业区、旅游区、住宅区或者对旧城区进行改建，应当统一规划、统一验收，同步配套建设邮政普遍服务设施。城乡规划部门在组织审查修建性详细规划时，应当征求邮政管理机构意见。

第二十二条 因城乡建设等原因确需征收邮政营业场所或者邮件处理场所的，建设单位应当按照不少于原有面积原址新建或者就近重建；不能在原址新建或者就近重建的，当地人民政府应当提供合理场所或者划拨土地重建。新建邮政营业场所或者邮件处理场所在交付使用前，建设单位应当安排过渡场所，保证邮政普遍服务正常进行。

邮政营业场所或者邮件处理场所重新设置规划前，征收单位应当征求邮政企业的意见，并配合邮政企业采取措施，保证邮政普遍服务的正常进行。

第二十三条 信报箱的设计、制作、安装和验收，应当符合有关标准。项目竣工后，由建设单位按照法定验收程序组织验收，不合格项目应当及时完成整改。邮政管理机构应当要求邮政企业参与信报箱设置的验收工作。

第二十四条 邮政企业负责对其设置的邮政普遍服务设施进行日常维护，保证邮政普遍服务设施的正常使用。

第二十五条 铁路、公路、航空等交通运输企业应当优先安排运输邮政企业交运的邮政普遍服务邮件，并在车站、机场妥善安排装卸、储存等作业所需的场地、出入通道。

第二十六条 提供邮政普遍服务的车辆应当标有邮政专用标志；经自治区邮政管理机构认可和交通运输管理部门批准后，免于办理道路运输营运证件。

提供邮政普遍服务的车辆在邮件运输寄递途中，通过检查站、桥梁、隧道以及高速公路时，应当优先放行。在通过收费公路（桥）时，给予减免优惠。

第二十七条 邮政普遍服务运输车辆及人员进出机关、团体、企业事业单位以及住宅区提供邮政普遍服务的，被服务单位和工作人员应当保障其正常通行。

第二十八条 邮政企业应当加强对标有邮政专用标志车辆的管理，不得利用其从事邮件运输寄递以外的经营性活动，不得以出租等方式允许其他单位或者个人使用标有邮政专用标志的车辆。

第二十九条 各级人民政府应当鼓励和支持智能信报箱等邮政设施建设，提升邮政普遍服务科技化、智能化水平，提高邮政普遍服务效率。

第四章 监督管理

第三十条 邮政管理机构应当建立邮政普遍服务质量评价体系，开展服务质量调查，将提供邮政普遍服务的邮政营业场所设置、法定业务开办、邮件寄递时限、邮件查询、邮件损失赔偿、寄递安全、用户满意度、用户申诉率等作为评价邮政普遍服务质量的指标，对邮政企业的普遍服务质量作出年度评价，并向社会公布。

第三十一条 邮政管理机构应当建立健全邮政普遍服务监督管理制度，对邮政企业提供邮政普遍服务情况进行监督检查，并会同财政、审计等部门对邮政普遍服务补贴资金使用情况实施监督检查。邮政企业应当予以配合，不得拒绝、阻碍。

第三十二条 邮政企业应当设置用户意见箱、意见簿，公布用户投诉电话，接受用户对邮政普遍服务质量的监督。用户对服务质量进行投诉、举报的，邮政企业应当自接到投诉、举报之日起7日内予以答复。

用户向邮政企业投诉后7日内未得到答复，或者对邮政企业投诉处理和答复不满意的，或者邮政企业投诉渠道不畅通、无人受理的，用户可以向邮政管理机构申诉。邮政管理机构对涉及邮政企业的申诉，可以要求邮政企业进行核实、处理。邮政企业应当自收到邮政管理机构转办的申诉之日起15日内作出答复。邮政管理机构应当自接到用户申诉之日起30日内作出答复。

第三十三条 邮政企业撤销提供邮政普遍服务的营业场所、停止办理或者限制办理邮政普遍服务业务的，应当经当地邮政管理机构批准；因不可抗力或者其他特殊原因暂时停止办理或者限制办理邮政普遍服务业务的，应当以适当形式及时向社会公告，采取相应的补救措施，并向当地邮政管理机构报告。

第三十四条 因国家安全或者追查刑事犯罪的需要，公安机关、国家安全机关或者检察机关可以依法检查、扣留有关邮件，并可以要求邮政企业提供相关用户使用邮政服务的信息。邮政企业和有关单位应当配合，并对有关情况予以保密。

第五章 法律责任

第三十五条 单位或者个人违反本办法规定,破坏邮政普遍服务设施或者妨碍邮政普遍服务设施正常使用和运行的,由邮政管理机构责令改正;违反《中华人民共和国治安管理处罚法》的,由公安机关依法给予处罚;涉嫌犯罪的,移送司法机关依法处理;造成损失的,依法承担赔偿责任。

第三十六条 邮政企业提供邮政普遍服务不符合邮政普遍服务标准的,由邮政管理机构责令改正,可以处1万元以下的罚款;情节严重的,处1万元以上5万元以下的罚款;对直接负责的主管人员和其他直接责任人员给予处分。

第三十七条 邮政企业违反本办法规定,不建立或者不执行邮件收寄验视制度或者违反法律、法规以及国务院和国务院有关部门关于禁止寄递或者限制寄递物品的规定收寄邮件的,对邮政企业直接负责的主管人员和其他直接责任人员给予处分;造成人身伤害或者财产损失的,依法承担赔偿责任。

第三十八条 邮政企业利用标有邮政专用标志的车辆从事邮件运输寄递以外的经营性活动,或者以出租等方式允许其他单位或者个人使用标有邮政专用标志车辆的,由邮政管理机构责令改正,没收违法所得,可以并处2万元以下的罚款;情节严重的,并处2万元以上10万元以下的罚款;对直接负责的主管人员和其他直接责任人员给予处分。

邮政企业从业人员利用标有邮政专用标志的车辆从事邮件运输寄递以外的活动的,由邮政企业责令改正,给予处分。

第三十九条 邮政管理机构和其他有关部门及其工作人员违反本办法有关规定,滥用职权、玩忽职守、徇私舞弊,依法给予处分;涉嫌犯罪的,移送司法机关依法处理。

第四十条 违反本办法规定的其他行为,《中华人民共和国邮政法》及其他法律、法规中另有处罚规定的,从其规定;构成治安管理处罚的,按照《中华人民共和国治安管理处罚法》予以处罚;涉嫌犯罪的,移送司法机关依法处理。

第六章 附则

第四十一条 邮政企业按照国家规定办理的国家规定报刊的发行,以及义务兵平常信函、盲人读物和革命烈士遗物的免费寄递等特殊服务业务及其监督管理,参照本办法执行。

第四十二条 本办法自2017年2月1日起施行。

林芝市关于促进快递业发展实施方案

(2016年11月9日林芝市人民政府办公厅印发 林政办发〔2016〕202号)

根据西藏自治区人民政府《关于贯彻国务院关于促进快递业发展若干意见的实施意见》(藏政发〔2016〕62号)精神,为进一步推进快递业在经济社会跨越式发展和改善民生进程发挥重要作用,结合我市实际,特制定本实施方案。

一、指导思想

全面贯彻党的十八大、十八届三中、四中、五中全会和中央第六次西藏工作座谈会精神,深入贯彻落实区党委八届七次、八次全委会精神,按照区党委、政府安排部署,围绕我市经济社会发展大局,切实把加快发展快递业作为促进我市经济社会发展的重要途径。坚持以市场需求为导向,以企业运作为主体,以满足客户需求为宗旨,加快现代快递业的发展建设,不断满足群众日益增长的寄递需求,更好地服务于国民经济和社会发展。

二、基本原则

坚持市场主导与政府推动相结合。充分发挥市场在资源配置中的决定性作用,突出企业在快递发展中的主体地位;进一步完善管理体制,优化政策环境,加大政府在网络安全保障、投融资支持、基础设施和诚信体系建设等方面的服务力度。坚持网络经济与实体经济相结合。鼓励企业运用信息技术改造提升业务流程,以技术创新推动管理创新和体制创新,促进生产经营方式转变;依托林芝特色产品,推动产业协同发展,联通线上线下,实现网络经济与实体经济的有机结合。坚持加快发展与规范管理相结合。鼓励不同所有制资本在快递物流领域投资和建设;进一步强化安全生产红线意识,运用科技手段创新管理方式,维护快递物流业的正常发展秩序。

三、发展目标

加强信息化建设,提高信息化网络应用服务水平,促进快递业与制造业、电子商务进一步融合;深度开发快递需求市场,培育和壮大社会化、专业化和具有竞争力的快递运营主体;优化发展环境,健全服务机制,基本建成信息通达、物流畅通、快捷准时、结构合理的现代化快递服务体系。

建成市级快递物流综合示范园区,建设完善的市、县(区)快递物流园区体系;推广智能快件(包裹)箱使用,完善城市快递物流末端服务体系构建;大力推动"快递下乡",实现农村快递服务普惠化。

四、林芝市快递业发展协调领导小组

组　长:杨赤卫　副市长

副组长:涂小伟　市政府法制办副主任

　　　　张所选　市邮政管理局局长

成　员:

郭庆莎　市发展改革委副主任

沙吉贡布　市交通运输局副局长

黄　炀　市住房城乡建设局总工程师

周　英　市国土资源局副调研员

次　仁　市商务局副局长

索朗平措　市综治办副主任

张秋生　市工业和信息化局调研员

蒋红梅　市财政局副调研员

安志光　市安全监管局副局长

尼玛平措　市农牧局副调研员

赵甫荣　市国家安全局副局长

张生龙　市公安局治安支队政委

王彬林　市国税局副局长

王小力　市工商局副局长

李先富　人民银行林芝市中心支行货币信贷统计科科长

田华文　林芝银监分局副局长

卓　玛　空港林芝分公司总经理助理

次　欧　巴宜区副区长

陈剑钊　米林县副县长

沈光银　波密县委常委、副县长

唐建松　工布江达县副县长

尼　琼　察隅县副县长

余娅莉　朗县副县长

王旭杰　墨脱县副县长

领导小组下设办公室,办公室设在林芝市邮政管理局,张所选同志兼任办公室主任,负责协调领导小组办公室日常工作。各成员单位要在基础设施建设、通讯网络支持、产品质量监管、品牌包装推送、产业协调发展等方面统筹合作。

五、明确职责任务,确保发展快递业协调职能履行到位

(一)促进产业融合(市发改委、市商务局、市农牧业局、市邮政管理局、市工信局、市交运局、市银监局、各县(区)人民政府负责)

鼓励快递企业充分利用移动互联、物联网、大数据、云计算等信息技术,优化服务网络布局,提升运营管理效率,拓展协同发展空间,推动服务模式变革,加快向综合性快递物流运营商转型。

鼓励"快递+农牧业"发展,支持建设快递电子商务公共服务中心和村级快递电子商务服务站点,完善县乡村电商服务体系和快递网络体系,服务产地直销、订单生产等农业生产新模式。

鼓励"快递+制造业"发展,支持制造业企业通过互联网与产业链各环节紧密协同,发挥快递企业供应链管理优势，整合原材料供给、生产物流、仓储销售资源，推进关键环节的柔性化改造，支持定制化生产。

（二）完善快递服务网络（市发改委、市商务局、市住建局、市邮政管理局、市工信局、市公安局、市交运局、民航林芝航站、各县（区）人民政府负责）

鼓励快递进社区、进机关、进校区、进商超、进农村，到2020年，实现"城区服务全覆盖，乡村快递有服务"。鼓励住宅小区、机关事业单位、高等学校配套建设适当的快件用房。鼓励第三方企业或者快递企业安装"智能快件箱"，研究将智能快件箱安装纳入住宅小区竣工验收项目。

鼓励提高协同配送能力。合作打造农村配送体系，建设"工业品下乡"和"农产品进城"双向流通渠道。

解决好"最后一公里投递"问题。落实快递车辆便利通行政策，快递车辆实行统一标示、指定类型，并允许在限行路段、区域优先安排通行时间、路线。

加快完善快递园区建设项目。在园区总体规划、土地划拨方面给予倾斜。

（三）加大财税扶持（市发改委、市财政局、市税务局、市邮政管理局、市银监局、市人行、各县（区）人民政府负责）

对在我市经营的电商快递物流企业在政策和资金方面给予一定优惠及支持。

快递企业可按现行规定申请执行自治区内跨地区经营总分支机构增值税汇总缴纳政策，依法享受企业所得税优惠政策。

鼓励金融机构创新服务方式，开展适应快递物流业发展的信贷服务以及抵押贷款、融资租赁等业务。对经营稳定，业务信誉良好的快递企业加大授信额度。

（四）强化监管（市工商局、市综治办、市安监局、市国安局、市公安局、市商务局、市邮政管理局）

构建综合快递业监督管理平台，实现对进出口快件包裹进行全方位实时监督，实现对服务质量问题、违法违规行为、安全责任事故的追溯查处，构筑行业发展"绿盾"。由各相关部门共同对产品安全、服务安全予以监管。努力提高安全监管水平，监督用好政府补贴购置的X光安检机，要求快递实现进出口快件包裹100%安检。严格落实快递业"三个"100%制度。按照现行工作机制，落实寄递物品安全监管工作要求，对安全管理问题和隐患较大的企业要及时严肃依法处理。

（五）培养发展骨干快递企业（市发改委、市邮政管理局、市工信局、各县（区）人民政府负责）

按照"资源整合、优势互补"的市场原则，推动本市小规模快递企业间的兼并重组，吸引各类社会资本参股、入股，做大企业规模，多种形式整合市场资源，避免小企业过多、低质竞争。

各县（区）、各部门要进一步深化对快递业的认识，根据本《实施方案》提出的各项任务和分工，结合自身实际，制定具体的落实措施和工作方案。牵头部门要加大工作力度，及时督促落实。相关部门要密切协作，开拓创新，共同推动我市快递业大发展。

27.陕　西

陕西省人民政府关于促进快递业发展的实施意见

（2016年1月14日　陕政发〔2016〕3号）

各设区市人民政府，省人民政府各工作部门、各直属机构：

为认真贯彻落实《国务院关于促进快递业发展的若干意见》（国发〔2015〕61号），全面推进"十三五"期间我省快递业发展，打造现代服务业新亮点，现提出以下意见。

一、突出目标和问题导向

（一）指导思想。坚持创新发展、协调发展、绿色发展、开放发展、共享发展五种理念，发挥优势、弥足短板，以"互联网+"快递为方向，按照"市场主导、安全为基、创新驱动、协同发展"的基本原则，加快构建辐射中西部、联通丝绸之路经济带的战备格局，走出一条有别于东部、优于西部的快递业发展新路子,为全省经济追赶超越发展再添新动能,为人民群众生活提供新业态。

(二)发展目标。通过优化政策环境和快递业空间布局,解决发展中存在的突出问题,到2020年,全省快递业务收入突破120亿元、业务量突破10亿件、进出省逆差(派收比)控制在2:1、新增就业3万人,实现省内县级以上城市24小时投递、全国重点城市48小时投递,国际快件通达效率达到国内先进水平,基本建成普惠城乡、技术先进、服务优质、安全高效、绿色节能的快递服务体系,将陕西打造成为“一带一路”最便捷的快递服务中心。

二、培育壮大市场主体

(三)引进国内外优质资源。从落地优惠、航线时刻、运输集散补贴和加强服务等方面,深化与FedEx等四大国际巨头合作,吸引来陕分拨、报关和结算。研究制订引入EMS、顺丰、“四通一达”等国内龙头企业工作方案,鼓励来陕设立企业总部、全国性区域总部。深化落实省政府与阿里巴巴、京东、苏宁等知名企业签订的战略合作协议。(省商务厅、省发展改革委、省邮政管理局负责)

(四)培育本土龙头企业。引导快递企业通过直营延伸、股份制改造等途径,实施兼并、联合、重组等资本运作,实现规模化、专业化发展,重点培育1—2家西部领先、在全国有一定影响力、快递业务收入过10亿元的本土快递龙头企业。(省邮政管理局、省中小企业局负责)

三、抓好五大平台建设

(五)提升电商平台功能。鼓励各类经营主体应用电子商务,推进实施“电商下乡”工程。引入知名电商在陕设立运营中心或独立核算机构,建设区域型中转仓,推行“干线物流+中转仓+快递”模式。(省商务厅、省邮政管理局负责)

(六)构建跨境电商平台。大力培育跨境电子商务经营主体,加快引进知名跨境电商平台,积极发展保税备货、跨境直邮、海外仓模式,支持符合条件的地区开展跨境电商业务。研究设立大型免税购物中心。(西安海关、省商务厅、省发展改革委、陕西出入境检验检疫局负责)

(七)发展互联网金融。加快发展互联网支付、移动支付、供应链金融等服务模式,健全互联网金融征信体系。鼓励金融机构放宽抵质押要求,开展适应快递业特点的抵押贷款、融资租赁等业务。结合大数据发展,发展信用贷款。(人民银行西安分行、陕西银监局、省商务厅负责)

(八)促进大数据云计算应用。鼓励建设快递企业公共服务云平台,支持大数据技术在快递领域广泛应用,利用商务大数据开展事中事后监管和服务方式创新,探索在延安和安康建立大数据中心。(省工业和信息化厅、省发展改革委、省邮政管理局负责)

(九)打造智慧物流。支持快递企业建设企业综合信息管理系统,运用物联网等技术,采用仓储运输、装卸搬运、分拣包装等专用技术装备,推进重点快递企业普遍使用机械传输、手持终端设备。统一电子运单编码、数据接口,实现快递企业信息系统与交通物流信息服务平台对接。(省工业和信息化厅、省交通运输厅、省邮政管理局负责)

四、完善快递服务网络

(十)健全农村快递服务网络。整合邮政、商贸、供销等公共资源,支持“交邮合作”,实现客货运输站点这、农资配送点、村邮站和快递服务点“多点合一”,提高农村快递配送网络覆盖率和使用率。在有条件的市(区)规划建设具备集中仓储、快件集散、冷链物流等功能于一体的快递物流园区,引导快递企业入区聚集发展。(省交通运输厅、省邮政管理局、省发展改革委、省供销合作总社负责)

(十一)优化城市快递服务网络。支持快递企业或第三方在政府机关、高校、住宅小区、地铁站设置智能快件箱或“快递墙”。鼓励建筑面积5万平方米以上的住宅小区或服务对象超过1万人的机关事业单位、高等学校配套建设适当的快件用房。发展体验经济、社区经济、逆向物流等便民利商新业态。支持快递企业开展代收贷款业务。(省邮政管理局、省住房城乡建设厅、省教育厅、省商务厅负责)

(十二)解决好“最后一公里”问题。落实快递车辆便利通行政策。快递车辆实行统一标示、指定类型,并允许在限行路段、区域优先安排通行时间、路线。各市(区)结合实际制定快递专用电动三轮车用于城市收投服务的管理办法。放宽对快递企业购买节能与新能源汽车的投放数量限制。(省公安厅、省交通运输厅、省邮政管理局、省商务厅负责)

五、推行个性化服务模式

(十三)鼓励快递服务工业个性化定制。鼓励电子信息、汽车、医药等技术密集型制造业整合高价值、小批量、多批次的递送需求,依托航空快递、限时快递等开展精益制造和准时制造。支持快递企业完善专业服务和技术装备,发展再包装、报关、保险、仓储等增值服务,为工业生产提供一体化供应链解决方案。(省工业和信息化厅、省邮政管理局负责)

（十四）支持快递服务农业订单生产。结合“一县一业”、“一村一品”和现代农业园区建设，鼓励各类经营主体在淘宝、京东等知名网商设立展销平台。引导快递企业重点围绕苹果、猕猴桃等优势特色农产品，提供包装、运输标准化、定制化服务，着力扩大农产品外销出省规模。（省邮政管理局、省商务厅、省农业厅、省供销合作总社负责）

六、实施快递“上车上机”链接工程

（十五）推动快递“上车”。推广定时、定点、定线的农村物流“货运班线”模式，鼓励市到县和县到乡的客运班车代运快件。鼓励在高速公路服务区建设电商快递O2O平台。开展高铁快件运输，在高铁枢纽配套建设快件运输通道和接驳场所；开行西安与主要城市间的跨局直达快运列车。（省交通运输厅、西安铁路局、省邮政管理局负责）

（十六）推动快递“上机”。支持快递企业增开快件直达航路，鼓励快递企业包机、包舱运递快件。鼓励快递企业组建自营航空货运公司，在航线、航班时刻、货机及设备购置、地面服务等方面给予政策支持。在空港新城规划建设航空快件分拨中心，在西安咸阳机场建设国际快件监管中心并整合国际邮件监管中心功能。在西安国际港务区、航空港建设跨境电商快件分拨中心。在西安、安康、陕北等地开展无人机寄递包裹试点。（省发展改革委、民航西北地区管理局、省邮政管理局、西部机场集团负责）

七、创新快递市场监管方式

（十七）简化证照办理手续。向各类资本进一步开放快递市场，简化快递业务经营许可证办证手续，落实工商登记“一照多址”和年度报告制度。快递企业设立分公司、营业部等非法人分支机构，凭其快递业务经营许可证（副本）及所附分支机构名录，可向分支机构所在地市、县（区）工商登记机关申请办理登记注册。（省邮政管理局、省工商局负责）

（十八）缩短口岸通关时间。建立与国际快递业务发展相适应的人力等监管资源配置机制，实行“5+2”工作制和24小时预约报关、报检，延长有效工作时间。完善口岸、海关特殊监管区通信基站。推行电子商务出口快件清单核放、汇总申报通关模式。（西安海关、陕西出入境检验检疫局、省政府口岸办、省通信管理局负责）

（十九）建立健全安全监管机制。实施寄递渠道安全监管“绿盾”工程，加强寄递渠道安全监管和安全监管信息平台，严格执行收寄验视、实名登记、X光机检验制度，完善应急管理机制，研究组建省邮政业安全监测机构，建立违法失信主体“黑名单”及联合惩戒制度。（省邮政管理局、省编办、省财政厅、省综治办、省公安厅负责）

八、加大政策支持力度

（二十）强化快递用地支持。各市（区）要在土地利用总体规划和年度用地计划中统筹安排快递物流园区、快件集散中心等设施用地，研究将智能快件箱等快递服务设施纳入公共服务设施规划。对将总部机构设在我省的龙头快递企业用地给予优先保障。快递用地享受物流仓储用地政策。重大快递业项目经批准可给予城市基础设施配套费减免优惠。（省国土资源厅、省住房城乡建设厅、省财政厅、省邮政管理局负责）

（二十一）落实财税优惠政策。中、省预算内投资重点支持公益性、基础性快递设施建设，各级财政专项资金要将符合条件的企业和项目纳入支持范围。快递企业用电、用气、用热价格按照不高于一般工业标准执行。总部机构设在我省的龙头快递企业的增值税、企业所得税可按申请实行全省汇总缴纳。在“营改增”试点期间，对税负上升的快递企业按照有关规定对税负增加部分给予财政补贴。给予农特产品快递外销出省一定额度的财政补贴。推进新能源快递汽车购置及租赁模式，落实国家补贴政策。（省财政厅、省国税局、省地税局、省发展改革委、省物价局、省邮政管理局负责）

（二十二）加强人才队伍建设。要将快递员列入当地《职业培训专业（工种）和补贴标准目录》，并对符合政策或补贴条件的给予职业培训补贴；对当年参加快递职业培训、取得相应职业资格证书或专项职业能力证书，并从事邮政快递行业的本省农村劳动者，可比照省相关规定给予相应的奖励。对通过初次邮政行业职业技能鉴定并取得资格证书或专项职业能力证书的符合条件的人员，按有关规定申请一次性职业技能鉴定补贴。对快递企业引入的紧缺高级管理人才，在住房补贴、家属随迁等方面予以支持。（省人力资源社会保障厅、省财政厅、省邮政管理局负责）

各市（区）、各部门要尽快研究出台落实本意见的实施方案，并抓好贯彻落实。省发展改革委、省交通运输厅、省邮政管理局要对执行情况进行监督检查和跟踪分析，重大事项及时报告省政府。

陕西省邮政管理局、陕西省工业和信息化厅关于加快推进快递服务制造业工作实施意见

（2016年12月16日　陕邮管〔2016〕183号）

各市邮政管理局、工业和信息化主管部门，省直管县（市）工业和信息化主管部门：

为深入贯彻落实《国家邮政局、工业和信息化部关于推进快递服务制造业工作的指导意见》（国邮发〔2013〕178号）和《陕西省人民政府关于促进快递业发展的实施意见》（陕政发〔2016〕3号）精神，促进我省快递业与制造业协同发展和转型升级，充分发挥快递在服务制造业发展过程中的重要支撑作用，提高服务质量和经济效益，结合我省实际，现就加快推进快递服务制造业工作提出如下实施意见：

一、指导思想

以贯彻落实党的十八大和十八届五中、六中全会精神为指导，依据《国务院关于印发〈中国制造2025〉的通知》（国发〔2015〕28号）文件精神，以加快转变发展方式为主线、以提质增效节能为中心、以促进快递业与制造业融合创新发展为目标，围绕企业服务外包、优化生产流程、节约资源成本、提高服务质量和效益等环节，积极推进快递业与制造业协调发展和转型升级，重点在宏观调控和技术升级等方面给予指导，大力支持企业产品创新、体系完善、服务能力提升，逐步建立结构合理、体制完善、协作顺畅、标准统一的发展新模式，在一定区域（行业）内形成长期稳定、互利共赢的战略合作关系，努力打造国际知名品牌，全面促进我省经济加快发展。

二、工作机制

（一）搭建信息交流平台，建立沟通协调机制。由各市工信、邮政管理部门牵头，搭建企业需求信息互动交流平台，加强与当地政府、发改、财政、规划等部门的联系与沟通，定期召开协调会，沟通信息、交流情况，研究措施，积极推进企业信息化和管理智能化，主动为快递服务制造业提供有力支撑和技术保障。

（二）树立品牌意识，抓好典型示范建设。各相关职能部门要结合当地产业发展实际，抓好示范引路，树立行业典型，重点培育符合我省快递产业发展特点的产业链和服务对象，力争在纺织服装、日用品、化妆品、精密仪器、电子产品等高科技产品中快速打开市场，并迅速形成供需一体化的管理体系，逐步引导快递物流向国际化发展，着力打造国际知名品牌。

（三）坚持企业主体地位，有效发挥市场调控作用。行业协会是企业与企业之间、行业与行业之间有效合作互动的桥梁和纽带，在市场调控和资源配置过程中起着不可替代的作用。各行业协会要深入市场，主动与企业联系有针对性的开展行业指导，通过专题走访、业务洽谈、供需见面会等形式，促进快递企业与制造业之间的协作和配合，着力发挥企业主体作用，加快企业转型升级步伐。

三、主要内容

（一）鼓励快递企业提供一体化供应链及开展末端投递增值服务

充分发挥快递的专业优势，鼓励快递企业延伸服务链条，在做好制造成品物流配送服务的基础上，积极介入前端进厂物流服务，在承接制造企业在原材料采购、零配件专项配送、样品递送、仓储等方面的服务需求，提高系统化、一体化的供应链服务，以优质的服务促进制造业企业实现专业运作，降低成本，提高效率。

（二）突出重点行业，提供优质服务，形成品牌产品

支持我省纺织服装、电子信息、电器、工艺品等制造企业顺应个性化、多样化需求，依托快递服务网络，提供试、退换货、产品功能展示、代收货款、报关、保险等增值服务。支持快递企业为医疗保健、食品加工等制造企业提供温控、防震、防腐等特殊物品的寄递服务。

（三）创新服务手段，推进传统制造业发展网络零销步伐

抓住我省特色制造业开办网上商城、开展网络销售的有利时机，积极推进快递企业在仓储、配送、服务等方面的信息化、网络化、数据化建设，着力发挥城乡邮政快递网点资源优势，促进城乡一体化、区域一体化建设，积极帮助制造业提升流通效率和服务质量，实现线上线下交易互动、优势互补，资源共享。

（四）鼓励快递企业进驻制造业集聚区

快递企业应优化区域布局，积极进驻工业园区、经济开发区、高新技术产业园区等制造业集聚区，以“都市经济圈”、“产业经济带”、“特色小镇”建设等战略布局为契机，依托生产要素集聚优势，创新服务产品和配送体系，提高产业协作配套水平，建设产业链条完备、服务平台完善的现代化产业集群。

（五）加强制造企业与快递企业信息对接

利用快递企业信息网络齐全、覆盖面广等优势，鼓励制造企业与快递企业加强信息系统建设，促进信息交互，建立面向产业链上下游的信息化服务平台。支持制造企业与快递企业就网络互连、数据交换，生产和采用标准化的包装、计量、车辆及信息设备等方面进行有效对接与合作，建立高效的合作机制。

（六）提升快递企业服务制造业的能力和水平

鼓励快递企业加强能力建设，支持快递企业优化布局，推进快件处理中心、航空及陆运集散中心、快递服务网点建设，提高网络覆盖率和稳定性。鼓励快递企业完善大客户管理机制，开发“一站式”整合服务和电子运单等定制服务。推动企业加强复合型人才队伍建设，大力推进校企合作，支持建立人才综合培养和实训基地，鼓励快递和制造企业建立人才交流机制，开展联合培训项目，提升企业人才队伍素质。

四、推介模式

（一）“入场物流”模式

入厂物流是连接（一级）供应商与装配企业之间物料供应的重要活动。鼓励快递物流以物料搬运、运输仓储、库存控制、车辆调度及物料容器返回等手段，深入制造装备车间，为制造业提供贴身服务。入厂物流模式对于快递物流提供方的专业能力要求很高，需要能够满足工业制造企业的关键绩效指标（KPI）标准，并且有解决方案提供能力，在专业团队、专业人员和资源统筹方面均需较强能力。

（二）“仓储+配送”一体化模式

在制造业产品中，电子产品以其高附加值、体积小、需要快速打开占领市场的特点，对仓配一体化服务外包具有较高的需求。同时，由于其规模化生产和客户中心导向，其物流成本空间也较为合理。这一模式对于仓配一体化提供方的信息化专业对接能力、专业团队协同能力和专网运营能力均有较高要求。

（三）“订单末端”配送模式

该模式主要是围绕产品展开，多数是在销售环节提供部分管理服务，要求快递物流方具备信息对接、专门的团队、单独的方案（专网运行）和资源方面的统筹保障。

（四）“区域性供应链”服务模式

区域性供应链服务主要产生于产业关联度密集区域，主要服务对象为中小型制造企业，是典型的B2B服务，其产品附加值高于物流，成本低于传统快递。该模式需要快递物流提供商具备区域性专网能力，能够提供点对点的服务，并且需要能够附加诸如COD业务在内的增值服务，由于这类中小型企业生产、交付、结算非常频繁，对于专业性的外包快递物流服务具有非常强烈的市场需求。

（五）“嵌入式电子商务”快递模式

该模式是对现有电子商务快递业务进行改造和升级，利用了快递企业在信息化方面的优势，重点在于增强与上游企业的粘合度，提高服务的附加值，是较为容易取得收效的一个选择方向。

五、相关要求

（一）各级邮政管理部门和工信主管部门要充分认识快递业与制造业协同发展的重要性和紧迫性，要以国务院发布的《中国制造2025战略》为契机，将快递业与制造业协同发展作为行业转型升级、持续发展的重点工作抓实抓好。

（二）要结合当地产业特点和发展需求实际，进一步细化工作方案，制定与之相适应的配套政策和措施，积极协调落实有关财政、税收、土地、人才等扶持政策，推进快递服务制造业发展。

（三）要坚持示范引路，全面提升，认真选取符合地区制造业发展方向、具有产业集群基础的领域，推进快递服务于制造业发展的联动试点和典型示范，力争在融合发展和服务对接上取得实质性成效。

28. 甘　肃

甘肃省人民政府关于全面推进快递业发展的实施意见

（2016年3月8日　甘政发〔2016〕25号）

各市、自治州人民政府，兰州新区管委会，省政府有关部门，省属有关企业，中央在甘有关单位：

为深入贯彻落实《国务院关于促进快递业发展的若干意见》（国发〔2015〕61号）精神，结合我省快递业发展实际，现提出如下实施意见。

一、基本原则和发展目标

（一）基本原则。坚持市场主导、安全为基、创新驱动、协同发展的基本原则，全面推进我省快递业快速健康发展。

（二）发展目标。到2020年，基本建成普惠城乡、技术先进、服务优质、安全高效、绿色节能、通达国内外的快递服务体系。

——产业规模大幅提升。快递年业务量达到2亿件、年均增长30%以上，年处理量达到10亿件、年业务收入突破20亿元。培育形成5家业务收入超过亿元、10家业务收入超过千万元、网络覆盖广、品牌影响力大、竞争实力强的全省快递领军企业。

——服务能力大幅提升。全面提高快递业公共服务质量，形成市州有快递园区、县县有分拨中心、乡乡有收派网点、村村通快递服务的寄递体系，送达速度更加快捷，服务满意度稳步提高。

——行业形象大幅提升。全面实现快递车辆标识统一、经营场所规范、操作流程科学、服务行为精细，有效降低快件延误率、损毁率、丢失率和投诉率。

——科技水平大幅提升。依托"互联网+"快递，加强企业智能化、信息化和自动化建设，手持终端配置率、在线跟踪查询率、安全设备覆盖率、电子面单使用率、自动化分拣设备配备率均有明显提升。

——综合效益大幅提升。快递企业对电子商务、制造业和农业等方面的服务和支撑能力全面提高，年均新增就业岗位1000个左右，全年支撑网络零售交易额突破300亿元，有效降低商品流通成本。

二、重点任务

（一）培育壮大企业规模。依托我省地处丝绸之路经济带重要节点和西部陆路口岸的区位优势，进一步优化产业空间布局，建成以兰州为中心、辐射全省和青海、宁夏、新疆等的大型快递枢纽带，吸引、鼓励国际、国内大型快递企业的区域总部、区域性服务功能设施（如航空快递基地、快件处理中心、电子商务和快递配送一体化仓储中心、呼叫中心等）落户甘肃。同时，要将符合条件的项目列入地方重点项目。

推动企业做大做强，鼓励各类资本依法进入快递领域。支持各类快递企业抢抓国家扩大向西开放政策机遇，以及国家在我省布局建设能源储备等战略性新兴产业和更多物流、信息流、资金流汇集我省的战略机遇，拓展服务网络、提升服务质量，努力做强做大。依托兰州、天水、酒泉等流通枢纽节点城市，兰州新区综合保税区、武威保税物流中心，兰州中川机场空港物流园，兰州和敦煌机场等航空口岸，建立国际快件处理中心，支持快递企业积极"走出去"，延伸服务链条，率先开拓西欧、东欧等国际市场，大力发展跨境快递业务。（省发展改革委、省交通运输厅、省商务厅、省民航管理局、省邮政管理局、各市州政府负责）

（二）构建完善服务网络。加快园区建设，力争2018年前，在兰州、天水、酒泉等省内主要快递节点城市建成具有一定规模的快递园区，其他市州根据本地经济社会发展需要加快建设快递园区。加大城市投递终端建设，支持有实力的品牌快递企业在市区人口密集区域联合建设一定数量的公共配送仓，缓解城市配送压力。推进快递服务进机关、进园区、进商场、进学校、进企业、进社区，学校和有条件的住宅小区要提供面积适合的快递服务用房，积极为群众提供便利，切实保障快件安全。新建写字楼、住宅小区和旧城改造应当按照城乡建设规划的相关要求，将快递服务用房和场地纳入社区服务基础设施范围,同步配套建设。重视农村快递末端网点布局建设,充分利用现有农村服务中心、农家店、农资店、供销社、客(货)运站、村邮站、邮政便民服务网点以及"万村千乡"、"美丽乡村"等平台搭载快递收寄投递业务,打通快递服务的"最后一公里"。(省建设厅、省交通运输厅、省国土资源厅、省教育厅、省邮政管理局、省供销社、各市州政府部门负责)

(三)衔接综合交通体系。实施快递"上车、上机"工程,推动快递业与铁路、公路、民航等运输业的无缝衔接。建立健全利用高铁、动车和中欧班列运输邮(快)件机制,推行公路客运班车代运快件和快件甩挂运输方式,推动快件航空运输,支持快递企业在机场、车站、口岸等交通枢纽建设快件集中处理场所,实现快件快速配载、装卸、分流。(省发展改革委、省交通运输厅、省民航管理局、兰州铁路局、省邮政管理局负责)

(四)全力推进快递下乡。把快递服务纳入全省精准扶贫工作体系,鼓励快递企业主动服务农村电子商务发展,将快递下乡布局设点与电商扶贫县、乡、村三级服务体系建设相结合,共同支持做好选点和建设工作,实现优势互补、高效利用和协调发展。在乡镇开辟或延伸快递物流运输线路,构建农产品快递网络服务产地直销、订单生产等农业生产新模式。完善面向农村的综合快递信息服务和快递物流仓储配送体系。鼓励快递企业加强与邮政企业、供销合作社的合作,充分利用现有农村邮政、供销网点开展业务,打通"工业品下乡"和"农产品进城"双向流通渠道,带动农村消费。将快递企业纳入大学生就业、农民工返乡创业等政策支持范围。(省扶贫办、省商务厅、省农牧厅、省邮政管理局、省供销社、省人社厅负责)

(五)推进"互联网+"快递。引导快递企业与电子商务企业深度合作,推进电子商务物流公共服务平台建设。支持电子商务企业与邮政快递物流企业信息对接,促进线上线下互动创新,共同发展体验经济、社区经济、逆向物流等便民利商新业态,实现电子商务与物流快递的协同发展和高效联动。鼓励制造业外包服务环节依托快递网络,开展综合集成制造和分销配送,构建产业发展新体系。加强快递业与旅游业融合发展,在重点旅游景区和较大的游客驻地提供快递服务,不断满足游客对寄递服务的新需求。推动快递企业完善信息化运营平台,发展代收货款等业务。推进智慧城市平台向快递企业开放,实现基础平台与相关业务系统的互联互通。(省工信委、省商务厅、省旅游局、省邮政管理局负责)

(六)加强行业安全监管。深入贯彻中央综治办、公安部、交通运输部等国家部委《关于加强邮件、快件寄递安全管理工作的若干意见》(中综办〔2014〕24号)精神,坚持"谁主管、谁负责"、"单位负责"和"属地管理"原则,依法落实部门责任、寄递企业安全主体责任和邮件、快件寄递安全管理属地责任,严格实行责任追究制度和100%收寄验视、100%实名收寄和100%过机安检三项制度。建立寄递渠道安全管理工作机制,建设快递业安全监控信息平台,在为公安部门、国家安全部门和邮政管理部门信息共享提供便利的同时,加强跨部门、跨区域协作配合,提升安全监管与应急处置能力。组建省、市寄递渠道安全监管中心,并在机构设置、人员编制等方面给予支持。

实施寄递渠道安全监管"绿盾"工程,充实监管力量,创新监管方式,强化事中事后监管,提升市场监管能力。全面推进快递企业安全生产标准化建设,落实邮政业安全生产设备配置规范等强制性标准,明确收寄、分拣、运输、投递等环节的安全要求,加强对进出境快件的检疫监管,从源头防范禁寄物品流入寄递渠道。建立信息采集标准和共享机制,实现快件信息溯源追查,依法严格保护个人信息安全。建立健全用户申诉与执法联动机制,依法查处违法违规行为,进一步规范市场经营秩序。加大对快递员工偷盗包裹构成职务侵占犯罪的查处力度,切实维护消费者合法权益。

强化从业人员安全意识,严格落实快递企业安全管理主体责任和寄件人安全责任。充分发挥行业自律和社会监督作用,利用企业信用信息公示系统和行业监管信息系统,建立违法失信主体"黑名单"及联合惩戒制度,营造诚实守信的市场环境。(省综治办、省公安厅、省编办、省国家安全厅、省交通运输厅、省安监局、省民航管理局、兰州铁路局、省邮政管理局、各市州政府负责)

(七)建设专业人才队伍。实施快递人才素质提升工程,完善邮政行业培训基础设施,加强快递人才培养和职业培训,引导支持高等院校和职业院校加强与快递服务业发展相适应的学科专业建设,探索学校、科研机构、行业协会和企业联合培养人才模式,着力培养高素质专业人才。各地政府要将快递从业人员纳入当地职业培训范围,快递企业要组织从业人员参加相关职业培训和职业技能鉴定。(省教育厅、省人社厅、省邮政管理局、各市州政府部门负责)

三、政策措施

(一)落实用地保障政策。各地政府要将快递业发展纳入国民经济和社会发展规划,在用地指标、用地审批、土地登记等方面给予积极支持。要降低用地成本,鼓励企业利用存量土地和现有厂房发展快递业,对符合《土地利用总体规划》的快递园区建设用地项目执行工业用地出让最低价标准,适度降低投资强度和产出效益要求。要对入驻或租用所在地政府认定的物流园区、快递园区、工业园区、电商园区等的快递企业营业、仓储用房给予适当租金补贴。(省发展改革委、省国土资源厅、省邮政管理局、各市州政府负责)

(二)加大财政金融扶持。各地要利用现有支持服务业发展的专项资金、创业投资基金,支持快递园区、快递集散中心和贫困乡镇物流配送门店建设。参照农村电商扶持政策,对农村快件运输给予政策支持。对国内外大型快递企业或区域总部、区域性服务功能设施落户省内的,由所在地政府给予一定补贴。对非独立法人分支机构及末端网点实行一照多址、合并缴纳企业所得税。研究制定为电动三轮快递车辆购买第三者伤害险相关政策。鼓励金融机构创新服务方式,开展适应快递业特点的抵押贷款、融资租赁等业务。(省财政厅、省国税局、省地税局,省工商局、省商务厅、省邮政管理局、甘肃保监局、各市州政府负责)

(三)提供通行便利条件。公安交通管理部门对车辆符合标准,通行停靠符合要求,驾驶人员证照齐全且有统一专用标识的3吨以下厢式城区快递运输车辆(含电动三轮车),需通过禁行路段或需在禁止停车路段停车的,在确保安全的前提下提供通行便利。同时,在兰州市内对上述车辆逐步放宽、取消尾号限行、高峰时段限行政策规定。简化车辆通行证办理流程,延长通行证有效期,提高快递车辆使用效率。鼓励快递企业选择使用新能源和清洁能源车辆作为城市快件运输和收投服务工具;符合“绿色通道”政策的快递运输车辆可享受公路通行费减免政策。对快递运输全货机起降、机场货仓租赁等优先予以保障并给予补贴。(省公安厅、省工信委、省交通运输厅、省民航管理局、省邮政管理局、兰州市政府负责)

(四)大力推进简政放权。简化快递企业注册登记程序和分支机构、末端网点备案手续,实行快递企业年度报告制度。对不对外营业、不揽件的快递企业分拨中心或仓储中心可免于办理工商注册登记。对进驻住宅小区、各种园区、校园的末端派送网点向工商申请注册登记的应免于提交租用营业场地房屋产权原件证明等材料。充分发挥电子口岸、国际陆港等“一站式”通关平台优势,保证进出境快件便捷通关。(省工商局、兰州海关、省邮政管理局负责)

(五)加强组织保障措施。各地各有关部门要充分认识推进快递业快速健康发展的重要意义,进一步加强组织领导、健全工作机制、强化协同联动、形成工作合力,积极为快递业发展营造良好环境。各地要根据本实施意见要求,将快递业列为重点扶持发展行业,结合本地区实际情况抓紧制定有针对性的支持措施,并认真抓好落实。各有关部门要按照职责分工抓紧制定相关配套措施。省发展改革委、省交通运输厅、省邮政管理局要会同有关部门加强对本意见落实情况的督促检查,确保各项目标任务落到实处、见到实效。

甘肃省“十三五”邮政业发展规划

(2016年12月30日甘肃省邮政管理局、甘肃省发展和改革委员会、
甘肃省交通运输厅印发　甘邮管发〔2016〕218号)

邮政业是现代服务业的关键产业,是推动流通转型、促进消费升级的现代产业和物流领域的先导产业,是集物品运送、信息交流、资金流通和文化传播等多种功能于一体的基础性产业,具有服务人群规模大、带动辐射领域广、促进商品流通能力强、吸纳就业人数多等特点。加快邮政业发展,对于更好地服务生产、惠及民生、促进内需、扩大出口、降低流通成本、支撑新兴业态发展和推进经济转型升级具有重要意义。

根据国家《邮政业发展“十三五”规划》、《甘肃省国民经济和社会发展第十三个五年规划纲要》、《甘肃省“十三五”交通运输发展规划》的总体要求,结合国内邮政业发展形势和甘肃省邮政业发展实际,制定《甘肃省“十三五”邮政业发展规划》(以下简称《规划》),规划期限为2016—2020年。

一、现状与形势

“十二五”期间,全省邮政业保持快速发展的良好态势,行业发展规模迅速增长,普遍服务水平稳中

有升,快递转型升级不断加快,监管体系建设扎实推进,科技应用水平逐步提升。"十三五"时期是建成与小康社会相适应的现代邮政业的决胜时期,是推动行业转型升级、实现跨越发展的攻坚时期,是促进行业做大做强、实现提质增效的关键时期。

(一)发展现状

1. 行业发展规模迅速增长

"十二五"期间,全省邮政行业业务总量年均增幅13.07%,快递业务量年均增幅31.75%。2015年,全省邮政行业业务总量累计完成16.3亿元,其中:邮政企业业务总量11.16亿元,函件业务量1582.4万件、包裹业务量67.55万件、报刊业务量30079万份、汇兑业务量130.35万笔、国际及港澳台包裹0.54万件、盲人读物504件、义务兵平常信函14万件。快递企业业务总量完成3541.43万件,同城、异地及国际港澳台快递业务量占比分别为15.64%、84.19%、0.14%。

"十二五"期间,全省邮政行业业务收入年均增幅15.9%,快递业务收入年均增幅25.5%。2015年,邮政行业业务收入累计完成20亿元。其中:邮政企业业务收入14.44亿元,函件业务收入3972万元、包裹业务收入2271万元、报刊业务收入10308万元、汇兑业务收入539万元,代理金融收入7.3亿元;快递企业业务收入达到7.3亿元,占邮政行业业务收入的比重为36.5%。

"十二五"末,全省邮政行业年服务人口达2590万,服务面积42.58万平方公里,基本实现全覆盖。每百人订购报刊量1090份,年人均用邮支出48.78元。年人均快递使用量1.4件,年人均快递支出28.2元。直接支撑网络零售交易规模达52亿元。

2. 普遍服务水平稳中有升

"十二五"期间,基本建成了覆盖城乡、惠及全民、水平适度、可持续发展的邮政普遍服务体系,政府保障公共服务的能力持续增强,基础设施建设成效显著,邮政枢纽作用不断发挥,网络规模不断扩大。

2015年,全省共有邮政营业场所1658处,其中:城市办代办347处,农村自办代办1311处。邮政普遍服务网点已达1656处,其中:城市网点345个,农村网点1309个。设置邮筒(箱)2043个,邮政报刊亭208处,信报箱(群)93538个,村邮站2580个,"三农"服务站2770处,便民服务站3683处。建有邮路901条,单程邮路总长度达81911公里。通邮行政村数量16019个。补建空白邮政局所达532处,竣工率、企业接收率、运营率均达100%。

"十二五"末,全省邮政普遍服务从业人员达5500人。共有二级邮区中心局1个,三级邮区中心局5个。干线运输汽车290辆,投递汽车242辆。2015年,城市每日平均投递2次,农村地区每周平均投递5次,邮政普遍服务满意度稳步提升。

3. 快递转型升级不断加快

"十二五"期间,基本建成了便捷高效、竞争有序、技术进步、服务优质的快递服务体系,总体规模快速增长,经营主体不断增加,网络广度和深度持续扩大,基础设施逐步完善,快递行业已经成为关系百姓民生、优化结构调整、点燃消费激情、促进社会公平的重要力量。

2015年,全省快递行业共有独立法人企业145家,分支机构1500家,形成较有影响力的快递服务品牌10家,"3A"级快递企业7家,"2A"级快递企业25家。从业人员超过10000人,持证上岗率75%。营业场所面积25万平方米。快递营业网点4000个,乡镇民营快递网点覆盖率30%。拥有快递服务汽车2500辆,电动三轮车4000辆。

快递功能园区步入密集规划建设阶段,兰州联合弘快递物流园区正式投入使用,酒泉、嘉峪关等地的一批快递功能园区处在不同程度的规划或建设进程中。

2015年,全省快递服务满意度为75.1分,快递服务有效申诉率十万分之六,用户申诉受理率达100%,其中:快件延误率十万分之三,快件丢失率十万分之一,快递损毁率十万分之一。

4. 监管体系建设扎实推进

"十二五"期间,全省邮政管理体制逐步完善,邮政监管职能得以强化,执法监管队伍力量持续补充,支撑体系建设取得进展,安全监管机制逐步健全。

监管机构建设取得重大突破。2012年,全省14个市州邮政管理局相继挂牌成立,通过陆续选调内设机构负责人和招录公务员,邮政业监管队伍配备齐全。政企分开持续进行,14个市州、79个县区邮政企业完成更名工作,甘肃省邮政公司顺利实现分公司改制。

加强依法行政工作的领导。进一步明确省市两级邮政监管机构执法权限,全面开展执法培训,及时办理执法主体资格证,取得邮政行政执法证,简化执法程序,优化执法流程,完善执法设备,加大执法力度,依法行政能力全面加强。

坚守邮政业安全发展的“底线”和“红线”。围绕国家安全、行业安全、社会安全三个重点，健全安全管理联动机制，成立寄递渠道安全管理工作领导小组，建立安全生产责任制度，落实企业安全主体责任。推动“三个100%”制度落实，开展寄递渠道专项检查，保障行业安全稳定发展。

5. 科技应用水平逐步提升

“十二五”期间，全省邮政信息化建设进一步加快，科技投入逐年增加。企业加大分拣自动化设备、先进运输装备以及移动客户端软件等科技成果推广力度，其中：兰州顺丰速运有限公司引进双层智能化分拣设备。全省快递企业拥有X光机18台。监控摄像头11975个。计算机3000台，同比增长46.5%。手持终端4142台，同比增长46.69%。重点快递企业电话、网络平台的查询业务开通率达100%。

同时，全省邮政业还存在一些薄弱环节，主要体现在：

一是普遍服务发展速度较为缓慢。邮政普遍服务改革的步伐滞后于市场变革的速度，业务创新和转型升级未取得实质性突破；邮政普遍服务传统业务需求呈萎缩趋势，法定业务开办不全；网络基础设施与运行投入不足，村邮站、信报箱等基础设施建设相对滞后；农村地区投递里程较长，投资成本较高，运营压力较大。

二是快递服务水平有待提高。全省快递业规模偏小，制约快递服务发展的体制、机制和政策障碍有待突破；揽派比例较为失衡，进出口快件比约为4:1；快递业支撑全省社会经济力度不强；快递车辆“三进”难度较大；“快递下乡”进程较慢，“最后一公里”服务问题尚未得到较好解决；快递园区和分拨中心大多在城郊或城中村，发展空间受限；企业经营模式相对粗放，市场低价格同质化竞争严重；科技应用与创新不足，信息化水平整体不高。

三是行业监管形势较为严峻。监管方式较为传统，监管力量还不能主动适应行业高速发展的需要；监管手段较为有限，监管机构执法水平有待提高；监管队伍结构有待改善，人员能力亟需提升；缺少全面系统的监控信息平台，行业“扫黄打非”、禁毒、反恐、防暴等任务异常艰巨。

（二）发展形势

“十三五”时期，我国经济发展方式正在加快转变，消费需求持续增长、消费结构加快升级、消费拉动经济作用明显增强，正在孕育形成新的增长动力。特别是党的十八届五中全会提出五大发展理念，继续深入实施西部大开发战略，支持民族地区贫困地区革命老区加快发展，采取超常规措施对西部地区脱贫攻坚、基础设施、公共服务和产业发展等方面倾斜支持，释放了一系列发展利好政策，为甘肃在新的起点上实现全面小康增添了新动力；“一带一路”战略深入推进，加快西部开放步伐，推动国际产能和装备制造合作，以及东部产业向中西部转移速度加快，为我省以开放促发展带来了新契机；经济文化生态三大国家战略平台深入实施，经济转型升级产生巨大需求等政策、市场机遇多重叠加，为甘肃经济平稳较快增长提供了新空间。全省邮政业处于大有可为的重要战略机遇期，邮政业发展的内生动力和外在推力不断增强，实现产业竞争能力提升、产业结构调整和发展方式转变的基础更加坚实。

1. 经济发展步入新常态，为邮政业全面发展注入活力

“十三五”时期，我国经济将在新常态下进入中高速增长通道，发展方式从规模速度型粗放增长向质量效率型集约转变，经济结构调整从增量扩能为主转向调整存量、做优增量并举的转型升级阶段，发展动力从主要依靠资源和低成本劳动力等要素投入转向创新驱动为主的新旧转换时期。消费对经济的贡献率不断增大，网络消费不断升级，邮政业支持消费尤其是个性化、多样化消费的作用将进一步发挥。产业组织更趋智能化、小型化和专业化，邮政业在促进相关产业和企业提质增效方面大有可为。

2. 消费需求持续增长，赋予邮政业转型升级新动力

国家出台一系列保障消费、引导消费和促进消费方面的鼓励政策，对于完善消费环境、降低消费成本、释放消费潜力将发挥显著作用。邮政业作为联结生产与消费的重要行业，社会需求将继续保持旺盛增长，全省电子商务交易额和网络零售额始终保持30%以上的增速，兰州已成为国家电子商务示范城市，酒泉获批国家电子商务示范基地，邮政业存在巨大的消费空间。新型城镇化建设也将提高邮政业服务民生的普惠程度，2015年全省常住人口城镇化率43.19%，邮政服务城乡的普惠性特征凸显，特别在县域居民网络购物和农产品网上销售的双向流通中起到重要的纽带作用。

3. 市场主体竞争加剧，邮政业服务水平面临新要求

邮政市场规模高速增长，行业竞争日趋激烈，原有粗放型的经营模式和小作坊的操作模式已经不能适应现代竞争的需求，各企业只有转型升级和提质增效才能在市场竞争中把握主动，抢占先机。企业兼并重组加剧，规模小、实力弱、管理差的企业将被逐渐淘汰，行业产业集中度持续提升。随着国内包裹快递市场的开放，对符合许可条件的外资快递企业，按核定业务范围和经营地域发放经营许可，市

场竞争加剧将倒逼国内企业改善经营管理,提升服务水平和竞争力。

4.“一带一路”战略推进,将充分发挥网点布局优势

甘肃省作为“丝绸之路经济带”的黄金段、大通道,纵深达1600公里,是实施国家“一带一路”战略的主要省份。兰州市也被确定为全国9大物流区域、10大物流通道、21个物流节点城市之一。按照《“丝绸之路经济带”甘肃段总体建设方案》的要求,兰(州)白(银)、酒(泉)嘉(峪关)、金(昌)武(威)、平(凉)庆(阳)、天水、定西、张掖、敦煌等城市将被打造成重要商贸流通节点城市。邮政业作为基础流通性产业,将充分发挥网点布局优势,增强节点城市的支撑能力,打造特色农产品、优质中药材、民俗艺术品向外快速输送的便捷通道,改善揽收失衡情况,实现资源共享和优势互补。

5.交通运输体系逐步完善,交邮融合将出新成效

“十二五”末,全省“二横七纵”综合运输通道基本形成,兰州市已逐步成为西陇海兰新经济带内交通运输网络的重要支点。全省交通“6873”突破行动的全面实施,将不断完善便捷高效、绿色安全的交通邮政融合体系。深入开展交通与邮政在运输规范、业务流程、信息传递等方面紧密衔接,将促进交通运输业与邮政业协调发展。

6.安全形势日益复杂,行业监管面临多重考验

随着寄递业务的快速发展,寄递行业面临的安全压力不断增大。寄递渠道网点众多、资费低廉、人货分离等特点导致安全问题触点多、防范难、事件频发。市场主体在转型升级中经历的社会资本进入、兼并重组、淘汰落后产能将伴随出现一些网络中断、经济纠纷等新问题。快件被盗、贩售用户个人信息等问题仍将是邮政业消费者维权的热点。

二、指导思想、基本原则和发展目标

(一)指导思想

以邓小平理论、“三个代表”重要思想、科学发展观为指导,全面贯彻党的十八大和十八届三中、四中、五中、六中全会精神,深入贯彻落实习近平总书记系列重要讲话精神,按照“五位一体”总体布局和“四个全面”战略布局,牢固树立创新、协调、绿色、开放、共享的发展理念,坚持供给侧结构性改革方向,主动适应经济发展新常态,牢牢把握稳中求进工作总基调,以不断满足深刻变革的人民群众用邮需求为目标,以建设“普惠邮政、智慧邮政、安全邮政、诚信邮政、绿色邮政”为抓手,以贯彻《国务院关于促进快递业发展的若干意见》为契机,以转变发展方式、强化基础能力、创新服务供给为主线,以深化改革、创新驱动为动力,着力推进邮政普遍服务均等化,着力推动快递业提质增效,着力提升行业监管效能,着力助推精准扶贫精准脱贫,为建设幸福美好新甘肃提供有力支撑,全面建成与全省小康社会相适应的现代邮政业。

(二)基本原则

坚持“一条主线”。以推动行业改革、创新发展为主线,促进上下游有机衔接、大小企业共同参与、产学研紧密结合,实现全省邮政业向集群、特色、高端方向转变,构建与甘肃省基本公共服务相融合、与城镇化进程相协调、与保障和改善民生相适应的现代邮政业发展新格局。

深化“两项推动”。推动邮政普遍服务均等化和快递服务转型升级发展。推动城乡邮政服务均衡配置,提高邮政普遍服务质量和效率。坚持普惠、创新、协同、融合、安全、诚信、绿色等发展理念,推动快递服务在发展方式、发展路径、核心动力、运营管理等方面的转型发展。

打造“三个协同”。实施“邮政+”战略,推动邮政业加快融入生产、流通和消费环节,促进邮政业与现代农业、制造业和电子商务深度协同发展,满足生产生活和商贸流通的多元化需求。

实现“四项提升”。发挥邮政业在推动流通方式转型、促进社会消费升级、引领物流发展的定位与优势,注重把握“一带一路”、“互联网+”、“中国制造2025”等战略机遇,实现全省邮政业在发展规模、服务能力、安全水平、综合效益四个领域的跨越提升。

(三)发展目标

1.行业规模。到2020年,邮政行业业务总量和业务收入均突破40亿元,年均增长率均达到20%以上。其中:快递业务量突破2亿件,年均增长率达30%以上,快递业务收入突破20亿元,年均增长率均达30%以上,占邮政行业业务收入的比重超过50%。年均新增就业岗位1000个。年人均用邮支出达到65元以上,年人均快递支出达到80元以上。邮政业直接支撑的网络零售交易规模超过300亿元。

2.普遍服务。到2020年,基本形成统筹均等、供给多元、开发融合、便捷高效、与小康社会相适应、全面协调可持续的现代邮政普遍服务运行体系,基本实现邮政普遍服务便捷化和均等化。

服务能力。邮政营业场所达到1720个,市区平均服务半径达到4.1公里,农村平均服务半径达到10.1公里,新建村邮站13439个,总数达到16019个,村级邮政综合服务平台建设水平、服务能力显著提升,实现"乡乡设所、村村通邮",建制村直接通邮比例达到100%;强化城乡基础设施,新建4000个便民服务站,3000个"三农"服务站;邮政干线运输车达350辆,邮政投递运输车达600辆。

服务水平。邮政普遍服务业务开办达到国家规定标准,邮政普遍服务满意度超过85分;投递频次和投递深度达到国家标准规定要求,投递方式灵活便利;邮政包裹实现按址投递;邮件全程寄递时限、营业时间、营业服务、投递服务等达到国家规定标准。

3. 快递服务。到2020年,基本建成普惠城乡、技术先进、服务优质、安全高效、绿色节能的快递服务体系,形成覆盖全国的快递服务网络。

服务能力。初步建成辐射西部、联通全国的区域性航空快递枢纽,企业自主航空运输能力大幅提升。服务网点总数达到8000个,生产面积达到35万平方米,建成10—12个便捷高效、技术先进的快递园区。基本实现"乡乡有网点、村村通快递"。快递车辆标准化建设达到国家规定标准。

服务水平。快递服务满意度达到全国平均水平以上;重点快递企业全国重点城市间快件72小时投递率超过85%,同城快件24小时投递率超过90%;快递服务有效申诉率、快件延误率、快件损毁率、快递丢失率明显下降。

企业培育。重点培育5家业务收入超1亿元的快递企业,培育10家业务收入超千万元的快递企业,培育一批业务收入超百万元的快递企业;在星级快递企业评选中,"4A"级快递企业不低于全省法人快递企业数的2%,"3A"级快递企业不低于全省法人快递企业数的5%,"2A"快递企业不低于全省法人快递企业数的20%。

人才培养。快递从业人员达15000人,取得快递初、中、高级职业资质人员的数量稳步增长。

4. 行业管理。到2020年,逐步建立起一套制度化、规范化、程序化的邮政管理体系,管理的有效性和长效性得到保障。

组织机构。强化邮政支撑机构建设,探索建设全省行业安全监管中心;在有条件的市州,科学谋划、实事求是、因地制宜成立市一级安全监管中心和县一级监管队伍,将监管工作不断向下延伸,调动各方力量,创新属地管理,发挥行业管理职能。

监管队伍。行业监管队伍结构更加优化,干部选拔任用、考核评价等机制更加健全,监管队伍依法行政、公共服务、学习创新和处理复杂问题的能力素质明显提高。

行政执法。行政执法人员移动执法终端配置率达到100%;市州邮政管理局行政复议场所设置率达到100%,行政办公场地建设取得重大进展。

5. 科技创新。加强邮政业智能化、信息化和自动化建设,邮政企业和重点快递企业快递员手持终端设备配备率达100%,邮件快件在线跟踪查询服务提供率达100%,监控摄像头覆盖率争达100%,GPS安装率超过95%,电子面单普及推广率超过90%,邮政企业和重点快递企业自动分拣设备配置率超过50%。

甘肃省"十三五"时期邮政业发展指标

类别	主要指标	2015年	2020年	增长情况
发展规模	邮政业业务总量(亿元)	16.3	40	20%
	其中:快递业务量(万件)	3541.43	20000	30%
	邮政业业务收入(亿元)	20	40	20%
	其中:快递业务收入(亿元)	7.3	20	30%
	行业从业人员数(个)	15500	20000	4500
	人均用邮支出(元)	49	65	16
	年人均快递支出(元)	28.2	80	62

续表

类别	主要指标	2015 年	2020 年	增长情况
服务能力	邮政服务点总数(个)	1658	1720	62
	快递服务网点总数(个)	4000	8000	4000
	手持终端设备配备率(%)	75.3	100	25
	邮政普遍服务满意度(分)	74	85	11
	快递服务有效申诉率(十万分之)	6	—	—
	直接支撑的网络零售交易规模(亿元)	52	300	248
	快递企业乡镇网点覆盖率(%)	30	100	70
	快递专业类物流园区个数(个)	3	12	9
	快件延误率(千分之)	—	5	—
	快件损毁率(十万分之)	—	5	—
	快件丢失率(十万分之)	—	3	—
科技创新	GPS 安装率(%)	—	95	—
	电子面单占比(%)	30	90	60
	自动分拣设备配置率(%)	0	50	50
	智能快件箱投递快件占比(%)	2	10	8
	移动执法终端配置率(%)	0	100	100

三、主要任务

(一)深化邮政体制改革,充分释放行业发展活力

切实提高政府服务能力。全面推进依法治邮,履行部门法定职能,坚持严格规范公正文明执法,强化内部制约和监督,推进政务公开进程。全面落实邮政管理部门层级职权的要求,实现执法重心下沉,市州局专有职权和主要行使职权下放到位。全面优化业务经营许可变更办理等事项审批流程,建立快递业务经营许可“绿色通道”制度,缩短许可变更及备案平均用时。简化快递企业注册登记程序和分支机构、末端网点备案手续,实行快递企业年度报告制度。充分发挥电子口岸、国际陆港等“一站式”通关平台优势,保证进出境快件便捷通关。发挥市场在资源配置中的决定性作用,鼓励支持多元资本进入,着力培育和发展资本、土地、技术装备、劳动力等要素市场。推动快递企业顺应市场化改革,建立现代企业制度,完善运营机制,提高企业管理和服务水平。

(二)加强基础设施建设,着力提高普遍服务水平

强化邮政普遍服务基础设施。以提升普遍服务能力、实现服务均等化为目标,推动邮政基础设施建设与地方城乡建设规划相衔接。优化邮政网点布局,强化农村地区邮政服务网点建设和改造升级。支持邮政企业整合三农服务站资源,设立相对固定的村邮站,逐步解决农村和民族地区不直接通邮问题。贯彻落实信报箱系列国家标准,做到同住宅楼“同步设计、同步施工、同步监理、同步验收、同步交付使用”。探索与信报箱的整合,推广智能包裹箱的建设与使用,完善邮政普遍服务终端体系,提高邮政普遍服务的深度和广度。

提升邮政普遍服务水平。促进邮政服务创新发展,加大普遍服务宣传力度,积极发展邮政包裹等新兴业务和新兴业态。充分发挥邮政普遍服务在农村的网络优势,满足农村网络经济的市场需求,逐步提高农村电商寄递市场份额,促进寄递类业务重新焕发生机。鼓励邮政服务设施对外开放共享,打造邮政综合服务平台,面向电子商务企业、快递企业、增值服务商提供服务。

专栏1 邮政基础设施建设与改造升级工程	
网点邮路优化工程	全省普服基础设施建设投资1.54亿元，继续对全省邮政普遍服务72个网点、19个危旧县局房进行统一整修和改造，更新及新增邮政邮运车辆88辆，更新及新增邮政投递车辆443辆，新建网点60个。 按照“结构合理、衔接紧密、运行高效、管理有序”的原则，新开通县乡邮路，缩短县乡邮件的传递时限，全面实现村村直接通邮。
综合服务平台工程	整合现有的邮政局所、村邮站、“三农”服务站、便民服务站等邮政网点资源，着力打造承载邮政普遍服务、民政服务、缴费服务、票务服务、金融服务、商品分销服务等“一站式”邮政综合服务平台，到2020年底平台数超过16000个。 大力推进“一点多能、一网多用”的邮政基础设施建设发展模式。推动平台向社会、快递企业开放，建立跨行业联营合作发展的新机制。
陆运网络改造工程	邮政集团公司建设1个省际中心、14个市州中心，按照省际中心覆盖市州中心、市州中心覆盖县的模式分层组织实物传递网。 撤销酒泉三级中心局，将天水、陇南、平凉、庆阳进出口邮件分发关系调整为西安、兰州两地经转。

(三)积极推动业务创新，促进快递服务高速发展

推动行业提质增效。推动快递发展方式由规模扩张向规模扩张和质量效益并重转变，核心动力从依靠要素粗放投入向提升要素配置效率以及技术和服务创新转变，推动信息化和标准化建设。鼓励快递企业走便捷化、差异化、个性化、定制化和多元化发展战略，积极发展代收货款、快递保险、合同物流、冷链快递、逆向物流等快递增值服务。形成覆盖城乡、配套衔接、布局合理、便民惠民的快递骨干网，提升快递骨干网络处理能力和集约程度。鼓励在重要节点城市建设快递功能园区，引导快递企业加快建设快件处理中心，形成布局合理、运转高效的转运体系。

专栏2 快递专业类物流园区建设工程	
快递园区建设工程	协调构建“小政府、大社会、小机构、大服务”的快递园区管理机制，不断完善集中、统一、精简、灵活、务实的运行机制。 依托物流节点城市发展，结合行业发展需求，加快布局建设快递专业类物流园区，实现产业集聚、经营集约、功能集成。在兰州、酒泉、嘉峪关、天水、张掖等节点城市统筹规划10—12个便捷高效、技术先进的快递园区，集流通加工和仓储配送、邮件和快件分拨、农产品冷藏及低温仓储配送等多种功能于一体。 推动快递专业类物流园区与机场、铁路站场、公路站场、港口码头等方面的规划衔接、集约建设。做好园区与重点农业生产基地和优势农产品产区产地市场、农资配送中心、邮件和快件处理中心的对接。
快递功能园区建设工程	鼓励快递企业入驻电子商务园区、商贸物流园区、制造业园区、保税物流园区以及农产品、商品集散中心，支持建设快递处理设施，实现集约化管理、品牌化经营、规模化发展。 支持快递企业建设现代化立体仓库和信息平台，提升处理能力和运营效率。

图1 甘肃省“十三五”邮政业主要枢纽及重要节点示意图(略)

提高末端投递能力。推进共建共享末端公共资源，充分利用农村服务中心、农家店、农资店、供销社、客(货)运站、村邮站、邮政便民服务网点以及“万村千乡”、“美丽乡村”等平台搭载快递收寄投递业务，共同解决快递“最后一公里”难题。鼓励企业加快自有末端网点建设，因地制宜开展快递超市、快递驿站等多种形式投递合作。支持有实力的品牌快递企业在市区人口密集区域联合建立一定数量的公共配送仓，缓解城市配送压力。推进快递服务进机关、进园区、进商场、进学校、进企业、进社区，学校和有条件的住宅小区要提供面积适合的服务用房，积极为群众提供便利，切实保障快件安全。

专栏3　快递企业标准化建设工程	
营业场所标准化工程	结合《快递营业场所设计基本要求》和《邮政从业企业标准化工作指南》,快递企业营业场所按照临街商用、面积适宜且相对稳定的标准进行选择,基本型营业场所面积不少于15平方米,拓展型营业场所面积不少于30平方米,营业场所面积应与快递业务量相适应。
企业标识和车辆标识标准化工程	企业在营业场所、干线车辆和收寄投递车辆上喷涂统一易识别的企业标识,保持标识长期清晰整洁。在企业营业场所标明机构名称。
制度措施标准化工程	企业的服务种类、资费标准、服务承诺、禁寄物品目录、投诉受理办法及损失赔偿办法制作版面在营业场所收寄区的显著位置公示。企业收寄、运输、分拣、投递安全制度、快递服务人员、用户人身安全保障制度、用户信息保障制度、应急预案和安全保障协议制作版面按照齐备、可操作性强的要求制定。
营业场所与处理场所分区标准化工程	企业的营业场所、处理场所、办公区及生活区要按照封闭、独立且面积适宜的标准进行分区,在显著位置标明分拣区、营业区、办公区和生活区等区域划分标识,并设置异常快件处理区和紧急疏散通道。严禁生活区域与其他区域混同。
设备设施配置标准化工程	企业应当配置符合国家标准的处理设备、监控设备和消防设施等设备设施,并进行定期维护和更新。
人员着装标准化工程	企业应为客服、分拣和揽投等人员分别配备组织标识统一的服装,并佩戴工号或胸卡,提升企业形象。

加快实施"快递下乡"工程。完善农村快递基础设施建设,加强快递企业间的资源整合共享与合作开发,鼓励快递企业主动服务农村电子商务发展,健全农产品快递服务体系。推进"农户+电商+快递"发展模式,创造就业机会,服务精准扶贫,将快递下乡布局设点与电商扶贫县、乡、村三级服务体系建设相结合,共同支持做好选点和建设工作,实现优势互补、高效利用和协调发展。在乡镇开辟或延伸快递物流运输线路,构建农产品快递网络服务产地直销、订单生产等农业生产新模式。完善面向农村的综合快递信息服务和快递物流仓储配送体系。鼓励快递企业加强与邮政企业、供销合作社的合作,充分利用现有农村邮政、供销网点开展业务,打通"工业品下乡"和"农产品进城"双向流通渠道,带动农村消费。将快递企业纳入大学生就业、农民工返乡创业等政策支持范围。

专栏4　"快递下乡"工程	
快递网点工程	引导快递企业合理规划和建设农村地区网点,提高网点的覆盖率和稳定性。
服务网络工程	鼓励全网型快递企业在农产品跨区域流通中发挥重要作用。强化快递枢纽、服务网点与重点农产品、农资、农村消费品集散中心的有效对接,引导有条件、有能力的快递企业在特色经济乡镇、交通枢纽乡镇等地区建设较高标准的服务网络。
集中运输工程	鼓励快递企业与邮政企业、快递企业间在业务量较小的乡镇和村合作建立服务网点开展快递服务,进行城乡间、乡镇与村庄间的快件集中运输。
共同配送工程	鼓励第三方设置快递服务网点,为多家快递企业集中开展快件揽收投递服务。支持快递企业与农村商贸流通企业、供销合作社、农家店、农村综合服务社、农产品购销代办站等以建立合作网点的形式提供投递服务,共同制定运输、配送计划,发展农村共同配送。

(四)深化利用"互联网+",发挥关联产业集聚效应

"邮政/快递+电子商务"。鼓励省内邮政快递企业结合电子商务发展趋势,开发多品种、个性化、国际化服务的产品体系,积极完善适合线上产品的现代邮政快递配送体系、适合生鲜特点的冷链配送体系和覆盖全省的城市共同配送体系。引导电子商务企业与邮政企业、快递企业实现信息共享,推动电子商务与配送服务的协同发展和高效联动。积极对接国内大型网络平台企业、"秀宝网"、"百合生活网"等电子商务平台,充分发挥兰州新区综合保税区、兰州国际港务区、国际邮件互换站和跨境电子商务服务平台的作用,大力培养定向客户,提供仓储、包装、分销、配送一站式建设。优化邮政快递电商融合发展的生态环境,加强宣传引领,发挥新媒体信息宣传作用,塑造地方品牌名片。

"邮政/快递+现代农业"。推进快递服务现代农业的典型示范,以点带面,逐步推广。发挥邮政快

递企业在农村地区的网络布局优势，打通“工业品下乡”和“农产品进城”双向流通渠道，逐步建立结构合理、协作深入、标准对接的合作发展新模式，服务全省精准扶贫精准脱贫工作。加强与交通运输、商贸供销等农村物流服务网络和设施的共享衔接，逐步完善县、乡、村三级物流节点基础设施网络。鼓励有条件的快递企业将农村网点纳入企业信息化系统统一管理，确保快件跟踪信息完整。推广适合农村运输的车辆以及托盘、集装篮、笼车等标准运载单元和专业装卸设备，提升作业效率。构建农产品进城的便捷通道，推动优势农产品、民族特色产品向外输送，支撑地域品牌的形成和推广。

“邮政/快递+制造业”。推动快递企业服务“中国制造2025”战略，积极推进传统消费品制造产业供应链创新升级，引导快递企业融入智能制造，由简单供应链条向复杂供应网络拓展。鼓励邮政快递企业与制造企业建立长期稳定战略合作关系，支持大型制造企业依托邮政快递网络开展综合集成制造和分销配送，促进邮政快递网络建设与大型制造企业空间布局的有效衔接。支持电子信息、通信、精密仪器、汽车等技术密集型制造业通过服务外包优化生产流程，整合高价值、小批量、多批次的递送需求，依托航空快递、限时快递等开展精益制造和准时制造。支持纺织、服装、鞋帽、工艺品等制造企业顺应个性化、多样化需求趋势，依托邮政、快递网络提供试穿、退换货、产品功能展示等特色服务，鼓励快递企业提供样品、设计图样等限时寄递，开发名址数据库、仓储优化等增值服务，提供从厂商到最终用户的产品递送方案。

“邮政/快递+旅游业”。结合甘肃省华夏文明传承创新区建设方案和“一带、三区、十三板块”工作布局规划，依托莫高窟、鸣沙山·月牙泉、嘉峪关古城墙、崆峒山、麦积山等省内著名旅游景区，积极构建和培育旅游产品快速配送中心，引导邮政快递企业成为输送文化艺术品和宣传文化旅游的重要媒介。推动企业与各地的旅游集散中心建立互通网络，实现旅游信息的共享共用，及时掌握客户需求。

“邮政/快递+交通运输业”。结合全省“6873”交通突破行动，依托全省“便捷、安全、经济、高效”的立体化综合交通运输网络，推进邮政业与交通运输业的深入协同。按照“资源共享、多站合一、功能集约、便利高效”的原则，加强农村邮政网点改造升级与农村物流三级（县乡村）网络节点体系建设深度融合，实现功能叠加和多站合一。推动邮政和快递处理中心等基础设施与铁路、公路、民航枢纽同步建设，推进机场、火车站、汽运站、公交枢纽站邮政和快递功能区建设。支持交邮企业通过联盟合作等方式进行资源整合，鼓励邮政企业、快递企业与符合条件的农村公路客运站加强合作，通过农村客运班车搭载邮件、快件，推广应用经济适用的农村邮政快递车型。

图2　甘肃省“十三五”邮政业铁路邮路规划示意图（略）

图3　甘肃省“十三五”时期邮政业航空邮路规划示意图（略）

专栏5　邮政业与关联产业协同发展工程	
健全多方协作机制工程	完善邮政快递企业与关联企业业务对接、联动机制、工作流动和协同沟通等相关制度，加强宏观分析和统筹指导，推动政策衔接和协同关联，针对工作中的重点、热点和难点问题，开展专题研究和联合调研。
构建合作交流平台工程	支持邮政快递企业与关联企业加强合作，组织举办全省发展论坛和供需洽谈会议，促进企业间信息共享和项目对接，定期开展多方技术交流和管理培训。
实施人才联合培养工程	鼓励邮政快递企业和各类企业建立人才交流机制，支持开展联合培养项目，支持建立人才实训基地，提升人才队伍素质。

图4　甘肃省“十三五”邮政业农业带动示意图（略）

（五）加快建设智慧邮政，显著提升行业科学水平

按照新型智慧城市的要求，加大科技信息在邮政业的深化应用，争取将各地智慧邮政工程纳入到全省智慧城市建设规划中。综合利用互联网、物联网、大数据、云计算等先进技术，通过精准、动态、科学的管理和信息共享，全面提升行业供给能力、运行效率、安全性能和服务质量。以信息化为牵引，推动现代信息技术与服务、管理全面融合，实现邮政业管理信息化、生产自动化、运输综合化、配送智能化、过程可视化、装备高效化。鼓励企业加大对分拣自动化设备、先进运输装备以及智能手机、微信、快递APP、手持终端、智能快件箱等科技产品的应用。加强现代信息技术在政府管理、行业监管和安全监控中的应用，重点搭建行业公共信息平台，构建智能化的监管环境、服务环境和决策环境。

专栏6　智慧邮政工程	
公共信息平台建设工程	在新型智慧城市开展邮政业公共信息平台建设试点。在条件成熟的其它市州逐步建成邮政业公共信息平台。 探索建设邮政业公共服务资源交换子系统,逐步实现与交通运输、安全、公安、工商等部门之间信息对接,加强政府与企业间信息交流。建设智慧邮政网上服务大厅和从业人员管理等子系统,建立起服务过程可追溯的信息通道,形成对行政综合服务质量的管理。建设邮政行业服务信息查询及评价子系统,为公众和社会单位建立投诉、查询、数据分析的附加平台。 建设邮政业服务设施公众查询系统,实现邮政营业场所、快递服务网点等基础信息的公众查询服务。完善邮政业消费者申诉系统和职业技能鉴定系统功能。
智能快件箱建设工程	加大智能快件箱管理力度,推动智能快件箱应用系统、安全系统、RFID 系统、编码、材料等达到国家标准。逐步完善收件功能、支付功能和增值服务功能。 试点"快递企业自建自用"、"第三方平台共用型"、"政府主导共用型"等运营模式。

(六)完善安全监管机制,保持行业持续稳定发展

引导企业树立安全发展理念。引导快递企业树立安全与发展并重理念,依法设置安全生产组织领导机构和管理机构,健全企业安全责任体系,健全完善培训、检查、执法、考核制度。落实企业法定代表人对本企业安全生产工作的全面责任,明确岗位责任人员、责任范围和考核标准等内容,加强对安全生产责任制落实情况的监督考核。加大安全生产技术设备投入,提升行业管理部门执法装备水平和信息化监管能力。推动将邮政业突发事件应急管理纳入地方政府突发事件应急管理体系,建立跨地区、跨部门、跨企业应急救援和处置联动机制。按照"常态联动、问题牵引、优势互补、责任共担"的原则,推动安全工作创新,建立寄递安全风险源评估评价制度,强化寄递渠道信息安全、反恐、禁毒、扫黄打非、打击侵权假冒等工作。

专栏7　"绿盾"工程	
安全管理工程	完善寄递渠道安全监管业务机制和标准规范。严格执行邮件、快件寄递安全管理制度,大力监管禁寄物品,分类处理特殊物品,完善寄递服务信息登记制度。加强寄递安全宣传引导,提升寄递用户安全用邮意识。加强快递服务用户个人信息安全管理,保护消费者隐私,维护消费者权益。
安全检查工程	全面落实收寄验视、实名收寄、过机安检三项安全生产制度,实现动态可跟踪、隐患可发现、事件可预警、风险可管控、责任可追溯等"五可"目标。 强化对重点地区、重点部位、重要活动时期寄递渠道的安全管理,加强对违规寄递危险化学品等行为的研究防范,坚决遏制重特大事故发生。
安全监控工程	建设省级和重点地市安全监控中心,搭建移动监管平台。在邮件、快件收寄、分拣、运输、投递等营业场所、处理场地安装监控设备,确保全天 24 小时运转,实行寄递业务流程全程计算机管理,实现对邮件、快件的全程跟踪和实时查询。

(七)构建综合诚信体系,扎实推进市场良性运转

健全行业信用管理工作体制,建设快递业信用信息平台,建立企业和从业人员的电子信用档案,逐步建立"一处失信、处处受限"的信用监管工作格局。加强公务员的诚信管理和教育,提升监管效能。构建企业诚信评价体系,推动信用等级评定工作,重点对服务满意度、时限准时率、用户申诉率、服务价格等内容进行监测和考察。加强与其他部门诚信记录共享,推动企业建立和完善对加盟企业、员工和消费者的诚信记录和评价。推行对用户的收寄验视提醒和告知制度,构建守信激励和失信惩戒机制。制定行业自律规则,加大诚信企业、从业人员和用户的示范宣传力度,营造"守信光荣、失信可耻"的氛围。

(八)逐步落实绿色理念,切实提高低碳环保意识

结合"低污染、低消耗、低排放、高效能、高效率、高效益"的发展理念,减少收寄、分拣、封发、运输、投递等各个环节对环境的污染和资源消耗。推动落实国家鼓励节能减排、循环利用资源的优化政策,引导企业走绿色、可持续发展道路。鼓励企业采用清洁生产技术,大力降低原材料和能源消耗。支持企业使用可循环利用的绿色包装材料以及可降解的物料辅料。创新生产模式,积极开展物料辅料的回收使用。优化投递路线,提高投递效率。积极稳妥推广新能源汽车在邮政业的应用,最大程度地降低运输环节的能耗。

专栏8　绿色邮政工程	
企业社会责任工程	引导企业履行社会责任,发挥企业的节能减排主体作用,切实转变发展方式,调整业务结构,引导企业走节能减排、低碳环保的绿色发展道路。
包装物料循环使用工程	推动将快件包装物纳入资源回收政策支持范畴,鼓励企业使用可循环利用的包装材料以及可降解的物料辅料,探索快件包装物有效利用渠道和方式。
新技术新工艺应用工程	推广使用电子运单,有效降低材料消耗。推广应用标准化绿色装载工具,淘汰落后老旧车辆,扩大新能源车辆使用比例。积极发展甩挂运输等先进组织模式,鼓励封装容器"袋改箱",按照绿色建筑评价标准改造和新建服务网点、企业转运中心及办公楼宇。
绿色邮政产业协同工程	鼓励企业间加强合作实现运输资源合理优化配置。提高铁路运输比重。充分利用信息化手段和大数据应用服务生产运营。优化车辆调度和运递路线,加快运输周转速度,提升运输装载率。

四、保障措施

(一)加强规划组织领导,建立健全保障机制

省邮政管理局负责落实甘肃省"十三五"邮政业发展规划,14个市州局负责落实本地区"十三五"邮政业发展规划。做好与有关政府部门衔接工作,积极协调发改部门推进邮政业基础设施建设和重大项目布局,交通部门推进邮政业与综合交通运输体系对接,邮政管理部门负责邮政行业管理,国土、建设、公安、国家安全机关、海关等部门,各司其职,相互支持,形成邮政业大发展的合力。各级邮政管理部门做好规划宣贯,统一思想、凝聚力量,充分调动各方面积极性抓好规划实施。建立健全目标管理责任制,将发展目标和任务分解到年度计划,制定实施邮政业发展考核办法,确保各项规划任务落到实处。建立健全规划推进机制,落实相关保障条件,重点抓好重大项目、重大工程和重大政策,确保规划实施效果。

(二)优化行业发展环境,争取利好政策出台

健全普遍服务运营保障机制。建立科学规范的邮政普遍服务成本核算与监审制度。积极争取各级政府部门专项资金,建立财政扶持长效机制,对村邮站、邮政"三农"服务站和农村快递网点建设、设施装备改造、信息系统建设、组织模式创新等具有较强公益的项目予以引导扶持,争取将村邮站设置为公益性岗位,将村邮员等纳入财政补贴对象范围。推动出台关于促进快递业发展以及快递业与相关产业融合发展的若干意见。完善产业联动、快递车辆通行、市场主体培育、保障安全发展、绿色发展、普惠发展等方面的政策措施。积极争取各级财政预算内增量投资,促进行业重大工程和项目建设。

(三)强化市场监督管理,确保行业规范发展

稳步推进规范和清理快递企业经营范围工作,继续严厉查处超范围经营、无照经营和"冒牌"经营快递业务等违法违规经营行为。发挥消费者申诉和市场监管的联动作用,整合执法检查、消费者申诉、信访举报等信息资源,探索建立违法从业人员从业禁止规定。敦促快递企业履行服务承诺,确保旺季和假日期间的服务能力和服务质量。督导快递企业建立完善"代收货款"风险管理制度。健全快递企业星级考评制度,优化评价指标体系。

(四)加快行业协会建设,完善行业自律机制

积极发挥甘肃省快递行业协会的重要作用,在有条件的市州成立快递行业协会组织。充分利用协会组织在行业自律、诚信体系建设、营造发展环境等方面的优势,在规划制定、政策研究、市场规范、信息统计、技术合作、服务咨询等方面,为政府和企业提供中介服务。组织会员企业间的交流与学习,总结推广先进经验,引导企业不断改进自身服务质量,提高行业整体服务水平。支持行业协会制定行业规范,推动资源共享,实现优势互补,建立业内竞争的自律机制。鼓励行业协会开展诚信企业评比活动,构建快递从业人员诚信档案,规范企业行为,促进行业公平竞争和有序发展。

(五)加大人才培养力度,提高从业人员素质

积极推进全省人才强邮战略,加快行业人才教育培养体系建设,开展新增就业人员的培训工作。依托校企合作平台,探索建立职业教育、高等教育和在职培训鉴定相衔接的教育培养模式,积极开展"订单式"培训和教育,为企业输送合格人才。统筹推进各类人才队伍建设,加快培养行业发展急需的高层次经营管理人才、专业技术人才和技能型人才。创新人才流动机制,鼓励企业内部员工回省内创业,引导企业总部出台网点直补、派件补贴等政策。严格执行《劳动合同法》等法律法规,规范企业用工行为。鼓励企业建立员工薪酬与技术技能挂钩的激励机制。

（六）强化舆论宣传保障，塑造行业品牌形象

加大邮政业相关法规政策宣传和舆论引导，总结推广发展邮政业的典型案例和经验，努力为全省邮政业发展营造良好的氛围。强化全省邮政行业发展形象，通过电视、网络、报刊、电台等传统渠道和微博、微信等新媒体进行宣传，提升全省特色邮政的知名度。支持邮政企业、快递企业参与国内外行业论坛、展会等交流活动，扩大全省邮政业的影响力。

29. 青　海

青海省邮政管理局关于进一步做好快递末端网点备案登记工作的通知

（2016年4月13日）

各市、自治州邮政管理局：

为贯彻《国务院关于促进快递业发展的若干意见》（国发〔2015〕61号）等有关文件精神，深入推进简政放权，促进快递服务便捷惠民，推进快递网络“向下”延伸，进一步规范快递末端网点管理，根据国家局《快递末端网点备案登记实施办法（试行）》（以下简称《实施办法》），现就我省开展快递末端网点备案登记工作通知如下：

（一）高度重视，积极筹备，切合做好动态化管理工作。

开展末端网点备案登记管理工作是列入本年度目标责任考核的一项重点工作，各市州邮政管理局要高度重视，提前筹划，根据企业上报的末端网点经营信息、网点分布等资料，制定快递企业末端网点管理台账，动态性掌握本地区快递末端网点发展情况。根据《实施办法》规定，制定工作方案下发企业，明确告知快递末端网点定义、备案条件、备案程序及备案所需提交全部材料，为规范快递末端网点登记备案工作做好准备工作。

（二）落实简政放权，兼顾安全基准，推进末端网点标准化建设。

在备案系统尚未开通的情况下，备案工作目前以纸质材料为主，由设立末端网点的企业或分支机构向网点所在地的市级邮政管理部门递交有关材料。材料审核通过后，由所在地市（州）邮政管理局按《实施办法》予以备案。办理备案登记时，重点确认快递末端网点是否符合《实施办法》规定的各项安全条件，办理快递末端网点备案登记手续的主体是否存在伪造备案登记材料，是否刻意回避申请办理分支机构等许可制度的行为。

（三）严格审核，明确时间节点，做好事中事后常态化监管。

各市（州）邮政管理局在材料审核过程中或备案完成后，如在实地核查或日常检查中发现备案网点存在申请材料隐瞒真实情况、弄虚作假或不再具备备案所需的相应规范条件的，市（州）局应撤销该网点的备案登记。

请各市（州）邮政管理局于5月31日前全面完成本辖区末端网点备案登记工作，并于6月10日前将本单位工作开展情况及本辖区末端网点备案登记信息名录（详见备案登记表：末端网点信息）报省局市场处。

联系人：刘刚　电话：0971－4915613

青海省关于加强快递业信用体系建设考核实施办法

（2016年5月24日青海省邮政管理局印发　青邮管〔2016〕77号）

第一条　为适应行政审批制度深化改革需要，健全市场监管机制，推进快递行业信用体系建设，落实快递企业经营主体责任，形成公平开放、竞争有序的市场环境，制定本办法。

第二条　考核工作遵循实事求是、客观公正、注重实绩、科学方便的原则。

第三条　同时持有快递业务经营许可证和工商营业执照的快递企业及其分支机构适用本办法。

第四条　各市、州邮政管理局负责组织实施快递企业信用体系建设考核，省邮政管理局市场监管处负责指导各市、州邮政管理局开展快递企业信用体系建设考核工作。

第五条　快递企业信用考核指标分为依法经营、安全管理、规范服务、企业管理、企业及企业法定代表人信用和企业诚信文化建设六个方面。

第六条　企业依法经营要求在快递业务经营许可证核准的经营范围和地域范围内经营快递业务；按相关规定做好分支机构变更备案；不得有违法使用快递业务经营许可证的行为；总部企业对其加盟站点负有严格的管理责任。

第七条　企业安全管理要求建立健全各项安全保障制度；开展岗前安全培训；建立并严格执行收寄验视制度；依法妥善处置收寄的禁寄物品；依法保护用户信息；制定突发事件应急预案；妥善处置并及时报告安全生产事故；生产作业区建设符合相关规定；作业现场实现有效监管；建立生产车辆安全管理制度。

第八条　企业规范服务要求建立并切实履行服务质量内控制度、业务操作规范和公示服务承诺；持证快递业务员持续符合规定比例；及时妥善处理投诉、申诉；指导用户按规定填写运单；依规处理无着快件；做到快件信息实时查询；制定并落实快递业务旺季服务和安全保障措施。

第九条　企业管理要求建立健全员工管理制度，防止发生内盗事件。

第十条　企业及其法定代表人信用要求企业产权、股权清晰；法定代表人信用无不良记录；按时上报年度经营报告和统计信息；认真落实邮政管理部门布置任务和整改要求。

第十一条　企业诚信文化建设要求开展诚信文化建设和员工教育活动；履行社会公益承诺。

第十二条　各市、州邮政管理局建立辖区内快递企业信用体系管理档案，实行动态管理。根据检查、座谈、调研、汇报、来文、媒体报道、申诉、来访等即时记录企业信用相关信息，并于《快递企业信用考核表》中即时扣分。

第十三条　各市、州邮政管理局辖区内企业行为导致辖区外总部企业对应扣分的，需将有关情况向总部所在地市邮政管理局通报。

第十四条　各市、州邮政管理局根据信用体系考核得分情况对快递企业信用进行分类管理。

第十五条　各市、州邮政管理局完善信用公示制度，在局网站上公布经营异常企业名单和黑名单。

第十六条　快递企业信用考核实行扣分制。触犯同项考核内容，若有多个计分标准，从重扣罚。当企业扣分超过30分时列入经营异常企业名单，各市、州邮政管理局对其进行重点监管。当企业扣分超过40分时列入黑名单，对其违法违规行为从重处罚，可依法吊销快递业务经营许可证的，吊销其许可证。

第十七条　经营异常企业名单和黑名单实行动态管理。名单内的快递企业认真整改问题，经市、州邮政管理局核查，确认违法违规状态消除的，在下一季度消除扣分，各市、州局重新审核企业信用考核得分情况，并根据本办法第十六条重新进行分类管理。

第十八条　快递企业信用体系建设考核扣分按季度统计，于下一季度公示经营异常企业名单和黑名单所列企业。

第十九条　快递企业对其整改的问题再犯的，当年内不再消除扣分。

第二十条　各市、州邮政管理局在开展快递企业信用体系建设考核中，发现企业有违法违规行为的，根据相关法律依法处理。

第二十一条　本办法由青海省邮政管理局负责解释。自印发之日起施行。

青海省快递市场清理整顿专项行动工作方案

（2016年6月3日青海省邮政管理局印发　邮管〔2016〕87号）

为进一步深化“放管服”改革，加强快递市场监管，遏制企业未经许可经营快递业务等行为，维护快递市场秩序，提升服务质量，结合我省实际，制定本方案。

一、工作目标

深入贯彻落实《中华人民共和国邮政法》、《快递业务经营许可管理办法》、《快递市场管理办法》等法律法规和《邮政业安全生产设备配置规范》国家标准中关于快递业务经营许可的相关规定，针对当前许可类违法行为高发态势，按照处罚和规范相结合的要求，自2016年6月起至12月底，集中开展快递市场清理整顿专项行动，主动出击，从严治理，维护快递市场秩序，促进全省快递行业健康有序发展。

二、工作重点

（一）坚决查处违法违规行为，维护快递市场秩序。

查处重点：

1.未经许可经营快递业务。经营快递业务，必须按照《中华人民共和国邮政法》第五十一条的规定取得快递业务经营许可。针对经营快递业务的主体，首先应确定其商事主体资格。属企业法人的，应当检查其是否取得《快递业务经营许可证》；属企业法人分支机构的，应当检查其上级企业是否取得《快递业务经营许可证》，其是否已列入相应的分支机构名录。针对未取得快递业务经营许可经营快递业务的单位和个人，按照《中华人民共和国邮政法》第七十二条进行处理。针对快递末端网点，按照《快递末端投递服务规范》（YZ/T 0145—2015）行业标准、《快递末端网点备案登记实施办法（试行）》进行严格管理。

2.未按规定办理变更手续。《快递业务经营许可证》登载的企业名称、企业类型、股权关系、注册资本、企业地址、经营范围、经营地域和分支机构等事项发生变更，经营快递业务的企业应当按照《快递业务经营许可管理办法》第十九条的规定向邮政管理部门办理变更手续，并换领许可证。针对未办理变更手续的行为，按照《快递业务经营许可管理办法》第三十一条进行处理。

3.设立分支机构未备案。取得快递业务经营许可的企业设立分公司、营业部等分支机构，取得工商营业执照后，应按照《中华人民共和国邮政法》第五十四条的规定向邮政管理部门办理备案手续；经营快递业务的企业合并、分立，应当按规定向邮政管理部门备案。未按要求办理备案手续的，按照《中华人民共和国邮政法》第七十三条进行处理。对于已取得快递企业分支机构名录而未办理工商营业执照即开展快递业务的，要将相关案件线索和证据材料书面移送工商管理部门。自办理工商登记之日起20天内向邮政管理部门办理备案，未及时办理的，按照设立分支机构未备案依法查处。

4.超地域范围经营。企业许可地域范围核定到市（州）一级，在许可地域范围未覆盖的市（州），不得经营快递业务。今年以来，个别企业取得跨省（自治区、直辖市）经营许可后，面向许可经营地域以外的区域招揽加盟商，造成不良社会影响。对此，可认定为超许可地域范围开展快递业务，按照《快递市场管理办法》第十条、第四十一条进行，由违法行为发生地邮政管理部门进行处理。

5.委托未经许可企业经营、超许可范围委托经营。经营快递业务的企业应按照《快递市场管理办法》第十一条的规定委托经营，将快递业务委托给未取得快递业务经营许可的企业经营或超越经营许可范围委托经营，按照《快递市场管理办法》第四十二条进行处理。委托个人经营的，对个人以未经许可经营快递业务为案由，按照《中华人民共和国邮政法》第七十二条处理。对名义上为“委托”但经调查实际为加盟关系的，应当按照以加盟方式经营快递业务进行管理。

6.违反加盟管理规定。以加盟方式经营快递业务的企业，应遵守《快递市场管理办法》第十四条规定。加盟人和被加盟人都应当取得快递业务经营许可，加盟人未取得快递业务经营许可，按照未经许可经营快递业务进行处罚，同时对被加盟人按照违反加盟管理规定进行处罚。加盟不得超越被加盟人的经营许可范围。被加盟人与加盟人应当签订书面协议约定双方的权利义务，明确用户合法权益发生损害后的赔偿责任。参与加盟经营的企业，应当遵守共同的服务约定，使用统一的商标、商号、快递服务运单和收费标准，统一提供跟踪查询和用户投诉处理服务。违反上述加盟管理规定的行为，按照《快递市场管理办法》第四十三条进行处理。对名义上为“分支机构”但经调查实际为加盟关系的，应当设置缓冲期，灵活处理，并将处理结果上报省局。

7. 未按期提交年度报告书。经营快递业务的企业，未按期提交年度报告书的，按照《快递业务经营许可管理办法》第十八条、第三十一条进行处理。

8. 骗取经营许可，办理备案、变更等弄虚作假。申请人申请快递业务经营许可或办理备案、变更手续时，隐瞒真实情况，弄虚作假，如企业与加盟人合谋，通过设立分支机构形式成为企业法人的直营机构，骗取跨省经营许可或用以增加经营地域范围；加盟人要求法人企业隐瞒真实情况为其办理分支机构名录，以规避许可制度的。针对上述情况，各市（州）局可通过现场调取企业信息系统、对分支机构工作人员进行调查询问等方式，全面客观调查相关主体之间的真实法律关系。申请人隐瞒真实情况，弄虚作假，骗取经营许可的，应当按照《快递业务经营许可管理办法》第三十条依法撤销经营许可，并予以相应罚款。办理备案和变更手续、提交年度报告书，隐瞒真实情况、弄虚作假的，应当按照《快递业务经营许可管理办法》第三十条进行处理。

9. 停止经营未告知并交回许可证。快递企业停业经营快递业务，未按规定提前书面告知邮政管理部门，交回《快递业务经营许可证》，并妥善处理未投递快件的，按照《中华人民共和国邮政法》第五十八条、第七十三条进行处理。

（二）继续深化简政放权，放管结合，守住安全底线。

1. 坚持简政放权，落实各项要求。继续贯彻落实《青海省邮政管理局关于转发国家邮政局〈快递业务经营许可工作优化方案〉的通知》（青邮管〔2015〕71号），按照优化方案的要求，精减材料、简化手续，全流程网上办理，严格遵守审批时限。

2. 认真履行职责，依法许可审批。各市（州）局要按照《中华人民共和国邮政法》、《快递业务经营许可管理办法》等法律法规的要求，认真履行行政审批职责，严格准入、变更、增设分支机构等许可审核。一是对申请经营快递业务的企业，严格审核是否具有与申请经营的地域相适应的服务能力、是否有严格的服务质量管理制度和完备的业务操作规范、是否有健全的安全保障制度和措施。二是认真落实《关于加强快递业务经营许可工作的若干意见》（局监函〔2016〕7号）提出的各项要求，严格实地核查，守住安全底线。无论跨省许可还是省内许可企业，新设分支机构一律实地核查。对未达到《邮政业安全生产设置配置规范》标准的新申请企业及新申请设立分支机构，一律不予核准。三是加强对申请跨省经营企业及跨省经营企业新设分支机构的审核。企业总部应在经营地域所在省份设有符合《邮政业安全生产设备配置规范》的较大分拣处理中心，由省局把关负责，各市（州）局配合省局开展实地核查工作。

3. 加强闭环管理，落实退出制度。各市（州）局要将经营许可注销与分支机构撤销工作纳入常态化，对长期未开展业务、未按期申请许可延续、连续两年未提交年报等情形的企业，加大巡查力度，发现《中华人民共和国行政许可法》规定的注销情形，按照《快递业务经营许可管理规定》的要求，依法予以注销。对分支机构撤销，按照企业申请与网点实际相结合的原则，按要求撤销。对注销后的企业与撤销后的分支机构，在网站予以公示，通过相关媒体进行宣传。同时对违法加盟、假直营的跨省经营企业进行重点关注，发现一起，查处一起。

4. 深化简政放权，加强末端监管。一是摸清底数，建立台账，各市（州）局要认真落实《关于印发〈快递末端网点备案登记实施办法（试行）的通知〉》（局监函〔2016〕16号），结合《快递末端投递服务规范》（YZ/T 0145—2015）要求，根据工作实际，开展辖区内快递末端网点普查登记工作。二是强力整治，加强事中事后监管，分类开展末端网点整顿工作，（一）对符合经营快递业务的法人企业，督促其办理快递经营许可证，属自营形式的，按照一级许可企业管理，属兼营形式的，按照加盟企业管理；（二）对符合办理许可名录的非法人分支机构，督促其办理分支机构许可名录，未及时办理的，以设立分支机构未备案立案查处；（三）对于不符合（一）、（二）条件的末端网点，做好登记工作，设置缓冲期，待快递市场条例出台后另行处理。三是规范管理，发挥企业合力。快递末端网点清理工作任务重、时间紧，各市（州）局可督促企业如实上报所属快递末端网点情况，由市（州）局进行核查或抽查，对于企业隐瞒上报的行为，可以委托未经许可企业或个人经营快递业务立案查处。四是明确规范范围，对于快递企业自营的末端网点，一律纳入本次清理范围内，对于搭载其它形式平台兼营的末端网点，应根据主要业务种类、业务规模、服务人数、辐射半径等多种因素综合考量，由市（州）局自行把握，坚持依法管理和灵活适度的方法。省局将对市（州）局开展末端网点清理工作进行督导。

三、工作步骤

（一）动员部署阶段（6月12日）

各市（州）局要根据辖区行业实际情况，制定细化实施方案，部署专项整治工作，于6月12日前报省局市场监管处。要督促辖区快递企业开展自查自纠，结合实际经营情况，于6月30日前提交许可申请或者办理变更、备案手续，逾期未整改的，要采取法律手段予以整治。

（二）专项检查阶段（6月13日至11月30日）

各市（州）局要加大执法检查力度，全面排查，结合本地日常监管、消费者申诉和案件线索举报等情况，强化动态监管，全面查处快递业务经营许可类案件，将专项行动与快递服务质量、行业安全管理工作相结合，会同工商、公安等部门联合执法，规范市场秩序。省局将抽查部分重点地区，对工作开展不力的地区进行重点督办。

（三）总结提升阶段（12月1日至12月31日）

各市（州）局总结专项行动开展成效、经验做法和存在问题，于12月10日前报送省局市场监管处。省局将根据行动开展情况，总结经验，梳理不足，形成规范快递市场秩序的长效机制，并将专项行动开展情况在全省进行通报。

四、工作要求

（一）加强组织领导。

省局成立青海省快递市场清理整顿专项行动领导小组，王灿副局长任组长，郭春平副主任任副组长，省局市场监管处刘刚、孙文龙、李韬为组员。领导小组下设办公室，办公室设在省局市场监管处，负责处理日常工作。各市（州）局要高度重视，充分认识此次清理整顿专项行动对于维护市场秩序、促进快递行业健康有序发展的重要意义，切实加强组织领导，要根据辖区实际制定细化实施方案，明确任务要求和责任分工，突出整治重点，完善工作措施，精心组织，强化责任，狠抓落实，确保专项整治行动取得实效。

（二）依法清理整顿。

各市（州）局要树立法治意识，善用法治思维，依法开展清理整顿专项行动，确保各项工作合法合规。要严格按照《中华人民共和国邮政法》等现行法律规定，正确界定相关主体的法律关系和适用案由，严格遵守《中华人民共和国行政处罚法》、《邮政行政处罚程序规定》等规定确定的执法程序，确保处罚实体和程序合法。对各种违法行为，要依法严肃处理、严厉打击，做到执法必严、违法必究，保持对违法行为的高压态势，切实维护快递市场秩序。

（三）发挥工作合力。

各市（州）局要充分发挥消费者、媒体等有关方面的积极作用，健全社会共治机制。要完善部门协作联动机制，加强与工商、公安等部门的沟通协作，密切配合，切实增强工作实效。

（四）注重信息报送。

各市（州）局要指定专人负责信息报送工作，及时汇总和上报工作信息，每月3日前向省局市场监管处报送工作进展、案件统计、主要成效和工作中遇到的问题，重要情况要随时报告。

联系人：李韬

电　话：0971－4915613（传真）

附件：1.快递市场清理整顿专项行动月度报告（略）

2.2016年快递市场清理整顿专项行动工作统计表（略）

3.2016年快递服务质量统计表（略）

4.2016年行业安全统计表（略）

青海省邮政特邀监督员考核办法

（2016年9月7日青海省邮政管理局印发　青邮管〔2016〕147号）

第一条　为加强邮政特邀监督员的管理和考核，督促和激励全省邮政特邀监督员更好地履行职责,切实提高邮政业社会监督实效,根据《邮政法》、《青海省邮政条例》、《青海省邮政特邀监督员管理办法(试行)》等有关规定,制定本办法。

第二条 省、市州邮政特邀监督员考核工作适用本办法。

第三条 邮政特邀监督员(以下简称监督员)的职责是:

(一)在邮政管理部门的组织、指导下开展监督工作。

(二)参加邮政管理部门统一组织的培训、检查活动。

(三)以个人用邮或明察暗访的方式开展对邮政普遍服务、特殊服务、快递业务以及新邮发行销售的社会监督。

(四)按照《青海省邮政特邀监督员管理办法(试行)》中规定的监督内容,开展邮政普遍服务、快递服务、机要通信、邮票销售、集邮市场等监督工作,定期反馈《普遍服务质量测试(访问)表》、《快递服务测试(访问)表》、《邮票销售服务和印制质量测试(访问)表》、《机要通信服务质量测试(访问)表》,并征求用户用邮体会、意见、建议。

第四条 监督员日常监督工作实行量化考核,考核采取"月度考核,季度汇总"方式,计分标准如下:

(一)监督报表于每月20日前报邮政管理部门的计1分,合理化意见建议得到采纳的计1分。(计2分)

(二)监督员每月检查邮政普遍服务网点和快递网点情况,均以图片形式将当日检查网点通过QQ、微信、彩信、电子邮件等方式发送至市州邮政管理局,由各市州邮政管理局将图片信息录入普遍服务监督信息系统月报表中,作为数据资料保存。西宁、海东两地监督员每季度检查邮政普遍服务网点不少于6个(次),快递网点不少于4个(次),网点不可重复;海西、海南、海北三地监督员每季度检查邮政普遍服务网点不少于3个(次),快递网点不少于2个(次),网点可重复;黄南、果洛、玉树三地监督员每季度检查邮政普遍服务网点不少于2个(次),快递网点不少于2个(次),网点可重复。(计7分)

(三)监督员每月走访单位或个人用户的计1分,注有单位、用户用邮体会、意见、建议的计1分。(计2分)

(四)监督员每季度以书面形式报告检查、走访邮政普遍服务网点、快递网点或个人监督情况的计2分。(计2分)

(五)参加由国家邮政局、省、市州邮政管理局布置的专项检查活动、参加培训的每次计2分。(计2分)

第五条 监督员劳务费用依据季度考核分值按标准发放。

当季考核分值31分以上,核发监督费用1200元;当季考核分值25—30分,核发监督费用900元;当季考核分值17—24分,核发监督费用600元;当季考核分值9—16分,核发监督费用400元;8分以下不核发监督费用。

第六条 年终根据监督员考核积分和各市州邮政管理局考核意见,省邮政管理局按监督员总数30%的比例进行表彰。年终考核时间为下年度1月份。

第七条 邮政特邀监督员符合下列情形的给予奖励:

(一)邮政特邀监督员向国家邮政局刊物投稿并发表的,每篇奖励200元。

(二)邮政特邀监督员向省级刊物投稿并发表的,每篇奖励100元。

(三)邮政特邀监督员向市、州级刊物投稿并发表的,每篇奖励50元。

(四)邮政特邀监督员向邮政管理部门提供企业违法行为线索的,一经证明属实,酌情奖励。

第八条 本办法由青海省邮政管理局负责解释。

第九条 本办法自印发之日起执行。

青海省人民政府关于促进全省快递业发展的实施意见

(2016年11月12日 青政〔2016〕83号)

各市、自治州人民政府,省政府各委、办、厅、局:

快递业是现代服务业的重要组成部分,是推动流通方式转型、促进消费升级的现代化先导性产业,促进快递业健康快速发展,对全省稳增长、促改革、调结构、惠民生具有重要意义。为深入贯彻落实《国务院关于促进快递业发展的若干意见》(国发〔2015〕61号)精神,促进全省快递业发展,更好发挥快递业在降低流通成本、支撑电子商务、服务生产生活、扩大就业等方面的重要作用,现提出如下实施意见:

一、总体要求

(一)指导思想。以做大做强做优全省快递业为宗旨,以解决制约快递业发展的突出问题为导向,以"互联网+快递"为发展方向,强化政策扶持引导,完善快递服务网络,规范快递市场秩序,推动快递企业转型升级,构建网络完善、技术先进、服务优质、便捷高效的现代快递服务体系,全面提升快递业发展水平,更好服务全省经济社会发展。

(二)基本原则。

市场主导。强化企业主体作用,充分发挥市场在资源配置中的决定性作用,激发企业活力和创造力,促进全省快递企业转型升级、提质增效,持续提高服务能力和服务质量。

政府引导。转变政府职能,推进简政放权,坚持放管结合,发挥法律法规、规划、标准的规范引导作用。健全监管体系,完善监管机制,加强事中事后监管,维护市场秩序。落实相关配套政策,营造统一开放、竞争有序的市场环境。

创新驱动。鼓励快递企业加大现代信息技术应用力度,不断推进商业模式创新、产品创新、服务创新和管理创新。

协同发展。推进快递与综合交通运输体系、电子商务、先进制造业、现代农业、旅游业等相关产业的顺畅对接、联动发展。

安全为基。强化安全生产红线意识,加强寄递安全制度体系和监管力量建设,落实企业主体责任和相关部门寄递安全管理责任,保障寄递安全。

(三)发展目标。到2020年,基本建成普惠城乡、技术先进、服务优质、安全高效、绿色节能的快递服务体系,全省快递业发展努力实现以下目标:

——市场规模显著扩大。快递业务量达到1800万件,年均增幅20%。快递业务收入达3.6亿元,年均增幅15%。培育一批省内领先、具有一定竞争力和影响力的快递服务品牌,省内、国内以及国际快递业务大幅拓展。

——服务能力显著增强。消费者申诉处理满意度达到95%。新增就业7000人,快递从业人数达到1万人。省内重点城镇间、省内重点城镇与全国重点城市间快件实现72小时内送达,建成覆盖全省、联通全国、服务优质、快捷高效的现代快递服务网络。

——服务水平显著提升。快递企业员工素质、管理水平、装备水平明显提高,形成多品种、差异化、个性化的快递产品服务体系,基本实现快递服务功能多样化、寄递服务快捷化、内部作业自动化、生产组织信息化。

——安全形势显著改善。快递安全监管机制进一步健全,安全监管设备、安全生产设备标准化配备,收寄验视制度、实名收寄制度、过机安检制度有效落实,快递业突发事件应急处置能力显著提升。

二、主要措施

(一)优化城市快递服务网络。大力实施快递服务进机关、进园区、进商场、进景区、进学校、进企业、进社区("七进"工程)。完善城市配送服务体系,利用城市配送互联网平台和车联网技术,整合城市配送运力资源,培育城市配送服务平台。新建城市新区、开发区、住宅区、写字楼以及旧城改造时,应将智能快件箱、快递服务网点等公共基础设施纳入城乡规划、土地利用规划和公共服务设施规划,合理安排建设布局,同步配套建设。高等院校应根据实际为快递企业提供适当的服务场地,通过校园快递、快递超市、智能快件箱等形式,为快件投递提供便利。支持快递企业在社区、商业区等人口密集区域联合建设快递末端网点,提高"最后一公里"服务质量,缓解城市配送压力。创新服务模式,加快快递业与旅游业融合发展,充分利用青海丰富的旅游资源,在重点旅游景区设立网点,提供快递服务,满足游客需求。(省邮政管理局、省住房城乡建设厅、省国土资源厅、省发展改革委、省教育厅、省旅游发展委、省交通运输厅,各市、自治州人民政府。列在首位为牵头单位,下同。)

(二)健全农村牧区快递网络。加快农村牧区快递网络布局和基础设施建设,畅通"农产品进城、工业品下乡"双向快捷通道。深入实施"快递下乡"工程,支持快递企业利用村邮站、基层供销社网点开办快递业务。电子商务进农村示范项目设立或改造电商综合服务站时,应加载快递服务,并提供相应便利条件,建立"产、供、销、配"一体的实体网购及配送平台,服务产地直销、订单生产等农业生产新模式,带动农牧区消费,增加农民收入,助力农村精准扶贫。鼓励"快邮"合作,引导快递企业充分利用邮政企业遍布城乡的网络优势,提升投递深度,缩短服务时限,实现互利双赢。大力发展生鲜农产品冷链快递,促进快递业与农产品冷链协同发展,完善野生鲜枸杞、牛羊肉等特色优质产品外运渠道。(省邮政管理局、省商务厅、省发展改革委、省农牧厅、省供销联社、省经济和信息化委,各市、自治州人民政府)

(三)衔接综合交通体系。实施快递"上车、上飞机"链接工程,实现快递在各种运输方式间的无缝衔接、高效转换和快速通达。推进"交邮"合作,鼓励交通运输企业进入快递市场,支持快递企业利用交通资源延伸服务网络。推广定时、定点、定线的农村物流"货运班线"模式,推动市(州)到县、县到乡(镇)、乡(镇)到村客运班车开展客车附搭小件业务。大力发展铁路快件业务,在省内主要铁路站点配套建设快件运输通道和接驳场所。鼓励快递企业加强与民航企业的合作,建设航空快件优先配舱、优先安检、快速通关"绿色通道",提高快件装卸、分拣、安检效率。(省交通运输厅、省经济和信息化委、民航青海监管局、青藏铁路公司、省邮政管理局,各市、自治州人民政府)

(四)推进"互联网+快递"。引导快递企业借助物联网、大数据、云计算、移动互联网终端等互联网信息技术和先进设备,丰富产品体系,变革服务模式,提升服务效率,拓展产业链条,实现转型升级。促进快递服务与电子商务协同发展,支持电子商务企业开展快递业务,引导快递企业参与电子商务平台建设、与电子商务企业共建产业园区,逐步实现资源共享、信息互通、线上线下互动,共同发展社区经济、逆向物流等便民利商新业态。(省商务厅、省发展改革委、省邮政管理局、省经济和信息化委)

(五)提升快递技术装备水平。引导快递企业配备自动化分拣设备和快件搬运、装卸、仓储设备,提高快件处理的机械化、信息化水平。鼓励第三方为快递企业提供标准化的快件集散交换中心设计、建设和出租服务。推动快递企业采用先进的快递包装和集装技术,降低劳动强度,提高劳动效率。推动快递企业使用新能源车辆、环保包装材料,3年内全省所有快递企业普遍使用电子运单,实现快递业低碳绿色发展。(省邮政管理局、省经济和信息化委、省商务厅、省科技厅、省环境保护厅)

(六)加强市场监管。依法查处企业违法违规经营行为,保障消费者合法权益,规范快递市场秩序。建立健全快递服务时限测试、消费者满意度测评等服务评价体系,督促企业提升服务质量。充分发挥快递行业协会作用,完善行业自律机制。督促企业按照现代企业制度要求,建立健全公司法人治理结构,完善管理制度,提升服务质量,打造优质品牌,不断增强企业市场竞争力。(省邮政管理局、省工商局,各市、自治州人民政府)

(七)强化安全监管。实施寄递渠道安全监管"绿盾"工程,执行《邮政业安全生产设备配置规范》等强制性标准,严格按照寄递物品100%先验视、后封箱,收寄活动100%实名制,邮(快)件100%通过X光机安检等有关要求,全面落实验视、收寄、安检三项制度,不断提升行业安全人防、物防、技防水平,推进快递企业安全生产标准化,建设统一规范、覆盖全省的寄递渠道信息数据平台。建设寄递渠道安全监测预警、安全检查管理、安全事故处置等安全监管信息化系统,督促快递企业普遍使用实名收寄辅助APP应用及信息核录手持终端,提升安全监管技术水平。健全快递安全联合监管机制,形成安全监管合力,严密防范、严厉打击寄递渠道违法犯罪行为。推进快递业信用体系建设,建立信用主体联合奖惩机制和违法失信主体"黑名单"制度,并及时通过"信用青海"网站向社会公示。充实安全监管力量,创新监管方式,加强事中事后监管。强化安全宣传教育培训,提升从业人员安全意识。(省综治办、省国家安全厅、省公安厅、省编办、省交通运输厅、省发展改革委、省安全监管局、省工商局、西宁海关、民航青海监管局、青藏铁路公司、省邮政管理局,各市、自治州人民政府)

(八)保障车辆便捷通行。按照依法、高效、环保原则,规范快递车辆管理,统一快递车辆标识。经公安机关交通管理部门同意,带有快递专用标志的车辆运递快件时,必须严格遵守《中华人民共和国道路交通安全法》及其实施条例,按照城市管理有关通行规定通行,在确保安全和不妨碍其他车辆行人通行的前提下,可以在禁停地点临时停车,但不得长时间停放,并服从现场交通民警的指挥和管理。快递专用车辆在运递途中交通违法,公安机关交通管理部门采取现场和非现场记录的方式进行处理,对轻微交通违法行为,应当记录后放行,待其完成运递任务后再行处理,对严重交通违法行为,必须消除违法后放行。依据快递专用电动三轮车国家标准,制定快递专用电动三轮车通行管理办法,解决快件投递"最后一公里"难题。(省公安厅、省交通运输厅、省邮政管理局,各市、自治州人民政府)

(九)加强财税支持。积极争取中央预算内投资对公益性、基础性快递基础设施建设的支持力度。将符合条件的快递企业和项目纳入服务业发展引导资金及电子商务进农村示范项目资金等专项资金支持范围。对快递企业推广使用纳入国家推广目录中的新能源汽车,按规定给予财政补贴。快递企业用电、用气、用热价格按照不高于一般工业标准执行。快递企业购置使用符合《环境保护专用设备企业所得税优惠目录》、《安全生产专用设备企业所得税优惠目录》、《节能节水专用设备企业所得税优惠目录》规定的专用设备,按国家有关政策落实税收抵免。符合条件的小微快递企业,依法享受企业所得税优惠政策。支持快递企业按现行规定申请执行省内跨地区经营总分支机构增值税汇总缴纳政策。(省财政厅、省国税局、省地税局、省发展改革委、省商务厅、省经济和信息化委,各市、自治州人民政府)

(十)拓宽投融资渠道。支持快递企业以股权融资、项目融资、合资合作等方式筹集资金。银行业金融机构应建立适应快递企业特点的信用评估和授信制度,扩大快递企业贷款抵(质)押品范围,探索、推广仓储设施和运输车辆抵押贷款业务。对信誉良好、经营规范、效益突出的快递企业,银行业金融机构应增加授信额度,扩大贷款规模,在国家允许贷款利率浮动幅度内给予一定的利率优惠。(省金融办、省财政厅)

(十一)简化快递企业审批手续。深化"放、管、服"改革,简化经营快递业务许可程序,缩短审批时限,精简材料,提升行政审批效率,建立务实便利、高效透明的快递许可工作体系。对快递企业分支机构、末端网点实施备案管理。对快递企业实行同一工商登记机关辖区范围内"一照多址"模式。(省邮政管理局、省工商局)

(十二)加强快递人才培养。鼓励高等院校和职业学校开设快递相关课程,加强物流相关专业建设,与快递企业共建业务技能培训、实习实训基地,实行订单式人才培养。各级人力资源和社会保障部门要将快递相关职业(工种)列入职业培训和职业技能鉴定补贴范围。对新招用员工开展技能培训、并签订劳动合同的,要按规定将职业培训补贴直补企业。城乡未就业人员参加递业务员职业技能鉴定的,按规定给予一次性职业技能鉴定补贴。(省教育厅、省人力资源社会保障厅、省财政厅、省邮政管理局,各市、自治州人民政府)

三、组织实施

(一)加强组织领导。各地区、各部门要充分认识促进快递业健康发展的重要意义,将快递业列为重点扶持行业,加强组织领导,落实牵头部门,按照职责分工,各司其职,密切配合,建立多方位的合作协调机制,形成推动快递服务业健康发展的强大合力。

(二)细化工作措施。各地区、各部门要根据本意见,结合本地区、本部门工作实际,研究出台有针对性的配套政策,健全体制机制,细化政策措施,明确任务分工,落实工作责任,为快递业发展营造良好环境。

(三)强化监督检查。省交通运输厅、省发展改革委、省邮政管理局要会同有关部门加强对本实施意见落实工作的统筹协调、跟踪了解、督促检查,确保意见落实到位。

本《意见》自2016年12月12日起施行,有效期至2020年12月31日。

关于促进海东市快递业发展的实施意见

(2016年12月22日海东市人民政府印发　东政办〔2016〕206号)

为认真贯彻落实《国务院关于促进快递业发展的若干意见》(国发〔2015〕61号)和交通运输部、国家发展和改革委员会、国家邮政局《关于印发促进快递业发展重点工作分工方案的通知》(交邮政发〔2016〕49号)及《青海省人民政府关于促进全省快递业发展的实施意见》(青政〔2016〕83)等文件精神,进一步推动全市快递业加快发展、转型升级,推动大众创业、万众创新,更好地服务于生产性服务业、城市与农村生活性服务业,培育全市经济新增长点,特制定如下实施意见。

一、总体要求

坚持市场主导、安全为基、创新驱动、协同发展的原则,以"互联网+快递"为发展方向,不断完善全市快递服务网络体系建设,促进快递与电子商务融合发展,提升寄递安全和服务质量,推动快递业转型升级、提质增效,带动全市特色农业、生产制造业、批发零售业等协同发展;更好发挥快递业在活跃流通、支撑电子商务、扩大就业、促进发展、服务民生等方面的重要作用。

二、发展目标

到2020年,基本建成"普惠城乡、技术先进、服务优质、安全高效、绿色节能"的快递服务体系,形成覆盖全市、联通全国的服务网络,打造一批优势突出、辐射带动能力强的特色快递服务集群。快递业务量达到100万件以上,年均增长20%;快递业务收入达到2000万元以上,年均增长25%;全市年人均使用快递业务达10件以上，提供就业岗位1000个以上；完善海东市快递分拣转运中心功能及配套设施，建成各县(区)分拣转运中心，实现乡乡有网点、村村通快递。

三、主要措施

1. 加大资金扶持力度。充分利用服务业发展专项资金和“三产”平台资金，对新建快递服务网点、智能快件箱、标准化门店、购置设备等的补助和投融资支持。各县(区)应根据实际情况，设立快递业发展配套资金，出台相应扶持措施。快递企业购置新能源快递车辆，应由商务部门争取国家和省级新能源汽车购置补助。支持快递企业加大设备升级和技术改造，对企业购置自动分拣、机械化装卸及安检设备等投资，给予“三产”平台投融资支持。积极推动快递企业和电商企业融合发展，支持企业开展本地农特产品的外销业务，商务、工信等部门应建立快递、电商等融合发展的奖励性基金，实行快递业发展的资金奖励。倡导快递企业建立现代企业制度，鼓励通过控股、收购、兼并、联合等多种方式进行资产重组，扩大业务规模。

责任单位：各县(区)人民政府，市发展改革委、工业和信息化委、财政局、商务局、金融办。

2. 加强快递园区建设。建立快递分拨转运中心，配套完善中心水、电、路、网络、通讯等生产基础设施和生活配套设施。将其纳入城乡规划、土地规划，支持部分资金，建设一批具集中仓储、分拣处理、快速集散、统一配送、商品展示等服务功能为一体的县级快递分拨中心。实现快件分级分拨，形成上游与市分拣转运中心功能互为补充、联动发展，下游与区域各乡镇顺畅衔接、有力支撑的良好布局，努力形成与全市经济社会发展相适应的快递园区体系。发挥中心集聚效应，依托交通优势，整合各方资源，拓展电子商务、仓储配送等关联服务，加快建成设施先进、布局科学、支撑有力、运转高效的快递示范区，助推区域人流、物流、资金流、信息流和相关产业布局的优化和融合。

责任单位：各县(区)人民政府，市发展改革委、国土资源局、财政局、邮政管理局。

3. 落实税费政策支持。在快递服务领域落实国家服务业领域有关税收政策，对快递业购置并实际使用相关文件规定的环境保护、节能节水、安全生产等专业设备的，按国家有关政策落实税收抵免政策。对快递企业跨境业务税费给予抵扣、减免。鼓励快递企业推广应用税控终端开具发票，税控开票系统专用设备和系统维护费，按照国家税务总局相关政策予以全额抵减。

责任单位：市发展改革委、财政局、国税局、地税局。

4. 加强行业安全监管。认真实施寄递渠道安全监管“绿盾”工程。强化企业安全生产主体责任和寄件人安全责任，完善从业人员安全教育培训制度，加强对企业安全生产的技术指导。全面落实收寄验视制度，全面实行快件实名收寄，统筹推进快件过机安检，依法严厉打击和严密防范利用寄递渠道实施违法犯罪行为。建立完善多部门联动工作机制，着力健全快件寄递安全防控体系。

责任单位：各县(区)人民政府，市综治办、公安局、国家安全局局、安监局、交通运输局、市场监管局、邮政管理局。

5. 加快完善城乡服务网络。鼓励有资质的快递企业通过自建或与第三方合建等形式，在各乡镇设立快递服务网点。所在乡镇政府要为乡镇网点提供生产场地，并协调、配备公益性岗位人员兼职网点服务工作，由快递企业提供工资补助。鼓励快递企业利用现有农村服务中心、农家店、供销社、客(货)运站、村邮站、邮政便民服务站等建设快递综合服务站(点)，开展寄递和“网订店取”服务。推动“快递下乡”，鼓励快递企业主动服务农村电子商务发展，在乡镇开辟或延伸快递物流运输线路，新建快递营业网点，完善面向农村的综合物流信息服务和物流仓储配送体系。支持快递企业与邮政企业开展“快邮合作”，代收代投农村地区快件；积极尝试“交邮合作”，稳妥推进客运班车代运快件“进乡入村”试点。积极扩展和完善交通、商务、邮政、供销等融合发展的流通网络布局，形成城乡立体的邮政、快递服务网络体系。优化快递干线运输，对行驶于高速公路且带有快递专用标识的运输车辆给予过路、过桥费等的减免通行。支持快递企业与符合条件的农村公路客运站加强合作，鼓励市到县、县到乡的客运班车代运快件，健全小件快运服务体系，降低综合运营成本。优化城市快递配送体系，推进快递“三进”(进社区、进机关、进校园)，提升城市快递配送设施保障能力；鼓励快递企业、电商企业或第三方企业在机关、企事业单位、学校、写字楼、商住小区等快件投递量大的区域配建“智能快递箱”，缩短快递末端配送时限，有效解决末端投递矛盾。

责任单位：各县(区)人民政府，市工业和信息化委、教育局、交通运输局、商务局、供销联社、邮政管理局、邮政公司。

6. 加快推进“互联网+快递”发展模式。依托大数据技术平台，加快建设海东市快递物联网，适时分析电商物流产品流量流向；合理调配运输资源，实现电商产品与快递运输的高效协同，提高流通效率,降低物流成本。积极推进企业信息化建设,引导企业加强业务受理、仓储管理、分拣配送、客户管理、安全监控、信息跟踪查询等环节全方位的监测、分析;引导企业加强数据分析,合理规划网点布局,优化网络运输路径,推广电子快递运单,提高企业运行效率和服务质量。

责任单位:市发展改革委、工业和信息化委、交通运输局、商务局、邮政管理局、邮政公司。

7.保障快递车辆便捷通行。出台城市配送车辆标识管理办法和便利通行政策。通过"统一车型、统一标准、统一外观"等要求,建立登记备案制度等措施,逐步规范快递车辆管理。支持快递企业依法使用符合国家标准,且办理注册登记的非机动车收寄快件。出台快递专用电动三轮车通行管理办法,逐步规范快递终端投递工具。在严格遵守交管部门车辆通行有关规定的基础上,保障所有合法快递车辆在市区的通行,对承担快件运输、投递的车辆,优先给予市区道路上通行、停靠、作业等方面的便利。

责任单位:市工业和信息化委、公安局、交通运输局、邮政管理局。

8.加强快递企业人才培养。鼓励院校与快递企业间的合作,共建业务技能实习实训基地,指导快递企业加强职工职业技能培训。支持快递企业组织从业人员参加相关职业培训和职业技能鉴定,将快递从业人员职业技能培训工作纳入全市培训补贴范围,逐步实现快递企业全员持证。做好对农村劳动者、返乡农民工加入快递行业的岗前培训、资格培训、专业培训和就业指导,并在培训费用上给予政策支撑,鼓励支持快递企业推进用工本地化。

责任单位:市教育局、财政局、人力资源社会保障局、邮政管理局。

30.宁　夏

营造良好市场环境推动交通物流融合发展实施方案

(2016年9月26日宁夏回族自治区人民政府办公厅印发　宁政办发〔2016〕157号)

为贯彻落实《国务院办公厅关于转发国家发展改革委营造良好市场环境推动交通物流融合发展实施方案的通知》(国办发〔2016〕43号),进一步促进我区交通与物流融合发展,有效降低社会物流成本,结合我区交通与物流的实际情况,制定如下具体实施方案。

一、总体要求

(一)指导思想。全面贯彻党的十八大和十八届三中、四中、五中全会精神,认真贯彻落实国务院决策部署,牢固树立创新、协调、绿色、开放、共享的发展理念,以全面融入"一带一路"和建设"四个宁夏"为目标,以提质、降本、增效为导向,以融合发展联动为核心,充分发挥企业的市场主体作用,抓住关键环节,强化精准衔接,改革体制机制,创新管理模式,打通社会物流运输全链条,加强现代信息技术应用,推动交通物流一体化、集装化、网络化、社会化、智能化发展,构建交通物流融合发展新体系。

(二)发展目标。到2018年末,我区交通物流融合发展取得明显成效,开放共享的交通物流体系初步形成,多式联运比率稳步提升,标准化、集装化水平不断提高,互联网、云计算等应用更加广泛,公路港和智能配送模式有序推广,运输效率持续提升,物流成本显著下降,全区主要港口、保税区和主要大型物流园区引入铁路,集装箱铁水联运量年均增长5%左右,运输空驶率明显下降,全社会物流总费用占国内生产总值的比率较2015年降低1个百分点。

到2020年末,初步实现以供应链和价值链为核心的产业集聚发展,形成一批有较强竞争力的交通物流企业,建成设施一体衔接、信息互联互通、市场公平有序、运行安全高效的交通物流发展新体系。集装箱铁水联运量年均增长6%左右,铁路集装箱装车比率提高至10%左右,大宗物资以外的铁路货物便捷运输比率达到70%以上,准时率达到85%,运输空驶率大幅下降。城乡配送网点覆盖率提高10个百分点左右。全社会物流总费用占地区生产总值的比率较2015年降低2个百分点。

二、打通衔接一体的全链条交通物流体系

(三)完善交通物流网络。完善枢纽集疏运系统,构建便捷通畅的骨干物流通道。尽快打通连接枢纽的"最后一公里",加快实施铁路引入港口、保税区、主要物流园区工程,提高城市中心城区既有铁路线路利用水平，加强重点城市绕城高速公路建设，鼓励城市充分利用骨干道路，分时段、分路段实施城市物流配送，有效减少货物装卸、转运、倒载次数。依托综合运输大通道，推进集装货物多式联运，做好骨干通道布局。有序推进面向全球、连接内陆的国际联运通道建设，加强口岸后方通道能力建设，开辟一批跨境多式联运走廊。

专栏1　通道建设

联接国家便捷骨干物流通道，积极推行便捷运输，加快完善交通基础设施，充分融入国家西北北部通道、陆桥通道、国际通道。重点项目：

1. 铁路

（1）宝中铁路中卫至平凉段扩能改造；（2）太中银铁路定边至银川段扩能改造；（3）环线至海原铁路；（4）银川至巴彦浩特铁路。

2. 公路

（1）青兰高速东山坡至毛家沟段；（2）青银高速宁东至银川段改扩建；（3）京藏高速石嘴山至中宁段改扩建；（4）银川至百色公路宁东至甜水堡段；（5）乌海至玛沁公路青铜峡至中卫段；（6）银川至昆明公路太阳山开发区至彭阳（宁甘界）段；（7）泾源至华亭、西吉至会宁地方高速公路。

3. 机场

（1）银川河东机场三期扩建和T2航站楼国际厅改造；（2）固原六盘山机场、中卫沙坡头机场改造。

优化交通枢纽与物流节点空间布局。统筹综合交通枢纽与物流节点布局，加强功能定位、建设标准等方面的衔接，强化交通枢纽的物流功能，构建综合交通物流枢纽系统。根据国家综合交通物流枢纽布局规划，推动银川区域性综合交通物流枢纽建设。配合国家铁路物流基地工程建设，依托综合运输大通道，推进集装化货物多式联运。积极拓展重要港口、公路港等枢纽的物流功能，支持重点地区以货运功能为主的机场建设。

专栏2　综合交通物流枢纽建设

类别	功能要求	枢纽名称
区域性综合交通物流枢纽	国家交通物流网络的重要节点，应有两种以上运输方式衔接，区域运输流转功能突出，辐射范围较广，集散规模较大，综合服务能力较强，对区域交通运输顺畅衔接和物流高效运行具有重要作用。	银川
地区性综合交通物流枢纽	区域交通物流网络的重要节点，应有两种以上运输方式衔接，地区运输流转功能突出，辐射范围、集散规模相对较大，综合服务能力相对较强，对地区交通运输顺畅衔接和物流高效运行具有重要作用。	中卫石嘴山固原

（牵头单位：各市人民政府，配合单位：自治区发展改革委、经济和信息化委、商务厅、交通运输厅、公安厅）

（四）提高联运服务水平。强化多式联运，推动大型运输企业和货主企业建立战略合作关系，在大宗物资、集装箱运输、冷链冷藏等方面开展绿色低碳联运服务。支持有实力的运输企业向多式联运经营人、综合物流服务商转变，整合物流服务资源，向供应链上下游延伸。推动公路甩挂运输，推进多式联运甩挂、企业联盟及无车承运甩挂等模式发展。（牵头单位：自治区交通运输厅，配合单位：自治区商务厅、发展改革委、经济和信息化委）

（五）优化一体化服务流程和保障。积极推行物流全程"一单制"，推进单证票据标准化，加快推广"一单制"，实现一站托运、一次收费、一单到底。推动集装箱水铁联运、铁公联运两个关键领域在"一单制"运输上率先突破。建立健全企业首站负责、安全互认、费用清算等相关制度。建立政府服务、企业管理、第三方监督的保障体系，确保企业对用户需求及时响应和反馈。（牵头单位：自治区商务厅，配合单位：自治区经济和信息化委、交通运输厅）

三、构建资源共享的交通物流平台

（六）建设完善专业化经营平台。支持社会资本有序建设综合运输信息、物流资源交易、大宗商品交易服务等专业化经营平台，提供信息发布、线路优化、仓配管理、追踪溯源、数据分析、信用评价、客户咨询等服务。鼓励平台企业拓展社会服务功能，推进"平台+"物流交易、供应链、跨境电商等合作模式。支持平台企业与金融机构合作提供担保结算、金融保险、融资租赁服务。各类平台的规划与建设应按国家有关规定,将国产密码应用纳入信息化整体建设规划,建设条件接收、数字版权保护和授权管理国产密码应用安全体系。(牵头单位:自治区商务厅,配合单位:自治区发展改革委、金融工作局、宁夏银监局)

(七)积极融入国家信息共享平台。积极推动信息平台数据共享,引导各类数据平台开放接口,融入国家"一单制"电子标签赋码及信息汇集、共享、监测等功能的公共平台,推动"一单一码、电子认证、绿色畅行"。(牵头单位:自治区商务厅,配合单位:自治区交通运输厅)

(八)加强对各类平台的管理。积极贯彻落实国家交通运输物流公共信息平台"十三五"建设方案,强化平台协同运作,促进数据合作、交换和共享,促进企业线上线下多点互动运行,推动制造业物流平台与供应链上下游企业间信息标准统一和系统对接。加强各类平台信用记录归集,形成覆盖物流业所有法人单位和个体经营者的信用档案,建立实施"红黑名单"制度和预警警示企业、惩戒失信企业、淘汰严重失信企业的机制。(牵头单位:自治区商务厅,配合单位:自治区交通运输厅、发展改革委)

四、创建协同联动的交通物流新模式

(九)构建线上线下联动公路港网络。深入研究我区公路港布局、功能和建设时机,适时启动公路港建设并与其他交通基础设施衔接。鼓励龙头企业加入全国公路港联盟,推动行业内资源共享和跨区域运输组织。整合货源、车辆、代理、金融等信息,为物流企业提供运营支撑和系统支持。鼓励推广生产生活综合配套、线上线下协同联动的新模式,促进多业态融合发展。发展往返式公路接驳运输。(牵头单位:自治区商务厅,配合单位:自治区发展改革委、交通运输厅、宁夏现代物流协会)

(十)推广集装化标准化仓储和运输模式。加大运输设备集装化、冷链冷藏设施集装化、标准化推广力度,推广使用托盘、集装箱等标准化基础装载单元,建设、改造标准化仓储、月台等基础设施。支持发展大型化、自动化、专业化、集约环保型转运和换装设施设备。培育集装箱、托盘等经营企业,鼓励企业构建高效跨国、跨区域调配系统,推进相关设备设施循环共用。严格落实国家交通物流技术标准规范和物流园区相关标准规范。(牵头单位:自治区商务厅,配合单位:自治区交通运输厅、发展改革委、宁夏现代物流协会)

(十一)发展广泛覆盖的智能物流配送。发展"互联网+城乡配送",加快建设城市公用型配送节点和末端配送点,优化城市配送网络,完善末端配送服务。支持交通运输、物流企业联合构建城市、农村智能物流配送联盟,支撑配送服务向农村延伸。鼓励利用邮政、供销社等网点,开展农村共同配送,打通农资、消费品下乡和农产品进城高效便捷通道。推进"互联网+供应链管理",鼓励在生产流通、仓储等单元推广应用感知技术,推动库存、配送信息在供应链上下游及时共享、协同响应。鼓励供应链管理企业采用大数据技术,分析生产、流通、仓储等数据,对原材料、零部件、产成品等运输仓储提供系统化解决方案。强化"物流网+全程监管",充分利用无线射频、卫星导航、视频监控等技术手段,开展重点领域全程监管。规划建设危险品、冷链等专业化物流设施设备,建立和完善危险品物流监管体系和应急救援系统,完善冷链运输服务规范,实现全程不断链。(牵头单位:自治区商务厅、宁夏邮政管理局、供销社,配合单位:自治区发展改革委、经济和信息化委、工商局、交通运输厅、安监局、宁夏现代物流协会)

五、营造交通物流融合发展的良好市场环境

(十二)优化市场环境。进一步完善相关领域市场准入制度,简政放权、放管结合、优化服务。组织开展道路货运无车承运人试点;将交通物流企业信用信息纳入信用信息共享平台和"信用宁夏"网站。建立跨区域、跨行业、线上线下联合的惩戒机制,加大对违法违规行为的惩戒力度。加大公路超限超载整治力度。(自治区交通运输厅、商务厅、工商局、公安厅、安监局、发展改革委等部门按职能分别负责)

(十三)统筹规划建设。编制地区性综合交通物流枢纽规划,加强综合交通物流枢纽规划与全国性、区域性交通物流枢纽规划及与自治区土地利用总体规划、城乡规划、交通专项规划的衔接。(牵头单位:各市人民政府,配合单位:自治区发展改革委、国土资源厅、住房城乡建设厅、交通运输厅、商务厅)

(十四)创新体制机制。推进国有运输企业混合所有制改革,支持交通物流企业规模化、集约化、网络化发展。鼓励生产企业主辅分离,剥离物流功能,促进第三方物流发展。铁路运输企业要积极向现代物流企业转型,开放各类信息接口,提高多式联运服务能力。建立海关、边检、检验检疫等口岸管理部门联合检查机制,促进一体化通关。(牵头单位:自治区国资委、商务厅,配合单位:自治区公安厅、银川海关、宁夏检验检疫局)

(十五)加大政策支持。合理界定交通物流公益设施范围,加大用地支持,在建设用地指标等方面给予保障。利用财政性资金和专项建设基金,鼓励和引导社会投资,加大信贷投放,支持综合交通物流枢纽建设、标准设备生产推广和绿色包装、公共信息平台建设等。支持交通物流企业利用多层次资本市场进行融资。(牵头单位:自治区商务厅,配合单位:自治区发展改革委、国土资源厅、金融工作局、宁夏银监局、宁夏证监局)

(十六)强化衔接协调。建立由自治区商务厅牵头组织,有关部门参加的全区现代物流工作联席会议制度,研究协调跨行业、跨部门、跨领域的规划、政策、标准等事项,促进政府、企业、中介组织、行业协会等信息公开共享。行业协会等组织要更好发挥在政企沟通、信息收集、技术应用、标准推广、人才培训等方面的积极作用。(牵头单位:自治区商务厅)

31. 新　疆

新疆维吾尔自治区交通运输厅等四部门关于促进自治区农村物流健康发展实施意见

(2016年3月25日新疆维吾尔自治区交通运输厅、新疆维吾尔自治区农业厅、新疆维吾尔自治区供销合作社联合社、新疆维吾尔自治区邮政管理局印发　新交运〔2016〕9号)

为加快自治区农村物流健康发展,进一步降低农牧民生产、生活成本,支撑农业现代化发展和新农村建设。根据交通运输部、农业部、供销合作总社、国家邮政局《关于协同推进农村物流健康发展加快服务农业现代化的若干意见》(交运发〔2015〕25号)工作要求,制定本实施意见。

一、总体要求

(一)指导思想

以邓小平理论、科学发展观为指导,深入贯彻落实中央第二次新疆工作座谈会、自治区党委八届九次、十次全委(扩大)会议和南疆工作会议精神,以服务"三农"宗旨,以构建健康、有序的农村物流体系为主线,以改革创新为动力,以加快农村物流体系与相关行业基础设施有效衔接和发展新型农村物流模式为重点,着力调整规划布局、整合农村物流资源、优化农村物流组织、提升装备水平,构建衔接顺畅的基础设施体系、互联互通的农村物流信息体系、公平规范的市场环境体系,充分发挥农村物流在新农村建设中的保障作用,提升农村物流服务能力和服务水平,为实现"新四化"协调发展和全面建成小康社会目标提供有力支撑。

(二)基本原则

1. 政府引导、市场为主。坚持市场配置资源的决定性作用,充分发挥企业的主体作用和主观能动性,积极拓展农村物流市场。强化政府对市场的引导作用,不断完善农村物流服务体系,加大基础设施建设力度,规范市场秩序,提升公共服务能力,营造良好发展环境。

2. 资源整合、协同发展。按照资源互补、利益共享、风险共担的原则,积极探索建立交通运输、农业、供销、邮政管理等跨部门共建共管、跨行业联营合作发展的新机制。统筹基础设施、农村物流体系和产业政策规划,强化政策设计,突出重点,远近结合,多措并举,稳步推进。努力在基础设施、资源整合、优化组织、政策支持、服务能力实现新突破。

3. 因地制宜、创新驱动。根据不同地域和企业特点,探索差别化发展路径和多样化发展模式。注重政策体制机制创新,提高农村物流业的标准化、信息化水平,推动先进技术的推广应用,实现智能、集约、绿色和可持续发展。

(三)发展目标

立足服务全区城乡经济社会发展和农民需求实际,经过5—10年的努力,打造一批具有较大影响力的农村物流企业品牌,搭建起农村物流网络构架,通过试点探索、平台搭建、完善服务、新型推广等工作,着力打造管理集约化、网络规模化、服务社会化的现代农村物流综合服务平台。优化资源配置,推广清洁能源运输工具,降低燃油消耗和尾气排放,倡行绿色运输,提升农村物流业对服务“三农”和“新农村”建设的保障力度。

2016—2017年选择2—5个具备条件的乡镇客运站开展农村物流试点工作,梳理和总结农村物流试点工作相关情况;2018年进一步健全各单位在农村物流发展中的共建共管的合作机制,完善促进农村物流发展各环节工作,以点带面,逐步在全区推广农村物流发展先进经验。到2020年,基本形成以各种运输线网为支撑、以城乡配送网络为基础,网络布局合理、双向流通快捷、产品种类丰富、综合服务便利的农村物流体系,初步形成以乡镇客运站、县乡邮政局(所)、供销合作社和区域性物流企业联盟为主体,以小型运输业户、快递企业为补充,以运输、供销、农业、邮政和快递服务为纽带的市场主体结构,重点农资、日用品等领域农村物流服务水平显著提升。

二、主要任务

(一)统筹规划,充分发挥现有基础设施作用

1.积极争取当地人民政府支持,制定符合当地实际农村物流发展规划,并将规划同当地城乡建设规划、新农村建设规划、农村产业发展规划有机结合起来,加强交通运输、农业、供销、邮政和快递等农村物流基础设施的规划衔接,实现统筹布局、资源互补、共同开发。按照县、乡、村三级网络构架和“多站合一、资源共享”的模式,共同推进以县、乡、村三级物流节点为支撑的农村物流基础设施网络体系建设。(牵头单位:各地、州、市交通运输局　配合单位:各地、州、市农业局、供销合作社、邮政管理局、道路运输管理局)

2.各地要充分利用现有农村乡镇客运站场、供销网点、邮政网点、农业设施等各类资源,按照客运站、农村物流点、农资配送中心、邮政网点等“多站合一”的模式,因地制宜建设具有客运服务、农资及农产品小型仓储、日用品分拨配送、再生资源回收、快递配送等功能的农村综合运输服务中心,采取“多予、少取、放活”的方式,拓宽服务领域和服务功能,切实发挥农村综合运输服务中心服务社会、服务群众的社会功能,打造上接县、下联村的农村物流中转节点。(责任单位:各地、州、市交通运输主管部门、农业局、供销合作社、邮政管理局、道路运输管理局)

3.各地对以乡镇客运站为基础的农村综合运输服务中心要进行统一规划设计、合理布局,进一步提升土地资源的利用率,完善农村综合运输服务中心物流功能。同时,明确各建设主体的权利与义务,强化行业监督和管理,营造出方便群众、经营有序、服务优质、合作共赢的良好市场环境。(牵头单位:各地、州、市交通运输局　配合单位:各地、州、市农业局、供销合作社、邮政管理局、道路运输管理局)

(二)推广先进经验,创新跨行业融合发展模式

各地要鼓励农村商贸流通企业整合分散的货源,外包物流服务业务,与农村物流经营主体开展深层次合作。引导物流运输企业与大型连锁超市、农产品批发市场、农资配送中心、专业大户、家庭农场、农民合作社等建立稳定的业务合作关系,逐步发展产、运、销一体化的物流供应链服务。(牵头单位:各地、州、市交通运输局、农业局　配合单位:各地、州、市邮政管理局、道路运输管理局)

(三)明确分工、细化职责,扎实有效推进农村物流发展

1.交通运输主管部门和道路运输管理机构

(1)依托乡镇客运站场建立农村综合运输服务中心,完善货物运输相关功能,深入推进“一点多能、深度融合”的农村物流发展模式,强化交通运输与供销、邮政基础设施有效衔接,支持邮政、供销等部门在乡镇客运站场设立营业网点和农资超市,结合实际鼓励市到县、县到乡的客运班车代运邮件和快件。

(2)按照国家、自治区相关规定,加大农村物流基础设施政策保障力度,对条件较为成熟的农村综合运输服务中心建设项目,在基础设施、信息化建设、完善农村物流服务功能等方面给予一定的政策倾斜。

(3)鼓励和支持社会资源搭建物流信息服务平台,提供农村物流信息的收集、整理、发布,实现各方信息的互联互通、集约共享和有效联动,及时高效组织调配各类物流资源。

(4)一是培育龙头骨干企业,鼓励、支持规模较大、基础较好的第三方物流企业、邮政企业,延伸农村经营服务网络,发展连锁经营、快速配送和专用运输,推动农产品物流企业向产销一体化方向发展;二是支持非公有制农资企业、日用消费品企业依托交通运输基础设施设点经营,丰富农牧民生产生活用品购买渠道;三是鼓励中小商贸企业、物流企业采用联盟、合作等多种形式,实现资源整合与共享。

(5)鼓励物流企业发展适用于农村物流的厢式、冷藏等专业化车型,鼓励各地根据实际需求使用电动车辆以及清洁燃料车型,加快老旧车辆的更新换代。

2. 邮政管理部门

(1)优化完善农村邮政服务网络布局。积极推动空白乡镇补建邮政网点的持续运营,逐步开展农村农产品、快消品和生产资料的流通配送,将乡镇邮政网点作为服务"三农"、服务农村物流的重要节点。

(2)加强快递服务基础网络建设。推进"快递下乡"工程,支持快递企业在乡镇一级设置营业网点,提升末端快递服务水平。支持快递企业和农村合作社、供销社等机构以建立合作网点的形式开展快递服务,不断提升农村快递服务水平。

(3)依托自治区综合交通运输体系建设,引导邮政、快递企业利用乡镇客运站、货运站等交通基础设置,有偿建立仓储场地、小型快递分拨中心和物流集散中心,进一步完善农村邮政、快递基础网络。

(4)支持邮政、快递企业加强与农业、供销、商贸企业等的合作,重点包括农产品、农资、农村消费品的流通加工和仓储配送、农产品冷藏及低温仓储配送等标准化、定制化的服务功能,打造"工业品下乡"和"农产品进城"双向流通渠道。

3. 农业部门

(1)把发展农村物流列入新农村建设项目,加强对全区农产品,尤其是优质农产品基地的市场调查、规划,积极引导农业产业化经营;

(2)鼓励和支持企业开展农资产品分销、配送,协助企业引进并推广优质农资产品,给予技术培训指导,提高科技服务水平,各地农业部门要积极争取当地人民政府支持,充分依托物流园区、货运场站做强化农产品商贸流通与货运物流的业务对接;

(3)支持供销、电商、物流、商贸、金融、邮政、快递等部门和企业参与涉农电子商务服务平台建设,鼓励农村物流企业积极对接电子商务,创新 OtoO 服务模式,充分发挥 BtoB、BtoC 模式到门、到户优势,进一步提升农村物流行业服务水平。

4. 供销部门

(1)充分发挥供销部门网点覆盖面广、仓储设施多的优势和长期服务"三农"的经验作用,把农民千家万户的小生产与千变万化的大市场连接起来,推进条件成熟地区的合作社与超市、学校、企业和社区对接,按照农村物流实际需要,进一步完善仓储基础设施,增加仓储设施功能;

(2)加强与交通运输、邮政管理部门的合作,加大政策保障和资金扶持力度,在条件成熟的乡镇客运站设立供销超市,充分利用邮政和快递企业的配送优势,形成客源—销售—运输等环节优势互补、无缝衔接农村货物流通模式。

三、保障措施

(一)成立协调机构,建立完善多部门监督管理机制

农村物流关系到城乡居民的日常生产生活,一头连着市民的"米袋子"、"菜篮子",一头连着农民的"钱袋子",是重大的民生工程。自治区交通运输厅、自治区农业厅、供销合作社和邮政管理局等单位将共同成立自治区促进农村物流业健康发展协调办公室,办公室设在自治区交通运输厅(具体名单附后)。各地交通运输主管部门在接到通知后要会同相关部门及时向当地人民政府主要领导汇报,充分发挥县级人民政府在推进农村物流发展中的主要作用,建立由政府统一领导,交通运输、农业、供销和邮政管理等多部门共同参与的农村物流发展协调工作机制和组织机构。

(二)加大扶持力度,强化政策措施保障

各级交通运输、农业、供销、邮政管理部门要加大对农村物流发展的扶持力度,加快提升农村物流服务农牧民生产、生活的保障能力。一是积极争取中央财政农村物流体系发展专项资金,对有较强公益性的农村物流项目予以引导扶持;二是建立和稳定交通运输、农业、邮政、供销等对农村物流的支持渠道,加大政策倾斜和投入力度,积极争取地方各级人民政府对农村物流发展的财政投入;三是要认真贯彻落实国家对农村物流、鲜活农产品和小型微利企业的各项优惠政策,落实和完善农村物流用地政策,积极协调税务部门,按照国家相关政策,落实对符合条件的农村物流企业的税收优惠政策;四是支持企业通过多种途径加强农村物流专业人才的培养和专业技能培训。

(三)强化市场监管

立足各自职责,建立健全各部门协同的市场监管机制,从"运营规范、监管有力、安全便捷、服务优质"的基本服务需求出发,形成多部门齐抓共管、上下联动、左右互动、多措并举的合力,探索形成一系列符合本地实际需要的新思路新举措新办法,做到产业布局的科学化、衔接配合的有序化、监督管理常态化,共同推进农村物流行业健康稳定发展。

（四）开展试点工作

各地交通运输主管部门要会同农业、供销、邮政管理和道路运输管理机构做好辖区内农村物流相关情况的摸底工作，详细了解当地农村货物流通情况，全面掌握农牧民实际物流需要，在条件成熟的乡镇开展农村物流试点工作，成熟一个发展一个，以点带面，全面推动自治区农村物流的发展。

附件：自治区促进农村物流业健康发展协调办公室成员名单（略）

新疆维吾尔自治区人民政府关于促进快递业发展的实施意见

（2016年8月8日　新政发〔2016〕92号）

伊犁哈萨克自治州，各州、市、县（市）人民政府，各行政公署，自治区人民政府各部门、各直属机构：

为深入贯彻落实《国务院关于促进快递业发展的若干意见》（国发〔2015〕61号），促进我区快递业健康发展，搞活流通、拉动内需，助力自治区经济发展空间格局和结构进一步优化，提高各族人民生活水平和质量，现结合快递业特点，提出以下实施意见：

一、指导思想

贯彻落实《国务院关于促进快递业发展的若干意见》，以解决制约我区快递业发展的突出问题为导向，以“互联网+”快递为发展方向，围绕自治区社会稳定和长治久安总目标，融入丝绸之路经济带核心区建设，衔接综合交通运输体系，扩展快递服务网络惠及范围，保障寄递渠道安全，推动行业转型升级和提质增效，促进我区经济结构战略性调整和发展方式转变。

二、工作目标

到2020年，基本建成普惠城乡、技术先进、服务优质、安全高效的快递服务体系，基本实现乡镇、团场快递网络全覆盖。快递产业规模不断扩大，快递年业务量突破1.4亿件，年业务收入实现26亿元，日均服务用户200万人次以上，快递业务收入占全区GDP比重提升至0.2%左右。快递企业实力明显增强，培育出年业务收入超过亿元的快递企业2—3家，年业务收入超过5000万元的企业5—8家。快递服务水平大幅提升，产品体系更加丰富，服务满意度稳步提高。开通乌鲁木齐至内地主要城市航空快递运输专线，区内主要交通节点地区建设一批快递物流园区，立足新疆、面向中亚及欧洲的跨境快递业务开通运营。快递业与其他产业协同发展深度融合，快递服务附加值不断提高。快递综合效益更为显著，全年支撑网络零售交易规模1200亿元左右，带动直接就业3.25万人，年均增加就业岗位3500个。

三、主要任务

（一）加快基础设施建设，提升快递服务能力。在乌鲁木齐、昌吉、哈密、库尔勒、阿克苏、喀什、伊宁等区内重要节点城市建设快递物流园区、快件处理中心，形成辐射全区的快递集散网络，促进产业集聚发展。鼓励和支持快递企业设立快递营业网点和投递服务点，构建覆盖全区的快递服务网络。推进快递末端服务平台建设，将智能快件箱、快递公共服务站、末端服务网点等快递末端服务设施纳入公共服务设施，同步规划同步建设。支持快递企业在社区、院校、商业区等城区人口密集区域联合建设一定数量的快递末端网点，缓解城市配送压力；加强与农村交通运输、商贸流通、农业、供销、电商等服务网络和设施的共享衔接，建立集电商服务、快件配送、农资服务等为一体的综合服务站，鼓励基础设施、人员等共享共用，基本实现“乡乡有网点，村村通快递”。（自治区发改委、交通运输厅、商务厅、住房城乡建设厅、农业厅、供销社、邮政管理局、各地州市人民政府）

（二）推动企业转型升级，培育壮大快递企业。鼓励各类资本依法进入快递领域，推动快递企业兼并重组，整合中小企业，优化资源配置。鼓励快递企业构建产权清晰、权责明确、管理科学的现代企业制度，完善服务网络，加大科技投入，提升服务质量，增强竞争实力，积极做大做强。加强服务质量监测，落实行业安全和服务相关标准，引导企业从价格竞争向质量竞争转变，将快递业打造成高附加值的现代服务业。积极推行与快递业相关的保险业务，为快递企业、消费者及相关领域提供全面的保险保障。（自治区发改委、科技厅、新疆保监局、邮政管理局、各地州市人民政府）

（三）推进"快递下乡"工程，助力农村经济发展。鼓励和支持快递企业在农村设立末端网点，构建覆盖乡村的快递服务网络。支持快递企业在有特色产品的乡村设立网点，鼓励快递企业或者多家快递品牌联合，与农村超市、农贸市场（集贸市场）、乡镇客运站等开办快递超市、快递驿站等快递便民服务站点。结合国家电子商务进农村综合示范工作，支持快递企业依托现有乡村电子商务服务站点、农村客运站、"万村千乡"农家店、乡镇"供销超市"、农家书屋、文化站等资源，设立农村快件配送点。支持邮政企业和快递企业创新合作模式，发挥邮政网点分布广的优势，提升邮政基础设施利用率，提高农村快递网络覆盖范围。积极支持成立专业第三方配送公司，协调主要快递网络开展农村快件共同配送。支持快递企业加强与农业、供销、商贸企业的合作，打造"工业品下乡"和"农产品进城"双向流通渠道，带动农村消费，增加农民收入，实现农村精准扶贫目标。鼓励快递企业加强与农产品生产企业、专业合作社等的协作发展，依托本地干果、特色农产品等优势农业资源，服务产地直销、订单生产等农业生产新模式，降低寄递成本，增强竞争力，有效对接农产品市场（基地），拓展农产品、农资、农村消费品的流通加工、仓储配送等功能。支持有条件的企业大力发展全程冷链快递，开展生鲜农产品冷链快递示范，促进快递业与农产品冷链协同发展，完善新鲜水果、牛羊肉等我区特色优质产品外运渠道。加强与各级"访惠聚"工作组合作，为扶持农村快递、电商发展，提供必要资金、信息、技术支持。（各地州市人民政府、交通运输厅、商务厅、农业厅、文化厅、供销社、自治区"访惠聚"活动领导小组办公室、邮政管理局）

（四）发展跨境快递业务，服务"一带一路"。推进乌鲁木齐国际快件监管中心建设，支持邮政、快递企业在霍尔果斯、阿拉山口、吐尔尕特、巴克图等重点口岸城市建设国际快件处理中心、国际邮件交换站，形成以乌鲁木齐为枢纽，以重要口岸城市为节点的全区跨境快递业务网络。支持快递企业"走出去"，开拓俄罗斯、中亚、欧洲等国际市场，开展跨境网购寄递等业务。鼓励快递企业提供统一采购、仓储和配送等服务，逐步形成与跨境电商相适应的快递服务体系。加强与周边国家快递企业合作，积极推进快递基础网络互联互通，探索建立边境仓和海外仓。鼓励企业开辟中国与中亚、南亚、西亚、欧洲的快件运输通道，通过设立分支机构、合资合作、委托代理等方式，发展国际快递服务网络，打造具有国际竞争力的跨国快递企业。推动完善快件在海关通关、检验检疫、结汇退税等方面的相关管理措施，优化快递"向外"发展环境。建立健全利用中欧班列运输邮件、快件机制。（乌鲁木齐海关、自治区经信委、民航新疆管理局、乌鲁木齐铁路局、新疆出入境检验检疫局、商务厅、邮政管理局）

（五）加强交邮融合，构建稳定高效的综合运输通道。推进快递与交通系统的信息互联互通、资源共享，提升行业信息化服务水平，实现快递网络在各种运输方式间的无缝衔接、高效转换和快速通达。推动快递企业与铁路运输企业开展合作，探索高铁快件运输，支持在高铁枢纽配套建设快件运输通道和接驳场所，为铁路运输快件提供便利。大力推进区内外快件甩挂运输方式，实现公路客货运班车代运快件。深入推进快件航空运输，在机场区域或周边地区合理规划建设航空快件集散中心、空港快递园区；建立航空快件安检、配仓、交接绿色通道。支持有实力的快递航空货运公司开通内地主要城市至乌鲁木齐的航空快件运输专线，鼓励快递企业包机、包舱运递快件，缓解航空运输资源压力。（自治区交通运输厅、科技厅、民航新疆管理局、乌鲁木齐铁路局、邮政管理局）

（六）坚持创新发展，推进"互联网+"快递。打造"智慧"快递，鼓励快递企业运用移动互联、物联网、大数据、云计算等信息技术，在仓储运输、装卸搬运、分拣包装等环节采用自动化设备，优化服务网络布局，提升运营管理效率，拓展协同发展空间，推动服务模式升级。引导快递企业与电子商务企业深度合作，提供仓储、分装、分拨、配送、代收货款等一体化服务，结合各地规划建设的农村电子商务运营中心、电子商务产业园（创业园、孵化园）、电子商务示范基地等电子商务聚集区，设立营业网点、仓储物流中转服务站和投递服务点，进一步提升支撑保障能力。推动快递融入社区O2O服务，实现线上线下互动创新，共同发展社区经济、逆向物流等便民利商新业态。鼓励快递企业积极参与涉农电子商务平台建设，支持制造企业外包服务环节依托快递网络，开展综合集成制造和分销配送。加快快递业与旅游业融合发展，充分利用新疆丰富的旅游资源，在重点旅游景区和旅游购物街区设立网点，提供快递服务，满足游客需求。引导快递企业在运输、包装等环节使用环保节能材料，发展绿色快递。（自治区邮政管理局、商务厅、农业厅、经信委、通信管理局、旅游局）

（七）强化安全监管，确保寄递渠道安全。实施寄递渠道安全监管"绿盾"工程，推进快递企业安全生产标准化建设，落实邮政业安全生产设备配置规范等强制性标准。具备条件的地（州、市）县可以按照有关规定成立邮政业安全中心，健全完善自治区邮政业寄递安全管理联合工作机制，加强跨部门、跨区域合作，形成监管合力。各部门统一检查标准和监管口径，出台符合新疆实际和邮政业特点的禁寄物品目录,规范执法检查行为。督促邮政、快递企业严格执行收寄验视制度、实名收寄登记制度和收寄物品过机安检制度等"三项制度",保障寄递渠道安全。指导企业充分运用现代信息及物联网技术,建立安全信息监管系统,提高安全保障能力。加强对进出境快件的检疫监管,从源头防范禁寄物品流入寄递渠道,确保国门生物安全。(自治区综治办、编办、经信委、公安厅、国家安全厅、安监局、新疆出入境检验检疫局、民航新疆管理局、乌鲁木齐铁路局、邮政管理局、各地州市人民政府)

四、政策保障

(八)加强规划衔接。各级政府要把快递业纳入国民经济中长期发展规划和综合交通运输、服务业、物流业、商贸流通、农村新型城镇化等专项规划。把城乡快递服务网点和快件处理中心、集散中心等快递服务基础设施纳入本级城乡规划、土地利用总体规划和物流园区、城市配送发展规划,合理安排建设布局、用地规模和开发时序,预留快递服务业发展空间。将智能快件箱等快递服务设施纳入公共服务设施规划。(各地州市人民政府、自治区发改委、经信委、国土资源厅、住房城乡建设厅、交通运输厅、商务厅、邮政管理局)

(九)加大财政金融支持。自治区预算内投资通过投资补助和贴息等方式,支持快递服务网络、公共服务平台、快递物流园区、智能快件箱等快递基础设施建设和安全设备配置。各级财政部门应加大对快递服务的资金支持,国家和自治区中小企业发展专项资金、外经贸发展资金、电子信息发展资金、物流信息平台资金等要将符合条件的快递企业和项目纳入支持范围,重点支持快递企业发展农村电子商务、开拓跨境寄递业务、建设快递园区、培育快递品牌、培养快递服务人才等方面。在科技计划项目中加大对快递行业技术革新的支持力度,加大对快递企业分拣作业机械化或自动化改造、信息设备与科技应用等领域的扶持力度。鼓励金融机构创新服务方式,针对快递企业特点设置贷款评估标准,积极开展抵押贷款、融资租赁服务。快递企业用电、用气、用热价格按照不高于一般工业标准执行。(自治区发改委、财政厅、经信委、科技厅、商务厅、金融办、人民银行乌鲁木齐中心支行、各地州市人民政府)

(十)落实用地保障政策。各地州市应在年度用地计划中统筹安排快递物流园区、快件集散中心等基础设施用地,在选址、审批、登记等方面予以优先支持,对符合《土地利用总体规划》的快递园区建设用地项目执行工业用地出让最低价标准,适度降低投资强度和产出效益要求。对于纯仓储项目用地可按照《关于减免土地出让金和新增建设用地土地有偿使用费有关问题的通知》(新政办发〔2011〕115号)在城镇建设用地范围内使用国有未利用地的工业项目,工业用地出让最低价可按所在地土地等别相对应的《全国工业用地出让最低价》的50%执行。对入驻或租用所在地政府认定的物流园区、快递园区、工业园区、电商园区等的快递企业营业、仓储用房给予适当租金补贴。(自治区国土资源厅、邮政管理局、各地州市人民政府、国家及自治区电子商务进农村试点县市人民政府)

(十一)落实税收优惠政策。落实好国家对小微企业的税收减免政策,对符合条件的小微快递企业免征增值税、减征企业所得税。快递企业可按现行规定申请执行区内跨地区经营总分支机构增值税汇总缴纳政策,依法享受企业所得税优惠。(自治区国税局、地税局)

(十二)简化快递企业设立手续。进一步简化各类审批程序和环节,提高审批效率。优化快递业务经营许可流程,精简许可材料,压缩审批时限;改革快递企业年度报告制度,实现企业自主申报,管理部门网上公示;对快递企业分支机构、末端网点实施备案管理,进一步激发市场活力。支持我区企业申请国际快递业务经营许可证,协调国家邮政局开通绿色通道,加快审批进度。为快递企业、分支机构办理工商登记提供便利条件,较大规模的快递企业设立分公司、营业部等分支机构办理工商营业执照,探索一地一照、一照多址方式,可依照邮政管理部门的快递业务经营许可分支机构名录,向地州市级工商行政管理部门申请集中统一办理。健全末端网点备案管理办法,强化代理点、分支机构管理。(自治区邮政管理局、工商局、商务厅,各地州市人民政府)

(十三)完善快递末端服务体系。机关、企事业单位、大中专院校校园以及社区物业服务等单位应免费为快递企业投递快件提供通行、车辆临时停放、派送等便利条件。鼓励快递企业因地制宜,与大中专院校、社区服务组织、连锁商业机构以及第三方组织开展多种形式的投递服务合作,通过校园快递、快递超市等形式,提高"最后一公里"服务质量。社区、住宅小区和有条件的大中专院校要提供面积合适的快递服务用房,为快递投递提供便利。各地州市人民政府应当支持快递企业在乡(镇、街道)建立快递网点,利用村邮站、供销社基层经营网点投递快件,扩大农村快递服务网络。自治区电子商务进农村试点县(市)在建制村设立或改造电商综合服务站时,应考虑加载快递服务,并提供相应便利条件。(各地州市人民政府、自治区商务厅、发改委、财政厅、住房城乡建设厅、教育厅、供销社、邮政管理局)。

（十四）保障快递车辆便捷通行。尽快下发快递车辆专用证件管理办法，对从事快件揽收、投递、市内运输的快递服务车辆，统一标识，发放证件，并给予市区通行、停靠、作业便利。研究出台快递专用电动三轮车管理办法，符合《快递专用电动三轮车技术要求》行业标准的，发放行驶证和车牌，解决快件“最后一公里”配送难问题。鼓励快递企业使用新能源和清洁能源车辆。对经交通运输、邮政管理部门审定符合条件的快件运输车辆，享受收费公路“绿色通道”优惠政策，减征或免征车辆通行费，降低快件运输成本。取消快递车辆进小区限时收费。对快递运输全货机起降、机场货仓租赁等优先予以保障并给予补贴。（自治区公安厅交警总队、交通运输厅、民航新疆管理局、邮政管理局）

（十五）加强快递业人才培养。将快递企业纳入城乡劳动者、未就业高校毕业生就业、创业等政策支持范围，支持高等院校、中职院校加强快递管理、快递工程等专业建设，开设快递相关专业。鼓励院校与快递企业共建实训基地，推动产学联动。各级人力资源和社会保障部门要将快递行业相关职业（工种）列入职业培训和职业技能鉴定补贴范围，享受职业培训和职业技能鉴定补贴。企业对新招用员工开展技能培训、并签订劳动合同的，要按规定将职业培训补贴直补企业。对符合条件的通过初次快递业务员职业技能确认，并取得资格证书或专项职业能力证书的人员，按有关规定给予一次性职业技能鉴定补贴。（自治区人力资源和社会保障厅、财政厅、教育厅、邮政管理局、各地州市人民政府）

（十六）优化快递市场环境。按照立法程序，适时修订《新疆维吾尔自治区邮政条例》，进一步强化寄递安全保障，规范市场秩序。充实监管力量，在业务量集中和交通枢纽的重点县（市）设立县级邮政管理机构，保障人员、经费投入，各级政府要在政策、资金方面给予支持。建立健全用户申诉与执法联动机制，依法查处违法违规行为，规范市场经营秩序。发挥行业自律和社会监督作用，利用企业信用信息公示系统和行业监管信息系统，建立违法失信主体“黑名单”制度，营造诚实守信的市场环境。（自治区邮政管理局、编办、法制办，各地州市人民政府）

（十七）加强组织领导。自治区成立促进快递业发展领导小组，各地州市人民政府、自治区发改委、商务厅、财政厅、公安厅、交通运输厅、经信委、编办、法制办、国土资源厅、人力资源和社会保障厅、住房城乡建设厅、科技厅、农业厅、工商局、邮政管理局、通信管理局、国税局、地税局、金融办、旅游局、新疆出入境检验检疫局、供销社、文化厅、新疆保监局、口岸办、民航新疆管理局、乌鲁木齐海关、乌鲁木齐铁路局、人民银行乌鲁木齐中心支行等部门为成员单位。领导小组办公室设在邮政管理局，负责日常工作，协同推进本实施意见落实。各有关部门要各负其责，按照职责分工抓紧制定并落实相关配套措施。各地、各有关部门要充分认识推进快递业健康发展对促进经济发展和服务民生的重要意义，将快递业列为重点发展行业，结合本地区实际情况抓紧制定有针对性的支持措施，抓好落实。各地州市人民政府要根据各成员单位的分工，将快递业发展推进情况纳入对各成员单位的考核项。（各地州市人民政府、各相关部门和单位）

新疆维吾尔自治区实施《中华人民共和国反恐怖主义法》办法

（2016年7月29日新疆维吾尔自治区第十二届人民代表大会常务委员会第二十三次会议通过　2016年7月29日新疆维吾尔自治区第十二届人民代表大会常务委员会公告第25号公布　自2016年8月1日起施行）

第一章　总　　则

第一条　为了防范和惩治恐怖活动、极端主义活动，加强反恐怖主义、反极端主义工作，维护国家安全、公共安全和人民生命财产安全，维护社会稳定和长治久安，根据《中华人民共和国反恐怖主义法》和有关法律、法规，结合自治区实际，制定本办法。

第二条　自治区行政区域内开展反恐怖主义、反极端主义工作，适用本办法。

第三条　恐怖主义是指通过暴力、破坏、恐吓等手段，制造社会恐慌、危害公共安全、侵犯人身财产，或者胁迫国家机关、国际组织，以实现其政治、意识形态等目的的主张和行为。

第四条 反恐怖主义、反极端主义工作坚持防范为主、惩防结合，先发制敌、保持主动，专群结合、全民参与的原则。

第五条 反恐怖主义、反极端主义工作应当标本兼治、综合施策，依法打击、宽严相济，尊重习俗、保障人权。

第六条 根据《中华人民共和国反恐怖主义法》第三条规定，实施下列行为之一的，认定为恐怖活动：

(一)与境内外恐怖活动组织、个人勾连或者接受境外恐怖活动组织、个人指使、派遣、资助，实施或者准备实施恐怖活动的；

(二)为组建恐怖活动组织、发展成员或者组织、策划、实施恐怖活动，而组织、纠集他人宣扬、传播恐怖主义、极端主义的；

(三)为实施恐怖活动，建立训练场所或者组织、纠集他人进行体能、技能训练的；

(四)为恐怖活动组织、为实施恐怖活动、为恐怖活动培训、招募、输送人员的；

(五)为参加恐怖活动组织、接受恐怖活动培训或者实施恐怖活动，组织、煽动他人偷越国(边)境的；

(六)利用手机、互联网、移动存储介质或者音频视频资料、电子文稿、音像制品、印刷品等，宣扬、传播恐怖主义、极端主义或者传授恐怖犯罪方法的；

(七)其他恐怖活动。

第七条 极端主义是恐怖主义的思想基础，防范和惩治极端主义活动是反恐怖主义的重要治本之策。

坚决反对一切形式的以歪曲宗教教义或者其他方法煽动仇恨、煽动歧视、鼓吹暴力等极端主义。

第八条 自治区设立反恐怖主义工作领导机构，按照国家反恐怖主义工作部署，统筹规划、指挥协调全区反恐怖主义工作；各州市(地)设立反恐怖主义工作领导机构，负责本地区反恐怖主义工作；各县市(区)根据需要设立反恐怖主义工作领导机构。

生产建设兵团设立反恐怖主义工作领导机构，在自治区反恐怖主义工作领导机构统一领导下，做好反恐怖主义工作。

各级反恐怖主义工作领导机构下设办事机构，负责处理日常工作。

反恐怖主义工作领导机构应当向上一级反恐怖主义工作领导机构报告工作，紧急情况应当立即上报，必要时可以越级上报。

第九条 公安机关、国家安全机关和人民检察院、人民法院、司法行政机关等成员单位应当各司其职、分工协作，做好反恐怖主义、反极端主义工作。

有关部门应当建立联动配合机制，依靠、动员村民委员会、居民委员会、企业事业单位、社会组织，共同开展反恐怖主义、反极端主义工作。

单位和个人有义务协助、配合有关部门开展反恐怖主义、反极端主义工作。

第十条 实行反恐怖主义、反极端主义工作责任制，主要包括属地责任、部门责任、单位责任以及领导责任和岗位责任。各有关地方、部门、单位应当建立任务明确、层级清晰、相互承接、到岗到人的责任体系。

第十一条 对于报告恐怖活动和极端主义活动情报信息线索，协助防范、制止恐怖活动或者在反恐怖主义、反极端主义工作中作出突出贡献的单位和个人，按照国家和自治区有关规定给予表彰、奖励。

第十二条 县级以上人民政府及其主管部门因反恐怖主义工作需要，逐级报请国务院或者中央有关部门批准，可以与相邻国家或地区开展反恐怖主义国际合作。

第二章 恐怖活动组织和人员的认定与公告

第十三条 自治区反恐怖主义工作领导机构需要认定恐怖活动组织和人员的，向国家反恐怖主义工作领导机构提出申请。

自治区公安机关、国家安全机关、外事侨务部门和各州、市(地)反恐怖主义工作领导机构需要认定恐怖活动组织和人员的，应当向自治区反恐怖主义工作领导机构提出申请。由自治区反恐怖主义工作领导机构决定是否向国家反恐怖主义工作领导机构提出申请。

第十四条 中级以上人民法院在审判刑事案件的过程中，可以依法认定恐怖活动组织和人员。对于在判决生效后需要由国家反恐怖主义工作领导机构的办事机构予以公告的，由自治区反恐怖主义工作领导机构向国家反恐怖主义工作领导机构提出申请。

第十五条 金融机构和特定非金融机构对国家反恐怖主义工作领导机构的办事机构公告的恐怖活动组织和人员的资金或者其他资产，应当立即予以冻结，并按照规定及时向自治区公安机关、国家安全机关和反洗钱行政主管部门报告。

第三章 安全防范

第十六条 各级人民政府应当加强反恐怖主义、反极端主义教育，增强公民反恐怖主义、反极端主义意识。运用政治、经济、法律、文化、教育、宣传、科技等手段，构建反恐怖主义、反极端主义安全防范体系，防止恐怖活动、极端主义活动发生，遏制恐怖活动、极端主义活动发展势头，防范恐怖活动、极端主义活动蔓延。

第十七条 教育、人力资源和社会保障主管部门和各类学校、科研院所、培训机构应当将恐怖活动预防、应急知识纳入教育、教学、培训的内容，提高应急防范能力。

新闻、广播、电视、文化、互联网等有关单位应当有针对性地进行反恐怖主义、反极端主义宣传教育，提高公民防范和抵御能力，阻断恐怖主义、极端主义思想渗透；会同有关部门查处含有恐怖主义、极端主义内容的物品，防止恐怖活动、极端主义活动人员利用有关设备、设施和场所接收、传播含有恐怖主义、极端主义内容的信息。

第十八条 宗教事务主管部门应当加强宗教活动场所、宗教活动、宗教教职人员的管理，教育、引导信教群众确立正信正行，防止恐怖主义、极端主义组织和人员利用宗教进行违法犯罪活动。

第十九条 货运、邮政、快递等物流运营单位，应当实行安全查验制度，对客户身份信息进行查验、实名登记，对运输、寄递物品进行开包、开箱、开封等安全检查，发现可疑物品或者客户拒绝检查的，不予提供运输、寄递服务。发现违禁品的，应当予以封存、隔离，及时向公安机关报告。

第二十条 电信、互联网、金融、住宿、长途客运、机动车租赁等业务经营者、服务提供者，应当对客户身份信息进行查验、实名登记、信息备案。

对于身份不明或者拒绝身份查验的，不得提供服务。发现身份不符、形迹可疑或者有其他异常情况的，应当及时向公安机关报告。

第二十一条 公安、安监、工商、卫生计生、质检、海关、交通运输等主管部门应当根据各自职责，加强对烟花爆竹、管制器具、易燃易爆品、危险化学品、生物危险品、民用爆炸物的生产、运输、储存、销售、使用、进出境的监督管理。

相关生产、进出口、运输、储存、销售企业应当实行经营许可、经营备案、流向示踪、销售购买人员登记、失窃被抢和可疑情况报告等制度，做好内部安全管理工作。发现可疑物品，应当予以隔离、封存，及时向公安机关报告。

第二十二条 重点目标的管理单位执行《中华人民共和国反恐怖主义法》第三十二条的规定，同时应当履行下列职责：

（一）设立安全保卫机构，配备专职人员，明确岗位职责。安全保卫机构、人员发生变化时，应当及时向公安机关报告；

（二）开展安全防范教育培训，组织实施对重点目标的巡逻、守卫、检查、监控等工作；

（三）对重要岗位人员进行安全背景审查，不适合的应当调整岗位；

（四）配合公安机关、国家安全机关的调查、处置工作，配合有关部门做好恐怖事件的应对处置；

（五）其他安全防范工作。

第二十三条 在特殊敏感时期、大型活动举办期间、突发紧急事件情况下，重点目标的管理单位和有关单位应当根据情况，启动应急响应机制，提升安全防范等级，控制重要部位、重要设施的出入口和外围区域，必要时设置防爆设备、安检设备、车辆阻挡装置等。

第二十四条 城市公交、轨道交通、铁路、民航等营运单位，应当落实安全防范制度，在运营场所、站点、线路、公共交通工具等场所配备安全保卫力量及必要的物防、技防设备、设施。

第二十五条 公安、国家安全、海关、出入境检验检疫、交通运输、铁路、民航等部门应当协同配合，对涉嫌恐怖活动、极端主义活动的出境入境人员或者物品依法查缉、扣留。

公安机关、国家安全机关、人民检察院、人民法院、司法行政机关以及其他有关部门建立出入境管理信息平台，共享限制出境、入境人员的信息并与其他省、自治区、直辖市有关部门建立、完善信息共享协作机制,防止恐怖活动、极端主义活动人员及嫌疑人员出境、入境。

县级以上人民政府会同有关部门应当加强边境地区管理,建立人防、物防、技防相结合的边境防控体系。

第四章　情 报 信 息

第二十六条　自治区反恐怖主义工作领导机构设立反恐怖主义情报中心,建立跨地区、跨部门情报信息工作机制,统筹全区反恐怖主义、反极端主义情报信息工作。

各级反恐怖主义工作领导机构建立跨部门情报信息工作机制,负责本行政区域内恐怖主义、极端主义情报信息搜集指导、筛查汇总、分析研判、通报核查、评价反馈和风险评估等工作。

反恐怖主义工作领导机构根据恐怖袭击风险,确定预警、响应等级,启动应急预案并通报有关部门和单位做好安全防范、应对处置工作。

第二十七条　公安机关、国家安全机关、军事机关和有关部门应当建立并加强基层情报信息工作力量,实现信息互通、资源共享、核查反馈等方面的协作配合,提高涉恐怖主义、极端主义行动性、预警性情报信息的发现获取能力。搜集获取的涉恐怖主义、极端主义情报信息,应当依照规定及时统一归口报送反恐怖主义情报中心。

第二十八条　公安机关、国家安全机关和有关部门应当畅通群众情报信息渠道,依靠群众做好反恐怖主义、反极端主义情报信息工作。

第二十九条　任何单位和个人发现恐怖活动、极端主义活动情报信息线索,应当立即向公安机关或者有关部门报告。

第五章　调　　查

第三十条　公安机关接到恐怖活动、极端主义活动嫌疑报告或者发现恐怖活动、极端主义活动嫌疑的,应当迅速调查核实。情况紧急需要应急处置的,应当先行处置并立即向反恐怖主义工作领导机构的办事机构报告情况。处置过程中应当及时收集、固定证据材料。

第三十一条　公安机关调查恐怖活动、极端主义活动嫌疑人员,可以依法采取盘问、检查、传唤、提取采集人体生物识别信息、生物样本等措施。

公安机关传唤恐怖活动、极端主义活动嫌疑人员,应当书面传唤并出示工作证件。对在现场发现的违法、犯罪嫌疑人,经出示工作证件,可以口头传唤,并在询问笔录中注明。

公安机关调查恐怖活动、极端主义活动嫌疑,有关单位与个人应当配合。必要时可以邀请专门机构和专业人员协助调查。

第六章　应 对 处 置

第三十二条　各级反恐怖主义工作领导机构应当建立健全恐怖事件应急预案体系,针对恐怖事件的规律、特点和可能造成的社会危害,分级、分类制定应对处置预案。各有关部门和重点目标管理单位应当制定相应的应急处置预案,报同级反恐怖主义工作领导机构的办事机构批准后执行。

第三十三条　自治区反恐怖主义工作领导机构建立应对处置恐怖事件指挥体系,设立自治区、州市(地)、县市(区)三级指挥机构,实行指挥长负责制。公安、武警、军队、民兵组织等处置力量和卫生计生、民政、宣传、电信、互联网等有关部门协同开展控制、打击、救援、救助等应对处置工作。

自治区应对处置恐怖事件指挥机构负责指挥在自治区范围内发生的涉及多个州市(地)的恐怖事件或者重大恐怖事件的应对处置。

州市(地)应对处置恐怖事件指挥机构负责指挥在州市(地)范围内发生的涉及多个县市(区)的恐怖事件或者较大恐怖事件的应对处置。

县市(区)应对处置恐怖事件指挥机构负责指挥在县市(区)范围内发生的恐怖事件的应对处置。没有反恐怖领导机构的,由当地公安机关行使指挥权。

下级指挥机构可以提请上级指挥机构对应对处置进行支援或者协调其他指挥机构予以协助,必要时可以提请上级指挥机构接管指挥权。上级指挥机构认为必要时,可以直接接管下级指挥机构的指挥权。

第三十四条　发现恐怖事件或者疑似恐怖事件后,现场公安机关职级最高的人员担任现场指挥员,负责指挥应对处置工作并立即向所在地公安机关指挥中心报告。指挥中心接到报告后,应当立即报告公安机关行政负责人。公安机关行政负责人应当立即赶赴现场接替现场指挥员,同时向本级反恐怖主义工作领导机构负责人报告。

第三十五条 恐怖事件发生后，应对处置的指挥机构、现场指挥员和负责应对处置的反恐怖主义工作领导机构根据应对处置和防范次生、衍生危害的需要，根据《中华人民共和国反恐怖主义法》第六十一条的规定，还可以采取下列措施：

（一）中止或者制止正在进行的集会、游行、示威活动和正在举办或者准备举办的大型群体性、人员密集性的文化、体育、宗教、营业性演出等活动，并对现场人员予以保护、疏散。可以在一定时期和区域内不予批准此类活动的举办、举行；

（二）中止或者限制正在举办或者准备举办的人数较多的活动，并对现场人员予以保护、疏散；

（三）中止或者暂停机关、团体、企事业和各类学校、科研院所和培训机构等单位的活动并对现场人员予以保护、疏散。可以在一定时期内变更上述单位、组织的作息时间，暂停或者限制娱乐、服务性场所营业；

（四）暂停或者限制爆炸、放射性、化学和生物等危险物品的生产、经营和运输等活动；

（五）加强对重点单位、重要部位和重要基础设施的巡逻、守卫、检查、监控等安全保卫，组织专门力量加强社会面防控；

（六）其他必要的应对处置和防范措施。

第三十六条 恐怖事件的有关信息，由自治区反恐怖主义工作领导机构统一发布。

任何单位和个人不得编造、传播虚假恐怖事件信息。

第三十七条 上级反恐怖主义工作领导机构可以对下级反恐怖主义工作领导机构防范和应对处置工作进行调查、评估。

第七章 教育管理

第三十八条 对被教唆、胁迫、引诱参与恐怖活动、极端主义活动或者参与恐怖活动、极端主义活动情节轻微，尚不构成犯罪的人员，公安机关会同司法行政、民政、教育、宗教事务、文化、人力资源和社会保障等部门和工会、共青团、妇联、科协等团体以及村民委员会、居民委员会、所在单位、就读学校、家庭和监护人对其进行帮教和法治教育。

第三十九条 下列恐怖活动罪犯、极端主义罪犯由监狱、看守所、社区矫正机构等分别进行教育改造、矫正：

（一）被判处有期徒刑以上刑罚的；

（二）被判处拘役的；

（三）被判处管制、缓刑、裁定假释或者暂予监外执行的。

第四十条 下列恐怖活动罪犯、极端主义罪犯由监狱、看守所单独关押：

（一）恐怖活动、极端主义犯罪组织中的首要分子、共同犯罪中的主犯和罪行重大的；

（二）服刑期间又犯罪或煽动、教唆其他罪犯违法犯罪的；

（三）对抗教育改造且有暴力倾向的。

第四十一条 对刑满释放前经评估仍有社会危险性的恐怖活动、极端主义罪犯，监狱、看守所应在该罪犯刑满释放前六个月内将危险性评估结果和安置教育建议报送罪犯服刑地的中级人民法院。人民法院应在收到危险性评估结果后一个月内作出是否安置教育的决定，有特殊情况的，可以延长一个月。

安置教育机构对需要解除安置教育的，应当提出解除安置教育的意见，报送作出安置教育决定的人民法院决定。

人民检察院依法对恐怖活动、极端主义罪犯的教育改造过程和安置教育的决定、执行和解除实行监督，对于存在违法行为的，及时提出纠正意见或者检察建议。

第四十二条 自治区司法行政机关负责恐怖活动、极端主义活动刑满释放人员的安置教育工作，以及相应场所的规划、建设和日常管理工作。

第四十三条 教育改造、安置教育、法治教育、社区矫正等工作部门应当开展以法律法规、思想道德、心理健康、现代文化、科学知识教育以及宗教正信引导、职业技能培训等为内容的教育活动。

第八章 保障措施

第四十四条 县级以上人民政府应当建立健全反恐怖主义、反极端主义工作经费保障机制，将反恐怖主义、反极端主义工作经费列入同级财政预算。

自治区人民政府对反恐怖主义、反极端主义重点地区给予经费支持，对应对处置大规模恐怖事件给予经费保障。

第四十五条 县级以上人民政府和有关部门、单位应当为担负反恐维稳、值班备勤任务的人员建立健全定期轮岗和轮休、人身意外伤害保险机制，每年进行健康检查，并在工作、学习和生活等方面给予优待。

第四十六条 对因履行反恐怖主义、反极端主义职责或者报告、制止、协助调查恐怖主义、极端主义活动以及在恐怖主义、极端主义案件中出庭作证、鉴定、翻译或者提供其他协助的人员，所支出的费用或者造成的损失，按有关规定给予补助或补偿；造成本人或者其近亲属的人身安全面临危险的，经本人或者其近亲属申请，公安机关、有关部门应当采取相应的保护措施；导致伤残或者死亡的，应当按照相关规定给予优抚、照顾。

任何组织和个人不得干扰、阻挠、威胁、侮辱、排斥、歧视、打击报复前款所列人员。

第四十七条 各级人民政府对因恐怖主义、极端主义犯罪造成伤亡或者生活困难的人员，应当通过多种渠道给予救助。

第四十八条 鼓励单位和个人为反恐怖主义、反极端主义工作提供捐赠、捐助和服务，包括智力、技术支持。

第九章　法 律 责 任

第四十九条 组织、策划、准备实施、实施恐怖活动，煽动实施恐怖活动，组织、领导、参加恐怖活动组织，为恐怖活动组织、恐怖活动人员、实施恐怖活动或者为恐怖活动培训提供帮助，制作、散发和非法持有宣扬恐怖主义、极端主义的图书、音频视频资料或者其他物品，以暴力、胁迫等方式强制他人在公共场所穿着、佩戴宣扬恐怖主义、极端主义服饰、标志，利用极端主义煽动、胁迫群众破坏国家法律确立的婚姻、司法、教育、社会管理等制度实施，依法追究刑事责任。

第五十条 实施下列行为之一，情节轻微，尚不构成犯罪的，依照《中华人民共和国反恐怖主义法》第八十条的规定处罚：

（一）利用教经、讲经、解经、学经、婚礼、葬礼、聚会和文体活动等宣扬恐怖主义、极端主义的；

（二）制作、下载、存储、复制、查阅、摘抄含有恐怖主义、极端主义等内容的音频、视频、图片、文字材料或者网络链接地址的；

（三）非法持有含有恐怖主义、极端主义等内容的印刷品或者电子产品的；

（四）设计、制作、散发、邮寄、销售、展示含有恐怖主义、极端主义内容的服饰、标志、旗帜、徽章、器物、纪念品等的；

（五）在公共场所利用服饰、标志等宣扬恐怖主义、极端主义或者强制他人穿着、佩戴恐怖主义、极端主义服饰、标志的；

（六）为他人实施恐怖主义、极端主义活动提供信息、物资、运输服务等便利或者充当向导、帮助探查偷越国（边）境线路的；

（七）协助恐怖活动、极端主义活动嫌疑人员进行非法出境入境、走私、偷运夹带违禁物品的。

第五十一条 实施下列行为之一，情节轻微，尚不构成犯罪的，依照《中华人民共和国反恐怖主义法》第八十一条的规定处罚：

（一）干涉他人宗教信仰自由的；

（二）组织、强迫、唆使、纵容、引诱未成年人参加宗教活动的；

（三）利用宗教妨碍、干涉他人婚丧嫁娶、遗产继承等活动的；

（四）歪曲“清真”概念，将“清真”概念泛化，扩大、异化到社会生活及其他方面的；

（五）恐吓、诱导他人抵制享受国家政策措施，毁损居民身份证、户口簿和结婚证等国家法定证件及人民币的；

（六）蓄意炒作或者编造、歪曲社会敏感案（事）件，或者故意造谣，传播不实信息，破坏社会管理制度实施的。

第五十二条 金融机构、特定非金融机构有下列情形之一的，依照《中华人民共和国反恐怖主义法》第八十三条、第八十六条、第九十一条的规定处罚：

（一）与身份不明的客户进行交易或者为客户开立匿名账户、假名账户的；

（二）向被查询、冻结账户的单位和个人或者第三方通风报信的；

（三）伪造、隐匿、毁灭相关证据材料，帮助隐匿或者转移资金、资产的；
（四）擅自转移或者解除冻结资金、资产的；
（五）故意推诿、拖延，造成资金、资产转移的；
（六）拒绝提供调查材料或者故意提供虚假材料的。

第五十三条 货运、邮政、快递等物流运营单位有下列情形之一的，依照《中华人民共和国反恐怖主义法》第八十五条的规定处罚：
（一）未按规定对客户身份信息进行查验、实名登记的；
（二）未按规定对运输、寄递物品进行开包、开箱、开封等安全检查的；
（三）未按规定在查验场所配备专职安全员，未安装必要的查验、视频监控设备、设施的；
（四）未按规定对查验场所和运营车辆实行联网监控的；
（五）发现违禁物品，未按规定封存、隔离并及时向公安机关报告的。

第五十四条 电信、互联网、金融、住宿、长途客运、机动车租赁等业务经营者、服务提供者未按规定对客户身份进行实名登记、信息备案的；发现身份不符、形迹可疑或者有其他异常情况，未及时向公安机关报告的，依照《中华人民共和国反恐怖主义法》第八十六条的规定处罚。

第五十五条 烟花爆竹、管制器具、易燃易爆品、危险化学品、生物危险品、民用爆炸物的生产、进出口、运输、储存、销售、使用单位有下列情形之一的，依照《中华人民共和国反恐怖主义法》第八十七条的规定处罚：
（一）未按规定实行经营许可、经营备案、流向示踪、销售购买人员登记、失窃被抢和可疑情况报告等制度的；
（二）未按规定配备专职安全员，未安装必要安全警报、视频监控设备、设施的；
（三）未按规定对生产、进出口、运输、储存、销售、使用情况实行联网监控的；
（四）发现可疑物品，未按规定隔离、封存，并及时向公安机关报告的。

第五十六条 重点目标的管理单位有下列情形之一的，依照《中华人民共和国反恐怖主义法》第八十八条的规定处罚：
（一）未按规定设立安全保卫机构，配备专职安全保卫人员，明确岗位职责的；
（二）未按规定进行安全防范教育培训的；
（三）未按规定对重点目标实施巡逻、守卫、检查、监控等工作的；
（四）未及时配合公安机关、国家安全机关对恐怖活动、极端主义活动调查、处置工作的。

第五十七条 特殊敏感时期、大型活动举办期间、突发紧急事件情况下，重点目标的管理单位和有关单位有下列情形之一的，依照《中华人民共和国反恐怖主义法》第八十八条第二款的规定处罚：
（一）未按规定及时启动应急响应机制的；
（二）未按规定及时提升安全防范等级的；
（三）未按规定及时配备安全保卫力量，控制重要部位、重要设施的出入口和外围区域的；
（四）未按规定设置必要的防爆设备、安检设备、车辆阻挡装置等的。

第五十八条 城市公交、轨道交通、铁路、民航等营运单位有下列情形之一的，依照《中华人民共和国反恐怖主义法》第八十八条第一款的规定处罚：
（一）未按规定落实安全防范制度的；
（二）未按规定对服务对象进行安全检查的；
（三）未按规定配备运营场所、站点、线路、公共交通工具的安全保卫人员的；
（四）未按规定配备必要的物防、技防设备、设施的。

第五十九条 反恐怖主义工作领导机构、有关部门的工作人员，在反恐怖主义工作中未履行职责的，由其所在单位或者上级主管部门给予批评教育，责令改正；情节严重的，对单位主要负责人、直接负责的主管人员和其他直接责任人员依法给予行政处分；构成犯罪的，依法追究刑事责任。

第六十条 违反本办法规定，应当给予处罚的其他行为，依照有关法律法规的规定给予处罚。

第十章　附　　则

第六十一条 本办法自2016年8月1日起施行。

昌吉回族自治州快递服务规范化标准化建设实施方案

（2016年4月26日昌吉回族自治州邮政管理局、昌吉回族自治州经济和信息化委员会印发 昌邮管〔2016〕43号）

一、工作目标

按照《快递服务》标准、《快递营业场所设计基本要求》、《邮政业安全生产设备配置规范》等国家和行业标准，进一步规范辖区快递企业生产经营行为，强化工作措施，不断推进辖区快递行业标准化建设进程，推动行业转型升级和持续健康发展，实现全州主要快递企业网点快递服务规范化标准化。

二、组织领导

成立快递服务规范化标准化建设工作领导小组。

组 长：房 涛（州邮政管理局局长）

副组长：魏中华（州经信委党组成员、总经济师）

崔 铁（州邮政管理局副局长）

成 员：张 杰（州邮政管理局市场监管科科长）

陈大江（州邮政管理局普遍服务科科长）

王 兵（州邮政管理局市场监管科副科长）

苏 帆（州经信委干部）

领导小组办公室设在州邮政管理局，负责具体工作。

主 任：崔铁

副主任：张杰、陈大江

成 员：王兵、李莉霞、安剑、李晓霞、闫新伦

联系电话（传真）：0994－2336830

三、进度安排及验收考评办法

（一）进度安排

2016年6月30日前，在昌吉市完成首批5家快递企业规范化标准化建设，并以此为示范点组织召开现场会，推进第2批18家快递企业在当年完成规范化标准化建设（名单详见附件1）。名单内的企业可进行动态调整，未列入名单的企业均可申请参与。

力争在“十三五”期间，全州县级以上快递企业60%（约70家）实现快递服务规范化标准化。

（二）验收考评办法（考评细则另文通知）

1. 全州依法取得快递业务经营许可的快递企业及分支机构（营业部）均可参与；

2. 年终由领导小组组织对快递企业进行验收考评，合格的颁发“昌吉州快递服务规范化标准化企业”标牌；

3. 快递服务规范化标准化企业每年评选一次，达标的保留称号，未达标的取消称号并收回标牌；同时实行一票否决制，凡发生安全生产事故、未执行三项基本制度以及发重大申投诉事件的，当即取消称号并收回标牌。

4. 对参与快递服务规范化标准化建设并且达标的快递企业，领导小组办公室将通过各类媒体等进行公示，向用户推荐使用达标企业的快递业务。

（三）相关要求

各县市商务经信委应积极配合州邮政管理局做好快递服务规范化标准化建设工作，采取多种方式鼓励本地快递企业广泛参与，共同促进全州快递行业健康发展。

四、规范化标准化具体要求

（一）营业场所标准化设置

1. 快递营业场所应选择临街营业房，面积满足以下标准：基本型不少于$40m^2$，拓展型不少于$60m^2$；

2. 入口上方应悬挂体现快递服务组织统一服务品牌的门头标识，入口旁边明显位置应悬挂营业场

所标牌，门头标识尺寸符合城市管理规划，场所名称标牌尺寸以400mm×300mm为宜；

3. 标牌应包括场所具体名称和工作时间。其中，营业场所名称由“快递服务组织名称+营业场所名称”组成，如：××快递公司××街分公司(营业部)；

4. 营业场所要按照封闭、独立且面积适宜的标准进行分区，在显著位置标明接待区、暂存区、操作区、停车及装卸区、充电区等区域划分标识；

5. 设置书写台、座椅、营业终端设备、计量设备、通信设备、操作设备、隔离设备、封装用品、业务单据等；

6. 应配备报警装置；安装高清监控设施设备，监控覆盖应达到无死角、无盲区，全天二十四小时运转，监控资料保存时间不少于三十天；

7. 有符合消防安全规定的消防设施，并确保消防通道畅通；安装自动照明设备；配备防毒口罩、长胶手套等安全防护用品；

8. 营业场所内明显位置用公示板统一张贴公示如下内容：经营资质证明；服务种类；服务时限、损失赔偿、投诉处理等服务承诺；资费标准；禁限寄物品目录或展示牌；收寄验视及实名寄递规定；安全生产警示；服务电话、监督投诉电话或电子邮箱；12305邮政业消费者申诉电话等内容；

9. 预留与邮政管理部门计算机系统联网端口；

10. 同一服务品牌的快递服务组织，其营业场所的装修装饰风格、从业人员的着装、车辆外观的装饰均应保持一致。

(二)处理场所标准化设置

1. 快递场所应相对封闭，且面积适宜，设计和建设应符合相关安全规范；

2. 用符合标准的封装用品、电子计量器具，配备必要的计算机设备和通讯设备；

3. 应配置安全警示标牌、操作规范流程、操作区域划分标识等；

4. 应配备符合国家标准的X光机安检设备、分拣设备、传送设备、储存设备、隔离设备、手持终端、数据采集设备等。

(三)收寄环节要求

收寄环节分为营业网点收寄和上门揽收。收寄人员应严格执行收寄验视、实名寄递、用户信息管理等制度。

1. 网点收寄时，收寄人员应验视用户有效身份证件(居民身份证、临时身份证、居民户口簿、军官证、武警警官证、士兵证、军队学员证、军队文职干部证、军队离退休干部证和军队职工证、护照、港澳同胞回乡证、港澳居民来往内地通行证、中华人民共和国来往港澳通行证、台湾居民来往大陆通行证、大陆居民往来台湾通行证、外国人居留证、外国人出入境证、外交官证、领事馆证、海员证等)，确认与本人无误后，在视频监控下验视用户交寄的物品，对照面单填写内容无误后当用户面封装物品并粘贴面单，将面单信息与证件号码采集录入计算机只读文档或进行实名登记，收寄人员签名并加盖验视章后将面单用户联与证件交付用户，留存联入专柜妥善保管，快件放入暂存区；

2. 上门揽收时，收寄人员应携带客户所需的包装及封装物品、快递面单、验视章戳，当面验视用户身份证件及物品无误后封装快件，将用户证件号码进行登记；

3. 对协议用户交寄批量快件的，与其签订安全保障协议，将协议、经办人身份证复印件、单位组织机构代码证、营业执照复印件、寄递物品名称、数量等资料备案；

4. 收寄时，如发现禁寄物品应予拒收；但若属于违法物品或可能危害公共安全的物品，应先予接收，及时报寄递行业安全监管领导小组办公室或公安机关依法进行处置；

5. 凡用户拒绝验视或拒不出示有效身份证件的，不予收寄；

6. 不执行实名收寄制度和收寄验视制度的，依照《中华人民共和国反恐怖法》进行查处。

(四)处理环节要求

1. 处理人员对所有进出口快件都应在视频监控下逐件审核外包装是否无破损、面单是否按规定粘贴、数量是否与应收发数量一致等；

2. 在视频监控下对所有出口快件进行安检，按路向实施分拣、采集信息、封装发运；

3. 处理快件时，应轻拿轻放，严禁抛扔踩踏、野蛮作业；发现可疑快件时应单独存放，并及时报告寄递行业安全监管领导小组办公室或公安部门处理。

(五)运输环节要求

1. 快递企业应配备与业务相适应的机动车和电动车辆，保证车厢封闭、整洁，符合安全要求；

2. 符合公安交通管理和道路运输管理部门相关要求；

3. 落实“车辆三检”制度，定期保养修护；

4. 处理人员应在视频监控下进行装车作业，防止误发、错发；

5. 机动车安装GPS定位装置；运输途中，车厢铅封、上锁。

（六）投递环节要求

快件投递分为按址投递和智能快递箱投递。

1. 按址投递时，投递人员与收件人电话联系核对收件地址，无误后按时限规定进行投递，并要求收件人签收；

2. 使用智件快递箱或委托物业或他人投递时，需电话征得收件人同意且快件外包装完好；

3. 收件人委托物业或他人代收时，投递人员应告知代收人员注意核对取件人，以免丢失或被他人冒领；

4. 快递企业应对收件人提供不少于二次的免费投递；

5. 当天未投出的快件，投递员归班后应交予主管人员按问题件妥善保管，并批注原因，按不同原因分别处理，严禁投递人员私自代为签收。

（七）人员标准化管理要求

1. 快递企业应建立《企业员工信息名册》，对每个员工的基本信息进行审核备案，如有变动应及时报邮政管理部门备案，员工辞职、解聘应及时备注，相关资料应保存2年以上；

2. 对新招聘的从业人员应进行岗前培训，并将培训情况记录存档（纸质版），未经培训的人员不得上岗执业。应逐步推行全员持证上岗。驾驶人员应有驾驶证和资格证；

3. 员工应配备统一的工装、发放工号牌。员工在从事快递服务时，应着工装、佩戴工号牌，离职、解聘时，应交回其工装和工号牌。

（八）安全管理要求

快递企业应建立健全安全管理组织体系、定期开展安全教育、妥善处理突发事件、确保快件及用户信息安全。

1. 独立法人企业，成立由法定代表人或负责人担任组长的安全委员会，负责本企业安全生产管理的组织领导；委员会成员应由各分支机构负责人及企业内部有关部门负责人组成。分支机构、分部、加盟网点应成立由负责人担任组长的安全小组，负责本网点安全生产管理的组织领导，小组成员由网点内部从业人员组成；

2. 各企业安全委员会或安全小组应设立专门的安全管理机构，配备专职或兼职安全管理人员，制定安全管理制度和应急预案。在营业场所、快件处理场所、库房等生产作业场地设置必要的防护设施、安全标志，确保内部处理安全，落实安全生产责任；

3. 企业法定代表人或网点负责人为安全管理第一责任人，企业法定代表人或负责人应与各分支机构及部门领导（安全员）、分支机构及部门领导与全体员工分别签订安全生产责任书，将安全生产责任层层分解、落实到人。

（九）安全教育要求

1. 快递企业应当建立健全岗前培训与在岗培训相结合、定期培训与不定期培训相结合、内部培训与外部培训相结合的安全教育培训制度，并建立教育培训档案；

2. 组织开展实名寄递制度、收寄验视规定、禁寄物品辨识及处置、交通安全法律法规、安全操作等专门培训，提升安全意识和技能；

3. 组织开展邮政法律、法规、规章、标准学习，不断提升遵法、守法、用法的法律意识。

（十）快件安全要求

1. 严格执行快件收寄验视制度，确保快件安全；

2. 收寄、封发、分拣、运输和投递等操作环节，应当符合操作规范；

3. 无关人员不得接触快件，从业人员不得私拆、隐匿、毁弃、窃取快件；

4. 发现问题快件，应做好记录，有禁寄物品的及时报告；

5. 因停业、转产、破产等原因停止快递经营活动的，应及时妥善处理快件，确保快件安全，并向邮政管理局报备；

6. 快递企业接受已有安全保障机制的机关、企事业单位、个体工商户委托提供快递服务时，应当与委托方签订安全保障协议。

（十一）用户信息安全要求

1. 快递企业应建立信息安全管理制度，分层级管理用户信息；

2.《实名收寄登记本》或快递面单等涉及用户信息的资料应妥善保管，不得随意放置。设置电子登记簿的，应设为只读模式，由专人管理计算机，不得随意供他人浏览、复制；

3. 外出揽件时，应将用户身份证件号码核实登记，归班后交记录员录入电脑或登记本；

4. 面单、登记簿、安全保障协议、电子文档等，企业应按规定妥善保管、按程序实施销毁；

5. 除依法配合司法机关需要外，任何快递企业及从业人员不得泄露和挪用寄件人、收件人和快件的相关信息，确保快件及用户信息安全。

（十二）突发事件应急管理要求

1. 快递企业应制定并完善突发事件应急方案，及时向邮政管理部门报备；

2. 快递企业每年应当组织应急演练至少一次；

3. 发生突发事件时，快递企业应及时启动预案，采取必要的应急措施，确保人员和快件安全，并按照报告时限及时报告相关部门；

4. 发生突发事件时，快递企业应以适当的方式及时告知用户并做好善后事宜；

5. 在突发事件处理过程中，应当对相关资料进行记录和保存，保存期限不少于1年。

（十三）统计登记要求

1. 遵守国家有关统计报表和统计报告的编制规定；

2. 按国家有关规定设置原始记录、统计台账，建立健全统计资料的审核、签署、交接、归档等管理制度，制定专人负责统计工作；

3. 及时审核上报统计数据，确保数据真实、有效。

（十四）建立使用登记表要求

快递企业应建立并使用登记表，规范运营。

1.《快件赔偿登记表》

2.《快递企业自查巡查登记表》

3.《企业员工信息名册》

4.《禁寄物品移交登记本》

5.《无法投递又无法退回快件登记本》

6.《面单销毁登记本》

7.《邮件、快件实名收寄登记簿》。

（十五）申投诉赔偿处理要求

1. 按照服务承诺或约定及时处理用户投诉和邮政业消费者申诉处理中心转办的申诉，并对用户投诉进行记录、统计和分析；

2. 对其他消费者权益保护组织转办的投诉应及时处理；

3. 非经用户本人同意，不得公开投诉、申诉人个人信息；

4. 按照法律法规和快递服务标准对快件的延误、丢失、损毁以及内件不符等进行赔偿。

（十六）分支机构的管理要求

1. 依法办理分支机构名录并到邮政管理部门备案；

2. 人员数量应满足生产作业需要；

3. 有40%以上符合《国家职业技能标准　快递业务员（试行）》要求并通过资格认定的快递业务员；

4. 有统一的安全生产作业标准和各岗位操作规范，能定期进行业务学习与技能培训；

5. 能按规定履行统计登记、报送数据、解决投诉等义务；

6. 生产经营场地符合相关地段标准、面积要求，配备消防、监控等安全设备和车辆，器具等生产设备并满足生产经营需要；

7. 快递企业对其分支机构承担法律责任。

（十七）加盟企业的管理要求

1. 加盟企业应具有企业法人资质，并取得邮政管理部门颁发的快递业务经营许可证；

2. 与加盟上级企业签订相关合同，合同应符合国家法律和法规要求；

3. 建立统一的作业规范，并对下一级加盟企业进行业务指导与培训；

4. 妥善处理与加盟网点的纠纷，并协调处理全网用户投诉。

（十八）企业管理制度的要求

1. 快递企业应建立健全各项基础管理制度，包括岗位职责、服务质量、安全生产、教育培训、人事管理、车辆管理、设备管理、档案管理、分支机构管理、危险物品举报、内部奖惩等制度，不断提高管理水平，确保企业运行顺畅。

2. 加强档案管理，建立业务、人员、车辆、设备、财务、收寄实名登记本等建档管理，确保信息安全。

（十九）组织建设要求

符合条件的快递企业应建立党、团组织和工会组织，积极组织参加党、团、工会组织的各项活动，选拔、培养企业中的优秀骨干加入党组织，增强企业凝聚力。

（二十）精神文明建设要求

1. 快递企业应围绕"普惠邮政、智慧邮政、安全邮政、诚信邮政、绿色邮政"建设，形成诚信服务、规范经营的优良行风，不断提升服务水平，满足经济社会发展需求；

2. 开展"文明单位"创建活动、"青年文明号"创建活动，提高员工素质，提升行业形象，促进企业发展。

附件：1. 2016年快递企业标准化规范化建设名单（略）

2. 快递服务规范化标准化建设验收表（略）

吐鲁番市促进快递业发展的实施方案

（2016年10月27日吐鲁番市人民政府办公室印发　吐政办〔2016〕164号）

为深入贯彻落实《国务院关于促进快递业发展的若干意见》（国发〔2015〕61号）和自治区人民政府《关于促进快递发展的实施意见》（新政发〔2016〕92号），促进我市快递业健康发展，现结合我市快递业特点，制定以下实施方案。

一、总体要求

（一）指导思想

贯彻落实《国务院关于促进快递业发展的若干意见》和自治区人民政府《关于促进快递发展的实施意见》，以解决制约我市快递业发展的突出问题为导向，以"互联网+"快递为发展方向，围绕全市社会稳定和长治久安总目标，融入丝绸之路经济带核心区建设，衔接综合交通运输体系，扩展快递服务网络惠及范围，保障寄递渠道安全，推动行业转型升级和提质增效，服务吐鲁番市社会经济发展。

（二）工作目标

发展目标：到2020年，基本建成普惠城乡、技术先进、服务优质、安全高效的快递服务体系，基本实现乡镇、团场快递网络全覆盖。

——产业规模不断扩大。快递年业务量突破120万件，年业务收入实现2600万元，日均服务用户2.2万人次以上，快递业务收入占全市GDP比重提升至0.1%左右。

——企业实力明显增强。培育出年业务收入超过400万元的快递品牌企业2家，年业务收入超过300万元的品牌企业4家。打造示范快递企业5—8家。

——服务水平大幅提升。快递产品体系更加丰富，服务满意度稳步提高，快递业与其他产业协同发展深度融合，快递服务附加值不断提高。

——综合效益更为显著。带动直接就业1500人，年均增加就业岗位100个。

——推动企业深化改革。鼓励快递企业资源共享和优势互补、强强联合，促进快递与电商协同发展，推动快递服务向综合快递运营体系转型，引导品牌快递企业在吐鲁番市设立区域分部或快件集散中心。

二、重点任务

（一）优化快递市场环境，提升快递服务能力。大力发展航空物流、铁路物流、公路物流，加快快递物流园区、快件处理中心建设，打造面向中西亚、连接内地的现代化综合物流基地。鼓励和支持快递企业设立快递营业网点和投递服务点，构建覆盖全市的快递服务网络。推进快递末端服务平台建设，将智能快件箱、快递公共服务站、末端服务网点等快递末端服务设施纳入公共服务设施，同步规划同步建设。支持快递企业在社区、院校、商业区等城区人口密集区域联合建设一定数量的快递末端网点，缓解城市配送压力；加强与农村交通运输、商贸流通、农业、供销、电商等服务网络和设施的共享衔接，建立集电商服务、快件配送、农资服务等为一体的综合服务站，鼓励基础设施、人员等共享共用，基本实现"乡乡有网点，村村通快递"。（市发改委、交通运输局、商务局、住建局、农业局、供销社、邮政管理局，各区县人民政府）

（二）加快企业转型升级，培育壮大快递企业。鼓励各类资本依法进入快递领域，推动快递企业兼并重组，整合中小企业，优化资源配置。鼓励快递企业构建产权清晰、权责明确、管理科学的现代企业制度，完善服务网络，加大科技投入，提升服务质量，增强竞争实力，积极做大做强。加强服务质量监测，落实行业安全和服务相关标准，引导企业从价格竞争向质量竞争转变，将快递业打造成高附加值的现代服务业。积极推行与快递业相关的保险业务，为快递企业、消费者及相关领域提供全面的保险保障。（市邮政管理局、发改委、科技局，各区县人民政府）

（三）提高快递普惠水平，推进"快递下乡"工程。鼓励和支持快递企业在农村设立末端网点，构建覆盖乡村的快递服务网络。支持快递企业在有特色产品的乡村设立网点，鼓励快递企业或者多家快递品牌联合，与农村超市、农贸市场（集贸市场）、乡镇客运站等开办快递超市、快递驿站等快递便民服务站点。结合国家电子商务进农村综合示范工作，支持快递企业依托现有乡村电子商务服务站点、农村客运站、"万村千乡"农家店、乡镇"供销超市"、农家书屋、文化站等资源，设立农村快件配送点。支持邮政企业和快递企业创新合作模式，发挥邮政网点分布广的优势，提升邮政基础设施利用率，提高农村快递网络覆盖范围。支持快递企业加强与农业、供销、商贸企业的合作，打造"工业品下乡"和"农产品进城"双向流通渠道，带动农村消费，增加农民收入，实现农村精准扶贫目标。鼓励快递企业加强与农产品生产企业、专业合作社等的协作发展，依托本地干果、特色农产品等优势农业资源，服务产地直销、订单生产等农业生产新模式，降低寄递成本，增强竞争力，有效对接农产品市场（基地），拓展农产品、农资、农村消费品的流通加工、仓储配送等功能。支持有条件的企业大力发展全程冷链快递，开展生鲜农产品冷链快递示范，促进快递业与农产品冷链协同发展，完善新鲜水果、牛羊肉等我市特色优质产品外运渠道。加强与各级"访惠聚"工作组合作，为扶持农村快递、电商发展，提供必要资金、信息、技术支持。（各区县人民政府，市交通运输局、商务局、农业局、文广局、供销社、"访惠聚"活动领导小组办公室、邮政管理局）

（四）拓展跨境快递业务，服务"一带一路"。以邮政、快递企业在霍尔果斯、阿拉山口、吐尔尕特、巴克图等重点口岸城市建设国际快件处理中心、国际邮件交换站为依托，积极发展跨境快递业务，使我市快递逐步融入全区跨境快递业务网络。鼓励快递企业提供统一采购、仓储和配送等服务，逐步形成与跨境电商相适应的快递服务体系。积极推进快递寄出网络互联互通，鼓励企业开辟中国与中亚、南亚、西亚、欧洲的快件运输通道，发展国际快递服务网络。推动完善快件在海关通关、检验检疫、结汇退税等方面的相关管理措施，优化快递"向外"发展环境。建立健全利用中欧班列运输邮件、快件机制。（市经信委、商务局、邮政管理局、质监局）

（五）促进资源共享，有效衔接综合交通体系。推进快递与交通系统的信息互联互通、资源共享，提升行业信息化服务水平，实现快递网络在各种运输方式间的无缝衔接、高效转换和快速通达。推动快递企业与铁路运输企业开展合作，探索高铁快件运输，支持在高铁站配套建设快件运输通道和接驳场所，为铁路运输快件提供便利。大力推进市内外快件甩挂运输方式，充分发挥客货运高效快捷优势，逐步实现公路客货运班车代运快件。深入推进快件航空运输，鼓励在机场区域合理规划建设航空快件集散中心、空港快递园区，支持有实力的快递航空货运公司开通吐鲁番至内地主要城市的航空快递运输专线，建立航空快件安检、配仓、交接绿色通道。（市交通运输局、科技局、邮政管理局、吐鲁番机场、吐鲁番火车站）

（六）坚持创新发展，推进"互联网+"快递。打造"智慧"快递，鼓励快递企业运用移动互联、物联网、大数据、云计算等信息技术，在仓储运输、装卸搬运、分拣包装等环节采用自动化设备，优化服务网络布局，提升运营管理效率，拓展协同发展空间，推动服务模式升级。引导快递企业与电子商务企业深度合作，提供仓储、分装、分拨、配送、代收货款等一体化服务，结合各区县规划建设的农村电子商务运营中心、电子商务产业园（创业园、孵化园）、电子商务示范基地等电子商务聚集区，设立营业网点、仓储物流中转服务站和投递服务点，进一步提升支撑保障能力。推动快递融入社区O2O服务，实现线上线下互动创新,共同发展社区经济、逆向物流等便民利商新业态。鼓励快递企业积极参与涉农电子商务平台建设,支持制造企业外包服务环节依托快递网络,开展综合集成制造和分销配送。加快快递业与旅游业融合发展,充分利用吐鲁番丰富的旅游资源,在重点旅游景区和旅游购物街区设立网点,提供快递服务,满足游客需求。引导快递企业在运输、包装等环节使用环保节能材料,发展绿色快递。(市邮政管理局、商务局、农业局、经信委、旅游局)

(七)强化安全监管,实施寄递渠道"绿盾"工程。积极支持推进邮政行业监管部门建设,健全快递监管机制,不断提高监管手段和科技含量,实施寄递渠道安全监管"绿盾"工程,推进快递企业安全生产标准化建设,落实邮政业安全生产设备配置规范等强制性标准。按照有关规定积极筹备、逐步成立邮政业安全中心,完善邮政业寄递安全管理联合工作机制,加强跨部门、跨区域合作,形成监管合力。各部门统一检查标准和监管口径,出台符合我市实际和邮政业特点的禁寄物品目录,规范执法检查行为。督促邮政、快递企业严格执行收寄验视制度、实名收寄登记制度和收寄物品过机安检制度等"三项制度",保障寄递渠道安全。指导企业充分运用现代信息及物联网技术,建立安全信息监管系统,提高安全保障能力。加强对进出境快件的检疫监管,从源头防范禁寄物品流入寄递渠道,确保国门生物安全。(市综治办、编办、经信委、公安局、国家安全局、安监局、吐鲁番机场、吐鲁番火车站、邮政管理局,各区县人民政府)

三、政策措施

(一)突出规划引领。各区县要把快递业纳入国民经济中长期发展规划和综合交通运输、服务业、物流业、商贸流通、农村新型城镇化等专项规划。把城乡快递服务网点和快件处理中心、集散中心等快递服务基础设施纳入本级城乡规划、土地利用总体规划和物流园区、城市配送发展规划,合理安排建设布局、用地规模和开发时序,预留快递服务业发展空间。将智能快件箱等快递服务设施纳入公共服务设施规划。(各区县人民政府、市发改委、经信委、国土资源局、住建局、交通运输局、商务局、邮政管理局)

(二)加大财政金融支持。市预算内投资通过投资补助和贴息等方式,支持快递服务网络、公共服务平台、快递物流园区、智能快件箱等快递基础设施建设和安全设备配置。市、区县财政部门应加大对快递服务和行业监管的资金支持,国家、自治区和市中小企业发展专项资金、外经贸发展资金、电子信息发展资金、物流信息平台资金等要将符合条件的快递企业和项目纳入支持范围,重点支持快递企业发展农村电子商务、开拓跨境寄递业务、建设快递园区、培育快递品牌、培养快递服务人才等方面。在科技计划项目中加大对快递行业技术革新的支持力度,加大对快递行业领域的扶持力度。金融机构要创新服务方式,落实针对快递企业特点设置的贷款评估标准,积极开展抵押贷款、融资租赁服务。快递企业用电、用气、用热价格按照不高于一般工业标准执行。(市发改委、财政局、经信委、邮政管理局、科技局、商务局、金融办、人民银行吐鲁番支行,各区县人民政府)

(三)落实土地供给政策。各区县应在年度用地计划中统筹安排快递物流园区、快件集散中心等基础设施用地,在选址、审批、登记等方面予以优先支持,对符合《土地利用总体规划》的快递园区建设用地项目执行工业用地出让最低价标准,适度降低投资强度和产出效益要求。对于纯仓储项目用地可按照《关于减免土地出让金和新增建设用地土地有偿使用费有关问题的通知》(新政办发〔2011〕115 号)在城镇建设用地范围内使用国有未利用地的工业项目,工业用地出让最低价可按所在地土地等别相对应的《全国工业用地出让最低价》的 50% 执行。对入驻或租用所在地政府认定的物流园区、快递园区、工业园区、电商园区等的快递企业营业、仓储用房给予适当租金补贴。(市国土资源局、邮政管理局,各区县人民政府)

(四)落实有关税收优惠政策。落实好国家对小微企业的税收减免政策,对符合条件的小微快递企业免征增值税、减征企业所得税。快递企业可按现行规定申请执行区内跨地区经营总分支机构增值税汇总缴纳政策,依法享受企业所得税优惠。(市国税局、地税局)

(五)简化快递企业设立手续。进一步简化各类审批程序和环节,提高审批效率。优化快递业务经营许可流程,精简许可材料,压缩审批时限;改革快递企业年度报告制度,实现企业自主申报,管理部门网上公示;对快递企业分支机构、末端网点实施备案管理,进一步激发市场活力。为快递企业、分支机构办理工商登记提供便利条件,较大规模的快递企业设立分公司、营业部等分支机构办理工商营业执照,探索一地一照、一照多址方式,可依照邮政管理部门的快递业务经营许可分支机构名录,向工商行政管理部门申请集中统一办理。健全末端网点备案管理办法,强化代理点、分支机构管理。(市邮政管理局、工商局、商务局,各区县人民政府)

（六）完善快递末端服务体系。机关、企事业单位、学校校园以及社区物业服务等单位应免费为快递企业投递快件提供通行、车辆临时停放、派送等便利条件。鼓励快递企业因地制宜，与学校、社区服务组织、连锁商业机构以及第三方组织开展多种形式的投递服务合作，通过校园快递、快递超市等形式，提高“最后一公里”服务质量。社区、住宅小区和有条件的学校要提供面积合适的快递服务用房，为快递投递提供便利。各区县市人民政府应当支持快递企业在乡（镇、街道）建立快递网点，利用村邮站、供销社基层经营网点投递快件，扩大农村快递服务网络。（各区县人民政府，市商务局、发改委、财政局、住建局、教育局、供销社、邮政管理局）

（七）优化快递车辆便捷通行。对从事快件揽收、投递、市内运输的快递服务车辆，统一标识，发放证件，并给予市区通行、停靠、作业便利。依据自治区出台的快递专用电动三轮车管理办法，凡符合《快递专用电动三轮车技术要求》行业标准的，发放行驶证和车牌，解决快件“最后一公里”配送难问题。鼓励快递企业使用新能源和清洁能源车辆。对经交通运输、邮政管理部门审定符合条件的快件运输车辆，享受收费公路“绿色通道”优惠政策，减征或免征车辆通行费，降低快件运输成本。取消快递车辆进小区限时收费。对快递运输货机起降、机场货仓租赁等优先予以保障并给予补贴。（市公安局交警支队、交通运输局、吐鲁番机场、邮政管理局）

（八）重视快递业人才培养。将快递企业纳入城乡劳动者、未就业高校毕业生就业、创业等政策支持范围，支持中职院校加强快递管理、快递工程等专业建设，开设快递相关专业。鼓励院校与快递企业共建实训基地，推动产学联动。各级人力资源和社会保障部门要将快递行业相关职业（工种）列入职业培训和职业技能鉴定补贴范围，享受职业培训和职业技能鉴定补贴。企业对新招用员工开展技能培训、并签订劳动合同的，要按规定将职业培训补贴直补企业。对符合条件的通过初次快递业务员职业技能确认，并取得资格证书或专项职业能力证书的人员，按有关规定给予一次性职业技能鉴定补贴。（市人力资源社会保障局、财政局、教育局、邮政管理局，各区县人民政府）

（九）不断充实监管力量。逐步在各区县设立县级邮政管理机构，各区县人民政府在政策、资金方面给予支持，要保障人员、经费投入。建立健全用户申诉与执法联动机制，依法查处违法违规行为，规范市场经营秩序。发挥行业自律和社会监督作用，利用企业信用信息公示系统和行业监管信息系统，建立违法失信主体“黑名单”制度，营造诚实守信的市场环境。（市邮政管理局、财政局、编办、法制办，各区县人民政府）

（十）加强组织领导。成立吐鲁番市促进快递业发展领导小组，各区县人民政府、市发改委、商务局、财政局、公安局、交通运输局、经信委、编办、法制办、国土资源局、人社局、住建局、科技局、农业局、工商局、邮政管理局、国税局、地税局、金融办、旅游局、质监局、供销合作社、文广局、吐鲁番机场、吐鲁番火车站、人民银行吐鲁番支行等部门为成员单位。领导小组办公室设在邮政管理局，负责日常工作，协同推进本实施方案落实。各有关部门要各负其责，按照职责分工抓紧制定并落实相关配套措施。各区县、各有关部门要充分认识推进快递业健康发展对促进经济发展和服务民生的重要意义，将快递业列为重点发展行业，结合本地区实际情况抓紧制定有针对性的支持措施，抓好落实。各区县人民政府要根据各成员单位的分工，将快递业发展推进情况纳入对各成员单位的考核项。（各区县人民政府、各相关部门和单位）

和田地区促进快递业发展的实施意见

（2016年11月10日和田行署办公室印发　和行办发〔2016〕123号）

为深入贯彻落实自治区《关于促进快递业发展的实施意见》（新政发〔2016〕92号）精神，促进和田地区快递业健康发展，搞活流通、拉动内需，提高各族人民生活水平和质量，助力和田地区社会稳定和长治久安，现结合和田地区实际，提出以下实施意见：

一、指导思想

以解决制约和田地区快递业发展的突出问题为导向，以“互联网＋”快递为发展方向，围绕和田地区社会稳定和长治久安总目标，融入丝绸之路经济带建设，衔接综合交通运输体系，扩展快递服务网络惠及范围,保障寄递渠道安全,推动行业转型升级和提质增效,促进和田地区经济结构战略性调整和发展方式转变。

二、工作目标

到2020年,基本建成普惠城乡、技术先进、服务优质、安全高效的快递服务体系,基本实现大型乡镇(团场)快递网络全覆盖。快递产业规模不断扩大,快递年业务量达到110万件,年业务收入实现5040万元,日均服务用户1.5万人次以上,快递业务收入占全地区GDP比重提升到0.2%左右。快递企业实力明显增强,培育出年业务收入超过500万元的快递企业3—5家。快递服务水平大幅提升,产品体系更加丰富,服务满意度稳步提高。开通和田至内地主要城市航空快递运输专线,在和田市建设快递物流园区,推动快递业与其他产业协同发展深度融合,快递服务附加值不断提高,综合效益更加显著,到2020年带动直接就业800人。

三、主要任务

(一)加快基础设施建设,提升快递服务能力。在和田市建设快递物流园区、快件处理中心,形成辐射和田地区的快递集散网络,促进产业集聚发展。鼓励和支持快递企业设立快递营业网点和投递服务点,构建覆盖和田地区的快递服务网络。推动快递末端服务平台建设,将智能快件箱、快递公共服务站、末端服务网点等快递末端服务设施纳入公共服务设施,同步规划同步建设。支持快递企业在社区、院校、商业区等城市人口密集区域联合建设一定数量的快递末端网点,缓解城市配送压力;加强与农村交通运输、商贸流通、农业、供销、电商等服务网络和设施的共享衔接,建立集电商服务、快件配送、农资服务等为一体的综合服务站,鼓励基础设施、人员等共享共用,基本实现大型乡镇"通快递"。(地区发改委、交通运输局、商务局、住建局、农业局、供销社、邮政管理局,各县市人民政府)

(二)推动企业转型升级,培育壮大快递企业。鼓励各类资本依法进入快递领域,推动快递企业兼并重组,整合中小企业,优化资源配置。鼓励快递企业构建产权清晰、权责明确、管理科学的现代化企业制度,完善服务网络,加大科技投入,提升服务质量,增强竞争实力,积极做大做强。加强服务质量监测,落实行业安全和服务相关标准,引导企业从价格竞争向质量竞争转变,将快递业打造成高附加值的现代服务业。积极推行与快递业相关的保险业务,为快递企业、消费者及相关领域提供全面的保险保障。(地区发改委、科技局、保险行业协会、邮政管理局,各县市人民政府)

(三)推进"快递下乡"工程,助力农村经济发展。鼓励和支持快递企业在农村设立末端网点,构建覆盖乡村的快递服务网络。支持快递企业在有特色产品的乡村设立网点,鼓励快递企业或者多家快递品牌联合,与农村超市、农贸市场(集贸市场)、乡镇客运站等开办快递超市、快递驿站等快递便民服务站点。结合国家电子商务进农村综合示范工作,支持快递企业依托现有乡村电子商务服务站点、农村客运站、"万村千乡"农家店、乡镇"供销超市"、农家书屋、文化站等资源,设立农村快件配送点。支持邮政企业和快递企业创新合作模式,发挥邮政网点分布广的优势,提升邮政基础设施利用率,提高农村快递网络覆盖范围。积极支持成立专业第三方配送公司,协调主要快递网络开展农村快件共同配送。支持快递企业加强与农业、供销、商贸企业的合作,打造"工业品下乡"和"农产品进城"双向流通渠道,带动农村消费,增加农民收入,实现农村精准扶贫目标。鼓励快递企业加强与农产品生产企业、专业合作社等的协作发展,依托本地干果、特色农产品等优势农业资源,服务产地直销、订单生产等农业生产新模式,降低寄递成本,增强竞争力,有效对接农产品市场(基地),拓展农产品、农资、农村消费品的流通加工、仓储配送等功能。支持有条件的企业大力发展冷链快递,开展生鲜农产品冷链快递示范,促进快递业与农产品冷链协同发展,完善新鲜水果、牛羊肉等和田地区特色优质产品外运渠道。加强与各级"访惠聚"工作组合作,为扶持农村快递、电商发展提供必要的资金、信息、技术支持。(地区交通运输局、商务局、农业局、文广局、供销社、邮政管理局、地区"访惠聚"活动领导小组办公室,各县市人民政府)

(四)加强交邮融合,构建稳定高效的综合运输通道。推进快递与交通系统的信息互联互通、资源共享,提升行业信息化服务水平,实现快递网络的各种运输方式间的无缝衔接、高效转换和快速通达。推动快递企业与铁路运输企业开展合作,探索铁路快件运输,支持在火车站配套建设快件运输通道和接驳场所,为铁路运输快件提供便利。大力推进快件甩挂运输方式,实现公路客货运班车代运快件。深入推进快件航空运输,在机场或周边区域合理规划建设航空快件集散中心;建立航空快件安检、配仓、交接绿色通道。支持有实力的快递航空货运公司开通内地主要城市至和田的航空快件运输专线。(地区交通运输局、科技局、邮政管理局、和田机场、和田火车站)

(五)坚持创新发展,推动"互联网+"快递。打造"智慧"快递,鼓励快递企业运用移动互联、物联网、大数据、云计算等信息技术，在仓储运输、装卸搬运、分拣包装等环节采用自动化设备，优化服务网络布局，提升运营管理效率，拓展协同发展空间，推动服务模式升级。引导快递企业与电子商务企业深度合作，提供仓储、分装、分拨、配送、代收货款等一体化服务，结合各县市规划建设的农村电子商务运营中心、电子商务产业园(创业园、孵化园)、电子商务示范基地等电子商务聚集区，设立营业网点、仓储物流中转服务站和投递服务点，进一步提升支撑保障能力。推动快递融入社区O2O服务，实现线上线下互动创新，共同发展社区经济、逆向物流等便民利商新业态。鼓励快递企业积极参与涉农电子商务平台建设，支持制造企业外包服务环节依托快递网络，开展综合集成制造和分销配送。加快快递业与旅游业融合发展，充分利用和田的旅游资源，在重点旅游景区和旅游购物街区设立网点，提供快递服务，满足游客需求。引导快递企业在运输、包装等环节使用环保节能材料，发展绿色快递。(地区邮政管理局、商务局、农业局、经信委、旅游局、通信管理办)

(六)强化安全监管，确保寄递渠道安全。实施寄递渠道安全监管"绿盾"工程，推进快递企业安全生产标准化建设，落实邮政业安全设备配置规范等强制性标准。健全完善和田地区邮政业寄递安全管理联合工作机制，加强跨部门、跨县市合作，形成监管合力。各部门统一检查标准和监管口径，规范执法检查行为，保障邮政企业、快递企业正常运营。督促邮政、快递企业严格执行收寄验视制度、实名收寄登记制度和收寄物品过机安检制度等"三项制度"，保障寄递渠道安全。指导企业充分运用现代化信息及物联网技术，建立安全信息监管系统，提高安全保障能力。(地委编办，地区综治办、经信委、公安局、国家安全局、安监局、邮政管理局、和田机场、和田火车站、各县市人民政府)

四、政策保障

(七)加强规划衔接。各县市要把快递业纳入国民经济中长期规划和综合交通运输、服务业、物流业、商贸流通、农村新型城镇化等专项规划。把城乡快递服务网点和快件处理中心、集散中心等快递服务基础设施纳入本县市城乡规划、土地利用总体规划和物流园区、城市配送发展规划，合理安排建设布局、用地规模和开发时序，预留快递服务业发展空间。将智能快件箱等快递服务设施纳入公共服务设施规划。(地区发改委、经信委、国土资源局、住建局、交通运输局、商务局、邮政管理局，各县市人民政府)

(八)加大财政金融支持。积极争取自治区预算内投资通过投资补助和贴息等方式，支持快递服务网络、公共服务平台、快递物流园区、智能快件箱等快递基础设施建设和安全设备配置。各县市要加大对快递服务的资金支持，积极争取国家和自治区中小企业发展专项资金、外经贸发展资金、电子信息发展资金、物流信息平台资金等，将符合条件的快递企业和项目纳入支持范围，重点支持快递企业发展农村电子商务、开拓跨境寄递业务、建设快递园区、培育快递品牌、培养快递服务人才等方面。在科技计划项目中，要加大对快递行业技术革新的支持力度，加大对快递企业分拣作业机械化或自动化改造、信息设备与科技应用等领域的扶持力度。鼓励金融机构创新服务方式，针对快递企业特点设置贷款评估标准，积极开展抵押贷款、融资租赁服务。快递企业用电、用水、用热价格按照不高于一般工业标准执行。(地区发改委、财政局、经信委、科技局、商务局、金融办、人行和田地区中心支行，各县市人民政府)

(九)落实用地保障政策。各县市应在年度用地计划中统筹安排快递物流园区、快件集散中心等基础设施用地，在选址、审批、登记等方面予以优先支持，对符合《土地利用总体规划》的快递园区建设用地项目执行工业用地出让最低价标准，适度降低投资强度和产出效益要求。对于纯仓储项目用地，可参照自治区人民政府办公厅《关于减免土地出让金和新增建设用地土地有偿使用费有关问题的通知》(新政办发〔2011〕115号)"在城镇建设用地范围内使用国有未利用地的工业项目，工业用地出让最低价可按所在地土地等别相对应的《全国工业用地出让最低价》的50%执行"。积极争取自治区对入驻或租用所在地政府认定的物流园区、快递园区、工业园区、电商园区等的快递企业营业、仓储用房给予适当租金补贴。(地区国土资源局、邮政管理局，各县市人民政府)

(十)落实税收优惠政策。落实好国家、自治区对小微企业的税收减免政策，对符合条件的小微快递企业免征增值税、减征企业所得税。快递企业可按现行规定执行自治区内跨地区经营总分支机构增值税汇总缴纳政策，依法享受企业所得税优惠。(地区国税局、地税局)

(十一)简化快递企业设立手续。进一步简化各类审批程序和环节，提高审批效率。根据国家和自治区的相关规定，优化快递业务经营许可流程，精简许可材料，压缩审批时限；对快递企业分支机构、末端网点实施备案管理，进一步激发市场活力。支持和田地区快递企业申请国际快递业务经营许可证，协调自治区邮政管理局和国家邮政局开通绿色通道，加快审批进度。积极为快递企业、分支机构办理工商登记提供便利条件，较大规模的快递企业设立分公司、营业部等分支机构办理工商营业执照，探索一地一照、一照多址方式，可依照邮政管理部门的快递业务经营许可分支机构名录，向地区工商行政管理部门申请集中统一办理。根据末端网点备案管理办法,强化代理点、分支机构管理。(地区邮政管理局、工商局、商务局,各县市人民政府)

(十二)完善快递末端服务体系。全地区机关、企事业单位、大中专院校校园以及社区物业服务等单位应免费为快递企业投递快件提供通行、车辆临时停放、派送等便利条件。鼓励快递企业因地制宜,与大中专院校、社区服务组织、连锁商业机构以及第三方组织开展多种形式的投递服务合作,通过校园快递、快递超市等形式,提高"最后一公里"服务质量。社区、住宅小区和有条件的大中专院校要提供面积合适的快递服务用房,为快递投递提供便利。各县市应当支持快递企业在乡(镇、街道)建立快递网点,利用村邮站、供销社基层经营网点投递快件,扩大农村快递服务网络。自治区电子商务进农村试点县市在建制村设立或改造电商综合服务站时,应考虑加载快递服务,并提供相应便利条件。(地区商务局、发改委、财政局、住建局、教育局、供销社、邮政管理局、医专、师专,各县市人民政府)

(十三)保障快递车辆便捷通行。根据自治区下发的快递车辆专用证件管理办法,对从事快件揽收、投递、市内运输的快递服务车辆,统一标识,发放证件,并给予市内通行、停靠、作业便利。根据自治区出台的快递专用电动三轮车管理办法,对符合《快递专用电动三轮车技术要求》行业标准的,发放行驶证和车牌,以解决快件"最后一公里"配送难的问题。鼓励快递企业使用新能源和清洁能源车辆。对经自治区交通运输、邮政管理部门审定符合条件的快件运输车辆,享受收费公路"绿色通道"优惠政策,减征或免征车辆通行费,降低运输成本。取消快递车辆进小区限时收费。积极争取自治区对快递运输全货机起降、机场货仓租赁等优先予以保障并给予补贴。(地区公安局、交通运输局、邮政管理局、和田机场)

(十四)加强快递业人才培养。将快递企业纳入城乡劳动者、未就业高校毕业生就业、创业等政策支持范围,支持高等院校、中职院校加强快递管理、快递工程等专业建设,开设快递相关专业。鼓励院校与快递企业共建实训基地,推动产学联动。地县两级人社部门要将快递行业相关职业(工种)列入职业培训和职业技能鉴定补贴范围,享受职业培训和职业技能鉴定补贴。企业对新招用员工开展技能培训、并签订劳动合同的,要按规定将职业培训补贴直补企业。对符合条件的通过初次快递业务员职业技能确认,并取得资格证书或专项职业能力证书的人员,按有关规定给予一次性职业技能鉴定补贴。(地区人社局、财政局、教育局、邮政管理局,各县市人民政府)

(十五)优化快递市场环境。根据《新疆维吾尔自治区邮政条例》,进一步强化寄递安全保障,规范市场秩序。充实监管力量,在业务量集中和交通枢纽的重点县市设立县级邮政管理机构,保障人员、经费投入,各县市要在政策、资金方面给予支持。建立健全用户投诉与执法联动机制,依法查处违法违规行为,规范市场经营秩序。发挥行业自律和社会监督作用,利用企业信用信息公示系统和行业监管信息系统,建立违法失信主体"黑名单"制度,营造诚实守信的市场环境。(地区邮政管理局,地委编办,行署法制办,各县市人民政府)

(十六)加强组织领导。地区成立由行署分管领导任组长,各县市人民政府分管领导及地区发改委、经信委、商务局、财政局、公安局、交通运输局、编办、国土资源局、人社局、住建局、科技局、农业局、工商局、邮政管理局、通信管理办、国税局、地税局、旅游局、文广局、综治办、金融办、人行和田地区中心支行、供销合作社、行署法制办、和田机场、和田火车站等部门为成员单位的和田地区促进快递业发展领导小组,办公室设在地区邮政管理局,负责日常工作,协同推进本实施意见落实。

各县市、有关部门要充分认识推进快递业健康发展对促进经济发展和服务民生的重要意义,将快递业列为重点发展行业。各负其责,按照职责分工抓紧制定并落实相关配套措施,要结合本部门、本县市实际情况,抓紧制定有针对性的支持措施,抓好落实。地区将根据各成员单位的职责分工,将快递业发展推进情况纳入对各成员单位考核的重要内容。(地区促进快递业发展领导小组各成员单位,各县市人民政府)

伊犁哈萨克自治州关于促进快递业发展的实施方案

(2016年11月18日伊犁哈萨克自治州人民政府办公厅印发　伊州政办发〔2016〕54号)

为深入贯彻落实《国务院关于促进快递业发展的若干意见》(国发〔2015〕61号)和自治区人民政府

《关于促进快递业发展的实施意见》(新政发〔2016〕92号)精神,促进自治州快递业健康发展,进一步搞活流通、拉动内需,落实精准扶贫各项措施,促进大中专毕业生和农村富余劳动力就业,助力自治州经济发展空间格局和结构进一步优化,提高各族人民生活水平和质量,现结合自治州快递业特点,制定以下实施方案。

一、指导思想

深入贯彻落实《国务院关于促进快递业发展的若干意见》和自治区人民政府《关于促进快递业发展的实施意见》,以解决制约我州快递业发展的突出问题为导向,以"互联网+"快递为发展方向,围绕自治州社会稳定和长治久安总目标,融入丝绸之路经济带核心区建设,衔接综合交通运输体系,扩展快递服务网络惠及范围,保障寄递渠道安全,推动行业转型升级和提质增效,促进自治州经济结构战略性调整和发展方式转变。

二、工作目标

到2020年,基本建成普惠城乡、技术先进、服务优质、安全高效的快递服务体系,基本实现乡镇、团场快递网络全覆盖。快递产业规模不断扩大,快递年业务量突破1150万件,年业务收入实现19200万元,快递业务收入占全州GDP比重提升至0.2%左右。快递企业实力明显增强,年业务收入超过2000万元的企业2—3家。快递服务水平大幅提升,产品体系更加丰富,服务满意度稳步提高。快递业与其他产业协同发展深度融合,快递服务附加值不断提高。快递综合效益更为显著,年均增加就业岗位200个。

三、主要任务

(一)加快基础设施建设,提升快递服务能力。在伊宁市、奎屯市建设快递物流园区、快件处理中心,支持快递企业入驻条件成熟的园区,形成辐射自治州的快递集散网络,促进产业集聚发展。鼓励和支持快递企业设立快递营业网点和投递服务点,构建覆盖全州的快递服务网络。推进快递末端服务平台建设,将智能快件箱、快递公共服务站、末端服务网点等快递末端服务设施纳入公共服务设施,同步规划同步建设。支持快递企业在社区、院校、商业区等城区人口密集区域联合建设一定数量的快递末端网点,缓解城市配送压力;加强与农村交通运输、商贸流通、供销社、电商等服务网络和设施的共享衔接,建立集电商服务、快件配送、农资服务等为一体的综合服务站,鼓励基础设施、人员等共享共用,基本实现"乡乡有网点,村村通快递"。(自治州发改委、交通运输局、商务局、住建局、供销社、邮政管理局,自治州直属各县市人民政府)

(二)推动企业转型升级,培育壮大快递企业。鼓励各类资本依法进入快递领域,推动快递企业兼并重组,整合中小企业,优化资源配置。鼓励快递企业构建产权清晰、权责明确、管理科学的现代企业制度,完善服务网络,加大科技投入,提升服务质量,增强竞争实力,积极做大做强。加强服务质量监测,落实行业安全和服务相关标准,积极引导快递企业在条件成熟时成立行业协会,加强行业自律。引导快递企业从价格竞争向质量竞争转变,将快递业打造成高附加值的现代服务业。积极推行与快递业相关的保险业务,为快递企业、消费者及相关领域提供全面的保险保障。(自治州经信委、商务局、科技局、邮政管理局,自治州直属各县市人民政府)

(三)推进"快递下乡"工程,助力农村经济发展。鼓励和支持快递企业在农村设立末端网点,构建覆盖乡村的快递服务网络。支持快递企业在有特色产品的乡村设立网点,鼓励快递企业或者多家快递品牌联合,与农村超市、农贸市场(集贸市场)、乡镇客运站等联合开办快递超市、快递驿站等快递便民服务站点。结合国家电子商务进农村综合示范工作,支持快递企业依托现有乡村电子商务服务站点、农村客运站、"万村千乡"农家店、乡镇"供销超市"、文化站、农家书屋等资源,设立农村快件配送点。支持邮政企业和快递企业创新合作模式,发挥邮政网点分布广的优势,提升邮政基础设施利用率,提高农村快递网络覆盖范围。积极支持成立专业第三方配送公司,协调主要快递网络开展农村快件共同配送。支持快递企业加强与农业、供销、商贸企业的合作,打造"工业品下乡"和"农产品进城"的双向流通渠道,带动农村消费,增加农牧民收入,实现农村精准扶贫目标。鼓励快递企业加强与农产品生产企业、专业合作社等的协作发展,依托本地干果、香料、特色农产品等优势农业资源,服务产地直销、订单生产等农业生产新模式,降低寄递成本,增强竞争力,有效对接农产品市场(基地),拓展农产品、农资、农村消费品的流通加工、仓储配送等功能。支持有条件的企业大力发展全程冷链快递,开展生鲜农产品冷链快递示范,促进快递业与农产品冷链协同发展,完善新鲜水果、牛羊肉等特色优质产品外运渠道。加强与各级"访惠聚"工作组合作,为扶持农村快递、电商发展,提供必要资金、信息、技术支持。(自治州直属各县市人民政府,自治州交通运输局、商务局、农业局、文化体育广播影视局、供销社、邮政

管理局，自治州“访惠聚”活动领导小组办公室）

（四）发展跨境快递业务，服务“一带一路”。支持邮政、快递企业在霍尔果斯口岸建设国际邮件交换站、国际快件处理中心，形成跨境快递业务网络。支持快递企业“走出去”，开拓俄罗斯、中亚、欧洲等国际市场，开展跨境网购寄递等业务。鼓励快递企业提供统一采购、仓储和配送等服务，逐步形成与跨境电商相适应的快递服务体系。加强与周边国家快递企业合作，积极推进快递基础网络互联互通，探索建立边境仓和海外仓。鼓励企业开辟中国与中亚、南亚、西亚、欧洲的快件运输通道，通过设立分支机构、合资合作、委托代理等方式，发展国际快递服务网络，打造具有国际竞争力的跨国快递企业。推动完善快件在海关通关、检验检疫、结汇退税等方面的相关管理措施，优化快递“向外”发展环境。建立健全利用中欧班列运输邮件、快件机制。（自治州经信委、商务局、邮政管理局，伊犁出入境检验检疫局，霍尔果斯海关，伊宁机场、伊宁火车站、乌鲁木齐铁路局奎屯工务段）

（五）加强交邮融合，构建稳定高效的综合运输通道。推进快递与交通系统的信息互联互通、资源共享，提升行业信息化服务水平，实现快递网络在各种运输方式间的无缝衔接、高效转换和快速通达。推动快递企业与铁路运输企业开展合作，探索高铁快件运输，为铁路运输快件提供便利。大力推进快件甩挂运输方式，实现公路客货运班车代运快件。深入推进快件航空运输，在机场区域或周边地区合理规划建设航空快件集散中心、空港快递园区；建立航空快件安检、配仓、交接绿色通道。（自治州交通运输局、科技局、邮政管理局，伊宁机场、伊宁火车站、乌鲁木齐铁路局奎屯工务段）

（六）坚持创新发展，推进“互联网+”快递。打造“智慧”快递，鼓励快递企业运用移动互联、物联网、大数据、云计算等信息技术，在仓储运输、装卸搬运、分拣包装等环节采用自动化设备，优化服务网络布局，提升运营管理效率，拓展协同发展空间，推动服务模式升级。引导快递企业与电子商务企业深度合作，提供仓储、分装、分拨、配送、代收货款等一体化服务，结合各县市规划建设的农村电子商务运营中心、电子商务产业园（创业园、孵化园）、电子商务示范基地等电子商务聚集区，设立营业网点、仓储物流中转服务站和投递服务点，进一步提升支撑保障能力。推动快递融入社区线上线下服务，实现线上线下互动创新，共同发展社区经济、逆向物流等便民利商新业态。鼓励快递企业积极参与涉农电子商务平台建设，支持制造企业外包服务环节依托快递网络，开展综合集成制造和分销配送。加快快递业与旅游业融合发展，充分利用自治州丰富的旅游资源，在重点旅游景区和旅游购物街区设立网点，提供快递服务，满足游客需求。引导快递企业在运输、包装等环节使用环保节能材料，发展绿色快递。（自治州经信委、商务局、农业局、旅游局、邮政管理局，自治州通信管理办公室）

（七）强化安全监管，确保寄递渠道安全。实施寄递渠道安全监管“绿盾”工程，推进快递企业安全生产标准化建设，落实邮政业安全生产设备配置规范等强制性标准。支持伊宁市、奎屯市按照有关规定成立邮政业安全中心，健全完善自治州邮政业寄递安全管理联合工作机制，加强跨部门、跨区域合作，形成监管合力。各部门统一检查标准和监管口径，规范执法检查行为。督促邮政、快递企业严格执行收寄验视制度、实名收寄登记制度和收寄物品过机安检制度等“三项制度”，保障寄递渠道安全。指导企业充分运用现代信息及物联网技术，建立安全信息监管系统，提高安全保障能力。加强对进出境快件的检疫监管，从源头防范禁寄物品流入寄递渠道，确保国门生物安全。（自治州党委编办，自治州综治办，自治州经信委、公安局、国家安全局、安监局、邮政管理局，伊犁出入境检验检疫局，伊宁机场，伊宁火车站、乌鲁木齐铁路局奎屯工务段，自治州直属各县市人民政府）

四、政策保障

（八）加强规划衔接。各级政府要把快递业纳入国民经济中长期发展规划和综合交通运输、服务业、物流业、商贸流通、农村新型城镇化等专项规划。把城乡快递服务网点和快件处理中心、集散中心等快递服务基础设施纳入本级城乡规划、土地利用总体规划和物流园区、城市配送发展规划，合理安排建设布局、用地规模和开发时序，预留快递服务业发展空间。将智能快件箱等快递服务设施纳入公共服务设施规划。（自治州直属各县市人民政府，自治州发改委、经信委、国土资源局、住建局、交通运输局、商务局、邮政管理局）

（九）加大财政金融支持。积极争取中央与自治区投资补助和贴息资金，支持快递服务网络、公共服务平台、快递物流园区、智能快件箱等快递基础设施建设和安全设备配置。积极争取专项资金支持快递服务业的发展，国家和自治区中小企业发展专项资金、外经贸发展资金、电子信息发展资金、物流信息平台资金等要将符合条件的快递企业和项目纳入支持范围，重点支持快递企业发展农村电子商务、开拓跨境寄递业务、建设快递园区、培育快递品牌、培养快递服务人才等方面。各县市财政部门要加大对快递服务的资金支持，在科技计划项目中加大对快递行业技术革新的支持力度，加大对快递企业分拣作业机械化或自动化改造、信息设备与科技应用等领域的扶持力度。鼓励金融机构创新信贷产品和服务方式，针对快递企业特点，积极开展金融信贷服务。快递企业用电、用气、用热价格按照不高于一般工业标准执行。（自治州发改委、经信委、财政局、科技局、商务局，自治州人民政府金融办，人民银行伊犁州中心支行，自治州直属各县市人民政府）

（十）落实用地保障政策。各县市应在年度用地计划中统筹安排快递物流园区、快件集散中心等基础设施用地，在选址、审批、登记等方面予以支持，对符合《土地利用总体规划》的快递园区建设用地项目执行工业用地出让价标准，可适度降低投资强度和产出效益要求。对于纯仓储项目用地可按照《关于减免土地出让金和新增建设用地土地有偿使用费有关问题的通知》（新政办发〔2011〕115号）在城镇建设用地范围内使用国有未利用地的工业项目，工业用地出让最低价可按所在地土地等别相对应的《全国工业用地出让最低价》的50%执行。对入驻或租用所在地政府认定的物流园区、快递园区、工业园区、电商园区等的快递企业营业、仓储用房给予适当租金补贴。（自治州国土资源局、邮政管理局，自治州直属各县市人民政府）

（十一）落实税收优惠政策。落实好国家对小微企业的税收减免政策，对符合条件的小微快递企业免征增值税、减征企业所得税。快递企业可按现行规定申请执行区内跨地区经营总分支机构增值税汇总缴纳政策，依法享受企业所得税优惠。（自治州财政局、国税局、地税局）

（十二）简化快递企业设立手续。进一步简化各类审批程序和环节，提高审批效率。优化快递业务经营许可流程，精简许可材料，压缩审批时限；改革快递企业年度报告制度，实现企业自主申报，管理部门网上公示；对快递企业分支机构、末端网点实施备案管理，进一步激发市场活力。支持自治州企业申请国际快递业务经营许可证，协调国家邮政局开通绿色通道，加快审批进度。为快递企业、分支机构办理工商登记提供便利条件，按照一地一照方式，依照邮政管理部门颁发的快递业务经营许可证，办理工商部门登记手续。健全末端网点备案管理办法，强化代理点、分支机构管理。（自治州商务局、工商行政管理局、邮政管理局，自治州直属各县市人民政府）

（十三）完善快递末端服务体系。在维稳安全允许的情况下，机关、企事业单位、大中专院校校园以及社区物业服务等单位应免费为快递企业投递快件提供通行、车辆临时停放、派送等便利条件。鼓励快递企业因地制宜，与大中专院校、社区服务组织、连锁商业机构以及第三方组织开展多种形式的投递服务合作，通过校园快递、快递超市等形式，提高“最后一公里”服务质量。社区、住宅小区和有条件的大中专院校可提供面积合适的快递服务用房，为快递投递提供便利。各县市人民政府应当支持快递企业在乡镇、街道建立快递网点，利用村邮站、供销社基层经营网点投递快件，扩大农村快递服务网络。自治州电子商务进农村试点县市在建制村设立或改造电商综合服务站时，应考虑加载快递服务，并提供相应便利条件。（自治州直属各县市人民政府，自治州发改委、财政局、商务局、住建局、教育局、供销社、邮政管理局）

（十四）保障快递车辆便捷通行。对从事快件揽收、投递、市内运输的快递服务车辆，统一标识，发放证件，并给予市区通行、停靠、作业便利。对符合《快递专用电动三轮车技术要求》行业标准的，发放行驶证和车牌，解决快件“最后一公里”配送难问题。鼓励快递企业使用新能源和清洁能源车辆。对经道路运输、邮政管理部门审定符合条件的快件运输车辆，享受收费公路“绿色通道”优惠政策，减征或免征车辆通行费，降低快件运输成本。逐步取消快递车辆进小区限时收费。对快递运输全货机起降、机场货仓租赁等优先予以保障并给予补贴。（自治州公安局、交通运输局、邮政管理局、道路运输管理局，伊宁机场）

（十五）加强快递业人才培养。将快递企业从业人员纳入城乡劳动者、未就业高校毕业生就业、创业等政策支持范围，支持高等院校、中职院校加强快递管理、快递工程等专业建设，开设快递相关专业。鼓励院校与快递企业共建实训基地，推动产学联动。按照自治区有关规定，将快递行业相关职业（工种）列入职业培训和职业技能鉴定补贴范围，享受职业培训和职业技能鉴定补贴。企业对新招用员工开展技能培训、并签订劳动合同的，要按规定将职业培训补贴直补企业。对符合条件的通过初次快递业务员职业技能确认，并取得资格证书或专项职业能力证书的人员，按有关规定给予一次性职业技能鉴定补贴。（自治州人力资源社会保障局、财政局、教育局、邮政管理局，自治州直属各县市人民政府）

（十六）优化快递市场环境。全面贯彻落实《伊犁哈萨克自治州邮政管理条例》，进一步强化寄递安全保障，规范市场秩序。充实监管力量，在业务量集中和位于交通枢纽的县市可设立县级邮政管理机构，保障人员、经费投入，在政策、资金方面给予支持。建立健全用户申诉与执法联动机制，依法查处违法违规行为，规范市场经营秩序。发挥行业自律和社会监督作用，利用企业信用信息公示系统和行业监管信息系统，建立违法失信主体“黑名单”制度，营造诚实守信的市场环境。（自治州党委编办，自治州发改委、邮政管理局，自治州人民政府法制办，自治州直属各县市人民政府）

（十七）加强组织领导。自治州成立以自治州分管领导任组长，分管副秘书长、自治州邮政管理局主要负责同志为副组长的促进快递业发展领导小组，自治州直属各县市人民政府，自治州党委编办，自治州发改委、经信委、财政局、人社局、商务局、公安局、交通运输局、国土资源局、住建局、科技局、农业局、工商行政管理局、国税局、地税局、旅游局、文化体育广播影视局、供销社、道路运输管理局、邮政管理局，自治州人民政府金融办、法制办，自治州通信管理办公室，伊犁出入境检验检疫局，霍尔果斯海关，伊宁机场、伊宁火车站、乌鲁木齐铁路局奎屯工务段，人民银行伊犁州中心支行等部门为成员单位。领导小组办公室设在自治州邮政管理局，办公室主任由自治州邮政管理局主要负责同志兼任，负责日常工作，协同推进本实施方案落实。各有关部门要各负其责，按照职责分工抓紧制定并落实相关配套措施。各县市、各有关部门要充分认识推进快递业健康发展对促进经济发展和服务民生的重要意义，将快递业列为重点发展行业，结合实际情况抓紧制定有针对性的支持措施，抓好落实。各县市人民政府要根据各成员单位的分工，将快递业发展推进情况纳入对各成员单位的考核项。（自治州直属各县市人民政府，自治州各相关部门和单位）

喀什地区促进快递业健康发展实施意见

（2016 年 11 月 29 日喀什地区行政公署办公室印发　喀署办发〔2016〕202 号）

快递业是现代服务业的重要组成部分，是推动流通方式转型、促进消费升级的现代化先导性产业，在降低流通成本、支撑电子商务、服务生产生活、扩大就业渠道等方面发挥着积极作用。为进一步加快喀什地区快递服务业发展，优化快递服务业发展环境，更好地发挥快递业对稳增长、促改革、调结构、惠民生的重要作用，现就促进喀什地区快递服务业健康发展提出如下实施意见。

一、总体要求

（一）指导思想。深入贯彻落实《国务院关于促进快递业发展的若干意见》（国发〔2015〕61 号）以及《新疆维吾尔自治区人民政府关于促进快递业发展的实施意见》（新政发〔2016〕92 号）精神，以解决制约我区快递业发展的突出问题为导向，以“互联网 +”快递为发展方向，围绕社会稳定和长治久安总目标，充分把握建设丝绸之路经济带、中巴经济走廊、喀什经济开发区三大战略机遇，衔接综合交通运输体系，扩大快递服务网络惠及范围，促进全地区经济结构战略性调整和发展方式转变。

（二）基本原则。坚持市场主导、安全为基、创新驱动、协同发展的原则，培育壮大快递企业，构建完善服务网络，保障寄递渠道安全，推动行业转型升级和提质增效。

（三）发展目标。到 2020 年，基本建成普惠城乡、技术先进、服务优质、安全高效的快递服务体系，快递业规模持续扩大，服务能力、水平和质量显著提升，安全监管能力明显提高，创新发展取得积极进展，快递业在促进喀什经济发展、民生改善和社会稳定中的作用更加凸显。

1. 产业规模不断扩大。发挥快递业支撑带动作用，进一步促进快递业与电子商务、制造业、跨境网购、交通运输等产业协同发展、深度融合，快递服务附加值不断提高。到 2020 年，快递业年业务量突破 345 万件，年业务收入实现 1.5 亿元，业务收入、业务量年均增长 15% 以上，全年支撑网络零售交易规模力争达到 30 亿元以上，带动直接就业人数超过 1800 人，服务农村电子商务和精准扶贫的能力水平不断增强。

2. 企业实力和服务水平显著增强。围绕“一核”“两轴”“两带”“四组团”城镇空间发展格局，全面推进快递下乡，健全农村快递网络，快递末端服务网点乡镇、团场覆盖率达到 60%；培育年业务收入超过 1000 万元的快递企业 3—5 家，快递企业整体实力进一步增强，快递服务业员工素质、管理水平、装备水平明显提高，快递产品体系更加丰富，快递服务满意度持续提高。

3. 枢纽地位不断彰显。充分发挥喀什区位和综合交通枢纽优势，构建以航空快件运输网和高速陆运快件运输网为骨干的多式联运、高效衔接的快递运输网络，支持快递企业利用国际航线发展跨境业务，积极探索建设立足内地，面向中亚、南亚的跨境电商邮（快）件集散中心，吸引国内大型快递企业区域性总部、枢纽中心落户喀什，以大喀什为中心，重点发展以南部三县（莎车县、泽普县、叶城县）为中心南部支点和以巴楚县为中心北部支点的快递业，形成快递业发展三大支点，助力打造喀什丝绸之路经济带综合交通枢纽和物流集散地。

4.安全保障能力持续提升。按照《邮政业安全生产设备配置规范》的要求，推进建立健全覆盖快递业和相关环节的人防、物防、技防三位一体安全防控体系，督促快递企业加强安全生产设备配置，在营业场所、处理场所配置监控和安检设备。严格落实“三项制度”，推行“集中安检+分散安检”。指导、监督寄递企业开展安全教育培训，筑牢寄递渠道安全基础。完善安全监管信息平台，健全信息采集标准和共享机制。推进邮政行业应急体系建设，完善突发事件应急预案。完善寄递安全管理制度，推进安全管理网格化、综合治理属地化。

二、主要任务

（一）加强快递业基础设施建设。大力推进快递物流园区、快件处理中心建设，形成辐射全地区的快递集散网络，促进产业集聚发展。鼓励和支持快递企业设立快递营业网点和投递服务点，构建覆盖全地区的快递服务网络。推进快递末端服务平台建设，将智能快件箱、快递公共服务站、末端服务网点等快递末端服务设施纳入公共服务设施，同步规划同步建设。支持快递企业在社区、院校、商业区等人口密集区域联合建设快递末端网点，利用社区物业、超市、便利店等设置快件代收投点等快递便民服务平台，缓解城市配送压力；利用多种形式鼓励、吸引快递企业或第三方投资设置智能快件箱，建立统一的投递服务平台，共同解决好快递终端投递的难题，满足群众用邮需求。加强与农村交通运输、商贸流通、农业、供销、电商等服务网络和设施的共享衔接，建立集电商服务、快件配送、农资服务等为一体的综合服务站，鼓励基础设施、人员等共享共用。

牵头单位：地区邮政管理局

配合单位：喀什经济开发区管委会、地区发改委、住建局、经信委、国土局、交通运输局、商务局，各县市人民政府

（二）培育壮大快递企业。按照“资源整合、优势互补”的原则，推动快递企业兼并重组，优化资源配置。吸引各类资本依法进入快递领域，鼓励快递企业通过参股控股、兼并重组、协作联盟等方式整合终端网络资源，优化公司结构，打造现代快递企业。引导完善服务网络，加大科技投入，提升服务质量，增强竞争实力，积极做大做强。运用“互联网+”思维，以信息化、智能化为手段，推动快递服务与电子商务、先进制造业、金融业等关联产业协同发展。加强服务质量监测，落实行业安全和服务相关标准，引导企业从价格竞争向质量竞争转变，将快递业打造成高附加值的现代服务业。加快推动数字化邮政管理进程，拓展邮政信息化应用范围，着力创新行业服务模式，促进快递产业转型升级。大力发展与快递业相关的保险业务，为快递企业、消费者及相关领域提供全面的保险保障。鼓励快递企业吸纳当地农村富余劳动力从事快递行业，加大培训力度，促进快递业务有序拓展农村市场。

牵头单位：地区邮政管理局

配合单位：地区发改委、经信委、商务局、科技局、银监分局，各县市人民政府

（三）助力农村经济发展。鼓励和支持快递企业在农村设立末端网点，构建覆盖乡村的快递服务网络。支持快递企业在行政村设立网点，与农村超市、农贸市场（集贸市场）、乡镇客运站等开办快递超市、快递驿站等快递便民服务站点。结合国家电子商务进农村综合示范工作，支持快递企业依托现有乡村电子商务服务站点、农村客运站、“万村千乡”农家店、乡镇“供销超市”、农家书屋、文化站等资源，培育一批集零售、餐饮、维修、快递邮寄等于一体的乡村综合服务中心，解决农村“最后一公里”配送难题。支持邮政企业和快递企业创新合作模式，鼓励邮政、快递企业充分利用符合安全生产和寄递服务的“三农”邮政服务店开展末端服务，发挥邮政网点分布广的优势，提升邮政基础设施利用率，提高农村快递网络覆盖范围。积极支持成立专业第三方配送公司，协调主要快递网络开展农村快件共同配送。支持快递企业加强与农业、供销、商贸企业的合作，打造“工业品下乡”和“农产品进城”双向流通渠道，带动农村消费，增加农民收入，实现农村精准扶贫目标。鼓励快递企业加强与农产品生产企业、专业合作社等的协作发展，依托本地干果、特色农产品等优势农业资源，服务产地直销、订单生产等农业生产新模式，降低寄递成本，增强竞争力，有效对接农产品市场（基地），拓展农产品、农资、农村消费品的流通加工、仓储配送等功能。支持有条件的企业大力发展全程冷链快递，开展生鲜农产品冷链快递示范，促进快递业与农产品冷链协同发展，完善新鲜水果、牛羊肉等我区特色优质产品外运渠道。加强与各级“访惠聚”工作组合作，为扶持农村快递、电商发展，提供必要资金、信息、技术支持。

牵头单位：地区邮政管理局

配合单位:地区交通运输局、商务局、农业局、文体局、供销社、客运总站,各县市人民政府

(四)推动"快交"融合协同发展。积极支持快递服务业与交通运输业融合发展、协同壮大,进一步拓展合作广度和深度。鼓励和引导邮政、快递企业在综合交通枢纽同步配套建设处理中心。鼓励邮政、快递企业与交通资源开展合作,逐步筹建喀什、英吉沙、伽师、岳普湖县一小时交通经济圈区域快速邮路,利用铁路、公路、航空等交通资源,努力实现邮政及快递网络与各种运输方式的无缝衔接,加快邮件、快件流通速度,增强喀什"东联西出"枢纽能力。

牵头单位:地区交通运输局

配合单位:民航喀什监管局、乌鲁木齐铁路局喀什车务段、客运总站、地区邮政管理局

(五)支持发展跨境快递业务。充分发挥丝绸之路经济带的地域优势,支持邮政企业在吐尔尕特、红其拉甫等重点口岸建设国际邮件交换站,积极发展全区跨境快递业务网络。鼓励和支持规模化快递企业延伸服务网络,支持快递企业"走出去",发展与中亚南亚国家的合作交流,拓展快递业务,开展跨境网购寄递等业务。充分发挥邮政国际小包和国际E邮包在跨境电商轻小件寄递市场的主导作用,发挥邮政企业的引领示范带动作用,努力成为向西开放跨境贸易零售商品物流服务的主提供商。推动完善快件在海关通关、检验检疫、结汇退税等方面的相关管理措施,优化快递"向外"发展环境。

牵头单位:地区口岸委

配合单位:地区经信委、民航喀什监管局、乌鲁木齐铁路局喀什车务段、出入境检验检疫局、商务局、邮政管理局、喀什海关

(六)把电子商务作为推进"互联网+"快递的重要手段。引导快递企业与电子商务企业深度合作,提供仓储、分装、分拨、配送、代收货款等一体化服务,结合各地规划建设的农村电子商务运营中心、电子商务产业园(创业园、孵化园)、电子商务示范基地等电子商务聚集区,设立营业网点、仓储物流中转服务站和投递服务点,进一步提升支撑保障能力。推动快递融入社区O2O服务,实现线上线下互动创新,共同发展社区经济、逆向物流等便民利商新业态。鼓励快递企业积极参与涉农电子商务平台建设,支持制造企业外包服务环节依托快递网络,开展综合集成制造和分销配送。加快快递业与旅游业融合发展,充分利用喀什丰富的旅游资源,在重点旅游景区和旅游购物街区设立网点,提供快递服务,满足游客需求。引导快递企业在运输、包装等环节使用环保节能材料,发展绿色快递。

牵头单位:地区商务局

配合单位:地区农业局、经信委、旅游局,各县市人民政府

(七)强化快递服务业安全监管。实施寄递渠道安全监管"绿盾"工程,推进快递企业安全生产标准化建设,落实邮政业安全生产设备配置规范等强制性标准。按照有关规定成立喀什地区邮政业安全中心,健全完善地区邮政业寄递安全管理联合工作机制,加强跨部门、跨区域合作,形成监管合力。各部门统一检查标准和监管口径,出台符合当地实际和邮政特点的禁寄物品目录,规范执法检查行为。督促邮政、快递企业严格执行收寄验视制度、实名收寄登记制度和收寄物品过机安检制度等"三项制度",保障寄递渠道安全。指导企业充分运用现代信息及物联网技术,建立安全信息监管系统,提高安全保障能力。加强对进出境快件的检疫监管,从源头防范禁寄物品流入寄递渠道,确保国门生物安全。充实监管力量,支持在业务量集中的莎车县、巴楚县设立县级邮政管理机构,保障人员、经费投入,相关县人民政府要在政策、资金方面给予支持。建立健全用户申诉与执法联动机制,依法查处违法违规行为,规范市场经营秩序。发挥社会监督作用,利用企业信用信息公示系统和行业监管信息系统,建立违法失信主体"黑名单"制度,营造诚实守信的市场环境。

牵头单位:地区公安局

配合单位:地委编办、地区综治办、经信委、国家安全局、安监局、出入境检验检疫局、法制办、民航喀什监管局、乌鲁木齐铁路局喀什车务段、邮政管理局,各县市人民政府

三、政策措施

(一)科学编制发展规划。各县市人民政府要把快递服务业纳入国民经济发展规划,与综合交通运输、服务业、物流业、商贸流通等专项规划有效衔接。将城乡快递服务网点和快件分拨中心等快递服务基础设施纳入城乡规划和物流园区、城市配送发展规划,与土地利用总体规划相衔接,合理安排建设布局、用地规模和开发时序,预留快递服务业发展空间。在城市控制性详细规划和修建性详细规划中统筹考虑快递服务网点建设布局。城市新建住宅小区开发建设和旧城改造要将快递服务网点纳入社区服务基础设施,同步规划、同步建设。在统一集中开发的居民区、办公区、商业区,优先保障邮政、快递服务场地和设施用房,鼓励和支持邮政、快递网点进驻。

牵头单位:地区发改委

配合单位:喀什经济开发区管委会、地区住建局、经信委、国土局、交通运输局、商务局、邮政管理局,各县市人民政府

(二)加大财政金融政策支持。地区财政配套自治区预算内投资通过投资补助和贴息等方式,支持快递服务网络、公共服务平台、快递物流园区、智能快件箱等快递基础设施建设和安全设备配置。地、县两级财政部门加大对快递服务的资金支持,要将符合条件的快递企业和项目国家和自治区中小企业发展专项资金、外经贸发展资金、电子信息发展资金、物流信息平台资金纳入支持范围,重点支持快递企业发展农村电子商务、开拓跨境寄递业务、建设快递园区、培育快递品牌、培养快递服务人才等。针对快递企业特点创新金融产品与融资工具。快递企业用电、用气、用热价格按照不高于一般工业标准执行。

牵头单位:地区金融办

配合单位:地区发改委、财政局、经信委、商务局、人民银行喀什地区中心支行,各县市人民政府

(三)落实土地、税收优惠政策。各县市在年度用地计划中统筹安排快递物流园区、快件集散中心等基础设施用地,在选址、审批、登记等方面予以优先支持,对符合《土地利用总体规划》的快递园区建设用地项目执行工业用地出让最低价标准,适度降低投资强度和产出效益要求。对于纯仓储项目用地可按照《关于减免土地出让金和新增建设用地土地有偿使用费有关问题的通知》(新政办发〔2011〕115号)在城镇建设用地范围内使用国有未利用地的工业项目,工业用地出让最低价可按所在地土地等别相对应的《全国工业用地出让最低价》的50%执行。对入驻或租用所在地政府认定的物流园区、快递园区、工业园区、电商园区等的快递企业营业、仓储用房给予适当租金补贴。落实好国家对小微企业的税收减免政策,对符合条件的小微快递企业免征增值税、减征企业所得税。符合规定的快递企业可按现行规定申请执行区内跨地区经营总分支机构增值税汇总缴纳政策,依法享受企业所得税优惠。

牵头单位:地区国税局、地税局

配合单位:地区国土局、邮政管理局,各县市人民政府

(四)完善快递末端服务体系。机关、企事业单位、大中专院校校园以及社区物业服务等单位应免费为快递企业投递快件提供通行、车辆临时停放、派送等便利条件。鼓励快递企业因地制宜,与大中专院校、社区服务组织、连锁商业机构以及第三方组织开展多种形式的投递服务合作,通过校园快递、快递超市等形式,提高"最后一公里"服务质量。社区、住宅小区和有条件的大中专院校要提供面积合适的快递服务用房,为快递投递提供便利。各县市人民政府应当支持快递企业在乡(镇、街道)建立快递网点,利用村邮站、供销社基层经营网点投递快件,扩大农村快递服务网络。各县市在建制村设立或改造电商综合服务站时,应考虑加载快递服务,并提供相应便利条件。

牵头单位:地区邮政管理局

配合单位:地区发改委、商务局、财政局、住建局、教育局、供销社、客运总站,各县市人民政府

(五)简化快递企业设立手续。进一步简化各类审批程序和环节,提高审批效率。优化快递业务经营许可流程,精简许可材料,压缩审批时限。改革快递企业年度报告制度,实现企业自主申报,管理部门网上公示;对快递企业分支机构、末端网点实施备案管理,进一步激发市场活力。为快递企业、分支机构办理工商登记提供便利条件,较大规模的快递企业设立分公司、营业部等分支机构办理工商营业执照,探索一地一照、一照多址方式,可依照邮政管理部门的快递业务经营许可分支机构名录,向工商行政管理部门申请集中统一办理。健全末端网点备案管理办法,强化代理点、分支机构管理。

牵头单位:地区工商局

配合单位:地区商务局、邮政管理局,各县市人民政府

(六)优化快递服务运输环境。尽快制定下发快递运输、投递车辆专用证件管理办法,对从事快件运输、揽收、投递的快递服务车辆,统一标识,发放证件,并给予市区通行、停靠、作业便利,保障快递运输车辆日常便民服务。鼓励快递企业使用新能源和清洁能源车辆,研究出台快递专用电动三轮车管理办法,符合《快递专用电动三轮车技术要求》行业标准的,发放行驶证和车牌,允许市区通行投递,解决快件"最后一公里"配送难问题。对经交通运输、邮政管理部门审定符合条件的快件运输车辆,享受收费公路"绿色通道"优惠政策,减征或免征车辆通行费,降低快件运输成本。取消快递车辆进小区限时收费。对快递运输全货机起降、机场货仓租赁等优先予以保障并给予补贴。

牵头单位:地区公安局

配合单位:地区交通运输局、民航喀什监管局、邮政管理局

（七）强化快递服务人才支撑。将快递企业纳入城乡劳动者、未就业高校毕业生就业、创业等政策支持范围，鼓励支持高等院校、中职院校与快递企业共建实训基地，推动产学联动。地县人力资源和社会保障部门要将快递行业相关职业（工种）列入职业培训和职业技能鉴定补贴范围，享受职业培训和职业技能鉴定补贴。企业对新招用员工开展技能培训、并签订劳动合同的，要按规定将职业培训补贴直补企业。对符合条件的通过初次快递业务员职业技能确认，并取得资格证书或专项职业能力证书的人员，按有关规定给予一次性职业技能鉴定补贴。

牵头单位：地区人社局

配合单位：地区财政局、教育局、邮政管理局，各县市人民政府

（八）加强组织领导。地区成立促进快递服务业发展领导小组，行署分管领导任组长，分管副秘书长任副组长，地直相关单位负责同志为成员的领导小组。领导小组办公室设在邮政管理局，负责日常工作，协同推进本实施意见落实。各有关部门要各负其责，按照职责分工抓紧制定并落实相关配套措施。地区、各县市人民政府将根据各成员单位的分工，将快递服务业发展推进情况纳入对各成员单位的考核项。各县市、各有关部门要充分认识推进快递服务业健康发展对促进经济发展和服务民生的重要意义，将快递业列为重点发展行业，结合实际抓紧制定有针对性的支持措施，抓好落实。

图书在版编目(CIP)数据

2016年快递行业新增法规文件汇编/中国快递协会编. —北京:法律出版社, 2017
ISBN 978-7-5197-1116-0

Ⅰ. ①2… Ⅱ. ①中… Ⅲ. ①快递—邮政法—汇编—中国 Ⅳ. ①D922.296.9

中国版本图书馆CIP数据核字(2017)第180520号

2016年快递行业新增法规文件汇编
2016 NIAN KUAIDI HANGYE
XINZENG FAGUI WENJIAN HUIBIAN

中国快递协会 编

责任编辑 张 戬
装帧设计 汪奇峰

编辑统筹 法规出版分社
出版 法律出版社
开本 787毫米×1092毫米 1/16
总发行 中国法律图书有限公司
印张 48.25
经销 新华书店
字数 1647千
印刷 北京京华虎彩印刷有限公司
版本 2017年8月第1版
责任印制 吕亚莉
印次 2017年8月第1次印刷

法律出版社/北京市丰台区莲花池西里7号(100073)
网址/www.lawpress.com.cn
投稿邮箱/info@lawpress.com.cn
举报维权邮箱/jbwq@lawpress.com.cn
销售热线/010-63939792
咨询电话/010-63939796

中国法律图书有限公司/北京市丰台区莲花池西里7号(100073)
全国各地中法图分、子公司销售电话:
统一销售客服/400-660-6393
第一法律书店/010-63939781/9782
西安分公司/029-85330678
重庆分公司/023-67453036
上海分公司/021-62071639/1636
深圳分公司/0755-83072995

书号:ISBN 978-7-5197-1116-0
定价:118.00元